Lammerding · Abgabenordnung und FGO

Grüne Reihe　　　　　　Band 2

Abgabenordnung
Finanzgerichtsordnung

und Nebengesetze

Von
Prof. Dr. jur. Jo Lammerding

15. Auflage
2005

Herausgeber:
Deutsche Steuer-Gewerkschaft

efv Erich Fleischer Verlag, Achim

Bibliografische Information Der Deutschen Bibliothek

Die Deutsche Bibliothek verzeichnet diese Publikation in der Deutschen Nationalbibliografie; detaillierte bibliografische Daten sind im Internet über http://dnb.ddb.de abrufbar.

ISBN 3-8168-1025-X

© 2005 Erich Fleischer Verlag, Achim bei Bremen

Ohne Genehmigung des Verlages ist es nicht gestattet, das Buch oder Teile daraus nachzudrucken oder auf fotomechanischem Wege zu vervielfältigen, auch nicht für Unterrichtzwecke. Auswertung durch Datenbanken oder ähnliche Einrichtungen nur mit Genehmigung des Verlages.

Gesamtherstellung: H. M. Hauschild GmbH, Bremen

Vorwort zur 15. Auflage

Die Abgabenordnung unterscheidet sich grundlegend von den anderen Steuergesetzen. Sie nimmt nach Umfang, Aufbau und Inhalt eine Sonderstellung ein. Die Vielzahl und Verschiedenartigkeit ihrer Bestimmungen wirkt nicht nur auf den Anfänger verwirrend, sondern bereitet erfahrungsgemäß auch manchem Steuerpraktiker und guten Kenner der Einzelsteuergesetze Schwierigkeiten. Der Verfasser ist sich dessen bei der Gestaltung des Lehrbuchs bewusst gewesen. Er hat besonderen Wert darauf gelegt, durch eine klare und übersichtliche Darstellung das Verständnis für diese schwierige steuerrechtliche Materie zu erschließen und zu erleichtern. Die drucktechnische Hervorhebung von Kernsätzen und wichtigen Gesetzesbestimmungen dient dem gleichen Zweck. Zahlreiche Beispiele veranschaulichen und verdeutlichen die Darstellung. Der umfangreiche Paragraphenschlüssel – der auch die Beispiele erfasst – gestattet es, das Lehrbuch auch als Nachschlagewerk zu benutzen.

Das Lehrbuch ist nicht nur für die Angehörigen der Finanzverwaltung bestimmt. Der Verfasser hat bei der Auswahl und Bearbeitung des Stoffs bewusst auch den besonderen Interessen der steuerberatenden Berufe Rechnung getragen. Mehr für den Steuerpraktiker und den Fortgeschrittenen als für den Neuling auf dem Gebiet des Steuerrechts sind die vielfachen Hinweise auf die Rechtsprechung und Literaturnachweise gedacht. Die in der Abgabenordnung enthaltenen Vorschriften des Vollstreckungsrechts und des Steuerstrafrechts sind wegen der Besonderheiten der Materie in den Bänden 14 und 15 der Lehrbuchreihe behandelt.

Gesetzgebung, Schrifttum, der Anwendungserlass AO und sonstige Verwaltungsanweisungen sind bis Mai 2005 ausgewertet. Ebenso ist die bis zum gleichen Zeitpunkt ergangene Rechtsprechung eingearbeitet.

Eine „Große Justizreform" ist geplant. Danach sollen u. a. die verschiedenen Prozessordnungen vereinheitlicht und Verwaltungs-, Sozial- und Finanzgerichte zu einer einheitlichen öffentlich-rechtlichen Gerichtsbarkeit zusammengefasst werden.

Kritik und Anregungen werden stets gerne entgegengenommen.

Im Mai 2005

Prof. Dr. Lammerding

Rechtsgrundlagen:

AO 1977	i. d. F. vom 1. Okt. 2002 (BGBl I S. 3866, BStBl I S. 1056), zuletzt geändert durch Art. 13 Justizkommunikationsgesetz vom 22. März 2005 (BGBl I S. 837)
EG AO	vom 14. Dez. 1976 (BGBl I S. 3341, BStBl I S. 694), zuletzt geändert durch Art. 9 EURLUmsG vom 9. Dez. 2004 (BGBl I S. 3310, BStBl I S. 1158)
AEAO	vom 15. Juli 1998 (BStBl I S. 630) mit Änderungen
FGO	i. d. F. vom 28. März 2001 (BGBl I S. 442, BStBl I S. 262), zuletzt geändert durch Art. 13 Justizkommunikationsgesetz vom 22. März 2005 (BGBl I S. 837)
EG-AmtshilfeG	vom 19. Dez. 1985 (BGBl I S. 2436, 2441), zuletzt geändert durch Art. 3 EG-Amtshilfe-Anpassungsgesetz vom 2. Dez. 2004 (BGBl I S. 3112, BStBl I S. 1148)
FVG	vom 30. Aug. 1971 (BGBl I S. 1426), zuletzt geändert durch Art. 19 EURLUmsG vom 9. Dez. 2004 (BGBl I S. 3310, BStBl I S. 1158)
GKG	vom 5. Mai 2004 (BGBl I S. 718), zuletzt geändert durch Art. 14 Abs. 1 Justizkommunikationsgesetz vom 22. März 2005 (BGBl I S. 837)
KBV	vom 19. Dez. 2000 (BGBl I S. 1790, 1805, BStBl 2001 I S. 3, 18)
StDÜV	vom 28. Jan. 2003 (BGBl I S. 139, BStBl I S. 162)
VwZG	vom 3. Juli 1952 (BGBl I S. 379, BStBl I S. 615), zuletzt geändert durch Art. 2 Abs. 1 Zustellungsreformgesetz vom 25. Juni 2001 (BGBl I S. 1206, BStBl I S. 491)
V zu § 180 Abs. 2 AO	(GFestV) vom 19. Dez. 1986 (BGBl I S. 2663, BStBl 1987 I S. 2), geändert durch Art. 5 AltEinkG vom 5. Juli 2004 (BGBl I S. 1427, BStBl I S. 554)

Inhaltsübersicht

		Seite
1	**Grundlagen**	21
1.1	Bedeutung der AO	21
1.2	Geschichte der AO	21
1.3	Aufbau und Grundzüge der AO	22
1.4	Anwendungsbereich der AO	23
1.5	Vorrang völkerrechtlicher Vereinbarungen	25
2	**Grundbegriffe, Grundsätze (§§ 3 bis 15, 30 bis 32 AO)**	26
2.1	Begriff der Steuer	26
2.2	Steuern und steuerliche Nebenleistungen	28
2.3	Einteilung der Steuern	28
	2.3.1 Grundbegriffe	29
	2.3.2 Arten der Einteilung	30
2.4	Verwaltung der Steuern	31
	2.4.1 Verwaltungshoheit	31
	2.4.2 Aufbau und Aufgaben der Finanzbehörden	32
	2.4.3 Organisation der Finanzämter	33
2.5	Anwendung der Steuergesetze	34
	2.5.1 Begriff des Gesetzes	34
	2.5.2 Steuergesetze	36
	2.5.3 Gesetzesanwendung	36
	2.5.4 Auslegung der Steuergesetze	37
	2.5.5 Ermessen	40
	2.5.6 Treu und Glauben	44
2.6	Amtsträger	49
	2.6.1 Begriff	49
	2.6.2 Haftungsbeschränkung für Amtsträger	50
	2.6.3 Sonderpflichten der Amtsträger	50
2.7	Steuergeheimnis (§ 30 AO)	50
	2.7.1 Geheimhaltungspflichtige	51
	2.7.2 Verletzung des Steuergeheimnisses	52
	2.7.3 Zulässiges Offenbaren und Abrufen geschützter Daten	55
	2.7.4 Folgen der Verletzung des Steuergeheimnisses	61
	2.7.5 Prüfungsschema zu § 30 AO	63
2.8	Wohnsitz, gewöhnlicher Aufenthalt	64
	2.8.1 Wohnsitz	64
	2.8.2 Gewöhnlicher Aufenthalt	65
2.9	Geschäftsleitung, Sitz	67
2.10	Betriebsstätte, ständiger Vertreter	68

Inhaltsverzeichnis

2.11	Wirtschaftlicher Geschäftsbetrieb	69
2.12	Angehörige	70
3	**Zuständigkeit der Finanzbehörden (§§ 16 bis 29 AO)**	**72**
3.1	Sachliche Zuständigkeit	72
3.2	Örtliche Zuständigkeit	74
3.2.1	Folgen örtlicher Unzuständigkeit	75
3.2.2	Zuständigkeit des Lagefinanzamts	75
3.2.3	Zuständigkeit des Betriebsfinanzamts	75
3.2.4	Zuständigkeit des Tätigkeitsfinanzamts	76
3.2.5	Zuständigkeit des Verwaltungsfinanzamts	76
3.2.6	Zuständigkeit des Wohnsitzfinanzamts	76
3.2.7	Zuständigkeit des Finanzamts der Geschäftsleitung	79
3.2.8	Mehrfache örtliche Zuständigkeit	79
3.2.9	Ersatzzuständigkeit	80
3.2.10	Zuständigkeitswechsel	80
3.2.11	Zuständigkeitsvereinbarung	80
3.2.12	Zuständigkeitsstreit	81
3.2.13	Zuständigkeit bei Gefahr im Verzug	81
3.2.14	Tabellarische Übersicht über die örtliche Zuständigkeit für die wichtigsten Besteuerungsaufgaben in alphabetischer Reihenfolge	82
4	**Steuerschuldrecht (§§ 33 bis 68 AO)**	**85**
4.1	Steuerschuldverhältnis	85
4.1.1	Begriff	85
4.1.2	Steuerpflicht- und Steuerschuldverhältnis	85
4.1.3	Öffentlich-rechtlicher Charakter	85
4.1.4	Ansprüche aus dem Steuerschuldverhältnis	86
4.2	Steueranspruch	86
4.2.1	Steuerschuldner – Steuerpflichtiger	86
4.2.1.1	Begriffe	86
4.2.1.2	Steuerrechtsfähigkeit	87
4.2.1.3	Handlungsfähigkeit	90
4.2.1.4	Vertretung	91
4.2.2	Entstehung des Steueranspruchs	92
4.2.2.1	Grundsätze	92
4.2.2.2	Bedeutung des Zeitpunkts des Entstehens	94
4.2.2.3	Besonderheiten	94
4.2.3	Erstattungs- und Vergütungsansprüche	95
4.2.3.1	Erstattungsansprüche	95
4.2.3.2	Vergütungsansprüche	101
4.2.4	Besteuerung bei gesetz- oder sittenwidrigem Verhalten (§ 40 AO)	101
4.2.5	Besteuerung bei unwirksamen Rechtsgeschäften (§ 41 AO)	101
4.2.6	Besteuerung bei Steuerumgehung (§ 42 AO)	104
4.2.7	Zurechnung von Wirtschaftsgütern (§ 39 AO)	106
4.2.7.1	Treuhandverhältnisse	108
4.2.7.2	Sicherungsübereignung	109
4.2.7.3	Eigenbesitz	109

	4.2.7.4	Gesamthandsgemeinschaften	110
	4.2.8	Gesamtschuldner (§ 44 AO)	111
	4.2.8.1	Fälle der Gesamtschuld	111
	4.2.8.2	Bedeutung und Wirkung der Gesamtschuld	112
	4.2.8.3	Gesamtrechtsnachfolge (§ 45 AO)	114
	4.2.8.4	Schuldnerwechsel bei Verbrauchsteuern	115
	4.2.9	Abtretung, Verpfändung, Pfändung (§ 46 AO)	115
	4.2.9.1	Abtretung	116
	4.2.9.2	Verpfändung	118
	4.2.9.3	Pfändung	118
	4.2.9.4	Übergang der Gläubigerstellung	119
	4.2.10	Erlöschen des Steueranspruchs allgemein	119
4.3		**Steuerbegünstigte Zwecke (§§ 51 bis 68 AO)**	120
	4.3.1	Grundbegriffe	121
	4.3.1.1	Gemeinnützige Zwecke	121
	4.3.1.2	Mildtätige Zwecke	123
	4.3.1.3	Kirchliche Zwecke	123
	4.3.2	Erfordernisse der Ausschließlichkeit und Unmittelbarkeit	123
	4.3.3	Satzungsmäßige Voraussetzungen	124
	4.3.3.1	Inhalt der Satzung	124
	4.3.3.2	Anforderungen an die Satzung	125
	4.3.3.3	Satzungsmäßige Vermögensbindung	125
	4.3.3.4	Satzung und tatsächliche Geschäftsführung	126
	4.3.4	Umfang der Steuervergünstigung	126
5		**Steuerverfahrensrecht**	**129**
5.1		**Überblick**	129
5.2		**Allgemeine Verfahrensregeln (§§ 78 bis 117 AO)**	131
	5.2.1	Beteiligte am Verfahren	131
	5.2.2	Handlungsfähigkeit	132
	5.2.3	Bevollmächtigte und Beistände	133
	5.2.3.1	Form und Umfang der Vollmacht	134
	5.2.3.2	Dauer der Vollmacht	135
	5.2.3.3	Stellung des Bevollmächtigten	135
	5.2.3.4	Zurückweisung wegen unbefugter Hilfeleistung	135
	5.2.3.5	Zurückweisung vom schriftlichen oder mündlichen Vortrag	136
	5.2.3.6	Folgen der Zurückweisung	137
	5.2.3.7	Beistände	137
	5.2.3.8	Vertreter von Amts wegen	137
	5.2.4	Ausschließung und Ablehnung von Amtsträgern	137
	5.2.4.1	Ausgeschlossene Personen	138
	5.2.4.2	Besorgnis der Befangenheit	139
	5.2.4.3	Ablehnung von Mitgliedern eines Ausschusses	140
	5.2.4.4	Sonderregelung für Gerichtspersonen	140
	5.2.5	Besteuerungsgrundsätze allgemein	141
	5.2.6	Untersuchungsgrundsatz bei Ermittlung des Sachverhalts	142
	5.2.6.1	Ermittlung des Sachverhalts	142
	5.2.6.2	Amtspflicht zur Ermittlung	143
	5.2.6.3	Ermittlungen zugunsten der Beteiligten	143

Inhaltsverzeichnis

	5.2.6.4	Umfang und Grenzen der Ermittlungspflicht	144
	5.2.6.5	Berücksichtigung von Feststellungen anderer Behörden oder der Gerichte	146
	5.2.7	Mitwirkungspflichten der Beteiligten	147
	5.2.8	Grundsatz des rechtlichen Gehörs	149
	5.2.9	Beweismittel	150
	5.2.10	Beweislast – Feststellungslast	153
	5.2.11	Beweis durch Auskünfte	154
	5.2.11.1	Auskunftspflicht	154
	5.2.11.2	Eidliche Vernehmung	157
	5.2.11.3	Versicherung an Eides statt	158
	5.2.12	Auskunftsverweigerungsrechte	158
	5.2.12.1	Auskunftsverweigerungsrecht der Angehörigen eines Beteiligten	159
	5.2.12.2	Auskunftsverweigerungsrecht zum Schutz von Berufsgeheimnissen	160
	5.2.12.3	Auskunftsverweigerungsrecht bei Gefahr der Strafverfolgung usw.	161
	5.2.12.4	Schweigepflicht öffentlicher Stellen	162
	5.2.12.5	Privatrechtliche Schweigepflichten (Bank-, Presse- und Chiffregeheimnis)	162
	5.2.13	Beweis durch Sachverständigengutachten	163
	5.2.14	Beweis durch Urkunden und Augenschein	164
	5.2.14.1	Vorlage von Urkunden	164
	5.2.14.2	Einnahme des Augenscheins	165
	5.2.15	Reihenfolge der Ermittlungen	166
	5.2.16	Rechtswidrige Ermittlungsmaßnahmen und Verwertungsverbot	168
	5.2.17	Rechts- und Amtshilfe	169
5.3		Vorbereitung und Ermittlung der Besteuerungsgrundlagen	171
	5.3.1	Erfassung der Steuerpflichtigen (§§ 134 bis 139 d AO)	171
	5.3.1.1	Personenstands- und Betriebsaufnahme	171
	5.3.1.2	Anzeigepflichten	172
	5.3.2	Buchführungs- und Aufzeichnungspflichten (§§ 140 bis 148 AO)	172
	5.3.2.1	Abgeleitete Buchführungs- oder Aufzeichnungspflichten	173
	5.3.2.2	Buchführungspflicht bestimmter Steuerpflichtiger	173
	5.3.2.3	Aufzeichnungspflichten	174
	5.3.2.4	Anforderungen an Buchführung und Aufzeichnungen	175
	5.3.2.5	Aufbewahrungspflicht	176
	5.3.3	Steuererklärungen (§§ 149 bis 151 AO)	178
	5.3.3.1	Erklärungspflichtige Personen	179
	5.3.3.2	Erklärungsfrist und Folgen einer Pflichtverletzung	179
	5.3.3.3	Form und Inhalt der Steuererklärungen	180
	5.3.4	Verspätungszuschlag (§ 152 AO)	182
	5.3.4.1	Rechtsnatur und Zweck	182
	5.3.4.2	Voraussetzungen	183
	5.3.4.3	Bemessungsgrundlage	184
	5.3.4.4	Ermessensentscheidung	185
	5.3.4.5	Festsetzung	187
	5.3.5	Spezielle Offenbarungspflichten	188
	5.3.5.1	Berichtigung von Erklärungen nach § 153 AO	188
	5.3.5.2	Kontenwahrheit	189
	5.3.6	Besonderheiten bei der Ermittlung (§§ 158 bis 162 AO)	190
	5.3.6.1	Beweiskraft der Buchführung	190

Inhaltsverzeichnis

	5.3.6.2	Nachweis der Treuhänderschaft	190
	5.3.6.3	Benennung von Gläubigern und Zahlungsempfängern	191
	5.3.6.4	Fehlmengen bei Bestandsaufnahmen	193
	5.3.6.5	Schätzung von Besteuerungsgrundlagen	194
	5.3.7	Erzwingung der Hilfs- und Mitwirkungspflichten (§§ 328 bis 335 AO)	198
5.4	Außenprüfung (§§ 193 bis 207 AO)		202
	5.4.1	Grundlagen	202
	5.4.2	Zulässigkeit	202
	5.4.3	Umfang	206
	5.4.3.1	Sachlicher Umfang	207
	5.4.3.2	Zeitlicher Umfang	207
	5.4.4	Prüfungsanordnung	209
	5.4.5	Rechtsbehelfe und Verwertungsverbote	210
	5.4.6	Durchführung der Prüfung	211
	5.4.7	Abgekürzte Außenprüfung	213
	5.4.8	Verbindliche Zusagen	214
5.5	Steuerfahndung (Zollfahndung)		216
5.6	Steueraufsicht in besonderen Fällen		218
6	**Fristen, Termine, Wiedereinsetzung (§§ 108 bis 110 AO)**		220
6.1	Fristen und Termine		220
	6.1.1	Begriffe und gesetzliche Grundlagen	220
	6.1.2	Fristarten	221
	6.1.3	Fristberechnung	224
	6.1.4	Fristen im gerichtlichen Verfahren	226
6.2	Wiedereinsetzung in den vorigen Stand		226
	6.2.1	Voraussetzungen für die Wiedereinsetzung	227
	6.2.2	Anspruch auf Wiedereinsetzung	235
	6.2.3	Zusammenfassende Übersicht	235
	6.2.4	Prüfungsschema zu § 110 AO für Einspruchsfrist (§ 355 AO)	236
7	**Verwaltungsakte (§§ 118 bis 128 AO)**		237
7.1	Begriff des Verwaltungsaktes im Steuerrecht		237
	7.1.1	Erläuterung der einzelnen Begriffsmerkmale	238
	7.1.2	Verwendung des Begriffs Verfügung in der übrigen Rechtsordnung	242
7.2	Arten der Verwaltungsakte		243
7.3	Form und Inhalt des Verwaltungsaktes		245
	7.3.1	Form	245
	7.3.2	Inhalt	247
7.4	Nebenbestimmungen zum Verwaltungsakt		249
7.5	Fehlerhafte Verwaltungsakte		252
	7.5.1	Nichtigkeit	252
	7.5.2	Sonstige fehlerhafte Verwaltungsakte	254

Inhaltsverzeichnis

	7.5.3	Umdeutung eines fehlerhaften Verwaltungsaktes	256
	7.5.4	Prüfungsschema Verwaltungsakt	257
7.6		Bekanntgabe von Verwaltungsakten und Entscheidungen	258
	7.6.1	Begriff der Bekanntgabe	259
	7.6.2	Mängel der Bekanntgabe	263
	7.6.3	Arten der Bekanntgabe	264
	7.6.4	Übermittlung schriftlicher Verwaltungsakte durch die Post	266
	7.6.5	Zustellung schriftlicher Verwaltungsakte	269
	7.6.6	Folgen wirksamer Bekanntgabe	272
	7.6.7	Prüfungsschema zur Bekanntgabe und Fristenberechnung; Musterbeispiel	273
	7.6.8	Bekanntgabe gerichtlicher Entscheidungen	274
	7.6.9	Einzelfälle zur Bekanntgabe und Erteilung schriftlicher Verwaltungsakte	274
	7.6.9.1	Bevollmächtigte	274
	7.6.9.2	Ehegatten	276
	7.6.9.3	Eltern mit Kindern – gesetzliche Vertreter natürlicher Personen	279
	7.6.9.4	Personengesellschaften und Gemeinschaften	281
	7.6.9.5	Feststellungsbeteiligte	283
	7.6.9.6	Juristische Personen	287
	7.6.9.7	Insolvenzverfahren	288
	7.6.9.8	Gesamtrechtsnachfolge	288
	7.6.9.9	Testamentsvollstreckung	289
	7.6.9.10	Haftender	289
8		**Festsetzungs- und Feststellungsverfahren** (§§ 155 bis 171, 179 bis 190 AO)	290
8.1		Allgemeine Grundsätze zur Festsetzung von Steueransprüchen	290
	8.1.1	Begriff Steuerbescheid	290
	8.1.2	Steuerbescheid ohne Grundlagenbescheid	291
	8.1.3	Festsetzung von Steuervergütungen	292
	8.1.4	Entsprechende Anwendung	293
	8.1.5	Absehen von einer Steuerfestsetzung	293
8.2		Steuerbescheide	294
8.3		Freistellungs- und Ablehnungsbescheide	296
	8.3.1	Freistellungsbescheide	296
	8.3.2	Ablehnungsbescheide	298
8.4		Zusammengefasste Steuerbescheide gegen Gesamtschuldner	298
8.5		Abweichende Festsetzung aus Billigkeitsgründen (§ 163 AO)	300
8.6		Festsetzungsverjährung für Steuern (§§ 169 bis 171 AO)	301
	8.6.1	Gegenstand der Festsetzungsverjährung	302
	8.6.2	Festsetzungsfristen	303
	8.6.3	Allgemeiner Beginn der Festsetzungsfrist	306
	8.6.4	Anlaufhemmungen	306
	8.6.5	Ablaufhemmungen	310
	8.6.6	Wahrung der Frist	325

Inhaltsverzeichnis

	8.6.7	Wirkung der Festsetzungsverjährung	326
	8.6.8	Prüfungsschema zur Festsetzungsverjährung	327
8.7		Feststellungsbescheide (§§ 179 bis 183 AO)	328
	8.7.1	Abgrenzung zu Steuerbescheiden	328
	8.7.2	Erklärungspflicht	331
	8.7.3	Feststellung von Einheitswerten und Grundbesitzwerten	331
	8.7.3.1	Gesonderte Feststellungen	331
	8.7.3.2	Umfang der Feststellungen	331
	8.7.3.3	Besonderheiten der Verjährung	332
	8.7.3.4	Dingliche Wirkung des Bescheides	332
	8.7.4	Gesonderte Feststellung des sonstigen Vermögens, der Schulden und sonstigen Abzüge	333
	8.7.5	Feststellung von Einkünften und anderen Besteuerungsgrundlagen	333
	8.7.5.1	Gesonderte Feststellung von Einkünften	333
	8.7.5.2	Gesonderte und einheitliche Feststellung von Einkünften nach § 180 Abs. 1 Nr. 2 Buchst. a AO	334
	8.7.5.3	Feststellungen nach § 180 Abs. 2 AO	344
	8.7.5.4	Ausnahmen von der gesonderten Feststellung	345
	8.7.5.5	Ergänzungsfeststellungen	345
	8.7.5.6	Negativer Feststellungsbescheid	346
	8.7.5.7	Feststellungsverjährung	347
	8.7.6	Bekanntgabe von Feststellungsbescheiden	348
8.8		Steuermessbescheide (§ 184 AO)	349
8.9		Zerlegungs- und Zuteilungsbescheide (§§ 185 bis 190 AO)	350
	8.9.1	Zerlegungsbescheide	350
	8.9.2	Zuteilungsbescheide	351
9		**Korrektur von Verwaltungsakten** (§§ 129 bis 132, 164, 165, 172 bis 177 AO)	352
9.1		Allgemeiner Überblick	352
	9.1.1	Begriffe	352
	9.1.2	Korrektur und Bestandskraft	353
	9.1.3	Allgemeine Grundsätze zur Anwendung der Korrekturvorschriften	354
	9.1.3.1	Angabe einer Korrekturnorm	354
	9.1.3.2	Kumulative Prüfung	354
	9.1.3.3	Absehen von Korrekturen	355
	9.1.3.4	Zeitliche Grenze	355
	9.1.3.5	Korrektur während eines Rechtsbehelfsverfahrens	356
	9.1.3.6	Auswirkung auf Zinsen und Säumniszuschläge	357
9.2		Anwendungsbereich der einzelnen Korrekturvorschriften	358
9.3		Berichtigung offenbarer Unrichtigkeiten nach § 129 AO	359
	9.3.1	Voraussetzungen	360
	9.3.2	Umfang der Berichtigung	365
	9.3.3	Ermessensvorschrift mit Berichtigungszwang	365
	9.3.4	Zeitliche Beschränkung	365
	9.3.5	Prüfungsschema zu § 129 AO	366

Inhaltsverzeichnis

9.4		Allgemeines zur Rücknahme und zum Widerruf von Verwaltungsakten	367
	9.4.1	Anwendungsbereich	367
	9.4.2	Rechtmäßigkeit und Rechtswidrigkeit	368
9.5		Rücknahme rechtswidriger Verwaltungsakte (§ 130 AO)	369
	9.5.1	Begriffe	369
	9.5.2	Rechtswidriger belastender Verwaltungsakt	369
	9.5.3	Rechtswidriger begünstigender Verwaltungsakt	372
	9.5.4	Zuständigkeit	375
	9.5.5	Zusammenfassung	375
9.6		Widerruf rechtmäßiger Verwaltungsakte (§ 131 AO)	375
	9.6.1	Allgemeines	375
	9.6.2	Entscheidung über den gleichen Sachverhalt – Erweiterung von Verwaltungsakten	375
	9.6.3	Rechtmäßiger nicht begünstigender Verwaltungsakt	377
	9.6.4	Einschränkungen für begünstigende Verwaltungsakte	378
	9.6.5	Wirksamwerden des Widerrufs	381
	9.6.6	Zeitliche Grenze	381
	9.6.7	Zuständigkeit	381
	9.6.8	Zusammenfassender Überblick zu § 130 und § 131 AO	382
9.7		Korrektur von Vorbehaltsfestsetzungen (§ 164 AO)	383
	9.7.1	Allgemeine Bedeutung	383
	9.7.2	Anwendungsbereich	383
	9.7.3	Voraussetzung für den Vorbehalt	384
	9.7.4	Verfahren	384
	9.7.5	Wirkungen des Vorbehalts	386
	9.7.6	Aufhebung des Vorbehalts	389
	9.7.7	Wegfall des Vorbehalts	392
	9.7.8	Rechtsbehelfe	393
	9.7.9	Zusammenfassender Überblick	394
9.8		Änderung von Steueranmeldungen (§§ 167, 168 AO)	395
	9.8.1	Anwendungsbereich	395
	9.8.2	Wirkung der Steueranmeldung	396
	9.8.3	Zusammenfassende Übersicht	402
9.9		Korrektur vorläufiger Bescheide (§ 165 AO)	403
	9.9.1	Bedeutung der Vorschrift	403
	9.9.2	Tatbestandsmerkmale	404
	9.9.3	Umfang der Vorläufigkeit	405
	9.9.4	Korrektur der vorläufigen Festsetzung	407
	9.9.5	Rechtsbehelfe	408
9.10		Aufhebung und Änderung von Steuerbescheiden nach § 172 AO	409
	9.10.1	Allgemeines	409
	9.10.2	Bedeutung des § 172 AO	410
	9.10.3	Verbrauchsteuerbescheide	410
	9.10.4	Änderung von Steuerbescheiden mit Zustimmung oder auf Antrag	410

	9.10.4.1	Grundlagen	411
	9.10.4.2	Zustimmung oder Antrag des Stpfl. im Rahmen eines Einspruchs- oder Klageverfahrens	411
	9.10.4.3	Schlichte Änderung außerhalb eines Rechtsbehelfsverfahrens	413
	9.10.4.4	Zusammenfassender Überblick zu § 172 Abs. 1 Satz 1 Nr. 2 Buchst. a AO	419
	9.10.5	Bescheide einer sachlich unzuständigen Behörde	420
	9.10.6	Durch unlautere Mittel erwirkte Steuerbescheide	420
	9.10.7	Sonstige Korrekturnormen für (Steuer-)Bescheide	421
9.11	Korrektur nach § 173 AO wegen neuer Tatsachen oder Beweismittel		421
	9.11.1	Anwendungsbereich	421
	9.11.2	Nachträgliches Bekanntwerden von Tatsachen oder Beweismitteln	422
	9.11.2.1	Tatsachen	422
	9.11.2.2	Beweismittel	427
	9.11.2.3	Nachträgliches Bekanntwerden	428
	9.11.3	Kein grobes Verschulden gemäß § 173 Abs. 1 Nr. 2 AO	431
	9.11.4	Rechtserheblichkeit (höhere oder niedrigere Steuer)	437
	9.11.5	Änderungssperre nach einer Außenprüfung	438
	9.11.6	Rechtsfolgen	441
	9.11.7	Zusammenfassender Überblick zu § 173 AO	442
9.12	Widerstreitende Steuerfestsetzungen (§ 174 AO)		443
	9.12.1	§ 174 Abs. 1 AO	444
	9.12.2	§ 174 Abs. 2 AO	447
	9.12.3	§ 174 Abs. 3 AO	449
	9.12.4	§ 174 Abs. 4 AO	451
	9.12.5	§ 174 Abs. 5 AO für Drittwirkung	453
9.13	Änderung von Folgebescheiden nach § 175 Abs. 1 Satz 1 Nr. 1 AO		454
	9.13.1	Voraussetzungen	454
	9.13.2	Korrekturumfang	457
	9.13.3	Korrekturzwang	458
	9.13.4	Rechtsbehelf	458
9.14	Eintritt eines Ereignisses mit steuerlicher Wirkung für die Vergangenheit gemäß § 175 Abs. 1 Satz 1 Nr. 2 AO		458
	9.14.1	Voraussetzungen	459
	9.14.2	Umfang und zeitliche Grenze der Korrektur	465
9.15	Umsetzung von Verständigungsvereinbarungen nach DBA (§ 175 a AO)		465
9.16	Einschränkungen des Korrekturumfangs		466
	9.16.1	Vertrauensschutz nach § 176 AO	466
	9.16.2	Grundsatz von Treu und Glauben	468
	9.16.3	Erhöhte Bestandskraft	469
	9.16.4	Rechtskräftige Urteile	469
9.17	Berichtigung von materiellen Fehlern nach § 177 AO		470
9.18	Prüfungsschema zur Korrektur von Steuerbescheiden		475

Inhaltsverzeichnis

10	**Haftung**	**476**
10.1	Allgemeine Grundsätze	476
10.2	Überblick über Haftungstatbestände und Verfahren	478
10.3	Haftung der Vertreter und Geschäftsführer nach § 69 AO	480
10.3.1	Voraussetzungen	480
10.3.2	Umfang der Haftung	490
10.3.3	Prüfungsschema zu § 69 AO	490
10.4	Haftung des Vertretenen (§ 70 AO)	491
10.5	Haftung des Steuerhinterziehers und Steuerhehlers nach § 71 AO	492
10.5.1	Voraussetzungen	492
10.5.2	Haftungsumfang	494
10.5.3	Verfahren	495
10.6	Haftung bei Verletzung der Kontenwahrheit (§ 72 AO)	495
10.7	Haftung bei Organschaft (§ 73 AO)	495
10.8	Haftung des Eigentümers von Gegenständen (§ 74 AO)	496
10.8.1	Sinn und Zweck	496
10.8.2	Voraussetzungen	497
10.8.3	Umfang der Haftung	498
10.8.4	Verfahrensfragen	499
10.8.5	Prüfungsschema zu § 74 AO	500
10.9	Haftung des Betriebsübernehmers (§ 75 AO)	501
10.9.1	Grundlagen	501
10.9.2	Voraussetzungen	501
10.9.3	Haftungsumfang	504
10.9.4	Prüfungsschema zu § 75 AO	508
10.9.5	Übersicht zur Haftung bei Betriebsübernahme	509
10.10	Sachhaftung	511
10.11	Duldungspflicht	511
10.12	Zivilrechtliche Haftungstatbestände	511
10.12.1	Erwerb eines Handelsgeschäfts nach § 25 HGB	511
10.12.2	Sonstige zivilrechtliche Haftungsvorschriften	513
10.12.3	Gläubigeranfechtung	515
10.13	Vertragliche Haftung	518
10.14	Haftungs- und Duldungsbescheide (§ 191 AO)	518
10.14.1	Grundbegriffe und Überblick	518
10.14.2	Geltendmachung der Haftung	519
10.14.3	Verjährung der Haftung aus Steuergesetzen	526
10.14.4	Haftungsverjährung bzw. Enthaftung nach Zivilrecht	528
10.14.5	Unterbleiben von Haftungsbescheiden	528
10.14.6	Zahlungsaufforderung nach § 219 AO	529
10.14.7	Korrekturmöglichkeiten	530
10.14.8	Rechtsbehelfe	530
10.14.9	Prüfungsschema bei Haftungsfällen	533

Inhaltsverzeichnis

11	**Erhebungsverfahren (§§ 218 bis 248 AO)**		535
11.1	Verwirklichung und Fälligkeit von abgaberechtlichen Ansprüchen		535
	11.1.1	Rechtsgrundlagen	535
	11.1.2	Abrechnungsbescheid	536
	11.1.3	Fälligkeit	537
	11.1.4	Stundung (§ 222 AO)	539
11.2	Erlöschen durch Zahlung (§§ 224 bis 225 AO)		542
	11.2.1	Allgemein	542
	11.2.2	Leistungsort	543
	11.2.3	Tag der Zahlung	543
	11.2.4	Reihenfolge der Tilgung	544
11.3	Aufrechnung (§ 226 AO)		545
	11.3.1	Rechtsgrundlagen	545
	11.3.2	Voraussetzungen	545
	11.3.3	Sonderregelung für Steuerschuldner	549
	11.3.4	Wirkung der Aufrechnung	549
	11.3.5	Abgrenzung zum Verrechnungsvertrag	550
	11.3.6	Verfahren	551
11.4	Zahlungserlass (§ 227 AO)		552
	11.4.1	Voraussetzungen	553
	11.4.2	Bedeutung der Steuerart	556
	11.4.3	Formen des Erlasses	557
	11.4.4	Ermessensentscheidung	557
	11.4.5	Niederschlagung	558
11.5	Zahlungsverjährung (§§ 228 bis 232 AO)		558
	11.5.1	Allgemeine Grundsätze	558
	11.5.2	Gegenstand der Zahlungsverjährung, Verjährungsfrist	559
	11.5.3	Beginn der Verjährung	559
	11.5.4	Hemmung wegen höherer Gewalt	560
	11.5.5	Unterbrechung	560
	11.5.6	Wirkung der Zahlungsverjährung	563
	11.5.7	Prüfungsschema Zahlungsverjährung	563
11.6	Verzinsung (§§ 233 bis 239 AO)		564
	11.6.1	Grundsätze	564
	11.6.2	Höhe und Festsetzung der Zinsen	565
	11.6.3	Steuerzinsen nach § 233 a AO	566
	11.6.4	Stundungszinsen (§ 234 AO)	570
	11.6.5	Hinterziehungszinsen (§ 235 AO)	572
	11.6.6	Prozesszinsen auf Erstattungsbeträge (§ 236 AO)	576
	11.6.7	Aussetzungszinsen nach § 237 AO	577
	11.6.8	Schaubild Verzinsung	580
11.7	Säumniszuschläge (§ 240 AO)		581
	11.7.1	Rechtsnatur	581
	11.7.2	Voraussetzungen	581
	11.7.3	Berechnung und Schonfrist	582
	11.7.4	Besonderheiten	584
	11.7.5	Rechtsschutz	585
11.8	Sicherheitsleistung (§§ 241 bis 248 AO)		585

Inhaltsverzeichnis

12	Vollstreckung; Steuerstraf- und Bußgeldrecht		586
13	Außergerichtliches Rechtsbehelfsverfahren (§§ 347 bis 367 AO)		587
13.1	Allgemeine Grundlagen		587
13.2	Zulässigkeitsvoraussetzungen		588
	13.2.1	Statthaftigkeit und Ausschluss des Einspruchs nach §§ 347, 348 AO	589
	13.2.2	Form und Inhalt des Einspruchs	592
	13.2.3	Einspruchsfrist	594
	13.2.4	Beschwer	597
	13.2.5	Einspruchsbefugnis bei einheitlichen Feststellungen gemäß § 352 AO	600
	13.2.6	Einspruchsverzicht und Einspruchsrücknahme	603
	13.2.6.1	Verzicht gemäß § 354 AO	603
	13.2.6.2	Rücknahme gemäß § 362 AO	604
	13.2.7	Handlungsfähigkeit	605
	13.2.8	Ordnungsgemäße Vertretung	606
	13.2.9	Prüfungsschema Einspruch	607
13.3	Verfahrensgrundsätze		609
	13.3.1	Beteiligte	609
	13.3.2	Untersuchungsgrundsatz	609
	13.3.3	Rechtliches Gehör, Erörterungstermin und Verböserungsmöglichkeit	610
	13.3.4	Setzung von Ausschlussfristen nach § 364 b AO	612
	13.3.5	Aussetzung und Ruhen des Verfahrens gemäß § 363 AO	616
	13.3.5.1	Aussetzung des Verfahrens	616
	13.3.5.2	Ruhen des Verfahrens	616
13.4	Anfechtbarkeit von geänderten Verwaltungsakten		617
13.5	Anfechtungsbeschränkung von Grundlagen-/Folgebescheiden		620
13.6	Anfechtung von Nebenbestimmungen		621
13.7	Einspruchsentscheidung		622
13.8	Hinzuziehung		624
	13.8.1	Grundlagen	624
	13.8.2	Einfache Hinzuziehung	624
	13.8.3	Notwendige Hinzuziehung	625
	13.8.4	Rechtsfolgen der unterlassenen Hinzuziehung	628
	13.8.5	Verfahrensrechtliche Stellung des Hinzugezogenen	629
13.9	Aussetzung der Vollziehung (§ 361 AO, § 69 FGO)		629
	13.9.1	Allgemein	629
	13.9.2	Voraussetzungen	630
	13.9.2.1	Angefochtener Verwaltungsakt	630
	13.9.2.2	Vollziehbarer, d. h. aussetzungsfähiger Verwaltungsakt	631
	13.9.2.3	Ernstliche Zweifel an der Rechtmäßigkeit oder unbillige Härte	635
	13.9.2.4	Aussetzung von Amts wegen oder auf Antrag	636
	13.9.3	Ermessen und Sicherheitsleistung	637
	13.9.4	Wirkungen	638
	13.9.5	Verfahrenswege – sachliche Zuständigkeit	639

Inhaltsverzeichnis

14	**FGO-Verfahren**		642
14.1	Gerichtsverfassung		642
	14.1.1	Aufbau der Finanzgerichtsbarkeit	642
	14.1.2	Richter	643
	14.1.3	Finanzrechtsweg	643
	14.1.4	Sachliche Zuständigkeit	643
	14.1.5	Örtliche Zuständigkeit	643
14.2	Klageverfahren		644
	14.2.1	Zulässigkeitsvoraussetzungen	644
	14.2.1.1	Finanzrechtsweg und Zuständigkeit	644
	14.2.1.2	Beteiligtenfähigkeit	644
	14.2.1.3	Prozessfähigkeit	644
	14.2.1.4	Statthaftigkeit der Klageart	645
	14.2.1.4.1	Anfechtungsklage	645
	14.2.1.4.2	Verpflichtungsklage	647
	14.2.1.4.3	Leistungsklage	648
	14.2.1.4.4	Feststellungsklage (§ 41 FGO)	648
	14.2.1.4.5	Fortsetzungsfeststellungsklage	649
	14.2.1.4.6	Übersicht zu den Klagearten	651
	14.2.1.5	Erfolgloses Vorverfahren und Ausnahmen	652
	14.2.1.5.1	Grundsatz	652
	14.2.1.5.2	Sprungklage (§ 45 FGO)	652
	14.2.1.5.3	Untätigkeitsklage (§ 46 FGO)	653
	14.2.1.6	Klagefrist	655
	14.2.1.7	Form und Inhalt der Klage	657
	14.2.1.8	Klagebefugnis	662
	14.2.1.8.1	Allgemein	662
	14.2.1.8.2	Einschränkung der Klagebefugnis nach § 48 FGO	662
	14.2.1.9	Ordnungsgemäße Vertretung	662
	14.2.1.10	Kein Klageverzicht und keine Klagerücknahme	664
	14.2.1.11	Keine anderweitige Rechtshängigkeit	664
	14.2.2	Allgemeine Verfahrensgrundsätze	664
	14.2.2.1	Untersuchungsgrundsatz	665
	14.2.2.2	Grundsatz der Mündlichkeit	665
	14.2.2.3	Öffentlichkeit	666
	14.2.2.4	Rechtliches Gehör	666
	14.2.2.5	Beweisverfahren	666
	14.2.3	Zustellung und Fristen	667
	14.2.4	Klageänderung	668
	14.2.5	Änderung des angefochtenen Verwaltungsaktes – § 68 FGO	669
	14.2.6	Klagerücknahme	671
	14.2.7	Urteil und andere Entscheidungen	671
	14.2.7.1	Urteil und Gerichtsbescheid	671
	14.2.7.2	Beschluss	673
	14.2.7.3	Anordnung oder Verfügung	673
14.3	Vorläufiger Rechtsschutz		673
	14.3.1	Grundsätze	673
	14.3.2	Aussetzung der Vollziehung	674
	14.3.3	Einstweilige Anordnung	675
	14.3.3.1	Grundlagen	675
	14.3.3.2	Voraussetzungen	675
	14.3.3.3	Verfahren	677

Inhaltsverzeichnis

14.4	Revision		678
	14.4.1	Zulassungsrevisionen	679
	14.4.2	Nichtzulassungsbeschwerde	682
	14.4.3	Revisionsgründe	684
	14.4.4	Einlegung der Revision	685
	14.4.5	Revisionsinhalt	685
	14.4.6	Verfahrensgrundsätze	687
	14.4.7	Übersicht zum Revisionsverfahren nach §§ 115 ff. FGO	688
14.5	Beschwerde		689
14.6	Anhörungsrüge und Erinnerung		689
14.7	Wiederaufnahme des Verfahrens		690
14.8	Nebenentscheidungen		690
	14.8.1	Kostenentscheidungen	690
	14.8.2	Streitwertfeststellungen	695
14.9	Vollstreckung		697

Abkürzungen ... 699

Paragraphenschlüssel ... 701

Stichwortverzeichnis ... 709

1 Grundlagen

1.1 Bedeutung der AO

Die AO wird als **Steuergrundgesetz** oder **Mantelgesetz** bezeichnet. Beide Bezeichnungen bringen den Charakter der AO und ihre Bedeutung für das Gebiet des Steuerrechts klar zum Ausdruck. Die AO enthält die grundlegenden Bestimmungen für die Besteuerung. In ihr sind die wichtigsten Vorschriften zusammengefasst, die für alle Steuern oder für einen bestimmten Kreis von Steuern allgemein gelten. Die Einzelsteuergesetze werden hierdurch entlastet. Zugleich ist damit die einheitliche Regelung und Behandlung wichtiger Gebiete des Steuerrechts weitgehend sichergestellt. Die Organisation der Finanzverwaltung und das finanzgerichtliche Verfahren sind in besonderen Gesetzen geregelt. Das **FVG** hat als Organisationsgesetz eine Sonderstellung, weil es nicht nur Vorschriften für die Steuerverwaltung enthält, sondern auch für die Teile der Finanzverwaltung, deren Aufgabe nicht die Steuererhebung ist, z. B. die Bundesvermögensverwaltung. Die **FGO** ist wegen der besonderen Bedeutung der Recht sprechenden Gewalt als selbständiges Gesetz ausgestaltet.

Die AO enthält außer **verfahrensrechtlichen Vorschriften** auch grundlegende **Bestimmungen des materiellen Steuerrechts.** Verfahrensrechtliche Bestimmungen sind z. B. die Vorschriften, die die Durchführung der Besteuerung und insbesondere die Steuerfestsetzung regeln (§§ 85 ff., 155 ff. AO). Dagegen handelt es sich bei den Regelungen über das Steuerschuldrecht um materiell-rechtliche Vorschriften (vgl. z. B. §§ 47, 69 ff., 369 ff. AO). Die Abgaben-Ordnung unterscheidet sich dadurch von den reinen Prozess-Ordnungen, die ausschließlich Verfahrensrecht regeln, z. B. FGO, VwGO oder StPO.

1.2 Geschichte der AO

Im Deutschen Reich von 1871 waren Steuerwesen und Steuerrecht stark zersplittert. Das Schwergewicht der Besteuerung lag zunächst bei den Ländern. Der wechselnde Finanzbedarf des Reichs machte es aber schließlich notwendig, zur Vereinheitlichung des Steuerwesens ein Mantelgesetz für das Steuerrecht zu schaffen. Der Entwurf der Reichsabgabenordnung – **RAO** – ist im Wesentlichen das Werk eines einzigen Mannes gewesen, des Senatspräsidenten beim Reichsfinanzhof Dr. h. c. Enno Becker. Im Jahre 1918 hat Enno Becker mit der Aus-

1 Grundlagen

arbeitung des Gesetzentwurfs begonnen. Die schwierigen Umstände, unter denen er an dieses Werk gegangen ist, hat er selbst im Vorwort zur ersten Auflage seines AO-Kommentars geschildert:

> „... Das war in Berlin am Bußtage 1918. Da saß ich im Reichsfinanzministerium, damals noch Reichsschatzamt, in einem kahlen Zimmer am Schreibtisch vor einem leeren Blatt Papier und hatte als einzigen Anhalt die Textausgaben der Steuergesetze. Draußen hatten die öffentlichen Gebäude in der Wilhelmstraße und am Wilhelmsplatz Halbmast rot geflaggt, weil an jenem Tage die Leichen derer beigesetzt wurden, die bei der Revolution getötet waren. In dem großen Gebäude und Betriebe kannte ich niemand. Dunkel und nebelhaft verschwommen wie die Zukunft lag auch meine Aufgabe vor mir ..."

Ende 1919 ist die RAO in Kraft getreten und auch im Ausland als eine Meisterleistung auf dem Gebiet der Steuergesetzgebung anerkannt worden. Im Laufe der Jahre hatte die RAO immer mehr ihren Charakter als Mantelgesetz verloren, weil allgemeines Steuerrecht vielfach in besonderen Gesetzen und Verordnungen geregelt worden war. Aus diesen Gründen wurde eine Reform des allgemeinen Abgabenrechts vorbereitet. Die neue Abgabenordnung – **AO 1977** – ist am 1. 1. 1977 in Kraft getreten und inzwischen vielfach geändert worden.

1.3 Aufbau und Grundzüge der AO

Die AO ist in neun Teile gegliedert. Sie umfasst über 400 Paragraphen.

Der **Erste Teil** enthält die **einleitenden Vorschriften.** In diesen wird zunächst der Anwendungsbereich der AO bestimmt. Es folgen Definitionen und Vorschriften über wichtige steuerliche Begriffe wie Steuern und steuerliche Nebenleistungen, Finanzbehörden, Wohnsitz, Geschäftsleitung, Angehörige, Zuständigkeit der Finanzbehörden, Steuergeheimnis und Haftungsbeschränkung für Amtsträger.

Der **Zweite Teil** behandelt das **Steuerschuldrecht.** Dazu gehören vor allem materiell-rechtliche Vorschriften über das Steuerschuldverhältnis und über die Haftung für Steuerschulden eines anderen. Außerdem sind in diesen Teil auch Vorschriften über steuerbegünstigte (gemeinnützige, mildtätige und kirchliche) Zwecke aufgenommen. Weitere schuldrechtliche Normen finden sich in den folgenden Teilen.

Der **Dritte Teil** enthält **allgemeine Verfahrensvorschriften.** Sie sind mit den Vorschriften des Verwaltungsverfahrensgesetzes soweit wie möglich abgestimmt. Unterschiede ergeben sich aus den sachlich notwendigen Besonderheiten des Besteuerungsverfahrens. Die allgemeinen Verfahrensvorschriften des Dritten Teils der AO gelten nur, soweit die folgenden Teile keine abweichenden Vorschriften enthalten. Besondere Vorschriften bestehen vor allem im Vierten Teil für die wichtigsten Verwaltungsakte des Steuerrechts, die Steuerbescheide, Steuermessbescheide und Feststellungsbescheide.

Der **Vierte Teil** regelt die **Durchführung der Besteuerung.** Kernstück sind die Steuerfestsetzung, die gesonderte Feststellung von Besteuerungsgrundlagen und die Festsetzung von Steuermessbeträgen. Außerdem sind noch die Vorschriften über die Erfassung der Stpfl. und deren Mitwirkungspflichten (Führung von Büchern und Aufzeichnungen, Steuererklärung), über den Erlass von Haftungsbescheiden sowie über die Außenprüfung bedeutsam.

Der **Fünfte Teil** behandelt das **Erhebungsverfahren.** Vor allem werden in diesem Teil Fälligkeit, Stundung und Erlöschen von Ansprüchen aus dem Steuerschuldverhältnis geregelt.

Der **Sechste Teil** regelt die **Vollstreckung.** Das Schwergewicht liegt bei den Vorschriften über die Vollstreckung wegen Geldforderungen.

Der **Siebente Teil** enthält die Vorschriften über das **außergerichtliche Rechtsbehelfsverfahren.** Als Rechtsbehelf ist einheitlich der Einspruch statthaft.

Der **Achte Teil** behandelt die **Straf- und Bußgeldvorschriften** und die entsprechenden Verfahrensvorschriften. Das Ermittlungsverfahren führt das FA wegen seiner besonderen Sachkunde im Allgemeinen selbständig durch. Das gilt sowohl für Steuerstraftaten als auch für Steuerordnungswidrigkeiten.

Der **Neunte Teil** enthält Schlussvorschriften.

1.4 Anwendungsbereich der AO

Die AO gilt für alle Steuern einschließlich der Steuervergütungen, die durch Bundesrecht oder Recht der Europäischen Gemeinschaften (EG) geregelt sind, soweit sie durch Bundes- oder Landesfinanzbehörden verwaltet werden und soweit das supranationale Recht der EG, z. B. Zollkodex für Einfuhr- und Ausfuhrabgaben, nicht vorrangig ist **(§ 1 Abs. 1, § 3 Abs. 3 AO).** Sie gilt auch für Steuererstattungen als Umkehr der Steuerentrichtung (§ 37 Abs. 1 AO; AEAO zu § 1 Nr. 1). Dagegen ist die AO nicht unmittelbar anwendbar für sonstige Abgaben, die keine Steuern im Sinne von § 3 Abs. 1 AO sind (s. u.).

Der **unmittelbare Anwendungsbereich der AO** erstreckt sich auf alle Steuern, die durch Bundesrecht oder Recht der EG geregelt sind und durch Bundes- oder Landesfinanzbehörden verwaltet werden. Beide Voraussetzungen müssen erfüllt sein. Zunächst ist zu prüfen, ob die betreffende Steuer tatsächlich durch Bundesrecht oder Recht der EG geregelt ist und ob supranationales Recht der EG vorgeht. Landesrechtlich geregelte Steuern werden von der AO nicht unmittelbar erfasst. Für die Entscheidung, ob die AO anwendbar ist, kommt es auf die tatsächliche Regelung der Steuer und nicht auf die Gesetzgebungshoheit für diese Steuer (Art. 105 GG) an. Steht fest, dass die in Betracht kommende Steuer durch Bundesrecht oder Recht der EG geregelt ist, so ist als weitere Voraussetzung die Verwaltungshoheit nach Art. 108 GG zu prüfen. Soweit eine durch Bundesrecht oder Recht der EG geregelte Steuer durch Bundes- oder Landesfinanzbehörden verwaltet wird, ist grundsätzlich die AO anzuwenden, z. B. ESt, USt oder ErbSt.

Eine **Sonderregelung** besteht für **Realsteuern (§ 1 Abs. 2 AO)**. Realsteuern sind **GrSt** und **GewSt** (§ 3 Abs. 2 AO). Für diese Steuern gilt ein großer Teil der Vorschriften der AO auch insoweit, als ihre Verwaltung entsprechend Art. 108 GG von den Ländern den Gemeinden übertragen worden ist. Ausgenommen sind im Wesentlichen nur die Vorschriften über die Vollstreckung und das außergerichtliche Rechtsbehelfsverfahren. Die Vollstreckung können die Gemeinden nach den Landesvorschriften durchführen, die sie auch sonst anwenden. Für den Rechtsweg besteht die Besonderheit, dass er nicht zu den Finanzgerichten, sondern zu den Verwaltungsgerichten führt, soweit die Gemeinden für die Verwaltung der Realsteuern zuständig sind (siehe unter Tz. 13.2.1).

Für die **steuerlichen Nebenleistungen** gilt die AO sinngemäß vorbehaltlich EG-Recht, z. B. Zollkodex (**§ 1 Abs. 4 AO**). Lediglich die Vorschriften über das Festsetzungsverfahren, die Außenprüfung, die Steuerfahndung und die Steueraufsicht in besonderen Fällen sind eingeschränkt anwendbar. Sie gelten nur, soweit dies besonders bestimmt ist (§ 155 Abs. 3 Satz 2, § 156 Abs. 2 AO). Steuerliche Nebenleistungen sind Verspätungszuschläge, Zuschläge gemäß § 162 Abs. 4 AO, Zinsen, Säumniszuschläge, Zwangsgelder und Kosten (§ 3 Abs. 4 AO).

Im **Prämienrecht** findet die AO kraft ausdrücklicher gesetzlicher Bestimmungen weitgehend Anwendung. Das gilt insbesondere für die Wohnungsbauprämien (vgl. § 8 WoPG, § 14 5. VermBG) und teilweise für **Zulagen** (vgl. § 15 EigZulG, § 5 InvZulG).

Die AO ist ferner für die Angelegenheiten anzuwenden, die nicht unmittelbar der Besteuerung dienen, aber aufgrund der **Verwaltungskompetenz** für diese Steuern in den Zuständigkeitsbereich der Finanzbehörden fallen, z. B. Erteilung von steuerlichen Unbedenklichkeitsbescheinigungen (vgl. § 22 GrEStG; BFH, BStBl 1995 II S. 605; Pump, DB 1989 S. 2569), Ausstellung von Einkommens- oder Vermögensbescheinigungen für nichtsteuerliche Zwecke (AEAO zu § 1 Nr. 4).

1.5 Vorrang völkerrechtlicher Vereinbarungen

Verträge mit anderen Staaten gehen den deutschen Steuergesetzen vor, soweit sie unmittelbar anwendbares innerstaatliches Recht geworden sind **(§ 2 AO)**. Diese Verträge bedürfen zu ihrer Wirksamkeit gemäß Art. 59 Abs. 2 Satz 1 GG der Zustimmung oder der Mitwirkung der jeweils für die Bundesgesetzgebung zuständigen Körperschaft, und zwar in der Form eines Bundesgesetzes. Verträge dieser Art sind vor allem die „Abkommen zur Vermeidung der Doppelbesteuerung" **(DBA)**. Durch diese Abkommen grenzen die vertragschließenden Staaten ihre Besteuerungsrechte gegenseitig ab, um eine doppelte Erfassung der Steuergegenstände zu vermeiden, z. B. Grundbesitz, Einkünfte (Hinweis auf § 175 a AO; BMF-Schreiben, BStBl 1993 I S. 332).

2 Grundbegriffe, Grundsätze (§§ 3 bis 15, 30 bis 32 AO)

2.1 Begriff der Steuer

Steuern sind Geldleistungen, die nicht eine Gegenleistung für eine besondere Leistung darstellen und von einem öffentlich-rechtlichen Gemeinwesen zur Erzielung von Einnahmen allen auferlegt werden, bei denen der Tatbestand zutrifft, an den das Gesetz die Leistungspflicht knüpft. Die Erzielung von Einnahmen kann Nebenzweck sein (**§ 3 Abs. 1 AO**). Aus dieser Begriffsbestimmung ergeben sich bestimmte Merkmale, die sämtlich erfüllt sein müssen.

Nur **Geldleistungen** sind Steuern. Naturalleistungen (Sach- oder Dienstleistungen wie z. B. Einzug und Abführung sowie Selbstberechnung von Steuern durch Arbeitgeber/Unternehmer oder Wehrdienst) scheiden aus. Für die Einordnung einer Geldleistung als Steuer ist es unwesentlich, ob sie einmalig oder fortlaufend zu entrichten ist, z. B. ErbSt, GrESt oder ESt, USt.

Die Geldleistungen müssen **von einem öffentlich-rechtlichen Gemeinwesen auferlegt** sein. Öffentlich-rechtliche Gemeinwesen sind insbesondere die Gebietskörperschaften: Bund, Länder, Gemeinden. Die Religionsgesellschaften des öffentlichen Rechts gehören ebenfalls dazu, z. B. die evangelisch-lutherischen Kirchen, die römisch-katholische Kirche und die jüdischen Kultusgemeinden. Die Geldleistung muss auferlegt sein, d. h., die Verpflichtung des Betroffenen zur Leistung wird ohne Rücksicht auf seinen Willen durch einen Hoheitsakt der öffentlichen Gewalt festgelegt. Freiwillige Spenden scheiden somit aus.

Die Geldleistungen müssen zur **Erzielung von Einnahmen** erhoben werden. Die Erzielung von Einnahmen braucht nicht der **Hauptzweck** zu sein. Es genügt, wenn die Steuer als **Nebenzweck** Einnahmen für ein öffentlich-rechtliches Gemeinwesen erbringen soll. Wenn die Erzielung von Einnahmen dagegen völlig zurücktritt und die Geldleistung ausschließlich zu anderen Zwecken auferlegt wird, z. B. als rückzahlbare Konjunkturabgabe (BVerfG, BStBl 1984 II S. 858) oder als Druckmittel, handelt es sich nicht um eine Steuer. Dies Merkmal, das auf den Zweck der Geldleistungen abstellt, spielt bei zahlreichen Bestimmungen der AO eine wichtige Rolle, bei denen es auf die Abgrenzung der Steuern von anderen Geldleistungen ankommt.

Beispiele:

1. Zwangsgelder, Säumnis- und Verspätungszuschläge werden als Ungehorsamsfolgen und auch als Druckmittel auferlegt und sind deshalb keine Steuern, sondern steuerliche Nebenleistungen (§ 3 Abs. 4 AO).

2. „Steuer"-Hinterziehung im Sinne von § 370 Abs. 1 AO erfasst nur Steuern und Steuervorteile, nicht dagegen Subventionen, Zulagen oder steuerliche Nebenleistungen (vgl. § 15 Abs. 2 EigZulG im Gegensatz zu Prämien etwa nach § 8 Abs. 2 WoPG).

2.1 Begriff der Steuer

Die Geldleistungen dürfen **keine Gegenleistung für eine besondere Leistung** darstellen. Die Steuer ist demnach kein Entgelt für eine bestimmte Leistung der steuererhebenden Körperschaft. Steuern, Gebühren und Beiträgen ist gemeinsam, dass sie öffentlich-rechtliche Abgaben sind. Von den Steuern unterscheiden sich Gebühren und Beiträge dadurch, dass sie Gegenleistungen für eine besondere Leistung und damit Entgelt sind. Bei den **Gebühren** handelt es sich um das Entgelt dafür, dass eine öffentliche Einrichtung in Anspruch genommen wird. Verwaltungsgebühren sind für die Vornahme von Amtshandlungen zu entrichten (vgl. § 39 Abs. 1 Satz 4 EStG). Benutzungsgebühren sind das Entgelt für die Benutzung öffentlicher Einrichtungen, z. B. Rechtsbehelfsgebühren, Kosten der Zwangsvollstreckung, Gebühren für die Zulassung von Kraftfahrzeugen.

Beiträge sind von den Interessenten einer öffentlichen Einrichtung aufzubringen, ohne dass ein unmittelbarer zeitlicher Zusammenhang zwischen Leistung und Gegenleistung besteht. Im Gegensatz zu den Gebühren werden Beiträge ohne Rücksicht auf die tatsächliche Inanspruchnahme erhoben, z. B. Straßenanliegerbeiträge, Kurtaxen.

Die Geldleistungen müssen **allen auferlegt** sein, bei denen der Tatbestand zutrifft, an den das Gesetz die Leistungspflicht knüpft. In dieser Forderung des Gesetzgebers kommen zwei tragende Grundsätze für die Besteuerung zum Ausdruck: Nach dem **Grundsatz der Tatbestandsmäßigkeit** darf eine Steuer nur erhoben werden, wenn der im Gesetz festgelegte Tatbestand verwirklicht ist. Bei diesem Grundsatz handelt es sich um eine spezielle Form des Grundsatzes der Gesetzmäßigkeit der Verwaltung, nach dem jedes Verwaltungshandeln einer gesetzlichen Grundlage bedarf. Der **Grundsatz der Gleichmäßigkeit der Besteuerung** besagt vor allem, dass bei der Auferlegung und der Erhebung von Steuern alle gleichmäßig erfasst werden sollen und dass keine willkürlichen Unterschiede und Ausnahmen zulässig sind. Dieser Grundsatz ist im Zusammenhang mit dem Gleichheitsgrundsatz in Art. 3 Abs. 1 GG zu sehen. Die Gleichmäßigkeit der Besteuerung gebietet nicht eine absolut gleichmäßige Behandlung. Eine absolute Gleichmäßigkeit würde bei der Verschiedenartigkeit der Lebensverhältnisse gerade zur Ungleichheit führen. Deshalb kann nur eine relativ gleichmäßige Belastung dem Grundsatz der Gleichmäßigkeit der Besteuerung entsprechen (bzgl. der Verfassungswidrigkeit von VStG und ErbStG siehe BVerfG, BStBl 1995 II S. 655 und 671). Bei der ESt ist daher ein völlig gradlinig verlaufender Tarifaufbau mit einem Progressionstarif, der von einer durchgehend gleichmäßigen Steigerung der Leistungsfähigkeit und einer demgemäß völlig gleichmäßigen Progression ausgeht, nicht zwingend geboten (BFH, BStBl 1973 II S. 754). Dem Gesetzgeber ist weit reichende Gestaltungsfreiheit eingeräumt. Er ist durch den Gleichheitssatz in der Weise gebunden, dass wesentlich Gleiches nicht willkürlich ungleich und wesentlich Ungleiches nicht willkürlich gleich behandelt werden darf (vgl. BVerfG, BStBl 2002 II S. 618 betr. Beamtenpension und Sozialversicherungsrenten; BGBl 1992 I S. 1851 betr. Steuerfreistellung des Existenzminimums; BStBl 2000 II S. 155, 158, 160 betr. USt-Befreiungen).

2.2 Steuern und steuerliche Nebenleistungen

Steuern und steuerliche Nebenleistungen unterscheiden sich grundlegend voneinander. Während **Steuern** nach § 3 Abs. 1 und 3 AO die Erzielung von Einnahmen bezwecken, erfasst § 3 Abs. 4 AO unter **steuerlichen Nebenleistungen** verschiedene Geldleistungen, die nicht der Einnahmeerzielung, sondern anderen Zwecken dienen. Vorwiegend handelt es sich um Ungehorsamsfolgen und Druckmittel eigener Art, die auf die besonderen Erfordernisse des Steuerrechts zugeschnitten sind. Hierzu gehören Verspätungszuschläge, Zuschläge nach § 162 Abs. 4 AO, Säumniszuschläge und Zwangsgelder. Steuerliche Nebenleistungen anderer Art sind die in § 3 Abs. 4 AO näher bezeichneten Zinsen und Kosten. Zu den Kosten gehören vor allem die Kosten der Vollstreckung, also Gebühren. Dieser Sammelbegriff ist an verschiedenen Stellen der AO zu finden, z. B. § 37, § 218 Abs. 1, § 233 AO.

Für Steuern und steuerliche Nebenleistungen bestehen zum Teil **unterschiedliche Regelungen.** Das ergibt sich einmal aus dem unterschiedlichen Charakter dieser Geldleistungen, zum anderen aber auch daraus, dass den Steuern gegenüber den steuerlichen Nebenleistungen besondere Bedeutung zukommt. Dementsprechend sind bestimmte Vorschriften der AO auf die steuerlichen Nebenleistungen nur eingeschränkt anwendbar (§ 1 Abs. 3 AO). Die Unterscheidung zwischen Steuern und steuerlichen Nebenleistungen wird besonders deutlich bei der Verzinsung (§ 233 Satz 2 AO), bei Säumniszuschlägen (§ 240 Abs. 2 AO), bei der Steuerhinterziehung (§ 370 Abs. 1 und 4 AO) und bei der Haftung. Die Haftung erstreckt sich zum Teil nur auf Steuern (z. B. §§ 73, 74, 75 AO), zum Teil aber auch auf Säumniszuschläge oder auf Zinsen (§§ 69, 71 AO).

2.3 Einteilung der Steuern

Eine allgemein gültige und systematisch einwandfreie Einteilung der Steuern hat sich bisher nicht finden lassen. Mit der fortschreitenden Kompliziertheit des Steuerrechts sind auch die Schwierigkeiten für eine systemgerechte Einteilung der Steuern gewachsen, weil sich bei der Einteilung der verschiedenartigen Steuern in bestimmte Gruppen Überlagerungen und Überschneidungen nicht vermeiden lassen. Dennoch kann auf eine gewisse Einordnung der Steuern in bestimmte Gruppen nicht verzichtet werden. Derartige Einteilungen haben nicht nur systematische Bedeutung, sondern auch für die Praxis ihren Wert. Sie ver-

2.3 Einteilung der Steuern

schaffen einen besseren Überblick über die Vielzahl der verschiedenartigen Steuern, indem sie die Zusammenhänge und Parallelen sowie die Gegensätze aufzeigen, z. B. innerhalb der EG. Sie geben die Möglichkeit, gleichartige Gruppen von Steuern einheitlich zu regeln und zu behandeln. Außerdem erleichtern sie auch die Verständigung, indem bestimmte Grundbegriffe einheitlich verwendet werden. Die Kenntnis dieser Grundbegriffe und der gebräuchlichsten Arten der Einteilung wird vorausgesetzt.

2.3.1 Grundbegriffe

Die folgenden Grundbegriffe haben für die Einteilung der Steuern besondere Bedeutung:

Personensteuern (Subjektsteuern): Sie erfassen die einzelnen Personen (Steuersubjekte) nach bestimmten sachlichen Merkmalen, z. B. Einkommen oder Vermögen. Die Besteuerung ist bei diesen Steuern auf die persönliche Leistungsfähigkeit abgestellt. Zu den Personensteuern gehören u. a. ESt und KSt (vgl. § 12 Nr. 3 EStG; § 10 Nr. 2 KStG).

Besitzsteuern: Sie gehören zu den Personensteuern. Bei den Besitzsteuern wird unterschieden zwischen den Steuern vom Einkommen und Ertrag (z. B. ESt und GewSt) und den Steuern vom Vermögen (z. B. ErbSt, GrSt).

Verkehrsteuern: Sie knüpfen an Rechtsgeschäfte, sonstige Akte des Rechtsverkehrs oder wirtschaftliche Vorgänge an (Umsatz, Grundstückserwerb). Verkehrsteuern sind u. a. die USt mit Ausnahme der EinfuhrUSt gemäß § 21 Abs. 1 UStG (BFH, BStBl 1987 II S. 95), die GrESt, die VersSt.

Realsteuern (Objektsteuern im engeren Sinne): Sie lasten auf einzelnen Gegenständen und werden bei denjenigen erhoben, denen diese Gegenstände zuzurechnen sind. Nach § 3 AO sind nur die GrSt und die GewSt Realsteuern.

Sachsteuern (Objektsteuern im weiteren Sinne): Sie gehen von Gegenständen (z. B. Grundstück) oder Vorgängen aus (z. B. Umsatz). Zu ihnen gehören die Realsteuern und die Verkehrsteuern.

Verbrauchsteuern: Dazu gehören alle Steuern auf die Einkommensverwendung, die den Verbrauch oder Gebrauch von Sachen belasten. Sie werden von der Zollverwaltung erhoben, wenn bestimmte Gegenstände aus der steuerlichen Gebundenheit in den steuerlich nicht gebundenen Verkehr übergehen, z. B. EinfuhrUSt (§ 21 Abs. 1 und 2 UStG), Tabaksteuer, Kaffeesteuer, Schaumweinsteuer, Biersteuer, Mineralölsteuer. Zu den Verbrauchsteuern rechnen auch die örtlichen Aufwandsteuern, z. B. Vergnügungsteuer, Hundesteuer.

Einzelne Steuern lassen sich in diese Gruppen nur bedingt einordnen. **Überschneidungen** ergeben sich z. B. bei der ErbSt und der KraftSt. Die ErbSt trägt starke Merkmale der Verkehrsteuern, wenn man den Übergang der Erbmasse in

2 Grundbegriffe, Grundsätze

den Vordergrund stellt. Sie hat aber auch Wesenszüge der Besitzsteuer (Steuern vom Vermögen) und wird deshalb nicht unter die Verkehrsteuern eingereiht (Art. 106 Abs. 2 GG). Die USt ist ihrer wirtschaftlichen Wirkung nach eine Verbrauchsteuer, in ihrer gesetzestechnischen Ausgestaltung jedoch eine Verkehrsteuer (s. o.). Dies ist z. B. von besonderer Bedeutung für die Dauer der Verjährung (§ 169 Abs. 2 AO) und für die Korrektur (§ 172 AO).

2.3.2 Arten der Einteilung

Die Einteilung kann nach verschiedenen Gesichtspunkten vorgenommen werden. Zu den gebräuchlichsten Arten der Einteilung gehören die nach der Person des Steuergläubigers, nach dem Gegenstand der Besteuerung und nach den Auswirkungen beim Steuerschuldner. Die Person des Steuergläubigers ist für die Einteilung in Bundes-, Landes-, Gemeinde- und Kirchensteuern entscheidend. Nach dem Gegenstand der Besteuerung richtet sich die Einteilung in Besitz- und Verkehrsteuern, Einfuhr- und Ausfuhrabgaben und Verbrauchsteuern. Die Auswirkung beim Steuerschuldner ist für die Einteilung in direkte und indirekte Steuern bestimmend.

Die Einteilung in Bundes-, Landes-, Gemeinde- und Kirchensteuern stellt darauf ab, welcher Körperschaft das Aufkommen einer bestimmten Steuer und damit die **Ertragshoheit** zusteht. Die Ertragshoheit regelt für Bund, Länder und teilweise auch für die Gemeinden **Art. 106 GG**. Für die steuerlichen Nebenleistungen gelten die § 3 Abs. 5 AO und § 14 b GewStG. **Bundessteuern** sind gemäß Art. 106 Abs. 1 GG insbesondere Einfuhr- und Ausfuhrabgaben (vgl. § 3 Abs. 3 AO) und Verbrauchsteuern (mit gewissen Ausnahmen). **Landessteuern** sind nach Art. 106 Abs. 2 GG etwa ErbSt, KraftSt, Biersteuer und Verkehrsteuern (mit gewissen Ausnahmen). **Gemeinschaftsteuern von Bund und Ländern** sind ESt, KSt und USt; davon erhalten die **Gemeinden** einen Anteil (Art. 106 Abs. 3, 5, 5 a GG). **Gemeindesteuern** sind insbesondere GewSt und GrSt (Art. 106 Abs. 6 GG). **Kirchensteuern** werden durch die Landesgesetzgebung und die Kirchengesetzgebung geregelt. Träger der Ertragshoheit sind die öffentlich-rechtlichen Religionsgesellschaften (Art. 140 GG).

Die Aufteilung in **Besitz- und Verkehrsteuern, Einfuhr- und Ausfuhrabgaben und Verbrauchsteuern** ist insbesondere für die Aufgabenteilung zwischen Finanzämtern und Hauptzollämtern von Bedeutung. Die den Ländern ganz oder zum Teil zufließenden Besitz- und Verkehrsteuern werden vom FA verwaltet. Für die Verwaltung der Einfuhr- und Ausfuhrabgaben und Verbrauchsteuern (einschl. der Biersteuer) sind die Hauptzollämter zuständig. In der AO wird zwischen Steuern einerseits und Einfuhr- und Ausfuhrabgaben sowie Verbrauchsteuern andererseits bei der Regelung der Verjährung (§ 169 Abs. 2 AO) und der Änderung von Bescheiden (§ 172 AO) unterschieden.

Der Begriff der direkten und indirekten Steuern ist nicht eindeutig abgegrenzt, sondern wird in verschiedener Bedeutung gebraucht. Eine der gebräuchlichsten Abgrenzungen zwischen direkten und indirekten Steuern stellt auf den Willen des Gesetzgebers ab. **Direkte Steuern** werden von dem erhoben, der sie nach dem Willen des Gesetzgebers wirtschaftlich tragen soll (Steuerschuldner = Steuerträger). Dazu werden u. a. die ESt und ErbSt gerechnet (vgl. § 1 Abs. 1 Nr. 1 EG-AmtshilfeG). **Indirekte Steuern** werden nicht von dem erhoben, den sie nach dem Willen des Gesetzgebers wirtschaftlich treffen sollen, sondern von einem anderen. Dieser überwälzt die Steuern auf den, der sie wirtschaftlich tragen soll. Zu den indirekten Steuern gehören insbesondere die USt und die Verbrauchsteuern (vgl. § 1 Abs. 1 Nr. 2 und 3 EG-AmtshilfeG). Die Einteilung ist sehr problematisch. Für die Praxis ist die Abgrenzung wenig brauchbar. Sie hat mehr steuerpolitische Bedeutung, wobei sie insbesondere in Zusammenhang mit der Frage gebracht wird, ob direkte oder indirekte Steuern zweckmäßiger und gerechter sind (vgl. Harmonisierung der Besteuerung innerhalb der EG).

2.4 Verwaltung der Steuern

Die Steuerverwaltung ist Eingriffsverwaltung. Die Steuererhebung ist ein Akt des staatlichen Eingriffs in das Vermögen des Bürgers. Allerdings haben die mit der Verwaltung der Steuern befassten Finanzbehörden daneben auch bestimmte Aufgaben der gewährenden Verwaltung übertragen erhalten, z. B. Gewährung von Prämien und Zulagen. Die sachgemäße Verwaltung der Steuern ist nur gewährleistet, wenn die Befugnisse und Aufgaben der mit der Verwaltung befassten Behörden klar und eindeutig festgelegt und abgegrenzt sind. Für den Aufbau dieser Behörden ist von Bedeutung, in welcher Weise das Grundgesetz auf dem Gebiet der Steuern die Verwaltungshoheit zwischen Bund und Ländern regelt.

2.4.1 Verwaltungshoheit

Verwaltungshoheit regelt, welche Körperschaft bestimmte Steuern verwaltet („Wer macht die Arbeit?"). Die Verwaltungshoheit für die wichtigsten Steuern ist ebenso wie die Gesetzgebungshoheit und die Ertragshoheit zwischen Bund und Ländern aufgeteilt **(Art. 108 GG).** Die Verwaltungshoheit des **Bundes** erstreckt sich nach Art. 108 Abs. 1 GG auf Zölle, Finanzmonopole, Verbrauchsteuern, die der Gesetzgebung des Bundes unterliegen, und Abgaben im Rahmen der EG. Die Verwaltungshoheit der **Länder** erstreckt sich auf die übrigen Steuern (Art. 108 Abs. 2 GG). Die Finanzbehörden der Länder handeln im Auftrag des Bundes, wenn die Steuern ganz oder zum Teil dem Bund zufließen. Im Auftrage des Bundes werden insbesondere von den Ländern ESt, KSt und USt verwaltet. Die Verwaltungshoheit ist bedeutsam für die Aufrechnung gemäß § 226 Abs. 4 AO.

2.4.2 Aufbau und Aufgaben der Finanzbehörden

Behörde ist jede Stelle, die Aufgaben der öffentlichen Verwaltung wahrnimmt (**§ 6 Abs. 1 AO**). Durch diesen Behördenbegriff wird klargestellt, dass alle Stellen der öffentlichen Verwaltung, auch Anstalten und Stiftungen, als selbständige Körperschaften des öffentlichen Rechts den Finanzbehörden gegenüber zu Mitteilungen und zur Amtshilfe verpflichtet sind (vgl. §§ 93 a, 111 AO).

Die Bedeutung der Finanzbehörden für den Staat und die Allgemeinheit zeigt sich darin, dass sie im Gegensatz zu anderen Verwaltungsbehörden im Grundgesetz besonders herausgestellt sind (Art. 108 GG). Entsprechend der Aufteilung der Verwaltungshoheit auf Bund und Länder ist zwischen Bundes- und Landesfinanzbehörden zu unterscheiden. Der Aufbau der Bundes- und Landesfinanzbehörden und das von ihnen anzuwendende Verfahren ist aufgrund Art. 108 Abs. 1 und 2 GG durch das FVG geregelt. **Finanzbehörden** sind nach **§ 6 Abs. 2 AO** die im **FVG** genannten Bundes- und Landesfinanzbehörden, die Bundesversicherungsanstalt für Angestellte (BfA) als zentrale Stelle im Sinne von § 81 EStG und die Bundesknappschaft/Verwaltungsstelle Cottbus.

Bundesfinanzbehörden sind nach § 1 FVG die Hauptzollämter und Zollfahndungsämter (vgl. § 12 FVG) als örtliche Behörden, die Oberfinanzdirektionen und das Zollkriminalamt (Mittelbehörden), die Bundesmonopolverwaltung, das Bundesamt für Finanzen als Oberbehörden, das Bundesfinanzministerium (oberste Behörde).

Landesfinanzbehörden sind gemäß § 2 FVG die Finanzämter (örtliche Behörden), die Oberfinanzdirektionen (Mittelbehörden), die Rechenzentren (§ 2 Abs. 2 FVG), die Länderfinanzministerien (oberste Behörden).

Familienkassen sind die im Rahmen des Familienleistungsausgleichs (Kindergeld) für das Bundesamt für Finanzen als Bundesfinanzbehörden tätig werdenden Dienststellen der Bundesanstalt für Arbeit (Arbeitsämter) und bestimmte öffentliche Arbeitgeber (§ 5 Abs. 1 Nr. 11 FVG, §§ 70, 72 Abs. 1 und 2 EStG).

In der Verwaltungsspitze (Bundesfinanzministerium – Länderfinanzministerien) und auf der örtlichen Ebene (Hauptzollämter – Finanzämter) besteht eine klare Trennung zwischen Bundes- und Landesfinanzbehörden. Die OFD als Mittelbehörde hat dagegen eine Sonderstellung. Bei ihr treffen Bundes- und Landesfinanzbehörde zusammen (vgl. § 8 Abs. 2 FVG). Die Zollverwaltung und die Steuerverwaltung haben eine gemeinsame Mittelbehörde. Die Oberfinanzpräsidenten sind als Leiter der Mittelbehörden im gegenseitigen Einvernehmen der Bundesregierung und der Landesregierung zu bestellen (Art. 108 Abs. 1 und 2

2.4 Verwaltung der Steuern

GG). Der Oberfinanzpräsident ist sowohl Bundesbeamter als auch Landesbeamter (§ 9 Abs. 2 FVG). Die übrigen Beamten der OFD sind entweder Bundesbeamte oder Landesbeamte. Die FÄ sind nur mit Landesbeamten, die Hauptzollämter dagegen sind nur mit Bundesbeamten besetzt.

Aufgabe der Ministerien ist die oberste Leitung der Finanzverwaltung. Diese erstreckt sich insbesondere auf organisatorische Führung, Personalführung, Durchführung der sachlichen Aufgaben und Haushaltsführung. Das Bundesfinanzministerium hat die Sachleitung bei den Steuern, bei denen dem Bund die Verwaltungshoheit zusteht. Die Vorbereitung von Gesetzesentwürfen und allgemeinen Verwaltungsanordnungen der Bundesregierung gehört ebenfalls zu den Aufgaben. Allgemeine Verwaltungsanordnungen im Sinne des Art. 108 Abs. 7 GG sind auch die Richtlinien zu den einzelnen Steuergesetzen. Die Landesfinanzministerien haben die Sachleitung bei den Steuern, für deren Verwaltung die Länder zuständig sind.

Aufgabe der OFD ist – entsprechend ihrer Doppelstellung als Bundes- und Landesbehörde – die Leitung der Finanzverwaltung des Bundes und des Landes für ihren Bezirk (§ 8 FVG). Sie ist vor allem Aufsichtsbehörde gegenüber allen nachgeordneten Dienststellen und hat insbesondere die Gleichmäßigkeit der Gesetzesanwendung zu überwachen. Zum Erlass von Verwaltungsakten, für die die FÄ und Hauptzollämter zuständig sind, ist die OFD nicht befugt. Die Anweisungsbefugnis gibt nicht das Recht, anstelle der nachgeordneten Behörden selbst zu entscheiden.

Aufgabe des FA (§ 17 FVG) ist insbesondere die Verwaltung der Steuern, z. B. Festsetzung, Erhebung. Außer den Besitz- und Verkehrsteuern, die den Ländern zufließen, sind auch Steuern anderer steuerberechtigter Körperschaften zu verwalten, z. B. die Kirchensteuern. Im Auftrage des Bundes handeln die FÄ, wenn die Steuern ganz oder zum Teil dem Bund zufließen. Die Bundesauftragsverwaltung besteht für eine Reihe von Steuern, z. B. USt, ESt, KSt, VersSt. Bei der Auftragsverwaltung hat das Landesfinanzministerium als oberste Landesbehörde die oberste Sachleitung. Dem Bund stehen Aufsichts- und Weisungsrechte zu, die die Einheitlichkeit der Gesetzesauslegung und der Ermessensausübung sicherstellen sollen. Das Aufsichts- und Weisungsrecht des Bundes wird durch den Bundesminister der Finanzen ausgeübt. Die Bundesaufsicht erstreckt sich auf die Gesetzmäßigkeit und Zweckmäßigkeit der Ausführung der Gesetze. Aufgrund des Weisungsrechts kann der Bundesfinanzminister allgemeine Weisungen und Einzelanweisungen erteilen.

2.4.3 Organisation der Finanzämter

Der Geschäftsgang bei dem FA ist im Anschluss an das FVG durch die Geschäftsordnung für die Finanzämter (**FAGO;** BStBl 2002 I S. 540) geregelt.

2 Grundbegriffe, Grundsätze

Aufgrund Nr. 5.3 FAGO bestehen in den Ländern **„Ergänzende Bestimmungen"** (EB) zur FAGO.

Hinsichtlich der Geschäftsverteilung bestimmt die FAGO, dass die Geschäfte des FA in Sachgebiete geteilt werden (Nr. 2.1 FAGO). Die Sachgebiete sind in Arbeitsgebiete geteilt, deren Aufgaben von den Sachbearbeitern bzw. Bearbeitern erledigt werden. Die Sachgebietsleiter haben für ihre Sachgebiete das Zeichnungsrecht, soweit nicht der Vorsteher als Leiter des FA abschließend zeichnet (vgl. Nr. 4 FAGO mit Einzelheiten). Die Sachbearbeiter bzw. Bearbeiter haben für ihr Arbeitsgebiet das Zeichnungsrecht, soweit nicht der Vorsteher oder der Sachgebietsleiter abschließend zeichnen.

Eine **Neuorganisation der FÄ** ist seit Jahren im Gange. Die FÄ sollten aufgrund gleich lautender Erlasse der Finanzbehörden der Länder, die die „Grundsätze zur Neuordnung der Finanzämter und zur Neuordnung des Besteuerungsverfahrens (GNOFÄ)" enthalten, bundeseinheitlich neu organisiert werden (BStBl 1976 I S. 88; 1981 I S. 270). Diese Organisationsform ist inzwischen aufgehoben worden (BStBl 1996 I S. 1391, Tz. 8). Für das maschinelle und programmgesteuerte Verfahren bestehen bundeseinheitliche Vorgaben und Kriterien sowie nach Nr. 5.3 FAGO erlassene „Ergänzende Bestimmungen" (**„EB-FAGO"**).

2.5 Anwendung der Steuergesetze

Mit der Anwendung der Steuergesetze haben sich vor allem die Amtsträger der Finanzbehörden und die Angehörigen der steuerberatenden Berufe zu befassen. Von ihnen allen werden nicht nur umfangreiche Gesetzeskenntnisse gefordert. Sie müssen auch mit den Grundsätzen der Rechtsanwendung vertraut sein.

2.5.1 Begriff des Gesetzes

Gesetz ist jede **Rechtsnorm (§ 4 AO)**. Rechtsnormen sind alle Gesetze im materiellen Sinne. **Gesetze im materiellen Sinne** sind abstrakte und generelle Regeln, die das Zusammenleben in einer Gemeinschaft verbindlich ordnen, Rechte und Pflichten des Einzelnen festlegen und damit Recht setzen. Dazu gehören auch Rechtsverordnungen.

Rechtsverordnungen sind Rechtsnormen, die nicht in einem förmlichen Gesetzgebungsverfahren zustande kommen, sondern durch die Exekutive aufgrund der Ermächtigung in einem förmlichen Gesetz erlassen werden (Art. 80 GG). Zum Erlass von Rechtsverordnungen können die Bundesregierung, ein Bundes-

2.5 Anwendung der Steuergesetze

minister oder die Landesregierungen ermächtigt werden. Rechtsverordnungen sind nach Art. 80 GG nur wirksam, wenn:

1. Inhalt, Zweck und Ausmaß der erteilten Ermächtigung im Gesetz genau begrenzt sind (Grundsatz der Spezialität, vgl. BFH, BStBl 1983 II S. 623 für Steuererklärungsfristen),
2. die Rechtsgrundlage in der Rechtsverordnung angegeben ist und
3. die Rechtsverordnung sich in den Grenzen der gesetzlichen Ermächtigung hält (BFH, BStBl 1971 II S. 464). Überschreitet eine Rechtsverordnung den Rahmen der gesetzlichen Ermächtigung, so kann jedes Gericht die Ungültigkeit der Verordnung feststellen und sie bei seiner Entscheidung unberücksichtigt lassen. Ist das Gericht der Meinung, die gesetzliche Ermächtigung selbst halte sich nicht in den durch Art. 80 GG festgelegten Grenzen, so hat es darüber die Entscheidung des BVerfG einzuholen.

Ermächtigungen zum Erlass von Rechtsverordnungen für das Gebiet des Steuerrechts sind in der AO und in Einzelsteuergesetzen enthalten.

Beispiele:
1. Das BMF ist ermächtigt, durch Rechtsverordnung zahlreiche AO-Fragen zu regeln, vgl. § 30 Abs. 6, § 93 a, § 150 Abs. 6, § 152 Abs. 5, § 156 Abs. 1, § 180 Abs. 2, § 212 AO.
2. Die Bundesregierung darf auf dem Gebiet der ESt und USt eine Reihe von Rechtsfragen durch Rechtsverordnung regeln (vgl. z. B. § 51 EStG, § 26 UStG).

Rechtsverordnungen auf dem Gebiet des Steuerrechts sind insbesondere die Durchführungsverordnungen, die zu den einzelnen Steuergesetzen erlassen werden, z. B. EStDV, LStDV, KStDV, UStDV.

Förmliche Gesetze und Rechtsverordnungen sind als Rechtsnormen in gleicher Weise allgemein verbindlich. Sie sind von den angesprochenen Personen (Adressaten), von den Verwaltungsbehörden und von den Gerichten zu beachten.

Keine Rechtsnormen sind die **Verwaltungsvorschriften.** Sie verpflichten und binden nur die nachgeordneten Verwaltungsbehörden. Die Gerichte sind durch sie grundsätzlich nicht gebunden. Die allgemeinen Verwaltungsvorschriften werden durch die Bundesregierung erlassen, und zwar mit Zustimmung des Bundesrates, soweit die Verwaltung den Landesfinanzbehörden obliegt (Art. 108 Abs. 7 GG). Zu diesen Verwaltungsvorschriften gehören insbesondere die Richtlinien zu den Einzelsteuergesetzen, z. B. AEAO, BpO, EStR, KStR. Ausnahmsweise können auch Verwaltungsanordnungen der Finanzbehörden für die Steuergerichte verbindlich sein. Durch Verwaltungsvorschriften geschaffene Pauschbeträge sowie Anpassungs- und Übergangsregelungen, die bei einer grundlegenden Änderung der Rechtsprechung von den Finanzbehörden zur Wahrung der Gleichmäßigkeit der Besteuerung erlassen werden, sind unter bestimmten Voraussetzungen auch von den Steuergerichten zu beachten (vgl. BFH, BStBl 1990 II S. 777, 909).

2.5.2 Steuergesetze

Der Begriff „Steuergesetz" ist enger als der Begriff „Gesetz". Das ist von Bedeutung, weil verschiedene Bestimmungen der AO die klare Unterscheidung zwischen Gesetzen und Steuergesetzen voraussetzen. Das zeigt sich besonders deutlich in § 191 AO. Während in Abs. 1 der Vorschrift allgemein auf die Haftung kraft irgendeines Gesetzes abgestellt wird, ist nach Abs. 4 zu unterscheiden, ob die Haftung sich aus den Steuergesetzen oder anderen Gesetzen ergibt. Weitere Bestimmungen der AO, in denen der Begriff „Steuergesetz" verwendet wird, sind z. B. §§ 2, 43, 140, 179, 369 AO. Steuergesetze sind insbesondere die AO und die Einzelsteuergesetze, z. B. EStG, UStG. Die hierzu ergangenen Rechtsverordnungen sind nach § 4 AO ebenfalls Steuergesetze.

2.5.3 Gesetzesanwendung

Bei der Gesetzesanwendung lassen sich **drei Stufen** unterscheiden:

1. **Sachverhaltsermittlung.** Dazu gehört die Feststellung der konkreten, tatsächlichen Vorgänge unter Berücksichtigung der wirtschaftlichen Betrachtungsweise. Mehrdeutige Willenserklärungen sind auszulegen (entspr. § 133 BGB).
2. **Gesetzesfeststellung,** d. h., welches Steuergesetz ist anzuwenden.
3. **Subsumtion,** d. h. Unterstellung des festgestellten Sachverhalts unter das betreffende Gesetz. Dabei ist zu beurteilen, ob der festgestellte Sachverhalt die Voraussetzungen erfüllt, die nach der anzuwendenden Rechtsnorm eine bestimmte Rechtsfolge auslösen. Die Rechtsnorm bildet den Obersatz, der zu beurteilende Sachverhalt ist der Untersatz. Durch einen logischen Schluss ergibt sich die Rechtsfolge. Subsumtion ist also der wertende Schluss, dass ein Lebenssachverhalt dem abstrakten Tatbestand eines Gesetzes entspricht.

Die drei Stufen der Gesetzesanwendung kommen auch in § 3 AO zum Ausdruck, der bestimmt: Steuern dürfen nur erhoben werden, wenn der Tatbestand verwirklicht ist, an den das Gesetz die Steuerpflicht knüpft.

Bei der Gesetzesanwendung kann oftmals die **Auslegung** der anzuwendenden Rechtsnorm erforderlich werden. Wegen der abstrakten Fassung der Gesetzesvorschrift ist nicht immer aus dem Wortlaut ersichtlich, ob eine bestimmte gesetzliche Bestimmung den zu beurteilenden Sachverhalt erfasst.

2.5 Anwendung der Steuergesetze

Beispiel:
Nach dem Wortlaut des § 191 Abs. 1 AO sind in die Haftung nur „Steuern" einzubeziehen, nicht aber steuerliche Nebenleistungen. Da es sich bei § 191 AO ausschließlich um eine Verfahrensvorschrift für den Erlass und die Form von Haftungsbescheiden handelt, erlaubt der Wortlaut keinen Rückschluss auf Inhalt und Umfang der materiell-rechtlichen Haftungsschuld, die sich allein aus den gesetzlichen Haftungsvorschriften ergibt (vgl. BFH, BStBl 1987 II S. 363).

2.5.4 Auslegung der Steuergesetze

Die AO enthält keine Regeln für die Auslegung von Steuergesetzen. Der Gesetzgeber hat eine Zusammenstellung von Auslegungsregeln als entbehrlich angesehen. Für das Steuerrecht gelten wie für die übrigen Rechtsgebiete die von Wissenschaft und Rechtsprechung entwickelten allgemeinen Regeln für die Auslegung von Gesetzen.

Ein Gesetz auslegen heißt, den Sinn der Rechtsnorm klarzustellen. Zu diesem Zweck ist der Wille des Gesetzgebers zu erforschen. Als Wille des Gesetzgebers ist nicht die subjektive Vorstellung der Gesetzgebungsorgane und ihrer Mitglieder anzusehen. Maßgebend für die Auslegung einer Gesetzesbestimmung ist vielmehr der objektivierte Wille des Gesetzgebers, wie er sich aus dem Wortlaut der Vorschrift und dem Sinnzusammenhang ergibt, in den sie gestellt ist (vgl. BFH, BStBl 1984 II S. 327).

Auslegungsmethoden sind die Auslegung nach

- dem Wortlaut der Gesetzesvorschrift (grammatische Auslegung),
- dem Sinnzusammenhang (systematische Auslegung),
- dem Zweck (teleologische Auslegung) und
- der Entstehungsgeschichte (historische Auslegung).

Bei der Auslegung einer Gesetzesvorschrift ist grundsätzlich vom **Wortlaut unter Beachtung des Gleichheitssatzes** auszugehen. Die wortgetreue Auslegung dient der Rechtssicherheit. Es würde zur Rechtsunsicherheit führen, wenn bei der Auslegung einer Gesetzesbestimmung allzu leicht vom Wortlaut abgewichen würde (vgl. BFH, BStBl 1989 II S. 4 für Auswahl bei Ap). Die Steuergesetze sind allerdings nicht unbedingt eng auszulegen. Sie können vielmehr – mit der gebotenen Vorsicht – weit, d. h. bis zur Grenze des möglichen Wortsinns, ausgelegt werden, und zwar auch zuungunsten der Stpfl. Bei mehreren möglichen Auslegungen des Gesetzeswortlauts ist derjenigen der Vorzug zu geben, die dem im Wortlaut des Gesetzes in seinem Sinnzusammenhang ausgedrückten Gesetzeszweck entspricht, weil nur diese Auslegung den wahren Wortsinn gibt (vgl. BFH, BStBl 1990 II S. 216 m. w. N.).

Eine Auslegung gegen den Wortlaut kann nur ausnahmsweise in Betracht kommen. Sie ist nur zulässig, wenn der Wortlaut des Gesetzes den Willen des Gesetzgebers nicht deckt, insbesondere wenn eine wortgetreue Auslegung zu einem sinnwidrigen Ergebnis führen würde (BFH, BStBl 1973 II S. 410). Bei der Abweichung vom Wortlaut des Gesetzes ist besondere Zurückhaltung dann geboten, wenn sich eine Verschärfung der Besteuerung ergeben sollte. Es besteht grundsätzlich **kein steuerverschärfendes Analogieverbot** (vgl. BFH, BStBl 1984 II S. 221).

Die **Entstehungsgeschichte** kann für die Auslegung der Rechtsnormen einen Anhalt geben. Ihr kommt insoweit Bedeutung zu, als sie die Richtigkeit einer nach anderen Grundsätzen gewonnenen Auslegung bestätigt oder Zweifel behebt (vgl. BFH, BStBl 1980 II S. 97; 1981 II S. 634; 1984 II S. 327).

Zweck und wirtschaftliche Bedeutung der Steuergesetze sind zu berücksichtigen, weil die Steuergesetze sich mit wirtschaftlichen Vorgängen befassen oder daran anknüpfen und eine wirtschaftliche Leistungsfähigkeit voraussetzen. Der vom Gesetzgeber verfolgte Zweck ist für die Auslegung jedoch nur insoweit maßgebend, als er im Wortlaut des Gesetzes zum Ausdruck gekommen ist. Steuerbegünstigungsvorschriften sind – anders als steuerbegründende Normen – nicht buchstäblich eng, sondern unter sinnvoller Würdigung des mit ihnen verfolgten Zweckes auszulegen (vgl. BFH, BStBl 1984 II S. 327, 809 für „Feiertagsarbeit"; 1988 II S. 20).

Bei der Auslegung ist der **Grundsatz der Einheit der Rechtsordnung** zu beachten. Das Steuerrecht ist ein Bestandteil der allgemeinen Rechtsordnung. Der Grundsatz der Einheit der Rechtsordnung gebietet, dass die dem bürgerlichen Recht entlehnten Begriffe auch im Sinne des bürgerlichen Rechts ausgelegt werden. Die möglichst einheitliche Verwendung von Rechtsbegriffen in der gesamten Rechtsordnung dient in besonderem Maße der Rechtssicherheit und Rechtsklarheit. Das gilt nur dann nicht, wenn ein gegenteiliger Wille des Steuergesetzgebers klar feststellbar ist (vgl. § 2 Abs. 5 a EStG). Der Gesetzgeber ist wegen der Eigenart des in erster Linie fiskalischen Zwecken dienenden Steuerrechts nicht unbedingt gehalten, stets an die bürgerlich-rechtliche Ordnung anzuknüpfen (BVerfG, BStBl 1969 II S. 331). Etwaige Abweichungen von der Ordnungsstruktur des bürgerlichen Rechts müssen sachlich gerechtfertigt sein (BVerfG, BStBl 1962 I S. 500). Die im Steuerrecht zu berücksichtigende wirtschaftliche Betrachtungsweise darf in aller Regel nicht dazu verwendet werden, eine bürgerlich-rechtliche Begriffsbestimmung abweichend von dem Wortlaut des Gesetzes auszulegen.

2.5 Anwendung der Steuergesetze

Beispiele:
1. Grundsätzlich ist davon auszugehen, dass der Steuergesetzgeber die Begriffe „Miete" und „Pacht" im Sinne des bürgerlichen Rechts verwendet (BFH, BStBl 1957 III S. 306). Die Begriffe „Vermietung" und „Verpachtung" im einkommensteuerrechtlichen Sinne sind aber umfassender als die vergleichbaren bürgerlichrechtlichen Begriffe (BFH, BStBl 1974 II S. 130).
2. Der Begriff „Gewerbebetrieb" ist steuerrechtlich anders zu werten als im Zivilrecht (BFH, BStBl 1972 II S. 360).
3. Der Begriff der stillen Gesellschaft setzt nach § 8 Nr. 3 GewStG die Beteiligung an einem Gewerbe voraus. Darlehensverhältnisse, Arbeitsverhältnisse und Pachtverhältnisse können nicht als gesellschaftsähnliche Verhältnisse in erweiternder Auslegung des § 8 Nr. 3 GewStG der stillen Gesellschaft gleichgestellt werden (vgl. Abschn. 50 GewStR mit Rspr.).
4. Der Begriff „Grundstück" hat im USt-Recht keinen anderen Inhalt als der Grundstücksbegriff des BGB (BFH, BStBl 1967 III S. 209).

Von der Gesetzesauslegung ist rechtssystematisch die **Rechtsfindung** zu unterscheiden. Durch Auslegung wird der Sinn einer gesetzlichen Regelung klargestellt. Rechtsfindung ist erforderlich, wenn eine gesetzliche Regelung fehlt und eine **Gesetzeslücke** besteht. Eine Lücke im Gesetz ist allerdings nicht immer schon gegeben, wenn das Gesetz zu einer bestimmten Frage schweigt. Nur dann, wenn das Gesetz keine besondere Bestimmung für eine Frage enthält, die nach dem gesetzlichen Grundgedanken hätte geregelt werden müssen, liegt eine Gesetzeslücke vor. Eine Lücke im Gesetz setzt also voraus, dass das Gesetz unvollständig ist (BFH, BStBl 1972 II S. 858; 1974 II S. 295/297). Gesetzeslücken sind zu ergänzen und so auszufüllen, wie nach dem Sinnzusammenhang des Gesetzes und dem sonst erkennbaren Willen des Gesetzgebers dieser wahrscheinlich die Frage geregelt hätte, wenn sie in seinen Gesichtskreis getreten wäre. Die Grenzen zwischen Rechtsfindung und Auslegung sind nicht immer leicht zu ziehen. Das gilt insbesondere für die Beurteilung, ob es sich um eine Auslegung gegen den Wortlaut oder um eine das Gesetz abändernde Rechtsfindung handelt. Bei der Auslegung gegen den Wortlaut handelt es sich oftmals in Wahrheit um eine das Gesetz abändernde Rechtsfindung. Im Steuerrecht sind die Gerichte zur Ausfüllung von Gesetzeslücken berufen, soweit dadurch nicht der gesetzliche Steuertatbestand in unzulässiger Weise ausgeweitet wird (BFH, BStBl 1984 II S. 221: Auch belastende Analogie kann zulässig sein).

Bei der **Auslegung eines Verwaltungsaktes** kommt es nach dem entsprechend anwendbaren **§ 133 BGB** nicht darauf an, was die Behörde mit ihren in der Verfügung enthaltenen Erklärungen gewollt hat, sondern darauf, wie der Betroffene nach den ihm bekannten Umständen den objektiven Erklärungsinhalt unter Berücksichtigung von Treu und Glauben verstehen konnte (vgl. § 124 Abs. 1 Satz 2 AO; BFH, BStBl 1997 II S. 339; AEAO zu § 124 Nr. 1). Unklarheiten gehen zulasten der Behörde (BFH, BStBl 1986 II S. 293).

2.5.5 Ermessen

1. Begriff – Grundlagen

Die Finanzbehörde hat ihr Ermessen entsprechend dem Zweck der im Gesetz gegebenen Ermächtigung auszuüben und die gesetzlichen Grenzen des Ermessens einzuhalten (**§ 5 AO**). Bei der Ausübung des Ermessens haben die Finanzbehörden im Rahmen der Gesetze eine Entscheidungsfreiheit, die ihnen sonst nicht zusteht. Grundsätzlich erfolgt die Rechtsanwendung durch **gebundene Entscheidungen**, d. h., das Gesetz spricht selbst die Rechtsfolge aus, wenn der gesetzliche Tatbestand und der Sachverhalt sich decken (**Muss-Vorschriften**; vgl. § 85 AO). Bei den **Ermessensentscheidungen** wird die Rechtsfolge von der Verwaltung, nicht vom Gesetz bestimmt, z. B. „ob" bzw. „wie" sie tätig wird (vgl. §§ 86, 88 AO; s. u.). Das Gesetz gibt nur den Rahmen, innerhalb dessen eine Wahlfreiheit zwischen mehreren in der Sache richtigen Entscheidungen besteht. Die Behörde hat innerhalb des vom Gesetz gesteckten Rahmens Ermessensspielraum. Aufgrund dieses Spielraums kann die Verwaltung jede Entscheidung treffen, die in den gezogenen Grenzen noch vertretbar ist.

> **Beispiel:**
> Die Festsetzung von Steuern und Zinsen „hat" zu erfolgen, soweit dies gesetzlich geregelt ist (§ 85, § 155 Abs. 1, § 233 AO). Der Erlass eines Haftungsbescheides ist demgegenüber nach § 191 Abs. 1 AO eine Ermessensentscheidung („kann").

Von den Ermessensvorschriften sind gesetzliche **Regelungen mit unbestimmten Rechtsbegriffen** zu unterscheiden. Ein unbestimmter Rechtsbegriff ist gegeben, wenn das Gesetz nicht genau abgrenzbare Merkmale enthält. Dazu gehören z. B. die Begriffe „Missbrauch" (§ 42 AO), „offenbare Unrichtigkeit" (§ 129 AO), „unbillig" (§ 227 AO; vgl. BFH, BStBl 1990 II S. 673). Unbestimmte Rechtsbegriffe geben keinen Ermessensspielraum (von gewissen Sonderfällen abgesehen). Deshalb können die Gerichte die Anwendung und Auslegung eines unbestimmten Rechtsbegriffs in vollem Umfang nachprüfen. Die Unterscheidung zwischen reinen Ermessensvorschriften und Regelungen mit unbestimmtem Rechtsbegriff ist daher von Bedeutung, weil Ermessensentscheidungen nur in beschränktem Umfang vom Gericht nachprüfbar sind (§ 102 FGO).

Die **Ermächtigung** zu einer Ermessensentscheidung muss sich **aus dem Gesetz** ergeben (vgl. § 5 AO, § 102 FGO: „Ermächtigung"). Aus dem Wortlaut oder dem Inhalt des Gesetzes muss erkennbar sein, dass es sich um eine Ermessensvorschrift handelt. Der Gesetzgeber spricht nur selten ausdrücklich davon, dass eine Entscheidung in das Ermessen der Behörde gestellt ist, z. B. §§ 86, 92 AO. Auf den Charakter als Ermessensvorschrift deutet oftmals die Verwendung des Wortes „kann" hin **(Kann-Vorschrift)**. Beispiele dieser Art finden sich in den

2.5 Anwendung der Steuergesetze

§§ 95, 97, 152, 164, 165, 191, 222, 227, 364 a, 364 b AO. Für den Charakter als Ermessensvorschrift sprechen auch Wendungen wie „ist befugt, zulässig" (z. B. §§ 93, 193, 287 AO) oder „auf Verlangen der Finanzbehörde", z. B. § 100 AO. Der Charakter als Ermessensvorschrift ergibt sich manchmal auch allein aus dem Inhalt des Gesetzes. Nach der allgemein gehaltenen Formulierung des § 208 AO steht es im Ermessen der zuständigen Dienststelle, in welcher Weise die Steuerfahndung tätig wird.

Bei **Soll-Vorschriften** „muss" die Behörde in der Regel hiernach verfahren und darf nur in atypischen Fällen abweichen („**Ermessensreduzierung**" [ggf. auf null] oder **Vorprägung der Ermessensentscheidung**; vgl. § 80 Abs. 3, § 93 Abs. 1 Satz 3, § 204, § 364 a Abs. 1 Satz 1 AO, § 4 Abs. 2 und 3 BpO). Es ist hier Sache der Behörde, sich zu rechtfertigen, wenn sie die entsprechende Maßnahme ablehnt.

2. Arten

Arten des Ermessens sind einmal das **Entschließungsermessen**, d. h., „ob" die Behörde eine Rechtsfolge setzt oder nicht, z. B. § 152 Abs. 1 Satz 1 AO für Verspätungszuschlag, § 191 Abs. 1 AO für Haftungsbescheid, § 193 AO für Ap, § 222 AO für Stundung. Zum anderen kann ein **Auswahlermessen** bestehen, welche von mehreren Rechtsfolgen zu setzen ist, z. B. Wahl verschiedener Ermittlungsmaßnahmen (§ 88 Abs. 1 Satz 2 und 3, § 92 AO), Höhe des Verspätungszuschlags (§ 152 Abs. 2 AO), Auswahl zwischen mehreren Haftungsschuldnern (§ 191 Abs. 1, § 44 Abs. 1 AO). Entschließungs- und Auswahlermessen können in einer Entscheidung auch zusammentreffen, z. B. „ob" und „Höhe" des Verspätungszuschlags oder der Stundung.

3. Ausübung und Grenzen des Ermessens

Das Ermessen ist entsprechend dem **Zweck der Ermächtigung** auszuüben. Die Entscheidung der Finanzbehörde muss sachlich gerechtfertigt sein. Das setzt u. a. voraus, dass der entscheidungserhebliche Sachverhalt einwandfrei und erschöpfend ermittelt worden ist (BFH, BStBl 1983 II S. 672). Wenn von dem Ermessen in einer dem Zweck der Ermächtigung nicht entsprechenden Weise Gebrauch gemacht wird, so ist der Verwaltungsakt rechtswidrig. Bei der Ausübung des Ermessens sind nicht nur die in den einzelnen gesetzlichen Bestimmungen vorgeschriebenen Voraussetzungen, sondern auch folgende **Grundsätze** zu beachten:

– Gleichmäßigkeit der Besteuerung (vgl. § 85 AO).
– Verhältnismäßigkeit der Mittel, d. h., das eingesetzte Mittel muss geeignet und erforderlich sein, um den erstrebten Zweck zu erreichen. Das Mittel ist geeignet, wenn mit seiner Hilfe der gewünschte Erfolg gefördert werden kann.

2 Grundbegriffe, Grundsätze

Es ist erforderlich, wenn nicht ein anderes, gleich wirksames, aber weniger fühlbar einschränkendes Mittel hätte gewählt werden können (Mittel-Zweck-Relation).

– Treu und Glauben.

Die **gesetzlichen Grenzen des Ermessens** müssen eingehalten werden. Der Verwaltungsakt ist rechtswidrig, wenn die Finanzbehörde die gesetzlichen Grenzen des Ermessens überschritten hat (vgl. § 5 AO). Ferner sind **Verwaltungsvorschriften,** die die Ausübung des Ermessens regeln, für die Finanzbehörden bindend, sog. **„Selbstbindung der Verwaltung".**

Ermessensfehler sind demgemäß:

– Berücksichtigung eines unzutreffenden Sachverhalts.

– Ermessensfehlgebrauch (Ermessensmissbrauch). Dieser liegt vor, wenn das Ermessen innerhalb der gezogenen Grenzen fehlerhaft ausgeübt wird.

– Ermessensüberschreitung bzw. -unterschreitung. Diese ist gegeben, wenn die Finanzbehörde sich bei der Ausübung des Ermessens nicht in dem durch das Gesetz bestimmten Rahmen hält.

Beispiel:

S hat die Frist zur Abgabe der ESt-Erklärung um 1 Monat überschritten, während er in den Vorjahren die Erklärung stets rechtzeitig abgegeben hat. Das FA setzt bei einer ESt von 2.000 € einen Verspätungszuschlag von 300 € fest. Zulässig?
Es liegt eine Ermessensüberschreitung vor. Nach § 152 Abs. 2 AO kann das FA dem Stpfl. nur einen Verspätungszuschlag bis zu 10 v. H. der festgesetzten Steuer auferlegen, höchstens also 200 €. Außerdem ist ein Ermessensfehlgebrauch gegeben. Bei der Ausübung des Ermessens sind alle Umstände zu berücksichtigen und abzuwägen, die für die Entscheidung Bedeutung haben. Wenn ein sonst pünktlicher Stpfl. erstmalig die Steuererklärung verspätet abgibt und dabei die Erklärungsfrist nur gering überschreitet, so können Bedenken bestehen, ob überhaupt die Festsetzung eines Verspätungszuschlages gerechtfertigt ist. Auf jeden Fall wäre es unter diesen Umständen fehlerhaft, den Höchstsatz anzusetzen.

4. Begründungspflicht

Die Ermessensentscheidung ist regelmäßig zu **begründen** (§ 121 AO). Aus der Entscheidung müssen die gestellten Erwägungen erkennbar sein. Eine nicht begründete Ermessensentscheidung ist fehlerhaft, jedoch heilbar nach § 126 Abs. 1 Nr. 2 und Abs. 2 AO durch Nachholung der Begründung. Auf eine Begründung der Ermessensentscheidung kann verzichtet werden, wenn diese Entscheidung durch die Rechtsentscheidung gewissermaßen stillschweigend vorgeprägt ist (vgl. BFH, BStBl 1989 II S. 4: für routinemäßige Ap nach § 193 Abs. 1 AO genügt der Hinweis auf diese Vorschrift).

2.5 Anwendung der Steuergesetze

5. Behördliche und gerichtliche Überprüfbarkeit

Die **Finanzbehörden** können **Ermessensentscheidungen in vollem Umfange nachprüfen.** Aufgrund eigenen Ermessens können sie die getroffene Entscheidung bestätigen, aufheben oder auch ändern (vgl. § 367 Abs. 2 Satz 1, §§ 130, 131 AO).

Beispiel:
Das FA hat den Antrag des S auf Erlass von 1.000 € ESt nach § 227 AO abgelehnt. S legt dagegen form- und fristgerecht Einspruch ein. Folge?
Das FA wird nach § 367 AO die Entscheidung bestätigen, wenn es den Erlassantrag für unbegründet hält. Sieht es dagegen den Antrag als gerechtfertigt an, so kann es die Entscheidung aufheben und dem Erlassantrag in vollem Umfang stattgeben. Das FA kann aber auch einen Teilerlass aussprechen, wenn es aufgrund der Abwägung aller Umstände zu dieser Entscheidung kommt.

Die **Gerichte** haben bei Ermessensfragen nur eine **beschränkte Nachprüfungsbefugnis.** Nach § 102 FGO müssen sie nachprüfen, ob der Verwaltungsakt oder die Ablehnung oder Unterlassung des Verwaltungsakts rechtswidrig ist. Sie dürfen aber nicht ihr eigenes Ermessen an die Stelle des Ermessens der Finanzbehörde setzen. Die Ermessensentscheidungen sind vom Gesetzgeber den Verwaltungsbehörden übertragen und nicht den Gerichten (siehe Tz. 14.2.1.4.2). Diese Regelung entspricht dem Grundsatz der Gewaltenteilung. Es würde einen Übergriff in den Bereich der Verwaltung bedeuten, wenn die Gerichte ihre Prüfung nicht darauf beschränken würden, ob der Stpfl. in seinen Rechten verletzt ist. Die Gerichte können deshalb die Ermessensentscheidungen der Finanzbehörden grundsätzlich nur aufheben oder bestätigen, nicht aber ändern (§ 100 FGO). Die Nachprüfung von Ermessensakten durch die Gerichte beschränkt sich darauf,

1. ob die für die Ausübung des Ermessens vom Gesetz gezogenen Grenzen überschritten sind **(Ermessensüberschreitung)** und

2. ob innerhalb dieser Grenzen das Ermessen fehlerhaft ausgeübt worden ist **(Ermessensfehlgebrauch).**

Beispiele:

1. Gegen den S besteht eine ESt-Schuld von 30.000 €. Das FA hat den Antrag des S auf Erlass nach § 227 AO abgelehnt und den Einspruch des S als unbegründet zurückgewiesen. Das FG stellt fest, dass keine Ermessensverletzung des FA vorliegt, hält aber einen Teilerlass von 5.000 € für vertretbar. Rechtsfolge?
Für die Entscheidung des FG darf nicht maßgebend sein, ob das FA zu der getroffenen Entscheidung kommen musste. Es genügt, dass das FA zu der Entscheidung kommen konnte. Das FG kann nicht aufgrund seines Ermessens einen Teilerlass aussprechen, sondern muss die Entscheidung des FA bestätigen (§§ 100, 102 FGO).

2. Das FG kommt bei Beispiel 1 zu dem Ergebnis, dass die Ablehnung des Erlassantrages einen Ermessensfehlgebrauch darstellt. Es hält einen Teilerlass bis

2 Grundbegriffe, Grundsätze

10.000 € für gerechtfertigt. – Das FG muss die Entscheidung des FA aufheben und diesem eine erneute Entscheidung ermöglichen, indem es die Sache zurückverweist (§§ 101, 102 FGO). Zu einer eigenen Ermessensentscheidung ist es nicht befugt.

Eine eigene Ermessensausübung durch das Gericht kommt ausnahmsweise in Betracht, wenn durch die Sachlage des Einzelfalls die Ermessensgrenzen so eingeengt sind, dass nur eine bestimmte Entscheidung möglich ist, während jede andere zu einem Ermessensfehler führen müsste („Ermessensreduzierung auf null"; vgl. BFH, BStBl 1997 II S. 259 m. w. N.). Nur in diesen Fällen kann das Gericht sein eigenes Ermessen an die Stelle des Ermessens der Behörde setzen. Bei der gerichtlichen Überprüfung, ob eine Ermessensentscheidung der Finanzbehörden rechtswidrig ist, kommt es auf die **Verhältnisse im Zeitpunkt der letzten Verwaltungsentscheidung** an. Das Gericht hat demnach bei Ablehnung eines Stundungs- oder Erlassantrags durch das FA die für die Ermessensausübung maßgebenden Umstände des Falls aus der Sicht der Verhältnisse zu beurteilen, die im Zeitpunkt der Einspruchsentscheidung bestanden haben (vgl. BFH, BStBl 1994 II S. 678; 1996 II S. 396; BFH/NV 2001 S. 882 m. w. N.).

2.5.6 Treu und Glauben

Der Grundsatz von Treu und Glauben gilt auch im Steuerrecht. Er besagt, dass im Rechtsverkehr jeder auf die berechtigten Interessen des anderen Teils Rücksicht zu nehmen hat und sich mit seinem eigenen früheren (nachhaltigen) Verhalten nicht in Widerspruch setzt, auf das der andere vertraut hat (vgl. §§ 157, 242 BGB; BFH, BStBl 1993 II S. 174 m. w. N.; Thiel, DB 1988 S. 1343). Eine gesetzliche Regelung des Vertrauensschutzes enthält **§ 176 AO** für die Korrektur von Steuerbescheiden. Bezüglich **Spenden** siehe § 10 b Abs. 4 Satz 1 EStG, § 9 Abs. 3 Satz 1 KStG, § 9 Nr. 5 Satz 8 GewStG.

Die Bindung der Verwaltung an das Gesetz darf nicht durch eine uneingeschränkte Anwendung des Grundsatzes von Treu und Glauben aufgeweicht werden. Treu und Glauben kann eine Ausnahme von der grundsätzlichen Bindung der Verwaltung an das förmliche Recht nur in außergewöhnlich gelagerten Einzelfällen rechtfertigen. Der Grundsatz von Treu und Glauben kommt nach Rechtsprechung und Verwaltungsregelungen vor allem in folgenden **Fallgruppen** zur Anwendung (vgl. BFH, BStBl 1989 II S. 990 m. w. N.):

- widersprüchliches Verhalten;
- Geltendmachen von Ansprüchen, die aus gesetz- oder pflichtwidrigem Verhalten entstanden sind;
- das Beanspruchte muss sofort wieder zurückgewährt werden;
- rücksichtsloses und unangemessenes Verfolgen eigener Interessen.

2.5 Anwendung der Steuergesetze

Beispiel:
Das FA hat den rechtsunkundigen S durch die unrichtige Erklärung, der von ihm eingelegte Rechtsbehelf sei aussichtslos, zur Rücknahme des Einspruchs nach § 362 AO veranlasst. – Die Rücknahme des Einspruchs ist unwirksam (Hinweis auf § 362 Abs. 2 AO; vgl. BFH, BStBl 1959 III S. 116, 294).

Der Grundsatz von Treu und Glauben begründet keine selbständigen Rechtsansprüche. Er kann nur Rechtsfolgen, die sich aus dem förmlichen Recht ergeben, begrenzen oder verdrängen. Es handelt sich um einen Rechtsgrundsatz, der dann eingreift, wenn die Berufung auf das förmliche Recht gegen das allgemeine Rechtsempfinden verstößt. In diesem Zusammenhang ist darauf hinzuweisen, dass nach dem Prinzip der Abschnittbesteuerung jeder Veranlagungszeitraum einer eigenständigen Beurteilung unterzogen ist. Das FA ist daher an eine fehlerhafte Sachbehandlung in früheren Jahren grundsätzlich nicht für die Folgejahre gebunden (vgl. BFH, BStBl 1998 II S. 771; 2002 II S. 532).

Eine **Bindungswirkung** kann nach Treu und Glauben in Betracht kommen, wenn das FA dem Stpfl. hinsichtlich der Behandlung eines Sachverhalts eine Zusage gemacht hat. Von der Zusage sind die allgemeine Auskunft und die Vereinbarung zu unterscheiden:

- **Zusagen** beziehen sich auf einen noch „nicht verwirklichten Sachverhalt". Sie können unter bestimmten Voraussetzungen für die Behörde bindend sein, wenn sie die Grundlage für wirtschaftliche Dispositionen des Stpfl. gebildet haben. Spezielle Regelungen enthalten §§ 204 bis 207 AO, § 42 e EStG und Art. 11, 12 Zollkodex.

- **Allgemeine Auskünfte** sind Meinungsäußerungen der Behörde über die Beurteilung eines bereits „abgeschlossenen Sachverhalts". An solche Meinungsäußerungen ist die Behörde grundsätzlich nicht gebunden, weil nach dem System der AO über den bereits mit der Verwirklichung des Sachverhalts eingetretenen Steueranspruch erst im Steuerfestsetzungsverfahren entschieden wird (vgl. § 89 AO).

- **Vereinbarungen** zwischen Behörde und Stpfl. sind möglich. Sie können, wenn sie noch nicht verwirklichte Sachverhalte betreffen, den Charakter von Zusagen haben und in bestimmten Grenzen verbindlich sein. Eine „**tatsächliche Verständigung**", d. h. eine Absprache über schwierig zu ermittelnde Sachverhaltsfragen (z. B. in Schätzungssachen oder bei Wertansätzen), ist zulässig und bindend, nicht aber über rechtliche Fragen (vgl. BFH, BStBl 2004 II S. 742, 975 m. w. N.; OFD Frankfurt, DStR 2000 S. 1476 mit Einzelheiten; AEAO zu § 88 Nr. 1, zu § 201 Nr. 5 und zu § 364 a Nr. 1; Offerhaus, DStR 2001 S. 2093).

Verbindliche Auskünfte/Zusagen außerhalb des Regelungsbereichs der §§ 204 ff. AO, § 42 e EStG und Art. 11, 12 Zollkodex erfordern nach der Rechtsprechung

2 Grundbegriffe, Grundsätze

(vgl. BFH, BStBl 2002 II S. 662, 714; BFH/NV 2003 S. 883; Hauber, DB 1991 S. 1640; Schuhmann, DStZ 1992 S. 231):

1. Der Stpfl. muss dem FA in seiner eigenen Steuerangelegenheit einen bestimmten Sachverhalt in allen wesentlichen Punkten richtig und vollständig dargestellt haben (vgl. § 206 Abs. 1 AO). Unklarheiten gehen zulasten dessen, der sich auf die Verbindlichkeit der Zusage beruft (vgl. BFH, BStBl 1990 II S. 274; BFH/NV 1994 S. 838).

   Für die Anfrage und die Zusage ist Schriftform zweckmäßig. Bei mündlichen Erklärungen besteht die Vermutung, dass es sich um eine unverbindliche Meinungsäußerung (Auskunft) gehandelt hat (vgl. BFH, BStBl 1983 II S. 23; 1990 II S. 272). Die objektive Feststellungslast liegt beim Stpfl. Auch Schweigen auf ein Bestätigungsschreiben kann die Bindung auslösen.

2. Die Zusage muss durch den für die spätere Veranlagung zuständigen Beamten oder durch den Vorsteher erteilt werden (vgl. BFH, BStBl 1998 II S. 771; 2004 II S. 742/746, 975).

3. Das FA muss sich tatsächlich binden wollen (keine Vorbehaltsklausel; vgl. BFH, BStBl 1993 II S. 218).

4. Die Zusage muss vor dem Abschluss der von dem Stpfl. beabsichtigten Maßnahmen gegeben und ursächlich für diese Maßnahmen gewesen sein.

5. Im Einzelfall kann auch eine dem Gesetz widersprechende Zusage die Behörde binden, es sei denn, der Stpfl. hat die Rechtswidrigkeit erkannt oder hätte sie erkennen können (vgl. BFH, BStBl 2002 II S. 714 m. w. N.).

6. Eine Zusage, die sich auf einen Dauersachverhalt bezieht, kann das FA im Allgemeinen mit Wirkung für die Zukunft widerrufen. § 207 AO ist entsprechend anwendbar.

Stpfl. haben keinen Anspruch auf eine verbindliche Zusage außerhalb der §§ 204 ff. AO und § 42 e EStG. Die FÄ sollen Anträge grundsätzlich bearbeiten, sofern die Stpfl. darlegen, dass sie im Hinblick auf die Verwirklichung von Sachverhalten mit erheblicher steuerlicher Auswirkung ein berechtigtes Interesse haben, Sachverhalt und Rechtsproblem ausführlich dargelegt haben und konkrete Rechtsfragen formuliert haben (vgl. **„Auskunftserlass"** in BStBl 2003 I S. 742).

Beispiele:

1. Der Sachgebietsleiter erklärt in einem Schreiben an S auf dessen schriftliche Anfrage, er sei bereit, die beabsichtigte Vertragsgestaltung steuerrechtlich anzuerkennen. Später ergibt sich, dass der Beamte sich bei der rechtlichen Beurteilung geirrt hat. Rechtsfolge?

Es handelt sich um eine Zusage, die ohne Vorbehalt gemacht ist und die den S veranlasst hat, von Dispositionen zur Vermeidung oder Verringerung der Steuerlast

2.5 Anwendung der Steuergesetze

abzusehen. Durch die verbindliche Zusage ist der sonst geltende Grundsatz außer Kraft gesetzt, dass das FA von einer als falsch erkannten Rechtsauffassung in späteren Veranlagungszeiträumen abweichen kann.

2. Das FA hat aufgrund einer Vereinbarung mit dem S mehrere Jahre hindurch einen Dauersachverhalt in einer rechtlich vertretbaren Weise steuerlich behandelt. Es kann seine rechtliche Beurteilung später nicht ohne wichtigen Grund zuungunsten des S ändern (BFH, BStBl 1966 III S. 486).

3. Das FA hat eine falsche Bilanzierung (Bildung einer Rückstellung) jahrelang geduldet, ohne eine bindende Zusage zu geben. Rechtsfolge?

Der Umstand allein, dass das FA die Bildung der Rückstellung anerkannt hat, gibt dem Stpfl. nicht das Recht, unter Berufung auf Treu und Glauben die bisherige Bilanzierung fortzuführen (BFH, BStBl 1967 III S. 389).

Die **Sonderregelung für die Außenprüfung** behandelt Voraussetzungen (§ 204 AO), Form (§ 205 AO), Bindungswirkung (§ 206 AO) sowie Außer-Kraft-Treten, Aufhebung und Änderung der verbindlichen Zusage (§ 207 AO; Einzelheiten unter Tz. 5.4.8).

Eine weitere Sonderregelung stellt die **Anrufungsauskunft bei der LSt** dar. Nach § 42 e EStG hat das Betriebsstätten-FA auf Anfrage eines Beteiligten darüber Auskunft zu geben, ob und inwieweit im einzelnen Fall die Vorschriften über die LSt anzuwenden sind (vgl. BFH, BStBl 1992 II S. 107; R 147 LStR). Die Bindungswirkung der Auskunft beschränkt sich auf das LSt-Abzugsverfahren; sie erstreckt sich nicht auf das ESt-Veranlagungsverfahren des Arbeitnehmers (BFH, BStBl 1993 II S. 166). Im Übrigen steht es im pflichtgemäßen Ermessen des FA, eine erbetene Zusage oder Auskunft zu erteilen. Das gilt auch für **Auskünfte nach § 89 Satz 2 AO**. Das FA kann, ohne gegen Treu und Glauben zu verstoßen, Erklärungen unter Vorbehalt abgeben oder Zusagen und Auskünfte gänzlich ablehnen. Regelmäßig werden Rechtsauskünfte nur unter dem Vorbehalt einer abweichenden Entscheidung im Veranlagungs- oder Rechtsbehelfsverfahren erteilt, weil verbindliche Auskünfte, die unrichtig sind, unter Umständen zu erheblichen Steuerausfällen führen können.

Eine in allgemeinen **Verwaltungsanweisungen** geäußerte Rechtsansicht begründet im Gegensatz zu einer in einem konkreten Einzelfall gegebenen verbindlichen Zusage nicht stets eine Bindungswirkung (BFH, BStBl 1985 II S. 319/320; 1986 II S. 36 für BpO; 1986 II S. 98 für LSt). Eine Ausnahmeregelung enthält **§ 176 Abs. 2 AO**. Ebenso führen allgemeine Verwaltungsanweisungen, die **Schätzungen** zum Inhalt haben, aus Gründen der Gleichbehandlung zu einer **Selbstbindung der Verwaltung**. Die Finanzbehörden dürfen danach in Einzelfällen, die offensichtlich von der Verwaltungsanweisung gedeckt werden, deren Anwendung ohne triftigen Grund nicht ablehnen (vgl. BFH, BStBl 1991 II S. 752 m. w. N.). Sie sind aus Gründen der Gleichbehandlung aller Stpfl. auch von den Gerichten zu beachten, soweit sie im Einzelfall offensichtlich nicht zu falschen Ergebnissen führen (vgl. BFH, BStBl 1995 II S. 184; 2004 II S. 927 m. w. N.).

2 Grundbegriffe, Grundsätze

Beispiele:

Reisekostenpauschbeträge in den EStR und LStR; Kürzungen der Höchstbeträge des § 33 a Abs. 1 EStG für Unterhaltsleistungen an Empfänger im Ausland; Betriebsausgabenpauschalen für bestimmte Berufsgruppen; Ansatz der GewSt-Rückstellung nach der $^5/_6$-Methode (vgl. R 20 Abs. 2 EStR; BFH, BStBl 1991 II S. 752).

Verwirkung ist ein Anwendungsfall des Verbots widersprüchlichen Verhaltens, das als Grundsatz von Treu und Glauben die gesamte Rechtsordnung beherrscht. Die Verwirkung setzt neben dem bloßen Zeitmoment – **zeitweilige Untätigkeit** des Anspruchsberechtigten – zusätzlich ein bestimmtes Verhalten des Anspruchsberechtigten voraus: Der Verpflichtete musste bei objektiver Beurteilung darauf vertrauen dürfen, nicht mehr in Anspruch genommen zu werden – **Vertrauenstatbestand** –, und auch tatsächlich auf die Nichtgeltendmachung des Anspruchs vertraut und sich hierauf eingerichtet haben – **Vertrauensfolge** (BFH, BStBl 1984 II S. 697, 780; 1985 II S. 716). Durch den Grundsatz der Verwirkung soll der Stpfl. davor geschützt werden, dass ihm erhebliche Nachteile entstehen, die nicht entstanden wären, wenn das FA den Steueranspruch rechtzeitig geltend gemacht hätte. Eine überlange Verfahrensdauer lässt den gesetzlichen Steueranspruch grundsätzlich unberührt und führt nur in Ausnahmefällen zur Verwirkung (BFH, BStBl 1997 II S. 348/350 m. w. N.).

Beispiele:

1. Der als Werbeberater tätige S war von 01 bis 03 unzutreffend mit § 18 EStG-Einkünften unter Vorbehalt der Nachprüfung veranlagt worden. In 04 werden erstmals für diese Jahre GewSt-Messbescheide erlassen, weil sein Beruf einer freiberuflichen Tätigkeit nicht ähnlich ist. Zulässig?
Verwirkung ist nicht gegeben. Es fehlt an einem zur bloßen zeitweiligen Untätigkeit hinzutretenden Vertrauenstatbestand, weil das FA für zurückliegende Jahre die GewSt-Pflicht nicht ausdrücklich verneint hat (vgl. Abschn. 71 Abs. 4 GewStR).

2. Die Nichtbearbeitung eines Einspruchs über 9 Jahre führt für sich allein ebenfalls nicht zur Verwirkung (BFH, BStBl 1987 II S. 12).

Für die Verwirkung von Haftungsansprüchen gelten im Allgemeinen dieselben Grundsätze wie bei Steueransprüchen (BFH, BStBl 1973 II S. 573). Auch **prozessuale Rechte** können verwirkt werden, z. B. das Recht zur Anfechtung eines Verwaltungsaktes. Als Zeitpunkt für eine solche prozessuale Verwirkung wird in der Rechtsprechung regelmäßig der Ablauf eines Jahres angenommen (vgl. BFH, BStBl 1975 II S. 592; 1976 II S. 194).

2.6 Amtsträger

Die Aufgaben der Finanzbehörden werden durch die Amtsträger wahrgenommen (vgl. §§ 7, 30, 32, 82 ff., 370 Abs. 2, § 371 Abs. 2 AO).

2.6.1 Begriff

Amtsträger sind vor allem **Beamte** im staatsrechtlichen Sinne und Richter gemäß § **7 Nr. 1 AO,** unabhängig von Art oder Inhalt der Tätigkeit (vgl. § 11 Abs. 1 Nr. 2 StGB). Zu den **Richtern** gehören außer den Berufsrichtern auch die ehrenamtlichen Richter, wie § 7 Nr. 1 AO durch Hinweis auf § 11 Abs. 1 Nr. 3 StGB klarstellt.

Amtsträger ist auch jeder, der zwar nicht Beamter oder Richter ist, aber in einem **anderen öffentlich-rechtlichen Amtsverhältnis** steht (§ **7 Nr. 2 AO).**

> **Beispiel:**
>
> Minister, Parlamentarische Staatssekretäre, Notare (außer in einigen Gebieten Süddeutschlands) sind keine Beamten, stehen aber in einem öffentlich-rechtlichen Amtsverhältnis. Hierunter fallen nicht Parlamentsmitglieder (Untersuchungsausschüsse).

Amtsträger sind schließlich auch Personen, die zwar nicht zu einer der vorstehend bezeichneten Gruppen gehören, aber sonst dazu bestellt sind, Aufgaben der öffentlichen Verwaltung wahrzunehmen, sei es bei einer Behörde oder bei einer sonstigen Stelle oder in deren Auftrag (§ **7 Nr. 3 AO).** Zu dieser großen Gruppe der Amtsträger gehören die **Angestellten,** die im Rahmen der Besteuerung Aufgaben der „öffentlichen" Verwaltung wahrzunehmen haben. Während die in § 7 Nr. 1 und 2 AO genannten Personen ohne Rücksicht auf Art und Inhalt der ausgeübten Tätigkeit stets Amtsträger sind, ist für § 7 Nr. 3 AO die ausgeübte Tätigkeit maßgebend. Angestellte, die lediglich als **Hilfspersonen** bei öffentlichen Aufgaben mitwirken, scheiden aus, z. B. Registratur- und Schreibkräfte, Reinigungspersonal, Kraftfahrer. Hilfspersonen können jedoch in bestimmter Hinsicht durch besondere Verpflichtung den Amtsträgern gleichgestellt werden (vgl. § 30 Abs. 3 Nr. 1 AO).

Keine Amtsträger sind die **Angehörigen der steuerberatenden Berufe.** Sie sind nicht dazu bestellt, Aufgaben der öffentlichen Verwaltung wahrzunehmen. Der Umfang ihrer Pflichten gegenüber den Auftraggebern bestimmt sich nach privatem Recht (vgl. § 57 StBerG; §§ 203 ff. StGB).

2 Grundbegriffe, Grundsätze

2.6.2 Haftungsbeschränkung für Amtsträger

Amtsträger sind bei einer fehlerhaften Bearbeitung von Steuersachen vor Schadensersatzansprüchen durch § **32 AO** weitgehend geschützt. Sie können für Steuerausfälle, die infolge einer Amts- oder Dienstpflichtverletzung eintreten, nur dann in Anspruch genommen werden, wenn die Amts- oder Dienstpflichtverletzung mit einer Strafe bedroht ist. Das bedeutet, dass eine Haftung für Steuerausfälle nur bei einer vorsätzlich begangenen Straftat eintreten kann, z. B. bei Bestechlichkeit gemäß § 332 StGB. Fahrlässige Fehler führen dagegen keine Schadensersatzpflicht herbei. Das gilt auch bei grober Fahrlässigkeit.

Dieser Schutz der mit der Verwaltung von Steuern befassten Personen ist gerechtfertigt, weil bei dem Massenverfahren der Besteuerung Fehler unvermeidbar sind. Bei einer zu strengen Regelung der Schadensersatzpflicht für Steuerausfälle würde die Verantwortungs- und Entscheidungsfreudigkeit der Amtsträger zu sehr gehemmt werden. Die Haftungsbeschränkung des § 32 AO liegt auch im Interesse der Stpfl. Sie trägt dazu bei, dass die Amtsträger der Finanzbehörden nicht aus Sorge vor Schadensersatzansprüchen eine zu engherzige und rein fiskalische Haltung einnehmen. Die Regelung dient auch der Verbesserung des Steuerklimas.

2.6.3 Sonderpflichten der Amtsträger

Den Amtsträgern obliegen neben ihren allgemeinen Dienstpflichten verschiedene besondere Pflichten. Dazu gehört einmal die Pflicht, Interessenkonflikte zu vermeiden. Hierzu enthalten die §§ **82 bis 84 AO** Regelungen über die Ausschließung und Ablehnung (Einzelheiten unter Tz. 5.2.4).

Vor allem aber besteht für die Amtsträger der Finanzbehörden eine besondere **Verschwiegenheitspflicht nach § 30 AO,** die die nach BBG, BAT bzw. Landes-Beamtengesetzen bestehende Pflicht zur Wahrung des Amtsgeheimnisses ergänzt und erweitert.

2.7 Steuergeheimnis (§ 30 AO)

Das Steuergeheimnis hat für das gesamte Besteuerungsverfahren besondere Bedeutung. Sein Zweck ist, durch besonderen Schutz des Vertrauens in die Amtsverschwiegenheit die Bereitschaft zur Offenlegung steuerlicher Sachverhalte zu fördern, um so das Steuerverfahren zu erleichtern, die Steuerquellen vollständig zu erfassen und eine gesetzmäßige, d. h. insbesondere auch eine gleichmäßige Besteuerung sicherzustellen (BVerfG, BStBl 1991 II S. 654/668).

2.7 Steuergeheimnis

2.7.1 Geheimhaltungspflichtige

Amtsträger haben das Steuergeheimnis zu wahren (**§ 30 Abs. 1 AO**). Mit diesem Grundsatz wird dem Stpfl. und auch anderen Personen ein Recht auf Wahrung des Steuergeheimnisses gewährleistet. Den mit der Besteuerung befassten Amtsträgern im Sinne von **§ 7 AO** wird daher die besondere Pflicht auferlegt, das Steuergeheimnis nicht zu verletzen. Dieser besondere Schutz ist erforderlich, weil die Finanzbehörden wie kaum eine andere Behörde die Möglichkeit haben, sowohl die beruflichen und betrieblichen als auch die persönlichen Verhältnisse der Stpfl. zu erforschen. Das Steuergeheimnis ist das Gegenstück zu den Offenbarungs- und Mitwirkungspflichten der Stpfl. und anderer Personen nach den §§ 90 ff. AO. Eine derart weitgehende Offenlegung aller Verhältnisse kann dem Beteiligten nur zugemutet und von ihm erwartet werden, wenn gewährleistet wird, dass die Finanzbehörden ihre Kenntnisse nicht missbrauchen.

Die allgemein bestehende Pflicht zur **Amtsverschwiegenheit** reicht zum Schutz der Beteiligten nicht aus. Die Finanzbehörden würden z. B. durch die Pflicht zur Amtsverschwiegenheit nach § 61 BBG oder § 9 BAT nicht gehindert sein, den Gerichten und anderen Behörden allgemein Auskünfte über die Verhältnisse von Stpfl. zu geben. Gegenüber der Pflicht zur Amtsverschwiegenheit geht die Pflicht zur **Amts- und Rechtshilfe** vor. Dagegen ist die Pflicht zur Wahrung des Steuergeheimnisses grundsätzlich gegenüber der Pflicht zur Amts- und Rechtshilfe vorrangig. Das Steuergeheimnis schützt den Beteiligten davor, dass die den Finanzbehörden bekannt gewordenen Tatsachen – von Ausnahmen abgesehen – für Zwecke außerhalb des Besteuerungsverfahrens gegen ihn verwendet werden. Bei § 30 AO handelt es sich um eine Sonderbestimmung, die den allgemeinen beamtenrechtlichen Vorschriften vorgeht. Vor Erteilung einer Aussagegenehmigung für einen Amtsträger ist deshalb stets zu prüfen, ob der Aussagegenehmigung das Steuergeheimnis entgegensteht (BFH, BStBl 1967 III S. 572). Das **Amtsgeheimnis** dient der Wahrung **öffentlicher Interessen,** während das **Steuergeheimnis** vor allem **Interessen** des **Stpfl.** oder **Dritter** schützt (vgl. Nr. 3.2.2 FAGO).

Im Verhältnis zum **Datenschutz** sind die Regelungen des § 30 AO vorrangig, soweit sie auf in Dateien gespeicherte personenbezogene Daten anzuwenden sind (§ 1 Abs. 4, §§ 39, 45 BDSG). Das Datenschutzgesetz gilt nur insoweit für die Angehörigen der Finanzverwaltung, als § 30 AO nicht eingreift (zur Strafbarkeit vgl. § 43 BDSG; §§ 202 a, 353 b StGB).

Außer den Amtsträgern sind bestimmte **andere Personen („Gleichgestellte")** zur Wahrung des Steuergeheimnisses verpflichtet. Nach § 30 Abs. 3 Nr. 1 AO stehen den Amtsträgern gleich die für den öffentlichen Dienst **besonders Verpflichteten** im Sinne des § 11 Abs. 1 Nr. 4 StGB. Zu diesem Personenkreis gehört insbesondere, wer, ohne Amtsträger zu sein, bei einer Behörde beschäftigt und auf die gewissenhafte Erfüllung seiner Obliegenheiten aufgrund des Verpflichtungsgesetzes (BStBl 1974 I S. 364) förmlich verpflichtet ist. Für eine Verpflichtung kommen z. B. Schreib- und Registraturkräfte, Kraftfahrer und sonstige mit speziellen (= nichtöffentlichen) Aufgaben betraute Personen in Betracht (vgl. AEAO zu § 30 Nr. 2.3). Soweit **Hospitanten bei Gericht** nicht förmlich verpflichtet worden sind, fallen sie als in § 193 Abs. 2 GVG genannte Personen unter § 30 Abs. 3 Nr. 1 a AO.

Nach § 30 Abs. 3 Nr. 2 AO stehen den Amtsträgern ferner die **amtlich zugezogenen Sachverständigen** im Sinne von § 96 AO gleich, aber nicht die vom Stpfl. beauftragten. Nach § 30 Abs. 3 Nr. 3 AO stehen schließlich den Amtsträgern gleich die **Träger von Ämtern der Kirche** und anderen Religionsgemeinschaften, die Körperschaften des öffentlichen Rechts sind, z. B. Kirchenräte.

Nicht geheimhaltungspflichtig nach § 30 AO sind somit der Stpfl. selbst, steuerliche Berater (für diese gilt § 57 Abs. 1 StBerG, § 203 StGB), Auskunftspersonen (§ 93 AO), Arbeitgeber bei der LSt und sonstige Dritte, z. B. Drittschuldner bei Pfändungen (vgl. § 309 Abs. 2 Satz 2 AO).

Die **Pflicht** zur Wahrung des Steuergeheimnisses ist **zeitlich nicht begrenzt.** Amtsträger und die ihnen nach § 30 Abs. 3 AO gleichgestellten Personen haben auch nach Ende ihrer Dienststellung das Steuergeheimnis zu beachten. Denn § 30 AO will solche Verhältnisse schützen, die jemandem „als Amtsträger" bekannt geworden sind (so auch § 355 Abs. 1 StGB).

2.7.2 Verletzung des Steuergeheimnisses

Das Steuergeheimnis wird durch **unbefugtes Offenbaren** oder **Verwerten** von Verhältnissen eines anderen oder durch **unbefugtes Abrufen geschützter Daten** verletzt (§ 30 Abs. 2 AO).

Alle **Verhältnisse** eines anderen werden geschützt. Der Schutz besteht nicht nur für wirtschaftlich und steuerlich erhebliche Tatsachen, sondern umfasst auch die höchst persönlichen Lebensverhältnisse, z. B. Beruf, Wohnung, familiäre Verhältnisse, Krankheiten, Religion, politische Einstellung (vgl. AEAO zu § 30 Nr. 1). Das Steuergeheimnis ist auch hinsichtlich der Verhältnisse zu beachten, die auf anderem Wege feststellbar oder lediglich gerüchtweise verbreitet sind.

> **Beispiel:**
> Bei der Veranlagung der stadtbekannten Künstlerin X stellt der Finanzbeamte B fest, dass die Künstlerin zwei nichteheliche Kinder hat. Von einem Kind ist gerüchtweise bereits seit längerer Zeit die Rede gewesen. – B hat als Steuergeheimnis sowohl die Tatsache zu behandeln, dass X überhaupt nichteheliche Mutter ist, als auch, dass sie zwei Kinder hat.

Geschützt sind die Verhältnisse **eines anderen,** d. h. einer bestimmten natürlichen oder juristischen Person oder Personengesellschaft. Zum geschützten Personen-

2.7 Steuergeheimnis

kreis gehören nicht nur der Stpfl., sondern auch andere Personen, z. B. auskunftspflichtige Dritte. Geschützt werden auch Gewährsleute, die den Finanzbehörden vertrauliche Angaben über steuerliche Verhältnisse anderer machen, z. B. Betriebsangehörige, **Denunzianten** (vgl. BFH, BStBl 1994 II S. 552, 802; AEAO zu § 30 Nr. 1). Allgemeine Angaben, die nicht erkennen lassen, um welche Person es sich handelt, sind zulässig. Sind solche allgemeinen Angaben jedoch geeignet, sichere oder zumindest auf hoher Wahrscheinlichkeit beruhende Rückschlüsse auf einzelne Personen zuzulassen, greift § 30 AO ein.

Verhältnisse eigener Art sind **fremde Betriebs- oder Geschäftsgeheimnisse**. Sie sind in **§ 30 Abs. 2 Nr. 2 AO** besonders herausgestellt. Betriebs- oder Geschäftsgeheimnis ist alles, was für das Unternehmen Bedeutung hat und nach dem Willen des Unternehmers geheim gehalten werden soll. Dazu gehören nicht nur geschützte Rechte wie Patente und Urheberrechte, sondern auch Bilanzen, Kalkulationen, Kundenlisten, Zeichnungen, Prospekte, Rationalisierungsabsichten, Werbemethoden, Rezepte, Verarbeitung von Daten (vgl. Rspr. zu § 17 UWG).

Nur „**dienstlich bekannt gewordene**" Verhältnisse werden geschützt. Die Verhältnisse eines anderen müssen dem Amtsträger (den gleichgestellten Personen) in einem der in **§ 30 Abs. 2 Nr. 1 AO** unter Buchst. a bis c genannten – abschließend aufgezählten – Verfahren „dienstlich" bekannt geworden sein, d. h. in einem inneren Zusammenhang mit der öffentlichen Tätigkeit stehen, nämlich

1. in einem **Verwaltungsverfahren in Steuersachen,** z. B. Festsetzungsverfahren, Vollstreckungsverfahren, Einspruchsverfahren, oder in einem Rechnungsprüfungsverfahren oder in einem gerichtlichen Verfahren in Steuersachen, z. B. beim FG. Die Kenntnisse sind in diesem Verfahren erlangt, wenn ein objektiver oder subjektiver Zusammenhang mit dem Besteuerungsverfahren besteht. Das trifft auch zu, wenn die Amtshandlung lediglich die Ausgangsposition für die Kenntnisnahme liefert, z. B. der Stpfl. berichtet über Verhältnisse, die nicht Gegenstand der Ap sind, oder der Finanzbeamte erlangt im Rahmen der Ausbildung Kenntnis von bereits abgeschlossenen Veranlagungsverfahren.

2. in einem **Strafverfahren** wegen einer Steuerstraftat oder einem Bußgeldverfahren wegen einer Steuerordnungswidrigkeit. Es besteht z. B. bei Abgabe einer unrichtigen eidesstattlichen Versicherung gemäß § 284 AO regelmäßig der Verdacht einer Steuerhinterziehung (§ 370 AO) in Tateinheit mit einer falschen Versicherung an Eides statt (§ 156 AO).

3. aus anderem Anlass **durch Mitteilung einer Finanzbehörde** (z. B. an eine Gemeinde nach § 31 AO) oder durch die gesetzlich vorgeschriebene Vorlage eines Steuerbescheides oder einer Bescheinigung über die bei der Besteuerung getroffenen Feststellungen (sog. verlängerter Schutz des Steuergeheimnisses).

2 Grundbegriffe, Grundsätze

Verhältnisse eines anderen, die dem Amtsträger in anderer Weise – außerdienstlich – bekannt sind oder werden, z. B. heimlich verschaffte Kenntnis aus Steuerakten, unterliegen nicht dem Steuergeheimnis (streitig in der Literatur).

Beispiel:

Der Hausmeister H (Beamter im FA) hat bei Reparaturarbeiten im Nebenraum das Gespräch des Vollziehungsbeamten V mit dem Bearbeiter B über die angespannte finanzielle Lage des Stpfl. S mitgehört. Einzelheiten hiervon erzählt H abends beim Stammtisch mit Namensnennung. Verstoß gegen § 30 AO?
Als Beamter ist H zwar Amtsträger (§ 7 Nr. 1 AO), er wird aber als Hausmeister nicht in einem Besteuerungsverfahren tätig und konnte daher nicht nach § 30 Abs. 2 Nr. 1 Buchst. a AO Verhältnisse des S in einem Verwaltungsverfahren in Steuersachen „dienstlich" erfahren.

Offenbaren heißt, von den Verhältnissen eines anderen einem Dritten Kenntnis geben oder solche Kenntnis ermöglichen. Nicht nur mündliche, elektronische und schriftliche Erklärungen oder Äußerungen eines Amtsträgers stellen ein Offenbaren dar, sondern in jedem Verhalten kann ein Offenbaren liegen. Auch durch schlüssige Handlungen und sogar Unterlassungen kann offenbart werden (vgl. AEAO zu § 30 Nr. 3). Es kommt nicht darauf an, ob ein Offenbarungswille besteht.

Beispiele:

1. Der Finanzbeamte A wird von seinem Bekannten B ausgefragt, wie hoch der Gewinn des Kaufmanns X sei. Als A, der die Akten des X kürzlich bearbeitet hat, ausweichende Antworten gibt, beginnt B die Höhe des Gewinns zu raten. Wenn A durch ein Kopfnicken, durch eine Handbewegung oder in ähnlicher Weise bestätigt, dass B richtig geraten hat, so liegt darin ein Offenbaren durch schlüssige Handlung (§ 30 Abs. 2 Nr. 1 Buchst. a AO).

2. Der Finanzbeamte C, der gerade die ESt-Erklärung des Architekten Z bearbeitet, wird in seinem Dienstzimmer von dem Stpfl. D aufgesucht und um eine Auskunft gebeten. C benötigt für die Auskunft einen Aufsatz, der kürzlich in einer Fachzeitschrift erschienen ist. Er verlässt sein Dienstzimmer, um die Zeitschrift herbeizuholen. In der Eile denkt er nicht daran, die offen auf dem Tisch liegende ESt-Akte des Z fortzulegen. D benutzt die Gelegenheit und sieht sich die ESt-Erklärung des Z voller Interesse an, während C abwesend ist.
C hat durch eine Unterlassung Verhältnisse des Z dem D offenbart, auch wenn bei ihm ein Offenbarungswille nicht vorgelegen hat (§ 30 Abs. 2 Nr. 1 Buchst. a AO).

Umstände und Verhältnisse, die dem Dritten bereits bekannt oder die offenkundig sind, können nicht mehr offenbart werden, z. B. **Pressemitteilungen** über ein Steuerstrafverfahren aufgrund öffentlicher Gerichtsverhandlung. Allerdings ist noch nicht bekannt oder offenkundig, was lediglich gerüchteweise verbreitet wird. Die Bestätigung eines Gerüchts oder einer Vermutung stellt ein Offenbaren dar. Ein Offenbaren liegt auch vor, wenn der mit der Steuersache befasste Amtsträger Verhältnisse eines Stpfl. anderen Angehörigen der Behörde bekannt gibt.

2.7 Steuergeheimnis

Beispiel:

Der Außenprüfer A teilt dem Veranlagungsbeamten B Prüfungsfeststellungen mit, die B noch nicht kennt. – Es liegt darin ein Offenbaren, dessen Zulässigkeit nach § 30 Abs. 4 AO zu prüfen ist.

Verwerten bedeutet: zum eigenen oder fremden wirtschaftlichen Vorteil verwenden oder nutzen. Jede Art der Ausnutzung gehört dazu, es muss aber ein materieller wirtschaftlicher Vorteil aus den Verhältnissen selbst gezogen werden. Ein „Verwerten" wird insbesondere bei einem Betriebs- oder Geschäftsgeheimnis zum Zweck der Gewinnerzielung in Betracht kommen. Ob der Bedienstete die im Besteuerungsverfahren erlangten Kenntnisse selbst nutzt oder ohne Angabe ihres Ursprungs Dritten zugänglich macht, ist unerheblich. Ein Verwerten liegt auch vor, wenn das Geheimnis als solches nach außen gewahrt bleibt.

Das Steuergeheimnis kann ferner durch **unbefugtes Abrufen geschützter Daten im automatisierten Verfahren** verletzt werden (**§ 30 Abs. 2 Nr. 3 AO**). Die abgerufenen Daten müssen im Rahmen des § 30 Abs. 2 Nr. 1 und 2 AO geschützt und für eines der in Nr. 1 genannten Verfahren, z. B. einem Verfahren in Steuersachen, in einer Datei gespeichert sein. Unerheblich ist die für den automatisierten Datenabruf („per Knopfdruck") verwendete Technik oder Datenverarbeitungsmethode, z. B. über Bildschirm, Drucker oder durch Übertragung in private Datenspeicher. Der Zugriff auf manuell geführte Dateien oder Karteien wird dagegen von § 30 Abs. 2 Nr. 1 oder 2 AO erfasst.

2.7.3 Zulässiges Offenbaren und Abrufen geschützter Daten

Nur das unbefugte Offenbaren, Verwerten oder Abrufen geschützter Daten verletzt das Steuergeheimnis. **Unbefugt** ist das Verhalten, wenn es nicht zur ordnungsmäßigen Durchführung des Besteuerungsverfahrens geboten und erforderlich ist und wenn auch kein sonstiger Rechtfertigungsgrund besteht. Das Merkmal „unbefugt" ist ein unbestimmter Rechtsbegriff. Es besteht also kein Beurteilungs- oder Ermessensspielraum. Eine Befugnis kann sich aus einem Gesetz (sowohl aus der AO als auch aus anderen Gesetzen), aufgrund der Zustimmung des Geschützten und aus zwingendem öffentlichem Interesse ergeben. Die Gründe, die ein Offenbaren oder Abrufen steuerlicher Daten gestatten, hat der Gesetzgeber im Einzelnen festgelegt (§ 30 Abs. 4 bis 6 AO). Demgegenüber enthält § **88 a AO** Regelungen für die Sammlung und Verwendung geschützter Daten insbesondere zur Gewinnung von Vergleichswerten (vgl. BFH, BStBl 2004 II S. 387).

Im Fall des **Verwertens** wird als Rechtfertigungsgrund nur die Zustimmung des Geschützten in Betracht kommen (entsprechend § 30 Abs. 4 Nr. 3 AO).

2 Grundbegriffe, Grundsätze

Ein **Offenbaren** ist nach § 30 Abs. 4 AO zulässig, d. h. in Ermessen gestellt, „soweit" einer der in den Nr. 1 bis 5 genannten Rechtfertigungsgründe vorliegt. Der Amtsträger hat jeweils gewissenhaft abzuwägen, wie weit die Offenbarung im konkreten Fall erforderlich ist, z. B. inwieweit sie der Durchführung eines gerichtlichen Verfahrens in Steuersachen dient. Eine **Verpflichtung** zur Offenbarung dienstlich erlangter Kenntnisse wird durch § 30 Abs. 4 AO **nicht** begründet, sondern nur aufgrund gesetzlicher Sonderregelungen, z. B. § 4 Abs. 5 Nr. 10 EStG, § 161 StPO oder § 6 SubvG (vgl. AEAO zu § 30 Nr. 3 und 8.4). Ein **Denunzierter** hat grundsätzlich keinen Rechtsanspruch auf Akteneinsicht oder Auskunftserteilung, um den Namen des Informanten zu erfahren. Ausnahmen bestehen im Rahmen pflichtgemäßen Ermessens bei (vorsätzlicher) Verleumdung oder wenn der Betroffene bei leichtfertiger unrichtiger Anzeige durch ein Strafverfahren besonders beeinträchtigt wurde, z. B. durch Untersuchungshaft, Presseberichterstattung oder berufliche Nachteile (vgl. BFH, BStBl 1985 II S. 571; 1994 II S. 552 und 802; AEAO zu § 364; Ausführungen zu § 30 Abs. 5 AO).

Nach **§ 30 Abs. 4 Nr. 1 AO** ist ein Offenbaren zulässig, **soweit** es der **Durchführung eines steuerlichen Verfahrens** dient, nämlich eines Verwaltungsverfahrens in Steuersachen, eines gerichtlichen Verfahrens in Steuersachen, eines Verfahrens wegen einer Steuerstraftat oder einer Ordnungswidrigkeit (vgl. AEAO zu § 30 Nr. 4 mit Einzelheiten). § 30 Abs. 4 Nr. 1 AO ermöglicht somit **Kontrollmitteilungen**. Beachte § 31a Abs. 3 AO für **Spontanauskünfte** an Sozialversicherungsträger, § 31b AO für Mitteilungen an das Bundeskriminalamt zur Bekämpfung der **Geldwäsche** und **§ 68 Abs. 4 EStG** bzgl. Kindergeld.

§ 30 Abs. 4 Nr. 2 AO gestattet ein Offenbaren, **soweit es durch Gesetz ausdrücklich zugelassen** ist. Das Recht zum Offenbaren muss ausdrücklich festgelegt sein. Die allgemeine Pflicht zur Rechts- und Amtshilfe reicht hierfür nicht aus. Es muss also aus dem Gesetz eindeutig zu entnehmen sein, dass das Offenbarungsrecht dem Steuergeheimnis vorgeht (vgl. AEAO zu § 30 Nr. 5 mit Einzelheiten). Gesetzliche Vorschriften, die ein Offenbaren zulassen oder anordnen, sind sowohl in der AO als auch in anderen Gesetzen enthalten, z. B. für Auskunftsersuchen §§ 30 a, 93, 97, 249 Abs. 2 AO.

Beispiele:

1. Nach **§ 31 Abs. 2 und 3 AO** sind z. B. die Finanzbehörden berechtigt, die durch das Steuergeheimnis geschützten Verhältnisse des Betroffenen den Trägern der Sozialversicherung einschließlich der Bundesagentur für Arbeit zum Zweck der Festsetzung von Beiträgen mitzuteilen oder sonst zu verwenden (vgl. AEAO zu § 31).

2. Nach **§ 31a AO** sind Mitteilungen zur Bekämpfung der illegalen Beschäftigung und des sozialen Leistungsmissbrauchs (Zulagen) zulässig (vgl. Dürr, DB 2000 S. 794).

3. Gegenüber **Gesamtschuldnern nach § 44 AO** ist das Steuergeheimnis grundsätzlich ohne Bedeutung. Gesamtschuldner sind z. B. zusammen veranlagte **Ehegatten**

2.7 Steuergeheimnis

bei der ESt (vgl. auch § 155 Abs. 3 AO), Veräußerer und Erwerber eines Grundstücks wegen der GrESt, Steuerschuldner und Haftungsschuldner. Die Offenbarungsbefugnis geht aber nur so weit, als das Gesamtschuldverhältnis besteht. Aus der Gesamtschuldnerschaft rechtfertigt sich gemäß § 30 Abs. 4 Nr. 2 bzw. 3 AO das Erteilen von Auskünften über Einkommen eines Ehegatten an den anderen auf dessen Antrag zur Verwendung in Ehescheidungs- oder Unterhaltsprozessen. Dies gilt unabhängig davon, ob der anfragende Ehegatte selbst Einkünfte besitzt, sofern die Auskunft Zeiträume der Zusammenveranlagung betrifft (vgl. BFH, BStBl 1973 II S. 625, 1989 II S. 257). Anders ist es bei getrennter Veranlagung; hier besteht nur eine zivilrechtliche Auskunfts- und Vorlagepflicht gemäß §§ 1605, 1580 BGB für den Ehegatten.

4. Dem als **Haftenden** Inanspruchgenommenen ist der Inhalt der Akten des Steuerschuldners (z. B. ein Bericht der Ap oder Steuerfahndung) nur insoweit zugänglich zu machen, als die zu offenbarenden Verhältnisse für die Heranziehung als Haftender erheblich sein können (BFH, BStBl 1973 II S. 119; AEAO zu § 75 Nr. 6).

5. Im **Einspruchsverfahren** sind nach § 364 AO den Beteiligten, soweit es noch nicht geschehen ist, die Unterlagen der Besteuerung auf Antrag oder, wenn die Begründung des Rechtsbehelfs dazu Anlass gibt, von Amts wegen mitzuteilen (vgl. AEAO zu § 364 und zu § 91 Nr. 4).

6. Für das **Vollstreckungsverfahren** bestimmt § 260 AO, dass im Vollstreckungsauftrag oder in der Pfändungsverfügung für die beizutreibenden Geldbeträge der Schuldgrund anzugeben ist. Die Einschränkung des § **309 Abs. 2 Satz 2 AO** ist zu beachten. Hinweis auf § **249 Abs. 2 AO**.

7. Aufgrund Art. 1 § 21 Abs. 4 SGB X ist das FA verpflichtet, Auskünfte über Einkommens- und Vermögensverhältnisse bestimmter Personen wegen der Gewährung von **Sozialleistungen** zu geben.

8. Nach § 125 a FGG hat das FA Auskünfte zur Verhütung und Berichtigung unrichtiger Eintragungen im **Handelsregister** zu erteilen.

9. Weitere Bestimmungen sind in einer Reihe **anderer Gesetze** enthalten, z. B. Gesetz über das Passwesen, Wohnungsbaugesetz, Wohngeldgesetz, Ausbildungsförderungsgesetz, Aufenthaltsgesetz. Einzelheiten siehe AEAO zu § 30 Nr. 5; AO-Kartei NRW zu §§ 30 bis 31 b.

Nach § **30 Abs. 4 Nr. 3 AO** ist ein Offenbaren zulässig mit **Zustimmung des Betroffenen.** Dieser Rechtfertigungsgrund spielt vor allem bei Anträgen von Privatpersonen auf Auskunft über Verhältnisse eines Stpfl. eine wichtige Rolle. Die Zustimmung des Stpfl. kann eine Auskunft in den Fällen rechtfertigen, in denen die Erteilung der Auskunft weder gesetzlich zugelassen noch durch ein zwingendes öffentliches Interesse (nach Nr. 5) geboten ist, z. B. Unbedenklichkeitsbescheinigung des FA für öffentliche Aufträge oder zur Vermeidung einer Haftung nach § 75 AO (vgl. AEAO zu § 75 Nr. 6). Mitteilungen an Privatpersonen über den Inhalt von Steuerakten Dritter zu nichtsteuerlichen Zwecken sowie Einsichtnahme von Privatpersonen zu solchen Zwecken sind nur mit Zustimmung des Betroffenen zulässig (BFH, BStBl 1969 II S. 676).

§ **30 Abs. 4 Nr. 4 AO** stellt klar, inwieweit die Finanzbehörden **nichtsteuerliche Straftaten** (z. B. Betrug) den **Strafverfolgungsbehörden mitteilen** dürfen. Die Regelung bezweckt einen vernünftigen Ausgleich zwischen dem berechtigten

Interesse des Stpfl. und anderer Personen an einer Wahrung des Steuergeheimnisses und den ebenso berechtigten Interessen der Allgemeinheit an einer möglichst lückenlosen Verfolgung nichtsteuerlicher Straftaten. Da das Steuergeheimnis das Gegenstück zu den Offenbarungs- und Mitwirkungspflichten des Stpfl. und auskunftspflichtiger Dritter ist, ist darauf abzustellen, ob die Finanzbehörde ihre Kenntnisse von außersteuerlichen Straftaten aufgrund einer solchen Offenbarungs- und Mitwirkungspflicht erlangt hat oder ohne Bestehen einer solchen steuerlichen Verpflichtung (sog. **Zufallsfunde** bzgl. Nichtsteuerstraftaten; nach § 108 Abs. 1 StPO ist die Staatsanwaltschaft hiervon zu unterrichten). Der Schutz des Steuergeheimnisses ist nur dann gerechtfertigt, wenn der Finanzbehörde eine nichtsteuerliche Straftat aufgrund einer Offenbarungs- und Mitwirkungspflicht des Stpfl. oder anderer Personen bekannt geworden ist. Offenbarungs- und Mitwirkungspflichten bestehen allein im Besteuerungsverfahren, dagegen nicht im Steuerstraf- und Bußgeldverfahren. Dementsprechend bestimmt § 30 Abs. 4 Nr. 4 Buchst. a AO, dass die im Steuerstraf- und Bußgeldverfahren erlangten Kenntnisse über außersteuerliche Straftaten im Allgemeinen an die Strafverfolgungsbehörden weitergeleitet werden können. Das Steuergeheimnis ist jedoch zu wahren, wenn der Stpfl. in Unkenntnis der Einleitung eines Steuerstraf- oder Bußgeldverfahrens (vgl. § 397 Abs. 3 AO) Tatsachen offenbart hat, die außersteuerliche Straftaten betreffen oder die bereits vor Einleitung des Steuerstraf- oder Bußgeldverfahrens im Besteuerungsverfahren bekannt geworden sind (vgl. AEAO zu § 30 Nr. 7). Der Stpfl. ist in solchen Fällen schutzwürdig, weil er zur Erfüllung steuerlicher Pflichten im Besteuerungsverfahren gehandelt hat. Die Grundlage für die Wahrung des Steuergeheimnisses entfällt, wenn ein Stpfl. oder ein Dritter den Finanzbehörden Tatsachen über nichtsteuerliche Straftaten ohne eine steuerliche Verpflichtung oder unter Verzicht auf ein Auskunftsverweigerungsrecht offenbart. Die Finanzbehörde kann deshalb in solchen Fällen nach § 30 Abs. 4 Nr. 4 Buchst. b AO der Regelung die erlangten Kenntnisse an die Strafverfolgungsbehörden weitergeben. Sie ist jedoch zur Strafanzeige nicht unbedingt verpflichtet, sondern zur Offenbarung befugt. Eine **Sonderregelung** enthält **§ 4 Abs. 5 Nr. 10 EStG** wegen Bestechungs-, Schmiergelder und vergleichbarer Zuwendungen (vgl. BMF, BStBl 2002 I S. 1031 Tz. 31 bis 33).

§ 30 Abs. 4 Nr. 5 AO lässt ein Offenbaren zu, **soweit** ein **zwingendes öffentliches Interesse** besteht. Ein zwingendes öffentliches Interesse ist anzunehmen, wenn das allgemeine Wohl betroffen wird (öffentliches Interesse) und im Fall der Versagung der Auskunft schwere Nachteile für das öffentliche Wohl eintreten (zwingendes Interesse). Der Gesetzgeber hat den unbestimmten Rechtsbegriff „zwingendes öffentliches Interesse" in § 30 Abs. 4 Nr. 5 AO durch Beispielsfälle näher umschrieben.

Die Durchbrechung des Steuergeheimnisses ist aus zwingendem öffentlichem Interesse zulässig, wenn **Verbrechen** und vorsätzliche **schwere Vergehen** gegen

2.7 Steuergeheimnis

Leib und Leben oder gegen den Staat und seine Einrichtungen verfolgt werden oder verfolgt werden sollen, z. B. Mord, Hochverrat, Geldfälschungen (vgl. § 138 StGB; AEAO zu § 30 Nr. 8.2).

Es muss sich um besonders **schwerwiegende Wirtschaftsstraftaten** handeln, die geeignet sind, die wirtschaftliche Ordnung „erheblich" zu stören oder das Vertrauen der Allgemeinheit auf die Redlichkeit des geschäftlichen Verkehrs oder auf die ordnungsgemäße Arbeit der Behörden und der öffentlichen Einrichtungen „erheblich" zu erschüttern. Dabei kommt es auf die Begehungsweise und den Umfang des verursachten Schadens an. Diese Voraussetzungen können bei schweren **Korruptionsfällen** und im Rahmen der **Bekämpfung der organisierten Kriminalität**, z. B. Geldwäsche nach § 31 b AO mit § 261 StGB, gegeben sein (vgl. AEAO zu § 30 Nr. 8.7). Der § 30 Abs. 4 Nr. 5 AO rechtfertigt ferner die Mitteilung von (betrieblichen) Steuerrückständen im Rahmen eines **gewerberechtlichen Untersagungsverfahrens** an Gewerbebehörden (vgl. BFH, BStBl 2003 II S. 828; AEAO zu § 30 Nr. 8.1; BMF-Schreiben, BStBl 2004 I S. 1178) und die Weitergabe von Erkenntnissen über **Verstöße gegen Umweltschutzbestimmungen** (vgl. AEAO zu § 30 Nr. 8.5; BMF, BStBl 1993 I S. 525; 1995 I S. 83).

Das Offenbaren muss erforderlich sein zur **Richtigstellung** von in der Öffentlichkeit verbreiteten Tatsachen, die geeignet sind, das Vertrauen in die Verwaltung „erheblich" zu erschüttern. Die Vorschrift soll nicht dazu dienen, die Ehre der Verwaltung bei Angriffen in der Öffentlichkeit zu retten, sondern stellt darauf ab, das Vertrauen in die ordnungsgemäße Arbeit der Finanzbehörde zu erhalten, z. B. bei in der Öffentlichkeit verbreiteten Zweifeln an der Vertrauenswürdigkeit der Verwaltung hinsichtlich der Steuermoral (vgl. Fälle „Flick" und „Steffi Graf"; BVerfG, BStBl 1984 II S. 634; BMF-Schreiben, DStZ/E 1987 S. 204 betr. Untersuchungsausschüsse, Felix, BB 1995 S. 2030; AEAO zu § 30 Nr. 8.8).

Dem Schutz des Stpfl. dient die Bestimmung, dass er vor der Richtigstellung gehört werden soll. Die **Anhörung** ist nicht zwingend vorgeschrieben (Sollvorschrift!), weil es Fälle geben kann, in denen eine Anhörung nicht möglich oder nicht zumutbar ist. Auch die Bestimmung, dass die Entscheidung von der zuständigen obersten Finanzbehörde im Einvernehmen mit dem Bundesministerium der Finanzen zu treffen ist, bezweckt den Schutz des Stpfl., indem eine besonders sorgfältige Überprüfung gewährleistet wird.

Beispiele zu § 30 Abs. 4 AO:

1. Bei der Anhörung von Auskunftspersonen oder Sachverständigen werden bestimmte Verhältnisse eines Stpfl. offenbart. Die Offenbarung ist nach § 30 Abs. 4 Nr. 1 AO zulässig, wenn und soweit sie zur Erfüllung der amtlichen Ermittlungspflicht nach § 88 und § 93 Abs. 1 AO erforderlich ist.

2. Die Anfertigung und Auswertung von Kontrollmitteilungen durch die Finanzbehörden ist im Interesse der ordnungsgemäßen Besteuerung erforderlich. Die Weitergabe von Kontrollmitteilungen innerhalb der Finanzbehörden an die für die

2 Grundbegriffe, Grundsätze

Auswertung zuständige Stelle ist wegen der amtlichen Ermittlungspflicht nach § 30 Abs. 4 Nr. 1 AO zulässig (vgl. auch § 194 Abs. 3 AO und § 27 b Abs. 4 UStG).

3. Bei der Schätzung von Besteuerungsgrundlagen werden zur Ermittlung des zutreffenden Gewinns und des angemessenen Gehalts von Gesellschafter-Geschäftsführern einer GmbH Vergleichsbetriebe und Vergleichswerte herangezogen. Die Arbeit mit solchen Vergleichswerten ist zulässig, weil sie zur Erfüllung der amtlichen Ermittlungspflicht erforderlich ist; Hinweis auf § 88 a AO. Die Bekanntgabe der Vergleichsbetriebe an den Stpfl. ist dagegen nicht statthaft, weil das FA damit die durch § 30 AO geschützten Verhältnisse anderer Stpfl. unbefugt offenbaren würde. Gründe für eine nach § 30 Abs. 4 AO zulässige Offenbarung liegen nicht vor (vgl. BFH, BStBl 1986 II S. 226; AEAO zu § 30 Nr. 4.5).

4. Der Kaufmann A möchte das Unternehmen des Kaufmanns B erwerben. A bittet das FA um Auskunft, inwieweit er beim Erwerb des Unternehmens für Steuerrückstände des B haften müsste. Das FA kann die aus privaten Gründen erbetene Auskunft über die Steuerrückstände des B nur erteilen, wenn B seine Zustimmung gibt (§ 30 Abs. 4 Nr. 3 AO; AEAO zu § 75 Nr. 6).

5. Die Deutsche Bahn AG erkundigt sich beim FA über die Umsätze des Pächters einer Bahnhofsbuchhandlung, weil die Pacht nach dem Umsatz bemessen ist. Eine gesetzliche Vorschrift, die die Auskunft zulässt, besteht nicht. Ein öffentliches Interesse liegt ebenfalls nicht vor, weil das allgemeine Wohl nicht betroffen ist. Die Deutsche Bahn AG ist privatrechtlich tätig. Die Auskunft kann deshalb nur erteilt werden, wenn die Deutsche Bahn AG die Zustimmung des Pächters nach § 30 Abs. 4 Nr. 3 AO beibringt.

6. Der A gibt im Verlauf einer Ap zu, dass bestimmte bisher verheimlichte Einkünfte aus betrügerischen Machenschaften stammen. Zu diesem Zeitpunkt ist das Steuerstrafverfahren gegen A bereits eingeleitet, ihm aber noch nicht mitgeteilt worden. – Die Finanzbehörde hat die Kenntnis über die Betrugshandlungen des A nach Einleitung des Steuerstrafverfahrens erlangt. Sie darf diese Kenntnisse aber nicht an die Staatsanwaltschaft weitergeben, weil A die verheimlichten Einkünfte und ihre Herkunft in Unkenntnis der Einleitung des Strafverfahrens offenbart hat (§ 30 Abs. 4 Nr. 4 Buchst. a AO; vgl. dazu § 393 Abs. 2 AO).

7. Bei der Ap eines Großunternehmens werden schwerwiegende Korruptionsfälle festgestellt, in die staatliche Behörden verwickelt sind. Die Durchbrechung des Steuergeheimnisses gegenüber der Staatsanwaltschaft ist aus zwingendem öffentlichem Interesse gerechtfertigt (§ 30 Abs. 4 Nr. 5 Buchst. b AO).

8. Im Besteuerungsverfahren entsteht gelegentlich der Verdacht, dass Angehörige des öffentlichen Dienstes begangen, zu Unrecht Entschädigungen, Vergütungen oder Zuschüsse (z. B. Reisekosten, Umzugskosten) in Anspruch genommen haben oder geschäftsmäßig unbefugt Hilfe in Steuersachen leisten. Es ergibt sich die Frage, ob der Dienstvorgesetzte des betreffenden Bediensteten gemäß § 125 c BRRG unterrichtet werden kann. – Eine Mitteilung wäre nach § 30 Abs. 4 Nr. 5 AO nur zwingendem öffentlichen Interesse zulässig. Das kann allenfalls in Fällen in Betracht kommen, die nach ihrem sachlichen Gewicht oder wegen besonderer Umstände von erheblicher Bedeutung sind, z. B. Straftaten im Amt (§§ 331 ff. StGB), Steuerstraftaten oder ständige unbefugte Hilfeleistung in Steuersachen gemäß § 5 Abs. 2 StBerG (vgl. BMF, BStBl 2000 I S. 494; AEAO zu § 30 Nr. 8.6; Dörn, DStZ 2001 S. 77).

9. Verfehlungen der Angehörigen der steuerberatenden Berufe in eigenen Steuerangelegenheiten können eine Berufspflichtverletzung sein. Ihre Mitteilung an die

2.7 Steuergeheimnis

Berufskammer zum Zwecke der berufsrechtlichen Ahndung wird durch § 10 StBerG geregelt. Eine Unterrichtung der Berufskammern kommt unter dem Gesichtspunkt des zwingenden öffentlichen Interesses gemäß § 30 Abs. 4 Nr. 5 AO in Betracht, z. B. bei Steuerstraftaten der Berufsangehörigen, sofern nicht infolge Selbstanzeige Straffreiheit eingetreten ist. Bei leichtfertiger Steuerverkürzung ist dagegen eine Unterrichtung der Berufskammern unter dem Gesichtspunkt des zwingenden öffentlichen Interesses grundsätzlich nicht zulässig (vgl. AO-Kartei NRW zu § 30 Karte 14; Weyand, Inf 1990 S. 241).

10. Wegen weiterer Einzelfälle siehe AEAO zu § 30 Nr. 8 und AStBV Nr. 112.

Vorsätzlich falsche Angaben des Stpfl. oder eines **Denunzianten** (z. B. im Hinblick auf §§ 164, 267 StGB) dürfen den Strafverfolgungsbehörden offenbart werden (**§ 30 Abs. 5 AO**). Für sie gilt nicht der Schutz des Steuergeheimnisses, weil das Steuergeheimnis gerade dazu dient, wahre Angaben gegenüber den Finanzbehörden zu erreichen (vgl. BFH, BStBl 1994 II S. 552, 802 m. w. N.; BMF, DB 1981 S. 771; AEAO zu § 30 Nr. 9).

> **Beispiel:**
> Der M hat seine ESt-Erklärung mit der Anlage U (Unterhaltsleistungen an die getrennt lebende Ehefrau F gemäß § 10 Abs. 1 Nr. 1 EStG) eingereicht. Auf Rückfrage bei F erfährt das FA, dass M die Unterschrift der F gefälscht hat und eine entsprechende Zustimmung der F nicht vorliegt. Folge?
>
> Das FA darf der Staatsanwaltschaft nicht nur die versuchte Steuerhinterziehung (§ 370 AO), sondern auch die Urkundenfälschung (§ 267 StGB) mitteilen.

Nach **§ 30 Abs. 6 AO** ist der **automatisierte Datenabruf** nur zulässig, soweit er der Durchführung eines Verfahrens im Sinne von § 30 Abs. 2 Nr. 1 Buchst. a und b AO oder der zulässigen Weitergabe von Daten dient. Im automatisierten Verfahren können deshalb nur die Finanzbehörden im Sinne von § 6 Abs. 2 AO und solche Stellen außerhalb der Finanzverwaltung Daten abrufen, die im Besteuerungsverfahren tätig werden (vgl. § 93 Abs. 7 und 8 AO). Ein Datenabruf für außersteuerliche Zwecke, z. B. aus Neugier, für wissenschaftliche Arbeiten oder für nicht ausdrücklich zugelassene behördliche Zwecke ist nicht statthaft. Die Finanzbehörden dürfen jedoch, sofern ein Offenbaren steuerlicher Daten an Stellen außerhalb der Finanzverwaltung für deren Zwecke nach § 30 Abs. 4 AO zulässig ist, z. B. für Gewerbeuntersagungsverfahren, diese Daten selbst im automatisierten Verfahren abrufen und dann auf konventionellem Wege an diese Stellen weiterleiten. Die Befugnis zum Datenabruf wird durch die „Steuerdaten-Abruf-Verwaltungsregelung" konkretisiert (BStBl 2001 I S. 202).

2.7.4 Folgen der Verletzung des Steuergeheimnisses

Die Verletzung des Steuergeheimnisses kann für den betreffenden Amtsträger und auch für die den Amtsträgern gleichgestellten Personen (z. B. amtlich zugezogene Sachverständige) verschiedene nachteilige Folgen haben:

2 Grundbegriffe, Grundsätze

- **Strafrechtlich** ist das Steuergeheimnis durch § 355 StGB gegen unbefugtes Offenbaren oder Verwerten geschützt. Die Tat wird nur auf Antrag des Dienstvorgesetzten oder des Verletzten verfolgt. Dagegen ist das unbefugte Verschaffen von Daten, die gegen unberechtigten Zugang besonders gesichert sind, nach § 43 BDSG bzw. § 202 a StGB strafbar.

- **Disziplinarrechtliche Folgen** können sich für Beamte ergeben. Das gilt sowohl bei vorsätzlichen als auch bei fahrlässigen Verletzungen des Steuergeheimnisses. Angestellte können mit **arbeitsrechtlichen Maßnahmen** belangt, ggf. entlassen werden (Hinweis auf Tarifverträge/BAT).

- Schließlich können **Schadensersatzansprüche** aus § 839 BGB, Art. 34 GG in Betracht kommen.

- Soweit in einem Steuerstrafverfahren aus den Steuerakten bestimmte Tatsachen bekannt werden, kann unter den Voraussetzungen des § 393 Abs. 2 AO ein **Verwertungsverbot für nichtsteuerliche Straftaten** eingreifen (vgl. dazu § 30 Abs. 4 Nr. 5 AO).

2.7 Steuergeheimnis

2.7.5 Prüfungsschema zu § 30 AO

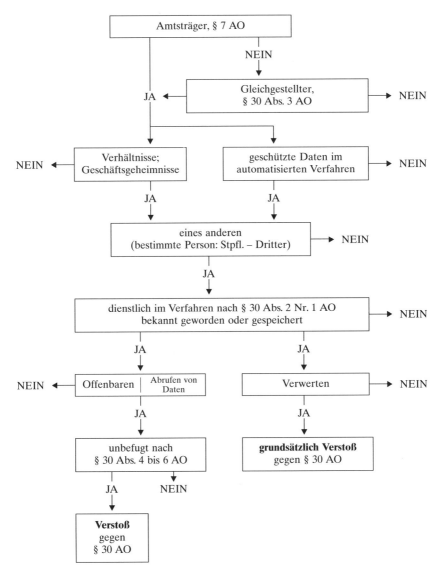

2.8 Wohnsitz, gewöhnlicher Aufenthalt

Die Begriffe Wohnsitz und gewöhnlicher Aufenthalt sind sowohl im Rahmen der AO als auch für verschiedene Einzelsteuergesetze von Bedeutung. Verfahrensrechtlich stellt die AO für die örtliche Zuständigkeit des FA auf den Wohnsitz oder gewöhnlichen Aufenthalt ab, soweit es sich um die Besteuerung natürlicher Personen nach dem Einkommen und Vermögen handelt (§ 19 AO). Materiellrechtlich sind Wohnsitz oder gewöhnlicher Aufenthalt vor allem bei der ESt für die Frage entscheidend, ob jemand unbeschränkt oder beschränkt steuerpflichtig ist (vgl. §§ 1, 1 a EStG). Bei der ErbSt knüpft die Steuerpflicht auch an den Wohnsitz oder gewöhnlichen Aufenthalt an (§ 2 ErbStG). Wegen ihrer Bedeutung sind deshalb die steuerlichen Begriffsbestimmungen in der AO geregelt.

2.8.1 Wohnsitz

Einen Wohnsitz hat jemand dort, wo er eine Wohnung unter Umständen innehat, die darauf schließen lassen, dass er die Wohnung beibehalten und benutzen wird (**§ 8 AO**). Der steuerliche Wohnsitzbegriff weicht damit von der bürgerlich-rechtlichen Regelung der §§ 7 bis 11 BGB ab (vgl. BFH, BStBl 1997 II S. 132). Nach bürgerlichem Recht sind für Begründung und Aufhebung des Wohnsitzes rechtsgeschäftliche Willenserklärungen maßgebend. Aufgrund der steuerlichen Begriffsbestimmung, die allein auf die tatsächliche Gestaltung und nicht auf eine Willenserklärung abstellt, können dagegen Geschäftsunfähige und beschränkt Geschäftsfähige einen steuerlichen Wohnsitz ohne Einwilligung des gesetzlichen Vertreters begründen (vgl. BFH, BStBl 1994 II S. 887). Im Steuerrecht gilt ein **objektiver Wohnsitzbegriff.** Ein gegenteiliger Wille des Stpfl. ist unbeachtlich, wenn alle Voraussetzungen des steuerlichen Wohnsitzbegriffs objektiv erfüllt sind (vgl. BFH, BStBl 1989 II S. 182; AEAO zu § 8 Nr. 1 und 2).

Der Stpfl. kann gleichzeitig mehrere Wohnsitze – möglicherweise neben einem inländischen noch einen ausländischen Wohnsitz – haben. Im Allgemeinen ist entscheidend, ob er „einen" Wohnsitz im Inland hat (vgl. § 19 Abs. 1 Satz 1 AO; Hinweis auf Sonderregelungen für die Zuordnung in den DBA; BFH, BStBl 1997 II S. 15, 447; AEAO Vor §§ 8, 9).

Wohnung ist jede zum dauerhaften Wohnen geeignete abgeschlossene Räumlichkeit mit grundsätzlich mindestens 20 qm Wohnfläche und mit eigenem Zugang, die die Führung eines selbständigen Haushalts ermöglicht. Neben dem Wohnbereich müssen die notwendigen Nebenräume wie Küche (ggf. Kochgelegenheit), Bad oder Dusche und Toilette vorhanden sein (vgl. AEAO zu § 8 Nr. 3; BFH, BStBl 1992 II S. 671; 1997 II S. 611 m. w. N.). Ein möbliertes Zimmer und unter Umständen auch eine Hotelunterkunft können eine Wohnung darstellen. Dagegen sind Räume, die vorwiegend für geschäftliche und betriebliche Zwecke genutzt werden, keine Wohnung (vgl. AEAO zu § 8 Nr. 4).

2.8 Wohnsitz, gewöhnlicher Aufenthalt

Der Stpfl. muss die Wohnung unter bestimmten Umständen **innehaben.** Das Merkmal des Innehabens ist erfüllt, wenn der Stpfl. über die Wohnung tatsächlich nicht nur vorübergehend verfügen kann. Die äußeren Umstände müssen darauf schließen lassen, dass er die Wohnung zeitlich nicht nur vorübergehend **beibehalten** und benutzen wird. Sie muss entweder ständig oder zwischendurch benutzt werden oder so ausgestattet sein, dass sie ihm jederzeit als Bleibe dienen kann, z. B. bei einem ins Ausland versetzten Arbeitnehmer (vgl. BFH, BStBl 1996 II S. 2 m. w. N.; AEAO zu § 8 Nr. 5). Als Anhaltspunkt für das Innehaben einer Wohnung als Zeitmoment kann auf die Sechsmonatsfrist des § 9 Satz 2 AO zurückgegriffen werden (vgl. BFH, BStBl 1989 II S. 956 m. w. N.).

Beispiele:

1. Der ledige Italiener A ist Kellner. Er hat in Köln ein möbliertes Appartement für 5 Monate als Saisonarbeiter gemietet, um anschließend nach Italien zurückzukehren. Folge?

A hat keinen Wohnsitz im Inland, da die Absicht einer von vornherein nur vorübergehenden Innehabung einer Wohnung keinen Wohnsitz im Sinne von § 8 AO begründet (vgl. BFH, BStBl 1989 II S. 956). Beachte § 1 Abs. 3, § 1 a EStG.

2. B ist vorübergehend in Paris tätig und hat dort eine Wohnung gemietet. Seine Ehefrau und seine Kinder sind in Deutschland geblieben, weil der Auslandsaufenthalt des B auf ein Jahr begrenzt ist. Folge?

B hat einen Wohnsitz im Inland (vgl. § 19 Abs. 1 Satz 2 AO). In der Regel kann davon ausgegangen werden, dass der Ehemann seinen Wohnsitz dort innehat, wo sich seine Ehefrau und seine Familie befinden (vgl. AEAO zu § 8 Nr. 1).

3. C wohnt mit seiner Familie in Kanada. Er hat sich aus geschäftlichen Gründen in Hamburg eine Wohnung gemietet, die er jährlich regelmäßig zweimal zu bestimmten Zeiten über mehrere Wochen benutzt. Folge?

C hat einen Wohnsitz im Inland. Die Zweitwohnung ist dem persönlichen Wohnbedürfnis zu dienen bestimmt und geeignet. C bewohnt die Räume regelmäßig (vgl. BFH, BStBl 1997 II S. 447; AEAO zu § 8 Nr. 4).

2.8.2 Gewöhnlicher Aufenthalt

Den gewöhnlichen Aufenthalt hat jemand dort, wo er sich unter Umständen aufhält, die erkennen lassen, dass er an diesem Ort oder in diesem Gebiet nicht nur vorübergehend verweilt (**§ 9 AO**). Diese steuerliche Begriffsbestimmung knüpft ebenso wie die für den Begriff Wohnsitz an die äußeren Umstände an, also an objektive Merkmale. Die äußeren Umstände müssen erkennen lassen, dass der Stpfl. an einem bestimmten Ort oder in einem bestimmten Gebiet nicht nur vorübergehend verweilt. Die bloße Absicht, keinen gewöhnlichen Aufenthalt zu begründen, ist ohne Bedeutung, wenn sie im Widerspruch zur äußeren, tatsächlichen Gestaltung steht. Es wird eine körperliche Anwesenheit von gewisser Dauer vorausgesetzt (vgl. AEAO zu § 9).

2 Grundbegriffe, Grundsätze

Grenzpendler, d. h. Personen, die sich an jedem Arbeitstag von ihrem ausländischen Wohnort über die Grenze an ihre Arbeitsstätte begeben und nach Arbeitsschluss wieder zurückkehren, haben im Inland keinen gewöhnlichen Aufenthalt (vgl. BFH, BStBl 1990 II S. 687, 701; AEAO zu § 9 Nr. 2 und 3). In § 1 Abs. 3, § 1 a EStG und in vielen DBA sind aber Sonderregelungen für die Besteuerung der Einkünfte der Grenzpendler enthalten (vgl. AEAO Vor §§ 8, 9 Nr. 1).

Bei einem zeitlich zusammenhängenden **Aufenthalt von mehr als sechs Monaten** wird von Beginn an ein gewöhnlicher Aufenthalt unwiderlegbar vermutet (§ 9 Satz 2 AO). Diese Vermutung gilt nur dann nicht, wenn der Aufenthalt ausschließlich zu privaten Zwecken wie Besuch oder Kur genommen wird und nicht länger als ein Jahr dauert (§ 9 Satz 3 AO). Der Sechsmonatszeitraum muss **nicht** in ein Kalenderjahr fallen.

> **Beispiel:**
>
> Kaufmann A besucht nach längerem Auslandsaufenthalt in Südamerika am 3. Mai Verwandte in Hamburg und bleibt bei diesen acht Monate. Mit dem Besuch verbindet er gleichzeitig geschäftliche Zwecke. Folge?
>
> A hat den gewöhnlichen Aufenthalt in Hamburg begründet, und zwar vom Beginn seines Besuches an. Es liegt ein zeitlich zusammenhängender Aufenthalt von mehr als sechs Monaten vor (§ 9 Satz 2 AO). Die Ausnahmeregelung des § 9 Satz 3 AO kommt nicht zur Anwendung, weil der Aufenthalt nicht ausschließlich privaten, sondern auch geschäftlichen Zwecken dient.

Bei der Berechnung der Sechsmonatsfrist in § 9 Satz 2 AO dürfen mehrere getrennt anzusehende Aufenthalte nicht zusammengezählt werden. Die Vorschrift bestimmt ausdrücklich, dass der Aufenthalt sich über einen zusammenhängenden Zeitraum von mehr als sechs Monaten erstrecken muss, wenn die Vermutung gelten soll, dass ein gewöhnlicher Aufenthalt vorliegt. Nur kurzfristige Unterbrechungen bleiben nach § 9 AO unberücksichtigt, z. B. Urlaub, Geschäftsreise (vgl. AEAO zu § 9). In diesem Fall ist die Sechsmonatsfrist von Anfang an zu berechnen.

Ausnahmsweise kann der gewöhnliche Aufenthalt auch bei einer **geringeren Dauer als sechs Monate** gegeben sein, wenn von vornherein ein langfristiges Verweilen beabsichtigt war (vgl. AEAO zu § 9 Nr. 1; BFH, BStBl 1978 II S. 118).

> **Beispiel:**
>
> Der ausländische Sänger S hat ein Jahresengagement an der Berliner Oper. Seit Okt. 03 lebt er in einem Hotel. Wegen einer Krankheit reist er bereits im Dez. 03 wieder aus.
>
> S hatte einen gewöhnlichen Aufenthalt im Inland gemäß § 9 AO. Die äußeren Umstände zeigen zweifelsfrei, dass S nicht nur vorübergehend im Inland verweilte.

Die **DBA** enthalten – abweichend von § 9 AO – für die Zuweisung des Besteuerungsrechts bei einer vorübergehenden Tätigkeit von Arbeitnehmern die sog. **183-Tage-Klausel** (vgl. BFH, BStBl 1997 II S. 15; AEAO Vor §§ 8, 9).

2.9 Geschäftsleitung, Sitz

Die Begriffe Geschäftsleitung und Sitz haben vor allem für die Besteuerung von Körperschaften, Personenvereinigungen und Vermögensmassen ähnliche Bedeutung wie die Begriffe Wohnsitz und gewöhnlicher Aufenthalt für die Besteuerung natürlicher Personen. Der Ort der Geschäftsleitung oder des Sitzes einer Körperschaft ist maßgebend dafür, ob unbeschränkte oder beschränkte KSt-Pflicht besteht. Nach dem Ort der Geschäftsleitung oder des Sitzes bestimmt sich auch die örtliche Zuständigkeit des FA (vgl. §§ 18, 20 AO).

Geschäftsleitung ist der Mittelpunkt der geschäftlichen Oberleitung (**§ 10 AO**). Dieser befindet sich dort, wo regelmäßig der für die Geschäftsführung maßgebende Wille gebildet wird. Der maßgebende Wille wird an dem Ort gebildet, an dem die im gewöhnlichen Geschäftsverkehr erforderlichen Entscheidungen („Tagesgeschäfte") getroffen werden. Das ist im Allgemeinen der Ort, wo sich das Büro des Geschäftsführers, notfalls dessen Wohnsitz, befindet (vgl. BFH, BStBl 1995 II S. 175; 1999 II S. 437 m. w. N.).

Beispiel:

A ist Inhaber eines Gewerbebetriebs in X, er hat seinen Wohnsitz in Y. Der Gewerbebetrieb in X wird von seinem Sohn B selbständig aufgrund einer Generalvollmacht geleitet. A bespricht lediglich mit B monatlich einmal für die Geschäftsführung wichtige Fragen, über die A auch entscheidet. Rechtsfolge?
Die für laufende Geschäftsführung notwendigen Maßnahmen werden von B angeordnet. Der darauf gerichtete maßgebende Wille wird deshalb in X gebildet. Dieser Umstand wird von der Tatsache nicht berührt, dass A Inhaber des Unternehmens ist und die laufende Geschäftsführung selbst in die Hand nehmen könnte. Die Geschäftsleitung befindet sich in X.

Die Geschäftsführung braucht nicht immer in den Händen des Vorstandes einer AG oder des Geschäftsführers einer GmbH zu liegen, sondern kann unter Umständen auch von dem beherrschenden Gesellschafter ausgeübt werden. Voraussetzung ist, dass der beherrschende Gesellschafter die tatsächliche Geschäftsleitung völlig an sich gezogen hat („faktischer Geschäftsführer"). Es genügt nicht, dass er den laufenden Geschäftsgang beobachtet, kontrolliert und fallweise beeinflusst. Er muss vielmehr ständig in die Tagespolitik der Gesellschaft eingreifen und dauernd die im gewöhnlichen Geschäftsverkehr erforderlichen Entscheidungen von einigem Gewicht selbst treffen (BFH, BStBl 1995 II S. 175).

Den **Sitz** hat eine Körperschaft, Personenvereinigung oder Vermögensmasse an dem Ort, der durch Gesetz, Gesellschaftsvertrag, Satzung, Stiftungsgeschäft oder dergleichen bestimmt ist (§ 11 AO). Dieser steuerliche Begriff stellt anders als bei dem Begriff Geschäftsleitung nicht auf die tatsächlichen Verhältnisse ab, sondern auf die rechtliche Gestaltung. Entsprechend dem zivilrechtlichen Begriff befindet sich der Sitz einer Körperschaft, Personenvereinigung oder Vermögensmasse an dem Ort, der durch Gesetz, Satzung, Stiftungsgeschäft oder dergleichen, also in irgendeiner Weise rechtlich bestimmt ist. Der Sitz ist für die Besteuerung von Körperschaften usw. als **alternativer Anknüpfungspunkt** und neben der Geschäftsleitung oft nur subsidiär vorgesehen (vgl. § 20 AO).

2.10 Betriebsstätte, ständiger Vertreter

Der Begriff der **Betriebsstätte** ist in § 12 AO vor allem für die steuerliche Zuordnung eines Gewerbebetriebs zum Inland oder Ausland oder zu einer bestimmten inländischen Gemeinde, aber auch für die örtliche Zuständigkeit (vgl. § 18 Abs. 1 Nr. 2 AO) von Bedeutung. Er gilt aber auch für Stpfl. mit Einkünften aus §§ 13 und 18 EStG. Eine Ergänzung dazu bildet der Begriff des ständigen Vertreters, dessen gesetzliche Definition ebenfalls der Sicherung des deutschen Steueranspruchs bei beschränkt Stpfl. dient (vgl. § 49 Abs. 1 Nr. 2 EStG). Die **DBA** enthalten teilweise von §§ 12 und 13 AO abweichende Begriffsmerkmale. Sie sind gemäß § 2 AO vorrangig für die Zuweisung des jeweiligen Besteuerungsrechts (vgl. AEAO zu § 12 Nr. 4; Betriebsstättenerlass, BStBl 1999 I S. 1076).

Betriebsstätte ist jede feste Geschäftseinrichtung oder Anlage, die der Tätigkeit eines Unternehmens dient (**§ 12 AO**). Danach muss eine feste Geschäftseinrichtung oder Anlage vorliegen. Diese Voraussetzung ist nicht nur gegeben, wenn besondere Räume oder bauliche Vorrichtungen vorhanden sind, sondern z. B. auch bei einem Straßenhändler, der auf einer ihm zugewiesenen Fläche gewerblich tätig ist. Verkaufs- und Spielautomaten können ebenfalls eine feste Geschäftseinrichtung oder Anlage darstellen, wie auch Plakatsäulen, die von einem Werbeunternehmen in einer Gemeinde aufgestellt und zur Werbung genutzt werden. Es ist also nicht erforderlich, dass die Geschäftseinrichtung oder Anlage im Eigentum des Unternehmens steht oder dass das Unternehmen als Pächter oder Mieter zur Benutzung berechtigt ist. Vielmehr genügt es, dass das Unternehmen die tatsächliche, nicht nur vorübergehende Verfügungsmacht über die Geschäftseinrichtung oder Anlage hat (vgl. BFH, BStBl 1990 II S. 166). Auch bewegliche Geschäftseinrichtungen mit vorübergehend festem Standort sind Betriebseinrichtungen, z. B. fahrbare Verkaufsstätten mit wechselndem Standplatz (vgl. AEAO zu § 12 Nr. 2). Einzelheiten enthält Abschn. 22 GewStR.

Der Tätigkeit eines Unternehmens dient die Geschäftseinrichtung oder Anlage, wenn dort gewisse Betriebshandlungen vorgenommen werden. Es kann sich dabei auch um untergeordnete Handlungen und Hilfstätigkeiten handeln. Als Unternehmen ist nicht nur der Gewerbebetrieb anzusehen, sondern auch der land- und forstwirtschaftliche Betrieb und die freiberufliche Tätigkeit.

Der Begriff der Betriebsstätte in § 12 Abs. 1 AO berücksichtigt die Erfordernisse aller Steuern. **Beispielsfälle** für Betriebsstätten enthält **§ 12 Satz 2 AO.** Die Aufzählung ist nicht abschließend. Soweit für einzelne Steuerarten ergänzende Vorschriften notwendig sind, ist die Regelung dem Einzelgesetz vorbehalten. So ist z. B. Betriebsstätte in § 4 Abs. 5 Nr. 6 EStG nur als Beschäftigungsstätte zu verstehen (vgl. BFH, BStBl 1991 II S. 97).

Ständiger Vertreter ist eine Person, die nachhaltig die Geschäfte eines Unternehmens besorgt und dabei dessen Sachanweisungen unterliegt (**§ 13 AO**). Die Geschäfte eines Unternehmens besorgt jemand nachhaltig, wenn er wiederholt gleichartige Handlungen unter Ausnutzung derselben Gelegenheit oder desselben Dauerverhältnisses vornimmt. Der Begriff der Nachhaltigkeit, der auch im Umsatzsteuer- und Gewerbesteuerrecht von Bedeutung ist, stellt auf eine wiederholte gleichartige Tätigkeit von gewisser Dauer ab. Den Sachanweisungen eines Unternehmens unterliegen auch Personen, die selbständig und personell unabhängig sind. Der Vertreter kann die Tätigkeit auch im Rahmen eines eigenen Gewerbebetriebs ausüben (BFH, BStBl 1972 II S. 785). Als Beispielsfälle nennt das Gesetz Personen, die für ein Unternehmen nachhaltig bei Verträgen mitwirken, Aufträge einholen oder Verkaufslager unterhalten und Auslieferungen vornehmen (§ 13 Satz 2 AO). Weitere Einzelheiten ergeben sich aus Abschn. 22 Abs. 5 und 6 GewStR.

Der ständige Vertreter ist vom gesetzlichen Vertreter (§ 34 AO) zu unterscheiden. Er wird aber meist zugleich Verfügungsberechtigter nach § 35 AO sein und damit dem gesetzlichen Vertreter gleichstehen.

2.11 Wirtschaftlicher Geschäftsbetrieb

Der steuerliche Begriff des wirtschaftlichen Geschäftsbetriebs gilt einheitlich für alle Steuerarten. Bei der KSt und vor allem bei der GewSt wird auf diesen Begriff zurückgegriffen. Der Begriff des Gewerbebetriebs fällt unter den Oberbegriff „wirtschaftlicher Geschäftsbetrieb". Im Rahmen der AO spielt der Begriff des wirtschaftlichen Geschäftsbetriebs bei den Vorschriften über bestimmte Steuervergünstigungen eine Rolle (vgl. §§ 64, 67a AO und Tz. 4.3.4 mit Einzelheiten). Ein **wirtschaftlicher Geschäftsbetrieb** ist eine selbständige nachhaltige Tätigkeit, durch die Einnahmen oder andere wirtschaftliche Vorteile erzielt werden und die über den Rahmen einer Vermögensverwaltung hinausgeht (**§ 14 AO**).

2.12 Angehörige

Der Begriff des Angehörigen in § 15 AO ist sowohl für verschiedene Einzelsteuergesetze (z. B. § 1 Abs. 2, § 10 h EStG; § 4 EigZulG) als auch im Rahmen der AO von Bedeutung. Verfahrensrechtlich spielt der Begriff vor allem eine Rolle für die Ausschließung von Amtsträgern und für das Auskunftsverweigerungsrecht (§§ 82, 101 AO). Für die in § 15 AO aufgeführten Personen sind, soweit dabei zivilrechtliche Begriffe verwandt werden, die Vorschriften des BGB (insbesondere §§ 1589, 1590) maßgebend. **Lebenspartner** im Sinne von § 11 LPartG gelten für den Bereich des Steuerrechts nicht als Angehörige mangels ausdrücklicher Verweisung.

Verlobte (§ 15 Abs. 1 Nr. 1 AO): Ein ernst gemeintes und nicht unsittliches gegenseitiges Eheversprechen zweier Personen verschiedenen Geschlechts ist erforderlich (vgl. § 1297 BGB; nach § 1 Abs. 3 LPartG „Versprechen"). Bloße Lebensgemeinschaften fallen nicht darunter. Auch das Heiratsversprechen eines Heiratsschwindlers begründet kein Verlöbnis. Das Verlöbnis muss in dem Zeitpunkt, der für die Eigenschaft als Angehöriger maßgebend ist, noch bestehen (vgl. § 15 Abs. 2 Nr. 1 AO). Ein Verlöbnis ist kaum überprüfbar, weil es an keine Form gebunden ist und nicht öffentlich erfolgen muss. Es wird oft behauptet, um eine unerwünschte Aussage zu verweigern.

Ehegatten (§ 15 Abs. 1 Nr. 2 AO): Eine formell gültige Eheschließung ist erforderlich. An dem Angehörigenverhältnis ändert es nichts, wenn eine formell gültig geschlossene Ehe später geschieden, aufgehoben oder für nichtig erklärt wird (§ 15 Abs. 2 Nr. 1 AO).

Verwandte gerader Linie (§ 15 Abs. 1 Nr. 3 AO): Verwandtschaft gerader Linie besteht bei Personen, die direkt voneinander abstammen, z. B. Großmutter – Enkel. Verwandtschaft besteht auch zwischen dem nichtehelichen Kind und seinem Vater sowie dessen Verwandtschaft. An dem Angehörigenverhältnis ändert es nichts, wenn die Verwandtschaft aufgrund der **Adoption** erlischt. Nach § 1755 BGB erlöschen mit der Annahme eines Minderjährigen als Kind grundsätzlich das Verwandtschaftsverhältnis des Kindes und seiner Abkömmlinge zu den bisherigen leiblichen Verwandten sowie die sich aus ihm ergebenden Rechte und Pflichten. Das Kind wird ganz aus seinem ursprünglichen Familienverband herausgelöst und wie ein eheliches Kind des Annehmenden in jeder Beziehung voll in dessen Familienverband eingegliedert. Für den Bereich des Steuerrechts bleibt allerdings das Angehörigenverhältnis auch zu den leiblichen Verwandten bestehen, wie § 15 Abs. 2 AO ausdrücklich bestimmt. Außerdem wird durch eine Annahme als Kind die Angehörigeneigenschaft zwischen dem Kind und dem Annehmenden sowie dessen Angehörigen nach Maßgabe des § 15 Abs. 1 AO begründet (vgl. H 176 EStH).

2.12 Angehörige

Verschwägerte gerader Linie (§ 15 Abs. 1 Nr. 3 AO): Verschwägert sind die Verwandten eines Ehegatten mit dem anderen Ehegatten. Die Linie der Schwägerschaft bestimmt sich nach der Linie der sie vermittelnden Verwandtschaft. In gerader Linie verschwägert sind z. B. Schwiegereltern und Schwiegerkinder, Stiefvater und Stiefkind. An dem Angehörigenverhältnis ändert es nichts, wenn die Ehe, die die Schwägerschaft begründet hat, nicht mehr besteht (§ 15 Abs. 2 Nr. 2 AO).

Geschwister (§ 15 Abs. 1 Nr. 4 AO): Dazu gehören auch halbbürtige Geschwister. Das sind die Geschwister, die einen Elternteil gemeinsam haben. Keine Geschwister sind zwei Kinder, die je ein Elternteil mit in die Ehe gebracht hat. Geschwister sind in der Seitenlinie verwandt, und zwar sind sie Verwandte zweiten Grades in der Seitenlinie. In der Seitenlinie sind Personen verwandt, die von einem gemeinsamen Dritten abstammen. Der Grad der Verwandtschaft bestimmt sich nach der Zahl der sie vermittelnden Geburten (§ 1589 BGB).

Kinder der Geschwister (§ 15 Abs. 1 Nr. 5 AO): Neffen und Nichten eines Stpfl. gehören zu seinen Angehörigen. Sie sind in der Seitenlinie im dritten Grad verwandt.

Ehegatten der Geschwister (§ 15 Abs. 1 Nr. 6 AO): Der Ehemann ist Angehöriger der Geschwister seiner Frau. Er ist mit den Geschwistern seiner Frau in der Seitenlinie im zweiten Grad verschwägert. An dem Angehörigenverhältnis ändert es nichts, wenn die Ehe, die die Schwägerschaft begründet hat, nicht mehr besteht (§ 15 Abs. 2 Nr. 1 und 2 AO). Die Ehegatten mehrerer Geschwister sind im Verhältnis zueinander keine Angehörigen.

Geschwister der Ehegatten (§ 15 Abs. 1 Nr. 6 AO): Der Bruder ist Angehöriger des Ehemannes seiner Schwester. Die beiden Männer sind in der Seitenlinie im zweiten Grad verschwägert. Das Angehörigenverhältnis bleibt bestehen, auch wenn die Ehe, die die Schwägerschaft begründet hat, nicht mehr besteht (§ 15 Abs. 2 AO).

Geschwister der Eltern (§ 15 Abs. 1 Nr. 7 AO): Onkel und Tante des Stpfl. gehören zu seinen Angehörigen. Sie sind Verwandte dritten Grades in der Seitenlinie.

Pflegeeltern und Pflegekinder (§ 15 Abs. 1 Nr. 8 AO): Das sind Personen, die durch ein auf längere Dauer angelegtes Pflegeverhältnis mit häuslicher Gemeinschaft wie Eltern und Kind miteinander verbunden sind. Pflegeeltern und Pflegekinder sind auch dann noch Angehörige, wenn die häusliche Gemeinschaft nicht mehr besteht, sofern sie weiterhin wie Eltern und Kind miteinander verbunden sind (§ 15 Abs. 2 Nr. 3 AO). Für die Annahme eines Pflegeverhältnisses nach § 15 AO ist nicht erforderlich, dass das Kind außerhalb der Pflege und Obhut seiner leiblichen Eltern steht. Ein Pflegeverhältnis kann z. B. auch zwischen einem Mann und einem Kind begründet werden, wenn der Mann mit der leiblichen Mutter des Kindes und diesem in häuslicher Gemeinschaft lebt.

3 Zuständigkeit der Finanzbehörden (§§ 16 bis 29 AO)

Für die Besteuerung ist die Behörde zuständig, die das Recht und gegebenenfalls die Pflicht hat, einen ihr zugewiesenen, sich aus den Steuergesetzen ergebenden Aufgabenkreis wahrzunehmen. Die vielfältigen Aufgaben, die den Finanzbehörden obliegen, können nur durch Verteilung auf verschiedene Behörden erfüllt werden. Dabei ist zu unterscheiden zwischen der Zuständigkeit für bestimmte Arten von Aufgaben (sachliche Zuständigkeit, § 16 AO) und der Zuständigkeit für die Wahrnehmung dieser Aufgaben in einem räumlichen Bereich (örtliche Zuständigkeit, §§ 17 bis 29 AO).

3.1 Sachliche Zuständigkeit

Die **sachliche Zuständigkeit** betrifft den einer Behörde durch Gesetz zugewiesenen **Aufgabenbereich** (vgl. AEAO zu § 16 Nr. 1). Eine Behörde darf nur im Rahmen ihrer sachlichen Zuständigkeit tätig werden. Die gesetzlichen Vorschriften über die sachliche Zuständigkeit finden sich u. a. im Grundgesetz (Art. 108), im Wesentlichen im FVG (vgl. §§ 8, 12, 17 FVG). Die AO selbst enthält nur einige ergänzende Vorschriften (vgl. § 1, § 249 Abs. 1 Satz 3, § 367 Abs. 1, § 386, § 387 Abs. 1 AO). Zuständig im Sinne der AO ist somit stets eine Behörde als solche, niemals eine bestimmte Dienststelle oder ein bestimmter Amtsträger innerhalb der Behörde. Ein Geschäftsverteilungsplan dient immer nur der innerdienstlichen Aufgabenteilung (vgl. FAGO mit den „Ergänzenden Bestimmungen").

Soweit es sich um die Verteilung der Verwaltungsaufgaben auf bestimmte steuerberechtigte Gebietskörperschaften handelt, spricht man auch von **verbandsmäßiger Zuständigkeit**. Diese Unterart der sachlichen Zuständigkeit besagt, dass vor Prüfung der örtlichen Zuständigkeit festzustellen ist, ob sich die Behörde im Rahmen der Verwaltungshoheit der Gebietskörperschaft gehalten hat, der sie angehört (vgl. Art. 106, 107 Abs. 1, Art. 108 GG). Die Regeln der verbandsmäßigen Zuständigkeit haben für das Steuerrecht nur Bedeutung, wenn es sich um orts-(gebiets-)gebundene Steuern handelt, z. B. GewSt, GrSt, örtliche Verbrauchsteuern (vgl. BFH, BStBl 1985 II S. 377/80). Diese Voraussetzung trifft für die meisten Steuern nicht zu, da die Verwirklichung des Tatbestands für das Entstehen des Steueranspruchs (§ 38 AO) grundsätzlich nicht gebietsgebunden ist. Das gilt vor allem für die Bundes- und Gemeinschaftssteuern, weil nach der verfassungsrechtlichen Ausgestaltung der Grundsatz der sich deckenden Gebiets-

3.1 Sachliche Zuständigkeit

und Verwaltungshoheit bei der Steuerverwaltung nicht durchgeführt ist (BFH, BStBl 1971 II S. 151; 1973 II S. 198).

Beispiel:

S wohnt mit seiner Familie in Münster (Nordrhein-Westfalen). Er arbeitet in Osnabrück (Niedersachsen). Durch ein Versehen gelangt seine für das FA Münster bestimmte ESt-Erklärung an das FA Osnabrück, das einen ESt-Bescheid erlässt.
Sachlich zuständig für die ESt ist das FA (§ 17 Abs. 2 FVG, § 6 Abs. 2 Nr. 5 AO). Der ESt-Bescheid ist daher nicht nichtig nach § 125 Abs. 1 AO. Da S in Osnabrück keinen Wohnsitz oder anderen Anknüpfungspunkt für die örtliche Zuständigkeit gesetzt hat, ist der ESt-Bescheid nur unter den Voraussetzungen des § 127 AO anfechtbar; Hinweis auf § 174 Abs. 1 AO. Anders wäre es für die GewSt (vgl. § 4 GewStG).

Die Verteilung von Verwaltungsaufgaben auf über- oder untergeordnete Behörden wird auch als **funktionelle** oder **instanzielle Zuständigkeit** bezeichnet. Sie regelt die Frage, welche von verschiedenen Behörden in derselben Sache tätig zu werden hat (§ 6 AO).

Beispiel:

Die Gemeinden haben nach §§ 39, 39 a Abs. 2 EStG LSt-Karten auszustellen, bestimmte Eintragungen auf den LSt-Karten vorzunehmen und zu ändern. Sie haben insoweit die Stellung örtlicher Finanzbehörden (§ 39 Abs. 6 EStG). Gegebenenfalls kann das FA derartige Verwaltungsakte selbst erlassen (§ 39 Abs. 6 Satz 3 EStG).

Die **Folgen der Verletzung der sachlichen Zuständigkeit** sind gesetzlich nicht abschließend geregelt. Man unterscheidet zwischen absoluter und relativer sachlicher Unzuständigkeit.

Absolute sachliche Unzuständigkeit liegt vor, wenn die Behörde, die den Verwaltungsakt erlassen hat, erkennbar offensichtlich außerhalb ihres Aufgabenbereichs tätig geworden ist. Hierbei werden zwei Fallgruppen unterschieden:

- Die Finanzbehörde erledigt Aufgaben, die ihrer Art nach von einer anderen Verwaltungsbehörde wahrzunehmen sind.
- Eine kraft Gesetzes funktionell unzuständige Finanzbehörde wird tätig (vgl. §§ 8, 17 FVG).

Diese **Verwaltungsakte** sind **grundsätzlich nichtig** (§ 125 Abs. 1, § 124 Abs. 3 AO). Eine Heilung dieses Verfahrensmangels ist nicht möglich (vgl. § 126 AO). Etwas anderes gilt nur (lediglich anfechtbar), wenn die zuständige Behörde (FA) abschließend und verbindlich Eingabewerte festgelegt hat und nur die weitere maschinelle Abwicklung und Bekanntgabe des Bescheides von einer sachlich

3 Zuständigkeit der Finanzbehörden

unzuständigen Behörde (z. B. Gemeinde für GewSt-Messbescheide) vorgenommen wird (BFH, BStBl 1986 II S. 880).

Beispiel:
Das FA berücksichtigt aus Billigkeitsgründen bei der Festsetzung des GewSt-Messbetrages bestimmte Besteuerungsgrundlagen, die die Steuer erhöhen, nicht, ohne dass hierfür Richtlinien aufgestellt worden sind. Folge?
Der Sache nach handelt es sich um den Erlass von GewSt vor der Steuerfestsetzung. Dafür sind nach § 163 Satz 1 AO, § 17 FVG grundsätzlich die Gemeinden zuständig (BFH, BStBl 1973 II S. 233; Abschn. 6 GewStR). Die Sonderregelung des § 184 Abs. 2 Satz 1 AO greift hier nicht ein. Der zusammen mit dem GewSt-Messbescheid ausgesprochene Verwaltungsakt ist nichtig (vgl. BFH, BStBl 1976 II S. 99 für Erlass von KiSt).

Relative sachliche Unzuständigkeit ist in allen übrigen Fällen von Zuständigkeitsüberschreitungen anzunehmen, z. B. Erlass oder Stundung durch das FA unter Überschreitung der verwaltungsintern festgelegten Grenzen. Diese Verwaltungsakte sind nicht nichtig nach § 125 Abs. 1 AO, da der Fehler nicht offenkundig ist, sondern nur fehlerhaft und können unter den Voraussetzungen des § 127 AO geändert werden. Ein Sonderfall ist für begünstigende Verwaltungsakte in § 130 Abs. 2 Nr. 1 AO geregelt. Für Steuerbescheide gilt § 172 Abs. 1 Satz 1 Nr. 2 Buchst. b AO. Da die absolute sachliche Unzuständigkeit bewirkt, dass die Verwaltungsakte nichtig sind, haben diese Vorschriften nur für Verwaltungsakte einer relativ sachlich unzuständigen Behörde Bedeutung (vgl. Tz. 9.5.3).

3.2 Örtliche Zuständigkeit

Die Vorschriften über die örtliche Zuständigkeit regeln die Frage, welche von mehreren gleichgeordneten Finanzbehörden, deren Aufgabenbereiche untereinander nach regionalen Gesichtspunkten abgegrenzt sind, innerhalb ihrer sachlichen Zuständigkeit zur Entscheidung berufen ist. Die örtliche Zuständigkeit ist von wesentlicher Bedeutung, da sie sich auch auf die Steuerberechtigung auswirkt (vgl. Art. 107 Abs. 1 GG). Um die AO weitgehend von Einzelregelungen freizuhalten, ist die örtliche Zuständigkeit nur insoweit innerhalb der AO geregelt, als die Regelung mehrere oder besonders wichtige Steuern zum Gegenstand hat. Im Übrigen wird auf die Einzelsteuergesetze verwiesen **(§ 17 AO)**. Die örtliche Zuständigkeit des FA ist nicht für alle Steuerarten einheitlich geregelt. Je nach Steuerart sind Anknüpfungspunkte unter anderem der Wohnsitz, die Geschäftsleitung des Betriebs, die Belegenheit des Steuergegenstandes, die Betriebsstätte und die erste Befassung mit der Besteuerung.

3.2 Örtliche Zuständigkeit

3.2.1 Folgen örtlicher Unzuständigkeit

Die Verletzung der Vorschriften über die örtliche Zuständigkeit führt nicht zur Nichtigkeit, sondern nur zur Rechtswidrigkeit des Verwaltungsaktes (**§ 125 Abs. 3 Nr. 1 AO**). Dieser Mangel allein ist nach § 127 AO kein Aufhebungsgrund, wenn keine andere Entscheidung in der Sache hätte getroffen werden können (vgl. BFH, BStBl 1984 II S. 342). Die Zuständigkeit des FA ist Bestandteil des Verwaltungsaktes und deshalb nicht selbständig anfechtbar (BFH, BStBl 1974 II S. 370).

3.2.2 Zuständigkeit des Lagefinanzamts

Lage-FA ist das FA, in dessen Bezirk ein Gegenstand belegen ist, der Anknüpfungspunkt für das Entstehen einer Steuerpflicht ist (**§ 18 Abs. 1 Nr. 1 AO**). Erstreckt sich der Gegenstand auf die Bezirke mehrerer FÄ, so ist Lage-FA das FA, in dessen Bezirk der wertvollste Teil liegt. Das Lage-FA ist zuständig für:

- Feststellung der Einheitswerte und Grundbesitzwerte (mit Ausnahme des Betriebsvermögens)
- Gesonderte Feststellungen der Einkünfte aus Land- und Forstwirtschaft
- Festsetzung und Zerlegung der GrSt-Messbeträge (§ 22 Abs. 1 AO)

3.2.3 Zuständigkeit des Betriebsfinanzamts

Betriebs-FA ist das FA, in dessen Bezirk sich bei einem inländischen Betrieb die Geschäftsleitung befindet (**§ 18 Abs. 1 Nr. 2 AO**). Geschäftsleitung im Sinne der Steuergesetze ist der Mittelpunkt der geschäftlichen Oberleitung (§ 10 AO; siehe Ausführungen unter Tz. 2.9). Das Betriebs-FA ist örtlich zuständig für:

- Gesonderte Feststellungen nach § 180 AO, soweit sie gewerbliche Betriebe betreffen (§ 18 Abs. 1 Nr. 2 AO)
- Erlass von GewSt-Messbescheiden und -Zerlegungsbescheiden (§ 22 Abs. 1 AO)
- USt mit Ausnahme der Einfuhrumsatzsteuer (**§ 21 AO**). Unberührt bleiben die Sonderregelungen des § 21 Abs. 1 Satz 2 AO i. V. m. UStZustV und des § 16 Abs. 5 UStG.

Über Fragen, die mit dem Verzicht auf USt-Befreiung und dem Vorsteuerabzug bei zentraler Vermietung von Grundstücken und Gebäuden bzw. Gebäudeteilen zusammenhängen, entscheidet das für die USt eines Eigentümers jeweils nach § 21 AO zuständige FA (Eigentümer-FA; vgl. BMF-Schreiben, BStBl 1989 I S. 167), sofern nicht eine gesonderte Feststellung der USt mit entsprechender Zuständigkeit nach § 180 Abs. 2 AO i. V. m. § 1 Abs. 2, § 2 GFestV eingreift.

– Maßnahmen der Ap nach § 195 Satz 1 AO

Bei **ausländischen Betrieben,** die im Inland eine Betriebsstätte unterhalten, ist Betriebs-FA das FA, in dessen Bezirk sich die Betriebsstätte befindet (§ 18 Abs. 1 Nr. 2, § 12 AO). In den Fällen von Einkommen bei Bauleistungen ist **§ 20 a AO** zu beachten.

3.2.4 Zuständigkeit des Tätigkeitsfinanzamts

Tätigkeits-FA ist das FA, von dessen Bezirk aus die freiberufliche Tätigkeit vorwiegend ausgeübt wird (**§ 18 Abs. 1 Nr. 3 AO**). Das ist regelmäßig das FA, in dessen Bezirk sich die Praxis oder das Büro des Freiberuflers befindet (vgl. AEAO zu § 18 Nr. 2). Es ist insbesondere örtlich zuständig für:

– Gesonderte Feststellungen nach § 180 AO bei freiberuflicher Tätigkeit, soweit nicht dieses FA ohnehin nach § 19 AO auch für die ESt zuständig ist (§ 18 Abs. 1 Nr. 3 AO)

– ESt in den Fällen des § 19 Abs. 2 Satz 2 und § 20 Abs. 4 AO

– USt freiberuflich Tätiger (§ 21 AO)

3.2.5 Zuständigkeit des Verwaltungsfinanzamts

Verwaltungs-FA ist das FA, von dessen Bezirk die Verwaltung von Einkünften aus gemeinsamem Vermögen ausgeht (**§ 18 Abs. 1 Nr. 4 AO**). Diese Regelung ist subsidiär zu § 18 Abs. 1 Nr. 1 bis 3 AO und gilt daher nicht für die gesonderte und einheitliche Feststellung von Einkünften aus Land- und Forstwirtschaft, Gewerbebetrieb und freiberuflicher Tätigkeit. Sie ist insbesondere auf die gesonderte Feststellung der Einkünfte aus Kapitalvermögen und Vermietung und Verpachtung zugeschnitten, z. B. bei Erbengemeinschaften.

Die gesonderten Feststellungen im Sinne des § 180 Abs. 1 Nr. 2 Buchst. a AO werden dort getroffen, wo die Einkünfte aus dem gemeinsamen Vermögen verwaltet werden (vgl. AEAO zu § 18 Nr. 3 und 4). Nur dann, wenn kein Verwaltungsort im Inland besteht, wird an die Belegenheit des wertvollsten Teils des gemeinsamen Vermögens angeknüpft. Die Vorschrift der Nr. 4 gilt sinngemäß auch für die gesonderten Feststellungen nach § 180 Abs. 2 AO, z. B. für Grundstücksfonds und Bauherrengemeinschaften, und für die GFestV.

3.2.6 Zuständigkeit des Wohnsitzfinanzamts

Wohnsitz-FA ist das FA, in dessen Bezirk der Stpfl. einen Wohnsitz oder bei fehlendem Wohnsitz seinen gewöhnlichen Aufenthalt hat (**§ 19 Abs. 1 AO**). Einen

3.2 Örtliche Zuständigkeit

Wohnsitz hat jemand dort, wo er eine Wohnung innehat unter Umständen, die darauf schließen lassen, dass er die Wohnung beibehalten und benutzen wird (§ 8 AO; siehe Einzelheiten unter Tz. 2.8). Bei **mehrfachem Wohnsitz** im Inland kommt es nach § 19 Abs. 1 Satz 2 AO auf den Wohnsitz an, an dem sich der Stpfl. vorwiegend aufhält. Bei verheirateten Stpfl., die von ihrem Ehegatten nicht dauernd getrennt leben, räumt § 19 Abs. 1 Satz 2 AO dem **Familienwohnsitz** den Vorrang ein, und zwar auch dann, wenn die Ehegatten die getrennte Veranlagung wählen (vgl. AEAO zu § 19 Nr. 1).

Bei fehlendem Wohnsitz im Inland gilt als Wohnsitz-FA das FA, in dessen Bezirk der Stpfl. seinen **gewöhnlichen Aufenthalt** hat (§ 19 Abs. 1 AO). Den gewöhnlichen Aufenthalt hat jemand dort, wo er sich unter Umständen aufhält, die erkennen lassen, dass er an diesem Ort oder in diesem Land nicht nur vorübergehend verweilt (§ 9 AO).

Das Wohnsitz-FA ist bei natürlichen Personen örtlich insbesondere zuständig für:
- ESt (§ 19 Abs. 1 AO)
- Eintragung eines Freibetrages auf der LSt-Karte (§ 39 a Abs. 2 Satz 2 EStG)
- Maßnahmen der Ap (§ 195 Satz 1 AO)
- Gesonderte Feststellung von Einkünften nach § 18 AStG

Unberührt bleiben die besonderen Regelungen für gesonderte Feststellungen im Sinne des § 18 AO.

Hat ein Stpfl. weder Wohnsitz noch gewöhnlichen Aufenthalt im Inland, so richtet sich die Zuständigkeit für die ESt nach den **Hilfszuständigkeiten** des § 19 AO vorbehaltlich der Sonderregelungen des § 20 a AO:
- Für erweitert unbeschränkt Stpfl. im Sinne von §§ 1, 1a Abs. 2 EStG ist das FA örtlich zuständig, in dessen Bezirk sich die zahlende öffentliche Kasse befindet (§ 19 Abs. 1 Satz 3 AO).
- Im Übrigen richtet sich die Zuständigkeit nach der Belegenheit des Vermögens oder nach dem Bezirk, in dem die Tätigkeit vorwiegend ausgeübt oder verwertet wird (§ 19 Abs. 2 AO).

Ausnahmeregelungen enthalten § 19 Abs. 3 bis 5 AO. Diese Vorschriften bezwecken die Zusammenfassung von Zuständigkeiten mehrerer FÄ in einer Wohnsitzgemeinde und ihre Übertragung auf ein einziges FA für die ESt. Zur Verwaltungsvereinfachung sollen dadurch gesonderte Feststellungen nach § 180 AO möglichst vermieden werden.

An die Stelle des Wohnsitz-FA tritt nach **§ 19 Abs. 3 AO** das jeweilige FA, wenn ein Stpfl. mit Einkünften aus Land- und Forstwirtschaft, Gewerbebetrieb oder freiberuflicher Tätigkeit diese Tätigkeit innerhalb der Wohnsitzgemeinde, aber im Bezirk eines anderen FA als des Wohnsitz-FA ausübt. Es ist nach § 180 Abs. 1 Nr. 2 Buchst. b AO auf die Verhältnisse zum Schluss des Gewinnermittlungszeitraums abzustellen (vgl. AEAO zu § 180 Nr. 2; Erlass Bremen, DStZ 2001 S. 442 mit Beispielen). Die gesetzlichen Zuständigkeitsregelungen können auch nicht durch Zuständigkeitsvereinbarung nach § 27 AO mit Wirkung für § 180 Abs. 1 AO abgeändert werden. § 19 Abs. 3 Satz 2 AO greift beim Vorliegen von Einkünften aus Gewinnanteilen nur ein, wenn es sich um die „einzigen" Einkünfte aus einer „Gewinn"einkunftsart handelt, die der Stpfl. innerhalb der Wohnsitzgemeinde erzielt hat; Überschusseinkünfte bleiben hierbei unberücksichtigt. Dadurch können u. U. innerhalb der Großstädte oder der städtischen Ballungszentren (§ **19 Abs.** 5 **AO**) mit mehreren FA gesonderte Gewinnfeststellungen vermieden werden.

§ **19 Abs. 4 AO** stellt ausdrücklich klar, dass § 19 Abs. 3 AO auch in den Fällen gilt, in denen eine Zusammenveranlagung zulässig ist, gleichgültig, ob etwa getrennte Veranlagung beantragt wird (vgl. § 26 EStG). Damit wird vermieden, dass in den Jahren, in denen eine Zusammenveranlagung nicht beantragt wird, nur aus diesem Grund ein Zuständigkeitswechsel eintritt. Wohnen **getrennt lebende Ehegatten** im Jahr der Trennung in den Bezirken verschiedener FÄ, so liegt im Fall der Zusammenveranlagung zur ESt eine mehrfache örtliche Zuständigkeit nach § **25 AO** vor (vgl. dazu OFD Kiel, DB 1994 S. 2062).

Beispiele:

Zur Wohnsitzgemeinde des A gehören die drei FÄ X, Y, Z.

1. A wohnt im FA-Bezirk X und übt seine Tätigkeit als Rechtsanwalt vorwiegend im Bereich des FA Y aus. Rechtsfolge?

Für die ESt ist das Tätigkeits-FA Y zuständig (§ 19 Abs. 3 Satz 1, § 18 Abs. 1 Nr. 3 AO). Eine gesonderte Feststellung der Einkünfte aus freiberuflicher Tätigkeit (§ 18 Abs. 1 Nr. 1 EStG) unterbleibt (§ 180 Abs. 1 Nr. 2 Buchst. b AO).

2. Wie 1.; nur übt A eine Tätigkeit als Vermögensverwalter aus.

Zuständig für die ESt ist das Wohnsitz-FA X (§ 19 Abs. 1 AO). Die Sonderregelung des Absatzes 3 erfasst von den § 18 EStG-Einkünften nur diejenigen aus freiberuflicher Tätigkeit, nicht aber die Einkünfte aus § 18 Abs. 1 Nr. 2 und 3 EStG. Eine gesonderte Feststellung dieser Einkünfte findet nicht statt (§ 180 Abs. 1 Nr. 2 Buchst. b AO). Sie sind unselbständiger Teil des Steuerbescheides (§ 157 Abs. 2 AO).

3. Wie 1.; A erbt nun ein Einzelunternehmen im FA-Bezirk Z.

Für die ESt sind nach § 19 Abs. 3 Satz 1, § 18 Abs. 1 Nr. 2 und 3, § 180 Abs. 1 Nr. 2 Buchst. b AO an sich die FÄ Y und Z zuständig. Nach § 25 AO entscheidet grundsätzlich das Tätigkeits-FA Y, da es zuerst mit der Sache befasst worden ist, bzw. die Aufsichtsbehörde (vgl. AEAO zu § 19 Nr. 3). Eine gesonderte Gewinnfeststellung durch das andere FA erfolgt nach § 180 Abs. 1 Nr. 2 Buchst. b AO.

4. A wohnt im FA-Bezirk X und ist Kommanditist einer KG im Bereich Y.

Zuständig für die ESt ist das Betriebs-FA Y (§ 9 Abs. 3 Satz 2, § 18 Abs. 1 Nr. 2, § 180 Abs. 1 Nr. 2 Buchst. a AO). Der Gesetzeszweck „Wegfall einer gesonderten Feststellung" ist hier nicht zu erreichen, weil schon wegen der Beteiligung mehrerer an den Einkünften eine Feststellung durchzuführen ist.

3.2 Örtliche Zuständigkeit

5. Wie 4.; A hat außerdem Einkünfte aus § 21 EStG aus einem Mietwohngrundstück im Bereich Z.

Für die ESt bleibt das FA Y zuständig, weil Einkünfte im Sinne des § 21 EStG ohne Einfluss auf die Zuständigkeit sind (§ 19 Abs. 3 Satz 2 AO: „... Einkünfte ... im Sinne des Satzes 1 ...").

6. A wohnt im FA-Bezirk X, übt eine freiberufliche Tätigkeit als Arzt im Bereich Y aus und ist Mitunternehmer einer OHG im FA-Bezirk Z.

Zuständig ist das FA Y, weil die Einkünfte aus den Gewinnanteilen hier für die Zuständigkeit unberücksichtigt bleiben (§ 19 Abs. 3 Sätze 1 und 2 AO).

7. A wohnt im Bezirk des FA X und hat Einkünfte aus § 21 EStG aus einem Mietwohngrundstück im Bereich Y. Seine Ehefrau B eröffnet eine Steuerberaterpraxis im Bereich des FA Z.

Zuständig für die ESt der Eheleute A-B wird das Tätigkeits-FA Z, sofern die Eheleute die Voraussetzungen für eine Zusammenveranlagung erfüllen (§ 19 Abs. 3 und 4, § 18 Abs. 1 Nr. 3, § 26 AO).

3.2.7 Zuständigkeit des Finanzamts der Geschäftsleitung

Geschäftsleitungs-FA ist das FA, in dessen Bezirk sich die Geschäftsleitung befindet (**§ 20 Abs. 1 AO**). Die Geschäftsleitung befindet sich am Ort des Mittelpunkts der geschäftlichen Oberleitung (§ 10 AO). Bei Fehlen einer Geschäftsleitung im Inland ist der Sitz Ersatzanknüpfungspunkt (§ 11 AO). Liegen beide Orte nicht im Inland, so ergeben sich weitere Hilfszuständigkeiten aus § 20 Abs. 3 und 4 sowie § 20 a AO.

Betriebs-FA und Geschäftsleitungs-FA unterscheiden sich begrifflich nicht. Der Begriff „FA der Geschäftsleitung" wird grundsätzlich jedoch nur bei der Bestimmung der örtlichen Zuständigkeit für die Besteuerung steuerlich rechtsfähiger Körperschaften, Personenvereinigungen und Vermögensmassen verwandt.

Das FA der Geschäftsleitung ist bei steuerlich rechtsfähigen Körperschaften, Personenvereinigungen und Vermögensmassen örtlich zuständig für die KSt, Maßnahmen der Ap (§ 195 Satz 1 AO) und Fälle des § 18 Abs. 2 AO.

3.2.8 Mehrfache örtliche Zuständigkeit

In den Fällen mehrfacher örtlicher Zuständigkeit entscheidet grundsätzlich das **FA der ersten Befassung** gemäß **§ 25 AO**, z. B. in Fällen des § 19 Abs. 3 AO oder bei Beteiligung an ausländischen Gesellschaften (vgl. BMF-Schreiben, BStBl 1989 I S. 470). Einigen sich die Finanzbehörden auf eine der örtlich zuständigen Finanzbehörden, so handelt es sich nicht um eine – zustimmungsbedürftige – Zuständigkeitsvereinbarung im Sinne von § 27 AO.

Bei Personen, die in der Bundesrepublik nicht ansässig sind, entscheidet das **Bundesamt für Finanzen** (§ 5 Abs. 1 Nr. 7 FVG; **§ 28 Abs. 2 AO**).

3 Zuständigkeit der Finanzbehörden

3.2.9 Ersatzzuständigkeit

Lässt sich aus den Vorschriften der Steuergesetze die Zuständigkeit eines bestimmten FA für einen einzelnen Fall oder für eine gewisse Art von Fällen nicht herleiten, so ist die Finanzbehörde zuständig, in deren Bezirk der Anlass für die Amtshandlung als objektives Kriterium hervortritt (§ 24 AO). So ist z. B. wegen Sachzusammenhangs regelmäßig das FA des Stpfl. für den Erlass von **Haftungsbescheiden** zuständig (vgl. AEAO zu § 24 Nr. 1). Dasselbe gilt für **Vollstreckungsmaßnahmen.**

3.2.10 Zuständigkeitswechsel

Ändern sich die die Zuständigkeit begründenden Umstände, so tritt ein Wechsel in der örtlichen Zuständigkeit ein (§ 26 AO). Für den Zeitpunkt des Zuständigkeitswechsels wird nicht auf objektive Umstände wie Wohnsitzwechsel oder Verlegung der Geschäftsleitung abgestellt, sondern auf die positive Kenntnis einer der beteiligten Finanzbehörden. Da von der Zuständigkeit auch die Steuerberechtigung der Länder abhängt und die bisher zuständige Behörde im Allgemeinen zuerst von den Tatsachen erfährt, die den Wechsel begründen, tritt der Wechsel bereits dann ein, wenn die bisher zuständige Finanzbehörde von den entsprechenden Tatsachen zweifelsfrei Kenntnis erlangt (vgl. BFH, BStBl 1989 II S. 483; AEAO zu § 26 Nr. 1).

Die nach § 26 AO neu zuständig gewordene Finanzbehörde ist im Allgemeinen auch zuständig für die Entscheidung über die Rücknahme oder den Widerruf eines Verwaltungsaktes (§ 130 Abs. 4, § 131 Abs. 4 AO) und für die Einspruchsentscheidung (§ 367 Abs. 1 Satz 2 AO). Etwas anderes gilt aus Zweckmäßigkeitsgründen für ein begonnenes Verwaltungsverfahren, wenn die nunmehr zuständige Behörde zustimmt (§ 26 Satz 2 AO), z. B. in Liquidations- und Insolvenzfällen, wenn die Geschäftsleitung im auswärtigen Büro des Liquidators/Insolvenzverwalters ausgeübt wird. Hierbei sind jedoch die Interessen der Beteiligten zu wahren. Weitere Einzelheiten ergeben sich aus den BMF-Schreiben in BStBl 1979 I S. 642; 1982 I S. 658; 1995 I S. 644 und dem AEAO zu § 367 Nr. 1 und zu § 26 Nr. 1 bis 4.

3.2.11 Zuständigkeitsvereinbarung

Im Einvernehmen mit der örtlich zuständigen Finanzbehörde kann eine andere – an sich nicht zuständige – Finanzbehörde die Besteuerung übernehmen (**§ 27 AO**). Dies ist nicht zulässig in den Fällen zwingender gesetzlicher Zuständigkeitsregelungen nach § 18 i. V. m. § 180 AO (vgl. BFH, BStBl 1987 II S. 195). Zum Schutze des Betroffenen vor willkürlichen Vereinbarungen ist seine Zustim-

3.2 Örtliche Zuständigkeit

mung erforderlich. Sie bedarf keiner besonderen Form, muss jedoch ausdrücklich erklärt werden (vgl. AEAO zu § 27 Nr. 2; BFH, BStBl 2002 II S. 406). Dies ist auch im Hinblick auf Art. 101 GG von Bedeutung, weil die Zuständigkeit der FG an die der entscheidenden Finanzbehörde anknüpft (vgl. § 63 FGO).

Die fehlende Zustimmung des Betroffenen führt nicht zur Nichtigkeit von Verwaltungsmaßnahmen, sondern lediglich zur Anfechtbarkeit (§ 125 Abs. 3 Nr. 1 AO). Kann der Betroffene nicht die materielle Unrichtigkeit des Verwaltungsaktes darlegen, ist sein Rechtsbehelf in der Regel abzuweisen (§ 127 AO; siehe dort). Der formale Fehler kann sich dann lediglich auf die gerichtliche Kostenentscheidung auswirken. Unberührt bleibt das Recht der Finanzbehörde, den angegriffenen Verwaltungsakt von Amts wegen aufzuheben.

3.2.12 Zuständigkeitsstreit

In Zweifelsfällen wird die örtlich zuständige Finanzbehörde durch die gemeinsame fachlich zuständige Aufsichtsbehörde bestimmt (**§ 28 AO**). Eine entsprechende Entscheidung muss in den Fällen des positiven und des negativen Kompetenzkonflikts sowie weiterer Zweifelsfälle ergehen (vgl. § 25 AO).

Werden die an einem Zuständigkeitsstreit beteiligten Landesfinanzbehörden nicht im Auftrag des Bundes tätig, z. B. bei Landessteuern, fehlt eine gemeinsame Aufsichtsbehörde. Hier haben die obersten Landesbehörden die Pflicht, eine einvernehmliche Entscheidung zu treffen (§ 28 Abs. 1 Satz 2, § 25 Satz 2 AO).

Bei Personen, die nicht in der Bundesrepublik ansässig sind, entscheidet bei Streit- oder Zweifelsfällen das Bundesamt für Finanzen über die örtliche Zuständigkeit der Finanzbehörden (§ 28 Abs. 2 AO).

3.2.13 Zuständigkeit bei Gefahr im Verzug

Die Zuständigkeitsbestimmungen der §§ 17 bis 28 AO beziehen sich auf den Normalfall. Fälle, die bei Gefahr im Verzug unaufschiebbare Maßnahmen erfordern, verlangen ein schnelles Eingreifen. Diesem Gedanken wird durch **§ 29 AO** Rechnung getragen. Danach ist jede Finanzbehörde insoweit örtlich zuständig, in deren Bezirk der Anlass für die Amtshandlung als objektives Kriterium hervortritt (Recht des ersten Zugriffs). Die sonst örtlich zuständige Behörde ist jedoch unverzüglich zu unterrichten.

3 Zuständigkeit der Finanzbehörden

3.2.14 Tabellarische Übersicht über die örtliche Zuständigkeit für die wichtigsten Besteuerungsaufgaben in alphabetischer Reihenfolge

Besteuerungsaufgabe oder Steuerart	Zuständiges FA	Gesetzliche Vorschriften
Außenprüfung	Besteuerungs-FA	§ 195 AO
Bauabzugsteuer	FA des Leistenden	§ 48 a Abs. 1 EStG
Eigenheimzulage	ESt-FA	§ 11 Abs. 1 EigZulG
Einfuhr- und Ausfuhrabgaben	Hauptzollamt der Tatbestandsverwirklichung oder Betriebsstätte	§ 23 Abs. 1 und 3 AO § 23 Abs. 2 AO
Einheitswertfeststellungen für:		
– Betriebe der Land- und Forstwirtschaft	Lage-FA	§ 18 Abs. 1 Nr. 1 AO
– Grundstücke	Lage-FA	§ 18 Abs. 1 Nr. 1 AO
– gewerbliches Betriebsvermögen	Betriebs-FA	§ 18 Abs. 1 Nr. 2 AO
– freiberufliches Betriebsvermögen	Tätigkeits-FA	§ 18 Abs. 1 Nr. 3 AO, § 96 BewG
Einkommensteuer	Wohnsitz-FA oder Hilfszuständigkeiten	§ 19 Abs. 1 AO § 19 Abs. 1 bis 5, § 20 a AO
Erbschaftsteuer	Wohnsitz-FA oder Hilfszuständigkeiten	§ 35 Abs. 1 ErbStG, § 19 AO, § 35 Abs. 2 bis 4 ErbStG
Gesonderte Feststellung von Einkünften aus Beteiligungen an ausländischen Zwischengesellschaften	Wohnsitz-FA	§ 18 AStG
Gesonderte Gewinnfeststellung der Einkünfte aus:		
– Land- und Forstwirtschaft	Lage-FA	§ 18 Abs. 1 Nr. 1, § 180 Abs. 1 Nr. 2 Buchst. b AO
– Gewerbebetrieb	Betriebs-FA	§ 18 Abs. 1 Nr. 2, § 180 Abs. 1 Nr. 2 Buchst. b AO
– freiberuflicher Tätigkeit	Tätigkeits-FA	§ 18 Abs. 1 Nr. 3, § 180 Abs. 1 Nr. 2 Buchst. b AO

3.2 Örtliche Zuständigkeit

Besteuerungsaufgabe oder Steuerart	Zuständiges FA	Gesetzliche Vorschriften
Gesonderte und einheitliche Feststellung von Einkünften aus:		
– Land- und Forstwirtschaft	Lage-FA	§ 18 Abs. 1 Nr. 1, § 180 Abs. 1 Nr. 2 Buchst. a AO
– Gewerbebetrieb	Betriebs-FA	§ 18 Abs. 1 Nr. 2, § 180 Abs. 1 Nr. 2 Buchst. a AO
– freiberuflicher Tätigkeit	Tätigkeits-FA	§ 18 Abs. 1 Nr. 3, § 180 Abs. 1 Nr. 2 Buchst. a AO
– gemeinsamer Vermögensverwaltung	Verwaltungs-FA	§ 18 Abs. 1 Nr. 4, § 180 Abs. 1 Nr. 2 Buchst. a, Abs. 2 AO
Gewerbesteuermessbescheide	Betriebs-FA	§ 22 AO, § 35 b Abs. 2 GewStG
Grundbesitzwertfeststellungen	Lage-FA	§ 18 Abs. 1 Nr. 1 AO, § 138 BewG
Grunderwerbsteuer	Lage-FA (Hilfszuständigkeiten)	§ 17 GrEStG
Grundsteuermessbetrag	Lage-FA	§ 22 AO
Haftungs- und Duldungsbescheide	FA des Stpfl.	§ 24 AO; Sonderregelungen
Kapitalertragsteuer	FA des Schuldners	§ 44 Abs. 1 EStG
Körperschaftsteuer	FA der Geschäftsleitung oder Hilfszuständigkeiten	§ 20 Abs. 1 AO § 20 Abs. 2 bis 4 AO
Kraftfahrzeugsteuer	Zulassungs-FA (Hilfszuständigkeiten)	§ 1 KraftStDV
Lohnsteuerabführung	Betriebsstätten-FA	§ 41 a Abs. 2 bis § 42 f Abs. 1 EStG; § 20 a Abs. 2 AO
Lohnsteuer-Ermäßigungsverfahren	Wohnsitz-FA	§ 19 AO; § 39, § 39 a Abs. 2 EStG

3 Zuständigkeit der Finanzbehörden

Besteuerungsaufgabe oder Steuerart	Zuständiges FA	Gesetzliche Vorschriften
Umsatzsteuer	FA, von dessen Bezirk aus der Unternehmer sein Unternehmen betreibt oder seine Umsätze bewirkt; entsprechend bei gesonderter Feststellung im Rahmen eines Gesamtobjekts	§ 21 AO § 180 Abs. 2 AO i. V. m. § 1 Abs. 2, § 2 Abs. 3 GFestV
Ausnahme für:	Zollstelle	§ 18 FVG
– Einfuhrumsatzsteuer	Hauptzollamt	§§ 21, 23 AO, § 21 Abs. 1, 2 UStG
– im Ausland ansässige Unternehmer	Sonderzuständigkeiten	§ 21 Abs. 1 Satz 2 AO i. V. m. UStZustV
– Fiskalvertreter	FA, das für seine Umsatzbesteuerung zuständig ist	§ 21 AO, § 22 d Abs. 2 UStG
– ausländische Beförderer	Zolldienststelle	§ 16 Abs. 5 UStG
– Zusammenfassende Meldung; USt-IdNr.	Bundesamt für Finanzen	§ 18 a Abs. 1, § 18 e UStG
Verbrauchsteuern	Hauptzollamt	§ 23 AO
Verlustfeststellungsbescheid	Grundsätzlich Betriebs-FA	§ 10 d EStG, § 31 KStG, § 35 b Abs. 2 GewStG
Zuständigkeitsvereinbarung	Übernehmende Finanzbehörde	§ 27 AO

4 Steuerschuldrecht (§§ 33 bis 68 AO)

4.1 Steuerschuldverhältnis

Das Kernstück des Steuerschuldrechts, soweit es in der AO geregelt ist, stellen die Vorschriften über das Steuerschuldverhältnis dar (§§ 37 ff. AO).

4.1.1 Begriff

Als Steuerschuldverhältnis werden die Rechtsbeziehungen zwischen Steuergläubiger und Steuerschuldner bezeichnet, die Geldleistungen zum Gegenstand haben (§ 37 AO). Beim Steuerschuldverhältnis bestehen Leistungsansprüche des Steuergläubigers gegen den Steuerschuldner, vor allem der Steueranspruch. In bestimmten Fällen können sich auch Geldansprüche des Steuerschuldners gegen den Steuergläubiger ergeben, z. B. der Erstattungsanspruch bei Überzahlungen.

4.1.2 Steuerpflicht- und Steuerschuldverhältnis

Das **Steuerpflichtverhältnis** umfasst als Oberbegriff alle Rechte und Pflichten, die zwischen dem Steuerberechtigten und dem Steuerpflichtigen bestehen (**§ 33 Abs. 1 AO**). Es unterscheidet sich dadurch von dem **Steuerschuldverhältnis,** das nur Geldleistungen zum Gegenstand hat. Das Steuerpflichtverhältnis ist allgemeiner Natur, das Steuerschuldverhältnis spezieller Natur. Letzteres setzt das Bestehen eines schuldrechtlichen Anspruchs voraus. Ein solcher wird aber durch die allgemeinen Pflichten aus § 33 Abs. 1 AO nicht begründet. Der Stpfl. hat nach § 33 Abs. 1 AO nicht nur die Pflicht zur Steuerzahlung, sondern darüber hinaus auch weitere Pflichten, die vor allem den Steueranspruch sicherstellen sollen, z. B. Buchführungs- und Erklärungspflichten. Das Steuerschuldverhältnis ist rein materiell-rechtlicher Art. Das Steuerpflichtverhältnis umfasst auch förmliches Steuerrecht. Steuerpflichtiger ist der, dem in eigener Sache (nicht in fremder) steuerliche Pflichten auferlegt sind (vgl. § 33 Abs. 2 AO; Einzelheiten unter Tz. 4.2.1).

4.1.3 Öffentlich-rechtlicher Charakter

Das Steuerschuldverhältnis ist ebenso wie das Steuerpflichtverhältnis öffentlich-rechtlicher Natur. Steuergläubiger und Steuerschuldner stehen zueinander im Verhältnis der Überordnung und Unterordnung. Aus der öffentlich-rechtlichen Natur des Steuerschuldverhältnisses ergibt sich, dass es sich hierbei um **zwingendes Recht** handelt. So sind z. B. Rechte und Pflichten des Steuerschuldners nicht durch private Vereinbarungen übertragbar, z. B. durch Abtretung der gesamten

4 Steuerschuldrecht

Rechtsstellung des Stpfl. Übertragbar ist nur der Zahlungsanspruch nach § 46 AO (vgl. AEAO zu § 46 Nr. 4). Auch die Haftung nach § 75 AO kann vertraglich nicht ausgeschlossen werden. Von der gesetzlichen Regelung des Steuerschuldverhältnisses abweichende Vereinbarungen zwischen Steuergläubiger und Steuerschuldner sind unwirksam (BVerwG, BStBl 1975 II S. 679). Bei privatrechtlichen Schuldverhältnissen dagegen handelt es sich grundsätzlich um nachgiebiges (abdingbares) Recht, das durch Vereinbarungen zwischen Gläubiger und Schuldner geändert und ergänzt werden kann.

4.1.4 Ansprüche aus dem Steuerschuldverhältnis

Der Begriff „Ansprüche aus dem Steuerschuldverhältnis" ist in **§ 37 AO** definiert. Statt einer Einzelaufzählung der verschiedenen Ansprüche aus dem Steuerschuldverhältnis wird dieser Sammelbegriff in zahlreichen Vorschriften der AO verwandt, z. B. §§ 38, 47, 226, 227, 228, 233, 261 AO. Ansprüche aus dem Steuerschuldverhältnis sind der Steueranspruch, der Steuervergütungsanspruch, der Haftungsanspruch, der Anspruch auf eine steuerliche Nebenleistung (vgl. § 3 Abs. 4 AO), der Erstattungsanspruch nach § 37 Abs. 2 AO, z. B. bei doppelter Zahlung eines bestimmten Steuerbetrages, und die in Einzelsteuergesetzen geregelten Steuererstattungsansprüche, z. B. § 36 Abs. 4 EStG.

Die Ansprüche auf **Strafen** und **Geldbußen** gehören **nicht** zu den Ansprüchen aus dem Steuerschuldverhältnis. Die Aufzählung in § 37 AO ist abschließend.

4.2 Steueranspruch

Der Steueranspruch ist für den Einzelnen und den Fiskus der bedeutsamste Anspruch aus dem Steuerschuldverhältnis. Dem Steueranspruch entspricht im konkreten Fall die Steuerschuld. Es handelt sich um ein und dieselbe Geldleistung, einmal aus der Sicht des Steuergläubigers, zum anderen vom Steuerschuldner aus gesehen.

4.2.1 Steuerschuldner – Steuerpflichtiger

4.2.1.1 Begriffe

Wer **Steuerschuldner** ist, bestimmen die Steuergesetze **(§ 43 AO)**. Mit dieser Regelung hat der Gesetzgeber auf eine allgemeine Definition des Begriffs „Steuerschuldner" verzichtet. Erst aus den Einzelsteuergesetzen, z. B. UStG, EStG, ergibt sich, wer in einem bestimmten Fall Steuerschuldner ist. In verschiedenen Steuergesetzen wird der Steuerschuldner ausdrücklich definiert.

4.2 Steueranspruch

Beispiele:
1. Nach USt-Recht ist Steuerschuldner regelmäßig der Unternehmer (§§ 13 a, 13 b, 2 Abs. 1 UStG). Ausnahmen ergeben sich aus § 13 a Abs. 2 Nr. 2 bis 5, § 14 c UStG.
2. Bei der LSt als Abzugsteuer ist der Arbeitnehmer Steuerschuldner (§ 38 Abs. 2 EStG). Dagegen ist der Arbeitgeber Steuerschuldner für pauschalierte LSt nach § 40 Abs. 3 EStG.
3. Bei der GewSt ist Steuerschuldner der Unternehmer/die Gesellschaft (§ 5 GewStG; Abschn. 35 GewStR).
4. Bei der ErbSt ist Steuerschuldner der Erwerber, bei einer Schenkung daneben „auch" der Schenker (§ 20 ErbStG). Für GrESt siehe § 13 GrEStG.

Manche Steuergesetze enthalten allerdings keine ausdrückliche Bestimmung, wer Steuerschuldner ist. Im Allgemeinen kann von dem Grundsatz ausgegangen werden, dass derjenige Steuerschuldner ist, der den Tatbestand verwirklicht, an den das Einzelsteuergesetz die Steuer knüpft, z. B. bei der ESt.

Der Steuerschuldner ist nicht immer auch der **Steuerträger.** Bei der USt wird der Unternehmer als Steuerschuldner im Allgemeinen die Steuer wirtschaftlich nicht selbst tragen, sondern sie auf seine Abnehmer abwälzen.

Steuerschuldner und **Stpfl.** sind häufig ein und dieselbe Person. Wer eine Steuer schuldet, ist stets auch Stpfl. **(§ 33 AO).** Steuerschuldner und Stpfl. sind aber nicht immer identisch. Der Begriff des Steuerschuldners gehört (ebenso wie der Begriff des Steuerschuldverhältnisses) dem materiellen Recht an. Der Begriff des Stpfl. ist dagegen weiter und umfasst (ebenso wie der Begriff des Steuerpflichtverhältnisses) materielles und auch formelles Recht. Nach **§ 33 Abs. 1 AO** ist Stpfl. nicht nur, wer eine Steuer schuldet oder für eine Steuer haftet, sondern auch, wer als **gesetzlicher Vertreter** oder **Geschäftsführer im Sinne von § 34 Abs. 1 AO** eigene steuerrechtliche Pflichten zu erfüllen hat oder wer sonst eine Steuererklärung abzugeben, Bücher und Aufzeichnungen zu führen oder andere ihm durch Steuergesetze auferlegte Verpflichtungen zu erfüllen hat. Der Stpfl. muss nicht zugleich Steuerschuldner sein. Zum Beispiel ist der Arbeitgeber, der LSt einbehält und abführt, der Stpfl.; dagegen ist Steuerschuldner der Arbeitnehmer nach § 38 Abs. 2 und 3 EStG.

Andere Person und damit nicht Stpfl. ist, wer in einer „fremden" Steuersache Auskunft zu erteilen oder bestimmte andere Pflichten zu erfüllen hat **(§ 33 Abs. 2 AO).** Steuerpflichtiger ist vielmehr nur der, dem in „eigener" Sache oder als Vertreter im Sinne von § 34 AO steuerliche Pflichten auferlegt sind. Andere Personen sind somit z. B. Bevollmächtigte oder Dritte (vgl. §§ 93, 97, 101 AO).

4.2.1.2 Steuerrechtsfähigkeit

Steuerschuldner kann nur sein, wer – wenn auch nur begrenzt – **steuerrechtsfähig ist.** Der Begriff Steuerrechtsfähigkeit ist wegen der Besonderheiten des Steuerrechts entwickelt worden. Er ist weiter als die bürgerlich-rechtliche Regelung, nach der nur natürliche und juristische Personen rechtsfähig sind. Steuerrechtsfähig im Sinne von §§ 33 und 34 AO ist demnach nicht nur, wer rechtsfähig ist, sondern auch, wer nach den Steuergesetzen Steuersubjekt ist, d. h., wer den Tatbestand erfüllt, an den das Gesetz die subjektive Steuerpflicht knüpft (BFH, BStBl 2004 II S. 898 m. w. N.). Hieraus zieht § **267 AO** die Folgerungen für das Vollstreckungsverfahren: Adressat des vollstreckbaren Bescheides ist die nichtrechtsfähige, aber steuerpflichtige Personenvereinigung (vgl. AEAO zu § 122 Nr. 2.4.1 mit Einzelheiten).

Beispiele:

Steuersubjekt im Sinne von § 2 Abs. 1 UStG kann auch eine nichtrechtsfähige Personenvereinigung sein, z. B. eine GbR, OHG, KG, ein nichtrechtsfähiger Verein. Entsprechendes gilt für die LSt, GewSt, GrSt oder GrESt (vgl. BFH, BStBl 1987 II S. 183, 325; 1995 II S. 390). Dagegen ist die Personengesellschaft kein Subjekt der Einkommensbesteuerung, wohl aber Subjekt der Gewinnermittlung oder Einkunftserzielung, z. B. als Außen-GbR mit Einkünften aus V+V, also ein eingeschränktes Steuersubjekt (vgl. BFH, BStBl 2004 II S. 898, 929).

Eine (atypische) stille Gesellschaft ist als reine Innengesellschaft nicht steuerrechtsfähig bzgl. der GewSt oder Gewinnfeststellungsbescheide (BFH, BStBl 1986 II S. 311; 1989 II S. 452).

Beginn und Ende der steuerlichen Rechtsfähigkeit decken sich ebenfalls nicht mit dem bürgerlichen Recht. Die steuerliche Rechtsfähigkeit einer **natürlichen Person** beginnt und endet im Allgemeinen entsprechend der bürgerlich-rechtlichen Regelung mit Geburt und Tod. Eine Abweichung ergibt sich jedoch für das Steuerrecht bei Todeserklärungen. Steuerrechtlich gilt bei **Verschollenen,** soweit es sich um Entstehung, Umfang und Beendigung einer Steuerschuld handelt, als Todestag der Tag, mit dessen Ablauf der Gerichtsbeschluss rechtskräftig wird (**§ 49 AO**). Nach bürgerlichem Recht ist dagegen der in dem Beschluss festgestellte Zeitpunkt des Todes maßgebend. Mit diesem Zeitpunkt endet praktisch bereits die bürgerlich-rechtliche Rechtsfähigkeit des Verschollenen, während er steuerrechtlich bis zur Rechtskraft des Beschlusses über die Todeserklärung als rechtsfähig behandelt wird. Aufgrund dieser steuerrechtlichen Sonderregelung wird vermieden, dass bis zur Rechtskraft des Beschlusses durchgeführte Veranlagungen entsprechend der bürgerlich-rechtlichen Rechtslage geändert werden müssen (Hinweis auf Tz. 4.2.2.3).

Beispiel:

Der verheiratete A ist bei Unruhen in Südamerika seit Ende 05 verschollen. Durch Beschluss des Amtsgerichts ist er für tot erklärt worden. Als Zeitpunkt des Todes ist der 1. 6. 06 festgestellt. Der Beschluss ist am 25. 9. 08 rechtskräftig geworden.

Nach bürgerlichem Recht besteht die Vermutung, dass A am 1. 6. 06 gestorben ist. Ist die Todeszeit nur dem Tage nach festgestellt, so gilt das Ende des Tages als Zeitpunkt des Todes (§ 9 Abs. 1 und 4 Verschollenheitsgesetz). Dieser Zeitpunkt ist z. B.

4.2 Steueranspruch

für die Erbregelung maßgebend. Für das Steuerrecht gilt nicht der im Beschluss festgestellte Zeitpunkt (1. 6. 06). Als Todestag gilt vielmehr der Tag, mit dessen Ablauf der Beschluss rechtskräftig wird (§ 49 AO). Steuerrechtlich ist also z. B. das Vermögen des A erst ab 26. 9. 08 den Erben zuzurechnen. Wegen der ESt-Behandlung siehe H 174 EStH.

Durch das **Insolvenzverfahren** wird die steuerliche Rechtsfähigkeit des Gemeinschuldners nicht berührt. Er bleibt auch hinsichtlich der Insolvenzmasse der Steuerschuldner (BFH, BStBl 1972 II S. 784; 1978 II S. 356). Wegen der Bekanntgabe von Verwaltungsakten in Insolvenzfällen siehe AEAO zu § 122 Nr. 2.9 und 2.10.

Bei **juristischen Personen** gilt für Beginn und Ende der steuerlichen Rechtsfähigkeit grundsätzlich ebenfalls die bürgerlich-rechtliche Regelung. Eine Abweichung besteht bei Kapitalgesellschaften. Aufgrund der im Steuerrecht herrschenden wirtschaftlichen Betrachtung kann unter bestimmten Voraussetzungen eine Kapitalgesellschaft bereits mit Abschluss des Gesellschaftsvertrages als Steuerrechtssubjekt entstehen („Vorgesellschaft" oder „Vor-GmbH" als KSt-Subjekt). Nach § 11 Abs. 1 GmbHG entsteht die GmbH erst mit ihrer Eintragung in das Handelsregister (vgl. BFH, BStBl 1993 II S. 352 m. w. N.).

Beispiel:

Eine GmbH ist am 15. 6. 02 im Handelsregister eingetragen worden. Den notariell beurkundeten Gesellschaftsvertrag haben die drei Gesellschafter am 1. 2. 02 abgeschlossen. Bereits vor der Eintragung der GmbH ins Handelsregister ist mit der geschäftlichen Tätigkeit begonnen worden. Rechtsfolge?

Nach § 11 GmbHG hat die GmbH erst mit der Eintragung im Handelsregister Rechtsfähigkeit erlangt. Für bestimmte Gebiete des Steuerrechts (z. B. KSt) kann bereits die Vorgesellschaft steuerlich rechtsfähig sein, wenn die Eintragung im Handelsregister nachfolgt. Der Abschluss des Gesellschaftsvertrages allein begründet allerdings nicht den Beginn der steuerlichen Rechtsfähigkeit. Es muss noch die Aufnahme einer nach außen in Erscheinung tretenden Geschäftstätigkeit hinzukommen. Wirtschaftlich und körperschaftsteuerrechtlich bildet die GmbH dann mit der „Vor-GmbH" eine Einheit (vgl. R 2 Abs. 4 KStR).

Bei **Personengesellschaften** endet die steuerliche Rechtsfähigkeit mit der „Vollbeendigung", d. h., wenn sie vermögenslos ist. Von der Vollbeendigung ist die Auflösung (Liquidation) der Gesellschaft zu unterscheiden. Die Liquidation einer Gesellschaft bedeutet noch nicht ihre Vollbeendigung. Sie besteht vielmehr bis zur vollständigen Abwicklung ihrer vermögensrechtlichen Verhältnisse als Auseinandersetzungsgesellschaft fort (§ 730 BGB). Eine Löschung der Firma im Handelsregister kann hierfür ein wesentliches Indiz sein (vgl. BFH, BStBl 1996 II S. 219/221 m. w. N.). Die Vollbeendigung tritt regelmäßig mit der Realisierung des Gesellschaftsvermögens (Verteilung an die Gläubiger und Ausschüttung des verbleibenden Restes an die Gesellschafter) ein. Wenn aber noch Gesellschaftsschulden verbleiben, hindert dies die Beendigung der Gesellschaft. Die Gesellschaft besteht so lange fort, bis alle gemeinsamen Rechtsbeziehungen unter den

Gesellschaftern beseitigt sind (sog. Unendlichkeitstheorie). Zu diesen gemeinsamen Rechtsbeziehungen gehört auch das Rechtsverhältnis zwischen der Gesellschaft und dem FA (vgl. BFH, BStBl 1993 II S. 82 m. w. N.; Heidner, DStR 1992 S. 201). Aufgrund dieser rechtlichen Beurteilung braucht das FA nicht vor jeder Veranlagung erst zu prüfen, ob eine Personengesellschaft durch Liquidation oder in anderer Weise aufgelöst worden ist. Auch nach der Liquidation können ggf. noch Steuerfestsetzungen rechtswirksam gegen die Gesellschaft als solche vorgenommen werden durch Bekanntgabe an den **(Nachtrags-)Liquidator** (vgl. AEAO zu § 122 Nr. 2.7).

Beispiel:

Durch Vertrag vom 8. 7. 02 schlossen sich die Bauunternehmer A und B zu einer Arbeitsgemeinschaft (ArGe) für die Durchführung eines bestimmten Bauobjekts in Form einer GbR zusammen. Dem FA wurde dieser Vertrag erst im Jahr 06 durch eine Ap bei der Firma A bekannt. Durch Steuerbescheid vom 5. 2. 07 zog daraufhin das FA die ArGe zur USt heran. Gegen diesen Bescheid legten die Firmen A und B Einspruch ein. Zur Begründung machten sie geltend, dass die ArGe im Zeitpunkt der Bekanntgabe des Steuerbescheides nicht mehr bestanden habe, weil ihr Zweck erreicht gewesen sei. Die Vollbeendigung der GbR sei spätestens am 9. 5. 04 mit der Auseinandersetzung der Gesellschafter und der restlosen Verteilung des gemeinsamen Vermögens eingetreten. Der Steuerbescheid sei an einen Stpfl. gerichtet gewesen, den es nicht mehr gegeben habe. Rechtslage?

Der Einspruch ist nicht begründet. Die Vollbeendigung tritt nicht schon mit der Erreichung des Gesellschaftszwecks und der Verteilung des Gesellschaftsvermögens ein, solange Gesellschaftsschulden – und dazu gehören auch Steuerschulden – nicht geregelt sind. Die Gesellschaft besteht deshalb noch als Steuersubjekt, sodass Steuerfestsetzungen rechtswirksam gegen sie ergehen können. Diese Steuerbescheide lassen allerdings nur die Vollstreckung in das Vermögen der Gesellschaft zu (§ 267 AO). Das FA hat nicht die Möglichkeit, aufgrund dieser Steuerbescheide unmittelbar in das Vermögen von Gesellschaftern zu vollstrecken. Dazu bedarf es Haftungsbescheide gegen die betreffenden Gesellschafter nach § 191 AO (vgl. AEAO zu § 122 Nr. 2.7.3).

Soweit die Gesellschaft zivilrechtlich im Wege der übertragenden Umwandlung, der Fusion oder der liquidationslosen Aufhebung der Gesamthandsgemeinschaft durch Übergang auf einen Gesellschafter voll beendet worden ist, hat sie auch ihre steuerliche Beteiligtenfähigkeit verloren (vgl. AEAO zu § 122 Nr. 2.7.4).

4.2.1.3 Handlungsfähigkeit

Der Steuerschuldner braucht nicht handlungsfähig zu sein. Allerdings kann nur der Steuerschuldner durch eigenes Handeln Rechtswirkungen herbeiführen, der handlungsfähig ist **(§ 79 AO).**

Beispiel:

Der dreijährige K hat ein Mietwohngrundstück geerbt. Er ist Steuerschuldner der ErbSt und ESt. Unerheblich ist, dass K nicht selbst Rechtshandlungen vornehmen kann, sondern nur sein gesetzlicher Vertreter (§ 34 Abs. 1, § 79 AO).

Der **Handlungsfähigkeit** im Steuerrecht **entspricht** die **Geschäftsfähigkeit** im bürgerlichen Recht. Es ist die Fähigkeit, durch eigenes rechtsgeschäftliches Handeln Rechtswirkungen herbeizuführen bzw. rechtsverbindliche Erklärungen abzugeben oder entgegenzunehmen, z. B. Adressat eines Bescheides zu sein. In der AO ist lediglich die Handlungsfähigkeit zur Vornahme von Verfahrenshandlungen geregelt (§ 79 AO). Die Grundsätze dieser Regelung gelten aber für alle Rechtshandlungen im Steuerrecht (Einzelheiten siehe unter Tz. 5.2.2).

4.2.1.4 Vertretung

Für **gesetzliche Vertreter** des Steuerschuldners und für **bestimmte andere Personen** besteht ein **besonderes steuerrechtliches Pflichtverhältnis** (§ 34 AO). Sie haben alle steuerlichen Pflichten zu erfüllen, die den von ihnen Vertretenen auferlegt sind. Dazu gehören z. B. die Buchführungs-, Erklärungs-, Mitwirkungs- oder Auskunftspflichten (§§ 140 ff., 149 ff., 90 ff. AO), die Pflicht, Steuern zu zahlen und die Vollstreckung in dieses Vermögen zu dulden (§ 77 AO).

Während nach bürgerlichem Recht unmittelbare Rechtsbeziehungen nur zwischen Vertreter und Vertretenem bestehen und nicht zu Dritten, ergeben sich im Steuerrecht für den gesetzlichen Vertreter auch gegenüber der Finanzbehörde (also einem Dritten) unmittelbare Rechtsbeziehungen. Ihm sind durch § 34 AO eigene steuerliche Pflichten auferlegt (Hinweis auf Haftung nach § 69 AO). Dieser Pflichtenkreis ist öffentlich-rechtlicher Natur und deshalb durch Vereinbarungen nicht einschränkbar. Der gesetzliche Vertreter ist nicht nur dem Vertretenen, sondern auch der Finanzbehörde gegenüber zu allen steuerlichen Handlungen verpflichtet, die sich im Rahmen seiner Vertretungsmacht ergeben. Er ist daher Stpfl. im Sinne von § 33 Abs. 1 AO (vgl. BFH, BStBl 1989 II S. 955).

Den gesetzlichen Vertretern sind bestimmte andere Personen gleichgestellt. Die steuerlichen Pflichten, die den gesetzlichen Vertretern auferlegt sind, bestehen entsprechend auch für diese Personen **(§ 34 Abs. 3, § 35 AO)**.

Der in § 34 und § 35 AO festgelegte Personenkreis umfasst:

1. Nach **§ 34 Abs. 1 AO gesetzliche Vertreter** natürlicher Personen, z. B. Eltern (§ 1626 BGB), Vormund (§ 1793 BGB), Pfleger (§ 1909 BGB), Betreuer (§ 1902 BGB),
   gesetzliche Vertreter juristischer Personen, z. B. Vorstand einer AG oder eines Vereins (§ 26 BGB), Geschäftsführer einer GmbH (§ 35 GmbHG),
   Geschäftsführer von nichtrechtsfähigen Personenvereinigungen, z. B. der geschäftsführungsbefugte Gesellschafter einer GbR, OHG, KG oder Partnerschaft,
   Geschäftsführer einer nichtrechtsfähigen Vermögensmasse, z. B. einer unselbständigen Stiftung
2. Mitglieder oder Gesellschafter von nichtrechtsfähigen Personenvereinigungen oder Vermögensmassen, die ohne Geschäftsführer sind (vgl. **§ 34 Abs. 2 AO**)
3. **Vermögensverwalter,** z. B. Insolvenzverwalter, Testamentsvollstrecker, gerichtlich bestellte Liquidatoren **(§ 34 Abs. 3 AO)**

4. **Verfügungsberechtigte,** die im eigenen oder fremden Namen auftreten. Sie haben nach § 35 **AO** die Pflichten eines gesetzlichen Vertreters, soweit sie diese rechtlich und tatsächlich erfüllen können. Verfügungsberechtigt in diesem Sinne ist jeder, der rechtlich und tatsächlich über Mittel verfügen kann, die einem anderen gehören (vgl. AEAO zu § 35). Rechtlich ist zur Erfüllung von Pflichten in der Lage, wer im Außenverhältnis rechtswirksam handeln kann. Auf etwaige Beschränkungen im Innenverhältnis, z. B. im Auftrag, kommt es nicht an. Tatsächlich verfügungsberechtigt ist, wer wirtschaftlich über Mittel verfügen kann, die einem anderen gehören. Die tatsächliche Verfügungsmöglichkeit reicht allein nicht aus, um die Pflichten eines gesetzlichen Vertreters zu begründen. Bevollmächtigte, die zugleich verfügungsberechtigt sind, gehören zu diesem Personenkreis.

Beispiele:

1. Der Generalbevollmächtigte ist Verfügungsberechtigter im Sinne des § 35 AO, nicht dagegen die Angehörigen der steuerberatenden Berufe, da sie keine fremden Mittel verwalten.

2. Der Alleingesellschafter einer GmbH ist nach Ausscheiden des bisherigen Geschäftsführers grundsätzlich als „faktischer Geschäftsführer" auch Verfügungsberechtigter (vgl. BFH, BStBl 1991 II S. 284; AEAO zu § 35 Nr. 1).

Bei **Erlöschen der Vertretungs- oder Verfügungsmacht** besteht nach § 36 AO eine Besonderheit. Das öffentlich-rechtliche Pflichtenverhältnis wird durch das Erlöschen der Vertretungs- oder Verfügungsmacht – gleichgültig worauf dies beruht – nicht berührt, soweit diese Pflichten den Zeitraum betreffen, in dem die Vertretungs- oder Verfügungsmacht bestanden hat, und soweit der Verpflichtete zur Erfüllung noch in der Lage ist. Daraus ergibt sich einerseits, dass mit der Beendigung der Vertretungs- oder Verfügungsmacht, die aufgrund des bürgerlichen Rechts eintritt, auch die steuerlichen Pflichten eines gesetzlichen Vertreters erlöschen, soweit es sich um die Zukunft handelt. Andererseits bleiben aber im Gegensatz zum bürgerlichen Recht die steuerlichen Pflichten des gesetzlichen Vertreters in gewissem Umfang weiterhin bestehen, soweit sie in der Vergangenheit nach den §§ 34, 35 AO entstanden sind und der Verpflichtete sie erfüllen kann. Das bedeutet u. a., dass sich der zur Auskunft für einen Beteiligten Verpflichtete nach dem Erlöschen der Vertretungs- oder Verfügungsmacht nicht auf ein Auskunftsverweigerungsrecht nach §§ 101, 103, 104 AO berufen kann, z. B. ausgeschiedene Geschäftsführer, Eltern inzwischen volljähriger Kinder (vgl. AEAO zu § 36).

Bei **Verletzung der Pflichten** kann sich für die in den §§ 34 und 35 AO genannten Personen eine persönliche **Haftung** aus **§ 69 AO** ergeben.

4.2.2 Entstehung des Steueranspruchs

4.2.2.1 Grundsätze

Der Steueranspruch entsteht, sobald der Tatbestand verwirklicht ist, an den das Gesetz die Leistungspflicht des Steuerschuldners knüpft (**§ 38 AO**). Dieser

4.2 Steueranspruch

Grundsatz stellt klar, dass der materiell-rechtliche Steueranspruch (dem die Steuerschuld entspricht) kraft Gesetzes entsteht. Der Wille und die Vorstellungen des Steuerschuldners (z. B. ein Irrtum über die steuerlichen Folgen einer Maßnahme) sowie Steuervereinbarungen zwischen Steuergläubiger und Steuerschuldner sind auf die Entstehung des Steueranspruchs ohne Einfluss. Entscheidend ist allein, ob und wann die Tatbestandsmerkmale verwirklicht sind, an die das Gesetz die Leistungspflicht knüpft. Diese Tatbestandsmerkmale ergeben sich nicht aus der AO, sondern sind den **einzelnen Steuergesetzen** zu entnehmen (vgl. AEAO zu § 38 Nr. 1).

Beispiele:

ESt-Vorauszahlungen (§ 37 Abs. 1 EStG), ESt-Abschlusszahlungen (§ 36 Abs. 1 EStG), LSt (§ 38 Abs. 2 EStG), USt (§§ 13, 18 UStG; Abschn. 177 bis 182 UStR).

Mit der Verwirklichung des Tatbestandes ist der Steueranspruch unabänderlich entstanden. Der Steuerschuldner kann diese Rechtsfolge nicht mehr rückgängig machen **(Rückwirkungsverbot).** Vertragsänderungen, die Rückdatierung oder Rückbeziehung von Verträgen und das Rückgängigmachen von Geschäftsvorfällen sind steuerrechtlich regelmäßig unwirksam (vgl. BFH, BStBl 1985 II S. 55 m. w. N. und Ausnahmen zur technischen Vereinfachung der Besteuerung).

Beispiele:

Die Aufnahme eines Gesellschafters in eine OHG kann nicht durch Rückdatierung des Gesellschaftsvertrages zeitlich zurückverlegt werden. Entsprechendes gilt für die Rückbeziehung der Gewinn-und-Verlust-Rechnung (BFH, BStBl 1984 II S. 53), für die rückwirkende Verschenkung einer wesentlichen Beteiligung (BFH, BStBl 1985 II S. 55).

Für die Entstehung des Steueranspruchs ist es ohne Bedeutung, ob und wann die Steuer festgesetzt wird. Dieser Grundsatz ergibt sich daraus, dass der Steueranspruch kraft Gesetzes entsteht. Die Festsetzung der Steuer durch den Steuerbescheid ist dagegen ein Verwaltungsakt. Der Steuerbescheid bildet die Grundlage für die Verwirklichung des kraft Gesetzes entstandenen Steueranspruchs (§ 218 Abs. 1 AO). Erst durch die formelle Festsetzung der Steuer wird der materiell-rechtliche Steueranspruch realisierbar. Die Festsetzung der Steuer im Steuerbescheid hat deshalb regelmäßig nur deklaratorische (klarstellende) Bedeutung. Allerdings wird der kraft Gesetzes entstandene Steueranspruch nicht immer in zutreffender Höhe festgesetzt, öfter zu niedrig als zu hoch oder gar nicht. Nur in Ausnahmefällen wirkt die Steuerfestsetzung konstitutiv (rechtsbegründend), wenn eine höhere als die kraft Gesetzes entstandene Steuerschuld festgesetzt wird, z. B. nach Verjährung.

Beispiel:

Bei jeder Steuerhinterziehung, die nicht entdeckt wird, unterbleibt die Steuerfestsetzung (vgl. § 370 Abs. 4 AO). Der kraft Gesetzes entstandene Steueranspruch wird in diesen Fällen insoweit nicht durch Steuerfestsetzung konkretisiert.

Für die Entstehung des Steueranspruchs ist unerheblich, wann er fällig ist. Die Fälligkeit kann zwar mit der Entstehung des Steueranspruchs zusammenfallen (vgl. § 220 Abs. 2 AO). Der Steueranspruch entsteht jedoch unabhängig von seiner Fälligkeit.

4.2.2.2 Bedeutung des Zeitpunkts des Entstehens

Der Zeitpunkt des Entstehens des Steueranspruchs wirkt sich rechtlich in verschiedener Hinsicht aus. Bei Gesetzesänderungen ist dieser Zeitpunkt im Allgemeinen dafür maßgebend, ob altes oder neues Recht anzuwenden ist. Mit diesem Zeitpunkt ist vor allem der Tatbestand verwirklicht und unabänderlich festgelegt, an den das Gesetz die Steuer knüpft. Sachverhaltsänderungen durch Rückdatierung von Verträgen, Rückgängigmachen von Geschäftsvorfällen usw. sind steuerrechtlich unwirksam.

Außerdem ist der Entstehungszeitpunkt in folgenden Fällen von Bedeutung: Nach § 170 Abs. 1 AO beginnt die Festsetzungsfrist regelmäßig mit Ablauf des Jahres, in dem der Steueranspruch entstanden ist (vgl. auch § 170 Abs. 2 Nr. 1 AO). Der Steuerschuldner kann aufrechnen, sobald die Steuerschuld entstanden ist (§ 226 AO). Nach § 75 AO haftet der Erwerber eines Unternehmens unter bestimmten Voraussetzungen für Betriebssteuern, die in der Zeit seit dem Beginn des letzten vor der Übereignung liegenden Kalenderjahres entstanden sind. Nur eine beim Rechtsvorgänger entstandene Steuerschuld geht auf den Rechtsnachfolger über (§ 45 AO).

4.2.2.3 Besonderheiten

Bei **Verschollenheit** gilt nach **§ 49 AO** für die Besteuerung und damit auch für die Entstehung eines Steueranspruchs der Tag als Todestag, mit dessen Ablauf der Beschluss über die Todeserklärung des Verschollenen rechtskräftig wird. Das Steuerrecht behandelt den Verschollenen bis zur Rechtskraft der Todeserklärung als lebend, während nach bürgerlichem Recht als Todestag der in der Todeserklärung bestimmte Tag maßgebend ist (vgl. auch Tz. 4.2.1.2). Das Steuerrecht lehnt also die Rückwirkung der Todeserklärung ab. Der Verschollene bleibt, wenn er z. B. steuerpflichtiges Vermögen hat, bis zur Rechtskraft der Todeserklärung der Steuerschuldner. Erst von diesem Zeitpunkt an entsteht gegenüber dem Erben der Steueranspruch oder gilt der andere Ehegatte als verwitwet (vgl. H 174 EStH). Diese Sonderregelung des § 49 AO gilt allerdings nicht für die Fälle, in denen ein Verfahren nach § 39 Verschollenheitsgesetz lediglich zur Feststellung der Todeszeit einer Person durchgeführt wird.

Bei **gesetz- und sittenwidrigem Verhalten**, bei **unwirksamen Rechtsgeschäften** und bei **Missbrauch von rechtlichen Gestaltungsmöglichkeiten** ergeben sich gewisse Besonderheiten hinsichtlich der Frage, ob und in welchem Umfang ein

Steueranspruch entsteht (§§ 40 bis 42 AO). Einzelheiten werden unter Tz. 4.2.4 bis 4.2.6 behandelt.

4.2.3 Erstattungs- und Vergütungsansprüche

Erstattungs- und Vergütungsansprüche gehören zu den Ansprüchen aus dem Steuerschuldverhältnis (**§ 37 AO**). Die Rechtsbeziehungen zwischen dem Erstattungsberechtigten und dem Erstattungspflichtigen regeln sich ausschließlich nach den Vorschriften des Steuerrechts. Die bürgerlich-rechtlichen Bestimmungen über die ungerechtfertigte Bereicherung (§§ 812 ff. BGB) sind nicht anwendbar (BFH, BStBl 2003 II S. 43).

Zwischen Erstattung und Vergütung bestehen in verschiedener Hinsicht Unterschiede. Eine **Erstattung** kommt in Betracht, wenn eine Steuer ohne rechtlichen Grund vereinnahmt worden ist. In den Fällen einer **Vergütung** ist die Steuer dagegen zu Recht entrichtet worden. Die Vergütung stellt sich nicht als Rückzahlung einer unrechtmäßigen Steuereinnahme dar, sondern sie wird aus bestimmten Rechtsgründen gewährt, z. B. Kindergeld (§ 31 Satz 3 EStG). Da die Erstattungs- und Vergütungsansprüche zu den Ansprüchen aus dem Steuerschuldverhältnis gehören, gelten für sie grundsätzlich alle Vorschriften, die die Ansprüche aus dem Schuldverhältnis betreffen. Einschränkungen ergeben sich aus einzelnen gesetzlichen Regelungen. Eine Festsetzungsverjährung kommt nur bei Steuervergütungen in Betracht, nicht für Steuererstattungen (vgl. §§ 155, 169 AO). Der Zahlungsverjährung unterliegen sowohl Steuererstattungsansprüche als auch Steuervergütungen (§ 228 AO).

4.2.3.1 Erstattungsansprüche

Ein Anspruch auf Erstattung besteht nur, wenn die in **§ 37 Abs. 2 AO** oder in Einzelsteuergesetzen festgelegten Voraussetzungen vorliegen. Es handelt sich um eine **Erstattung aus Rechtsgründen.** Davon zu unterscheiden ist eine **Erstattung aus Billigkeitsgründen nach § 227 AO** durch Erlass. Hierbei besteht kein Rechtsanspruch des Steuerschuldners – wie er bei einer Erstattung aus Rechtsgründen gegeben ist – darauf, dass die Erstattung angeordnet wird. Wenn allerdings eine bereits gezahlte Steuer aus Billigkeitsgründen erlassen und die Erstattung des überzahlten Betrages angeordnet wird, dann entsteht mit diesem Verwaltungsakt für den Steuerschuldner ein Rechtsanspruch auf die Erstattung.

Nach der **Generalklausel** des **§ 37 Abs. 2 AO** besteht ein öffentlich-rechtlicher **Erstattungsanspruch** bzw. eine **Erstattungsverpflichtung,**

- wenn eine Steuer, eine Steuervergütung, ein Haftungsbetrag oder eine steuerliche Nebenleistung ohne rechtlichen Grund gezahlt oder zurückgezahlt worden ist oder

- wenn der rechtliche Grund für die Zahlung oder Rückzahlung später wegfällt.

Erstattungsansprüche bzw. -verpflichtungen können sich somit für den Steuerschuldner bzw. Dritte und für die Finanzbehörde ergeben (vgl. Bergmann, BB 1992 S. 893). Diese wird von ihrer Erstattungsverpflichtung gegenüber dem nach materiellem Recht Erstattungsberechtigten nur frei, wenn sie den Erstattungsbetrag zutreffend erfüllt (§ 37 Abs. 2, § 47 AO).

1. Zahlung ohne rechtlichen Grund

Ein Erstattungsanspruch besteht, wenn der Leistungsempfänger auf die Zahlung keinen Anspruch im Sinne von § 218 Abs. 1 AO gehabt hat, z. B. eine Steuer oder ein Vorsteuerüberschuss ohne rechtlichen Grund gezahlt wird (vgl. BFH, BStBl 1995 II S. 862 m. w. N.; Hein, DStZ 1996 S. 609). Typische Fälle sind etwa die Zahlung von Steuern bei unwirksamer Bekanntgabe des Steuerbescheides, aufgrund nichtigen Bescheides oder die Doppelzahlung. Eine Doppelzahlung liegt z. B. vor, wenn eine Zahlung auf die Steuerschuld geleistet wird, obwohl die Steuerschuld bereits durch Zahlung oder Aufrechnung erloschen ist. Dasselbe gilt nach Erlass der Abgabe und im Fall der Verjährung (vgl. § 47 AO).

Eine Zahlung ohne rechtlichen Grund kann sich im **Steuerabzugsverfahren** für LSt, Lohn-Kirchensteuer, KapSt, Steuerabzüge nach § 48 und § 50 a EStG nur ergeben, wenn die zugrunde liegende Steueranmeldung (Bescheid) aufgehoben oder geändert worden ist oder wenn die Finanzbehörde einen ESt-Erstattungsbescheid erlassen hat (vgl. BFH, BStBl 2001 II S. 353 m. w. N.).

2. Nachträglicher Wegfall des rechtlichen Grundes

Ein Erstattungsanspruch besteht ferner, wenn die rechtliche Grundlage (§ 218 Abs. 1 AO) für die Steuerzahlung später wegfällt. Dieser Fall ist gegeben, wenn ein Steuerbescheid aufgehoben oder geändert wird. Die Korrektur des ursprünglichen Steuerbescheides ist erforderlich, damit ein Erstattungsanspruch geltend gemacht werden kann (vgl. BFH, BStBl 2003 II S. 43 m. w. N.). Gleichgültig sind Grund und Art der Korrektur. Dies kann sowohl durch einen Verwaltungsakt der Finanzbehörde als auch durch eine gerichtliche Entscheidung geschehen.

Beispiele:

1. Das FA hat aufgrund eines Rechenfehlers die ESt des A um 1.000 € zu hoch festgesetzt. A entdeckt den Fehler erst, nachdem er die Steuer bezahlt hat. Auf seinen Hinweis wird der ESt-Bescheid nach § 129 AO berichtigt. – A hat einen Erstattungsanspruch über 1.000 € gemäß § 218 Abs. 1, § 37 Abs. 2 AO, § 36 Abs. 4 EStG.

2. Hat das FA abgetretene Vorsteuerüberschüsse (§ 168 Satz 2, § 46 AO) an den Abtretungsempfänger ausgezahlt, so kann bei nachträglich geminderten Erstattungsansprüchen eine Rückforderung nach § 37 Abs. 2 AO nur erfolgen, wenn der betreffende USt-Vorauszahlungsbescheid nach § 164 Abs. 2 AO geändert worden ist oder sich aus dem späteren USt-Jahresbescheid ausdrücklich ergibt, dass der abgetretene Erstattungsanspruch des betreffenden Voranmeldungszeitraums nicht oder nur in geringer Höhe bestanden hat (BFH, BStBl 1995 II S. 862).

Der nachträgliche Wegfall des rechtlichen Grundes kann sich auch im Steuerabzugsverfahren ergeben, z. B. durch Eintragung eines Freibetrags auf der LSt-Karte im Laufe des Jahres (§ 39 a Abs. 4, § 39 b EStG) oder bei nachträglich erteilten Freistellungsaufträgen bzw. NV-Bescheinigungen für die KapSt (§ 44 b EStG).

Der **Erstattungsanspruch entsteht** erst mit Änderung bzw. Aufhebung des einer Erstattung zugrunde liegenden Bescheides nach § 218 Abs. 1 AO. Bis zu diesem Zeitpunkt hat der Berechtigte nur einen Anspruch auf Erlass des Bescheides und einen damit verknüpften latenten Erstattungsanspruch, nämlich eine Anwartschaft auf Erstattung (BFH, BStBl 1988 II S. 521).

3. Rückzahlung ohne rechtlichen Grund

Ein Erstattungsanspruch besteht auch, wenn z. B. eine Steuer ohne rechtlichen Grund versehentlich zurückgezahlt wird. Es liegt dann ein umgekehrter Erstattungsanspruch vor. Da es sich um einen öffentlich-rechtlichen Erstattungsanspruch handelt, kann der Empfänger sich nicht darauf berufen, dass er das Geld ausgegeben habe und nicht mehr bereichert ist. Die Bereicherungsvorschriften §§ 812 ff. BGB sind nicht anwendbar (BFH, BStBl 1981 II S. 44/47).

Als Rückzahlung ohne rechtlichen Grund ist es ebenfalls anzusehen, wenn das FA eine **fehlgeleitete Zahlung** aufgrund einer Namensverwechslung nicht an den erstattungsberechtigten Stpfl., sondern an einen unbeteiligten Dritten leistet (vgl. BFH, BStBl 1986 II S. 704). Dasselbe gilt, wenn das FA bei Zusammenveranlagung den Erstattungsbetrag nicht auf das in der ESt-Erklärung ausdrücklich benannte Erstattungskonto des einen Ehegatten überweist, sondern auf ein Konto des anderen Ehegatten (vgl. BFH, BStBl 1990 II S. 719; Paus, FR 1998 S. 143). Denn bei Zahlung durch Giroüberweisung erlischt der Anspruch erst mit Gutschrift des überwiesenen Betrages auf das Konto des Gläubigers. Die Verlustgefahr bei Geldübermittlung trägt gemäß § 270 BGB grundsätzlich der Schuldner (vgl. BFH, BStBl 1991 II S. 442 m. w. N. und Ausnahmefällen).

Hat das FA aufgrund einer **Abtretungsanzeige** nach § 46 AO einen Erstattungsbetrag an einen Dritten (Abtretungsempfänger) ausgezahlt, so richtet sich sein Rückforderungsanspruch wegen rechtsgrundloser Erstattung gegen den **Dritten** als „Leistungsempfänger" im Sinne von § 37 Abs. 2 Satz 1 und 2 AO (vgl. BFH, BStBl 1995 II S. 862; 1996 II S. 436; 2000 II S. 491) und nach § 37 Abs. 2 Satz 3 AO „auch" gegen den **Abtretenden** als Gesamtschuldner gemäß § 44 AO.

Dagegen besteht kein Rückforderungsanspruch des FA gegen einen Dritten, an den das FA aufgrund einer entsprechenden **Zahlungsanweisung** des erstattungsberechtigten Stpfl. geleistet hat (§ 362 Abs. 2 BGB), da sich der Rückforderungsanspruch des FA auf zu Unrecht zurückgezahlte Steuerbeträge nach § 37 Abs. 2 AO gegen den Stpfl. als „Leistungsempfänger" richtet und nicht gegen den Dritten als bloßen Zahlungsempfänger (BFH, BStBl 1986 II S. 511; 1996 II S. 436/438).

Der **Rückforderungsanspruch** aus fehlgeleiteter Zahlung **entsteht** mit der Zahlung (§ 38 AO) und ist grundsätzlich ohne besondere Festsetzung zu erfüllen. Das FA kann jedoch einen förmlichen **Rückforderungsbescheid** gemäß **§ 218 Abs. 2 AO** erlassen, bevor oder wenn Streit über die Ansprüche entstanden ist (vgl. BFH, BStBl 1992 II S. 713 m. w. N.).

4. Erstattungsberechtigter (Erstattungsgläubiger)

Nach § 37 Abs. 2 AO ist materiell erstattungsberechtigt (Erstattungsgläubiger) derjenige, auf „dessen Rechnung" die Zahlung bewirkt worden ist. Das ist nicht derjenige, auf dessen Kosten die Zahlung erfolgt ist. Es kommt also nicht darauf an, von wem und mit wessen Mitteln gezahlt worden ist, sondern nur darauf, wessen Steuerschuld nach dem Willen des Zahlenden, wie er im Zeitpunkt der Zahlung dem FA gegenüber erkennbar hervorgetreten ist, getilgt werden sollte (vgl. BFH, BStBl 1990 II S. 41 m. w. N.; AEAO zu § 37 Nr. 2). Dem FA kann nicht zugemutet werden, nachzuprüfen und zu entscheiden, welche bürgerlich-rechtlichen Beziehungen zwischen den Beteiligten bestehen und welchem der Beteiligten der Erstattungsanspruch aufgrund dieser Beziehungen zusteht. Der § 426 BGB ist daher ohne Bedeutung.

Ist der Erstattungsanspruch wirksam abgetreten worden (§ 46 AO), so kann nur noch der **Abtretungsempfänger** den Erfüllungsanspruch geltend machen (BFH, BStBl 1986 II S. 565).

Bei **Gesamtschuldnern** (§ 44 AO) ist grundsätzlich derjenige erstattungsberechtigt, der die Zahlung für „eigene Rechnung" geleistet hat oder für „dessen Rechnung" die Zahlung von einem Dritten bewirkt worden ist, z. B. gezahlte LSt, KapSt. Das gilt auch im Verhältnis von Steuer- und Haftungsschuldner. Hat ein Gesamtschuldner – oder ein Dritter – nach dem erkennbar gewordenen Willen für Rechnung aller Gesamtschuldner gezahlt, so sind die Gesamtschuldner grundsätzlich „nach Köpfen" erstattungsberechtigt (vgl. BFH, BStBl 1990 II S. 41; 1995 II S. 492 m. w. N.; AEAO zu § 37 Nr. 2).

Die Erstattung des FA an einen beliebigen Gesamtgläubiger hat keine befreiende Wirkung nach § 37 Abs. 2, § 47 AO, da das Steuerrecht keine Gesamtgläubigerschaft im Sinne von § 428 BGB kennt mangels ausdrücklicher gesetzlicher Regelung (vgl. BFH, BStBl 1990 II S. 520, 719; 1996 II S. 436 m. w. N.).

Haben Gesamtschuldner Teilbeträge gezahlt, ist davon auszugehen, dass jeder für seine eigene Rechnung gezahlt hat. Bei teilweiser Erstattung bestimmt sich der Anspruch des Einzelnen nach dem Verhältnis seiner Teilzahlung zu den Zahlungen der anderen.

4.2 Steueranspruch

Beispiele:

1. C und D sind wegen einer USt-Nachforderung von 10.000 € als Haftungsschuldner nach § 71 AO in Anspruch genommen worden. C hat 6.000 €, D hat 4.000 € gezahlt. Im Einspruchsverfahren werden die Haftungsbescheide aufgehoben. Rechtsfolge?

C ist in Höhe von 6.000 €, D ist in Höhe von 4.000 € erstattungsberechtigt, da sie ihre eigene Schuld tilgen wollten (§ 37 Abs. 2 AO).

2. Die USt-Nachforderung von 10.000 € im Beispiel 1 wird im Einspruchsverfahren auf 5.000 € herabgesetzt.

C und D sind im Verhältnis der von ihnen geleisteten Zahlung erstattungsberechtigt. C hat einen Erstattungsanspruch von $3/5$ = 3.000 €, D von $2/5$ = 2.000 €.

Ehegatten können aufgrund der ESt-Zusammenveranlagung **Gesamtschuldner** gemäß §§ 44, 268 AO oder **(Teil-)Gläubiger** des Erstattungsanspruchs nach § 37 Abs. 2 AO i. V. m. § 36 Abs. 4 Satz 2 EStG oder § 13 Abs. 1 Satz 3 EigZulG sein. Die Vereinfachungsregelung des § 36 Abs. 4 Satz 3 EStG schafft keine gesetzliche Gesamtgläubigerschaft im Sinne von §§ 430, 428 BGB, sondern betrifft nur die Folgen einer vorgenommenen Auszahlung (vgl. BFH, BStBl 1996 II S. 436 m. w. N.). Jeder Ehegatte hat einen eigenen Erstattungsanspruch, soweit er selbst die Steuer ohne rechtlichen Grund gezahlt hat oder diese auf seine Rechnung bezahlt worden ist (vgl. AEAO zu § 37 Nr. 2; Bergmann, BB 1992 S. 893). Danach ist erstattungsberechtigt derjenige Ehegatte,

– der die Zahlung aus seinen Mitteln eindeutig erkennbar für „seine Rechnung" geleistet hat (vgl. BFH, BStBl 1990 II S. 41/43, 719 mit Indizienangaben; 1991 II S. 47, 442; 1995 II S. 492 zur Anrechnung von Steuerzahlungen auf Aufteilungsbeträge nach § 276 Abs. 6 AO);

– für „dessen Rechnung durch Dritte" geleistet worden ist, z. B. LSt durch den Arbeitgeber, aber auch Steuern durch den anderen Ehegatten (vgl. BFH, BStBl 1990 II S. 520).

Ist nicht erkennbar, dass die Zahlung nur für die eigene Steuerschuld erfolgt, so gilt die Zahlung als auf die „gemeinsame Schuld" bewirkt. Ein entsprechender Wille wird bei Zahlungen eines Ehegatten ohne besonderen Tilgungshinweis und intakter Ehe vermutet. In diesem Fall sind die Eheleute als Teilgläubiger „nach Köpfen" erstattungsberechtigt (vgl. BFH, BStBl 1995 II S. 492; BFH/NV 2004 S. 1214 m. w. N.). Diese Aufteilungsregeln gelten auch für Erstattungen in § 10 d-EStG-Fällen (vgl. BFH, BStBl 1991 II S. 47, 442).

Diese Grundsätze haben vor allem Bedeutung im Zusammenhang mit der **Aufrechnung** gegen derartige Erstattungsansprüche wegen der Gegenseitigkeit (§ 226 AO) und mit Pfändungen (§ 46 AO; vgl. BFH, BStBl 1996 II S. 436; 1997 II S. 522).

4 Steuerschuldrecht

Beispiele:

1. Die Eheleute M-F wurden zur ESt 01 zusammen veranlagt (§ 26 b EStG). Die festgesetzte ESt von 20.000 € wurde von M bezahlt, als die Ehe bereits geschieden war. Später erfolgte die Herabsetzung der ESt-Schuld auf 15.000 €. Wer ist materiell erstattungsberechtigt?
Da eine intakte Ehe bei Zahlung nicht mehr bestand, ist M als „Selbstzahler" grundsätzlich erstattungsberechtigt (vgl. BFH, BStBl 1991 II S. 47 und 442). Hätte M dagegen die Zahlung ausschließlich unter Namensnennung beider Ehegatten geleistet, wäre für „gemeinsame Rechnung" von M und F gezahlt worden (vgl. BFH, BStBl 1990 II S. 40, 43).

2. Beide Ehegatten haben Einkünfte aus nichtselbständiger Arbeit. Für M wurden 6.000 €, für F 4.000 € LSt einbehalten. Die ESt wird auf 8.000 € festgesetzt.
Der überzahlte Betrag steht den Ehegatten grundsätzlich im Verhältnis der von ihnen abgeführten LSt-Beträge anteilig zu (vgl. BFH, BStBl 1990 II S. 520). Der Anspruch des M beträgt 1.200 €, der der F 800 €. Mit rückständiger USt des M aus einem früheren Veranlagungszeitraum in Höhe von 2.000 € könnte nur gegen 1.200 € aufgerechnet werden.

3. Der M hat Einkünfte aus Gewerbebetrieb. Vom gemeinsamen Bankkonto der Eheleute wurden 10.000 € Vorauszahlungen geleistet. Für Einkünfte der F aus nichtselbständiger Arbeit wurden 5.000 € LSt-Abzugsbeträge einbehalten. Die festgesetzte ESt-Schuld ist 12.000 €.
Die Vorauszahlungen sind für gemeinsame Rechnung geleistet worden, die LSt-Abzugsbeträge nur für Rechnung der F. Der jeweilige Erstattungsanspruch bestimmt sich nach dem Verhältnis der Zahlungen, d. h., $^2/_3$ stehen M und F je zur Hälfte, $^1/_3$ nur F zu. Dem M stehen danach $^1/_3$ von 3.000 € = 1.000 €, der F $^2/_3$ von 3.000 € = 2.000 € zu. Mit rückständiger USt des M von 3.000 € könnte nur gegen 1.000 € aufgerechnet werden.

Abwandlung: Hätte M einen Verlust aus Gewerbebetrieb und betrüge die gemeinsame ESt-Schuld 0 €, stünden die Erstattungsansprüche wie folgt zu: M = 5.000 €; F = 10.000 €.

4. Die Ehegatten haben positive Einkünfte aus Gewerbebetrieb (M) und V+V (F). Vom gemeinsamen Bankkonto haben sie 21.000 € ESt-Vorauszahlungen geleistet. Die ESt-Schuld beträgt 15.000 €. Auf M entfallen hiervon 10.000 €, auf F 5.000 € (Maßstab: § 26 a EStG).
Die Überzahlung von 6.000 € steht M und F je zur Hälfte zu (nach BFH, BStBl 1995 II S. 492, erfolgt Aufteilung „nach Köpfen" mit jeweils 3.000 €). Mit rückständiger USt des M von 5.000 € könnte nur gegen 3.000 € aufgerechnet werden.

Abwandlung: Entfiele auf die F wegen negativer Einkünfte aus V+V kein Anteil an der ESt-Schuld, wären die Eheleute gleichwohl materiell je zur Hälfte nach § 37 Abs. 2 AO erstattungsberechtigt.

5. Rechtsschutz

Der Erstattungsanspruch nach § 37 Abs. 2 AO ist grundsätzlich ohne besondere Festsetzung zu erfüllen. Bei Streitigkeiten – ggf. bereits vorher – entscheidet die Finanzbehörde gemäß § **218 Abs. 2 AO** durch Rückforderungs- bzw. **Abrechnungsbescheid,** gegen den **Einspruch** nach § 347 Abs. 1 Satz 1 Nr. 1 AO gegeben ist und nicht die Leistungsklage nach § 40 FGO (vgl. BFH, BStBl 1992 II S. 713 m. w. N.).

4.2.3.2 Vergütungsansprüche

Die Steuergesetze bestimmen, wer Gläubiger einer Steuervergütung ist (**§ 43 AO**). Die Vergütungsansprüche ergeben sich ebenso wie die Steueransprüche aus den Einzelsteuergesetzen. Vergütungsansprüche kommen insbesondere auf dem Gebiet der Verbrauchsteuern vor. Durch die Steuervergütung wird oft die Entlastung eines Stpfl. von einer Steuer bewirkt, die er zwar nicht als Steuerschuldner entrichtet, die er aber wirtschaftlich getragen hat. In gewissem Sinne ist auch der Vorsteuerabzug bei der USt eine Steuervergütung, die im Regelfall verfahrensmäßig nicht selbständig behandelt wird (vgl. Abschn. 202 Abs. 6 UStR; Ausnahme §§ 59 ff. UStDV).

Vergütungsansprüche unterliegen der Festsetzungsverjährung. Auf die Festsetzung einer Steuervergütung sind die für die Steuerfestsetzung geltenden Vorschriften sinngemäß anzuwenden (§ 155 Abs. 4 AO; siehe Tz. 8.1.3).

4.2.4 Besteuerung bei gesetz- oder sittenwidrigem Verhalten (§ 40 AO)

Der Steueranspruch entsteht unabhängig davon, ob ein Verhalten gesetz- oder sittenwidrig ist, das den Tatbestand eines Steuergesetzes erfüllt (§ 40 AO). Für die Besteuerung ist es unbeachtlich, dass nach bürgerlichem Recht gesetz- oder sittenwidrige Rechtsgeschäfte nichtig sind (§§ 134, 138 BGB). Der gesetzwidrig handelnde Unternehmer, der Empfänger von Bestechungsgeldern, der Wucherer usw. können gegenüber dem ehrlichen Stpfl. nicht steuerlich bevorzugt werden. Das **Steuerrecht** ist insoweit **wertneutral** (vgl. BFH, BStBl 1990 II S. 251).

> **Beispiele:**
>
> **1.** Der gewerbsmäßige Hehler, der Diebesgut kauft und mit Gewinn veräußert, hat Einkünfte aus Gewerbebetrieb (§ 15 EStG) und ist Unternehmer im Sinne von § 2 UStG. Die bürgerlich-rechtliche Nichtigkeit der Hehlergeschäfte ist steuerrechtlich unbeachtlich. Entsprechendes gilt für den Betrieb eines Bordells (BVerfG, wistra 1996 S. 227; BGH, wistra 1996 S. 106) und die gewerbliche Betätigung für „Telefonsex" (BFH, BStBl 2000 II S. 610).
>
> **2.** LSt-Pflicht der Arbeitnehmer für „Sex-Show" (BGH, NJW 1985 S. 208).

4.2.5 Besteuerung bei unwirksamen Rechtsgeschäften (§ 41 AO)

Die Unwirksamkeit eines Rechtsgeschäfts oder Realaktes ist steuerlich unerheblich, soweit und solange die Beteiligten das wirtschaftliche Ergebnis bestehen lassen (**§ 41 Abs. 1 AO**). Der Steueranspruch entsteht trotz der Unwirksamkeit des Rechtsgeschäfts, solange es tatsächlich durchgeführt wird. Bei der rückwirkenden Abwicklung können sich Besonderheiten ergeben (vgl. § 17 UStG; § 175 Abs. 1 Satz 1 Nr. 2 AO). Das Steuerrecht stellt es in diesen Fällen regelmäßig auf das wirtschaftliche Ergebnis ab, wenn die Steuergesetze nichts anderes bestimmen (§ 41 Abs. 1 Satz 2 AO). **Unwirksam** sind Rechtsgeschäfte insbesondere wegen Formverstöße oder wegen mangelnder Geschäftsfähigkeit von Beteiligten (vgl. BFH, BStBl 1993 II S. 825 bzgl. Kapitalerträge; BFH, BStBl 2003 II S. 498 bzgl. unberechtigten Vorsteuerausweises durch Geschäftsunfähigen).

Eine steuerrechtliche Besonderheit besteht nach der Rechtsprechung bei **Verträgen unter nahen Angehörigen.** Wenn Verträge unter nahen Angehörigen bürgerlich-rechtlich unwirksam sind, so ist ihnen auch die steuerliche Anerkennung zu versagen (vgl. BFH, BStBl 1998 II S. 106, 108; 2004 II S. 722 m. w. N.; R 19, 162 a EStR; H 162 a EStH).

Beispiel:

Der Vater schenkt seinem durch beide Elternteile vertretenen geschäftsunfähigen Kind 50.000 €; gleichzeitig verpflichtet sich das Kind, den Betrag dem Vater darlehensweise zur Verfügung zu stellen. Rechtsfolge?

Diese Vereinbarung ist bürgerlich-rechtlich nicht wirksam; Verstoß gegen §§ 104, 181, 1629, 1795 BGB. Da es sich bei den Vertragsparteien um nahe Angehörige handelt, ist der Vertrag auch steuerlich nicht anzuerkennen.

Anfechtbare Rechtsgeschäfte sind nicht erwähnt. Sie sind bis zur Anfechtung bürgerlich-rechtlich voll wirksam und steuerrechtlich entsprechend zu behandeln. Nach einer Anfechtung sind sie bürgerlich-rechtlich als von Anfang an nichtig anzusehen gemäß § 142 BGB. In diesem Fall kommt es nach § 41 Abs. 1 AO für die Besteuerung darauf an, ob und inwieweit die Beteiligten das wirtschaftliche Ergebnis des unwirksam gewordenen Rechtsgeschäfts trotz der Anfechtung noch bestehen lassen.

Scheingeschäfte und **Scheinhandlungen** sind für die Besteuerung unerheblich (**§ 41 Abs. 2 AO**). Diese Vorschrift deckt sich inhaltlich mit § 117 BGB. Danach sind Willenserklärungen nichtig, die einem anderen gegenüber mit dessen Einverständnis zum Schein abgegeben werden. Scheingeschäfte sind Rechtsgeschäfte, die von den Beteiligten nur zum Schein abgeschlossen sind, z. B. Scheinarbeitsverhältnisse zwischen Eheleuten, Scheindarlehen. Beide Vertragsteile müssen sich darüber einig sein, dass das erklärte Rechtsgeschäft nicht gewollt ist (vgl. BFH, BStBl 1998 II S. 721). Kein Scheingeschäft liegt vor, wenn nur ein Vertragsteil seine Erklärung zum Schein abgibt, während der andere Teil das Erklärte ernstlich will. Es handelt sich dann um einen geheimen Vorbehalt, der rechtlich unbeachtlich ist. Die Willenserklärung ist wirksam (§ 116 Abs. 1 BGB). Die abgegebene Erklärung wäre nur dann nichtig, wenn der Erklärungsgegner den geheimen Vorbehalt gekannt hätte (§ 116 Abs. 2 BGB). Scheingeschäfte kommen vor allem zwischen Personen in Betracht, die in besonders nahen Beziehungen zueinander stehen.

4.2 Steueranspruch

Vereinbarungen zwischen nahen Angehörigen und **Verträge von Kapitalgesellschaften mit den beherrschenden Gesellschaftern** sind zwar grundsätzlich der Besteuerung zugrunde zu legen. Es besteht aber wegen der nahen familiären oder gesellschaftsrechtlichen Beziehungen die Möglichkeit, dass solche Vereinbarungen eher Scheinabreden enthalten als Rechtsgeschäfte zwischen fremden Vertragsparteien oder nichtehelichen Lebensgemeinschaften (vgl. BFH, BStBl 1991 II S. 391, 607; 2002 II S. 353; § 138 InsO). Zwischen Fremden bestehen meist grundlegende Interessengegensätze, die regelmäßig Scheingeschäfte ausschließen. Bei Ehegatten oder Eltern und Kindern dagegen sind die Interessengegensätze oft weniger ausgeprägt, häufig werden ausgesprochene Interessenübereinstimmungen bestehen. Diese Interessengleichheit tritt besonders deutlich in den Beziehungen zwischen einer Kapitalgesellschaft und ihren beherrschenden Gesellschaftern in Erscheinung. Bei der Ein-Mann-GmbH decken sich die Interessen des Gesellschafters und der Gesellschaft sogar völlig. Verträge können bei nahen familiären oder gesellschaftsrechtlichen Beziehungen der Beteiligten wegen der Möglichkeit eines Scheingeschäfts steuerlich nur anerkannt werden, wenn klare eindeutige Vereinbarungen im Voraus getroffen werden und wenn diese Vereinbarungen auch tatsächlich durchgeführt sind (BFH, GrS, BStBl 1996 II S. 180; 1997 II S. 374; 2002 II S. 699 m. w. N.; H 162 a EStH).

Das Scheingeschäft dient manchmal dazu, ein anderes Rechtsgeschäft zu verdecken. In diesem Fall ist das **verdeckte Rechtsgeschäft** der Besteuerung zugrunde zu legen **(§ 41 Abs. 2 Satz 2 AO).**

Beispiel:

A verkauft an B durch privatschriftlichen Vertrag ein Grundstück zum Preise von 120.000 €. Bei der notariellen Beurkundung des Kaufvertrages erklären die beiden Vertragspartner übereinstimmend, dass der Kaufpreis 90.000 € beträgt. Mit Abschluss des privatschriftlichen Vertrages sind Nutzen und Lasten des Grundstücks auf B übergegangen. Rechtsfolgen?

Der gesamte beurkundete Kaufvertrag ist als Scheingeschäft bürgerlich-rechtlich nichtig, weil ein Kaufpreis von 90.000 € nicht gewollt ist (§ 117 BGB). Das Scheingeschäft ist steuerlich ohne Bedeutung (§ 41 Abs. 2 AO). Der tatsächlich von den Parteien gewollte Kaufvertrag mit einem Kaufpreis von 120.000 € ist ebenfalls nichtig, weil er nur privatschriftlich geschlossen und nicht gerichtlich oder notariell beurkundet ist. Der Vertrag wird gültig mit Eintragung (§ 313 BGB). Steuerrechtlich ist dieser Formmangel ohne Bedeutung, solange die Parteien das wirtschaftliche Ergebnis des Rechtsgeschäfts bestehen lassen (§ 41 Abs. 1 AO). Der privatschriftliche Kaufvertrag (Kaufpreis 120.000 €) ist als steuerlich wirksam zu behandeln (vgl. BFH, BStBl 1989 II S. 989).

Von einem Scheingeschäft sind **missbräuchliche Rechtsgestaltungen** zu unterscheiden. Das Scheingeschäft ist von den Beteiligten ernsthaft nicht gewollt. Es soll oftmals das gewollte Rechtsgeschäft nur verdecken. Bei einer Steuerumgehung durch Missbrauch von rechtlichen Gestaltungsmöglichkeiten (§ 42 AO) ist die vom Steuerschuldner gewählte Rechtsgestaltung **(das Umgehungs-**

geschäft) ernsthaft gemeint (vgl. BFH, BStBl 1989 II S. 216). Für die Abgrenzung zwischen Scheingeschäft und Steuerumgehung ist demnach der Wille der Beteiligten entscheidend, ob es sich entweder um ein nicht ernsthaft gemeintes Geschäft handelt oder um eine ernsthaft gemeinte Rechtsgestaltung. Daraus ergibt sich, dass § 41 Abs. 2 AO und § 42 AO nicht zugleich nebeneinander anwendbar sind.

Als **Scheinhandlung** ist etwa die Begründung eines Scheinwohnsitzes zu nennen.

4.2.6 Besteuerung bei Steuerumgehung (§ 42 AO)

Bei Missbrauch von rechtlichen Gestaltungsmöglichkeiten entsteht der Steueranspruch so, wie er bei einer den wirtschaftlichen Vorgängen angemessenen rechtlichen Gestaltung entsteht **(§ 42 Abs. 1 AO)**. Es handelt sich dabei im Wesentlichen um Gestaltungsmöglichkeiten des bürgerlichen Rechts. Aber auch Gestaltungsmöglichkeiten des öffentlichen Rechts können missbräuchlich verwendet werden. § 42 Abs. 1 AO spricht deshalb allgemein von Gestaltungsmöglichkeiten des Rechts. Bei einem Missbrauch durch unangemessene Rechtsgestaltung wird der Besteuerung nicht der tatsächliche Sachverhalt zugrunde gelegt, sondern es wird ein nicht verwirklichter Sachverhalt in der angemessenen rechtlichen Gestaltung unterstellt. § 42 AO bewirkt, dass in den von ihm erfassten Ausnahmefällen eine steuerbegründende Analogie zulässig ist (BFH, BStBl 1980 II S. 364).

Durch § 42 AO werden die unzulässigen Steuerumgehungen von der erlaubten Steuerersparnis abgegrenzt. Der Steuerschuldner kann sich im Rahmen der Steuergesetze grundsätzlich so einrichten, dass er möglichst wenig Steuern zu zahlen braucht (BFH, BStBl 2003 II S. 337, 509, 627 m. w. N.). Er kann von mehreren Möglichkeiten den steuerlich günstigsten Weg wählen. Auch im Hinblick auf die Besteuerung besteht **rechtliche und wirtschaftliche Gestaltungsfreiheit.** Daher ist es zulässig, dass der Steuerschuldner die Formen und Gestaltungsmöglichkeiten des bürgerlichen Rechts dazu benutzt, Steuern zu sparen oder Steuervorteile zu erlangen. Der Gesetzgeber verweist sogar auf diesen Weg der legalen Steuerersparnis, wenn er Steuervergünstigungen an den Abschluss von Arbeits-, Gesellschafts- oder Versicherungsverträgen knüpft. Die Ausnutzung der Gestaltungsfreiheit auch zu steuerlichen Zwecken ist bis zu der durch § 42 Abs. 1 AO gezogenen Grenze zulässig. Gegenüber dem Grundsatz der Gestaltungsfreiheit stellt § 42 AO die Ausnahmeregelung dar. Lediglich Steuerumgehungen und Steuerminderungen, die durch den Missbrauch der an sich zulässigen Gestaltungsfreiheit herbeigeführt werden, sind steuerlich nicht anzuerkennen. Der Ausnahmecharakter des § 42 AO erfordert eine besonders sorgfältige Prüfung, ob die Voraussetzungen dieser Vorschrift im Einzelfall vorliegen. Da es dem Steuerschuldner grundsätzlich nicht verwehrt werden kann, seine Rechtsverhältnisse nach eigenem Ermessen zu gestalten, selbst wenn dies aus Gründen der Steuerersparnis geschieht, ist ein Gestaltungsmissbrauch nicht immer schon dann gegeben, wenn ein ungewöhnlicher Weg gewählt wird.

Nach § **42 Abs. 2 AO** ist Abs. 1 als **allgemeiner übergeordneter Grundsatz** stets anwendbar, soweit dies nicht ausdrücklich ausgeschlossen ist. Besondere „technische" Regelungen in Einzelsteuergesetzen, z. B. §§ 7 ff. AStG, sind dem § 42 AO untergeordnet.

Ein **Missbrauch** im Sinne des § 42 Abs. 1 AO ist jede rechtliche Gestaltung, die den wirtschaftlichen Vorgängen nicht angemessen ist. Es muss sich um eine Gestaltung handeln, die vernünftige Beteiligte bei Würdigung aller Umstände, insbesondere des mit der Regelung erstrebten wirtschaftlichen Zieles, nicht wählen würden. Kennzeichnend für unangemessene Gestaltungen kann es sein, wenn sie umständlich, schwerfällig, kompliziert, gekünstelt oder undurchsichtig sind. Angemessen sind einfache, zweckmäßige und übersichtliche Gestaltungen. Die Wahl eines nach bürgerlichem oder öffentlichem Recht ungewöhnlichen Weges stellt nur dann eine unangemessene Gestaltung und damit einen Missbrauch dar, wenn drei **Voraussetzungen** gegeben sind (vgl. BFH, BStBl 2003 II S. 509, 627, 937; 2004 II S. 643, 646, 648 m. w. N.):

1. Die Gestaltung ist im Hinblick auf das erstrebte Ziel objektiv unangemessen,
2. führt zu einer Steuerminderung oder Steuervergünstigung und
3. ist durch wirtschaftliche oder sonst beachtliche nichtsteuerliche Gründe nicht zu rechtfertigen.

Eine ungewöhnliche rechtliche Gestaltung ist nur dann angemessen, wenn sie sachlich gerechtfertigt ist. Das wird der Fall sein, wenn für den gewählten Weg nicht oder nicht vorwiegend steuerliche Gründe bestimmend waren, sondern andere beachtliche Gründe ausschlaggebend gewesen sind. Diese Gründe können zivilrechtlicher Art (z. B. Haftungsbeschränkung), vor allem aber auch wirtschaftlicher oder familiärer Natur sein. Die gewählte Gestaltung ist insbesondere unangemessen, wenn für sie beachtliche außersteuerrechtliche Gründe fehlen und sie entweder im wirtschaftlichen Ergebnis auf das Gleiche hinausläuft wie der unmittelbar der Besteuerung unterworfene Sachverhalt oder sich zumindest in der allgemeinen Umgebung des Komplexes bewegt, auf den sich die Besteuerung bezieht (vgl. Rose/Glorius, DB 1992 S. 2207).

§ 42 Abs. 1 AO verlangt keine **subjektive Umgehungsabsicht.** Der Steueranspruch entsteht nach § 38 AO regelmäßig ohne Rücksicht darauf, ob der Stpfl. die Absicht hatte, einen Steueranspruch zu verwirklichen (vgl. BFH, BStBl 1989 II S. 369 m. w. N.). Daher wird die Anwendung des § 42 AO bei einer objektiv unangemessenen Gestaltung nicht durch subjektive Umstände wie Gutgläubigkeit, Rechtsunkenntnis, Unerfahrenheit oder Ungeschicklichkeit vermieden (vgl. BFH, BStBl 1993 II S. 210, 253).

4 Steuerschuldrecht

Die **Feststellungslast** obliegt grundsätzlich dem FA. Nur in „typischen Geschehensabläufen" hat der Stpfl. die „Vermutungsbasis" für einen Missbrauch zu widerlegen (vgl. BFH, BStBl 1992 II S. 202 m. w. N.).

Beispiele:

1. Der Kauf eines Hausgrundstücks von der 75-jährigen Mutter unter Verrechnung des Kaufpreises mit einem gleichzeitig von den Eltern gewährten Darlehen, dessen Rückzahlung auf 20 Jahre gestundet wird, ist regelmäßig ein Gestaltungsmissbrauch im Sinne von § 42 AO (vgl. BFH, BStBl 1992 II S. 397).

2. Vermietet der Vater zum Zweck der Steuerersparnis (Verlust aus § 21 EStG) eine ihm gehörende Eigentumswohnung an den unterhaltsberechtigten studierenden Sohn, der den Mietzins nur aus dem vom Vater gewährten Barunterhalt bestreiten kann, so liegt in dem Abschluss des Mietvertrages, wenn er zivilrechtlich wirksam und tatsächlich durchgeführt worden ist, kein Gestaltungsmissbrauch (vgl. BFH, BStBl 2000 II S. 223, 224 m. w. N.).

3. Die wechselseitige Vermietung von angeschafften Eigentumswohnungen in der gleichen Wohnanlage zur Erzielung eines Verlustes aus § 21 EStG indiziert einen Gestaltungsmissbrauch (vgl. BFH, BStBl 1994 II S. 738).
Anders ist es bei der Überlassung von Häusern (BFH, BStBl 2003 II S. 509 m. w. N.) und bei Übertragung des Eigentums einer von zwei Eigentumswohnungen auf Angehörigen, verbunden mit der wechselseitigen Vermietung dieser Wohnungen (BFH, BStBl 1996 II S. 158).

4. Zur umsatzsteuerlichen Behandlung von Mietverhältnissen mit „Vorschaltung" von Angehörigen und zum Missbrauch vgl. OFD Hannover, DStR 1993 S. 1067; BFH, BStBl 1992 II S. 446, 541, 859, 931 m. w. N. Zur „Vorschaltung" einer GbR im Verhältnis zum Gesellschafter siehe BFH, BStBl 1997 II S. 374.

5. **Basisgesellschaften,** die Steuerverlagerungen in das niedrig besteuerte Ausland ermöglichen, erfüllen den Tatbestand des Rechtsmissbrauchs vor allem dann, wenn für ihre Errichtung wirtschaftliche oder sonst beachtliche Gründe fehlen und keine eigene wirtschaftliche Tätigkeit entfaltet wird (BFH, BStBl 2002 II S. 819 m. w. N.). Die objektive Beweislast für die tatsächlichen Voraussetzungen eines Rechtsmissbrauchs trägt das FA. Es besteht auch bei Basisgesellschaften keine Vermutung für einen Rechtsmissbrauch, jedoch eine erhöhte Mitwirkungspflicht des Stpfl. (BFH, BStBl 1976 II S. 513). Gegenüber den §§ 7 ff. AStG ist § 42 AO grundsätzlich vorrangig nach Abs. 2.

Die Steuerumgehung nach § 42 AO ist **grundsätzlich nicht strafbar,** sondern nur dann, wenn der Stpfl. pflichtwidrig und vorsätzlich unrichtige oder unvollständige Angaben im Sinne von § 370 AO macht, um das Vorliegen einer Steuerumgehung zu verschleiern (vgl. BFH, BStBl 1989 II S. 216).

4.2.7 Zurechnung von Wirtschaftsgütern (§ 39 AO)

Wirtschaftsgüter sind im Allgemeinen dem **Eigentümer** zuzurechnen (**§ 39 Abs. 1 AO**). Damit knüpft die steuerliche Zurechnung von Wirtschaftsgütern an das bürgerlich-rechtliche Eigentum an. Die steuerliche Zurechnung ist entscheidend für die Frage, gegen wen sich der Steueranspruch richtet. Der steuerrechtliche

Begriff des Wirtschaftsguts reicht weiter als der Begriff des Eigentums. Zu den Wirtschaftsgütern gehören nicht nur körperliche Gegenstände, sondern auch Rechte und wirtschaftliche Werte jeder Art, die selbständig bewertungsfähig sind, wie z. B. Forderungen, Patente und Anwartschaften. Dem Eigentümer in § 39 Abs. 1 AO ist demnach der **Rechtsinhaber** gleichzustellen.

Regelmäßig wird derjenige, der nach bürgerlichem Recht über ein Wirtschaftsgut verfügungsberechtigt ist (der Eigentümer von Sachen, der Gläubiger von Forderungen, der Inhaber von Patenten), auch wirtschaftlich der Berechtigte sein. In diesem Fall ergeben sich für die Zurechnung eines Wirtschaftsguts keine Besonderheiten. Es kommt nur eine Person für die Zurechnung in Betracht. In diesen Fällen gilt stets der Grundsatz des § 39 Abs. 1 AO, dass Wirtschaftsgüter dem Eigentümer zuzurechnen sind.

Entscheidend für die Zurechnung ist im Steuerrecht, wer wirtschaftlich die **tatsächliche Herrschaft** über ein Wirtschaftsgut ausübt. Dieser aus **§ 39 Abs. 2 Nr. 1 AO** sich ergebende weitere Grundsatz ist Ausfluss der **wirtschaftlichen Betrachtungsweise** im Steuerrecht. Für die Besteuerung ist nicht die äußere Rechtsform, sondern es sind die tatsächlichen Verhältnisse maßgebend, wie sie sich bei wirtschaftlicher Betrachtung darstellen. Der Grundsatz, dass die tatsächlichen und wirtschaftlichen Verhältnisse von entscheidender Bedeutung für die Zurechnung von Wirtschaftsgütern sind, tritt erst dann in Erscheinung, wenn ein anderer als der bürgerlich-rechtliche Eigentümer die tatsächliche Herrschaft über ein Wirtschaftsgut ausübt. In diesen Fällen ist dem anderen das Wirtschaftsgut unter der Voraussetzung zuzurechnen, dass er den rechtlichen Eigentümer im Regelfall für die gewöhnliche Nutzungsdauer von der Einwirkung auf das Wirtschaftsgut wirtschaftlich ausschließen kann (§ 39 Abs. 2 Nr. 1 Satz 1 AO). Dieser wird im Gegensatz zum rechtlichen Eigentümer als **wirtschaftlicher Eigentümer** bezeichnet. Das wirtschaftliche Eigentum ist in allen Fällen maßgebend, bei denen es entscheidend auf die wirtschaftlichen und nicht auf die formal-rechtlichen Gegebenheiten ankommt (vgl. BFH, BStBl 2005 II S. 46 m. w. N.). Verschiedene Fälle des wirtschaftlichen Eigentums sind in § 39 Abs. 2 Nr. 1 Satz 2 AO aufgezählt.

Nicht anwendbar – oder zumindest nur begrenzt im Einzelfall – ist § 39 Abs. 2 Nr. 1 AO daher naturgemäß auf Steuerarten, die an bürgerlich-rechtliche Vorgänge anknüpfen, wie z. B. die Verkehrsteuern, ErbSt, GrESt (vgl. BFH, BStBl 1983 II S. 179; 1991 II S. 909). Eine **vereinfachte Aufteilung** des Betriebsvermögens von Personengesellschaften für Erbschaft- und Schenkungsteuerzwecke regelt § **97 Abs. 1 a BewG** i. V. m. § 12 Abs. 5 ErbStG.

Die Aufzählung von Fällen wirtschaftlichen Eigentums in § 39 Abs. 2 Nr. 1 Satz 2 AO ist nicht erschöpfend. Der wirtschaftliche Eigentümer wird dadurch charakterisiert, dass er im Regelfall den rechtlichen Eigentümer für die gewöhnliche Nutzungsdauer von der Einwirkung auf das Wirtschaftsgut wirtschaftlich ausschließen kann, sodass ein Herausgabeanspruch des Eigentümers keine wirtschaftliche Bedeutung hat. Andere Merkmale dagegen, z. B. die Möglichkeit zum Gebrauchen, Nutzen, Zerstören des Wirtschaftsguts, sind nicht entscheidend, auch nicht die Möglichkeit, Dritte von einer Einwirkung auf das Wirtschaftsgut auszuschließen. Ein dem Gesellschafter einer KG gehörendes Grundstück wird z. B. nicht allein dadurch wirtschaftliches Eigentum der KG, dass sie es für ihr Unternehmen nutzt, Betriebsgebäude darauf errichtet und es in die Steuer- und Handelsbilanz aufnimmt (BFH, BStBl 1979 II S. 466).

Die Frage der Zurechnung von Wirtschaftsgütern spielt insbesondere bei der ESt, der GewSt, der ErbSt und der GrSt eine Rolle. Bei den **Verkehrsteuern** ist § 39 Abs. 2 Nr. 1 AO nur beschränkt anwendbar (s. o.). Im **Vollstreckungsverfahren** nach der AO ist ebenfalls das zivilrechtliche Eigentum entscheidend (vgl. §§ 74, 262 AO). Im Einzelnen behandelt § 39 Abs. 2 AO Fragen der Zurechnung für Treuhandverhältnisse, Sicherungseigentum, Eigenbesitz und Gesamthandseigentum.

4.2.7.1 Treuhandverhältnisse

Bei Treuhandverhältnissen ist das Wirtschaftsgut dem Treugeber zuzurechnen. Ein Treuhandverhältnis kann dadurch begründet werden, dass der Treugeber dem Treuhänder aufgrund ernsthafter und klar nachweisbarer Vereinbarung ein Wirtschaftsgut zu treuen Händen überlässt (vgl. BFH, BStBl 1999 II S. 514; Heidner, DB 1996 S. 1203 mit Einzelheiten). Dem Treuhänder wird dabei bürgerlich-rechtlich nach außen eine größere Rechtsstellung eingeräumt, als ihm im Innenverhältnis aufgrund der schuldrechtlichen Vereinbarung zusteht. Der Treuhänder ist nach außen der Berechtigte. Er übt sein Recht aber nicht im eigenen Interesse, sondern im wirtschaftlichen Interesse des Treugebers aus (uneigennützige oder verwaltende Treuhand).

> **Beispiel:**
> An einer GmbH & Co. KG wollen sich mehrere Kapitalgeber beteiligen. – Sie können unmittelbar Kommanditisten werden, sich aber auch je nach Interessenlage gemeinschaftlich über einen Dritten (z. B. Rechtsanwalt, Steuerberater) an der KG beteiligen und den Dritten als treuhänderischen Kommanditisten an der KG bestellen (vgl. BFH, BFH/NV 1995 S. 759: zwei Gewinnfeststellungen gemäß § 180 Abs. 1 Nr. 1 Buchst. a, § 179 Abs. 2 Satz 3 AO; „Einzelfälle zu § 180 AO"). Kennt die KG die Treugeber und die Höhe ihrer Beteiligung, so liegt ein offenes Treuhandverhältnis vor.

Ein Treuhandverhältnis kann dadurch begründet werden, dass der Treuhänder Wirtschaftsgüter zu treuen Händen für den Treugeber erwirbt.

> **Beispiel:**
> A möchte ein zur Zwangsversteigerung anstehendes Grundstück erwerben. Aus persönlichen Gründen will er aber vorläufig nicht als Erwerber in Erscheinung

treten. Er beauftragt deshalb B, das Grundstück für ihn zu ersteigern und bis auf weiteres zu verwalten.

Mit dem Zuschlag wird B bürgerlich-rechtlich Eigentümer des Grundstücks. Steuerrechtlich ist das Grundstück jedoch A als Vermögen zuzurechnen.

Die Treuhänderschaft ist ggf. **nachzuweisen** (§ 159 AO; siehe Tz. 5.3.6.2).

4.2.7.2 Sicherungsübereignung

Zum Zweck der Sicherung übereignete Wirtschaftsgüter sind dem Sicherungsgeber zuzurechnen. Die Sicherungsübereignung (eigennützige Treuhand) ist ein Mittel zur Kreditsicherung und wirtschaftlich einer Pfandstellung gleichzustellen (vgl. dazu § 1205 BGB). Bei der Sicherungsübereignung bleibt der Kreditnehmer im Besitz der Sache, die er dem Kreditgeber zur Sicherheit übereignet. Der Kreditgeber erwirbt aufgrund der Sicherungsübereignung das Eigentum an der Sache, wobei die Übergabe durch Vereinbarung eines Besitzmittlungsverhältnisses (Verwahrung, Leihe) ersetzt wird (§§ 929, 930 BGB). Durch die Übereignung erhält der Kreditgeber eine Rechtsstellung eingeräumt, die wirtschaftlich nicht gewollt ist. Dieser wirtschaftlichen Betrachtung entspricht die Regelung in § 39 Abs. 2 Nr. 1 Satz 2 AO (beachte AEAO zu § 35 Nr. 3).

4.2.7.3 Eigenbesitz

Ein Wirtschaftsgut, das jemand in Eigenbesitz hat, ist dem Eigenbesitzer zuzurechnen. Eigenbesitzer ist, wer ein Wirtschaftsgut als ihm gehörig besitzt (vgl. § 872 BGB). Eigenbesitz liegt nur vor, wenn jemand über ein Wirtschaftsgut die tatsächliche Sachherrschaft ausübt und den Willen hat, den Berechtigten auf die Dauer von der Einwirkung auf das Wirtschaftsgut auszuschließen und selbst wie der Berechtigte zu herrschen. Der Herrschaftswille kann, er braucht sich aber nicht auf eine Rechtsgrundlage zu stützen. Ein durch Diebstahl oder durch Unterschlagung erlangtes Wirtschaftsgut steht im Eigenbesitz desjenigen, der es durch die strafbare Handlung an sich gebracht hat.

Der **Sicherungsgeber,** der **Käufer unter Eigentumsvorbehalt** und der Besitzer eines gekauften, aber noch nicht aufgelassenen und überschriebenen Grundstücks sind nicht Eigenbesitzer. Sie sind sich des Eigentumsrechts eines anderen bewusst und erkennen es an. Das schließt aber nicht aus, dass sie wirtschaftliche Eigentümer sein können (BFH, BStBl 1973 II S. 595).

Pächter und Mieter sind Fremdbesitzer. Bei außergewöhnlichen Verträgen kann ggf. wirtschaftliches Eigentum des Mieters oder Pächters gegeben sein, z. B. „Miet-Kaufvertrag" (vgl. BFH, BStBl 1992 II S. 182 m. w. N.). Eine Ausnahme kann auch in Betracht kommen, wenn bei Abbau- und Ausbeuteverträgen über die Gewinnung von Sand, Kies usw. dem Pächter durch langfristige und bedingungsfreie Verträge unter Ausschaltung der Verfügung des Verpächters die Befugnis zur vollen Ausbeute übertragen worden ist. Der Mieter ist ausnahmsweise als wirtschaftlicher Eigentümer anzusehen, wenn die für beide Vertragspartner unkündbare Mietdauer so bemessen ist, dass nach deren Ablauf die Mietsache technisch oder wirtschaftlich abgenutzt ist, z. B. eine Alarmanlage (BFH, BStBl 1978 II S. 507).

Nießbraucher sind im Allgemeinen nicht Eigenbesitzer. Eine andere Beurteilung kann sich ergeben, wenn dem Nießbraucher außer dem Recht, die Nutzungen zu ziehen (§ 1030 BGB), noch zusätzliche Rechte eingeräumt sind (vgl. Nießbrauch-Erlass, BStBl 1998 I S. 914).

Gebäude auf fremdem Grund und Boden stehen bürgerlich-rechtlich regelmäßig im Eigentum des Grundstückseigentümers (§ 94 BGB). Ausnahmsweise ist das Gebäude dem Erbauer als wirtschaftlichem Eigentümer zuzurechnen, wenn der Grundstückseigentümer durch vertragliche Vereinbarungen oder aus anderen Gründen auf die Dauer von der Einwirkung ausgeschlossen ist. Der Erbauer ist bürgerlich-rechtlicher Eigentümer eines auf fremdem Grund und Boden errichteten Gebäudes nur dann, wenn er dieses in Ausübung eines dinglichen Rechts (z. B. Erbbaurecht) oder nur zu einem vorübergehenden Zweck erstellt hat (§ 95 Abs. 1 BGB). In solchen Fällen ist abweichend von der bürgerlich-rechtlichen Rechtslage das wirtschaftliche Eigentum an dem Gebäude dem Eigentümer des Grund und Bodens zuzurechnen, wenn der Erbauer des Gebäudes nicht befugt ist, über die Substanz (Gebäudewert) zu verfügen.

Bei **Leasing-Verträgen** ist der Leasing-Nehmer im Allgemeinen nicht Eigenbesitzer, weil ihm der Herrschaftswille fehlt. Damit ist aber nur der Anwendungsfall des Eigenbesitzers ausgeschlossen, nicht jedoch die Annahme wirtschaftlichen Eigentums schlechthin. Es kommt auf die Umstände des Einzelfalls an, ob Wirtschaftsgüter, die Gegenstand eines Leasing-Vertrages sind, wirtschaftlich dem Leasing-Geber oder dem Leasing-Nehmer zuzurechnen sind (BFH, BStBl 1984 II S. 825; Leasing-Erlasse, BStBl 1971 I S. 264; 1972 I S. 188).

4.2.7.4 Gesamthandsgemeinschaften

Bei einer Gesamthandsgemeinschaft werden die Wirtschaftsgüter den Beteiligten anteilig zugerechnet (**§ 39 Abs. 2 Nr. 2 AO**). Hierbei handelt es sich um die Frage der **Aufteilung** auf die Beteiligten, die bürgerlich-rechtlich und wirtschaftlich die tatsächliche Herrschaft über das Wirtschaftsgut ausüben. Die Vorschrift hat demnach einen anderen Charakter und Zweck als § 39 Abs. 2 Nr. 1 AO.

Gesamthandsgemeinschaften sind die GbR (§ 719 BGB), die OHG (§ 105 HGB, § 719 BGB), die KG (§§ 161, 105 HGB, § 719 BGB), die Partnerschaft (§ 1 Abs. 4 PartGG, § 719 BGB), die Gütergemeinschaft (§ 1419 BGB) und die Erbengemeinschaft (§§ 2033, 2040 BGB).

Eine Aufteilung nach § 39 Abs. 2 Nr. 2 AO kommt nur in Betracht, soweit für die Besteuerung eine getrennte Zurechnung erforderlich ist. Das ist der Fall, wenn der Steueranspruch sich nach dem in Betracht kommenden Steuergesetz gegen den einzelnen Gesamthänder richtet, z. B. bei der ESt. Die Regelung ist dagegen nicht anzuwenden, soweit die Gesamthandsgemeinschaft als solche steuerlich rechtsfähig ist, z. B. bei der USt.

Für die Aufteilung im Einzelnen sind die gesetzlichen und vertraglichen Bestimmungen der in Betracht kommenden Gesamthand maßgebend. Das Gesetz gibt keinen Anhalt, nach welchem Maßstab die anteilige Zurechnung vorzunehmen ist. Sie muss auf das jeweilige Einzelsteuergesetz, auf die jeweils in Betracht kommenden Vorschriften über die betreffende Gesamthand und auf die vertraglichen Vereinbarungen der Beteiligten abgestellt sein.

4.2.8 Gesamtschuldner (§ 44 AO)

Gesamtschuldner sind Personen, die nebeneinander dieselbe Leistung aus dem Steuerschuldverhältnis schulden oder für sie haften oder die zusammen zu einer Steuer zu veranlagen sind (§ 44 AO). Zum Wesen der Gesamtschuld gehört, dass dem Steuergläubiger eine Mehrheit von Personen gegenübersteht und dass diese Personen als **echte Gesamtschuldner** dieselbe Leistung zu erfüllen oder dafür einzustehen haben. Es handelt sich dabei um die eigene Leistung, wenn mehrere Personen dieselbe Leistung schulden. Personen, die persönlich haften, haben dagegen für eine fremde Leistung als **unechte Gesamtschuldner** einzustehen. Die steuerrechtliche Regelung der Gesamtschuld dient – entsprechend § 421 BGB – dem Zweck, die Durchsetzung des einzelnen Steueranspruchs und damit das gesamte Steueraufkommen möglichst umfassend zu sichern.

4.2.8.1 Fälle der Gesamtschuld

Die Fälle der Gesamtschuld lassen sich nach § 44 AO in Gruppen aufteilen:

1. Mehrere Personen schulden nebeneinander **dieselbe Leistung** als Gesamtschuldner in den Fällen, in denen dies ausdrücklich in den Steuergesetzen bestimmt ist.

> **Beispiele:**
>
> **1. GrESt** schulden Erwerber und Veräußerer als Gesamtschuldner (§ 13 GrEStG; § 13 b Abs. 1 Nr. 3 UStG ist zu beachten).
>
> Das FA muss in der Regel den Erwerber zur GrESt heranziehen, wenn dieser im Vertrag die GrESt übernommen hat (vgl. BFH, BFH/NV 1997 S. 2).
>
> **2. Schenkungsteuer** schulden der Beschenkte und „auch" der Schenker als Gesamtschuldner (§ 20 Abs. 1 ErbStG).

2. Mehrere Haftungsschuldner, die nebeneinander für dieselbe Leistung einzustehen haben, sind Gesamtschuldner.

Beispiele:

1. Die Gesellschafter einer OHG haften als Gesamtschuldner für die USt der Gesellschaft (§ 128 HGB, § 191 Abs. 1 AO).

2. Der Geschäftsführer einer GmbH und die GmbH selbst haften als Gesamtschuldner für die LSt, die der Geschäftsführer einbehalten, aber grob schuldhaft nicht abgeführt hat (§ 69 AO und § 42 d EStG).

3. Steuerschuldner und Haftungsschuldner sind Gesamtschuldner, wenn der Haftungsschuldner neben dem Steuerschuldner persönlich für die Steuer haftet. Das gilt für Haftungsfälle aller Art. Es handelt sich um unechte Gesamtschuldner.

Beispiele:

1. Der Geschäftsführer einer GmbH haftet als deren gesetzlicher Vertreter neben der GmbH, die nach § 13 a Abs. 1 Nr. 1 UStG die USt schuldet, als Gesamtschuldner im Rahmen des § 69 AO.

2. Der Erwerber eines Unternehmens haftet neben dem früheren Unternehmer, der die USt nach § 13 a Abs. 1 Nr. 1 UStG schuldet, als Gesamtschuldner (§ 75 AO).

3. Der Arbeitgeber haftet neben dem Arbeitnehmer, der die LSt gemäß § 38 Abs. 2 EStG schuldet, als Gesamtschuldner (§ 42 d EStG).

4. Zusammenveranlagte Personen sind Gesamtschuldner (§ 44 Abs. 1, § 268 AO). Die Steuerfestsetzung kann in diesem Fall nach § 155 Abs. 3 AO vereinfacht durch „zusammengefasste" Bescheide erfolgen. Die **Gesamtschuld** kann jedoch im Vollstreckungsfall nach §§ 268 bis 280 AO auf – rechtzeitig gestellten – Antrag durch **Aufteilungsbescheid** aufgeteilt werden (**§ 44 Abs. 2 Satz 4 AO**). Die Personen werden sodann nach § 278 Abs. 1 AO für die Vollstreckung und auch bei der Aufrechnung wie Teilschuldner behandelt, sofern nicht die Ausnahmeregelung des § 278 Abs. 2 AO eingreift (vgl. BFH, BStBl 1988 II S. 406; 1991 II S. 493 m. w. N.).

4.2.8.2 Bedeutung und Wirkung der Gesamtschuld

Jeder Gesamtschuldner schuldet grundsätzlich die gesamte Leistung (**§ 44 Abs. 1 Satz 2 AO**). Das FA kann dementsprechend die geschuldete Leistung im Rahmen des **Auswahlermessens** (§ 5 AO) von jedem der Gesamtschuldner ganz fordern; es kann die Leistung aber auch aufteilen und von jedem Gesamtschuldner einen Teilbetrag verlangen.

Beispiel:

Der A hat als Geschäftsführer der B-GmbH grob fahrlässig falsche USt-Anmeldungen abgegeben. Die USt ist 50.000 € zu niedrig festgesetzt worden. Folge?

A und B sind Gesamtschuldner, die GmbH als Steuerschuldner nach § 13 a Abs. 1 Nr. 1 UStG, der A als Haftungsschuldner nach § 69 AO. Jeder schuldet die gesamte Leistung von 50.000 €. Das FA kann die 50.000 € von A oder von B fordern, im Rahmen des Ermessens jedoch primär vom Steuerschuldner (s. u.). Es kann auch den Betrag aufteilen, A wegen eines Teilbetrages (z. B. 30.000 €) in Anspruch neh-

4.2 Steueranspruch

men und den Restbetrag (20.000 €) von B fordern. Hinweis auf § 191 Abs. 1 und § 219 AO.

Die Festsetzung gegenüber einem Gesamtschuldner hat grundsätzlich keine verfahrensrechtlichen Wirkungen gegenüber den anderen Gesamtschuldnern, da die Bindungswirkung nur gegenüber dem Adressaten nach § 124 Abs. 1, § 119 Abs. 1 AO eintritt (§ 44 Abs. 2 Satz 3 AO, § 425 Abs. 2 BGB). Daher sind inhaltlich abweichende Bescheide gegen Gesamtschuldner zulässig, soweit keine gesetzlichen Ausnahmen eingreifen (vgl. BFH, BStBl 1988 II S. 188; Ausführungen unter Tz. 8.4).

Die **Erfüllung** durch einen Gesamtschuldner kommt den anderen Gesamtschuldnern zustatten (**§ 44 Abs. 2 AO**). Der Anspruch erlischt mit der Leistung. Die Forderung kann nicht nur durch **Zahlung,** sondern auch durch **Aufrechnung** erfüllt werden. Bis zur Entrichtung des ganzen Betrags bleiben alle Gesamtschuldner verpflichtet.

Beispiel:
Eine OHG besteht aus den drei Gesellschaftern A, B und C. Aufgrund einer Ap ergeben sich USt-Nachforderungen von 15.000 €. Steuerschuldner ist die OHG als Unternehmer. Die Gesellschafter haften für die USt-Schuld der OHG als Gesamtschuldner (§ 128 HGB). Nach Erlass der Haftungsbescheide (§ 191 AO) hat A mit einem ESt-Erstattungsanspruch von 4.000 € wirksam aufgerechnet. Folgen?
Die Aufrechnung kommt sowohl der OHG als auch B und C zustatten. Hierdurch ist die USt-Schuld in Höhe von 4.000 € erloschen. In Höhe des Restbetrages von 11.000 € bleiben alle Gesamtschuldner verpflichtet. Ein Ausgleich zwischen A, B und C findet intern statt (§ 426 BGB).

Andere Erlöschensgründe als Zahlung und Aufrechnung, d. h. subjektive Umstände, wirken nur für den Gesamtschuldner, in dessen Person sie eintreten (§ 44 Abs. 2 Satz 3 AO i. V. m. § 425 BGB). Ein **Erlass** aus persönlichen Gründen, der gegenüber einem der Gesamtschuldner ausgesprochen wird, kommt den anderen Gesamtschuldnern nicht zugute. Die **Verjährungsfrist** läuft ebenfalls für jeden Gesamtschuldner grundsätzlich gesondert (vgl. aber § 191 Abs. 5 AO).

Sonderregelungen für die Gesamtschuld bestehen u. a. hinsichtlich der **Säumniszuschläge.** Diese entstehen als Druckmittel gegenüber jedem säumigen Gesamtschuldner (§ 240 Abs. 4 AO). Sie sind jedoch nur in der Höhe zu erheben, in der sie entstanden wären, wenn die Säumnis nur bei einem Gesamtschuldner eingetreten wäre. Der Ausgleich findet intern statt (§ 426 BGB). Wegen der **Vollstreckungsgebühren** wird auf § 342 AO hingewiesen.

Bei der **Inanspruchnahme von Gesamtschuldnern** ist zwischen den Fällen der echten und der unechten Gesamtschuld zu unterscheiden. Im Fall der **echten Gesamtschuld** (mehrere Personen schulden nebeneinander dieselbe Leistung oder aber haften nebeneinander dafür) steht es grundsätzlich im pflichtgemäßen **Auswahlermessen** der Finanzbehörde, an welchen der Gesamtschuldner sie sich halten will (§ 5 AO). Das FA darf vor allem nicht willkürlich verfahren. Es hat sich z. B. bei einer Schenkung in erster Linie an den Beschenkten zu halten, da nach § 20 ErbStG „auch" der Schenker Steuerschuldner ist. Die Verhältnisse der einzelnen Gesamtschuldner sind zu berücksichtigen und abzuwägen. Von Bedeutung können Absprachen der Gesamtschuldner darüber sein, wer von ihnen die Steuer tragen soll. Gegenüber den Interessen der Gesamtschuldner darf aber auch das berechtigte Interesse des Steuergläubigers an einer schnellen und reibungslosen Einziehung der Steuerschuld nicht außer Acht gelassen werden.

> **Beispiel:**
> Der Landwirt A hat an den Kaufmann B einen Grundstücksteil zu Bauzwecken veräußert. Nach dem Vertrag hat B die GrESt zu tragen. Wer schuldet?
> A und B sind beide Steuerschuldner der GrESt und als solche Gesamtschuldner (§ 13 GrEStG). Es entspricht pflichtgemäßem Ermessen, wenn das FA die zwischen den Gesamtschuldnern getroffene Vereinbarung berücksichtigt und sich in erster Linie an B hält. Nur wenn besondere Umstände es fordern, wird das FA A in Anspruch nehmen. Dieser Fall kann gegeben sein, wenn sich herausstellt, dass Vollstreckungen in das Vermögen des Erwerbers erfolglos geblieben sind oder aussichtslos erscheinen.

Ist zu entscheiden, welcher von mehreren in Betracht kommenden Haftungsschuldnern in Anspruch genommen werden soll, so kann es auf die Aufgabenverteilung zwischen den Haftungsschuldnern und die Schwere einer Pflichtverletzung ankommen, z. B. bei Gesellschaftern (vgl. Einzelheiten unter Tz. 10.14.2).

Die Ermessensentscheidung ist im Regelfall zu begründen (§ 121 AO). Eine nicht begründete Ermessensentscheidung ist sonst fehlerhaft, aber heilbar nach § 126 Abs. 1 Nr. 2, Abs. 2 AO.

Im Fall der **unechten Gesamtschuld** (Steuerschuldner und Haftungsschuldner als Gesamtschuldner) darf der Haftungsschuldner grundsätzlich auf Zahlung nur in Anspruch genommen werden, soweit die Vollstreckung in das bewegliche Vermögen des Steuerschuldners ohne Erfolg geblieben oder anzunehmen ist, dass die Vollstreckung aussichtslos sein würde (§ 219 Satz 1 AO). Die Finanzbehörde muss sich zunächst an den Steuerschuldner halten, wenn nichts anderes bestimmt ist. Ausnahmen ergeben sich aus den Besonderheiten bestimmter Haftungstatbestände (vgl. § 219 Satz 2 AO). Diesen Fällen ist gemeinsam, dass der Haftungsschuldner zur Entstehung der Haftungsschuld wesentlich beigetragen hat. Ergänzende Vorschriften sind in den Einzelsteuergesetzen enthalten (vgl. § 10 b Abs. 4 EStG und § 9 Abs. 3 KStG bzgl. Spenden; § 42 d EStG für Arbeitgeberhaftung).

4.2.8.3 Gesamtrechtsnachfolge (§ 45 AO)

Bei Gesamtrechtsnachfolge geht die Steuerschuld des Rechtsvorgängers auf den Rechtsnachfolger über **(§ 45 Abs. 1 AO;** vgl. dazu § 166 AO). Der Rechtsnachfolger ist regelmäßig Steuerschuldner, nicht Haftender (siehe unter Tz. 10.1).

Fälle der Gesamtrechtsnachfolge sind bei natürlichen Personen die Erbfolge, bei Gesellschaften die Verschmelzung und Umwandlung (vgl. AEAO zu § 45 Nr. 1 bis 3). Bei der Gesamtrechtsnachfolge erwirbt der Rechtsnachfolger das Vermögen eines anderen durch einen einheitlichen Rechtsakt im Ganzen. Es werden also nicht die einzelnen zu dem Vermögen gehörenden Vermögensstücke, Forderungen und Schulden übertragen. Dadurch unterscheidet sich die Gesamtrechtsnachfolge von der **Einzelrechtsnachfolge,** z. B. bei Schenkung oder Verkauf und Übereignung von Gütern. Gesamtrechtsnachfolge ist auch gegeben, wenn bei einer zweigliedrigen OHG nach Ausscheiden eines Gesellschafters der andere das Unternehmen als Einzelunternehmer fortführt (BFH, BStBl 1978 II S. 503). Der Vermächtnisnehmer ist nicht Rechtsnachfolger des Erblassers (BFH, BStBl 1975 II S. 739). Hat der Rechtsvorgänger **Steuerhinterziehung** begangen, so treffen den Rechtsnachfolger nicht nur weiter bestehende Rechte und Pflichten wie z. B. Steuererklärungspflichten, Zahlungspflichten einschließlich § 235 AO oder Berichtigungspflichten nach § 153 AO, sondern es gelten auch die verlängerten Festsetzungsfristen des § 169 Abs. 2 AO weiter. Zudem ergehen regelmäßig **Kontrollmitteilungen** bei **Erbfällen** mit Kapitalvermögen über 50.000 Euro (vgl. §§ 33, 34 ErbStG; §§ 1 ff. ErbStDV; Ländererlasse, BStBl 2003 I S. 392 mit weiteren Einzelheiten).

Für **Erben** regelt **§ 45 Abs. 2 AO** die **beschränkbare Eigenhaftung** als Steuerschuldner. Die Vorschriften des bürgerlichen Rechts über die Erbenhaftung gelten nur sinngemäß (BFH, BStBl 1981 II S. 729). Nach Zivilrecht haftet der Erbe für die **Nachlassverbindlichkeiten** unbeschränkt (§ 1967 BGB), also mit seinem ganzen Vermögen, aber ggf. beschränkbar auf das Sondervermögen (vgl. §§ 1975 ff. BGB; Abschn. 29 ff. VollstrA). Die Beschränkung auf Nachlassverbindlichkeiten, d. h. auf Erblasser- und Erbfallschulden im Gegensatz zu Eigenschulden des Erben, darf nicht im Steuerbescheid ausgesprochen werden, sondern ist gemäß **§ 265 AO,** § 1990 BGB erst im Vollstreckungsverfahren durch formlose Erklärung oder Einspruch geltend zu machen (vgl. BFH, BStBl 1998 II S. 705/708).

4.2.8.4 Schuldnerwechsel bei Verbrauchsteuern

Ein Schuldnerwechsel gänzlich anderer Art ist in **§ 50 Abs. 2 AO** geregelt. Bei Verbrauchsteuern geht eine bedingte Steuerschuld unter bestimmten Voraussetzungen von einem Steuerschuldner auf eine andere Person über.

4.2.9 Abtretung, Verpfändung, Pfändung (§ 46 AO)

Ansprüche auf Erstattung von Steuern, Haftungsbeträgen, steuerlichen Nebenleistungen und auf Steuervergütungen können abgetreten, verpfändet und gepfändet werden **(§ 46 Abs. 1 AO).**

4.2.9.1 Abtretung

Die Abtretung steuerrechtlicher Ansprüche wird unter folgenden Voraussetzungen wirksam (**§ 46 Abs. 2 und 3 AO):**

1. Der Stpfl. überträgt seinen Steuererstattungs- oder Vergütungsanspruch mittels eines entsprechenden **Vertrages** (§ 398 BGB) auf einen Dritten (Abtretungsempfänger).

2. Der **Gläubiger** muss die Abtretung der zuständigen Finanzbehörde **anzeigen.** Anzeigen durch Bevollmächtigte, Vertreter oder Boten des Abtretenden sind zulässig, ebenso eine rückwirkende Genehmigung bei zunächst fehlender Vollmacht (vgl. BFH, BStBl 1994 II S. 789).

3. Die Abtretungsanzeige muss auf **amtlich vorgeschriebenem Vordruck** erfolgen.

4. **Notwendiger Inhalt** der Anzeige ist:
   - Name und Anschrift des Abtretenden und des Abtretungsempfängers,
   - Art und Höhe des abgetretenen Anspruchs,
   - Abtretungsgrund (vgl. BFH, BStBl 2005 II S. 238),
   - Unterschrift des Abtretenden und des Abtretungsempfängers (vgl. BFH, BStBl 1997 II S. 522; 2002 II S. 402; AEAO zu § 46 Nr. 5 für Eheleute).

5. Die Abtretungsanzeige darf erst **„nach"** Entstehung des Anspruchs bei der Behörde **„eingehen";** sonst ist sie unwirksam.

6. Aufgrund der wirksamen Abtretung erfolgt die **Auszahlung** des Anspruchs an den Abtretungsempfänger.

Form und **Inhalt der Anzeige** sind in § 46 Abs. 3 AO im Einzelnen geregelt. Auf einem amtlich vorgeschriebenen Vordruck müssen der Abtretende, der Abtretungsempfänger sowie die Art und Höhe des abgetretenen Anspruchs und der Abtretungsgrund angegeben werden (BFH, BStBl 2002 II S. 67; vgl. Vordruck Anlage AEAO zu § 46). Die Art des abgetretenen Anspruchs muss durch hinreichend bestimmte Angaben wie „Erstattung ESt 01", „USt-Vergütung 01" oder „alle bereits entstandenen Erstattungs-/Vergütungsansprüche" bezeichnet werden. Die Angabe der Steuerart und des Steuerabschnitts ist grundsätzlich erforderlich (vgl. BFH, BStBl 1999 II S. 439; 2002 II S. 67 m. w. N.). Der aus § 15 UStG erwachsende Vorsteuerabzugsanspruch ist kein eigenständig abtretbarer Anspruch, sondern nur der USt-Erstattungsanspruch aus § 16 Abs. 2 UStG insgesamt (BFH, BStBl 1983 II S. 612).

Hinsichtlich der Höhe des abgetretenen Anspruchs genügt es, wenn sie bestimmbar ist. Die Höhe braucht nicht beziffert zu werden. Es sind auch Umschreibungen wie „in Höhe des zu erstattenden Betrages" ausreichend. Als Abtretungsgrund kommt z. B. „Erfüllung eines Darlehensvertrages" in Betracht.

4.2 Steueranspruch

Erforderlich ist, dass die Abtretungsanzeige vom Abtretenden und vom Abtretungsempfänger unterschrieben wird. Da § 46 Abs. 3 AO keine „eigenhändige" Unterschrift verlangt, ist bei Erteilung einer entsprechenden Vollmacht auch Vertretung bei Unterzeichnung der Abtretungsanzeige zulässig (BFH, BStBl 1983 II S. 123).

Abtretungsanzeigen „vor" Entstehung des Anspruchs sind **unwirksam** (vgl. AEAO zu § 46 Nr. 1). Die Abtretung wird erst aufgrund einer Anzeige wirksam, die nach der Entstehung des Anspruchs eingeht **(§ 46 Abs. 2 AO)**. § 46 AO verbietet es dagegen nicht, auch künftige Erstattungsansprüche, etwa aus ESt- oder USt-Festsetzungen für das laufende Jahr, abzutreten, sofern sie im Einzelfall möglich erscheinen und im Abtretungsvertrag hinreichend konkretisiert sind. Die Anzeige darf aber erst nach Entstehung des Anspruchs eingehen (vgl. BFH, BStBl 2000 II S. 491; 2002 II S. 677).

> **Beispiele:**
>
> Der ESt-Erstattungsanspruch 01 entsteht mit Ablauf des maßgebenden Veranlagungszeitraums 01 (§ 36 Abs. 1 EStG). – Eine schon während des Zeitraums 01 angezeigte Abtretung des Anspruchs ist wirkungslos und wird auch nicht mit Entstehung des Anspruchs wirksam.
>
> Anders als bei Änderungen nach §§ 129, 164, 165 oder §§ 172 ff. AO mit dadurch sich ergebenden Steuererstattungsansprüchen entsteht der auf einem **Verlustrücktrag** nach § 10 d EStG beruhende Erstattungsanspruch nicht schon mit Ablauf des Verlustabzugsjahres, sondern erst mit Ablauf des Veranlagungszeitraums, in dem der Verlust entstanden ist. – Eine schon vor Ablauf des Verlustentstehungsjahres beim FA eingehende Abtretungsanzeige der auf den Verlustrücktrag beruhenden Erstattungen ist daher unwirksam (BFH, BStBl 2000 II S. 491; AEAO zu § 46 Nr. 1).

Der **geschäftsmäßige Erwerb** von Erstattungs- oder Vergütungsansprüchen zum Zweck der Einziehung oder sonstigen Verwertung auf eigene Rechnung ist grundsätzlich nicht zulässig **(§ 46 Abs. 4 AO)**. Hierdurch soll einem Missbrauch durch Lohnsteuerkartenhandel, Blankoabtretungen usw. vorgebeugt werden. Vor allem sollen Arbeitnehmer davor geschützt werden, dass sie ihre Erstattungsansprüche gemäß § 36 Abs. 4 Satz 2 EStG im Zusammenhang mit Vorfinanzierungen zu unangemessenen Bedingungen abtreten und von unseriösen Kreditgebern übervorteilt werden. Eine Ausnahme besteht für **Sicherungsabtretungen,** nicht dagegen für Abtretungen erfüllungshalber. Zum geschäftsmäßigen Erwerb und zur Einziehung der zur Sicherung abgetretenen Ansprüche sind nur Unternehmen berechtigt, denen das Betreiben von Bankgeschäften erlaubt ist (**„Bankenprivileg";** vgl. BFH, BStBl 1984 II S. 411, 413; 1986 II S. 124 m. w. N.; Klatt, DB 1986 S. 143). **Geschäftsmäßig** handelt, wer den Erwerb selbständig und mit Wiederholungsabsicht ausübt. Das ist etwa der Fall, wenn für den Erwerb von Erstattungsansprüchen organisatorische Vorkehrungen bestehen, wie z. B. vorbereitete Formulare (vgl. AEAO zu § 46 Nr. 2). Das gilt auch für Steuerberater, die sich nicht nur vereinzelt von Mandanten z. B. USt-Erstattungsansprüche zur

Sicherung von Honorarforderungen abtreten lassen (vgl. BFH, BStBl 1986 II S. 124). Dagegen werden **gelegentliche Abtretungen** im Rahmen eines Handelsgeschäfts oder gegenüber Beratern, d. h. anlässlich besonders begründeter Einzelfälle, durch § 46 Abs. 4 AO nicht ausgeschlossen.

Es ist ferner zulässig, ohne formelle Abtretung im Sinne von § 46 AO Erstattungsbeträge auf Antrag des Stpfl. auf die Steuerschuld (= Steuerkonto) eines Dritten **umzubuchen** auf der Grundlage eines **Verrechnungsvertrages**. Das gilt nicht für Auszahlungen an Dritte, weil § 46 AO dadurch unterlaufen würde.

Verstöße gegen § 46 Abs. 4 Satz 1 AO können als Ordnungswidrigkeiten nach **§ 383 AO** mit einer Geldbuße geahndet werden.

Die angezeigte Abtretung müssen der Abtretende und der Abtretungsempfänger gegen sich gelten lassen (**§ 46 Abs. 5 AO**). Der Finanzbehörde gegenüber können sie sich nicht darauf berufen, dass die Abtretung nicht erfolgt oder dass die Abtretung nicht wirksam sei, weil sie nicht in der vorgeschriebenen Form nach Entstehung des Anspruchs angezeigt ist. Selbst wenn die Abtretung nach § 134 BGB nichtig ist, weil sie gegen das gesetzliche Verbot in § 46 Abs. 4 AO (geschäftsmäßiger Erwerb ...) verstößt, müssen Abtretender und Abtretungsempfänger der Finanzbehörde gegenüber die angezeigte Abtretung gegen sich gelten lassen (vgl. AEAO zu § 46 Nr. 4). Hat die Finanzbehörde aufgrund einer Abtretungsanzeige den Betrag mit befreiender Wirkung an den Abtretungsempfänger ausgezahlt, so hat der Abtretende keine Ansprüche gegen die Finanzbehörde, auch wenn die Abtretung nicht erfolgt oder unwirksam ist. Allenfalls stehen ihm zivilrechtliche Ansprüche gegen den Abtretungsempfänger zu. Eventuelle Rückforderungsansprüche des FA aus **§ 37 Abs. 2 AO** richten sich in diesen Fällen gegen den Empfänger und nach Satz 3 „auch" gegen den Abtretenden als Gesamtschuldner nach § 44 AO (vgl. Harder, DB 1996 S. 2409/2411). Im Rahmen des Auswahlermessens hat die Rückforderung primär vom Leistungsempfänger durch Bescheid nach **§ 218 Abs. 2 AO** zu erfolgen.

4.2.9.2 Verpfändung

Auf die Verpfändung sind die für die Abtretung geltenden Vorschriften sinngemäß anzuwenden (**§ 46 Abs. 6 Satz 3 AO**). Es bedarf also ebenfalls einer formgerechten Anzeige nach der Entstehung des Erstattungs- oder Vergütungsanspruchs. Eine angezeigte Verpfändung müssen die Geschäftspartner der Finanzbehörde gegenüber gelten lassen, auch wenn die Verpfändung nicht erfolgt, nicht wirksam oder nichtig ist.

4.2.9.3 Pfändung

Die Pfändung ist erst „nach" der Entstehung des Erstattungs- oder Vergütungsanspruchs zulässig (**§ 46 Abs. 6 AO**). Vor Entstehen des Anspruchs dürfen ein

Pfändungs- und Überweisungsbeschluss oder eine Pfändungs- und Einziehungsverfügung nicht „erlassen", sondern nur vorbereitet werden (§ 46 Abs. 6 Satz 1 AO). Entscheidend ist das Datum des gerichtlichen Pfändungsbeschlusses; für Pfändungsverfügungen ist maßgeblich, dass sie den internen Bereich der Vollstreckungsbehörde verlassen haben (vgl. BFH, BStBl 1990 II S. 946). Entgegen diesem Verbot erwirkte Pfändungs- und Überweisungsbeschlüsse, Vorpfändungen oder Pfändungs- und Entziehungsverfügungen sind nichtig (§ 46 Abs. 6 Satz 2 AO).

Diese Regelung dient (ebenso wie die entsprechende für Abtretungen) den Belangen der Finanzbehörden. Sie sollen sich nicht bereits zu einer Zeit mit Pfändungen befassen, zu der ein Anspruch noch gar nicht entstanden ist. Als Drittschuldner im Sinne der §§ 829, 845 ZPO gilt die Finanzbehörde, die über den Anspruch entschieden oder zu entscheiden hat **(§ 46 Abs. 7 AO).** In dem Pfändungsbeschluss müssen die zu pfändende Forderung und das als Drittschuldner örtlich zuständige FA hinreichend bestimmt bezeichnet werden (vgl. BFH, BStBl 1990 II S. 35; 2002 II S. 67 m. w. N.).

4.2.9.4 Übergang der Gläubigerstellung

Mit der wirksamen Abtretung, Verpfändung oder Pfändung wird nur der eigentliche **Zahlungsanspruch** auf den Erstattungsberechtigten übertragen und nicht die gesamte persönliche Rechtsstellung des Stpfl. Der neue Gläubiger ist nicht berechtigt, den Anspruch geltend zu machen, z. B. Antrag auf ESt-Veranlagung nach § 46 Abs. 2 Nr. 8 EStG zu stellen (vgl. BFH, BStBl 1999 II S. 84; 2000 II S. 573; AEAO zu § 46 Nr. 4). Er ist **nicht rechtsbehelfsbefugt** bzgl. des Steuerfestsetzungsverfahrens, da über diese Rechtsstellung privatrechtlich nicht verfügt werden kann (BFH, BStBl 1999 II S. 84 m. w. N.). Das FA hat daher den Steuerbescheid nur dem Stpfl. bekannt zu geben und dem neuen Gläubiger mitzuteilen, ob und ggf. in welcher Höhe sich ein Erstattungsanspruch ergeben hat sowie ob und ggf. in welcher Höhe an ihn geleistet wird.

Das **FA** hat als **Drittschuldner** Auskünfte und Erklärungen in dem durch § 840 ZPO bezeichneten Umfang abzugeben (§ 46 Abs. 7, § 30 Abs. 4 Nr. 2 AO; vgl. OFD Nürnberg, DB 1984 S. 24).

Ist die Abtretung oder Pfändung unwirksam und besteht der anzeigende „Gläubiger" auf Zahlung, so ist ein **Bescheid nach § 218 Abs. 2 AO** zu erteilen und der Zahlungsanspruch zu verneinen. Hiergegen kann Einspruch eingelegt werden.

4.2.10 Erlöschen des Steueranspruchs allgemein

Der Steueranspruch erlischt insbesondere durch Zahlung, Aufrechnung, Erlass und Verjährung **(§ 47 AO).** Diese materielle Grundsatzregelung schlägt die

Brücke zu den einzelnen Erlöschensvorschriften. Durch die Verweisungen auf die §§ 163, 169 bis 171 AO einerseits und die §§ 224 bis 232 AO andererseits wird der Zusammenhang mit den Bestimmungen hergestellt, die zum Teil in die Vorschriften für das formelle Steuerfestsetzungsverfahren und zum Teil beim Erhebungsverfahren eingegliedert sind. Der Steuerschuldner kann eine nach dem Erlöschen des Steueranspruchs bewirkte Leistung zurückfordern (**§ 37 Abs. 2 AO**). Das Steuerrecht weicht mit der Regelung in § 47 AO teilweise vom bürgerlichen Recht ab. Nach § 214 BGB führt die Verjährung nicht zum Erlöschen des Anspruchs, sondern gibt nur ein Leistungsverweigerungsrecht.

Zahlung, Aufrechnung, Erlass und Verjährung sind die wichtigsten, aber nicht die einzigen Erlöschenstatbestände. Nach § 50 AO erlöschen Ansprüche aus dem Steuerschuldverhältnis auch durch Eintritt der Bedingung bei auflösend bedingten Ansprüchen. Damit sollen die im Verbrauchsteuerrecht wichtigen Fälle des Erlöschens einer auflösend bedingten Steuerschuld erfasst werden. Im Übrigen ist die Aufzählung in § 47 AO nicht abschließend, wie sich aus dem Wort „insbesondere" ergibt. Ansprüche aus dem Steuerschuldverhältnis können z. B. auch durch den Ablauf einer **Ausschlussfrist** erlöschen (vgl. § 226 Abs. 2 AO) oder durch **Verzicht** auf Erstattung (§ 37 Abs. 2 AO).

Keine Erlöschensgründe sind das Absehen von Festsetzungen (**§ 156 AO**) und die **Niederschlagung** (**§ 261 AO**) als verwaltungsinterne Maßnahme sowie die **Hinterlegung** (**§ 241 AO**; anders im Zivilrecht). Auch **Verwirkung** lässt den Steueranspruch nicht erlöschen; sie steht nur der Geltendmachung des Anspruchs entgegen, weil sie rechtsbegrenzend wirkt, nicht aber rechtsbeendend.

Bei **Streitigkeiten über das Erlöschen** kann ein **Abrechnungsbescheid** nach **§ 218 Abs. 2 AO** beantragt werden oder ergehen.

4.3 Steuerbegünstigte Zwecke (§§ 51 bis 68 AO)

In einer Reihe von Steuergesetzen werden Steuervergünstigungen gewährt, wenn eine Körperschaft steuerbegünstigte Zwecke verfolgt, z. B. KStG, UStG, GewStG. Durch diese Steuervergünstigungen sollen bestimmte Betätigungen gefördert werden. Die AO regelt als Mantelgesetz nur die Grundbegriffe und enthält Rahmenbestimmungen, die für alle in Betracht kommenden Steuerarten von Bedeutung sind, begründet selbst aber keine Steuervergünstigungen.

Die **§§ 51 ff.** AO haben **nur für Körperschaften** Bedeutung. Darunter sind die Körperschaften, Personenvereinigungen und Vermögensmassen im Sinne des KStG zu verstehen (§ 51 AO; vgl. AEAO zu § 51 Nr. 1). Für natürliche Personen und Personengesellschaften kommen Steuervergünstigungen aufgrund der Verfolgung steuerbegünstigter Zwecke daher nicht in Betracht.

4.3 Steuerbegünstigte Zwecke

Das steuerliche Gemeinnützigkeitsrecht kennt **kein besonderes Anerkennungsverfahren**. Ob eine Körperschaft steuerbegünstigt ist, entscheidet das FA in der Regel durch Steuerbescheid **(Freistellungsbescheid)** für die jeweilige Steuer und das jeweilige Jahr (vgl. BFH, BStBl 1998 II S. 711). Dieser soll spätestens alle drei Jahre überprüft werden. Auf Antrag kann vorher eine **vorläufige Bescheinigung** über die Gemeinnützigkeit erteilt werden, z. B. zum Empfang von Spenden im Hinblick auf § 10 b EStG, § 9 Abs. 3 KStG. Die Bescheinigung ist als unverbindliche Rechtsauskunft kein Verwaltungsakt (BFH, BStBl 2000 II S. 320, 533). Einzelheiten hierzu ergeben sich aus dem AEAO zu § 59 Nr. 3 bis 7 und BMF-Schreiben in BStBl 1994 I S. 884; 2000 I S. 814.

Die Darstellung kann nur die wesentlichen Grundzüge der Regelung behandeln. Wegen Einzelheiten wird auf die Ausführungen im AEAO zu §§ 51 ff. verwiesen, ferner auf Buchna, Gemeinnützigkeit im Steuerrecht (8. Aufl. 2003, Erich Fleischer Verlag).

4.3.1 Grundbegriffe

Steuerbegünstigte Zwecke sind gemeinnützige, mildtätige oder kirchliche Zwecke. Diese Legaldefinition in **§ 51 AO** regelt abschließend den Kreis der steuerbegünstigten Zwecke. Andere Betätigungen fallen nicht hierunter.

4.3.1.1 Gemeinnützige Zwecke

Gemeinnützige Zwecke sind gegeben, wenn die Allgemeinheit auf materiellem, geistigem oder sittlichem Gebiet selbstlos gefördert wird **(§ 52 AO)**. Der Begriff der **Allgemeinheit** wird in der Vorschrift negativ abgegrenzt. Eine Förderung der Allgemeinheit ist nicht gegeben, wenn der Kreis der Personen, dem die Förderung zugute kommt, fest abgeschlossen ist, z. B. Zugehörigkeit zu einer Familie oder zur Belegschaft eines Unternehmens, oder infolge seiner Abgrenzung dauernd nur klein sein kann, z. B. bei einer Abgrenzung nach räumlichen oder beruflichen Merkmalen, z. B. Betriebssportverein nur für die Belegschaft des Unternehmens, Sparverein.

Ein Personenkreis kann auch dann nicht als Ausschnitt der Allgemeinheit angesehen werden, wenn er zu erkennen gibt, dass er sich von der Allgemeinheit absondern will (BFH, BStBl 1973 II S. 430 betr. Freimaurerlogen). Fest abgeschlossene Personengruppen bilden einen von der Allgemeinheit losgelösten eigenständigen Kreis, der in erster Linie auf dem Gedanken der Selbsthilfe, nicht aber auf dem Gedanken der Gemeinnützigkeit beruht. Der Umstand allein, dass ein **Sportverein** Mitgliedsbeiträge und Umlagen von durchschnittlich 1.023 Euro je Mitglied und Jahr, eine Investitionsumlage bis 5.113 Euro sowie eine Aufnahmegebühr für Neumitglieder bis durchschnittlich 1.534 Euro verlangt, schließt im Einzelfall die Gemeinnützigkeit nicht aus (vgl. AEAO zu § 52 Nr. 1 mit Einzelheiten; BFH, BStBl 1998 II S. 711; DB 2003 S. 2581).

Der unbestimmte Gesetzesbegriff **„Förderung der Allgemeinheit"** ist nach objektiven Kriterien zu beurteilen. Hierbei ist in der Regel an einzelne oder eine Vielzahl von Faktoren (Werten) anzuknüpfen, wie z. B. herrschende Staatsverfassung, sozialethische und religiöse Prinzipien, geistige und kulturelle Ordnung, Wissenschaft und Technik, Wirtschaftsstruktur, Wertvorstellungen der Bevölkerung. Die begünstigte Tätigkeit setzt nicht die Vollendung der Förderung voraus. Vielmehr genügen unter Umständen schon vorbereitende Handlungen. Wichtige Beispiele einer Förderung der Allgemeinheit werden in § 52 Abs. 2 AO hervorgehoben; dazu zählen grundsätzlich nicht politische Zwecke (vgl. AEAO zu § 52 Nr. 2 bis 16 mit Einzelheiten).

Beispiele:

1. Bei einem Golfsportverein kann die Förderung der Allgemeinheit auch gegeben sein, wenn die Beschränkung der Mitgliederzahl notwendig ist und die Höhe bestimmter Beiträge sowie Umlagen nicht überschritten wird oder eine Kommanditeinlage als Sonderbeitrag zu leisten ist (vgl. BFH, BStBl 1997 II S. 794; DB 2003 S. 2581; AEAO zu § 52 Nr. 1).

2. Bei einer Bürgerinitiative in Form eines eingetragenen Vereins, die sich für den Natur-, Umwelt- und Landschaftsschutz einsetzt und gegen staatliche Planungen richtet, kann die Förderung der Allgemeinheit gegeben sein (BFH, BStBl 1979 II S. 482; 1984 II S. 844; 1985 II S. 106).

Die Förderung der Allgemeinheit muss **selbstlos** sein. Nach **§ 55 AO** ist Selbstlosigkeit gegeben, wenn

1. nicht in erster Linie eigenwirtschaftliche Zwecke verfolgt werden, z. B. gewerbliche oder sonstige Erwerbszwecke; Ausnahmen in §§ 64, 65 AO,
2. die Mittel der Körperschaft ausschließlich für die satzungsmäßigen Zwecke verwendet werden,
3. die Mitglieder der Körperschaft bei ihrem Ausscheiden nicht mehr als die eingezahlten Kapitalanteile und den gemeinen Wert der Sacheinlagen zurückerhalten,
4. die Körperschaft keine Person durch zweckfremde Ausgaben oder unverhältnismäßig hohe Vergütungen begünstigt,
5. bei Auflösung der Körperschaft das Vermögen nur für steuerbegünstigte Zwecke verwendet werden darf (Grundsatz der Vermögensbindung).

Weitere Einzelheiten ergeben sich aus dem AEAO zu § 55.

Eine Förderung der Allgemeinheit kommt „insbesondere" auf den in **§ 52 Abs. 2 AO** bezeichneten Gebieten in Betracht, wie Wissenschaft, Kunst, Umweltschutz, Jugend- und Altenhilfe, Sport. Die Aufzählung ist **nicht abschließend,** sondern enthält nur Beispiele (vgl. AEAO zu § 52 Nr. 2; BFH, BStBl 1998 II S. 9). Für gemeinnützige Wohnungsunternehmen gelten die Sondervorschriften des Wohnungsgemeinnützigkeitsgesetzes.

4.3.1.2 Mildtätige Zwecke

Eine Körperschaft verfolgt mildtätige Zwecke, wenn ihre Tätigkeit darauf gerichtet ist, bestimmte Personen selbstlos zu unterstützen (**§ 53 AO**). Nach § 53 Nr. 1 AO können Personen unterstützt werden, die infolge ihres körperlichen, geistigen oder seelischen Zustandes auf die Hilfe anderer angewiesen sind. Es ist nicht erforderlich, dass die Hilfsbedürftigkeit dauernd oder für längere Zeit besteht. Auch nur vorübergehende Hilfeleistungen wie bei der Aktion „Essen auf Rädern" können steuerbegünstigt durchgeführt werden. Bei dieser Personengruppe kommt es nicht auf die wirtschaftliche Hilfsbedürftigkeit an. Dagegen handelt es sich bei § 53 Nr. 2 AO um Personen, die aus wirtschaftlichen Gründen hilfsbedürftig sind. Im Allgemeinen dürfen die Bezüge dieser Personen nicht höher als das Vierfache bzw. Fünffache des Regelsatzes der Sozialhilfe sein. Für Härtefälle sind Ausnahmen zugelassen (vgl. AEAO zu § 53 Nr. 5 bis 9).

Mildtätige Zwecke können z. B. bei Altersheimen oder Waisenhäusern gegeben sein. Im Allgemeinen werden mildtätige Körperschaften auch gemeinnützig sein. Im Einzelfall kann aber die Unterscheidung von Bedeutung sein, wenn eine Förderung der Allgemeinheit fehlt und deshalb gemeinnützige Zwecke nicht vorliegen, aber Mildtätigkeit zu bejahen ist. Wegen des Begriffs der Selbstlosigkeit vergleiche § 55 AO und die Ausführungen oben.

4.3.1.3 Kirchliche Zwecke

Kirchliche Zwecke liegen vor, wenn eine Religionsgemeinschaft öffentlichen Rechts selbstlos gefördert wird (**§ 54 AO**). Religionsgemeinschaften des privaten Rechts können keine kirchlichen Zwecke im Sinne der Vorschrift verfolgen. Das schließt aber nicht aus, dass sie wegen der Förderung der Religion als gemeinnützige Körperschaft anerkannt werden können.

Beispiele für eine Reihe von Tätigkeiten, die kirchliche Zwecke verfolgen, sind in § 54 Abs. 2 AO aufgeführt. Wegen des Begriffs der Selbstlosigkeit vergleiche § 55 AO und die Ausführungen unter Tz. 4.3.1.1.

4.3.2 Erfordernisse der Ausschließlichkeit und Unmittelbarkeit

Die Körperschaft muss die steuerbegünstigten Zwecke ausschließlich und unmittelbar verfolgen. Andernfalls kann eine Steuervergünstigung nicht gewährt werden (§§ 51, 59 AO). Nicht jede Körperschaft, die gemeinnützige, mildtätige oder kirchliche Zwecke verfolgt, kann eine Steuervergünstigung beanspruchen.

Ausschließlichkeit liegt vor, wenn eine Körperschaft nur ihre steuerbegünstigten satzungsmäßigen Zwecke verfolgt (**§ 56 AO**). Es müssen die in der Satzung festgelegten steuerbegünstigten Zwecke verfolgt werden. Eine nach den Satzungsbestimmungen gemeinnützige Körperschaft darf sich also im Wesentlichen nur gemeinnützig betätigen. Andere – wirtschaftliche – Betätigungen sind grundsätzlich steuerschädlich, d. h., sie schließen eine Steuervergünstigung insoweit aus.

Unmittelbarkeit ist gegeben, wenn eine Körperschaft ihre steuerbegünstigten satzungsmäßigen Zwecke selbst verwirklicht (**§ 57 AO**). Unter bestimmten Voraussetzungen kann die Körperschaft ihre Zwecke auch durch Hilfspersonen verwirklichen lassen. Nach den Umständen des Einzelfalls, insbesondere nach den rechtlichen und tatsächlichen Beziehungen zwischen der Körperschaft und der Hilfsperson, muss deren Wirken wie eigenes Wirken der Körperschaft anzusehen sein. Eine Körperschaft, in der steuerbegünstigte Körperschaften zusammengefasst sind, wird einer Körperschaft gleichgestellt, die unmittelbar steuerbegünstigte Zwecke verfolgt (§ 57 Abs. 2 AO). Diese Regelung ist für **Spitzenverbände** von Bedeutung, bei denen andernfalls das Merkmal der Unmittelbarkeit zweifelhaft sein könnte.

Gewisse Ausnahmen vom Grundsatz der Ausschließlichkeit und der Unmittelbarkeit sind in **§ 58 AO** zusammengefasst. Die Vorschrift enthält eine abschließende Aufstellung von bestimmten Betätigungen, die steuerlich unschädlich sind. Durch diese im Einzelnen genau bezeichneten Betätigungen wird eine Steuervergünstigung nicht ausgeschlossen, auch wenn in diesen Fällen das Merkmal der Ausschließlichkeit oder der Unmittelbarkeit infrage gestellt ist, z. B. für Förder- und Spendensammelvereine oder durch Bildung zweckgebundener und freier Rücklagen (vgl. AEAO zu § 58 mit Einzelheiten).

4.3.3 Satzungsmäßige Voraussetzungen

In einer Reihe von Vorschriften sind die satzungsmäßigen Voraussetzungen festgelegt, von denen die Gewährung einer Steuervergünstigung abhängt. Der Begriff der Satzung im Sinne dieser Vorschriften ist weit zu fassen, wie sich aus § 59 AO ergibt. Dazu gehören auch das Stiftungsgeschäft und sonstige Verfassungsbestimmungen einer Körperschaft (vgl. BFH, BStBl 1985 II S. 162).

4.3.3.1 Inhalt der Satzung

Der materielle Inhalt der Satzung ist in **§ 59 AO** festgelegt. Eine Steuervergünstigung wird nur dann gewährt, wenn sich aus der Satzung ergibt,

1. welchen steuerbegünstigten Zweck die Körperschaft verfolgt,
2. dass dieser Zweck den Anforderungen entspricht, die in § 52 AO für gemeinnützige Zwecke, in § 53 AO für mildtätige Zwecke und in § 54 AO für kirchliche Zwecke sowie in § 55 AO hinsichtlich des allgemeinen Erfordernisses der Selbstlosigkeit festgelegt worden sind,
3. dass dieser Zweck ausschließlich und unmittelbar verfolgt wird.

Die tatsächliche Geschäftsführung muss diesen Satzungsbestimmungen entsprechen, wie § 59 AO ausdrücklich bestimmt (vgl. AEAO zu § 59).

4.3.3.2 Anforderungen an die Satzung

Die Satzungszwecke und die Art ihrer Verwirklichung müssen genau bestimmt sein (**§ 60 AO**). Aus der Satzung muss unmittelbar entnommen werden können, ob die Voraussetzungen für eine Steuervergünstigung vorliegen. Eine allgemein gehaltene Bestimmung in der Satzung, dass gemeinnützige Zwecke ausschließlich und unmittelbar verfolgt werden, oder Bezugnahme auf Satzungen anderer Organisationen sind nicht ausreichend. Sowohl die Satzungszwecke als auch die Art, in der sie verwirklicht werden, müssen so genau bestimmt sein, dass allein aufgrund der Satzung eine Prüfung der satzungsmäßigen Voraussetzungen für die Steuervergünstigungen möglich ist (**formelle Satzungsmäßigkeit;** vgl. BFH, BStBl 1992 II S. 1048 m. w. N.; Mustersatzungen AEAO zu § 60). Es genügt, wenn sich die satzungsmäßigen Voraussetzungen aufgrund einer Auslegung der gesamten Satzungsbestimmungen ergeben.

Die Satzung muss den vorgeschriebenen Erfordernissen während des ganzen Veranlagungs- und Bemessungszeitraums entsprechen, wenn es sich um Steuervergünstigungen bei der KSt und GewSt handelt; dies ist auch bei Satzungsänderungen zu beachten. Bei anderen Steuern ist dagegen der Zeitpunkt der Entstehung der Steuer entscheidend (§ 60 Abs. 2 AO).

4.3.3.3 Satzungsmäßige Vermögensbindung

Die Vermögensbindung im Fall der Auflösung oder Aufhebung der Körperschaft oder bei Wegfall ihres bisherigen Zwecks gehört zu den Voraussetzungen der Selbstlosigkeit (vgl. § 55 Abs. 1 Nr. 4 AO). Das Vermögen darf in diesen Fällen nur für steuerbegünstigte Zwecke verwendet werden.

Eine steuerlich ausreichende Vermögensbindung liegt im Allgemeinen nur vor, wenn der künftige Verwendungszweck des Vermögens genau in der Satzung bestimmt ist (**§ 61 AO**). Eine Ausnahme ist für den Fall zulässig, dass aus zwingenden Gründen bei der Aufstellung der Satzung der künftige Verwendungszweck des Vermögens noch nicht genau angegeben werden kann (§ 61 Abs. 2 AO). Es genügt dann eine allgemeine Bestimmung in der Satzung, dass das Vermögen bei Auflösung oder Aufhebung der Körperschaft oder bei Wegfall ihres bisherigen Zwecks zu steuerbegünstigten Zwecken zu verwenden ist und dass der künftige Beschluss der Körperschaft über die Verwendung erst nach Einwilligung des FA ausgeführt werden darf. Das FA hat seine Einwilligung zu erteilen, wenn der beschlossene Verwendungszweck steuerbegünstigt ist.

Eine **nachträgliche Satzungsänderung** hinsichtlich der Vermögensbindung kann für die Körperschaft schwerwiegende steuerliche Folgen haben. Wird die Bestimmung über die Vermögensbindung nachträglich so geändert, dass sie den Anforderungen des § 55 Abs. 1 Nr. 4 AO nicht mehr entspricht, so gilt sie von Anfang an als steuerlich nicht ausreichend (§ 61 Abs. 3 AO). Steuerbescheide können erlassen, aufgehoben oder geändert werden, soweit sie Steuern betreffen, die innerhalb der letzten zehn Kalenderjahre vor der Änderung der Bestimmung über die Vermögensbindung entstanden sind (vgl. AEAO zu § 61 Nr. 5).

Ausnahmen von der satzungsmäßigen Vermögensbindung sind für bestimmte Körperschaften festgelegt (**§ 62 AO**). Bei Betrieben gewerblicher Art von Körperschaften des öffentlichen Rechts, bei staatlich beaufsichtigten Stiftungen, bei den von einer Körperschaft des öffentlichen Rechts verwalteten unselbständigen Stiftungen und bei geistlichen Genossenschaften (Orden, Kongregationen) ist eine Satzungsbestimmung über die Vermögensbindung nicht erforderlich. Es wird davon ausgegangen, dass bei diesen Körperschaften auch ohne eine ausdrückliche Festlegung in der Satzung das Restvermögen für steuerbegünstigte Zwecke verwendet wird.

4.3.3.4 Satzung und tatsächliche Geschäftsführung

Die tatsächliche Geschäftsführung muss den in der Satzung bestimmten steuerbegünstigten Zwecken entsprechen (**§ 63 AO**). Diese Zwecke müssen tatsächlich verfolgt werden. Die Nachprüfung der tatsächlichen Geschäftsführung wird dadurch ermöglicht und sichergestellt, dass die Körperschaft aufgrund des § 63 Abs. 3 AO zur ordnungsmäßigen Aufzeichnung ihrer Einnahmen und Ausgaben verpflichtet ist (vgl. AEAO zu § 63).

Die tatsächliche Geschäftsführung muss bei der KSt und bei der GewSt der Satzung während des ganzen Veranlagungs- oder Bemessungszeitraums entsprechen, bei den anderen Steuern dagegen im Zeitpunkt der Entstehung der Steuern (vgl. Kümpel, DStR 2001 S. 152). Wird durch die tatsächliche Geschäftsführung die Vorschrift über die satzungsmäßige Vermögensbindung verletzt, so ergeben sich für die Körperschaft die gleichen nachteiligen Folgen wie bei einer steuerlich schädlichen Satzungsänderung (§ 63 Abs. 2 i. V. m. § 61 Abs. 3 AO).

4.3.4 Umfang der Steuervergünstigung

Bei gemeinnützigen Körperschaften sind nach dem Grad der Beteiligung am Wirtschaftsverkehr oder der Höhe der Einnahmen steuerlich folgende Tätigkeitsbereiche zu unterscheiden:

1. **Steuerfreie Erträge im** eigentlichen oder **ideellen Bereich,** z. B. Mitgliedsbeiträge und Aufnahmegebühren im zulässigen Rahmen, öffentliche Zuschüsse, Spenden, Erbschaften.

4.3 Steuerbegünstigte Zwecke

2. **Steuerfreie Vermögensverwaltung** mit Erträgen aus Kapitalvermögen und aus Verpachtung von Grundvermögen, z. B. an einen Pächter zum Betrieb einer Vereinsgaststätte.
3. **Steuerbegünstigter** wirtschaftlicher Geschäftsbetrieb = **Zweckbetrieb**.
4. **Steuerpflichtiger wirtschaftlicher Geschäftsbetrieb.**

Die **Steuervergünstigung** ist **ausgeschlossen für wirtschaftliche Geschäftsbetriebe,** wenn die **Besteuerungsgrenze** von **30.678 Euro** überschritten wird und soweit nicht ein – steuerbegünstigter – **Zweckbetrieb** im Sinne von § **65 AO** vorliegt (§ **64 AO**). In diesem Fall wird die Körperschaft mit den Besteuerungsgrundlagen (Einkünften, Umsätzen), die zu den wirtschaftlichen Geschäftsbetrieben gehören, zur betreffenden Steuer herangezogen (§ 64 Abs. 1 bis 3 AO, § 5 Abs. 1 Nr. 9 KStG, § 3 Nr. 6 GewStG). Für die USt gilt § 12 Abs. 2 Nr. 8 Buchst. a Satz 2 i. V. m. § 19 Abs. 1 UStG, auch wenn die Besteuerungsgrenze von 30.678 Euro im Jahr nicht überschritten wird.

Der Begriff des **wirtschaftlichen Geschäftsbetriebs** ist in § 14 AO definiert (siehe unter Tz. 2.11). Nach § 64 Abs. 2 AO werden mehrere wirtschaftliche Geschäftsbetriebe einer Körperschaft als ein einheitlicher Geschäftsbetrieb behandelt. Dadurch ist eine **Verrechnung** der Überschüsse und Verluste einzelner wirtschaftlicher Geschäftsbetriebe zulässig, ohne die Gemeinnützigkeit zu gefährden (vgl. AEAO zu § 64 Nr. 11 ff.). Dagegen ist ein Ausgleich von Verlusten mit Mitteln des ideellen Bereichs und mit Erträgen der Vermögensverwaltung grundsätzlich unzulässig (BMF, BStBl 1998 I S. 1423). Als wirtschaftliche Geschäftsbetriebe zu behandeln sind z. B. gesellige Veranstaltungen, die selbst bewirtschaftete Vereinsgaststätte, Platzvermietung, Trikot- und Bandenwerbung sowie Werbung für Wirtschaftsunternehmen in Vereinszeitschriften oder Programmheften (vgl. AEAO zu § 67a mit Einzelheiten; BMF, BStBl 1998 I S. 212 zum Sponsoring), Altkleidersammlungen (vgl. BMF, BStBl 1995 I S. 630), ferner Abfallbeseitigungsbetriebe (BFH, BStBl 1994 II S. 314, 573; 1997 II S. 139).

Für die Ermittlung der **Besteuerungsgrenze von 30.678 Euro** sind alle Bruttoeinnahmen zusammenzurechnen, die die Körperschaft aus sämtlichen wirtschaftlichen Geschäftsbetrieben in einem Jahr – ggf. im abweichenden Wirtschaftsjahr – erzielt. Hierbei bleiben die Einnahmen aus Zweckbetrieben (§ 65 AO), aus der Vermögensverwaltung und im ideellen Bereich (z. B. Mitgliederbeiträge, Spenden) außer Ansatz. Hinsichtlich sportlicher Veranstaltungen ist nach der vorrangigen Sonderregelung des § **67a Abs. 1 AO** zusätzlich die **Zweckbetriebsgrenze** zu beachten, d. h., sportliche Veranstaltungen eines Sportvereins bilden nur dann einen steuerpflichtigen wirtschaftlichen Geschäftsbetrieb, wenn der Bruttoumsatz 30.678 Euro im Jahr übersteigt (mit Wahlrecht nach § 67a Abs. 2 und 3 AO).

4 Steuerschuldrecht

Beispiel:
Ein gemeinnütziger Golfverein erzielt im Jahr folgende Einnahmen:
Mitgliedsbeiträge, Spenden	400.000 €
Zinsen (Einnahmen aus Vermögensverwaltung)	10.000 €
Bruttoeinnahmen aus sportlichen Veranstaltungen (Startgelder)	30.000 €
Bruttoumsatz aus Werbung, Greenfee für clubfremde Spieler und Vereinsfeste	30.500 €

Der Verein ist nicht körperschaftsteuer- und gewerbesteuerpflichtig nach § 64 AO, jedoch umsatzsteuerpflichtig nach § 12 Abs. 2 Nr. 8 Buchst. a, § 19 UStG. Bei der Ermittlung der Besteuerungsgrenze nach § 64 Abs. 3 AO bleiben die Einnahmen im ideellen Bereich (Beiträge, Spenden), aus der Vermögensverwaltung (Zinsen) und aus Zweckbetrieben außer Betracht. Nach § 67a Abs. 1 AO sind die sportlichen Veranstaltungen ein steuerbegünstigter Zweckbetrieb, da die Bruttoeinnahmen im Jahr die Zweckbetriebsgrenze von 30.678 € nicht übersteigen. Hinsichtlich der Werbung, des Greenfees (vgl. BFH, BStBl 1987 II S. 659) und der Vereinsfeste liegt insgesamt ein wirtschaftlicher Geschäftsbetrieb im Sinne von § 64 Abs. 2, § 14 AO vor, mit dem der Verein unterhalb der Besteuerungsgrenze von 30.678 € für die KSt und GewSt liegt (§ 64 Abs. 3 und 2 AO).

Als **Zweckbetrieb** kommen unter bestimmten Voraussetzungen ferner in Betracht: Einrichtungen der Wohlfahrtspflege **(§ 66 AO),** Krankenhäuser **(§ 67 AO),** sportliche Veranstaltungen innerhalb der Zweckbetriebsgrenze **(§ 67a AO),** Pflege- und Erholungsheime, Mahlzeitendienste, Kindergärten, landwirtschaftliche Betriebe und Tischlereien zur Selbstversorgung der Körperschaft, Werkstätten für Behinderte, Lotterien, Museen, Konzerte, kulturelle Veranstaltungen einer steuerbegünstigten Körperschaft, Volkshochschulen sowie bestimmte Wissenschafts- und Forschungseinrichtungen **(§ 68 AO).**

Die bezeichneten Vorschriften ergeben wichtige Anhaltspunkte für die steuerlich bedeutsame Abgrenzung zwischen wirtschaftlichen Geschäftsbetrieben und Zweckbetrieben. Wegen weiterer Einzelheiten siehe AEAO zu §§ 64, 67a.

5 Steuerverfahrensrecht

5.1 Überblick

Gegenstand des Steuerverfahrensrechts sind im Wesentlichen die Vorschriften zur Durchsetzung von Ansprüchen aus dem Steuerschuldverhältnis. Die allgemeinen Verfahrensvorschriften finden sich in den §§ 78 ff. AO. Die Durchführung der Besteuerung ist in den §§ 134 ff. AO geregelt. Das Erhebungsverfahren und das Rechtsbehelfsverfahren stellen besondere Teile dar. Einen Überblick über den Ablauf des Besteuerungsverfahren gibt das Schaubild auf Seite 130.

Der Aufbau lässt erkennen, dass der Gesetzgeber bei der Gliederung der AO-Vorschriften nach bestimmten Ordnungsprinzipien vorgegangen ist, deren Grundsätze das Auffinden von Vorschriften erleichtern. Die AO will

- die Arten des Verfahrens (Veranlagungsverfahren, Außenprüfung, Rechtsbehelfsverfahren, Straf- und Bußgeldverfahren) voneinander trennen,
- die Stufen des Verfahrens (Erfassung, Mitwirkung, Festsetzung, Erhebung, Vollstreckung) abgrenzen und
- die §§-Folge an den zeitlichen Ablauf des Besteuerungsverfahrens anlehnen.

Dies führt notwendig zu einer Zersplitterung von Regelungen, die unter anderen Gesichtspunkten eine Einheit bilden, z. B. beim Haftungsrecht.

Zum Auffinden einer einschlägigen AO-Vorschrift ist zweckmäßig wie folgt vorzugehen:

1. Welcher Verfahrensart bedient sich die Behörde?
2. In welcher Stufe befindet sich dieses Verfahren?
3. Welche allgemeinen Vorschriften gelten ergänzend?

Es ergeben sich häufig mehrere Bereiche, die einschlägige Regelungen enthalten können.

> **Beispiel:**
> Der Außenprüfer verlangt vom Stpfl. bestimmte Auskünfte und Vorlage einschlägiger Unterlagen. Besteht eine entsprechende Pflicht des Stpfl.?
> Das Verfahren ist eine Ap zur Ermittlung der Besteuerungsgrundlagen. Die Mitwirkungspflicht des Stpfl. kann geregelt sein in den Vorschriften über die Ap (§ 200 AO), in den allgemeinen Vorschriften über die Mitwirkung bei der Durchführung der Besteuerung (§§ 140 ff. AO), im allgemeinen Teil des Verfahrensrechts (§§ 90 ff. AO).

5 Steuerverfahrensrecht

1. Allgemeines Besteuerungsverfahren:

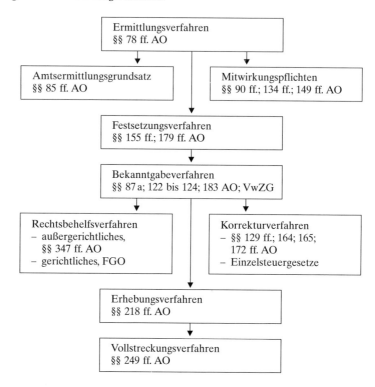

2. Besondere Verfahren:

Steueraufsichtsverfahren
- Außenprüfung, §§ 193 ff. AO
- Steuerfahndung, § 208 AO
- in besonderen Fällen, §§ 209 ff. AO

Haftung
- §§ 69 ff.; 191; 192; 219 AO
- Einzelsteuergesetze

Steuerstraf- und Bußgeldrecht
- §§ 369 ff. AO
- Einzelgesetze: StGB, StPO, OWiG ...

5.2 Allgemeine Verfahrensregeln (§§ 78 bis 117 AO)

Allgemeine Verfahrensregeln enthalten die §§ 78 ff. AO. Diese Vorschriften gelten, soweit nichts anderes bestimmt ist, für das gesamte Besteuerungsverfahren. Sie sind sowohl bei der Ermittlung des Sachverhalts als auch bei der Steuerfestsetzung und im Erhebungsverfahren, im Vollstreckungsverfahren (§ 249 Abs. 2 AO) und im Einspruchsverfahren (§ 365 AO) zu beachten und anzuwenden.

Soweit besondere Verfahrensvorschriften bestehen, haben diese Vorrang, z. B. für das Steuerstrafverfahren und für das Bußgeldverfahren wegen Steuerordnungswidrigkeiten. Es handelt sich hierbei um ein Spezialgebiet, das verfahrensrechtlich dem allgemeinen Straf- und Ordnungswidrigkeitenrecht näher steht als dem Besteuerungsverfahren (vgl. § 347 Abs. 3, §§ 385, 410 AO).

5.2.1 Beteiligte am Verfahren

Beteiligt sind nach **§ 78 AO**

– Antragsteller und Antragsgegner (Nr. 1),

– diejenigen, an die die Finanzbehörde den Verwaltungsakt richten will oder gerichtet hat (Nr. 2),

– diejenigen, mit denen die Finanzbehörde einen öffentlich-rechtlichen Vertrag schließen will oder geschlossen hat (Nr. 3).

Im Besteuerungsverfahren ist vor allem die Bestimmung von Bedeutung, dass Beteiligte diejenigen sind, an die die Finanzbehörde den Verwaltungsakt richten will oder gerichtet hat (**§ 78 Nr. 2 AO**). Formell und materiell **Beteiligter** ist in der Regel der **Stpfl.** im Sinne von **§ 33 Abs. 1 AO**. Beteiligter ist danach, wer z. B. Steueranmeldungen abzugeben oder Zahlungen zu entrichten hat. Beteiligungsfähig sind die Personen, Vereinigungen und Vermögensmassen, die steuerlich rechtsfähig sind. Steuerlich rechtsfähig ist, wer nach dem Steuerrecht Träger von Rechten und Pflichten sein kann (vgl. Ausführungen Tz. 4.2.1.2). Der Begriff des Beteiligten in § 78 AO ist für alle Verfahrensarten der AO maßgebend, soweit er nicht ausnahmsweise von einem **spezielleren Begriff** verdrängt wird, z. B. Unterscheidung in **§ 93 Abs. 1 AO** zwischen „Beteiligten" und „anderen Personen". Im Rechtsbehelfsverfahren gilt für den Begriff des Beteiligten die Sonderregelung des **§ 359 AO**. Für das Zerlegungsverfahren siehe § 186 AO.

Steuervereinbarungen, d. h. Verträge, Vergleiche oder Absprachen, sind im Hinblick auf § 85 Satz 1 AO grundsätzlich nicht zulässig. Sie können aber im Einzelfall nach **§ 78 Nr. 3 AO** in Betracht kommen, z. B. unter den Voraussetzungen des **§ 224a AO**. Für den Bereich der GewSt sind Vereinbarungen zwischen Gemeinde und Unternehmen, die sich nur auf die Betriebsstättenlage beziehen und nicht die hoheitliche Besteuerung unmittelbar regeln, möglich (vgl. BGH, DB 1976 S. 1377; Rathjen, DStR 1977 S. 472). Darüber hinaus sind als Verträge etwa **Verrechnungsabkommen** (vgl. Ausführungen zu § 226 AO; AEAO zu § 226 Nr. 5) und gewisse **Zollvereinbarungen** anerkannt. Ferner kommt durch den **Zuschlag** bei der Versteigerung ein Vertrag zustande (§ 299 Abs. 1 AO, § 156 BGB). Nach der Rechtsprechung ist auch eine sog. „**tatsächliche Verständigung**" im Bereich der Sachverhaltsermittlung, z. B. in LSt-Angelegenheiten oder in Schätzungsfällen, zulässig (vgl. BFH, BStBl 1991 II S. 45, 673; AEAO zu § 88 Nr. 1, zu § 201 Nr. 5; OFD Frankfurt, DStR 2000 S. 1476 mit Einzelheiten; Offerhaus, DStR 2001 S. 2093).

5.2.2 Handlungsfähigkeit

Die Handlungsfähigkeit im Steuerrecht knüpft an den bürgerlich-rechtlichen Begriff der Geschäftsfähigkeit an. Fähig zur Vornahme von Verfahrenshandlungen sind nach **§ 79 Abs. 1 AO:**

1. Natürliche Personen, die nach bürgerlichem Recht geschäftsfähig sind.

2. Natürliche Personen, die nach bürgerlichem Recht in der Geschäftsfähigkeit beschränkt sind, soweit sie für den Gegenstand des Verfahrens durch Vorschriften des bürgerlichen Rechts als geschäftsfähig oder durch Vorschriften des öffentlichen Rechts als handlungsfähig anerkannt sind.

3. Juristische Personen, Vereinigungen oder Vermögensmassen durch ihre gesetzlichen Vertreter oder durch besonders Beauftragte; hierunter fallen auch alle nichtrechtsfähigen Vereinigungen, soweit sie steuerlich rechtsfähig sind (vgl. § 34 AO).

4. Behörden durch ihre Leiter, deren Vertreter oder Beauftragte.

Die Regelung umfasst sowohl die **aktive** als auch die **passive Handlungsfähigkeit.** Eine aktive Handlungsfähigkeit äußert sich z. B. in der Stellung von Anträgen und in der Abgabe von Steuererklärungen. Dagegen ist die Möglichkeit, Bekanntgabeempfänger von Verwaltungsakten zu sein, Ausdruck der passiven Handlungsfähigkeit (vgl. BFH, BStBl 1994 II S. 787; 1997 II S. 595 m. w. N.).

Für die **Handlungsfähigkeit natürlicher Personen** ist die Regelung der Geschäftsfähigkeit maßgebend **(§ 79 Abs. 1 Nr. 1 und 2 AO).** Nach bürgerlichem Recht ist zu unterscheiden zwischen

– Geschäftsfähigen (Volljährigen, § 2 BGB; Ausnahme: § 6 BGB),
– beschränkt Geschäftsfähigen (§ 106 BGB),
  Sonderfälle: Teilgeschäftsfähige (§§ 107, 112, 113 BGB),
– Geschäftsunfähigen (§ 104 BGB).

Die Willenserklärungen von Geschäftsunfähigen sind stets nichtig (§ 105 BGB; siehe auch § 131 Abs. 1 BGB). Der beschränkt Geschäftsfähige bedarf zu einer Willenserklärung, durch die er nicht lediglich einen rechtlichen Vorteil erlangt, der Einwilligung seines gesetzlichen Vertreters (§ 107 BGB; Hinweis auf § 131 Abs. 2 BGB). Hat der gesetzliche Vertreter mit Genehmigung des Vormundschaftsgerichts einen beschränkt Geschäftsfähigen zum selbständigen Betrieb eines Erwerbsgeschäfts ermächtigt, so ist dieser für Rechtsgeschäfte unbeschränkt geschäftsfähig, die der Geschäftsbetrieb mit sich bringt (**§ 112 BGB**). Entsprechendes gilt nach **§ 113 BGB** bei Eingehung eines Dienst- oder Beamtenverhältnisses.

> **Beispiel:**
> Der 16 Jahre alten M ist nach § 112 BGB wirksam gestattet worden, den Beruf eines Fotomodells auszuüben. Rechtsfolgen?
>
> M ist aufgrund der Ermächtigung nicht nur bürgerlich-rechtlich teilgeschäftsfähig, sondern auch steuerrechtlich handlungsfähig, soweit es sich um Rechtshandlungen handelt, die der Geschäftsbetrieb mit sich bringt. Das gilt insbesondere für das Gebiet der USt und der GewSt. Für das Gebiet der ESt ist M nicht handlungsfähig, weil über die Ermächtigung nach § 112 BGB hinausgegangen würde.

Ein **Minderjähriger** wird grundsätzlich von Vater und Mutter gemeinschaftlich vertreten. Es besteht Gesamtvertretung (§ 1629 BGB). Handelt es sich aber um die Entgegennahme einer Willenserklärung nach § 131 BGB, so genügt die Empfangnahme durch einen Elternteil. Dieses allgemeine Rechtsprinzip hat seinen gesetzlichen Ausdruck in § 7 Abs. 3 VwZG gefunden (BFH, BStBl 1981 II S. 186). Wegen des Bekanntgabeverfahrens siehe unter Tz. 7.6.9.3.

§ 79 Abs. 2 AO regelt **Betreuungsverhältnisse.** Danach fungiert der Betreuer als gesetzlicher Vertreter des Betreuten im Rahmen seines Aufgabenkreises (vgl. § 1902 BGB; Stahl/Carlé, DStR 2000 S. 1245). Ferner ist der **Einwilligungsvorbehalt** nach § 1903 BGB im Besteuerungsverfahren zu beachten.

Nach **§ 79 Abs. 3 AO** gelten die §§ 53 und 55 ZPO entsprechend. Diese Bestimmungen regeln die **Prozessfähigkeit** einer durch einen Pfleger vertretenen Person und eines Ausländers, der nach dem Recht seines Landes nicht prozessfähig ist. Die Prozessfähigkeit ist das prozessuale Seitenstück zur Geschäftsfähigkeit.

5.2.3 Bevollmächtigte und Beistände

Ein Beteiligter kann sich durch Bevollmächtigte vertreten lassen (**§ 80 AO**; §§ 22 a bis 22 e UStG enthalten Sonderregelungen für den „Fiskalvertreter"). Es ist unerheblich, ob der Beteiligte in der Lage ist, seine steuerlichen Angelegenheiten selbst zu regeln, oder ob er daran gehindert ist.

5.2.3.1 Form und Umfang der Vollmacht

Die Vollmacht kann im Besteuerungsverfahren **regelmäßig formlos erteilt** werden. Außer der schriftlichen Vollmacht wird im Allgemeinen auch eine mündliche und sogar eine stillschweigende oder nachträgliche Bevollmächtigung anerkannt, wenn nicht der **Nachweis** einer schriftlichen Vollmacht ausdrücklich vorgeschrieben ist, so z. B. in § 62 Abs. 3 FGO. Auf Verlangen der Finanzbehörde hat der Bevollmächtigte allerdings seine Vollmacht nachzuweisen, und zwar in schriftlicher oder elektronischer Form. Sie soll einen Nachweis der Vertretungsmacht nur bei begründeten Zweifeln verlangen (AEAO zu § 80 Nr. 1). Es kommt auf die Umstände des Einzelfalls an. Bei den Angehörigen der steuerberatenden Berufe werden regelmäßig Umstände erkennbar sein, die auf eine Vollmacht und deren Umfang schließen lassen (vgl. § 62 Abs. 3 Satz 6 FGO). Dennoch können sich Zweifelsfälle ergeben.

> **Beispiele:**
>
> **1.** Der S ist bisher von einem Bevollmächtigten nicht vertreten worden. Die Eingabe des Steuerberaters A lässt erkennen, dass ihm der Bericht über die bei S durchgeführte Ap bekannt ist. Aus der Sachkunde des A kann geschlossen werden, dass er von S bevollmächtigt worden ist.
>
> **2.** Der S ist bisher in allen Steuerangelegenheiten von dem Steuerberater B vertreten worden. In einer besonders schwierigen USt-Sache wird eine Eingabe von dem Steuerberater C eingereicht und sachkundig begründet. Die Vertretungsmacht des B ist vom S nicht beim FA widerrufen worden. Auch hat B dem FA keine Niederlegung des Mandats mitgeteilt. Rechtsfolge?
>
> Für das FA ist es zweifelhaft, ob der Steuerberater C an die Stelle des bisherigen Bevollmächtigten getreten oder nur neben ihm mit der Durchführung der USt-Sache beauftragt worden ist. Das FA kann einen schriftlichen oder elektronischen Nachweis über Art und Umfang der Bevollmächtigung fordern bzw. sich weiter an B wenden (vgl. BFH, BStBl 1986 II S. 547).

Die Vollmacht ermächtigt grundsätzlich zu allen Verfahrenshandlungen, sofern sich aus ihrem Inhalt nicht etwas anderes ergibt (**§ 80 Abs. 1 Satz 2 AO**). Im Gegensatz zu einer **generellen Vollmacht** (laut Formularvordruck) bezieht sich eine unter einer bestimmten StNr. oder Steuerart usw. erteilte Vollmacht als **Einzelvollmacht** nur auf solche Steuersachen, die hierunter geführt werden, z. B. Empfangsvollmacht auf dem ESt-Erklärungsvordruck des Jahres 01 (vgl. BFH, BFH/NV 2001 S. 888). Kraft ausdrücklichen Hinweises bleibt dagegen die Vollmacht auf dem Vordruck Feststellungserklärung bis zum Widerruf wirksam (vgl. AEAO zu § 122 Nr. 1.7.3).

Der **Umfang** ist nach § 80 Abs. 1 Satz 2 AO lediglich dahin gehend eingeschränkt, dass die Vollmacht grundsätzlich nicht zum Empfang von Steuererstattungen und -vergütungen berechtigt. Der Stpfl. kann aber spezielle Zahlungsanweisungen erteilen, z. B. Angabe eines Kontos (vgl. BFH, BStBl 1991 II S. 3; Ausführungen Tz. 4.2.9.1). Bei der Unterzeichnung von Steuererklärungen ist eine Vertretung durch Bevollmächtigte grundsätzlich zulässig, sofern die Einzelsteuergesetze nicht die eigenhändige Unterschrift anordnen (vgl. § 18 Abs. 1 und 3 UStG; § 150 Abs. 3 AO).

5.2.3.2 Dauer der Vollmacht

Die Vollmacht kann jederzeit widerrufen werden. Der Behörde gegenüber wird der **Widerruf** erst wirksam, wenn er ihr zugeht (**§ 80 Abs. 1 Satz 4 AO**). Diese Regelung hat erhebliche Bedeutung für das Bekanntgabeverfahren (vgl. § 183 Abs. 3 Satz 2 AO; § 6 Abs. 1 Satz 2 GFestV).

Die Vollmacht wird durch den **Tod des Vollmachtgebers** nicht aufgehoben (**§ 80 Abs. 2 AO**). Auch bei Veränderungen in der Handlungsfähigkeit des Vollmachtgebers oder seiner gesetzlichen Vertretung bleibt die Vollmacht bestehen. Der Bevollmächtigte muss allerdings auf Verlangen die Vollmacht des Rechtsnachfolgers beibringen, wenn er für diesen eintritt.

5.2.3.3 Stellung des Bevollmächtigten

Die Finanzbehörde soll sich stets an den Bevollmächtigten wenden (**§ 80 Abs. 3 AO**). Diese **Sollvorschrift,** die den Belangen der steuerberatenden Berufe Rechnung trägt, enthält für die Behörde nach den Regeln des allgemeinen Verwaltungsrechts eine Verpflichtung im Sinne von „muss", falls nicht besondere Gründe eine Abweichung rechtfertigen. Sie geht dem **§ 93 Abs. 1 Satz 3 AO** vor. Soweit der Beteiligte zur Mitwirkung verpflichtet ist, kann sich die Finanzbehörde nach pflichtgemäßem Ermessen unmittelbar an ihn selbst wenden, soll den Bevollmächtigten aber hiervon verständigen. Die Bestellung eines Bevollmächtigten entbindet den Stpfl. nicht von seiner eigenen Mitwirkungspflicht im Besteuerungsverfahren, insbesondere nicht von seiner Auskunftspflicht. Im Besteuerungsverfahren sind nicht nur Willenserklärungen, sondern in hohem Maße auch Wissenserklärungen abzugeben. Die Steuererklärungen enthalten sogar in der Hauptsache Wissenserklärungen, z. B. Angaben über Einkünfte, Umsätze. Bei diesen Wissenserklärungen ist eine persönliche Mitwirkung des Stpfl. oft unerlässlich (vgl. **§ 364 a Abs. 3 AO** für Erörterungstermin). Für die Bekanntgabe an Bevollmächtigte ist **§ 122 Abs. 1 Satz 3 AO** vorrangig (siehe unter Tz. 7.6.9.1).

Mit der Bestellung des Bevollmächtigten verliert der Stpfl. aber nicht die Möglichkeit, selbst rechtswirksame Handlungen gegenüber dem FA vorzunehmen, z. B. Bekanntgabeempfänger zu sein oder Einspruch einzulegen bzw. zurückzunehmen (vgl. AEAO zu § 80 Nr. 5).

5.2.3.4 Zurückweisung wegen unbefugter Hilfeleistung

Einschränkungen bestehen hinsichtlich der Person des Bevollmächtigten (**§ 80 Abs. 5 AO**). Ein Bevollmächtigter muss von der Finanzbehörde zurückgewiesen werden, wenn er ohne Befugnis geschäftsmäßig Hilfe in Steuersachen leistet (vgl. **§§ 3 bis 6 StBerG**). Der Begriff der Hilfeleistung in Steuersachen umfasst unter anderem auch die Hilfeleistung in Steuerstrafsachen und in Bußgeldsachen wegen einer Steuerordnungswidrigkeit, die Führung von Büchern und Aufzeichnungen sowie Aufstellung von Abschlüssen, die für die Besteuerung von Bedeutung sind (§ 1 Abs. 2 StBerG), und die Beratung in weniger bedeutsamen Steuerangelegenheiten, z. B. Stundungsanträge (vgl. BFH, BStBl 1982 II S. 43; 1983 II S. 318, 521).

Der Begriff der geschäftsmäßigen Hilfeleistung in Steuersachen setzt nicht voraus, dass die Hilfeleistung gegen Entgelt erfolgt. Auch die unentgeltliche Hilfeleistung in Steuersachen ist geschäftsmäßig, wenn sie selbständig und mit einer gewissen Nachhaltigkeit oder jedenfalls mit dieser Absicht geleistet wird (§ 2 StBerG). Die Befugnis zur unbeschränkten geschäftsmäßigen Hilfeleistung in Steuersachen haben nach **§ 3 StBerG** Steuerberater, Steuerbevollmächtigte und Steuerberatungsgesellschaften, Rechtsanwälte, Wirtschaftsprüfer, Wirtschaftsprüfungsgesellschaften, vereidigte Buchprüfer und Buchprüfungsgesellschaften (beachte § 62 Abs. 3, § 62 a FGO). Nicht zu dem in § 3 StBerG bezeichneten Personenkreis gehören der Wirtschaftsberater, beratende Betriebswirt oder Unternehmensberater.

In beschränktem Umfang sind zur geschäftsmäßigen Hilfeleistung in Steuersachen nach **§ 4** und **§ 6 StBerG** befugt u. a.:

– Unternehmer in unmittelbarem Zusammenhang mit ihrem Geschäft, das zu einem Handelsgewerbe gehört, z. B. Banken zur Beratung von Kunden beim Ankauf steuerbegünstigter Wertpapiere (§ 4 Nr. 5 und 11 StBerG),
– Arbeitgeber, soweit sie für ihre Arbeitnehmer Hilfe in LSt-Sachen leisten (§ 4 Nr. 10 StBerG),
– LSt-Vereine, soweit sie für ihre Mitglieder Hilfe in LSt-Sachen leisten (§ 4 Nr. 11 StBerG; vgl. Ländererlasse, BStBl 2002 I S. 344),
– Berufsvertretungen für ihre Mitglieder (§ 4 Nr. 7 und 8 StBerG; vgl. BFH, BStBl 1982 II S. 221 für Gewerkschaft; 1984 II S. 118 für Hausbesitzerverein),
– Angehörige (§ 6 Nr. 2 StBerG),
– sog. Buchführungshelfer bzgl. Buchen laufender Geschäftsvorfälle einschließlich mechanischer Arbeitsgänge und Fertigung von LSt-Anmeldungen, nicht aber bzgl. USt-Voranmeldungen (vgl. § 6 Nr. 3 und 4 StBerG).

5.2.3.5 Zurückweisung vom schriftlichen oder mündlichen Vortrag

Bevollmächtigte können vom schriftlichen oder mündlichen Vortrag zurückgewiesen werden (**§ 80 Abs. 6 AO**). Diese Möglichkeit steht der Finanzbehörde zu, wenn der Bevollmächtigte zum schriftlichen Vortrag ungeeignet oder zum sachgemäßen mündlichen Vortrag nicht fähig ist. Eine Zurückweisung ist jedoch nicht bei den in § 3 und § 4 Nr. 1 und 2 StBerG bezeichneten natürlichen Personen zulässig. Das sind außer den zur unbeschränkten Hilfeleistung zugelassenen Personen die Notare und die Patentanwälte.

5.2 Allgemeine Verfahrensregeln

5.2.3.6 Folgen der Zurückweisung

Verfahrenshandlungen eines zurückgewiesenen Bevollmächtigten, die dieser nach der Zurückweisung vornimmt, sind unwirksam (**§ 80 Abs. 7 AO**). Das gilt sowohl für eine Zurückweisung wegen unbefugter Hilfeleistung in Steuersachen als auch für die nur beschränkte Zurückweisung vom schriftlichen oder mündlichen Vortrag. Jede Zurückweisung, gleich aus welchem Grunde, ist auch dem Beteiligten mitzuteilen, dessen Bevollmächtigter zurückgewiesen wird.

5.2.3.7 Beistände

Von dem Bevollmächtigten ist der Beistand zu unterscheiden. Der Beistand tritt „neben" dem, nicht „anstelle" des Beteiligten auf; er berät und unterstützt den Beteiligten, ohne ihn zu vertreten. Zu Verhandlungen und Besprechungen kann ein Beteiligter mit einem Beistand erscheinen (**§ 80 Abs. 4 AO**). Der Beteiligte muss das von dem Beistand Vorgetragene gegen sich gelten lassen, wenn und soweit er nicht unverzüglich widerspricht. Auch Beistände müssen von der Finanzbehörde zurückgewiesen werden, wenn sie ohne Befugnis geschäftsmäßige Hilfe in Steuersachen leisten. Ebenso können sie aus den gleichen Gründen wie Bevollmächtigte vom schriftlichen oder mündlichen Vortrag zurückgewiesen werden. Die Verfahrenshandlungen eines zurückgewiesenen Beistandes, die dieser nach der Zurückweisung vornimmt, sind ebenfalls unwirksam (**§ 80 Abs. 7 AO**).

5.2.3.8 Vertreter von Amts wegen

In bestimmten Fällen hat das Vormundschaftsgericht auf Ersuchen der Finanzbehörde von Amts wegen einen geeigneten Vertreter zu bestellen (**§ 81 AO**). Im Allgemeinen werden die Finanzbehörden keinen Anlass haben, die Bestellung eines Vertreters von Amts wegen zu beantragen (vgl. § 123 AO).

Für juristische Personen ist auf Antrag ein Notvorstand gemäß **§ 29 BGB** zu bestellen, soweit nicht die Sondervorschrift des § 85 AktG greift. Antragsberechtigt ist auch die Finanzbehörde.

5.2.4 Ausschließung und Ablehnung von Amtsträgern

Für alle Amtsträger ergeben sich besondere Pflichten, wenn die Gefahr besteht, dass sie bei Vornahme einer Amtshandlung in einen Widerstreit zwischen persönlichen und sonstigen Interessen geraten können. Zur Vermeidung von Interessenkonflikten enthalten die **§§ 82 bis 84 AO** Vorschriften über die Ausschließung und Ablehnung von Amtsträgern und auch anderen Personen. Zugleich soll durch diese Regelungen das Vertrauen in die Objektivität der Finanzbehörden geschützt werden. Die Ausschließung ist in bestimmten gesetzlichen Fällen vorgesehen, in denen ein Interessenkonflikt des Amtsträgers stets unterstellt wird.

Hier ist es ohne Bedeutung, ob im Einzelfall tatsächlich die Unparteilichkeit beeinträchtigt ist. In anderen Fällen, in denen die Möglichkeit einer Interessenkollision besteht, kann ein Amtsträger sich wegen der Besorgnis der Befangenheit unter bestimmten Voraussetzungen der Mitwirkung enthalten.

5.2.4.1 Ausgeschlossene Personen

In einem Verwaltungsverfahren darf für eine Finanzbehörde nicht tätig werden, wer zu den in **§ 82 Abs. 1 AO** bezeichneten Personen gehört. Diesen Personen ist in dem betreffenden Verfahren jede Mitwirkung grundsätzlich untersagt. Eine Ausnahme besteht lediglich bei Gefahr im Verzuge, um die Funktionsfähigkeit der Verwaltung sicherzustellen (§ 82 Abs. 2 AO). In diesem Sonderfall darf der ausgeschlossene Amtsträger die Maßnahmen treffen, die unaufschiebbar sind, z. B. zur Wahrung von Fristen. Bei der Aufzählung der von jeder Mitwirkung ausgeschlossenen Personen handelt es sich um **abschließende Regelungen.**

Ausgeschlossen ist, wer selbst **Beteiligter** ist (§ 82 Abs. 1 **Nr. 1** AO). Es ist dies der krasseste Fall für das Bestehen von Interessenkonflikten, z. B. wenn ein Finanzbeamter in eigener Sache die Steuer festsetzt. Dem Beteiligten steht gleich, wer durch die Tätigkeit oder durch die Entscheidung einen unmittelbaren Vorteil oder Nachteil erlangen kann (§ 82 Abs. 1 Satz 2 AO). Eine Gleichstellung mit dem Beteiligten entfällt allerdings, wenn der Vor- oder Nachteil nur darauf beruht, dass jemand einer Berufs- oder Bevölkerungsgruppe angehört, deren gemeinsame Interessen durch die Angelegenheit berührt werden.

Ausgeschlossen ist, wer **Angehöriger eines Beteiligten** ist (§ 82 Abs. 1 **Nr. 2** AO). Alle Angehörigen im Sinne des § 15 AO fallen unter diese Regelung. Auch das Pflegekindschaftsverhältnis ist ein Ausschließungsgrund. Ausgeschlossen sind auch Angehörige einer Person, die durch die Tätigkeit oder durch die Entscheidung einen „unmittelbaren" Vorteil oder Nachteil erlangen kann. Danach ist z. B. der Einsatz eines Außenprüfers nicht deshalb ausgeschlossen, weil dessen Ehefrau am Ort als Steuerberaterin tätig ist und die geprüften Unternehmer ebenfalls steuerlich beraten werden (BFH, BStBl 1984 II S. 409). Diese Regelung in § 82 Abs. 1 Satz 2 und 3 AO bezieht sich nicht nur auf § 82 Abs. 1 Nr. 1 AO, sondern auch auf § 82 Abs. 1 Nr. 1 bis 5 AO.

Ausgeschlossen ist, wer einen **Beteiligten kraft Gesetzes** oder **Vollmacht** allgemein oder in dem betreffenden Verfahren **vertritt** (§ 82 Abs. 1 **Nr. 3** AO). Ein Finanzbeamter, der Vormund ist, darf z. B. nicht in steuerlichen Angelegenheiten seines Mündels dienstlich mitwirken. Die Regelung gilt auch für Vertreter und Bevollmächtigte von nichtrechtsfähigen Vereinigungen, wenn und soweit diese steuerlich rechtsfähig und damit Beteiligte sind, z. B. in USt-Sachen. Ausgeschlossen ist auch der Vertreter oder Bevollmächtigte einer Person, die durch die Tätigkeit oder durch die Entscheidung einen unmittelbaren Vor- oder Nachteil erlangen kann (§ 82 Abs. 1 Satz 2 und 3 AO).

Ausgeschlossen ist, wer Angehöriger einer Person ist, die für einen Beteiligten in dem betreffenden Verfahren **Hilfe in Steuersachen** leistet (§ 82 Abs. 1 **Nr. 4** AO). Diese Regelung soll verhindern, dass ein Amtsträger für die Finanzbehörde in einem Besteuerungsverfahren tätig wird, in dem ein Angehöriger des Amtsträgers für einen Beteiligten oder für eine Person, die dem Beteiligten gleichsteht, Hilfe in Steuersachen leistet. Bei verwandtschaftlichen Beziehungen zwischen einem Amtsträger und einem Angehörigen der steuerberatenden Berufe könnte in solchen Fällen das Vertrauen der Stpfl. in die Unparteilichkeit der Finanzbehörden beeinträchtigt werden.

Ausgeschlossen ist, wer bei einem Beteiligten gegen Entgelt beschäftigt ist oder den **Organen einer beteiligten Körperschaft angehört** (§ 82 Abs. 1 **Nr. 5** AO). Die Regelung gilt nicht für den, dessen Anstellungskörperschaft Beteiligte ist, z. B. wenn die Anstellungskörperschaft des Amtsträgers als Stpfl. beteiligt ist.

Ausgeschlossen ist, wer außerhalb seiner amtlichen Eigenschaft in der Angelegenheit ein **Gutachten abgegeben** hat oder sonst tätig geworden ist (§ 82 Abs. 1 **Nr. 6** AO). Die Regelung beruht auf der Überlegung, dass diese Personen ihrer amtlichen Aufgabe nicht mehr unbefangen gegenüberstehen, wenn sie z. B. ein privates Gutachten abgegeben haben. Die Bestimmung umfasst auch die Fälle, in denen bereits vor Beginn eines Verfahrens ein Gutachten erstattet oder eine sonstige Tätigkeit entfaltet ist. Es ist darauf abgestellt, dass der Amtsträger in der „Angelegenheit" tätig geworden ist und nicht in dem betreffenden Verwaltungsverfahren.

Die **Folgen eines Verstoßes gegen § 82 AO** bestimmen sich nach den allgemeinen Vorschriften für fehlerhafte Verwaltungsakte. Nach § 125 Abs. 3 Nr. 2 AO ist ein Verwaltungsakt nicht schon deshalb nichtig, weil eine nach § 82 Abs. 1 Satz 1 Nr. 2 bis 6 und Satz 2 AO ausgeschlossene Person mitgewirkt hat. Dementsprechend kommt die Nichtigkeit des Verwaltungsakts nur bei einem Verstoß gegen § 82 Abs. 1 Satz 1 Nr. 1 AO in Betracht, wenn also der Amtsträger in dem Verwaltungsverfahren selbst Beteiligter gewesen ist. Bei Verstößen gegen die anderen Bestimmungen des § 82 Abs. 1 AO gilt die Regelung in § 127 AO. Die Aufhebung eines Verwaltungsaktes, der nichtig ist, kann nicht allein wegen eines Verfahrensfehlers beansprucht werden, wenn keine andere Entscheidung in der Sache hätte getroffen werden können. In solchen Fällen wäre die Aufhebung im Allgemeinen unnötiger Formalismus. Die Finanzbehörde ist allerdings im Einzelfall nicht gehindert, den Verwaltungsakt von Amts wegen aufzuheben. Durch § 127 AO ist nur der Anspruch des Stpfl. oder sonstigen Beteiligten auf eine Aufhebung des Verwaltungsakts eingeschränkt.

5.2.4.2 Besorgnis der Befangenheit

Der Amtsträger hat sich wegen Besorgnis der Befangenheit unter bestimmten Voraussetzungen der Mitwirkung zu enthalten (**§ 83 AO**). Besorgnis der Befangenheit besteht, wenn ein bestimmter Grund geeignet ist, Misstrauen gegen die Unparteilichkeit des Amtsträgers zu rechtfertigen, oder wenn von einem Beteiligten das Vorliegen eines solchen Grundes behauptet wird.

Der Amtsträger ist verpflichtet, den Leiter der Behörde oder den von ihm Beauftragten zu unterrichten, wenn er sich selbst für befangen hält oder wenn von einem Beteiligten die Besorgnis der Befangenheit geltend gemacht wird. Der Behördenleiter hat nach pflichtgemäßem Ermessen (§ 5 AO) zu entscheiden, ob der Amtsträger sich der Mitwirkung zu enthalten hat. Der Amtsträger hat sich erst auf Anordnung der weiteren Mitwirkung zu enthalten. Voreilige und missbräuchliche Selbstablehnungen werden durch diese Regelung verhindert. Wenn die Besorgnis der Befangenheit den Behördenleiter betrifft, so hat dieser die Anordnung der Aufsichtsbehörde einzuholen, sofern er sich nicht selbst einer Mitwirkung enthalten will.

> **Beispiel:**
> Der Finanzbeamte A ist mit dem Kaufmann B eng befreundet. – Aufgrund der engen freundschaftlichen Beziehungen besteht bei A die Besorgnis der Befangenheit, wenn er dienstlich mit den Steuerangelegenheiten des B befasst wird.

Der Stpfl. und sonstige Beteiligte haben **kein selbständiges Recht zur Ablehnung eines Amtsträgers** wegen Besorgnis der Befangenheit. Die Regelung in § 83 AO gibt den Beteiligten keinen im Rechtsbehelfsverfahren verfolgbaren Anspruch auf Ablehnung eines Amtsträgers. Den Verstoß gegen § 83 AO kann ein Beteiligter nur geltend machen, wenn er den Verwaltungsakt anficht. Auch in diesem Fall gilt wie bei der Ausschließung § 127 AO, der bei Verfahrensfehlern die Aufhebung eines Verwaltungsaktes einschränkt, wenn keine andere Entscheidung in der Sache hätte getroffen werden können (BFH, BStBl 1981 II S. 634).

5.2.4.3 Ablehnung von Mitgliedern eines Ausschusses

Mitglieder eines Ausschusses können von jedem Verfahrensbeteiligten abgelehnt werden (**§ 84 AO**). Voraussetzung ist, dass es sich bei dem Ausschussmitglied um eine nach § 82 AO ausgeschlossene Person handelt oder dass die Besorgnis der Befangenheit nach § 83 AO besteht. Die Vorschrift hat etwa Bedeutung für die Ablehnung von Mitgliedern eines Steuerberater-Prüfungsausschusses (BFH, BStBl 1983 II S. 344).

5.2.4.4 Sonderregelung für Gerichtspersonen

Ausschließung, Ablehnung und Selbstablehnung von Gerichtspersonen sind in **§ 51 FGO** geregelt. Danach gelten die §§ 41 ff. ZPO sinngemäß.

5.2 Allgemeine Verfahrensregeln

5.2.5 Besteuerungsgrundsätze allgemein

In den §§ **85 bis 91 AO** sind die allgemeinen Besteuerungsgrundsätze zusammengefasst, die für das gesamte Steuerverfahren gelten (vgl. § 249 Abs. 2, § 365 Abs. 1 AO; AEAO zu § 93 Nr. 1.1 und 2.2).

Die Finanzbehörden haben die Steuern nach Maßgabe der Gesetze gleichmäßig festzusetzen und zu erheben (**§ 85 AO**). Diese Regelung enthält die tragenden Grundsätze des Steuerrechts und wird ergänzt durch § 86 Satz 2 Nr. 1 und § 88 Abs. 1 Satz 1 AO. Die Finanzbehörde „muss" danach ein steuerliches Ermittlungs- und Festsetzungsverfahren einleiten, wenn feststeht, dass eine Steuerschuld entstanden ist: **Legalitätsprinzip**, d. h. Pflicht zum Tätigwerden (**„ob"**).

Beim **Opportunitäts- oder Ermessensprinzip** entscheidet dagegen die Behörde nach pflichtgemäßem Ermessen, „**ob**", „**wann**" und „**wie**" sie tätig wird (**§ 86 Satz 1 AO**; vgl. §§ 152, 191 Abs. 1 AO; „kann", „darf", „ist zulässig"; vgl. Ausführungen unter Tz. 2.5.5).

Der **Grundsatz der Gesetzmäßigkeit** wird dadurch bestimmt, dass die Steuern nach Maßgabe der Gesetze festzusetzen und zu erheben sind. Indirekt wird dieser Grundsatz auch in den Regelungen des Steuerbegriffs (§ 3 AO) und der Entstehung der Ansprüche aus dem Steuerschuldverhältnis (§ 38 AO) angesprochen. Der **Grundsatz der Gleichmäßigkeit** der Besteuerung beruht auf Art. 3 GG. Entsprechend diesem Grundsatz sind die Steuern von dem Gesetzgeber allen gleichmäßig aufzuerlegen (gleiches materielles Recht; vgl. § 3 AO) und von der Steuerverwaltung gleichmäßig festzusetzen und zu erheben (§ 85 AO = **Rechtsanwendungsgleichheit**). Demgegenüber hat niemand Anspruch auf ein rechtswidriges Handeln der Behörde zu seinen Gunsten, d. h., es gibt „keine Gleichheit im Unrecht" (vgl. BFH, BStBl 1990 II S. 721). Die Finanzbehörden müssen vor allem sicherstellen, dass Steuern nicht verkürzt (also zu niedrig) oder zu Unrecht (also zu hoch) erhoben werden (§ 85 Satz 2 AO).

Als Ausfluss des § 85 AO enthält § **93 a AO** die Ermächtigung für **allgemeine Mitteilungspflichten** und **externe** – im Gegensatz zu internen – **Kontrollmitteilungen** durch und an die FÄ. Weitere Regelungen ergeben sich aus der AO oder Einzelsteuergesetzen (vgl. § 30 a Abs. 3, § 31 Abs. 3, § 31 a Abs. 3, § 88 a, § 194 Abs. 3 AO; § 22 a EStG für Rentenbezugsmitteilung; § 68 Abs. 4 EStG bzgl. Kindergeld; § 91 EStG für Datenabgleich; § 27 b Abs. 4 UStG für Kontrollmitteilungen anlässlich der USt-Nachschau; § 29 BewG). Wegen Kontrollmitteilungen in Erbschaftsfällen siehe §§ 33, 34 ErbStG, §§ 1 ff. ErbStDV und Ländererlasse in BStBl 2003 I S. 392. Aufgrund des § **93 a Abs. 1 Satz 1 Nr. 1 AO** kann sich für andere Behörden die Pflicht ergeben, Finanzbehörden den **Erlass von Verwaltungsakten** mitzuteilen, z. B. für Verwaltungsakte, die unmittelbare Auswirkungen auf nach Steuergesetzen zu gewährende Vergünstigungen haben können (etwa Anerkennungs- oder Bewilligungsbescheide) oder die dem Betroffenen die Erzielung steuerpflichtiger Einnahmen ermöglichen, z. B. gewerberechtliche Erlaubnisse. In diesen Fällen ist der Betroffene stets über den Inhalt der Informationen zu unterrichten, die dem FA zugehen. Nach § 93 a Abs. 1 Satz 1 Nr. 2 AO sind auch Mitteilungen über **Subventionen** und ähnliche Förderungsmaßnahmen möglich. § 93 a Abs. 1 Satz 1 Nr. 3 AO erlaubt Mitteilungen über Anhaltspunkte für Schwarzarbeit, unerlaubte Arbeitnehmerüberlassung oder Ausländerbeschäftigung. **§ 93 a Abs. 1 Satz 2 AO** regelt die Mitteilungspflicht bei **Zahlungen von Behörden** und **öffentlich-rechtlichen Rundfunkanstalten.** Die Mitteilungen an den Stpfl. enthalten die jährlichen Zahlungen und steuerliche Hinweise, z. B. auf die Steuerpflicht. Die FÄ werden über die bestehenden Rechtsbeziehungen zwischen der Behörde/Rundfunkanstalt und dem Zahlungsempfänger dem Grunde und der Höhe nach unterrichtet. Gegebenenfalls kann das FA durch Rückfragen beim Stpfl. weitere Einzelheiten ermitteln. Geschieht dies, dürfte in der Regel wegen konkreten Tatverdachts, d. h. Kenntnis des wesentlichen Tatablaufs und Wahrscheinlichkeit einer Verurteilung, eine Selbstanzeige des Stpfl. durch § 371 Abs. 2 Nr. 2 AO ausgeschlossen sein (vgl. BFH, wistra 1988 S. 308; Dörn, Stbg 1997 S. 493). Unberührt hiervon bleibt die Verpflichtung zur Erteilung von Mitteilungen oder Einzelauskünften (§§ 93 ff. AO) und zur Amtshilfe (§§ 111 ff. AO). **Umfang** und **Ausnahmen** von der Mitteilungspflicht ergeben sich aus § 93 a Abs. 2 (vgl. dazu § 30 a und § 111 Abs. 3 AO) und Abs. 3 AO i. V. m. der **MV** (= Mitteilungsverordnung). So unterbleiben nach § 7 Abs. 2 MV die Mitteilungen insbesondere für Fälle geringer Bedeutung, z. B. für Zahlungen unter 1.500 Euro. Weitere Einzelheiten ergeben sich aus dem BMF-Schreiben in BStBl 2002 I S. 477.

5.2.6 Untersuchungsgrundsatz bei Ermittlung des Sachverhalts

In **§ 87 AO** wird klargestellt, dass die **Amtssprache** deutsch ist, und im Anschluss daran geregelt, wie fremdsprachige Anträge, Eingaben, Urkunden usw. zu behandeln sind (vgl. AEAO zu § 87).

Die Finanzbehörde ermittelt den Sachverhalt von Amts wegen (§ **88 AO;** „wie"). Voraussetzung hierfür ist ein bereits nach § 85 oder § 86 AO eröffnetes Ermittlungsverfahren.

5.2.6.1 Ermittlung des Sachverhalts

Die Ermittlung des Sachverhalts gehört zu den wichtigsten und oft schwierigsten Aufgaben eines jeden Verfahrens. Von der gründlichen und richtigen Ermittlung des Sachverhalts hängt es weitgehend ab, ob die auf den Ermittlungen aufbauende Entscheidung zutreffend ist. Die Ermittlung der Besteuerungsgrundlagen hat naturgemäß besondere Bedeutung. **Besteuerungsgrundlagen** sind die tatsächlichen und rechtlichen Verhältnisse, die für die Steuerpflicht und für die Bemes-

5.2 Allgemeine Verfahrensregeln

sung der Steuer maßgebend sind (§ 199 Abs. 1 AO). Den Finanzbehörden stehen bei der Ermittlung des Sachverhalts in jeder Lage des Verfahrens weit reichende Befugnisse zu. Die Beteiligten und auch andere Personen haben erhebliche Mitwirkungspflichten.

5.2.6.2 Amtspflicht zur Ermittlung

Die Ermittlungen sind von Amts wegen durchzuführen (**§ 88 Abs. 1 Satz 1 AO**). Es gilt der **Untersuchungsgrundsatz**. Die Behörde bestimmt Art und Umfang der Ermittlungen nach pflichtgemäßem Ermessen (§ 5 AO). Dabei hat sie sich am Ziel des Besteuerungsverfahrens zu orientieren. Sie darf **nicht „ins Blaue hinein"** ermitteln (vgl. BFH, BStBl 1997 II S. 499; 2002 II S. 495 bzgl. Sammelauskunftsersuchen an Banken wegen Veräußerungsgewinne aus Wertpapierverkäufen; AEAO zu § 93 Nr. 1.2). Im Veranlagungsverfahren wird das FA deswegen nur „entscheidungserhebliche" Sachverhalte aufgreifen, die ihm aufklärungsbedürftig erscheinen, z. B. aufgrund einer Kontrollmitteilung, Anzeige, bank-/firmeninterner Informationen oder einer Plausibilitätsprüfung. **„Rasterfahndungen"** sind unzulässig, z. B. bei Banken (BFH, BStBl 2000 II S. 643; 2002 II S. 495). Für die Überprüfung anderer, zunächst nicht zweifelhaft erscheinender Sachverhalte besteht – anders als bei einer **USt-Nachschau** gemäß § 27 b UStG oder einer **Ap** (§§ 193 ff. AO) – regelmäßig kein Anlass (Ermessensfehler). Wegen ihres beschränkten Umfangs haben solche im Veranlagungsverfahren ergriffenen Ermittlungsmaßnahmen auch nicht die in § 171 Abs. 4, § 173 Abs. 2 AO für eine Ap vorgesehenen Wirkungen.

5.2.6.3 Ermittlungen zugunsten der Beteiligten

Die Finanzbehörde hat auch die für die Beteiligten günstigen Umstände zu berücksichtigen (**§ 88 Abs. 2 AO**). Im Interesse der richtigen Steuerfestsetzung haben die Finanzbehörden die tatsächlichen und rechtlichen Verhältnisse sowie die Angaben der Stpfl. und sonstigen Beteiligten auch zu deren Gunsten zu prüfen (vgl. **§ 199 Abs. 1 AO**). Alle für den Einzelfall steuerlich bedeutsamen Umstände (Besteuerungsgrundlagen) sind zu berücksichtigen. Zweifelsfragen sind auch zugunsten der Beteiligten zu klären, z. B. Eintritt der Verjährung nach § 169 AO. Das FA darf sich nicht einseitig als Vertreter fiskalischer Interessen fühlen. Es braucht die Steuererklärungen und deren Anlagen nicht stets argwöhnisch zu prüfen. In der Regel kann es von der Richtigkeit und Vollständigkeit der Angaben ausgehen, sofern nicht ein greifbarer Anlass zur Nachprüfung besteht, z. B. Erklärungslücken, Tatsachen bzw. Indizien aufgrund einer Kontrollmitteilung oder aufgrund der allgemeinen Lebenserfahrung, wonach bereits bekannte Sachverhaltsteile im Allgemeinen konkrete Möglichkeiten für steuererhebliche Vorgänge aufweisen, z. B. Chiffreanzeigen (vgl. BFH, BStBl 1987 II S. 484; AEAO zu § 88). Die Anforderungen an die Untersuchungspflicht dürfen nicht überspannt werden. So ist es etwa grundsätzlich Sache des Stpfl., sich über steuerliche Antragsvergünstigungen zu unterrichten, ggf. durch Rückfrage beim FA (vgl. AEAO zu § 89 Nr. 1).

Die Finanzbehörde soll unter bestimmten Voraussetzungen die Abgabe von Erklärungen und die Stellung von Anträgen anregen (**§ 89 AO**; beachte **§ 364 a AO** für Erörterungen im Einspruchsverfahren). Aufgrund der **Fürsorgepflicht** haben die Finanzbehörden Erklärungen und Anträge sowie deren Berichtigung anzuregen, wenn diese offensichtlich versehentlich oder nur aus Unkenntnis unterblieben oder unrichtig abgegeben worden sind. Die Beteiligten sind erforderlichenfalls auch über ihre Rechte und Pflichten im Verwaltungsverfahren zu unterrichten. Die Tatsache, dass der Stpfl. durch einen Berater vertreten wird, begrenzt die Anregungspflicht des FA grundsätzlich nicht. Maßgeblich sind die Umstände des Einzelfalls. Eine uneingeschränkte Auskunfts- und Beratungspflicht würde das FA zum steuerlichen Berater machen und angesichts der Massenarbeit die Erfüllung der Besteuerungsaufgaben zu sehr beeinträchtigen.

Beispiel:
Das FA hat bei entsprechenden Anhaltspunkten insbesondere rechtsunkundige Stpfl. auf die Möglichkeit von Steuervergünstigungen hinzuweisen und erforderliche Anträge anzuregen, z. B. Stundung, Erlass, Aussetzung der Vollziehung, Aufteilung nach §§ 268 ff. AO, Anträge nach §§ 33 ff., 34, 34 f EStG (vgl. AEAO zu § 89).

Kann bei einem eindeutigen **Verstoß** der Behörde gegen die Fürsorgepflicht nach § 89 AO dem Stpfl. nicht durch Wiedereinsetzung (§ 110 AO) oder Korrektur des Steuerbescheides (z. B. nach § 173 Abs. 1 Nr. 2 AO) geholfen werden, ist ggf. die zu Unrecht festgesetzte Steuer wegen sachlicher Unbilligkeit nach § 227 AO zu erlassen (AEAO zu § 89 Nr. 2).

5.2.6.4 Umfang und Grenzen der Ermittlungspflicht

Der Umfang der Ermittlungspflicht richtet sich nach den Umständen des Einzelfalls (**§ 88 Abs. 1 Satz 3 AO**). Die Behörde braucht den Sachverhalt nur insoweit aufzuklären, als er **steuerlich erheblich** und **untersuchungsbedürftig** ist, d. h., es ist auf das Wesentliche abzustellen unter Berücksichtigung von Steuergerechtigkeit, Steuerpotenzial und Verwaltungsökonomie (vgl. AEAO zu § 88 Nr. 1, zu § 93 Nr. 1.2 und 2.3). Es ist nicht erforderlich, dass der Sachverhalt nach allen Seiten hin bis ins Einzelne untersucht wird, wenn keine besonderen Anhaltspunkte für die Notwendigkeit einer solchen Untersuchung bestehen. Die Finanzbehörde muss nach pflichtgemäßem Ermessen (§ 5 AO) entscheiden, in welchem Umfang Ermittlungen durchzuführen sind (Einzelheiten unter Tz. 2.5.5).

Der Umfang der Untersuchungspflicht wird durch folgende Faktoren beeinflusst:
- Grad der Zweifel oder Wahrscheinlichkeit einer Tatsache, z. B. steuerpflichtige Einnahmen; Betriebsausgaben in dieser Höhe (überdurchschnittlich); örtliche

5.2 Allgemeine Verfahrensregeln

Erfahrungssätze; Eingang einer Anzeige mit konkreten Angaben; zweifelhafte Bescheinigungen; Auslandskongresse.
- Glaubwürdigkeit der Beteiligten.
- Vorschriften, aufgrund deren evtl. Nachweise zu fordern sind (vgl. § 90 Abs. 2, §§ 159, 160 AO) oder zu unterbleiben haben (vgl. § 30 a AO).
- Grundsatz der Verhältnismäßigkeit der Mittel, z. B. angemessene Fristsetzung für Auskünfte, Belegvorlage oder im Rahmen des § 364 b Abs. 1 AO, erstmals auftretende Sachverhalte oder bereits überprüfte Dauersachverhalte.
- Ausschließlich programmgesteuerte Bearbeitung von Steuerfällen aufgrund bestimmter Kriterien.

Die Grenzen der Ermittlungspflicht ergeben sich aus dem **Grundsatz der Zumutbarkeit und der Verhältnismäßigkeit der Mittel.** Sie lassen sich nicht eindeutig festlegen, sondern bestimmen sich nach den Umständen des Einzelfalls. Die Ermittlungshandlungen müssen „geeignet" und „erforderlich" sein und dürfen zum angestrebten Erfolg nicht erkennbar außer Verhältnis stehen. Sie sind daher so zu wählen, dass unter Berücksichtigung der Verhältnisse des Einzelfalls ein möglichst geringer Eingriff in die Rechtssphäre des Beteiligten oder Dritter verbunden ist („Gewichtung der Steuerfälle nach Bedeutung" sowie „steuerliche Belastungsgleichheit durch Plausibilitätskontrollen und Stichproben"). Bei der Aufklärungspflicht sind in diesem Zusammenhang auch **Zweckmäßigkeitserwägungen** zu berücksichtigen. Dabei ist auf das Verhältnis zwischen dem voraussichtlichen Arbeits- und Zeitaufwand und dem steuerlichen Erfolg abzustellen. So ist es in Fällen erschwerter Sachverhaltsermittlung unter bestimmten Voraussetzungen effektiver, wenn sich die Beteiligten über die Annahme eines bestimmten Sachverhalts und über eine bestimmte Sachbehandlung einigen (sog. **„tatsächliche Verständigung";** vgl. AEAO zu § 88 Nr. 1 und zu § 201 Nr. 5; OFD Frankfurt, DStR 2000 S. 1476). Reine Rechtsfragen können nicht Gegenstand einer bindenden „tatsächlichen" Verständigung sein (BFH, BStBl 2004 II S. 742).

Die Finanzbehörde braucht die Steuererklärungen und deren Anlagen nicht misstrauisch zu prüfen, sofern nicht greifbare Umstände vorliegen, die darauf hindeuten, dass die Angaben falsch oder unvollständig sind (vgl. BFH, BStBl 1986 II S. 241; AEAO zu § 92).

Beispiel:
Es besteht allgemein keine Veranlassung, am Beweiswert von Arbeitgeberbescheinigungen oder von Testaten an Fachkongressen zu zweifeln.

Die Behörde verletzt aber ihre Sachaufklärungspflicht, wenn sie Tatsachen, Umstände, Erklärungslücken oder Beweismittel, die sich ihr nach Lage des Einzelfalles **aufdrängen mussten,** trotz einschlägiger Hinweise aus den Akten oder

5 Steuerverfahrensrecht

Steuererklärungen nicht würdigt oder die danach gebotene weitere Erforschung unterlässt (Hinweis auf § 173 Abs. 1 Nr. 1 AO; AEAO zu § 173 Nr. 4).

Die Amtspflicht zur Aufklärung kann ihre **Grenzen** insbesondere dadurch finden, dass der Stpfl. seine **Mitwirkungspflicht aus § 90 AO** nicht erfüllt, z. B. bei außergewöhnlichen Sachverhalten oder „ungeordneten Verhältnissen". Hierbei hat der Gedanke der **„Beweisnähe"** eine besondere Bedeutung, d. h., die Verantwortung des Stpfl. für die Sachverhaltsaufklärung ist umso größer und die der Behörde umso geringer (bzw. umgekehrt), je mehr Tatsachen der von ihm/ihr beherrschten Informations- und/oder Tätigkeitssphäre angehören (vgl. BFH, BStBl 1989 II S. 462; 2005 II S. 160 m. w. N.; AEAO zu § 90).

Beispiel:

Das FA hat gegen die Sachdarstellung des Stpfl. schriftlich Bedenken erhoben. Der Stpfl. macht trotz Aufforderung keinen Versuch, diese Bedenken zu zerstreuen.

Das FA braucht keine weiteren Ermittlungen anzustellen, sondern kann von dem für den Stpfl. – als „Beweisvereitler" – ungünstigsten Sachverhalt ausgehen (§§ 88, 162 Abs. 2 AO).

Die Behörde hat insbesondere die Anweisungen zur Anforderung von Belegen und sonstigen Unterlagen – **Nichtbeanstandungsgrenzen** – zu beachten (vgl. „Ergänzende Bestimmungen" der Bundesländer zur FAGO: z. B. regelmäßig keine Beleganforderung bei typischen Werbungskosten bei § 19 EStG ohne Fahrten Wohnung/Arbeitsstätte bis 2.500 Euro, bei Versicherungsbeiträgen bis 2.000 Euro).

Sachaufklärungsgrenzen können sich auch daraus ergeben, dass **Beweisverbote** zu beachten sind, z. B. Auskunftsverweigerungsrechte. Bei Verstößen kann ein **Verwertungsverbot** bestehen. Die Rechtsprechung hat sich mit der Frage von Verwertungsverboten insbesondere im Zusammenhang mit rechtswidrig erlangten Ermittlungsmaßnahmen befasst (siehe unter Tz. 5.2.12 und 5.2.16).

5.2.6.5 Berücksichtigung von Feststellungen anderer Behörden oder der Gerichte

Die Finanzbehörde ist an die Feststellungen und Entscheidungen anderer Behörden oder der Gerichte regelmäßig nicht gebunden. Aus dem Untersuchungsgrundsatz des § 88 AO folgt, dass das FA selbst den wirklichen Sachverhalt festzustellen hat. Das bedeutet allerdings nicht, dass das FA stets eigene Ermittlungen anstellen wird. Wenn kein besonderer Anlass besteht, wird es sich den Feststellungen anderer Behörden oder der Gerichte anschließen.

Für die Annahme einer Bindungswirkung ist grundsätzlich eine ausdrückliche gesetzliche Regelung erforderlich. Sonst gilt dies nur, wenn Sachverhalte zu beurteilen sind, die die Finanzbehörde mangels eigener Sachkunde nicht selbst nachzuprüfen vermag (vgl. § 171 Abs. 10 AO).

Beispiele:

1. Das FA ist an die vom Gericht ausgesprochene Ehescheidung gebunden, weil es sich um eine konstitutive Entscheidung handelt, dagegen nicht an Feststellungen des Familiengerichts im Scheidungsverfahren zur Frage des Getrenntlebens (vgl. BFH, BStBl 1986 II S. 486; 1991 II S. 806).

2. Hinsichtlich von Bescheinigungen der Gesundheits- oder Versorgungsbehörden über Grad, Beginn oder Ende der Minderung der Erwerbsfähigkeit besteht kein Nachprüfungsrecht. Es handelt sich um Grundlagenbescheide im Sinne von § 171 Abs. 10 AO, § 65 EStDV (BFH, BStBl 1986 II S. 245).

5.2.7 Mitwirkungspflichten der Beteiligten

Die Beteiligten sind zur Mitwirkung bei der Ermittlung des Sachverhalts verpflichtet (**§ 90 AO**). Durch diese **Generalklausel** soll erreicht werden, dass die Sachaufklärung im Wege einer vernünftigen Arbeitsteilung zwischen den Finanzbehörden und den Beteiligten geschieht. Die Untersuchungs- und Ermittlungspflicht der Finanzbehörde wird durch die den Beteiligten obliegende Mitwirkungspflicht ergänzt. Bei der Ermittlung des zutreffenden Sachverhalts ist die Mitwirkung der Beteiligten von erheblicher und oft sogar von ausschlaggebender Bedeutung. Der Stpfl. und die sonstigen Beteiligten sind regelmäßig die Wissensträger, die die steuerlich erheblichen Tatsachen des Einzelfalls am besten kennen (**„Beweisnähe"**). Insbesondere haben die Beteiligten die für die Besteuerung erheblichen Tatsachen vollständig und wahrheitsgemäß offen zu legen und die ihnen bekannten Beweismittel anzugeben (§ 90 Abs. 1, § 200 AO). Aus der Verletzung der Mitwirkungspflicht können nachteilige Schlussfolgerungen für den Stpfl. gezogen werden, z. B. durch Schätzung nach § 162 AO (vgl. BFH, BStBl 2002 II S. 4; 2005 II S. 160; AEAO zu § 90).

Die generelle Regelung der Mitwirkungspflicht in **§ 90 Abs. 1 AO** gilt nur innerhalb der in der AO bzw. in den Einzelsteuergesetzen näher geregelten Verfahren. Dazu gehören als **besondere Pflichten** der Beteiligten und anderer Personen z. B. Auskunftspflicht gemäß § 93 AO, Vorlagepflicht gemäß §§ 97 und 100 AO, Anzeigepflicht gemäß §§ 137, 138, 139 AO, Buchführungs- und Aufzeichnungspflichten gemäß §§ 140 ff. AO, Steuererklärungspflichten gemäß §§ 149 ff. AO. Weitere spezielle Mitwirkungspflichten finden sich für die Ap in §§ 193 ff. AO, die Steuerfahndung in § 208 AO und die Steueraufsicht in §§ 209 ff. AO. § 90 Abs. 1 AO begründet jedoch keine Rechtsgrundlage für ein eigenständiges Verfahren (vgl. BFH, BStBl 1990 II S. 280).

Die Mitwirkungspflicht geht bis zur Grenze der **Zumutbarkeit.** Auch für den Umfang der Mitwirkungspflicht kommt es auf die Umstände des Einzelfalles an (§ 88 Abs. 1, § 90 Abs. 1 Satz 3 AO). Die Beteiligten haben auf Verlangen der Finanzbehörde die von ihnen behaupteten Tatsachen zu erläutern und die erforderlichen Beweise anzugeben. Die Grenzen der Zumutbarkeit sind flüssig (vgl. BFH, BStBl 1990 II S. 280 für umfangreichen **Fragebogen** ohne konkreten Anlass; Weyand, Inf 1992 S. 217 zu formularmäßigen Anfragen des FA). Die Pflicht zur lückenlosen Offenlegung der Verhältnisse besteht besonders dann, wenn der Sachverhalt kompliziert oder undurchsichtig ist oder je mehr Tatsachen bzw. Beweismittel der vom Beteiligten beherrschten Informations- und Tätigkeitssphäre angehören. Andererseits kann u. U. auf das Verhältnis zwischen dem voraussichtlichen Arbeitsaufwand und dem steuerlichen Erfolg abgestellt werden.

Beispiel:

Das FA stellt aufgrund der Ap bei S einen auffälligen Vermögenszuwachs fest.

S genügt seiner Pflicht zur Offenlegung, wenn er z. B. darlegt, dass und von wem er das Geld geerbt hat. Behauptet S dagegen, dass es sich um Spielbankgewinne handelt, so werden die Anforderungen an seine Mitwirkungspflicht strenger sein. Er muss geeignete Beweismittel für seine Behauptung angeben. Der Hinweis, dass er die Eintrittskarten zu einem Spielcasino vorlegen könne, würde nicht ausreichen. Beruft S sich auf bestimmte Auskunftspersonen, so wird es entscheidend auf deren Glaubwürdigkeit ankommen (vgl. BFH, BStBl 1989 II S. 462).

Als mögliche **Rechtsfolgen** wegen Verletzung der Mitwirkungspflichten können je nach Art der Pflicht in Betracht kommen:

- Zwangsgeld, §§ 328 ff. AO,
- Verspätungszuschlag, § 152 AO,
- Schätzung der Besteuerungsgrundlagen nach § 162 AO, ggf. mit Zuschlag,
- Nichtanerkennung von Aufwendungen, § 160 AO,
- Straf- oder Bußgeldverfahren, §§ 370, 370 a und § 378 AO (vgl. Ausführungen Tz. 5.3.3.3 unter „versichern").

Nach **§ 90 Abs. 2 und 3 AO** besteht eine **erhöhte Mitwirkungspflicht bei Sachverhalten,** die sich auf Vorgänge **im Ausland** beziehen. In diesen Fällen werden die Regeln der objektiven Beweislast weitgehend zurückgedrängt, und es wird die Offenlegung der Verhältnisse zu einer Aufklärungspflicht erweitert. Es genügt nicht, wenn die Beteiligten sich lediglich darauf beschränken, Beweismittel anzugeben. Sie müssen die erforderlichen Beweismittel beschaffen und dabei alle für sie bestehenden rechtlichen und tatsächlichen Möglichkeiten ausschöpfen (vgl. BStBl 2002 II S. 861 m. w. N.; BMF, BStBl 2004 I S. 270; 2005 I S. 570 „Verwaltungsgrundsätze-Verfahren"). Ein Beteiligter kann sich nicht darauf berufen, dass er zur Aufklärung des Sachverhalts oder zur Beschaffung der erforderlichen Beweismittel nicht in der Lage sei, wenn er sich die Möglichkeit dazu hätte beschaffen oder einräumen lassen können, z. B. durch entsprechende Gestaltung von Verträgen. So muss etwa der Stpfl. (z. B. Gastarbeiter) durch Bescheinigungen die Unterhaltszahlungen an Angehörige im Ausland und deren Unterhaltsbedürftigkeit nachweisen.

5.2 Allgemeine Verfahrensregeln

Nach **§ 90 Abs. 3 AO** sind Stpfl. verpflichtet, **Aufzeichnungen** über Art und Inhalt der Geschäftsbeziehungen mit im Ausland nahe stehenden Personen im Sinne von § 1 Abs. 2 AStG zu führen, insbesondere die Findung der Verrechnungspreise zu dokumentieren. Das FA kann die Vorlage der Aufzeichnungen zur Vorbereitung bzw. für die Durchführung einer Ap verlangen. Einzelheiten zu Art, Inhalt und Umfang der zu erstellenden Aufzeichnungen ergeben sich aus der Gewinnabgrenzungsaufzeichnungsverordnung (**GAufzV**, BStBl 2003 I S. 739). Bei Verletzung dieser Pflichten hat das FA nach **§ 162 Abs. 3 AO** die Einkünfte bis zur Obergrenze des Preisrahmens zu **schätzen**. Außerdem ist gemäß § 162 Abs. 4 AO bei entsprechendem Verschulden nach Abschluss der Ap ein besonderer **Zuschlag** von mindestens 5 v. H., höchstens 10 v. H. des sich nach der Schätzung ergebenden Mehrbetrags der Einkünfte festzusetzen, mindestens jedoch von 5.000 Euro. Bei verspäteter Vorlage von verwertbaren Aufzeichnungen beträgt der Zuschlag 100 Euro für jeden vollen Tag der Fristüberschreitung, höchstens aber 1.000.000 Euro.

Diese erweiterten Mitwirkungspflichten sind **im Steuerstrafverfahren nicht anwendbar** (vgl. BGH, wistra 1995 S. 67).

5.2.8 Grundsatz des rechtlichen Gehörs

Die Finanzbehörden haben den Grundsatz des rechtlichen Gehörs zu beachten (**§ 91 AO**). Vor Erlass eines belastenden Verwaltungsaktes soll dem betroffenen Beteiligten regelmäßig Gelegenheit gegeben werden, sich zu den für die Entscheidung erheblichen Tatsachen zu äußern. Die Anhörung kann mündlich oder schriftlich erfolgen. Die Finanzbehörde muss kein allgemein belehrendes Rechtsgespräch führen. Das Anhörungsrecht der Beteiligten besteht nur hinsichtlich der entscheidungserheblichen Tatsachen. Die Anhörungspflicht der Finanzbehörde ist insbesondere für den Fall betont, dass von dem in der Steuererklärung dargestellten Sachverhalt abgewichen werden soll. Dabei muss es sich um eine **wesentliche Abweichung** zuungunsten des Stpfl. handeln (§ 91 Abs. 1 Satz 2 AO). Als wesentlich gilt eine entscheidungserhebliche Abweichung vom erklärten Sachverhalt von einiger Bedeutung. Anhaltspunkte hierfür bilden: steuerliche Bedeutung (geringfügig), grundsätzliche Bedeutung aus der Sicht des Stpfl. oder Regelungen von Dauersachverhalten. Diese Bestimmung ist praktisch und rechtlich von erheblicher Bedeutung. Bei ausreichender Beobachtung lassen sich oftmals Einsprüche vermeiden. Auf jeden Fall wird der Sachverhalt bereits im Festsetzungsverfahren gründlicher aufgeklärt, sodass die Ermittlung nicht in das **Einspruchsverfahren** verlagert werden muss (vgl. **§ 365** und **§ 364 a AO**).

Von der Anhörung kann abgesehen werden, wenn sie nach den Umständen des Einzelfalls nicht geboten ist. Diese **Einschränkung** wird in § 91 Abs. 2 AO durch bestimmte Beispiele erläutert.

Die Anhörung hat zu unterbleiben, wenn ihr ein zwingendes öffentliches Interesse entgegensteht (**§ 91 Abs. 3 AO**). Die Grundsätze des § 30 Abs. 4 Nr. 5 und des § 106 AO sind entsprechend anzuwenden.

Gesetzliche **Sonderregeln** im Sinne einer Mussvorschrift enthalten z. B. § 117 Abs. 4, § 202 Abs. 2, § 364, § 367 Abs. 2 AO.

Im Steuerfestsetzungsverfahren besteht für die Beteiligten **kein genereller Anspruch auf Akteneinsicht** (vgl. AEAO zu § 91 Nr. 4 und zu § 364; anders § 187 AO und § 78 FGO). Die Finanzbehörde hat über Anträge auf Akteneinsicht aber nach pflichtgemäßem Ermessen zu entscheiden, z. B. ist bei Beraterwechsel die Akteneinsicht regelmäßig zweckmäßig. Für das Einspruchsverfahren gilt die Sonderregelung des **§ 364 AO**.

Die rechtlichen **Folgen eines Verfahrensverstoßes gegen § 91 AO** bestimmen sich nach den allgemeinen Vorschriften. Der Verwaltungsakt, der ohne die erforderliche Anhörung eines Beteiligten erlassen worden ist, ist nicht nach § 125 AO nichtig, sondern es handelt sich um einen **heilbaren Verfahrensfehler**. Nach § 126 **Abs. 1 Nr. 3, Abs. 2 AO** kann die erforderliche Anhörung eines Beteiligten nachgeholt werden. Nach § 127 AO kann die Aufhebung des Verwaltungsaktes nicht allein wegen des Verstoßes gegen § 91 AO beansprucht werden, wenn keine andere Entscheidung in der Sache hätte getroffen werden können. Unter Umständen ist Wiedereinsetzung in den vorigen Stand zu gewähren (**§ 126 Abs. 3 AO**; vgl. AEAO zu § 91 Nr. 3 und zu § 121 Nr. 3).

5.2.9 Beweismittel

Die Finanzbehörde bedient sich der Beweismittel, die sie nach pflichtgemäßem **Ermessen** zur Ermittlung des Sachverhalts für erforderlich hält (**§ 92 Satz 1 AO**). Entsprechend dem Untersuchungsgrundsatz bestimmt die Finanzbehörde, ob ein Beweis zu erheben und welches Beweismittel zu wählen ist. Die Entscheidung ist nach pflichtgemäßem Ermessen zu treffen, d. h., dass die Behörden sich nur solcher Beweismittel bedienen dürfen, die zur Ermittlung des Sachverhalts objektiv **erforderlich** sind. Voraussetzung ist, dass sich das einzelne Beweismittel auf einen konkreten, möglicherweise **steuerlich erheblichen Sachverhalt** bezieht und **konkrete Umstände** oder allgemeine Erfahrungen für eine Steuerpflicht im Einzelfall sprechen. Die Tatsache, dass Steuergesetze nicht immer beachtet werden, stellt keine allgemeine Erfahrung in diesem Sinne dar. Es ist daher nicht zulässig, ohne konkrete Veranlassung „ins Blaue hinein" auszuforschen oder eine „Rasterfahndung" zu veranlassen, ob überhaupt steuerlich erhebliche Sachverhalte gegeben sind (vgl. BFH, BStBl 2000 II S. 643; 2002 II S. 495 m. w. N.; AEAO zu § 30 a Nr. 2, zu § 92, zu § 93 Nr. 1.2 und 2.3).

Der **Ermessensspielraum** des § 92 AO wird jedoch durch die Vorschriften der § 93 Abs. 1 Satz 3, § 95 Abs. 1 Satz 2, § 97 Abs. 2 AO eingeschränkt. Auch die

§ 94 Abs. 1 Satz 1, §§ 99, 100 AO begrenzen das Ermessen, weil die dort geregelten Beweismittel nur unter besonderen Voraussetzungen erhoben werden dürfen (siehe unter Tz. 5.2.15).

An die **Beweisanträge** der Beteiligten ist die Behörde nicht gebunden (§ 88 Abs. 1 Satz 2 AO). Das bedeutet aber nicht, dass sie Beweisanträge der Beteiligten übergehen kann, sondern dass sie nicht auf die angebotenen Beweismittel beschränkt ist. Soweit eine Untersuchungspflicht in diesem Umfang besteht, sind angebotene Beweise für zweifelhafte Tatsachen zu erheben, außer wenn die zweifelhafte Tatsache steuerlich nicht relevant ist, das angebotene Beweismittel nicht zur Klärung geeignet ist oder das Beweismittel nicht zulässig ist, z. B. Auskunft statt Buchnachweis.

Die Aufzählung der **Beweismittel** in **§ 92 Satz 2 AO** ist nicht erschöpfend. Die Finanzbehörde kann hiernach insbesondere Auskünfte jeder Art von den Beteiligten und anderen Personen einholen, Sachverständige zuziehen, Urkunden und Akten beiziehen oder den Augenschein einnehmen.

Prüfungsschema zum Ermittlungs- und Beweisverfahren

1. **Musste/durfte** das FA in diesem konkreten Einzelfall ermittelnd **tätig werden** („ob")?
→ **§§ 85, 88 Abs. 1 Satz 1 AO** i. V. m. dem jeweiligen Einzelsteuergesetz, z. B. § ... EStG / § ... UStG
2. Durfte das FA im Rahmen des **Ermessens** auch **diese konkrete Maßnahme** – ggf. zu diesem Zeitpunkt – ergreifen (§ 88 Abs. 1 Satz 2 und 3 AO: „wie" und „wann")?
Hierbei ergibt sich im Regelfall folgende Prüfungsfolge:
   a) **Ermächtigungsgrundlage für diese Maßnahme?**
   § 92 i. V. m. § ... AO, z. B.: § 93 Abs. 1, § 97 Abs. 1 oder § 149 Abs. 1 Satz 2 AO
   b) **Sind die Tatbestandsvoraussetzungen des § ... erfüllt**, z. B.:
      1. Was ist der **„steuerlich erhebliche"** Sachverhalt (z. B. § ... EStG) und die erforderliche Maßnahme?
      2. Ist der Adressat **Beteiligter** (§§ 78, 33 Abs. 1 AO = „in eigener Sache") oder **andere Person** (§ 33 Abs. 2 AO = „in fremder Steuersache")?
      3. Hat das FA die **richtige Reihenfolge** der Ermittlung beachtet: Beteiligter/Dritter gemäß § 93 Abs. 1 Satz 3, § 97 AO?
   c) Sind **Form und Inhalt der Maßnahme** ordnungsgemäß, z. B.:
      1. Wurden § 93 Abs. 2, 4 und 5 bzw. § 97 Abs. 1 AO beachtet?
      2. Wurde auf die Erfolglosigkeit des Vorgehens beim Beteiligten hingewiesen („Misserfolgssatz" gemäß § 121 Abs. 1 AO; vgl. AEAO zu § 93 Nr. 1.8)?
      3. Bei einem schriftlichen Ersuchen des FA:
         • Ist die Rechtsgrundlage „§ 93 AO" bzw. „§ 97 AO" angegeben gemäß § 121 AO?
         • Ist eine Rechtsbehelfsbelehrung gemäß § 356 l AO erteilt? [Diese hat nur Bedeutung für die Dauer der Einspruchsfrist, § 355 Abs. 1 ↔ § 356 Abs. 2 AO.]

- Wurde die erforderliche Belehrung nach § 101 Abs. 1 Satz 2 bzw. § 103 Satz 2 AO gegeben?

d) Wurde das **Ermessen** nach §§ **88, 92 ff., 5 AO** zutreffend ausgeübt, z. B.:
1. Ist die gesetzte Frist angemessen (§ 88 Abs. 1 Satz 3, § 90 Abs. 1 Satz 3 AO)?
2. Sind sonstige Grenzen des Ermessens eingehalten, insbesondere Grundsatz der Verhältnismäßigkeit der Mittel oder Nichtbeanstandungsgrenzen?
3. Bestehen **Verweigerungsrechte** nach §§ **101 ff. AO?**
4. Rechtsfolge: Die Maßnahme ist rechtmäßig/rechtswidrig.

Die Frage der **Beweiswürdigung** ist im Gesetz nicht geregelt. Es gilt der Grundsatz der freien Beweisführung. Dieser besagt, dass die erhobenen Beweise (z. B. Auskünfte) von der Finanzbehörde oder dem Gericht nach freier Überzeugung zu würdigen sind. Diese Überzeugung braucht sich nicht auf absolute Gewissheit zu gründen. Es genügt ein so hoher Grad der Wahrscheinlichkeit, dass kein vernünftiger Mensch noch zweifelt und die durch die Wahrscheinlichkeit begründete Überzeugung nach der Lebenserfahrung der Gewissheit gleichkommt (vgl. unter Tz. 5.2.10).

Das Gesetz enthält auch keine Vorschriften zu der problematischen Frage, ob und unter welchen Voraussetzungen **gesetzwidrig erlangte Beweise** ausgeschlossen sein sollen, z. B. bei unterbliebener Belehrung über ein Auskunftsverweigerungsrecht (vgl. Ausführungen unter Tz. 5.2.16).

Gesetzliche Beweisregeln sind in verschiedenen Vorschriften enthalten, z. B. § 87 Abs. 5 AO bzgl. der Echtheit elektronischer Dokumente, § 158 AO betreffend die Beweiskraft der Buchführung, § 159 AO betreffend den Nachweis der Treuhänderschaft, § 145 Abs. 3, § 146 Abs. 7 BewG bzgl. Bedarfsbewertung für ErbSt-Zwecke.

Der **Beweis des ersten Anscheins** begründet aufgrund von Erfahrungssätzen eine tatsächliche, typische Vermutung, z. B. Eingangsstempel des FA gemäß § 418 Abs. 1 ZPO, für Gewinnerzielungsabsicht oder Liebhaberei (vgl. BFH, BStBl 1992 II S. 328; 2002 II S. 276; 2003 II S. 695). Dieser Anscheinsbeweis kann vom FA bzw. Stpfl. entkräftet werden. Er entfällt bereits dann, wenn im konkreten Einzelfall die ernsthafte Möglichkeit für einen atypischen Sachverhalt/Geschehensablauf dargelegt wird. Gelingt dies, hat das FA nach seiner freien, aus dem Gesamtergebnis gewonnenen Überzeugung unter Berücksichtigung der Feststellungslast zu entscheiden. Der Anscheinsbeweis ist auf § 122 Abs. 1 und 2 AO wegen des eindeutigen Gesetzeswortlauts nicht anwendbar, sondern nur der **Indizienbeweis** (vgl. BFH, BStBl 1995 II S. 41; 1999 II S. 48 für Telefax-Sendebericht m. w. N.).

Glaubhaftmachen ist weniger als beweisen. Es genügt hierfür ein erheblicher Grad der Wahrscheinlichkeit (vgl. § 110 Abs. 2, § 161 AO).

5.2.10 Beweislast – Feststellungslast

Im Besteuerungsverfahren gibt es keine **Beweisführungslast**. Im Zivilprozess haben die Parteien entsprechend dem Verhandlungsgrundsatz ihre Behauptungen zu beweisen. Unbewiesene Behauptungen gehen zulasten der Partei, die die Beweisführungslast hat. Im Besteuerungsverfahren dagegen ist der Stpfl. oder ein sonstiger Beteiligter nicht zur Beweisführung verpflichtet, weil der **Untersuchungsgrundsatz** herrscht (§ 88 AO).

> **Beispiel:**
> S beruft sich auf den Abschluss eines Arbeitsvertrages mit seiner Ehefrau. Die von ihm vorgelegten Schriftstücke können die Zweifel des FA hinsichtlich des Bestehens eines Arbeitsverhältnisses nicht vollständig beheben. Folge?
> Das FA darf S nicht als beweisfällig behandeln, sondern muss die Aufklärung des Sachverhalts von sich aus versuchen, etwa durch Anhörung der Ehefrau des S.

Bleibt trotz Ausübung der Ermittlungspflicht der Sachverhalt ungeklärt, so muss daraus nicht zwingend ein für den Stpfl. nachteiliger Schluss gezogen werden. Das wäre nur der Fall, wenn eine Beweislast für den Stpfl. bestanden hätte, er also „beweisfällig" geblieben wäre. Aufgrund der Ermittlungspflicht gilt der Grundsatz der freien Beweiswürdigung. Dieser Grundsatz schließt nicht aus, den nach der Lebenserfahrung typischen Geschehensabläufen Gewicht beizumessen und aus bestimmten Tatsachen auch Schlüsse zu ziehen, die für den Stpfl. oder die Behörde nachteilig sind, sog. **Anscheinsbeweis** unter Berücksichtigung des Gedankens der „Beweisnähe" und des „Beweisvereitlers" (vgl. § 444 ZPO; Tz. 5.2.9). Dieser Anscheinsbeweis ist keine Beweiswürdigungsregel.

Von der Beweisführungslast ist die **Feststellungslast** zu unterscheiden. Die Beweisführungslast (subjektive Beweislast) bedeutet, dass einer Partei die Last obliegt, bei Meidung des Prozessverlustes durch eigene Tätigkeit den Beweis einer streitigen Tatsache zu führen. Im Fall der Feststellungslast (objektive Beweislast) hat eine Partei dafür einzustehen, dass eine ihr günstige Tatsachenbehauptung nicht als wahr festgestellt werden kann. Die Feststellungslast ist auch für Verfahren von Bedeutung, für die der Untersuchungsgrundsatz gilt. Es muss nämlich über ein eingeleitetes Verfahren eindeutig entschieden werden. Nach der **„Beweislastgrundregel"** trifft die Feststellungslast die **Behörde** (FA), soweit es sich um steuerbegründende oder steuererhöhende Tatsachen handelt. Der **Stpfl.** dagegen trägt die Feststellungslast hinsichtlich steuerentlastender und steuerbefreiender – auch negativer – Tatsachen (vgl. BFH, BStBl 2001 II S. 9 m. w. N.). Unberührt hiervon sind der **Anscheinsbeweis** und **gesetzliche Beweislastregelungen**, z. B. § 87 a Abs. 5, § 90 Abs. 2, §§ 159, 160 oder 162 Abs. 3 AO.

> **Beispiele:**
> **1.** Für die Behauptung, ein Einspruch sei noch rechtzeitig vor Ablauf der Einspruchsfrist in den Hausbriefkasten des FA eingeworfen worden, trägt der Stpfl. die Feststellungslast (BFH, BStBl 1977 II S. 321).

2. Der Stpfl. trägt die Feststellungslast für die Frage der betrieblichen Veranlassung von Aufwendungen (BFH, BStBl 1998 II S. 51 m. w. N.).
3. Für das Vorhandensein der Gewinnerzielungsabsicht hat der Stpfl. regelmäßig die Feststellungslast, sofern er daraus Rechtsfolgen zu seinen Gunsten ableiten will (Verluste), sonst das FA (vgl. BFH, BStBl 2000 II S. 674, 676; 2002 II S. 276 mit Einschränkungen für Freiberufler; BMF, BStBl 2004 I S. 933 Tz. 9, 10, 17, 27 für V+V-Objekte).
4. Bei unaufklärbarem privatem Vermögenszuwachs hat der Stpfl. die Feststellungslast, wenn mit einer dem Einzelfall angepassten Vermögenszuwachs- und Geldverkehrsrechnung ein unaufgeklärter Zuwachs/Überschuss aufgedeckt wird (vgl. BFH, BStBl 1986 II S. 732; 1989 II S. 462).

5.2.11 Beweis durch Auskünfte

Das am häufigsten verwendete Beweismittel im Besteuerungverfahren ist die Einholung von Auskünften. Dem in § 92 AO festgelegten Auskunftsrecht der Finanzbehörde entspricht die Auskunftspflicht der Beteiligten und anderer Personen (§ 93 AO). Zur Herbeiführung wahrheitsgemäßer Auskünfte kann eine eidliche Vernehmung (§ 94 AO) oder die Versicherung an Eides statt (§ 95 AO) als letztes Mittel in Betracht kommen. Bestimmten Personen und Personengruppen stehen Auskunftsverweigerungsrechte zu (§§ 101 ff. AO).

5.2.11.1 Auskunftspflicht

Die Auskunft muss für die Feststellung eines für die Besteuerung „erheblichen" Sachverhalts „erforderlich" sein (**§ 93 Abs. 1 Satz 1 AO**). **Auskunft** ist die Äußerung von Wissen über Tatsachen; sie ist daher keine Verfahrenshandlung im Sinne von § 79 AO.

Steuerlich erheblich ist eine Auskunft stets, wenn im Zeitpunkt des Auskunftsersuchens feststeht, dass tatsächlich und rechtlich die Voraussetzungen für Ansprüche aus dem Steuerschuldverhältnis im Sinne von § 37 AO vorliegen. Das gilt aber auch dann, wenn im Zeitpunkt des Auskunftsersuchens die Voraussetzungen noch nicht feststehen, da Auskünfte von Beteiligten zur Ermittlung bzw. Feststellung des Sachverhalts dienen. Voraussetzung ist aber, dass sich das Auskunftsersuchen auf einen konkreten, möglicherweise steuerlich erheblichen Sachverhalt bezieht und nicht dazu dienen soll, ohne konkrete Veranlassung „ins Blaue hinein" auszuforschen, ob überhaupt steuerlich erhebliche Sachverhalte gegeben sind (vgl. BFH, BStBl 2002 II S. 495 m. w. N.; AEAO zu § 93 Nr. 1.2 und 2.3; Weyand, Inf 1992 S. 217 zu formularmäßigen Anfragen des FA).

Beispiele:
1. Auskunftsersuchen des FA an alle Lehrer im FA-Bezirk, ob sie Einkünfte aus Nachhilfeunterricht erzielen. Rechtsfolge?
Rechtswidrig als allgemeines Ausforschungsersuchen ohne konkrete Anhaltspunkte (= Rasterfahndung „ins Blaue hinein"; vgl. BFH, BStBl 2000 II S. 643).

2. Der S hatte – wie in den Vorjahren – in der ESt-Erklärung 10 Einkünfte von über 200.000 € angesetzt, aber in der Anlage Kap nur Einnahmen unterhalb des Sparer-Freibetrages angegeben. Nachdem S eine Aufklärung pauschal abgelehnt hat, verlangt das FA von der Bank B Auskünfte über dessen Kapitalerträge 07 bis 10. Zu Recht?

Das FA durfte nach §§ 93, 30 a Abs. 5, § 88 Abs. 1 Satz 3 AO nicht sofort Auskünfte für den gesamten Zeitraum von vier Jahren verlangen. Es liegen zwar nach der Lebenserfahrung Anhaltspunkte für steuererhebliche Umstände vor (höhere Kapitalerträge), aber das FA hätte sich bei richtiger Ermessensausübung (Grundsatz der Verhältnismäßigkeit) zunächst auf das Jahr 10 beschränken müssen und erst nach Prüfung der Auskunft bei konkreten Anhaltspunkten sein Auskunftsverlangen auch auf die Vorjahre erweitern dürfen (vgl. BFH, BStBl 1991 II S. 277 m. w. N.; AEAO zu § 30 a Nr. 2).

Auskunftspflichtig sind nach **§ 93 Abs. 1 Satz 1 AO** Beteiligte und andere Personen. **Beteiligte** sind nach § 78 Nr. 2 AO grundsätzlich diejenigen Personen, an die die Behörde den Verwaltungsakt gerichtet hat oder erst richten will. Der Beteiligte im Sinne von § 93 AO ist nur der materiell Betroffene. Beteiligte sind danach stets der **Stpfl.** im Sinne von § 33 Abs. 1 AO („in eigener Sache") sowie **gesetzliche Vertreter** und **Geschäftsführer** nach §§ 34, 79 AO (vgl. § 101 AO).

Andere Personen als die Beteiligten (= Dritte) sind Personen, die in einer „fremden" Steuersache mitzuwirken haben **(§ 33 Abs. 2 AO).** Sie „sollen" nur **subsidiär** unter den Voraussetzungen des **§ 93 Abs. 1 Satz 3 AO** zur Sachaufklärung herangezogen werden, wenn die Aufklärung durch die Beteiligten nicht zum Ziele führt oder keinen Erfolg verspricht (vgl. AEAO zu § 93 Nr. 1.4 und 2.6). Als **Sollvorschrift** bringt diese Regelung zum Ausdruck, dass die Behörde in der Regel nach ihr verfahren muss, jedoch in atypischen Fällen abweichen darf. Eine allgemeine Ausnahmeregelung enthält **§ 208 Abs. 1 Satz 3 AO** für die Steuerfahndung. Für die Ap verbleibt es hingegen beim Grundsatz **(§ 200 Abs. 1 AO).**

Für **Bevollmächtigte** greift **§ 80 Abs. 3 AO** als Sonderregelung ein. Danach soll sich die Behörde direkt an ihn wenden (vgl. § 364 a Abs. 3 AO). Der **§ 122 Abs. 1 Satz 3 AO** ist demgegenüber **vorrangig** für die Bekanntgabe.

Auskunftspflichtige Dritte können auf Antrag eine **Entschädigung** verlangen, sofern sie durch Verwaltungsakt zu Beweiszwecken herangezogen werden, also nicht bei freiwilliger Auskunft (§ **107 AO** i. V. m. JVEG; vgl. BFH, BStBl 1988 II S. 163 betr. Bankauskünfte mit Belegvorlage; AEAO zu § 107).

Das **Auskunftsersuchen** ist ein Verwaltungsakt und kann nach § 119 Abs. 2 AO schriftlich, elektronisch, mündlich oder in anderer Weise ergehen. Inhalt und Form des Auskunftsersuchens sind in **§ 93 Abs. 2 AO** geregelt. In dem Auskunftsersuchen ist insbesondere anzugeben (vgl. AEAO zu § 93 Nr. 1.8 und 1.9; Prüfungsschema Seite 151):

1. Worüber Auskünfte erteilt werden sollen (also das Beweisthema).
2. Ob der Auskunftspflichtige die Auskunft in einer eigenen oder fremden Steuersache geben soll; das ist für etwaige Auskunftsverweigerungsrechte von

Bedeutung. Fehlt diese Angabe, so kann sie gemäß § 126 Abs. 1 Nr. 2 und Abs. 2 AO nachgeholt werden.

3. Ob die Voraussetzungen des § 93 Abs. 1 Satz 3 AO erfüllt sind, nämlich Ermittlungen beim Beteiligten nicht zum Ziele geführt haben oder konkret keinen Erfolg versprechen („Misserfolgssatz", § 121 Abs. 1 AO; vgl. BFH, BStBl 2000 II S. 366/371).

4. Angabe der Rechtsgrundlage „§ 93 AO".

Es ist ggf. zu **begründen** (§ 121 AO). Die Erledigungsfrist soll regelmäßig einen Monat betragen nach Erhalt des Ersuchens. Kürzere **Fristen** können mit Einverständnis des Betroffenen oder in Eilfällen zur Sicherung des Steueraufkommens in Betracht kommen, längere Fristen bei umfangreichen oder rechtlich schwierigen Sachverhalten sowie bei der Beschaffung von Beweisunterlagen (§ 88 Abs. 1 Satz 3 AO; vgl. AO-Kartei NRW zu § 93 Karte 801).

Die **Form** des Auskunftsersuchens bestimmt im Allgemeinen die Finanzbehörde nach pflichtgemäßem Ermessen. Die Auskunft kann mündlich, fernmündlich, elektronisch oder schriftlich angefordert werden. Der Auskunftspflichtige kann allerdings verlangen, dass das Auskunftsersuchen schriftlich ergeht (§ 93 Abs. 2 Satz 2 AO).

Gegenüber **Kreditinstituten** sind den Finanzbehörden durch § **30 a AO** gewisse Selbstbeschränkungen auferlegt. Danach sind Einzelauskunftsersuchen zulässig, wenn die Sachverhaltsaufklärung durch den Stpfl. nicht zum Ziele geführt hat oder keinen Erfolg verspricht, ggf. auch **Sammelauskunftsersuchen** (vgl. BFH, BStBl 2002 II S. 495; von Wedelstädt, DB 2004 S. 948; weitere Einzelheiten unter Tz. 5.2.12.5).

Einspruch gegen Auskunftsersuchen nach § 347 AO kann grundsätzlich nur der zur Auskunft Herangezogene (Stpfl. oder Dritter) einlegen. Bei Auskunftsersuchen an Dritte ist aber auch der Beteiligte beschwert nach § 350 AO und kann als „Betroffener" im Sinne von § 122 Abs. 1 AO ebenfalls Einspruch einlegen.

Die **Auskunftserteilung** ist in § **93 Abs. 3 bis 6 AO** geregelt. Die Auskünfte sind wahrheitsgemäß nach bestem Wissen und Gewissen zu erteilen. Wenn der Auskunftspflichtige nicht aus dem Gedächtnis Auskunft geben kann, ist er verpflichtet, vor der Auskunftserteilung die ihm zur Verfügung stehenden schriftlichen Unterlagen einzusehen und erforderlichenfalls Aufzeichnungen daraus zu entnehmen (Hinweis auf §§ 370, 378 AO). Die Form der Auskunft ist dem Auskunftspflichtigen grundsätzlich freigestellt. Er kann die Auskünfte schriftlich, elektronisch, mündlich oder fernmündlich erteilen. Die Finanzbehörde kann allerdings eine schriftliche Auskunft verlangen, wenn dies sachdienlich ist. Sie kann auch anordnen, dass der Auskunftspflichtige eine mündliche **Auskunft an Amtsstelle** erteilt (§ **93 Abs. 5 AO**; Hinweis auf Erörterungstermin nach § **364 a Abs. 3 AO**). Das kommt ausnahmsweise in Betracht, wenn trotz Aufforderung eine schriftliche Auskunft nicht erteilt worden ist oder eine schriftliche Auskunft nicht zu einer Klärung des Sachverhalts geführt hat. Über die mündliche Auskunft an Amtsstelle muss eine Niederschrift aufgenommen werden, wenn der Auskunftspflichtige dies beantragt. Die Form der **Niederschrift** regelt § 93 Abs. 6 AO.

Nach § **93 Abs. 7 und 8 AO** i. V. m. § **93 b AO** haben die Finanzbehörden (ab 1. 4. 2005) die Möglichkeit, über das Bundesamt für Finanzen als Zentralstelle durch **automatisierten Abruf bestimmter Kontoinformationen** einzelfallbezogen, bedarfsgerecht und gezielt zu ermitteln, bei welchem Kreditinstitut ein bestimmter Stpfl. ein Konto oder Depot unterhält, und diese Daten mit den entsprechenden Steuererklärungen oder anderen Angaben abzugleichen. Eine eigene Datenabrufberechtigung haben diese Stellen nicht. Voraussetzung ist nach § 93 Abs. 7 und 8 AO eine Versicherung der ersuchenden Stelle (Behörde bzw. Gericht), dass das FA die Bankverbindung eines Stpfl. kennt und dass Ermittlungen des FA nicht zum Ziele geführt haben oder keinen Erfolg versprechen (vgl. AEAO zu § 93 Nr. 2 und 3 mit Einzelheiten). Daher ist der allgemeine Abruf von bislang dem FA nicht bekannten Konto- oder Depotverbindungen nicht möglich. Aufgrund der Datenabfrage besteht ein deutlich erhöhtes Risiko für Stpfl., dass Steuerhinterziehungen aufgedeckt werden. Die Abfrage ermöglicht nur die Feststellung der Kontostammdaten nach § 24 c Abs. 1 KWG (Konto- bzw. Depotnummer, Tag der Errichtung bzw. Auflösung, Name und Geburtsdatum des Inhabers bzw. Verfügungsberechtigten), nicht aber von Kontenständen, Kontenbewegungen oder der Höhe von Kapitalerträgen. Für Letztere sind Einzelermittlungen nach den §§ 93 ff. AO erforderlich. Der Betroffene ist über das Ergebnis des Datenabrufs zu informieren (vgl. AEAO zu § 93 Nr. 2.7, 2.8 und 3.7; BFH, BStBl 2004 II S. 387; BVerfG, DB 2005 S. 754).

Auskunftsersuchen der Steuerfahndung können sich je nach Einzelfall aus den §§ **93 ff. AO** oder aus den Vorschriften der StPO (§§ **94, 95, 103 StPO**) ergeben (§§ 208, 393 Abs. 1, § 399 Abs. 1 AO). Dies ist für die Frage der Rechtswegzuweisung von Bedeutung (§ 347 Abs. 1 und 3 AO). Maßgebend ist, in welcher Funktion und in welchem Verfahren die Behörde objektiv und eindeutig tätig geworden ist oder tätig werden wollte. Bei Auskunftsersuchen an Dritte (z. B. Banken) gemäß § 208 Abs. 1 Nr. 3 AO liegt in der Regel ein Fall des § 93 AO vor (vgl. BFH, BStBl 1987 II S. 484 für Sammelauskunftsersuchen an Bank; 1988 II S. 359 für Chiffre-Anzeige; 2001 II S. 306, 624 für Weitergabe von Beweismaterial). Das gilt nicht für Auskunftsersuchen unter Hinweis auf die Einleitung eines Strafverfahrens (vgl. BFH, BStBl 1997 II S. 543 m. w. N.).

5.2.11.2 Eidliche Vernehmung

Eine eidliche Vernehmung kommt nur **bei anderen Personen als den Beteiligten** in Betracht (**§ 94 AO**). Die Beteiligten selbst haben erforderlichenfalls nach

§ 95 AO eine Versicherung an Eides statt abzugeben. Die eidliche Vernehmung eines Auskunftspflichtigen wird dann durchgeführt, wenn die Finanzbehörde die Beeidigung entweder mit Rücksicht auf die Bedeutung der Auskunft oder aber zur Herbeiführung einer wahrheitsgemäßen Auskunft für geboten hält.

Zuständig für die eidliche Vernehmung ist nicht die Finanzbehörde, sondern im Allgemeinen das **FG,** unter Umständen auch das **Amtsgericht.** Das Gericht wird auf Ersuchen der Finanzbehörde tätig. Es ist an das Ersuchen gebunden, entscheidet aber darüber, ob ein Zeugnis- oder Eidesverweigerungsrecht besteht. Die Entscheidung des FG, die dem Ersuchen stattgibt, kann mit der Gerichtsbeschwerde nach §§ 128 ff. FGO angefochten werden (BFH, BStBl 1980 II S. 2).

5.2.11.3 Versicherung an Eides statt

Die Versicherung an Eides statt kann nur **von Beteiligten** verlangt werden **(§ 95 AO).** Bei anderen Personen kommt eine Beeidigung nach § 94 AO in Betracht. Die Versicherung an Eides statt ist auf Verlangen der Finanzbehörde abzugeben. Nur Tatsachen können Gegenstand einer eidesstattlichen Versicherung sein, nicht dagegen Werturteile, Schätzungen oder Rechtsansichten. Ein Beteiligter hat keinen Anspruch darauf, dass die Finanzbehörde ihn zur eidesstattlichen Versicherung zulässt. Es ist in das pflichtgemäße **Ermessen** der Finanzbehörde gestellt, ob sie den Beteiligten auffordert, dass er die Richtigkeit der von ihm behaupteten Tatsachen an Eides statt versichert (vgl. BFH, BStBl 1992 II S. 57 betr. Verhältnis zu **§ 284 AO).** Die Versicherung an Eides statt soll ein **letztes Mittel zur Erforschung des Sachverhalts** sein. Deshalb ist sie nur unter bestimmten im Gesetz festgelegten Voraussetzungen zulässig. Sie soll nur gefordert werden, wenn andere Mittel zur Erforschung der Wahrheit nicht vorhanden sind, z. B. wenn Geschäftsbücher verbrannt sind oder zum Glaubhaftmachen bei § 110 AO, andere Mittel zu keinem Ergebnis geführt haben oder andere Mittel einen unverhältnismäßigen Aufwand erfordern.

Die Versicherung an Eides statt ist zur Niederschrift aufzunehmen. Weitere Einzelheiten des Verfahrens ergeben sich aus **§ 95 Abs. 2 bis 5 AO.** Die Versicherung kann nicht erzwungen werden **(§ 95 Abs. 6 AO).** Wird die Abgabe der eidesstattlichen Versicherung von einem Beteiligten verweigert, so hat die Finanzbehörde nach pflichtgemäßem Ermessen zu entscheiden, welche Schlüsse daraus zu ziehen sind. Das schließt ein, dass aus der Verweigerung nachteilige Folgerungen für den Beteiligten gezogen werden können, falls nicht aufgrund der gesamten Umstände sich eine andere Würdigung ergibt, z. B. im Zweifel nachteilige Schätzung der Besteuerungsgrundlagen nach § 162 AO.

5.2.12 Auskunftsverweigerungsrechte

Der **Beteiligte** (Stpfl.) und die für ihn auskunftspflichtigen Personen, z. B. gesetzliche Vertreter, können die Auskunft und andere Formen der Mitwirkung **nicht**

verweigern. Sie müssen auch ungünstige Tatsachen angeben (§ **90 AO** bzw. Umkehrschluss aus §§ 101, 103 AO). Die Mitwirkung ist nach den §§ 328 ff. AO erzwingbar, ausgenommen in den Fällen des § **393 Abs. 1** und § **364 a Abs. 4 AO.** Die Verletzung der Mitwirkungspflicht kann ggf. zu einer nachteiligen Schätzung der Besteuerungsgrundlagen führen (vgl. AEAO zu § 90; Rengier, BB 1985 S. 720; Teske, wistra 1988 S. 207).

Auskunftsverweigerungsrechte haben nur **andere Personen** als die Beteiligten. Sie können sich aus persönlichen Gründen (z. B. verwandtschaftliche Beziehungen), zum Schutz bestimmter Berufsgeheimnisse oder bei Gefahr der Verfolgung wegen einer Straftat oder wegen einer Ordnungswidrigkeit ergeben. Das Auskunftsverweigerungsrecht führt grundsätzlich nicht zur Rechtswidrigkeit des Auskunftsersuchens, sondern nur dann, wenn das FA das Verweigerungsrecht fehlerhaft verneint und Auskunft verlangt. Eine Auskunftsverweigerung ist unter Berücksichtigung aller in Betracht kommenden Umstände frei zu würdigen. Es dürfen ggf. negative Schlüsse gezogen werden.

Bei einem **Verstoß gegen die Belehrungspflicht** über Verweigerungsrechte nach § **101 Abs. 1 Satz 2** bzw. § **103 Satz 2 AO** darf die Auskunft nicht verwertet werden, da die ermittelten Tatsachen in der Regel nicht auf einem selbständig anfechtbaren Verwaltungsakt beruhen, sondern auf der unterlassenen, zwingenden Belehrung (vgl. BFH, BStBl 1991 II S. 204 m. w. N.; AEAO zu § 101 Nr. 2; weitere Einzelheiten unter Tz. 5.2.16). Dagegen besteht bei einer unterlassenen Belehrung nach § **393 Abs. 1 Satz 4 AO** kein steuerliches, wohl aber ein strafrechtliches Verwertungsverbot (BFH, BStBl 2002 II S. 328; AEAO zu § 193 Nr. 2).

5.2.12.1 Auskunftsverweigerungsrecht der Angehörigen eines Beteiligten

Angehörige eines Beteiligten sind die in § 15 AO bezeichneten Personen. Diese Personen können nach § **101 AO** als „andere Personen" (§ 33 Abs. 2 AO) grundsätzlich die Auskunft verweigern. Das gilt **nicht,** soweit sie selbst als Beteiligte über ihre eigenen steuerlichen Verhältnisse auskunftspflichtig sind, nach §§ 34, 35 AO die Auskunftspflicht für einen Beteiligten zu erfüllen haben, Rechtsnachfolger nach § 45 AO geworden sind oder in den Fällen des § 68 Abs. 1 EStG.

Das Verweigerungsrecht erstreckt sich danach auf alles, was den Angehörigen betrifft, d. h., worüber der Angehörige eines Beteiligten in Bezug auf den Beteiligten befragt wird (merke: „Einige können alles verweigern").

Das Auskunftsverweigerungsrecht entfällt, soweit die Angehörigen selbst als Beteiligte über ihre eigenen steuerlichen Verhältnisse auskunftspflichtig sind, z. B. bei einheitlichen Feststellungen. Bei einer **Zusammenveranlagung** hat dagegen der eine **Ehegatte** das Auskunftsverweigerungsrecht, soweit die steuerlichen Verhältnisse des anderen Ehegatten – Einkünfte – in Betracht kommen, da er insofern Dritter ist (vgl. § 26 b EStG, § 155 Abs. 3 AO). § 44 AO betrifft nur das Erhebungsverfahren. Dies wirkt sich auch aus auf die Frage der steuerstrafrechtlichen Ehegattenverantwortung bei gemeinsam unterschriebener ESt-Erklärung (vgl. BFH, BStBl 2002 II S. 501; BayObLG, wistra 2001 S. 317; Tipke/Kruse, AO § 101 Tz. 2, § 150 Tz. 10; Tormöhlen, wistra 2000 S. 406).

Personen, die als Angehörige ein Auskunftsverweigerungsrecht haben, können auch die Beeidigung verweigern (§ 101 Abs. 2 AO). Das Recht geht nicht dadurch verloren, dass der Berechtigte sich nicht auf sein Auskunftsverweigerungsrecht berufen hat. Die Angehörigen sind über das Auskunftsrecht und das Eidesverweigerungsrecht zu belehren (vgl. AEAO zu § 101 Nr. 2). Die **Belehrung,** die aktenkundig zu machen ist, bedarf keiner besonderen Form.

5.2.12.2 Auskunftsverweigerungsrecht zum Schutz von Berufsgeheimnissen

Einigen Berufsgruppen werden durch **§ 102 AO** Auskunftsverweigerungsrechte eingeräumt, um Berufsgeheimnisse zu schützen. Es handelt sich dabei um Berufe und Betätigungen, bei denen sich ein besonderes Vertrauensverhältnis zu anderen Personen ergibt und dies sogar erforderlich ist, z. B. bei Beratern, Rechtsanwälten. § 102 AO enthält einen **abschließenden Katalog** solcher Berufsgeheimnisträger (vgl. BFH, BStBl 1993 II S. 451: kein Verweigerungsrecht für Sparkassenangestellte). Eine Belehrung über das Auskunftsverweigerungsrecht ist in § 102 AO nicht vorgeschrieben (im Gegensatz zu § 101 und § 103 AO). Es wird davon ausgegangen, dass diesen Personen ihre besondere Rechtsstellung bekannt ist. Die Auskunft können zum Schutz bestimmter Berufsgeheimnisse verweigern:

– Geistliche (§ 102 Abs. 1 Nr. 1 AO)

– Parlamentarier (§ 102 Abs. 1 Nr. 2 AO)

– Verteidiger (Strafverteidiger, § 102 Abs. 1 Nr. 3 Buchst. a AO)

– Rechtsanwälte, Patentanwälte, Notare, Steuerberater, Wirtschaftsprüfer, Steuerbevollmächtigte, vereidigte Buchprüfer (§ 102 Abs. 1 Nr. 3 Buchst. b AO)

  Für Notare ergeben sich Einschränkungen aus § 102 Abs. 4 AO (vgl. BFH, BStBl 1982 II S. 510) und aus § 54 EStDV.

– Ärzte, Zahnärzte, Apotheker und Hebammen (§ 102 Abs. 1 Nr. 3 Buchst. c AO); nicht Tierärzte und Heilpraktiker

– Mitarbeiter von **Presse** und Rundfunk über die Person des Verfassers, Einsenders oder Gewährsmanns von Beiträgen und Unterlagen sowie über die ihnen im Hinblick auf ihre Tätigkeit gemachten Mitteilungen, soweit es sich um Beiträge, Unterlagen und Mitteilungen für den **redaktionellen Teil** handelt (§ 102 Abs. 1 Nr. 4 AO). Da § 160 AO unberührt bleibt, müssen Verweigerer zur Vermeidung nachteiliger Folgen die Empfänger von Honoraren/Schmiergeldern genau bezeichnen (vgl. BFH, BStBl 1998 II S. 263 für Angabe von Bewirtungsteilnehmern). Es besteht kein Auskunftsverweigerungsrecht beim Anzeigenteil im Sinne von Chiffregeheimnis (siehe unter Tz. 5.2.12.5).

– Gehilfen der oben genannten Personen mit Ausnahme der Mitarbeiter von Presse und Rundfunk, § 102 Abs. 2 AO. Zu den Gehilfen gehören z. B. Bürovorsteher, Schreibkräfte, Sprechstundenhilfen, Boten.

– Personen, die zur Vorbereitung auf den Beruf an der berufsmäßigen Tätigkeit der oben bezeichneten Personen teilnehmen (§ 102 Abs. 2 AO; mit Ausnahme der Mitarbeiter von Presse und Rundfunk)

Das Verweigerungsrecht erstreckt sich bei § 102 Abs. 1 Nr. 1 bis 3 AO nur auf solche Tatsachen und Gegenstände, die dem Berufsträger in seiner Eigenschaft als Träger eines der genannten Berufe anvertraut oder bekannt geworden sind (merke: „Einige können einiges verweigern"). Verweigert werden darf u. a. die Namensangabe von Mandanten aus dem Fahrten-/Postausgangsbuch des Steuerberaters (BFH, BStBl 2002 II S. 712), nicht aber aus Anlass der Bewirtung wegen § 4 Abs. 5 Nr. 2 EStG (BFH, DB 2004 S. 908) oder gemäß § 159 Abs. 2 AO der Nachweis der Treuhänderschaft etwa bei „Anderkonten" der Anwälte mit der Einschränkung aus § 104 Abs. 2 AO. Dies hindert die Behörde jedoch nicht daran, die entsprechenden Auskünfte oder Belege von den Kreditinstituten des Berufsträgers nach § 93 Abs. 1, § 97 Abs. 2 AO zu verlangen oder nach § 93 Abs. 7 AO zu ermitteln (vgl. AEAO zu § 93 Nr. 2.5).

Bestimmte in § **102 Abs. 3 AO** bezeichnete Personengruppen können von ihren Mandanten bzw. Patienten **von der Verpflichtung zur Verschwiegenheit entbunden** werden. Sie dürfen dann die Auskunft nicht verweigern, z. B. Verteidiger, Rechtsanwälte, Steuerberater oder Ärzte etwa bei Antwort des Stpfl. auf eine Anfrage des FA: „Fragen Sie meinen Steuerberater!" Die Entbindung von der Verpflichtung zur Verschwiegenheit gilt auch für die Hilfspersonen.

5.2.12.3 Auskunftsverweigerungsrecht bei Gefahr der Strafverfolgung usw.

Ein Auskunftsverweigerungsrecht besteht nach § **103 AO,** wenn der Auskunftspflichtige als **„andere Person"** sich selbst oder einen Angehörigen der Gefahr strafgerichtlicher Verfolgung oder eines Verfahrens nach dem Gesetz über Ordnungswidrigkeiten aussetzen würde. Voraussetzung ist allerdings, dass der Auskunftspflichtige nicht selbst Beteiligter im Sinne von § 33 Abs. 1 AO oder für einen Beteiligten nach den §§ 34, 35, 36 AO auskunftspflichtig ist (vgl. AEAO zu § 36). Der Betroffene muss grundsätzlich die Tatsachen angeben und glaubhaft machen, die ihm ein Verweigerungsrecht nach § 103 AO geben, außer wenn schon die Beweisfrage den Weigerungsgrund glaubhaft macht (BFH, BFH/NV 1997 S. 9).

Personen, bei denen die Voraussetzungen des § 103 AO gegeben sind, müssen über das Recht, die Auskunft zu verweigern, belehrt werden. Die **Belehrung** ist aktenkundig zu machen.

5.2.12.4 Schweigepflicht öffentlicher Stellen

Gegenüber dem Auskunftsrecht der Finanzbehörde treten Geheimhaltungspflichten anderer Behörden grundsätzlich zurück (**§ 105 AO**). Das gilt jedoch nicht, soweit die Behörden und die mit postdienstlichen Verrichtungen betrauten Personen „gesetzlich" verpflichtet sind, z. B. das Brief-, Post- und Fernmeldegeheimnis zu wahren. Postbankangelegenheiten fallen nicht unter das Postgeheimnis.

Darüber hinaus tritt das Auskunftsrecht der Finanzbehörde dann zurück, wenn die zuständige oberste Bundes- oder Landesbehörde erklärt, dass die Auskunft dem Wohle des Bundes oder Landes erhebliche Nachteile bereiten würde (**§ 106 AO**).

5.2.12.5 Privatrechtliche Schweigepflichten (Bank-, Presse- und Chiffregeheimnis)

Vertragliche Schweigepflichten sind für die Finanzbehörden nicht verbindlich und geben kein Auskunftsverweigerungsrecht. Das öffentlich-rechtliche Auskunftsrecht hat den Vorrang gegenüber Verschwiegenheitspflichten, die sich aufgrund privatrechtlicher Vereinbarungen, z. B. **Arbeitsvertrag,** ergeben (vgl. BFH, BStBl 1993 II S. 451). Der Finanzbehörde gegenüber gibt es insbesondere

- **kein gesetzlich geschütztes Chiffregeheimnis,** wohl aber ein Presse- und Rundfunkgeheimnis nach § **102 Abs. 1 Nr. 4 AO** (vgl. Ausführungen unter Tz. 5.2.12.2; BFH, BStBl 1988 II S. 359 für Chiffreanzeigen über Barverkauf ausländischer Immobilien oder von Yachten; 1990 II S. 1010 bzgl. Identität eines Inserenten zwecks unbefugter Hilfeleistung in Steuersachen);

- **kein gesetzlich geschütztes Bankgeheimnis** (vgl. § **30 a Abs. 5** und § **93 b Abs. 1 AO;** anders teilweise im Ausland). Das gilt für Anfragen des FA sowohl im Steuerfestsetzungsverfahren und Vollstreckungsverfahren (§§ 93, 249 Abs. 2 AO) als auch im Steuerstraf- und Bußgeldverfahren (§ 208 Abs. 1 Satz 3, § 399 Abs. 1 AO i. V. m. § 95 StPO). § 93 AO wird ergänzt durch § **154 AO.** Allerdings dürfen die Finanzbehörden von ihrem Auskunftsrecht nicht ermessensfehlerhaft Gebrauch machen, z. B. „Flächen- oder Rasterfahndungen" nach „Tafelgeschäften" durch Kontrollmitteilungen vornehmen oder „ins Blaue hinein" ermitteln (vgl. BFH, BStBl 2002 II S. 495; 2004 II S. 36 und von Wedelstädt, DB 2004 S. 948 bzgl. Sammelauskünfte; AEAO zu § 93 Nr. 1.2 und 1.6). Für den **automatisierten Abruf** bestimmter Kontoinformationen sind § **93 Abs. 7 und 8 AO** i. V. m. § **93 b AO** zu beachten (siehe Ausführungen unter Tz. 5.2.11.1 vorletzter Absatz). Das Auskunftsrecht ist

5.2 Allgemeine Verfahrensregeln

gegenüber Banken aufgrund § **30 a AO** zurückhaltend auszuüben. Deshalb dürfen die Finanzbehörden nicht von den Kreditinstituten die einmalige oder periodische Mitteilung von Konten bestimmter Art oder bestimmter Höhe verlangen (Sonderfall § 50 b EStG). Die Guthabenkonten oder Depots des Kunden sollen anlässlich der „Ap" bei einem Kreditinstitut nicht zwecks Nachprüfung der ordnungsgemäßen Versteuerung festgestellt oder abgeschrieben werden; § 194 Abs. 3 AO ist insoweit eingeschränkt. Das Verbot gilt nicht für andere Unternehmen, wie z. B. Wertpapierhandelshäuser, oder für die Steuerfahndung oder bei Verdacht einer Steuerhinterziehung, z. B. für Kundengelder auf CpD-Konten oder anderen bankinternen Konten entgegen § 154 AO, oder beim Vorliegen sonstiger konkreter bankinterner Erkenntnisse, wie z. B. Barabwicklungen von Tafelgeschäften trotz entsprechender Geldkonten (vgl. BFH, BStBl 2000 II S. 648; 2001 II S. 306 und 665; 2002 II S. 495).

In Steuererklärungen soll die Angabe der Bankkonten, Sparguthaben usw., die der Stpfl. unterhält, nicht verlangt werden, soweit nicht steuermindernde Ausgaben oder Vergünstigungen geltend gemacht werden.

Einzelauskunftsersuchen an Kreditinstitute sind zulässig, soweit aufgrund konkreter Anhaltspunkte oder allgemeiner Erfahrung ein Anlass zum Tätigwerden nach § 93 AO besteht. Dasselbe gilt für **Sammelauskunftsersuchen,** z. B. hinsichtlich Kreditvermittler oder bestimmter Kundengruppen (vgl. BFH, BStBl 1987 II S. 484; 1990 II S. 198; von Wedelstädt, DB 2004 S. 948). Das Mitwirkungsverlangen an eine Bank, im Rahmen der Ap unabhängig von der konkreten Prüfungstätigkeit Angaben über steuerliche Verhältnisse von Bankkunden zu liefern, ist rechtswidrig (BFH, DStR 2004 S. 452). Die **Erstattung von Auslagen** richtet sich nach § **107 AO** i. V. m. JVEG. Die **Mitteilungspflichten** der Banken nach § 45 d (§ 50 e) EStG und § 33 ErbStG i. V. m. § 1 ErbStDV für Guthaben ab 1.200 Euro gehen dem § 30 a Abs. 2 AO vor.

5.2.13 Beweis durch Sachverständigengutachten

Die Hinzuziehung von Sachverständigen nach § **96 AO** steht im pflichtgemäßen Ermessen der Behörde. Sie erfolgt i. d. R., wenn eine Beweisführung erforderlich ist und die Finanzbehörde keine ausreichende Sachkunde hat, z. B. im Rahmen der Bewertung (§ 145 Abs. 3, § 146 Abs. 7 BewG) oder Vollstreckung (vgl. Abschn. 38 VollstrA). Die Beteiligten können die Hinzuziehung eines Sachverständigen anregen, aber nicht beanspruchen. Der von der Finanzbehörde in Aussicht genommene Sachverständige ist den Beteiligten vorher zu benennen, soweit nicht Gefahr im Verzug vorliegt. Sie sollen sich rechtzeitig darüber klar werden können, ob sie gegen die Person des Sachverständigen Einwendungen erheben wollen. Die Beteiligten können einen Sachverständigen wegen **Besorgnis der Befangenheit** ablehnen (§ 96 Abs. 2 AO).

Bestimmte Personen sind zur Erstattung von Sachverständigengutachten verpflichtet (**§ 96 Abs. 3 AO**). Alle Sachverständigen sind allerdings berechtigt, die Erstattung eines Gutachtens wegen Besorgnis der Befangenheit abzulehnen. Außerdem kann die Erstattung eines Gutachtens verweigern, wer ein Auskunftsverweigerungsrecht hat (§ 104 AO). Angehörige des öffentliches Dienstes können nur mit dienstlicher Genehmigung zu Sachverständigen bestellt werden (§ 96 Abs. 5 AO). Die amtlich zugezogenen Sachverständigen haben das Steuergeheimnis zu wahren (§ 30 Abs. 3, § 96 Abs. 6 AO).

Die **Form des Gutachtens** bestimmt § 96 Abs. 7 AO. Eine Beeidigung darf nur mit Rücksicht auf die besondere Bedeutung des Gutachtens gefordert werden. Die **Entschädigung** regelt **§ 107 AO** i. V. m. JVEG.

5.2.14 Beweis durch Urkunden und Augenschein

Zu den in § 92 AO genannten Beweismitteln gehören auch der Urkundenbeweis und die Einnahme des Augenscheins.

5.2.14.1 Vorlage von Urkunden

Die Finanzbehörde kann von den Beteiligten und anderen Personen die Vorlage von Urkunden aller Art zum Zweck der Prüfung verlangen, soweit sie aufbewahrungs- und vorlagepflichtig sind (**§ 97 Abs. 1 AO**). In Betracht kommen vor allem Bücher, Aufzeichnungen, Geschäftspapiere, Kontoauszüge, Sparbücher, Spenden- sowie Ausgabenbelege und Verträge. Die Finanzbehörde hat dabei anzugeben, ob die Urkunden in der eigenen Steuersache des Aufgeforderten oder in fremder Steuersache benötigt werden. Diese Unterscheidung ist für die Frage von Bedeutung, ob ein Auskunftsverweigerungsrecht und damit auch ein **Vorlageverweigerungsrecht nach § 104 Abs. 1 AO** besteht. Allerdings kann die Vorlage von Urkunden nicht verweigert werden, die für den Beteiligten aufbewahrt werden, soweit der Beteiligte bei eigenem Gewahrsam zur Vorlage verpflichtet wäre. Für den Beteiligten aufbewahrt werden auch die für ihn geführten Geschäftsbücher und sonstigen Aufzeichnungen einschließlich Schriftverkehr **(Mandantenakte)** gemäß **§ 104 Abs. 2 AO**.

> **Beispiel:**
>
> Die Angehörigen der steuerberatenden Berufe müssen die bei ihnen befindlichen Geschäftsbücher und Aufzeichnungen eines Mandanten auf Verlangen vorlegen, obwohl ihnen nach § 102 AO ein uneingeschränktes Auskunftsverweigerungsrecht über das zusteht, was ihnen in ihrer beruflichen Eigenschaft anvertraut worden oder bekannt geworden ist.

Nicht für den Beteiligten aufbewahrt werden z. B. die eigenen **Handakten** der Angehörigen der steuerberatenden Berufe oder die Patientenkartei der Ärzte. Ihre Vorlage kann daher nach § 102 Abs. 1 Nr. 3 AO verweigert werden.

Die Vorlage von Urkunden soll in der Regel nur **subsidiär** angeordnet werden (**§ 97 Abs. 2 Satz 1 AO**). Sie soll erst dann verlangt werden,
- wenn der Vorlagepflichtige (Beteiligter oder andere Person) die Auskunft nicht erteilt hat,
- wenn die Auskunft den Sachverhalt nicht geklärt hat oder
- wenn Bedenken gegen ihre Richtigkeit bestehen.

Eine **Ausnahme** hierfür enthält **§ 97 Abs. 2 Satz 2 AO**. Danach kann die Vorlage von Urkunden in folgenden Fällen vom „Beteiligten" sofort verlangt werden:
- soweit dieser eine „steuerliche Vergünstigung" geltend macht, z. B. Abzugsbeträge wie Betriebsausgaben, Werbungskosten, Sonderausgaben, außergewöhnliche Belastungen, Stundung, Erlass, oder
- wenn die Finanzbehörde eine – an sich nach § 193 AO zulässige – Ap nicht durchführen will, z. B. für Steuerfälle, die endgültig veranlagt werden, oder
- wenn die Finanzbehörde wegen der „erheblichen steuerlichen Auswirkungen" eine baldige Klärung für geboten hält, z. B. die Höhe der Betriebseinnahmen oder sonstiger Einnahmen.

Bei einer **Ap** bestehen für die Mitwirkungspflicht **Sondervorschriften.** Nach § 200 Abs. 1 AO gilt § 97 Abs. 2 AO im Rahmen einer Ap nicht. Entsprechend ist die Regelung für die **Steuerfahndung** (§ 208 Abs. 1 Satz 3 AO). Auch § **150 Abs. 4 AO** enthält eine spezielle Regelung, z. B. für LSt-Karte, Zinsbescheinigungen oder Bilanzen. Für **Unternehmer** gilt daneben § 18 d UStG.

Die Finanzbehörde kann die **Vorlage von Urkunden an Amtsstelle** verlangen. Sie kann die Urkunden aber auch bei dem Vorlagepflichtigen einsehen, wenn dieser einverstanden ist oder die Urkunden für eine Vorlage an Amtsstelle ungeeignet sind (§ 97 Abs. 3 AO i. V. m. § 147 Abs. 5 AO).

Vorlagepflichtige gehören **nicht** zu dem in **§ 107 AO** genannten entschädigungsberechtigten Personenkreis (vgl. BFH, BStBl 1988 II S. 163; AEAO zu § 107). Gleiches gilt für die zur Duldung des Augenscheins Verpflichteten.

5.2.14.2 Einnahme des Augenscheins

Die Einnahme des Augenscheins kommt vor allem in Betracht bei der **USt-Nachschau** gemäß **§ 27 b UStG,** im Rahmen der **Ap** nach **§ 200 Abs. 3 AO** oder zur Wertermittlung eines Wirtschaftsgutes. In **§ 98 AO** wird bestimmt, dass die Finanzbehörde das Ergebnis der Einnahme des Augenscheins aktenkundig zu machen hat und dass bei der Einnahme des Augenscheins Sachverständige zugezogen werden können. In den folgenden Vorschriften sind als die wichtigsten Fälle der Augenscheinnahme das Betreten von Grundstücken und Räumen sowie die Vorlage von Wertsachen geregelt. Die Betriebsbesichtigung nach § 200 Abs. 3 AO ist keine Augenscheinnahme im Sinne von § 98 AO.

Das **Betreten von Grundstücken und Räumen** darf nur im Besteuerungsinteresse geschehen (§ **99 AO).** Die von der Finanzbehörde mit der Einnahme des Augenscheins betrauten Amtsträger und die amtlich zugezogenen Sachverständigen können Grundstücke, Räume, Schiffe, umschlossene Betriebsvorrichtungen und ähnliche Einrichtungen während der üblichen Geschäfts- und Arbeitszeit betreten, soweit dies erforderlich ist, um im Besteuerungsinteresse Feststellungen zu treffen (siehe § 200 Abs. 3 AO für Ap). In Betracht kommen vor allem Ortsbesichtigungen zur Feststellung von Einheitswerten und Grundbesitzwerten (vgl. §§ 29, 138 Abs. 5, § 145 Abs. 3, § 147 BewG) oder im Bereich der ESt bei Abgrenzungsfragen innerhalb der Einkunftsarten, z. B. **Arbeitszimmer** (vgl. FG Düsseldorf, EFG 1993 S. 64; Niedersächs. FG, EFG 1994 S. 182; Stähler, BB 1995 S. 435). Hierbei dürfen etwa Feststellungen wegen Änderungen der Wohnverhältnisse nicht ohne weiteres zulasten des Stpfl. gehen (vgl. BFH, BStBl 1985 II S. 467). Verweigert der Stpfl. die Besichtigung des häuslichen Arbeitszimmers ohne hinreichende Begründung, darf das FA die Berücksichtigung der Aufwendungen nach § 162 AO hierfür versagen (vgl. Niedersächs. FG, EFG 1994 S. 182). Ohne Bedeutung ist es, wer Eigentümer oder unmittelbarer Besitzer (z. B. Pächter) des Grundstücks ist. Es muss nicht ein Beteiligter des infrage stehenden Besteuerungsverfahrens sein.

Die betroffenen Personen sollen angemessene Zeit vorher benachrichtigt werden. Die **Frist** soll grundsätzlich eine bis vier Wochen betragen. Im Einzelfall kann ein kurzfristiges Handeln (unangemeldet) zur Sicherung der Besteuerung erforderlich sein, damit der Stpfl. z. B. beim Arbeitszimmer nicht die entsprechende Nutzung arrangieren kann. Es ist nicht zwingend, dass die Augenscheinnahme im Beisein des Eigentümers oder Besitzers durchgeführt wird. Für das Betreten von **Wohnräumen** besteht allerdings eine Einschränkung. Sie dürfen gegen den Willen des Inhabers nur zur Verhütung dringender Gefahren für die öffentliche Sicherheit und Ordnung betreten werden. Grundlage dieser Regelung ist Art. 13 GG, der die Unverletzlichkeit der Wohnung garantiert (vgl. § 287, § 200 Abs. 2 AO). Eine Sonderregelung enthält § 29 Abs. 2 BewG für die Einheitsbewertung.

Die **Vorlage von Wertsachen** regelt § **100 AO.** Wertsachen sind Geld, Wertpapiere, Kostbarkeiten. Vorlagepflichtig sind die Beteiligten und auch andere Personen. Auf Verlangen der Finanzbehörde sind Wertsachen vorzulegen, soweit dies erforderlich ist, um im Besteuerungsinteresse Feststellungen über ihre Beschaffenheit und ihren Wert zu treffen. Außersteuerliche Zwecke dürfen dabei nicht verfolgt werden.

5.2.15 Reihenfolge der Ermittlungen

Die in §§ 93 ff. AO festgelegte Reihenfolge gilt für den Regelfall. Es handelt sich um Sollvorschriften, die lediglich Richtlinien geben und Ausnahmen zulassen.

Die Finanzbehörde hat entsprechend dem **Grundsatz der Verhältnismäßigkeit** jeweils das für den **Stpfl.** und andere Personen weniger einschneidende Mittel zur Erforschung des wahren Sachverhalts zu wählen, wenn es Erfolg verspricht („Gebot des milderen Mittels"). Sie soll versuchen, mit seiner Hilfe den Sachverhalt aufzuklären. **Andere Personen** sind regelmäßig erst heranzuziehen, wenn die Finanzbehörde allein mit dem Stpfl. den Sachverhalt nicht hinreichend aufzuklären vermag. Dies dient dem Schutz Nichtbeteiligter vor einer vermeidbaren Inanspruchnahme in fremder Sache, schützt aber auch die Beteiligten vor Einblicken anderer Personen in ihre steuerlichen Verhältnisse (vgl. § 30 AO). Eidesstattliche Versicherungen und Eide kommen nur als äußerste Mittel in Betracht, wenn andere Mittel zur Erforschung der Wahrheit nicht vorhanden sind, nicht zum Ziele geführt haben oder einen unverhältnismäßigen Aufwand erfordern.

Prüfungsschema:

1. **Beteiligter**

Auskunft, § 93 Abs. 1 Satz 1 AO ↓ Belegvorlage, § 97 Abs. 2 Satz 1 AO	Belegvorlage, § 97 Abs. 2 Satz 2 AO	Zuziehung von Sachverständigen, § 96 AO	Augenschein, §§ 98, 99 AO	Vorlage von Wertsachen, § 100 AO

2. Auskunft durch **andere Personen** gemäß § 93 Abs. 1 Satz 3 AO; Datenabruf nach § 93 Abs. 7 und 8, § 93 b AO

3. Vorlage von Urkunden und Wertsachen durch andere Personen, § 97 Abs. 2 Satz 1, § 100 Abs. 1 AO

4. Eidliche Vernehmung anderer Personen, § 94 AO

5. Versicherung an Eides statt als letztes Mittel, § 95 AO

Die Beweismittel zu 1. setzen den Einsatz anderer Beweismittel nicht voraus. Dagegen erfordern die Beweismittel unter 2. und 3. die eingetretene oder wahrscheinliche Erfolglosigkeit der vorhergehenden Beweismittel.

Die Finanzbehörde kann nach pflichtgemäßem **Ermessen** (§ 5 AO) im Einzelfall von der üblichen Reihenfolge der Ermittlungsmethoden abweichen. Sie bestimmt Art und Umfang der Ermittlungen gemäß § 88 AO und hat sich der Beweismittel zu bedienen, die sie nach pflichtgemäßem Ermessen zur Ermittlung des Sachverhalts für erforderlich hält (§ 92 AO). Wenn die Ermittlungen ergeben, dass von dem in der Steuererklärung erklärten Sachverhalt zuungunsten des Stpfl. wesentliche Abweichungen bestehen, ist dem Stpfl. regelmäßig Gelegenheit zu geben, sich zu den für die Entscheidung erheblichen Tatsachen zu äußern (§ 91 AO).

Insbesondere sind belastende Auskünfte anderer Personen dem Stpfl. zur Stellungnahme mitzuteilen und Gutachten von Sachverständigen zuzuleiten.

Die Ermittlungen sind abgeschlossen, wenn der Sachverhalt so weit geklärt ist, dass das FA die Steuer festsetzen kann. Soweit das FA einen Sachverhalt nicht hinreichend aufklären und die Besteuerungsgrundlagen nicht mit Sicherheit feststellen kann, muss es schätzen (§ 162 AO).

5.2.16 Rechtswidrige Ermittlungsmaßnahmen und Verwertungsverbot

Das Problem des steuerlichen Verwertungsverbots aufgrund rechtswidriger Ermittlungsmaßnahmen der Finanzbehörde ist geklärt. Hinsichtlich rechtswidriger Ermittlungsmaßnahmen, wie z. B. Auskünfte, Beleganforderungen oder Prüfungsanordnungen, gilt Folgendes:

1. Ist eine rechtswidrige **Ermittlungsmaßnahme nicht angefochten** worden oder **ohne Erfolg,** so sind die festgestellten steuererheblichen Tatsachen **nach § 85 AO** bei der Festsetzung zu **verwerten** (BFH, BStBl 1995 II S. 488; 2002 II S. 328 m. w. N.).

2. Ist die **Ermittlungsmaßnahme nicht selbständig anfechtbar,** z. B. **nichtig** nach § 125 AO, so muss die Rechtswidrigkeit unmittelbar im Festsetzungsverfahren geltend gemacht werden (vgl. BFH, BStBl 1990 II S. 789 m. w. N.). Dasselbe gilt, wenn eine entsprechende (Prüfungs-)Anordnung **nicht wirksam erlassen** wurde, z. B. mündliche Prüfungsanordnung für Erweiterungsjahre entgegen § 196 AO, oder **ohne erforderliche Belehrung über Verweigerungsrechte** nach §§ **101, 103 AO** ergangen ist (vgl. BFH, BStBl 1991 II S. 204 m. w. N.; AEAO zu § 101 Nr. 2). In diesen Fällen besteht von vornherein ein steuerliches Verwertungsverbot für die Ergebnisse der durchgeführten Ermittlungen, dagegen nicht für dem FA bereits sonst bekannte Tatsachen. Gegen gleichwohl ergangene Bescheide ist Einspruch einzulegen. Dagegen besteht bei einer unterlassenen Belehrung nach § **393 Abs. 1 Satz 4 AO** kein steuerliches, wohl aber ein strafrechtliches Verwertungsverbot (BFH, BStBl 2002 II S. 328; AEAO zu § 193 Nr. 2).

3. Kein Verwertungsverbot besteht bei einer **erstmaligen Steuerfestsetzung** oder bei Änderung von **Vorbehaltsbescheiden** nach § 164 AO entsprechend dem Rechtsgedanken des § 127 AO (BFH, BStBl 1998 II S. 461; BFH/NV 1998 S. 1192; AEAO zu § 196 Nr. 2). In einem solchen Fall hat das Interesse an einer materiell-rechtlich gesetzmäßigen und gleichmäßigen Steuerfestsetzung Vorrang vor dem Interesse an einem formal ordnungsgemäßen Verfahren.

4. In anderen Fällen, insbesondere bei **endgültigen Bescheiden,** ist das steuerrechtliche Verwertungsverbot in einem **zweistufigen Verfahren** geltend zu machen. Der Stpfl. muss die Rechtswidrigkeit der – wirksamen – **Ermittlungsmaßnahme** erfolgreich feststellen lassen durch Einspruch nach § 347 AO, ggf. Anfechtungsklage bzw. Feststellung nach § 100 Abs. 1 Satz 4 FGO (vgl. BFH, BFH/NV 1995 S. 621 m. w. N.; AEAO zu § 196 Nr. 2). Die Aufhebung des angefochtenen Verwaltungsaktes bzw. die Feststellung der Rechtswidrigkeit durch die Behörde oder das Gericht hindert sodann grundsätzlich die Verwertung der Ermittlungsergebnisse gegenüber dem Stpfl., nicht aber gegenüber Dritten (vgl. BFH, BFH/NV 1990 S. 139; BStBl 1985 II S. 191: Bei Aufhebung der Anordnung für LSt-Ap besteht kein Verwertungsverbot gegenüber dem Arbeitnehmer als mittelbar betroffenem Dritten).

Sind die entsprechenden **(Steuer-)Bescheide** bereits ergangen, so ist **zusätzlich** hiergegen **Rechtsbehelf** einzulegen, um die gezogenen Folgerungen zu beseitigen (BFH, BStBl 1995 II S. 488 m. w. N.). Hinweis auf AdV-Antrag nach § 361 AO.

5. Wird die Ermittlungsmaßnahme wegen Verfahrensfehler von der Behörde oder vom Gericht aufgehoben oder für rechtswidrig erklärt, kann das FA eine bereits abgeschlossene Ermittlung/Prüfung aufgrund einer fehlerfreien erneuten Ermittlung wiederholen („**Zweitprüfung**"; vgl. BFH, BStBl 1993 II S. 649; AEAO zu § 196 Nr. 3). Die Aufhebung der fehlerhaften Maßnahme (Prüfungsanordnung) ist aber nicht völlig bedeutungslos, weil bei Erlass des Bescheides bereits Festsetzungs- oder Feststellungsverjährung eingetreten sein kann (**§§ 169, 171 Abs. 4 AO;** BFH, BStBl 1993 II S. 649) oder weil die Sperrwirkung des **§ 371 Abs. 2 Nr. 1 Buchst. a AO** für die Selbstanzeige nicht eingetreten war (h. M.; vgl. BGH, wistra 1988 S. 151; 2000 S. 219, 225; Klos, Inf 1989 S. 343).

5.2.17 Rechts- und Amtshilfe

Gerichte und Behörden haben die zur Durchführung der Besteuerung erforderliche Amtshilfe zu leisten (§ 111 AO). Ausgenommen sind Schuldenverwaltungen, Sparkassen und Banken (Postbank) sowie Betriebe gewerblicher Art der Körperschaften des öffentlichen Rechts. Diese Institutionen sind den privatrechtlichen Kreditinstituten im Wesentlichen gleichzustellen und wie diese erforderlichenfalls zu Auskünften heranzuziehen. Die **Voraussetzungen und Grenzen** der Amtshilfe sind in **§ 112 AO** geregelt. Kommen für die Amtshilfe mehrere Behörden in Betracht, so soll nach Möglichkeit eine Behörde der untersten Verwaltungsstufe des Verwaltungszweiges ersucht werden, dem die ersuchende Finanzbehörde angehört (§ 113 AO). Vorschriften über die Durchführung und die Kosten der Amtshilfe enthalten die §§ 114 und 115 AO.

Zwischenstaatliche Rechts- und Amtshilfe in Steuersachen können die Finanzbehörden nach Maßgabe des deutschen Rechts in Anspruch nehmen und aufgrund innerstaatlich anwendbarer völkerrechtlicher Vereinbarungen auch leisten (**§ 117 AO;** vgl. BMF-Schreiben, BStBl 1999 I S. 228, 974; 2004 I S. 66; AEAO zu § 117). Diese Regelungen dienen vor allem der Bekämpfung der Steuerflucht und Steuerumgehung. Art und Umfang des Informationsaustausches, Voraussetzungen und Grenzen sowie sonstige Einzelfragen sind in den Bestimmungen geregelt, auf die § 117 Abs. 2 AO verweist, insbesondere im **EG-AmtshilfeG**, im **EG-BeitreibungsG**, in der **EG-Zusammenarbeits-VO** oder in **DBA** (vgl. Carl/ Klos, Inf 1994 S. 193, 238; Stork, DB 1994 S. 1321). Für den Bereich der USt gilt ab 1. 1. 2004 nicht das EG-AmtshilfeG, sondern die EG-Verordnung Nr. 1798/ 2003 (vgl. AEAO zu § 117 Nr. 2). Für die Durchführung gilt § 117 Abs. 4 AO. Danach regelt sich vor allem auch der Schutz der Beteiligten, insbesondere ihr Recht auf Anhörung im Rahmen des § 91 AO. Inländischen Beteiligten ist vor der Auskunftserteilung ins Ausland und entsprechend dem Schutzzweck der Vorschrift auch bei einem Auskunftsersuchen an das Ausland stets Gelegenheit zu geben, sich zu äußern („Anhörung"), sofern nicht die USt betroffen ist oder die Ausnahmen des § 91 Abs. 2 oder 3 AO vorliegen, z. B. bei regelmäßigem Austausch von **Kontrollmitteilungen** (automatische Auskunft; siehe § 45 e EStG mit § 9 ZIV und ZinsRL; § 18 c UStG; § 2 Abs. 3, § 2 a Abs. 4 EG-AmtshilfeG; EG-Zusammenarbeits-VO) im Gegensatz zur Auskunft auf Anfrage und zur Spontanauskunft im Einzelfall (vgl. BFH, BStBl 1995 II S. 358, 497). Inländischer Beteiligter ist nicht nur der Stpfl., sondern jeder von der Auskunft oder sonst wie Betroffene, z. B. auch Firmenangestellte. Wegen des in Betracht kommenden **Rechtsschutzes** ist zu unterscheiden: Ergreift das FA zwecks Informationsbeschaffung besondere Ermittlungsmaßnahmen mit Außenwirkung, liegt ein **Verwaltungsakt** vor, gegen den Einspruch (§ 347 AO) und AdV (§ 361 AO) gegeben sind. Erfolgt dagegen die bloße Auswertung vorhandenen Materials oder dessen Weitergabe auf dem Dienstwege, so liegt kein Verwaltungsakt mangels unmittelbarer Rechtswirkung nach außen vor (vgl. Carl/Klos, DStR 1992 S. 528; Kaligin, DStZ 1990 S. 263). Hier kommt gegen den **Realakt** eine Unterlassungsklage nach § 40 FGO und ggf. eine einstweilige Anordnung nach § 114 FGO in Betracht. Zuständige Behörde hierfür ist der BMF und nicht das FA (vgl. BFH, BStBl 1995 II S. 497; 2000 II S. 648; BMF, BStBl 1999 I S. 228 Tz. 6.2).

Zur **Anzeige von Steuerstraftaten** sind Gerichte und Behörden verpflichtet (**§ 116 AO**). Sie haben alle Tatsachen, die sie dienstlich erfahren und die den Verdacht einer Steuerstraftat begründen, der Finanzbehörde (FA oder Hauptzollamt) mitzuteilen, z. B. Steuerhinterziehung durch Anlage von Kapitalvermögen im Ausland (OLG Frankfurt, NStZ 1996 S. 196). Eine Ausnahme besteht, soweit die Behörden und die mit postdienstlichen Verrichtungen betrauten Personen gesetzlich verpflichtet sind, das Brief-, Post- und Fernmeldedienstgeheimnis zu wahren oder soweit sonst gesetzliche Einschränkungen bestehen (§ 116 Abs. 2, § 105 Abs. 2 AO). Nicht anzeigepflichtig sind die berufsständischen Selbstverwaltungskörperschaften.

5.3 Vorbereitung und Ermittlung der Besteuerungsgrundlagen

Die Ermittlung der Besteuerungsgrundlagen gehört neben der Festsetzung der Steuern zu den wichtigsten Teilen des Besteuerungsverfahrens. Besteuerungsgrundlagen sind die tatsächlichen und rechtlichen Verhältnisse, die für die Steuerpflicht und für die Bemessung der Steuer maßgebend sind (§ 199 AO).

Den Stpfl. sind eine Reihe spezieller **Mitwirkungspflichten** auferlegt, um die zutreffende Ermittlung der Besteuerungsgrundlagen vorzubereiten und sicherzustellen. Während § **90 AO** ganz allgemein eine Mitwirkungspflicht der Beteiligten zur Ermittlung des Sachverhalts für alle Phasen des Steuerverfahrens begründet, z. B. auch für das Erhebungs- und das Vollstreckungsverfahren, sind in den §§ **140 bis 154 AO** die besonderen Mitwirkungspflichten festgelegt, die dem Stpfl. obliegen, damit die Finanzbehörde die Besteuerungsgrundlagen zutreffend ermitteln und die Steuer in richtiger Höhe festsetzen kann. Die AO enthält nach den einleitenden Vorschriften über die Erfassung der Stpfl. (§§ 134 ff.) insbesondere Bestimmungen über die Buchführungs- und Aufzeichnungspflichten und über die Abgabe der Steuererklärungen. Der Ermittlung der Besteuerungsgrundlagen dient auch die Pflicht zur Benennung von Gläubigern und Zahlungsempfängern (§ 160 AO), die Schätzung von Besteuerungsgrundlagen (§ 162 AO), die Außenprüfung **(§§ 193 ff. AO),** die Steuerfahndung (§ **208 AO)** und die Steueraufsicht in besonderen Fällen **(§§ 209 ff. AO).** Diese Vorschriften gehören nicht zum Festsetzungs- und Feststellungsverfahren, sondern dienen der Vorbereitung der Steuerfestsetzung und Überprüfung.

5.3.1 Erfassung der Steuerpflichtigen (§§ 134 bis 139 d AO)

Der Erfassung der Stpfl. dienen die Vorschriften über die Personenstands- und Betriebsaufnahme sowie über bestimmte Anzeigepflichten.

5.3.1.1 Personenstands- und Betriebsaufnahme

Die Personenstands- und Betriebsaufnahme wird für die Finanzbehörden durch die **Gemeinden** durchgeführt (§ **134 AO).** Diese sind dabei nicht als Hilfsstellen der FÄ tätig. Gegen Maßnahmen der Gemeinden ist deshalb der Verwaltungsrechtsweg gegeben (vgl. § 347 AO). Bestimmte Pflichten zur Mitwirkung bei der Personenstands- und Betriebsaufnahme bestehen nach § **135 AO** für Grundstückseigentümer, Wohnungsinhaber, Untermieter, Betriebsinhaber. Die Grundstückseigentümer haben insbesondere die Personen anzugeben, die auf dem Grundstück eine Wohnung, Wohnräume, eine Betriebsstätte, Lagerräume oder sonstige Geschäftsräume haben. Die Wohnungsinhaber, die Untermieter und die Betriebsinhaber haben auf den amtlichen Vordrucken die geforderten Angaben zu machen. Die Meldebehörden sind verpflichtet, dem zuständigen FA Änderungsmitteilungen für die Personenstandsaufnahme zu übersenden (**§ 136 AO**).

5.3.1.2 Anzeigepflichten

Die Bestimmungen über die Personenstands- und Betriebsaufnahme werden durch die Vorschriften über bestimmte Anzeigepflichten ergänzt. Nach **§ 137 AO** besteht eine Anzeigepflicht für Stpfl., die nicht natürliche Personen sind (Körperschaften, Vereinigungen, Vermögensmassen). Innerhalb eines Monats sind alle Umstände anzuzeigen, die für die steuerliche Erfassung von Bedeutung sind, insbesondere die Gründung, der Erwerb der Rechtsfähigkeit, die Änderung der Rechtsform, die Verlegung der Geschäftsleitung oder des Sitzes, die Auflösung.

Nach **§ 138 Abs. 1 AO** bestehen Anzeigepflichten zur steuerlichen Erfassung der Gewerbetreibenden, der Land- und Forstwirte sowie der freiberuflich Tätigen. Innerhalb eines Monats sind die Eröffnung, die Verlegung oder die Aufgabe eines Betriebs der örtlich zuständigen **Gemeinde** bzw. dem **FA** nach amtlich vorgeschriebenem Vordruck zu melden (vgl. AEAO zu § 138 Nr. 1; Abschn. 10 GewStR). Für Unternehmer ist die Sonderregelung des **§ 138 Abs. 1a AO** zu beachten. Die Meldefrist ergibt sich aus § 138 Abs. 3 AO.

Nach **§ 138 Abs. 2 AO** gilt eine besondere Anzeigepflicht zur Überwachung bei **Auslandsbeziehungen.** Zu melden sind die Gründung und der Erwerb von Betrieben und Betriebsstätten im Ausland, die Beteiligung an ausländischen Personengesellschaften, der Erwerb von größeren Beteiligungen an ausländischen Kapitalgesellschaften (vgl. BMF, BStBl 2003 I S. 260; 2004 I S. 847). Die Verletzung dieser Anzeigepflicht kann mit Bußgeld geahndet werden (§ 379 Abs. 2 Nr. 1 AO).

Durch die Anmeldungspflicht nach **§ 139 AO** soll die besondere Überwachung von Betrieben sichergestellt werden, die verbrauchsteuerpflichtige Waren herstellen. Die Regelung gilt auch für Unternehmen, in denen besondere Verkehrsteuern anfallen, wie z. B. die VersSt und die FeuerschutzSt, jedoch nicht die USt.

Die **§§ 139a bis 139d AO** regeln Einzelheiten hinsichtlich der neu eingeführten **Identifikationsmerkmale** für die Besteuerung natürlicher Personen und für wirtschaftlich Tätige. Die zweckrichtige Verwendung des Identifikationsmerkmals nach § 138a AO wird mit Bußgeld gemäß § 383a AO geahndet.

5.3.2 Buchführungs- und Aufzeichnungspflichten (§§ 140 bis 148 AO)

Die Buchführungs- und Aufzeichnungspflichten werden den Stpfl. auferlegt, um die Ermittlung von Besteuerungsgrundlagen vorzubereiten und zu erleichtern sowie die Verschleierung von steuerlich erheblichen Sachverhalten zu verhindern. Die Buchführung und die Aufzeichnungen des Stpfl. haben eine gewisse

5.3 Vorbereitung und Ermittlung der Besteuerungsgrundlagen

Beweiskraft und sind der Besteuerung zugrunde zu legen, soweit nach den Umständen des Einzelfalles kein Anlass besteht, ihre sachliche Richtigkeit zu beanstanden (**§ 158 AO**). Die Verletzung dieser Pflichten führt je nach gesetzlicher Ausgestaltung entweder zu einem generellen Abzugsverbot (z. B. gemäß § 4 Abs. 7 EStG) oder nach § 162 AO zur Schätzung der Besteuerungsgrundlagen und kann als Steuergefährdung geahndet werden (§ 379 Abs. 1 AO), sofern nicht § 370 bzw. § 378 AO eingreift.

5.3.2.1 Abgeleitete Buchführungs- oder Aufzeichnungspflichten

Wer nach anderen Gesetzen als den Steuergesetzen Bücher und Aufzeichnungen zu führen hat, die für die Besteuerung von Bedeutung sind, hat diese Verpflichtung auch für die Besteuerung zu erfüllen (**§ 140 AO**). Es handelt sich um eine abgeleitete Buchführungs- und Aufzeichnungspflicht. Buchführungs- und Aufzeichnungspflichten nach anderen Gesetzen als den Steuergesetzen bestehen in erheblichem Umfang, z. B. nach § 22 UStG, im HGB, AktG, GmbHG, GenG; ferner durch die Betriebsbücher nach der Apothekenbetriebsordnung, die Einkaufsbücher der Metallhändler, die Tagebücher der Handelsmakler.

5.3.2.2 Buchführungspflicht bestimmter Steuerpflichtiger

Eine rein **steuerliche Buchführungspflicht** ist in **§ 141 AO** für bestimmte Stpfl. festgelegt. Hierdurch wird ein über § 140 AO hinausgehender Kreis von Stpfl. erfasst. Die Buchführungspflicht kommt für gewerbliche Unternehmer sowie für Land- und Forstwirte in Betracht, wenn sie zwar nicht nach § 140 AO buchführungspflichtig sind, wenn aber bestimmte im Gesetz festgelegte Buchführungsgrenzen überschritten werden. Die Verpflichtung ist **objektbezogen,** sie gilt für den **einzelnen Betrieb** im Sinne des EStG, auch wenn der Stpfl. mehrere Betriebe der gleichen Einkunftsart hat (vgl. AEAO zu § 141 Nr. 4). Nach § 141 AO sind gewerbliche Unternehmer sowie Land- und Forstwirte buchführungspflichtig, die nach den Feststellungen der Finanzbehörde für den einzelnen Betrieb

- **Umsätze** einschließlich der steuerfreien Umsätze, ausgenommen die Umsätze nach § 4 Nr. 8 bis 10 UStG, von mehr als 350.000 Euro im Kalenderjahr oder
- selbst bewirtschaftete **land- und forstwirtschaftliche Flächen** mit einem Wirtschaftswert (§ 46 BewG) von mehr als 25.000 Euro – maßgebend ist der Wirtschaftswert nur der vom Land- und Forstwirt selbst bewirtschafteten Flächen (ohne Nebenbetriebe) unabhängig davon, ob sie in seinem Eigentum stehen – oder
- **Gewinn aus Gewerbebetrieb** von mehr als 30.000 Euro im Wirtschaftsjahr oder
- **Gewinn aus Land- und Forstwirtschaft** von mehr als 30.000 Euro im Kalenderjahr

gehabt haben.

Maßgebend sind die Verhältnisse, die bei der letzten Veranlagung festgestellt sind. Bei Überschreiten dieser Grenzen hat der Stpfl. entsprechend den Vorschriften des HGB Bücher zu führen und aufgrund jährlicher Bestandsaufnahmen Abschlüsse zu machen.

Für **Land- und Forstwirte,** die wegen Überschreitens der Umsatz-, der Einheitswert- oder der Gewinngrenze buchführungspflichtig sind, besteht eine **Erleichterung.** Bei ihnen braucht sich die Bestandsaufnahme nicht auf das stehende Holz zu erstrecken. Sie haben neben den jährlichen Bestandsaufnahmen und Abschlüssen ein Anbauverzeichnis zu führen (**§ 142 AO).**

Die für die Begründung der Buchführungspflicht nach § 141 Abs. 1 AO erforderliche **Feststellung** der Finanzbehörde kann, wenn sie nicht in einem Steuer- oder Feststellungsbescheid enthalten ist, in einem feststellenden Verwaltungsakt eigener Art getroffen oder mit der Mitteilung nach § 141 Abs. 2 AO zu einem Verwaltungsakt verbunden werden (vgl. AEAO zu § 141 Nr. 3 bis 5). Für Beginn und Ende der Buchführungspflicht sind die entsprechenden Mitteilungen der Finanzbehörde verbindlich (**§ 141 Abs. 2 AO).** Die Buchführungspflicht setzt mit Beginn des Wirtschaftsjahres ein, das auf die Bekanntgabe der Mitteilung folgt, durch die das FA auf den Beginn der Buchführungspflicht hingewiesen hat. Die Mitteilung ist ein rechtsgestaltender Verwaltungsakt mit Dauerwirkung (BFH, BFH/NV 1990 S. 617). Die Verpflichtung zur Buchführung endet mit Ablauf des Wirtschaftsjahres, das auf das Wirtschaftsjahr folgt, in dem das FA feststellt, dass die Voraussetzungen für eine Buchführungspflicht nicht mehr vorliegen. Ohne eine solche Feststellung kann eine bestehende Buchführungspflicht auch durch eine Änderung der gesetzlichen Buchführungsgrenzen nicht enden.

Nach § **148 AO** können die Finanzbehörden für einzelne Fälle oder für bestimmte Gruppen von Fällen **Erleichterungen** bewilligen. Beim einmaligen Überschreiten der Buchführungsgrenze soll auf Antrag Befreiung von der Buchführungspflicht bewilligt werden, wenn nicht zu erwarten ist, dass die Grenze auch später überschritten wird (AEAO zu § 141 Nr. 5).

5.3.2.3 Aufzeichnungspflichten

Gewerbliche Unternehmer müssen den **Wareneingang** gesondert aufzeichnen (**§ 143 AO**). Die Aufzeichnungspflicht besteht für alle gewerblichen Unternehmer ohne Rücksicht darauf, ob sie im Übrigen buchführungs- und aufzeichnungspflichtig sind. Bei buchführenden Gewerbetreibenden ist es nicht erforderlich, dass ein besonderes Wareneingangsbuch geführt wird. Es genügt, wenn der Wareneingang innerhalb der Buchführung gesondert aufgezeichnet wird.

Besondere **Aufzeichnungspflichten nach § 22 UStG** oder **§ 4 Abs. 7 EStG** bleiben von der Regelung unberührt (vgl. Abschn. 255 ff. UStR; R 22 EStR). Die Vorschriften verfolgen verschiedene Zwecke. Die Aufzeichnung nach dem UStG

5.3 Vorbereitung und Ermittlung der Besteuerungsgrundlagen

dient z. B. dem Nachweis der Vorsteuerabzugsbeträge. Die Aufzeichnung des Wareneingangs soll die Überprüfung des Buchführungsergebnisses durch Kalkulation ermöglichen.

Bestimmte gewerbliche Unternehmer sowie buchführungspflichtige Land- und Forstwirte müssen den **Warenausgang** gesondert aufzeichnen (**§ 144 AO**). Die Regelung dient sowohl der Kontrolle der Betriebsvorgänge beim aufzeichnungspflichtigen Unternehmer als auch vor allem der Kontrolle des Wiederverkäufers hinsichtlich der vollständigen Erfassung des Wareneingangs und des damit zusammenhängenden Umsatzes („Schwarzeinkauf"; vgl. BMF, BStBl 1992 I S. 490). Der Unternehmer muss über jeden aufzeichnungspflichtigen Warenausgang einen Beleg erteilen (Hinweis auf § 379 AO). Soweit aufgrund des UStG für USt-Zwecke eine Gutschrift anstelle einer Rechnung tritt oder Erleichterungen gewährt werden, gelten sie auch im Rahmen des § 144 AO.

Nach **§ 148 AO** können die Finanzbehörden für einzelne Fälle oder für bestimmte Gruppen **Erleichterungen** oder vorübergehende Befreiung bewilligen, und zwar auch rückwirkend. Die Bewilligung kann widerrufen werden.

5.3.2.4 Anforderungen an Buchführung und Aufzeichnungen

Die allgemeinen Anforderungen an Buchführung und Aufzeichnungen sind in **§ 145 AO** festgelegt. Die Buchführung muss inhaltlich so beschaffen sein, dass sie einem sachverständigen Dritten innerhalb angemessener Zeit einen Überblick über die Geschäftsvorfälle und über die Vermögenslage des Unternehmens vermitteln kann. Als sachverständiger Dritter ist z. B. ein Prüfer der Finanzbehörden oder ein Angehöriger der steuerberatenden Berufe anzusehen. Dieser muss von der Bilanz ausgehend jeden Geschäftsvorfall bis zu seinem Entstehen (bis zu dem dazugehörenden Beleg) verfolgen können und auch umgekehrt. Die Aufzeichnungen müssen so vorgenommen werden, dass der Zweck erreicht wird, den sie für die Besteuerung erfüllen sollen (vgl. für Mikrofilm-Grundsätze BMF, BStBl 1984 I S. 155; 2004 I S. 419 für Buchung von Bargeschäften im Einzelhandel).

Die an Buchführung und Aufzeichnungen zu stellenden **formellen Anforderungen** regelt § 146 AO. Grundsatz ist, dass alle Eintragungen vollständig, richtig, zeitgerecht und geordnet vorgenommen werden müssen (vgl. R 29 EStR). Die Eintragung eines Geschäftsvorfalls muss innerhalb einer zumutbaren und angemessenen Zeit gemacht werden. Der rationelle Einsatz von Datenverarbeitungsanlagen bei der Erstellung der Buchführung kann eine periodenweise Buchung in bestimmten Zeitabständen bedingen, in denen ein lohnender Buchungsstoff sich ansammelt. Für **Kasseneinnahmen** und **Kassenausgaben** besteht eine Sonderregelung (**§ 146 Abs. 1 Satz 2 AO**). Sie „sollen" täglich festgehalten werden. Die Regelung stellt auf das Festhalten der Kasseneinnahmen und Kassenausgaben ab, nicht auf das Aufzeichnen. Neben dem Aufschreiben können also auch andere Möglichkeiten des Festhaltens in Betracht kommen.

Die **Buchungen** sind **geordnet** vorzunehmen. Das ist stets der Fall, wenn die Buchungen der Zeitfolge nach erfolgen. Nach der gesetzlichen Vorschrift ist jede sinnvolle Ordnung ausreichend, die einem sachverständigen Dritten ermöglicht, sich in einer angemessenen Zeit einen Überblick über die Geschäftsvorfälle und über die Vermögenslage des Unternehmens zu verschaffen.

Bücher und Aufzeichnungen sind im Allgemeinen im Geltungsbereich der AO zu führen und aufzubewahren (**§ 146 Abs. 2 AO**). Die Eintragungen sind in einer lebenden Sprache vorzunehmen. Die Finanzbehörde kann Übersetzungen verlangen, wenn eine andere als die deutsche Sprache verwendet wird. Die Bedeutung von Abkürzungen, Ziffern, Buchstaben oder Symbolen muss im Einzelfall eindeutig festliegen (§ 146 Abs. 3 AO).

Die nachträgliche Veränderung von Buchungen und Aufzeichnungen ist eingeschränkt. Sie dürfen nicht in einer Weise verändert werden, dass der ursprüngliche Inhalt nicht mehr feststellbar ist. Bei der automatisierten Datenverarbeitung dürfen Buchungen oder Aufzeichnungen demnach nicht gelöscht werden. Wenn Daten auf andere Datenträger überspielt werden, muss der ursprüngliche Inhalt erkennbar bleiben. Bei jeder Veränderung muss feststellbar sein, ob sie ursprünglich oder erst später vorgenommen worden ist.

Die **Offene-Posten-Buchhaltung** sowie die Führung der Bücher und Aufzeichnungen auf **Datenträgern** ist unter bestimmten Voraussetzungen zulässig. Diese Formen der Buchführung einschließlich des dabei angewandten Verfahrens müssen den Grundsätzen ordnungsmäßiger Buchführung entsprechen (**§ 146 Abs. 5 AO**). Es muss insbesondere sichergestellt sein, dass die Daten während der Dauer der Aufbewahrungsfrist jederzeit verfügbar sind und unverzüglich lesbar gemacht werden können (vgl. BMF, BStBl 1995 I S. 738 betr. GoBS; AEAO zu § 146 Nr. 3). Die Ordnungsvorschriften gelten auch für freiwillig geführte Bücher und Aufzeichnungen, soweit diese für die Besteuerung von Bedeutung sind (**§ 146 Abs. 6 AO**).

Die Finanzbehörden können für einzelne Fälle oder für bestimmte Gruppen von Fällen **Erleichterungen** bewilligen, und zwar rückwirkend (**§ 148 AO**; vgl. AEAO zu § 148). Die Bewilligung kann widerrufen werden.

5.3.2.5 Aufbewahrungspflicht

Die Aufbewahrungspflicht nach § **147 AO** ist **Bestandteil der Buchführungs- und Aufzeichnungspflicht.** Eine Nachprüfung von Büchern und Aufzeichnungen ist nur möglich, wenn sie ordnungsgemäß aufbewahrt werden. Wird die Aufbewahrungspflicht verletzt, so liegt zugleich ein Verstoß gegen die Buchführungs- und Aufzeichnungspflicht vor. Die Aufbewahrungspflicht trifft nach Steuerrecht alle

5.3 Vorbereitung und Ermittlung der Besteuerungsgrundlagen

Stpfl., die zur Buchführung oder zu Aufzeichnungen verpflichtet sind, **nicht** aber sonstige Stpfl., z. B. für **Unterlagen aus dem Privatbereich** wie etwa Kontoauszüge oder Werbungskostenbelege (vgl. Langheim, DB 1981 S. 913; Wiethölter, StBp 2001 S. 330 m. w. N.; BFH, BStBl 1986 II S. 732; AO-Kartei NRW zu § 150 Karte 803; OFD München, DB 2004 S. 518). Eine Sonderregelung enthält § **14 b Abs. 1 UStG.** Diese steuerlichen Regelungen erfassen einen bedeutend größeren Personenkreis als das Handelsrecht (vgl. §§ 257 ff. HGB). § 147 Abs. 1 AO nennt die aufzubewahrenden Unterlagen im Einzelnen.

Die **Art der Aufbewahrung** ist in § **147 Abs. 2 AO** geregelt. Nur die Jahresabschlüsse und Eröffnungsbilanzen müssen wegen ihrer besonderen Bedeutung für die steuerliche Gewinn- und Vermögensermittlung im Original aufbewahrt werden. Die übrigen Unterlagen können auch als Wiedergabe auf einem Bildträger oder auf anderen Datenträgern aufbewahrt werden, wenn dies den Grundsätzen ordnungsmäßiger Buchführung entspricht. Es muss sichergestellt sein, dass die Wiedergabe oder die Daten mit den empfangenen Handels- oder Geschäftsbriefen und den Buchungsbelegen bildlich und mit den anderen Unterlagen inhaltlich übereinstimmen, wenn sie lesbar gemacht werden. Sie müssen ferner während der Dauer der Aufbewahrungsfrist jederzeit verfügbar sein, unverzüglich lesbar gemacht und maschinell ausgewertet werden können.

Für die Aufbewahrung sind verschiedene **Fristen** gesetzt (**§ 147 Abs. 3 AO**). Bücher, Aufzeichnungen, Inventare, Jahresabschlüsse, Lageberichte, Arbeitsanweisungen, Geschäftsbriefe und Buchungsbelege sind zehn Jahre aufzubewahren, die übrigen Unterlagen sechs Jahre, wenn nicht in anderen Steuergesetzen kürzere Aufbewahrungsfristen zugelassen sind. Die Aufbewahrungsfrist verlängert sich, soweit und solange die Unterlagen für Steuern von Bedeutung sind, für welche die Festsetzungsfrist noch nicht abgelaufen ist (vgl. § 171 Abs. 3, 4 oder 8 AO). Diese Regelung in § 147 Abs. 3 Satz 2 AO kann in der Praxis zu erheblichen Schwierigkeiten führen. Die Finanzbehörden haben deshalb bestimmte allgemeine Erleichterungen beschlossen und die Auswirkungen der Regelungen eingeschränkt (BStBl 1977 I S. 487). Den Fristbeginn regelt § 147 Abs. 4 AO.

Nach **§ 147 Abs. 6 AO** kann die Finanzbehörde im Rahmen der Außenprüfung Einsicht in die gespeicherten Daten des Stpfl. nehmen und dessen EDV-System nutzen, um effizientere Prüfungsergebnisse zu erzielen. Die Kosten des elektronischen Datenzugriffs trägt der Stpfl. (§ 147 Abs. 5 Satz 3 AO). Der sachliche Umfang der Außenprüfung (§ 194 AO) wird dadurch nicht erweitert. Ein elektronischer Datenzugriff außerhalb einer Außenprüfung ist nicht zulässig, d. h., es gibt keinen „Online-Zugriff" vom Schreibtisch des Veranlagungssachbearbeiters im FA. Die Finanzbehörde hat im Rahmen des Ermessens bei einer Außenprüfung **drei** – kombinierbare – **Möglichkeiten** (vgl. BMF, BStBl 2001 I S. 415: GDPdU; Kromer, DB 2001 S. 67, DStR 2001 S. 1017; Kuhsel-Kaeser, DB 2001 S. 1583):

1. **Unmittelbarer Datenzugriff:** Sie kann vor Ort Einsicht in die gespeicherten steuerlich relevaten Daten nehmen (Nur-Lese-Berechtigung) und selbst das EDV-System nutzen. Sie darf sich hierbei der Hard- und Software des Stpfl. bedienen.
2. **Mittelbarer Datenzugriff,** d. h., die Behörde kann den Stpfl. zu einer rein technischen Mithilfe auffordern und verlangen, dass er die Daten nach ihren Vorgaben vor Ort in seinem EDV-System maschinell auswertet.
3. **Datenüberlassung,** d. h., sie kann den Stpfl. auch auffordern, ihr die gespeicherten Unterlagen auf einem maschinell verwertbaren Datenträger zur Auswertung mit ihren eigenen Systemen zu überlassen. Die Behörde darf die gespeicherten Buchführungsdaten jedoch nicht verändern.

Ein Gewinn oder Verlust ist nur dann aufgrund ordnungsmäßiger Buchführung ermittelt, wenn die Ordnungsmäßigkeit innerhalb der Aufbewahrungsfrist anhand der Buchführungsunterlagen nachgeprüft werden kann. Das gilt auch für den Fall, dass die gesamten Unterlagen durch höhere Gewalt verloren gegangen sind. Allenfalls können Billigkeitsmaßnahmen nach § 163 AO in Betracht kommen.

Bestimmte Hilfspflichten bestehen bei der **Vorlage mikroverfilmter Unterlagen.** Wenn der Stpfl. die aufzubewahrenden Unterlagen nur in Form einer Wiedergabe auf einem Bildträger oder auf anderen Datenträgern vorlegen kann, hat er auf seine Kosten diejenigen Hilfsmittel zur Verfügung zu stellen, die erforderlich sind, um die Unterlagen lesbar zu machen, auf Verlangen der Finanzbehörde die Unterlagen unverzüglich (ohne schuldhaftes Zögern – § 121 BGB) ganz oder teilweise auszudrucken oder ohne Hilfsmittel lesbare Reproduktionen beizubringen (vgl. BMF-Schreiben, BStBl 1984 I S. 155).

5.3.3 Steuererklärungen (§§ 149 bis 151 AO)

Die Steuererklärung bildet eine der wichtigsten Grundlagen für die Steuerfestsetzung. Die Abgabe einer ordnungsmäßigen, vollständigen und richtigen Steuererklärung ist die bedeutsamste Pflicht eines Stpfl. Die übrigen Einzelpflichten (z. B. Buchführungspflicht, Auskunftspflicht) dienen alle der Erfüllung der Hauptpflicht, eine in der Form ordnungsmäßige und sachlich richtige Steuererklärung abzugeben.

Der Begriff der **Steuererklärung** ist im Gesetz nicht definiert. Es handelt sich hierbei um Erklärungen über den für eine Steuerfestsetzung erheblichen Sachverhalt, insbesondere um Wissenserklärungen. Darüber hinaus enthalten sie vielfach auch die Abgabe von Willenserklärungen, vor allem die Ausübung von Gestaltungsrechten. Zu den Steuererklärungen gehören insbesondere auch **Steueranmeldungen,** z. B. USt-Voranmeldungen, LSt-Anmeldungen (§ 150 Abs. 1 AO).

5.3 Vorbereitung und Ermittlung der Besteuerungsgrundlagen

Für **gesonderte Feststellungserklärungen** gilt nach **§ 181 Abs. 1 AO** Entsprechendes; ebenso für **„Zusammenfassende Meldungen"** nach **§ 18 a Abs. 8 UStG.**

5.3.3.1 Erklärungspflichtige Personen

Zur Abgabe einer Steuererklärung sind nach **§ 149 Abs. 1 AO** verpflichtet:
– die Stpfl. (§ 33 Abs. 1 AO), die nach den Einzelsteuergesetzen Steuererklärungen abzugeben haben, und die Gesamtrechtsnachfolger (§ 45 AO),
– die Personen, die die Pflichten eines Stpfl. im Sinne von §§ 34, 35 AO zu erfüllen haben (Hinweis auf § 22 b UStG für Fiskalvertreter),
– die Personen, die von der Finanzbehörde persönlich oder durch öffentliche Bekanntmachung aufgefordert werden (§ 149 Abs. 1 Satz 2 und 3 AO),
– Erklärungspflichtige nach § 181 Abs. 2 AO und § 3 GFestV.

Eine **Aufforderung zur Abgabe einer Steuererklärung** liegt auch in der Zusendung eines Erklärungsvordrucks. Das FA entscheidet nach seinem Ermessen, wen es zur Abgabe einer Steuererklärung auffordert. Die Anforderung einer Steuererklärung stellt ausnahmsweise dann eine Ermessensverletzung dar, wenn einwandfrei und klar feststeht, dass eine Steuerpflicht nicht gegeben ist. Dagegen verletzt das FA sein Ermessen nicht, wenn die Möglichkeit besteht, dass der Aufgeforderte steuerpflichtig ist. Erst aufgrund der Steuererklärung kann das FA entscheiden, ob eine konkrete Steuerpflicht besteht. Die Zusendung eines Erklärungsvordrucks stellt ein Aufgreifen des Steuerfalls dar. Das FA wird dadurch i. d. R. zur Durchführung der Veranlagung verpflichtet. Der Erhaltung etwaiger Antragsfristen durch den Stpfl. bedarf es dann nicht mit Ausnahme der Fristen nach § 46 Abs. 2 Nr. 8 Satz 2 EStG (vgl. BFH, BStBl 1979 II S. 676).

5.3.3.2 Erklärungsfrist und Folgen einer Pflichtverletzung

Die Steuererklärungen sind – vorbehaltlich von Sonderregelungen wie z. B. § 18 Abs. 1 UStG, § 41 a Abs. 1, § 44 Abs. 1 EStG i. V. m. **§ 149 Abs. 1 Satz 1 AO** – spätestens fünf Monate nach Ablauf des Kalenderjahres oder des Stichtages abzugeben **(§ 149 Abs. 2 AO)**. Diese Erklärungsfristen können generell oder im Einzelfall nach **§ 109 Abs. 1 AO** verlängert werden, so z. B. für die steuerberatenden Berufe bezüglich ihrer Mandanten (nicht der eigenen Steuererklärung) allgemein bis zum 30. 9. des Jahres, in Ausnahmefällen sogar über den 28. 2. des Folgejahres hinaus („Fristenerlasse"; vgl. dazu BFH, BStBl 2000 II S. 514; 2003 II S. 550).

Gibt der Stpfl. die Erklärung nicht oder nicht fristgerecht ab, kann die Abgabe nach **§§ 328 ff. AO** erzwungen werden. Unberührt hiervon bleiben die Schätzung nach **§ 162 AO** und die Festsetzung eines Verspätungszuschlags nach **§ 152 AO**. Gleichzeitig kann der Tatbestand der Steuerhinterziehung gemäß **§ 370 AO** erfüllt sein und in der verspäteten Abgabe eine Selbstanzeige (**§ 371 AO**) liegen. **§ 26 a UStG** ist zu beachten.

Die Verpflichtung zur Abgabe einer Steuererklärung bleibt auch nach **Schätzung** der Besteuerungsgrundlagen bestehen (**§ 149 Abs. 1 Satz 4 AO**). Das FA hat trotz Schätzung noch ein Interesse an der Abgabe der Steuererklärung, weil sich eine zu niedrige Schätzung nicht ausschließen lässt; Hinweis auf § 173 und § 370 AO.

5.3.3.3 Form und Inhalt der Steuererklärungen

Die Steuererklärungen sind grundsätzlich nach **amtlich vorgeschriebenem Vordruck** abzugeben (**§ 150 Abs. 1 AO**). Es wird nicht gefordert, dass die Steuererklärung „auf" einem amtlichen Vordruck abgegeben wird. Damit besteht die Möglichkeit, dass der Stpfl. seine Erklärung auf privat gedruckten Formularen abgibt. Diese müssen grundsätzlich in Farbe, im Format sowie in Seitenzahl und -folge bzw. beidseitig bedruckt/belichtet den amtlichen Vordrucken entsprechen (vgl. BMF, BStBl 1999 I S. 1049). Diese Voraussetzungen sind bei **Telefax-Übermittlung** für Steuererklärungen/Anmeldungen auch erfüllt, für die das Gesetz keine eigenhändige Unterschrift des Stpfl. vorschreibt, z. B. für LSt-Anmeldungen und USt-Voranmeldungen, nicht aber für ESt- oder USt-Jahreserklärungen (vgl. BFH, BStBl 2003 II S. 45; BMF, BStBl 2003 I S. 74). Ausnahmen sind durch Erlasse geregelt (BMF, BStBl 1999 I S. 1049; 2004 I S. 475). Die **Steuerdaten-Übermittlungsverordnung** (StDÜV) regelt auf der Basis von **§ 150 Abs. 1 und 6 AO** nicht die Form, sondern nur die Art von elektronisch übermittelten Steuererklärungen (siehe BMF, BStBl 2003 I S. 158 und 160; mit geänderter Rechtsauffassung FinMin NRW, DStR 2005 S. 696, und BMF vom 28. 04. 2005 – IV A 7 – S 0321 – 34/05).

Soweit nicht eine **mündliche** oder sonst **formlose Steuererklärung** ausdrücklich zugelassen ist (vgl. § 19 Abs. 5 GrEStG), kann der Stpfl. die erforderlichen Angaben bei der zuständigen Finanzbehörde nur dann zur **Niederschrift** erklären, wenn besondere Umstände vorliegen. Das ist der Fall, wenn die Schriftform dem Stpfl. nach seinen persönlichen Verhältnissen nicht zugemutet werden kann, insbesondere, wenn er nicht in der Lage ist, eine gesetzlich vorgeschriebene Selbstberechnung der Steuer vorzunehmen oder durch einen Dritten vornehmen zu lassen (**§ 151 AO**).

> **Beispiel:**
> Der 89-jährige Rentner A, der Eigentümer eines Mietwohnhauses ist, kann wegen Altersbeschwerden die Steuererklärung nicht mehr schriftlich abgeben. Die Heranziehung eines Angehörigen der steuerberatenden Berufe ist aus finanziellen Gründen nicht zumutbar. – A kann die Steuererklärung beim FA zur Niederschrift erklären.

Die Steuererklärung muss ihrem Inhalt nach richtig sein. In der Hauptsache enthalten die Steuererklärungen Angaben über Tatsachen (**Wissenserklärungen**).

5.3 Vorbereitung und Ermittlung der Besteuerungsgrundlagen

Daneben können auch **Willenserklärungen** (rechtlich bedeutsame Erklärungen) des Stpfl. in die Steuererklärung aufgenommen werden.

Beispiel:
Wissenserklärungen sind Angaben über den Familienstand, über die Art und Höhe von Einkünften oder Umsätzen. Zu den Willenserklärungen gehören Anträge auf Steuerermäßigungen oder auf Steuererstattungen sowie Erklärungen über die Ausübung von Wahlrechten (vgl. BFH, BStBl 1986 II S. 420).

Keine wirksame Steuererklärung liegt vor, wenn im Erklärungsvordruck nur die Personalien und im Übrigen lediglich unbedeutende Besteuerungsmerkmale angegeben sind, wenn sie entgegen Gesetz nicht eigenhändig unterschrieben ist oder wenn sie so schwerwiegende Mängel aufweist, dass ein ordnungsgemäßes Festsetzungsverfahren unmöglich in Gang gesetzt werden kann (vgl. BFH, BStBl 1999 II S. 203, 237, 313; 2002 II S. 642; Beispiel Tz. 2 zu 5.3.4.2).

Der Stpfl. hat zu versichern, dass er seine Angaben in der Steuererklärung nach bestem Wissen und Gewissen gemacht hat, wenn der Vordruck dies vorsieht. Bei den in diesem Zusammenhang zu beantwortenden Rechtsfragen bezüglich der Besteuerungsgrundlagen ist der Stpfl./sein Berater weder an die Auffassung der Finanzbehörde noch allgemein an die Rechtsprechung gebunden, sondern nur an das objektive Recht, z. B. bei Streit über das Bestehen eines gewerblichen Grundstückshandels erklärt der Stpfl. auch für die Folgejahre Einkünfte aus § 21 EStG und nicht aus § 15 EStG. Weicht der Stpfl. trotz Zweifel allerdings von einer ihm bekannten höchstrichterlichen Rechtsprechung, Richtlinie oder Veranlagungspraxis ab, ohne dies kenntlich zu machen, verletzt er bedingt vorsätzlich die Sachaufklärungs- und **Offenlegungspflicht** und macht sich grundsätzlich nach § 370 AO strafbar. Einzelheiten sind umstritten (vgl. BGH, wistra 2000 S. 137 und 217 m. w. N.; Dörn, StBp 2001 S. 329).

Der Stpfl. oder die in § 34 AO bezeichnete Person hat, soweit dies „gesetzlich" geregelt ist, nach § **150 Abs. 3 AO** die Erklärung regelmäßig „**eigenhändig" zu unterschreiben,** so z. B. § 25 Abs. 3 EStG; § 18 Abs. 3 UStG; § 14 a GewStG; § 31 KStG. Bei LSt-Anmeldungen (§ 41a Abs. 1 EStG) und USt-Voranmeldungen nach § 18 Abs. 1 UStG genügt Unterzeichnung durch einen Bevollmächtigten (vgl. Abschn. 225 UStR). Die fehlende Unterschrift ist auf dem Original nachzuholen (vgl. dazu OFD Köln, DB 1986 S. 306). Eine wirksame eigenhändige Unterschrift liegt nicht vor, wenn der Pflichtige auf einem Unterschriftsstreifen unterschreibt, der vom steuerlichen Berater nach Erstellung der Erklärung auf den amtlichen Vordruck geklebt wird, oder bei Blankounterschrift (vgl. BFH, BStBl 1984 II S. 13, 436).

Die nicht ordnungsgemäße und damit unwirksame Steuererklärung hat Folgen:
- Die Festsetzung eines Verspätungszuschlags nach § 152 AO oder eines Zwangsgeldes nach §§ 328 ff. AO ist möglich (BFH, BStBl 2002 II S. 642; OFD Hannover, DStR 2003 S. 596).

- Die Festsetzungsfrist nach § 170 Abs. 2 Nr. 1 AO beginnt erst mit Ablauf des 3. Kalenderjahres nach Entstehung der Steuer (BFH, BStBl 1999 II S. 203).
- Für fristgebundene Anträge, z. B. auf Steuervergütungen oder Zulagen, kann es zum Fristablauf kommen, wobei regelmäßig keine Wiedereinsetzung eingreift (BFH, BStBl 1999 II S. 237, 313; 2002 II S. 668).
- Lehnt das FA in solchen Fällen die Durchführung der Steuerfestsetzung ab bzw. erlässt es einen „Schätzungs"-Bescheid oder stimmt der „Steueranmeldung" nach § 168 Satz 2 AO zu, so ist dies rechtlich nicht zu beanstanden bzw. der Bescheid ist nicht nichtig (vgl. BFH, BStBl 1992 II S. 224; 2002 II S. 642). Eine spätere Änderung des bestandskräftigen Bescheides zugunsten des Stpfl. nach § 173 Abs. 1 Nr. 2 AO scheitert an grober Fahrlässigkeit.

Wird eigenhändige Unterschrift angeordnet, so ist die **Unterzeichnung durch einen Bevollmächtigten** ausnahmsweise dann zulässig, wenn der Stpfl. infolge seines körperlichen oder geistigen Zustandes oder durch längere Abwesenheit an der Unterschrift gehindert ist (vgl. OFD Hannover, DStR 2003 S. 596). Die Bevollmächtigung ist offen zu legen („i. A." bzw. „i. V."; BFH, BStBl 1998 II S. 54). Die eigenhändige Unterschrift kann noch nachträglich verlangt werden, wenn der Hinderungsgrund zwischenzeitlich weggefallen ist. Diese Sonderregelung des **§ 150 Abs. 3 AO,** die die Vertretung durch Bevollmächtigte einschränkt, hat Vorrang gegenüber § 80 Abs. 1 AO und § 126 BGB (BFH, BStBl 1999 II S. 237).

Die erforderlichen **Unterlagen sind der Steuererklärung beizufügen (§ 150 Abs. 4 AO).** Welche Unterlagen erforderlich sind, bestimmen die Einzelsteuergesetze, z. B. Bilanz, LSt-Karte, Bescheinigungen über KSt und KapSt. Wenn Bescheinigungen von dritten Personen erforderlich sind, so besteht für diese die steuerrechtliche Verpflichtung, die Bescheinigungen auszustellen, z. B. für Arbeitgeber, Banken. Für sonstige Unterlagen greift § 97 AO ein.

5.3.4 Verspätungszuschlag (§ 152 AO)

Ein Verspätungszuschlag kann gegen denjenigen festgesetzt werden, der schuldhaft seiner Verpflichtung zur Abgabe einer Steuererklärung nicht oder nicht fristgemäß nachkommt (§ 152 AO). Eine Sonderregelung enthält § 162 Abs. 4 AO.

5.3.4.1 Rechtsnatur und Zweck

Der Verspätungszuschlag dient dazu, den rechtzeitigen Eingang von Steuererklärungen und den Gang der Steuerfestsetzung insgesamt zu sichern. Er ist ein **Druckmittel** mit gleichzeitig repressivem und präventivem Charakter und wirkt in die Zukunft. Der Verspätungszuschlag steht **selbständig** neben den Steuerzinsen **(§ 233 a AO),** Zwangsmitteln **(§§ 328 ff. AO)** und der Schätzung **(§ 162**

5.3 Vorbereitung und Ermittlung der Besteuerungsgrundlagen

AO). Unberührt bleiben ebenso die **§§ 370, 378** und **§ 235 AO** wegen verspäteter Abgabe oder Nichtabgabe der Steuererklärung bzw. Steueranmeldung. Auch kann trotz strafbefreiender Selbstanzeige ein Verspätungszuschlag festgesetzt werden. Der Verspätungszuschlag gehört zu den steuerlichen Nebenleistungen nach § 3 Abs. 4 AO. Als Ermessensentscheidung entsteht er mit Bekanntgabe.

5.3.4.2 Voraussetzungen

1. Steuererklärung oder gleichgestellte Erklärung

Ein Verspätungszuschlag ist nur bei verspäteter Abgabe von Steuererklärungen zulässig, nicht dagegen bei Erklärungen anderer Art, z. B. Auskünften. Steuererklärungen sind alle Erklärungen im Sinne von §§ 149 ff. AO einschließlich der Steueranmeldungen sowie der Feststellungserklärungen (vgl. § 152 Abs. 4 AO; § 18 Abs. 8 UStG für „Zusammenfassende Meldungen"). Voranmeldungen sind selbständige Steuererklärungen (vgl. § 150 Abs. 1 Satz 3 AO). Dadurch kann sich ggf. eine mehrfache Festsetzung von Verspätungszuschlägen für die USt eines Jahres ergeben.

> **Beispiel:**
> U hat in 06 mehrere USt-Voranmeldungen verspätet abgegeben. Das FA hat jeweils einen Verspätungszuschlag festgesetzt. Gibt U auch die USt-Jahreserklärung mit Zahllast ohne Entschuldigungsgründe verspätet ab, kann das FA wiederum einen Zuschlag festsetzen (vgl. BFH, BStBl 1996 II S. 259; BMF, BStBl 1996 I S. 582).

2. Verspätete Abgabe oder Nichtabgabe

Hinsichtlich der Erklärungsfristen und der Regelungen über die Verlängerung solcher Fristen im Einzelnen wird auf § 149, § 109 und § 167 Abs. 2 AO sowie auf die einschlägigen Verwaltungsanweisungen verwiesen.

Eine nicht unterschriebene oder völlig unzureichende Steuererklärung steht einer nicht abgegebenen Steuererklärung gleich (vgl. Tz. 5.3.3.3). Andere Mängel, z. B. das Fehlen der nach § 150 Abs. 4 AO beizufügenden Unterlagen, sind für § 152 AO unerheblich. Dies gilt auch für eine als „vorläufig" bezeichnete Steuererklärung (BFH, BStBl 1970 II S. 168).

> **Beispiel:**
> Unternehmer U reicht unter Hinweis auf die ihm gewährte Dauerfristverlängerung (§§ 46 ff. UStDV) monatlich pünktlich Voranmeldungen ein, in denen neben Anschrift, StNr., Abgabezeitraum und Unterschrift lediglich eine „0" bei den stpfl. Umsätzen eingetragen ist. Erst später reicht er als berichtigt gekennzeichnete USt-Voranmeldungen mit den jeweils endgültigen Zahlen ein. Rechtsfolgen?
> Nach § 18 Abs. 1 UStG hat U eine Voranmeldung abzugeben, in der er die Steuer für den Voranmeldungszeitraum selbst zu berechnen hat. Diese „0-Anmeldung" ist keine USt-Voranmeldung im Sinne von § 18 UStG, da sie entgegen der im Vordruck unterschriebenen Versicherung keine Umsätze enthält (vgl. BFH, BStBl 1974 II

S. 590; Apitz, DStZ 1993 S. 84). Die als berichtigt gekennzeichnete Anmeldung ist vielmehr die erstmalige USt-Voranmeldung, mit der Folge, dass ein Verspätungszuschlag festgesetzt werden kann. Hinweis auf § 370, § 371 und § 235 AO.

3. Verschulden und Absehen von der Festsetzung

Ein Verspätungszuschlag ist möglich, wenn das Versäumnis **schuldhaft** erscheint. Das ist der Fall, wenn der Stpfl. oder sein Vertreter die ihm nach seinen persönlichen Verhältnissen zuzumutende Sorgfalt außer Acht gelassen hat (**§ 152 Abs. 1 Satz 3 AO**). Angehörige der steuerberatenden Berufe können sich bei verspäteter Abgabe der eigenen Steuererklärung nicht damit entschuldigen, dass sie die Erklärung ihrer Mandanten bevorzugt erledigen müssten (vgl. BFH, BStBl 1987 II S. 543). Krankheit kann ein Entschuldigungsgrund sein. Arbeitsüberlastung, Personalmangel, vermehrte Belastung wegen Außenprüfungen, voraussehbare Abwesenheit wegen Urlaub oder Geschäftsreise sind regelmäßig keine Entschuldigungsgründe. Dasselbe gilt, wenn Steuererklärungen wiederholt nicht fristgerecht abgegeben oder bewilligte Fristenverlängerungen nicht eingehalten wurden.

Von der Festsetzung eines Verspätungszuschlags ist regelmäßig **abzusehen,** wenn die Voraussetzungen des § 156 AO vorliegen, d. h. lediglich ein Verspätungszuschlag unter 10 Euro angemessen wäre, oder wenn Verwaltungsvorschriften dies anordnen (**§ 152 Abs. 5 AO**). Beispielsweise ist bei Fristüberschreitung von bis zu zwei Wochen im Veranlagungsverfahren regelmäßig kein Zuschlag festzusetzen (vgl. AO-Kartei NRW zu § 152 Karte 801 Tz. 1.2).

5.3.4.3 Bemessungsgrundlage

Für den Verspätungszuschlag bestehen zwei verschiedene **Höchstgrenzen:**

- Der Verspätungszuschlag darf **10 v. H.** der festgesetzten oder geänderten Steuer oder des Messbetrages nicht überschreiten und
- höchstens **25.000 Euro** betragen (§ 152 Abs. 2 Satz 1 AO; in den Fällen des § 18 a Abs. 8 UStG höchstens 2.500 Euro).

Die absolute Kappungsgrenze von 25.000 Euro soll Verspätungszuschläge in unangemessener Höhe verhindern, die sich bei hohen Steuerbeträgen und voller Ausschöpfung der 10 v. H.-Grenze ergeben könnten. Grundlage für die Bemessung der prozentualen (relativen) Höchstgrenze ist der **festgesetzte, geänderte oder berichtigte positive Steuer- bzw. Messbetrag.**

> **Beispiel:**
> Die festgesetzte ESt beträgt 50.000 €; hierauf werden 40.000 € Steuerabzugsbeträge und 8.000 € Vorauszahlungen angerechnet. Grundlage für § 152 AO?
> Bemessungsgrundlage ist die ESt von 50.000 €. Die Höhe der Abschlusszahlung von 2.000 € hat lediglich Bedeutung für die Ermessensausübung (vgl. BFH, BStBl 1989 II S. 231 für Jahres-USt).

5.3 Vorbereitung und Ermittlung der Besteuerungsgrundlagen

Ist die festgesetzte **Steuer** bzw. der Messbetrag **0 oder negativ,** kann ein Verspätungszuschlag nicht festgesetzt werden, z. B. bei USt-Überschuss (vgl. BFH, BStBl 2002 II S. 679 m. w. N.).

Bei verspäteter Abgabe sowohl der **USt**-Voranmeldungen als auch der USt-Jahresanmeldung ist für jeden Fall der Fristüberschreitung nach diesen Grundsätzen eine Verspätungszuschlagsfestsetzung zulässig. Dadurch kann insbesondere bei Schätzungen im Voranmeldungsverfahren die Summe aller im Jahr festgesetzten Verspätungszuschläge im Verhältnis zur Jahressteuer die 10 v. H.-Grenze übersteigen (Kumulation). Die festgesetzten Zuschläge werden aber dadurch nicht rechtswidrig und müssen deshalb auch nicht zwingend nach § 130 Abs. 1 AO – teilweise – zurückgenommen werden (vgl. BMF-Schreiben, BStBl 1996 I S. 582; BFH, BStBl 1996 II S. 259).

Bemessungsgrundlage für gesonderte **Feststellungserklärungen** ist der Betrag der steuerlichen Auswirkung **(§ 152 Abs. 4 AO).** Dieser Betrag ist in Anlehnung an die Rechtsprechung zur Bemessung des Streitwerts zu schätzen, z. B. bei der gesonderten Feststellung von Einkünften je nach Höhe 25 bis 50 v. H. des streitigen Betrages (vgl. Ausführungen unter Tz. 14.8.2). Ist im Zusammenhang mit dem Feststellungsbescheid ein Verspätungszuschlag festgesetzt worden, so schließt das nicht aus, dass bei verspäteter Abgabe der entsprechenden Steuererklärung ein weiterer Zuschlag festgesetzt wird. Es handelt sich um zwei verschiedene Erklärungen. Für jeden dieser Zuschläge gelten die in § 152 Abs. 2 AO festgelegten Grenzen gesondert. Im Hinblick auf die Begrenzung des Verspätungszuschlags durch § 152 Abs. 2 Satz 1 AO kommt eine Festsetzung allerdings nur in Betracht, wenn die festgestellte Besteuerungsgrundlage positiv ist, mithin zu einer Erhöhung der Steuer im Folgebescheid führt (vgl. BFH, BStBl 1989 II S. 955).

5.3.4.4 Ermessensentscheidung

Bei der Festsetzung des Verspätungszuschlags handelt es sich um eine Ermessensentscheidung („kann"). Es steht im Ermessen, ob überhaupt ein Verspätungszuschlag festgesetzt wird **(Entschließungsermessen)** und gegebenenfalls in welcher Höhe er festgesetzt wird **(Auswahlermessen).**

Das FA muss bei Festsetzung eines Verspätungszuschlags grundsätzlich die Überlegungen schlüssig darlegen, auf die sich seine Ermessensentscheidung stützt (vgl. § 121 Abs. 1 und 2 Nr. 2 AO; BFH, BStBl 2001 II S. 60/63). Fehlt die erforderliche Begründung, z. B. bei höheren Zuschlägen, so liegt regelmäßig ein Ermessensfehler vor, der nach § 126 Abs. 1 Nr. 2 AO heilbar ist.

Für die **automatisierte Festsetzung** des Verspätungszuschlags bei den **Anmeldesteuern** (USt und LSt) gelten spezielle Regelungen, die im EDV-Programm festgelegt sind (§ **152 Abs. 5 AO** i. V. m. den allgemeinen Verwaltungsvorschriften).

Der Bearbeiter ist an den maschinell berechneten Vorschlag des Rechenzentrums nicht gebunden. Er kann ihn dem Grunde nach ablehnen oder der Höhe nach ändern. Andernfalls erfolgt die Bekanntgabe (vgl. BFH, BStBl 1988 II S. 929).

Bei der Ermessensausübung sind nach § **152 Abs. 2 AO** alle abschließend aufgezählten Kriterien zu berücksichtigen, die gleichwertig nebeneinander stehen (vgl. BFH, BStBl 2001 II S. 60; 2002 II S. 124 m. w. N.; AEAO zu § 152 Nr. 7):

– Zweck des Verspätungszuschlags

Der erzieherische Zweck des Zuschlags als repressive und zugleich präventive Sanktion zur Einhaltung der Erklärungspflichten kann u. U. zurücktreten, wenn etwa der Betroffene seinen Betrieb eingestellt hat.

– Dauer der Fristüberschreitung

– Höhe des Zahlungsanspruchs

Als Zahlungsanspruch ist die Abschlusszahlung, d. h. die festgesetzte Steuer abzüglich anrechenbarer Steuern und geleisteter Vorauszahlungen, zugrunde zu legen. Führt die Veranlagung zu einer **Erstattung**, sind zwei Fallgruppen zu unterscheiden: **1.** Ist der festgesetzte Steuer- bzw. Messbetrag 0 oder negativ, ist die Festsetzung eines Verspätungszuschlags unzulässig (vgl. BFH, BStBl 2002 II S. 679). **2.** Ist die Steuer positiv, aber wegen zu viel einbehaltener Abzugsbeträge oder gezahlter Vorauszahlungen keine Nachforderung entstanden und somit auch kein Zinsvorteil gegeben, kann gleichwohl im Einzelfall wegen des Zwecks des Verspätungszuschlags, der erheblichen Dauer der Fristüberschreitung usw. ein Verspätungszuschlag angemessen sein (vgl. BFH, BStBl 2001 II S. 60/63).

– Vorteile

Hierunter fällt vor allem der Zinsgewinn aus der späteren Entrichtung der Abschlusszahlung außerhalb der Verzinsungszeiträume des § 233 a Abs. 2 AO. Dieser Vorteil kann in Anlehnung an den jeweiligen Kapitalmarktzins bzw. konkreten Zinsvorteil im Einzelfall mit etwa 0,5 bis 1 v. H. der Abschlusszahlung für jeden Monat der Fristversäumnis angesetzt werden (BFH, BStBl 1995 II S. 680; 1997 II S. 642; 2002 II S. 124).

– Grad des Verschuldens

Hierbei ist vor allem auch das Verhalten des Stpfl. in der Vergangenheit – Wiederholungstäter – zu berücksichtigen (vgl. BFH, BStBl 2001 II S. 60 für zulässigen Höchstsatz von 10 v. H.). Auch bei erstmaliger Fristüberschreitung kann ein Verspätungszuschlag festgesetzt werden.

– Wirtschaftliche Leistungsfähigkeit

Maßgeblich ist die wirtschaftliche Leistungsfähigkeit im Zeitpunkt der Festsetzung, um den Grundsatz der Verhältnismäßigkeit zu wahren und auch die beabsichtigte Wirkung zu erzielen. Der Zuschlag ist umso höher anzusetzen, je höher die wirtschaftliche Leistungsfähigkeit des Stpfl. ist (vgl. BFH, BStBl 1997 II S. 642).

Angesichts dieser sehr unterschiedlichen Aspekte, die jeder für sich oder nebeneinander zu berücksichtigen sind, kann die Finanzbehörde ihr Ermessen regelmäßig auf der Basis des wirtschaftlichen Vorteils und der Leistungsfähigkeit des Stpfl. ausüben, die als Berechnungsgröße leicht ablesbar sind, und entsprechend einen **bestimmten Prozentsatz** oder **feste Beträge** wählen (vgl. BFH, BStBl 1987 II S. 543; 1989 II S. 693). In der Praxis werden Verspätungszuschläge programmgesteuert im Regelfall mit 0,5 v. H. der „festgesetzten" Steuer (vor Abzug von Anrechnungen) für jeden angefangenen Monat der Fristüberschreitung festgesetzt (vgl. BFH, BStBl 1995 II S. 680; siehe AO-Kartei NRW zu § 152 Karte 801 Tz. 3.1 mit Einschränkungen in Tz. 3.2). Die Verwaltungserlasse geben im Übrigen bestimmte Höchstsätze vor. So ist z. B. unter Beachtung der Verhältnismäßigkeit der Mittel und des Übermaßverbots die Festsetzung über 10.000 Euro nur bei Vorliegen erkennbarer Ausnahmetatbestände angebracht (vgl. BFH, BStBl 2002 II S. 124).

5.3.4.5 Festsetzung

Der Verspätungszuschlag wird **gegen den Erklärungspflichtigen** festgesetzt (**§ 152 Abs. 1 Satz 1 AO).** Das ist im Allgemeinen der **Stpfl.** im Sinne von § 33 Abs. 1 AO, etwa zusammenveranlagte Ehegatten.

Beispiel:
Der Verspätungszuschlag wird gegen den Arbeitgeber festgesetzt, der die LSt-Anmeldung nicht pünktlich abgibt. Der Arbeitgeber ist erklärungspflichtig, nicht der Arbeitnehmer (§ 33 Abs. 1 AO, § 41a EStG).

Ist die Steuererklärung von einem Geschäftsführer, gesetzlichen Vertreter (§ 34 AO) oder einem Verfügungsberechtigten (§ 35 AO) abzugeben, so ist der Verspätungszuschlag grundsätzlich gegen den Steuerschuldner festzusetzen und nur in Ausnahmefällen gegen den Vertreter (vgl. AEAO zu § 152 Nr. 1 und 4). Hat ein Angehöriger der steuerberatenden Berufe eine fremde Steuererklärung verspätet abgegeben, so ist der Verspätungszuschlag gegen den Stpfl. festzusetzen.

Der Verspätungszuschlag ist im Allgemeinen mit der Steuer oder dem Steuermessbetrag festzusetzen **(§ 152 Abs. 3 AO).** Die **Festsetzung** des Zuschlags ist stets ein **selbständiger Verwaltungsakt.**

Der Verspätungszuschlag bleibt bei **späterer Änderung des Steuerbescheides** grundsätzlich unverändert. Es liegt kein Fall des § 175 Abs. 1 Satz 1 Nr. 1 AO vor. Die Änderung der Steuerfestsetzung – gleichgültig, ob im Einspruchs- oder Korrekturverfahren – macht die ursprüngliche Festsetzung des Verspätungszuschlags insoweit rechtswidrig, als bei der damaligen Ermessensausübung ein unzutreffender Sachverhalt zugrunde gelegt worden ist (Ausnahmen etwa bei § 175 Abs. 1 Satz 1 Nr. 2 AO, § 10d EStG). Eine vollständige oder teilweise Rücknahme bzw. Erhöhung des Zuschlags ist daher grundsätzlich nur im Rahmen des **§ 130 Abs. 1 oder 2 AO** zulässig (vgl. BFH, BStBl 2001 II S. 60). Der Widerruf eines rechtmäßigen Zuschlags kann allenfalls nach § 131 AO erfolgen.

Die Korrektur des Verspätungszuschlags steht grundsätzlich im Ermessen. Eine Anpassung ist jedoch zwingend vorzunehmen, wenn der festgesetzte Zuschlag die 10 v. H.-Grenze, bezogen auf die neue Bemessungsgrundlage, überschreitet. Im Übrigen ist die Höhe des Zuschlags selbst dann neu zu überprüfen, wenn die Steuer geändert wird (BFH, BStBl 1996 II S. 259). Dies gilt insbesondere, wenn der Verspätungszuschlag in einem Vomhundertsatz – also in Abhängigkeit von der Steuerschuld – festgesetzt worden ist (siehe Beispiel zu § 130 Abs. 1 AO). Wurde dagegen ein zulässiger Einspruch gegen den Zuschlag eingelegt, so muss eine erneute Ermessensausübung erfolgen und ggf. der Zuschlag ganz oder teilweise zurückgenommen werden (§ 367, § 130 Abs. 1, § 132 AO).

5.3.5 Spezielle Offenbarungspflichten

5.3.5.1 Berichtigung von Erklärungen nach § 153 AO

Erkennt der Stpfl. „nachträglich" vor Ablauf der Festsetzungsfrist, dass eine von ihm oder für ihn abgegebene Erklärung unrichtig oder unvollständig ist und dass es dadurch zu einer Verkürzung von Steuern kommen kann oder bereits gekommen ist, so hat er dies der Finanzbehörde unverzüglich (ohne schuldhaftes Zögern) anzuzeigen und die erforderliche Richtigstellung vorzunehmen (**§ 153 Abs. 1 Satz 1 Nr. 1 AO**).

Berichtigungspflichtig sind der **Stpfl.** im Sinne von § 33 Abs. 1 AO, ferner nach der Sonderregelung des **§ 153 Abs. 1 Satz 2 AO** der **Gesamtrechtsnachfolger** (§ 45 AO) des Stpfl., z. B. Erbe deckt vom Erblasser nicht erklärte Einkünfte auf, und die nach **§§ 34, 35 AO** für den Stpfl. oder für den Gesamtrechtsnachfolger handelnden Personen. § 153 AO gilt **nicht für Dritte** im Sinne von § 33 Abs. 2 AO, z. B. Auskunftspersonen. Zusammenveranlagte **Ehegatten** sind nur hinsichtlich ihrer eigenen Einkünfte Beteiligte nach § 153 Abs. 1 AO und nur insoweit anzeigepflichtig (vgl. § 26 b EStG; BFH, BStBl 2002 II S. 501). **Steuerberater** sind nach dem Gesetzeswortlaut nicht zur Berichtigung von (Steuer-)Erklärungen ihrer Mandanten verpflichtet, mit deren Bearbeitung sie beauftragt waren. Eine Ausnahme besteht, wenn sie die Steuererklärung in eigener Verantwortung erstellt und selbst unterschrieben haben (vgl. BGH, wistra 1996 S. 184/188).

Unter den Begriff **Erklärung** fallen nicht nur „Steuererklärungen" oder Anträge auf niedrigere Steuerfestsetzungen (z. B. Anpassung von ESt-Vorauszahlungen; vgl. dazu AO-Kartei NRW zu § 153 Karte 801), sondern alle steuerlich erheblichen Erklärungen, wie z. B. Bilanzen, Auskünfte, Stundungs- oder Erlassanträge des Stpfl. Diese Erklärungen müssen **im Zeitpunkt der Abgabe unrichtig** oder unvollständig gewesen sein und damit **ursächlich für** eine (mögliche) **Steuerverkürzung** nach § 370 oder § 378 AO.

§ 153 Abs. 2 AO erweitert die Anzeigepflicht auf „Steuervergünstigungen" nach Wegfall der Voraussetzungen, z. B. für Vorsteuerabzug nach § 15 UStG, für

5.3 Vorbereitung und Ermittlung der Besteuerungsgrundlagen

Bescheinigungen nach § 6 b Abs. 9, § 7 d Abs. 2, § 7 h Abs. 2, § 11 a Abs. 4, § 11 b, § 68 Abs. 1 (für Kindergeld) EStG, § 13 a Abs. 5, § 19 a Abs. 5 ErbStG. Spezielle Regelungen wie z. B. §§ 15 a, 17, 18 a Abs. 7 UStG, § 39 a Abs. 4 Satz 4 EStG oder § 12 Abs. 2 EigZulG gehen vor.

Dagegen besteht **keine Anzeigepflicht** für den Stpfl., wenn eine richtige Erklärung abgegeben worden ist und die Finanzbehörde die Besteuerungsgrundlagen usw. unzutreffend angesetzt hat, also für **„Behördenfehler"**. Dasselbe gilt, wenn der Stpfl. vorsätzlich keine oder eine unrichtige Erklärung abgegeben hat (= **Steuerhinterziehung** nach § 370 AO mit Möglichkeit der Selbstanzeige nach § 371 AO), da es hier an einem „nachträglichen" positiven Erkennen im Sinne von § 153 AO fehlt (vgl. Brenner, BB 1987 S. 1856).

Unterlässt der Stpfl. trotz positiver Kenntnis von der Unrichtigkeit der Erklärung die **unverzügliche zutreffende Berichtigung,** macht er sich nach § 370 AO wegen **Steuerhinterziehung** strafbar (Hinweise auf § 169 Abs. 2 Satz 2, § 171 Abs. 9, § 235 AO; vgl. FG Düsseldorf, EFG 1989 S. 491).

5.3.5.2 Kontenwahrheit

Die Pflicht zur – formalen – Kontenwahrheit soll die Nachprüfung bestimmter steuerlicher Verhältnisse ermöglichen und erleichtern (**§ 154 AO**). § 154 AO ergänzt als Steuerkontrollvorschrift § 93 Abs. 1 Satz 3 und § 93 b Abs. 1 AO (vgl. Carl/Klos, DStZ 1995 S. 296). Niemand darf auf einen falschen oder erdichteten Namen für sich oder einen Dritten ein Konto einrichten oder Buchungen vornehmen lassen, Wertsachen (Geld, Wertpapiere, Kostbarkeiten) in Verwahrung geben oder verpfänden oder sich ein Schließfach geben lassen (§ 154 Abs. 1 AO). Kontoführer haben sich Gewissheit über die Person des Verfügungsberechtigten zu verschaffen (§ 154 Abs. 2 AO). Die entsprechenden Angaben müssen in geeigneter Form festgehalten werden (vgl. Verw.-Erlass, DB 1985 S. 896). Damit sind anonyme Konten und Nummernkonten nicht zulässig. Die Kreditinstitute müssen jederzeit darüber Auskunft geben können, über welche Konten oder Schließfächer eine Person formal verfügungsberechtigt ist, z. B. durch Kundenkartei. Steuerliche und strafrechtliche Ermittlungen würden sonst erheblich erschwert. Ob der angegebene Inhaber das Konto für eigene oder fremde Rechnung führt (materielle Kontenwahrheit), ist unerheblich (BGH, BB 1995 S. 62).

Verfügungsberechtigte sind der Gläubiger der Forderung und seine gesetzlichen Vertreter sowie die gegenüber dem Kreditinstitut ausdrücklich zur Verfügung über das Konto ermächtigten Personen, nicht aber sonstige Personen. Dies gilt entsprechend für die Verwahrung von Wertsachen und für die Überlassung von Schließfächern (vgl. AEAO zu § 154; Ländererlasse, BStBl 1990 I S. 303).

Bei **Verstoß gegen die Pflicht zur Kontenwahrheit** dürfen Guthaben, Wertsachen und der Inhalt eines Schließfachs nur mit Zustimmung des zuständigen FA herausgegeben werden (§ 154 Abs. 3 AO). Andernfalls kann sich eine **Haftung** nach § **72 AO** ergeben (siehe unter Tz. 10.6). Die Verletzung der Pflicht zur Kontenwahrheit nach § 154 Abs. 1 AO ist eine Ordnungswidrigkeit (§ 379 Abs. 2 AO).

5.3.6 Besonderheiten bei der Ermittlung (§§ 158 bis 162 AO)

Gewisse Besonderheiten bei der Ermittlung der Besteuerungsgrundlagen ergeben sich aufgrund verschiedener Vorschriften des Steuerfestsetzungsverfahrens. Diese Vorschriften haben zum Teil recht unterschiedlichen Charakter, aber auch Gemeinsamkeiten.

Beweisregeln sind enthalten in

- § 158 AO (Beweiskraft der Buchführung),
- § 159 AO (Nachweis der Treuhänderschaft),
- § 160 AO (Benennung von Gläubigern und Zahlungsempfängern) mit Einschränkung,
- § 161 AO (Fehlmengen bei Bestandsaufnahmen).

Diese Regelungen lassen zum Teil eine gewisse Abweichung von dem im Steuerverfahren geltenden Untersuchungsgrundsatz zu, wonach die Finanzbehörde den Sachverhalt von Amts wegen zu ermitteln hat (§ 88 AO). In § 159 und § 160 AO wird aber ausdrücklich bestimmt, dass das Recht der Finanzbehörde, den zutreffenden Sachverhalt zu ermitteln, unberührt bleibt und nicht eingeschränkt wird. Eine Regelung eigener Art enthält § 162 AO (Schätzung der Besteuerungsgrundlagen). Die Schätzung greift ein, wenn die Finanzbehörde die Besteuerungsgrundlagen nicht ermitteln oder berechnen kann.

5.3.6.1 Beweiskraft der Buchführung

Formell ordnungsmäßig geführte Bücher und Aufzeichnungen sind im Allgemeinen der Besteuerung zugrunde zu legen. Nach § **158 AO** besteht die Vermutung, dass ordnungsmäßig geführte Bücher und Aufzeichnungen auch sachlich richtig sind. Diese Vermutung wird allerdings entkräftet, soweit nach den Umständen des Einzelfalls die Buchführung mit „an Sicherheit grenzender Wahrscheinlichkeit" ganz oder teilweise materiell unrichtig ist (vgl. BFH, BStBl 1992 II S. 55).

5.3.6.2 Nachweis der Treuhänderschaft

Eine besondere Nachweislast besteht für Treuhänder, Vertreter eines anderen und Pfandgläubiger. Nach § **159 AO** müssen diese Personen nachweisen, „wem"

5.3 Vorbereitung und Ermittlung der Besteuerungsgrundlagen

die Rechte oder Sachen gehören, die sie als Treuhänder, Vertreter oder Pfandgläubiger innehaben oder besitzen. Zum Nachweis gehört die genaue Namensnennung und die Darlegung, dass diesem die Rechte oder Sachen gehören. Wird der Nachweis nicht geführt, sind ihnen die Sachen oder Rechte regelmäßig steuerlich zuzurechnen (vgl. § 39 AO). Die Zurechnung ist allerdings nicht zwingend geboten, sondern „regelmäßig", also im Allgemeinen, vorzunehmen (vgl. Ausführungen zu § 160 AO; BFH, BStBl 1997 II S. 404).

Das Recht des FA, den zutreffenden Sachverhalt von Amts wegen zu ermitteln, wird durch die Regelung nicht eingeschränkt (§ 159 Abs. 1 Satz 2 AO). Die Auskunftsverweigerungsrechte zum Schutz bestimmter Berufsgeheimnisse (§ 102 AO) bleiben unberührt, wie **§ 159 Abs. 2 AO** ausdrücklich klarstellt. Die Verweigerung löst die Rechtsfolgen des § 159 Abs. 1 AO nicht aus, auch wenn im konkreten Fall eine Nachweispflicht z. B. als Treuhänder besteht. Die Regelung hat vor allem für Rechtsanwälte und Angehörige der steuerberatenden Berufe Bedeutung, die Mandantengelder auf einem Anderkonto verwahren. Namensnennung darf nicht verlangt werden. Nachgewiesen werden muss aber, dass es sich um fremde Sachen oder Rechte handelt (vgl. BFH, BFH/NV 1989 S. 753). Im Einzelfall ist ein Datenabruf nach **§ 93 Abs. 7 AO** zulässig (vgl. AEAO zu § 93 Nr. 2.5). Zu beachten ist, dass das Berufsgeheimnis durch § 104 Abs. 2 AO durchbrochen wird (vgl. AEAO zu § 159).

Wegen **Rechtsschutz** siehe Ausführungen zu § 160 AO.

5.3.6.3 Benennung von Gläubigern und Zahlungsempfängern

Schulden und Ausgaben „sind" steuerlich „regelmäßig" nicht zu berücksichtigen, wenn der Gläubiger oder Zahlungsempfänger nicht benannt wird (**§ 160 Abs. 1 AO**). Der Stpfl. hat auf Verlangen der Finanzbehörde die Gläubiger von Schulden und anderen Lasten sowie die Empfänger von Betriebsausgaben, Werbungskosten und anderen steuerlich abzugsfähigen Ausgaben genau zu benennen (vgl. Hagen, DStZ 2004 S. 564). Die Vorschrift hat insbesondere Bedeutung für die steuerliche Behandlung von Schmiergeldern, OR-Geschäften (Ohne-Rechnung-Geschäften) und fingierten Geschäften (vgl. AEAO zu § 160 Nr. 3).

§ 160 Abs. 1 AO enthält eine **zweistufige Ermessensentscheidung** (vgl. AEAO zu § 160 Nr. 1). Die Aufforderung zur Benennung liegt zunächst im Entschließungsermessen (§§ 160, 92, 93, 5 AO). Nach dem Auskunftsverlangen ist auf der zweiten Entscheidungsstufe das Ermessen – ob die Ausgaben dem Grunde und der Höhe nach zu berücksichtigen sind – eingeschränkt („… sind regelmäßig nicht …"; vgl. BFH, BStBl 1996 II S. 51 m. w. N.). Die Ermessensausübung auf beiden Stufen ist ein unselbständiger Bestandteil der Steuerfestsetzung bzw. der gesonderten Feststellung und **kein Verwaltungsakt**; d. h., sie kann als nichtselbständige Vorbereitungshandlung nur mit **Rechtsbehelf gegen den (Steuer-)Bescheid** angegriffen werden (BFH, BStBl 1988 II S. 927 m. w. N.). Im

Rechtsbehelfsverfahren gegen den Bescheid ist sowohl die Rechtmäßigkeit des Verlangens als auch die Versagung des Ausgabenabzugs zu überprüfen.

Das FA kann, muss aber nicht den Gläubiger- oder Empfängernachweis verlangen. Bei der **Ermessensausübung** ist einmal der Zweck der Regelung zu beachten, mögliche Steuerausfälle zu verhindern. Zum anderen steht das Benennungsverlangen in besonderem Maße unter dem Gesichtspunkt der Zumutbarkeit (vgl. BFH, BStBl 1996 II S. 51; 2004 II S. 582 bzgl. Zinszahlungen auf Inhaberschuldverschreibungen). So steht etwa bei der Zahlung von Lösegeld (ggf. Betriebsausgabe, i. d. R. abzugsfähig als außergewöhnliche Belastung) § 160 AO der Anerkennung nicht entgegen. Liegt der Verdacht eines OR-Geschäfts, der Zahlung nicht versteuerter Gelder oder einer „Briefkastengesellschaft" vor, so ist es regelmäßig ermessensgerecht, wenn das FA den Nachweis verlangt (vgl. BFH, BStBl 1996 II S. 51; Bruschke, StB 2001 S. 42).

Die **Benennung** des Gläubigers oder Zahlungsempfängers (= wirtschaftlicher Endempfänger) muss so klar („genau") sein, dass die Finanzbehörde ohne besondere Schwierigkeit und ohne unangemessenen Zeitaufwand diese Person ermitteln kann. Dazu gehören: richtiger Name und Anschrift; Datum und Höhe der Zahlungen; Hinweise auf den Gegenstand der Geschäftsbeziehungen, selbst wenn sie nicht branchenüblich sind (vgl. BFH, BStBl 1996 II S. 51; 1999 II S. 434). Die Behörde braucht sich auf andere Beweisangebote des Stpfl. nicht einzulassen. Dies gilt auch dann, wenn der Stpfl. sich gegenüber seinem Geschäftspartner verpflichtet hat, dessen Namen nicht zu nennen.

Kommt er dieser Nachweispflicht nicht nach, so werden regelmäßig die geltend gemachten **Abzüge nicht** bzw. **nicht in vollem Umfang** entsprechend dem wahrscheinlichen Steuersatz der Empfänger (= pauschaler Abschlag für möglichen Steuerausfall) anerkannt (vgl. BFH, BStBl 1996 II S. 51; 1999 II S. 434 m. w. N.). Die Bescheidkorrektur erfolgt nach § 164 Abs. 2 bzw. § 175 Abs. 1 Satz 1 Nr. 2 AO. § 160 AO ist regelmäßig anzuwenden, selbst wenn die Finanzbehörde davon überzeugt ist, dass der Stpfl. **erfolgswirksame Aufwendungen** in der angegebenen Höhe gehabt hat; dagegen nicht, wenn der Vorgang erfolgsneutral ist (vgl. BFH, BStBl 1988 II S. 759; Bauer, DStR 1988 S. 413). Durch diese Regelung sollen vor allem Steuerausfälle verhindert werden, wenn die vom Stpfl. angesetzten Betriebsausgaben oder Schulden einerseits die Bemessungsgrundlage einer Steuer kürzen und andererseits wegen der Benennungsverweigerung beim Empfänger oder Gläubiger steuerlich nicht angesetzt werden können („Korrespondenzprinzip"; vgl. BFH, BStBl 1988 II S. 759; 1998 II S. 51). § 160 AO ist nach ständiger Rechtsprechung **keine Straf- oder Bußgeldnorm** im Sinne von § 370 Abs. 1 Nr. 2 und § 378 AO, sondern eine Art **Gefährdungshaftung** (vgl. Spatscheck/Alvermann, DStR 1999 S. 1427 m. w. N.). Er bezweckt nicht unbedingt die richtige Ermittlung der Steuerschuld. Die Hinzurechnung soll vielmehr ein Ausgleich für die vermutete Nichtversteuerung beim Zahlungsempfän-

5.3 Vorbereitung und Ermittlung der Besteuerungsgrundlagen

ger sein und ist auch bei der GewSt gemäß § 7 GewStG zu berücksichtigen, selbst wenn der Zahlungsempfänger freiberuflich tätig oder Arbeitnehmer ist, z. B. als Arzt (vgl. BFH, BStBl 1996 II S. 51/53). Allerdings bleibt das Recht der Finanzbehörde unberührt, den richtigen Sachverhalt von Amts wegen zu ermitteln (§ 160 Abs. 1 Satz 2 AO).

Bei **Geldzahlungen an Empfänger im Ausland** soll nach dem Zweck des § 160 AO auf die Empfängerbezeichnung verzichtet werden, wenn diese mit an Sicherheit grenzender Wahrscheinlichkeit nicht im Inland steuerpflichtig sind (vgl. AEAO zu § 160 Nr. 4). Die Feststellungslast hierfür trägt der Stpfl. Erhöhte Mitwirkungspflichten ergeben sich aus § 90 Abs. 2 und 3 AO und §§ 16, 17 AStG. Bei Zahlungen an Empfänger im Ausland ist Gewicht auf folgende Punkte zu legen:

- Die Tatsache und die Höhe der Zahlung muss nachgewiesen bzw. glaubhaft gemacht werden. Es gibt keine allgemein akzeptierten Prozentsätze des Auslandsumsatzes für einen pauschalen Abzug.
- Es muss sichergestellt sein, dass es sich nicht um Zahlungen an oder für Inländer handelt.
- Art und Umfang der Geschäftsbeziehungen sind darzulegen.
- Eigenbelege zum Glaubhaftmachen von Baraufwendungen müssen außer der Unterschrift des Stpfl. zusätzlich die Unterschrift der auszahlenden Person tragen (vgl. OFD Hamburg, StEK EStG § 4 Nr. 252; Meier, StBp 1992 S. 260).
- Hiervon bleiben unberührt **Auskunftsersuchen** im Rechts- und Amtshilfeverkehr aufgrund des § 117 AO, z. B. wenn festgestellt werden soll, ob ein ausländischer Zahlungsempfänger tatsächlich existiert, der Angegebene den Betrag wirklich erhalten hat (wegen evtl. „Kick-backs") bzw. welche Gegenleistung einer Zahlung im Ausland zugrunde liegt.

§ 160 Abs. 2 AO stellt – wie § 159 Abs. 2 AO – klar, dass das **Auskunftsverweigerungsrecht** gemäß § 102 AO grundsätzlich nicht eingeschränkt wird, d. h., die Rechtsfolgen des § 160 Abs. 1 AO werden in diesen Fällen bei berechtigter Verweigerung der Namensnennung nicht ohne weiteres ausgelöst, sondern das FA muss eigene Ermittlungen anstellen. Die Kürzung hat ggf. zu unterbleiben bzw. ist nicht in vollem Umfang anzuwenden. Aus der Rückverweisung in § 102 Abs. 1 Nr. 4 letzter Halbsatz AO auf § 160 AO ergibt sich dagegen für diese Berufsgruppe die Einschränkung, dass die Berufung auf das Auskunftsverweigerungsrecht zur Versagung des Betriebsausgaben- oder Werbungskostenabzugs im Rahmen der Ermessensentscheidung führen kann.

5.3.6.4 Fehlmengen bei Bestandsaufnahmen

Erleichterungen bei der Beweisführung bestehen für die Finanzbehörde, wenn sich bei einer nach den Verbrauchsteuergesetzen vorgeschriebenen Bestandsaufnahme Fehlmengen an verbrauchsteuerpflichtigen Waren ergeben (**§ 161 AO**).

Es wird vermutet, dass hinsichtlich der Fehlmengen eine Verbrauchsteuer entstanden oder eine bedingt entstandene Verbrauchsteuer unbedingt geworden ist.

Diese Vermutung kann der Stpfl. entkräften, wenn und soweit er glaubhaft macht, dass die Fehlmengen auf Umstände zurückzuführen sind, die eine Steuer nicht begründen (z. B. Schwund oder Verderb).

5.3.6.5 Schätzung von Besteuerungsgrundlagen

Die Finanzbehörde hat die Besteuerungsgrundlagen, die sie nicht ermitteln oder berechnen kann, zu schätzen (**§ 162 AO**). Die **Besteuerungsgrundlage** im Sinne von § 162 Abs. 1, § 199 Abs. 1, § 157 Abs. 2 AO sind die steuerlich bedeutsamen – auch nicht bezifferbaren – Tatsachen oder Sachverhalte im Festsetzungsbereich, nicht aber die Steuer selbst.

Beispiele:

1. Die Höhe des Umsatzes ist nach § 16 UStG für die USt eine Besteuerungsgrundlage. Der Umsatz ist erforderlichenfalls gemäß § 162 AO zu schätzen. Die USt ist aufgrund des durch Schätzung ermittelten Umsatzes festzusetzen (§ 157 AO).

2. Der S macht über die Herkunft von Geldern als Einlagen widersprüchliche Angaben und versagt schließlich jede weitere Mitwirkung. Rechtsfolge?
Das FA darf aus dem Verhalten des S als „Beweisvereitler" nachteilige Schlüsse ziehen (§§ 85, 162 AO) und die Gelder als Betriebseinnahme erfassen; Schätzung dem Grunde nach über nicht bezifferbare Besteuerungsgrundlage (vgl. BFH, BStBl 1989 II S. 462). Für das Einspruchsverfahren ist § 364 b AO zu beachten.

3. **§ 162 Abs. 3 und 4 AO** enthalten Sonderregelungen im Zusammenhang mit § 90 Abs. 3 AO (siehe unter Tz. 5.2.7).

Es besteht eine **Pflicht zur Schätzung** der Besteuerungsgrundlagen, wenn sie nicht zu ermitteln oder zu errechnen sind. Das FA „hat" erforderlichenfalls zu schätzen (§ 162 Abs. 1 Satz 1 AO). Das gilt auch im Bereich des **Steuerstrafrechts** (vgl. BFH, BStBl 2002 II S. 4).

Voraussetzung für die Schätzung ist, dass das FA die Besteuerungsgrundlage nicht ermitteln oder berechnen kann. Die Schätzung beginnt dort, wo ein sicheres Ermitteln nicht mehr möglich ist. Zu schätzen ist insbesondere nach **§ 162 Abs. 2 AO,** wenn

– der Stpfl. keine ausreichenden Aufklärungen zu geben vermag,

– seine Mitwirkungspflichten verletzt, z. B. keine rechtswirksame Steuererklärung nach Ablauf der gesetzlichen Frist (§ 149 Abs. 2 AO) abgibt,

– Bücher oder Aufzeichnungen, die der Stpfl. nach den Steuergesetzen zu führen hat, ganz oder teilweise fehlen,

– die Bücher formell oder sachlich unrichtig sind, z. B. bei Kassenfehlbeträgen (vgl. BFH, BStBl 1990 II S. 109).

Eine formell richtige Buchführung begründet die Vermutung, dass auch das sachliche Ergebnis richtig ist (**§ 158 AO**). Die formelle Richtigkeit ist nach der

5.3 Vorbereitung und Ermittlung der Besteuerungsgrundlagen

Rechtsprechung nur dann zu verneinen, wenn materielle Mängel vorliegen. Das FA ist durch § 158 AO nicht gehindert, z. B. durch Verprobungen zu prüfen, ob die Buchführung sachlich unrichtig ist. Da aber eine Nachkalkulation ihrem Wesen nach selbst eine Schätzung darstellt und demnach die Schätzungsbefugnis erst durch eine Schätzung begründet wird, müssen an diesen Nachweis wesentlich strengere Anforderungen gestellt werden als bei einer Schätzung wegen formeller Mängel der Buchführung (vgl. BFH, BStBl 1990 II S. 268 m. w. N.: Zulässige Nachweise auf die sachliche Unrichtigkeit der Buchführung sind auch bei Unterschreiten der Richtsätze erforderlich). In Zweifelsfällen ist nach den Grundsätzen der Feststellungslast zu entscheiden (BFH, BStBl 1998 II S. 51; siehe unter Tz. 5.2.10).

Ziel jeder Schätzung ist, möglichst dem Sachverhalt nahe zu kommen, der sich beim sicheren Ermitteln ergeben würde. Lässt sich ein Sachverhalt nicht mit an Sicherheit grenzender Wahrscheinlichkeit feststellen, so ist der Besteuerung der Sachverhalt mit der **größtmöglichen Wahrscheinlichkeit** zugrunde zu legen. **§ 160 AO** ist zu beachten. Aufgrund dieser Unsicherheit besteht ein Schätzungsrahmen mit Mindest- und Höchstgrenzen. Die Entscheidung des FA muss innerhalb dieser Wahrscheinlichkeitsgrenzen liegen (siehe auch § 162 Abs. 3 Satz 2 AO). Selbst **grobe Schätzungsfehler** führen regelmäßig **nicht** zur **Nichtigkeit** der darauf beruhenden Bescheide. Ausnahmen bestehen nur bei bewussten Willkürmaßnahmen (vgl. BFH, BStBl 1993 II S. 259; 2001 II S. 381; 2004 II S. 25).

Hilfsmittel für die Schätzung und vor allem für die Ermittlung des Schätzungsrahmens sind insbesondere:

1. Der **äußere Betriebsvergleich.** Das ist der Vergleich mit anderen vergleichbaren Betrieben. Hierbei sind zu unterscheiden:

    a) der Einzelbetriebsvergleich. Dabei werden die Besteuerungsgrundlagen und Kennzahlen (Umsatz, Rohgewinn, Reingewinn usw.) des zu schätzenden Betriebs mit einzelnen gleichartigen Betrieben verglichen.

    b) die Richtsatzschätzung. Schätzungsgrundlage bilden Richtsätze, die als Rahmen- und Mittelsatz bei einer Vielzahl vergleichbarer Betriebe ermittelt worden sind. Die amtlichen Richtsätze sind nicht rein schematisch anzuwenden. Bei ihrer Anwendung sind die Besonderheiten des einzelnen Steuerfalls zu berücksichtigen (BFH, BStBl 1986 II S. 226). Die amtlichen Richtsätze sind keine Rechtsnormen, jedoch ein anerkanntes Hilfsmittel zur Verprobung und Schätzung der Umsätze und Gewinne (BFH, BStBl 1984 II S. 88; 1985 II S. 352).

2. Der **innere Betriebsvergleich.** Verglichen werden die im Schätzungszeitraum erzielten Ergebnisse des zu schätzenden Betriebs mit anderen Zeiträumen. Zu diesem Zweck werden steuerlich interessante Zahlenwerte (z. B. Umsatz, Rohgewinn, Reingewinn, Kostenentwicklung) über mehrere Wirtschaftsjahre

hinweg gegenübergestellt. An die Schätzungsmethode der Geldverkehrs- oder Vermögenszuwachsrechnung sind strenge Anforderungen zu stellen (BFH, BStBl 1990 II S. 268 mit Einzelheiten).

Für die **Höhe des Schätzungsbetrages** kann neben anderen Umständen von Bedeutung sein, aus welchem Anlass eine Schätzung erforderlich geworden ist (§ 162 Abs. 1 Satz 2 AO). Es lassen sich folgende Schätzungsfälle unterscheiden:

1. Die sichere Ermittlung der Besteuerungsgrundlagen ist objektiv unmöglich. Einen Fall dieser Art bilden die Bewertungsschätzungen. Bei ihnen ist kraft gesetzlicher Vorschrift für Zwecke der Besteuerung von Werten auszugehen, die an fiktive oder zukünftige Ereignisse anknüpfen. Diese Schätzung, die regelmäßig zunächst der Stpfl. vornimmt, hat das FA im Rahmen des § 162 Abs. 1 AO zu überprüfen. Das FA muss grundsätzlich bei dieser Schätzung der Auffassung des Stpfl. folgen, wenn die beiden Schätzungsergebnisse nicht wesentlich voneinander abweichen. Der Auffassung des Stpfl. kommt deshalb besondere Bedeutung zu, weil er die Verhältnisse seines Betriebs am besten kennt.

   Beispiel:
   Der Kaufmann A hat die Nutzungsdauer einer Maschine mit 10 Jahren angesetzt. Das FA schätzt die Nutzungsdauer auf 12 Jahre. Das Schätzungsergebnis des FA weicht nicht wesentlich von dem des Kaufmanns ab. Das FA hat es deshalb bei der vom Kaufmann geschätzten 10-jährigen Nutzungsdauer zu belassen.

2. Die sichere Ermittlung der Besteuerungsgrundlagen ist dem FA nicht möglich, weil der Stpfl. seine steuerliche Mitwirkungspflicht verletzt hat. Auch hier muss die Schätzung in sich schlüssig und ihr Ergebnis wirtschaftlich vernünftig und möglich sein. § 160 und § 162 Abs. 3 AO sind zu beachten. Unsicherheiten der Schätzung zulasten des Stpfl. muss dieser hinnehmen, da er den Anlass für die Schätzung gegeben hat (vgl. BFH, BStBl 1986 II S. 226, 732).

   Beispiel:
   Der S hat trotz erheblich gestiegenen Umsatzes einen niedrigeren Gewinn als in den Vorjahren erklärt. Eine ausreichende Erklärung hat er dafür nicht geben können. Die von ihm vorgelegten Bücher sind lückenhaft. Das FA kann die Besteuerungsgrundlage nicht sicher ermitteln und muss schätzen. Nach dem Ergebnis des inneren und äußeren Betriebsvergleichs hat S wahrscheinlich einen Gewinn zwischen 70.000 und 90.000 € erzielt. Das FA schätzt den Gewinn auf 90.000 €. Zulässig?
   Gegen diese Schätzung bestehen keine Bedenken. Das FA kann an die obere Wahrscheinlichkeitsgrenze gehen, weil S durch sein pflichtwidriges steuerliches Verhalten die Schätzung veranlasst hat.

3. Das Unvermögen des FA, bei einem in der Vergangenheit liegenden Sachverhalt die Besteuerungsgrundlagen sicher zu ermitteln, beruht nicht auf einem pflichtwidrigen Verhalten des Stpfl., sondern ist in anderen Umständen begründet. In diesen Fällen wird der Schätzungsbetrag in der Mitte liegen.

5.3 Vorbereitung und Ermittlung der Besteuerungsgrundlagen

Beispiel:
Sämtliche Buchführungsunterlagen des S sind gegen Ende des Veranlagungszeitraums bei einem Großbrand vernichtet worden. S weist durch Zeugen nach, dass bis zu dem Brand seine Buchführung ordnungsgemäß gewesen ist. Es steht fest, dass ihn an dem Brand kein Verschulden trifft. S beziffert in der Steuererklärung seinen Gewinn auf 46.000 €. Er beantragt, diesen Gewinn der Steuerfestsetzung zugrunde zu legen; er entspreche denen der Vorjahre. Einen Nachweis über die Höhe des erklärten Gewinns kann er nicht führen. Folge?

Das FA muss schätzen, weil eine sichere Ermittlung des Gewinns nicht möglich ist. Auf ein Verschulden des S kommt es nicht an (§ 162 Abs. 1 Satz 1 AO). Es ist auch unerheblich, dass S bis zum Brand die Bücher ordnungsgemäß geführt hat (BFH, BStBl 1972 II S. 819; 1974 II S. 728). Das FA kann den von S geschätzten Gewinn nicht ohne weiteres übernehmen. Es muss selbst den wahrscheinlichen Gewinn ermitteln.

Es wird zwischen der **Vollschätzung** (Total-, Generalschätzung) und der **Teilschätzung** unterschieden. Die Vollschätzung kommt nur in Betracht, wenn überhaupt keine Unterlagen zur Verfügung stehen und auch sonstige Anhaltspunkte fehlen. Teilschätzungen sind vorzuziehen, wenn Werte vorhanden sind, die durch Teilschätzungen ergänzt werden können. Wenn gegen die materielle Richtigkeit von einzelnen Teilen der Buchführung (z. B. die aufgezeichneten Kosten) keine Bedenken bestehen, sind sie zu verwenden.

Schätzungen sind ihrem Rechtscharakter nach auch die **Pauschsätze in Verwaltungsanordnungen,** z. B. die Pauschbeträge für die Höhe der zum Abzug zuzulassenden Reisekosten in den EStR und LStR. Sie werden deshalb auch von den Steuergerichten als Tatsachengrundlage angewendet, solange die Beträge nicht wegen der besonderen Umstände des Einzelfalls zu einem offensichtlich unrichtigen Ergebnis führen (BFH, BStBl 1992 II S. 105; 1995 II S. 184 m. w. N.).

Sonderfälle der Schätzung:

– In Schätzungsfällen sind bisweilen auch **Einkünfte, die dem Steuerabzug unterliegen,** zu ermitteln. Es fragt sich, ob und in welcher Höhe dabei die (nicht belegten) **Steuerabzugsbeträge** wie z. B. LSt und KapSt einzubeziehen sind, da sie dem Erhebungsbereich zugerechnet werden und keine „Besteuerungsgrundlage" im Sinne von § 199 Abs. 1, § 157 Abs. 2, § 162 Abs. 2 AO sind. Nach allgemeiner Ansicht ist § 162 AO zugunsten des Stpfl. analog anzuwenden bzw. sind gemäß § 88 Abs. 2 AO wegen der steuerlichen Rechtslage und Gerechtigkeit alle für den Einzelfall bedeutsamen Umstände von Amts wegen zu berücksichtigen. **LSt**-Abzugsbeträge sind daher der Höhe nach korrespondierend steuermindernd zu ermitteln, wenn mit Sicherheit davon ausgegangen werden kann, dass LSt tatsächlich einbehalten wurde (AO-Kartei NRW zu § 162 Karte 801; BFH, BStBl 2001 II S. 353). Dies gilt nicht für die Anrechnung von **KapSt** wegen der nach § 36 Abs. 2 Nr. 2 EStG zwingenden Vorlage der Bescheinigung (vgl. BFH, BStBl 1991 II S. 924; BFH/NV 1990 S. 619).

– **Abziehbare Vorsteuerbeträge** sind eine unselbständige Besteuerungsgrundlage im Sinne von § 157 Abs. 2, § 162 Abs. 1 AO. Eine Schätzung auf der Grundlage der Durchschnittssätze der §§ 69, 70 UStDV ist jedoch nur insoweit zulässig, als die materiell-rechtlichen Voraussetzungen des § 15 UStG vorliegen bzw. vorgelegen haben. Der Mangel fehlender Rechnungen kann nicht durch Schätzung behoben werden (BFH, BStBl 1986 II S. 721). Andernfalls kommt nur ein Ansatz aus Billigkeitsgründen nach § 163 AO in Betracht (vgl. BFH, a. a. O.; Abschn. 202 Abs. 5 bis 7 UStR).

– Zur Schätzung von Feststellungsgrundlagen nach **§ 162 Abs. 5 AO** siehe Ausführungen unter Tz. 8.1.2 und 8.7.1.

Eine **Schätzung unter dem Vorbehalt der Nachprüfung** nach § 164 AO ist geboten, wenn der Stpfl. für eine Ap vorgesehen ist. Darüber hinaus kommen Vorbehaltsschätzungen in Betracht, wenn sich für eine zutreffende Schätzung keine oder kaum ausreichende Anhaltspunkte aus den Akten ergeben und der Sachverhalt deshalb weiter aufgeklärt werden soll (vgl. AEAO zu § 162 Nr. 4). Ist **endgültig geschätzt** worden, so ist für das nachfolgende Einspruchsverfahren § **364 b AO** zu beachten. Sofern eine Korrektur, z. B. nach § 173 Abs. 1 Nr. 2 AO wegen groben Verschuldens, nicht möglich ist, sind bei Vorliegen besonderer Härte Billigkeitsmaßnahmen in Betracht zu ziehen. Hierbei ist die Rechtsprechung, dass ein Erlass nur ausnahmsweise in Betracht kommen kann, zu beachten (vgl. Ausführungen unter Tz. 11.4.1; OFD Köln, DB 1985 S. 2078).

5.3.7 Erzwingung der Hilfs- und Mitwirkungspflichten
(§§ 328 bis 335 AO)

Die Hilfs- und Mitwirkungspflichten der Stpfl. und anderer Personen sind zum großen Teil erzwingbar. Die Finanzbehörde kann im Interesse einer gleichmäßigen und gerechten Besteuerung nicht darauf verzichten. Der Anwendungsbereich des § 328 AO umfasst alle Verwaltungsakte, die nicht auf eine Geldleistung gerichtet sind und die die Finanzbehörde im Rahmen ihrer Befugnisse zur Vorbereitung und Durchführung des gesamten Besteuerungsverfahrens – einschließlich Ap, Rechtsbehelfs- und Vollstreckungsverfahren – erlässt ("Finanzbefehle").

Ausnahmen ergeben sich aus einzelnen gesetzlichen Regelungen oder aus dem Sinn der Vorschriften als Beugemittel.

Erzwingbar sind Verwaltungsakte, die gerichtet sind auf Vornahme von **Handlungen,** z. B. Abgabe und Ergänzung der Steuererklärung, Auskünfte, Belegvorlage, Abgabe der Drittschuldnererklärung (§ 316 AO), **Duldungen,** z. B. Ap (§§ 193 ff. AO), Betreten von Grundstücken (§§ 99, 210 AO) oder **Unterlassungen,** z. B. Führung von Nummernkonten (§ 154 AO).

5.3 Vorbereitung und Ermittlung der Besteuerungsgrundlagen

Nicht erzwingbar sind vor allem auf Geldleistungen gerichtete Verwaltungsakte, Abgabe einer Versicherung an Eides statt durch den Stpfl. (§ 95 Abs. 6 AO), Auskünfte Dritter, soweit ein Auskunftsverweigerungsrecht eingreift (§§ 101 ff. AO), Amtshilfepflicht von öffentlichen Behörden (§§ 111 ff. AO), Erscheinen zum Erörterungstermin (§ 364 a Abs. 4 AO), Selbstbelastung des Stpfl. (§ 393 Abs. 1 Satz 2 AO).

Zwangsmittel sind nach § 328 Abs. 1 AO das Zwangsgeld (§ 329 AO), die Ersatzvornahme (§ 330 AO), der unmittelbare Zwang (§ 331 AO). Die Behörde hat zunächst ein **Entschließungsermessen** („ob"). So ist etwa bei Nichtabgabe von Steuererklärungen regelmäßig eine Schätzung nach § 162 AO vorzuziehen.

Bei der **Auswahl der Zwangsmittel** sind sowohl die Interessen des Pflichtigen als auch der Allgemeinheit zu berücksichtigen. Es ist dasjenige Zwangsmittel zu bestimmen, durch das der Pflichtige und die Allgemeinheit am wenigsten beeinträchtigt werden. Das Zwangsmittel muss in einem angemessenen Verhältnis zu seinem Zweck stehen (Grundsatz der Verhältnismäßigkeit, § 328 Abs. 2 AO). Unmittelbarer Zwang darf nur als letztes Mittel angewendet werden, wenn das Zwangsgeld oder die Ersatzvornahme nicht zum Ziele führen oder untunlich sind, z. B. bei Vollstreckung (§ 331 AO).

Zwangsmittel müssen grundsätzlich **schriftlich angedroht** werden (§ 332 AO). Dabei ist zur Erfüllung der Verpflichtung eine angemessene Frist zu bestimmen. Wird die Verpflichtung nicht fristgemäß erfüllt oder handelt der Pflichtige der Verpflichtung zuwider, so wird im Allgemeinen das **Zwangsmittel festgesetzt (§ 333 AO)**.

Wird die Verpflichtung nach Festsetzung, aber vor Entrichtung des Zwangsmittels erfüllt oder greift ein Verweigerungsrecht ein, so hat die Behörde den **Vollzug einzustellen (§ 335 AO)**. Aus dieser Regelung ergibt sich, dass die Zwangsmittel keine Strafe sind, sondern den Charakter eines Beugemittels haben. Wird dagegen das festgesetzte Zwangsgeld gezahlt und danach die geforderte Handlung bewirkt, z. B. Abgabe der Steuererklärung, kommt eine Erstattung des Zwangsgeldes nicht in Betracht. Wenn das gegen eine natürliche Person festgesetzte Zwangsgeld uneinbringlich ist, kann **Ersatzzwangshaft** angeordnet werden **(§ 334 AO)**.

Einsprüche im Zwangsmittelverfahren können sich gegen den vorangegangenen Finanzbefehl, die Zwangsmittelandrohung (§ 332 AO) oder die Festsetzung (§ 333 AO) richten. Im Einzelnen gilt Folgendes:

1. Wird der zugrunde liegende **Finanzbefehl** (Grund-Verwaltungsakt) wirksam angefochten, ist zu prüfen, ob er innerhalb der gesetzlichen Befugnisse erlassen worden ist. Andernfalls, d. h. nach Unanfechtbarkeit und keiner Wiedereinsetzung, ist der Einspruch unzulässig (§ 358 AO).

5 Steuerverfahrensrecht

2. Mit dem Einspruch gegen die **Zwangsmittelandrohung** als eigenständiger Verwaltungsakt kann nicht geltend gemacht werden, der vorangegangene Finanzbefehl sei rechtswidrig und daher aufzuheben. Derartige Einwendungen sind außerhalb des Zwangsmittelverfahrens zu verfolgen (§ **256 AO;** vgl. BFH, BStBl 1982 II S. 371). Das schließt nicht aus, dass der Einspruch gegen die Androhung auch als gegen den Finanzbefehl gerichtet anzusehen und – falls dieser noch anfechtbar ist – auch über dessen Rechtmäßigkeit zu entscheiden ist.

Gegen die Zwangsmittelandrohung sind folgende Einwendungen zulässig: Es existiere kein erzwingbarer Finanzbefehl (nicht wirksam erlassen; nichtig; aufgehoben); der vorliegende Finanzbefehl sei nicht erzwingbar (Verweigerungsrechte z. B. nach §§ 101 ff., § 364 a Abs. 4, § 95 Abs. 6, § 393 Abs. 1 AO); die Androhung sei fehlerhaft, z. B. Ermessensverstoß wegen zu kurzer Frist.

3. Im Einspruchsverfahren gegen die **Festsetzung** des Zwangsmittels sind Einwendungen gegen die vorangegangenen Verwaltungsakte nicht zulässig, sofern diese nicht ebenfalls angefochten oder unwirksam sind. Die Ausführungen zu Tz. 2 gelten entsprechend. Wird die Zwangsmittelfestsetzung aufgehoben, so ist ein bereits gezahlter Betrag gemäß § 37 Abs. 2 AO zu erstatten. Unberührt bleibt die Sonderregelung des § 335 AO.

Als Entscheidungshilfe dient das **Prüfungsschema** auf Seite 201.

5.3 Vorbereitung und Ermittlung der Besteuerungsgrundlagen

Prüfungsschema Zwangsmittel:
1. Arten: §§ 329 bis 331 AO
2. Entschließungs- und Auswahlermessen, §§ 328, 5 AO
3. Unzulässig, soweit:
   - gesetzlich ausgeschlossen, z. B. § 357 Abs. 3, § 364 a Abs. 4, § 393 Abs. 1 AO
   - Verweigerungsrechte sonstiger Art eingreifen, z. B. §§ 101 ff., § 251 Abs. 1 AO
4. **Zwangsgeldverfahren** im Einzelnen:

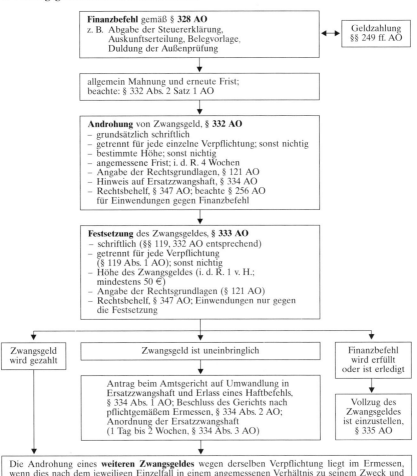

Die Androhung eines **weiteren Zwangsgeldes** wegen derselben Verpflichtung liegt im Ermessen, wenn dies nach dem jeweiligen Einzelfall in einem angemessenen Verhältnis zu seinem Zweck und möglichen Erfolg steht (§ 332 Abs. 3, § 328 Abs. 2; vgl. § 329 AO: „das einzelne Zwangsgeld").

5.4 Außenprüfung (§§ 193 bis 207 AO)

5.4.1 Grundlagen

Gleichmäßige und gesetzmäßige Steuerfestsetzung setzt stets die vollständige Ermittlung des Sachverhalts voraus. Dies geschieht durch das allgemeine Ermittlungsverfahren nach den **§§ 85 ff. AO** und ggf. durch besondere Ermittlungsverfahren, vor allem durch die **Außenprüfung** (Ap) gemäß **§ 193 ff. AO**. Als weitere besondere Ermittlungsmaßnahmen können in Betracht kommen die **Steuerfahndung (§ 208 AO)**, die **USt-Nachschau** nach **§ 27 b UStG** (siehe BMF, BStBl 2002 I S. 1447 mit Einzelheiten) und die **Steueraufsicht** für Verbrauchsteuern (**§§ 209 bis 217 AO**).

Rechtsgrundlagen der Ap bilden die **§§ 193 bis 207 AO**. Ergänzend gelten die allgemeinen Vorschriften des Ermittlungsverfahrens (§§ 85 bis 107 AO) und die **BpO** als allgemeine Verwaltungsvorschrift mit Selbstbindungswirkung für die Finanzbehörde (BStBl 2000 I S. 368). Diese Vorschriften gelten nach § 1 Abs. 2 BpO auch für besondere Ap wie z. B. USt-Sonderprüfung (BMF, BStBl 2002 I S. 1366) und LSt-Ap (§ 42 f EStG; R 148 LStR).

Rechtsfolgen der – wirksamen – Ap ergeben sich aus

- § 164 Abs. 3 AO: Aufhebung des Vorbehalts,
- § 171 Abs. 4 AO: Ablaufhemmung der Festsetzungsfrist,
- § 173 Abs. 2 AO: grundsätzlich Änderungssperre nach der Ap,
- § 204 AO: Möglichkeit einer verbindlichen Zusage,
- § 233 a AO: Steuerzinsen,
- § 371 Abs. 2 Nr. 1 Buchst. a AO: Ausschluss der Selbstanzeige.

5.4.2 Zulässigkeit

Die Ap hat ihre Grundlage in **§ 193 AO** und dient vor allem der Ermittlung der steuerlichen Verhältnisse des Stpfl. (§ 194 Abs. 1 AO). Die Zulässigkeit der Ap hängt nicht davon ab, ob bereits eine Steuer festgesetzt wurde, ob ein Bescheid endgültig, unter Vorbehalt (§ 164 AO) oder vorläufig (§ 165 AO) ergangen ist oder ob die zu überprüfenden Steueransprüche möglicherweise verjährt sind oder aus anderen Gründen nicht mehr durchgesetzt werden können (vgl. BFH, BStBl 1986 II S. 433; AEAO zu § 193 Nr. 1). Die Anordnung einer Ap ist auch zulässig, soweit ausschließlich festgestellt werden soll, ob und inwieweit Steuern verkürzt worden sind. Ap und Steuerfahndung schließen sich insoweit nicht gegenseitig aus (vgl. § 393 Abs. 1 AO; BFH, BStBl 1999 II S. 7; AEAO zu § 193 Nr. 2). Die Ap kann sich einer **USt-Nachschau** nach **§ 27 b UStG** nahtlos anschließen oder als „Zweitprüfung" sogar für einen geprüften Zeitraum erfolgen (vgl. BFH, BStBl 1989 II S. 440; BFH/NV 2005 S. 6).

5.4 Außenprüfung

Nach **§ 193 Abs. 1 AO** ist eine **Ap uneingeschränkt** zulässig bei **Gewerbetreibenden, Land- und Forstwirten** sowie **Freiberuflern** (= Unternehmer). Bei der Prüfung nach § 193 Abs. 1 AO müssen „konkrete" Anhaltspunkte gegeben sein, dass der Stpfl. tatsächlich in der dort genannten Weise tätig ist oder war (BFH, BStBl 1994 II S. 936 m. w. N.). Unmaßgeblich sind Gewinnermittlungsart und Höhe des Gewinns oder der Umsätze. Ferner darf die Ap auch nur zur „Aufklärung der betrieblichen Verhältnisse" des Stpfl. angeordnet werden. Dies gilt unabhängig davon, dass die Ap sich auch auf die nichtbetrieblichen Einkünfte und Besteuerungsgrundlagen gemäß § 194 Abs. 1 AO erstrecken kann (BFH, BStBl 1985 II S. 568; 1986 II S. 437; DStR 2004 S. 452). Andernfalls kann die Prüfung nur nach Maßgabe des engeren § 193 Abs. 2 Nr. 2 AO oder durch Einzelermittlungen nach §§ 88 ff. AO erfolgen (vgl. AEAO zu § 193 Nr. 6).

> **Beispiel:**
> S hat als Vermögensverwalter Einkünfte von 10.000 €. Ist eine Ap zulässig?
> Eine Ap kann nicht auf § 193 Abs. 1 AO gestützt werden, da S zwar Einkünfte aus selbständiger Arbeit (§ 18 Abs. 1 Nr. 3 EStG) hat, aber nicht freiberuflich im Sinne von § 18 Abs. 1 Nr. 1 AO tätig ist (BFH, BStBl 1982 II S. 184). Die geringe Höhe der Einkünfte als solche wäre unerheblich (BFH, BStBl 1982 II S. 208).

Die Ap ist nach Sinn und Zweck des § 193 Abs. 1 AO ferner bei zwischenzeitlicher **Betriebsveräußerung** oder **-aufgabe** möglich, wenn sie sich auf einen Zeitraum erstreckt, in dem der Betrieb noch bestand, obgleich kein Betrieb mehr im Sinne einer aktiven Tätigkeit „unterhalten" wird (vgl. BFH, BStBl 1993 II S. 82; BFH/NV 2005 S. 6). Dasselbe gilt für eine Ap, wenn der Betrieb verpachtet ist oder nachträglich Einkünfte gemäß § 24 Nr. 2 EStG erzielt werden.

Bei **anderen Stpfl.** (i. d. R. Nichtunternehmern) ist eine Ap nur zulässig,

- „soweit" es sich um eine Prüfung von Abzugsteuern handelt oder
- „wenn" eine Prüfung an Amtsstelle nach Art und Umfang des zu prüfenden Sachverhaltes nicht zweckmäßig ist (**§ 193 Abs. 2 AO).**

§ 193 Abs. 2 Nr. 1 AO betrifft Arbeitgeber und sonstige Entrichtungspflichtige für **Abzugsteuern**, z. B. Privatpersonen mit Angestellten (§ 38 Abs. 1 EStG; AEAO zu § 193 Nr. 5). Sind diese Stpfl. Unternehmer, so fallen sie regelmäßig unter § 193 Abs. 1 AO (vgl. § 167 Abs. 1 Satz 3 AO: „im Sinne des § ...").

Nach **§ 193 Abs. 2 Nr. 2 AO** besteht aus Zweckmäßigkeitsgründen eine **eingeschränkte Prüfungsmöglichkeit** für alle anderen Stpfl., bei denen eine Sachverhaltsaufklärung an Amtsstelle nicht zweckmäßig ist (Auffangvorschrift). Liegen keine „konkreten" Anhaltspunkte vor, ob der Stpfl. einen Gewerbebetrieb unterhält oder nicht (etwa V+V in erheblichem Umfang), kann eine Ap nur nach § 193 Abs. 2 Nr. 2 AO erfolgen und nicht nach § 193 Abs. 1 AO (vgl. BFH, BStBl 1991 II S. 278). Ein **Aufklärungsbedürfnis** im Sinne von § 193 Abs. 2 Nr. 2 AO ist nur anzunehmen, wenn Anhaltspunkte bestehen, die es nach den Erfahrungen des FA als „möglich erscheinen" lassen, dass der Stpfl. erforderliche Steuererklärungen nicht, unvollständig oder unrichtig abgegeben hat (BFH, BStBl 1993 II S. 146 m. w. N.). Das FA entscheidet nach pflichtgemäßem Ermessen über die **Zweckmäßigkeit** der Prüfung. Kriterien sind umfangreiche vielgestaltige Einkünfte, z. B. Einkünfte als Vermögensverwalter aus § 18 Abs. 1 Nr. 3 EStG (BFH, BStBl 1982 II S. 184), Einkunftsmillionäre mit Einkünften aus §§ 19 bis 22 EStG oder umfangreiche Vermietungseinkünfte aus zahlreichen Objekten (vgl. BFH, BStBl 1995 II S. 291), nicht jedoch hohe Werbungskosten eines Arbeitnehmers (beachte die ggf. fehlende Aufbewahrungspflicht für Unterlagen, vgl. Tz. 5.3.2.5). Nach dem Grundsatz der Verhältnismäßigkeit muss bei richtiger **Ermessensausübung** die Ap unterbleiben, wenn die gewünschte Aufklärung z. B. wegen einer geringen Anzahl zu berücksichtigender Unterlagen ohne großen Zeitaufwand auch durch Maßnahmen der Einzelermittlung nach §§ 88 ff. AO erreicht werden kann (vgl. § 2 Abs. 3 BpO; BFH, BFH/NV 1995 S. 578 m. w. N.). Ob eine **Prüfung an Amtsstelle** nicht zweckmäßig ist, entscheidet das FA nach pflichtgemäßem Ermessen. Es muss dabei Art und Umfang des zu prüfenden Sachverhalts berücksichtigen (BFH, BStBl 1987 II S. 248).

Die Finanzbehörde entscheidet nach pflichtgemäßem **(Auswahl-)Ermessen** über die Vornahme einer Ap z. B. nach Zufallsgesichtspunkten oder Prüfungsbedürftigkeit im Einzelfall (vgl. §§ 193, 5 AO; § 2 Abs. 1, 3 BpO; BFH, BStBl 1994 II S. 678; BFH/NV 2003 S. 1147 m. w. N.). Wegen der Arbeitsbelastung der Finanzbehörden ist es unmöglich, alle Stpfl. tatsächlich zu prüfen, die der Ap unterliegen. Daraus leitet sich aber kein Anspruch des Stpfl. auf eine „Prüfungspause" ab (vgl. BFH, BStBl 1992 II S. 220). Eine Pflicht der Behörde zur Durchführung einer Ap kann sich ausnahmsweise aus Verwaltungsanweisungen als Folge der Selbstbindung ergeben (vgl. BFH, BStBl 1989 II S. 4). Der Stpfl. kann stets eine Ap anregen, z. B. bei einer Betriebsveräußerung oder Auseinandersetzung oder wenn er Billigkeitsmaßnahmen oder steuerliche Vergünstigungen beantragt hat (Liquiditätsprüfungen). Besonderheiten für eine Ap ergeben sich in folgenden Fällen:

Bei **zusammenveranlagten Ehegatten** ist die Ap jeweils nur bei dem Ehegatten zulässig, in dessen Person die Voraussetzungen des § 193 Abs. 1 oder 2 AO vorliegen. Hierbei kann auch ein Ehegattenarbeitsverhältnis überprüft werden (§ 194 Abs. 1 Satz 4 AO). Es genügt allgemein nicht, dass beim anderen Ehegatten (= Unternehmer) eine Ap stattfindet (BFH, BStBl 1998 II S. 552 m. w. N.). Allerdings kann u. U. hier eine Ap nach § 193 Abs. 2 Nr. 2 AO erfolgen. In dieser zweiten Prüfungsanordnung ist entsprechend zu begründen, dass die gewünschte Aufklärung nicht durch Einzelermittlungen nach §§ 88 ff. AO erreicht werden kann (vgl. BFH, BStBl 1987 II S. 664). In anderen Fällen kann das FA erforderliche Einzelermittlungen nach §§ 88 ff. AO auch dem in der Angelegenheit des Unternehmer-Ehegatten tätig werdenden Prüfer übertragen (BFH, BStBl 1984 II S. 790; 1986 II S. 435).

5.4 Außenprüfung

Bei **Personengesellschaften** ist nach § 194 Abs. 1 Satz 3 AO i. V. m. § 193 Abs. 1 AO regelmäßig die Gesellschaft als solches Subjekt der Ap (vgl. BFH, BStBl 1990 II S. 272). Allerdings werden die steuerlichen Verhältnisse der **Gesellschafter** insoweit geprüft, als sie für einheitliche Feststellungen nach § 180 AO von Bedeutung sind. Eine Vollprüfung der Gesellschafter findet hiernach nicht statt. Ausnahmsweise kann eine vermögensverwaltende GbR in Bezug auf Überschusseinkünfte, z. B. § 21 EStG, nicht Subjekt einer Ap und Adressat der Prüfungsanordnung sein, sondern nur die Gesellschafter (vgl. BFH, BStBl 1995 II S. 291). Die steuerlichen **Verhältnisse anderer Personen** können nach § 194 Abs. 1 Satz 4 AO „insoweit" geprüft werden, als der Stpfl. verpflichtet war oder verpflichtet ist, für Rechnung anderer Personen Steuern zu entrichten, z. B. VersSt, oder Steuern einzubehalten und abzuführen, z. B. LSt, KapSt, § 50 a EStG-Fälle. So können z. B. bei der Ap einer KG die LSt-Verhältnisse des Geschäftsführers und der anderen Arbeitnehmer geprüft werden. Die gilt auch dann, wenn etwaige Steuernachforderungen den anderen Personen gegenüber geltend zu machen sind. Die Ap kann z. B. wegen LSt allein auf die Prüfung der steuerlichen Verhältnisse dieser Personen beschränkt werden (BFH, BStBl 1985 II S. 566). Eine Ap ist unzulässig, wenn sie allein die steuerlichen Verhältnisse Dritter, z. B. von Bankkunden oder Mandanten, erforschen soll (vgl. BFH, DStR 2004 S. 452; AEAO zu § 194 Nr. 5).

Nach **§ 194 Abs. 2 AO** können über § 194 Abs. 1 Satz 3 AO hinaus bei einer Prüfung der Gesellschaft auch die **sonstigen steuerlichen Verhältnisse der Gesellschafter** einbezogen werden, wenn dies im Einzelfall zweckmäßig ist, z. B. Hinweise auf aufklärungsbedürftige Sachverhalte von einigem Gewicht oder Minderung des Arbeitsaufwandes durch Einsatz nur eines Prüfers für einen Gesamtkomplex. Im Falle des § 194 Abs. 2 liegen **zwei oder mehr Ap** vor – Gesellschaft und Gesellschafter –, die aus Zweckmäßigkeitsgründen verbunden sind. Die Prüfungsordnungen müssen daher gegen die Gesellschaft und gegen den/die Gesellschafter ergehen (**§ 197 Abs. 1 Satz 3 AO;** § 5 Abs. 6 BpO). Die Ap nach § 194 Abs. 2 AO muss aber nach § 193 Abs. 1 oder 2 AO zulässig sein. Regelmäßig wird § 193 Abs. 2 Nr. 2 AO vorliegen (vgl. BFH, BStBl 1987 II S. 248; AEAO zu § 194 Nr. 2).

Feststellungsbeteiligte im Sinne von § 180 Abs. 2 AO unterliegen der Ap gemäß § 193 Abs. 2 Nr. 2 AO. Um dem FA eine zusammenfassende Ap zu ermöglichen, auch wenn zwischen den an den Besteuerungsgrundlagen Beteiligten untereinander keine rechtlichen Beziehungen bestehen, ist nach **§ 7 GFestV** eine Ap zur Ermittlung der Besteuerungsgrundlagen bei jedem Verfahrensbeteiligten zulässig.

Die Fertigung und Auswertung von **Kontrollmitteilungen** ist zulässig (**§ 194 Abs. 3 AO**). Diese sind ein wirksames Mittel für die Überprüfung der steuerlichen Zuverlässigkeit (vgl. § 93 a AO; § 27 b Abs. 4 UStG; § 29 BewG), soweit nicht gesetzliche Einschränkungen bestehen wie z. B. § 30 a Abs. 3 AO. Mittels Kontrollmitteilungen werden die Feststellungen ausgewertet, die gelegentlich einer Ap bekannt geworden und für die Besteuerung anderer Stpfl. von Bedeutung sind (vgl. BFH, BStBl 1984 II S. 512 für Verhältnisse Dritter, hier der Ehefrau; 2004 II S. 1032 bzgl. Bankkunden als Dritte; AEAO zu § 194 Nr. 6 und 7). Zulässig ist auch die Auswertung von Feststellungen, die eine unerlaubte Hilfeleistung in Steuersachen betreffen. § 194 Abs. 3 AO enthält keine Einschränkungen hinsichtlich der Verwertung von Kontrollmaterial in Fällen, in denen der geprüfte Stpfl. – wäre er Dritter – ein Aussageverweigerungsrecht hätte. Es besteht in diesen Fällen kein Verwertungsverbot (vgl. § 9 BpO). Der Stpfl. könnte sonst § 160 AO umgehen und durch Vorlage entsprechender Belege den Abzug gezahlter Beträge erreichen, ohne dass geprüft werden könnte, ob der Empfänger den Betrag versteuert hat.

Beispiel:

Bei A werden anlässlich einer Ap Kontrollmitteilungen gefertigt, die den Geschäftspartner B betreffen. Dieser ist ein Bruder des A. Zulässig?

Das bei A festgestellte Kontrollmaterial kann für die Besteuerung des B ausgewertet werden. A und B sind zwar nahe Angehörige (§ 15 AO) mit Auskunftsverweigerungsrecht nach § 101 AO. Dagegen besteht nach § 194 AO kein Verwertungsverbot.

5.4.3 Umfang

Über den Umfang der Ap entscheidet die Behörde nach pflichtgemäßem **Ermessen** (§ 194 AO). Sie hat bei der Ermessensausübung **§ 4 BpO** zu beachten (Selbstbindung des Ermessens; vgl. BFH, BStBl 1994 II S. 678 m. w. N.). Nach **§ 194 Abs. 1 Satz 1 und 2 AO** kann das FA zur Ermittlung der Besteuerungsgrundlagen im Sinne von § 199 Abs. 1 AO nach **Prüfungsbedürftigkeit** im Einzelfall oder nach **Zufallsgesichtspunkten**

– eine oder mehrere Steuerarten,
– einen oder mehrere Besteuerungszeiträume prüfen,
– sich auf bestimmte Sachverhalte beschränken (vgl. §§ 2 bis 4 BpO) – das FA kann damit z. B. eine bestimmte Einkunftsart, den Vorsteuerabzug bei der USt oder die LSt separat im Rahmen der nach § 193 AO zulässigen Ap prüfen – oder
– eine „Zweitprüfung" für einen bereits geprüften Zeitraum durchführen (vgl. BFH, BStBl 1989 II S. 440).

Die Bestimmung des sachlichen und zeitlichen Umfangs der Ap in der Prüfungsanordnung hat besondere Bedeutung für die Ablaufhemmung nach § 171 Abs. 4 AO sowie für die Sperrwirkungen gemäß § 173 Abs. 2 und § 371 Abs. 2 Nr. 1 Buchst. a AO (vgl. AEAO zu § 196 Nr. 5; BFH, BStBl 2000 II S. 306).

5.4.3.1 Sachlicher Umfang

Der sachliche Umfang der Ap hängt davon ab, ob die Ap nach § 193 Abs. 1 oder Abs. 2 AO zulässig ist. Bei der Ap nach § **193 Abs. 1 AO** können nicht nur die betrieblichen Verhältnisse, sondern alle Besteuerungsgrundlagen und alle Steuerarten, die für die sonstigen Verhältnisse Bedeutung haben, geprüft werden, z. B. Überschusseinkünfte, außergewöhnliche Belastungen, ErbSt, GrESt (vgl. BFH, BStBl 1982 II S. 208; 1986 II S. 437; § 4 Abs. 5 BpO).

Dagegen beschränkt sich der sachliche Umfang bei § **193 Abs. 2 Nr. 1 AO** auf die dort genannten Verhältnisse („soweit"), z. B. nur auf die LSt bezüglich einer Haushaltshilfe (§§ 38 ff. EStG).

Liegen die Voraussetzungen des § **193 Abs. 2 Nr. 2 AO** vor, kann wieder uneingeschränkt geprüft werden („wenn"), z. B. ESt, USt.

5.4.3.2 Zeitlicher Umfang

Nach § **194 Abs. 1 AO** kann die Ap einen oder mehrere Besteuerungszeiträume umfassen. Das **Ermessen** wird grundsätzlich durch § **4 BpO** eingeschränkt. Maßgeblich ist die Einteilung der Betriebe in **Größenklassen** (§§ 3 und 4 BpO). Die Einordnung erfolgt im Rahmen sachgerechten Ermessens stichtagbezogen nach bestimmten Kriterien (Umsatz bzw. Gewinn ...) regelmäßig alle drei Jahre (vgl. BMF-Schreiben, BStBl 2003 I S. 403; BFH, BStBl 2002 II S. 269).

Großbetriebe unterliegen nach § **4 Abs. 2 BpO** grundsätzlich der **Anschlussprüfung**. Weist ein Unternehmen zur Zeit der Prüfungsanordnung die Merkmale eines Großbetriebes auf, so kann die Ap auch auf mehr als drei Jahre zurückliegende Besteuerungszeiträume erstreckt werden, selbst wenn der Betrieb zu jener Zeit noch kein Großbetrieb war (vgl. § 4 Abs. 4 BpO).

Bei **Mittel-, Klein- oder Kleinstbetrieben** im Sinne von § 193 Abs. 1 AO „soll" der Prüfungszeitraum „in der Regel" **drei zusammenhängende Besteuerungszeiträume** umfassen, d. h. nicht unbedingt die letzten drei Jahre. Anschlussprüfungen sind zulässig (§ 4 Abs. 3 BpO). Mittelbetriebe werden durchschnittlich nur alle 11 Jahre geprüft, Kleinbetriebe nur alle 20 bis 30 Jahre. Von der Dreijahresregelung gibt es **Ausnahmen:**

1. Die Beschränkung gilt nicht für **„Nicht-Betriebe"** im Sinne von § 193 Abs. 2 Nr. 2 AO oder andere typische Fälle des § 193 Abs. 2 AO (vgl. BFH, BStBl 1995 II S. 291; AEAO zu § 194 Nr. 4; nach FinMin NRW aber entsprechend für LSt, BB 1981 S. 958).

2. Erweiterungstatbestände enthält ferner § **4 Abs. 3 Satz 2 BpO:**
   - Die Besteuerungsgrundlagen sind nicht ohne Erweiterung des Prüfungszeitraums feststellbar, z. B. bei Verlustvortrag aus früheren Jahren gemäß

§ 10d Abs. 3 EStG (vgl. BFH, BStBl 1995 II S. 496). Das gilt nicht zur Überprüfung eines Bilanzansatzes oder Dauerrechtsverhältnisses; hier erfolgen Einzelermittlungen nach §§ 88 ff. AO (vgl. § 8 Abs. 3 BpO; s. u.).

- In den Jahren ist mit nicht unerheblichen Steuernachforderungen/-erstattungen zu rechnen. Hier müssen konkrete Anhaltspunkte vorliegen, z. B. Rückschlüsse aus den geprüften drei Jahren. Starre Mindestbetragsgrenzen gibt es nicht, da sie einer sachgerechten Ermessensausübung nicht genug Raum lassen. Es erfolgt i. d. R. eine Erweiterung bei Mittelbetrieben, wenn aufgrund konkreter Tatsachen mit Mehr- oder Mindersteuern ab 1.500 Euro pro Jahr aus allen Steuerarten zu rechnen ist. Sonst gelten 500 Euro (vgl. FinMin NRW, DB 1991 S. 1958; BFH, BStBl 1988 II S. 857). Hierbei kommt es nicht darauf an, ob die zu erwartenden Mehrsteuern auch auf andere Weise festgestellt werden können (vgl. BFH, BStBl 1989 II S. 445).
- Konkreter Verdacht eines Steuerdelikts. Hierbei ist § 10 BpO zu beachten; Hinweis auf § 386 und § 208 AO, d. h., Ap und Steuerfahndung schließen sich nicht gegenseitig aus (vgl. BFH, BStBl 1999 II S. 7).

3. In besonderen **atypischen Fällen** kann von der Dreijahresregelung als Selbstbeschränkung des Ermessens – „soll" – abgewichen werden, ohne gegen das Übermaßverbot zu verstoßen. So darf die Ap etwa als Anschlussprüfung oder bei Betriebsaufgabe für die letzten drei Jahre, in der der Betrieb noch bestand, angeordnet werden. Ebenso kann im Einzelfall die Angabe mit „nicht verjährter Zeitraum" hinreichend bestimmt sein (vgl. BFH, BStBl 1986 II S. 439).

Die erweiterte Prüfungsanordnung ist entsprechend zu begründen und durch Tatsachen zu stützen (BFH, BStBl 1989 II S. 592; AEAO zu § 194 Nr. 4).

Im Zusammenhang mit der Ap kann der Prüfer beim Stpfl. aus Gründen der Verfahrensökonomie **zusätzlich Einzelermittlungen nach §§ 88 ff. AO** für noch offen stehende Veranlagungen der Vorjahre durchführen und bearbeiten, z. B. Erfassung bestimmter Einnahmen oder Dauersachverhalte (BFH, BStBl 1989 II S. 193; vgl. AEAO zu § 193 Nr. 6). Er muss dem Stpfl. allerdings deutlich machen, dass verlangte Auskünfte oder Belege nicht mehr im Zusammenhang mit der Ap stehen (vgl. BFH, BStBl 1998 II S. 461). Denn die Ermittlungsrechte des FA und die Mitwirkungspflichten des Stpfl. gehen im Rahmen der Ap weiter als bei Einzelermittlungen (§§ 200, 90 ff. AO). Diese Einzelermittlungen sind nicht in den Prüfungsbericht (§ 202 AO) aufzunehmen. Ebenso ist es dem FA nicht verwehrt, aus der im Rahmen einer rechtmäßigen Ap erlangten Kenntnis bestimmter betrieblicher Verhältnisse des Stpfl. in den Jahren des Prüfungszeitraums Schlussfolgerungen auf die tatsächlichen Gegebenheiten in anderen Jahren vor oder nach dem Prüfungszeitraum zu ziehen, z. B. Privatnutzung PKW oder unwirksame Arbeitsverhältnisse mit Angehörigen, und demgemäß Steuerbescheide, die unter dem Vorbehalt der Nachprüfung stehen, entsprechend zu ändern (vgl. BFH, BStBl 1988 II S. 2).

5.4.4 Prüfungsanordnung

Die Prüfungsanordnung muss **schriftlich mit Rechtsbehelfsbelehrung** ergehen (**§ 196 AO;** Hinweis auf § 356 Abs. 2 AO). Sie bestimmt nach **§ 5 Abs. 2 BpO**

- die **Rechtsgrundlage** der Ap,
- die zu prüfenden **Steuerarten** und
- den **Prüfungszeitraum.**

Mit der Prüfungsanordnung als **selbständige Verwaltungsakte** verbunden werden üblicherweise die Mitteilung

- des voraussichtlichen **Prüfungsbeginns** und
- des **Ortes** der Ap (vgl. AEAO zu § 196 Nr. 1).

Auch Änderungen und Ergänzungen bedürfen der Schriftform. Eine mündlich oder eine erst nach Abschluss der Ap erteilte Prüfungsanordnung ist nichtig gemäß § 125 Abs. 1 bzw. Abs. 2 Nr. 2 AO. Letzteres hat Auswirkungen auf § 171 Abs. 4 und § 173 Abs. 2 bzw. § 371 Abs. 2 Nr. 1 Buchst. a AO, d. h., es tritt keine Ablaufhemmung bzw. Sperrwirkung ein.

Die sachliche und örtliche **Zuständigkeit** der Finanzbehörde bestimmt sich nach **§§ 195, 18 ff. AO** (vgl. dazu § 5 Abs. 1 BpO).

Die Prüfungsanordnung bedarf grundsätzlich einer **Begründung** (§ 121 Abs. 1 AO). Für „Routineprüfungen" nach § 193 Abs. 1 AO genügt im Allgemeinen die Angabe der Rechtsgrundlage (§ 121 Abs. 2 Nr. 2 AO), während für „Anlassprüfungen" des § 193 Abs. 2 Nr. 2 AO und für „Erweiterungsprüfungen" nach § 4 Abs. 3 Satz 2 BpO entsprechende substantiierte Begründungen erforderlich sind (vgl. BFH, BStBl 1993 II S. 146; BFH/NV 2003 S. 1147 m. w. N.). Ein Begründungsmangel kann nach § 126 Abs. 1 Nr. 2, Abs. 2 AO geheilt werden, z. B. Nachholung durch mündliche Erläuterung des Prüfers oder in der Einspruchsentscheidung.

Die Prüfungsanordnung ist dem Stpfl. oder seinem Berater rechtzeitig **bekannt zu geben (§ 197 Abs. 1 AO).** Die Festlegung des Prüfungsbeginns und des Ortes können als selbständige Verwaltungsakte auch mündlich ergehen, da § 196 AO ausdrücklich nur für die Prüfungsanordnung gilt (vgl. BFH, BStBl 1989 II S. 76, 445, 483; 2003 II S. 552). Die Bekanntgabe der Prüfungsanordnung, des voraussichtlichen Prüfungsbeginns, des Ortes und der Namen der Prüfer, und zwar angemessene Zeit vor Beginn der Prüfung, liegt sowohl im Interesse des Stpfl. als auch der Finanzbehörde (vgl. § 171 Abs. 4 AO). Der Stpfl. soll sich auf die

5 Steuerverfahrensrecht

Prüfung vorher einstellen können, sodass die Prüfung möglichst reibungslos ablaufen kann und Störungen des Geschäftsbetriebs weitgehend vermieden werden. Welche Ankündigungsfrist angemessen ist, muss jeweils unter Abwägung der besonderen Umstände des Einzelfalls entschieden werden. Regelmäßig reichen zwei bis vier Wochen (vgl. § 5 Abs. 4 BpO). Vor allem ist dabei zu berücksichtigen, ob der Stpfl. besondere Vorbereitungen für die Prüfung treffen muss. Eine vorherige Bekanntgabe der Prüfungsanordnung ist nicht erforderlich, wenn der Prüfungszweck dadurch gefährdet wird oder wenn der Stpfl. auf die Einhaltung der Frist verzichtet (z. B. der Prüfungsbeginn ist bereits telefonisch abgesprochen) oder wenn die Prüfungsanordnung erweitert wird.

Der in der Prüfungsanordnung vorgesehene **Beginn der Ap** soll nach **§ 197 Abs. 2 AO** auf Antrag des Stpfl. **verlegt** werden, wenn dafür wichtige Gründe glaubhaft gemacht werden und öffentliche Belange nicht entgegenstehen (vgl. § 171 Abs. 4 AO). Wichtige Gründe können z. B. sein: Erkrankung des Stpfl., beträchtliche Betriebsstörungen durch Umbau oder höhere Gewalt, dringende Verhinderung des Beraters bzw. Buchhalters (vgl. § 5 Abs. 5 BpO). Die Verlegung kann vorteilhaft sein, um z. B. Zeit für eine wirksame Selbstanzeige zu gewinnen (vgl. § 371 Abs. 2 Nr. 1 Buchst. a AO).

Einzelheiten zur **Bekanntgabe** von Prüfungsanordnungen enthält der AEAO zu § 197.

5.4.5 Rechtsbehelfe und Verwertungsverbote

Die **Prüfungsanordnung** ist ein schriftlicher Verwaltungsakt. Von dieser eigentlichen Prüfungsanordnung hebt § 197 Abs. 1 Satz 1 AO **weitere Verwaltungsakte** ab, die regelmäßig mit der Anordnung äußerlich verbunden sind: Bekanntgabe des **Prüfungsbeginns** und Anordnung des **Prüfungsortes** als weitere Prüfungsmodalitäten (vgl. § 5 Abs. 2 BpO; AEAO zu § 196 Nr. 1 m. w. N.). Dagegen sind die Angabe des Betriebsprüfers (Name) und andere prüfungsleitende Bestimmungen keine Verwaltungsakte mangels unmittelbarer Rechtswirkung (BFH, BFH/NV 1995 S. 758).

Die **Prüfungshandlungen** des Außenprüfers sind regelmäßig tatsächlicher Natur und daher **keine Verwaltungsakte,** sondern nicht selbständig anfechtbare Vorbereitungshandlungen zum Erlass von Bescheiden (BFH, BStBl 1999 II S. 199).

Gegen die Prüfungsanordnung sowie sonstige Verwaltungsakte ist **Einspruch** nach § 347 AO gegeben, sodann ggf. Anfechtungsklage bzw. Antrag nach § 100 Abs. 1 Satz 4 FGO. Der Einspruch ist zulässig, wenn er fristgerecht (vgl. § 355 Abs. 1, § 356 Abs. 2 AO), ggf. auch nach Beginn oder sogar Abschluss der Ap, eingelegt wird (keine Verwirkung; BFH, BStBl 1986 II S. 435). Als **vorläufiger Rechtsschutz** kommt **AdV** nach § 361 AO, § 69 FGO in Betracht.

5.4 Außenprüfung

Rechtswidrige Prüfungsmaßnahmen können im Einzelfall ein **Verwertungsverbot** begründen (vgl. AEAO zu § 196 Nr. 2 und 3; Einzelheiten unter Tz. 5.2.16).

5.4.6 Durchführung der Prüfung

Bei Beginn der Ap hat der Prüfer bestimmte **Formvorschriften** zu beachten (**§ 198 AO**). Er hat sich bei Erscheinen unverzüglich auszuweisen. Einer entsprechenden Aufforderung des Stpfl. bedarf es nicht. Der Beginn der Prüfung ist aktenkundig zu machen. In dem Vermerk sind Datum und Uhrzeit anzugeben. Der genaue Zeitpunkt des Prüfungsbeginns ist in verschiedener Hinsicht von Bedeutung. Mit dem „Erscheinen" des Amtsträgers zur steuerlichen Prüfung – nicht identisch mit dem Beginn der Prüfung – tritt eine Sperrwirkung für die Selbstanzeige bei Steuerhinterziehung ein (§ 371 Abs. 2 Nr. 1 Buchst. a AO). Außerdem führt der Beginn der Ap zur Hemmung der Festsetzungsfrist (§ 171 Abs. 4 AO; vgl. AEAO zu § 198 Nr. 1).

Der Außenprüfer hat bei der Durchführung der Prüfung bestimmte **Prüfungsgrundsätze** zu beachten (**§ 199 AO**; vgl. BMF-Schreiben, BStBl 2001 I S. 502). Er hat die Besteuerungsgrundlagen zugunsten wie zuungunsten des Stpfl. zu prüfen, die Prüfung auf das Wesentliche abzustellen und ihre Dauer auf das notwendige Maß zu beschränken (vgl. § 2 Abs. 1, § 7 BpO). Hierdurch wird regelmäßig die Höhe der Zinsen nach § 233 a AO beeinflusst. Der Prüfer hat außerdem den Stpfl. bereits während der Ap über die festgestellten Sachverhalte und die möglichen steuerlichen Auswirkungen zu unterrichten. Es handelt sich ebenfalls – wie bei dem ersten Prüfungsgrundsatz – um eine Mussvorschrift. Dies hat besondere Bedeutung für die abgekürzte Ap, bei der eine Schlussbesprechung entfällt (§ 203 Abs. 2 Satz 3 AO). Nur wenn Zweck und Ablauf der Prüfung beeinträchtigt werden, darf der Prüfer von der Unterrichtung des Stpfl. absehen.

Der Stpfl. hat bei der Durchführung der Ap **erhöhte Mitwirkungspflichten** (**§ 200 AO**). Gewisse Einschränkungen der Ermittlungsbefugnisse nach den allgemeinen Verfahrensvorschriften gelten nicht, weil sie mit dem Ziel der Ap nicht vereinbar sind, die maßgebenden Verhältnisse des Stpfl. umfassend zu prüfen. Deshalb sind gemäß § 200 Abs. 1 letzter Satz AO § 93 Abs. 2 Satz 2 und § 97 Abs. 2 AO nicht anwendbar, d. h., **Auskunftsverlangen** brauchen nicht schriftlich zu ergehen und **Urkundenvorlage** kann sofort verlangt werden. Die Mitwirkungspflicht braucht der Stpfl. nicht unbedingt in jedem Fall persönlich zu erfüllen. Er kann und sollte im Eigeninteresse dem Prüfer auch andere geeignete Personen benennen. Zugleich sind alle anderen **Mitarbeiter** anzuweisen, Fragen nicht zu beantworten; denn nur so kann der Stpfl. kontrollieren, welche Informationen der Prüfer erhält. Der Prüfer kann nach pflichtgemäßem Ermessen andere Betriebsangehörige um Auskunft ersuchen, wenn der Stpfl. oder die von ihm benannten Personen nicht in der Lage sind, Auskünfte zu erteilen, oder wenn die erteilten Auskünfte zur Klärung des Sachverhalts unzureichend sind oder wenn Auskünfte des Stpfl. keinen Erfolg versprechen (vgl. § 8 BpO). Für die LSt-Ap ist § 42 f Abs. 2 EStG zu beachten.

Die Ap ist grundsätzlich in den **Geschäftsräumen** durchzuführen (**§ 200 Abs. 2 AO;** § 6 BpO). Fehlt ein geeigneter Geschäftsraum, so sind die Unterlagen in der **Wohnung** des Stpfl. unter Beachtung von § 99 Abs. 1 Satz 3 AO oder an **Amtsstelle** vorzulegen. Der Stpfl. hat einen zur Durchführung der Ap geeigneten Raum oder Arbeitsplatz sowie die erforderlichen Hilfsmittel unentgeltlich zur Verfügung zu stellen. Ob Ort der Ap auch das **Büro des Beraters** sein kann, etwa durch kurzfristiges Anmieten eines Raumes, entscheidet das FA durch Verwaltungsakt auf Antrag nach pflichtgemäßem Ermessen unter Berücksichtigung der beiderseitigen Interessen (vgl. BFH, BFH/NV 1992 S. 757; OFD Bremen, DB 1995 S. 2398; AEAO zu § 200 Nr. 2; Janssen, DStZ 2000 S. 857).

Bei der **Betriebsbesichtigung** soll der Betriebsinhaber oder sein Beauftragter hinzugezogen werden (**§ 200 Abs. 3 AO**). Der Außenprüfer ist berechtigt, während der üblichen Geschäfts- oder Arbeitszeit Grundstücke und Betriebsräume zu betreten und zu besichtigen. Die Betriebsbesichtigung stellt keine Augenscheinseinnahme im Sinne des § 98 AO dar.

Über das Ergebnis der Ap ist regelmäßig eine **Schlussbesprechung** abzuhalten (**§ 201 AO**). Dem Stpfl. sind die Besprechungspunkte und der Termin angemessene Zeit vorher bekannt zu geben. Dies kann mündlich geschehen (§ 11 BpO). Insbesondere sind strittige Sachverhalte sowie die rechtliche Beurteilung der Prüfungsfeststellungen und ihre steuerlichen Auswirkungen zu erörtern. Eine unzutreffende Rechtsauffassung kann die Behörde noch bei der Auswertung der Prüfungsfeststellungen richtig stellen, selbst wenn an der Schlussbesprechung der zuständige Beamte teilgenommen hat, da die „Schlussbesprechung" nur vorläufigen Charakter hat und die verbindliche Regelung erst im Festsetzungsverfahren getroffen wird (vgl. BFH, BStBl 1990 II S. 772 m. w. N.). Auch der Stpfl. ist an das Ergebnis der Schlussbesprechung nicht gebunden, sofern nicht eine **„tatsächliche Verständigung"** über schwierig zu ermittelnde Umstände – insbesondere in Schätzungssachen – erfolgt ist (vgl. BFH, BStBl 1991 II S. 673; 1996 II S. 625; OFD Frankfurt, DStR 2000 S. 1476; AEAO zu § 201 Nr. 1 und 5).

Keine Schlussbesprechung ist erforderlich, wenn sich nach dem Ergebnis der Ap keine Änderung der Besteuerungsgrundlagen ergibt oder der Stpfl. auf die Besprechung verzichtet (§ 201 Abs. 1 Satz 1 AO) oder eine abgekürzte Ap durchgeführt wurde (§ 203 Abs. 2 AO).

Die **straf- oder bußgeldrechtliche Würdigung** der Prüfungsfeststellungen ist nicht Gegenstand der Schlussbesprechung, sondern Aufgabe des FA für Steuerstrafsachen und Steuerfahndung. Besteht die – unterhalb eines konkreten Anfangsverdachts liegende – Möglichkeit, dass ein Straf- oder Bußgeldverfahren durchgeführt werden muss, soll der Stpfl. oder ein Dritter, z. B. Angestellter oder Berater, darauf hingewiesen werden (strafrechtlicher Vorbehalt, § 201 Abs. 2 AO). Der Vorbehalt bedeutet noch nicht die Einleitung eines Verfahrens im Sinne von §§ 397, 410 i. V. m. § 371 oder § 378 Abs. 3 AO (AEAO zu § 201 Nr. 6).

Der **Prüfungsbericht** hat schriftlich zu ergehen und enthält die für die Besteuerung erheblichen Prüfungsfeststellungen in tatsächlicher und rechtlicher Hinsicht sowie die Änderungen der Besteuerungsgrundlagen (**§ 202 AO**). Er ist kein Verwaltungsakt im Sinne von § 118 AO mangels unmittelbarer Rechtswirkung nach außen (vgl. BFH, BStBl 1986 II S. 21/23). Soll bei der Auswertung des Berichts wesentlich von den Prüfungsfeststellungen zulasten des Stpfl. abgewichen werden, ist ihm Gelegenheit zur Stellungnahme zu geben (§ 12 BpO). Führt die Ap zu keiner Änderung der Besteuerungsgrundlagen, genügt eine entsprechende **schriftliche Mitteilung** gemäß § 202 Abs. 1 Satz 3 AO („Null-Fall"). Hierbei handelt es sich mangels Regelung ebenfalls nicht um einen Verwaltungsakt (BFH, BStBl 1988 II S. 168 m. w. N.). Diese Mitteilung gibt – wie der Prüfungsbericht – lediglich Auskunft über das tatsächliche Ergebnis der Ap. An diese Tatsachen knüpfen § 171 Abs. 4 und § 173 Abs. 2 AO bestimmte Rechtsfolgen. Ein Einspruch ist daher nur zulässig gegen den Änderungsbescheid bzw. gegen die Ablehnung eines Änderungsantrages gemäß § 347 Abs. 1 Satz 1 Nr. 1 AO.

Eine Verpflichtung zur Bekanntgabe des Prüfungsberichts vor seiner Auswertung besteht nur, wenn der Stpfl. dies ausdrücklich beantragt. Ein entsprechender Antrag wird im Allgemeinen immer dann gestellt werden, wenn die Schlussbesprechung zu keiner vollen Übereinstimmung geführt hat. Der Stpfl. kann innerhalb angemessener Frist – i. d. R. mindestens ein Monat – dazu Stellung nehmen.

In dem durch die Prüfungsanordnung vorgegebenen Rahmen muss die Ap entweder durch die anschließende Steuerfestsetzung oder Mitteilung über die ergebnislose Prüfung abgeschlossen werden. Eine zeitliche Frist hierfür enthält § 171 Abs. 4 Satz 3 AO.

5.4.7 Abgekürzte Außenprüfung

Eine abgekürzte Ap ist in einfach gelagerten Fällen zulässig und steht im Ermessen der Behörde (**§ 203 AO;** § 4 Abs. 5 BpO). Sie kommt bei Stpfl. in Betracht, bei denen die Finanzbehörde eine turnusmäßige Ap wegen ihrer relativ geringen steuerlichen Bedeutung nicht für erforderlich hält. In der Prüfungsanordnung ist auf die abgekürzte Ap hinzuweisen (§ 5 Abs. 2 BpO). Die Voraussetzungen für eine abgekürzte Ap sind vor allem gegeben bei Stpfl. mit kleineren Betrieben und bei Stpfl., die keine gewerblichen Einkünfte haben oder die unter § 193 Abs. 2 Nr. 2 AO fallen. Die Regelung ermöglicht eine verhältnismäßig rasche Schwerpunktprüfung, die häufig auch im Interesse des Stpfl. liegen wird, und eine größere Prüfungsanzahl.

Von der regulären Ap unterscheidet sich die abgekürzte Ap dadurch, dass sie auf die wesentlichen Besteuerungsgrundlagen zu beschränken ist, eine Schlussbesprechung nicht erforderlich ist und eine Zusendung des Prüfungsberichts (auf Antrag) vor seiner Auswertung nicht zwingend vorgeschrieben ist (§ 203 Abs. 2 AO; vgl. AEAO zu § 203). Hierbei ist der Stpfl. vor Abschluss der Prüfung darauf hinzuweisen, inwieweit von den Steuererklärungen oder den Steuerfestsetzungen abgewichen werden soll. Darüber hinaus steht es im pflichtgemäßen Ermessen der Finanzbehörde, ob sie die steuerlich erheblichen Prüfungsfeststellungen bereits vor der Auswertung dem Stpfl. schriftlich mitteilt. Spätestens sind sie mit den Steuerbescheiden zu übersenden. Damit ist auch im Rahmen der abgekürzten Ap die erforderliche Sach- und Rechtsaufklärung des Stpfl. gesichert (vgl. BFH, BStBl 1988 II S. 483).

Die abgekürzte Ap hat im Übrigen – trotz der genannten Einschränkungen – alle rechtlichen Folgen einer Ap (vgl. § 164 Abs. 3, § 171 Abs. 4, § 173 Abs. 2 AO).

5.4.8 Verbindliche Zusagen

Im Anschluss an eine Ap soll die Finanzbehörde unter bestimmten Voraussetzungen verbindliche Zusagen erteilen (**§ 204 AO**). Der **Anwendungsbereich** erstreckt sich praktisch auf für die Vergangenheit geprüfte Sachverhalte, die Wirkung auch für die Zukunft haben, z. B. Gesellschaftsverträge, Erwerb von Wirtschaftsgütern, LSt-Angelegenheiten. Unberührt bleibt § 42 e EStG.

Darüber hinaus bleiben auch weiterhin die durch die Rechtsprechung entwickelte sonstige verbindliche Zusage sowie der Grundsatz von Treu und Glauben bestehen (vgl. R 147, 148 Abs. 5 LStR).

Für die Erteilung der verbindlichen Zusage ist nach § 204 AO **Voraussetzung, dass**

1. ein für die Vergangenheit geprüfter Sachverhalt im Prüfungsbericht dargestellt wird (§§ 202, 203 AO),

2. die Kenntnis der künftigen steuerrechtlichen Behandlung dieses Sachverhalts für geschäftliche Maßnahmen des Stpfl. Bedeutung hat und

3. der Stpfl. im Anschluss an die Ap die verbindliche Zusage beantragt (vgl. AEAO zu § 204).

Der Stpfl. hat keinen Rechtsanspruch auf Erteilung der beantragten verbindlichen Zusage. Die Regelung des § 204 AO als **Sollvorschrift** verstärkt jedoch die Rechtsstellung des Stpfl. Das FA darf nur in atypischen Fällen ablehnen. Hierbei ist am Zweck der Regelung zu messen, ob ein atypischer Fall vorliegt, weil z. B. der Sachverhalt sich nicht für eine verbindliche Zusage eignet, entsprechende

5.4 Außenprüfung

Verwaltungsvorschriften noch erlassen werden sollen oder eine Grundsatzentscheidung des BFH bevorsteht (vgl. AEAO zu § 204 Nr. 5). Die Ablehnung einer beantragten verbindlichen Zusage ist ebenso wie deren Erteilung schriftlich zu begründen, soweit dies zum Verständnis erforderlich ist (§ 121 AO).

Die vorgeschriebene **Form der verbindlichen Zusage** ist einzuhalten. Bei Formverstößen gegen **§ 205 AO** besteht keine Bindungswirkung gemäß § 206 AO. Die verbindliche Zusage muss aus Beweisgründen **schriftlich** erteilt und außerdem als **verbindlich** gekennzeichnet werden. Nach § 205 Abs. 2 AO muss die Zusage ferner enthalten:

1. den ihr zugrunde gelegten Sachverhalt (Bezugnahme auf den Prüfungsbericht genügt),

2. neben der getroffenen Entscheidung auch die Entscheidungsgründe und die maßgebenden Rechtsvorschriften (wegen § 207 Abs. 1 AO) sowie

3. die Angabe, für welche Steuern und für welchen Zeitraum die verbindliche Zusage gilt. Ohne eine zeitliche Einschränkung bleibt sie bis zu ihrer Aufhebung oder Änderung wirksam.

Voraussetzung für die **Bindungswirkung** ist nach **§ 206 AO,** dass sich der später verwirklichte Sachverhalt mit dem der verbindlichen Zusage zugrunde gelegten Sachverhalt deckt. Unwesentliche Abweichungen der Sachverhalte, die den inneren Kern der Sache nicht berühren, sind nach dem Sinn der Regelung unschädlich. Eine Sonderregelung besteht für den Fall, dass die verbindliche Zusage zuungunsten des Antragstellers dem geltenden Recht widerspricht. Eine Bindungswirkung tritt in diesem Fall nicht ein, weil die verbindliche Zusage dem Vertrauensschutz des Stpfl. dienen soll und nicht den Zweck hat, ihn in seinen Rechten zu beeinträchtigen. Der Stpfl. behält in diesem Fall die Möglichkeit, eine für ihn günstigere Beurteilung bei der Steuerfestsetzung durchzusetzen (vgl. AEAO zu § 206).

Die verbindliche Zusage kann unter bestimmten Umständen außer Kraft treten, aufgehoben oder geändert werden **(§ 207 AO).** Sie tritt außer Kraft, wenn die Rechtsgrundlagen sich ändern, die für die Zusage maßgebend waren. In diesen Fällen wird die verbindliche Zusage, die ihrer Natur nach ein Dauerverwaltungsakt ist, kraft Gesetzes geändert. Durch Verwaltungsakt kann die Behörde die Bindungswirkung ganz oder teilweise beseitigen, indem sie die verbindliche Zusage aufhebt oder ändert. Regelmäßig ist eine solche Maßnahme nur mit Wirkung für die Zukunft zulässig. Die Entscheidung liegt im pflichtgemäßen Ermessen der Behörde. Die Aufhebung kann insbesondere erforderlich werden, wenn sich die Rechtsauffassung der Finanzbehörde oder die Rechtsprechung geändert hat. Bei der Entscheidung sind auch die Interessen des Stpfl. zu berücksichtigen (vgl. AEAO zu § 207).

5 Steuerverfahrensrecht

Beispiel:
Der S hat aufgrund der verbindlichen Zusage geschäftliche Dispositionen getroffen und sich für längere Zeit dadurch festgelegt. Das FA will wegen einer Änderung der Rechtsprechung die erteilte Zusage mit Wirkung für die Zukunft aufheben. Es kann geboten sein, die Wirkung des Widerrufs nicht sofort mit der Bekanntgabe der Entscheidung, sondern erst zu einem späteren Zeitpunkt eintreten zu lassen.

Die Finanzbehörde kann eine verbindliche Zusage mit Wirkung für die Vergangenheit nur aufheben oder ändern, wenn der Stpfl. zustimmt, wenn die Zusage von einer sachlich unzuständigen Behörde erteilt worden ist oder wenn sie durch unlautere Mittel, z. B. Täuschung, Drohung oder Bestechung, erwirkt worden ist (§ 207 Abs. 3 AO).

Von der rückwirkenden Aufhebung einer verbindlichen Zusage ist der Fall zu unterscheiden, dass die Zusage nach § 206 AO von Anfang an keine Verbindlichkeit erlangt hat, weil der später verwirklichte Sachverhalt mit dem der verbindlichen Zusage zugrunde gelegten Sachverhalt sich nicht deckt.

Gegen den Verwaltungsakt, der die Ablehnung, Aufhebung oder Änderung einer verbindlichen Zusage ausspricht, ist der **Einspruch** gegeben (§ 347 AO).

5.5 Steuerfahndung (Zollfahndung)

Die Hauptaufgabe der Steuerfahndung (Zollfahndung) ist die **Erforschung von Steuerstraftaten und Steuerordnungswidrigkeiten (§ 208 Abs. 1 Nr. 1 AO).** Die Steuerfahndung wird besonders im Verlauf eines Besteuerungsverfahrens eingeschaltet, wenn aufgrund konkreter Anlässe oder allgemeiner Erfahrung Anhaltspunkte oder Verdachtsmomente für eine Steuerstraftat oder -ordnungswidrigkeit bestehen und weitere Ermittlungen erforderlich werden. Vor allem im Verlauf einer Ap kann sich ergeben, dass der Einsatz der Steuerfahndung erforderlich ist, weil deren Beamten weiter gehende Ermittlungsbefugnisse zustehen als den Außenprüfern (vgl. § 10 BpO). Die Steuerfahndung kann aber auch durch den Innendienst der Finanzbehörde eingeschaltet oder aus eigener Initiative tätig werden.

Eine weitere Aufgabe ist die **Ermittlung der Besteuerungsgrundlagen im Zusammenhang mit der Erforschung von Steuerverfehlungen.** Die Frage, ob und inwieweit eine Steuerstraftat oder -ordnungswidrigkeit vorliegt, steht oft im Zusammenhang mit der Feststellung steuerlicher Nachforderungen. Es ist deshalb zweckmäßig und folgerichtig, dass die Steuerfahndung in diesen Fällen auch für die Ermittlung der Besteuerungsgrundlagen zuständig ist **(§ 208 Abs. 1 Nr. 2 AO).**

5.5 Steuerfahndung (Zollfahndung)

Zu den Aufgaben der Steuerfahndung gehört ferner die **Aufdeckung und Ermittlung unbekannter Steuerfälle.** Aufgrund des **§ 208 Abs. 1 Nr. 3 AO** wird die Steuerfahndung in Fällen tätig, in denen noch keine hinreichenden Anhaltspunkte für eine Steuerstraftat oder -ordnungswidrigkeit vorliegen, aber aufgrund konkreter Momente oder allgemeiner Erfahrung, z. B. anonyme Anzeige/Chiffreanzeige, eine Anordnung für derartige **Vorfeldermittlungen** angebracht ist. § 208 Abs. 1 Nr. 3 AO umfasst auch die Nachforschung nach unbekannten Stpfl. und die Ermittlung unbekannter steuerlicher Sachverhalte, z. B. nicht gemeldeter Gewerbebetrieb oder Auslandskonten.

Die Maßnahmen nach § 208 Abs. 1 Nr. 2 und 3 AO erfolgen nicht im Rahmen einer Ap, sondern auf der Basis der allgemeinen Ermittlung der Besteuerungsgrundlagen nach den §§ 85 ff. AO. Die Vorschriften der §§ 193 ff. AO und der BpO sind daher nicht anwendbar vorbehaltlich der Sonderregelung in § 208 Abs. 1 Satz 3 AO.

Die Steuerfahndung hat wegen ihrer Sonderaufgaben **erweiterte Befugnisse (§ 208 Abs. 1 Satz 2 und 3 AO).** Da sie vor allem Steuerstraftaten und -ordnungswidrigkeiten zu erforschen hat, reichen die allgemeinen Ermittlungsbefugnisse nach §§ 85 ff. AO nicht aus. Die Steuerfahndung kann Beschlagnahmen, Durchsuchungen, Untersuchungen und sonstige Maßnahmen nach den für Ermittlungspersonen der Staatsanwaltschaft geltenden Vorschriften der StPO anordnen und ist zur Durchsicht der Papiere des von der Durchsuchung Betroffenen befugt (§ 208 Abs. 1 Satz 2, § 404 Satz 2, § 399 Abs. 2 Satz 2 AO). Wegen des Rechtsweges ist **§ 347 Abs. 3 AO** zu beachten. Ist bereits ein Strafverfahren wegen Steuerstraftaten eingeleitet, sind die Beamten der Steuerfahndung Ermittlungspersonen der Staatsanwaltschaft.

Nach **§ 208 Abs. 1 Satz 3 AO** gelten für die Steuerfahndung bei der Ermittlung der Besteuerungsgrundlagen (Nr. 2) und bei den Vorfeldermittlungen (Nr. 3) verschiedene Einschränkungen nicht, die sonst im Besteuerungsverfahren zu beachten sind, und zwar hinsichtlich des Auskunftsersuches (§ 93 AO), der Belegvorlage (§ 97 AO) und der Mitwirkungspflichten des Stpfl. nach § 200 AO. Dementsprechend kann die Fahndung auch andere Personen ohne vorherige Ermittlungen bei den Beteiligten um Auskunft ersuchen (einschränkend § 30 a Abs. 5 Satz 2 AO). Sie kann ferner sofortige Belegvorlage verlangen, ohne dass zuvor ein Auskunftsersuchen ergeht. Der Grund für diese Befugnisse besteht darin, dass andernfalls im Hinblick auf den möglichen straf- oder bußgeldrechtlichen Bezug der Erfolg der Ermittlungen gefährdet werden könnte.

Der Stpfl. ist gegenüber der Steuerfahndung zur **Mitwirkung** in gewissem Umfang verpflichtet. Soweit es gleichzeitig nach § 208 Abs. 1 AO um die Ermittlung von Besteuerungsgrundlagen geht, bestehen die Mitwirkungspflichten des Stpfl., wie sie sich aus den §§ 90 ff. und teilweise aus § 200 AO ergeben, auch gegenüber der Steuerfahndung. Allerdings kann der Stpfl. nicht gezwungen wer-

5 Steuerverfahrensrecht

den, sich selbst einer Steuerverfehlung zu bezichtigen, wie durch die Verweisung auf § 393 Abs. 1 AO ausdrücklich klargestellt wird. Nach dieser Vorschrift ist der Stpfl. über seine Rechtsstellung zu belehren, soweit dazu Anlass besteht.

Die Steuerfahndung darf auch für **sonstige Aufgaben** eingesetzt werden (**§ 208 Abs. 2 AO**). Vor allem können ihr **rein steuerliche Ermittlungen,** und zwar einschließlich der Ap, übertragen werden. Die Steuerfahndung ist hierfür zuständig, wenn die zuständige Finanzbehörde darum ersucht (§ 208 Abs. 2 Nr. 1 AO). Soweit eine Ap durchgeführt wird, gelten die §§ 193 ff. AO und die BpO. Insbesondere bedarf es hier einer Prüfungsanordnung nach §§ 196, 197 AO.

Darüber hinaus hat die Steuerfahndung sonstige übertragene Aufgaben wahrzunehmen (§ 208 Abs. 2 Nr. 2 AO), z. B. Subventionsbetrug nach § 264 StGB in den Fällen des InvZulG zu erforschen.

Die Aufgaben und Befugnisse des FA (Hauptzollamt) bleiben gemäß § 208 Abs. 3 AO unberührt (vgl. § 393 Abs. 1 AO).

5.6 Steueraufsicht in besonderen Fällen

Die besondere Steueraufsicht kommt bei **Verbrauchsteuern** in Betracht (**§§ 209 ff. AO**). Sie dient der laufenden Kontrolle bestimmter Betriebe oder Unternehmen. Dadurch unterscheidet sie sich von der USt-Nachschau gemäß § 27 b UStG und der Ap, die im einzelnen Steuerfall die Besteuerungsgrundlagen zu ermitteln haben.

Gegenstand der Steueraufsicht sind vor allem der Warenverkehr über die Grenzen und in den Freizonen und Freilagern sowie die Gewinnung und Herstellung verbrauchsteuerpflichtiger Waren (§ 209 Abs. 1 AO). Weitere konkrete Anwendungsfälle enthält § 209 Abs. 2 AO, z. B. Versand, Lagerung, Vernichtung, Veredelung von Waren in einem Verbrauchsteuerverfahren. Ob ein Unternehmen der besonderen Steueraufsicht unterliegt, richtet sich nach den Vorschriften der Einzelsteuergesetze, z. B. MinÖlStG, SchaumweinStG, TabStG.

Die **allgemeinen Befugnisse** zur Durchführung der besonderen Steueraufsicht regelt **§ 210 AO**. Weitere Befugnisse ergeben sich aus den Einzelsteuergesetzen. Die **Pflichten des Betroffenen** entsprechen im Wesentlichen den Mitwirkungspflichten des Stpfl. bei der Durchführung einer Ap (**§ 211 AO**). Zur näheren Bestimmung der im Rahmen der Steueraufsicht zu erfüllenden Pflichten kann das BMF aufgrund der Ermächtigung in **§ 212 AO** Rechtsverordnungen erlassen.

Besondere Aufsichtsmaßnahmen sind gegen Betriebe oder Unternehmen zulässig, deren Inhaber oder deren leitende Angehörige wegen Steuerhinterziehung, versuchter Steuerhinterziehung oder wegen der Teilnahme an einer solchen Tat

5.5 Steuerfahndung (Zollfahndung)

rechtskräftig bestraft worden sind (§ 213 AO). Voraussetzung ist, dass die Maßnahme zur Gewährleistung einer wirksamen Steueraufsicht erforderlich ist. Als besondere Aufsichtsmaßnahmen kommen z. B. zusätzliche Anschreibungen und Meldepflichten sowie der sichere Verschluss von Räumen, Behältnissen und Geräten in Betracht. Die Regelung hat vor allem für Verbrauchsteuern Bedeutung.

Die **Vertretung durch beauftragte Angehörige des Betriebs** zur Erfüllung der steuerlichen Pflichten ist grundsätzlich nur mit Zustimmung der Finanzbehörde zulässig (**§ 214 AO**). Damit soll sichergestellt werden, dass die Wahrnehmung der steuerlichen Pflichten, die aufgrund eines der besonderen Steueraufsicht unterliegenden Sachverhalts bestehen, nur solchen Personen übertragen wird, die aufgrund ihrer betrieblichen Stellung zur ordnungsmäßigen Erfüllung tatsächlich in der Lage sind. Eine Ausnahme besteht für die Vertretung in Eingangsabgabensachen wegen der besonderen Verhältnisse bei der Zollbehandlung.

Die **Sicherstellung** im Aufsichtsweg nach **§ 215 AO** ist der Beschlagnahme im Strafrecht vergleichbar. Die Finanzbehörde kann vor allem verbrauchsteuerpflichtige Waren sicherstellen, die entgegen den Vorschriften aufbewahrt oder in den Handel gebracht werden. Zollrechtlich kommt eine Sicherstellung z. B. bei Waren in Betracht, die herrenlos im Zollgrenzbezirk oder in Freizonen aufgefunden werden und bei denen es sich offenbar um Zollgut handelt. Die **Überführung in das Eigentum des Bundes** nach **§ 216 AO** ist der strafrechtlichen Einziehung ähnlich. Die strafrechtliche Einziehung nach § 375 Abs. 2 AO hat allerdings grundsätzlich Vorrang.

Steuerhilfspersonen kann die Finanzbehörde zur Feststellung von Tatsachen bestellen, die zoll- oder verbrauchsteuerrechtlich erheblich sind (**§ 217 AO**). Es muss sich um Personen handeln, die vom Ergebnis der Feststellung nicht selbst betroffen werden.

6 Fristen, Termine, Wiedereinsetzung (§§ 108 bis 110 AO)

In der Praxis ist das Einhalten von Fristen und Terminen von besonderer Bedeutung. So wird z. B. mit der Bekanntgabe ein Verwaltungsakt wirksam (§ 124 AO) und beginnt die Einspruchsfrist (§ 355 AO). Nach Versäumung der Einspruchsfristen werden die Verwaltungsakte unanfechtbar.

6.1 Fristen und Termine

6.1.1 Begriffe und gesetzliche Grundlagen

Frist ist ein abgegrenzter, bestimmter oder bestimmbarer **Zeitraum**, in dessen Grenzen ein bestimmtes Handeln oder Verhalten gefordert wird (siehe § 108 AO; AEAO zu § 108 Nr. 1). Kann ein Recht nur „innerhalb" einer Frist ausgeübt werden, so führt ihr Ablauf grundsätzlich zum Verlust des Rechts.

> **Beispiele:**
>
> **1.** Der Ablauf der Zahlungsverjährungsfrist bewirkt das Erlöschen des Steuerschuldverhältnisses (§ 232 AO). Das FA ist dadurch gehindert, die festgesetzte Schuld geltend zu machen.
>
> **2.** Das Recht zur Begründung eines Einspruchs endet mit Ablauf der Ausschlussfrist gemäß § 364 b Abs. 2 Satz 1 AO.

Kann ein Recht erst „nach" Ablauf der Frist ausgeübt werden, so handelt es sich um eine uneigentliche Frist.

> **Beispiele:**
>
> **1.** Die Vollstreckung darf grundsätzlich erst eine Woche nach Bekanntgabe des Leistungsgebotes beginnen (§ 254 Abs. 1 Satz 1 AO).
>
> **2.** Eine Versteigerung findet erst eine Woche nach Pfändung statt (§ 298 Abs. 1 AO).

Muss innerhalb der Frist eine Pflicht erfüllt werden, so hängen die mit dem Ablauf der Frist eintretenden Rechtsfolgen von der jeweiligen Verpflichtung ab. „Fälligkeitstermine" geben stets das Ende einer Frist an (vgl. AEAO zu § 108 Nr. 1).

> **Beispiele:**
>
> **1.** Gibt der Stpfl. die gesetzlich vorgeschriebene Steuererklärung innerhalb der Erklärungsfrist des § 149 Abs. 2, § 109 AO nicht ab, so kann die Abgabe erzwungen (§ 328 AO) und ein Verspätungszuschlag festgesetzt werden (§ 152 AO).

6.1 Fristen und Termine

2. Das FA erteilt dem S den ESt-Bescheid 04. Das mit dem Bescheid verbundene Leistungsgebot (§ 254 AO) setzt als Fälligkeit für die Abschlusszahlung den 3. 3. 05 fest (§ 220 Abs. 1 AO, § 36 Abs. 4 EStG). Rechtslage?
Diese Fälligkeitsbestimmung ist kein Termin, sondern lediglich der letzte Tag der Zahlungsfrist. S kann jederzeit vorher zahlen (§§ 224, 47 AO). Wird die ESt nicht innerhalb der Zahlungsfrist entrichtet, sind Säumniszuschläge verwirkt (§ 240 Abs. 1 AO).

Diese Rechtsfolgen treten nicht ein, wenn die Fristen verlängert werden können und von dieser Möglichkeit Gebrauch gemacht wird.

Termin ist ein nach Jahr, Monat, Tag oder Stunde genau bestimmter **Zeitpunkt**, an dem etwas geschehen soll oder eine Wirkung eintritt (siehe § 108 Abs. 5 AO; AEAO zu § 108 Nr. 1). Die verlangte Handlung kann nur zu diesem Zeitpunkt erbracht werden. Termine sind im Steuerrecht nicht bedeutend. In aller Regel wird nur das Ende einer Frist bestimmt (uneigentliche Termine).

Beispiel:
Das FA hat den S aufgefordert, am 23. 2. zur Durchführung einer Ap einen geeigneten Raum zur Verfügung zu stellen und bestimmte Unterlagen vorzulegen.
Es handelt sich um einen echten Termin, da sich der erstrebte Zweck sonst nicht erreichen lässt (vgl. § 200 Abs. 2 AO).

6.1.2 Fristarten

Es sind gesetzliche und behördliche Fristen zu unterscheiden:

Gesetzlich bestimmte Fristen sind **verlängerungsfähig, wenn** die Verlängerung in Einzelvorschriften **ausdrücklich zugelassen** ist. Die Verlängerung der gesetzlichen **Zahlungsfristen** ist in den §§ 222, 223 AO besonders geregelt. Unter den Voraussetzungen des § 109 Abs. 1 Satz 2 AO können diese – verlängerbaren – Fristen bei Unbilligkeitsgründen auch rückwirkend verlängert werden. Die Verlängerung steht im Ermessen der Behörde.

Beispiel:
Auch nach Ablauf der Zahlungsfrist kann rückwirkend gestundet werden (§ 222 AO). Nach § 240 AO zunächst entstandene Säumniszuschläge entfallen dadurch.

Ausschlussfristen sind gesetzlich bestimmte Fristen, bei denen eine **Verlängerung zwingend ausgeschlossen ist.** Für derartige Ausschlussfristen kann lediglich Wiedereinsetzung in den vorigen Stand gewährt werden (§ 110 AO; § 56 FGO).

Beispiele:
Einspruchsfrist (§ 355 Abs. 1 AO); Antragsfrist nach § 172 Abs. 1 Satz 1 Nr. 2 Buchst. a AO; Antragsfrist für ESt-Veranlagung nach § 46 Abs. 2 Nr. 8 Satz 2 EStG; Klagefrist nach § 47 FGO.

6 Fristen, Termine, Wiedereinsetzung

Behördliche Fristen sind Fristen, über deren Einräumung, Beginn und/oder Ende die Finanzbehörde aufgrund allgemeiner oder besonderer gesetzlicher Ermächtigung selbst entscheidet (§ 88 Abs. 1 und § 364 b Abs. 1 AO).

Beispiel:
In Mitwirkungs- und Auskunftsangelegenheiten beträgt die Frist im Allgemeinen einen Monat gemäß § 88 Abs. 1 Satz 3 AO. Kürzere Fristen kommen in Betracht, wenn ein kurzfristiges Handeln zur Sicherung der Besteuerung erforderlich ist, z. B. wegen Besichtigung/Überprüfung eines „Arbeitszimmers" (vgl. AO-Kartei NRW zu § 93 Abs. 1 Karte 801).

Behördliche Fristen und Fristen zur Einreichung von Steuererklärungen können regelmäßig verlängert werden (**§ 109 Abs. 1 Satz 1 AO;** Hinweis auf § 149 Abs. 2 und 3, § 167 Abs. 2, § 364 b AO, §§ 46 ff. UStDV für Steuererklärungsfristen). Nach **§ 109 Abs. 1 Satz 2 AO** können diese Fristen auch rückwirkend verlängert werden, mit Ausnahme der Ausschlussfrist nach § 364 b AO (vgl. AEAO zu § 364 b Nr. 4). Die **rückwirkende Fristverlängerung** hat zur Folge, dass die durch den Fristablauf zunächst eingetretenen Wirkungen wieder beseitigt werden, z. B. Verspätung im Sinne von § 152 AO. Hierbei ist im Rahmen des Ermessens mitzuberücksichtigen, ob eine rechtzeitige Beantragung der Fristverlängerung möglich oder zumutbar war.

Die Fristverlängerung kann von einer **Sicherheitsleistung** abhängig gemacht oder sonst mit einer Auflage (§ 120 Abs. 1 Nr. 4 AO) bzw. mit einem Auflagevorbehalt (§ 120 Abs. 1 Nr. 5 AO) verbunden werden (§ 109 Abs. 2 AO). So kann z. B. eine Stundung nur gegen Sicherheitsleistung gewährt werden (§ 222 Satz 2 AO).

Erklärungs- und Leistungsfristen sind Fristen, innerhalb derer eine Willenserklärung abzugeben oder eine Leistung zu erbringen ist (§ 108 Abs. 1 AO, § 193 BGB). Der **vorrangige § 108 Abs. 3 AO** erweitert den nur für Willenserklärungen und Leistungen anwendbaren § 193 BGB auf alle steuerlichen Fristen, weil im Steuerrecht auch die Vornahme tatsächlicher Handlungen bei Fristsetzungen von Bedeutung sein kann (BFH, BStBl 2003 II S. 2, 875, 898). Diese Fristen können nicht an einem Sonntag, gesetzlichen Feiertag oder Sonnabend (Samstag) enden. Dies gilt auch für Verjährungsfristen. Merke: „Samstags, sonntags nie!"

Ob für die Anwendung des § 108 Abs. 3 AO das geltende **Feiertagsrecht** am Wohnsitz des Stpfl. oder am Behördensitz maßgeblich ist, richtet sich **entsprechend § 193 BGB** nach den Verhältnissen am Erklärungs- oder Leistungsort. Für die **Bekanntgabefrist** nach §§ 122, 123 AO ist das am Ort des Empfängers geltende Feiertagsrecht maßgebend, da an diesem Ort der Bescheid nach § 124 Abs. 1 AO wirksam wird. Dagegen ist für **Einspruchs- und Zahlungsfristen** das am Behördensitz geltende Feiertagsrecht entscheidend (vgl. OFD Karlsruhe, DStR 2004 S. 1835).

6.1 Fristen und Termine

Beispiele:

1. Auskunfts- und Vorlagefristen nach §§ 93, 97 AO; Antragsfrist für eine Änderung nach § 172 Abs. 1 Nr. 2 Buchst. a AO; Einspruchsfrist nach § 355 Abs. 1 AO.
2. Die Festsetzungsfrist für die ESt soll mit Ende des Jahres 05 ablaufen. Der 31. 12. 05 ist ein Sonntag. Am 2. 1. 06 verlässt der geänderte ESt-Bescheid den Bereich des zuständigen FA. Die Bekanntgabe erfolgt am 6. 1. 06. Ist die Festsetzungsfrist gewahrt?

Die Änderung der Festsetzung ist nicht mehr zulässig, wenn die Festsetzungsfrist abgelaufen ist (§ 169 Abs. 1 Satz 1 AO). Diese Frist ist nach § 169 Abs. 1 Satz 3 Nr. 1 AO gewahrt, wenn vor Ablauf der Festsetzungsfrist der später wirksam bekannt gegebene Steuerbescheid den Bereich der für die Steuerfestsetzung zuständigen Finanzbehörde verlassen hat. Der Grundsatz, dass die Verjährung mit Ablauf des 31. 12. eintritt, gilt nicht, wenn – wie hier – der letzte Tag des Jahres auf einen Sonntag fällt. Nach § 108 Abs. 3 AO endet die Frist erst am nächstfolgenden Werktag, dem 2. 1. 06. Die Vorschriften über Fristen in der AO beziehen sich auf alle gesetzlichen Fristen (vgl. AEAO zu § 228 Nr. 2; BFH, BStBl 2003 II S. 2, 875, 898).

Die Regelung des **§ 108 Abs. 3 AO** gilt auch **für gesetzliche Vermutungen** wie etwa die 3-Tage-Regelungen nach § 122 Abs. 2 und 2 a, § 123 AO, die Monats-Regelungen nach § 122 Abs. 2 Nr. 2, § 123 AO und die 2-Wochen-Regelung in § 122 Abs. 4 AO (vgl. BFH, BStBl 2003 II S. 875, 898; AEAO zu § 108 Nr. 2).

Die Vorschrift des **§ 108 Abs. 4 AO** hat keine praktische Bedeutung auf dem Gebiet des Steuerrechts. Das Gleiche gilt für **§ 108 Abs. 5 AO**. Danach ist der von einer Behörde gesetzte Termin auch dann einzuhalten, wenn er auf einen Sonntag usw. fällt.

Zusammenfassender Überblick zu Fristen und Terminen, Fristarten

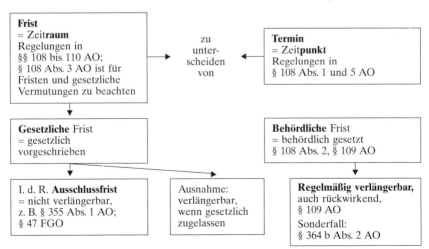

6 Fristen, Termine, Wiedereinsetzung

6.1.3 Fristberechnung

Für die Berechnung von Fristen gelten nach § 108 Abs. 1 AO die BGB-Vorschriften entsprechend, soweit der vorrangige § 108 Abs. 2 bis 5 AO keine Sonderregelung enthält (BFH, BStBl 2003 II S. 2). Für den **Fristbeginn** unterscheidet § 187 BGB zwischen Ereignisfristen und Tagesbeginnfristen:

Ereignisfristen beginnen mit Ablauf des Ereignistages um 0 Uhr. Der Ereignistag bleibt also unberücksichtigt (**§ 187 Abs. 1 BGB**). Zu diesen Fristen zählen fast alle steuerlich bedeutsamen Fristen (vgl. § 355 Abs. 1 AO). In § 108 Abs. 2 AO wird dieser Rechtsgedanke wiederholt.

> **Beispiel:**
>
> Der ESt-Bescheid wird dem A am 12. 8. mit Postzustellungsurkunde zugestellt.
>
> Für den Beginn der Einspruchsfrist ist der Bekanntgabetag maßgebend (§ 355 Abs. 1, § 125 Abs. 5 AO i. V. m. § 3 VwZG). Die Frist beginnt am 13. 8. um 0 Uhr (§ 108 Abs. 1 AO, § 187 Abs. 1 BGB).

Tagesbeginnfristen im Sinne von **§ 187 Abs. 2 BGB**, d. h. Fristen, die mit Ablauf des Vortages anfangen, sind bedeutsam für die **Lebensaltersberechnung.**

> **Beispiel:**
>
> S ist am 1. 1. 1941 geboren. Steht ihm für 2005 ein Altersentlastungsbetrag nach § 24 a EStG zu?
>
> S vollendete sein 64. Lebensjahr mit Ablauf des 31. 12. 2004, also vor Beginn des VZ 2005 (§ 108 Abs. 1 AO, § 187 Abs. 2 BGB). Der Tag der Geburt zählt bei der Lebensaltersberechnung mit. S hat daher unter den weiteren Voraussetzungen des § 24 a EStG Anspruch auf den Altersentlastungsbetrag.

Die Fristdauer ist in den Einzelvorschriften unterschiedlich geregelt. Beispiele:

Stunden: Nach Stunden berechnete Fristen sind äußerst selten. Dem entspricht § 108 Abs. 6 AO, der auch Sonntage und dergleichen einbezieht (anders z. B. § 54 Abs. 2 FGO i. V. m. § 222 Abs. 3 ZPO).

Tage: Bekanntgabevermutungen nach § 122 Abs. 2 Nr. 1, Abs. 2 a, § 123 AO, § 4 Abs. 1 VwZG; Schonfrist bei Säumniszuschlägen (§ 240 Abs. 3 AO).

Wochen: Öffentliche Bekanntgabe (§ 122 Abs. 4 AO),
Vollstreckungsbeginn (§ 254 Abs. 1 Satz 1 AO),
Mahnung (§ 259 AO),
Versteigerung (§ 298 AO),
Beschwerde nach § 129 FGO und Erinnerung nach § 149 FGO.

6.1 Fristen und Termine

Monate: Einspruchsfrist (§ 355 Abs. 1 AO),
Wiedereinsetzung nach § 110 Abs. 2 AO (anders § 56 FGO),
Bekanntgabe an Beteiligte im Ausland (§ 122 Abs. 2 Nr. 2, § 123 AO),
Anzeige über die Erwerbstätigkeit (§ 138 Abs. 3 AO),
Ablaufhemmung (§ 171 Abs. 1, 11 bis 13 AO),
Zinsen (§ 238 Abs. 1 AO),
Säumniszuschläge (§ 240 Abs. 1 AO),
Klage (§ 47 FGO), Revision (§ 120 FGO) und Nichtzulassungsbeschwerde (§ 116 FGO).

Jahre: Festsetzungsfrist (§ 169 Abs. 2, § 191 Abs. 3, § 239 Abs. 1 AO),
Zahlungsverjährungsfrist (§ 228 Satz 2 AO),
fehlende Rechtsbehelfsbelehrung (§ 356 Abs. 2 AO),
Rücknahme und Widerruf (§ 130 Abs. 3, § 131 Abs. 2 Satz 2 AO),
Aufbewahrung von Unterlagen (§ 147 Abs. 3 AO),
Ablaufhemmung (§ 171 Abs. 2, 8 bis 10 AO).

Das **Fristende** richtet sich nach der Fristdauer (wegen der Beweiskraft des Eingangsstempels der Finanzbehörde siehe unter Tz. 6.2.1 Nr. 1). Eine nach **Tagen** bestimmte Frist endet mit dem Ablauf des letzten Tages der Frist um 24.00 Uhr und nicht schon mit dem Ende der Dienstzeit **(§ 188 Abs. 1 BGB)**. Eine nach **Wochen, Monaten** oder einem mehrere Monate umfassenden Zeitraum bestimmte Frist endet, sofern für den Fristbeginn ein Ereignis maßgebend ist, mit Ablauf desjenigen Tages der letzten Woche oder des letzten Monats, der durch seine Benennung oder Zahl dem Tage entspricht, in den das Ereignis fällt **(§ 188 Abs. 2, 1. Halbsatz BGB)**. Ist für eine Frist mit einer solchen Dauer der Beginn eines Tages für den Fristbeginn maßgebend, so endet die Frist mit Ablauf desjenigen Tages der letzten Woche oder des letzten Monats, der dem Tag vorhergeht, der durch seine Benennung oder Zahl dem Anfangstag der Frist entspricht **(§ 188 Abs. 2, 2. Halbsatz BGB)**.

> **Beispiele:**
>
> **1.** Ein Steuerbescheid gilt nach § 122 Abs. 2 Nr. 1 AO als am 1. 2. bekannt gegeben. Wann endet die Einspruchsfrist?
> Die am 2. 2. um 0 Uhr beginnende Einspruchsfrist von einem Monat endet mit Ablauf des 1. 3. um 24.00 Uhr (§ 355 Abs. 1, § 122 Abs. 2 Nr. 1, § 108 Abs. 1 AO, § 188 Abs. 2 BGB).
>
> **2.** Die USt-Voranmeldung 1/02 mit Zahllast 10.000 € wird am Freitag, dem 9. 2. 02, abgegeben. Wann endet die Schonfrist des § 240 AO für die rechtzeitige Zahlung im Sinne von § 224 Abs. 2 Nr. 2 AO bei Überweisung?
> Die USt 1/02 ist nach § 220 Abs. 1 AO, § 18 Abs. 1 UStG am 10. 2. 02 fällig. Da dieser Tag ein Samstag ist, tritt an seine Stelle als Fälligkeitstag („hinausgeschobene Fälligkeit") der folgende Montag, der 12. 2. (§ 108 Abs. 3 AO). Die Schonfrist des § 240 Abs. 3 AO beginnt mit Ablauf des 12. 2., also am 13. 2. um 0 Uhr (§ 187 Abs. 1 BGB) und endet nach § 188 Abs. 1 BGB mit Ablauf des 15. 2. um 24.00 Uhr.

Fehlt bei einer nach Monaten bestimmten Frist in dem letzten Monat der für ihren Ablauf maßgebende Tag, so endet die Frist mit Ablauf des letzten Tages dieses Monats (**§ 188 Abs. 3 BGB**).

Beispiel:
Ein Verwaltungsakt wird am 30. 1. bekannt gegeben. – Die Einspruchsfrist beginnt am 31. 1. um 0 Uhr und endet mit Ablauf des 28. 2. um 24.00 Uhr.

Bei Fristen, die nicht zusammenhängend zu verlaufen brauchen, wird der Monat zu 30 und das Jahr zu 365 Tagen gerechnet (§ 191 BGB).

Prüfungsschema Fristberechnung (siehe dazu Tz. 7.6.7):

1. **Beginn:**
   - Ereignisfrist: § 108 Abs. 1 AO, § 187 Abs. 1 BGB
     z. B. Einspruchsfrist (§ 355 Abs. 1 AO)
   - Tagesbeginnfrist: § 187 Abs. 2 BGB für Lebensalter
2. **Dauer:** ...
3. **Ende:**
   - Tagesfrist: § 108 Abs. 1 AO, § 188 Abs. 1 BGB
   - Monatsfrist: § 108 Abs. 1 AO, § 188 Abs. 2 BGB („gleiche Zahl")
     Sonderfall: § 188 Abs. 3 BGB
   - Jahresfrist: § 108 Abs. 1 AO, § 188 Abs. 2 und 3 BGB
   - „Feiertags-Regelung", § 108 Abs. 3 AO
4. **Wiedereinsetzung:** § 110 AO

6.1.4 Fristen im gerichtlichen Verfahren

Die Fristen des gerichtlichen Verfahrens werden gemäß **§ 54 Abs. 2 FGO** nach **§ 222 ZPO** i. V. m. §§ 187 ff. BGB berechnet. Ein Unterschied zur Fristberechnung nach der AO besteht nicht (siehe Einzelheiten unter Tz. 14.2.3).

6.2 Wiedereinsetzung in den vorigen Stand

Wiedereinsetzung in den vorigen Stand ist bei der Versäumung von gesetzlichen Fristen zu gewähren, wenn den Betroffenen an der Fristversäumung kein Verschulden trifft (**§ 110 AO**). Die Wiedereinsetzung bewirkt, dass der Betroffene so gestellt wird, als sei die Frist gewahrt worden.

6.2.1 Voraussetzungen für die Wiedereinsetzung

Die einzelnen Voraussetzungen für die Wiedereinsetzung sind nach § 110 AO:

1. Versäumung einer gesetzlichen Frist

Die Regelung des § 110 AO gilt an sich für alle gesetzlichen Fristen. Sie gilt entsprechend für die behördliche Ausschlussfrist des § 364 b Abs. 2 Satz 3 AO (beachte dazu AEAO zu § 364 b Nr. 4). Gesetzliche Fristen sind Fristen, deren Dauer im Gesetz selbst bestimmt ist, z. B. § 355 Abs. 1, § 172 Abs. 1 Satz 1 Nr. 2 Buchst. a, § 110 Abs. 2 AO; § 46 Abs. 2 Nr. 8 EStG; § 19 Abs. 2, § 23 Abs. 3, § 24 Abs. 4 UStG.

Nicht unter § 110 AO fallen die **verlängerbaren gesetzlichen Fristen** wie z. B. die Steuererklärungsfristen nach § 149 AO oder die Zahlungsfristen wegen §§ 222, 223 AO, weil § 109 AO insoweit eine Spezialregelung enthält. Das gilt auch für die **Verjährungsfristen** (§§ 169 ff., 228 ff. AO), da das Erlöschen des Anspruchs nicht auf der Versäumung einer gesetzlichen Frist beruht, sondern auf dem Ablauf eines bestimmten Zeitraums.

Die Frist ist versäumt, wenn die erforderlichen Rechtshandlungen nicht rechtzeitig bei der zuständigen Finanzbehörde eingehen. Der **rechtzeitige Eingang** ist davon abhängig, dass die – vollständigen – Erklärungen innerhalb der Frist in den Machtbereich der Empfangsbehörde gelangen. Die Frist endet regelmäßig an ihrem letzten Tag um 24.00 Uhr und nicht schon mit dem Ende der Dienstzeit. Denn für die Fristwahrung ist die Mitwirkung der Behörde nicht erforderlich. Ob die Frist gewahrt ist, lässt sich mit relativ einfachen Mitteln kontrollieren, etwa durch Nachtbriefkasten mit Zeituhr oder Zeitangabe bei E-Mail und bei Telefaxeingang mit vollständiger Aufzeichnung der Kopie (BFH, BStBl 2001 II S. 32 m. w. N.).

> **Beispiel:**
> Die Einspruchsfrist läuft am 10. 4. ab. Der S wirft den Einspruch am 11. 4. morgens um 5 Uhr in den Hausbriefkasten des FA, der bei Dienstbeginn geleert wird. Folge?
> Der Einspruch ist an sich verspätet, weil er nach Fristablauf in den Machtbereich des FA gelangte. In der Verwaltungspraxis wird die bei der ersten Tagesleerung im Hausbriefkasten oder Postabholfach vorgefundene Post jedoch mit dem Eingangsstempel vom Vortage versehen. Dadurch werden Streitigkeiten über die Tageszeit des Eingangs vermieden. Das Fehlen eines Nachtbriefkastens darf nicht zulasten des Rechtsuchenden gehen. Der Einspruch ist deshalb als rechtzeitig eingelegt zu behandeln (vgl. BFH, BStBl 1988 II S. 111).

Der **Eingangsstempel** des FA erbringt regelmäßig den Beweis über Zeit und Ort des Eingangs entsprechend § 418 ZPO. Ein Gegenbeweis ist jedoch zulässig (vgl. § 87 a Abs. 5 AO für elektronische Dokumente; BFH, BStBl 1996 II S. 16; BFH/NV 2004 S. 1540, 1548 m. w. N.).

2. Unverschuldete Fristversäumnis (§ 110 Abs. 1 AO)

Schuldhaft handelt, wer vorsätzlich oder fahrlässig die gesetzlichen Fristen nicht einhält. Für den Begriff des Verschuldens ist nicht auf die „im Verkehr erforderliche Sorgfalt" im Sinne des § 276 BGB abzustellen, sondern auf die **Umstände des Einzelfalles** und auf die **persönlichen Verhältnisse**. Auch ein leichtes Verschulden schließt die Wiedereinsetzung aus. Die Fristversäumnis ist nur entschuldigt, wenn sie durch die äußerste, den Umständen des Falles angemessene und vernünftigerweise zu erwartende Sorgfalt nicht verhindert werden konnte (BFH, BFH/NV 2004 S. 526 m. w. N.). Anhaltspunkte für die Anwendung des Verschuldensbegriffs lassen sich aus den dazu von der Rechtsprechung entwickelten Grundsätzen entnehmen. Danach sind häufig geltend gemachte Wiedereinsetzungsgründe wie folgt zu beurteilen (vgl. Heß, DStZ 1999 S. 41; Koehler, NWB F. 2 S. 6787):

Abwesenheit wegen Urlaubs oder wegen einer längeren Dienst- oder Geschäftsreise können im Einzelfall die Bestellung eines Vertreters erfordern. Geschieht das nicht, muss durch Postnachsendeauftrag gewährleistet werden, dass bekannt gegebene Verwaltungsakte den Empfänger erreichen (vgl. BFH, BFH/NV 1990 S. 584 m. w. N.). Hierbei ist zu unterscheiden zwischen Personen, die von der Zustellung überrascht werden und zudem die Tragweite ihres Verhaltens nicht ausreichend erkennen, und den Personen, die wissen, dass während ihrer Abwesenheit durch Zustellungen Fristen in Lauf gesetzt werden können und die auch mit der Rechtslage vertraut sind. Der **Normalbürger,** der eine ständige Wohnung hat, braucht bei „vorübergehender, urlaubsbedingter Abwesenheit" – längstens sechs Wochen – grundsätzlich keine besonderen Vorkehrungen hinsichtlich möglicher Zustellungen zu treffen (BVerfG, HFR 1976 S. 331). Dies gilt auch für einen Urlaub außerhalb der allgemeinen Ferienzeit. Eine Wiedereinsetzung entfällt, sofern den Betroffenen anderweitig eine Schuld trifft, wenn etwa der Beginn oder das Ende der Verhinderung noch in den Lauf der Frist fällt und die Fristwahrung zu diesem Zeitpunkt noch möglich ist, z. B. Einspruchsfrist bis 30. 8.; 5-Wochen-Urlaub ab 10. 8. bzw. bis zum 25. 8. (vgl. BFH, BStBl 1987 II S. 303 für unvorhersehbare, aber nur zeitweilige Verhinderung durch Krankheit), wenn der Betroffene die Abholung der bei der Post niedergelegten Sendung noch innerhalb der Frist vernachlässigt (vgl. BFH, BStBl 1975 II S. 18 und 213), wenn er sich einer erwarteten Zustellung entziehen will oder konkret eine Zustellung zu erwarten hat (BFH, BStBl 1982 II S. 165).

Ein **Geschäftsmann** (Geschäftsführer) handelt stets schuldhaft, wenn er bei längerer Abwesenheit versäumt, einen Bevollmächtigten zu bestellen oder einen Postnachsendeantrag zu stellen (vgl. § 347 Abs. 1 HGB, § 43 Abs. 1 GmbHG; BFH, BStBl 1982 II S. 165; BFH/NV 1992 S. 146). Auch mangelnde Vorsorge eines **Bevollmächtigten** der steuer- und wirtschaftsberatenden Berufe für die Erledigung von Fristsachen bei Erkrankung oder vor Antritt einer Reise schließt

6.2 Wiedereinsetzung in den vorigen Stand

ebenfalls die Wiedereinsetzung aus (vgl. BFH, BStBl 2003 II S. 828). Wegen der strengeren Anforderungen an die Vorkehrungspflicht können die Grundsätze für den privaten Urlaub allerdings nicht auf Geschäftsreisen oder -urlaub übertragen werden.

Arbeitsüberlastung entschuldigt Fristversäumnis nicht, weil sie eine allgemeine Zeiterscheinung ist, die den Berechtigten nicht davon befreit, auf die Einhaltung von Fristen zu achten (BFH, BStBl 1971 II S. 110). Das Gleiche gilt etwa für **persönliche Schwierigkeiten** und Sorgen mit Ausnahme schwerwiegender seelischer Belastungen (vgl. BFH, BFH/NV 1997 S. 40 m. w. N.).

Fehlerhaftes **Anbringen oder Adressieren** von Fristensachen ist regelmäßig als Verschulden zu werten, wenn z. B. eindeutige Hinweise in den Rechtsbehelfsbelehrungen nicht beachtet oder veraltete Faxnummern verwendet bzw. nicht kontrolliert wurden (BFH, BStBl 2001 II S. 158 m. w. N.), eine Verwechslung von Briefkästen vorlag (BFH, BStBl 1973 II S. 271) oder das Schreiben in den Briefkasten eines unzuständigen FA eingeworfen wurde (siehe „Postverzögerungen"). Im Einzelfall kann jedoch ein „Büroversehen" vorliegen, etwa Bedienungsfehler des Personals beim Faxgerät, z. B. falsche Schnellwahltaste (vgl. BGH, NJW 1994 S. 329).

Einen **Ausländer** trifft bei fehlenden deutschen Sprachkenntnissen grundsätzlich ein Verschulden an der Fristversäumung, wenn er die Rechtsbehelfsbelehrung nicht versteht (BFH, HFR 1975 S. 306; vgl. dazu § 87 Abs. 2 und 4 AO). Lässt der ausländische Adressat die Frist deshalb verstreichen, weil er sich nicht um eine Übersetzung bemüht, so ist Wiedereinsetzung ebenfalls nicht zu gewähren (BFH, BStBl 1976 II S. 440).

Eine **elektronische Fristen-Kalenderführung** muss ebenso sicher und überprüfbar sein wie herkömmliche manuelle Fristenkontrollen. Hierzu ist erforderlich, dass das Postausgangsbuch aufgrund eines speziellen Programms gegen spätere „Korrekturen" oder versehentliche Löschungen gesichert ist (vgl. BGH, HFR 1997 S. 343; FG Brandenburg, EFG 1998 S. 980).

Irrtum über den Fristablauf (Verfahrensvorschriften) kann eine Wiedereinsetzung rechtfertigen, wenn dem Betroffenen trotz gebotener Sorgfalt die Dauer der Frist oder die Frist als solche nicht bekannt war (BFH, BFH/NV 2001 S. 1010). Das gilt auch bei **falscher Auskunft** des FA in Fristensachen, wenn der Betroffene ohne weiteres von der Richtigkeit ausgehen durfte und diese Auskunft ursächlich für die Fristversäumnis ist (vgl. FG Hamburg, EFG 1986 S. 266).

Irreführende Vordatierung des Bescheides kann bei Fristversäumnis regelmäßig eine Wiedereinsetzung rechtfertigen, wenn der Stpfl. in laienhafter Unkenntnis dem Umschlag keine gesteigerte Bedeutung beigemessen hat (vgl. BFH, BStBl 1980 II S. 154; FG Köln, EFG 1989 S. 588). Etwas anderes gilt z. B. für Steuerberater. Diese haben das Eingangsdatum zu vermerken.

Irrtum über materielles Recht, z. B. über die Erfolgsaussichten eines fristgebundenen Antrags, ist kein Grund für eine Wiedereinsetzung, weil der Berechtigte die Frist bewusst verstreichen lässt, wenn er wegen Unkenntnis der materiellen Rechtslage von der Abgabe einer Erklärung oder Einlegung eines Rechtsbehelfs absieht (vgl. BFH, BStBl 1977 II S. 769). Das gilt selbst dann, wenn der Berechtigte die für die zutreffende Beurteilung der materiellen Rechtslage maßgeblichen Tatsachen gar nicht kannte, und bei falscher Rechtsauskunft. Ein Rechtsirrtum und die dadurch bewirkte Fristversäumnis können ausnahmsweise unverschuldet sein, wenn die Rechtslage in hohem Maße unsicher ist und die Frist versäumt wird, weil es der Stpfl. aufgrund rechtlich vertretbarer Erwägungen unterlässt, fristgerecht Einspruch einzulegen (vgl. BFH, BStBl 2003 II S. 142).

Krankheit kann eine Wiedereinsetzung nur rechtfertigen, wenn sie so schwer und unvermutet war, dass der Berechtigte die notwendige Erklärung nicht selbst oder durch einen Dritten fristgerecht abgeben konnte, z. B. Diabetesschock mit Nachwirkungen, Herzinfarkt oder ein durch Krankheit verursachter seelischer Erregungszustand (vgl. BFH, BStBl 1988 II S. 249 m. w. N.). Eine leichte Gehirnerschütterung oder Kreislaufschwäche sind dagegen nicht als Wiedereinsetzungsgrund anerkannt worden. Entsprechendes gilt, wenn ein Vertreter erkrankt. Es ist grundsätzlich zumutbar, formale Maßnahmen zur Fristwahrung zu erledigen.

Kurze Fristüberschreitung ist für sich allein kein Wiedereinsetzungsgrund.

Führen erwartungswidrige **Postverzögerungen** des Rechtsbehelfs oder dessen **Verlust** auf dem Postwege zur Versäumung der Frist, ist regelmäßig Wiedereinsetzung zu gewähren. Der Absender muss sich über die Regellaufzeiten informieren und ggf. besondere Vorkehrungen treffen, damit das Schreiben den Empfänger rechtzeitig erreicht. Nach der Postuniversaldienstleistungsverordnung (BGBl 1999 I S. 4218) darf der Absender darauf vertrauen, dass die werktags rechtzeitig aufgegebenen Postsendungen auch am folgenden Werktag im Bundesgebiet ausgeliefert werden. Anders ist es nur, wenn konkrete Umstände vorliegen, die ernsthaft eine Gefahr für Fristversäumnisse begründen. Gegebenenfalls ist Telefax zu benutzen, wenn die Beteiligten über einen Anschluss verfügen. Die **Nichtbeachtung der normalen Brieflaufzeit** oder die **Unterfrankierung mit Annahmeverweigerung** ist stets schuldhaft (BFH, BStBl 1987 II S. 303). Bei einer nicht korrekt adressierten Postsendung muss der Absender nur mit denjenigen Verzögerungen rechnen, die durch den Mangel üblicherweise entstehen (vgl. Wüllenkemper, DStZ 2000 S. 366 mit Rspr.-Nachweisen). Beruht die Postlaufverzögerung auf einer unrichtigen **Postleitzahl** auf dem Briefumschlag, ist Wiedereinsetzung dann zu gewähren, wenn der Fehler dem ansonsten zuverlässig arbeitenden Büropersonal unterlaufen ist und für den Bevollmächtigten nicht leicht erkennbar war, z. B. Zahlendreher. Denn die Überprüfung der „Zustellangaben" (Straße, Haus-Nr., Postleitzahl mit Stadt) ist eine reine büromäßige

6.2 Wiedereinsetzung in den vorigen Stand

Aufgabe ohne Bezug zu Rechtsfragen (vgl. BFH, BFH/NV 2003 S. 757; BStBl 2000 II S. 235; 2001 II S. 158 m. w. N.).

Beispiele:

1. S legte gegen einen Bescheid Einspruch ein und gab das Schreiben am Dienstag, dem 11. 9., zur Post. Ablauf der Rechtsbehelfsfrist ist der 13. 9. Der Einspruch geht am 15. 9. bei dem FA ein. Die übliche Postlaufzeit beträgt einen Tag. Greift § 110 AO ein?

S muss die gewöhnliche Laufzeit einer Postsendung einkalkulieren. Dabei sind übliche Verlängerungen der Laufzeit, wie sie durch verminderten oder ganz entfallenden Leerungs- und Zustellungsdienst an Wochenenden und Feiertagen entstehen, nach der Postuniversaldienstleistungsverordnung in die Berechnung einzubeziehen. Wenn das beachtet wird und es im Einzelfall auch keine konkreten Hinweise auf andersartige Verzögerungen gibt, dann darf der Bürger darauf vertrauen, dass die normale Laufzeit nicht überschritten wird. Dem S ist daher Wiedereinsetzung zu gewähren.

2. Sachverhaltsdaten wie im 1. Beispiel. Der Brief ist jedoch auf dem Postweg verloren gegangen bzw. nicht bei der zuständigen Stelle im FA eingegangen.

In diesem Fall muss durch Angabe von Tatsachen sichergestellt sein, dass die rechtzeitige Absendung des Briefs mit dem Einspruch als überwiegend wahrscheinlich anzusehen ist. Dazu bedarf es der schlüssigen Schilderung, welche Person zu welcher Zeit in welcher Weise den Brief aufgegeben hat, und der entsprechenden Glaubhaftmachung durch die Vorlage präsenter objektiver Beweismittel. Die bloße Vorlage eines Postausgangsbuches genügt hierfür nicht (vgl. BFH, BStBl 2003 II S. 316; BFH/NV 2003 S. 60, 1206; 2004 S. 524).

Für die fristwahrende Übermittlung durch **Telefax** oder andere elektronische Kommunikationsmittel sind bestimmte Anforderungen zu beachten (vgl. Haunhorst, DStR 2001 S. 8). Der Absender muss alle möglichen und zumutbaren Maßnahmen für die sichere und rechtzeitige Übermittlung ergreifen. Dazu gehört die Kontrolle von Datum und Uhrzeit für den rechtzeitigen und vollständigen Eingang – Ausdruck oder Zwischenspeicherung im „Datenbriefkasten" entsprechend § 87a Abs. 1 AO, § 52a Abs. 2 FGO – des fristwahrenden Schreibens bei der zuständigen Stelle, also vor 24.00 Uhr des letzten Tages der Frist (BFH, BStBl 2001 II S. 32 m. w. N.). Der Sendebericht ist auf Übermittlungsstörungen, Seitenzahlen und richtige Fax-Nr. im Anschluss an den Sendevorgang zu überprüfen, als Ausgangskontrolle zu überwachen und als Einzelnachweis aufzubewahren (vgl. BFH, BFH/NV 1995 S. 699, 702; 1996 S. 818 m. w. N.). Telefax-Nummern sind den Bescheiden bzw. aktuellen „gebräuchlichen" Verzeichnissen zu entnehmen; telefonische Nachfragen bei der Fernsprechauskunft genügen nicht (vgl. BGH, NJW 1994 S. 1660, 2300). Veraltete, technisch unzulängliche Faxgeräte sind durch moderne zu ersetzen (BGH, NJW 1994 S. 1879). Das Risiko der rechtzeitigen Datenübermittlung und dessen Nachweis trägt der Absender, d. h., ein Sendebericht mit der Mitteilung „Ergebnis OK" hat keinerlei Beweiswert wegen Manipulationsmöglichkeiten (BFH, BStBl 1999 II S. 48). Dagegen liegen Störungen der Übermittlungsleitungen oder Defekte des Empfängsgeräts

(z. B. Papierstau oder verstümmelte bzw. unlesbare Wiedergabe) allgemein im Einflussbereich des Empfängers (vgl. BFH, BStBl 1997 II S. 496; 2004 II S. 763; BVerfG, NJW 2000 S. 574). Mithilfe des Journals (für empfangene Sendungen) kann ggf. später nachgeprüft werden, ob der Eingang vor Fristablauf oder danach erfolgt ist oder, wenn der Absender sich auf die Angaben zu Datum und Uhrzeit auf das Schriftstück beruft, ob diese Angaben zutreffend sind. Der Absender hat nach § 418 Abs. 2 ZPO den vollen Gegenbeweis zu liefern.

Gesetzliche Wiedereinsetzungsgründe enthält **§ 126 Abs. 3 AO.** Danach gilt die Fristversäumnis als nicht verschuldet, wenn dem Verwaltungsakt die erforderliche Begründung (§ 121 AO) fehlt oder die erforderliche Anhörung (§ 91 AO) unterblieben ist. Die erforderliche Ursächlichkeit einer fehlenden Anhörung besteht im Allgemeinen nur, wenn die nach § 121 AO notwendigen Erläuterungen auch im Steuerbescheid selbst unterblieben sind (vgl. BFH, BStBl 2004 II S. 394 m. w. N.; AEAO zu § 91 Nr. 3, zu § 110 Nr. 1 und zu § 126 Nr. 3).

Das **Verschulden eines Vertreters** ist dem Vertretenen zuzurechnen (**§ 110 Abs. 1 Satz 2 AO).** Als Vertreter kommen sowohl gesetzliche Vertreter, z. B. Eltern, Geschäftsführer, als auch gewillkürte Vertreter, z. B. Steuerberater, Prokurist, in Betracht (vgl. § 34 Abs. 1 AO). Für die zu beachtende Sorgfaltspflicht gelten die gleichen Grundsätze wie für den Berechtigten selbst. Das Verschulden eines von mehreren Vertretern steht dem Verschulden des Beteiligten gleich (BFH, BStBl 1984 II S. 320).

Das individuelle **Versagen von Hilfspersonen** ist dem Berechtigten oder seinem Vertreter nicht ohne weiteres zuzurechnen. Im Gegensatz zum Vertreter kann ein Erfüllungsgehilfe seinen eigenen Willen nicht mit Wirkung für und gegen den Vertretenen erklären. Seine Aufgaben beschränken sich in der Regel darin, bei der Erfüllung steuerlicher Pflichten und der Abgabe der zur Fristwahrung erforderlichen Erklärung als Hilfsperson mitzuwirken. Bei Verschulden eines Erfüllungsgehilfen an der Versäumung einer Frist kann Wiedereinsetzung nur versagt werden, wenn auch den Berechtigten selbst ein Verschulden trifft. Das kann insbesondere in unsorgfältiger Auswahl und mangelhafter Überwachung oder in einem systembedingten Organisationsfehler liegen.

Beispiel:

S beauftragt seine Angestellte B, ein Einspruchsschreiben nach Geschäftsschluss in den Hausbriefkasten des FA zu werfen. S weist B eindringlich darauf hin, dass es sich um einen eilbedürftigen Brief handele, weil die Einspruchsfrist mit dem Ende des Tages ablaufe. B hat sich bisher stets als zuverlässig erwiesen. B vergisst dieses Mal aber auf dem Weg zum Freund, den Einspruch einzuwerfen. Rechtslage?

B hat als Bote des S die Versäumung der Einspruchsfrist verschuldet. Den S trifft ein Verschulden weder bei der Auswahl noch bei der Beaufsichtigung, weil er B als zuverlässig kannte und eindringlich ermahnte. Es ist Wiedereinsetzung zu gewähren (vgl. BFH, BStBl 2004 II S. 564, für Anwahl einer falschen Faxnummer durch eine Bürokraft im dritten Ausbildungsjahr. Anders ist es bei eigenem Versehen des Bevollmächtigten nach BFH, BFH/NV 2004 S. 526).

6.2 Wiedereinsetzung in den vorigen Stand

Bevollmächtigte, bei denen die Wahrung von Fristen zu ihrer beruflichen Tätigkeit gehört, müssen für das Verschulden ihrer Hilfskräfte einstehen, wenn sich die Fristversäumnis bei ordnungsgemäßer Büroorganisation hätte vermeiden lassen. Rechtsanwälte, Steuerberater, Wirtschaftsprüfer und Angehörige ähnlicher Berufe müssen ihren Bürobetrieb so einrichten, dass im Regelfall Fristen nicht versäumt werden. Sie können die Berechnung einfacher Fristen und die Überwachung aller Fristen zuverlässigen Angestellten überlassen. Wird durch ein Versehen eines solchen Angestellten eine Frist versäumt, so trifft den Bevollmächtigten nur ein Verschulden, wenn die Versäumung auf mangelhafte Organisation zurückzuführen ist (vgl. BFH, BStBl 2000 II S. 175; 2004 II S. 564 m. w. N.). Zu einer **ordnungsgemäßen Büroorganisation** gehört, dass

– der Bevollmächtigte oder sein Beauftragter Neueingänge auf Fristsachen durchsieht und unterschiedliche Zeitpunkte bei Fristensachen beachtet (vgl. BFH, BFH/NV 1990 S. 649); der Bevollmächtigte schwierige und seinem Büropersonal nicht geläufige Fristen selbst berechnet (BFH, BStBl 1969 II S. 190; 1984 II S. 446);

– eine wirksame Ausgangskontrolle geschaffen ist (Fristenkontrollbuch oder eine gleichwertige Einrichtung zur Überwachung der darin vermerkten Fristen, z. B. EDV-gestützter Fristenkalender, vgl. BFH, BStBl 1991 II S. 826; BFH/NV 2003 S. 198; 2004 S. 1285). Fristenmappe oder Fristenkalender genügen nicht (BFH, BFH/NV 1996 S. 818 m. w. N.). Die notierte Frist darf frühestens gelöscht werden, wenn das fristwahrende Schriftstück unterzeichnet und postfertig gemacht worden ist (BFH, BStBl 1989 II S. 266);

– durch organisatorische Maßnahmen dafür gesorgt ist, dass Fristsachen anhand der Terminkontrolle herausgesucht, vorgelegt und erledigte Fristen gestrichen werden (vgl. BFH, BFH/NV 1996 S. 818 m. w. N.). Die Fristen müssen auch in den Handakten vermerkt werden (BFH, BStBl 1961 III S. 445; 1980 II S. 154);

– ein zuverlässiger Angestellter für die tägliche Fristenüberwachung bzw. Versendung von Telefaxen ausgewählt wurde (BFH, BStBl 2004 II S. 564 m. w. N.);

– regelmäßig Belehrung und Überwachung der Bürokräfte vorgenommen werden (vgl. BFH, BFH/NV 2003 S. 1589);

– die Angestellten angewiesen sind, festgestellte Fristversäumnisse sofort mitzuteilen (BFH, BStBl 1977 II S. 35), und Vertretungen sichergestellt sind.

Die Grundsätze über die Entschuldbarkeit von **Büroversehen** in gut organisierten Büros von Angehörigen der steuer- und rechtsberatenden Berufe gelten allerdings **nicht für Geschäftsbetriebe** (BFH, BFH/NV 2001 S. 292 m. w. N.). Für diese Betriebe finden die Grundsätze über die „allgemeine Sorgfaltspflicht" im Rechtsleben Anwendung (vgl. § 347 Abs. 1 HGB).

3. Grundsätzlich Antrag auf Wiedereinsetzung und **Darlegung der Gründe innerhalb eines Monats nach Wegfall des Hindernisses, das die Fristversäumnis verursachte, mit Jahreshöchstfrist** (§ 110 Abs. 2 Satz 1, Abs. 3 AO)

Die Monatsfrist beginnt „nach Wegfall des Hindernisses", d. h. mit Ablauf des Tages, an dem das Hindernis beseitigt ist, z. B. Rückkehr aus dem Urlaub, Gesundung von der Krankheit für Einspruchseinlegung. Hat der Betroffene zunächst keine Kenntnis von der Fristversäumnis, z. B. bei Poststörungen oder Büroversehen, beginnt die Frist erst, wenn der Betroffene positive Kenntnis von der Fristversäumnis hat oder bei Anwendung der erforderlichen Sorgfalt diese hätte erkennen müssen.

Nach § 110 Abs. 2 Satz 2 AO kann nur das Glaubhaftmachen der Gründe im weiteren Verfahrensverlauf erfolgen. Die Tatsachen zur Begründung des Antrags selbst sind ihrem wesentlichen Inhalt nach innerhalb der Antragsfrist darzulegen, soweit sie nicht für die Behörde offenkundig sind; spätere Ergänzungen sind zulässig (vgl. BFH, BStBl 2003 II S. 316; BFH/NV 2004 S. 459 m. w. N.; 2. Beispiel S. 231).

Der ausdrückliche **Antrag** auf Wiedereinsetzung ist nach § 110 Abs. 2 Satz 4 AO **entbehrlich,** wenn innerhalb der Antragsfrist die versäumte Rechtshandlung nachgeholt wird und die Tatsachen, aus denen sich das fehlende Verschulden ergibt, **amtsbekannt** sind. Die Verzögerung in der Postbeförderung beruht z. B. darauf, dass die Postbediensteten streiken (vgl. BFH, BStBl 1977 II S. 246 für Postflugzeug).

Nach Ablauf der **Jahresfrist,** vom Ende der versäumten Frist an gerechnet, kann Wiedereinsetzung nicht mehr begehrt oder ohne Antrag bewilligt werden **(§ 110 Abs. 3 AO).** Der Ablauf der Jahresfrist ist unschädlich im Falle höherer Gewalt.

> **Beispiel:**
>
> Der ESt-Bescheid 01 war ohne erforderliche Begründung wegen – zu Unrecht – abweichender Festsetzung der § 19 EStG-Einkünfte am 1. 6. 02 ergangen. Dies bemerkte der Stpfl. S erst am 15. 7. 03 bei Erstellung der ESt-Erklärung 02. S legt sofort Einspruch ein mit Antrag auf Wiedereinsetzung. Rechtslage?
>
> Nach § 126 Abs. 3 i. V. m. § 110 AO ist grundsätzlich Wiedereinsetzung zu gewähren (vgl. AEAO zu § 121 Nr. 3, § 91 Nr. 3). Sie scheitert aber wegen Ablaufs der Jahresfrist mit dem 4. 7. 03 (ein Jahr nach Ende der Einspruchsfrist).

4. Nachholung der versäumten Rechtshandlung innerhalb der Monatsfrist (§ 110 Abs. 2 Sätze 1 und 3 AO)

Für die Wiedereinsetzungsmöglichkeit ist somit nicht ausreichend, dass innerhalb der Monatsfrist lediglich ein Antrag auf Wiedereinsetzung gestellt wird.

Die **Monatsfrist des § 110 Abs. 2 AO** ist bei unverschuldeter Versäumung selbst **wiedereinsetzungsfähig** (vgl. BFH, BStBl 1984 II S. 802).

5. Glaubhaftmachen der begründenden Tatsachen (§ 110 Abs. 2 Satz 2 AO)

Glaubhaftmachen bedeutet mehr als bloßes Behaupten oder Vortragen, jedoch weniger als beweisen. Erforderlich ist die **Vorlage präsenter Beweismittel,** die mit hinreichender Deutlichkeit den Schluss auf das Vorgetragene zulassen. Dazu gehört z. B. ein Auszug aus dem Postausgangsbuch oder die lückenlose und schlüssige Darstellung des Absendevorgangs, dass ein im Postweg oder im FA verloren gegangenes fristwahrendes Schreiben rechtzeitig abgesandt worden ist, oder ein Fristenkalender mit Absendevermerk oder Sendeprotokoll des Faxgeräts (vgl. BFH, BFH/NV 1998 S. 1231, 1242; 2001 S. 928 m. w. N.). Als Beweismittel kommen insbesondere Bescheinigungen, Zeugen oder auch eine eidesstattliche Versicherung in Betracht (vgl. § 92 AO).

6.2.2 Anspruch auf Wiedereinsetzung

Der Berechtigte hat einen Rechtsanspruch auf Wiedereinsetzung in den vorigen Stand. Es handelt sich nicht um eine Ermessensentscheidung. Wiedereinsetzung muss gewährt werden, wenn die gesetzlichen Voraussetzungen vorliegen. Zuständig ist die Finanzbehörde, die über die versäumte Rechtshandlung zu befinden hat (§ 110 Abs. 4 AO). Das ist bei Einsprüchen die Behörde, der die Einspruchsentscheidung obliegt (vgl. § 367 Abs. 1, § 347 AO). Die Wiedereinsetzung unterliegt deshalb in vollem Umfang der Nachprüfung im Rechtsbehelfsverfahren (BFH, BStBl 1990 II S. 277). Die **Ablehnung der Wiedereinsetzung** ist nicht selbständig **anfechtbar,** sondern **nur zusammen mit dem zugrunde liegenden Verwaltungsakt durch Klage** nach § 40 FGO (vgl. BFH, BStBl 1987 II S. 7).

> **Beispiel:**
>
> X hat Wiedereinsetzung wegen Versäumung der Einspruchsfrist beantragt mit der Begründung, Arbeitsüberlastung habe ihn von der Einlegung des Einspruchs abgehalten. Das FA gewährt Wiedereinsetzung und entscheidet sachlich über den Einspruch. X erhebt gegen die Einspruchsentscheidung Klage, weil er eine weitere Herabsetzung der Steuer begehrt. Rechtslage?
>
> Das FA durfte keine Wiedereinsetzung gewähren. Arbeitsüberlastung ist kein Wiedereinsetzungsgrund. Das FG muss die Klage gemäß § 76 Abs. 1, § 96 Abs. 1 FGO ohne weitere Sachprüfung als unbegründet abweisen (BFH, BStBl 1984 II S. 791; 1987 II S. 7).

6.2.3 Zusammenfassende Übersicht

1. Versäumung einer gesetzlichen – nicht verlängerbaren – Frist; Sonderfall § 364 b AO.
2. Unverschuldete Fristversäumnis.
   Verschulden des Vertreters ist dem Vertretenden zuzurechnen.
3. Grundsätzlich Antrag auf Wiedereinsetzung und Darlegung der Gründe binnen eines Monats nach Wegfall des Hindernisses, spätestens – außer bei höherer Gewalt – innerhalb eines Jahres seit Ende der versäumten Frist.
4. Nachholung der versäumten Handlung innerhalb der Antragsfrist; bloße Antragstellung auf Wiedereinsetzung reicht nicht aus.
5. Glaubhaftmachen der begründenden Tatsachen.
6. Rechtsanspruch auf Wiedereinsetzung; ggf. Klage.

6.2.4 Prüfungsschema zu § 110 AO für die Einspruchsfrist
(§ 355 AO)

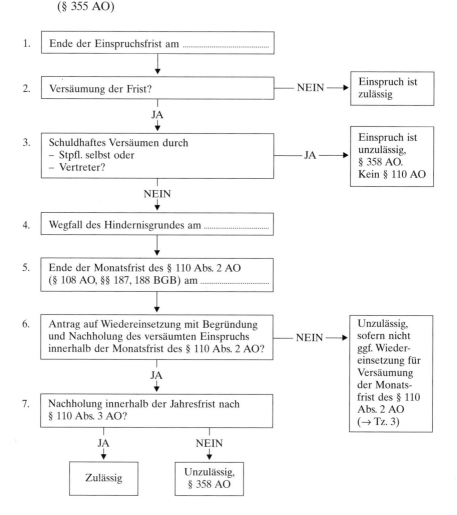

7 Verwaltungsakte (§§ 118 bis 128 AO)

Die Sachverhaltsermittlung dient dazu, festzustellen, ob und in welchem Umfang Ansprüche aus Steuergesetzen entstanden sind. Nach Feststellung des Sachverhalts und der in Betracht kommenden gesetzlichen Vorschriften muss der Anspruch dem Stpfl. gegenüber inhaltlich bestimmt und geltend gemacht werden. Das geschieht durch Verwaltungsakte, die auch Verfügungen oder Bescheide genannt werden. Sie bringen zum Ausdruck, welche Folgerungen aus einer steuergesetzlichen Vorschrift gegenüber dem Betroffenen im Einzelfall gezogen worden sind.

7.1 Begriff des Verwaltungsaktes im Steuerrecht

Verwaltungsakt im Sinne der AO („Steuerverwaltungsakt") ist jede hoheitliche Maßnahme einer Behörde in Form einer Verfügung, Entscheidung oder anderen Maßnahme zur Regelung eines Einzelfalls aus dem Gebiet des Steuerrechts mit unmittelbarer Rechtswirkung nach außen **(§ 118 Satz 1 AO).** Verwaltungsakte sind ferner hoheitliche Maßnahmen, die sich an einen nach allgemeinen Merkmalen bestimmten oder bestimmbaren Personenkreis richten oder die die öffentlich-rechtliche Eigenschaft einer Sache oder ihre Benutzung durch die Allgemeinheit betreffen. Diese **Allgemeinverfügungen** im Sinne von **§ 118 Satz 2 AO** sind keine Rechtsnormen, sondern stellen ihrem Wesen nach lediglich die Summe einzelner Verwaltungsakte dar. Daher ist ihre Rechtmäßigkeit im Hinblick auf jeden Betroffenen gesondert zu prüfen. Die Rechtswidrigkeit der Allgemeinverfügung hinsichtlich eines Betroffenen führt deshalb nicht ohne weiteres zur Rechtswidrigkeit generell.

> **Beispiele:**
> Allgemeine Aufforderung zur Abgabe von Erklärungen nach § 149 Abs. 1 AO oder zum Ruhen des Verfahrens gemäß § 363 Abs. 2 Satz 3 AO; Zahlungserinnerung nach § 259 AO durch öffentliche Bekanntmachung.

Die genaue **Abgrenzung** des Verwaltungsaktes von anderen Maßnahmen der Finanzbehörde ist u. a. **wichtig** für:

– Wirksamwerden

  Der Verwaltungsakt wird erst mit Bekanntgabe nach § 124 Abs. 1 AO für die Behörde und den Betroffenen wirksam. Damit tritt eine Bindungswirkung für die Beteiligten ein. Vorher ist er ein bloßes Internum.

7 Verwaltungsakte

- Korrektur

  Für die Aufhebung und Änderung von Verwaltungsakten, insbesondere von Steuerbescheiden, gelten besondere gesetzliche Regelungen (vgl. §§ 129 ff., 164, 165, 172 ff. AO).

- Rechtsbehelfsverfahren

  Ein Rechtsbehelfsverfahren – Einspruch oder Klage – ist grundsätzlich nur gegen Verwaltungsakte gegeben (vgl. §§ 347, 348 AO; §§ 40 bis 42 FGO; Art. 19 Abs. 4 GG).

- Vollziehbarkeit

  Verwaltungsakte bilden nach § 218 Abs. 1, § 249 Abs. 1 AO die Grundlage für die zwangsweise Durchsetzung des Rechts, soweit nicht die Vollziehung nach § 251 Abs. 1, § 361 AO bzw. § 69 FGO ausgesetzt ist.

7.1.1 Erläuterung der einzelnen Begriffsmerkmale

Die Legaldefinition des **§ 118 AO** enthält folgende Begriffsmerkmale:

1. hoheitliche Maßnahme,
2. behördlicher Art,
3. zur Regelung eines Einzelfalles,
4. unmittelbare Außenwirkung.

Maßnahme ist die Äußerung eines auf Rechtsfeststellung oder Rechtsgestaltung gerichteten **Willens eines befugten Amtsträgers** mit Richtung auf den Betroffenen. Die Beispiele in § 118 Satz 1 AO – Verfügung, Entscheidung – dienen nur der Konkretisierung der angesprochenen hoheitlichen Maßnahme. Erforderlich ist stets, dass die Maßnahme vom Willen der Finanzbehörde getragen ist, eine entsprechende verbindliche Entscheidung mit Rechtswirkung nach außen zu erlassen (vgl. BFH, BStBl 1985 II S. 42, 218). Im **Gegensatz** hierzu stehen **innerdienstliche Entscheidungen** und reine **Wissensäußerungen** wie z. B. Mitteilungen von Tatsachen. Letztere sind **keine Verwaltungsakte**.

Der Wille kann nur von Personen gebildet werden, die zum Handeln für die Behörde berechtigt sind (vgl. § 79 Nr. 4, § 119 Abs. 3, § 324 Abs. 2 AO). Das sind außer Vorsteher und Sachgebietsleiter regelmäßig auch Bearbeiter (vgl. Nr. 2 FAGO).

Ein Verwaltungsakt liegt demnach nicht vor, wenn es an einer **wirksamen Willensbildung oder -äußerung fehlt**, z. B. wenn er von einer Person ausgeht, die

7.1 Begriff des Verwaltungsaktes im Steuerrecht

unter keinen Gesichtspunkten zu einem behördlichen Handeln befugt ist. Es handelt sich vielmehr um einen **„Scheinverwaltungsakt" oder „Nichtakt"** (nicht zu verwechseln mit einem nichtigen Verwaltungsakt nach § 125 AO). Der gute Glaube eines Betroffenen an das Bestehen der tatsächlich fehlenden Befugnis ist unerheblich (BFH, BStBl 1985 II S. 42). Ist ein Verwaltungsakt von einem Bearbeiter abschließend gezeichnet worden, der zwar grundsätzlich zur Zeichnung ermächtigt und zuständig ist, aber das **verwaltungsinterne Zeichnungsrecht** nach Nr. 2 FAGO überschreitet, so ist er deswegen nicht nichtig, sondern gemäß § 124 AO wirksam (vgl. BFH, BStBl 1988 II S. 233; 1989 II S. 344 m. w. N.).

> **Beispiele:**
>
> **1.** Der S hat Erlass der Steuerrückstände beantragt. Der Finanzanwärter F, ein Bekannter des S, füllt einen Erlassvordruck aus und gibt ihn in den Postlauf. Danach sind dem S die Steuerrückstände erlassen. Rechtslage?
>
> Ein Verwaltungsakt – Erlass nach § 227 AO – ist nicht entstanden, da er von einer absolut unbefugten Person ausgeht, es somit an einer wirksamen behördlichen Willensäußerung fehlt. Der S hat nur die Ausfertigung eines Scheinverwaltungsaktes erhalten. Eine Wirkung im Sinne von § 124 AO tritt daher nicht ein.
>
> **2.** Das FA stundet dem S die ESt von 10.000 € bei monatlichen Raten von 2.000 €. Das Stundungsschreiben ist – ebenso wie die Aktenverfügung – lediglich von dem zuständigen Sachbearbeiter, nicht jedoch vom Sachgebietsleiter abgezeichnet. Nach den Verwaltungsvorschriften konnte der Sachbearbeiter nur Stundungen bis zu 1.000 € abschließend zeichnen. Rechtsfolge?
>
> Die Stundung ist kein Nichtakt. Denn der Sachbearbeiter ist grundsätzlich – wenngleich nur innerhalb bestimmter Grenzen – zum Erlass von Stundungen nach § 222 AO befugt. Der unter Überschreitung des amtsinternen Zeichnungsrechts ergangene Verwaltungsakt ist daher wirksam (BFH, BStBl 1978 II S. 575).
>
> **3.** Ein Scheinverwaltungsakt liegt mangels Willensbildung vor, wenn das FA dem Stpfl. einen Computerausdruck, der die äußere Form und den Inhalt eines Bescheides aufweist, versehentlich übersendet, der Ausdruck aber ausschließlich für innerdienstliche Zwecke gefertigt worden war (BFH, BStBl 1985 II S. 42).

Der befugte Amtsträger kann sich bei der Willensbildung auch einer Hilfsperson bedienen und dadurch das Ergebnis dieser Arbeit in seinen Willen übernehmen. Die **abschließende Zeichnung** hat lediglich **Beweisfunktion** für das Entstehen des Verwaltungsaktes. Ein anderweitiger Nachweis ist möglich.

Um wirksam zu werden, bedarf der Verwaltungsakt **der Bekanntgabe** (§ 124 Abs. 1 AO; vgl. § 155 Abs. 1 Satz 2 AO: „Steuerbescheid ist der ... bekannt gegebene Verwaltungsakt"). Die Vorschriften der §§ 129 und 119 Abs. 2 AO bezeichnen diese Entwicklungsphasen – Entstehung (Entwurf) und Bekanntgabe – zusammengefasst als „Erlass" des Verwaltungsaktes. An den Entstehungszeitpunkt knüpft z. B. die Frage an, ob Tatsachen nachträglich im Sinne von § 173 AO bekannt geworden sind. Neu sind danach Tatsachen, die vor Entstehung des „Bescheides" bereits vorhanden, aber erst danach bekannt geworden sind. Ferner entfaltet der entstandene „Steuerbescheid" als späterer Verwaltungsakt nach § 169 Abs. 1 Satz 3, § 231 Abs. 1 Satz 2 AO Rechtswirkungen schon vor der nachfolgenden Bekanntgabe. Ist ein Verwaltungsakt fehlerhaft bekannt gegeben worden mit der Rechtsfolge, dass er nach § 124 Abs. 1 AO dem Adressaten gegenüber nicht wirksam ist, so handelt es sich um einen rechtlich nicht existent gewordenen Bescheid (Nichtakt), der in seiner rechtlichen Auswirkung einem unwirksamen Verwaltungsakt gleicht (BFH, DB 2003 S. 977; vgl. Ausführungen unter Tz. 7.6.2).

Hoheitlicher Art ist die Maßnahme einer staatlichen Behörde (§ 6 Abs. 1 AO) bei der Erfüllung der Aufgaben, die ihr kraft Gesetzes zugewiesen sind und deren Erledigung ihr als Hoheitsträger eigentümlich und im Wesentlichen vorbehalten ist. Die AO sieht als Verwaltungsakt insbesondere Maßnahmen der Finanzbehörde an. **Gerichtliche Entscheidungen** rechnen **nicht** zu den Verwaltungsakten. Die Verwaltung von Steuern ist ausschließlich dem Bund, den Ländern, den Gemeinden und Religionsgemeinschaften als Körperschaften des öffentlichen Rechts gesetzlich zugewiesen. Alle Willensäußerungen, die die Verwaltung von Steuern zum Gegenstand haben, sind hiernach hoheitlicher Art.

Beispiele:

1. Das FA gibt dem A auf, während der Ap einen geheizten Raum zur Verfügung zu stellen. Nach Weigerung des A und nach Androhung lässt das FA den zur Verfügung gestellten Raum auf Kosten des A heizen. Rechtslage?

A ist nach § 200 Abs. 2 Satz 2 AO verpflichtet, geeignete Räume zur Verfügung zu stellen. Eine entsprechende Androhung kann nach §§ 328, 330 AO durch Ausführung auf Kosten des A erzwungen werden. Die Androhung beruht auf einer steuerlichen Vorschrift und ist hoheitlicher Art (vgl. BFH, BStBl 1986 II S. 2).

2. Der Arbeitgeber behält vom Arbeitnehmer die LSt bzw. die Bank vom Gläubiger die KapSt ein. – Es liegen keine Verwaltungsakte gemäß § 118 AO vor, da beide zwar für die Finanzbehörde tätig werden, aber keine Finanzbehörde sind.

3. Kindergeld wird nach § 70 Abs. 1 Satz 1 EStG von der Familienkasse durch Bescheid festgesetzt und ausgezahlt. Juristische Personen im Sinne von § 72 Abs. 1 und 2 EStG sind ausnahmsweise als Familienkasse dazu berechtigt.

4. Die Aufrechnungserklärung des FA nach § 226 Abs. 1 AO ist kein Verwaltungsakt. Es handelt sich wegen der Verweisung auf die §§ 387 ff. BGB um eine Maßnahme nach Privatrecht und daher um eine „verwaltungsrechtliche Willenserklärung" (vgl. BFH, BStBl 1987 II S. 536; Ausführungen unter Tz. 11.3.6).

Besonderheiten ergeben sich bei der selbstverantwortlichen Tätigkeit des Stpfl. im Rahmen von **Steueranmeldungen (§ 167 AO).** Da die Steueranmeldung nach **§ 168 AO** einer Steuerfestsetzung unter dem Vorbehalt der Nachprüfung gleichsteht, muss die Erklärung des Stpfl. an sich die gleichen Rechtswirkungen hervorrufen wie ein entsprechender Steuerbescheid, soweit keine abweichende Festsetzung erfolgt. Rechtsfolge ist eine selbst berechnete Steuerschuld dem Grunde und der Höhe nach (§ 150 Abs. 1 Satz 3 AO). Der Verwaltungsakt erlangt seine

7.1 Begriff des Verwaltungsaktes im Steuerrecht

Rechtswirkungen entweder sofort mit Eingang der Steueranmeldung bei der Finanzbehörde kraft Gesetzes oder im Fall der Steuerherabsetzung bzw. der Steuervergütung mit Bekanntwerden der Zustimmung gemäß § 168 Satz 2 AO (siehe auch § 355 Abs. 1 Satz 2 AO).

Zur **Regelung eines Einzelfalls** mit **unmittelbarer Rechtswirkung nach außen** dient eine hoheitliche Maßnahme, die für einen bestimmten Stpfl. oder Dritten eine **Rechtsfolge verbindlich** festlegt. Davon kann nur gesprochen werden, wenn der Betroffene an die Maßnahme gebunden sein soll und ihre Befolgung ggf. erzwungen werden kann. Es muss sich somit bei einem Verwaltungsakt um eine **„konkrete"** und **„individuelle" Rechtsanordnung** handeln. Demgegenüber enthalten Rechtsnormen stets „abstrakte" und „generelle" Regelungen, die noch der „Umsetzung" in eine konkrete Rechtsanordnung – Verwaltungsakt bzw. Allgemeinverfügung – bedürfen.

Keine Verwaltungsakte sind allgemeine Regelungen, wie z. B. Gesetze, Durchführungsverordnungen, Verwaltungsanordnungen. Entsprechendes gilt für verwaltungsinterne Maßnahmen. Sie bedürfen noch der Umsetzung nach außen. Auswirkungen auf den Einzelnen entfaltet in diesen Fällen erst der „Vollzugsakt", z. B. Steuerbescheid. Auch Belehrungen, Auskünfte oder Mitteilungen der Finanzbehörde sind im Allgemeinen nicht als Regelungen eines Einzelfalls mit unmittelbarer Rechtswirkung nach außen anzusehen. Dasselbe gilt für Mahnungen (§ 259 AO) als bloß wiederkehrende Zahlungsaufforderung (vgl. BFH, BStBl 1995 II S. 42).

Beispiele:

1. Die OFD teilt dem S schriftlich mit, sie habe für das Besteuerungsverfahren dem nachgeordneten FA eine Weisung bestimmten Inhalts erteilt. Folge?

Diese Mitteilung der OFD ist kein Verwaltungsakt, da das Schreiben keine Regelung enthält, sondern lediglich eine bloße Mitteilung. Die Weisung wirkt als solche nur behördenintern (BFH, BStBl 1975 II S. 779).

2. Das FA hat die von S geleisteten Zahlungen auf bestimmte Steuerschulden und Säumniszuschläge gebucht. Verwaltungsakt?

Die Entscheidung über die Buchung von Zahlungen stellt keinen selbständigen Verwaltungsakt dar. Das gilt auch für die Aufrechnungserklärung des FA. Die Frage, ob bestimmte Steuerschulden erloschen sind oder nicht, kann endgültig nur im Wege des Abrechnungsverfahrens nach § 218 Abs. 2 AO geklärt werden (BFH, BStBl 1986 II S. 702; 1987 II S. 536).

3. Auf Anfrage teilt das FA dem A mit, dass Steuerfreiheit für bestimmte Umsätze nicht in Betracht kommt. Rechtsfolge?

Die Auskunft ist für A nicht verbindlich, weil über die Anwendung der Steuerfreiheit erst bei der Steueranmeldung bzw. Steuerfestsetzung entschieden wird.

4. Der Bericht über die Ap und die „Null-Mitteilung" (§ 202 Abs. 1 AO) enthalten keine verbindliche Regelung (BFH, BStBl 1986 II S. 21; 1988 II S. 168).

5. Die Aufforderung zur Benennung von Zahlungsempfängern nach § 160 AO ist mangels Regelung kein Verwaltungsakt, sondern nur eine Vorbereitungshandlung zur Steuerfestsetzung (BFH, BStBl 1988 II S. 927 m. w. N.; AEAO zu § 160 Nr. 1).

6. Bei der Mitteilung des FA über Steuerrückstände an die Gewerbebehörde zur Durchführung eines gewerberechtlichen Untersagungsverfahrens handelt es sich mangels unmittelbarer Rechtswirkung nach außen nicht um einen Verwaltungsakt (BFH, BStBl 1987 II S. 545; 1989 II S. 995).

Auskünfte regeln grundsätzlich auch dann keinen Einzelfall verbindlich, wenn ihre Erteilung gesetzlich vorgeschrieben ist wie etwa in § 89 Satz 2, § 187 AO, § 42 e EStG.

Beispiel:

Das FA erteilt dem Arbeitgeber eine Auskunft über die lohnsteuerliche Behandlung bestimmter Sachzuwendungen an Arbeitnehmer. Rechtsfolge?

Das FA hat nach § 42 e EStG Auskunft zu erteilen. Nach geltendem Recht ist die steuerliche Beurteilung eines Sachverhalts grundsätzlich dem Steuerfestsetzungs- bzw. dem Haftungsverfahren vorbehalten. Die Auskunft kann allenfalls nach dem Grundsatz von Treu und Glauben unter bestimmten Voraussetzungen derart Rechtswirkungen erzeugen, dass das FA hieran personenbezogen (nur für Arbeitgeber) gebunden ist (vgl. BFH, BStBl 1992 II S. 107; 1993 II S. 166 m. w. N.; R 147 LStR). Gleichwohl ist diese Auskunft nach h. M. kein Verwaltungsakt, weil noch keine unmittelbare Rechtsfolge eintritt (vgl. Wichmann, DStR 1989 S. 771).

Sonderregelungen gelten für die **verbindliche Zolltarifauskunft** und für die **verbindliche Zusage** nach §§ 204, 206 AO. Sie sind Verwaltungsakte.

Von der innerdienstlichen Willensbildung als Voraussetzung für die wirksame Entstehung ist die **Bekanntgabe des Verwaltungsaktes** zu unterscheiden. Erst mit Bekanntgabe erhält er **Außenwirkung** und wird verbindlich (§ 124 Abs. 1, § 155 Abs. 1 Satz 2 AO; vgl. BFH, BStBl 1990 II S. 612/615). Daher kann z. B. gegen einen noch nicht bekannt gegebenen Verwaltungsakt kein wirksamer Einspruch eingelegt werden, vorbehaltlich § 347 Abs. 1 Satz 2 AO (BFH, BStBl 1983 II S. 551).

7.1.2 Verwendung des Begriffs Verfügung in der übrigen Rechtsordnung

Bestimmte Willenserklärungen und -äußerungen werden auch auf anderen Rechtsgebieten als Verfügung bezeichnet. Im Zivilrecht wird darunter die Willenserklärung verstanden, mit der Rechte begründet, aufgehoben oder übertragen werden. Bei organisatorischen Maßnahmen behördeninterner Art wird der Begriff ebenfalls verwendet: OFD-Verfügungen, Amtsverfügungen, Wiedervorlageverfügungen usw. In diesen Fällen handelt es sich nicht um Verwaltungsakte.

7.2 Arten der Verwaltungsakte

Allgemein werden Verwaltungsakte nach verschiedenen, einander überschneidenden Merkmalen eingeteilt, deren Unterscheidung wegen der Rechtsfolgen von Bedeutung ist.

- **Begünstigende und belastende Verwaltungsakte:**

Nach der Bedeutung des Verwaltungsaktes für den Betroffenen unterscheidet man begünstigende und belastende Verwaltungsakte. **Begünstigend** sind Verwaltungsakte, die Rechte oder rechtlich erhebliche Vorteile begründen oder bestätigen, wie z. B. Stundung, Erlass, Fristverlängerung. Die Rücknahme und der Widerruf begünstigender Verwaltungsakte sind nach § 130 Abs. 2, § 131 Abs. 2 AO nur unter bestimmten Voraussetzungen möglich. **Belastende Verwaltungsakte** verlangen ein Tun, Dulden oder Unterlassen oder stellen eine derartige Verpflichtung fest. Belastend sind ferner Verwaltungsakte, die eine beantragte günstige Gestaltung oder Feststellung ganz oder teilweise ablehnen, Rechte beschränken oder entziehen. Sie bedürfen nach dem Grundsatz der Gesetzmäßigkeit der Verwaltung immer einer gesetzlichen Grundlage (Art. 20 Abs. 3 GG). Ihre Rücknahme und ihr Widerruf sind uneingeschränkt möglich, soweit nicht Sonderregelungen eingreifen (§ 130 Abs. 1, § 131 Abs. 1 AO; § 172 Abs. 1 Satz 1 Nr. 2 Buchst. d AO für Steuerbescheide). Belastend sind z. B. Steuerbescheide, Finanzbefehle, Widerruf begünstigender Verwaltungsakte.

- **Deklaratorische und konstitutive Verwaltungsakte:**

Nach dem sachlichen Inhalt werden unterschieden: deklaratorische (rechtsfeststellende) und konstitutive (rechtsgestaltende) Verwaltungsakte. **Deklaratorisch** sind solche Verwaltungsakte, die rechtserhebliche Eigenschaften von Personen oder Sachen oder das Bestehen bzw. Nichtbestehen einer konkreten Rechtslage feststellen, z. B. Anforderung von Säumniszuschlägen, Anrechnungen von Abzugsteuern, Steuerbescheide (vgl. § 38 AO). Inwieweit deklaratorische Verwaltungsakte andere Stellen binden, ist unterschiedlich (vgl. § 182 AO; § 2 a WoPG). **Konstitutive Verwaltungsakte** begründen, ändern oder beseitigen ein Rechtsverhältnis oder eine Rechtsstellung des Betroffenen, z. B. Billigkeitserlass, Stundung, Zwangsgeld, Festsetzung von Verspätungszuschlägen, Finanzbefehle. Steuerbescheide haben grundsätzlich deklaratorische Wirkung. Sie stellen fest, welche Steuer in welcher Höhe geschuldet wird (vgl. § 38 AO). Wird jedoch eine höhere als die nach dem Gesetz entstandene Steuer festgesetzt, so wirkt die Festsetzung für das Entstehen des zusätzlichen Steuerzahlungsanspruchs insoweit konstitutiv.

7 Verwaltungsakte

- **Gebietende und verbietende Verwaltungsakte:**

Diese werden allgemein als **Finanzbefehle** bezeichnet. Finanzbefehle sind Verwaltungsakte, durch die ein Stpfl. oder ein Dritter zu einem bestimmten Verhalten (Tun, Dulden oder Unterlassen) aufgefordert wird. Dazu zählt auch die Zahlungsaufforderung (Leistungsgebot) nach § 254 und § 219 AO (vgl. § 249 Abs. 1 AO). Der Erlass von Finanzbefehlen ist nicht auf das Festsetzungsverfahren beschränkt. Finanzbefehle sind auch im Vollstreckungs- und Steuerstrafverfahren möglich. Finanzbefehle bilden insbesondere die Grundlage der Zwangsmittelfestsetzung nach § 328 AO.

Beispiele:

1. Das FA beanstandet die ESt-Erklärung und fordert den S auf, Auskunft über die Berechnung der betriebsgewöhnlichen Nutzungsdauer einzelner Wirtschaftsgüter des Anlagevermögens zu geben. Folge?

Der S ist nach den §§ 90, 93 AO verpflichtet, durch Auskunftserteilung an der Ermittlung des steuerlich bedeutsamen Sachverhalts mitzuwirken. Diese Verpflichtung ist Gegenstand des Finanzbefehls.

2. B hatte Einkünfte aus Gewerbebetrieb in Höhe von 10.000 €. Er hat nach Ablauf der Steuererklärungsfrist eine ESt-Erklärung nicht abgegeben. Folge?

Nach § 25 Abs. 3 EStG, § 56 EStDV ist B verpflichtet, auch ohne ausdrückliche Aufforderung dem FA eine ESt-Erklärung einzureichen (vgl. § 149 AO). Erzwungen werden kann diese Verpflichtung gemäß § 328 Abs. 1 AO erst, wenn das FA den B durch Verwaltungsakt mit Fristsetzung zur Abgabe aufgefordert hat.

- **Gebundene Verwaltungsakte und Ermessensentscheidungen:**

Weiter ist zu differenzieren zwischen gebundenen, d. h. streng gesetzesakzessorischen Verwaltungsakten und Ermessensakten. Hauptbeispiel für **gebundene Verwaltungsakte** bilden die Steuerbescheide. Zu den **Ermessensakten** (§ 5 AO) gehören z. B. Stundung, Erlass, Haftungsbescheid. Eine Entscheidung, die nur als gesetzlich gebundener Verwaltungsakt ergehen darf, kann nicht in eine Ermessensentscheidung umgedeutet werden (§ 128 Abs. 3 AO), z. B. Steuerbescheid in Haftungsbescheid (vgl. § 191 Abs. 1 AO).

- **Einseitige und mitwirkungsbedürftige Verwaltungsakte:**

Nach der Beteiligung des Betroffenen unterscheidet man einseitige und mitwirkungsbedürftige Verwaltungsakte. **Einseitige Verwaltungsakte** ergehen von Amts wegen, d. h., der Betroffene ist an dem Zustandekommen überhaupt nicht beteiligt. Sie bilden als typische hoheitliche Tätigkeit die Regel, z. B. Steuerbescheide, Finanzbefehle. **Mitwirkungsbedürftige Verwaltungsakte** ergehen kraft ausdrücklicher gesetzlicher Regelung nur auf Antrag oder mit Zustimmung (vgl. z. B. § 27, § 163 Abs. 1 Satz 2, § 167 Abs. 1 Satz 3, § 172 Abs. 1 Satz 1 Nr. 2 Buchst. a AO; § 4 a Abs. 1 Nr. 2 und 3 EStG; § 19 Abs. 2, § 20 Abs. 1 UStG). Hierzu gehören allerdings nicht: Stundung (§ 222 AO), Erlass (§ 227 AO), Aussetzung der Vollziehung (§ 361 AO).

- **Verwaltungsakte mit und ohne Dauerwirkung:**

Von erheblicher praktischer Bedeutung ist es schließlich, ob ein Verwaltungsakt Dauerwirkung hat oder nicht (vgl. § 131 Abs. 2, § 231 Abs. 1 und 2 AO). Die meisten Verwaltungsakte erledigen sich durch einmalige Festsetzung, Befolgung oder Vollziehung, wie z. B. Steuerbescheide, Zahlungsaufforderung.

7.3 Form und Inhalt des Verwaltungsaktes

Die AO kennt grundsätzlich keine besondere Form und keinen förmlich bestimmten Inhalt für Verwaltungsakte. Die Einhaltung der Förmlichkeiten ist nur erforderlich, wenn eine gesetzliche Vorschrift dies ausdrücklich vorschreibt.

7.3.1 Form

Verwaltungsakte können schriftlich, elektronisch, mündlich oder konkludent erlassen werden **(§ 119 Abs. 2 Satz 1 AO).** Die Form des Verwaltungsaktes hat Auswirkungen auf die Dauer der Einspruchsfrist gemäß § 355 Abs. 1 und § 356 AO im Hinblick auf die Rechtsbehelfsbelehrung. Ein Verwaltungsakt kann **mündlich** erlassen werden, soweit nichts anderes vorgeschrieben ist (vgl. AEAO zu § 122 Nr. 1.8).

> **Beispiel:**
> A bittet den Sachgebietsleiter telefonisch, ihm die fällige ESt-Abschlusszahlung für einen Monat zu stunden. Dieser entspricht mündlich dem Antrag. Wirksam?
> § 222 AO sieht eine besondere Form für die Stundung nicht vor. Die Stundung liegt mit der mündlichen (telefonischen) Willensäußerung vor (§ 119 Abs. 2 AO).

Einen mündlich erlassenen Verwaltungsakt muss die Behörde **„schriftlich bestätigen",** wenn hieran ein berechtigtes Interesse besteht und der Betroffene dies unverzüglich verlangt (§ 119 Abs. 2 Satz 2 AO; vgl. § 93 Abs. 2 Satz 2 AO). Das berechtigte Interesse des Betroffenen kann darin bestehen, dass er den Erlass des Verwaltungsaktes gegenüber Dritten oder einer Behörde nachweisen (vgl. § 292 AO) oder sich über die Möglichkeit der Anfechtung des Verwaltungsaktes rechtlich beraten lassen will. Der Betroffene muss die schriftliche Bestätigung unverzüglich, d. h. ohne schuldhaftes Zögern, verlangen. Die schriftliche Bestätigung ändert nichts daran, dass die eigentliche Rechtswirkung bereits mit dem Erlass des mündlichen Verwaltungsaktes eingetreten ist, z. B. bei Fristverlängerung.

Ein Verwaltungsakt kann auch **aufgrund schlüssigen Verhaltens** der Finanzbehörde erlassen werden. Voraussetzung ist jedoch, dass die Gesamtumstände tatsächlich die Schlussfolgerung auf einen bestimmten Verfügungswillen der Behörde rechtfertigen oder dies gesetzlich geregelt ist (vgl. § 70 Abs. 1 Satz 2 EStG für Kindergeldfestsetzung durch Auszahlung).

> **Beispiel:**
>
> A beantragt, ihm die Frist zur Abgabe der ESt-Erklärung für drei Monate zu verlängern. In seinem Schreiben verzichtet er auf eine ausdrückliche Genehmigung, wenn seinem Antrag entsprochen wird. Rechtsfolge?
>
> Wird das Schreiben mit stillschweigender Billigung ohne weitere Bearbeitung zu den Akten abgeheftet, so kommt dadurch der Wille des FA zum Ausdruck, dass der Antrag genehmigt ist (§ 119 Abs. 2 AO).

Die **Schriftform** (Original, Durchschrift oder Kopie) ist aus praktischen Gründen die normale Form des Verwaltungsaktes. So sind Steuerbescheide grundsätzlich schriftlich zu erteilen, soweit nichts anderes bestimmt ist (§ 157 AO). Schriftliche Erteilung ist für eine Vielzahl von Verwaltungsakten nach der AO selbst oder anderen Steuergesetzen vorgesehen, z. B. § 93 Abs. 2 Satz 2, § 181 Abs. 1, § 184 Abs. 1, § 188 Abs. 1, § 191 Abs. 1, § 196, § 205 Abs. 1, § 279 Abs. 1, § 324, § 332, § 356 Abs. 1, § 366 AO.

Nach § **87a Abs. 4 AO** können unter den Voraussetzungen des § 87a AO Verwaltungsakte auch **elektronisch** erlassen werden, soweit gesetzlich die Schriftform angeordnet ist (vgl. § 122 Abs. 2 a, § 123 Sätze 2 und 3 AO; AEAO zu § 87a). Ausnahmen ergeben sich aus §§ 224 a, 244, 309 und 324 AO.

Ein schriftlich oder elektronisch erlassener Verwaltungsakt muss die erlassende Behörde erkennen lassen – regelmäßig Briefkopf – und „soll" (entgegen Gesetzeswortlaut) die **Unterschrift** oder die **Namenswiedergabe** des verantwortlichen Amtsträgers enthalten (**§ 119 Abs. 3 AO;** vgl. § 324 Abs. 2 AO). Die fehlende Unterschrift führt als bloßer Formfehler nicht zur Nichtigkeit, sondern begründet nur die Rechtswidrigkeit; hierbei ist § 127 AO zu beachten (Umkehrschluss aus § 125 Abs. 2 Nr. 1 AO; vgl. BFH, BStBl 1986 II S. 169; BFH/NV 1992 S. 788). Formularmäßig oder durch EDV erstellte Verwaltungsakte können ohne Unterschrift oder Namenswiedergabe ergehen. Formularmäßig sind Bescheide, für die ein Formular verwendet wird, das ausgefüllt werden kann, aber nicht wesentlich verändert werden darf. Notwendige schriftliche Ergänzungen auf dem Formular, z. B. Fälligkeit oder kurze Erläuterungen in dem auf dem Formular vorgesehenen Freiraum, lassen die Formularmäßigkeit nicht entfallen. Dagegen steht eine individuelle Begründung der Formularmäßigkeit stets entgegen, z. B. Ermessenserwägungen im Haftungsbescheid (vgl. BFH, BStBl 1986 II S. 169).

Ein Verwaltungsakt, bei dem die **vorgeschriebene Form nicht eingehalten** wurde, ist grundsätzlich wegen Formmangels **unwirksam** (§ 125 Abs. 1 AO).

7.3 Form und Inhalt des Verwaltungsaktes

> **Beispiel:**
> A hat gegen den ESt-Bescheid Einspruch eingelegt, den das FA für unzulässig hält. Der zuständige Bearbeiter teilt dem A telefonisch die Gründe mit. Folge?
> Das FA hat die erforderliche Einspruchsentscheidung noch nicht erlassen. Zwar hat es dem A mitgeteilt, dass der Einspruch unzulässig sei. Die Einspruchsentscheidung bedarf jedoch nach § 366 AO zwingend der Schriftform.

In der Verwaltungspraxis sind aus **Nachweisgründen** schriftliche Verwaltungsakte die Regel, auch wenn die Schriftform vom Gesetz nicht angeordnet ist. Ihr Fehlen hat dann aber keinen Einfluss auf die Wirksamkeit des Verwaltungsaktes.

7.3.2 Inhalt

Ein Verwaltungsakt muss **inhaltlich hinreichend bestimmt** sein (**§ 119 Abs. 1 AO**). Sein Inhalt – Adressat, Tenor, Ausspruch – muss also eindeutig, vollständig und aus sich heraus verständlich sein. Der Inhalt der getroffenen Regelung ergibt sich aus dem Ausspruch (Verfügungs-, Entscheidungssatz oder Tenor). Die Gründe nehmen an der Bindungswirkung nicht teil. Sie können aber zur **Auslegung** des Tenors herangezogen werden. Bei der Auslegung kommt es **entsprechend § 133 BGB** darauf an, wie der Betroffene nach den ihm bekannten Umständen den materiellen Gehalt der Erklärungen unter Berücksichtigung von Treu und Glauben verstehen konnte (vgl. AEAO zu § 124 Nr. 1). Der Verwaltungsakt muss – bei verständiger Würdigung des Inhalts – ohne weiteres darüber Aufschluss geben, wer Inhaltsadressat ist, was sein soll bzw. was im Einzelnen vom Betroffenen verlangt, was ihm zugebilligt wird oder was ihm gegenüber mit Zwangsmitteln durchgesetzt werden kann (vgl. § 332 Abs. 2 AO). Unklarheiten gehen zulasten der Behörde (vgl. § 125 Abs. 2 Nr. 2 AO für unverständliche Verwaltungsakte). Wie sich aus der Formulierung „hinreichend" ergibt, sind jedoch keine übertriebenen Anforderungen zu stellen. Die Regelung des § 119 Abs. 1 AO gilt nicht für die Begründung des Verwaltungsakts. Ein **Verstoß gegen § 119 Abs. 1 AO** kann je nach Art des Fehlers zur Unwirksamkeit bzw. Nichtigkeit nach § 125 Abs. 1, § 124 Abs. 3 AO führen.

> **Beispiele:**
> **1.** Der USt-Bescheid ist adressiert an „Herrn K. Adam und Frau E. Adam ..." statt an den Einzelunternehmer „Frau E. Adam". Wirksam?
> Der Bescheid ist unwirksam (§ 2 Abs. 1, § 13 Abs. 2 UStG i. V. m. § 157 Abs. 1, § 124 Abs. 3, § 119 Abs. 1, § 125 Abs. 1 AO). – Würde das Unternehmen von den Eheleuten in Form einer GbR betrieben, so reicht – bei entsprechender Auslegung – die o. a. Adressierung aus (vgl. BFH, BFH/NV 1994 S. 759).
> **2.** Der Bescheid ist an einen Verstorbenen bzw. an eine nicht existierende Gesellschaft gerichtet. – Er ist unwirksam (vgl. BFH, BStBl 1993 II S. 174 m. w. N.).
> **3.** Tenor und Begründung eines Bescheides schließen sich gegenseitig aus (BFH, BStBl 1985 II S. 581, 664 für LSt-Haftungsbescheid – LSt-Festsetzung). – Nichtig.

7 Verwaltungsakte

Dagegen führen **inhaltliche Ungenauigkeiten** nicht stets zur Nichtigkeit, z. B. fehlende Aufschlüsselungen im Steuer- oder Haftungsbescheid (vgl. BFH, BStBl 1989 II S. 12 m. w. N.). Generelle Vorschriften über einen förmlich bestimmten Inhalt und Umfang der Begründung sind nach der AO im Allgemeinen nicht vorgesehen. Sondervorschriften über den erforderlichen Inhalt enthalten neben § 121 AO z. B. § 157 AO für Steuerbescheide, § 93 Abs. 2 AO für Auskunftsersuchen, § 197 Abs. 1 AO für Prüfungsanordnungen, § 205 AO für verbindliche Zusagen. Für Einspruchsentscheidungen besteht generell Begründungszwang (§ 366 AO). Umfang und Inhalt der notwendigen Begründung müssen sich am Einzelfall ausrichten.

Zu **begründen** sind nach § **121 Abs. 1 AO** schriftliche, elektronische sowie schriftlich oder elektronisch bestätigte Verwaltungsakte, soweit dies zu ihrem Verständnis erforderlich ist. Bei **Ermessensentscheidungen** ist anzugeben, dass die Behörde ihr Ermessen ausgeübt hat und von welchen Gesichtspunkten sie bei ihrer Entscheidung ausgegangen ist. Denn ohne Begründung können Ermessensentscheidungen regelmäßig nicht überprüft werden.

Hiervon gibt es zahlreiche **Ausnahmen.** Eine Begründung ist entbehrlich,

- wenn der Verwaltungsakt dem Antrag des Betroffenen voll entspricht (§ 121 Abs. 2 Nr. 1 AO; vgl. AEAO zu § 183 Nr. 1 und 2 AO),
- wenn dem Betroffenen die Auffassung der Behörde über die Sach- und Rechtslage z. B. aufgrund Anhörung nach § 91 AO bereits bekannt oder für ihn ohne weiteres erkennbar ist, etwa für Ap nach § 193 Abs. 1 AO (§ 121 Abs. 2 Nr. 2 AO; vgl. dazu BFH, BStBl 1993 II S. 146),
- bei Massen-Verwaltungsakten und öffentlich bekannt gegebenen Allgemeinverfügungen (§ 121 Abs. 2 Nr. 3 und 5 AO),
- aufgrund von Rechtsvorschriften wie z. B. § 164 Abs. 1 Satz 1 AO (§ 121 Abs. 2 Nr. 4 AO) sowie
- für mündliche Verwaltungsakte. Hier kann der Betroffene nach § 119 Abs. 1 AO eine schriftliche Bestätigung verlangen, die eine Begründung enthalten muss.

Die **Angabe der Rechtsgrundlage** ist regelmäßig erforderlich, z. B. „§ 93 AO" für Auskunftsersuchen oder „§ 193 Abs. 1 AO" für Routine-Ap. Die Angabe einer falschen Rechtsgrundlage ist unschädlich, wenn der Verwaltungsakt nur von irgendeiner, wenn auch im Verwaltungsakt nicht genannten Bestimmung gedeckt wird, z. B. unrichtige Korrekturvorschrift „§ 173 AO" statt § 175 Abs. 1 Satz 1 Nr. 2 AO.

Eine **unterlassene, unvollständige oder unrichtige Begründung** macht den **Verwaltungsakt fehlerhaft.** Dieser Mangel kann aber in der Regel nach § **126 Abs. 1**

Nr. 2, Abs. 2 AO geheilt werden durch Nachholung oder mündliche Erläuterung (vgl. AEAO zu § 121 Nr. 3).

Auch wenn der Fehler nicht geheilt wird, kann die Aufhebung des Verwaltungsakts nach **§ 127 AO** nicht allein deshalb beansprucht werden, weil keine andere Entscheidung in der Sache hätte getroffen werden können. § 127 AO ist aber auf Ermessensentscheidungen nicht anwendbar (BFH, BStBl 1984 II S. 342). Die Folgen des Mangels sind im Übrigen nach Sinn und Zweck des förmlichen Inhalts zu beurteilen.

> **Beispiel:**
>
> Im ESt-Bescheid fehlen die notwendigen Erläuterungshinweise zu den Punkten, bei denen von der ESt-Erklärung zuungunsten des S wesentlich abgewichen worden ist (vgl. § 91 AO). S legt Einspruch ein mit der Begründung, er könne ohne nähere Angaben die Festsetzung nicht überprüfen. Rechtslage?
>
> Es handelt sich um einen schriftlichen Bescheid nach § 157 Abs. 1 AO. Die Abweichungspunkte mussten nach § 121 Abs. 1 AO angeführt werden, da die Ausnahmeregelung des § 121 Abs. 2 Nr. 2 oder 3 AO wegen § 91 AO nicht eingreift. Über den Einspruch muss sachlich entschieden werden. Der Mangel kann ggf. nach § 126 Abs. 1 Nr. 2 AO geheilt werden (vgl. auch § 364 AO) bzw. unberücksichtigt bleiben, sofern der Einspruch im Übrigen unbegründet ist (§ 127 AO). Bei dem Begründungszwang handelt es sich somit nur um eine Sollvorschrift im eigentlichen Sinne (Hinweis auf § 126 Abs. 3 AO; BFH, BStBl 1981 II S. 3).

Wurde wegen der fehlenden, aber erforderlichen Begründung oder Anhörung (§ 91 AO) die rechtzeitige Anfechtung des Verwaltungsaktes versäumt, so gilt das Versäumnis als nicht verschuldet, d. h., dem Betroffenen ist **Wiedereinsetzung** zu gewähren **(§ 126 Abs. 3 AO).** Diese Regelung beruht auf der Erwägung, dass der Betroffene oft erst nach Ablauf der Einspruchsfrist feststellen kann, dass der Verwaltungsakt rechtswidrig in seine Rechte eingreift; andererseits kann die Behörde nicht immer einen anfechtbaren, belastenden Verwaltungsakt jederzeit von sich aus aufheben (vgl. Schlücking, BB 1982 S. 1727). Der Kausalzusammenhang („dadurch") zwischen fehlender Begründung/Anhörung und Fristversäumnis muss gegeben sein und ist glaubhaft zu machen (§ 110 Abs. 2 AO). Im Zweifel ist zugunsten des Stpfl. zu entscheiden (vgl. BFH, BStBl 1985 II S. 601; 1986 II S. 908; AEAO zu § 126 Nr. 3). Hierbei ist die **Jahresfrist** des § 110 Abs. 3 AO zu beachten.

7.4 Nebenbestimmungen zum Verwaltungsakt

Nebenbestimmungen zu Verwaltungsakten sind grundsätzlich nur zulässig bei Verwaltungsakten, die auf einer **Ermessensentscheidung** beruhen **(§ 120 Abs. 2 AO).** Hierzu zählen etwa Fristverlängerung, Stundung, Erlass, Aussetzung der

Vollziehung. Einem **gebundenen Verwaltungsakt,** auf dessen Erlass ein Rechtsanspruch besteht, dürfen Nebenbestimmungen nur beigefügt werden, wenn sie durch Rechtsvorschrift zugelassen sind oder wenn sie sicherstellen, dass die gesetzlichen Voraussetzungen des Verwaltungsaktes erfüllt werden (§ 120 Abs. 1 AO). **Gesetzlich** ausdrücklich **zugelassene Nebenbestimmungen** sind z. B. der Vorbehalt der Nachprüfung (§ 164 AO), die Vorläufigkeitserklärung (§ 165 AO) und die Sicherheitsleistung (§ 109 Abs. 2, § 165 Abs. 1 Satz 1, § 222 Satz 2, § 223, § 361 Abs. 2 Satz 3 AO). Nebenbestimmungen müssen inhaltlich hinreichend bestimmt sein (§ 119 AO). Andernfalls sind sie nichtig (Hinweis auf § 125 Abs. 4 AO; vgl. BFH, BStBl 1986 II S. 38).

Eine Nebenbestimmung kann nach § 120 Abs. 2 AO entweder mit dem Verwaltungsakt erlassen oder mit ihm verbunden werden. Die mit dem Verwaltungsakt erlassene Nebenbestimmung (§ 120 Abs. 2 Nr. 1 bis 3 AO) beeinflusst dessen Wirksamkeit und ist unselbständiger Bestandteil, also nicht selbständig anfechtbar, z. B. der Vorbehalt der Nachprüfung. Die verbundene, d. h. selbständige Nebenbestimmung begründet eigene Wirkungen. Die Nebenbestimmungen geben der Behörde unter den Voraussetzungen des § 131 Abs. 2 Nr. 1 und 2 AO ein Widerrufsrecht.

Nicht entscheidend ist die Bezeichnung, sondern der Inhalt der Nebenbestimmung. Sie darf dem Zweck des Verwaltungsaktes nicht zuwiderlaufen (§ 120 Abs. 3 AO). Das gilt insbesondere für sachfremde Kopplungen, aber auch für andere Nebenbestimmungen. Wegen der unterschiedlichen Folgen, die sich aus der Nichterfüllung einer Nebenbestimmung ergeben können, ist die Nebenbestimmung im Verwaltungsakt genau zu bezeichnen.

> **Beispiel:**
> Der A ist unverschuldet in Not geraten und kann die ESt-Abschlusszahlung nicht entrichten. Auf seinen Antrag hin erlässt das FA ihm die ESt nach § 227 AO „unter Widerrufsvorbehalt". Kurze Zeit später erbt A ein Vermögen. Ist ein Widerruf möglich?
> Der Widerrufsvorbehalt ist nach § 120 Abs. 3 AO gegenstandslos. Denn mit dem Erlass erlischt die Steuerschuld (§ 47 AO). Eine erloschene Schuld kann aber begrifflich nicht mit Wirkung für die Zukunft widerrufen werden (§ 131 Abs. 2 Nr. 1 AO; AEAO zu § 131 Nr. 3). Der Erlass kann auch nicht in eine Stundung mit Widerrufsvorbehalt umgedeutet werden, da Erlass und Stundung sich gegenseitig ausschließen (§ 128 AO).

Bloße Hinweise, die einem Verwaltungsakt beigefügt werden, z. B. Hinweise auf gesetzliche Vorschriften, sind keine Nebenbestimmungen, da sie keine Regelung enthalten.

Die **Befristung** bestimmt einen Anfangs- und/oder Endtermin für die im Verwaltungsakt geregelten Rechtsfolgen **(§ 120 Abs. 2 Nr. 1 AO)**, z. B. „Die ESt-Abschlusszahlung ... wird gestundet bis zum ..." oder „Die Frist für die Abgabe der Steuererklärung wird verlängert bis zum ..."

7.4 Nebenbestimmungen zum Verwaltungsakt

Die **Bedingung** ist eine Bestimmung, nach der der Eintritt (aufschiebende) oder der Wegfall (auflösende Bedingung) der Rechtsfolgen des Verwaltungsaktes von einem künftigen ungewissen Ereignis abhängt (**§ 120 Abs. 2 Nr. 2 AO;** vgl. auch § 158 BGB). Der Verwaltungsakt selbst wird zwar mit der Bekanntgabe wirksam (§ 124 AO). Es bleibt aber zunächst in der Schwebe, ob die mit dem Verwaltungsakt gewollte Rechtsfolge eintritt oder bestehen bleibt. Das zukünftige Ereignis kann auch vom Willen des Betroffenen abhängen. Die durch die Befristung bestimmten Termine, die nicht kalendermäßig bestimmt zu sein brauchen, und die Erfüllung bzw. Nichterfüllung der Bedingung beeinflussen unmittelbar (automatisch) die Wirksamkeit des Verwaltungsaktes (§ 124 Abs. 2 AO).

Beispiel:

Dem S ist Stundung gewährt worden unter der Voraussetzung, dass er monatliche Raten in bestimmter Höhe und zu einem jeweils bestimmten Termin auf die Steuerrückstände zahlt. Rechtslage?
Diese „Verfallklausel" ist als auflösende Bedingung anzusehen gemäß § 158 Abs. 2 BGB. Mit Eintritt der Bedingung (= Ratenzahlungsverzug) wird die Stundung von Anfang an unwirksam. Damit fallen nach § 240 AO Säumniszuschläge an ab ursprünglicher Fälligkeit. Eines Widerrufs bedarf es daher nicht. Das ergibt sich bereits aus dem Wesen der Bedingung. Vergleiche demgegenüber § 131 Abs. 2 Nr. 1, Abs. 3 AO für den Widerruf.

Die Praxis verwendet häufiger den **Widerrufsvorbehalt** nach **§ 120 Abs. 2 Nr. 3 AO** als eine besondere Art der auflösenden Bedingung. Der Widerrufsvorbehalt ist nur zulässig, wenn bestimmte sachliche Erwägungen dafür gegeben sind, dass ein späterer Widerruf wahrscheinlich oder mindestens möglich erscheint. Er kommt praktisch nur bei begünstigenden Verwaltungsakten in Betracht (§ 131 Abs. 2 Nr. 1 AO). Trotz Widerrufsvorbehalts kann der Verwaltungsakt später nicht beliebig, sondern nur im Rahmen des Ermessens aus sachlich zu rechtfertigenden Gründen für die Zukunft widerrufen werden (§ 131 Abs. 2 Nr. 1 AO).

Beispiele:

Formularmäßige Stundung oder AdV ergehen regelmäßig unter ausdrücklichem Widerrufsvorbehalt.
Gesetzlicher Widerrufsvorbehalt besteht z. B. nach § 148 Satz 3 AO, § 36 b Abs. 2 EStG.

Auflagen sind mit einem begünstigenden Verwaltungsakt verbundene selbständige Bestimmungen, durch die dem Betroffenen ein Tun, Dulden oder Unterlassen auferlegt wird **(§ 120 Abs. 2 Nr. 4 AO).** Die Grenze zur Bedingung ist flüssig (vgl. BFH, BStBl 1982 II S. 34). Die Erfüllung der Auflage kann mit den Mitteln der Vollstreckung erzwungen werden (§ 328 AO). Auflagen können einem Verwaltungsakt auch nachträglich beigefügt werden. Dies kann – muss also nicht – im Verwaltungsakt ausdrücklich vorbehalten werden **(Auflagevorbehalt** nach **§ 120 Abs. 2 Nr. 5 AO).**

Beispiele:
1. Stundung unter der Auflage, binnen eines Monats die Bilanz vorzulegen. Nach Stundung werden aufgrund eines Vorbehalts nachträgliche Sicherheiten verlangt.
2. Wird die Aussetzung der Vollziehung (§ 361 AO) von einer Sicherheitsleistung abhängig gemacht, handelt es sich dagegen um eine Bedingung (BFH, BStBl 1979 II S. 666). Die AdV wird daher erst mit Leistung der Sicherheit wirksam. Bis dahin fallen Säumniszuschläge nach § 240 AO an.

Die **Auflage** bzw. der **Auflagevorbehalt** ist ein **selbständig anfechtbarer Verwaltungsakt** und nicht Bestandteil des Verwaltungsaktes, zu dem sie ergangen ist. Erweist sie sich als fehlerhaft, so bleibt der übrige Verwaltungsakt – also die Begünstigung – grundsätzlich bestehen. Bei Nichterfüllung der Auflage entfallen – anders als bei der Bedingung – die Wirkungen des Verwaltungsaktes nicht von selbst. Die Behörde ist lediglich berechtigt, den Verwaltungsakt zu widerrufen (§ 131 Abs. 2 Nr. 2 AO). Die Erfüllung kann andererseits vom FA ggf. selbständig erzwungen werden.

7.5 Fehlerhafte Verwaltungsakte

Die Fragen, welche Rechtsfolgen Verwaltungsakte bewirken, hängen u. a. entscheidend von der Beurteilung des Verwaltungsaktes ab. Die Verwaltungsakte lassen sich in rechtmäßige und rechtswidrige Verwaltungsakte einteilen. Einen Sonderfall bilden die „**Nichtakte**" (vgl. unter Tz. 7.1.1).

Fehlerhaft und daher **rechtswidrig** ist ein Verwaltungsakt, dem die Rechtsgrundlage fehlt oder der gegen verfahrensrechtliche bzw. materiell-rechtliche Vorschriften verstößt. Hierbei ist zu unterscheiden zwischen Fehlern, die zur **Nichtigkeit/Unwirksamkeit** führen, die die **Aufhebbarkeit** des Verwaltungsaktes zur Folge haben und die **weder Nichtigkeit noch Aufhebbarkeit** herbeiführen.

7.5.1 Nichtigkeit

Grundsätzlich ist jeder bekannt gegebene Verwaltungsakt, auch ein rechtswidriger, zunächst wirksam (§ 124 Abs. 1 AO). Um die Wirksamkeit des fehlerhaften Verwaltungsaktes zu beseitigen, muss ihn entweder der Betroffene durch Einlegung des zulässigen Rechtsbehelfs anfechten oder die Behörde ihn aufgrund von Korrekturvorschriften aufheben oder ändern (§ 124 Abs. 2 AO).

Eine Ausnahme hiervon bilden nach § **124 Abs. 3 AO** die **nichtigen Verwaltungsakte**. Ein nichtiger Verwaltungsakt ist unwirksam, d. h., er hat von Anfang an keinerlei Rechtswirkungen. Er ist nicht heilbar (§ 126 AO), wohl aber umdeutbar (§ 128 AO) oder durch einen neuen Verwaltungsakt ersetzbar (vgl. § 365

7.5 Fehlerhafte Verwaltungsakte

Abs. 2 Satz 2 Nr. 2 AO). Jeder, vor allem der Betroffene, kann die Nichtigkeit jederzeit geltend machen, ohne an Formen und Fristen gebunden zu sein, soweit nicht ausnahmsweise der Grundsatz von **Treu und Glauben** entgegensteht (vgl. BFH, BStBl 1993 II S. 174). Der nichtige Verwaltungsakt bedarf daher keiner ausdrücklichen Aufhebung. Sie ist jedoch möglich, z. B. nach § 130 Abs. 1 AO (BFH, BStBl 1985 II S. 579). Aus Gründen der Rechtssicherheit – Beseitigung des Rechtsscheins – kann die Finanzbehörde die Nichtigkeit jederzeit von Amts wegen feststellen. Bei berechtigtem Interesse ist die Feststellung auf **Antrag** hin zu treffen (**§ 125 Abs. 5 AO**). War der Antrag erfolglos, kann Klage auf **Feststellung der Nichtigkeit** ggf. erhoben werden (**§ 41 FGO**). Im Übrigen kann wegen der Rechtsscheinswirkung auch gegen nichtige Verwaltungsakte unbefristet **Einspruch** eingelegt und Klage erhoben werden (vgl. BFH, BStBl 1991 II S. 120; AEAO zu § 347 Nr. 1).

Nichtig ist nach der **Generalklausel** des **§ 125 Abs. 1 AO** ein Verwaltungsakt, soweit er an einem besonders schwerwiegenden Fehler leidet und dies bei verständiger Würdigung aller in Betracht kommenden Umstände offenkundig ist. Ein **besonders schwerwiegender Fehler** ist dann gegeben, wenn der Verwaltungsakt die an eine ordnungsgemäße Verwaltung zu stellenden Anforderungen in einem so erheblichen Maße verletzt, dass von niemandem erwartet werden kann, ihn als verbindlich anzuerkennen (vgl. BFH, BStBl 2001 II S. 381; 2004 II S. 25 m. w. N.). Er ist nicht schon allein deshalb nichtig, weil er ohne gesetzliche Grundlagen ergangen ist oder weil die infrage kommenden Rechtsvorschriften unrichtig angewandt worden sind. Es gilt der Grundsatz, dass ein Akt staatlicher Gewalt die Vermutung der Richtigkeit in sich trägt. Offenkundig ist ein Fehler, wenn ihn jedermann, nicht nur eine besonders rechtskundige Person, schon bei relativ überschlägiger Unterrichtung über die Sach- und Rechtslage erkennen kann. Das ist selten der Fall.

> **Beispiele:**
>
> **1.** Der Adressat des Bescheides ist nicht eindeutig bezeichnet, z. B. weil der Stpfl. (Vater) und der gleichnamige Sohn unter derselben Adresse wohnen. – Mangelnde inhaltliche Bestimmtheit (§ 119 Abs. 1 AO), daher nichtig nach § 125 Abs. 1 AO bzw. unwirksam gemäß § 124 Abs. 3 AO (vgl. BFH, BFH/NV 1989 S. 422, 613; AEAO zu § 122 Nr. 1.3).
>
> **2.** Der vertretungsweise zuständige Bearbeiter zeichnet seine eigene ESt-Festsetzung. – Nichtig gemäß § 125 Abs. 1, § 82 Abs. 1 Nr. 1 AO; anders die Fälle des § 125 Abs. 3 Nr. 2 AO.

§ 125 Abs. 2 AO enthält einen **Nichtigkeitskatalog,** der unwiderlegbar ist. Die wichtigsten Nichtigkeitsgründe sind danach:

1. Einem schriftlichen oder elektronischen Verwaltungsakt fehlt die klare Angabe der erlassenden Finanzbehörde (§ 125 Abs. 2 Nr. 1 AO; vgl. dazu § 119 Abs. 3, § 357 Abs. 2 Satz 1 AO).

2. Aus tatsächlichen Gründen kann niemand den Verwaltungsakt befolgen (§ 125 Abs. 2 Nr. 2 AO).

Beispiele:

1. Erst nach Abschluss der Ap ergeht die nach § 196 AO zu erteilende schriftliche Prüfungsanordnung. – Nichtig.

2. Der Steuerbescheid ist an eine abgewickelte, im Handelsregister gelöschte Kapitalgesellschaft gerichtet (vgl. BFH, BStBl 1971 II S. 540; siehe auch „Juristische Personen/Einzelfälle zur Bekanntgabe").

3. Der Verwaltungsakt verlangt die Begehung einer rechtswidrigen strafbaren oder ordnungswidrigen Handlung (§ 125 Abs. 2 Nr. 3 AO). Ausländische Strafvorschriften, die z. B. eine Beleg- oder Bilanzvorlage an Drittstaaten verbieten, braucht die BRD aber nicht gegen sich gelten zu lassen (BFH, BStBl 1986 II S. 736).

4. Der Verwaltungsakt verstößt gegen die guten Sitten (§ 125 Abs. 2 Nr. 4 AO; vgl. § 138 Abs. 1 BGB), z. B. werden dem Stpfl. Steuerrückstände unter der Voraussetzung gestundet, dass er dem Bearbeiter dafür ein größeres Geschenk macht.

Nichtigkeit liegt also nur in Ausnahmefällen vor. Die **Teilnichtigkeit** eines Verwaltungsaktes erfasst lediglich im Zweifel auch dessen fehlerfreien Teil, sofern der nichtige Teil wesentlich ist (§ 125 Abs. 4 AO). Danach ist Teilnichtigkeit die Regel, soweit sich nicht durch Auslegung etwas anderes ergibt.

Beispiel:

Der Unternehmer U wird mit Schreiben vom 1. 3. 08 aufgefordert, gemäß § 141 AO ab 1. 1. 07 für den Betrieb Bücher zu führen. Folge?

Nach § 125 Abs. 2 Nr. 2 AO unwirksam für vergangene Zeiträume, jedoch im Wege der Auslegung nicht für künftige Wirtschaftsjahre (vgl. BFH, BStBl 1986 II S. 39).

7.5.2 Sonstige fehlerhafte Verwaltungsakte

Andere Rechtsfehler als Nichtigkeitsgründe führen im Zweifel nur zur **Änderbarkeit** bzw. **Aufhebbarkeit des Verwaltungsaktes.** So können Fehler der in § **125 Abs. 3 AO** aufgeführten Art kraft ausdrücklicher gesetzlicher Regelung niemals zur Nichtigkeit eines Verwaltungsaktes führen (**Negativkatalog**). Die Fehler, die einen ordnungsgemäß zustande gekommenen Verwaltungsakt rechtswidrig machen, lassen sich nicht abschließend erfassen. Als Korrektur hierfür dient neben den speziellen Vorschriften insbesondere das Rechtsbehelfsverfahren. Eine Sonderregelung enthält § 131 AO für rechtmäßige Verwaltungsakte.

7.5 Fehlerhafte Verwaltungsakte

Beispiel:

Ein ESt-Bescheid ergeht, obgleich die Festsetzungsfrist bereits abgelaufen ist.

Dieser Mangel ist zwar schwerwiegend, aber nicht offenkundig, sodass er nicht zur Nichtigkeit führt (vgl. § 169 Abs. 1 AO; AEAO Vor § 169 Nr. 3).

Zu den Fehlern, die **weder Nichtigkeit noch Korrektur** zur Folge haben, rechnen als Hauptfälle die **§§ 126, 127 und 128 AO**. Soweit der Verwaltungsakt nicht nichtig ist, sind zahlreiche formelle Mängel **heilbar** gemäß **§ 126 Abs. 1 und 2 AO**.

Beispiel:

S hat gegen den ESt-Bescheid Einspruch eingelegt. In der Einspruchsentscheidung setzt das FA die ESt – zutreffend – höher fest, ohne dass ein Hinweis auf die Verböserung erfolgt war. S erhebt dagegen Klage. Folge?

Der Hinweis auf die Verböserungsmöglichkeit ist nach § 367 Abs. 2 Satz 2 AO zwingend vorgeschrieben. Dieser Mangel führt nicht zur Nichtigkeit (BFH, BStBl 1980 II S. 154). Auch eine Heilung des Verfahrensfehlers scheidet aus (§ 126 Abs. 1 Nr. 3, Abs. 2 AO). Nach § 100 Abs. 3 FGO kann das FG die Einspruchsentscheidung aufheben und an das FA zurückverweisen (BFH, BFH/NV 2004 S. 1514). S kann jetzt ggf. den Einspruch nach § 362 AO zurücknehmen.

Wegen der **Verletzung von Verfahrens- und Formfehlern** oder wegen örtlicher Unzuständigkeit kann der Betroffene die Aufhebung des Verwaltungsaktes – außer im Fall der Nichtigkeit – grundsätzlich nicht verlangen, wenn keine andere materiell-rechtliche Entscheidung in der Sache hätte getroffen werden können (**§ 127 AO**). Hierbei handelt es sich vor allem um Verwaltungsakte mit den in § 125 Abs. 3 und § 126 Abs. 1 AO aufgezählten Mängeln. § 127 AO gilt nur für **gesetzesgebundene Verwaltungsakte,** z. B. Steuerbescheide, regelmäßig aber **nicht für Ermessensentscheidungen,** z. B. Stundung, Aussetzung der Vollziehung, Anordnung der Ap, Haftungsbescheid oder für Verwaltungsakte mit Beurteilungsspielraum (vgl. BFH, BStBl 1989 II S. 483; AEAO zu § 127). Ermessensentscheidungen, die mit einem Verfahrens- oder Formfehler behaftet sind, müssen aufgrund eines Rechtsbehelfs regelmäßig aufgehoben und nach erneuter Ausübung des Ermessens durch die Behörde noch einmal erlassen werden. Dies gilt aber nicht, wenn der gerügte Mangel, z. B. fehlende Unterschrift gemäß § 119 Abs. 3 AO, unter keinen Umständen die Entscheidung der Behörde beeinflusst haben kann (BFH, BStBl 1986 II S. 169).

Beispiel:

Die Aufhebung eines Steuerbescheides wegen eines Verfahrensfehlers, z. B. fehlender Begründung, oder wegen örtlicher Unzuständigkeit des FA setzt nach § 127 AO voraus, dass die materielle Unrichtigkeit des Steuerbescheides (die Höhe der festgesetzten Steuer) feststeht (vgl. BFH, BStBl 1985 II S. 377; 1986 II S. 848). Das gilt auch für Schätzungsbescheide (BFH, BStBl 1987 II S. 412).

Ein Einspruch ist als unbegründet abzuweisen, sofern nicht auch die materielle Unrichtigkeit des Verwaltungsaktes vorliegt. § 127 AO gilt auch für das finanzgerichtliche Verfahren. Der gerügte formale Verstoß kann sich nur auf die gerichtliche Kostenentscheidung auswirken. Nach dem Sinn des § 127 AO ist ein von einer örtlich unzuständigen Behörde erlassener **Grundlagenbescheid** grundsätzlich nicht aufzuheben, wenn er die materielle Entscheidung nicht beeinflusst hat, z. B. GewSt-Messbescheid eines örtlich unzuständigen FA (vgl. BFH, BStBl 2004 II S. 751).

Soweit Verfahrens- und Formfehler nach § **126 AO** geheilt worden sind, ist der ursprünglich rechtswidrige Verwaltungsakt rechtmäßig geworden. Er kann daher nicht mehr nach § 130 AO zurückgenommen werden. Ist dagegen der Fehler gemäß § **127 AO** unbeachtlich, bleibt der Verwaltungsakt rechtswidrig. Der Betroffene hat auf die Rücknahme eines derartigen Verwaltungsaktes im Allgemeinen keinen Anspruch, die Behörde kann ihn aber von sich aus ggf. im Rahmen der Korrekturvorschriften aufheben.

7.5.3 Umdeutung eines fehlerhaften Verwaltungsaktes

Ein fehlerhafter Verwaltungsakt kann in einen anderen Verwaltungsakt umgedeutet werden, wenn er auf das gleiche Ziel gerichtet ist, von der erlassenden Finanzbehörde in der geschehenen Verfahrensweise und Form rechtmäßig hätte erlassen werden können und wenn die Voraussetzungen für dessen Erlass erfüllt sind (**§ 128 Abs. 1 AO**). Unter den Voraussetzungen des § 128 Abs. 2 und 3 AO ist eine Umdeutung unzulässig. Die allgemein bestehende Verpflichtung, dem Beteiligten rechtliches Gehör zu gewähren, wird hier durch § 128 Abs. 4 AO besonders betont.

Die Umdeutung eines fehlerhaften Verwaltungsaktes hat nur geringe praktische Bedeutung. So kann z. B. im Hinblick auf § 128 Abs. 3 AO ein **Steuerbescheid nicht** in einen **Haftungsbescheid** (§ 191 AO) umgedeutet werden. Gleiches gilt umgekehrt (BFH, BStBl 1992 II S. 163). Eine dem Stpfl. mitgeteilte NV-Verfügung kann nicht in einen Freistellungsbescheid nach § 155 Abs. 1 Satz 3 AO umgedeutet werden, da die begrifflichen Voraussetzungen eines Steuerbescheides nicht vorliegen (BFH, BStBl 1980 II S. 193). Ebenso entfällt die Umdeutung einer vorläufigen Festsetzung (§ 165 AO) in eine Vorbehaltsfestsetzung (§ 164 AO) wegen der unterschiedlichen Voraussetzungen und der weiter gehenden Wirkungen des Vorbehalts (vgl. BFH, BStBl 1990 II S. 1043). Dagegen ist z. B. die Umdeutung eines „Änderungsbescheides" in einen Erstbescheid zulässig (BFH, BFH/NV 1987 S. 431). In Betracht kommen kann auch im Einzelfall die Umdeutung einer fehlerhaften Aussetzung der Vollziehung (kein wirksamer Einspruch eingelegt) in eine Stundung.

7.5 Fehlerhafte Verwaltungsakte

7.5.4 Prüfungsschema Verwaltungsakt

1. **Begriff, § 118 AO**
   Steuerbescheid und Steueranmeldung als besondere Art eines Verwaltungsaktes (VA), §§ 155, 157, 167 und 168 AO
2. **Beurteilung des VA**

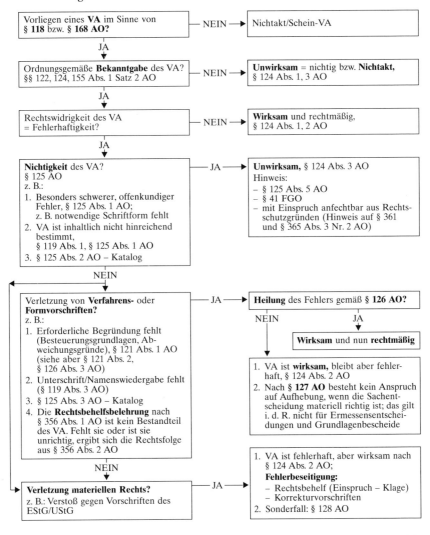

7.6 Bekanntgabe von Verwaltungsakten und Entscheidungen

Voraussetzung für die Wirksamkeit eines Verwaltungsaktes ist, dass er inhaltlich hinreichend bestimmt ist (§ 119 Abs. 1 AO) und dass er demjenigen, für den er bestimmt ist oder der von ihm betroffen wird, bekannt gegeben wird (§ 122 Abs. 1, § 124 Abs. 1 AO). Vorher entfaltet er als Entwurf keinerlei Rechtswirkungen; Ausnahme: § 169 Abs. 1 Satz 3 AO bei nachfolgender Bekanntgabe.

Die Bekanntgabe bewirkt, dass der Verwaltungsakt von der erlassenden Behörde grundsätzlich nicht mehr geändert oder aufgehoben werden kann (**Bindungswirkung**). Für den Adressaten des Verwaltungsaktes beginnt erst mit der Bekanntgabe die Einspruchsfrist zu laufen (§ 355 Abs. 1 AO). Der Inhalt des Verwaltungsaktes ist jedoch schon für ihn mit der Bekanntgabe als solcher wirksam (§ 124 Abs. 1, § 251 Abs. 1, § 361 Abs. 1 AO).

Die Wirksamkeit ist nach **§ 124 Abs. 2 AO** unter bestimmten Voraussetzungen nicht endgültig. Der Verwaltungsakt kann geändert werden oder sich erledigen

1. im Rechtsbehelfsverfahren. Dabei ist jedoch zu beachten, dass eine Änderung zum Nachteil des Betroffenen bei Verwaltungsakten, gegen die das Verfahren vor den Finanzgerichten anhängig ist, ausgeschlossen ist (§ 96 Abs. 1 FGO). Eine Änderung zum Nachteil des Betroffenen kommt nur während des Einspruchsverfahrens in Betracht (§ 367 Abs. 2 Satz 2 AO). Dieser Verböserungsmöglichkeit kann sich der Einspruchsführer durch die Rücknahme des Einspruchs nach § 362 AO entziehen. Hiervon unberührt bleiben jedoch Korrekturmöglichkeiten der Finanzbehörde, z. B. nach § 164 Abs. 2, § 172 ff. AO oder §§ 129 ff. AO.

2. wenn Korrekturvorschriften der AO oder anderer Steuergesetze eine Änderung zulassen (vgl. §§ 129 ff.; §§ 164, 165; 172 ff. AO). Von dieser Möglichkeit kann auch während eines Rechtsbehelfsverfahrens Gebrauch gemacht werden (§ 132 AO).

3. durch „Zeitablauf". Das gilt für befristete Verwaltungsakte, wie z. B. Stundung, AdV oder Buchführungserleichterung.

4. auf „andere Weise", wie z. B. durch Bedingungseintritt, Ende der AdV durch Rücknahme des Einspruchs oder bei Vorauszahlungsbescheiden sowie USt-Voranmeldungen durch den Jahressteuerbescheid/die Jahresanmeldung (vgl. BFH, BStBl 2000 II S. 454; AEAO zu § 365 Nr. 2).

Für die Frage der **Wirksamkeit eines Verwaltungsaktes,** insbesondere eines Steuerbescheides, ist stets nach **§ 122 Abs. 1, § 124 Abs. 1 AO** zu prüfen,

– an wen er sich richtet **(Inhaltsadressat)**,
– wem er bekannt gegeben werden soll **(Bekanntgabeadressat)**,
– welcher Person er zu übermitteln ist **(Empfänger)**,

7.6 Bekanntgabe von Verwaltungsakten und Entscheidungen

– ob eine besondere **Form** der Bekanntgabe erforderlich ist (vgl. AEAO zu § 122 Nr. 1.8 und 4 mit weiteren Einzelheiten).

Beispiel:

Inhaltsadressat (Steuerschuldner):	Max Fuchs
Bekanntgabeadressat:	Herrn Willi Wolf Frau Eva Wolf als gesetzliche Vertreter des Max Fuchs Teichweg 1 48151 Münster
Empfänger:	Herrn Steuerberater Dr. Klaus Bär Postfach 4711 48143 Münster als Empfangsbevollmächtigter für ... (Bekanntgabeadressat)

7.6.1 Begriff der Bekanntgabe

Ein Verwaltungsakt wird nach **§ 124 Abs. 1 AO** im Zeitpunkt der Bekanntgabe wirksam. Eine wirksame Bekanntgabe erfordert nach **§ 122 Abs. 1 AO:**

1. Zugang beim – richtigen – Adressaten (Empfänger),
2. mit Bekanntgabewillen, d. h. mit Wissen und Wollen der Behörde,
3. in Schriftform, soweit „gesetzlich" vorgeschrieben.

Zugang erfolgt bei einem schriftlich oder elektronisch bekannt zu gebenden Verwaltungsakt dadurch, dass er derart in den **Machtbereich des Adressaten (Empfängers)** oder seines Empfangsboten gelangt, dass diesem die Kenntnisnahme nach seinen Verhältnissen normalerweise möglich ist und von ihm **nach den Gepflogenheiten des Verkehrs** auch erwartet werden kann (Merke: „**M + M**" = **M**achtbereich + **M**öglichkeit der Kenntnisnahme). Die Regelung in § 87a Abs. 1 AO und die zivilrechtliche Begriffsbestimmung im Sinne des § 130 BGB gelten entsprechend auch für den Zugangsbegriff des **§ 122** und des **§ 124 Abs. 1 AO.** Danach ist es für den Zugang ohne Bedeutung, ob der Adressat von dem Verwaltungsakt tatsächlich Kenntnis nimmt oder die fehlende Kenntnisnahme verschuldet hat (vgl. BFH, BStBl 2000 II S. 175 m. w. N. für Postfach und Annahmeverweigerung; § 87a Abs. 1 AO für elektronische Übermittlungen wie Fax oder E-Mail, siehe AEAO zu § 87a mit Einzelheiten).

Beispiel:

Ein ESt-Bescheid ist am 1.7. in den Hausbriefkasten des A geworfen worden. A war vom 20.6. bis 10.8. auf Auslandsurlaub. Rechtslage?

7 Verwaltungsakte

Der ESt-Bescheid ist in den Machtbereich des A gelangt (§ 124 Abs. 1 AO). Die Kenntnisnahme konnte nach den Gepflogenheiten des Verkehrs normalerweise erwartet werden. Der Bescheid ist am 1. 7. zugegangen. Hinweis auf § 355 Abs. 1 und § 110 AO.

Da die Bekanntgabe nach § 124 Abs. 1 Satz 1 AO nur erfordert, dass der Verwaltungsakt dem **richtigen Adressaten** (Empfänger) tatsächlich zugeht, d. h. nach § 122 Abs. 2 AO regelmäßig durch die Post als Übermittlungsorgan, ist auch die Weiterleitung eines **fehlgeleiteten Verwaltungsaktes** durch den falschen Empfänger an den Adressaten unschädlich. Denn die Vorschriften über die Art der Bekanntgabe nach § 122 AO sind kein Selbstzweck und verlieren ihre Bedeutung, wenn ihre Aufgabe – dem Empfänger die Möglichkeit der Kenntnisnahme vom Inhalt des Bescheides zu verschaffen – auf andere Weise erreicht worden ist (vgl. § 9 VwZG für formstärkere Zustellungen; BFH, BFH/NV 1991 S. 2; 1993 S. 285; AEAO zu § 122 Nr. 4.3 und 4.4.4).

Beispiel:

Der Stpfl. S betreibt in M, X-Straße 12, ein Geschäft. Der richtig adressierte ESt-Bescheid wurde vom Postboten am 1. 10. in den Briefkasten des A in M auf der X-Straße 10 geworfen. A übergibt den Bescheid am 4. 10. dem S. Wirksam?

Der ESt-Bescheid wird gemäß §§ 124, 122 AO dadurch wirksam, dass er demjenigen bekannt gegeben wird, für den er bestimmt ist – hier: S. Für eine wirksame Bekanntgabe ist nicht notwendig, dass der Bescheid unmittelbar durch die Post in den Machtbereich des Inhaltsadressaten gelangt. Hier erfolgte der Zugang nachweislich. Der Bescheid ist somit am 4. 10. wirksam geworden.

Adressat des Verwaltungsaktes ist derjenige, für den er seinem Inhalt nach bestimmt ist oder der von ihm betroffen wird (= **„Inhaltsadressat", § 122 Abs. 1 Satz 1 AO**). Das folgt aus dem Begriff des Verwaltungsaktes „... zur Regelung eines Einzelfalles ...". Betroffener eines Steuerbescheides ist, wer die Steuer schuldet (vgl. § 157 Abs. 1 Satz 2 AO). Bei Steuerfestsetzungen ist der Steuerschuldner regelmäßig Inhalts- und Bekanntgabeadressat.

Beispiel:

Der ESt-Bescheid ist an den Erblasser E gerichtet und geht dem Alleinerben A zu, ohne dass dieser im Bescheid genannt ist. Wirksam?

A ist zwar als Erbe „Betroffener" und Steuerschuldner gemäß § 45 AO. Da er aber nicht Adressat ist („... als Erbe des ..."), liegt keine wirksame Bekanntgabe vor (vgl. BFH, BStBl 1993 II S. 174 m. w. N.; AEAO zu § 122 Nr. 2.12).

Der Adressat muss im Bescheid selbst – nicht notwendig im Anschriftenfeld – so eindeutig bezeichnet werden (= **Bestimmtheitserfordernis**), dass nach dem objektiven Erklärungsinhalt aus der Sicht des Empfängers Zweifel über die Identität nicht bestehen. Sonst ist der Bescheid unwirksam nach § 119 Abs. 1, § 124 Abs. 1 und 3 AO. Dadurch wird unterstrichen, dass der Steuerbescheid Grundlage für das Erhebungsverfahren gegen den Steuerschuldner ist (§ 218 Abs. 1, §§ 249, 253, 267 AO).

7.6 Bekanntgabe von Verwaltungsakten und Entscheidungen

Bei **natürlichen Personen** genügen im Allgemeinen Vor- und Familienname mit Anschrift. Auch ein Künstlername reicht aus. Bestehen Verwechslungsmöglichkeiten, etwa bei häufiger vorkommenden Namen, sind weitere Angaben erforderlich, z. B. Berufsbezeichnung, Geburtsdatum, Zusätze wie „senior" oder „junior". Geringfügige Abweichungen oder Fehler in der Anschrift sind unschädlich, wenn eine Verwechslungsgefahr ausgeschlossen und der richtige Adressat durch Auslegung zweifelsfrei erkennbar ist (vgl. BFH, BStBl 1996 II S. 256 m. w. N.; AEAO zu § 122 Nr. 1.3).

> **Beispiel:**
> Die Eheleute Adam und Eva S werden zur ESt zusammen veranlagt. Adam betreibt ein Unternehmen. Nach einer Ap richtete das FA geänderte ESt- und USt-Bescheide 01 bis 03 an „Herrn und Frau Adam S ...". Wirksam?
> Die Ehegatten sind Gesamtschuldner der **ESt** (§§ 44, 157 AO). Die unzutreffende Verkürzung in den ESt-Bescheiden ist unschädlich, weil auch Eva S als einer der Adressaten zweifelsfrei durch Auslegung zu ermitteln ist (vgl. § 155 Abs. 3, § 122 Abs. 7 AO; BFH, BStBl 1990 II S. 612). **USt**-Schuldner ist nach §§ 2, 13 a Abs. 1 UStG, § 157 AO nur Adam. Die USt-Bescheide genügen nicht dem Bestimmtheitserfordernis des § 119 Abs. 1 AO und sind daher unwirksam (§ 124 Abs. 3 AO).

Bei **Handelsgesellschaften** und **juristischen Personen** ist der Name gemäß § 17 HGB die **Firma** (siehe „Einzelfälle zur Bekanntgabe" unter Tz. 7.6.9).

Als **Bekanntgabeadressat** kommen auch **Dritte** in Betracht, wenn sie für den Stpfl. steuerliche Pflichten zu erfüllen haben, z. B. gesetzliche Vertreter, Geschäftsführer, Vermögensverwalter gemäß §§ 79, 34, 35, 81 AO. In diesen Fällen ist zusätzlich der Steuerschuldner und das Vertretungsverhältnis anzugeben, und zwar der Empfänger im Anschriftenfeld und der Steuerschuldner an anderer Stelle des Bescheides (vgl. AEAO zu § 122 Nr. 1.4; „Einzelfälle zur Bekanntgabe").

Empfänger ist derjenige, dem der Verwaltungsakt tatsächlich zugehen soll. Empfänger ist regelmäßig der **Stpfl.** als Adressat. Empfänger können aber auch **andere Personen** sein, wenn für sie eine Empfangsvollmacht des Adressaten vorliegt, z. B. Steuerberater (vgl. § 122 Abs. 1 Satz 3, §§ 80, 183 AO). Das Vertretungsverhältnis muss im Bescheid angegeben bzw. deutlich erkennbar sein (§ 119 Abs. 1 AO). Sonst ist der Bescheid nicht wirksam.

> **Beispiel:**
> Das FA nennt im Anschriftenfeld einer Einspruchsentscheidung nicht den Adressaten S selbst, sondern nur den Bevollmächtigten „X in ...". Weiter heißt es unter Betr.: „Ihr Einspruch vom ... für S in ..., St-Nr. ...".
> Aus dem Betreff des Verwaltungsaktes ergibt sich in einer jeden Zweifel ausschließenden Weise, dass dieser an den S als Inhaltsadressaten gerichtet ist (BFH, BStBl 1974 II S. 648). Daher hat die Tatsache, dass der Name S nicht im Anschriftenfeld erscheint, keine entscheidende Bedeutung, da auf den gesamten Inhalt abzustellen

ist. (Die bloße Angabe der St-Nr. ohne jeden weiteren Zusatz genügt jedoch nicht; hier ist der Inhaltsadressat eindeutig der Bevollmächtigte, vgl. FG Bremen, EFG 1985 S. 100).

Mit Bekanntgabewillen (= mit Wissen und Wollen der Behörde) heißt: Der Wille des repräsentierenden Amtsträgers („der Behörde") muss darauf gerichtet sein, den Verwaltungsakt bekannt zu geben und mit der Bekanntgabe dessen Rechtswirkungen eintreten zu lassen (vgl. BFH, BFH/NV 1990 S. 409; AEAO zu § 124 Nr. 1, zu § 122 Nr. 1.1.2 m. w. N.). Denn die Bekanntgabe ist eine **hoheitliche Rechtshandlung,** die einen auf Eintritt bestimmter Rechtsfolgen gerichteten Willen voraussetzt (vgl. § 155 Abs. 1 Satz 2 AO). Ein gegen/ohne den Willen der Behörde an den Betroffenen gelangter Verwaltungsakt kann deshalb nicht wirksam werden, z. B. Übersendung einer Fotokopie über den Inhalt eines Bescheides „zur Information" des Empfängers ohne Rechtsbehelfsbelehrung. Auf die Art und den genauen Bekanntgabetag braucht sich das Wissen der Behörde nicht zu erstrecken. Der Bekanntgabewille wird regelmäßig bei abschließender Zeichnung der Aktenverfügung durch den zuständigen Amtsträger gebildet und wirkt auf den Zeitpunkt der Bekanntgabe fort, wenn er nicht wieder eindeutig aufgegeben worden ist (vgl. BFH, BStBl 1989 II S. 344 m. w. N.). Wird bei zunächst vorhandenem Bekanntgabewillen ein Bescheid versandt, so ist dieser nur dann unwirksam, wenn die Aufgabe des Bekanntgabewillens erfolgt, bevor der Bescheid den Herrschaftsbereich der Behörde verlassen hat, und dies klar und eindeutig in den Akten dokumentiert ist (vgl. BFH, BStBl 2001 II S. 662; AEAO zu § 124 Nr. 1).

Beispiele:

1. Das Original eines maschinell erstellten Bescheides wird entgegen der auf der Durchschrift angebrachten Anweisung des zuständigen Sachgebietsleiters vom Bearbeiter zur Post gegeben. Rechtsfolge?
Ein gegen den Willen des die Behörde repräsentierenden Amtsträgers bekannt gegebener Bescheid kann keine Wirksamkeit erlangen (vgl. BFH, BStBl 1986 II S. 832).

2. Formularmäßiges Schreiben der Finanzbehörde (vgl. FinMin Niedersachsen, DB 1997 S. 354):

Betr.: Bescheid über ....
Mit gleicher Post oder an einem der nächsten Tage wird Ihnen ein Bescheid über die Festsetzung der .... für den Veranlagungszeitraum/Besteuerungszeitraum .... zugehen. Dieser Bescheid ist unwirksam, weil seine Bekanntgabe nicht gewollt war. Die Versendung konnte aber leider aus technischen Gründen nicht mehr aufgehalten werden.
In Kürze wird Ihnen ein neuer Bescheid zugehen.

Soweit das Schreiben keinen Steuerbescheid, sondern einen anderen Verwaltungsakt betrifft (z. B. Feststellungsbescheid, Steuermessbescheid), ist Satz 1 entsprechend anzupassen (z. B. „Feststellung" statt „Festsetzung").

7.6 Bekanntgabe von Verwaltungsakten und Entscheidungen

3. S hatte einen Stundungsantrag gestellt. Da er an der Entscheidung sehr interessiert war, rief er beim FA an und erhielt vom Angestellten A die Auskunft, die an ihn adressierte Stundungsverfügung liege unterzeichnet bei den Akten und sei versehentlich wegen der plötzlichen Erkrankung des Bearbeiters nicht mehr übermittelt worden. Am nächsten Tag lässt sich S von A die Stundungsverfügung geben. Rechtslage?

Die Stundung war für S bestimmt und ist ihm auch zugegangen nach § 122 Abs. 1, § 124 Abs. 1 AO. Sie kann mündlich bekannt gegeben werden (§ 119 Abs. 2, § 222 AO). Die Bekanntgabe erfolgt auch mit Bekanntgabewillen. Auf die Art und den Bekanntgabetag braucht sich das Wissen nicht zu beziehen.

Schriftliche Bekanntgabe eines Verwaltungsaktes ist nur erforderlich, wenn das Gesetz dies ausdrücklich verlangt (vgl. § 157, § 164 Abs. 3, § 191 Abs. 1, § 196, § 205 Abs. 1, § 309, § 332 Abs. 1, § 306 AO. Die **elektronische Übermittlung** ist geregelt in **§ 87a AO** und **§ 122 Abs. 2a AO** (siehe AEAO zu § 87a und zu § 122 Nr. 1.8.2). Ein mündlicher Verwaltungsakt ist ggf. schriftlich zu bestätigen (§ 119 Abs. 2 AO). Das Fehlen der gesetzlich vorgeschriebenen Form betrifft nicht nur die Existenz des Verwaltungsaktes, sondern auch die Bekanntgabe (vgl. BFH, BStBl 1990 II S. 612/615). Die schriftliche Bekanntgabe eines Bescheides setzt also stets dessen Übergabe, Übersendung oder Zustellung voraus, zumindest eines Teils des Bescheides (BFH, BStBl 1983 II S. 543).

Beispiel:

Der ESt-Bescheid war am 19. 1. zur Post aufgegeben worden. Der A, der – nach abschließender Zeichnung – von der abweichenden Steuerfestsetzung telefonisch Kenntnis erhalten hatte, legte bereits mit Schreiben vom 10. 1. Einspruch ein. Rechtsfolge?

Vor Bekanntgabe des nach § 157 Abs. 1 AO schriftlich zu erteilenden ESt-Bescheides kann ein Einspruch nicht wirksam eingelegt werden (§§ 347, 355 Abs. 1 Satz 1 AO). Die mündliche Bekanntgabe der Steuerfestsetzung stellt keine Bekanntgabe eines schriftlich zu erteilenden Steuerbescheides dar (§ 155 Abs. 1 Satz 2 AO). Die Bekanntgabe erfordert Zugang in Schriftform oder elektronische Übermittlung nach § 87a Abs. 4 AO mittels Fax oder E-Mail (BFH, BStBl 1983 II S. 551). Der Einspruch ist unzulässig (§ 358 AO).

Hiervon klar zu unterscheiden ist die **Zustellung** schriftlicher Verwaltungsakte; diese richtet sich als **besondere technische Form der Bekanntgabe** nach dem **VwZG (§ 122 Abs. 5 AO).**

7.6.2 Mängel der Bekanntgabe

Mängel, die zwingende gesetzliche Begriffsmerkmale der Bekanntgabe berühren, führen zur **Unwirksamkeit des Bescheides** (= Nicht-Wirksam-Werden im Sinne von **§ 124 Abs. 1, 3 AO;** BFH, BStBl 1994 II S. 600/602). Die Wirksamkeit des Verwaltungsaktes tritt danach insbesondere nicht ein, wenn der Verwaltungsakt nicht dem Adressaten (Empfänger) zugegangen ist, der Verwaltungsakt schriftlich zugehen musste, aber nur mündlich bekannt gegeben wurde, oder der Adressat aufgrund gesetzlicher Vorschriften nicht der Empfänger sein kann (vgl. AEAO zu § 122 Nr. 4). Es handelt sich bei fehlender oder fehlerhafter Bekanntgabe um einen rechtlich nicht existent gewordenen Bescheid – **Scheinverwaltungsakt** oder **Nichtakt** –, der in seiner rechtlichen Unwirksamkeit einem nichtigen Verwaltungsakt gleichsteht (vgl. BFH, BStBl 2003 II S. 548).

Die **neue Bekanntgabe** des Verwaltungsaktes ist innerhalb der Festsetzungsfrist (§ 169 ff. AO) ordnungsgemäß mit Wirkung für die Zukunft vorzunehmen. Ein **Bekanntgabemangel** kann auch **durch** fehlerfreie Zusendung der – den „Bescheid" bestätigenden oder sachlich ändernden – **Einspruchsentscheidung** geheilt werden gemäß § 124 Abs. 1 AO (vgl. BFH, BStBl 1994 II S. 603/606 m. w. N.; AEAO zu § 122 Nr. 4.4.4). Es handelt sich hierbei nicht um eine rückwirkende Heilung, sondern um die erstmalige (Steuer-)Festsetzung durch Einspruchsentscheidung. Dagegen tritt keine Heilung ein, wenn der Einspruch als unzulässig verworfen wird, da jegliche inhaltliche Bezugnahme auf die nicht wirksam gewordene Steuerfestsetzung, ggf. deren inhaltliche Wiederholung oder deren Aufnahme im Wege einer Korrekturveranlagung fehlt (vgl. BFH, BStBl 1994 II S. 603/606 m. w. N.).

Beispiel:

Nach Zahlung der Steuer wird die Unwirksamkeit der Bekanntgabe festgestellt. Es besteht ein Erstattungsanspruch gemäß § 37 Abs. 2, § 218 Abs. 1 AO (Hinweis auf §§ 228 ff.; §§ 169, 171 Abs. 14 AO). Der Bescheid ist neu bekannt zu geben.

Ist ein Verwaltungsakt mehreren Beteiligten bekannt zu geben (vgl. § 122 Abs. 7, § 183 AO), so kann die **unterlassene Bekanntgabe an einzelne Beteiligte** diesen gegenüber nachgeholt (= geheilt) und damit erst zu diesem Zeitpunkt nach § 122 Abs. 1, § 124 Abs. 1 AO wirksam werden (vgl. BFH, BStBl 1994 II S. 3 m. w. N.; Ausführungen unter Tz. 7.6.9.5). In diesen Fällen läuft für jeden Beteiligten die Einspruchsfrist gesondert ab Bekanntgabe an ihn (Hinweis auf §§ 352, 360 Abs. 3 AO).

Wegen des von unwirksamen Bescheiden ausgehenden **Rechtsscheins** kann der Betroffene auch **Einspruch** einlegen oder **Klage** nach § 41 FGO erheben (BFH, BStBl 1986 II S. 834; AEAO zu § 347 Nr. 1). Primär in Betracht kommt ein **Antrag** nach § 125 Abs. 5 AO.

7.6.3 Arten der Bekanntgabe

Verwaltungsakte können **mündlich, durch schlüssiges Verhalten, schriftlich, elektronisch oder durch öffentliche Bekanntmachung** bekannt gegeben werden (**§§ 87a, 119 Abs. 2, § 122 AO**). Welche dieser Bekanntgabearten notwendig ist, um einen Verwaltungsakt wirksam werden zu lassen, hängt von der Art des

7.6 Bekanntgabe von Verwaltungsakten und Entscheidungen

bekannt zu gebenden Verwaltungsaktes selbst ab. Der § 122 Abs. 1 bis 7 AO enthält eine Aufzählung der Bekanntgabearten, nicht aber eine abschließende Regelung der Frage, in welcher Form die Bekanntgabe erfolgen muss. Diese steht grundsätzlich im Ermessen der Behörde.

Mündliche Bekanntgabe kann gewählt werden, soweit nicht etwas anderes gesetzlich vorgeschrieben ist. Dasselbe gilt für die **Bekanntgabe durch schlüssiges Verhalten** (siehe Einzelheiten unter Tz. 7.3.1).

Schriftliche Bekanntgabe ist Zugehen eines Schriftstücks an den Adressaten. Im Besteuerungs- und Rechtsbehelfsverfahren sieht das Gesetz die schriftliche Bekanntgabe von Verwaltungsakten überwiegend vor. Sofern zwar schriftliche Erteilung, aber nicht „Zustellung" des Verwaltungsaktes gesetzlich oder behördlich angeordnet ist, bedarf es für eine wirksame Bekanntgabe nur der Übergabe eines Schriftstücks ohne Einhaltung der Förmlichkeiten, die nach dem Verwaltungszustellungsgesetz zu beachten sind (vgl. § 122 Abs. 1, § 157 Abs. 1 Satz 1 AO). Wegen der **elektronischen Übermittlung** durch Telefax oder E-Mail usw. siehe §§ 87a, 122 Abs. 2a und § 123 AO sowie AEAO zu § 87a und zu § 122 Nr. 1.8.2.

Beispiel:

Der Bearbeiter übergibt dem A den ESt-Bescheid im FA bzw. übermittelt ihn per Telefax mit Ausdruck durch das Empfangsgerät bzw. mittels E-Mail. Wirksam?

Der ESt-Bescheid muss nach § 157 Abs. 1 AO schriftlich erteilt und damit in dieser Form bekannt gegeben werden (§ 122 Abs. 1, § 124 AO). Zulässig ist auch die elektronische Übermittlung gemäß § 87a Abs. 4 AO mittels Fax oder E-Mail. Eine „Zustellung" ist nicht vorgesehen. Die Bekanntgabe ist deshalb wirksam, ohne dass der Empfänger ein Empfangsbekenntnis zu unterschreiben braucht, wie es bei einer Zustellung erforderlich ist (§ 5 Abs. 1 Satz 2 VwZG).

Öffentliche Bekanntgabe genügt nur, wenn sie durch Rechtsvorschrift ausdrücklich zugelassen ist (vgl. § 27 Abs. 3 GrStG), oder unter bestimmten Voraussetzungen bei Allgemeinverfügungen **(§ 122 Abs. 3 und 4 AO).** Von praktischer Bedeutung ist – mit Rücksicht auf das Steuergeheimnis – nur die öffentliche Aufforderung zur Abgabe von Steuererklärungen (§ 149 Abs. 1 AO), die Zahlungserinnerung (§ 259 Satz 4 AO) sowie die öffentliche Bekanntmachung von Bescheiden nach § 15 VwZG.

Zustellung ist die **Sonderart einer formalisierten Bekanntgabe.** Nach **§ 122 Abs. 5 AO** sind schriftliche Verwaltungsakte nur zuzustellen, wenn dies gesetzlich vorgeschrieben oder durch die Finanzbehörde angeordnet ist. Gesetzlich vorgeschrieben ist etwa die Zustellung von Pfändungsverfügungen (§ 309 AO), dagegen nicht die Zustellung von Steuerbescheiden und Einspruchsentscheidungen. Das Zustellungsverfahren ist im **Verwaltungszustellungsgesetz** geregelt. Es sind bestimmte Förmlichkeiten zu beachten (siehe unter Tz. 7.6.5).

7.6.4 Übermittlung schriftlicher Verwaltungsakte durch die Post

Die Bekanntgabe schriftlicher Verwaltungsakte erfolgt regelmäßig durch Postübermittlung. Der Begriff „Post" umfasst alle Unternehmen, soweit sie Postdienstleistungen erbringen (AEAO zu § 122 Nr. 1.8.2). Im Hinblick auf längere Fristen und Beweislastregeln ist zwischen Bekanntgabe an inländische und ausländische Empfänger zu unterscheiden (§ 122 und § 123 AO).

Nach **§ 122 Abs. 2 Nr. 1 AO** „gilt" aus Vereinfachungsgründen ein durch die Post **im Inland** übermittelter Verwaltungsakt grundsätzlich als am dritten Tag nach der Aufgabe zur Post als bekannt gegeben (= „formelle Bekanntgabe"). Diese – widerlegbare – **Bekanntgabevermutung** hat Bedeutung für die Berechnung von Fristen (Einspruchsfrist, Fälligkeitszeitpunkt; vgl. BFH, BStBl 2001 II S. 274). Alle anderen Folgen der Bekanntgabe treten bereits mit dem tatsächlichen Zugang des Verwaltungsaktes ein (§ 124 Abs. 1 AO = **„materielle Bekanntgabe"**).

Um den Bekanntgabezeitpunkt berechnen und nachweisen zu können, ist der **Tag der Aufgabe zur Post** stets in geeigneter Weise festzuhalten (vgl. BFH, BStBl 1990 II S. 108). Bei maschineller Bescheidausfertigung und Postaufgabe durch das Rechenzentrum genügt i. d. R. das ausgedruckte **Aufgabedatum nicht** als **Nachweis** für die Zugangsvermutung (vgl. BFH, BStBl 1989 II S. 534). Weichen Poststempel und Postaufgabevermerk voneinander ab, ist dem auf dem Briefumschlag ersichtlichen Datum der Vorzug zu geben. Zweifel können auch bestehen, wenn der vermerkte Absendetag ein Freitag ist und zur Frankierung ein Freistempler benutzt wird (vgl. BFH, BStBl 1982 II S. 102). Die Beweislast trägt das FA (**Indizienbeweis** [s. u.]; vgl. BFH, BStBl 1995 II S. 41 m. w. N.).

§ 122 Abs. 2 AO findet Anwendung auf alle schriftlichen Verwaltungsakte – mit Ausnahme zuzustellender Verwaltungsakte (§ 122 Abs. 5 AO) – und begründet eine gesetzliche – widerlegbare – Vermutung des Zugangs. Im Zweifel hat die Behörde den Zugang bzw. Zugang innerhalb der 3-Tage-Regelung nachzuweisen.

Die **3-Tage-Frist** für die – vereinfachte – Fristberechnung gilt auch, wenn

– das Schriftstück tatsächlich früher zugegangen ist oder

– der Empfänger sich postlagernd zustellen lässt oder alle Postsendungen mittels eines Postfaches entgegennimmt (BFH, BStBl 2000 II S. 175).

Sie gilt nicht, wenn der dritte Tag auf einen Samstag, Sonntag oder gesetzlichen Feiertag fällt, da es sich um das Ende einer Frist im Sinne von § 108 Abs. 3 AO handelt (vgl. BFH, BStBl 2003 II S. 898; AEAO zu § 108 Nr. 2).

Beispiele:

1. Der Bescheid wird am Donnerstag, dem 4. 4., zur Post aufgegeben und am 5. 4. in das Postfach des Empfängers A gelegt. A leert das Postfach am 8. 4. Wann endet die Einspruchsfrist?

7.6 Bekanntgabe von Verwaltungsakten und Entscheidungen

Der Bescheid gilt gemäß § 122 Abs. 2 Nr. 1 AO an sich am 7. 4. als bekannt gegeben. Der tatsächlich frühere Zugang ist unerheblich. Da der 7. 4. ein Sonntag ist, wird gemäß § 108 Abs. 3 AO der Bekanntgabetag auf den nächsten Werktag verlegt. Das ist der 8. 4. Die Einspruchsfrist endet nach § 355 Abs. 1 Satz 1 AO mit Ablauf des 8. 5.

2. Der ESt-Bescheid gelangt am Montag, dem 15.10., zur Postaufgabe. Am 16. 10. ruft der S im FA an und erklärt, er habe den Bescheid erhalten und werde Einspruch einlegen. Dieser geht am Montag, dem 19. 11., beim FA ein. Der Bearbeiter hatte aufgrund des Anrufs einen Vermerk gefertigt und ist der Ansicht, die Frist sei mit dem 16. 11. abgelaufen und der Einspruch unzulässig.

Die Bekanntgabe des Bescheides gilt nach § 122 Abs. 2 Nr. 1 AO mit dem 18. 10. – dem dritten Tag nach Aufgabe zur Post – als bewirkt. Der tatsächlich frühere Empfang des Bescheides am 16.10. ist insofern ohne Bedeutung für die Berechnung der Einspruchsfrist. Die Frist begann nach § 108 Abs. 1 AO i. V. m. § 187 Abs. 1 BGB am 19. 10. und endete an sich am 18. 11., 24.00 Uhr. Da der 18. 11. aber ein Sonntag war, endete die Frist mit Ablauf des 19. 11. (§ 108 Abs. 3 AO). Die Einspruchsfrist ist somit gewahrt (§ 358 AO).

3. Wie 2. mit folgender Abwandlung: Der formgerechte Einspruch geht noch am 16. 10. beim FA ein.

Gemäß § 347 Abs. 1 Satz 1 Nr. 1, § 355 Abs. 1 Satz 1 AO kann Einspruch gegen Steuerbescheide nur nach rechtswirksamer Bekanntgabe eingelegt werden. Die zwingenden Begriffsmerkmale des Steuerbescheides sind bereits am 16. 10. erfüllt (§ 155 Abs. 1 Satz 2, § 157 Abs. 1 AO). Damit ist der Bescheid nach § 124 Abs. 1 AO materiell wirksam geworden. Die Regelung des § 122 Abs. 2 Nr. 1 AO enthält eine Bekanntgabevermutung, die vor allem für die Berechnung (!) der Einspruchsfrist aus Vereinfachungsgründen pauschal auf die 3-Tage-Frist abgestellt ist (vgl. § 122 Abs. 2 Nr. 2, § 123 AO für die längere Postlaufdauer). Eine andere Beurteilung im Rahmen des § 122 Abs. 2 AO würde die Rechtsschutzinteressen des Betroffenen ohne vernünftigen sachlichen Grund beeinträchtigen. Der Einspruch ist zulässig.

Die Vermutung des § 122 Abs. 2 AO greift nicht ein, wenn der Verwaltungsakt tatsächlich überhaupt nicht oder erst nach Ablauf der 3-Tage-Frist in den Machtbereich des Empfängers gelangt ist. Wird vom Betroffenen der **Zugang bestritten,** so hat die Behörde in jedem Fall die **Feststellungslast,** da dem Empfänger eine Substantiierung dieses Bestreitens nicht zugemutet werden kann und Postsendungen nach der Statistik teilweise den Empfänger nicht erreichen. Ein wahrheitswidriges und vorsätzliches Bestreiten des Zugangs erfüllt den Tatbestand der Steuerhinterziehung nach § 370 AO und ist ein Risiko für den Stpfl. Die Behörde kann den ihr obliegenden Nachweis nicht nach den Grundsätzen über den Beweis des ersten Anscheins führen, indem sie Tatsachen darlegt, die für den typischen Geschehensablauf sprechen. Es gelten vielmehr die allgemeinen Beweisregeln, z. B. der **Indizienbeweis** (vgl. BFH, BStBl 1995 II S. 41 m. w. N.).

Beispiele:

1. Das FA gab den ESt-Bescheid am 15. 2. 02 zur Post. Mit Datum vom 23. 2. 02 erhielt der S einen Kontoauszug, in welchem die Steuerrückstände unter Bezugnahme auf die „Festsetzung" angefordert wurden. In 02 pfändete das FA mehrmals wegen dieser Steuerrückstände in das Vermögen des S und verrechnete die Erlöse mit Rückständen. Mit Schreiben vom 2. 5. 03 erklärte S erstmals nach einer Kontenpfändung wegen der Restschuld, dass der ESt-Bescheid ihm nicht zugegangen sei. Folge?

Vom FA können im Wege der freien Beweiswürdigung bestimmte Verhaltensweisen des S innerhalb eines bestimmten Zeitraums unter Berücksichtigung der hohen Wahrscheinlichkeit, dass ein Schreiben den Empfänger auch erreicht, gewürdigt werden (Indizienbeweis). Da wegen der Rückstände gegen S mehrfach mit Erfolg vollstreckt wurde, ohne dass S sich hiergegen wehrte, ist mit einer jeden Zweifel ausschließenden Wahrscheinlichkeit anzunehmen, dass der Bescheid zugegangen ist.

2. Ein Stpfl. kann nicht damit gehört werden, ihm sei ein Steuerbescheid nicht zugegangen, wenn er ständig sein Vorbringen ändert, was den Erhalt des Steuerbescheides betrifft, oder er durch schlüssiges Verhalten, z. B. Stellung eines Stundungs- oder Erlassantrags bzw. Leistung der neu festgesetzten Vorauszahlungen, dessen Zugang zum Ausdruck gebracht hat. Echte Zweifel am Zugang bestehen insoweit nicht.

Behauptet der Stpfl. späteren Zugang, so bestehen „Zweifel" über den Zeitpunkt des Zugangs im Sinne von § 122 Abs. 2 AO nur, wenn entsprechende Tatsachen im Rahmen des Möglichen substantiiert vorgetragen und begründet werden, die den Schluss zulassen, dass ein anderer als der vom Gesetz unterstellte Zugang innerhalb von drei Tagen ernstlich in Betracht zu ziehen ist (vgl. BFH, BStBl 2000 II S. 175, 334). Nach den Grundsätzen des **Indizienbeweises** muss das FA ermitteln (§ 88 AO). Zur Aufklärung des Sachverhalts hat der Stpfl. erschöpfende Auskunft über den tatsächlichen Geschehensablauf in dem für ihn zugänglichen Bereich der Postzustellung der betreffenden Sendung zu geben, indem er z. B. vorhandene Briefumschläge oder selbst gefertigte Eingangsvermerke vorlegt, Zeugen benennt, angibt, worauf seine Erinnerung beruht, dass gerade der ... (bestimmter Tag) der Zugangstag war, oder warum er keinen Anlass sah, sich unmittelbar nach dem von ihm genannten Zugangstag an das FA zu wenden, also zu einem Zeitpunkt, als die Rechtsbehelfsfrist noch lief (vgl. BFH, BStBl 1990 II S. 108; 1995 II S. 41 m. w. N.).

§ 122 Abs. 2 a AO bestimmt – analog zu § 122 Abs. 2 Nr. 1 AO –, dass ein elektronisch übermittelter Verwaltungsakt am dritten Tag nach der Absendung als bekannt gilt, außer wenn er nicht oder später zugegangen ist. Der Zugangsbegriff ist in § 87a Abs. 1 Satz 2 AO definiert. Erfasst werden Übermittlungen durch **E-Mails** und **Telefax** (vgl. AEAO zu § 122 Nr. 1.8.2). Die Vorschrift des § 122 Abs. 2 a AO gilt für Empfänger im Inland und im Ausland (siehe auch § 123 AO).

Für **Beteiligte mit Wohnsitz im Ausland** erfolgt die schriftliche oder elektronische Bekanntgabe von Bescheiden nach **§ 122 Abs. 2 Nr. 2 AO, § 122 Abs. 2 a AO** oder § 123 AO oder § 81 Abs. 1 Nr. 3 AO oder §§ 14, 15 VwZG, sofern der Beteiligte nicht durch einen inländischen Bevollmächtigten gemäß § 122 Abs. 1 Satz 3, § 80 Abs. 1 AO vertreten wird (vgl. AEAO zu § 122 Nr. 1.8.4). Hierzu gehören vor allem Fälle der beschränkten Steuerpflicht (§ 1 Abs. 4 EStG, § 2

7.6 Bekanntgabe von Verwaltungsakten und Entscheidungen

KStG), der Auswanderung oder der Rückkehr von Gastarbeitern. **§ 122 Abs. 2 Nr. 2 AO** regelt entsprechend Nr. 1 die Bekanntgabe an Beteiligte im Ausland in einem vereinfachten Verfahren. Wegen der längeren Postlaufzeit, z. B. nach Übersee, beträgt die **Frist** einheitlich **einen Monat** mit der entsprechenden Regelung der Bekanntgabevermutung und Beweislast. In diesen Fällen ermöglicht § 122 Abs. 2 Nr. 2 AO die Bekanntgabe mit einfachem Brief, soweit im internationalen Rechts- und Amtshilfeverkehr eine direkte Zusendung von Verwaltungsakten durch die Post zugelassen ist (vgl. entsprechende Abkommen im BGBl 1981 II S. 535; DBA), statt des aufwendigen formellen Zustellungsverfahrens nach § 14 VwZG (durch das Bundesamt für Finanzen oder durch die sonst dafür zuständigen Finanzbehörden mithilfe der deutschen auswärtigen Vertretungen oder zuständiger ausländischer Behörden). Im Rahmen ihres Ermessens wird die Behörde diese vereinfachte Bekanntgabe wählen, wenn erfahrungsgemäß kein rechtsmissbräuchliches Bestreiten des Zugangs oder des Zeitpunkts zu erwarten ist und eine Zustellung nicht gesetzlich vorgeschrieben ist (vgl. § 122 Abs. 5, § 309 Abs. 2 AO).

Ist kein Bevollmächtigter nach § 122 Abs. 1 Satz 3, § 80 AO bestellt, so eröffnet **§ 123 AO** einen Mittelweg zwischen der vereinfachten Bekanntgabe nach § 122 Abs. 2 Nr. 2 bzw. Abs. 2 a AO und der förmlichen Zustellung nach § 14 VwZG. § 123 AO bietet sich vor allem an, wenn mehrfach Verwaltungsakte im Ausland bekannt zu geben sind und die Behörde das Beweislastrisiko nicht tragen will. In diesen Fällen hat der ausländische Beteiligte auf Verlangen der Behörde einen inländischen Empfangsbevollmächtigten zu benennen. Diese Aufforderung ist mit dem Hinweis auf die Rechtsfolgen der Unterlassung und einer angemessenen Frist – i. d. R. drei Monate – zu verbinden und muss dem Beteiligten in jedem Fall wirksam bekannt gegeben werden. Aus Beweisgründen wird die Aufforderung als Verwaltungsakt regelmäßig nach § 14 VwZG zuzustellen sein (vgl. Bock, DStZ 1986 S. 329). Kommt der Betreffende sodann der Aufforderung nicht nach, gilt für die schriftliche Bekanntgabe die Monatsfrist und für die elektronische Übermittlung die 3-Tage-Frist. Diese Wirkung – Vermutung der Bekanntgabe – tritt nur dann nicht ein, wenn „feststeht", dass das Schriftstück bzw. elektronische Dokument den Empfänger nicht oder zu einem späteren Zeitpunkt erreicht hat. Zweifel gehen hier stets zulasten des Empfängers, da § 123 AO eine Beweislastumkehr gegenüber § 122 Abs. 2 und 2 a AO enthält. Wird ein im Ausland ansässiger Empfangsbevollmächtigter benannt, so gilt für die Bekanntgabe der § 122 Abs. 2 Nr. 2 bzw. Abs. 2 a AO entsprechend (BFH, BStBl 2000 II S. 334).

7.6.5 Zustellung schriftlicher Verwaltungsakte

Nach **§ 122 Abs. 5 AO** sind schriftliche Verwaltungsakte nur zuzustellen, wenn dies **gesetzlich vorgeschrieben** ist oder **behördlich angeordnet** wird. Die Zustellung nach dem **VwZG** ist eine besondere Art der amtlichen Bekanntgabe, bei der bestimmte Förmlichkeiten zu beachten sind (vgl. AEAO zu § 122 Nr. 3). Gesetzlich vorgeschrieben ist z. B. die Zustellung von Ladungen zur Abgabe der eidesstattlichen Versicherung (§ 284 Abs. 6 AO), von Pfändungsverfügungen (§ 309 Abs. 2 AO), im Arrestverfahren (§ 324 Abs. 2 AO) und im Bußgeldverfahren (§ 412 Abs. 1 AO). Die Zustellung von Steuerbescheiden und Einspruchsentscheidungen ist gesetzlich nicht vorgeschrieben (§ 157 Abs. 1: „... zu erteilen ..."; § 366 AO). In einzelnen Fällen kann es jedoch empfehlenswert sein, den Weg der förmlichen Zustellung zu wählen, um den eindeutigen Nachweis über die Bekanntgabe zu erhalten.

Die **Zustellung** besteht in der Übergabe eines Schriftstücks in Urschrift, Ausfertigung oder beglaubigter Abschrift oder in dem Vorlegen der Urschrift (§ 2 Abs. 1 Satz 1 VwZG). Die Behörde hat nach § 2 Abs. 2 VwZG die Wahl zwischen den einzelnen Zustellungsarten, sofern das VwZG die einzelne Zustellungsart nicht von dem Vorliegen bestimmter persönlicher Umstände bei dem Empfänger abhängig macht (§§ 14 und 15 VwZG) oder auf bestimmte Verwaltungsakte beschränkt (§§ 6, 16 VwZG). Weitere Einzelheiten ergeben sich aus den „Allgemeinen Verwaltungsvorschriften zum VwZG" (BStBl 1966 I S. 969; 1973 I S. 220) und dem AEAO zu § 122 Nr. 3 und 4.5.

Zugestellt wird im Inland

– **durch die Post** nach § 3 VwZG mit Postzustellungsurkunde, gemäß § 4 VwZG mittels eingeschriebenen Briefes = „Übergabe-Einschreibens" (nicht: „Einwurf-Einschreiben, AEAO zu § 122 Nr. 3.1.2), mit Brief gemäß § 5 Abs. 2 VwZG oder

– **durch die Behörde** gegen Empfangsbekenntnis (§§ 5, 10, 11, 12, 13 VwZG), durch öffentliche Bekanntmachung (§ 15 VwZG) oder durch mündliche Bekanntmachung bzw. Einsichtsgewährung (§ 16 VwZG).

Die sicherste, aber auch teuerste Form ist Zustellung durch die Post mit Zustellungsurkunde – **PZU** – nach § 3 **VwZG**. Die Finanzbehörde übergibt der Post das verschlossene Schriftstück, dem die Postzustellungsurkunde beigefügt ist. Darin vermerkt der Postbedienstete Tag und Ort der Übergabe sowie die Person, der das Schriftstück ausgehändigt wurde (**Adressat** oder Angestellte, Vermieter bei **Ersatzzustellung**; vgl. § 3 Abs. 3 VwZG, §§ 177 bis 181 ZPO). Diese Zustellungsurkunde ist an die Behörde zurückzuleiten (§ 3 Abs. 2 VwZG). Nach vergeblichen Zustellungsversuchen erfolgt die Zustellung regelmäßig durch **Niederlegung** mit Benachrichtigungsschein gemäß § 181 ZPO. Damit „gilt" die Zustellung als bewirkt, sofern nicht gemäß § 418 Abs. 2 ZPO der volle **Gegenbeweis** für die Unrichtigkeit der mit der Zustellungsurkunde bezeugten Tatsachen als Falschbeurkundung erbracht wird (BFH, BFH/NV 2004 S. 497, 509, 1540). Der Zeitpunkt der Zustellung ist in diesen Fällen – anders als bei der Zustellung

7.6 Bekanntgabe von Verwaltungsakten und Entscheidungen

nach § 4 VwZG – nachweisbar bekannt. Eine fehlerfreie Zustellung erfordert nach § 3 Abs. 1 VwZG u. a., dass Zustellungsort und -datum richtig beurkundet sind (vgl. BFH, BStBl 1988 II S. 836 m. w. N.), dass auf der Zustellungsurkunde und dem Briefumschlag zur Identifizierung der Sendung als **„Geschäftsnummer"** die Steuer-Nr. mit Ergänzungen über den konkreten Inhalt der Sendung und das Datum angegeben wird, z. B. „StNr. 333/2345 – EE (für Einspruchsentscheidung) EStB 01 vom ..." oder „EStB 03 + UStB 03" (vgl. BFH, BStBl 2004 II S. 540; BFH/NV 2005 S. 66 m. w. N.; AEAO zu § 122 Nr. 3.1.1.1/2 und 4.5.2). Bei Zustellung mehrerer Schriftstücke sind sämtliche Geschäftsnummern zur notwendigen Identifizierung der Sendung anzugeben (vgl. BFH, BStBl 1996 II S. 301; AEAO zu § 122 Nr. 3.1.1.3). Als Anschrift des Zustellungsempfängers genügt auch die Postfachangabe (siehe AEAO zu § 122 Nr. 3.1.1).

Die Zustellung gegen **Empfangsbekenntnis nach § 5 VwZG** ist in der Praxis dort angebracht, wo die Behörde schneller als die normale Postzustellung sein möchte (z. B. im Rahmen der Vollstreckung), ferner für Briefe an die in § 5 Abs. 2 VwZG genannten steuerberatenden Personen aus Kostengründen (vgl. AEAO zu § 122 Nr. 3.1.3). Eine fehlende oder falsche Datierung auf dem Empfangsbekenntnis im Sinne von § 5 Abs. 2 VwZG ist – anders als bei § 3 VwZG – unschädlich (vgl. AEAO zu § 122 Nr. 3.1.3 m. w. N.).

Im Ausland darf in aller Regel nur in der Form des **§ 14 VwZG** zugestellt werden, falls nicht die Voraussetzungen für eine öffentliche Zustellung nach **§ 15 VwZG** gegeben sind. Die öffentliche Zustellung ist nur zulässig, wenn alle Möglichkeiten erschöpft sind, das Schriftstück dem Empfänger in anderer Weise zu übermitteln (BFH, BStBl 2000 II S. 560 m. w. N.). Wegen der inhaltlichen Mindestanforderungen an die öffentliche Zustellung siehe BFH, BStBl 1996 II S. 301.

Mängel, die die formgerechte Art der Zustellung als solche betreffen, sind **heilbar.** Nach § 9 VwZG gilt ein Schriftstück, dessen formgerechte Zustellung sich nicht nachweisen lässt oder das unter Verletzung zwingender Zustellungsvorschriften zugegangen ist, als in dem Zeitpunkt zugestellt, in dem es der Empfänger nachweislich erhalten hat (vgl. AEAO zu § 122 Nr. 4.5). Empfangsberechtigter im Sinne von § 9 VwZG ist derjenige, an den die Zustellung des Schriftstücks nach dem VwZG zu richten war, z. B. der Bevollmächtigte gemäß § 8 Abs. 1 Satz 2 VwZG (vgl. BFH, BStBl 1999 II S. 227 m. w. N.).

Zustellung ist Bekanntgabe in einem förmlichen Verfahren. Sinn und Zweck der Vorschrift ist es, die Berücksichtigung der Förmlichkeiten nicht zu überspannen. Danach **setzt die Heilung von Zustellungsmängeln eine im Übrigen wirksame Bekanntgabe voraus.** Der Zustellungsmangel wirkt sich vor allem auf den Lauf von Fristen aus. Nicht möglich ist es jedoch, eine mit Mängeln behaftete Zustellungsart in eine andere Zustellungsart oder etwa in Bekanntgabe nach § 122 AO umzudeuten (BFH, BStBl 1995 II S. 681). Um die Einspruchsfrist in diesen Fällen berechnen zu können, muss hiernach stets der genaue Zeitpunkt des Zugangs beim Empfänger festgestellt werden. Die Heilung bewirkt, dass die Bekanntgabe des Verwaltungsaktes erst dann als in der nach dem VwZG vorgeschriebenen Form erfolgt anzusehen ist. Damit ist die Behörde an den Verwaltungsakt gebunden. Für den Adressaten ist ihr Inhalt maßgebend (§ 124 AO).

Beispiele:

1. S erhält am 15. 5. den ESt-Bescheid mit PZU übermittelt. Die Angabe der Geschäfts-Nr. war unterblieben. Rechtsfolge?
Bei der Zustellung ist gegen § 3 Abs. 1 VwZG verstoßen worden. Da S den Bescheid nachweislich am 15. 5. erhalten hat, ist der Mangel geheilt (§ 9 VwZG). Die Einspruchsfrist des § 355 Abs. 1 AO endet mit Ablauf des 15. 6.

2. Wie 1.; es handelt sich jedoch um eine Einspruchsentscheidung. S erhebt am 20. 6. Klage. Zulässig?
Da mit der Zustellung die Klagefrist gemäß § 47 FGO beginnt, ist § 9 VwZG ebenfalls anwendbar (vgl. AEAO zu § 122 Nr. 4.5.1). Die Klage ist daher wegen Ablaufs der Monatsfrist unzulässig.

7.6.6 Folgen wirksamer Bekanntgabe

Maßgebend für die Wirksamkeit des Verwaltungsaktes ist nach **§ 124 Abs. 1 Satz 1 AO** der Zeitpunkt seiner Bekanntgabe. Für die Wirksamkeit des Verwaltungsaktes ist es unerheblich, ob er bereits unanfechtbar ist oder unter einem Fehler leidet. Es ist davon auszugehen, dass ein Verwaltungsakt vom Zeitpunkt seiner Bekanntgabe bis zu seiner Aufhebung wirksam ist (§ 124 Abs. 2 AO). Dies gilt allerdings nicht für nichtige Verwaltungsakte (§ 124 Abs. 3 AO). Der Verwaltungsakt wird nach **§ 124 Abs. 1 Satz 2 AO** mit dem Inhalt wirksam, mit dem er bekannt gegeben wird. Die Behörde muss ihre Erklärung so gegen sich gelten lassen, wie ein vernünftiger Empfänger sie auffassen musste und sie aufgefasst hat (BFH, BStBl 1990 II S. 565 m. w. N.). Ein nicht erkennbarer, davon abweichender Wille ist unmaßgeblich, sofern es sich nicht um einen Scheinverwaltungsakt handelt (siehe unter Tz. 7.1.1). Stimmt der ausgefertigte und bekannt gegebene Verwaltungsakt nicht mit der Aktenverfügung überein, so wird der Verwaltungsakt mit dem bekannt gegebenen unrichtigen Inhalt wirksam.

Beispiel:

Das FA hat den S entsprechend der eingereichten ESt-Erklärung veranlagt. Es will später den ESt-Bescheid wegen eines Übertragungsfehlers ändern. Zulässig?
Maßgebend ist nach § 124 Abs. 1 Satz 2 AO das dem Empfänger des Bescheides gegenüber Erklärte und nicht ein nicht erkennbarer, davon abweichender Wille. Weicht der bekannt gegebene Verwaltungsakt von der getroffenen Aktenverfügung ab, so liegt eine offenbare Unrichtigkeit nach § 129 AO vor.

7.6 Bekanntgabe von Verwaltungsakten und Entscheidungen

Mit dem Wirksamwerden entfaltet der Verwaltungsakt seine deklaratorische, konstitutive oder sonst verbindliche Wirkung. Die Finanzbehörde kann den Verwaltungsakt grundsätzlich nicht mehr frei abändern oder aufheben. Der Betroffene kann ihn mit Einspruch anfechten.

Eine **Ausnahme** von dem Grundsatz der § 124 Abs. 1, § 155 Abs. 1 Satz 2 AO, dass Steuerbescheide erst mit der Bekanntgabe wirksam werden, enthält die Regelung des **§ 168 AO**. Hiernach gilt eine Steueranmeldung – soweit keine abweichende Festsetzung erfolgt – als Steuerfestsetzung unter dem Vorbehalt der Nachprüfung (§ 164 AO). Aufgrund dieser Fiktion wird die Steuerfestsetzung auch ohne Bekanntgabe gegenüber dem Betroffenen in dem Zeitpunkt wirksam, in dem die Steueranmeldung bei der Behörde eingeht, bzw. im Falle des § 168 Satz 2 AO erst mit dem Bekanntwerden der Zustimmung durch die Behörde (vgl. § 355 Abs. 1 Satz 2 AO).

7.6.7 Prüfungsschema zur Bekanntgabe und Fristenberechnung; Musterbeispiel

1. **Bekanntgabe** als solche **wirksam?**
   - §§ 87a, 122, 124, 119 Abs. 1 AO: allgemein für Stpfl./Dritte = zweifelsfreie Identität des Adressaten/Stpfl.
   - § 122 Abs. 6 und 7 AO: mehrere Beteiligte bzw. Ehegatten
   - § 122 Abs. 1 Satz 3, § 80 AO: wirksam Bevollmächtigte
   - § 183 i. V. m. § 122 AO: Feststellungsbeteiligte
   - § ... für sonstige Fälle

2. **Tag der Bekanntgabe** im Sinne von § 355 Abs. 1 AO?
   - § 122 Abs. 1, § 124 Abs. 1 AO: tatsächliche Übergabe = Zugang
   - § 122 Abs. 2 Nr. 1 AO: 3. Tag bzw. späterer Zugang; § 108 Abs. 3 AO ist anwendbar
   - § 122 Abs. 2 a AO bei elektronischer Übermittlung (Fax/E-Mail): 3. Tag unter Beachtung von § 108 Abs. 3 AO bzw. späterer Zugang
   - § 122 Abs. 5 AO, § ... VwZG; Hinweis auf § 9 VwZG

3. **Beginn** der Einspruchsfrist?
   - § 108 Abs. 1 AO, § 187 Abs. 1 BGB

4. **Ende** der Einspruchsfrist an sich?
   - § 108 Abs. 1 AO, § 188 Abs. 2 bzw. 3 BGB
   - § 108 Abs. 3 AO: „Feiertags-Regelung"
   - Kein Fristablauf infolge **fehlender/unrichtiger Rechtsbehelfsbelehrung** gemäß § 356 Abs. 2 AO?

5. **Wiedereinsetzung** nach § 110 AO?

6. **Rechtsfolge:** Frist ist eingehalten bzw. nicht eingehalten **(§ 358 AO)**

Musterbeispiel:
S erhielt den ESt-Bescheid 01 am 29. 3. (Freitag). Aufgabe zur Post war am 28. 3. Der Einspruch geht am 2. 5. (Freitag) beim FA ein. Es steht fest, dass S das Schreiben am 27. 4. zur Post gegeben hatte. Die übliche Postlaufzeit ist ein Tag. Rechtslage?

Nach § 355 Abs. 1 AO beträgt die Einspruchsfrist einen Monat ab Bekanntgabe. Die Bekanntgabe erfolgte gemäß § 122 Abs. 2 Nr. 1, § 124 Abs. 1 AO an sich am 31. 3. (Sonntag). Da die 3-Tage-Regelung des § 122 Abs. 2 AO eine Frist darstellt, findet § 108 Abs. 3 AO Anwendung. Bekanntgabetag ist somit der 1. 4. Unerheblich ist gemäß § 122 Abs. 2 Nr. 1 AO, dass der Bescheid tatsächlich früher zugegangen ist. Die Einspruchsfrist endet mit dem 2. 5. (§ 108 Abs. 1 und 3 AO, § 187 Abs. 1, § 188 Abs. 2 BGB). Der Einspruch ist somit zulässig nach § 358 AO.

7.6.8 Bekanntgabe gerichtlicher Entscheidungen

Die Bekanntgabe gerichtlicher Entscheidungen ist im **§ 53 FGO** geregelt. Zugestellt wird nach den Vorschriften der §§ 166 ff. ZPO.

7.6.9 Einzelfälle zur Bekanntgabe und Erteilung schriftlicher Verwaltungsakte

Bei Erlass eines schriftlichen Verwaltungsaktes ist stets festzulegen, wer Beteiligter ist, welchem Adressaten er bekannt zu geben ist und welchem – postalischen – Empfänger er zu erteilen bzw. zuzustellen ist. Sind Adressat und Empfänger nicht identisch, so müssen bei schriftlichen Verwaltungsakten und Übermittlung durch die Post im Anschriftenfeld der postalische Empfänger und in der Ausfertigung des Verwaltungsaktes der Adressat und ggf. der Stpfl. und das Vertretungsverhältnis angegeben sein (vgl. AEAO zu § 122 Nr. 1.5 und 1.6). Da Verwaltungsakte überwiegend schriftlich ergehen, wird im Folgenden nur hierauf abgestellt. Die Ausführungen gelten vornehmlich für die Adressierung und Erteilung bzw. Zustellung von Steuerbescheiden (§ 157 Abs. 1 AO), Feststellungsbescheiden (§ 181 Abs. 1 AO), Steuermessbescheiden (§ 184 Abs. 1 AO), Haftungsbescheiden (§ 191 Abs. 1 AO) und Einspruchsentscheidungen (§ 366 AO). Zur Bekanntgabe von Prüfungsanordnungen siehe AEAO zu § 196 mit Einzelheiten.

7.6.9.1 Bevollmächtigte

Ein Verwaltungsakt „kann" auch gegenüber einem Bevollmächtigten wirksam bekannt gegeben werden (§ **122 Abs. 1 Satz 3, § 80 AO:** „... als Empfangsbevollmächtigter für ..." oder „Herrn ... für ..." [= Inhalts- und Bekanntgabe-

7.6 Bekanntgabe von Verwaltungsakten und Entscheidungen

adressat]). Bei Fehlen einer ausdrücklichen, i. d. R. schriftlichen Vollmacht wird die Behörde Bescheide nach pflichtgemäßem **Ermessen** grundsätzlich dem Stpfl. persönlich bekannt geben. Das gilt nicht, wenn die besonderen Umstände des Einzelfalles das Interesse des Stpfl. an einer Bekanntgabe gegenüber seinem Bevollmächtigten eindeutig erkennen lassen (vgl. BFH, BStBl 2001 II S. 86; AEAO zu § 122 Nr. 1.7 mit Einzelheiten).

Die **Vollmacht** kann mündlich, konkludent, elektronisch oder schriftlich sowie allgemein oder speziell laut Erklärungsvordruck erteilt sein. Sie bleibt so lange wirksam, bis der Behörde ein Widerruf zugeht (§ 80 Abs. 1 Satz 4 AO; vgl. § 183 Abs. 3 AO). Die Vollmacht berechtigt grundsätzlich zu allen Verfahrenshandlungen, also auch zur Empfangnahme von Verwaltungsakten, sofern sich weder aus der Vollmacht noch aus den äußeren Umständen Einschränkungen ergeben, z. B. bei Einzelsteuerfestsetzungen. Eine unter einer bestimmten StNr. erteilte Vollmacht bezieht sich nur auf die hierunter geführten Steuersachen (objekt- oder zeitraumbezogene Vollmacht; vgl. § 80 Abs. 1 Satz 2 AO; Ausführungen unter Tz. 5.2.3 und 13.2.8; AEAO zu § 122 Nr. 1.7.2 und 1.7.5).

Für die **Ausübung des Ermessens** bei der Bekanntgabe nach § 122 Abs. 1 Satz 3 AO gilt Folgendes: Die Mitwirkung eines Beraters beim bloßen Ausfüllen einer Steuererklärung ist für sich allein noch nicht als Ermächtigung zur Entgegennahme der für den Stpfl. bestimmten Schriftstücke zu werten (BFH, BStBl 1981 II S. 3; BFH/NV 1992 S. 146). Anders ist es bei ausdrücklicher Empfangsvollmacht im Erklärungsvordruck oder als Allgemeinvollmacht (BFH, BStBl 2001 II S. 86, 463 m. w. N.). Hat das FA bisher immer an den Vertreter bekannt gegeben, auch ohne dass dieser ausdrücklich als Empfangsbevollmächtigter benannt worden ist, so darf es den Empfänger im Einzelfall wechseln (BFH, BStBl 2004 II S. 439; AEAO zu § 122 Nr. 1.7.2). Ein nicht heilbarer Bekanntgabemangel liegt vor, wenn an den Bevollmächtigten adressiert ist, ohne dass dieser in dem bekannt gegebenen Verwaltungsakt irgendwie als Bevollmächtigter angesprochen wird. Dann ist Adressat des Verwaltungsaktes der Vertreter (vgl. BFH, BStBl 1970 II S. 598; BFH/NV 1993 S. 285).

Wird das **Ermessen fehlerhaft ausgeübt,** also trotz ausdrücklicher Empfangsvollmacht ohne besonderen Anlass dem Stpfl. selbst bekannt gegeben und nicht dem Bevollmächtigten (Ermessensreduzierung auf null = „muss"), so ist die **Bekanntgabe an den Stpfl. unwirksam** (vgl. BFH, BStBl 2001 II S. 86, 463). Der **Bekanntgabefehler** wird durch Weiterleitung des Bescheides in Original, Abschrift oder vollständiger Wiedergabe in Fotokopie an den Bevollmächtigten **entsprechend § 9 VwZG geheilt.** Damit treten erst jetzt die Rechtswirkungen des Verwaltungsaktes ein, z. B. Beginn der Einspruchsfrist oder Fälligkeit (vgl. BFH, BStBl 1999 II S. 227 m. w. N.; AEAO zu § 122 Nr. 1.7.3).

Für **Zustellungen** ist die Sonderregelung des § 8 Abs. 1 VwZG zu beachten. Nach **§ 8 Abs. 1 Satz 2 VwZG muss** die Behörde eine Zustellung an den Bevollmächtigten richten, wenn der Stpfl. oder der Bevollmächtigte **schriftliche Vollmacht** vorgelegt hat, die die Zustellung von Bescheiden und Einspruchsentscheidungen mit umfasst. Gibt die Behörde den Verwaltungsakt entgegen der Mussvorschrift dem Vertretenen bekannt, so liegt keine wirksame Zustellung gemäß § 9 VwZG vor (vgl. BFH, BStBl 2004 II S. 439; AEAO zu § 122 Nr. 3.3).

Bei fehlender schriftlicher Vollmacht entscheidet die Behörde nach pflichtgemäßem **Ermessen** gemäß **§ 8 Abs. 1 Satz 1 VwZG,** ob die Zustellung unmittelbar an den Bevollmächtigten im mutmaßlichen Interesse des Stpfl. ist. Liegen zweifelsfreie Erklärungen des Stpfl. nicht vor, so gilt der Grundsatz, dass Zustellungen an den Stpfl. zu richten sind, da nach BFH die Regelung des § 80 Abs. 3 AO nicht entsprechend anwendbar ist (BStBl 1988 II S. 242; 2001 II S. 463).

Dem **Zustellungsbevollmächtigten mehrerer Beteiligter** sind so viele Ausfertigungen zuzustellen, wie Beteiligte vertreten sind **(§ 8 Abs. 2 VwZG).** Es muss erkennbar sein, für wen das einzelne Schriftstück jeweils bestimmt ist. Dagegen genügt die Zustellung einer Ausfertigung, wenn mehrere Beteiligte, z. B. Ehegatten bei zusammengefassten Steuerbescheiden oder Feststellungsbeteiligte, für dieses Verfahren **einen gemeinsamen Verfahrensbevollmächtigten** bestellt haben (§ 8 Abs. 1 Satz 3 VwZG; vgl. AEAO zu § 122 Nr. 3.3.2, 3.3.3).

Im **finanzgerichtlichen Verfahren** sind Zustellungen stets an den Prozessbevollmächtigten zu richten **(§ 62 Abs. 3 Satz 5 FGO).**

7.6.9.2 Ehegatten

Sind Ehegatten **Einzelschuldner** im Sinne von § 43 AO, z. B. bei der USt nach §§ 2, 13 a UStG, muss ein **Einzelbescheid** erteilt werden. Soweit Eheleute **Gesamtschulder** im Sinne von § 44 Abs. 1 AO sind, z. B. bei der ESt-Zusammenveranlagung, ist nach § 155 Abs. 1, § 157 Abs. 1, § 122 Abs. 1, § 124 Abs. 1 AO zur wirksamen Bekanntgabe grundsätzlich (sofern nicht gesetzlich etwas anderes vorgesehen ist; s. u.) jedem der Ehegatten als Inhaltsadressat ebenfalls eine Ausfertigung zu übermitteln.

Nach der Vereinfachungsregelung des **§ 155 Abs. 3 Satz 1 AO können** auch **zusammengefasste „Steuer"bescheide** ergehen. Dabei handelt es sich um die Zusammenfassung zweier inhaltsgleicher Bescheide zu einem – nur äußerlich gemeinsamen – Bescheid (vgl. BFH, BStBl 1987 II S. 297, 540, 836; AEAO zu § 122 Nr. 2.1.1). Der zusammengefasste Bescheid muss, um gegenüber beiden Ehegatten wirksam zu werden, jeden Ehegatten als Steuerschuldner nennen. Dabei sind – im Hinblick auf § 119 Abs. 1 AO – neben dem Familiennamen grundsätzlich jeweils die Vornamen von Mann und Frau anzugeben. Der fehlende Vorname eines der Ehegatten ist unschädlich (vgl. BFH, BFH/NV 1992 S. 433, 435). Die **Bekanntgabe** erfolgt nach **§ 122 Abs. 7 AO** (s. u.).

7.6 Bekanntgabe von Verwaltungsakten und Entscheidungen

Eine **Verbindung** zusammengefasster Steuerbescheide **mit anderen Verwaltungsakten** ist nach **§ 155 Abs. 3 Satz 2 AO** zulässig, z. B. Festsetzung von einheitlichen Verspätungszuschlägen oder Zinsen und von Kirchensteuer bei glaubensverschiedenen Ehegatten oder für Prämienbescheide.

Soweit Steuererklärungsvordrucke eine **ausdrückliche gegenseitige Bevollmächtigung** enthalten oder soweit durch die gemeinsame Unterschrift eine gegenseitige, **stillschweigende Bevollmächtigung** angenommen wird (vgl. BFH, BStBl 1995 II S. 484 m. w. N.), kann der an beide Ehegatten gerichtete zusammengefasste Bescheid gemäß **§ 122 Abs. 1 Satz 3, § 80 AO** (§ 8 Abs. 1 Satz 3 VwZG) bekannt gegeben werden (vgl. AEAO zu § 122 Nr. 1.7.3). Das gilt auch für die Bekanntgabe zusammengefasster Bescheide in einer Ausfertigung an den **gemeinsamen bevollmächtigten Dritten** (vgl. BFH, BStBl 2001 II S. 463). Die Regelungen des § 122 Abs. 6 und 7 AO sind dann unbeachtlich. Die Vollmacht gilt bis zum Widerruf für das gesamte Besteuerungsverfahren, z. B. für ESt-Bescheide bei Getrenntleben, für Korrekturbescheide (vgl. BFH, BStBl 1984 II S. 48) oder für Zinsbescheide, die sich auf die erklärte und festgesetzte Steuer beziehen (vgl. BFH, BStBl 1995 II S. 484).

Nach **§ 122 Abs. 6 AO** ist die Bekanntgabe von Verwaltungsakten/Bescheiden an einen Ehegatten zugleich „mit Wirkung für und gegen den anderen" zulässig, soweit sie **einverstanden** sind (vgl. AEAO zu § 122 Nr. 2.1.3). § 122 Abs. 6 AO erfasst z. B. ESt-Bescheide, GrSt-Bescheide für ein gemeinsames Grundstück, Beteiligte als Miterben für Steuerfestsetzungen für Zeiträume vor dem Erbfall (§ 45 AO) oder Verwalter für das gemeinschaftliche Vermögen. Eine besondere Form ist für die Einverständniserklärung nicht erforderlich. Sie kann auch stillschweigend oder nachträglich durch Genehmigung erfolgen. Vielfach liegt hier bereits eine Bevollmächtigung nach § 122 Abs. 1 Satz 3, § 80 AO vor; dann gilt diese bis zum Widerruf nach § 80 Abs. 1 Satz 4 AO. Macht ein Ehegatte (Beteiligter) im Rahmen des § 122 Abs. 6 AO geltend, er sei nicht einverstanden, muss das FA das Einverständnis nachweisen. Andernfalls ist die Bekanntgabe diesem gegenüber nicht wirksam und muss „insoweit" durch Einzelbekanntgabe nachgeholt werden. Im Bescheid ist außerdem zwingend zu vermerken, dass dieser an den einen Ehegatten (Beteiligten) zugleich „mit Wirkung für und gegen" den anderen ergeht, sonst handelt es sich um eine Einzelbekanntgabe. Hat der eine Ehegatte (Beteiligte) nur ein Interesse an der Prüfung des Bescheides, ergeht auf Antrag eine Abschrift an ihn. Hierdurch beginnt aber keine neue Einspruchsfrist zu laufen.

Nach **§ 122 Abs. 7 AO** können – zwecks Vereinfachung und Kostenersparnis im Massenverfahren – **alle Verwaltungsakte,** u. a. ESt-Bescheide, **in einer Ausfertigung** an die **gemeinsame Anschrift** ergehen. Die Ehegatten sind als Inhaltsadressaten eindeutig zu bezeichnen (vgl. § 119 Abs. 1 AO; AEAO zu § 122 Nr. 2.1.2). Hinsichtlich der gemeinsamen Anschrift ist auf die tatsächliche Innehabung der Wohnung als Machtbereich abzustellen und nicht auf eine behördliche Meldung oder formal gleiche Anschrift. Die Einlegung in das Postfach eines Ehegatten genügt zur wirksamen Bekanntgabe (vgl. BFH, BStBl 1995 II S. 484). Danach genügt bei der einfachen Bekanntgabe von Verwaltungsakten, z. B. zusammengefasste ESt-Bescheide (auch Schätzungsbescheide), Prüfungsanordnungen (§ 196 AO), Androhungen und Festsetzungen von Zwangsgeld (§§ 328 ff. AO) oder sonstige Finanzbefehle, die **Übersendung einer gemeinsamen Ausfertigung,** wenn die Adressaten eine gemeinsame Anschrift haben und für die Behörde auch sonst kein Anhaltspunkt besteht, dass der Bekanntgabezweck gefährdet ist (vgl. BFH, BStBl 1990 II S. 612 m. w. N.).

Einzelbekanntgabe an jeden Ehegatten ist zwingend erforderlich,

- wenn **keine gemeinsame Familienanschrift** besteht (§ 122 Abs. 7 Satz 1 AO). Dies gilt vorbehaltlich einer weiter bestehenden Vollmacht gemäß § 122 Abs. 1 Satz 3, § 80 Abs. 1 Satz 4 AO oder eines Einverständnisses nach § 122 Abs. 6 AO;
- „soweit" dies nach **§ 122 Abs. 7 Satz 2 AO beantragt** worden ist. Dasselbe gilt, wenn ein Ehegatte ausdrücklich widersprochen hat, z. B. durch getrennte Anschriften im Vordruck, Ankreuzen im Vordruck „Dauernd getrennt lebend seit …" oder durch Abgabe getrennter Erklärungen mit je einer Unterschrift;
- wenn dem FA „bekannt" ist, dass **zwischen den Ehegatten „ernstliche Meinungsverschiedenheiten" bestehen,** d. h., wenn wegen des gestörten gegenseitigen Vertrauensverhältnisses eine gegenseitige Informationsbereitschaft ausscheidet, z. B. bei getrennt lebenden oder in Scheidung lebenden Ehegatten mit gemeinsamer Anschrift (§ 122 Abs. 7 Satz 2 AO. Dies gilt vorbehaltlich § 122 Abs. 1 Satz 3 AO [vgl. BFH, BFH/NV 1992 S. 433]);
- bei **Zustellungen** nach **§ 3 VwZG** (s. u.).

In diesen Fällen muss bei Zusammenveranlagung **jeder Ehegatte einen gesonderten, inhaltsgleichen Bescheid** mit entsprechender Anrede, Vornamen und persönlicher Adresse erhalten (vgl. AEAO zu § 122 Nr. 2.1.4). Die Bekanntgabe einer Ausfertigung des zusammengefassten Bescheides wäre in diesen Fällen beiden Ehegatten gegenüber unwirksam, weil keiner von ihnen mit der erforderlichen Bestimmtheit als Adressat bezeichnet ist (§ 157 Abs. 1, § 122 Abs. 1, § 124 Abs. 1, § 119 Abs. 1, § 125 Abs. 1 AO; vgl. BFH, BStBl 1985 II S. 603; 1986 II S. 474).

Beispiel für Bekanntgabe:

Anschriftenfeld: (Bekanntgabeadressat und Empfänger)	Herrn Adam Mann Schlossplatz 1 48149 Münster	bzw.	Frau Eva Mann Schulstraße 2 53127 Bonn

Bescheidkopf (Steuerschuldner) und Inhaltsadressat:

Für Herrn Adam Mann und Frau Eva Mann

7.6 Bekanntgabe von Verwaltungsakten und Entscheidungen

Die Bekanntgabe von **EW-** und **Grundbesitzwert-Bescheiden** bei gemeinsamem Grundbesitz der Ehegatten erfolgt entweder nach § **183 Abs. 1 Satz 1 AO** an den „Empfangsbevollmächtigten" mit Wirkung für und gegen den anderen oder sonst nach § **183 Abs. 4 AO** i. V. m. § 122 Abs. 7 AO in einer Ausfertigung an die gemeinsame Anschrift (Adressat sind hier beide unter Namensnennung). Soweit einer dies beantragt, keine gemeinsame Anschrift besteht oder dem FA ernstliche Meinungsverschiedenheiten zwischen den Eheleuten bekannt sind, ist einzeln bekannt zu geben (vgl. AEAO zu § 122 Nr. 2.5.4). Für **GrSt-Messbescheide** gilt Entsprechendes (§ 184 Abs. 1 Satz 4 AO).

Besonderheiten bei einzelnen Steuerarten sind zu beachten. So liegen für die **GrESt** zwei gleich gelagerte Steuerfälle, aber keine Gesamtschuld vor, wenn Ehegatten gemeinschaftlich ein Grundstück erwerben. An jeden Ehegatten ist für den auf ihn entfallenden Steuerbetrag ein gesonderter Steuerbescheid zu erteilen (BFH, BStBl 1995 II S. 174). Betreiben beide Ehegatten gemeinsam einen Gewerbebetrieb oder sind sie sonst **gemeinsame Unternehmer** im Sinne des UStG, so gelten die Grundsätze für Personengesellschaften (siehe dort). Betreibt nur ein Ehegatte ein Unternehmen, so sind Steuerbescheide, die ausschließlich diesen Bereich betreffen, nur diesem Ehegatten bekannt zu geben, sofern nicht eine besondere Vollmacht vorliegt (vgl. AEAO zu § 122 Nr. 2.1.5).

Bei **Zustellung** nach § 3 VwZG an zusammenveranlagte Eheleute ist der Bescheid bzw. die Einspruchsentscheidung entweder **jedem Adressaten getrennt,** also zweifach, **oder – bei Verfahrensvollmacht – nur dem bevollmächtigten Ehegatten** als Zustellungsempfänger bekannt zu geben; sonst ist sie unwirksam. Denn nach § 3 Abs. 3 VwZG i. V. m. §§ 177 bis 181 ZPO ist eine Zustellung nur an einen bestimmten Zustellungsempfänger, nicht aber an mehrere Personen möglich (BFH, BStBl 1995 II S. 681; AEAO zu § 122 Nr. 3.1.1.4, 3.2, 3.4).

7.6.9.3 Eltern mit Kindern – gesetzliche Vertreter natürlicher Personen

Sind **Ehegatten (oder Alleinstehende) mit Kindern Gesamtschuldner,** z. B. bei der **ErbSt** gemäß § 20 Abs. 2 ErbStG, so reicht nach § **122 Abs. 7 AO** grundsätzlich die Bekanntgabe einer Bescheidausfertigung an die gemeinsame Familienanschrift aus (vgl. AEAO zu § 122 Nr. 2.2 und 2.3). „Kinder" sind sowohl minderjährige als auch volljährige Kinder; der Begriff ist nach dem jeweiligen Steuergesetz auszulegen. In der Anschrift ist jeder der Adressaten, d. h. jeder Steuerschuldner, namentlich zu bezeichnen. Auf ein gesetzliches Vertretungsverhältnis ist hinzuweisen.

Entsprechendes gilt nach § **183 Abs. 4 AO** für die Bekanntgabe von **EW-Bescheiden, Grundbesitzwert-Bescheiden** (§ 138 Abs. 5 BewG) und **GrSt-Messbescheiden** (§ 184 Abs. 1 AO).

7 Verwaltungsakte

Hat ein Familienmitglied **Einzelbekanntgabe** beantragt – für minderjährige Kinder selbst wegen § 79 AO nicht möglich –, sind je eine Bescheidausfertigung an den Antragsteller und an die übrigen Familienmitglieder bekannt zu geben („soweit"). Das gilt entsprechend, soweit keine gemeinsame Anschrift besteht, z. B. weil das inzwischen volljährige Kind ausgezogen ist, oder soweit dem FA bekannt ist, dass zwischen ihnen ernstliche Meinungsverschiedenheiten bestehen (AEAO zu § 122 Nr. 2.3).

Verwaltungsakte, die für nicht handlungsfähige Personen im Sinne von § 79 AO allein bestimmt sind – **Geschäftsunfähige und beschränkt Geschäftsfähige** –, müssen grundsätzlich ihren gesetzlichen Vertretern bekannt gegeben werden (**§ 122 Abs. 1, § 34 AO)**. Sonst ist die Bekanntgabe unwirksam. Denn Bekanntgabeempfänger kann nur sein, wer nach § 79 Abs. 1 Nr. 1 und 2 AO handlungsfähig ist (§ 131 BGB). **Adressat** ist somit der **gesetzliche Vertreter** des Stpfl. Für **Zustellungen** gilt § 7 VwZG.

Beispiel:

Während einer Ap verlangt der Prüfer P von dem minderjährigen Sohn S des Stpfl. X bestimmte Auskünfte, u. a. über Kapitalerträge/Anlagen. Die wahrheitsgemäßen Antworten führen zu Mehrsteuern. Folge?

Das Auskunftsersuchen an S nach §§ 93, 200 Abs. 1 AO ist mangels Bekanntgabe unwirksam, da S nicht handlungsfähig gemäß § 79 Abs. 1 Nr. 1 oder 2 AO i. V. m. § 131 BGB ist. Zur Frage des Verwertungsverbotes siehe AEAO zu § 101 Nr. 2.

Gesetzliche Vertreter natürlicher Personen sind im Regelfall die Eltern (§ 1626 BGB), andernfalls der Vormund nach § 1793 BGB, der Betreuer gemäß § 1902 BGB oder ein Pfleger nach § 1909 BGB. Gegebenenfalls ist auf Ersuchen der Finanzbehörde ein Vertreter von Amts wegen durch das Vormundschaftsgericht zu bestellen (§ 81 AO). Das **Vertretungsverhältnis** („als gesetzlicher Vertreter") **muss aus dem Bescheid hervorgehen** (vgl. AEAO zu § 122 Nr. 2.2.2). Soweit die gesetzliche Vertretung nicht ausnahmsweise nur einem Elternteil zusteht, ist bei minderjährigen Kindern der Verwaltungsakt beiden Elternteilen bekannt zu geben. Für die Erteilung bzw. Zustellung des Verwaltungsaktes genügt es, den Verwaltungsakt einem der Elternteile zu übermitteln bzw. zuzustellen (§ 7 Abs. 3 VwZG; BFH, BStBl 1981 II S. 186). Denn jeder Elternteil ist für sich allein als bevollmächtigt anzusehen (vgl. auch § 170 Abs. 3 ZPO; Abschnitt II Nr. 9 Abs. 2 AVVwZG enthält nur eine Empfehlung).

Ermächtigt der gesetzliche Vertreter mit Genehmigung des Vormundschaftsgerichts den Minderjährigen zum selbständigen Betrieb eines Erwerbsgeschäftes (**§ 112 BGB)**, so ist der Minderjährige für diejenigen Rechtsgeschäfte unbeschränkt geschäftsfähig, die der Geschäftsbetrieb mit sich bringt (vgl. § 79 Abs. 1 Nr. 2 AO: **Teilgeschäftsfähigkeit**). Steuerbescheide oder sonstige Verwaltungsakte, die ausschließlich diesen Geschäftsbetrieb betreffen, sind daher nur dem Minderjährigen bekannt zu geben. Das Gleiche gilt bei einer Veranlagung nach

7.6 Bekanntgabe von Verwaltungsakten und Entscheidungen

§ 46 EStG, wenn der gesetzliche Vertreter den Minderjährigen zur Eingehung des Dienstverhältnisses ermächtigt hat (**§ 113 BGB**). Von dem Vorliegen der Ermächtigung kann regelmäßig ausgegangen werden. Hat der Minderjährige noch weitere Einkünfte oder Vermögenswerte, so kann der Steuerbescheid nicht wirksam dem Minderjährigen bekannt gegeben werden. Adressat des Bescheides ist der gesetzliche Vertreter. Etwas anderes gilt nur, wenn die Steuererklärungen für den Minderjährigen abgegeben worden sind, dieser im Zeitpunkt der Bekanntgabe aber bereits volljährig geworden ist.

Beispiel:
Die minderjährige S betätigt sich als Fotomodell mit Genehmigung des gesetzlichen Vertreters V und des Vormundschaftsgerichts. ESt- und USt-Bescheid sind an S adressiert und ihr zugegangen. V erfährt hiervon. Wirksame Bekanntgabe?

Die Bekanntgabe des ESt-Bescheides ist unwirksam. S ist als Minderjährige beschränkt geschäftsfähig und damit für die ESt handlungsunfähig nach § 79 Abs. 1 Nr. 2 AO. Der Bescheid konnte nur dem V als gesetzlichem Vertreter wirksam bekannt gegeben werden. Da ein Bekanntgabemangel vorliegt, ist eine Heilung durch die spätere Kenntnisnahme des V nicht möglich. Dagegen ist der USt-Bescheid wirksam bekannt gegeben, da die Minderjährige für solche Rechtsgeschäfte (Verfahrenshandlungen im Sinne von § 79 AO) unbeschränkt geschäftsfähig ist, die der Geschäftsbetrieb mit sich bringt (§ 79 Abs. 1 Nr. 2 AO, § 112 BGB).

7.6.9.4 Personengesellschaften und Gemeinschaften

Es ist stets zu unterscheiden zwischen Verwaltungsakten, die sich an die Gesellschaft als solche richten, und Verwaltungsakten, die sich gegen die Gesellschafter richten. Bescheide sind gemäß § 122 Abs. 1, § 124 Abs. 1 AO an die Gesellschaft zu richten, wenn die **Gesellschaft** als solche **Steuer-** oder **Vollstreckungsschuldnerin** im Sinne von § 267 AO ist, wie z. B. bei der USt, GewSt, LSt-Pauschalierung, KraftSt, GrESt (vgl. BFH, BStBl 1987 II S. 325; 1995 II S. 291 für Ap) und bei Haftungsbescheiden für Steuerabzugsbeträge (BFH, BStBl 1995 II S. 390 für LSt). Für Gemeinschaften, Partnerschaften und nichtrechtsfähige Vermögensmassen gelten dieselben Grundsätze. Verwaltungsakte, die gegen eine nicht existierende Gesellschaft ergehen, sind stets unwirksam.

Eine **Sonderregelung** für die Bekanntgabe von Steuerbescheiden an Beteiligte enthält **§ 122 Abs. 5 AO,** etwa bei Bruchteilseigentum (z. B. geteilte Erbengemeinschaft) für GrSt-Bescheide eines gemeinsamen Grundstücks oder für die Bekanntgabe an den Verwalter gemeinschaftlichen Vermögens (wegen weiterer Einzelheiten siehe unter Tz. 7.6.9.2 „Ehegatten").

Bei **Handelsgesellschaften** (OHG, KG) sind Verwaltungsakte der Handelsgesellschaft unter Angabe der **Firma** (§ 17 HGB) bekannt zu geben, wenn sie Steuerschuldner ist. Das gilt entsprechend für **Partnerschaften** (= Name gemäß § 2 PartGG). Wird eine bestehende Freiberufler-Sozietät (GbR) in das Partnerschaftsregister eingetragen, so bleibt steuerlich die rechtliche Personenidentität gewahrt. Die bisherige GbR hat nur die Namensfähigkeit, Rechtsfähigkeit und Bestandsfähigkeit hinzuerlangt. Bei Bekanntgabe eines Bescheides an die „GbR" ist die Identität der Partnerschaft hinreichend bestimmt. Ein zusätzlicher Hinweis auf Vertretungsbefugnisse, z. B. „zu Händen des ...", ist entbehrlich, sofern nicht der Bescheid kraft ausdrücklicher Vollmacht nur namentlich benannten Geschäftsführern oder anderen Personen zugehen soll, z. B. dem Steuerabteilungsleiter (vgl. § 79 Abs. 1 Nr. 3 AO, § 7 Abs. 2 VwZG; AEAO zu § 122 Nr. 2.4.1.1).

Beispiel:

Eine OHG hatte Ende 01 ein Grundstück gekauft. Durch Umwandlung entstand in 02 aus der OHG eine KG. Die Eintragung in das Handelsregister ist am 13. 1. 02 erfolgt. Der GrESt-Bescheid erging am 10. 2. 02 an die „OHG ... z. H. ...".

Die am Erwerbsvorgang beteiligte Handelsgesellschaft schuldete die Steuer. Durch die Umwandlung der OHG in die KG bleibt die rechtliche Personenidentität gewahrt (anders wäre es z. B. bei Umwandlung in eine GmbH; vgl. BFH, BStBl 1986 II S. 230). Die falsche Bezeichnung kann nach § 129 AO berichtigt werden (vgl. BFH, BStBl 1974 II S. 724).

Die **Gesellschaft bürgerlichen Rechts** (GbR) hat zwar keine eigene Firma, kann sich aber einen (Gesamt-)Namen zulegen. Regelmäßig wird die Identität der GbR als Steuerschuldner durch Angabe des **geschäftsüblichen Namens** und der **Geschäftsadresse** ausreichend gekennzeichnet (BFH, BStBl 1987 II S. 325). Dabei muss aus dem Bescheid ersichtlich sein, ob er an den Bekanntgabeempfänger selbst oder an die Gesellschaft als Steuerschuldner gerichtet ist (BFH, BStBl 1986 II S. 834). Die Bekanntgabe an einen der Gesellschafter („zu Händen ...") reicht aus (§ 122 Abs. 1 AO; § 7 Abs. 3 VwZG; vgl. BFH, BStBl 1996 II S. 256). Soweit kein geschäftsüblicher Name vorhanden ist oder die Bescheide keine Betriebssteuern betreffen, sind sie grundsätzlich an alle Gesellschafter als Inhaltsadressaten zu richten (BFH, BStBl 1987 II S. 183). Wird der Name dadurch zu lang, können Zusätze wie „u. a." verwendet und die nicht genannten Gesellschafter in den Bescheiderläuterungen/Anlagen aufgeführt werden (vgl. AEAO zu § 122 Nr. 2.4.1.2).

Bei einer **typischen** oder **atypischen stillen Gesellschaft** sind Bescheide nur an den Inhaber des Handelsgeschäfts als Steuerschuldner zu richten. Ein Bescheid an die „Gesellschaft" ist unwirksam (vgl. BFH, BStBl 1994 II S. 702; AEAO zu § 122 Nr. 2.4.1).

Bei **Arbeitsgemeinschaften** richtet sich ein USt-Bescheid gegen die Arbeitsgemeinschaft (ArGe) als umsatzsteuerlich rechtsfähige Personenvereinigung. Es ist ausreichend, den Bescheid der geschäftsführenden Firma als Bevollmächtigter zu erteilen (vgl. AEAO zu § 122 Nr. 2.4.1.2).

7.6 Bekanntgabe von Verwaltungsakten und Entscheidungen

Besitzen diese nichtrechtsfähigen Gebilde keinen besonderen Geschäftsführer im Sinne von § 710 BGB, so kann ein an diese gerichteter Verwaltungsakt einem der Gesellschafter, Mitglied oder Vermögensverwalter mit Wirkung für und gegen die Personenvereinigung bekannt gegeben werden (**§ 122 Abs. 1 Satz 2, § 34 AO**; vgl. AEAO zu § 122 Nr. 2.4.1.3). Das ist z. B. der Fall, wenn die Geschäftsführung allen gemeinschaftlich gemäß § 709 Abs. 1 oder § 730 Abs. 2 BGB zusteht.

Befindet sich eine **GbR in Liquidation,** so ist der Bescheid an die „GbR ..." zu richten. § 122 Abs. 1 Satz 2, § 34 AO sind anwendbar (vgl. BFH, BStBl 1996 II S. 256). Um eine Vollstreckung gegen die Gesellschaft zu ermöglichen, genügt ein vollstreckbarer Verwaltungsakt gegen die Personenvereinigung (§ 267 AO). Der Zusatz „z. H. des Liquidators ..." ist nicht zwingend (vgl. AEAO zu § 122 Nr. 2.7 mit Einzelheiten).

Bei einer **Handelsgesellschaft in Liquidation** ist der nach den §§ 146 ff. HGB bestellte Liquidator das einzige zur Geschäftsführung und Vertretung befugte Organ der Abwicklungsgesellschaft. Verwaltungsakte sind dem Liquidator allgemein unter Angabe seines Vertretungsverhältnisses bekannt zu geben (vgl. §§ 146, 150 HGB; AEAO zu § 122 Nr. 2.7). Dieser ist Empfangsbevollmächtigter. Die Vollbeendigung einer Personengesellschaft tritt erst dann ein, wenn alle gemeinsamen Rechtsbeziehungen, zu denen auch das Steuerschuldverhältnis nach § 37 AO gehört, beseitigt sind (BFH, BStBl 1988 II S. 316 m. w. N.). Verwaltungsakte können daher gegen die formal bereits aufgelöste Personengesellschaft gerichtet werden. Die Bekanntgabe erfolgt i. d. R. gegenüber allen Gesellschaftern (vgl. BFH, BStBl 1988 II S. 316). Im Regelfall sind gegenüber den Gesellschaftern zusätzlich bzw. stattdessen Haftungsbescheide zu erlassen (vgl. § 191 Abs. 1 und 4 AO). Entsprechendes gilt für die **Partnerschaft** in Liquidation gemäß § 10 PartGG.

7.6.9.5 Feststellungsbeteiligte

Ergeht ein Bescheid gegen mehrere Personen, so ist er stets an die Beteiligten zu richten (§ 122 Abs. 1, § 124 Abs. 1 AO) und muss **grundsätzlich jedem** bekannt gegeben werden. Dies gilt auch für einheitliche Feststellungsbescheide, z. B. Einkünfte oder Vermögenswerte als EW bzw. Grundbesitzwerte (§ 179 Abs. 2, § 182 AO). Für das Bekanntgabeverfahren – vor allem bei einer großen Anzahl von Feststellungsbeteiligten – gewährt § **183 AO** Erleichterungen. Für die vereinfachte Bekanntgabe sieht § 183 Abs. 1 AO **drei Stufen** vor (vgl. AEAO zu § 122 Nr. 2.5):

- Die Gesellschafter und Gemeinschafter haben einen **gemeinsamen Empfangsbevollmächtigten** benannt, der zum Empfang aller Verwaltungsakte und Mitteilungen ermächtigt ist, die mit dem Feststellungsverfahren und einem sich anschließenden Rechtsbehelfsverfahren zusammenhängen, z. B. Feststellungsbescheide, Prüfungsberichte, Einspruchsentscheidungen (§ 183 Abs. 1 Satz 1 AO = „rechtsgeschäftliche Empfangsvollmacht"). Empfangsbevollmächtigter kann ein Gesellschafter, aber auch ein Dritter sein, z. B. Angestellter oder Steuerberater. Er ist im Bescheid stets als solcher zu nennen. Der „Empfangs"bevollmächtigte im Sinne von § 183 AO ist nicht stets zugleich Bevollmächtigter nach § 80 AO. Er ist daher – vorbehaltlich ausdrücklicher Vollmacht oder gesetzlicher Regelung – nicht zur Vornahme von Verfahrenshandlungen etwa als „Einspruchsbevollmächtigter" befugt (siehe § 352 Abs. 1 Nr. 1, Abs. 2 AO).

Steuersubjekt und **Inhaltsadressat** sind grundsätzlich **alle Beteiligten,** nicht die Gesellschaft selbst. Die in der Praxis bei Feststellungsbescheiden häufiger anzutreffende **Sammelbezeichnung** „Firma A & B OHG, z. Hd. ..." im Bescheidkopf ist grundsätzlich unschädlich. Denn die Firma stellt als Sammelbezeichnung lediglich die Kurzfassung für die hinter der Gesellschaft stehenden Gesellschafter dar (vgl. BFH, BStBl 1992 II S. 585 m. w. N.). Entscheidend ist, dass sich aus dem gesamten Inhalt des Bescheides ergibt, dass dieser an alle dort aufgeführten Gesellschafter und nicht an die Gesellschaft gerichtet ist. So sind die **Inhaltsadressaten** im Feststellungsteil des Bescheides **ausdrücklich genannt.** Ein an eine Personengesellschaft zu Händen eines Gesellschafters adressierter einheitlicher Feststellungsbescheid ist jedoch nicht voll wirksam, soweit einzelne Adressaten – Namen und Anschriften – und die ihnen zugerechneten Besteuerungsgrundlagen nicht aus dem Bescheid oder aus den beigefügten Anlagen hervorgehen. Die Verweisung auf sonstige Unterlagen, wie z. B. Steuererklärungen, Grundbuch oder Prüfungsbericht, reicht nicht aus (vgl. BFH, BStBl 1995 II S. 39). Die rechtsgeschäftlich erteilte Empfangsvollmacht gilt bis zum **Widerruf (§ 183 Abs. 3 AO).**

- Ist ein **gemeinsamer Empfangsbevollmächtigter nicht bestellt,** so „gilt" nach § 183 Abs. 1 Satz 2 AO ein zur Vertretung der Gesellschaft oder der Feststellungsbeteiligten oder ein zur Verwaltung des Feststellungsgegenstandes Berechtigter als Empfangsbevollmächtigter („fingierte Vertretung"). Das ist z. B. bei einer **OHG** jeder Gesellschafter (§ 125 HGB), bei einer **KG** der Komplementär, bei einer **Partnerschaft** jeder Partner (§ 7 PartGG), bei einer **GbR** analog § 7 Abs. 3 VwZG jeder Gesellschafter (vgl. BFH, BStBl 1988 II S. 979) und bei einer **atypischen stillen Gesellschaft** der Inhaber des Handelsgeschäfts. Die Sonderregelung des § 183 Abs. 3 AO gilt hier nicht.

Beispiel:

A, B und C bilden eine Anwaltssozietät mit dem Namen „A & Partner" bzw. in Form einer GbR. Ein Empfangsbevollmächtigter ist trotz Aufforderung nicht benannt worden. Das FA übersendet den Gewinnfeststellungsbescheid unter Hinweis auf § 183 Abs. 1 Satz 5 AO dem A. Wirksam?

Inhaltsadressaten des Bescheides sind nach § 183 Abs. 1 AO A, B und C. Durch die Bekanntgabefiktion des § 183 Abs. 1 Satz 2 AO gilt der Bescheid mit dem Zugang bei A auch den Partnern bzw. Gesellschaftern B und C als bekannt gegeben, da

7.6 Bekanntgabe von Verwaltungsakten und Entscheidungen

grundsätzlich jeder Partner Einzelvertretungsmacht hat (§ 7 Abs. 3 PartGG i. V. m. § 125 HGB) bzw. die Einschränkung der §§ 709, 714 BGB nach BFH nicht für die Bekanntgabe gilt (vgl. AEAO zu § 122 Nr. 2.5.2).

- Ist eine solche Person nicht vorhanden, z. B. bei einer Erbengemeinschaft, kann die Finanzbehörde nach **§ 183 Abs. 1 Sätze 3, 4 AO** die Beteiligten zur Benennung eines Empfangsbevollmächtigten auffordern und gleichzeitig einen Beteiligten als Empfangsbevollmächtigten vorschlagen mit dem Hinweis, dass dieser bei Nichtbenennung eines anderen als Empfangsbevollmächtigter mit Wirkung für und gegen alle Beteiligten behandelt wird. Die **Aufforderung** ist an **jeden Beteiligten** zu richten. Soweit diese keinen anderen benennen, können dem von der Behörde Vorgeschlagenen die Verwaltungsakte und Mitteilungen mit Wirkung für und gegen alle Beteiligten bekannt gegeben werden („bestimmter Empfangsbevollmächtigter" oder „Vertretung kraft Verwaltungsakt"). Haben die Beteiligten dagegen einen anderen Empfangsbevollmächtigten benannt, erfolgt Bekanntgabe gemäß § 183 Abs. 1 Satz 1 AO. Dies hat Auswirkungen auf die Anwendbarkeit des § 183 Abs. 3 AO und § 352 Abs. 2 Satz 2 und 3 AO.

In allen drei Fällen muss stets der **Hinweis nach § 183 Abs. 1 Satz 5 AO** auf die Wirkung der Bekanntgabe „für und gegen alle Feststellungsbeteiligten" erfolgen, da sonst die Bekanntgabe den anderen gegenüber nicht wirksam ist und nachgeholt werden muss. Zweck der Regelung ist, dass der Empfangsbevollmächtigte die anderen Beteiligten unterrichtet. Nach der BFH-Rechtsprechung genügt der Hinweis in der Rechtsbehelfsbelehrung (BStBl 1983 II S. 23; 1986 II S. 123).

- **Ausnahmeregelungen:**

Durch die in § 183 Abs. 1 AO zugelassene Vereinfachung dürfen Beteiligte in ihren Rechten nicht eingeschränkt werden. Diese Art der Bekanntgabe ist daher nach **§ 183 Abs. 2 AO** – vorbehaltlich Abs. 3 und 4 – nicht vorzunehmen, „soweit"

1. ein **Feststellungsbeteiligter** im Zeitpunkt der Bekanntgabe des Bescheides bereits **ausgeschieden** und dies dem FA bekannt ist (§ 183 Abs. 2, 1. Alternative AO). Entsprechendes gilt wegen der Rechtsscheinsvermutung des § 15 HGB bei Handelsgesellschaften, wenn das Ausscheiden im Handelsregister eingetragen und bekannt gemacht ist (BFH, BStBl 1979 II S. 503). Beachte die **Ausnahme** in **§ 183 Abs. 3 AO;**

2. die Bekanntgabe eines Feststellungsbescheides an einen **Rechtsnachfolger** erforderlich wird, der nicht in die Gesellschafterstellung des Rechtsvorgängers eintritt, z. B. Erbfolge, Veräußerung von Anteilen (BFH, BStBl 1988 II S. 410). Nach **§ 182 Abs. 3 AO** kann die unrichtige Bezeichnung eines Beteiligten durch besonderen Bescheid berichtigt werden **(„Richtigstellungsbescheid"),** führt also nicht zur Unwirksamkeit des „einheitlichen" Feststellungs-

bescheides (vgl. BFH, BStBl 1992 II S. 865). Diese Richtigstellungsvorschrift gilt nur für „einheitliche" Feststellungen gegenüber mehreren Beteiligten, aber nicht für GewSt-Messbescheide gemäß § 184 Abs. 1 Satz 4 AO (vgl. BFH, BStBl 1994 II S. 5; AEAO zu § 182 Nr. 4);

3. zwischen den Gesellschaftern **erkennbar ernstliche Meinungsverschiedenheiten** bestehen (§ 183 Abs. 2, 2. Alternative AO). **Ausnahme § 183 Abs. 3 AO;**

4. die **Gesellschaft** im Zeitpunkt der Bekanntgabe **nicht mehr besteht** (BFH, BStBl 1978 II S. 503), sich **in Liquidation** oder **in Insolvenz** befindet (BFH, BStBl 1979 II S. 89, 440, 780; 1986 II S. 477). **Ausnahme § 183 Abs. 3 AO;**

5. das Vorliegen einer **Gesellschaft** unklar oder **zweifelhaft** ist und kein gemeinsamer Empfangsbevollmächtigter bestellt ist, z. B. wird die Mitunternehmerschaft bestritten (BFH, BStBl 1970 II S. 169; BFH/NV 1996 S. 592);

6. durch einen Bescheid das **Bestehen** oder **Nichtbestehen einer Gesellschaft erstmals** mit steuerlicher Wirkung festgestellt wird und die Gesellschafter noch keinen Vertreter im Sinne des § 183 Abs. 1 AO benannt haben (vgl. AEAO zu § 122 Nr. 2.5.5).

In den ersten beiden Fällen ist dem **ausgeschiedenen Gesellschafter** (Gemeinschafter) bzw. dem Rechtsnachfolger, in den übrigen Fällen **jedem der Gesellschafter** (Gemeinschafter) **ein Bescheid zu erteilen.** Soweit Einzelbekanntgabe erforderlich ist, ergeht grundsätzlich ein verkürzter Feststellungsbescheid (**„Teil-Feststellungsbescheid", § 183 Abs. 2 Satz 2 und 3 AO**). Den übrigen Beteiligten ist der Feststellungsbescheid wirksam bekannt gegeben worden („soweit"; vgl. BFH, BStBl 1993 II S. 864; 1995 II S. 3). Wegen der Einspruchsbefugnis wird auf § 352 AO verwiesen.

Nach **§ 183 Abs. 3 AO** können Feststellungsbescheide an den rechtsgeschäftlich bestellten Empfangsbevollmächtigten im Sinne von § 183 Abs. 1 Satz 1 AO – nicht aber in den Fällen des Abs. 1 Satz 2 oder 3 – auch unter den Voraussetzungen des § 183 Abs. 2 AO wirksam bekannt gegeben werden, soweit und solange ein Beteiligter oder der Empfangsbevollmächtigte nicht widersprochen hat. Der **Widerruf** der Empfangsvollmacht kann schriftlich, elektronisch, mündlich oder durch schlüssiges Handeln erfolgen, z. B. durch Mitteilung des Ausscheidens aus der Gesellschaft (vgl. BFH, BStBl 1995 II S. 357 m. w. N.). Er sollte ausdrücklich und schriftlich vorgenommen werden, da dem Ausgeschiedenen bzw. Anteilsübertragenden sonst verfahrensrechtliche Rechtsnachteile drohen, d. h. Verlust der Einspruchsbefugnis nach § 352 Abs. 1 Nr. 3 AO wegen Ablaufs der Einspruchsfrist ab Bekanntgabe gemäß § 183 Abs. 1 Satz 1 AO.

Beispiele:

1. X und Y waren Gesellschafter einer OHG. Ein Empfangsbevollmächtigter war nicht bestellt worden. Die OHG wurde zum 31. 1. 01 aufgelöst. Nach Beendigung

7.6 Bekanntgabe von Verwaltungsakten und Entscheidungen

der Auseinandersetzung wurde das Erlöschen der OHG im Handelsregister am 10.5.02 eingetragen. Das FA änderte am 9.11.02 den Gewinnfeststellungsbescheid für das Kalenderjahr 00 und gab den Bescheid dem X unter Hinweis auf § 183 Abs. 1 Satz 2 und 5 AO bekannt. Wirksam?

Die OHG ist zivilrechtlich erloschen, aber nicht steuerlich (vgl. BFH, BStBl 1988 II S. 316). Hier ist jedoch zu bedenken, dass der Gewinn nicht für die Gesellschaft, sondern für die einzelnen Gesellschafter festgestellt wird. Entscheidend ist somit, dass sich die betroffenen Gesellschafter aus dem Gesamtinhalt des Bescheides ergeben und – natürlich – dass ihnen der Bescheid zugeht, wobei allerdings bei Beendigung grundsätzlich § 183 Abs. 1 AO nicht mehr anwendbar ist (§ 183 Abs. 2 AO). Die Einzelbekanntgabe an Y muss nachgeholt werden, da die Ausnahmeregelung des § 183 Abs. 3 AO nicht eingreift.

2. Eine KG besteht aus den Gesellschaftern A, B und C. A war als Empfangsbevollmächtigter bestellt. Im Zeitpunkt der Bekanntgabe des Gewinnfeststellungsbescheides war C aus der Gesellschaft ausgeschieden und hatte dies dem FA mitgeteilt mit dem Hinweis: „... und bitte alle Rechtsfolgen zu beachten". Rechtslage?

Der Bescheid richtet sich nicht gegen C. Eine wirksame Bekanntgabe ist ihm gegenüber nach § 183 Abs. 1 und 2 AO nicht erfolgt, da in der Mitteilung über sein Ausscheiden inzidenter ein Widerruf der Empfangsvollmacht nach § 183 Abs. 3 Satz 2 AO zu sehen ist, der gegenüber dem FA hinreichend bestimmt und erkennbar ausgedrückt wurde (vgl. BFH, BStBl 1995 II S. 357).

Wegen der Bekanntgabe von **EW-** bzw. **Grundbesitzwert-Bescheiden** und **GrSt-Messbescheiden** nach **§ 183 Abs. 4 AO** (§ 184 Abs. 1 AO) an Ehegatten, Eltern und Alleinstehende mit Kindern siehe Ausführungen dort.

Die **Bekanntgabe von Feststellungsbescheiden nach § 180 Abs. 2 AO** und anderen in diesen Verfahren zu erlassenden Verwaltungsakten **richtet sich nach § 6 GFestV** (= V zu § 180 Abs. 2 AO). Die Regelungen entsprechen weitgehend dem § 183 AO (vgl. dazu BMF-Schreiben Tz. 7 in BStBl 2001 I S. 256; BFH, BStBl 1995 II S. 357).

7.6.9.6 Juristische Personen

Der Bescheid ist an die juristische Person zu richten. Bekannt gegeben werden soll er an den **gesetzlichen Vertreter** oder an besonders **Beauftragte (§ 79 Abs. 1 Nr. 3 AO, § 7 Abs. 2 VwZG).** Gesetzliche Vertreter sind bei einer AG der Vorstand (§ 78 AktG), bei einer GmbH der Geschäftsführer (§ 35 GmbHG). Sind mehrere Vorstandsmitglieder oder Geschäftsführer vorhanden, so genügt die Bekanntgabe an einen. Die Adressierung an die juristische Person reicht aus; ein Zusatz „z. H. des ..." ist nicht zwingend (vgl. AEAO zu § 122 Nr. 2.8).

Bei einer in **Liquidation** befindlichen Gesellschaft ist der Verwaltungsakt dem Liquidator bekannt zu geben. Auf das Vertretungsverhältnis zu der in Liquidation befindlichen Gesellschaft ist hinzuweisen.

Steuerrechtlich wird eine **im Handelsregister** bereits **gelöschte juristische Person** so lange als fortbestehend angesehen, als sie noch steuerliche Pflichten zu erfüllen hat. Zu ihrer steuerlichen Vertretung bedarf es eines Liquidators. Die Finanzbehörde hat daher ggf. die Neubestellung eines Liquidators beim Registergericht zu beantragen, weil mit dem Erlöschen der Firma auch das Amt des Liquidators endet („**Nachtragsliquidator**"; vgl. AEAO zu § 122 Nr. 2.8.3.2).

7.6.9.7 Insolvenzverfahren

Steuerbescheide, die vor Insolvenzeröffnung entstandene Steueransprüche – **Insolvenzforderungen** – betreffen, dürfen nach Insolvenzeröffnung nicht mehr ergehen, wohl aber Bescheide, die einen Erstattungsanspruch zugunsten der Insolvenzmasse festsetzen (**§ 251 Abs. 2 AO,** § 89 InsO). Sie sind sonst unwirksam (vgl. BFH, BStBl 1985 II S. 650). Die **Ansprüche** werden **angemeldet** (§§ 87, 174 ff. InsO) und ggf. nach **§ 251 Abs. 3 AO** festgestellt. Sind während des Insolvenzverfahrens Bescheide zu erlassen, die ausschließlich Besteuerungsgrundlagen festsetzen, z. B. Steuermess- und Feststellungsbescheide, oder sind Steuern durch Bescheid gegen die Masse geltend zu machen, so sind die Bescheide dem Insolvenzverwalter als Adressaten bekannt zu geben (§ 122 Abs. 1, § 34 Abs. 3 AO; vgl. BFH, BStBl 2003 II S. 630; BB 2004 S. 2731 mit Einzelheiten; AEAO zu § 122 Nr. 2.9 und 2.10).

7.6.9.8 Gesamtrechtsnachfolge

Bei Gesamtrechtsnachfolge, z. B. Erbfolge, Verschmelzung oder Umwandlung von Gesellschaften, gehen die Forderungen und Schulden aus dem Steuerschuldverhältnis auf den Gesamtrechtsnachfolger über (§ 45 AO). Er wird hierdurch Steuerschuldner. Der **Steuerbescheid ist an den Gesamtrechtsnachfolger zu richten und bekannt zu geben** (BFH, BStBl 1993 II S. 174 m. w. N.; AEAO zu § 122 Nr. 2.12 mit Einzelheiten und Beispielen). Nimmt das FA durch einen Einzelsteuerbescheid einen von mehreren Miterben als Gesamtrechtsnachfolger in Anspruch, so ist die Erwähnung der übrigen Miterben kein notwendiger Inhalt des Bescheides (BFH, BStBl 1984 II S. 784). Auf die Rechtsnachfolge ist zwingend hinzuweisen („Dieser Bescheid ergeht gegen Sie als Gesamtrechtsnachfolger" oder „als Erbe des ..."). Im Falle einer weiteren Gesamtrechtsnachfolge ist darauf zu achten, dass die Rechtsverhältnisse eindeutig dargestellt werden. Sonst ist der Bescheid unwirksam (vgl. BFH, BStBl 1986 II S. 230).

Hierbei ist auf folgende **Besonderheiten** hinzuweisen:

– Ist die Steuer dem Stpfl. gegenüber unanfechtbar festgesetzt, so hat dies ein Gesamtrechtsnachfolger gegen sich gelten zu lassen **(§ 166 AO)**.

– Für Feststellungsbescheide siehe **§ 182 Abs. 2 und 3 AO**.

– Nach **§ 254 Abs. 1 Satz 3 AO** muss dem Gesamtrechtsnachfolger ein dem Erblasser gegenüber erlassenes Leistungsgebot erneut bekannt gegeben werden. Wegen der Vollstreckung in den Nachlass und gegen Erben siehe §§ 265, 266 AO (Abschn. 29 ff. VollstrA).

7.6.9.9 Testamentsvollstreckung

Der **Testamentsvollstrecker ist** nicht gesetzlicher Vertreter der Erben, sondern **Vermögensverwalter.** Seine Befugnisse sind auf den Nachlass beschränkt (§ 34 Abs. 3 AO). Schuldner der Nachlassverbindlichkeiten einschließlich der Steueransprüche sind die **Erben** (§ 45 AO). Sie sind daher grundsätzlich **Inhaltsadressaten** von Verwaltungsakten, z. B. von Steuer- und Feststellungsbescheiden (vgl. BFH, BStBl 1991 II S. 820; 1996 II S. 322; AEAO zu § 122 Nr. 2.13).

Für **ErbSt-Bescheide,** die sich gegen Erben – nicht: Dritte, wie z. B. Vermächtnisnehmer – richten, ist die Sonderregelung des **§ 32 ErbStG** zu beachten (vgl. AEAO zu § 122 Nr. 2.13.4).

7.6.9.10 Haftender

Der Steuerschuldner und der Haftende sind nach § 44 Abs. 1 AO zwar **Gesamtschuldner.** Die Bestimmung führt aber nicht zu einer völligen Gleichstellung. Der Steuerbescheid ist an den Steuerschuldner zu richten. Der Haftende wird – im Rahmen des Ermessens – durch selbständigen Haftungs- oder Duldungsbescheid in Anspruch genommen (§§ 191, 219 AO). Im Einzelfall können Steuer- und Haftungsbescheid äußerlich in einer Verfügung zusammengefasst werden, z. B. bei der LSt, sofern im Entscheidungssatz, in der Begründung oder sonst die inhaltliche Trennung klar erkennbar ist (vgl. BFH, BStBl 1985 II S. 664; AEAO zu § 122 Nr. 2.14).

Sollen wegen desselben Anspruchs mehrere Haftungsschuldner herangezogen werden, können entsprechend § 155 Abs. 3 AO zusammengefasste Haftungsbescheide ergehen. Hierbei ist jedoch **jedem Haftungsschuldner** eine Ausfertigung **bekannt zu geben,** um ihm gegenüber wirksam zu werden.

Bei **Gesellschaftern** oder Mitgliedern einer nichtrechtsfähigen Personenvereinigung, die als solche steuerpflichtig ist, z. B. GbR, Partnerschaft oder OHG für USt, reicht die Zusendung einer Ausfertigung des Steuerbescheides zur Inanspruchnahme des Haftenden nicht aus. Es muss vielmehr ein Haftungsbescheid gegen den einzelnen Gesellschafter ergehen (vgl. AEAO zu § 122 Nr. 2.14.1).

8 Festsetzungs- und Feststellungsverfahren (§§ 155 bis 171, §§ 179 bis 190 AO)

Ansprüche aus dem Steuerschuldverhältnis entstehen kraft Gesetzes (§ 38 AO). Konkretisiert und damit **Grundlage für das Erhebungsverfahren** nach § 218 Abs. 1 AO wird der Steueranspruch als Hauptanspruch erst durch die – wirksame – Steuerfestsetzung oder Steueranmeldung; sonst besteht ein Erstattungsanspruch nach § 37 Abs. 2 AO für geleistete Zahlungen.

Überblick:

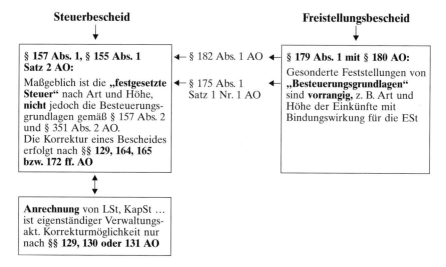

8.1 Allgemeine Grundsätze zur Festsetzung von Steueransprüchen

8.1.1 Begriff Steuerbescheid

Steuern werden von der Finanzbehörde grundsätzlich durch **schriftlichen Steuerbescheid** festgesetzt (§ 155 Abs. 1 Satz 1, § 157 Abs. 1 AO vorbehaltlich § 87a Abs. 4 AO). Steuerbescheid ist der nach § 122 Abs. 1 AO bekannt gegebene

8.1 Allgemeine Grundsätze zur Festsetzung von Steueransprüchen

Verwaltungsakt (§ 155 Abs. 1 Satz 2 AO). Die Art des Steuerbescheides richtet sich insbesondere nach der festzusetzenden Steuerart. Bei **Steueranmeldungen**, z. B. LSt oder USt, ist eine Festsetzung der Steuer nach § 155 AO durch Bescheid nur erforderlich, wenn die Festsetzung zu einer abweichenden Steuer führt (§ 167 AO). Steueranmeldungen stehen stets unter Vorbehalt der Nachprüfung (**§§ 168, 164 AO**). Im Übrigen bestehen grundsätzlich keine Unterschiede. Alle für Steuerbescheide unmittelbar oder entsprechend geltenden Vorschriften sind auf Steueranmeldungen ebenfalls anzuwenden, soweit nichts anderes bestimmt ist.

Der **Steuerbescheid** setzt gegen den Stpfl. eine Steuer nach Art und Betrag fest, lautet auf volle oder teilweise Freistellung von einer Steuer oder lehnt einen Antrag auf Steuerfestsetzung ab (**§ 155 Abs. 1 AO**). Steuerbescheide ergehen regelmäßig nach Abschluss der Sachaufklärung, unter Umständen aufgrund von Schätzungen (§ 162 AO) oder ohne abschließende Prüfung (§§ 164, 165 AO). Bestimmte Steuerfälle werden ausschließlich programmgesteuert bearbeitet (gleich lautender Ländererlass, BStBl 1996 I S. 1391).

Bei vorübergehenden Ermittlungshindernissen kann eine Aussetzung der Steuerfestsetzung in Betracht kommen (§ 165 Abs. 1 Satz 4 AO). Dieses Festsetzungsverfahren wird als Veranlagung bezeichnet. Aufgabe und Zweck der Veranlagung ist es, die bereits kraft Gesetzes entstandene Steuerschuld (§ 38 AO) durch zahlenmäßige **Festsetzung** dem Steuerschuldner sichtbar zu machen und ihr **deklaratorische Wirkung** zu geben. Wird eine höhere als die kraft Gesetzes entstandene Steuerschuld festgesetzt, so wirkt die Festsetzung in Höhe des Mehrbetrages **konstitutiv**. Die Festsetzungswirkung besteht darin, dass der Steuerschuldner auch die unzutreffend festgesetzte Steuerschuld entrichten muss, wenn er nicht eine Änderung der Festsetzung im Rechtsbehelfsverfahren oder durch Anwendung von Korrekturvorschriften erreicht.

Ergibt das Ermittlungsverfahren, dass ein Steueranspruch nicht entstanden ist, so kann ein **Freistellungsbescheid** oder ein **Ablehnungsbescheid** in Betracht kommen (§ 155 Abs. 1 Satz 3 AO; Einzelheiten unter Tz. 8.3). Schulden mehrere Stpfl. eine Steuer als Gesamtschuldner, so können gegen sie **zusammengefasste Steuerbescheide** ergehen (§ 155 Abs. 3, § 44 AO; Einzelheiten unter Tz. 8.4).

8.1.2 Steuerbescheid ohne Grundlagenbescheid

Nach **§ 155 Abs. 2 AO** kann ein Steuerbescheid als vorläufige Maßnahme auch dann erteilt werden, wenn ein an sich erforderlicher Grundlagenbescheid, z. B. über EW, Grundbesitzwerte, Verlustanteile oder Vorsteuerbeträge aus der Beteiligung an Gesamtobjekten, noch nicht vorliegt. Korrespondierend damit regelt § 162 Abs. 5 AO, dass diese Besteuerungsgrundlagen geschätzt werden können. Das Feststellungsverfahren bleibt aber inhaltlich vorgreiflich (BFH, BStBl 1989

II S. 596 m. w. N.). Daher muss für den Adressaten aus dem Bescheid oder aus den Umständen eindeutig erkennbar sein, dass eine bestimmte Besteuerungs- bzw. Festsetzungsgrundlage von der Regelung in einem Grundlagenbescheid abhängig ist; sonst ist der Steuerbescheid fehlerhaft. Der vorab erlassene Steuerbescheid (Folgebescheid) ist nach § 175 Abs. 1 Satz 1 Nr. 1 AO zu ändern, sobald der Grundlagenbescheid mit abweichenden Besteuerungsgrundlagen erlassen wird (siehe Ausführungen zu Tz. 8.7.1). Andernfalls könnten z. B. in vielen Fällen Stpfl. nicht zur ESt veranlagt werden, bevor nicht Verlust- oder Gewinnanteile festgestellt worden sind (vgl. dazu BMF, BStBl 1992 I S. 404 i. d. F. 1994 I S. 420 Tz. 4.2; 1992 I S. 291 für Vorsteuerabzug gemäß § 180 Abs. 2 AO).

Bei der **Schätzung** kann sich das FA der **Amtshilfe** des Betriebs-FA oder der sonst zuständigen Stelle bedienen. Soweit dem FA z. B. die ESt-Erklärung vorliegt, wird es sich an den Angaben und Anlagen des Stpfl. regelmäßig orientieren. Will das FA den (ESt-)Bescheid vor Ergehen des Grundlagenbescheides erlassen, so muss es diese Besteuerungsgrundlagen berücksichtigen; für ein Ermessen ist kein Raum (BFH, BStBl 1981 II S. 416). Dies folgt aus dem Untersuchungsgrundsatz des § 88 Abs. 2 AO. Auch § 25 EStG gebietet den Ansatz aller Einkünfte.

Beispiel:

A ist als Kommanditist an der X-KG beteiligt, die nach ihrer beim Betriebs-FA eingereichten Erklärung für den A einen Verlust von 80.000 € erzielt hat. Das Betriebs-FA hat eine gesonderte und einheitliche Feststellung noch nicht durchgeführt. Für die ESt erklärt A Einkünfte aus § 18 EStG von 230.000 € und den Verlust von 80.000 €. Auf Anfrage teilt das Betriebs-FA dem Wohnsitz-FA verwaltungsintern mit, dass es die Höhe des geltend gemachten Verlustes vorläufig nicht bestätigen könne. Folge?

Die Einkünfte aus der Beteiligung an der KG müssen nach §§ 179, 180 Abs. 1 Nr. 2 Buchst. a AO gesondert und einheitlich festgestellt werden. Das Wohnsitz-FA kann diese Besteuerungsgrundlagen nach § 162 Abs. 5 AO entweder abweichend schätzen oder in der in der ESt-Erklärung angegebenen Höhe ansetzen, je nachdem welche Entscheidung der richtigen Festsetzung am nächsten kommt.

8.1.3 Festsetzung von Steuervergütungen

Nach § **155 Abs. 4 AO** gelten die Vorschriften über die Steuerfestsetzung (§§ 155, 157 AO) sinngemäß für die Festsetzung einer Steuervergütung. Der Begriff Steuervergütung ist in der AO nicht definiert (vgl. § 43 AO). Steuervergütungen kommen insbesondere vor bei der USt (§ 4 a UStG; §§ 59 ff. UStDV), bei Verbrauchsteuern (z. B. Mineralölsteuervergütung), bei der Altersvorsorgezulage (§ 96 Abs. 1 EStG) und beim Kindergeld (§ 31 Satz 3 i. V. m. § 70 EStG). Auch **Prämien** und **Zulagen** werden verfahrensmäßig wie Steuervergütungen behandelt (vgl. § 15 Abs. 1 EigZulG).

8.1 Allgemeine Grundsätze zur Festsetzung von Steueransprüchen

8.1.4 Entsprechende Anwendung

Die für das Steuerfestsetzungsverfahren geltenden Vorschriften sind sinngemäß anzuwenden für gesonderte Feststellungen (§ 181 Abs. 1 AO), Festsetzungen von Steuermessbeträgen (§ 184 Abs. 1 AO), Zerlegungen von Steuermessbeträgen (§ 185 AO), Zuteilungen von Steuermessbeträgen (§ 190 AO), Zinsbescheide (§ 239 AO), Zulagen und Prämien.

8.1.5 Absehen von einer Steuerfestsetzung

Eine Festsetzung der Steuer nach § 155 AO ist nicht erforderlich:

1. Im Falle einer **Steueranmeldung** nach den §§ 168, 150 Abs. 1 Satz 3 AO. Hierzu zählen insbesondere die Anmeldung der LSt, KapSt und USt (§ 41a EStG, § 45 a EStG, § 18 UStG); ferner Steuererklärungen gemäß § 31 Abs. 7 ErbStG und für bestimmte Verbrauchsteuern. Voraussetzung ist aber, dass die Finanzbehörde die Steuer nicht abweichend durch Bescheid festsetzt (§ 167 AO).

2. Bei der **Verwendung von Steuerzeichen** (Steuermarken, Banderolen gemäß § 12 Abs. 1 TabakStG) oder **Steuerstempeln** (§ 167 Abs. 1 Satz 2 AO).

3. Bei einem **schriftlichen Zahlungsanerkenntnis** nach § 167 Abs. 1 Satz 3 AO.

4. In den Fällen des § **156 AO:**

    Absatz 1 enthält eine **zwingende Bagatellregelung** für die Änderung von Festsetzungen, deren Einzelheiten sich aus §§ **1 bis 6 Kleinbetragsverordnung – KBV –** ergeben (BStBl 2001 I S. 18). Sie gilt für Korrekturen zugunsten und zulasten des Stpfl., aber nicht für erstmalige Festsetzungen.

    Unabhängig hiervon bestehen weitere **gesetzliche Sonderregelungen,** z. B. § 239 Abs. 2 AO, § 37 Abs. 5 und § 90 Abs. 2 EStG.

    Nach **Absatz 2 kann** eine Festsetzung von Steuern und steuerlichen Nebenleistungen unterbleiben, wenn die **Einziehung keinen Erfolg** haben wird, z. B. in Insolvenzfällen mangels Masse, nach Löschung von Gesellschaften im Handelsregister wegen Vermögenslosigkeit, bei aussichtslosen Vollstreckungen in Erbfällen, oder wenn die Kosten der Einziehung/Festsetzung in einem Missverhältnis zum Steuerbetrag stehen, z. B. generell für Beträge unter 10 €. § 156 Abs. 2 AO enthält eine mit der Niederschlagung (§ 261 AO) vergleichbare **innerdienstliche Regelung.** Das Absehen von der Festsetzung bringt den Steueranspruch nicht zum Erlöschen. Die Festsetzung kann innerhalb der Verjährungsfrist nachgeholt werden, ohne dass es einer Korrekturvorschrift bedarf.

Die Steuerfestsetzung ist unzulässig, wenn **Festsetzungsverjährung** eingetreten ist (§ **169 Abs. 1 Satz 1 AO;** siehe Ausführungen dort).

8.2 Steuerbescheide

Steuern werden, soweit nichts anderes bestimmt ist, durch schriftlichen Steuerbescheid festgesetzt (§ **157 AO**). Form und Inhalt des Steuerbescheides werden durch § 157 Abs. 1 AO geregelt. Im Übrigen gelten **ergänzend** die Vorschriften der §§ **119 ff. AO**. **Schriftliche Erteilung** (Originalausfertigung, Durchschrift oder Kopie) bzw. **elektronische Übermittlung** nach § **87a Abs.** 4 AO ist für die wichtigsten Steuerarten mit Ausnahme der USt, LSt und bestimmter Verbrauchsteuern vorgesehen. Ferner ergehen schriftlich die Grundlagenbescheide für die Steuerbescheide (§ 181 Abs. 1, § 184 Abs. 1, § 188 AO).

Ein **schriftlicher Steuerbescheid** muss danach

1. eine Steuer nach **Art** und **Betrag**, ggf. **Steuerjahr** wegen § 119 Abs. 1 AO,

2. gegenüber einer bestimmten – existenten – Person als **Steuerschuldner** festsetzen (§ 157 Abs. 1, § 119 Abs. 1 AO) und

3. die erlassende **Behörde** erkennen lassen (§ 119 Abs. 3 AO).

Insoweit handelt es sich um **Mussvorschriften**. Fehlt eine dieser Voraussetzungen, so ist der Bescheid nach § 125 Abs. 1 bzw. 2 Nr. 1 AO **nichtig**. Das gilt i. d. R. nicht für inhaltliche Ungenauigkeiten, z. B. wenn mehrere Steueransprüche oder Rechtsvorgänge unaufgegliedert zusammengefasst sind. Eine genaue Aufgliederung ist ausnahmsweise entbehrlich, wenn zwischen den Beteiligten Klarheit über die zusammengefassten Steuerfälle besteht, z. B. für mehrere der Schenkungsteuer unterliegende Vorgänge. Ein Steuerbescheid kann mit einem Haftungsbescheid äußerlich in einer Verfügung verbunden werden, sofern Steuer- und Haftungsschuld erkennbar getrennt sind, z. B. für LSt oder USt (BFH, BStBl 1986 II S. 921; siehe unter Tz. 10.14.2). Ferner müssen die einzelnen Adressaten aus dem Bescheid hervorgehen (§ 119 Abs. 1 AO).

Zu den **Sollvorschriften** schriftlicher Bescheide gehören bestimmte Besteuerungsgrundlagen als **Begründung** für die Festsetzung (vgl. §§ 121, 157 Abs. 2 AO). Das Fehlen dieser Bestandteile beeinflusst die Wirksamkeit des Bescheides nicht. Es gelten insoweit die in § **121 AO** niedergelegten Grundsätze (vgl. dazu § 91 und § 364 AO). Regelmäßig genügt es, wenn die Besteuerungsgrundlagen im Bescheid genannt werden. Stimmen diese mit den in der Steuererklärung enthaltenen Angaben überein, so ist die Erwähnung der Besteuerungsgrundlagen entbehrlich (§ 121 Abs. 2 Nr. 2 AO). Entsprechendes gilt, wenn dem Stpfl. die Auffassung der Behörde über die Sach- und Rechtslage bereits aufgrund von vorausgegangenen Erörterungen bekannt ist (vgl. § 91 AO). Ist eine erforderliche Begründung unterblieben, so kann dieser Mangel nach § 126 Abs. 1 Nr. 2, Abs. 2 AO geheilt werden (siehe auch § **126 Abs. 3 AO** mit Jahresfrist nach § 110 Abs. 3 AO).

8.2 Steuerbescheide

Nach § 157 Abs. 1 Satz 3 AO ist die „Beifügung" einer **Rechtsbehelfsbelehrung** vorgeschrieben; sie ist aber kein Bestandteil des Bescheides. Ihr Fehlen führt nicht zur Rechtswidrigkeit des Bescheides, sondern hat lediglich zur Folge, dass die Einspruchsfrist nicht in Lauf gesetzt wird und der Bescheid noch binnen **Jahresfrist** angefochten werden kann (**§ 356 Abs. 2 AO**).

Gegen Steuerbescheide ist als Rechtsbehelf der Einspruch gegeben (§ 347 AO). Der Einspruch muss sich gegen den Steuerbescheid selbst, d. h. gegen die „festgesetzte Steuer" richten. Die einzelnen Grundlagen des Steuerbescheides, wie z. B. der Gewinn, die Höhe der Werbungskosten oder Sonderausgaben, können nicht selbständig angefochten werden (**§ 157 Abs. 2 AO**). Etwas anderes gilt in den Fällen, in denen Besteuerungsgrundlagen aufgrund gesetzlicher Bestimmungen gesondert festzustellen sind (vgl. § 179 Abs. 1 AO).

> **Beispiel:**
>
> A ist Unternehmensberater. Das FA hat der ESt-Festsetzung einen gewerblichen Gewinn von 90.000 € zugrunde gelegt. A legt Einspruch ein mit der Begründung, die Einkünfte seien Einkünfte aus § 18 Abs. 1 Nr. 1 EStG. Ein GewSt-Messbescheid ist bisher nicht ergangen. Ist der Einspruch zulässig?
>
> Die Besteuerungsgrundlagen sind als solche nicht selbständig mit dem Einspruch anfechtbar (§ 157 Abs. 2 AO). Deshalb kann A die Steuerfestsetzung nur mit der Begründung anfechten, und fühle sich durch sie beschwert (§ 350 AO). Die ESt wird aber in diesem Fall durch die anderweitige Einordnung der Einkünfte nicht beeinflusst vorbehaltlich § 35 EStG. Der ESt-Bescheid ist auch kein Grundlagenbescheid für § 7 GewStG (vgl. § 184 Abs. 1 Satz 2 AO; Abschn. 38 Abs. 1 GewStR). Dasselbe gilt für Gewinnfeststellungsbescheide bzgl. GewSt-Messbetrag. Der Einspruch ist unzulässig.

Steuerbescheide können gemäß § 120 Abs. 1 AO mit **Nebenbestimmungen** versehen werden. Darunter fallen vor allem **Vorbehaltsfestsetzungen** nach § 164 und §§ 167, 168 AO (siehe Einzelheiten unter Tz. 9.7) und **vorläufige Festsetzungen** nach § 165 AO (Einzelheiten siehe Tz. 9.9).

Mit dem Steuerbescheid verbundene, voneinander unabhängige Verwaltungsakte:

1. **Ab-** oder **Anrechnungen** als Teil des Steuererhebungsverfahrens nach §§ 218 ff. AO, z. B. Vorauszahlungen und Umbuchungen (vgl. § 36 Abs. 4 EStG, § 18 Abs. 4 UStG); Anrechnungen gezahlter Steuerabzugsbeträge (KapSt, LSt) gemäß § 36 Abs. 2 EStG auf die Steuerschuld. Diese bilden einen **selbständigen Verwaltungsakt,** dessen Auswirkungen sich je nach dem Ergebnis der Anrechnung in einem **Leistungsgebot** (§ 254 AO) oder in einer **Erstattungsverfügung** (§ 37 Abs. 2 AO) äußern (vgl. BFH, BStBl 2001 II S. 133 m. w. N.). Als Rechtsbehelf ist grundsätzlich **Einspruch** nach § 347 AO gegeben. Bei Streit ergeht der **vorrangige Abrechnungsbescheid** gemäß § 218 Abs. 2 AO; ein Einspruchsverfahren ist in diesem Fall nach § 363 AO auszusetzen (BFH, BStBl 1994 II S. 147; AEAO zu § 218 Nr. 3).

8 Festsetzungs- und Feststellungsverfahren

Diese Grundsätze gelten nicht für Steuerermäßigungen im Sinne von § 2 Abs. 6 EStG, z. B. §§ 34 c, 34 e bis 35 EStG, da diese Teil der festzusetzenden ESt des Bescheides sind (vgl. R 4 EStR).

2. Festsetzung von **Zinsen** (§§ 233 a ff. AO), **Verspätungszuschlägen** (§ 152 AO) oder **Billigkeitsmaßnahmen** (§ 163 AO).

Es handelt sich um **gesonderte Verwaltungsakte,** die äußerlich mit dem Steuerbescheid verbunden sind und zum Steuererhebungsverfahren gehören. Die Korrektur dieser Verwaltungsakte richtet sich daher – mit Ausnahme der Zinsen wegen § 239 Abs. 1 AO – nicht nach den für Steuerbescheide geltenden Vorschriften, sondern nach §§ 129 ff. AO. Daher kann etwa die Anrechnung von Steuerabzugsbeträgen, wenn sie sich als unzutreffend erwiesen hat, jederzeit zugunsten wie zulasten des Stpfl. korrigiert werden (§ 129 bzw. §§ 130, 131 AO; AEAO zu § 218 Nr. 3; BFH, BStBl 2001 II S. 133/136; OFD München, DStR 2003 S. 30 mit Einzelheiten; siehe auch Ausführungen zu § 173 AO unter Tz. 9.11.4 und zu § 218 AO unter Tz. 11.1.2). Für alle Fälle der Korrektur von Anrechnungsverfügungen gilt, dass sich Auswirkungen auf Zinsen nach § 233 a Abs. 5 AO sowie auf verwirkte Säumniszuschläge nach § 240 AO ergeben können und die Anrechnung der LSt oder KapSt nur zulässig ist, wenn die der Anrechnung zugrunde liegenden Einnahmen bei der Steuerfestsetzung erfasst worden sind (§ 36 Abs. 2 Nr. 2 EStG). Die KapSt-Bescheinigung ist als Nachweis (Beweismittel) hierfür zwingend gemäß § 36 Abs. 2 Nr. 2 Satz 2 EStG.

In Schätzungsfällen sind die Einnahmen/Einkünfte, die dem Steuerabzug unterliegen, nach § 162 AO i. V. m. § 19 oder § 20 Abs. 1 Nr. 1, 4, 7 EStG zu ermitteln und darauf die (nicht belegten) Steuerabzugsbeträge ggf. entsprechend einzubeziehen (siehe Ausführungen unter Tz. 5.3.6.5 „Sonderfälle der Schätzung").

8.3 Freistellungs- und Ablehnungsbescheide

8.3.1 Freistellungsbescheide

Freistellungsbescheide sind Steuerbescheide, in denen ein bestimmter Stpfl. aufgrund eines geprüften Sachverhalts verbindlich von einer Steuer voll oder teilweise freigestellt wird **(§ 155 Abs. 1 Satz 3 AO).** Freistellungsbescheide werden erlassen, wenn sich im Festsetzungsverfahren herausgestellt hat, dass in der Person des Stpfl. nach dem verwirklichten Sachverhalt eine Steuerschuld nicht oder nur teilweise entstanden ist. Die Unbedenklichkeitsbescheinigung z. B. bei der GrESt ist kein derartiger Freistellungsbescheid (vgl. § 22 GrEStG; BFH, BStBl 1984 II S. 331; Pump, DB 1989 S. 2569).

8.3 Freistellungs- und Ablehnungsbescheide

Freistellungsbescheide betreffen z. B. Erstattungen von **LSt und KapSt** in den Fällen des § 46 Abs. 2 Nr. 8 EStG, die Erstattung von Steuerabzugsbeträgen nach § 50 a EStG bei nicht beschränkt Stpfl. oder die KraftSt. Sie enthalten insoweit die verbindliche Feststellung, dass beim Stpfl. keine oder nur eine geringere Steuer als geschehen zu berücksichtigen ist. Ein solcher – voller oder teilweiser – **Freistellungsbescheid** bildet die notwendige **Grundlage für die folgende Erstattung gemäß §§ 37, 218 Abs. 1 AO**. Es gelten alle Verfahrensvorschriften, die bei der Steuerfestsetzung einschließlich der Korrektur anzuwenden sind (§§ 169 ff.; §§ 172 ff. AO; AEAO zu § 155 Nr. 2).

> **Beispiel:**
> Der ledige A hat nur Einkünfte aus Zinsen im Sinne von § 43 Abs. 1 Nr. 7 EStG in Höhe von 8.000 € bezogen. Da A eine Bescheinigung nach § 44 a EStG nicht vorgelegt hatte, war die KapSt einbehalten und abgeführt worden. A stellt fristgerecht den Antrag nach § 46 Abs. 2 Nr. 8 EStG. Rechtslage?
> Die Anwendung des § 46 Abs. 2 EStG setzt die Veranlagung zur ESt voraus. Die Erstattung der KapSt erfolgt erst, wenn die ESt durch Freistellungsbescheid festgesetzt wird. Hinweis auf §§ 44 a, 44 b EStG.

Die reinen **öffentlich-rechtlichen Erstattungsansprüche** im Sinne von § **37 Abs. 2 AO** fallen nicht unter § 155 AO. Ein solcher Rückzahlungsanspruch ist im Erhebungsverfahren geltend zu machen (vgl. § 218 Abs. 2 AO).

> **Beispiel:**
> Der S hatte eine ESt-Abschlusszahlung von 2.500 € zu leisten. Durch ein Versehen wurde dieser Betrag doppelt überwiesen. Folge?
> Es handelt sich hier um einen reinen Erstattungsanspruch nach § 37 Abs. 2 AO, da S die weiteren 2.500 € ohne Rechtsgrund gezahlt hat. Einer Festsetzung oder Freistellung bedarf es hier nicht. Der Betrag ist von Amts wegen nach § 37 Abs. 2 AO zu erstatten (vgl. auch § 218 Abs. 2 AO).

Ob ein **Freistellungsbescheid** ergangen ist, richtet sich nach dem materiellen **Inhalt** des Bescheides. Ein Freistellungsbescheid setzt – wie ein Steuerbescheid – begrifflich voraus, dass die Festsetzung aufgrund eines geprüften Sachverhalts dem Grunde nach überhaupt nicht oder für einen bestimmten Veranlagungs- oder Erhebungszeitraum nicht erfolgt. Ein Bescheid über 0 € ist deshalb kein Freistellungsbescheid, wenn die Steuerrechtsfähigkeit des Adressaten verneint oder die USt-Festsetzung mangels Unternehmereigenschaft abgelehnt wird (BFH, BStBl 1983 II S. 742) oder die KSt-Pflicht bejaht wird (vgl. BFH, BStBl 1995 II S. 134, 499; 1997 II S. 794).

> **Beispiel:**
> Die Einkünfte des S sind bei der Steuerfestsetzung rechtsirrtümlich als solche aus § 18 EStG und nicht als gewerbliche Einkünfte im Sinne von § 15 EStG erfasst worden. Rechtsfolge für GewSt?

Ein Freistellungsbescheid hinsichtlich der GewSt liegt nicht vor, da begrifflich Voraussetzung ist, dass die Freistellung sich auf eine bestimmte Steuer bezieht. Für die GewSt-Festsetzung besteht keine Bindung nach Treu und Glauben oder Verwirkung (vgl. Abschn. 71 Abs. 4 GewStR).

NV-Verfügungen sind regelmäßig keine Freistellungs- oder Ablehnungsbescheide; sie enthalten keine sachliche Entscheidung über den Steueranspruch. Unter NV-Verfügungen (= Nichtveranlagungsverfügungen) sind Aktenvermerke innerdienstlicher Art zu verstehen. Hiervon wird aus Vereinfachungsgründen Gebrauch gemacht, wenn sich im Ermittlungsverfahren ergibt, dass die formellen Voraussetzungen für eine Steuerfestsetzung nicht vorliegen, insbesondere die Voraussetzung des § 46 EStG (vgl. BFH, BStBl 1989 II S. 920 m. w. N.; NV-Vordrucke der Finanzbehörde). Eine spätere Steuerfestsetzung ist daher eine erstmalige Veranlagung und keine Korrektur im Sinne der AO.

Die gesetzlich vorgeschriebenen **„NV-Bescheinigungen"** sind begünstigende Verwaltungsakte, z. B. Nicht-Veranlagungsbescheinigungen für das Erstattungsverfahren nach § 44 a Abs. 2 Nr. 2 EStG (vgl. BFH, BStBl 1992 II S. 322).

8.3.2 Ablehnungsbescheide

Ablehnungsbescheide sind Verwaltungsakte, mit denen ein **Antrag auf Steuerfestsetzung** verbindlich abgelehnt wird (**§ 155 Abs. 1 Satz 3 AO**). Der Ablehnungsbescheid wird auch als „NV-Bescheid" bezeichnet. Er setzt regelmäßig einen Antrag oder ein berechtigtes Interesse auf Steuerfestsetzung voraus, z. B. Antrag auf Veranlagung nach § 46 Abs. 2 Nr. 8 EStG. Auch die Ablehnung eines Antrags auf anderweitige Steuerfestsetzung fällt hierunter, z. B. abgelehnter Antrag auf Änderung einer Steuerfestsetzung nach § 129 oder § 173 Abs. 1 Nr. 2 AO. Dieser Ablehnungsbescheid wird besonders genannt, weil die Ablehnung einer Steuerfestsetzung einem Steuerbescheid begrifflich nicht gleichsteht (vgl. § 172 Abs. 2, § 180 Abs. 3 AO). Er ist mit einer Rechtsbehelfsbelehrung zu versehen gemäß § 356 AO.

8.4 Zusammengefasste Steuerbescheide gegen Gesamtschuldner

Sind zur Entrichtung einer Steuer mehrere gesamtschuldnerisch verpflichtet, so **können** gegen sie **zusammengefasste Steuerbescheide** ergehen (**§ 155 Abs. 3 AO**). Diese Möglichkeit besteht für Fälle der Gesamtschuldnerschaft, z. B. Ehegatten bei der ESt, Steuerbescheide an Erbengemeinschaft wegen Steuerschulden des Erblassers, GrSt-Bescheid bei Bruchteilsgemeinschaft (vgl. §§ 44, 45 AO). Hier-

8.4 Zusammengefasste Steuerbescheide gegen Gesamtschuldner

bei kommt es nicht darauf an, von welchem der Gesamtschuldner die Steuer im Innenverhältnis zu tragen ist (§ 155 Abs. 3 Satz 3 AO). Der interne Ausgleich erfolgt in diesen Fällen nach den §§ 421 ff. BGB. Hinsichtlich der Erstattungsberechtigung für Ehegatten siehe Ausführungen zu § 37 AO unter Tz. 4.2.3.1.

Schuldet jemand eine Steuer und haftet ein anderer für diese Steuerschuld, z. B. LSt, so besteht zwar nach § 44 Abs. 1 AO eine – unechte – Gesamtschuldnerschaft, jedoch kommt kein zusammengefasster, inhaltsgleicher Bescheid in Betracht, da gegen den Haftungsschuldner ein **Haftungsbescheid nach § 191 AO** ergehen muss (vgl. § 128 Abs. 3 AO). In einem derartigen Fall können allerdings ein **LSt**-Pauschalierungsbescheid und ein Haftungsbescheid, sofern Pauschalierungs- und Haftungsschuld erkennbar getrennt sind, äußerlich in einer Verfügung verbunden werden (BFH, BStBl 1985 II S. 266, 664; vgl. AEAO zu § 122 Nr. 2.14.1).

Nach § **155 Abs. 3 Satz 2 AO** können Verwaltungsakte über steuerliche Nebenleistungen oder sonstige Ansprüche mit zusammengefassten Steuerbescheiden „verbunden" werden, z. B. Festsetzung von einheitlichen Verspätungszuschlägen, Zinsen oder von Kirchensteuer bei glaubensverschiedenen Ehegatten (wegen weiterer Einzelheiten siehe unter Tz. 7.6.9.2).

Die Regelung des § 155 Abs. 3 AO dient als **Vereinfachungsvorschrift für die Bekanntgabe** nach § **122 Abs. 7 AO**. Es werden mehrere an sich getrennt zu erlassende Bescheide und Verwaltungsakte äußerlich verbunden. Der Sache nach liegen mehrere inhaltsgleiche Festsetzungen vor. Nach dem Gesetzeswortlaut („können") ist es durchaus zulässig und mitunter sogar geboten, Einzelbescheide zu erlassen (vgl. unter Tz. 7.6.9.2 und 3). Wegen der Beschränkung der Vollstreckung in Fällen der Zusammenveranlagung beachte die §§ 268 bis 280 AO, insbesondere Form, Inhalt und Wirkung des **Aufteilungsbescheides** nach § 279 und § 278 Abs. 1 AO.

Die Vorschriften über einheitliche Feststellungsbescheide sind auf zusammengefasste Steuerbescheide nicht übertragbar. Die zunächst allen Gesamtschuldnern gegenüber inhaltsgleichen Steuerfestsetzungen können in einem späteren Zeitpunkt bei den einzelnen Gesamtschuldnern unterschiedlich sein. Aus zahlreichen Vorschriften des Steuerrechts und des Zivilrechts lässt sich der allgemeine Grundsatz ableiten, dass **jede der Gesamtschulden ihr eigenes rechtliches Schicksal** erleiden kann (vgl. z. B. § 44 Abs. 1, § 191 Abs. 5 AO; §§ 423 bis 425 BGB). Dies gilt insbesondere im Rechtsbehelfsverfahren und bei der Verjährung.

> **Beispiel:**
>
> Gegen den ESt-Bescheid, der M und F mit 8.000 € zur ESt zusammenveranlagt, legt nur F Einspruch ein, die von M getrennt wohnt. Der Bescheid war daher an jeden der Ehegatten ergangen. In der Einspruchsentscheidung wird die ESt der F auf 7.000 € festgesetzt. M wurde zum Einspruchsverfahren nicht hinzugezogen, da seine Besteuerungsgrundlagen nicht betroffen waren (vgl. AEAO zu § 360 Nr. 3).

Die Einspruchsentscheidung beeinflusst nur die der F gegenüber erfolgte Steuerfestsetzung. Die Zahlungsverpflichtung des M bleibt auf 8.000 € bestehen aufgrund des ihm bekannt gegebenen und von ihm nicht angefochtenen ESt-Bescheides.

8.5 Abweichende Festsetzung aus Billigkeitsgründen (§ 163 AO)

Eine Sonderregelung über die abweichende **Festsetzung** von Steuern aus Billigkeitsgründen enthält § 163 AO. Die Erlassmaßnahmen des § 163 AO stehen ebenso wie der zum **Erhebungsverfahren** zählende Steuererlass nach **§ 227 AO** im pflichtgemäßen **Ermessen** der Behörde, nicht aber der Gerichte (Ausnahme bei Ermessensreduzierung auf null; vgl. BFH, BStBl 1993 II S. 3). Voraussetzung für die abweichende Steuerfestsetzung aus Billigkeitsgründen ist, dass die Erhebung der Steuer nach Lage des einzelnen Falles unbillig wäre. Die **Unbilligkeit** kann in der Sache selbst – **Sachunbilligkeit** – oder auch in der Person des Stpfl. begründet sein – **persönliche Unbilligkeit**. Wegen des näheren Inhalts dieses Begriffes vergleiche die Ausführungen zu § 227 AO. Nach welcher Vorschrift im Einzelnen vorzugehen ist, richtet sich nach den Umständen des jeweiligen Einzelfalls.

§ 163 AO ist **nicht** anzuwenden bei der Ermittlung des Einheitswerts (§ 20 BewG) oder bei Zulagen (vgl. § 5 Abs. 1 InvZulG; § 15 Abs. 1 EigZulG; § 96 Abs. 1 Satz 2 EStG).

Die Regelung des § 163 AO kennt folgende **Möglichkeiten:**

1. Nach **Satz 1** kann entweder die Steuer niedriger, d. h. auch auf 0 € festgesetzt werden oder

   einzelne Besteuerungsgrundlagen, die die Steuer erhöhen, können bei der Festsetzung der Steuer unberücksichtigt bleiben.

   Beispiele:

   Gruppenunbilligkeitsmaßnahmen wegen Hochwasser-, Unwetter- oder sonstiger Katastrophenschäden,

   Vorsteuerabzug bei der USt trotz Vernichtung der Belege durch Brand (vgl. BFH, BStBl 1978 II S. 169; 1986 II S. 721; Abschn. 202 Abs. 7 UStR),

   Übergangsregelungen infolge Verschärfung der Rechtsprechung oder Änderung der Verwaltungsmeinung zur Vermeidung von Härten aus Vertrauensgründen (vgl. BFH, BStBl 1991 II S. 572, 610; 2004 II S. 927),

   Billigkeitsregelungen in Richtlinien (EStR, KStR, ...).

   Diese Maßnahmen haben nach § 47 AO **Erlöschenswirkung.**

2. Nach **Satz 2** kann – allerdings nur bei Steuern vom Einkommen (ESt, KSt) – mit Zustimmung des Stpfl. zugelassen werden, dass einzelne Besteuerungsgrundlagen erst zu einem späteren oder früheren Zeitraum berücksichtigt werden, z. B. Verteilung der Zurechnungsbeträge nach R 17 EStR, Sonderabschreibungen. Hierdurch tritt kein endgültiger Erlass der Steuer ein, sondern lediglich eine **stundungsähnliche Verlagerung** auf andere Besteuerungszeiträume, die jedoch wegen der ESt-Progression eine echte Steuerersparnis bewirken kann, aber nicht muss. Daher ist zwingend die Zustimmung vorgeschrieben.

Durch diese Billigkeitsmaßnahme können sich **Auswirkungen auf die GewSt** ergeben (§ 184 Abs. 2 AO; Abschn. 6 und 38 Abs. 4 GewStR).

Die Entscheidung über die Billigkeitsmaßnahme kann – und wird vielfach – mit der Steuerfestsetzung verbunden werden (§ 163 Satz 3 AO). Sie stellt einen **selbständigen Verwaltungsakt** dar, der für die Steuerfestsetzung verbindlich und damit ein **Grundlagenbescheid** gemäß § 171 Abs. 10, § 351 Abs. 2 AO ist (BFH, BStBl 2004 II S. 927). Aufgrund nachträglicher Billigkeitsmaßnahmen ist die Steuerfestsetzung daher nach § 175 Abs. 1 Satz 1 Nr. 1 AO zu ändern (vgl. AEAO zu § 163 Nr. 2).

Als **Rechtsbehelf** ist der Einspruch nach § 347 AO gegeben (Zweigleisigkeit von Veranlagungsverfahren und Billigkeitsverfahren; vgl. BFH, BStBl 1993 II S. 3; AEAO zu § 347 Nr. 4); sodann die Verpflichtungsklage. Die Klage gegen eine Einspruchsentscheidung über den Steuerbescheid, mit der allein die Überprüfung der Billigkeitsentscheidung begehrt wird, ist abzuweisen, da das Gericht Billigkeitsentscheidungen im Rahmen des § 102 FGO nur überprüfen kann, wenn sie Gegenstand des Klageverfahrens sind (vgl. BFH, BStBl 1985 II S. 319, 706). Als **vorläufiger Rechtsschutz** wegen einer Billigkeitsmaßnahme kommt ggf. eine einstweilige Anordnung nach § 114 FGO in Betracht (BFH, BFH/NV 1996 S. 692).

Für **Billigkeitsmaßnahmen im Zinsfestsetzungsverfahren** enthalten § 234 Abs. 2 und § 237 Abs. 4 AO Sonderregelungen.

Wegen der Zuständigkeit bzw. Zustimmung des FinMin oder der OFD bei Billigkeitsmaßnahmen siehe BMF-Schreiben (BStBl 2003 I S. 401) und Ländererlasse (BStBl 2004 I S. 29).

8.6 Festsetzungsverjährung für Steuern (§§ 169 bis 171 AO)

Die AO kennt verschiedene Verjährungsarten. Sie unterscheidet insbesondere zwischen der Festsetzungsverjährung für Steuern und der Zahlungsverjährung der gegenseitigen Zahlungsansprüche. Die Festsetzungsverjährung für Steuern ist

8 Festsetzungs- und Feststellungsverfahren

in den §§ 169 bis 171 AO geregelt. Die Zahlungsverjährung findet sich in den §§ 228 bis 232 AO. Beide Verjährungsarten sind entsprechend ihrer Natur unterschiedlich geregelt. So kann z. B. im Gegensatz zur Zahlungsverjährung (§ 231 AO) der Lauf der Festsetzungsfrist nicht unterbrochen werden.

Die Festsetzungsverjährung hat eine **Doppelwirkung:** Sie regelt einmal **formell** die Frage, wie lange eine Steuer festgesetzt bzw. ein Steuerbescheid aufgehoben oder geändert werden kann (**§ 169 Abs. 1 Satz 1 AO**). Zum anderen erlischt **materiell** nach **§ 47 AO** die nicht festgesetzte Steuer (Hinweis auf Prüfungsschema unter Tz. 8.6.8).

8.6.1 Gegenstand der Festsetzungsverjährung

Die Festsetzungsverjährung erfasst **erstmalige Steuerfestsetzungen** sowie **Änderungen** oder **Aufhebungen von Steuerfestsetzungen;** das gilt auch für die Berichtigung offenbarer Unrichtigkeiten (**§ 169 Abs. 1 Satz 1 und 2 AO**). Die Festsetzungsverjährung gilt ferner für Steueranmeldungen, für Steuerfreistellungen und Steuervergütungen sowie sinngemäß bei allen Feststellungen, auf die die für Steuern geltenden Vorschriften anzuwenden sind (vgl. AEAO Vor §§ 169 bis 171 Nr. 5). Für sonstige Geldleistungen gelten die §§ 169 ff. AO nur, wenn dies ausdrücklich bestimmt ist (vgl. § 191 Abs. 3 AO). Nach Ablauf der Festsetzungsfrist dürfen Korrekturen weder zugunsten noch zuungunsten des Stpfl. durchgeführt werden. Auch der Stpfl. kann nur innerhalb der Festsetzungsfrist zulässige Anträge auf Geltendmachung von Erstattungs-, Vergütungs- und Freistellungsansprüchen stellen. Dies gilt vorbehaltlich besonderer Antrags- und Verjährungsfristen im Gesetz (vgl. § 170 Abs. 3 AO; §§ 10 d, 46 Abs. 2 Nr. 8 EStG). Die Festsetzungsverjährung hat ferner Bedeutung für die **Aufbewahrungsfristen** von Unterlagen (**§ 147 Abs. 3 AO**).

Eine besondere **Feststellungsverjährung** für gesonderte Feststellungen ergibt sich aus **§ 181 AO.** Danach gelten die Vorschriften über die Festsetzungsverjährung für die gesonderte Feststellung von Besteuerungsgrundlagen sinngemäß. Ist für den Beginn der Festsetzungsfrist die Abgabe der Steuererklärung maßgebend, so kommt es hierbei auf die Abgabe der Erklärung zur gesonderten Feststellung an (§ 181 Abs. 1 AO). Wegen der besonderen Verhältnisse der Einheitsbewertung greifen zudem Sonderregelungen ein (vgl. Ausführungen zu § 181 AO).

Zwangsgelder unterliegen nicht der Festsetzungsverjährung. Sie können so lange festgesetzt werden, wie die Verpflichtung des Stpfl. nach § 328 AO besteht. Sie unterliegen allein der Zahlungsverjährung (§§ 228 ff. AO).

Säumniszuschläge entstehen kraft Gesetzes (§ 240 AO). Da sie ohne besondere Festsetzung zu entrichten sind, greifen die Vorschriften über die Festsetzungsverjährung nicht ein. Sie unterliegen nur der Zahlungsverjährung.

Verspätungszuschläge sind nach § 152 Abs. 3 AO regelmäßig mit der Steuer oder dem Steuermessbetrag festzusetzen. Sie können daher so lange festgesetzt werden, wie die Steuerfestsetzung noch zulässig ist. Das Gleiche gilt für Zuschläge nach § 162 Abs. 4 AO.

Weitere, zum Teil eigenständige Regelungen bestehen für Haftungs- und Duldungsbescheide (§ 191 Abs. 3 bis 5; § 192 AO; vgl. Ausführungen hierzu), Zinsen (§ 239 AO), Vollstreckungskosten (§ 346 Abs. 2 AO), sonstige Ansprüche in Einzelsteuergesetzen, z. B. für Wohnungsbauprämien.

Bei **Gesamtschuldnern** gilt, soweit nichts anderes vorgeschrieben ist wie z. B. in **§ 169 Abs. 2 Satz 3 AO,** für die Verjährung das allgemeine Prinzip, dass jeder dieser Ansprüche sein eigenes rechtliches Schicksal erfährt (vgl. § 44 AO i. V. m. § 425 BGB; § 191 Abs. 3 AO; BFH, BStBl 1980 II S. 33/35; 1988 II S. 188).

Die **Festsetzungsverjährung schließt Ermittlungsmaßnahmen** der Finanzbehörde **(§§ 88, 92 ff., 193 ff., 208 Abs. 1 Nr. 2 AO) nicht aus.** Die Frage der Verjährung ist wegen § 169 Abs. 1 AO erst beim Erlass der entsprechenden (Steuer-)Bescheide zu berücksichtigen (vgl. BFH, BStBl 1986 II S. 433; 1988 II S. 113).

8.6.2 Festsetzungsfristen

Die einzelnen Festsetzungsfristen betragen:

- **ein Jahr** für Verbrauchsteuern und Verbrauchsteuervergütungen (§ 169 Abs. 2 Satz 1 Nr. 1 AO),
- **vier Jahre** für die übrigen Steuern und Steuervergütungen (§ 169 Abs. 2 Satz 1 Nr. 2 AO) mit Ausnahme bestimmter Einfuhr- und Ausfuhrabgaben,
- **fünf Jahre** für alle – nicht notwendig vom Steuerschuldner – **leichtfertig verkürzten Steuern** (§ 169 Abs. 2 Satz 2, § 378 AO),
- **zehn Jahre** für alle – nicht notwendig vom Steuerschuldner – **hinterzogenen Steuern** (§ 169 Abs. 2 Sätze 2 und 3, § 370 und § 370 a AO).

Die **verlängerten Festsetzungsfristen** von fünf und zehn Jahren – **vorbehaltlich** zusätzlicher Ablaufhemmungen nach **§ 171 Abs. 5, 7 oder 9 AO** – betreffen alle Steuerarten und gelten unabhängig davon, ob der Steuerschuldner, sein Rechtsvorgänger (Erblasser), sein Beauftragter oder ein **Dritter** der Täter ist (vgl. BFH, BStBl 1995 II S. 293; 1997 II S. 157). Entscheidend ist, dass durch die Tat die Festsetzung der richtigen Steuer erschwert wird. Bedient sich der Stpfl. bei der Erfüllung seiner steuerlichen Pflichten eines **Vertreters** oder **Bevollmächtigten**, so muss er dessen Handlungen nach allgemeinen Grundsätzen stets gegen sich gelten lassen (vgl. BFH, BFH/NV 1991 S. 721). Hierbei kann es sich auch um einen Berater handeln, der die Erstellung der Steuererklärung übernommen hat.

8 Festsetzungs- und Feststellungsverfahren

Beispiel:
Bei einer Ap wird festgestellt, dass aufgrund eines groben Versehens des Steuerberaters ein privater Veräußerungsgewinn (§ 23 EStG) des S von 10.000 € nicht erklärt und die ESt des S dadurch zu niedrig festgesetzt wurde. Dauer der Verjährung?
Die Verjährungsfrist beträgt vier Jahre, da keine leichtfertige Steuerverkürzung gemäß § 169 Abs. 2 Satz 2 und 3, § 378 AO vorliegt. Nach streitiger Ansicht begeht der Steuerberater, der die vom Stpfl. unterzeichnete und dem FA vorgelegte Steuererklärung lediglich vorbereitet hat, auch dann keine leichtfertige Steuerverkürzung nach § 378 AO, wenn die Steuererklärung infolge seines leichtfertigen Verhaltens unrichtig ist (vgl. Dörn, wistra 1994 S. 290; OLG Braunschweig, wistra DStR 1997 S. 515 m. w. N.). Dagegen ist nach BFH eine leichtfertige Steuerverkürzung gemäß § 378 AO gegeben (BStBl 2003 II S. 385).

Hat eine **sonstige Person (Dritter)** die Tat begangen, so gilt die verlängerte Festsetzungsfrist nicht, wenn der Stpfl. nachweist, dass er aus der Tat keinen Vermögensvorteil erlangt hat und bei der Organisation seines Betriebs die im Verkehr erforderliche Sorgfalt zur Verhinderung von Steuerverkürzungen aufgewendet hat, z. B. Entwendung einer verbrauchsteuerpflichtigen Ware (§ 169 Abs. 2 Satz 3 AO, **„Exkulpationsbeweis";** vgl. BFH, BFH/NV 1991 S. 721 m. w. N.).

Die verlängerten Festsetzungsfristen des § 169 Abs. 2 Satz 2 AO setzen voraus, dass **schuldhaft** die **objektiven und subjektiven Tatbestandsmerkmale der leichtfertigen Steuerverkürzung oder der – vorsätzlichen – Steuerhinterziehung** vorliegen (vgl. BFH, BStBl 1998 II S. 530 m. w. N.). Im Gegensatz zu Schuldausschließungsgründen, z. B. bei seelischen Störungen gemäß § 20 StGB, lassen Strafausschließungsgründe wie Selbstanzeige (§§ 371, 378 Abs. 3 AO) und Verfolgungsverjährung den Lauf der verlängerten Festsetzungsfrist unberührt. Ebenso verlängert das Erschleichen von Zulagen als **Subventionsbetrug** nach § 264 StBG die Festsetzungsfrist für die Zulagenänderung; dies folgt aus einer Lücken schließenden Analogie (BFH, BStBl 1997 II S. 827). Die Durchführung eines Straf- oder Bußgeldverfahrens ist nicht erforderlich; umgekehrt präjudiziert eine Verurteilung nicht. Die Festsetzungsstelle hat selbständig die Voraussetzungen zu prüfen und zu entscheiden. Sie hat die objektive Feststellungslast für das Vorliegen der Tatbestände (vgl. § 393 Abs. 1 AO; BFH, BFH/NV 2004 S. 463, 513). Die Höhe der Beträge kann gemäß § 162 AO geschätzt werden.

Bei **Gesamtschuldnern** sind die – verlängerten – Festsetzungsfristen grundsätzlich für jeden Beteiligten getrennt zu prüfen (vgl. § 191 Abs. 3 AO). Das gilt auch für die Fälle, in denen zusammengefasste Steuerbescheide nach § 155 Abs. 3 AO ergangen sind, z. B. bei der Zusammenveranlagung von Ehegatten, vorbehaltlich § **169 Abs. 2 Satz 2 und 3 AO** wegen des erlangten Steuervorteils (vgl. Gonnella/Mikic, DStR 1999 S. 528).

Wegen der unterschiedlichen Festsetzungsfristen kann eine **Teilverjährung** eintreten. Die Verlängerungsfristen beziehen sich lediglich auf die leichtfertig ver-

8.6 Festsetzungsverjährung für Steuern

kürzten oder hinterzogenen Teilbeträge des einheitlichen Steueranspruchs. Daher ist die Dauer der Festsetzungsfrist für jeden Teil gesondert zu prüfen und macht in der Regel eine Aufteilung der Steuer erforderlich („soweit").

Beispiel:

S buchte vorsätzlich eine als Reparaturaufwand getarnte Rechnung über eine für 90.000 € erworbene Maschine als Betriebsausgabe. Einkünfte aus § 23 EStG hatte er aus grober Nachlässigkeit nicht in der ESt-Erklärung angegeben. Alle sonstigen Besteuerungsgrundlagen sind zutreffend erklärt. Rechtsfolgen?

Die normale Festsetzungsfrist beträgt für die ESt vier Jahre (§ 169 Abs. 2 Nr. 2 AO). Hinsichtlich der leichtfertig verkürzten Einkünfte aus § 23 EStG verlängert sich die Festsetzungsfrist auf fünf Jahre, bezüglich der hinterzogenen Steuerbeträge auf zehn Jahre (§ 169 Abs. 2 Satz 2 AO). Insoweit verjähren die Festsetzung und die Korrektur des einheitlichen ESt-Anspruchs unterschiedlich (§ 169 Abs. 1 Satz 1 AO). Hinweis auf Zinsen nach § 233 a und § 235 AO.

Bei einer wegen der verlängerten Fristen zulässigen Steuerfestsetzung sind **materielle Fehler** und andere Teilansprüche, soweit sie bereits verjährt sind, einzubeziehen und nach **§ 177 AO** zu korrigieren. Da nicht die Besteuerungsgrundlagen, sondern der Steueranspruch der Verjährung unterliegt, kann die Steuer unter dem Gesichtspunkt der Verjährung nicht bestimmten Besteuerungsgrundlagen zugeordnet werden. Soweit wegen noch nicht verjährter Steueransprüche eine Änderungsmöglichkeit nach § 129 oder §§ 172 ff. AO besteht, „muss" nach **§ 177 Abs. 3 AO** bei einer Saldierungslage korrigiert werden, da § 177 AO selbst keine zeitliche Begrenzung enthält (BFH, BStBl 1992 II S. 504; AEAO zu § 177 Nr. 1).

Beispiel:

Nach Ablauf der allgemeinen Festsetzungsfrist für die ESt 01 (31. 12. 06) erhält das FA in 08 einmal eine Mitteilung über einen geänderten Grundlagenbescheid 01 (= ESt-Erhöhung 5.000 €) und zum anderen Kenntnis von einer ESt-Hinterziehung 01 (= ESt-Erhöhung 10.000 €). Im Rahmen der Anhörung beantragt der Stpfl. die Berücksichtigung von weiteren Werbungskosten/Sonderausgaben/außergewöhnlichen Belastungen mit 8.000 € ESt-Minderung. Rechtslage?

1. Das FA muss den **ESt-Bescheid** nach § 173 Abs. 1 Nr. 1 AO wegen der Steuerhinterziehung und nach § 175 Abs. 1 Satz 1 Nr. 1 AO wegen des Grundlagenbescheides **ändern,** da insoweit nach § 169 Abs. 2 Satz 2 und § 171 Abs. 10 AO keine Verjährung eingetreten ist. In diesem Rahmen (15.000 €) sind die materiellen Fehler von 8.000 € nach § 177 Abs. 1 und 3 AO zu saldieren, auch wenn für sie die normale Festsetzungsfrist bereits abgelaufen ist und damit eine eigenständige Korrektur nach §§ 172 ff. AO wegen § 169 Abs. 1 Satz 1 AO entfiele.

2. Für die **Zinsfestsetzung** nach § 233 a bzw. § 235 AO ist Bemessungsgrundlage nur der Nachzahlungsbetrag von 7.000 € (vgl. § 233 a Abs. 3 AO; AEAO zu § 235 Nr. 2).

3. Dagegen sind für die Höhe der **ESt-Hinterziehung** nach § 370 Abs. 1 und Abs. 4 Satz 3 AO 10.000 € zugrunde zu legen.

305

8 Festsetzungs- und Feststellungsverfahren

8.6.3 Allgemeiner Beginn der Festsetzungsfrist

Die Festsetzungsfrist beginnt grundsätzlich mit Ablauf des Kalenderjahres, in dem die Steuer kraft Gesetzes – nicht kraft Steuerfestsetzung – entstanden ist (**§ 170 Abs. 1 AO**). Nach § 38 AO entstehen die Ansprüche aus dem Steuerschuldverhältnis, sobald der Tatbestand verwirklicht ist, an den das Gesetz die Leistungspflicht knüpft. In Einzelsteuergesetzen enthaltene Vorschriften bleiben unberührt (vgl. § 36 Abs. 1, § 37 Abs. 1 EStG; § 13 UStG). Für den Beginn der Festsetzungsverjährung ist demnach immer der Jahresablauf maßgebend, unabhängig davon, ob die Steuer mit Beginn, im Laufe oder am Ende des Kalenderjahres entstanden ist (**„Kalender-Verjährung"**).

Der Grundsatz des § 170 Abs. 1 AO findet insbesondere Anwendung auf **Vorauszahlungsbescheide** (vgl. § 164 Abs. 1 Satz 2 AO) und **Verbrauchsteuern** (vgl. § 170 Abs. 2 letzter Satz AO). Soweit eine **Steuer bedingt entstanden** ist, beginnt die Festsetzungsfrist nach § 170 Abs. 1 AO erst mit Ablauf des Kalenderjahres, in dem die Steuer unbedingt geworden ist (vgl. § 50 Abs. 3 AO für Verbrauchsteuern). § 170 Abs. 1 AO gilt ferner für die erstmaligen **Festsetzungen von Steuern** und Steuervergütungen, die **nur auf Antrag**, d. h. ohne Erklärungspflicht nach § 149 Abs. 1 Satz 1 oder 2 AO, erfolgen, z. B. nach § 46 Abs. 2 Nr. 8 EStG; beachte hierfür **§ 170 Abs. 3 AO**.

8.6.4 Anlaufhemmungen

Für die meisten Steuern wird der Fristbeginn vielfach durch Anlaufhemmungen hinausgeschoben (**§ 170 Abs. 2 bis 6 AO**). Die Wichtigkeit und Mehrzahl der Steuerfälle machen diese Ausnahmen zur Regel und den Grundsatz des § 170 Abs. 1 AO zur Ausnahme. In den Fällen der Anlaufhemmung ist nicht die Entstehung der Steuern, sondern ein anderes Ereignis für den Beginn der Festsetzungsfrist maßgebend (vgl. § 175 Abs. 1 Satz 2 AO).

1. § 170 Abs. 2 AO

Ist aufgrund **Erklärungspflicht** eine Steuererklärung oder eine Steueranmeldung einzureichen oder eine Anzeige zu erstatten, so beginnt die Festsetzungsfrist regelmäßig erst mit Ablauf des Kalenderjahres, in dem die Steuererklärung, die Steueranmeldung oder Anzeige eingereicht wird (**§ 170 Abs. 2 Satz 1 Nr. 1 AO**). Als Grundlage hierfür kommen nach § **149 Abs. 1 Satz 1 AO** z. B. in Betracht: § 181 Abs. 2 AO, § 25 Abs. 3 EStG (§ 56 EStDV), § 41a EStG, § 31 KStG, § 18 UStG, § 14a GewStG, § 31 ErbStG, § 18 und § 19 Abs. 5 GrEStG; ferner die – rechtzeitige – behördliche Aufforderung gemäß § **149 Abs. 1 Satz 2 AO,** § 181 Abs. 2 AO i. V. m. § 3 GFestV oder § 138 Abs. 6 BewG für Bedarfsbewertungen (vgl. BFH, BStBl 1991 II S. 440; BB 1993 S. 857 m. w. N.).

8.6 Festsetzungsverjährung für Steuern

Die Anlaufhemmung gilt nicht nur für – wirksame, d. h. ordnungsgemäß unterschriebene – **Jahreserklärungen oder -anmeldungen,** sondern auch für Erklärungen für kürzere Zeiträume wie z. B. **USt-Voranmeldungen und LSt-Anmeldungen** (BFH, BStBl 1999 II S. 203). Daher kann die **Festsetzungsfrist** etwa **bei der USt** je nach Abgabe der Voranmeldungen und der Jahresanmeldung **zu verschiedenen Zeitpunkten** beginnen. Dies ist aber regelmäßig ohne Bedeutung, da die USt-Vorauszahlungen Teil der Jahres-USt sind und sich die Anlaufhemmung für den Anspruch des Veranlagungszeitraums daher nach dem Eingang der Jahreserklärung richtet.

Beispiel:
Unternehmer U hat für 01 lediglich die USt-Voranmeldungen abgegeben. Folge?
Für den Beginn der Festsetzungsfrist des USt-Anspruchs 01 ist nach § 170 Abs. 2 Nr. 1 AO allein die nach § 18 Abs. 3 UStG abzugebende Steueranmeldung für das Jahr 01 maßgebend. Die Festsetzungsfrist für die USt 01 beginnt daher mit Ablauf des 3-Jahres-Zeitraums (31. 12. 04).

Mit Eingang der USt-Jahresanmeldung verlieren die Voranmeldungen als Vorauszahlungsbescheide regelmäßig ihre selbständige materiell-rechtliche Bedeutung. Darf jedoch die **Jahressteuerschuld** wegen Ablaufs der Festsetzungsfrist **nicht mehr festgesetzt werden,** so bleiben die **Vorauszahlungsbescheide** als Grundlage für die durchgeführte Erhebung und für den Anfall von Säumniszuschlägen **unverändert bestehen** (vgl. BFH, BStBl 2000 II S. 486/488 m. w. N.). Denn Vorauszahlungsbescheide sind nach § 164 Abs. 1 Satz 2 AO stets Vorbehaltsfestsetzungen. Der Vorbehalt entfällt, wenn die Festsetzungsfrist abgelaufen ist (§ 164 Abs. 4 AO).

Die **Anlaufhemmung** nach § 170 Abs. 2 AO dauert **im Höchstfall drei Jahre.** Es soll verhindert werden, dass durch spätes Einreichen der Steuererklärung oder Steueranmeldung die der Finanzbehörde zur Verfügung stehende Bearbeitungszeit verkürzt wird.

Beispiel:
Der Rentner S hat die vorgeschriebene ESt-Erklärung 01 aus Unkenntnis erst in 05 eingereicht bzw. in 02 ohne Unterschrift (§ 150 Abs. 3 AO, § 25 EStG). Folge?
Die ESt 01 entsteht mit Ablauf 01 (§ 36 Abs. 1 EStG). Der 3-Jahres-Zeitraum endet mit dem 31. 12. 04. Dies gilt auch bei Abgabe einer nicht (ordnungsgemäß) unterschriebenen Erklärung (BFH, BStBl 1999 II S. 203; 2005 II S. 244). Die Festsetzungsfrist beginnt mit Ablauf 04. Die Abgabe der ESt-Erklärung kann nur noch von Bedeutung sein für die Dauer der Verjährungsfrist. Denn durch die trotz Verpflichtung (§ 25 Abs. 3 EStG) unterlassene Abgabe der ESt-Erklärung in der vorgeschriebenen Frist wird bereits der objektive Tatbestand einer Steuerhinterziehung verwirklicht (§ 370 Abs. 1 Nr. 2 AO). Der für die Bejahung einer Steuerhinterziehung erforderliche Vorsatz liegt hier nicht vor.

Besteht eine **Anzeigepflicht des Stpfl.** oder seines Vertreters (nicht: unabhängige Dritte, wie z. B. Gerichte, Behörden oder Notare), so gelten die gleichen Grundsätze (vgl. BFH, BStBl 1994 II S. 867; 2001 II S. 14). Damit wird berücksichtigt, dass es Steuern gibt, bei denen die Finanzbehörde nicht durch eine Steuererklärung, sondern durch eine Anzeige von der Entstehung eines Steueranspruchs Kenntnis erlangt (vgl. § 30 ErbStG; § 19 GrStG). Diese Anzeigepflicht bezieht sich jedoch **nicht** auf die Fälle des **§ 153 AO,** da diese Vorschrift bereits die Abgabe von Steuererklärungen – wenn auch fehlerhafter – voraussetzt (BFH, BStBl 1997 II S. 266). Ist die Festsetzungsfrist im Zeitpunkt der nachträglichen Erkenntnis bereits abgelaufen, so besteht keine Berichtigungspflicht nach § 153 AO, weil eine Aufhebung oder Änderung der Steuerfestsetzung unzulässig geworden ist (§ 169 Abs. 1 Satz 1 AO; vgl. dazu § 171 Abs. 9 AO).

Bei der Verwendung von **Steuerzeichen und Steuerstemplern** gilt eine entsprechende Anlaufhemmung (**§ 170 Abs. 2 Satz 1 Nr. 2 AO**).

2. § 170 Abs. 3 AO

Eine Sonderregelung enthält § 170 Abs. 3 AO für die Fälle, in denen eine **Steuer** oder **Steuervergütung auf Antrag des Stpfl.** festgesetzt wird (vgl. § 180 Abs. 2, § 181 Abs. 1 Satz 3 AO i. V. m. § 3 GFestV für „unaufgeforderte Abgabe" der Erklärung; § 46 Abs. 2 Nr. 8 EStG; Prämien- und Zulagengesetze). Danach beginnt die Frist für die „Aufhebung", „Änderung" oder „Berichtigung" dieser Festsetzung nicht vor Ablauf des Kalenderjahres, in dem der Antrag gestellt wird, d. h. eingegangen ist. Für die erstmalige Festsetzung selbst bleibt es für den Beginn der Festsetzungsfrist regelmäßig beim Grundsatz des § 170 Abs. 1 AO. Die Anlaufhemmung nach § 170 Abs. 3 AO bezieht sich lediglich auf die Korrektur der antragsabhängigen Festsetzung (vgl. BFH, BStBl 1990 II S. 608). Ohne diese Regelung bliebe dem FA bei später Antragstellung nur wenig oder keine Zeit für die Änderung.

Beispiel:

Der A ist Arbeitnehmer mit sonstigen Einkünften unter 410 € (vgl. § 46 Abs. 2 Nr. 1 EStG). Der Antrag auf ESt-Veranlagung nach § 46 Abs. 2 Nr. 8 EStG für 02 wurde in 03 gestellt und die Festsetzung in 04 entsprechend durchgeführt. In 07 werden Tatsachen (Sachbezüge) gemäß § 173 Abs. 1 Nr. 1 AO mit +1.000 € ESt bekannt, ohne dass eine Steuerverkürzung oder -hinterziehung gegeben ist. Folge?

A ist nicht zur Abgabe einer ESt-Erklärung verpflichtet. Die Frist für die erstmalige Festsetzung beginnt nach § 170 Abs. 1 AO mit Ablauf 02 und endet an sich mit dem 31. 12. 06. Der Fristbeginn für die Änderung des ESt-Bescheides wird dagegen auf den Ablauf 03 hinausgeschoben und endet erst mit Ablauf des 31. 12. 07 (§ 170 Abs. 3 AO). Die Änderung ist daher noch zulässig (§ 169 Abs. 1 Satz 1 AO).

3. § 170 Abs. 4 AO

Für **Nach-** oder **Neuveranlagungen** bei der **GrSt** enthält § 170 Abs. 4 AO eine besondere Anlaufhemmung. Die VSt ist mit Ablauf 1996 entfallen. Die GrSt wird regelmäßig für mehrere Kalenderjahre durch eine Hauptveranlagung festgesetzt (§§ 16, 17 GrStG). Tritt durch die Abgabe einer Steuererklärung oder durch die Erfüllung einer Anzeigepflicht für das erste, ggf. für ein späteres Jahr des Hauptveranlagungszeitraums nach § 170 Abs. 2 Nr. 1 eine Anlaufhemmung ein, so wird der Beginn der Festsetzungsfrist für die folgenden Jahre, d. h. für Nach- oder Neuveranlagungen, jeweils um die gleiche Zeit hinausgeschoben („Domino-Effekt").

4. § 170 Abs. 5 AO

Für die **Erbschaft- und Schenkungsteuer** richtet sich der Beginn der Festsetzungsfrist nach **§ 170 Abs. 1 AO** bzw. in den Fällen der Erklärungspflicht nach **§ 170 Abs. 2 Nr. 1 AO** (vgl. §§ 30, 31 ErbStG). **Sonderregelungen** für eine Anlaufhemmung sind zusätzlich in **§ 170 Abs. 5 AO** enthalten. Danach wird für den Fristbeginn abgestellt:

– nach **Nr. 1** bei Erwerb von Todes wegen auf die Kenntnis des Erwerbers vom Erwerb (vgl. BFH, BStBl 1982 II S. 276; 1988 II S. 818),

– nach **Nr. 2** bei einer Schenkung auf das Todesjahr des Schenkers oder auf die positive Kenntnis der zuständigen Finanzbehörde vom Vollzug der Schenkung (vgl. BFH, BStBl 1998 II S. 647; 2003 II S. 502 m. w. N.),

– nach **Nr. 3** bei einer Zweckzuwendung unter Lebenden auf die Erfüllung der Verpflichtung.

Dadurch soll vermieden werden, dass Steueransprüche verjähren, bevor sie dem Erben oder der Finanzbehörde bekannt werden. Das gilt insbesondere für Schenkungen unter nahen Angehörigen. Die Sonderregelung in § 170 Abs. 5 AO tritt daher nur ein, wenn der Fristbeginn nach § 170 Abs. 1 oder Abs. 2 Nr. 1 AO früher beginnen würde.

> **Beispiel:**
>
> R hat seiner Tochter T in 03 den Betrag von 400.000 € geschenkt, ohne dass die Zuwendung notariell beurkundet worden ist. Eine Anzeige nach § 30 ErbStG ist nicht erfolgt. Das FA erfährt von dieser Schenkung erst mit dem Tode des R in 09, da T sich diesen Betrag laut Testament auf das Erbteil anrechnen lassen muss.
> Nach § 170 Abs. 2 Nr. 1 AO würde die Festsetzungsfrist aufgrund der Anzeigepflicht nach § 30 ErbStG mit Ablauf des 3-Jahres-Zeitraums beginnen, also mit Ablauf 06 (vgl. § 9 Abs. 1 Nr. 2 ErbStG). Da das FA aber erst in 09 Kenntnis vom Vollzug der Schenkung erhält und dies gleichzeitig das Todesjahr des Schenkers ist, beginnt die Festsetzungsfrist erst mit Ablauf 09 (§ 170 Abs. 5 Nr. 2 AO).

5. § 170 Abs. 6 AO

Die Vorschrift ist bedeutungslos, da die Wechselsteuer seit 1992 abgeschafft ist.

8 Festsetzungs- und Feststellungsverfahren

8.6.5 Ablaufhemmungen

Ablaufhemmungen nach § 171 AO greifen nur ein, wenn sich dadurch das regelmäßige **Ende der Festsetzungsfrist** um eine bestimmte Zeit **verlängert.** In diesen Fällen endet die Frist regelmäßig nicht mit dem 31. 12., sondern im Laufe eines Jahres! Im Einzelfall ist maßgeblich die jeweils weiter gehende Ablaufhemmung.

Beispiel:

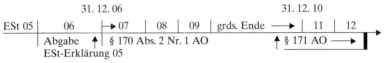

Es sind hierbei folgende **Fallgruppen** zu unterscheiden:

1. Fälle höherer Gewalt

Kann die Steuerfestsetzung wegen **höherer Gewalt innerhalb der letzten sechs Monate** des Fristablaufs nicht erfolgen, so ist der Fristablauf solange gehemmt (**§ 171 Abs. 1 AO**). Höhere Gewalt sind beispielsweise Krieg, Naturkatastrophen und andere unabwendbare Ereignisse (vgl. § 230 AO). Die Ablaufhemmung kann sich demnach nur auswirken, wenn das unvermeidbare Ereignis sich entweder innerhalb der letzten sechs Monate der Festsetzungsfrist ereignet hat oder seine Folgen unmittelbar in die letzten sechs Monate des Fristlaufs hineinwirken (vgl. BFH, BStBl 1993 II S. 818 für Brand im FA). Die Frist verlängert sich um den Ruhenszeitraum, höchstens um sechs Monate. Jeder Tag der Ablaufhemmung ist voll mitzuzählen.

> **Beispiel:**
>
> Der Fristablauf für die ESt-Festsetzung würde an sich mit dem 31. 12. 05 eintreten. Infolge höherer Gewalt kann eine Festsetzung in der Zeit vom 31. 10. 05 bis zum 31. 3. 06 nicht erfolgen. Rechtsfolge?
>
> Die Festsetzungsfrist wird um zwei Monate (= Ruhenszeitraum in 05) auf den 31. 5. 06 verlängert (§ 171 Abs. 1 AO).

2. Berichtigung offenbarer Unrichtigkeiten

Ist beim Erlass eines Steuerbescheides eine **offenbare Unrichtigkeit im Sinne von § 129 AO** unterlaufen, so steht der Finanzbehörde zur Berichtigung eine **Jahresfrist** ab Bekanntgabe des fehlerhaften Steuerbescheides zur Verfügung (**§ 171 Abs. 2 AO**). Die Ablaufhemmung erfasst jedoch nicht den gesamten Bescheid mit sonstigen weiter gehenden Fehlern, sondern erstreckt sich lediglich auf die offenbare Unrichtigkeit („insoweit" = sachverhaltsbezogene Teilverjährung). Hat sich die offenbare Unrichtigkeit in nachfolgenden Änderungsbescheiden durch

Übernahme wiederholt, so ist der ursprüngliche Bescheid, der das mechanische Versehen erstmals enthält, nach dem Zweck des § 171 Abs. 2 AO – „dieses" Steuerbescheides – maßgeblich für die Jahresfrist (vgl. BFH, BStBl 1989 II S. 531).

> **Beispiel:**
> A hat die vorgeschriebene ESt-Erklärung 01 in 02 eingereicht. Der ESt-Bescheid verlässt das FA am 30. 10. 06. Ende Mai 07 wird im ESt-Bescheid ein Rechenfehler des FA festgestellt mit + 500 € ESt-Auswirkung. Ferner werden dem FA nachträglich Tatsachen bekannt, die zu einer um 800 € höheren ESt führen, ohne dass die Voraussetzungen für eine verlängerte Festsetzungsfrist vorliegen. Korrekturmöglichkeiten?
> Die erstmalige Festsetzungsfrist ist gewahrt. Sie begann mit Ablauf 02 (§ 170 Abs. 2 Nr. 1 AO) und endete mit dem 31. 12. 06. Nach § 171 Abs. 2 AO kann lediglich die offenbare Unrichtigkeit innerhalb eines Jahres nach Bekanntgabe dieses ESt-Bescheides gemäß § 129 AO berichtigt werden, also bis zum 2. 11. 07 (vgl. § 122 Abs. 2, § 108 Abs. 1 AO). Eine Änderung des ESt-Bescheides nach § 173 Abs. 1 Nr. 1 AO ist dagegen nicht mehr zulässig, weil die allgemeine Festsetzungsfrist mit Ende 06 abgelaufen ist und eine Ablaufhemmung hierfür nicht eingreift.

Diese Ablaufhemmung gilt auch bei offenbaren Unrichtigkeiten (mechanischen Versehen) für eine Änderung nach **§ 164 Abs. 2 AO,** da § 164 Abs. 4 Satz 2 AO nur die Absätze 7, 8 und 10 des § 171 AO ausschließt, nicht aber die anderen Absätze von § 171 AO.

3. Antrag auf Steuerfestsetzung oder Änderung des Steuerbescheides

Nach **§ 171 Abs. 3 AO** führt ein Antrag des Stpfl. auf Steuerfestsetzung oder auf Korrektur einer – wirksamen – Festsetzung, der „vor" Ablauf der Festsetzungsfrist gestellt wird, **„insoweit"** zur Ablaufhemmung bis zur unanfechtbaren Entscheidung über den Antrag. Diese Regelung sichert dem Antragsteller die Verwirklichung seines Anspruchs trotz drohenden Ablaufs der Festsetzungsfrist und gibt dem FA zugleich die Möglichkeit, den gestellten Antrag sorgfältig und ohne zeitlichen Druck zu prüfen.

- **Antrag**

Als Antrag im Sinne des § 171 Abs. 3 AO sind alle – ggf. im Wege der Auslegung zu ermittelnden – Erklärungen des Stpfl. zu verstehen außerhalb eines Einspruchs- und Klageverfahrens. Dazu gehören etwa Anträge, in denen das „berechtigte Interesse" auf Durchführung einer Veranlagung/Änderung mit hinreichender Deutlichkeit zum Ausdruck kommt.

> **Beispiele:**
> Antrag auf ESt-Festsetzung nach § 46 Abs. 2 Nr. 8 EStG, auf Berichtigung nach § 129 AO, bei der Vorbehaltsfestsetzung (§ 164 Abs. 2 und 4 AO), der schlichten Änderung (§ 172 Abs. 1 Satz 1 Nr. 2 Buchst. a AO), der widerstreitenden Steuerfestsetzung (§ 174 AO), der Zerlegung (§ 189 AO), der Zuteilung (§ 190 AO); Anregung einer Korrektur nach § 173 Abs. 1 Nr. 2 AO.

Nicht als Antrag zu werten ist das Einreichen einer Steuererklärung oder -anmeldung aufgrund Verpflichtung gemäß § 149 AO. Das gilt auch, wenn diese Festsetzung zu einer Steuererstattung führt. Daher ist die auf § 18 UStG beruhende Abgabe einer USt-Anmeldung mit „Rotbetrag" kein Antrag gemäß § 171 Abs. 3 AO (vgl. BFH, BFH/NV 1996 S. 1; AEAO zu § 171 Nr. 2).

- **Rechtzeitiger Antrag**

Nach dem Gesetz ist entscheidend, dass der **Antrag vor Fristablauf** gestellt wurde, da § 171 Abs. 3 AO allein dem Interesse des Antragstellers dient. Zur Fristwahrung ist der rechtzeitige Zugang bei der Finanzbehörde erforderlich. § 169 Abs. 1 Satz 3 AO ist auf Anträge des Stpfl. nicht anwendbar. Gegebenenfalls kann Wiedereinsetzung nach § 110 AO eingreifen.

- **Umfang der Ablaufhemmung**

Die Ablaufhemmung betrifft stets den „verwaltungsaktbezogenen" **Steueranspruch** (Steuerbetrag), der betrags- oder sachverhältnismäßig durch den Antrag **zugunsten des Stpfl.** begrenzt wird, und nicht den beantragten Sachverhalt als Besteuerungsgrundlage im Sinne von § 157 Abs. 2 AO. Der Umfang der Ablaufhemmung hängt damit vom Antrag ab („insoweit"). Der Stpfl. hat nach § 171 Abs. 3 AO insoweit Dispositionsmöglichkeiten aufgrund eindeutiger oder objektivierter Erklärungen (vgl. BFH, BStBl 1992 II S. 995). Gegebenenfalls ist die Reichweite eines zahlenmäßig nicht konkretisierten Antrags durch **Auslegung** zu ermitteln (begrenzter bzw. uneingeschränkter Antrag). Für den übrigen Teil des Steueranspruchs tritt **Teilverjährung** ein.

Bei **punktuellen Änderungsanträgen** nach §§ **129, 172 ff. AO** zugunsten des Stpfl. kommt regelmäßig nur eine Ablaufhemmung in Betracht, die sich „insoweit" auf die betragsmäßige Reichweite des eindeutigen Antrags (im Regelfall auf Herabsetzung der Steuer) beschränkt. Im Übrigen erfolgt Teilverjährung nach § 169 Abs. 1 AO. Da auch der Antrag auf Änderung nach **§ 164 Abs. 2 AO** regelmäßig auf Herabsetzung der Steuer abzielt, tritt trotz zulässiger Gesamtüberprüfung des Bescheides nach Sinn und Zweck des § 171 Abs. 3 AO **Ablaufhemmung** im entsprechenden – punktuellen – Umfang ein. Eine Änderung ist nach Ablauf der allgemeinen Festsetzungsfrist somit nur **zugunsten** des Stpfl. zulässig. Nachträgliche Steuererhöhungen werden daher von der Ablaufhemmung nach § 171 Abs. 3 AO nicht erfasst, d. h., es erfolgt im Übrigen Teilverjährung mit entsprechendem Wegfall des Vorbehalts nach § 164 Abs. 4, § 169 Abs. 1 AO.

Ist **Teilverjährung** für den übrigen Steueranspruch eingetreten, können bei einem Antrag auf Änderung zugunsten des Stpfl. andere Umstände, die sich nachteilig für den Stpfl. auswirken, nur noch im Antragsrahmen nach Maßgabe von §§ 176, 177 AO oder anderer Vorschriften berücksichtigt werden („insoweit").

8.6 Festsetzungsverjährung für Steuern

Eine Änderung zulasten des Stpfl. über den Antrag hinaus ist demnach nur zulässig, wenn dieser Teil des Anspruchs noch nicht verjährt ist.

Die **Ablaufhemmung** wirkt grundsätzlich nur für den Antragsteller, **nicht aber gegenüber Dritten**, wie z. B. sonstigen Gesamtschuldnern. Bei **einheitlichen Feststellungsbescheiden** hat dagegen der Antrag – anders als bei Steuerbescheiden – ablaufhemmende Wirkung allen Feststellungsbeteiligten gegenüber (BFH, BStBl 1995 II S. 39).

Die **Ablaufhemmung endet mit Unanfechtbarkeit** der behördlichen Entscheidung (beachte § 356 Abs. 2 AO). Unanfechtbarkeit bedeutet, dass die Entscheidung nicht mehr mit ordentlichen Rechtsbehelfen angegriffen werden kann.

4. Ablaufhemmung im Einspruchs- oder Klageverfahren

Vielfach werden Änderungsanträge im Rechtsbehelfsverfahren gestellt. Der Ablauf der Festsetzungsfrist wird nach **§ 171 Abs. 3 a AO** durch die – zulässige – **Einspruchseinlegung** bzw. **Klageerhebung** hinsichtlich des **gesamten Steueranspruchs** bis zur Unanfechtbarkeit gehemmt. Dies gilt auch, wenn ein – meist kurz – vor Ablauf der Festsetzungsfrist erlassener wirksamer Bescheid nach Ablauf der allgemeinen Festsetzungsfrist, aber vor Ablauf der Rechtsbehelfsfrist angefochten wird, ggf. unter Gewährung von Wiedereinsetzung nach § 110 AO.

Der Ablauf der Festsetzungsfrist wird **nicht** gehemmt, wenn der Rechtsbehelf unzulässig ist und deshalb insoweit keine Sachentscheidung getroffen werden kann. Dasselbe gilt, wenn der angefochtene Bescheid wegen Nichtigkeit oder fehlerhafter Bekanntgabe unwirksam ist und lediglich dessen Nichtigkeit festgestellt wird (vgl. BFH, BFH/NV 1994 S. 759).

Verböserungen sind daher gemäß **§ 367 Abs. 2 Satz 2 AO** auch noch nach Ablauf der regulären Festsetzungsfrist möglich. Der Stpfl. kann die Verböserung aber durch die rechtzeitige Rücknahme des Einspruchs bzw. der Klage verhindern. Wird dagegen ein Steuerbescheid angefochten, durch den ein unanfechtbarer Bescheid geändert worden ist, umfasst die Ablaufhemmung nach § 171 Abs. 3 a AO lediglich den Steueranspruch im Ausmaß der nach **§ 351 Abs. 1 AO** zulässigen Anfechtung („insoweit"). Deshalb sind in diesem Fall darüber hinausgehende Verböserungen ausgeschlossen.

> **Beispiel:**
>
> Die Festsetzungsfrist für die ESt 00 soll bis zum 31. 12. 05 laufen. Der ESt-Bescheid 00 über 30.000 € ist **a)** am 10. 12. 05 wirksam ergangen bzw. **b)** nicht wirksam bekannt gegeben worden. Der Stpfl. hat jeweils Einspruch am 5. 1. 06 eingelegt. Rechtsfolge?
>
> Der Ablauf der Festsetzungsfrist zur Aufhebung oder Änderung des angefochtenen ESt-Bescheides ist im Fall **a)** nach § 171 Abs. 3 a AO hinsichtlich des gesamten ESt-Anspruchs bis zur Bestandskraft des Bescheides gehemmt. Im Rahmen der Ein-

8 Festsetzungs- und Feststellungsverfahren

spruchsentscheidung ist – vorbehaltlich § 362 AO – auch eine Verböserung zulässig. Im Fall **b)** ist zu beachten, dass die Ablaufhemmung des § 171 Abs. 3 a AO im Zusammenhang mit der Fristwahrung der Steuerfestsetzung steht und daher „verwaltungsaktbezogen" ist. Wird ein fristwahrender, „vor Ablauf der Festsetzungsfrist erlassener Steuerbescheid (§ 169 Abs. 1)" angefochten, so verlängert § 171 Abs. 3 a AO lediglich die durch den angefochtenen Steuerbescheid gewahrte Festsetzungsfrist zur Durchführung des Verfahrens bis zu dessen Beendigung. Ein unwirksamer Bescheid erzeugt keinerlei Rechtswirkungen und ist deshalb nicht geeignet, den Lauf der Festsetzungsfrist zu beeinflussen (vgl. BFH, BStBl 1990 II S. 942; BFH/NV 1994 S. 759).

5. Außenprüfung

Der Ablauf der Festsetzungsfrist wird aus Anlass einer Ap gehemmt, wenn

– mit einer Ap „vor" Fristablauf ernsthaft und nicht nur als Scheinhandlung begonnen wird oder der Beginn der Ap auf Antrag des Stpfl. hinausgeschoben wird (**§ 171 Abs. 4 AO;** vgl. AEAO zu § 171 Nr. 3) oder

– eine Ap im Geltungsbereich der AO nicht durchführbar ist und daher Ermittlungsmaßnahmen nach § 92 AO ergriffen werden. Die Wirkung der Ablaufhemmung tritt jedoch nur ein, wenn dem Stpfl. „vor" Fristablauf die Aufnahme der Ermittlungshandlungen mitgeteilt worden ist (**§ 171 Abs. 6 AO).**

- **Voraussetzungen:**

Der Begriff **Ap** umfasst sowohl die allgemeine Ap nach §§ 193 ff. AO als auch die Sonderprüfungen, wie z. B. LSt-Ap, USt-Sonderprüfung (siehe unter Tz. 5.4.1). Die Steuerfahndung, die USt-Nachschau gemäß § 27 b UStG und die sog. „betriebsnahe Veranlagung" haben nur dann den Charakter einer Ap, wenn sie aufgrund einer **entsprechenden Prüfungsanordnung** durchgeführt werden (vgl. BFH, BStBl 1998 II S. 367; 2000 II S. 306; AEAO zu § 85 Nr. 3). Das dürfte regelmäßig nicht der Fall sein (vgl. die Sonderregelungen daher in § 171 Abs. 5 und 6 AO sowie § 27 b Abs. 3 UStG). Durch die Prüfungsanordnung (§ 196 AO) und den Umfang der Ermittlungen unterscheidet sich die Ap von den sonstigen Einzelermittlungsmaßnahmen des FA (vgl. AEAO zu § 193 Nr. 6).

Eine Ap ist auch hinsichtlich möglicherweise **verjährter Steueransprüche** zulässig, da die Frage, ob Verjährung eingetreten ist oder andere Hindernisse dem Erlass von Steuerbescheiden entgegenstehen, sich erst nach Abschluss der Ap genau beurteilen lässt (BFH, BStBl 1986 II S. 433; 1988 II S. 113). Probleme der Verjährung usw. sind daher erst beim Erlass der Bescheide bzw. im anschließenden Rechtsbehelfsverfahren zu berücksichtigen.

Die Ablauffrist wird auch durch die Ap einer örtlich unzuständigen Finanzbehörde gehemmt, es sei denn, dass die Handlungen als unwirksam aufgehoben werden (§ 125 Abs. 3 Nr. 1, § 127 AO; BFH, BStBl 1981 II S. 787/789).

8.6 Festsetzungsverjährung für Steuern

Für den **Beginn der Ap** „vor" Eintritt der Verjährung sind nicht die Bekanntgabe der Prüfungsanordnung oder die Festlegung des Prüfungsbeginns (§§ 196, 197 AO) maßgebend, sondern regelmäßig **konkrete, für den Stpfl. erkennbare Prüfungsmaßnahmen,** d. h. das Erscheinen des Prüfers beim Stpfl. zur tatsächlichen und ernsthaften Durchführung der Ap (§ 198 AO). Hierzu gehören auch Anfangsbesprechungen mit dem Stpfl. oder seinem Bevollmächtigten. Auch das **qualifizierte Aktenstudium** vor Ort, d. h. die detaillierte Auswertung des Inhalts der Steuerakten des Stpfl. nach Übersendung der Prüfungsanordnung, ist bereits Beginn der Ap (BFH, BStBl 2003 II S. 739; AEAO zu § 198 Nr. 1; Rischar, DStR 2001 S. 382). Zu den konkreten Prüfungsmaßnahmen gehören deshalb noch **nicht:** die Übergabe der Prüfungsanordnung, das Erscheinen des Prüfers allein zu Terminabsprachen, das Aktenstudium und/oder die Erarbeitung von Prüfungsschwerpunkten vor Erteilung der Prüfungsanordnung oder jede sonstige vorbereitende Beschäftigung mit dem Prüfungsfall, die sich darauf beschränkt, einen allgemeinen Überblick über den Betrieb und seine Geschäftsbeziehungen zu erhalten. Auch bloße **Scheinhandlungen** des Prüfers verlängern nicht den Ablauf der Frist.

Die in **§ 171 Abs. 4 Satz 2 AO** genannte **6-Monate-Regelung für Unterbrechungen** bewirkt, dass eine bereits begonnene Ablaufhemmung rückwirkend entfällt, wenn die Prüfung „unmittelbar nach ihrem Beginn" aus Gründen, die die „Behörde zu vertreten" hat, „länger als sechs Monate unterbrochen" wird (BFH, BStBl 2003 II S. 552, 739).

> **Beispiele:**
>
> **1.** Die Festsetzungsfrist für die ESt läuft bis zum 31. 12. 05. Der Prüfer erscheint am 15. 11. 05 und erkrankt am 16. 11. 05; Fortsetzung der Ap am 1. 6. bis 15. 6. 06. Folge?
>
> Die Ablaufhemmung nach § 171 Abs. 4 AO wird rückwirkend beseitigt, da die Ap unmittelbar nach ihrem Beginn für mehr als sechs Monate unterbrochen wurde. Das FA hätte einen Ersatzprüfer stellen müssen.
>
> **2.** Wie 1.; der Ersatzprüfer erscheint am 2. 5. 06.
>
> Die Unterbrechung von weniger als sechs Monaten ist unschädlich; § 171 Abs. 4 AO greift ein.
>
> **3.** Wie 1.; am 1. 12. 05 wird auf Wunsch des Stpfl. S unterbrochen; Fortsetzung am 1. 7. 06.
>
> Eine Unterbrechung auf Wunsch des S schließt die Ablaufhemmung nicht aus.
>
> **4.** Wie 3.; das FA unterbricht die Prüfung wegen Arbeitsüberlastung.
>
> Da die Unterbrechung nicht unmittelbar nach Beginn der Prüfung, sondern erst im Lauf der Prüfung eintrat, greift § 171 Abs. 4 AO ein.

Die Festlegung des Prüfungsbeginns ist ein Verwaltungsakt und getrennt von der Prüfungsanordnung zu beurteilen (vgl. BFH, BStBl 1989 II S. 76, 483; AEAO zu § 196 Nr. 1). Beantragt der Stpfl. „vor" Verjährungseintritt aus besonderen in seiner Person liegenden Gründen die **Verschiebung des Prüfungsbeginns** gemäß § **197 Abs. 2 AO,** so tritt regelmäßig eine Ablaufhemmung nach § 171 Abs. 4 AO von dem Tag an ein, an dem der förmlich oder mündlich geäußerte Antrag gestellt worden ist (vgl. BFH, BStBl 1984 II S. 125). Hat das FA dagegen versucht, die Ablaufhemmung mit einem nicht angemessene Zeit vorher angekündigten Prüfungsbeginn einzuleiten, und ist die Festlegung des Prüfungsbeginns nichtig oder auf Einspruch des Stpfl. als rechtswidrig festgestellt und aufgehoben worden, kann sich das FA aus Rechtsschutzgründen nicht darauf berufen, dass die Ap an dem Tag begonnen hatte, der in der Ankündigung vorgesehen war (selbst wenn sie tatsächlich an dem Tag begonnen wurde), oder dass der Stpfl. einen Antrag auf Verschiebung im Sinne von § 171 Abs. 4 AO gestellt habe (BFH, BStBl 1987 II S. 408; 1989 II S. 76).

> **Beispiel:**
> Die Festsetzungsfrist für die ESt 01 läuft bis zum 31. 12. 06. Die dem S am 1. 10. 06 bekannt gegebene Prüfungsanordnung erfasst auch diese Steuer; Beginn der Prüfung soll der 2. 11. 06 sein. Am 15. 10. 06 bittet der S telefonisch, die Ap hinauszuschieben. Gewichtige Gründe macht er nicht glaubhaft. Der Prüfer erscheint daraufhin erst am 15. 7. 07 zur Durchführung der Prüfung. Rechtslage?
> Der Ablauf der Festsetzungsfrist ist nach § 171 Abs. 4 AO gehemmt. Für das Hinausschieben der Ap ist ein förmlicher Antrag nicht erforderlich. Es kommt auch nicht darauf an, dass wichtige Gründe glaubhaft gemacht werden, wie es § 197 Abs. 2 AO verlangt. Es genügt nach dem Zweck des § 171 Abs. 4 AO regelmäßig, dass die Ap auf Antrag des S vor Fristablauf hinausgeschoben worden ist (konstitutiver Verwaltungsakt) und die Ap angemessene Zeit vorher angekündigt war.

Die erfolglose **Anfechtung** der rechtmäßigen Prüfungsanordnung bzw. des Verwaltungsakts, der den Beginn der Ap festsetzt, mit dem Ziel der Aufhebung und der **Antrag auf AdV** nach § 361 AO sind dem Antrag auf Hinausschieben des Prüfungsbeginns gleichzustellen (vgl. BFH, BStBl 1989 II S. 483; 1999 II S. 4; BFH/NV 2001 S. 1009; AEAO zu § 171 Nr. 3). Denn der erfolglose Antrag, die Prüfung abzusetzen, zielt ebenso auf eine zeitliche Verschiebung ab wie der „Antrag" nach § 171 Abs. 4 AO. Anders ist zu entscheiden, wenn ein AdV-Antrag bei einer rechtswidrigen Festlegung des Prüfungsbeginns gestellt wurde (BFH, BStBl 2003 II S. 827).

- **Umfang:**

Den **personellen** und **sachlichen Umfang der Ap** regelt § **194 AO:**

In personeller Hinsicht kann die Ap bei dem **Stpfl.** unter gewissen Voraussetzungen auch die steuerlichen Verhältnisse **anderer Personen umfassen,** wie etwa Gesellschafter, Arbeitnehmer oder Dritte (§ 194 Abs. 1 Satz 1, 3 und 4, Abs. 2 AO). Nach § 44 Abs. 2 Satz 3 AO gehört die Verjährung – anders als etwa Zahlung und Aufrechnung – zu den subjektiven Umständen, die nur für und gegen den Gesamtschuldner wirken, in dessen Person sie eintreten. Daher

8.6 Festsetzungsverjährung für Steuern

erstreckt sich die verjährungshemmende Wirkung einer Ap nur auf den von der Ap betroffenen Stpfl., d. h. auf den Adressaten im Sinne von § 197 AO, und nicht auf Dritte (vgl. BFH, BStBl 1990 II S. 526). Wird eine **LSt-Ap** nach §§ 193, 194 Abs. 1 Satz 4, § 196 AO gegen den Arbeitgeber angeordnet und durchgeführt, tritt somit keine Ablaufhemmung gegenüber den Arbeitnehmern als Steuerschuldner ein vorbehaltlich § 171 Abs. 6 AO (BFH, BStBl 1990 II S. 608). Das gilt entsprechend für die **KapSt-Ap** aufgrund § 50 b EStG (vgl. BFH, BFH/NV 1990 S. 433) und für Ap bei Kapital- und Personengesellschaften gegenüber den Anteilseignern. Soweit in diesen Fällen die Ansprüche gegen die Steuerschuldner bereits verjährt sind, kommt das auch dem Haftungsschuldner wegen der Akzessorietät zugute (vgl. § 191 Abs. 5 Satz 1 Nr. 1 AO; BFH, a. a. O.). Ferner wirkt die Ap bei juristischen Personen nicht ablaufhemmend gegenüber ihren gesetzlichen Vertretern für die Haftung nach § 69 AO.

Der **sachliche Umfang** der Ablaufhemmung erstreckt sich nach § 171 Abs. 4 AO auf die Steuern, die gemäß §§ 196, 194 AO in der schriftlichen, **wirksamen Prüfungsanordnung** genannt sind und die vom Prüfer auch **tatsächlich** – jedenfalls stichprobenartig – **geprüft** werden (vgl. BFH, BStBl 1999 II S. 4; 2000 II S. 306 m. w. N.; AEAO zu § 171 Nr. 3). Die Prüfungsanordnung gibt somit den Rahmen vor, innerhalb dessen die Fristhemmung eintreten kann, während die tatsächlichen Prüfungsmaßnahmen im Einzelfall diejenige Steuerart und den Besteuerungszeitraum bestimmen, in dem die Ablaufhemmung im Einzelfall tatsächlich eintritt. Eine unwirksame, z. B. nicht ordnungsgemäß bekannt gegebene, oder eine aufgehobene Prüfungsanordnung kann daher keine Ablaufhemmung herbeiführen. Das Gleiche gilt für Steuern, die in der Prüfungsanordnung nicht als Prüfungsgegenstand genannt sind (vgl. BFH, BStBl 1994 II S. 375, 377 m. w. N.). Wird die Ap später auf bisher nicht einbezogene Steuern bzw. Jahre durch eine schriftlich zu erteilende Prüfungsanordnung erweitert, so greift die Ablaufhemmung nur ein, soweit noch keine Festsetzungsverjährung eingetreten war. Hat der Prüfer aus Anlass der Ap lediglich bestimmte **Einzelermittlungen** anzustellen, die nicht die in der Prüfungsanordnung genannten Steuern bzw. Jahre betreffen, und nimmt er darüber Hinweise im Bericht auf, so hat sich die Prüfung im Sinne von § 171 Abs. 4 AO nicht auf diese Steuern erstreckt. Derartige Maßnahmen sind keine Ap (vgl. BFH, BStBl 1994 II S. 377; AEAO zu § 193 Nr. 6).

Beispiel:

Bei S wurde am 4. 12. 07 mit einer Ap u. a. der USt für die Jahre 03 bis 05 begonnen, die Ap jedoch mit der erweiterten Prüfungsanordnung vom 10. 12. 07 sofort auf die USt 02 ausgedehnt. Die USt-Jahresanmeldung 02 war 03 eingereicht worden. Die Ap führte für die USt 02 zu einem Mehrbetrag von 8.000 €. Die geänderte USt-Festsetzung 02 ging dem S am 12. 5. 08 zu. War die Korrektur zulässig?

Die Festsetzungsfrist von vier Jahren für die USt 02 begann mit Ablauf 03 (§ 170 Abs. 2 Satz 1 Nr. 1 AO). Sie würde mit dem 31. 12. 07 ablaufen. Bei S ist jedoch vor Ablauf der Frist mit der Ap begonnen worden. Damit war der Ablauf der Festsetzungsfrist der USt 02, auf die sich die Ap entsprechend der rechtzeitig ergangenen Prüfungsanordnung tatsächlich erstreckt hat, wirksam gehemmt (§ 171 Abs. 4 AO; vgl. BFH, BFH/NV 2004 S. 1510).

Abwandlung: Die erweiterte Prüfungsanordnung erging erst am 8. 1. 08. Mit der Prüfung der USt 02 war bereits in 07 begonnen worden.

Die Ablaufhemmung erfasst nicht die USt 02, da nicht die tatsächliche Prüfung maßgeblich ist, sondern zusätzlich die rechtzeitige Bekanntgabe der Anordnung vor Fristablauf. Die Frage der Verjährung ist im Rechtsbehelfsverfahren gegen den Steuerbescheid geltend zu machen (vgl. BFH, BStBl 1994 II S. 375).

Die **Ablaufhemmung** aufgrund einer Ap ist **bei Steuerbescheiden** und **Grundlagenbescheiden** jeweils **selbständig** für die jeweiligen Besteuerungsgrundlagen zu beurteilen. § 171 Abs. 4 AO betrifft nach der Gesetzessystematik und dem zugrunde liegenden Zweck nur solche Bescheide, die „unmittelbar" aufgrund der Ap ergehen. So erfasst einerseits z. B. eine Ap wegen ESt gemäß § 171 Abs. 4 AO nur das unmittelbare Festsetzungsverfahren nach §§ 155 ff. AO und nicht zugleich die nach §§ 179 ff. AO gesondert festzustellenden Besteuerungsgrundlagen, soweit diese nicht ausdrücklich Gegenstand der Ap beim Stpfl. sind. Für das Feststellungsverfahren gilt § 181 Abs. 1 AO mit der Folge aus § 175 Abs. 1 Satz 1 Nr. 1 AO und den Besonderheiten des **§ 171 Abs. 10 AO** (vgl. BFH, BStBl 1993 II S. 425, 818/819 m. w. N.). Andererseits hemmt die Ap im Bereich der Gewinnfeststellung nur die Feststellungsfrist für die Besteuerungsgrundlagen der Grundlagenbescheide, nicht aber zugleich die Frist für die entsprechenden Steuern der Folgebescheide. Etwas anderes gilt nur, „soweit" durch die Ap zugleich die steuerlichen Verhältnisse der Beteiligten unmittelbar nach § 194 Abs. 2 AO mitgeprüft werden (= mehrere Ap).

- **Dauer:**

Im Falle des § 171 Abs. 4 Satz 1 AO dauert die Ablaufhemmung an, bis die aufgrund der Ap ergangenen (Steuer-)**Bescheide unanfechtbar** geworden sind. Führt die Ap zu keiner Änderung der Festsetzung, ergeht nach § 202 Abs. 1 Satz 3 AO eine besondere Mitteilung. Diese ist mangels unmittelbarer Rechtswirkung nach außen kein Verwaltungsakt (vgl. AEAO zu § 202 m. w. N.). In diesem Fall endet die Ablaufhemmung **drei Monate nach Bekanntgabe der Mitteilung.** Hierdurch hat der Stpfl. ausreichend Gelegenheit, ggf. noch innerhalb der Festsetzungsfrist einen Antrag auf Änderung der Steuerfestsetzungen zu seinen Gunsten zu stellen. Insoweit findet dann § 171 Abs. 3 AO Anwendung.

Die **Auswertungsfrist** von Prüfungsfeststellungen regelt **§ 171 Abs. 4 Satz 3 AO.** Danach endet die Frist entsprechend der jeweiligen Festsetzungsfrist des § 169 Abs. 2 AO, d. h. im Regelfall vier Jahre nach Ablauf des Jahres, in dem die Schlussbesprechung bzw. die letzten Ermittlungen im Rahmen der Ap (nicht sonstige) stattgefunden haben. Erlässt das FA in dieser Zeit keinen Bescheid, so

8.6 Festsetzungsverjährung für Steuern

ist der Steueranspruch erloschen (§ 47 AO). Andernfalls gelten die allgemeinen Regeln über das Ende der Festsetzungsfrist.

Beispiel:

Abgabe der ESt- und USt-Erklärung 01 in 02. Eine abgekürzte Ap im Oktober 06 erfasst auch diese Steuern. Im Mai 07 stellt der Bearbeiter der Veranlagungsstelle sonstige Rückfragen hierzu. Die Korrekturbescheide ergehen erst im Januar 11.

Die regelmäßige Festsetzungsfrist endete mit Ablauf 06. Sie wurde nach § 171 Abs. 4 AO gehemmt und endet daher erst mit Ablauf 10. Die Ermittlungen außerhalb der Ap sind ohne Einfluss. Die Bescheide sind rechtswidrig, aber nicht nichtig (siehe unter Tz. 8.6.7).

6. Ermittlungen der Fahndungsstellen

Maßnahmen der Zoll- oder Steuerfahndung werden nach **§ 171 Abs. 5 AO** hinsichtlich der Ablaufhemmung dem Beginn einer Ap gleichgestellt. Die Wirkung tritt nur ein, wenn vor Fristablauf mit Ermittlungen beim Stpfl. begonnen wird oder wenn dem – handlungsfähigen – Stpfl. die Einleitung des Steuerstraf- oder Bußgeldverfahrens bekannt gegeben wird (vgl. § 397 AO). Damit ist sichergestellt, dass der Stpfl. vom Eintritt der Ablaufhemmung Kenntnis erhält (vgl. BFH, BStBl 1997 II S. 595; 2002 II S. 586). Diese Regelung hat insbesondere Bedeutung für die Fälle, in denen die Fahndung zwar Steuernachforderungen feststellt, aber den Nachweis einer Steuerverfehlung nicht erbringen kann, und für Prüfungen wegen Steuerdelikten nach Ablauf der regulären Festsetzungsfrist.

Der **Umfang** der Ablaufhemmung ergibt sich mangels Prüfungsanordnung aus den Ergebnissen der tatsächlich durchgeführten Ermittlungen laut Einleitungsverfügung gemäß § 397 AO bzw. Durchsuchungsbeschluss gemäß § 102 StPO (vgl. BFH, BStBl 1999 II S. 478; AEAO zu § 171 Nr. 4). Anders als bei § 171 Abs. 4 Satz 3 AO besteht hier keine bestimmte Auswertungsfrist. Allenfalls in Ausnahmefällen können sich zeitliche Grenzen aus Verwirkung ergeben (vgl. BFH, BStBl 2002 II S. 586).

7. Verfolgungsverjährung

Bei **hinterzogenen** oder **leichtfertig verkürzten Steuern** endet die – verlängerte – Festsetzungsfrist nicht, bevor die Verfolgung der Steuerstraftat oder -ordnungswidrigkeit verjährt ist (**§ 171 Abs. 7 AO**). Die **Verjährung** von Steuerstraftaten bzw. -ordnungswidrigkeiten ergibt sich aus § 369 AO, §§ 78 ff. StGB und aus § 384 AO i. V. m. §§ 31 ff. OWiG. Bei der – einheitlich – fünfjährigen Frist kann sowohl ein Ruhen (§ 78 b StGB; § 32 OWiG) als auch eine Unterbrechung (§ 78 c StGB; § 376 AO; § 33 OWiG) eintreten.

Die straf- bzw. bußgeldrechtliche Verjährungsfrist beginnt, sobald die **einzelne Tat** im Sinne von § 370 Abs. 4 AO beendet ist, d. h. bei Veranlagungssteuern **mit**

8 Festsetzungs- und Feststellungsverfahren

Bekanntgabe des jeweiligen Steuerbescheides und bei Anmeldungssteuern (LSt, USt) grundsätzlich mit Ablauf des Abgabetermins gemäß § 78 a StGB (vgl. BGH, BStBl 2002 II S. 259; AEAO zu § 235 Nr. 4.1). Unter Berücksichtigung der verlängerten Festsetzungsfristen des § 169 Abs. 2 Satz 2 AO sowie der möglichen Ablaufhemmung nach § 171 Abs. 5 und 9 AO hat § 171 Abs. 7 AO keine praktische Bedeutung.

8. Vorläufige und ausgesetzte Steuerfestsetzungen

Wird unter den Voraussetzungen des **§ 165 AO** die Steuer zunächst vorläufig festgesetzt oder die Steuerfestsetzung ausgesetzt, so braucht die Behörde nach Wegfall der Ungewissheit eine ausreichende Frist, um die erforderlichen Korrekturen vorzunehmen. Nach **§ 171 Abs. 8 Satz 1 AO** endet die Festsetzungsfrist grundsätzlich nicht vor Ablauf **eines Jahres,** nachdem die Ungewissheit beseitigt ist und die Behörde hiervon positive Kenntnis erhalten hat (vgl. BFH, BStBl 1993 II S. 5; BFH/NV 1995 S. 939). In den Fällen des § 165 Abs. 1 Satz 2 AO verlängert sich die Auswertungsfrist nach **§ 171 Abs. 8 Satz 2 AO auf zwei Jahre.** Bei Teilvorläufigkeit erstreckt sich die Ablaufhemmung nur auf den für vorläufig erklärten Teil der Steuerfestsetzung; für den übrigen Teil verjährt der Festsetzungsanspruch normal (vgl. AEAO zu § 171 Nr. 5).

Beispiel:

S hatte seine ESt-Erklärung 01 in 02 eingereicht. Das FA hatte die ESt hinsichtlich der Einkünfte aus § 21 EStG gemäß § 165 Abs. 1 Satz 1 AO vorläufig festgesetzt, im Übrigen unter Vorbehalt der Nachprüfung. In 07 entfällt die Ungewissheit bezüglich der Einkünfte aus § 21 EStG (ESt-Auswirkung + 5.000 €). Das FA erhält hiervon aber erst am 1. 3. 09 Kenntnis. Gleichzeitig erfährt es neue Tatsachen zu den Einkünften aus § 15 EStG mit + 3.000 €, ohne dass eine verlängerte Festsetzungsfrist in Betracht kommt. Inwieweit ist zu ändern?
Die allgemeine Festsetzungsfrist endete mit dem 31. 12. 06. Damit war der Vorbehalt der Nachprüfung entfallen (§ 164 Abs. 4 AO). Eine Änderung des ESt-Bescheides nach § 169 Abs. 1 Satz 1, § 173 Abs. 1 AO ist daher nicht mehr zulässig. Die Änderung und Endgültigkeitserklärung der teilvorläufigen Steuerfestsetzung mit + 5.000 € nach § 165 Abs. 2 AO kann dagegen noch bis zum Ablauf des 1. 3. 10 erfolgen, da auf die Kenntnis des FA vom Wegfall der Ungewissheit abzustellen ist (§ 171 Abs. 8 Satz 1 AO).

9. Berichtigungs- und Selbstanzeige

Stpfl. sind unter den Voraussetzungen des **§ 153 AO** zu Berichtigungs- bzw. Nachanzeigen verpflichtet. Bei Steuerdelikten können sie durch eine wirksame Selbstanzeige Straf- und Bußgeldfreiheit erlangen (**§§ 371, 378 Abs. 3 AO).** Erstattet der Stpfl. vor Ablauf der Festsetzungsfrist eine derartige Anzeige, so endet die Festsetzungsfrist nicht vor Ablauf eines Jahres nach Eingang der Anzeige bei der zuständigen Finanzbehörde (**§ 171 Abs. 9 AO).** Spätere Anzeigen können wegen Eintritt der Verjährung keine steuerlichen Auswirkungen mehr haben.

8.6 Festsetzungsverjährung für Steuern

10. Steuerfestsetzung aufgrund eines Grundlagenbescheides

Besteuerungsgrundlagen bilden regelmäßig einen nicht selbständigen Teil des Steuerbescheides (§ 157 Abs. 2 AO). Abweichend hiervon kann für die Steuerfestsetzung ein **Grundlagenbescheid** bindend sein, wie z. B. ein Feststellungsbescheid, ein Steuermessbescheid oder ein anderer – steuerlicher oder nichtsteuerlicher – Verwaltungsakt. Ein derartiger – wirksam bekannt gegebener – Grundlagenbescheid ist nach § 182 AO Abs. 1 dem Folgebescheid zwingend zugrunde zu legen. Der Erlass eines Feststellungsbescheides richtet sich infolge dieser Verselbständigung daher nicht nach der Verjährung für die Steuern der Folgebescheide, sondern unterliegt einer eigenen **Feststellungsverjährung** nach § 181 AO (Einzelheiten siehe dort).

Nach **§ 171 Abs. 10 Satz 1 AO** endet die Festsetzungsfrist nicht vor Ablauf von zwei Jahren nach Bekanntgabe des erstmaligen oder geänderten Grundlagenbescheides gegenüber dem jeweiligen Adressaten, „**soweit**" die im Grundlagenbescheid enthaltenen Feststellungen nach § **182 Abs. 1 AO** für den Folgebescheid positiv oder negativ bindend sind (vgl. AEAO zu § 171 Nr. 6). Wurden die im Grundlagenbescheid festgestellten Besteuerungsgrundlagen im Folgebescheid nicht zutreffend übernommen **(Anpassungsfehler)**, ist dieser erneut nach § 175 Abs. 1 Satz 1 Nr. 1 AO bis zum Ablauf der Festsetzungsfrist zu ändern (vgl. BFH, BStBl 2000 II S. 330 m. w. N.). Die Ablaufhemmung erfasst **nicht andere Besteuerungsgrundlagen.** Unbeachtlich ist, ob und ggf. wann das für den Erlass des Folgebescheides zuständige FA von dem Grundlagenbescheid Kenntnis erhält oder ob der Grundlagenbescheid angefochten wurde (vgl. BFH, DStR 2005 S. 377). Durch die **2-Jahres-Frist** hat die Finanzbehörde genügend Zeit, den Grundlagenbescheid von Amts wegen oder auf Antrag des Stpfl. unter Berücksichtigung des § 171 Abs. 3 AO auszuwerten und den Folgebescheid zu erlassen oder zu ändern (§ 175 Abs. 1 Satz 1 Nr. 1 AO).

Beispiel:

Die ESt 01 ist aufgrund der in 02 eingereichten Erklärung festgesetzt worden. Unberücksichtigt blieben hierbei gesondert und einheitlich festzustellende Einkünfte aus § 21 EStG (§ 180 Abs. 1 Nr. 2 Buchst. a AO). Diese wurden erstmals in 07 gesondert und einheitlich festgestellt. Der Feststellungsbescheid wurde dem Stpfl. am 1. 10. 07 gemäß § 183 AO bekannt gegeben. Das Wohnsitz-FA erhielt hiervon erst am 1. 8. 09 Mitteilung.

Abwandlung: Der ESt-Bescheid des Stpfl. ist wegen der o.a. Einkünfte vorläufig nach § 165 Abs. 1 Satz 1 AO. Rechtslage?

Es ist eine Teilverjährung der ESt 01 eingetreten. Die allgemeine Festsetzungsfrist endete mit dem 31. 12. 06. Die in § **171 Abs. 10 Satz 1 AO** vorgesehene Ablaufhemmung gilt nur für die Änderung der Folgesteuer aufgrund des Grundlagenbescheides. Der ESt-Bescheid kann insoweit noch bis zum 1. 10. 09 nach § **175 Abs. 1 Satz 1 Nr. 1 AO** geändert werden. – Im Abwandlungsfall endet die Festsetzungsfrist für die Änderung nach § **165 Abs. 2 AO** gemäß § **171 Abs. 8 AO** erst mit Ablauf des 1. 8. 10, da § 171 Abs. 10 AO nicht vorrangig ist (BFH, BFH/NV 1995 S. 939). –

8 Festsetzungs- und Feststellungsverfahren

Würde sich durch den Grundlagenbescheid eine ESt-Minderung für 01 ergeben, müsste der Stpfl. ggf. einen Antrag nach § 171 Abs. 3 Satz 1 AO stellen zur Wahrung der Korrekturmöglichkeit.

Nach Ablauf der allgemeinen Festsetzungsfrist sind wegen der speziell nach § 171 Abs. 10 Satz 1 AO beschränkten Hemmung der Verjährung die „offenen" Grundlagenbescheide gemäß § 175 Abs. 1 Satz 1 Nr. 1 AO im Folgebescheid auszuwerten. Andere Besteuerungsgrundlagen, wie z. B. materielle Fehler, sind im Folgebescheid nach Maßgabe des § 177 AO zu korrigieren (vgl. BFH, BStBl 1992 II S. 504; BFH/NV 1995 S. 566; siehe Tz. 8.6.2 „Teilverjährung").

Prüfungsschema zur zeitlichen Zulässigkeit von Grundlagen- und Folgebescheiden:

1. Das für die **Feststellung zuständige FA** prüft:

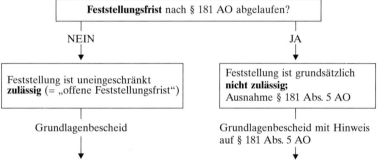

2. Das für den **Folgebescheid zuständige FA** prüft:

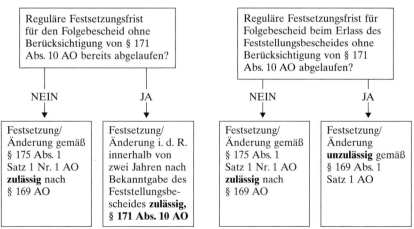

8.6 Festsetzungsverjährung für Steuern

Nach **§ 171 Abs. 10 Satz 2 AO** kann ein Grundlagenbescheid unabhängig von der 2-Jahres-Frist noch so lange ausgewertet werden, wie die Ablaufhemmung eines Folgebescheides aufgrund einer wirksamen Ap beim Stpfl. nach **§ 171 Abs. 4 AO** andauert. Dadurch kann die Anpassung des Folgebescheides auf der Basis eines Grundlagenbescheides (§ 175 Abs. 1 Satz 1 Nr. 1 AO) und die Auswertung der Ergebnisse der Ap im Folgebescheid zusammen erfolgen („Bündelungseffekt"; vgl. AEAO zu § 171 Nr. 6).

Beispiel:

Der A ist gewerblicher Einzelunternehmer und zudem OHG-Gesellschafter. Die ESt-Erklärung 01 und die gesonderte und einheitliche Feststellungserklärung 01 wurden in 03 abgegeben. Der ESt-Bescheid 01 erging in 03 ohne Vorbehalt der Nachprüfung. Aufgrund einer Ap bei der OHG Anfang 07 erließ das FA den geänderten und endgültigen Feststellungsbescheid 01 am 5. 6. 07 (zur Post). Der Gewinnanteil des A erhöhte sich um 80.000 €. Im Dezember 07 hatte das FA mit einer zulässigen Ap bei A begonnen; die erweiterte Prüfungsanordnung erfasste u. a. die ESt 01. Mit Änderungsbescheid (zur Post am 6. 9. 09) erhöhte das FA die ESt 01 entsprechend den Ergebnissen der Ap bei A (+ 100.000 €) unter gleichzeitiger Auswertung des geänderten Feststellungsbescheides vom 5. 6. 07. Zulässig?

Abwandlungen: Wie wäre es, wenn **a)** die Prüfungsanordnung für 01 nicht wirksam (schriftlich) erging bzw. **b)** statt der Ap die Steuerfahndung nach § 208 Abs. 1 Nr. 1 und 2 AO die ESt 01 geprüft hätte?

Die reguläre Festsetzungsfrist endete für die ESt 01 und für die Feststellung 01 mit Ablauf 07. Die Auswertung des geänderten **Feststellungsbescheides** 01 im endgültigen ESt-Bescheid 01 nach **§ 175 Abs. 1 Satz 1 Nr. 1, § 171 Abs. 10 Satz 1 AO** muss **grundsätzlich** innerhalb von zwei Jahren nach dessen Bekanntgabe erfolgt sein, d. h. hier bis zum **8. 6. 09**.

Da aber – aufgrund der bei A **wirksam durchgeführten Ap** – der geänderte **ESt-Bescheid 01** gemäß **§ 171 Abs. 4 AO** frühestens mit Ablauf des 9. 10. 09 unanfechtbar wird (ein Monat nach Bekanntgabe, § 355 Abs. 1 AO), verlängert sich die Ablaufhemmung nach **§ 171 Abs. 10 Satz 2 AO** auch hinsichtlich des „gesondert festgestellten Teils" bis zum Ende der Ablaufhemmung nach § 171 Abs. 4 AO bezüglich des bei A „außen geprüften Teils" der ESt 01, d. h. hier bis zum **9. 10. 09** (vorbehaltlich einer Verlängerung durch Rechtsbehelf). Die Auswertung des Feststellungsbescheides 01 durfte damit ungeachtet des Ablaufs der 2-Jahres-Frist zusammen mit der Auswertung der Prüfungsfeststellungen bei A im geänderten ESt-Bescheid vom 6. 9. 09 erfolgen („Bündelungseffekt").

Abwandlungen: Im Fall **a)** endete die Frist für die Änderung nach § 175 Abs. 1 Satz 1 Nr. 1 AO **mangels wirksamer Ablaufhemmung der Ap** – keine „schriftliche" Prüfungsanordnung gemäß § 196 AO – nach **§ 171 Abs. 10 Satz 1 AO** mit dem **8. 6. 09**.

Das gilt ebenso im Fall **b)**, da die **Steuerfahndung keine „Ap"** ist und daher keine Ablaufhemmung nach § 171 Abs. 4 AO bewirkt (sondern nur nach § 171 Abs. 5 AO, der aber nicht unter § 171 Abs. 10 Satz 2 AO fällt).

11. Fehlende gesetzliche Vertretung

§ 171 Abs. 11 AO enthält eine Ablaufhemmung für den Fall, dass eine geschäftsunfähige oder in der Geschäftsfähigkeit beschränkte Person keinen gesetzlichen Vertreter hat (vgl. § 81 AO; § 206 BGB). Dies gilt entsprechend für juristische Personen (vgl. dazu § 29 BGB). In diesem Fall endet die Festsetzungsfrist nicht vor Ablauf von sechs Monaten nach dem Zeitpunkt, in dem die Person unbeschränkt geschäftsfähig wird oder der Mangel der Vertretung aufhört, d. h. ein gesetzlicher Vertreter bestellt ist. Hierdurch wird vor allem berücksichtigt, dass die Behörde bei fehlender gesetzlicher Vertretung des Stpfl. Steuerbescheide vor Ablauf der normalen Festsetzungsfrist nicht wirksam bekannt geben kann.

12. Steuerfestsetzung gegen einen Nachlass

Eine besondere Ablaufhemmung für Steuerfestsetzungen gegen einen Nachlass regelt **§ 171 Abs. 12 AO** (vgl. § 207 BGB). Der Lauf der letzten sechs Monate beginnt entweder mit Annahme der Erbschaft (vgl. § 1943 BGB) oder mit Eröffnung des Insolvenzverfahrens über den Nachlass oder mit Eintritt eines Nachlassvertreters, d. h. Nachlassverwalters (§ 1975 BGB), Nachlasspflegers (§ 1960 BGB), Abwesenheitspflegers (§ 1911 BGB) oder Testamentsvollstreckers (§§ 2197 ff. BGB), bei Letzterem mit Annahme des Amtes, im Übrigen mit Bestellung.

13. Insolvenzforderungen

§ 171 Abs. 13 AO sieht eine Ablaufhemmung für den Fall vor, dass eine nicht festgesetzte Steuer im Insolvenzverfahren vor Ablauf der Festsetzungsfrist angemeldet worden ist (§§ 174 ff. InsO). Wird die Steuerforderung nicht bestritten, so gilt sie als festgestellt und hat nach Beendigung des Insolvenzverfahrens die Wirkung eines rechtskräftigen Urteils (§§ 178, 201, 202 InsO). Ist die Forderung im Prüfungstermin bestritten worden, erfolgt keine Feststellung in der Tabelle. In diesem Fall ist es möglich, die Feststellung der strittig gebliebenen Forderung aufgrund des § 251 Abs. 3 AO zu betreiben, auch wenn inzwischen die allgemeine Festsetzungsfrist abgelaufen wäre. § 171 Abs. 13 AO greift ebenfalls ein, wenn das Insolvenzverfahren nicht durchgeführt wird.

14. Erstattungsanspruch aufgrund unwirksamen Steuerbescheides

Nach **§ 171 Abs. 14 AO** endet die Festsetzungsfrist für einen Steueranspruch nicht, „soweit" die Zahlungsverjährungsfrist für den damit zusammenhängenden Erstattungsanspruch aus § 37 Abs. 2 AO noch nicht abgelaufen ist (vgl. AEAO zu § 171 Nr. 7). Andernfalls könnte eine tatsächlich entstandene und gezahlte Steuer zurückgefordert werden, weil die ursprüngliche Festsetzung unwirksam ist, z. B. wegen Bekanntgabefehler, und eine neue Festsetzung wegen Ablaufs der Festsetzungsfrist unterbleiben müsste. Betragsmäßig ist die Nachholung auf die Höhe des Erstattungsbetrages begrenzt, da nur insoweit eine Ablaufhemmung vorliegt.

Beispiel:
Die Eheleute M-F hatten ihre ESt-Erklärung 10 in 11 abgegeben mit Antrag auf Einzelbekanntgabe. Vorauszahlungen waren nicht geleistet worden. Der nur in einer Ausfertigung an „M-F" gerichtete zusammengefasste ESt-Bescheid 10 führte zu einer Abschlusszahlung von 10.000 €, die bei Fälligkeit in 12 entrichtet wurde. Wie ist die Rechtslage, wenn dies in 16 festgestellt wird und dem FA zusätzlich neue Tatsachen mit + 2.000 € Mehrsteuern bekannt werden?

Die Bekanntgabe der zusammengefassten Bescheide war unwirksam, da ein besonderer Antrag auf Einzelbekanntgabe vorlag (§ 122 Abs. 7 AO). Die Nachholung der gesonderten Bekanntgabe wäre wegen Ablaufs der Festsetzungsfrist ausgeschlossen (§ 169 Abs. 1 Satz 1 AO). Die Frist begann mit Ablauf 11 (§ 170 Abs. 2 Nr. 1 AO) und endete an sich mit Ablauf 15. Die Zahlung der 10.000 € ist mangels wirksamen Bescheides ohne Rechtsgrund erfolgt (§ 37 Abs. 2, § 218 Abs. 1 AO) und hatte keine Tilgungswirkung. Der Betrag ist somit innerhalb der Zahlungsverjährung zu erstatten. Da der Anspruch mit rechtsgrundloser Zahlung in 12 sofort fällig war, begann die Verjährung mit Ablauf 12 (§ 229 Abs. 1, § 220 Abs. 2 AO) und endet erst mit Ablauf 17, sofern keine Unterbrechung nach § 231 AO erfolgt. Gemäß § 171 Abs. 14 AO kann das FA bis Ende 17 die ESt-Festsetzung durch wirksame Einzelbekanntgabe nachholen. Dagegen ist die Berücksichtigung der neuen Tatsachen nach § 173 AO insoweit nicht mehr zulässig wegen Ablaufs der allgemeinen Festsetzungsfrist (§ 169 Abs. 1 AO).

8.6.6 Wahrung der Frist

Die Festsetzungsfrist ist gewahrt, wenn vor ihrem Ablauf

– der **„Steuerbescheid"** den Bereich der **Finanzbehörde verlassen hat,** die für die Steuerfestsetzung zuständig ist **(§ 169 Abs. 1 Satz 3 Nr. 1 AO).** Hierunter fallen auch die für die Finanzbehörde (FA) arbeitenden Rechenzentren, wenn sie die Absendung an den Stpfl. vornehmen. Dagegen wird bei Steuermessbescheiden die Frist allein durch Absendung der Mitteilungen an die Gemeinde (§ 184 Abs. 3 AO) nicht gewahrt. Die Gemeinden handeln bei der Bekanntgabe von Messbescheiden für die Finanzbehörden und müssen daher die fristgerechte Absendung sicherstellen (vgl. AEAO zu § 169 Nr. 1);

oder

– bei öffentlicher Zustellung nach § 122 Abs. 5 AO, § 15 VwZG der **Steuerbescheid** an der Stelle **öffentlich ausgehängt** worden ist, die von der Behörde hierfür allgemein bestimmt ist **(§ 169 Abs. 1 Satz 3 Nr. 2 AO;** § 15 Abs. 2 Satz 1 VwZG), oder statt des Steuerbescheides eine **Benachrichtigung** nach § 15 Abs. 2 Satz 2 VwZG **ausgehängt worden ist (§ 169 Abs. 1 Satz 3 Nr. 2 AO).**

8 Festsetzungs- und Feststellungsverfahren

Durch diese Regelung ist die Einhaltung der Festsetzungsfrist unabhängig von Zugangsverzögerungen. Der **fristwahrende Bescheid** muss rechtswirksam im Sinne von § 124 AO werden (so Wortlaut von § 155 Abs. 1 Satz 2, § 169 Abs. 1 Satz 3 Nr. 1 AO: „der" Steuerbescheid; BFH-GrS, BStBl 2003 II S. 548; AEAO zu § 169 Nr. 1; OFD Hannover, DB 2003 S. 2148).

Beispiel:

S hatte seine ESt-Erklärung 05 in 06 beim FA eingereicht und den endgültigen Bescheid in 07 erhalten. Am 28.12.10 gab das FA den nach § 173 Abs. 1 Nr. 1 AO geänderten ESt-Bescheid 05 mit + 3.000 € ESt zur Post, der inhaltlich richtig und zutreffend adressiert war. Der Bescheid ging dem S

a) erst am 5. 1. 11 zu bzw.

b) nicht zu (Zugang von S bestritten). Das FA stellte nun dem S den Bescheid nach § 3 VwZG mit PZU am 15. 3. 11 zu.

Ist die Festsetzungsfrist gewahrt?

Nach § 169 Abs. 1 Satz 3 Nr. 1 AO ist die Frist nur gewahrt, wenn der Änderungsbescheid vor Fristablauf den FA-Bereich verlassen hat und später tatsächlich zugeht. Für die Fristwahrung reicht es im Fall **a)** aus, dass die tatsächliche Bekanntgabe nach Ablauf der Festsetzungsfrist erfolgte. Dagegen hat im Fall **b)** der am 28. 12. 10 zur Post gegebene „ESt-Bescheid" die Frist nicht gewahrt.

8.6.7 Wirkung der Festsetzungsverjährung

Der Eintritt der Festsetzungsverjährung bewirkt, dass die Steuerfestsetzung sowie die Aufhebung und Änderung einer Steuerfestsetzung nicht mehr zulässig sind (**§ 169 Abs. 1 Satz 1 AO**). Die Festsetzungsverjährung führt – wie **§ 47 AO** ausdrücklich feststellt – somit zum **Erlöschen** des Steueranspruchs. Der Ablauf der Festsetzungsfrist muss in jeder Lage des Verfahrens **von Amts wegen geprüft** werden (§ 88 Abs. 2 AO; BFH, BStBl 2000 II S. 330). Ein Steuerbescheid, durch den verjährte Steuern festgesetzt oder geändert werden, ist auf Anfechtung hin als rechtswidrig aufzuheben oder bei teilweiser Festsetzungsverjährung zu ändern. Er ist jedoch **nicht nichtig** nach § 125 Abs. 1 AO (kein „offenkundiger" Fehler; vgl. BFH, BFH/NV 1995 S. 275). Mit der Aufhebung entfällt die Zahlungspflicht. Hat der Stpfl. bereits gezahlt, so ist die Zahlung nach § 37 Abs. 2 AO zu erstatten vorbehaltlich einer Neufestsetzung nach § 171 Abs. 14 AO. Wird die Festsetzung unanfechtbar, so ist der Bescheid vollstreckbar nach §§ 249 ff. AO (vgl. AEAO Vor § 169 Nr. 3).

8.6.8 Prüfungsschema zur Festsetzungsverjährung

1. **Gegenstand:**
   Steuerbescheide und Steueranmeldungen sowie deren Korrektur nach **§ 169 Abs. 1 Satz 1 und 2 AO;** Ansprüche des Fiskus und des Stpfl.

2. **Beginn der Festsetzungsfrist:**
   a) Grundsatz des § 170 Abs. 1 AO; $\boxed{31.12.\ldots}$
      insbesondere für Verbrauchsteuern und Vorauszahlungsbescheide sowie Antragsveranlagungen

   b) **Anlaufhemmung** nach § 170 Abs. 2 bis 6 AO; für Mehrzahl der Steuerfälle:

   § 170 Abs. 2 Nr. 1 AO für ESt, KSt, USt, GewSt …

   – Erklärungspflicht nach § 149 AO i. V. m. § 25 Abs. 3 EStG; § 18 UStG …

   – Ablauf des Jahres, in dem die wirksame Steuererklärung beim FA einging: 31. 12. …

   – Ende des 3-Jahres-Zeitraums am   31. 12. …

   – Früherer Zeitpunkt ist maßgeblich für Beginn.

   Beginn der Frist danach mit Ablauf $\boxed{31.12.\ldots}$

3. **Dauer der Frist nach § 169 Abs. 2 AO:**
   – ein Jahr für Verbrauchsteuern,
   – vier Jahre für die übrigen Steuern und Steuervergütungen,
   – fünf Jahre für leichtfertig verkürzte Steuern (vgl. § 378 AO),
   – zehn Jahre für Steuerhinterziehungen (vgl. § 370 AO).

   Beachte: **Teilverjährung** („soweit"); Steueranspruch aufteilen.

4. **Regelmäßiges Ende der Festsetzungsfrist:**
   – nach § 108 Abs. 1 AO, § 188 Abs. 2 BGB an sich mit $\boxed{31.12.\ldots}$
   – im Fall von **§ 108 Abs. 3 AO** mit $\boxed{\ldots\ldots}$

5. **Ablaufhemmung nach § 171 AO:**
   In diesen Fällen Ende der Frist regelmäßig im Laufe eines Jahres, also nicht mit dem 31. 12.

   Nach § 171 Abs. … AO Fristende mit Ablauf $\boxed{\ldots\ldots}$

8 Festsetzungs- und Feststellungsverfahren

6. **Fristwahrung nach § 169 Abs. 1 Satz 3 AO?**
7. **Festsetzungsfrist ist nicht abgelaufen/abgelaufen**
8. **Rechtsfolge:**

   a) **Vor Fristablauf:**
   Steuerfestsetzung, Aufhebung oder Änderung ist uneingeschränkt/teilweise („insoweit") zulässig.

   b) **Nach Fristablauf:**
   Steuerfestsetzung, Aufhebung, Änderung oder Berichtigung ist unzulässig (§ 169 Abs. 1 Satz 1 und 2 AO). Der Steueranspruch ist erloschen (§ 47 AO).
   Bei Verstoß: Steuerbescheid ist nicht nichtig, sondern nur anfechtbar.

8.7 Feststellungsbescheide (§§ 179 bis 183 AO)

8.7.1 Abgrenzung zu Steuerbescheiden

Feststellungsbescheide sind Bescheide, in denen Besteuerungsgrundlagen im Sinne von § 199 Abs. 1 AO gegenüber Stpfl. „gesondert" festgesetzt werden (**§ 179 AO**). Die Besteuerungsgrundlagen bilden regelmäßig einen unselbständigen Teil des Steuerbescheides (**§ 157 Abs. 2 AO**). Sie können nicht selbständig mit Rechtsbehelfen angefochten werden. Daher kann der Stpfl. gegen Fehler im Rahmen der Besteuerungsgrundlagen grundsätzlich nur wirksam vorgehen, wenn sie sich auf die Höhe der Steuer auswirken (siehe Tz. 8.2). Der Erlass von Feststellungsbescheiden bildet eine Ausnahme von dem Grundsatz der verfahrensrechtlichen Einheit zwischen Feststellung der Besteuerungsgrundlagen und Festsetzung des Steuerbetrages. Durch die Feststellungsbescheide soll erreicht werden, dass die Besteuerungsgrundlagen zur Durchführung eines ökonomischen Verfahrens und zur Vermeidung widersprüchlicher Entscheidungen in einem Grundlagenbescheid der Art und Höhe nach festgestellt und ggf. auf die Beteiligten aufgeteilt werden. Der Feststellungsbescheid enthält demnach eine **Zusammenfassung einzelner Feststellungen** von Besteuerungsgrundlagen, die regelmäßig eine rechtlich selbständige Würdigung beinhalten, z. B. Qualifikation der Einkünfte, Gewinnhöhe, Verteilung oder Sonderbetriebsvermögen-Gewinn.

Bei einem Streit über die Erforderlichkeit einer gesonderten Feststellung ist nicht in dem Verfahren über den Steuerbescheid, sondern gemäß **§ 182 Abs. 1 AO** in dem **vorgreiflichen Verfahren zur gesonderten Feststellung** zu entscheiden (BFH, BStBl 1986 II S. 93, 539). Ein bereits anhängiges Einspruchsverfahren ist nach § 363 AO auszusetzen (vgl. auch § 74 FGO).

8.7 Feststellungsbescheide

Die **gesonderte**, d. h. vom Steuerfestsetzungsverfahren abgetrennte **Feststellung** von Besteuerungsgrundlagen in Feststellungsbescheiden kommt nur in Betracht, wenn eine gesetzliche Vorschrift eine solche verfahrensmäßige Trennung anordnet (**§ 179 Abs. 1 AO**). Das ist insbesondere geschehen für die gesonderte Feststellung von Verlustabzügen (§ 23 Abs. 3 Satz 9, § 10 d Abs. 3 EStG; § 10 a GewStG), von EW und Grundbesitzwerten nach Maßgabe des BewG (§ 180 Abs. 1 Nr. 1 AO), von Einkünften in den Fällen des § 180 Abs. 1 Nr. 2 und 3 AO und des § 18 AStG. Die Grundsätze, die für diese Feststellungsbescheide gelten, sind auch anwendbar für die einheitliche Festsetzung der Zulage nach § 11 Abs. 6 EigZulG, für Eintragungen auf der LSt-Karte, für die Durchführung des LSt-Abzugs und für den LStJA des Arbeitgebers (§ 39 Abs. 3 b, § 39 a Abs. 4, § 39 b Abs. 2 und 3, § 41 c Abs. 1 Nr. 1, § 42 b Abs. 2 EStG); ferner für bestimmte Grundstückserwerbe (§ 17 Abs. 2 bis 4 GrEStG).

ESt-Bescheide können die Wirkungen von Feststellungsbescheiden haben bei Zinsbescheiden (§ 239 i. V. m. §§ 233 a, 235 AO), für die Ausbildungsförderung gemäß §§ 21, 24 BAföG hinsichtlich der positiven Einkünfte (vgl. BFH, BStBl 1996 II S. 654 m. w. N.) oder bei der Gewährung von Wohnungsbauprämie sowie bei Erziehungsgeld (§ 2 a WoPG; § 19 WoPDV; § 6 BErzGG). Kein Feststellungsbescheid ist der ESt-Bescheid in Bezug auf den **GewSt-Messbescheid** wegen § 184 Abs. 1 Satz 2 AO, § 7 GewStG (vgl. BFH, BStBl 1999 II S. 401; Abschn. 38 Abs. 1 GewStR). Der **§ 35 b GewStG** ist insoweit lediglich eine **Vereinfachungsvorschrift** (vgl. Abschn. 83 GewStR). Dagegen ist der GewSt-Messbescheid ein Grundlagenbescheid für den ESt-Bescheid im Rahmen des § 35 Abs. 1 EStG. Auch der ESt-Bescheid des Verlustentstehungsjahres ist kein Grundlagenbescheid für das Verlustabzugsjahr, da § 10 d EStG die Reihenfolge des Abzugs des gesondert festgestellten Verlustes vorgibt (BFH, BFH/NV 2001 S. 1026).

Eine **gesonderte und einheitliche Feststellung** ergeht, wenn dies gesetzlich bestimmt ist oder der Gegenstand der Feststellung mehreren Personen zuzurechnen ist (**§ 179 Abs. 2 Satz 2 AO**). Dadurch wird allen Beteiligten gegenüber eine Gesamtentscheidung getroffen; Hinweis auf § 182 Abs. 3 und § 183 AO. Die Einheitlichkeit des Bescheides betrifft den Entscheidungsinhalt, nicht aber die zeitlich gestufte, ggf. nachholbare Bekanntgabe (vgl. AEAO zu § 122 Nr. 2.5.1).

Die Feststellungen, die in den Feststellungsbescheiden getroffen sind, werden den Steuerbescheiden (Folgebescheiden) zugrunde gelegt (**§ 182 Abs. 1 AO**). Entsprechendes gilt für **Steuermessbescheide** und die **Bindung anderer – auch nichtsteuerlicher – Verwaltungsakte** (für Nachweis der Behinderung im Sinne von § 33 b EStG siehe § 65 EStDV und H 194 EStH, für Bescheinigungen der Denkmalschutzbehörden beachte §§ 7 i, 10 f EStG). Diese Bescheide werden daher auch als **Grundlagenbescheide** bezeichnet (§ 171 Abs. 10 AO). An ihren Inhalt ist die Finanzbehörde bei der Veranlagung gebunden. Hierbei sind **§ 175 Abs. 1 Satz 1 Nr. 1, § 351 Abs. 2 und § 361 Abs. 3 AO** zu beachten.

8 Festsetzungs- und Feststellungsverfahren

Beim Erlass von Grundlagenbescheiden und Folgebescheiden ist gemäß § 155 **Abs. 2 AO keine zeitliche Reihenfolge** vorgegeben. Soweit gesondert festzustellende **Besteuerungsgrundlagen** (z. B. Verlustanteile, Grundbesitzwerte) noch nicht festgestellt sind, kann die Behörde sie vorab in einem Folgebescheid **schätzen**, § 162 **Abs. 5 AO** (siehe Ausführungen unter Tz. 8.1.2). Sobald der abweichende Grundlagenbescheid erlassen wird, ist der endgültige Folgebescheid nach § 175 Abs. 1 Satz 1 Nr. 1 AO zu ändern. Dies gilt vorbehaltlich Treu und Glauben (BFH, BStBl 1989 II S. 393), § 177 AO oder gesetzlicher Antragsfristen, z. B. § 46 Abs. 2 Nr. 8 EStG (vgl. BFH, BStBl 1987 II S. 338).

Ein gesetzlich erforderlicher und damit **vorrangiger Feststellungsbescheid** muss auch erlassen werden, wenn Folgebescheide, deren Grundlage der Feststellungsbescheid sein wird, bereits unanfechtbar geworden sind. Die endgültigen Folgebescheide sind ggf. nach § **175 Abs. 1 Satz 1 Nr. 1 AO** mit allen positiven und negativen Folgerungen zu ändern (BFH, BStBl 1996 II S. 261; 2000 II S. 330).

Beispiel:

Dem A sind bei der ESt-Veranlagung Einkünfte aus Gewerbebetrieb in Höhe von 200.000 € zugerechnet worden. Die Einkünfte mussten geschätzt werden, weil A eine ESt-Erklärung nicht abgegeben hatte. Nach Bestandskraft des ESt-Bescheides macht A geltend, er habe den Gewerbebetrieb mit B in Form einer GbR betrieben. Die Einkünfte seien beiden je zur Hälfte (= 80.000 €) zuzurechnen. Rechtslage?

Über die Beteiligung ist nach § 180 Abs. 1 Nr. 2 Buchst. a AO durch Feststellungsbescheid zu entscheiden. Das Verfahren ist trotz der Bestandskraft des ESt-Bescheides einzuleiten und durchzuführen (vgl. BFH, BStBl 1984 II S. 290; 1985 II S. 189, 486). Der Bescheid des A ist sodann nach § 175 Abs. 1 Satz 1 Nr. 1 AO zu ändern, d. h. Ansatz der gewerblichen Einkünfte in Höhe von 80.000 € statt 200.000 €.

Setzt ein nachträglich ergangener Feststellungsbescheid die Besteuerungsgrundlagen, z. B. Einkünfte, in derselben Höhe fest, die im vorangegangenen Bescheid nach § 155 Abs. 2, § 162 Abs. 5 AO berücksichtigt wurden, so besteht für eine Anpassung des Folgebescheides ausnahmsweise kein Anlass (BFH, BStBl 1985 II S. 3). Bei dieser Sachlage wäre es eine sinnlose Förmelei, den Folgebescheid aufzuheben und sogleich wieder mit unverändertem Inhalt zu erlassen. Einwendungen gegen die Besteuerungsgrundlagen müssen nach § 351 Abs. 2, § 182 Abs. 1 AO gegen den Feststellungsbescheid erhoben werden und nicht mehr gegen den vorab ergangenen Folgebescheid. Ein bereits anhängiges Einspruchsverfahren ist gemäß § 363 AO auszusetzen.

Für gesonderte Feststellungen gelten die **Vorschriften über die Durchführung der Besteuerung** sinngemäß (**§ 181 Abs. 1 AO**). Für das **Rechtsbehelfsverfahren** sind **Sonderregelungen** zu beachten (vgl. § 351 Abs. 2, §§ 352, 353, 361 Abs. 3, § 360 Abs. 3 AO). Im Übrigen richtet sich der Inhalt der Feststellungsbescheide nach den dafür geschaffenen Sonderbestimmungen (vgl. § 10 d Abs. 3, § 39 Abs. 3 b, § 39 a Abs. 4 EStG).

8.7.2 Erklärungspflicht

Nach § **181 Abs. 2 Nr. 1 bis 3 AO** ist grundsätzlich **jeder Beteiligte** erklärungspflichtig, dem der Gegenstand der Feststellung zuzurechnen ist. Darüber hinaus sind nach Nr. 4 auch gesetzliche Vertreter, Geschäftsführer und Vermögensverwalter (§ 34 AO) erklärungspflichtig. Die Abgabe einer Feststellungserklärung befreit andere Beteiligte von der Pflicht, „soweit" die abgegebene Erklärung vollständig war, z. B. Abgabe durch den Geschäftsführer einer Gesellschaft. Für notwendige, aber nicht erklärte Angaben besteht insoweit eine eingeschränkte Erklärungspflicht fort, z. B. für Teil-Feststellungserklärungen bzgl. Sonderbetriebseinnahmen oder -ausgaben. Eine **Sonderregelung** enthält § **3 GFestV** (vgl. dazu BMF-Schreiben Tz. 6, BStBl 2001 I S. 256).

8.7.3 Feststellung von Einheitswerten und Grundbesitzwerten

§ 180 Abs. 1 Nr. 1 AO verweist für die wichtigsten Gegenstände, für die eine Feststellung von Einheitswerten (EW) erfolgt, auf das BewG. Das gilt für die Feststellung von Grundbesitzwerten sinngemäß nach § 138 Abs. 5 BewG (vgl. BMF, BStBl 2004 I S. 916).

8.7.3.1 Gesonderte Feststellungen

Nach § 19 Abs. 1 BewG werden EW gesondert festgestellt für inländischen Grundbesitz. Gemäß § 138 BewG gelten die AO-Vorschriften sinngemäß für die Feststellung von Grundbesitzwerten. EW- und Grundbesitzwert-Feststellungen unterbleiben, wenn sie als Grundlagenbescheide einer Einzelsteuerfestsetzung nicht benötigt werden. Das folgt aus dem Wortlaut des § 182 Abs. 1 AO, der die Bindung der Folgebescheide an EW nur vorsieht, wenn die getroffenen Feststellungen für diese Bescheide „von Bedeutung sind" (vgl. § 19 Abs. 4 und § 138 Abs. 5 BewG für **Bedarfsbewertung**).

Die gesonderten Feststellungen werden **einheitlich** getroffen, wenn der Gegenstand mehreren Personen zuzurechnen ist (§ 179 Abs. 2 AO, § 19 Abs. 3 Nr. 2 BewG). Das ist der Fall, wenn mehrere bürgerlich-rechtlich oder wirtschaftlich (§ 39 Abs. 2 AO) Eigentümer oder Inhaber der wirtschaftlichen Einheit sind (vgl. auch § 26 BewG).

8.7.3.2 Umfang der Feststellungen

Alle Entscheidungen, die den EW oder Grundbesitzwert als Besteuerungsgrundlage betreffen und für die darauf beruhenden Steuerfestsetzungen von Bedeutung sind, müssen im Feststellungsbescheid getroffen werden (§ 19 BewG). Die getroffenen Feststellungen zum Wert, zur Art und zur Zurechnung sind **selbständige Feststellungen** (= Verbindung mehrerer Verwaltungsakte), die gesondert angefochten und bestandskräftig werden können (BFH, BStBl 1987 II S. 292; 1989 II S. 822). Soweit eine notwendige Feststellung unterblieben ist, ist sie in einem **Ergänzungsbescheid** nachzuholen (§ 179 Abs. 3 AO). In diesem Sinne kann u. U. ein gegen den Feststellungsbescheid eingelegter Einspruch als Antrag auf Erlass eines Ergänzungsbescheides zu werten sein.

8.7.3.3 Besonderheiten der Verjährung

Grundsätzlich gelten auch für die Feststellungsbescheide die allgemeinen Vorschriften über die Festsetzungsverjährung, wie z. B. Fristbeginn, Fristdauer und Fristende (§ 181 Abs. 1 AO). Jedoch enthält § **181 AO** Sonderbestimmungen für die **Feststellungsverjährung**. Die EW werden durch eine Hauptveranlagung regelmäßig für mehrere Kalenderjahre festgestellt und beziehen sich auf den 1. 1. eines Jahres. Diese punktuelle Feststellung erfordert auch für EW eine **besondere Anlaufhemmung.** Für den Beginn der Feststellungsfrist ist grundsätzlich der Hauptfeststellungs-, Fortschreibungs-, Nachfeststellungs- und Aufhebungszeitpunkt maßgebend, d. h., die Feststellungsfrist beginnt mit Ablauf des Kalenderjahres, auf dessen Beginn die Feststellung vorzunehmen ist, soweit nicht eine Anlauf- oder Ablaufhemmung zu beachten ist (§ **181 Abs. 3** Satz 1 AO). Ist für die Hauptfeststellung eine Erklärung einzureichen (§ 28 BewG) und wird diese nach Ablauf des ersten Kalenderjahres des Hauptfeststellungszeitraumes abgegeben, so beginnt die Frist für die gesonderte Feststellung auf den Hauptfeststellungszeitpunkt mit Ablauf des Kalenderjahres, in dem die Erklärung eingereicht wird, spätestens jedoch mit Ablauf des dritten Kalenderjahres, das auf das Kalenderjahr folgt, auf dessen Beginn die Hauptfeststellung vorgenommen wird (§ 181 Abs. 3 Satz 2 AO). Wird der Beginn der Feststellungsfrist für die Hauptfeststellung hinausgeschoben, so ist damit gleichzeitig eine entsprechende Anlaufhemmung für alle Fortschreibungen innerhalb des Hauptfeststellungszeitraums verbunden (§ 181 Abs. 3 Satz 3 AO). Eine besondere Anlaufhemmung sieht § **181 Abs. 4 AO** für die Fälle vor, in denen EW erstmals zu einem nach dem Feststellungszeitpunkt liegenden Zeitpunkt steuerlich anzuwenden sind.

Ausnahmsweise kann nach § **181 Abs. 5 AO** trotz Ablaufs der Feststellungsfrist noch eine Feststellung ergehen, wenn diese für eine Steuerfestsetzung von Bedeutung ist, deren Festsetzungsfrist im Zeitpunkt der gesonderten Feststellung noch nicht abgelaufen ist (§ 25 BewG). Die Wirkung der gesonderten Feststellung beschränkt sich jedoch auf die bei Ergehen des Bescheides noch festsetzbaren Steuern.

8.7.3.4 Dingliche Wirkung des Bescheides

Die EW-Feststellung hat dingliche Wirkung (§ **182 Abs. 2 AO**). Während Verwaltungsakte grundsätzlich nur gegenüber Personen wirken, an die sie gerichtet sind, sind die EW gegenständlich gebunden. Das gilt sinngemäß für die Feststellung von Grundbesitzwerten (§ 138 Abs. 5 BewG). Nach § 182 Abs. 2 AO muss auch der **Einzelrechtnachfolger** den Bescheid gegen sich gelten lassen (vgl. § 45 und § 166 AO für Gesamtrechtsnachfolger).

Einer Bekanntgabe an den Einzelrechtsnachfolger bedarf es in diesem Falle nur, wenn die Rechtsnachfolge eintritt, bevor der Bescheid dem Rechtsvorgänger bekannt gegeben worden ist (§ 182 Abs. 2 Satz 2 AO). War der Bescheid im Zeitpunkt der Rechtsnachfolge bereits bekannt gegeben, so muss der Rechtsnachfolger die etwa eingetretene Unanfechtbarkeit dieses Bescheides hinnehmen. Läuft die Einspruchsfrist im Zeitpunkt der Rechtsnachfolge noch, so kann der Rechtsnachfolger selbständig Einspruch einlegen (**§ 353 AO**). Die dingliche Wirkung des Bescheides wird dadurch gemildert, dass nach § 22 Abs. 3 BewG ggf. eine berichtigende Wertfortschreibung möglich ist.

8.7.4 Gesonderte Feststellung des sonstigen Vermögens, der Schulden und sonstigen Abzüge

§ 180 Abs. 1 Nr. 3 AO regelt die gesonderte Feststellung des Gesamtvermögens sowie der Schulden und sonstigen Abzüge, wenn diese mehreren Personen steuerlich zuzurechnen sind und die Feststellungen für die Besteuerung Bedeutung haben. Die Vorschrift ist ohne Bedeutung wegen Aufhebung der entsprechenden BewG-Vorschriften ab 1. 1. 1997.

8.7.5 Feststellung von Einkünften und anderen Besteuerungsgrundlagen

Wichtige Einzelfälle zur gesonderten Feststellung von Einkünften enthält die Vorschrift des **§ 180 AO**, wobei zugleich geregelt wird, unter welchen Voraussetzungen von einer gesonderten Feststellung abzusehen ist.

8.7.5.1 Gesonderte Feststellung von Einkünften

Die einkommensteuerpflichtigen und körperschaftsteuerpflichtigen Einkünfte werden gesondert festgestellt für Einkünfte aus **Land- und Forstwirtschaft,** aus **Gewerbebetrieb** oder einer **freiberuflichen Tätigkeit** sowie bei bestimmten Auslandsbeteiligungen (**§ 180 Abs. 1 Nr. 2 Buchst. b AO**). § 180 Abs. 5 AO ist entsprechend anwendbar. Die gesonderte Feststellung wird aber nur vorgenommen, wenn das für die Feststellung zuständige „Berufs-FA" (§ 18 Abs. 1 AO) nicht auch zugleich für die Festsetzung der Steuern vom Einkommen zuständig ist. Maßgeblich hierfür sind die Verhältnisse zum Schluss des Gewinnermittlungszeitraums (Kalenderjahr oder Wirtschaftsjahr) und nicht die Verhältnisse im Zeitpunkt der Veranlagung (vgl. AEAO zu § 180 Nr. 2). Zweck der Vorschrift ist es, bei den Einkünften eines **Einzelunternehmers** aus Land- und Forstwirtschaft,

Gewerbebetrieb oder einer freiberuflichen Tätigkeit (§ 18 Abs. 1 Nr. 1 EStG) nur dann eine gesonderte Feststellung vorzunehmen, wenn **Wohnsitz** und **Betriebsort oder Tätigkeitsort auseinander fallen** (vgl. BFH, BStBl 1999 II S. 691; Bremen, DStZ 2001 S. 442 mit Beispielen). Dem Betriebs-FA, Lage-FA oder Tätigkeits-FA ist es in diesen Fällen besser möglich als dem Wohnsitz-FA, den Gewinn zu ermitteln (vgl. § 18 Abs. 1 Nr. 1 bis 3, § 19 Abs. 3 bis 5 AO).

Beispiele:

1. A wohnt in X (FA X). Er ist Inhaber eines Handelsgeschäftes in Y (FA Y). Der Gewinn aus Gewerbebetrieb in Y wird vom FA Y gesondert festgestellt (§ 180 Abs. 1 Nr. 2 Buchst. b AO) und damit bindend nach § 182 AO (vgl. AEAO zu § 180 Nr. 2).

2. Wie 1.; nur übt A seine Tätigkeit als Insolvenzverwalter vorwiegend in Y aus. Die Tätigkeit eines berufsmäßigen Insolvenzverwalters ist keine freiberufliche Tätigkeit im Sinne von § 18 Abs. 1 Nr. 1 EStG. Sie rechnet als im Wesentlichen verwaltende Tätigkeit zu der sonstigen selbständigen Arbeit im Sinne von § 18 Abs. 1 Nr. 3 EStG. Der Gewinn ist daher nicht gesondert festzustellen, weil die Feststellung nach § 180 Abs. 1 Nr. 2 Buchst. b AO nur Einkünfte aus „freiberuflicher Tätigkeit" nach § 18 Abs. 1 Nr. 1 EStG erfasst (vgl. AEAO zu § 180 Nr. 2.2). Für die Besteuerung zuständig ist allein das Wohnsitz-FA (§ 19 Abs. 1 AO).

Bei **Auslandsbeteiligungen** ist nach **§ 18 AStG** die gesonderte Feststellung der Beteiligungen an ausländischen Zwischengesellschaften im Sinne der §§ 7 bis 14 AStG erforderlich (vgl. dazu BFH, BStBl 1985 II S. 410). Auch **§ 4 InvZulG** sieht gesonderte Feststellungen vor.

8.7.5.2 Gesonderte und einheitliche Feststellung von Einkünften nach § 180 Abs. 1 Nr. 2 Buchst. a AO

Bei der gesonderten und einheitlichen Feststellung von **Einkünften** und mit ihnen im Zusammenhang stehende **andere Besteuerungsgrundlagen** ist zu unterscheiden, ob mehrere Personen an **gemeinschaftlichen Einkünften** im Sinne von **§ 180 Abs. 1 Nr. 2 Buchst. a AO** oder sonst bei **gleichem Sachverhalt nur am Gegenstand beteiligt** sind (§ 180 Abs. 2 AO i. V. m. § 1 GFestV = V zu § 180 Abs. 2 AO). Im ersten Fall muss („werden"), im zweiten Fall kann eine Feststellung erfolgen.

Gesondert und einheitlich werden die einkommensteuerpflichtigen und körperschaftsteuerpflichtigen Einkünfte festgestellt, wenn an **„denselben" Einkünften** aus einer (oder mehreren) gemeinsamen Einkunftsquelle(n) **mehrere Personen beteiligt** sind und die Einkünfte diesen Personen steuerlich zuzurechnen sind (**§ 180 Abs. 1 Nr. 2 Buchst. a, § 179 Abs. 2 AO**). Nach dem Zweck dieser Vorschrift ist eine einheitliche **positive** oder **negative Feststellung** auch erforderlich, wenn zweifelhaft ist, ob überhaupt gemeinschaftliche Einkünfte vorliegen oder ob für diese Personen überhaupt eine Veranlagung durchgeführt werden darf (BFH, BStBl 1991 II S. 641).

Die gesonderte und einheitliche Feststellung nach § 180 Abs. 1 Nr. 2 Buchst. a AO erfasst u. a. „dieselben **Einkünfte**" im Sinne von § 2 Abs. 1 EStG. Dieser Begriff umfasst alle Einnahmen/Ausgaben der dort genannten Einkunftsarten, z. B. Gewinneinkünfte gemäß § 15 Abs. 1 Nr. 2 EStG, d. h. Gewinn inklusive Sonderbetriebseinnahmen/-ausgaben oder Überschusseinkünfte, nicht aber sonstige gemeinsam verwirklichte Besteuerungsgrundlagen. Daraus ergeben sich entsprechende Sonderregelungen für die einheitliche Feststellung von Sonderausgaben und anderen (Abzugs-)Beträgen mangels Einkünften (s. u.). Für sonstige Fälle kann ggf. eine Feststellung nach § 180 Abs. 2 AO erfolgen.

Nach § 180 Abs. 1 Nr. 2 Buchst. a AO werden in die Feststellung auch einbezogen die mit den Einkünften in – rechtlichem, wirtschaftlichem oder tatsächlichem – „**Zusammenhang stehenden anderen Besteuerungsgrundlagen**". Dazu gehören z. B. aus Mitteln der Gesellschaft zugunsten der Gesellschafter geleistete Spenden, Steuerberatungskosten oder Versicherungsbeiträge (= keine Betriebsausgabe der Gesellschaft, sondern Entnahme der Gesellschafter), steuerfreie Zuschüsse (§ 3 EStG) oder ausländische Ertragsteuern (§ 34 c EStG). Wegen der Bindungswirkung werden unterschiedliche Entscheidungen bei den einzelnen Beteiligten sowie spätere Nachweise bzw. aufwendige Rückfragen seitens der Wohnsitz-FÄ bei den Feststellungs-FÄ vermieden. Soweit derartige Besteuerungsgrundlagen versehentlich nicht berücksichtigt wurden, sind sie in einem **Ergänzungsbescheid** gemäß **§ 179 Abs. 3 AO** nachzuholen (siehe Tz. 8.7.5.5; AEAO zu § 180 Nr. 1 und zu § 179 Nr. 4).

Ferner sind nach **§ 180 Abs. 5 AO** in die Feststellung **anzurechnende Steuerabzugsbeträge** einzubeziehen. Dadurch müssen die Steuerbescheinigungen nur beim Feststellungs-FA vorgelegt werden. Für das Wohnsitz-FA sind die Feststellungen für den Folge(steuer)bescheid und nach § 182 Abs. 1 Satz 2 AO auch für die Anrechnung als sonstiger Verwaltungsakt bzw. für einen Abrechnungsbescheid bindend (vgl. AEAO zu § 180 Nr. 6 und 7).

Nach § 180 Abs. 1 Nr. 2 Buchst. a AO müssen die Einkünfte bei den Beteiligten nicht zur gleichen Einkunftsart des § 2 Abs. 1 EStG gehören, sondern ihnen nur aus der **Einkunftsquelle „gemeinschaftlich zustehen**" (vgl. BFH, BStBl 1989 II S. 343 m. w. N.). Das ist bedeutsam für die einheitliche Ermittlung der Einkünfte betrieblich und privat beteiligter Gesellschafter einer „**Zebragesellschaft**". Hier sind einzelne Gesellschafter betrieblich an einer vermögensverwaltenden Personengesellschaft beteiligt, wie etwa ein gewerblicher Grundstückshändler an einer nicht gewerblich geprägten Grundstücksgemeinschaft oder Freiberufler an der mit ihren Ehefrauen gebildeten Praxis-Vermietungsgesellschaft (vgl. BFH, BStBl 1996 II S. 5, 303; 2001 II S. 798; 2003 II S. 167).

Hierbei ergeben sich **Wechselwirkungen zwischen Feststellungs- und Steuerbescheid**. Grundsätzlich ermittelt das **Feststellungs-FA** nach §§ 179, 180 Abs. 1 Nr. 2 Buchst. a AO die auf der Ebene der Personengesellschaft erzielten „**Einkünfte**". Es ist aber regelmäßig nicht in der Lage, außerhalb des Gesellschaftsverhältnisses liegende Besteuerungsgrundlagen, z. B. Betriebsvermögen und gewerbliche Einkünfte aus Grundstückshandel, umfassend und abschließend zu beurteilen. Daher obliegt nach BFH die umfassende materiell-rechtliche Würdigung aller außerhalb des Gesellschaftsverhältnisses liegenden Besteuerungsgrundlagen und deren Folgewirkungen auf die Art und Höhe der Einkünfte allein dem **Wohnsitz-FA** (BStBl 1999 II S. 401; 2003 II S. 167 als Vorlagebeschluss an GrS). Grundlagen- und Folgebescheid beeinflussen sich wechselseitig („Pingpong-Lösung"). Das Verfahren ist – vorbehaltlich § 180 Abs. 3 Nr. 2 AO – wie folgt:

1. Die gemeinsamen Einkünfte sind vom **Feststellungs-FA** grundsätzlich zunächst der **Höhe** nach als „**Überschusseinkünfte**" (V+V und/oder Kapitalvermögen) **festzustellen**. Die Art der Einkünfte ist nicht bindend für den Folgebescheid. Ausnahmsweise kann bereits eine **Umqualifizierung in gewerbliche Einkünfte** „unverbindlich" und „vorläufig" erfolgen, wenn der betreffende Beteiligte bereits kraft Rechtsform (z. B. GmbH) gewerbliche Einkünfte erzielen muss oder wenn eine Zuordnung der Beteiligung zum Betriebsvermögen des Beteiligten erwartet werden kann oder der Beteiligte bereits von sich aus darauf hingewiesen hat, dass sein Einkünfteanteil als Gewinnanteil ermittelt und festgestellt wird, z. B. entsprechend dem Vorjahr (siehe 4.).

2. Das **Wohnsitz-FA** prüft anschließend, ob die Einkünfte aus der Beteiligung der **Art** nach ggf. gewerbliche Einkünfte darstellen und daher abweichend vom Feststellungsbescheid **im ESt-/KSt-Bescheid umzuqualifizieren** sind. Die **Höhe** der im Steuerbescheid anzusetzenden Einkünfte richtet sich dabei **nach dem Feststellungsbescheid**. Das Wohnsitz-FA darf also nicht eigenmächtig umrechnen!

3. Im Anschluss an den Steuerbescheid muss das **Feststellungs-FA** den Feststellungsbescheid ggf. nach § 164 Abs. 2 AO bzw. § 175 Abs. 1 Satz 1 Nr. 1 AO an den für ihn insoweit als Grundlagenbescheid wirkenden Steuerbescheid anpassen. Im Rahmen dieser **Folgeänderung des Feststellungsbescheides** ermittelt es die jetzt **umqualifizierten Einkünfte** als – anteiligen – **Gewinn** in entsprechender Höhe (ggf. durch Bestandsvergleich verbunden z. B. mit Rückstellungen, Verbindlichkeiten, stpfl. Einnahmen aus der Veräußerung von Gesellschaftsvermögen = „Als-ob-Bilanz"). Dieser korrigierte Feststellungsbescheid ist wieder Grundlagenbescheid für den Steuerbescheid.

4. Das **Wohnsitz-FA** kann erst jetzt die gewerblichen Einkünfte verbindlich nach § 182 Abs. 1 AO im Steuerbescheid mit dem gesondert und einheitlich festgestellten Gewinnanteil des Beteiligten ansetzen, sofern nicht das Feststel-

8.7 Feststellungsbescheide

lungs-FA den Einkünfteanteil bereits „vorläufig" (siehe 1.) als Gewinnanteil ermittelt hatte. Der **Steuerbescheid** ist nach § 164 Abs. 2 AO bzw. § 175 Abs. 1 Satz 1 Nr. 1 AO hinsichtlich der Einkünfteermittlung – **Höhe der Einkünfte** – dem Feststellungsbescheid **anzupassen.**

Nach Auffassung der Finanzverwaltung werden dagegen die Einkünfte objektiv durch die Tätigkeit der Gesellschaft bestimmt und ermittelt. Sie werden erst auf der Ebene des Gesellschafters im Folgebescheid (Steuerbescheid) umqualifiziert (vgl. BMF-Schreiben, BStBl 1994 I S. 282 Nr. 2 mit Vereinfachungsregelungen in Nr. 7 und 8, sowie Nichtanwendungserlass in BStBl 1999 I S. 592).

An denselben Einkünften sind **mehrere beteiligt,** wenn diese Einkünfte mehreren Personen zuzurechnen sind. Das ist der Fall, wenn diese Personen gemeinschaftlich den Tatbestand der betreffenden Einkunftsart des EStG verwirklicht haben **(= gemeinschaftliche Einkunftsquelle).** Regelmäßig liegt einer Beteiligung an den Einkünften ein zivilrechtliches Gesellschafts- oder Gemeinschaftsverhältnis zugrunde. Die Zurechnung von Einkünften an mehrere Personen setzt aber begrifflich ein derartiges Verhältnis nicht voraus. Eine **Sonderregelung** enthält **§ 179 Abs. 2 Satz 3 AO** für atypische stille Unterbeteiligungen (s. u.). Liegen keine „gemeinschaftlichen" Einkünfte vor, kann **§ 180 Abs. 2 AO** in Betracht kommen (siehe unter Tz. 8.7.5.3).

> **Beispiel:**
>
> Niedergelassene Ärzte bilden im „Ärztehaus" eine GbR, die Geräte anschafft, gemeinsam ein Labor betreibt und die Kosten aufteilt. Dabei wird kein Gewinn erzielt, sondern nur der Aufwand anteilig auf die Gesellschafter verteilt. Rechtsfolge?
> Die GbR hat keine Gewinnerzielungsabsicht. Deshalb stellt sie sich nicht als Mitunternehmerschaft dar (vgl. § 15 Abs. 2, § 18 Abs. 4 EStG). Die Aufwendungen aus dieser Hilfstätigkeit sind den Ärzten nicht als „Einkünfte" im Sinne von § 180 Abs. 1 Nr. 2 Buchst. a AO, § 18 EStG zuzurechnen (vgl. BFH, BStBl 2003 II S. 947; BMF-Schreiben, DB 1987 S. 1016). Hinweis auf § 180 Abs. 2 AO i. V. m. GFestV (siehe Tz. 8.7.5.3).

Fallgruppen für die Beteiligung mehrerer Personen:

- **Mitunternehmerschaften:**

An einer Land- und Forstwirtschaft, einem Gewerbebetrieb oder einer selbständigen Berufstätigkeit sind mehrere beteiligt, wenn sie Mitunternehmer sind (vgl. § 15 Abs. 1 Nr. 2 EStG; Entsprechendes gilt nach § 13 Abs. 7 und § 18 Abs. 4 EStG). Die Mitunternehmerschaft erfordert regelmäßig folgende Hauptmerkmale: Mitunternehmerinitiative und Mitunternehmerrisiko. Sie müssen beide vorliegen, können aber im Einzelfall unterschiedlich ausgeprägt sein (vgl. BFH, BStBl 2000 II S. 183; 2005 II S. 168 m. w. N.). Typische Formen der Mitunternehmerschaft bilden danach die **OHG, KG,** GmbH & Co. KG, **GbR** (u. a. Sozietäten), **Partnerschaft, atypische stille Gesellschaft** (auch GmbH & Still) und ggf. die unternehmerische **Erbengemeinschaft** (vgl. BFH-GrS, BStBl 1990 II S. 837; wegen Einzelheiten siehe Zimmermann/Hottmann/Hübner/Schaeberle/Völkel, Die Personengesellschaft im Steuerrecht, 8. Aufl. 2003, Erich Fleischer Verlag). Jemand, der zivilrechtlich nicht Gesellschafter ist, kann ausnahmsweise Mitunternehmer eines von einer Personengesellschaft betriebenen Unternehmens sein, wenn ein vergleichbares Gemeinschaftsverhältnis vorliegt („verdeckte Mitunternehmerschaft"; vgl. BFH, BStBl 1994 II S. 282, 700, 702).

Die **Gewinnfeststellung an einer Personengesellschaft umfasst** nach § 180 Abs. 1 Nr. 2 Buchst. a AO, §§ 15 bis 16 EStG den **Gewinn** der Gesellschaft, den **Gewinnanteil** der Gesellschafter und die in § 15 Abs. 1 Nr. 2 und Satz 2 EStG genannten **Sondervergütungen** sowie Gewinne aus der Veräußerung des Gesellschaftsanteils, sonstige **Sonderbetriebseinnahmen und -ausgaben** der Gesellschafter und **andere Besteuerungsgrundlagen,** die ihre Ursache im Gesellschaftsverhältnis haben. Sonstige steuerliche Verhältnisse der Gesellschafter werden dagegen nicht erfasst (s. u. „Umfang"). **Sonderbetriebsausgaben** (§ 4 Abs. 4 EStG) sind alle persönlichen Aufwendungen eines Mitunternehmers, die entweder zugunsten der Gesellschaft oder aber zugunsten des Mitunternehmeranteils von ihm allein geleistet werden. Dazu zählen u. a.: Aufwendungen des einzelnen Mitunternehmers, die durch seine Beteiligung an der Gesellschaft oder durch sein Sonderbetriebsvermögen veranlasst sind; vom Gesellschafter allein getragene Reisekosten für Geschäftsreisen zugunsten der Gesellschaft; Steuerberatungskosten wegen des Mitunternehmeranteils; Darlehenszinsen zur Finanzierung des Erwerbs eines Mitunternehmeranteils; Bürgschaftsaufwendungen; Gewinn- oder Verlustzuführung an einen Unterbeteiligten. Derartige Sonderbetriebsausgaben aller Art – mit Ausnahme der atypischen Unterbeteiligungsverhältnisse – können wegen des sachlichen Zusammenhangs als Einkünfte nur im Gewinnfeststellungsverfahren nach § 180 Abs. 1 Nr. 2 Buchst. a AO ermittelt und verteilt werden. Die Möglichkeit, dass die Mitgesellschafter von den persönlichen Betriebsausgaben Kenntnis erlangen, gehört zu dem Risiko, das ein Gesellschafter mit seiner Beteiligung an einer solchen Personengesellschaft eingeht.

Soweit zwischen **Ehegatten Mitunternehmerschaft** besteht, ist eine Gewinnfeststellung grundsätzlich erforderlich. Die Tatsache, dass bei den Eheleuten eine Zusammenveranlagung zu erwarten ist, rechtfertigt i. d. R. aber die Annahme eines Falles „von geringer Bedeutung" gemäß § 180 Abs. 3 Nr. 2 AO (vgl. AEAO zu § 180 Nr. 4; H 174 b EStH).

Keine Mitunternehmer sind partiarische und sonstige **Darlehensgeber** sowie **typische stille Gesellschafter,** da sie nicht „auf Gedeih und Verderb" mit dem Unternehmen verbunden sind, sondern bloß schuldrechtliche Ansprüche haben (vgl. § 20 Abs. 1 Nr. 4 EStG). Das Gleiche gilt für **„Büro-, Labor- oder sonstige Kostengemeinschaften",** deren Zweck lediglich eine gemeinsame Kostenverrechnung ist (BFH, BStBl 2003 II S. 947). In diesen Fällen erzielen die Beteiligten

8.7 Feststellungsbescheide

Einkünfte aus verschiedenen Sachverhalten. § 180 Abs. 1 Nr. 2 Buchst. a AO greift daher nicht ein; beachte hierfür § 180 Abs. 2 AO i. V. m. GFestV.

Beispiele:

1. Der Gewerbetreibende G benötigt Kapital und überredet S, sich mit 300.000 € an dem Unternehmen zu beteiligen. Sie vereinbaren Folgendes: Da das Kapital des G zur Zeit des Vertragsabschlusses 900.000 € beträgt, soll S mit 25 v. H. am Gewinn und Verlust beteiligt sein. S kann das Vertragsverhältnis frühestens nach 10 Jahren kündigen. Er erhält dann 300.000 € (zuzüglich nicht gezahlter Gewinne oder abzüglich noch nicht berücksichtigter Verluste). Im ersten Jahr wird ein Gewinn von 100.000 € erzielt. Erfolgt eine gesonderte und einheitliche Feststellung?

S hat nur Anteil am Gewinn und Verlust des Gewerbebetriebs, nicht aber an den Vermögenswerten. S ist stiller Gesellschafter im Sinne des § 230 HGB. Sein Gewinnanteil gehört zu den Einkünften aus Kapitalvermögen (§ 20 Abs. 1 Nr. 4 EStG). Eine Feststellung nach § 180 Abs. 1 Nr. 2 Buchst. a AO entfällt mangels Beteiligung an den „denselben Einkünften" aus dem Gewerbebetrieb. Damit erzielen G und S Einkünfte aus verschiedenen Sachverhalten (vgl. BFH, BStBl 2000 II S. 183).

2. Abweichend von 1. vereinbaren G und S, bei Auflösung des Vertragsverhältnisses die Auseinandersetzung nach Maßgabe der Kapitalkonten vorzunehmen.

In diesem Fall liegt eine Mitunternehmerschaft vor, weil S am Anlagevermögen und den stillen Reserven beteiligt ist und damit ein echtes Unternehmerrisiko trägt. Der Gewinn ist nach § 179 Abs. 2, § 180 Abs. 1 Nr. 2 Buchst. a AO festzustellen (BFH, BStBl 1986 II S. 311).

Die Frage, ob eine **atypische stille Unterbeteiligung** an dem Anteil des Gesellschafters einer Personengesellschaft besteht und wie hoch der Anteil des Unterbeteiligten ist, wird in einer **„besonderen gesonderten Gewinnfeststellung"** für die Innengesellschaft entschieden (**§ 179 Abs. 2 Satz 3 AO;** vgl. BFH, BStBl 1995 II S. 531 m. w. N.; AEAO zu § 179 Nr. 4). Der Unterbeteiligte ist hier Mitunternehmer eines Hauptbeteiligten und – mittelbarer – Mitunternehmer der Hauptgesellschaft. Unmittelbare Rechtsbeziehungen bestehen daher nur zwischen diesen Personen, während es sich insgesamt um zwei verschiedene, rechtlich selbständige Mitunternehmerschaften im Sinne des § 180 Abs. 1 Nr. 2 Buchst. a AO handelt: Hauptgesellschaft und Unterbeteiligungsgesellschaft. Die Unterbeteiligung ist eine Innengesellschaft (GbR), jedoch gelten die Bestimmungen über die stille Gesellschaft (§§ 230 ff. HGB) entsprechend (BFH, BStBl 1982 II S. 646).

Beispiel:

K ist Kommanditist und Geschäftsführer der A-KG. Er hat S an seinem Gewinn und Verlust und dem Auseinandersetzungsguthaben mit 50 v. H. unterbeteiligt, weil S ihm die Hälfte der zu leistenden Einlage zur Verfügung gestellt hat. K erhielt in 01 ein Gehalt von 80.000 €; sein übriger Gewinnanteil betrug 120.000 €.

Der Gewinn aus der KG ist nach den § 180 Abs. 1 Nr. 2 Buchst. a, § 179 Abs. 2 Satz 2 AO für die Gesellschafter der A-KG gesondert und einheitlich festzustellen. Für die Innengesellschaft K-S als atypische Unterbeteiligung ist regelmäßig eine besondere gesonderte Feststellung durchzuführen (§ 180 Abs. 1 Nr. 2 Buchst. a,

§ 179 Abs. 2 Satz 3 AO). Der bei der KG gesondert und einheitlich festgestellte Gewinnanteil des K beträgt:

Gehalt K	80.000 €
Gewinnanteil	120.000 €
Gesamtgewinn Beteiligung K	200.000 €

Besondere Gewinnfeststellung für die Mitunternehmerschaft K-S:

	HB-Gewinn	Gehalt	Gesamt
K	60.000	80.000	140.000
S	60.000	–	60.000
	120.000	80.000	200.000

Nach § 179 Abs. 2 Satz 3 AO „kann", muss aber nicht in jedem Fall einer atypischen Unterbeteiligung für die Innengesellschaft eine besondere gesonderte Feststellung durchgeführt werden. Die Unterbeteiligung kann (Ermessen) **doppelstufig** im einheitlichen Verfahren der Gewinnfeststellung für die Hauptgesellschaft berücksichtigt werden, wenn das Einverständnis aller Beteiligten – Hauptgesellschaft und deren Gesellschafter sowie des Unterbeteiligten – vorliegt (vgl. BFH, BStBl 1995 II S. 531 m. w. N.). Das Einverständnis der Beteiligten gilt als erteilt, wenn die Unterbeteiligung in der Feststellungserklärung für die Hauptgesellschaft geltend gemacht wird (AEAO zu § 179 Nr. 4). Dies gilt im Zweifel auch, wenn die Unterbeteiligung bisher schon in den Rahmen des gesonderten und einheitlichen Gewinnfeststellungsverfahrens für die Hauptgesellschaft einbezogen worden war und die Beteiligten hiergegen keine Einwendungen vorgebracht haben und auch ein schutzwürdiges Interesse an der Durchführung zweier getrennter Verfahren nicht (mehr) besteht (BFH, BStBl 1995 II S. 531 m. w. N.). Bei dieser gemeinsamen Feststellung handelt es sich um eine Zusammenfassung von zwei Gewinnfeststellungen für zwei Gesellschaften. Es ist daher als Bezeichnung der Stpfl. neben dem Namen der Hauptgesellschaft auch der Name der Unterbeteiligung anzugeben. Die örtliche Zuständigkeit richtet sich i. d. R. nach der Zuständigkeit für die Hauptgesellschaft.

Die Regelung des § 179 Abs. 2 Satz 3 AO erfasst ferner (schuldrechtliche) Beteiligungen kraft eines **Treuhandverhältnisses.** Denn auch die Treugeber sind steuerrechtlich „am Gegenstand der Feststellung nur über eine andere Person", den Treuhänder als Gesellschafter, beteiligt (BFH, BFH/NV 1995 S. 303; 1998 S. 416). Hierbei ist grundsätzlich eine gesonderte und einheitliche Feststellung für die Gesellschafter einschließlich Treuhänder durchzuführen und anschließend gemäß § 180 Abs. 1 Nr. 2 Buchst. a, § 179 Abs. 2 Satz 3 AO die besondere Feststellung für den Treuhandkreis (BFH, BFH/NV 2003 S. 1283 m. w. N.; AEAO zu § 179 Nr. 4). Insoweit ist der Gewinnfeststellungsbescheid für die Personengesellschaft Grundlagenbescheid für das Gewinnfeststellungsverfahren der Treu-

8.7 Feststellungsbescheide

geber (beachte deshalb § 182 Abs. 1, § 352 Abs. 1 Nr. 1 und 2, § 351 Abs. 2 AO). Beide Feststellungen können als zusammengefasste Bescheide miteinander verbunden werden, wenn das Treuhandverhältnis allen Beteiligten bekannt ist. **Sonderaufwendungen** des Treugebers sind bei offener Treuhand im Feststellungsverfahren der 1. Stufe geltend zu machen, bei verdeckter Treuhand dagegen im besonderen Feststellungsverfahren der 2. Stufe (vgl. BFH, BStBl 1989 II S. 722/726).

Bei einer **typischen stillen Unterbeteiligung** greift § 180 Abs. 1 Nr. 2 Buchst. a AO nicht ein, da Haupt- und Unterbeteiligter Einkünfte aus verschiedenen Sachverhalten erzielen (gewerbliche Einkünfte und Kapitalerträge; vgl. BFH, BStBl 1997 II S. 406; wegen Hinzurechnung siehe § 8 Nr. 3 GewStG, Abschn. 50 und 51 GewStR). Es besteht auch keine Beteiligung im Sinne von § 179 Abs. 2 Satz 3 AO „am Gegenstand" der Feststellung für die Hauptgesellschaft, da kein Gesamthandseigentum am Gesellschaftsvermögen des Hauptbeteiligten gegeben ist, sondern nur eine Forderung. Daher ist der **Anteil aus der Unterbeteiligung grundsätzlich nur im Feststellungsverfahren des Hauptgesellschafters** als Sonderbetriebsausgabe zu berücksichtigen (vgl. BFH, BStBl 1997 II S. 406; AEAO zu § 179 Nr. 5).

Beispiel:

K ist an der X-KG beteiligt. Der Gewinn der KG ist für 03 gesondert und einheitlich festgestellt worden. Nach Bestandskraft des Feststellungsbescheides führte das FA die ESt-Festsetzung des K für 03 durch. Hierbei versagte es:

1. den Abzug von Kreditzinsen in Höhe von 10.000 €, die K für ein Darlehen in 03 gezahlt hatte, das er zur Aufbringung der Einlage aufgenommen hatte,
2. die Berücksichtigung von 1.200 € Steuerberatungskosten bezüglich des Mitunternehmeranteils,
3. den Abzug von Aufwendungen in Höhe von 20.000 €, die K dem U in 03 gezahlt hatte. Der U hatte K zur weiteren Finanzierung der Einlage ein Darlehen zur Verfügung gestellt. Hierfür war U am Gewinn des K mit 15 v. H. beteiligt. Bei Verlusten trägt U 10 v. H.; der Verlustanteil ist vom Darlehensbetrag abzuziehen.

Diese Verhältnisse waren der KG nicht bekannt. Rechtslage?

Der Erwerb des Mitunternehmeranteils stellt bereits den Beginn einer gewerblichen Betätigung im Sinne von § 15 Abs. 1 Nr. 2 EStG dar. Die dem K als Gesellschafter persönlich erwachsenen Sonderbetriebsausgaben – Kreditzinsen, Steuerberaterkosten und Gewinnanteil des U als typisch stillen Unterbeteiligten – können nur im Rahmen der Gewinnfeststellung berücksichtigt werden, nicht jedoch im Rahmen der ESt-Festsetzung.

- **Gemeinschaftliche Kapitaleinkünfte**

Die Feststellung bezieht sich auf die Einnahmen sowie auf alle Tatsachen, die für die spätere Steuerfestsetzung von Bedeutung sind, z. B. gemeinschaftliche Werbungskosten, Sonderwerbungskosten, anrechenbare KapSt (§§ 20, 9, 36 Abs. 2 Nr. 2 EStG i. V. m. § 180 Abs. 1 Nr. 2 Buchst. a und Abs. 5 AO).

8 Festsetzungs- und Feststellungsverfahren

- **Miet- und Pachteinkünfte sowie sonstige Einkünfte**

An Miet- und Pachteinkünften sind mehrere beteiligt, wenn diese Einkünfte wirtschaftlich mehreren zustehen und gemeinsam zufließen. Entscheidend ist nicht das Eigentum, sondern die Beteiligung an den gemeinschaftlichen Einkünften. Überlassen Miteigentümer in Form einer **Hausgemeinschaft** Wohnungen zur Nutzung, so sind die Einkünfte hieraus gesondert und einheitlich zu ermitteln und den Teilhabern grundsätzlich nach den getroffenen Vereinbarungen zuzurechnen (BFH, BStBl 1992 II S. 890). Dasselbe gilt beim „**Mietpool**", einem Zusammenschluss von Wohnungseigentümern einer Wohnanlage zum Zweck gemeinsamer Verwaltung und Vermietung in Form einer GbR (vgl. OFD Düsseldorf, DB 1986 S. 671).

Erzielt eine Personengesellschaft/Hausgemeinschaft aus der Veräußerung des gemeinsamen Grundstücks einen **Gewinn/Verlust aus § 23 EStG,** so ist dieser ebenfalls gesondert und einheitlich als „selbständiger Verwaltungsakt" festzustellen (= „zusammengefasster Bescheid" mit den Einkünften aus Vermietung und Verpachtung). Veräußert dagegen nur ein Gesellschafter/Gemeinschafter seinen Anteil am Grundstück, ist die Ermittlung der Einkünfte aus § 23 EStG allein bei dessen ESt-Festsetzung unmittelbar vorzunehmen, weil nur er Einkünfte aus § 23 EStG erzielt und somit die Voraussetzungen für eine gesonderte und einheitliche Feststellung nicht vorliegen (vgl. OFD Nürnberg, DStR 2001 S. 990).

Bei zusammen zur ESt veranlagten **Ehegatten** kann nach § 180 Abs. 3 Nr. 2 AO i. d. R. von einer Feststellung der Einkünfte aus einem gemeinsamen Objekt oder Nutzungsrecht abgesehen werden, sofern nicht über die Abgrenzung verschiedener Einkunftsarten zu entscheiden ist (vgl. BFH, BFH/NV 2004 S. 1211; AEAO zu § 180 Nr. 4).

- **Umfang der Feststellung von Einkünften**

Alle Fragen, die die Einkünfte und die mit ihnen im Zusammenhang stehenden anderen Besteuerungsgrundlagen betreffen und wegen des sachlichen Zusammenhangs positive oder negative Bedeutung haben, sind im Feststellungsbescheid zu entscheiden (**§ 180 Abs. 1 Nr. 2 und Abs. 5 AO**). Die Bindungswirkung eines Grundlagenbescheides reicht grundsätzlich nur so weit wie sein nach den einzelnen Gesetzesbestimmungen notwendiger Inhalt, d. h., was durch Grundlagenbescheid zu regeln ist, darf nicht durch Folgebescheid geregelt werden und umgekehrt (vgl. BFH, BFH/NV 1990 S. 366; ferner Vordrucke „Feststellungsbescheid"). Hiernach ist im Feststellungsbescheid insbesondere zu befinden über:

– **das Bestehen oder Nichtbestehen einer Mitunternehmerschaft** (BFH, BStBl 2003 II S. 335).

– **die ESt- und KSt-Pflicht der bezogenen Einkünfte,** z. B. ob Liebhaberei mangels Einkünfteerzielungsabsicht gegeben ist oder ein Gewinn aus einer ausländi-

8.7 Feststellungsbescheide

schen Beteiligung der Besteuerung unterliegt oder Verluste daraus gemäß § 2 a EStG abzugsfähig sind (vgl. BFH, BStBl 1992 II S. 187; 1996 II S. 606 m. w. N.).
- den verrechenbaren Verlust nach § 15 a Abs. 4, 5 EStG (vgl. BFH, BStBl 1993 II S. 706).
- die objektive **Einordnung der bezogenen Einkünfte in die maßgebende Einkunftsart** des EStG sowie die Art dieser Einkünfte, z. B. ob gewerbliche Einkünfte vorliegen oder ein Gewinn ein laufender oder ein steuerbegünstigter **Veräußerungsgewinn** ist (BFH, BStBl 1991 II S. 345 m. w. N.). Festgestellt wird nicht die Höhe des Freibetrages nach § 16 Abs. 4 EStG, sondern nur der anteilige Umfang oder die Versagung (vgl. R 139 Abs. 13 EStR; BFH, BStBl 1995 II S. 893).
- die Festsetzung der Verluste einer Personengesellschaft, z. B. aus gewerblicher Tierzucht, während die daran geknüpften Rechtsfolgen des § 15 Abs. 4 EStG bei der ESt-Veranlagung der Gesellschafter zu treffen sind (BFH, BStBl 1986 II S. 146).
- die **Gesamthöhe der Einkünfte,** z. B. ob bestimmte Geschäftsvorfälle Einlagen bzw. Betriebseinnahmen oder Einnahmen bzw. Betriebsausgaben sind.
- den **Betrag der anzurechnenden KapSt** gemäß **§ 180 Abs. 5 Nr. 2 AO.** Die spezielle Feststellung der Anrechnungsbeträge hat nicht nur Bindungswirkung für den Folge(steuer)bescheid selbst hinsichtlich der Erfassung als Einkünfte, sondern nach **§ 182 Abs. 1 Satz 2 AO** auch für dessen Anrechnungsteil bzw. für dessen evtl. Korrektur nach den §§ 130, 131 AO sowie für einen Abrechnungsbescheid gemäß § 218 Abs. 2 AO.
- die Berücksichtigung **ausländischer Einkünfte** gemäß **§ 180 Abs. 5 Nr. 1 AO** und der anzurechnenden **ausländischen Steuern** im Sinne von § 34 c EStG (vgl. BFH, BStBl 1995 II S. 692; Grützner, DStR 1994 S. 65).
- den **Zeitraum, für den Einkünfte festzustellen sind,** z. B. dass nach dem Ausscheiden eines Gesellschafters kein Rumpfwirtschaftsjahr zu bilden ist (vgl. BFH, BStBl 1993 II S. 666). Dies gilt jedoch nicht für Feststellungen außerhalb des Feststellungszeitraums, z. B. Gewinn in späteren Kalenderjahren (BFH, BStBl 1975 II S. 866), sowie für Einkünfte aus § 13 EStG.
- das **Vorliegen einer Beteiligung,** z. B. ob ein Gesellschaftsverhältnis zwischen nahen Angehörigen besteht.
- den **Kreis der Beteiligten,** etwa für welche Gesellschafter die Gewinne festgestellt werden oder ob ein Dritter zu den Mitunternehmern einer Personengesellschaft gehört. Der bloße Hinweis auf bestimmte Tz. eines Prüfungsberichts reicht nicht aus (vgl. BFH, BFH/NV 1992 S. 73).
- die **Höhe der auf die Beteiligten entfallenden Einkünfte,** etwa ob und in welcher Höhe für einen Mitunternehmer Sonderbetriebsausgaben oder Gewinne im Bereich des Sonderbetriebsvermögens zu berücksichtigen sind. Zur Höhe

der anteiligen Einkünfte kann nicht auf Prüfungsberichte verwiesen werden (vgl. BFH, BFH/NV 1992 S. 73).

Der Gewinnfeststellungsbescheid ist dagegen **nicht** bindend für die Festsetzung des **GewSt-Messbetrages** (vgl. BFH, BStBl 2004 II S. 699; Abschn. 38 Abs. 1 GewStR).

8.7.5.3 Feststellungen nach § 180 Abs. 2 AO

§ 180 Abs. 2 Satz 1 und 2 AO und die §§ 1 bis 7 GFestV (= V zu § 180 Abs. 2 AO) regeln die **gesonderte Feststellung von Einkünften** und **anderen Besteuerungsgrundlagen,** soweit die Voraussetzungen des § 180 Abs. 1 AO nicht vorliegen. § 180 Abs. 5 AO ist entsprechend anwendbar. Um das Feststellungsverfahren bei gleichen Sachverhalten auf das notwendige Maß zu begrenzen, können auch **Teilfeststellungen** erfolgen. Die GFestV regelt ferner die gesonderte Feststellung für die **Eigenheimzulage** und die **Investitionszulage**. Nach § 1 GFestV können insbesondere festgestellt werden die den Beteiligten getrennt zuzurechnenden Einkünfte bzw. Besteuerungsgrundlagen bei Bauherren- und Erwerbermodellen sowie bei vergleichbaren Bauträger- und Sanierungsmodellen, die Betriebseinnahmen und -ausgaben von Büro-, Labor- oder sonstigen Gemeinschaften oder **Gesellschaften** ohne **Gewinnerzielungsabsicht,** die Höhe der **Vorsteuer** aus Umsätzen im Rahmen eines **Gesamtobjekts** und die Optionsfähigkeit der Umsätze (vgl. BFH, BStBl 1994 II S. 488; BMF-Schreiben, BStBl 2001 I S. 256).

Es sind auch hier mehrstufige Feststellungen möglich. Werden z. B. die Betriebsausgaben einer freiberuflichen Praxisgemeinschaft nach § 180 Abs. 2 AO gesondert und einheitlich festgestellt und erzielt einer der Beteiligten daneben Einkünfte aus einer Einzelpraxis, die gemäß § 180 Abs. 1 Nr. 2 Buchst. b AO gesondert festzustellen ist, so ist der einheitliche Feststellungsbescheid Grundlagenbescheid für diese gesonderte Gewinnfeststellung, nicht aber unmittelbar für den ESt-Bescheid (BFH, BStBl 1999 II S. 545).

Die Durchführung des Feststellungsverfahrens liegt im **Ermessen** des FA (§ 4 GFestV; vgl. dazu Tz. 4 des BMF-Schreibens, BStBl 2001 I S. 256). Die GFestV regelt ferner die örtliche Zuständigkeit (§ 2), die Erklärungspflicht der Beteiligten (§ 3), das Bekanntgabeverfahren entsprechend § 183 AO (§ 6) und die Zulässigkeit einer zusammenfassenden Ap (§ 7). Wegen Einzelheiten hierzu wird auf das o. a. BMF-Schreiben verwiesen.

Das zeitnahe Feststellungsverfahren für einzelne Besteuerungsgrundlagen, die sich erst später steuerlich auswirken, regelt § **180 Abs. 2 Satz 3 AO i. V. m.** § **8 GFestV.** Hierunter fällt die **Wertfeststellung** der Gegenstände des Betriebsvermögens bei Übergang von der Gewinnermittlung zur nicht steuerpflichtigen Liebhaberei, da die im Übergangszeitpunkt vorhandenen stillen Reserven erst im Zeitpunkt der Betriebsveräußerung oder -aufgabe versteuert werden dürfen (vgl. § 8 GFestV zu § 180 Abs. 2 AO). Die gesonderte Feststellung bei **Policendarlehen** regelt § 9 GFestV (vgl. dazu BMF, BStBl 1995 I S. 371).

8.7.5.4 Ausnahmen von der gesonderten Feststellung

Gesonderte Feststellungen sind nicht vorzunehmen, wenn es zur einheitlichen Rechtsanwendung und zur Erleichterung des Besteuerungsverfahrens nicht erforderlich ist. Nach **§ 180 Abs. 3 AO** ist von Feststellungen nach § 180 Abs. 1 Nr. 2 und 3 AO abzusehen, wenn nur einer der Beteiligten im Inland steuerpflichtig ist (Nr. 1, vorbehaltlich Abs. 5 Nr. 1) oder es sich um Fälle von geringer Bedeutung handelt (Nr. 2).

Ein **Fall geringer Bedeutung** ist anzunehmen, wenn kein Feststellungsbedarf besteht, insbesondere weil Höhe und Aufteilung der Einkünfte feststehen, die Gefahr widersprüchlicher Entscheidungen nahezu ausgeschlossen ist oder die Ermittlung der gemeinsamen Einkünfte auf einem leicht überschaubaren und kurzfristigen Vorgang mit einfachem Verteilungsschlüssel beruht (vgl. AEAO zu § 180 Nr. 4 m. w. N.). Die Höhe der Einkünfte ist dabei grundsätzlich ohne Bedeutung. Nach dem BMF-Schreiben zur GFestV – BStBl 2001 I S. 256 Tz. 4.2 – besteht regelmäßig kein Feststellungsbedarf bei weniger als drei Beteiligten und Werbungskosten des Einzelnen unter 2.500 Euro. Da es sich um eine Abweichung vom Normalverfahren handelt, ist auf den Verzicht im Steuerbescheid hinzuweisen vorbehaltlich § 121 Abs. 2 Nr. 2 AO.

Ist eine Feststellung z. B. wegen geringer Bedeutung zunächst unterblieben, kann sie ggf. später **nachgeholt** werden. Soll ein Feststellungsverfahren nicht erfolgen, obgleich dies beantragt worden ist, hat ein als Steuerbescheid geltender **negativer Feststellungsbescheid** zu ergehen (§ 180 Abs. 3 Satz 2 und 3 AO; vgl. die entsprechende Regelung in § 4 GFestV). In diesem Fall geht die bestehende Ermittlungspflicht in vollem Umfang auf das für die Steuerfestsetzung zuständige FA über. § 173 AO bzw. § 174 Abs. 3 AO sind für die Änderung entsprechender Steuerbescheide zu beachten.

Bei **Arbeitsgemeinschaften** und ähnlichen Gelegenheits-Konsortien – insbesondere im Baugewerbe – kann es sich um eine Mitunternehmerschaft handeln. Eine Gewinnfeststellung ist jedoch nicht vorzunehmen bei Arbeitsgemeinschaften, die nur zum Zweck der Erfüllung eines einzigen Werkvertrages oder Werklieferungsvertrages geschlossen worden sind.

8.7.5.5 Ergänzungsfeststellungen

Soweit in einem Feststellungsbescheid eine notwendige Feststellung unterblieben ist, muss sie in einem **Ergänzungsbescheid** innerhalb der Feststellungsfrist nachgeholt werden **(§ 179 Abs. 3 AO)**. Damit besteht die Möglichkeit, auch nach Bestandskraft den Feststellungsbescheid inhaltlich zu ergänzen und den Umfang der Feststellungen zu vervollständigen. Der Ergänzungsbescheid setzt das **Vorliegen eines wirksamen, jedoch lückenhaften Feststellungsbescheides** voraus, z. B. nicht vollständige Aufteilung des Gewinns oder Nichtberücksichtigung von „anderen Besteuerungsgrundlagen" im Rahmen des § 180 Abs. 1 Nr. 2 Buchst. a

8 Festsetzungs- und Feststellungsverfahren

AO (vgl. AEAO zu § 180 Nr. 1). Fehlen im Bescheid zwingende und wesentliche Bestandteile, so ist der Bescheid unwirksam und daher nicht ergänzungsfähig. Auch eine unzutreffende Feststellung ist keine unterbliebene Feststellung, z. B. Höhe der Einkünfte ohne Sonderbetriebsausgaben (vgl. AEAO zu § 179 Nr. 2 mit positiven und negativen Beispielen).

Beispiel:

A, B und C sind Gesellschafter der A-KG. Erklärungsgemäß hat das FA den Gesamtgewinn von 210.000 € aufgeteilt und 150.000 € dem laufenden Gewinn zugewiesen. Die Spalten „Anteile an Veräußerungsgewinnen – an tarifbegünstigten Einkünften" und „Anteil anrechenbare KapSt ..." blieben ohne Eintrag. Folge?

Die Feststellung der Anteile der Gesellschafter am laufenden oder am steuerbegünstigten Gewinn nach § 34 Abs. 2 EStG und der anrechenbaren Steuern nach § 180 Abs. 5 Nr. 2 AO gehört zum notwendigen und wesentlichen Inhalt eines Feststellungsbescheides. Laufender Gewinn und steuerbegünstigter Gewinn schließen sich gegenseitig aus. Da die Feststellung des steuerbegünstigten Gewinns und der anrechenbaren Steuern nach § 180 Abs. 5 Nr. 2 AO unterblieben ist, muss sie in einem Ergänzungsbescheid nachgeholt werden (§ 179 Abs. 3 AO).

Abwandlung: Das FA erfasste jedoch den gesamten Gewinn erklärungsgemäß bei den „Anteilen an laufenden Einkünften". Nach Unanfechtbarkeit des Bescheides beantragte die KG, gemäß § 179 Abs. 3 AO einen Ergänzungsbescheid über das Vorliegen eines steuerbegünstigten Gewinns zu erlassen sowie über bisher nicht angesetzte Sonderbetriebsausgaben des A.

Das FA hat über das Vorliegen eines steuerbegünstigten Gewinns und der Höhe der Einkünfte des A bereits durch den Feststellungsbescheid entschieden. Die nachträgliche Feststellung, es handele sich bei einem Teil des Gewinns um einen begünstigten Gewinn nach § 34 Abs. 2 EStG bzw. um Sonderbetriebsausgaben des A, würde zwangsläufig zu einer Änderung der bereits festgestellten Besteuerungsgrundlagen führen. Eine derartige Korrektur festgestellter Besteuerungsgrundlagen ist jedoch nur bis zur Bestandskraft des Feststellungsbescheides möglich (AEAO zu § 179 Nr. 2). Der Antrag ist daher abzulehnen.

Als Ergänzungsbescheid ist auch ein **negativer Gewinnfeststellungsbescheid** anzusehen, der gegen einen Dritten ergeht, um festzustellen, dass die von ihm behauptete Beteiligung als Unternehmer an einer Gesellschaft nicht vorliegt.

8.7.5.6 Negativer Feststellungsbescheid

Wird eine gesonderte Feststellung beantragt und sind die Voraussetzungen hierfür nicht gegeben, so ist ein **negativer Feststellungsbescheid** zu erteilen (Ablehnungsbescheid, § 155 Abs. 1 Satz 3, § 181 Abs. 1 AO). Das ist insbesondere der Fall, wenn die Beteiligung mehrerer überhaupt abgelehnt wird. Der negative Feststellungsbescheid darf keine Aussage über die Höhe von Einkünften oder anderen Besteuerungsgrundlagen enthalten. Diese sind erst im nachrangigen Festsetzungsverfahren der Beteiligten zu ermitteln und ggf. in einem nach § 175 Abs. 1 Satz 1 Nr. 1 AO zu erlassenden Änderungsbescheid zu berücksichtigen (vgl. BFH, BStBl 1993 II S. 820). Andernfalls handelt es sich um einen positiven Feststellungsbescheid. Der Ablehnungsbescheid hat entsprechend seinem Inhalt verbind-

8.7 Feststellungsbescheide

liche Wirkung für die Veranlagung gemäß § 182 Abs. 1 AO (vgl. BFH, BStBl 1998 II S. 601; 1986 II S. 293 zur Liebhaberei). Lautet der Feststellungsbescheid auf 0 Euro, ist ggf. durch Auslegung zu ermitteln, ob ein Ablehnungsbescheid vorliegt (vgl. BFH, BStBl 1986 II S. 293).

Auch ein **kombinierter positiv-negativer Feststellungsbescheid** ist zulässig. Hierbei handelt es sich um einen Feststellungsbescheid, durch den z. B. die Mitunternehmerschaft einzelner Beteiligter bejaht und die Mitunternehmerstellung anderer verneint wird (vgl. BFH, BStBl 1987 II S. 766; 1992 II S. 865).

8.7.5.7 Feststellungsverjährung

Für gesonderte Feststellungen läuft eine eigene Feststellungsverjährung (**§ 181 Abs. 1 AO**). Die Vorschriften über die Festsetzungsverjährung (§§ 169 ff. AO) sind sinngemäß anzuwenden. Während für den Beginn der Festsetzungsfrist im Normalfall die Abgabe der Steuererklärung maßgebend ist, kommt es für die Frage der Feststellungsverjährung auf die Abgabe der Erklärung zur gesonderten Feststellung an. Haben die Beteiligten eine Feststellungserklärung unaufgefordert, d. h. ohne Verpflichtung nach § 149 AO, abgegeben, z. B. weil sie ein Interesse an der Feststellung negativer Vermietungseinkünfte haben (§ 180 Abs. 2 AO, § 3 GFestV), so läuft die Feststellungsfrist nach § 170 Abs. 1 AO grundsätzlich mit Ablauf von vier Jahren nach Ende des Feststellungszeitraums ab. In diesem Fall gilt aber für spätere Korrekturen der Feststellung die Ablaufhemmung des § 170 Abs. 3 gemäß § 181 Abs. 1 Satz 3 AO.

Beispiel:

A ist Mitunternehmer der X-KG. Er hat ferner Einkünfte aus §§ 20, 21 EStG. Seine ESt-Erklärung 01 hatte A in 02 eingereicht. Der endgültige ESt-Bescheid 01 erging in 02. Die gesetzlich vorgeschriebene Erklärung für die Gewinnfeststellung 01 wurde von der KG in 04 abgegeben. Der Feststellungsbescheid 01 erging in 07 aufgrund einer Ap. Rechtslage?

Für den Beginn der Feststellungsfrist ist grundsätzlich die Abgabe der Erklärung maßgebend. Der Fristbeginn wird nach den § 181 Abs. 1, § 170 Abs. 2 Nr. 1 AO auf den 31. 12. 04 hinausgeschoben und endet mit dem 31. 12. 08. Das regelmäßige Ende der Festsetzungsfrist für die ESt ist dagegen der 31. 12. 06. Jedoch tritt im Hinblick auf den Feststellungsbescheid eine Ablaufhemmung nach § 171 Abs. 10 Satz 1 AO ein. Der ESt-Bescheid ist insoweit innerhalb der 2-Jahres-Frist ggf. nach § 175 Abs. 1 Satz 1 Nr. 1 AO zu ändern.

Die Feststellungsfrist für einheitliche Bescheide wird hinsichtlich aller Beteiligten durch die rechtzeitige Bekanntgabe gegenüber nur einem Beteiligten gewahrt. Entsprechendes gilt bei Einspruch eines Beteiligten (= Inhaltsadressat) für die Ablaufhemmung nach § 171 Abs. 3 a AO (vgl. BFH, BStBl 2000 II S. 170).

Ausnahmsweise können gesonderte **Feststellungen nach Ablauf der Feststellungsfrist** erfolgen. Ist die Feststellungsfrist bereits abgelaufen, so kann eine Besteuerungsgrundlage noch insoweit festgestellt oder korrigiert werden, als dies für eine

Steuerfestsetzung von Bedeutung ist, deren Festsetzungsfrist noch nicht abgelaufen ist (**§ 181 Abs. 5 AO**). Die Wirkung dieser Feststellung beschränkt sich allerdings auf die Steuern, die bei Erlass des Feststellungsbescheides noch festsetzbar oder änderbar sind. Auf andere Folgebescheide, deren Festsetzungsfrist bereits abgelaufen ist, kann sich diese Feststellung dagegen nicht mehr auswirken, weil die Vorschrift des § 171 Abs. 10 AO in diesem Zusammenhang außer Betracht bleibt (§ 181 Abs. 5 Satz 1 2. Halbsatz AO). Im Feststellungsbescheid ist unmissverständlich auf die **eingeschränkte Wirkung** hinzuweisen (§ 181 Abs. 5 Satz 2 AO). Fehlt der erforderliche Hinweis, so ist der Feststellungsbescheid rechtswidrig, aber nicht nichtig (vgl. BFH, BStBl 1995 II S. 302; 1998 II S. 555; AEAO zu § 181 Nr. 1 und 2). Siehe auch Prüfungsschema zu § 171 Abs. 10 AO.

Beispiele:

1. Gemäß § 181 Abs. 5 AO können Verlustfeststellungsbescheide nach § 10 d EStG trotz Feststellungsverjährung noch ergehen, soweit sie für künftige ESt-Bescheide von Bedeutung sind (vgl. BFH, BStBl 2002 II S. 681; BFH/NV 2005 S. 490).

2. Rechtsanwalt A wohnt in Münster und betreibt dort eine Praxis. Er führt außerdem ein ererbtes gewerbliches Unternehmen in Bonn fort. Die Erklärung zur gesonderten Gewinnfeststellung für 01 ist in 02 bei dem Betriebs-FA Bonn eingegangen (§ 180 Abs. 1 Nr. 2 Buchst. b AO). Die ESt-Erklärung 01 wurde erst in 03 abgegeben. Der ESt-Bescheid 01 erging ohne die gewerblichen Einkünfte in 03. Durch ein Versehen des Betriebs-FA unterblieb der Erlass des Feststellungsbescheides 01. Dies wird Mitte 07 festgestellt. Folge?
Die Feststellungsfrist für die Gewinnfeststellung 01 begann mit dem 31. 12. 02 (§ 181 Abs. 1 Satz 2, § 170 Abs. 2 Nr. 1 AO). Sie endete mit dem 31. 12. 06. Nach § 181 Abs. 5 AO ist gleichwohl noch eine gesonderte Feststellung mit dem Hinweis für das Wohnsitz-FA und den Stpfl. A auf die eingeschränkte Wirkung zulässig (vgl. AEAO zu § 181 Nr. 2). Die Frist für die ESt-Festsetzung ist noch nicht abgelaufen. Sie begann mit dem 31. 12. 03 und endet erst mit dem 31. 12. 07. Der ESt-Bescheid 01 ist nach § 175 Abs. 1 Satz 1 Nr. 1 AO zu ändern.

Eine gesonderte und **einheitliche Feststellung** darf nach Ablauf der für sie geltenden Feststellungsfrist entsprechend dem Gesetzeszweck und Wortlaut („insoweit") auch durchgeführt oder geändert werden, wenn für eine oder mehrere Personen, denen die Einkünfte oder Besteuerungsgrundlagen zuzurechnen sind, die Festsetzungsfrist für die Folgesteuer bereits abgelaufen ist, da die einheitliche Wirkung der Feststellung hierbei nicht ausgeschlossen, sondern nur bei einigen Beteiligten eingeschränkt ist (vgl. BFH, BStBl 1997 II S. 750; AEAO zu § 181 Nr. 1).

8.7.6 Bekanntgabe von Feststellungsbescheiden

Sind mehrere Feststellungsbeteiligte vorhanden, kann die Finanzbehörde Verwaltungsakte und Mitteilungen im Feststellungs- und außergerichtlichen Rechtsbehelfsverfahren grundsätzlich in einem vereinfachten Verfahren nach **§ 183 AO** bekannt geben. Einzelheiten siehe unter Tz. 7.6.9.

8.8 Steuermessbescheide (§ 184 AO)

Steuermessbescheide sind Verwaltungsakte, in denen ein Steuermessbetrag gegenüber einem Stpfl. festgesetzt wird (**§ 184 AO**). Steuermessbescheide ergehen zurzeit nur bei den **Realsteuern**. Das sind GrSt und GewSt (§ 3 Abs. 2 AO). Mit der Festsetzung der Steuermessbeträge wird zugleich über die persönliche und sachliche Steuerpflicht entschieden (§ 184 Abs. 1 Satz 2 AO). Der Grundsatz der verfahrensrechtlichen Einheit zwischen Feststellung der Besteuerungsgrundlagen und der Steuerfestsetzung ist bei den Realsteuern ebenso durchbrochen wie in den Fällen, in denen Feststellungsbescheide ergehen müssen (§ 179 AO). Das Aufkommen der Realsteuern steht den **Gemeinden** zu (Art. 106 Abs. 6 Satz 1 GG). Diesen ist durch Landesgesetz (Art. 108 Abs. 3 GG) die **Erhebung der Realsteuern** durch Festsetzung in einem Realsteuerbescheid übertragen. Die Festsetzung der Realsteuer besteht der Sache nach regelmäßig aus der Anwendung des von der Gemeinde beschlossenen Hebesatzes auf den Steuermessbetrag. Die Besteuerungsgrundlagen für die Realsteuerfestsetzung werden danach grundsätzlich vom FA ermittelt und festgesetzt (vgl. Abschn. 3 GewStR mit Einzelheiten). Ausnahmsweise obliegt in den Fällen des § 22 Abs. 2 und 3 AO die Festsetzung und Erhebung der Realsteuern dem FA, so in den **Stadtstaaten** Berlin, Bremen und Hamburg.

Die Vorschriften über die Durchführung der Besteuerung gelten sinngemäß (§ 184 Abs. 1 Satz 3 AO). Danach hat das FA die steuerpflichtigen Sachverhalte zu ermitteln (§§ 85 ff., 149 ff. AO). Im Anschluss daran wird der Steuermessbetrag festgesetzt (§ 155 AO; siehe dazu § 184 Abs. 3 AO). Steht ein Grundstück im Miteigentum, kann eine vereinfachte Bekanntgabe des GrSt-Messbescheides nach § 183 AO erfolgen. Die dingliche Wirkung nach § 182 Abs. 2 AO gegenüber dem Rechtsnachfolger ist jedoch auf GrSt-Messbescheide beschränkt (§ 184 Abs. 1 Satz 4 AO). Die GrSt- und GewSt-Messbescheide müssen schriftlich ergehen und eine Rechtsbehelfsbelehrung enthalten. Im Übrigen wird der Inhalt des Steuermessbescheides von seiner rechtlichen Natur als Grundlagenbescheid für die Realsteuerfestsetzung bestimmt. Im Steuermessbescheid wird über alle Fragen entschieden, die die Besteuerungsgrundlagen der Realsteuern betreffen und die bedeutsam für die Realsteuerfestsetzung sind. Der Steuermessbescheid entscheidet deshalb insbesondere über den Gegenstand der Besteuerung, die Realsteuer, der der Gegenstand unterliegt, den Stpfl., die Höhe des Steuermessbetrages und die steuerberechtigte Gemeinde.

Im Interesse der Gleichmäßigkeit der Besteuerung haben Bundesregierung und oberste Landesfinanzbehörden die Befugnis, allgemeine **Ermessensrichtlinien für Maßnahmen nach § 163 Satz 1 AO** zu erlassen, die bei der Festsetzung von Realsteuermessbeträgen anwendbar sind. Eine **Maßnahme nach § 163 Satz 2 AO** wirkt, soweit sie die gewerblichen Einkünfte als Grundlage für die Festsetzung der ESt und KSt beeinflusst, auch für den Gewerbeertrag als Grundlage für die Festsetzung des GewSt-Messbetrages (§ 184 Abs. 2 AO; Abschn. 6 GewStR).

Nach **§ 184 Abs. 3 AO** sind der Inhalt des Messbescheides sowie Billigkeitsmaßnahmen nach § 184 Abs. 2 AO den für die Steuerfestsetzung zuständigen Gemeinden mitzuteilen. Dies geschieht regelmäßig durch Datenträgeraustausch. Die Gemeinden geben in diesen Fällen den Steuermessbescheid zusammen mit dem Steuerbescheid bekannt (vgl. Ländergesetze; BFH, BStBl 1986 II S. 880).

Die Mitteilung von Messbeträgen hat keine Auswirkung auf den Ablauf der Festsetzungsverjährung nach § 171 Abs. 10 AO (vgl. AEAO zu § 169 Nr. 1).

Mitwirkungsrechte der Gemeinden als Steuergläubiger bei der Ermittlung und Festsetzung der Steuermessbeträge für die Realsteuern bestehen nur in beschränktem Umfange nach § 21 Abs. 3 FVG (vgl. Abschn. 3 Abs. 3 GewStR).

Als **Rechtsbehelf** gegen Steuermessbescheide ist der **Einspruch** gegeben (§ 347 Abs. 1 Satz 1 Nr. 1 AO). Die Gemeinden sind jedoch grundsätzlich nicht einspruchsbefugt, sondern nur dann, wenn das Land mittelbar oder unmittelbar Schuldner der Realsteuer ist und das FA den Messbetrag ohne vertretbare gesetzliche Grundlage und damit willkürlich festgesetzt hat (vgl. § 40 Abs. 3 FGO; BFH, BStBl 1976 II S. 426 für GrSt-Messbescheide; BFH, BStBl 1962 III S. 497; 1963 III S. 216 für GewSt-Messbescheide; AEAO zu § 184).

8.9 Zerlegungs- und Zuteilungsbescheide (§§ 185 bis 190 AO)

8.9.1 Zerlegungsbescheide

In bestimmten Fällen werden die Steuermessbescheide durch Zerlegungsbescheid in die auf die einzelnen Gemeinden entfallenden Anteile zerlegt (**§§ 185 ff. AO**). Eine Zerlegung wird vorgenommen für **GrSt-Messbeträge,** wenn sich der Steuergegenstand über mehrere Gemeinden erstreckt (§ 22 GrStG), und für **GewSt-Messbeträge,** wenn zur Ausübung des Gewerbes in mehreren Gemeinden Betriebsstätten unterhalten worden sind (§ 28 GewStG; Abschn. 75 ff. GewStR).

Demgegenüber ist die Zerlegung der **ESt, KSt, LSt** und des **Zinsabschlags** auf mehrere steuerberechtigte Bundesländer im **Zerlegungsgesetz** geregelt.

Am Zerlegungsverfahren **beteiligt** sind der Stpfl. und die steuerberechtigten Gemeinden (§ 186 AO). Die Beteiligung des Stpfl. ist insofern von Bedeutung, als die Hebesätze der Realsteuern in den einzelnen Gemeinden unterschiedlich hoch sind und sich durch die Änderung des Beteiligungsverhältnisses auch für ihn steuerliche Auswirkungen ergeben.

8.9 Zerlegungs- und Zuteilungsbescheide

Der **Zerlegungsbescheid** ergeht in einem besonderen Zerlegungsverfahren. Das Verfahren ist in der Art des Ermittlungs- und Festsetzungsverfahrens für Steuermessbeträge ausgestaltet (§ 185 AO). Der Zerlegungsbescheid ist Folgebescheid der (GewSt-)Messbescheide und zugleich Grundlagenbescheid für die GewSt- bzw. GrSt-Bescheide (vgl. BFH, BStBl 1993 II S. 828). Er ist den Beteiligten schriftlich mit einem gesetzlich näher bestimmten Inhalt zu erteilen (§ 188 AO). Ein vollständiger Zerlegungsbescheid ist hierbei nur dem Stpfl. bekannt zu geben, während die beteiligten Gemeinden lediglich einen kurz gefassten Bescheid mit den sie betreffenden Angaben erhalten (§ 188 Abs. 1 AO: „… soweit sie betroffen sind …"). Den Gemeinden ist ein besonderes Auskunfts- und Akteneinsichtsrecht eingeräumt (§ 187 AO). Sie sind als Beteiligte ebenfalls befugt, Einspruch gegen den Zerlegungsbescheid einzulegen (§§ 347, 186 AO).

Für die Änderung von Zerlegungsbescheiden gelten die allgemeinen **Korrekturvorschriften** nach § 185 AO (vgl. BFH, BStBl 1992 II S. 869 m. w. N.). Nach der Sonderregelung des **§ 189 AO** hat die Änderung oder Nachholung der Zerlegung von Amts wegen oder auf Antrag zu erfolgen, wenn der Anspruch einer zerlegungsberechtigten Gemeinde auf einen Anteil am Steuermessbetrag nicht berücksichtigt und auch nicht ausdrücklich zurückgewiesen worden ist. Ist der Zerlegungsbescheid jedoch gegenüber den bereits am Zerlegungsverfahren beteiligten Gemeinden unanfechtbar geworden, so dürfen bei der Änderung der Zerlegung nur solche Änderungen vorgenommen werden, die sich aus der nachträglichen Berücksichtigung der bisher übergangenen Gemeinden ergeben (vgl. Seitrich, DStZ 1985 S. 401). Eine Änderung oder Nachholung ist nur bis zum Ablauf eines Jahres nach Bestandskraft des Steuermessbescheides zulässig („Zerlegungssperre"), falls nicht die übergangene Gemeinde vorher einen entsprechenden Antrag gestellt hat (vgl. BFH, BStBl 2001 II S. 3). Die bloße Mitteilung der Gemeinde an das FA über eine Gewerbeanmeldung ist nicht als ein Antrag auf Zerlegung im Sinne des § 189 AO anzusehen. Es fehlt insoweit am Ausdruck eines entsprechenden Begehrens (BFH, BStBl 1972 II S. 472). Die anderen steuerberechtigten Gemeinden sind im Änderungsverfahren anzuhören (§ 91 AO).

8.9.2 Zuteilungsbescheide

Eine Steuerzuteilung durch Zuteilungsbescheid wird in den Fällen vorgenommen, wenn ein Steuermessbetrag in voller Höhe nur einer steuerberechtigten Gemeinde zusteht, mehrere Gemeinden sich aber darüber streiten, welchem Steuerberechtigten der Steuermessbetrag zusteht (§ 190 Satz 1 AO). Das Zuteilungsverfahren wird nur auf Antrag eines Beteiligten eingeleitet. Auf das Verfahren finden die für das Zerlegungsverfahren geltenden Vorschriften entsprechend Anwendung (§ 190 Satz 2 AO).

9 Korrektur von Verwaltungsakten
(§§ 129 bis 132, 164, 165, 172 bis 177 AO)

Verwaltungsakte werden mit ihrer Bekanntgabe wirksam. Deren Korrektur – Änderung, Aufhebung, Berichtigung, Rücknahme oder Widerruf – kann nur erfolgen, „wenn" und „soweit" **gesetzliche Vorschriften** dies zulassen, z. B. Änderungen aufgrund einer Ap nach § 164 Abs. 2 AO oder §§ 172 ff. AO (vgl. AEAO Vor § 172 Nr. 3). Das folgt aus § **124 Abs. 2,** § **172 Abs. 1 Satz 1 Nr. 2 Buchst. d AO.** Eine Wirksamkeit tritt allerdings nicht ein, wenn der Verwaltungsakt nichtig ist (§ 124 Abs. 3 AO). In diesem Fall bedarf es keiner Rücknahme oder Aufhebung, sondern allenfalls der bloßen Feststellung der Nichtigkeit des Verwaltungsaktes (§ 125 Abs. 5 AO, § 41 Abs. 2 FGO). Sie ist aber zulässig (vgl. BFH, BStBl 1985 II S. 579). Entsprechendes gilt für Scheinverwaltungsakte (vgl. BFH, BStBl 1985 II S. 42).

Wird ein (Steuer-)Bescheid geändert, so nimmt der Änderungsbescheid den ursprünglichen (Steuer-)Bescheid in seinen Regelungsinhalt mit auf. Solange der Änderungsbescheid Bestand hat, entfaltet der ursprüngliche Bescheid keine Wirkung mehr (vgl. BFH-GrS, BStBl 1973 II S. 231). Daher ist der Änderungsbescheid die alleinige Grundlage für die Erhebung der Abgabe (siehe § 365 Abs. 3 AO und § 68 FGO für Änderungen während des Rechtsbehelfsverfahrens).

9.1 Allgemeiner Überblick

9.1.1 Begriffe

Die AO verwendet im Wesentlichen einheitliche Begriffe in den Korrekturvorschriften (vgl. § 132 AO: Berichtigung, Rücknahme, Widerruf, Aufhebung und Änderung). Der Begriff „**berichtigen**" findet sich u. a. in § 129 und § 177 AO. Für bestimmte Fallgruppen verwendet die AO folgende Begriffe:

Als „**Rücknahme**" wird die – volle oder teilweise – Aufhebung eines rechtswidrigen Verwaltungsaktes mit Wirkung für die Vergangenheit oder Zukunft bezeichnet (§ 130 AO; siehe aber § 207 Abs. 2 und 3 AO).

Der „**Widerruf**" stellt dagegen die – volle oder teilweise – Aufhebung eines rechtmäßigen Verwaltungsaktes mit Wirkung für die Zukunft dar (§ 131 AO).

Von „**Aufhebung**" (ersatzloser Wegfall des Verwaltungsaktes) und „**Änderung**" (partielle Inhaltsänderung) wird insbesondere in den Regelungen für Steuerbescheide und andere Festsetzungen gesprochen (vgl. § 164 Abs. 2, §§ 172 ff.

9.1 Allgemeiner Überblick

AO), andererseits auch bei der verbindlichen Zusage (§ 207 AO) und dem Aufteilungsbescheid (§ 280 AO). Die Terminologie der AO zur „Änderung/Aufhebung" ist nicht einheitlich. Der Begriff der „Änderung" ist ggf. weit auszulegen, vgl. z. B. § 175 Abs. 1 Satz 1 Nr. 1, § 280 Abs. 1, § 351 AO. Er umfasst auch die Berichtigung nach § 129 AO (BFH, BStBl 1984 II S. 511), nicht aber in § 351 Abs. 1 AO die Vorschriften der §§ 130, 131 AO (BFH, BStBl 1984 II S. 791).

9.1.2 Korrektur und Bestandskraft

Ist ein Verwaltungsakt rechtswidrig, so kann ihn der Stpfl. aus Gründen des Rechtsschutzes durch Einlegung eines Rechtsbehelfs anfechten. Unabhängig hiervon kann der Finanzbehörde die Möglichkeit eingeräumt werden, den Verwaltungsakt von Amts wegen oder auf Antrag des Stpfl. zu korrigieren. Dagegen ist ein nichtiger oder nicht (wirksam) bekannt gegebener Verwaltungsakt unwirksam und kann keine Rechtswirkungen begründen (vgl. § 124 Abs. 3 AO).

Formelle Bestandskraft bedeutet **Unanfechtbarkeit** des Verwaltungsaktes mit ordentlichen (förmlichen) Rechtsbehelfen. Sie tritt stets ein durch Einspruchsverzicht (§ 354 AO), Ablauf der Einspruchsfrist (§ 355 AO), Rücknahme nach Ablauf der Einspruchsfrist (§ 362 AO) oder Erschöpfung des gerichtlichen Instanzenzuges. In diesem Sinne wird „Bestandskraft" allgemein der Unanfechtbarkeit gleichgestellt (vgl. BFH, BStBl 1998 II S. 420; AEAO Vor §§ 172 ff. Nr. 1 bis 4).

Materielle Bestandskraft bedeutet Bindung des Beteiligten an den Inhalt des Verwaltungsaktes (vgl. § 124 Abs. 2 AO, Überschrift vor § 172 AO). Die **Bindungswirkung** tritt mit wirksamer Bekanntgabe ein (a. A.: erst mit Unanfechtbarkeit) und kann nur durchbrochen werden, wenn eine Korrektur des Verwaltungsaktes unter besonderen Voraussetzungen im Einzelfall zulässig ist. Ein Vorbehaltsbescheid wird zwar formell, aber im Hinblick auf § 164 Abs. 2 AO nicht materiell bestandskräftig (BFH, BStBl 1986 II S. 38, 420). Die Bestandskraft erstreckt sich bei Steuerbescheiden lediglich auf den **Steuerbetrag,** nicht aber auf die tatsächlichen und rechtlichen Verhältnisse (vgl. §§ 157, 177 AO). Bei Feststellungsbescheiden wird in erster Linie die festgestellte Besteuerungsgrundlage erfasst, daneben aber auch die Zurechnung und Art des Gegenstandes (§§ 179, 180, 182 Abs. 1 AO).

Während die Finanzbehörde selbst Verwaltungsakte in bestimmten Fällen korrigieren darf (Durchbrechung der Bestandskraft), können rechtswidrige **Gerichtsurteile** nach ihrem Wirksamwerden vom Gericht grundsätzlich nicht mehr geändert werden (abgesehen von offenbaren Unrichtigkeiten nach § 107 FGO und Wiederaufnahme des Verfahrens, § 134 FGO). Terminologisch verwendet man in diesem Zusammenhang den Begriff der **Rechtskraft** (vgl. § 110 FGO). Denn das gerichtliche Verfahren garantiert in höherem Maße als das Massenverfahren in Steuersachen die Richtigkeit der Entscheidung.

9 Korrektur von Verwaltungsakten

Grundlage für die Schaffung der Korrekturvorschriften ist allgemein die Abwägung zwischen dem **Prinzip der Rechtssicherheit** und dem **Grundsatz der Einzelfallgerechtigkeit und damit der Gleichmäßigkeit der Besteuerung.** Soweit Bescheide nicht vorläufig oder unter dem Vorbehalt der Nachprüfung ergangen sind, hat der Grundsatz der Rechtsrichtigkeit (Einzelfallgerechtigkeit) erkennbar Vorrang vor dem der Rechtssicherheit (Bestandskraft), wenn der Verwaltungsakt punktuell korrigierbar ist (ggf. unter Berücksichtigung von § 177 AO) und nicht nur Rechtsfehler enthält. Das gilt vor allem, wenn ein unzutreffender Sachverhalt berücksichtigt wurde oder rein mechanische Fehler vorliegen. Anders ist der Fall, wenn der Bescheid lediglich Rechtsfehler enthält. Hier ist zu beachten, dass die Behörde die Festsetzung bewusst so durchführen wollte (wenn auch rechtsirrtümlich) und der Stpfl. dies ohne Einwände (Rechtsbehelf) akzeptiert hat. Eine Korrektur bestandskräftiger Bescheide allein aufgrund von Rechtsfehlern ist daher im Grundsatz nicht zulässig. Besonderheiten ergeben sich aus einzelnen Vorschriften.

9.1.3 Allgemeine Grundsätze zur Anwendung der Korrekturvorschriften

9.1.3.1 Angabe einer Korrekturnorm

Wird ein Verwaltungsakt korrigiert, so ist für die Korrektur die **zutreffende Vorschrift** anzugeben. Der in der Entscheidung enthaltene Hinweis auf eine Korrekturbestimmung hat als **Begründung im Sinne von § 121 AO** aber keine selbständige Bedeutung, z. B. § 129 statt § 164 AO (vgl. BFH, BStBl 1995 II S. 2). Entscheidend ist allein, dass der korrigierte Verwaltungsakt durch einen gesetzlichen Tatbestand materiell gedeckt wird (vgl. § 126 Abs. 1 Nr. 2, Abs. 2 AO). War ein Korrekturbescheid bei seinem Erlass nicht durch die angeführte Vorschrift gedeckt, treten aber Umstände auf, die ihn rechtfertigen, so ist es regelmäßig nicht erforderlich, den Änderungsbescheid aufzuheben und ihn dann mit demselben Inhalt erneut zu erlassen. In einem derartigen Fall kann die Finanzbehörde die anderen Gründe nachschieben (§ 126 Abs. 1 Nr. 2 AO; vgl. BFH, BStBl 1984 II S. 840; BFH/NV 1994 S. 519).

9.1.3.2 Kumulative Prüfung

Liegen zur Zeit eines Änderungs- oder Rechtsbehelfsverfahrens die Voraussetzungen mehrerer Vorschriften vor, so hat die Finanzbehörde regelmäßig alle Korrekturvorschriften zugleich (kumulativ) zu prüfen und bei einer Änderung in einem Bescheid zu berücksichtigen. Denn jede Änderung stellt eine neue Steuerfestsetzung dar, die grundsätzlich eine sachliche Nachprüfung über den Korrekturumfang voraussetzt (vgl. §§ 88, 367 Abs. 2 AO). Dadurch können sich Auswirkungen auf die Zinsfestsetzung ergeben gemäß § 233 a Abs. 5, § 234

Abs. 1 Satz 2, § 235 Abs. 3 Satz 3, § 236 Abs. 5 und § 237 Abs. 5 AO. Andernfalls kann im Einzelfall eine Ausschlusswirkung aus den einschlägigen Korrekturnormen oder aus „Verwirkung" eintreten. Hat das FA z. B. die Berücksichtigung neuer Tatsachen versäumt, können diese später nicht mehr eine Änderung nach **§ 173 AO** als „neu" rechtfertigen. Das gilt nicht im Hinblick auf § 182 Abs. 1 AO, wenn der Bescheid nur nach **§ 175 Abs. 1 Satz 1 Nr. 1 AO** geändert wird (vgl. BFH, BStBl 1989 II S. 438; AEAO zu § 173 Nr. 2.4). Daher besteht generell keine Verpflichtung, die Änderung eines Folgebescheides nach § 175 Abs. 1 Satz 1 Nr. 1 AO in einem Arbeitsgang mit anderen Änderungsmöglichkeiten vorzunehmen, und es tritt hier auch keine Verwirkung für die Auswertung des Grundlagenbescheides innerhalb der Festsetzungsfrist ein.

Wird eine offenbare Unrichtigkeit im Rahmen einer erneuten Überprüfung nicht beseitigt, kann grundsätzlich eine spätere Berichtigung nach **§ 129 AO** erfolgen, wenn das FA im Änderungsbescheid die offenbare Unrichtigkeit des Erstbescheides, etwa als Flüchtigkeitsfehler, übernommen hat. Es muss hierbei aber ausgeschlossen sein, dass die Übernahme der Unrichtigkeit auf fehlerhafte Anwendung materiellen Steuerrechts beruht, d. h., die Überprüfung in diesem Punkt darf nicht zu einer neuen Willensbildung des Amtsträgers im Rahmen dieses Tatsachen- oder Rechtsbereichs geführt haben (vgl. BFH, BStBl 1986 II S. 541; 1987 II S. 834).

9.1.3.3 Absehen von Korrekturen

Von Korrekturen kann bzw. muss abgesehen werden, soweit

- eine Korrektur in das **Ermessen** der Finanzbehörde gestellt ist (vgl. §§ 130, 131, 172, 174 Abs. 2 bis 4 AO; beachte aber **§ 85 AO**) oder
- **Bagatellregelungen** eingreifen wie z. B. die Änderungsgrenzen in **§ 22 BewG** sowie die Kleinbetragsregelung des **§ 156 AO** und der **KBV**.

9.1.3.4 Zeitliche Grenze

Die Aufhebung oder Änderung einer **Steuerfestsetzung** oder gleichgestellter Bescheide ist nicht mehr zulässig, wenn die **Festsetzungsfrist** abgelaufen ist. Das gilt auch für die Berichtigung offenbarer Unrichtigkeiten nach § 129 AO. Dieser Grundsatz ergibt sich für Steuerfestsetzungen unter dem Vorbehalt der Nachprüfung aus § 164 Abs. 2 und 4, § 168 AO, im Übrigen aus **§ 169 Abs. 1, § 181 AO**. Er umfasst sowohl Korrekturen zulasten als auch zugunsten des Stpfl.

Andere Verwaltungsakte als Steuerbescheide oder entsprechende Bescheide sind **grundsätzlich jederzeit** rücknehmbar bzw. widerrufbar, soweit nicht Sonderregelungen eingreifen (vgl. die Jahresfrist nach § 130 Abs. 3, § 131 Abs. 2 letzter Satz AO; AEAO zu § 218 Nr. 3). Bei **Haftungs- und Duldungsbescheiden** ist die Festsetzungsfrist nach § 191 Abs. 3 und 4 AO zu beachten.

9.1.3.5 Korrektur während eines Rechtsbehelfsverfahrens

Die Korrekturvorschriften sind auch während des Einspruchsverfahrens und des gerichtlichen Verfahrens gegen den zu ändernden Verwaltungsakt anwendbar (**§ 132 AO, § 110 Abs. 2 FGO**). Dadurch können sich Auswirkungen auf Zinsfestsetzungen nach den §§ 233 ff. AO ergeben. Es sind drei Fallgruppen zu unterscheiden:

- **Im Einspruchsverfahren**

Ergeht ein **Abhilfebescheid** gemäß § 172 Abs. 1 Satz 1 Nr. 2 Buchst. a oder § 164 Abs. 2 AO, so ist der Einspruch damit erledigt. Bei **Teilabhilfe** wird das Einspruchsverfahren fortgesetzt und regelmäßig durch Einspruchsentscheidung beendet (§ 365 Abs. 3, § 367 Abs. 1 Satz 1 AO).

Wird während des – zulässigen – Einspruchsverfahrens der angefochtene Verwaltungsakt/Bescheid **geändert, berichtigt** oder **ersetzt,** so wird der neue Verwaltungsakt automatisch Gegenstand des Verfahrens nach **§ 365 Abs. 3 AO,** z. B. es erfolgt während des Einspruchsverfahrens eine Änderung des Bescheides nach § 173 AO aufgrund einer Kontrollmitteilung oder gemäß § 175 Abs. 1 Satz 1 Nr. 1 AO. § 365 Abs. 3 AO setzt aber stets einen zulässigen Einspruch voraus wegen § 358 AO (vgl. BFH, BStBl 2000 II S. 490). Die Regelung verhindert, dass der Einspruchsführer ohne Einlegung eines erneuten Einspruchs aus dem Verfahren hinausgedrängt wird. Das gilt auch, wenn ein angefochtener Vorauszahlungsbescheid durch den Jahressteuerbescheid ersetzt wird, z. B. bei der USt (vgl. BFH, BStBl 2000 II S. 454; BFH/NV 2004 S. 502; AEAO zu § 365 Nr. 2, zu § 236 Nr. 1, zu § 237 Nr. 4, zu § 361 Nr. 8.2.2 mit Auswirkungen auf Zinsen und AdV). Dagegen greift § 365 Abs. 3 AO nicht ein bei einer Teilrücknahme (§ 130 AO) oder einem Teilwiderruf (§ 131 AO), da der Verwaltungsakt – wenn auch eingeschränkt – bestehen und damit auch der Einspruch anhängig bleibt (AEAO zu § 365 Nr. 2).

- **Nach Bekanntgabe der Einspruchsentscheidung, aber vor Klageerhebung**

In diesem Fall ist das Einspruchsverfahren mit Bekanntgabe der Entscheidung nach § 367 Abs. 1 Satz 1, § 366 AO beendet. Der hiernach erlassene Änderungsbescheid – siehe dazu § 172 Abs. 1 Satz 2 und 3 AO – ersetzt die Einspruchsentscheidung, die für die Dauer der Wirksamkeit des Änderungsbescheides keine Rechtswirkungen mehr entfaltet (vgl. BFH-GrS, BStBl 1973 II S. 231).

- **Im gerichtlichen Verfahren**

Durch die Korrektur eines Verwaltungsaktes während des Klage- oder Revisionsverfahrens ergeben sich bestimmte **prozessuale Folgerungen** aus §§ 68, 74, 100 FGO. Einzelheiten siehe unter Tz. 14.2.5.

9.1.3.6 Auswirkung auf Zinsen und Säumniszuschläge

Jede Änderung, Aufhebung und Berichtigung von Steuerfestsetzungen führt wegen der – grundsätzlichen – Akzessorietät der Zinsen vom Steueranspruch in der Regel zu einer erstmaligen oder geänderten Zinsfestsetzung nach § **233 a Abs. 1 bzw. 5, §§ 234 ff. AO.** Ausnahmen sind geregelt in § 234 Abs. 1 Satz 2, § 235 Abs. 3 Satz 3, § 236 Abs. 5 und § 237 Abs. 5 AO. Unerheblich ist, worauf die Korrektur des Steuerbescheides beruht, z. B. §§ 129, 164, 172 ff. AO oder Änderung durch Einspruchsentscheidung oder Gerichtsurteil. Nicht stets gleichgestellt sind die Fälle der Aufhebung oder Änderung von Steueranrechnungen. Weitere Einzelheiten siehe unter Tz. 11.6.

Im Falle der Korrektur der „Steuerfestsetzung" bleiben nach § **240 Abs. 1 Satz 4 AO** die bis dahin verwirkten Säumniszuschläge ausdrücklich bestehen. Ändert sich aber der rückständige Steuerbetrag infolge einer nachträglichen Anrechnung von Steuern, z. B. nach § 36 Abs. 2 EStG, so beruht dies nicht auf einer Korrektur der „Steuerfestsetzung", sondern auf einer Änderung der im „Erhebungsverfahren" angeforderten Steuer. Der verwirkte Säumniszuschlag ändert sich nach § 240 Abs. 1 Satz 1 AO entsprechend (vgl. BFH, BStBl 1992 II S. 956; AEAO zu § 240 Nr. 2).

9.2 Anwendungsbereich der einzelnen Korrekturvorschriften

Die AO unterscheidet für die Anwendung der Korrekturmöglichkeiten bestimmte Gruppen von Verwaltungsakten:

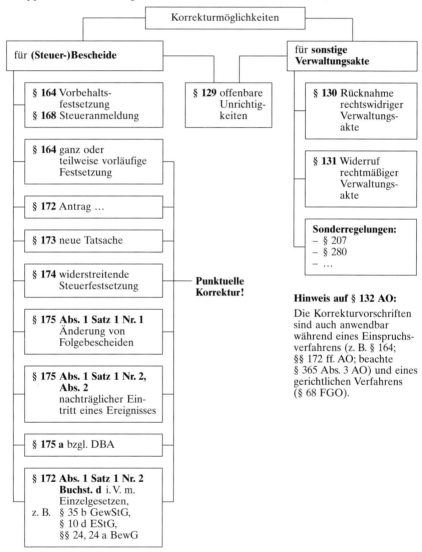

Im Einzelnen gilt Folgendes:

- Für **alle Verwaltungsakte** gilt, dass sie **wegen offenbarer Unrichtigkeiten** jederzeit – innerhalb der Festsetzungsfrist bzw. bis zum Ablauf der Zahlungsverjährung – zugunsten oder zuungunsten des Betroffenen korrigiert werden können (§§ 129, 169 Abs. 1, § 171 Abs. 2, § 228 AO).

- **Steuerbescheide** und Bescheide, auf die die für Steuerbescheide geltenden Vorschriften entsprechend Anwendung finden, können nach den §§ 172 bis 177, 164, 165, 233 a Abs. 5 AO sowie aufgrund gesetzlicher Vorschriften in Einzelsteuergesetzen (z. B. EStG, GewStG) aufgehoben oder geändert werden. Die Vorschriften der §§ 130, 131 AO sind auf Steuerbescheide nicht anwendbar (§ 172 Abs. 1 Satz 1 Nr. 2 Buchst. d AO). **Steueranmeldungen,** wie z. B. USt- und LSt-Anmeldungen, stehen einer Vorbehaltsfestsetzung gleich und sind – solange der Vorbehalt wirksam ist – jederzeit aufhebbar oder änderbar, und zwar sowohl aufgrund neuer Tatsachen als auch beim Erkennen von Rechtsfehlern (§§ 167, 168, 164 AO). Im Übrigen gelten alle Vorschriften über Steuerbescheide unmittelbar oder entsprechend.

- Auf **sonstige Verwaltungsakte,** die nicht als Steuerbescheide anzusehen sind, finden grundsätzlich die §§ 130 und 131 AO Anwendung. Dazu gehören insbesondere: Haftungs- und Duldungsbescheide (§ 191 AO), Ab- bzw. Anrechnung von Steuern, Steuerabzugsbeträgen und Vorauszahlungen auf die festgesetzte Steuerschuld, Abrechnungsbescheide (§ 218 Abs. 2 AO), Erlass (§§ 163, 227 AO), Stundung (§ 222 AO), Zahlungsaufschub (§ 223 AO), Aussetzung der Vollziehung (§ 361 AO), Festsetzung von Verspätungszuschlägen und Zwangsmitteln (§§ 152, 328 AO), Fristverlängerung (§ 109 AO), Buchführungserleichterungen (§ 148 AO); siehe AEAO Vor §§ 130, 131.

  Unter den Voraussetzungen des § 133 AO kann die Finanzbehörde in diesen Fällen die Rückgabe von Urkunden und Sachen verlangen.

- **Weitere Korrekturmöglichkeiten** ergeben sich aus Spezialvorschriften wie z. B. § 280 AO (Aufteilungsbescheide), § 207 AO (verbindliche Zusagen aufgrund einer Ap) oder § 189 AO (Zerlegungsbescheid).

9.3 Berichtigung offenbarer Unrichtigkeiten nach § 129 AO

Schreibfehler, Rechenfehler oder ähnliche offenbare Unrichtigkeiten, die beim Erlass eines Verwaltungsaktes unterlaufen sind, können grundsätzlich jederzeit berichtigt werden **(§ 129 AO).** Nach § 124 Abs. 1 Satz 2 AO wird ein Verwaltungsakt mit dem Inhalt wirksam, mit dem er bekannt gegeben wird. Fehler, die beim Erlass des Verwaltungsaktes unterlaufen sind, können bewirken, dass der irrtümlich erklärte Inhalt von der gewollten materiellen Regelung des Verwaltungsaktes abweicht.

9.3.1 Voraussetzungen

§ 129 AO erstreckt sich auf **alle wirksam bekannt gegebenen Verwaltungsakte**. Der unbestimmte Rechtsbegriff „offenbare Unrichtigkeit" ist einheitlich für Fehler zugunsten und zuungunsten des Beteiligten auszulegen. Die Berichtigung betrifft nicht materiell-rechtliche Fehler des Verwaltungsaktes, sondern ist nur dessen „Richtigstellung" unter Beibehaltung der übrigen Bindungswirkung.

Schreib- und Rechenfehler sind Unrichtigkeiten, die auf einem Verschreiben oder Verrechnen beruhen. Fehlerquelle ist stets ein mechanisches Versehen.

> **Beispiel:**
> S hat Einkünfte aus zwei Gewerbebetrieben von 150.500 € und von 12.255 €. Der Bearbeiter errechnet daraus ein Ergebnis von 172.755 €.

Ähnliche offenbare Unrichtigkeiten sind Fehler, die wie Schreib- und Rechenfehler ihren Grund lediglich in einem **mechanischen Versehen** oder menschlichen Versagen haben, wie etwa Übertragungsfehler oder Fehler beim Ablesen von Tabellen. Eine falsche Rechtsanwendung bei der Willensbildung muss ausgeschlossen sein. Daher ist eine unrichtige Tatsachenwürdigung und die Auslegung oder Nichtanwendung einer Rechtsvorschrift kein mechanisches Versehen. Besteht im **konkreten Fall** auch nur die **Möglichkeit eines Rechtsirrtums** als Ursache für die Unrichtigkeit, ist § 129 AO zu verneinen (konkrete Fehlertheorie; vgl. BFH, BStBl 1998 II S. 535 m. w. N.). Die Möglichkeit eines Rechtsirrtums muss durch festgestellte Tatsachen belegt sein. Die rein theoretische Möglichkeit, dass dem Fehler auch rechtliche Überlegungen zugrunde liegen können, reicht nicht aus.

Eine offenbare Unrichtigkeit scheidet auch dann aus, wenn der Behörde beim Erlass des Verwaltungsaktes ein **sonstiger Denk- oder Überlegungsfehler** unterläuft, der sich nicht auf die unmittelbare Rechtsanwendung bezieht, oder wenn der Fehler auf **mangelnder Sachaufklärung** beruht (vgl. BFH, BStBl 1988 II S. 932; BFH/NV 1995 S. 1). Eine Verletzung der Amtsermittlungspflicht liegt z. B. vor, wenn das FA nicht ermittelt hat oder fehlende bzw. unrichtige Angaben in der Steuererklärung des betreffenden Jahres hätte erkennen können, falls es Einblick in die Vorjahresveranlagung oder in die beigefügten Anlagen/Belege genommen hätte.

> **Beispiele:**
> **1.** Der Bearbeiter übernimmt ungeprüft den vom Stpfl. zu hoch angesetzten AfA-Betrag. – § 129 AO ist ausgeschlossen (FG Bremen, EFG 1979 S. 422).

9.3 Berichtigung offenbarer Unrichtigkeiten nach § 129 AO

2. U hatte in 01 nur USt-Voranmeldungen mit 1 Mio. € Umsatz abgegeben; USt insgesamt 50.000 €. Nach Mahnung schätzte das FA die Umsätze auf 500.000 € und setzte die USt unter Berücksichtigung geschätzter Vorsteuerbeträge im endgültigen Bescheid 01 auf 30.000 € fest. Hierbei waren die Voranmeldungen übersehen worden. Nach Unanfechtbarkeit ging die USt-Jahreserklärung ein. Die USt beträgt 45.000 €. Ist der USt-Bescheid 01 zu berichtigen?

Eine „ähnliche offenbare Unrichtigkeit" im Sinne von § 129 AO setzt einen „mechanischen" Fehler voraus. Das Übersehen der Voranmeldungen ist kein derartiger Fehler, da im Festsetzungsfall bei fehlender USt-Jahreserklärung stets die Voranmeldungen herangezogen und regelmäßig Hinzuschätzungen vorgenommen werden. Das FA ist hier rechtsfehlerhaft von anderen Schätzungsgrundlagen ausgegangen (vgl. BFH, BFH/NV 1992 S. 711). Eine Änderung nach § 173 AO entfällt wegen der dem FA bekannten Umsätze.

Die weite Fassung „Unrichtigkeiten, die beim Erlass eines Verwaltungsaktes unterlaufen sind", stellt klar, dass alle offenbaren Unrichtigkeiten, die von der Willensbildung bis zur Bekanntgabe des Verwaltungsaktes unterlaufen sind, berichtigt werden können, und zwar zugunsten und zulasten des Stpfl., z. B. Schreibfehler bei der Reinschrift gegenüber der Aktenverfügung. Es bleibt regelmäßig auch dann eine offenbare Unrichtigkeit, wenn die Flüchtigkeit fortwirkend unterlaufen ist, sei es bei der Erstfestsetzung oder bei späteren Änderungsveranlagungen, z. B. aufgrund Einspruchs, § 164 Abs. 2 AO oder §§ 172 ff. AO (vgl. BFH, BStBl 1987 II S. 834 m. w. N.). Bei § 129 AO kommt es auf ein Verschulden des FA nicht an.

Offenbar ist eine Unrichtigkeit, wenn sie durchschaubar, eindeutig, d. h. aus den Akten ersichtlich ist. Es ist hierbei allein auf die Kenntnis eines objektiven Dritten abzustellen. Die Unrichtigkeit kann sich aus dem bekannt gegebenen Verwaltungsakt, aber auch aus Vorgängen bei dessen Erlass (Entstehung) ergeben. Sie muss nicht unmittelbar aus dem Bescheid für den Stpfl. erkennbar sein (vgl. BFH, BStBl 1992 II S. 713; BFH/NV 2003 S. 1139 m. w. N.). Sonst wäre es in der Mehrzahl der Fälle unmöglich, Übertragungsfehler, Rechenfehler oder sonstige mechanische Fehler zu berichtigen, die häufig aus dem Verwaltungsakt selbst nicht ersichtlich sind.

Diese Auslegungsregeln gelten auch bei der **Erstellung von Verwaltungsakten mittels EDV,** z. B. bei der maschinellen Veranlagung oder elektronischen Übermittlung. Rechtsentscheidungen sind bei Einsatz elektronischer Datenverarbeitung lediglich bei der Programmerstellung und bei der Feststellung der Eingabewerte zu treffen. Fehler bei der Feststellung und Eingabe von Werten können im Einzelfall auf einem mechanischen Versehen oder auf einem Rechtsirrtum beruhen (vgl. BFH, BStBl 1996 II S. 509). Mechanische Fehler sind insbesondere: Benutzung falscher Schlüsselzahlen, unvollständiges Ausfüllen des Eingabewertbogens, unrichtige Dateneingabe oder Irrtum über den tatsächlichen Programmablauf (BFH, BFH/NV 1998 S. 942). Eingabefehler und Fehler bei der Bedienung der EDV-Anlagen oder bei einem technischen Versagen des Rechners sind stets offenbare Unrichtigkeiten im Sinne des § 129 AO (vgl. BFH, BStBl 1985 II S. 32).

Beispiele für offenbare Unrichtigkeiten:
- Fehler beim Ablesen der Steuertabelle, des Steuersatzes oder Spaltenverwechslung (BFH, BStBl 1968 III S. 191; 1974 II S. 727; 1979 II S. 196)
- Nichterfassen erklärter Einkünfte im Eingabebogen bzw. bei der Dateneingabe (BFH, BStBl 1972 II S. 954; FG Hamburg, EFG 1981 S. 61; BFH, DB 1984 S. 2602). Wertet das FA die Mitteilung über die Gewinnanteile aus einer Personengesellschaft in der Weise aus, dass es bei Erlass eines Änderungsbescheides die Gewinnanteile erfasst, die bereits im **Erstbescheid erfassten Gewinne aus dem Einzelunternehmen** des Steuerpflichtigen jedoch versehentlich streicht, kann dieser Fehler nach § 129 AO berichtigt werden (BFH, BFH/NV 2001 S. 1007)
- Übersehen einer zugegangenen, in rechtlicher und tatsächlicher Hinsicht **eindeutigen Mitteilung** bei der ESt-Veranlagung (BFH, BStBl 1986 II S. 541). Das gilt regelmäßig nicht bei normalen Kontrollmitteilungen, die stets der Überprüfung, d. h. einer Willensbildung des Bearbeiters im Rahmen dieses Tatsachen- oder Rechtsbereichs, bedürfen (s. u.)
- Nachweisbar falsches Ausfüllen des Eingabebogens bzw. bei der Dateneingabe trotz sachlich richtiger Entscheidung (BFH, BStBl 1977 II S. 853; BFH/NV 1998 S. 942)
- Eingabe falscher Kennziffern, z. B. für Splitting- statt Grundtabelle für eine seit Jahren verwitwete Person (BFH, BStBl 1974 II S. 727) oder falsche Kennziffer für Altersangabe (vgl. BFH, BStBl 1992 II S. 52 m. w. N.)
- Unvollständige Übernahme der Beteiligten einer einheitlichen Feststellung aus dem vollständigen Prüfungsbericht (BFH, BStBl 1976 II S. 764) oder Verlesen bei der Auswertung des Prüfungsberichts (BFH, BStBl 1986 II S. 293 m. w. N.). Bei der Auswertung des Bp-Berichts werden unstreitige und ausgewiesene Besteuerungsgrundlagen versehentlich nicht berücksichtigt und im Änderungsbescheid vermerkt, die Änderungen beruhten auf dem Bericht (BFH, BFH/NV 1995 S. 755)
- Ansatz eines Veräußerungsgewinns im Eingabebogen bei zwei Kennziffern: begünstigt und steuerfrei bleibend (BFH, BStBl 1980 II S. 62). Ebenso doppelte Berücksichtigung eines Freibetrages nach § 16 Abs. 4 EStG (BFH, BStBl 1989 II S. 531)
- Bearbeiter übernimmt vorangehende Rechenfehler in den Steuerakten in die EDV-Eingabe bzw. aus der Prüferbilanz bei der Veranlagung (BFH, BStBl 1987 II S. 834)
- Falsche Eintragung des Gesamtumsatzes im Eingabebogen bei einer Kennziffer statt des richtigerweise steuerpflichtigen Umsatzes (BFH, BStBl 1975 II S. 868)
- Bei der Datenerfassung wurde die Kennziffer aus dem Eingabebogen für vorläufigen Bescheid bzw. Vorbehalt nicht übernommen (vgl. BFH, BStBl 1996 II S. 509; BFH/NV 2003 S. 1 m. w. N.)
- Falsche Kennziffereingabe bei § 33 EStG im Eingabebogen, sodass die zumutbare Belastung nicht abgezogen wurde (FG Berlin, EFG 1981 S. 543)
- Nichtgewährung eines unstreitigen Freibetrages wegen Erwerbsunfähigkeit (FG Baden-Württemberg, EFG 1984 S. 328)
- Zahlendreher des Bearbeiters bei dem von ihm errechneten LSt-Anrechnungsbetrag (FG Berlin, EFG 1980 S. 423)

9.3 Berichtigung offenbarer Unrichtigkeiten nach § 129 AO

- Offensichtliches Übersehen des Bearbeiters, dass der Stpfl. erst im Folgejahr verheiratet bzw. das Kind geboren ist, und daher Eingabe der für Alter, Zusammenveranlagung und Kinderzahl maßgeblichen Daten und Kennziffern (FG Düsseldorf, EFG 1984 S. 98)
- Mitteilung des Betriebs-FA weist aufgrund einer Beschädigung einen unrichtigen Betrag aus (FG Hamburg, EFG 1981 S. 61)
- Bearbeiter unterlässt die Berichtigung einer offenbaren Unrichtigkeit im Rahmen eines Einspruchsverfahrens aus Versehen (BFH, BStBl 1985 II S. 569; 1986 II S. 541). Das gilt ebenso für eine Vorbehaltsaufhebung nach § 164 Abs. 3 AO ohne materielle Überprüfung (BFH, BFH/NV 2003 S. 1)
- Hat der Bearbeiter des FA in den Steuerakten und in einer Anlage zum ESt-Bescheid vermerkt, dass ein Ehegattengehalt nicht berücksichtigt werden könne, weil der vorgelegte Arbeitsvertrag erst für das Folgejahr abgeschlossen sei, und bei der maschinellen Bearbeitung der Veranlagung die BA nicht um das Gehalt gekürzt, liegt eine offenbare Unrichtigkeit vor (Niedersächs. FG, Urteil vom 27. 1. 1993 – IX 717/89)
- Übersieht das FA beim Erlass eines Steuerbescheides einen ihm bereits vorliegenden Grundlagenbescheid, kann der Steuerbescheid nach § 175 Abs. 1 Satz 1 Nr. 1 AO oder nach § 129 AO korrigiert werden, sofern das FA die Auswertung des Grundlagenbescheides nicht bewusst unterlassen hat. Der § 129 AO steht selbständig neben § 175 Abs. 1 Satz 1 Nr. 1 AO (BFH, BStBl 2003 II S. 867; AEAO zu § 175 Nr. 1.2)

Beispiele für fehlende offenbare Unrichtigkeit:

- FA legt einen falschen Sachverhalt – zwei Häuser statt eines Hauses – zugrunde (BFH, BStBl 1979 II S. 458)
- Bearbeitung eines Hinweisfalles kann als neue Willensbildung eine Berichtigung ausschließen (FG Münster, EFG 1978 S. 579)
- Auslegungsfähigkeit des Gesetzeswortlauts (FG Münster, EFG 1981 S. 331)
- Die dem FA vorliegende, **prüfungswürdige Kontrollmitteilung** wird nicht ausgewertet (vgl. BFH, BStBl 1986 II S. 541). Anders ist es bei Übersehen einer vorliegenden, in rechtlicher und tatsächlicher Hinsicht eindeutigen Mitteilung, z. B. Mitteilung über Unterhaltsleistungen von 13.805 € als zu erfassende Einnahmen nach § 22 Nr. 1a EStG aufgrund Anlage U
- Bearbeiter übernimmt ungeprüft den falschen Ansatz des Stpfl. über die AfA. Hinweis auf § 174 Abs. 2 AO
- Ansatz eines zu hohen Ertragsanteils bei einer Erwerbsunfähigkeitsrente wegen möglichen Rechtsirrtums (BFH, BFH/NV 2003 S. 2)

Berichtigungsfähig sind grundsätzlich nur **Fehler der Finanzbehörde.** Das wird durch den Wortlaut des § 129 AO klargestellt („... die beim Erlass eines Verwaltungsaktes unterlaufen sind ..."). § 129 AO ist somit auf Fehler des Stpfl. regelmäßig nicht anwendbar. Das gilt selbst dann, wenn sich aus der Steuererklärung und den dem FA vorliegenden Steuerakten die Notwendigkeit von weiteren Aufklärungsmaßnahmen wegen zutreffender Rechtsanwendung in der Steuersache geradezu aufdrängen musste und das FA seine Aufklärungspflicht verletzt hat (BFH, BStBl 1972 II S. 550; 1984 II S. 785).

9 Korrektur von Verwaltungsakten

Beispiel:

S ermittelt den Gewinn nach § 4 Abs. 3 EStG. Er hat sich – für das FA aus der Anlage nach § 60 Abs. 4 EStDV nicht erkennbar – bei der Zusammenstellung einzelner Betriebseinnahmen verrechnet und deshalb einen um 3.000 € zu hohen Gewinn erklärt. Das FA hat nach Erklärung veranlagt. Korrektur möglich?
Die unrichtige Steuerfestsetzung ist nicht nach § 129 AO berichtigungsfähig. Hinweis auf § 173 Abs. 1 Nr. 2 AO und AEAO zu § 173 Nr. 5.1.1.

In Ausnahmefällen können auch **Fehler des Stpfl.** nach § 129 AO berichtigt werden als sog. „**Übernahmefehler**":

1. Bei Veranlagungssteuern durch Übernahme einer in den eingereichten Steuererklärungen oder beigefügten Unterlagen für die Finanzbehörde **klar erkennbaren offenbaren Unrichtigkeit des Stpfl.**, z. B. Rechenfehler, Übertragungsfehler oder versehentlich doppelt erfasste Einnahmen/Umsätze. Die offenbare Unrichtigkeit gilt dann von der Behörde als nachvollzogen (BFH, BStBl 1991 II S. 22; BFH/NV 2004 S. 1505 m. w. N.). Andernfalls ist § 173 AO zu prüfen (siehe AEAO zu § 173 Nr. 5.1.1).

2. Bei der **Selbstberechnung von Steuern im Sinne von § 150 Abs. 1 Satz 3 AO,** wenn dem Stpfl. in der Steueranmeldung ein mechanischer Fehler unterläuft und die Finanzbehörde ihn nicht bemerkt. Die Behörde macht den Inhalt dieser Erklärung zum Gegenstand ihrer Festsetzung und damit zu ihrem eigenen Fehler (BFH, BStBl 1980 II S. 18; 1987 II S. 834).

In diesen Fällen steht § **129 AO** selbständig neben § **164 Abs. 2 (§ 168) AO.** Hierbei ist gegenüber § 164 Abs. 2 AO von Vorteil, dass die Entscheidung nicht bis zur abschließenden Prüfung hinausgeschoben werden kann (vgl. § 164 Abs. 2 Satz 3 AO; Hinweis: Die EDV-Programme der Rechenzentren lassen hier nur eine Korrektur nach § 164 AO zu.).

Beispiele:

1. S hat in der ESt-Erklärung gewerbliche Einkünfte von 50.000 € angesetzt. Nach der beigefügten Gewinnermittlung handelt es sich um einen Verlust in dieser Höhe. Das FA berücksichtigt bei der ESt-Festsetzung einen Gewinn von 50.000 €. Greift § 129 AO ein?

Das FA hat den offensichtlichen Übertragungsfehler, der dem S unterlaufen ist, übernommen und zu seinem eigenen gemacht. Bei flüchtiger Durchsicht der Erklärung und der Unterlagen war der Fehler jederzeit erkennbar und eine falsche Rechtsanwendung hier ausgeschlossen. Der ESt-Bescheid ist nach § 129 AO zu berichtigen.

2. Dem U ist bei der Anfertigung seiner USt-Anmeldung ein Rechenfehler unterlaufen. Er hat bei der Addition der beiden Steuerbeträge, die er für die dem allgemeinen und dem ermäßigten Steuersatz unterliegenden Umsätze errechnet hatte, als Summe eine um 1.000 € zu hohe USt-Schuld ermittelt. Rechtslage?

Die USt-Anmeldung ist nach § 129 AO zu berichtigen. Es ist nicht nur dem U bei der Selbsterrechnungserklärung, sondern auch dem FA bei deren Übernahme ein mechanisches Versehen unterlaufen (BFH, BStBl 1980 II S. 18). Wahlweise wäre eine Änderung nach §§ 168, 164 Abs. 2 AO möglich.

9.3.2 Umfang der Berichtigung

Nur die Unrichtigkeit selbst darf beseitigt werden. Die **Punktberichtigung** ist insoweit jedoch mit allen gesetzlich zwingenden Folgeänderungen durchzuführen, z. B. § 33 Abs. 3, § 24 a EStG bei falscher Kennziffer für Alter. Weitere Fehler dürfen nur richtig gestellt werden, wenn andere selbständige Vorschriften eine Korrektur des Verwaltungsaktes rechtfertigen.

Bei der Berichtigung von **Steuerbescheiden** nach § 129 AO ist **§ 177 AO** wegen sonstiger materieller Fehler sinngemäß anwendbar mit allen dadurch eröffneten Saldierungsmöglichkeiten (AEAO zu § 129 Nr. 2; vgl. Ausführungen zu § 177 AO unter Tz. 9.17). Nach Auffassung des BFH (BStBl 1989 II S. 531/533) lassen sich sämtliche Saldierungsfälle im Wege pflichtgemäßer **Ermessensausübung** erreichen („kann" im Sinne von § 129 AO). Nach Mindermeinung in der Literatur gilt dies nur zugunsten des Stpfl. im Rahmen des **§ 351 Abs. 1 AO** über einen Einspruch.

9.3.3 Ermessensvorschrift mit Berichtigungszwang

Nach § 129 Satz 1 AO „kann" die Berichtigung vorgenommen werden, d. h., sie ist grundsätzlich in das pflichtgemäße **Ermessen** der Finanzbehörde gestellt. Im Hinblick auf **§ 85 AO** bedeutet dies regelmäßig eine **Ermessensreduzierung auf null**, d. h. ein „Muss" (vgl. BFH, BStBl 1989 II S. 531/533).

Bei **berechtigtem Interesse** des Beteiligten muss sie erfolgen (§ 129 Satz 2 AO). Durch die Einschränkung „bei berechtigtem Interesse" soll vermieden werden, dass die Finanzbehörde einen Verwaltungsakt schon bei geringfügigen Versehen, z. B. wegen Rechtschreibfehlern, berichtigen muss, ohne dass der Fehler sich steuerlich auswirkt.

Die Finanzbehörde ist berechtigt, die **Vorlage des zu berichtigenden Schriftstücks** zu verlangen (§ 129 Satz 3 AO). Sie kann dadurch die Berichtigung auf dem Schriftstück selbst vornehmen (vgl. § 107 Abs. 2 FGO).

9.3.4 Zeitliche Beschränkung

Die zeitliche Grenze für die Fehlerberichtigung sowohl zugunsten als auch zuungunsten des Beteiligten ergibt sich bei **Steuerbescheiden** und gleichgestellten Bescheiden sowie bei Haftungs- und Duldungsbescheiden durch die Festsetzungsverjährung (§ 169 Abs. 1 Satz 2, § 171 Abs. 2 AO). Die Berichtigung ist bei Aufteilungsbescheiden nur bis zur Beendigung der Vollstreckung (§ 280 AO), bei **(Geld-)Verwaltungsakten,** die sich auf festgesetzte und fällige Zahlungsansprüche nach § 229 Abs. 1 AO richten, bis zum Ablauf der Zahlungsverjährung (§ 228 AO; vgl. AEAO zu § 129 Nr. 1, zu § 218 Nr. 3), bei **sonstigen Verwaltungsakten** dagegen zeitlich unbeschränkt zulässig. Die Korrektur der Anrechnungsverfügung nach § 129 AO zur nachträglichen Berücksichtigung von Steuerabzugsbeträgen, insbesondere von KapSt nach § 36 Abs. 2 Nr. 2 EStG, ist zugunsten des Stpfl. grundsätzlich jederzeit zulässig (vgl. BFH, BStBl 2001 II S. 122; Einzelheiten unter Tz. 9.5.2 am Ende).

9.3.5 Prüfungsschema zu § 129 AO

1. Anwendbar auf **alle** Verwaltungsakte

2. **Voraussetzungen**
   - Schreibfehler,
   - Rechenfehler oder
   - **ähnliche offenbare Unrichtigkeit.**
     - Ähnlich: Nur mechanisches Versehen, d. h., die Möglichkeit eines Rechtsfehlers muss im konkreten Fall ausgeschlossen sein
     - Nicht: Unrichtige Tatsachenwürdigung;
       Auslegung oder Nichtanwendung einer Rechtsvorschrift;
       mangelhafte Sachaufklärung;
       sonstiger Denk- oder Überlegungsfehler, der sich nicht auf die unmittelbare Rechtsanwendung bezieht, z. B. Annahme eines falschen Sachverhalts
     - Offenbar: Aus den Akten ohne großes Nachforschen erkennbar durch objektiven Dritten
   - Grundsätzlich nur **Fehler der Finanzbehörde**

     Ausnahme: „**Übernahmefehler**" bei Veranlagungssteuern und Steueranmeldungen für klar erkennbare offenbare Unrichtigkeiten des Stpfl.
     Sonst: § 173 AO prüfen

3. **Umfang der Berichtigung**
   - **Punkt**berichtigung mit allen gesetzlich zwingenden Folgen
   - Bei Steuerbescheiden erfolgt Saldierung nach § **177 AO** wegen sonstiger materieller Fehler

4. **Ermessensvorschrift mit Berichtigungszwang**
   - Rechtsanspruch bei berechtigtem Interesse (§ 129 Satz 2 AO)
   - Im Übrigen im pflichtgemäßen Ermessen unter Beachtung von § **85 AO**

5. **Zeitliche Beschränkung**
   - Grundsätzlich jederzeit
   - Steuerbescheide unter Beachtung der Festsetzungsfrist nach § 169 Abs. 1 Satz 2 AO; ggf. Ablaufhemmung gemäß § 171 Abs. 2 AO
   - Sonstige (Geld-)Verwaltungsakte grundsätzlich jederzeit

9.4 Allgemeines zur Rücknahme und zum Widerruf von Verwaltungsakten

Die Vorschriften der §§ 130 und 131 AO unterscheiden zwischen der Rücknahme rechtswidriger Verwaltungsakte (§ 130 AO) und dem Widerruf – lediglich für die Zukunft – von rechtmäßigen Verwaltungsakten (§ 131 AO). Innerhalb dieser Vorschriften wird zusätzlich differenziert zwischen der Behandlung belastender und begünstigender Verwaltungsakte.

9.4.1 Anwendungsbereich

§ 130 und § 131 AO gelten für die Rücknahme und den Widerruf von Verwaltungsakten nur insoweit, als keine Sonderregelungen eingreifen. Sie finden keine Anwendung für Steuerbescheide und diesen gleichgestellte Bescheide gemäß § 172 Abs. 1 Satz 1 Nr. 2 Buchst. d AO. Weitere eigenständige Korrekturmöglichkeiten finden sich für Aufteilungsbescheide in § 280 AO und für verbindliche Zusagen in § 207 AO. Unter § 130 und § 131 AO fallen hiernach etwa

- **als belastende Verwaltungsakte** insbesondere

  Ablehnung eines beantragten begünstigenden Verwaltungsaktes,
  Ablehnung einer Erstattung (§ 37 Abs. 2, § 218 Abs. 2 AO),
  Aufforderung zur Buchführung (§ 141 Abs. 2 AO), zur Erfüllung von Mitwirkungs- und Anzeigepflichten (§§ 93 ff., 137 ff. AO),
  Festsetzungen steuerlicher Nebenleistungen (§ 218 Abs. 1, § 3 Abs. 4 AO) mit Ausnahme der Zinsbescheide gemäß § 239 Abs. 1 AO,
  Haftungs- und Duldungsbescheide (§ 191 AO; AEAO zu § 191 Nr. 3),
  Pfändungen (§ 281 AO) und sonstige Vollstreckungsmaßnahmen,
  Prüfungsanordnungen (§ 196 AO),

- **als begünstigende Verwaltungsakte**

  Stundungen (§ 222 AO),
  überhöhte Ab- bzw. Anrechnungen von Steuern und Steuerabzugsbeträgen auf die Steuerschuld (Leistungsgebot bzw. Erstattungsverfügung),
  Aussetzung der Vollziehung (§ 361 AO),

Billigkeitsmaßnahmen (§§ 163, 227, 234 Abs. 2 AO),
Buchführungserleichterungen (§ 148 AO; § 22 Abs. 6 UStG),
Einschränkung oder Beschränkung der Vollstreckung (§§ 257, 258 AO),
Fristverlängerungen (§ 109 AO; § 46 UStDV),
Gestattung der Istversteuerung (§ 20 UStG),
Umstellung des Wirtschaftsjahres auf einen vom Kalenderjahr abweichenden Zeitraum (§ 4 a EStG).

9.4.2 Rechtmäßigkeit und Rechtswidrigkeit

Die Entscheidung, ob ein Verwaltungsakt nach § 130 AO zurückgenommen oder gemäß § 131 AO lediglich mit Wirkung für die Zukunft widerrufen werden kann, hängt zunächst davon ab, ob der Verwaltungsakt rechtswidrig oder rechtmäßig ist. Die Anfechtbarkeit oder Unanfechtbarkeit des Verwaltungsaktes hat auf die Frage der Rechtswidrigkeit keinerlei Einfluss, sondern stellt sich erst im Rahmen des Ermessens, ob die Behörde eine Überprüfung vornehmen muss oder nicht.

Rechtswidrig ist ein Verwaltungsakt, wenn er ganz oder teilweise
– überhaupt ohne Rechtsgrundlage ist
– gegen zwingende materielle oder formelle Rechtsnormen im Sinne von § 4 AO verstößt. Das ist etwa der Fall, wenn bei seinem Erlass von einem unrichtigen Sachverhalt ausgegangen wurde, eine zugrunde gelegte Rechtsansicht sich später als unrichtig erweist oder Gesetze rückwirkend geändert werden
– ermessensfehlerhaft ist (§ 5 AO)

Rechtmäßig ist ein Verwaltungsakt, der zum Zeitpunkt des Wirksamwerdens (Bekanntgabe) dem Gesetz entspricht und ermessensfehlerfrei ergangen ist. Ändert sich der Sachverhalt durch nachträglich eingetretene Tatsachen oder lässt das Gesetz in derselben Sache unterschiedliche Verwaltungsakte zu (Ermessensentscheidungen), so kann der rechtmäßige Verwaltungsakt unter bestimmten Voraussetzungen mit Wirkung für die Zukunft widerrufen werden (§ 131 AO).

Steht die Rechtswidrigkeit des Verwaltungsaktes fest, so ist als **Prüfungsfolge** zunächst die mögliche Nichtigkeit (§ 125 AO), sodann die Möglichkeit der Berichtigung offenbarer Unrichtigkeiten (§ 129 AO), die mögliche Heilung von Verfahrens- und Formfehlern (§§ 126 und 127 AO), die Umdeutung (§ 128 AO) und danach die Rücknahme zu prüfen (vgl. AEAO zu § 130 Nr. 2). Auch ein nichtiger Verwaltungsakt kann nach BFH-Ansicht als rechtswidrig gemäß § 130 AO zurückgenommen werden (BStBl 1985 II S. 579). Sind Verfahrens- oder Formfehler nach § 126 AO geheilt worden, so ist der ursprünglich rechtswidrige Verwaltungsakt rechtmäßig geworden und daher nur unter den engeren Voraussetzungen des § 131 AO widerrufbar. Dagegen bleibt der Verwaltungsakt in den Fällen des § 127 AO rechtswidrig mit der Möglichkeit der Rücknahme.

9.5 Rücknahme rechtswidriger Verwaltungsakte (§ 130 AO)

Für die Rücknahme rechtswidriger Verwaltungsakte unterscheidet § 130 AO – ebenso wie § 131 AO für den Widerruf – zwischen belastenden und begünstigenden Verwaltungsakten. Während ein belastender Verwaltungsakt stets zurückgenommen werden kann, ist dies bei begünstigenden Verwaltungsakten wegen des Vertrauensschutzes nur mit Einschränkungen zulässig.

9.5.1 Begriffe

Ein **belastender (nicht begünstigender) Verwaltungsakt** greift in Rechte des Betroffenen ein. Er verlangt beispielsweise ein Handeln, Dulden oder Unterlassen, trifft eine Feststellung oder lehnt einen Antrag auf Erlass eines begünstigenden Verwaltungsaktes ab (vgl. Beispiele unter Tz. 9.4.1).

Ein **begünstigender Verwaltungsakt** begründet oder bestätigt nach der Definition des § 130 Abs. 2 AO Rechte oder rechtlich erhebliche Vorteile, wobei auch wirtschaftliche Vorteile hierunter fallen können. Unter Begünstigung ist danach jede Rechtswirkung zu verstehen, an deren Aufrechterhaltung der Betroffene ein schutzwürdiges Interesse hat (BFH, BStBl 1987 II S. 405). Für die Qualifizierung als begünstigender Verwaltungsakt und für den Umfang ist der Inhalt des Verwaltungsaktes unter Berücksichtigung des „Korrektureffektes" maßgebend. So ist z. B. ein Verspätungszuschlag über 300 Euro als – an sich belastender – Verwaltungsakt insoweit zugleich begünstigend im Sinne von § 130 Abs. 2 AO, wenn er zurückgenommen werden soll, um durch einen Verspätungszuschlag mit einer höheren Belastung über 1.000 Euro ersetzt zu werden (vgl. AEAO zu § 130 Nr. 4; BFH, BFH/NV 1992 S. 639; 2004 S. 460 bzgl. Haftungsbescheid).

9.5.2 Rechtswidriger belastender Verwaltungsakt

Ein rechtswidriger belastender Verwaltungsakt kann auch nach Unanfechtbarkeit **ganz oder teilweise** mit Wirkung **für die Zukunft oder Vergangenheit zurückgenommen** werden (**§ 130 Abs. 1 AO**). Diese generelle Korrekturmöglichkeit hat jedoch nur eine beschränkte Bedeutung. Sie wirkt sich in erster Linie auf Verspätungszuschläge, Zwangsgelder, zu niedrige Anrechnung von Steuern/Steuerabzugsbeträgen auf die Steuerschuld und Haftungsbescheide aus, nicht aber auf Säumniszuschläge, soweit die Sonderregelung des § 240 Abs. 1 Satz 4 AO eingreift.

Die Rücknahme bewirkt, dass der ursprüngliche – wirksame – Verwaltungsakt beseitigt wird und die Finanzbehörde erneut über „denselben Sachverhalt" entscheiden kann. Eine **Verböserung** ist wegen des **Vertrauensschutzes** jedoch nur unter Beachtung der Grundsätze des **§ 130 Abs. 2 AO** zulässig (vgl. AEAO zu § 130 Nr. 4; Ausführungen unter Tz. 9.5.3; § 48 Abs. 2 VwVfG). Man spricht insoweit auch von Verwaltungsakten mit Mischwirkung. Dieser Grundsatz gilt aber nur bei „Identität des Sachverhalts". War dagegen ein Sachverhalt, der zur Entscheidung ansteht, noch nicht Gegenstand des „Erst"-Verwaltungsaktes, so kommt keine Rücknahme mit anschließender Verböserung in Betracht, sondern der **Erlass eines neuen (zusätzlichen) Verwaltungsaktes** (siehe unter Tz. 9.6.2). Wegen der Korrektur rechtswidriger „sachverhaltsbezogener" **Haftungsbescheide** nach § 130 Abs. 2 AO siehe BFH, BStBl 2005 II S. 3; BFH/NV 1992 S. 639; 2004 S. 460; AEAO zu § 191 Nr. 3; Ausführungen unter Tz. 9.6.2.

Beispiele:

1. Das FA hat einen Verspätungszuschlag unter Verletzung der sonst üblichen Grundsätze des § 152 AO auf 20 € festgesetzt; richtig wären 500 € gewesen. Darf der Zuschlag erhöht werden?

Eine Erhöhung des Verspätungszuschlags ist unzulässig gemäß § 130 Abs. 2 AO, da laut Sachverhalt keine der genannten Nummern eingreift.

2. Wie 1.; die Festsetzung erfolgte aufgrund unrichtiger Angaben des Stpfl.

Die Rücknahme der sachverhaltsbezogenen Festsetzung, verbunden mit dem Erlass eines neuen Verwaltungsaktes über 500 €, ist unter Beachtung der Grundsätze des § 130 Abs. 2 Nr. 3 zulässig, da in dem vordergründig belastenden Verwaltungsakt in Höhe des nicht festgesetzten Teilbetrages eine Begünstigung vorliegt (vgl. AEAO zu § 130 Nr. 4).

3. Das FA hat den gegen den GmbH-Geschäftsführer G erlassenen Haftungsbescheid aus § 71 AO wegen USt 03 bis 05 in Höhe von 200.000 € aufgrund dessen Einspruch aufgehoben, da Vorsatz nicht nachzuweisen war, und gleichzeitig einen erneuten Haftungsbescheid gemäß § 69 AO über dieselbe Haftungsschuld angekündigt. Dieser ergeht gleichzeitig bzw. kurze Zeit später. Zu Recht?

Die Aufhebung des sachverhaltsbezogenen Haftungsbescheides ist ein begünstigender Verwaltungsakt. Der „ändernde" Haftungsbescheid nach § 69 AO wiederholt zwar nur die ursprünglich festgesetzten Haftungsbeträge und den Haftungstatbestand. Die Aufhebung des ersten Haftungsbescheides begründet aber hier wegen der gleichzeitigen Ankündigung eines erneuten Haftungsbescheides für denselben Sachverhalt keinen schutzwürdigen Vertrauenstatbestand gemäß § 130 Abs. 2 Nr. 3 oder 4 AO (vgl. BFH, BStBl 1993 II S. 146; BFH/NV 1992 S. 639; 2004 S. 460; DB 2004 S. 2299 mit Abgrenzungskriterien).

Ein Verwaltungsakt (z. B. Haftungsbescheid, Prüfungsanordnung), der einen wegen unwirksamer Bekanntgabe oder sonst **nichtigen Verwaltungsakt ersetzt** (§ 124 Abs. 1, 3, § 125 AO), unterliegt jedoch nicht den strengen Voraussetzungen des § 130 Abs. 2 AO. Denn es handelt sich hierbei um den **erstmaligen Verwaltungsakt** und nicht um den erneuten Erlass eines Verwaltungsaktes nach vorangegangener Rücknahme eines belastenden Verwaltungsaktes. Die Rücknahme/Aufhebung des nichtigen Verwaltungsaktes hat lediglich deklaratorischen

9.5 Rücknahme rechtswidriger Verwaltungsakte (§ 130 AO)

Charakter und begründet i. d. R. keinen Vertrauenstatbestand. Dasselbe gilt, wenn ein belastender Verwaltungsakt nur **aus formellen Gründen aufgehoben** wird (vgl. BFH, BStBl 1993 II S. 146; 1994 II S. 327 m. w. N.). Ausnahmen hiervon können sich bei „ersatzloser Aufhebung" ohne Hinweis auf Nichtigkeit oder Neuerlass oder aus Treu und Glauben ergeben (vgl. BFH, BFH/NV 1992 S. 639 m. w. N.).

Die Entscheidung über die **Rücknahme** ist eine **Ermessensentscheidung**. Das Ermessen ist entsprechend dem Zweck der Ermächtigung auszuüben, und die Grenzen des Ermessens sind einzuhalten (§ 5 AO). Hat der Betroffene den Verwaltungsakt unanfechtbar werden lassen, so handelt die Behörde im Allgemeinen nicht ermessensfehlerhaft, wenn sie einen Antrag des Betroffenen ablehnt, da andernfalls die Gefahr besteht, dass die Einspruchsfrist ausgehöhlt wird. Werden vom Stpfl. jedoch neue Gründe oder Tatsachen vorgebracht, die bisher nicht berücksichtigt werden konnten, z. B. **Änderung der Sach- oder Rechtslage,** so **muss** die Behörde diese regelmäßig berücksichtigen, wenn die Offensichtlichkeit und Schwere des Rechtsverstoßes dies rechtfertigt (vgl. BFH, BStBl 1989 II S. 749; 1991 II S. 552; AEAO zu § 130 Nr. 2 und 3).

Beispiele:

1. Wegen schuldhafter Nichtabgabe der USt-Erklärung ist bei einem USt-Schätzungsbescheid über 8.000 € der Verspätungszuschlag unanfechtbar auf 600 € festgesetzt worden. Der USt-Bescheid wird später nach § 164 Abs. 2 AO auf 3.000 € geändert. Ist der Verspätungszuschlag zu korrigieren?

Rechtsgrundlage für eine Änderung des Verspätungszuschlags ist § 130 AO. Die Festsetzung ist rechtswidrig, da von einem materiell unzutreffenden Sachverhalt (Bemessungsgrundlage) ausgegangen wurde. Der Verspätungszuschlag ist daher wegen § 152 Abs. 2 AO zwingend auf die Obergrenze von 10 v. H. (300 €) oder weniger zurückzunehmen. Nach BFH (BStBl 1979 II S. 641) ist eine erneute Ermessensausübung erforderlich.

2. Das FA setzte wegen verspäteter Abgabe der ESt-Erklärung 01 einen Verspätungszuschlag fest. Erst nach Unanfechtbarkeit gelingt dem Stpfl. der Nachweis, dass die Erklärung im Postlauf verloren gegangen war. – Hier ist die Rücknahme nach § 130 Abs. 1 AO zwingend.

Hat der Betroffene **fristgerecht Rechtsbehelf** – Einspruch/Klage – eingelegt, so bedarf es keiner Korrekturvorschrift, da über den Sachverhalt noch nicht abschließend entschieden worden ist. Der Verwaltungsakt muss daher bei Begründetheit des Rechtsbehelfs ganz oder teilweise zurückgenommen werden (§ 367 Abs. 2, §§ 132, 130 Abs. 1 AO).

Die **Rücknahme** kann **ganz oder teilweise** und mit Wirkung **für die Zukunft oder** auch für die **Vergangenheit** erfolgen. Der Verwaltungsakt wird ganz zurückgenommen, wenn er dem Grunde nach rechtswidrig ist oder an einem Verfahrens- oder Formfehler leidet. Eine teilweise Rücknahme im Sinne einer Änderung erfolgt, wenn der Verwaltungsakt teilweise zu Unrecht ergangen ist, etwa der Höhe nach. Die Rücknahme erfolgt regelmäßig mit Wirkung für die Vergangenheit (vgl. § 48 Abs. 2 Satz 4 VwVfG). Eine Rücknahme mit Wirkung für die Zukunft kann z. B. in Betracht kommen, wenn sich in der Zwischenzeit die tatsächlichen Umstände geändert haben.

Die **Rücknahme** eines rechtswidrigen belastenden Verwaltungsaktes ist allgemein **ohne zeitliche Beschränkung** zulässig, sofern er sich nicht durch Zeitablauf oder auf andere Weise erledigt hat. Erklärt der Stpfl. bei einer bestandskräftigen ESt-Festsetzung dem FA bisher nicht bekannte Kapitalerträge nach, die dem Steuerabzug unterliegen, so kann die Änderung des ESt-Bescheides nach § 173 Abs. 1 Nr. 1 AO erfolgen. Die mit der ESt-Festsetzung verbundene **höhere Anrechnung der KapSt** nach § 36 Abs. 2 Nr. 2 EStG ist ein selbständiger Verwaltungsakt, der jederzeit zugunsten des Stpfl. nach **§ 130 Abs. 1 AO** korrigiert werden kann, soweit die KapSt auf die „erfassten" Einkünfte entfällt. Aus §§ 228 ff. AO ergeben sich keine Einschränkungen, da die Zahlungsverjährung nach § 229 Abs. 1 AO nur festgesetzte und fällig gewordene Ansprüche erfasst (BFH, BStBl 2001 II S. 133; OFD München, DStR 2003 S. 30).

Bei **Haftungs- und Duldungsbescheiden** sind die Vorschriften über die Festsetzungsfrist zu beachten (§ 191 Abs. 3 AO). Ferner gibt es besondere Fristen für Vollstreckungskostensätze (§ 346 Abs. 2 AO).

9.5.3 Rechtswidriger begünstigender Verwaltungsakt

Ein rechtswidriger begünstigender Verwaltungsakt darf nur unter bestimmten Einschränkungen nach **§ 130 Abs. 2 AO** zurückgenommen werden:

- Verwaltungsakte einer absolut **sachlich unzuständigen Behörde (§ 130 Abs. 2 Nr. 1 AO)** sind regelmäßig nichtig (vgl. § 125 Abs. 1 AO). Die Rücknahmeregelung dient insoweit nur der Klarstellung (vgl. § 172 Abs. 1 Satz 1 Nr. 2 Buchst. b AO für Steuerbescheide). Relative sachliche Unzuständigkeit ist anzunehmen, wenn innerhalb der zutreffenden Verwaltung eine unzuständige Behörde tätig geworden ist; nicht gemeint ist ein unzuständiger Amtsträger (§ 7 AO). Ein Verstoß gegen die örtliche Unzuständigkeit ist gemäß § 127 AO unbeachtlich.

> **Beispiel:**
> Das FA handelt ohne Zustimmung der OFD, weil die durch Verwaltungsanweisung geregelten Fallgrenzen für Stundungen oder Erlass übersehen worden sind (vgl. Ländererlasse, BStBl 2003 I S. 401; 2004 I S. 29).
>
> Der Verwaltungsakt ist rechtmäßig, wenn die für die Stundung oder den Erlass geforderten Voraussetzungen nach § 222 AO bzw. § 227 AO vorlagen. Die Zustimmung der OFD hat nur innerdienstliche Bedeutung.

9.5 Rücknahme rechtswidriger Verwaltungsakte (§ 130 AO)

- **Anwendung unlauterer Mittel (§ 130 Abs. 2 Nr. 2 AO):** Das Gesetz führt als unlautere Mittel arglistige Täuschung, Drohung oder Bestechung an. Darüber hinaus kommt als unlauteres Mittel jedes andere **vorsätzliche Verhalten** in Betracht, das die Willensbildung der Behörde beeinflusst hat, z. B. pflichtwidriges **Unterlassen** von Angaben oder unrichtige Angaben gemäß § 370 AO für eine Stundung. Zwischen der Anwendung des unlauteren Mittels und der Gewährung der Begünstigung muss ein ursächlicher Zusammenhang bestehen. § 130 Abs. 2 Nr. 2 AO verlangt, dass durch ein solches Verhalten der Verwaltungsakt objektiv „erwirkt" wurde (vgl. BFH, BStBl 1975 II S. 677; § 172 Abs. 1 Satz 1 Nr. 2 Buchst. c AO). Ein Mitverschulden der Behörde ist daher unerheblich. Der Begünstigte muss sich das unlautere Verhalten seines **Vertreters** oder **Dritter** zurechnen lassen, da das „Erwirken" durch irgendeine Person geschehen kann (vgl. BFH, BStBl 1993 II S. 13; 1995 II S. 293/296 m. w. N.).

    Beispiel:
    Der Stpfl. bzw. sein Vertreter hat durch vorsätzliche Täuschung über die Vermögens- und Liquiditätslage eine Stundung/einen Erlass von Steuern erwirkt. Folge?
    Die Finanzbehörde kann jederzeit die Stundung/den Erlass rückwirkend aufheben (§ 130 Abs. 2 Nr. 2 AO) und für die Vergangenheit Säumniszuschläge nach § 240 AO anfordern. Hinweis auf § 370 und § 235 Abs. 3 Satz 2 AO.

- **Irrtum der Behörde** aufgrund in wesentlicher Beziehung unrichtiger oder unvollständiger Angaben **(§ 130 Abs. 2 Nr. 3 AO):** Diese Vorschrift beruht auf dem Gedanken, dass der **Begünstigte** die Ursache der Rechtswidrigkeit selbst oder durch seinen Vertreter – also nicht durch irgendeinen Dritten – gesetzt hat und dass die Rücknahme deshalb dem Prinzip des Vertrauensschutzes nicht widerspricht. Nr. 3 ist **Auffangtatbestand gegenüber Nr. 2** (Problem des Nachweises bei Nr. 2!). Angaben, die in wesentlicher Beziehung objektiv unrichtig oder unvollständig sind oder pflichtwidrig unterlassen worden sind, müssen ursächlich und entscheidungserheblich sein. Auf ein Verschulden des Begünstigten/seines Vertreters kommt es nicht an. Es ist jedoch bei der Ermessensentscheidung über die Rücknahme zu berücksichtigen.

    Beispiel:
    Das FA hat dem S Steuern gemäß § 222 AO gestundet, obgleich die Voraussetzungen hierfür nicht vorlagen. Bei richtiger Sachverhaltsdarstellung wäre dies unterblieben. Ein unlauteres Verhalten ist dem S nicht nachzuweisen. Rechtsfolgen?
    Bei der Stundung handelt es sich um einen begünstigenden Verwaltungsakt, der wegen fehlender Voraussetzungen rechtswidrig ist. Sie kann nach § 130 Abs. 2 Nr. 3 AO mit Wirkung für die Vergangenheit zurückgenommen werden. Weitere Rechtsfolgen: Säumniszuschläge nach § 240 AO und Aufhebung des Zinsbescheides nach §§ 234, 239, 175 Abs. 1 Satz 1 Nr. 1 AO.

- **Kenntnis der Rechtswidrigkeit (§ 130 Abs. 2 Nr. 4 AO):** Das Vertrauen des Begünstigten in den Bestand des Verwaltungsaktes ist nicht schutzwürdig, wenn

9 Korrektur von Verwaltungsakten

er oder sein Vertreter die Rechtswidrigkeit des Verwaltungsaktes kannte oder infolge grober Fahrlässigkeit nicht kannte. Der Nachweis dürfte jedoch – mit Ausnahme bei Haftungsbescheiden und zu hoher Anrechnung von Vorauszahlungen bzw. geschätzten Steuerabzugsbeträgen – schwer zu erbringen sein.

Beispiel:
Auf die festgesetzte USt 01 von 50.000 € hat das FA rechtsfehlerhaft 56.000 € USt-Vorauszahlungen statt richtig 48.000 € angerechnet und das ausgewiesene Guthaben von 6.000 € erstattet. Kann die Anrechnung korrigiert werden?
Die mit dem USt-Bescheid verbundene Anrechnung der Vorauszahlungen kann regelmäßig nach § 130 Abs. 2 Nr. 4 AO teilweise auf 48.000 € zurückgenommen und damit ein Rückforderungsbescheid erlassen werden (vgl. BFH, BStBl 1997 II S. 787; 2001 II S. 133).

- Ein Verwaltungsakt kann ferner zurückgenommen werden, wenn

– ein **Widerrufsvorbehalt** vorhanden ist oder der Betroffene **zustimmt.** Die Aufzählung der Rücknahmevoraussetzungen in § 130 Abs. 2 AO ist nicht abschließend. Was für rechtmäßige Verwaltungsakte nach § 131 Abs. 2 Nr. 1 AO zulässig ist, gilt entsprechend für rechtswidrige Verwaltungsakte (BFH, BStBl 1983 II S. 187; vgl. § 207 Abs. 3 AO); oder

– das erweiterte Rücknahmerecht für begünstigende Verwaltungsakte nach Maßgabe des **§ 132 Satz 2 AO** eingreift. Derartige Verwaltungsakte mit Doppelwirkung, die einen Beteiligten in der Weise begünstigen, dass darin unmittelbar die Belastung eines Dritten liegt, dürften im Steuerrecht kaum vorkommen.

Ob und inwieweit von dem Recht der Rücknahme Gebrauch gemacht wird, ist nach pflichtgemäßem **Ermessen** zu entscheiden („darf"; vgl. BFH, BStBl 1984 II S. 321). Im Regelfall ist im Allgemeininteresse der rechtswidrige begünstigende Verwaltungsakt zurückzunehmen, da sonst der Grundsatz der Gleichmäßigkeit der Besteuerung verletzt würde (vgl. **§ 85 AO**). In diesen Fällen wird die Behörde den Verwaltungsakt wegen des fehlenden Vertrauensschutzes **regelmäßig mit Wirkung für die Vergangenheit** zurücknehmen („Ermessensreduzierung auf null"; vgl. BFH, BStBl 1991 II S. 675). Dabei können sich z. B. Auswirkungen auf Säumniszuschläge oder Zinsen nach § 240, §§ 233 ff. AO ergeben. Vor der Rücknahme soll der Begünstigte gemäß § 91 AO gehört werden.

Die **zeitliche Grenze für die Rücknahme** eines rechtswidrigen begünstigenden Verwaltungsaktes enthält **§ 130 Abs. 3 AO.** Der Verwaltungsakt darf – mit Ausnahme eines durch unlautere Mittel erwirkten Verwaltungsaktes und der Sonderregelung in § 132 Satz 2 AO – nur innerhalb eines Jahres seit dem Zeitpunkt der Kenntnisnahme von den Rücknahmegründen durch die Finanzbehörde zurückgenommen werden.

9.5.4 Zuständigkeit

Über die Rücknahme entscheidet nach Unanfechtbarkeit des Verwaltungsaktes die jeweils örtlich zuständige Finanzbehörde (**§ 130 Abs. 4 AO**). Aus Zweckmäßigkeitsgründen kann jedoch die bisher zuständige Behörde mit Zustimmung der anderen Behörde das Verwaltungsverfahren fortführen. Dies dürfte entgegen dem Wortlaut für noch anfechtbare Verwaltungsakte entsprechend gelten.

9.5.5 Zusammenfassung

Siehe Ausführungen unter Tz. 9.6.8.

9.6 Widerruf rechtmäßiger Verwaltungsakte (§ 131 AO)

9.6.1 Allgemeines

Das Korrekturbedürfnis für rechtmäßige Verwaltungsakte ergibt sich aus der Feststellung, dass es für die Rechtmäßigkeit auf den Zeitpunkt des Wirksamwerdens dieses Verwaltungsaktes ankommt. Die Verhältnisse können sich aber anschließend so ändern, dass die Geschäftsgrundlage weggefallen ist.

> **Beispiel:**
>
> Das FA stundet ESt mit Monatsraten von 200 €. Der Steuerschuldner verdient später 1.000 € monatlich mehr. Die rechtmäßig bleibende Stundung ist nicht mehr sachgerecht. – Widerruf nach § 131 Abs. 2 Nr. 1 bei Vorbehalt bzw. sonst Nr. 3 AO.

Es besteht auch ein Korrekturbedürfnis, wenn sich nur die Beurteilung des Sachverhalts durch das FA ändert.

> **Beispiel:**
>
> Das FA droht Zwangsgeld nach §§ 328 ff. AO an, um die Abgabe der Steuererklärung zu erzwingen. Der Stpfl. legt Einspruch ein. – Das FA hebt die Androhung auf, um einen Rechtsstreit zu vermeiden, und erlässt einen Schätzungsbescheid (§ 162 AO).

9.6.2 Entscheidung über den gleichen Sachverhalt – Erweiterung von Verwaltungsakten

Ein Verwaltungsakt regelt immer nur einen ganz bestimmten Sachverhalt, z. B. Haftungsbescheid für USt 02, Stundung oder Verspätungszuschlag ESt 01. Es können allerdings auch **mehrere Sachverhalte** in einem Verwaltungsakt zusammengefasst geregelt werden, z. B. Prüfungsanordnung mit Festlegung des Prüfungsbeginns und Ortes, Stundungen oder Haftungsbescheide für mehrere Steuerarten und -jahre (= „Sammelbescheide").

§ 131 AO ist – ebenso wie § 130 AO – bei der Korrektur eines Verwaltungsaktes nur relevant, soweit es bei dem neuen Verwaltungsakt, der den ersten widerruft, um den **gleichen Sachverhalt** geht. Ist dies nicht der Fall, kann ein **neu festgestellter Sachverhalt** durch einen weiteren rechtmäßigen „Erst"-Verwaltungsakt geregelt werden (vgl. BFH, BStBl 1989 II S. 909; 2005 II S. 3 bzgl. Haftungsbescheid; AEAO zu § 131 Nr. 4 und 5). Das gilt sinngemäß, wenn der ursprüngliche Verwaltungsakt unwirksam ist (vgl. Ausführungen unter Tz. 9.5.2).

Beispiele:

1. Ein Haftungsbescheid ist für USt 01 ergangen. – Es kann bei einem festgestellten Sachverhalt ein Haftungsbescheid für USt 02 ergehen, und zwar auch bei gleichem Haftungsgrund, z. B. § 69 AO (vgl. AEAO zu § 131 Nr. 5; BFH, BStBl 2005 II S. 3 mit Beispielen und Abgrenzungen).

2. Eine Prüfungsanordnung kann nach §§ 194, 196 AO – vorbehaltlich § 4 BpO – ohne weiteres auf andere als die bisher genannten Jahre erweitert werden.

3. Ein Auskunftsverlangen nach § 93 AO kann auf einen anderen Punkt desselben Steuerjahres ausgedehnt werden.

4. Antragsgemäß werden 3.000 € Steuerschulden nach § 227 AO erlassen. Anschließend Antrag auf Erlass weiterer 4.000 €.

Wird dagegen einem **Antrag auf Erlass eines begünstigenden Verwaltungsaktes nur teilweise stattgegeben** (z. B. Stundungsantrag über 10.000 Euro, Stundung nur über 5.000 Euro), kann der Verwaltungsakt nicht ohne weiteres erweitert werden, da auch über den nicht gewährten Betrag entschieden wurde, und zwar ablehnend. Soweit der Antrag abgelehnt wurde, ist der Betroffene belastet (Hinweis auf § 130 Abs. 2 bzw. § 131 Abs. 2 AO).

Für die **Erhöhung eines „sachverhaltsbezogenen" Haftungsbescheides** gilt Folgendes (vgl. AEAO zu § 191 Nr. 3): Die Behörde hat gemäß § 191 Abs. 1 AO nach pflichtgemäßem Ermessen zu entscheiden, ob und in welcher Höhe der Haftungsschuldner in Anspruch genommen wird. Hierbei spielt z. B. eine Rolle, in welcher Höhe die Befriedigung durch den Steuerschuldner noch erwartet werden kann, sodass der Haftungsbescheid nicht in voller Höhe der Steuerschuld ergeht (= **Teilhaftungsbescheid**). In diesem Fall ist ausdrücklich bzw. im Wege der Auslegung nur über den Teilbetrag entschieden worden, nicht aber über die weitere in Betracht kommende Haftungshöhe. Es kann regelmäßig ein weiterer Teilhaftungsbescheid ergehen, wenn sich z. B. die Vermögensverhältnisse des Steuerschuldners verschlechtert haben. Ebenso wird über einen **neu festgestellten Sachverhalt** (Teilbetrag) entschieden, wenn andere Zeiträume oder Tatumstände betroffen sind (vgl. BFH, BStBl 2005 II S. 3 m. w. N.). War dagegen der sachverhaltsbezogene Haftungsbescheid von vornherein rechtswidrig, gilt

§ 130 AO (vgl. BFH, BFH/NV 2004 S. 460). Hat die Behörde dagegen den Haftungsschuldner ermessensfehlerfrei von vornherein nicht für einen höheren Betrag in Anspruch nehmen wollen, weil sie z. B. die persönlichen Verhältnisse des Haftenden berücksichtigte oder eine Realisierung des höheren Betrages beim Haftungsschuldner für aussichtslos hielt, dann hat sie eine rechtmäßige Entscheidung dahin gehend getroffen, dass eine höhere Haftung nicht geltend gemacht werden soll. Insoweit ist der Haftende begünstigt. Diese Begünstigung kann nur nach § 131 Abs. 2 AO beseitigt werden.

9.6.3 Rechtmäßiger nicht begünstigender Verwaltungsakt

Nach **§ 131 Abs. 1 AO** können rechtmäßige nicht begünstigende (belastende) Verwaltungsakte auch nach Unanfechtbarkeit ganz oder teilweise mit Wirkung für die Zukunft widerrufen werden. Mit dem Begriff **nicht begünstigender Verwaltungsakt** werden nicht nur diejenigen Verwaltungsakte erfasst, die von dem Betroffenen etwas verlangen, sondern auch die Verwaltungsakte, in denen lediglich eine für den Betroffenen negative Entscheidung getroffen wird, die keine direkte Auswirkung auf sein Handeln hat, z. B. Ablehnung eines Antrags. Auch feststellende Verwaltungsakte können belastend sein, z. B. der Hinweis auf die Buchführungspflicht nach § 141 Abs. 2 AO oder die Feststellung, dass ein Stpfl. der Ap nach § 193 AO unterliegt.

Der Verwaltungsakt kann nach § 131 Abs. 1 AO nur **mit Wirkung für die Zukunft** widerrufen werden. Das FA kann den Verwaltungsakt entweder **ganz** widerrufen, z. B. die Gewährung einer vorher abgelehnten Stundung, oder **teilweise,** etwa die Minderung des Zwangsgeldes. Ein Widerruf nach § 131 Abs. 1 AO ist nur möglich, wenn der zu widerrufende Verwaltungsakt auf einer Ermessensentscheidung beruht.

> **Beispiel:**
>
> Das FA hat wegen nicht fristgerechter Abgabe der USt-Voranmeldung einen angemessenen Verspätungszuschlag von 100 € gegen U festgesetzt (§ 152 AO). Nach Unanfechtbarkeit möchte das FA auf 20 € abändern. Auch dieser Betrag ist noch angemessen (§ 5 AO). Zulässig?
>
> Die Festsetzung des Verspätungszuschlags ist eine Ermessensentscheidung. Sie ist ein selbständiger und belastender Verwaltungsakt, auch wenn sie zusammen mit der Steuerfestsetzung erfolgt, und kann nach § 131 Abs. 1 AO teilweise widerrufen werden bzw. nach § 227 AO erlassen werden. Im Einspruchsverfahren ist § 131 AO gemäß §§ 367, 132 AO anwendbar.

Der Widerruf ist kraft Gesetzes in zwei Fällen **ausgeschlossen:** Einmal bei den **gebundenen Verwaltungsakten,** die kraft Gesetzes in bestimmter Art und Weise erlassen werden müssen, da ein derartiger Verwaltungsakt nach dem Grundsatz der Gesetzmäßigkeit mit gleichem Inhalt wieder ergehen müsste (§ 85 AO).

Beispiele:

Anforderung der Säumniszuschläge (§ 240 AO); Abrechnungsbescheide (§ 218 Abs. 2 AO); Feststellung der Buchführungspflicht (§ 141 Abs. 2 AO).

Aber auch bei **Ermessensentscheidungen** ist ein Widerruf ausgeschlossen, wenn der Ermessensspielraum aufgrund der Umstände des Einzelfalls oder aufgrund von Rechtsvorschriften oder Verwaltungsanweisungen derart eingeschränkt ist, dass jede andere Entscheidung ermessensfehlerhaft wäre („Ermessensreduzierung auf null"). Ein Widerruf ist weiterhin ausgeschlossen, wenn dies **aus anderen Gründen unzulässig** ist. Solche anderen Gründe (Rechtsvorschriften, Verwaltungsanweisungen) haben jedoch auf dem Gebiet des Steuerrechts praktisch keine Bedeutung.

Über den Widerruf ist nach pflichtgemäßem **Ermessen** zu entscheiden. Hierbei wird der Gesichtspunkt der Rechtssicherheit ein wesentliches Gewicht haben. Das FA kann sich auf die bereits getroffene Entscheidung berufen. Ein Widerruf wird nur erfolgen, wenn das Verwaltungsziel auch mit weniger belastenden Maßnahmen erreicht werden kann, wenn es bereits anderweitig erreicht ist (FA hat gewünschte Auskunft anderweitig erhalten) oder wenn der Betroffene nachträglich eingetretene Gesichtspunkte vorträgt (vgl. BFH, BStBl 1989 II S. 749).

9.6.4 Einschränkungen für begünstigende Verwaltungsakte

Der Widerruf rechtmäßiger begünstigender Verwaltungsakte ist nur in Ausnahmefällen zulässig, weil das Vertrauen des Begünstigten auf den Bestand des fehlerfreien Verwaltungsaktes regelmäßig Vorrang genießt. Die Zulässigkeit des Widerrufs als Ermessensentscheidung hängt letztlich von der Abwägung des öffentlichen Interesses gegen das Vertrauensschutzbedürfnis des Begünstigten ab. „Frei widerrufliche" Verwaltungsakte gibt es nicht. Es müssen stets **sachlich vertretbare Gründe** für einen Widerruf vorhanden sein.

Gemeinsames für alle Widerrufsgründe des § 131 Abs. 2 AO: Begünstigende Verwaltungsakte können nur mit Wirkung für die Zukunft widerrufen werden. Daraus folgt, dass **nur Dauerverwaltungsakte** widerrufen werden können, nicht aber solche, deren Wirkung sich in ihrem Vollzug oder mit ihrem Wirksamwerden erschöpft (vgl. AEAO zu § 131 Nr. 2 und 3). Für einen Widerruf kommen daher vor allem in Betracht:

– Stundung (§ 222 AO) oder Zahlungsaufschub (§ 223 AO),
– Aussetzung der Vollziehung (§ 361 AO),
– Buchführungserleichterung (§ 148 AO),
– Vollstreckungsaufschub (§ 258 AO), Aussetzung der Verwertung (§ 297 AO),
– Fristverlängerung (§ 109 AO; § 46 UStDV).

9.6 Widerruf rechtmäßiger Verwaltungsakte (§ 131 AO)

Nicht widerrufen werden können z. B. folgende Verwaltungsakte, da sie keine Dauerwirkung haben:
- Erlass (§ 227 AO),
- Zulassung zum steuerberatenden Beruf (Ausnahme: § 46 Abs. 2 und 3 StBerG),
- Erstattungsverfügung nach § 37 Abs. 2 AO,
- Abrechnungsbescheid (§ 218 Abs. 2 AO),
- Wiedereinsetzung in den vorigen Stand (§ 110 AO),
- abweichende Festsetzung bestimmter Besteuerungsgrundlagen (§ 163 AO).

- **Widerrufsvorbehalt (§ 131 Abs. 2 Nr. 1 AO):** Dieser ist eine Nebenbestimmung im Sinne von § 120 Abs. 2 Nr. 3 AO. Der Vorbehalt des Widerrufs muss in dem begünstigenden Verwaltungsakt selbst zum Ausdruck kommen – regelmäßig bei Stundung und AdV – oder ausdrücklich durch eine Rechtsvorschrift zugelassen sein, z. B. § 148 AO.

  Beispiel:
  Dem A ist eine ESt-Abschlusszahlung von 5.000 €, die am 10. 2. fällig war, durch Verwaltungsakt vom 5. 2. unter Vorbehalt des Widerrufs bis zum 10. 6. gestundet worden, weil die sofortige Einziehung wegen ernsthafter Zahlungsschwierigkeiten mit erheblichen Härten verbunden wäre. Am 1. 4. erbt A 50.000 € bzw. hat einen USt-Erstattungsanspruch von 6.000 €. Auswirkungen?
  Das FA kann die Stundung mit Wirkung für die Zukunft widerrufen, weil der Widerruf vorbehalten war und ein sachlich vertretbarer Grund für den Widerruf gegeben ist (§ 131 Abs. 2 Nr. 1 AO). Außerdem haben sich die tatsächlichen Verhältnisse geändert, die für den Erlass der Stundung maßgebend waren (§ 131 Abs. 2 Nr. 3 AO; s.u.). Die Stundungswirkung wird erst beseitigt, sobald der Widerruf bekannt gegeben worden ist (§ 131 Abs. 3 AO). Mit dem Eintritt der Fälligkeit werden bei Nichtzahlung Säumniszuschläge verwirkt (§ 240 AO).

- **Nichterfüllen einer Auflage (§ 131 Abs. 2 Nr. 2 AO):** Auflagen sind Nebenbestimmungen zu einem Verwaltungsakt (§ 120 Abs. 2 Nr. 4 AO). Sie sind nicht Bestandteil des Verwaltungsaktes selbst, sondern ein selbständiger Verwaltungsakt. Im Rahmen des § 131 Abs. 2 Nr. 2 AO besteht bei Nichterfüllen einer Auflage die Möglichkeit zum Widerruf des Haupt-Verwaltungsaktes (vgl. § 379 Abs. 3 AO).

  Beispiel:
  Dem A ist nach einer Schätzung (§ 162 AO) Stundung der ESt-Abschlusszahlung nach § 222 AO unter der Voraussetzung gewährt worden, dass er die ESt-Erklärung innerhalb eines Monats einreicht. A hält die Verpflichtung nicht ein. Folge?
  Der Sache nach handelt es sich um eine Auflage, da dem A ein von der Stundung unabhängiges Tun auferlegt wird (vgl. unter Tz. 7.4). Die Stundung kann nach § 131 Abs. 2 Nr. 2 AO widerrufen werden.

Aus welchen Gründen die Auflage nicht erfüllt worden ist, spielt keine Rolle, jedoch ist fehlendes Verschulden bei der **Ermessensentscheidung** über den

Widerruf zu berücksichtigen. Die Behörde kann zunächst auch versuchen, die Erfüllung nach §§ 328 ff. AO zu erzwingen. Sie ist hierzu aber nicht verpflichtet. § 131 Abs. 2 Nr. 2 AO gilt nur für die Nebenbestimmung „Auflage", nicht für die anderen Nebenbestimmungen des § 120 AO, also **nicht für** die **Befristung** oder **Bedingung**. In diesem Fall endet die Wirksamkeit automatisch mit Fristende bzw. Eintritt der auflösenden Bedingung gemäß § 124 Abs. 2 AO („**Verfallklausel**"; vgl. 2. Beispiel zu Tz. 7.4).

- **Nachträgliche Änderung der tatsächlichen Verhältnisse (§ 131 Abs. 2 Nr. 3 AO):** Diese Vorschrift hat nur Bedeutung für **Verwaltungsakte mit Dauerwirkung**, wie z. B. bei Stundung oder Aussetzung der Vollziehung. Der begünstigende Verwaltungsakt kann widerrufen werden, wenn die Finanzbehörde aufgrund nachträglich eingetretener Tatsachen berechtigt wäre, den Verwaltungsakt nicht zu erlassen, und wenn ohne Widerruf das öffentliche Interesse gefährdet wäre. Durch diese Widerrufsmöglichkeit soll die Anpassung des Verwaltungsaktes an veränderte Umstände ermöglicht werden. Diese Tatsachen müssen **nachträglich,** also nach **Wirksamwerden** des Verwaltungsaktes aufgetreten sein. Eine Änderung der rechtlichen Beurteilung scheidet dagegen aus.

> **Beispiele:**
>
> **1.** Nach Stundung der ESt erbt S ein größeres Vermögen bzw. erhebliche USt-Erstattungsansprüche des S werden fällig und stehen zur Aufrechnung an. Folge?
> Derartige Verhältnisse sind ein sachlicher Grund im Sinne von Änderung der tatsächlichen Verhältnisse für einen ermessensgerechten Widerruf. Gegenansprüche sind lt. Verwaltungserlasse erheblich, wenn sie mindestens 500 € betragen. Anders wäre es, wenn das Geerbte/der Gegenanspruch unerheblich wäre bzw. die bewilligte Stundung ohnehin in Kürze abliefe.
>
> **2.** Nach einer gewährten Buchführungserleichterung wird S unzuverlässig, sodass die sachgerechte Besteuerung nicht mehr gewährleistet ist.

Lagen in den obigen Beispielsfällen die Tatsachen schon bei Wirksamwerden des Verwaltungsaktes vor, war dieser rechtswidrig. Die Behörde ist dann von einem falschen Sachverhalt ausgegangen. Es ist die Rücknahme nach § 130 Abs. 2 AO zu prüfen. Der Widerrufsgrund des § 131 Abs. 2 Nr. 3 AO besteht nur in den Fällen, in denen durch nachträglich eingetretene Tatsachen die Geschäftsgrundlage für die Begünstigung weggefallen ist. Es bestehen hierbei Parallelen zu § 175 Abs. 1 Satz 1 Nr. 2 AO.

Es muss weiter hinzukommen, dass ohne Widerruf das **öffentliche Interesse gefährdet** ist. Eine Gefährdung des öffentlichen Interesses ist regelmäßig anzunehmen, wenn ein Festhalten an dem Verwaltungsakt den Grundsätzen der Gleichheit der Besteuerung und der Steuergerechtigkeit widerspricht. Das ist insbesondere der Fall, wenn der Begünstigte anderen Stpfl. gegenüber in ungerechtfertigter Weise bevorzugt würde (§ 85 AO).

9.6 Widerruf rechtmäßiger Verwaltungsakte (§ 131 AO)

Beispiel:
Das FA hat B eine ESt-Abschlusszahlung von 5.000 € am 17. 5. nach § 227 AO wegen schlechter wirtschaftlicher Verhältnisse erlassen. Am 10. 7. erzielt B einen Lottogewinn von 800.000 €. Ist ein Widerruf des Erlasses zulässig?
An sich könnte der Erlass widerrufen werden, weil sich die wirtschaftlichen Verhältnisse geändert haben und ein öffentliches Interesse am ungeminderten Steueraufkommen besteht. Durch den Erlass erlischt jedoch die Steuerschuld (§ 47 AO). Der Widerruf nach § 131 Abs. 2 Nr. 3 AO wirkt jedoch nur für die Zukunft bei Dauerverwaltungsakten (vgl. AEAO zu § 131 Nr. 2 und 3). Die Steuer kann deshalb nur nachgefordert werden, wenn der Erlass unter den Voraussetzungen des § 130 Abs. 2 Nr. 2 oder 3 AO für die Vergangenheit zurückgenommen wird.

- **Widerruf bei Einverständnis des Begünstigten:** Ein begünstigender rechtmäßiger Verwaltungsakt kann im Einverständnis mit dem Begünstigten ganz oder teilweise widerrufen werden, da Gesichtspunkte des Vertrauensschutzes dann nicht entgegenstehen. Das dürfte in der Praxis selten sein.

9.6.5 Wirksamwerden des Widerrufs

Der Widerruf wird im Zeitpunkt der Bekanntgabe wirksam (§ 124 AO). Gleichzeitig wird i. d. R. der widerrufene Verwaltungsakt unwirksam (**§ 131 Abs. 3 AO**). Die Behörde kann allerdings bestimmen, dass der widerrufene Verwaltungsakt erst später unwirksam werden soll, z. B. eine bis zum 31. 7. 05 laufende Stundung wird am 1. 12. 04 widerrufen mit der Bestimmung, dass die Stundung am 31. 12. 04 endet. Das hat Auswirkung auf Zinsen (§ 234 AO).

9.6.6 Zeitliche Grenze

Der Widerruf eines begünstigenden Verwaltungsaktes ist zeitlich nicht unbeschränkt möglich, sondern nur **innerhalb eines Jahres** nach Kenntnisnahme der Tatsachen, die den Widerruf rechtfertigen (§ 131 Abs. 2 letzter Satz i. V. m. § 130 Abs. 3 AO).

9.6.7 Zuständigkeit

Die Zuständigkeit für den Widerruf ergibt sich aus § 131 Abs. 4 AO. § 26 Satz 2 und § 130 Abs. 4 Satz 3 AO gelten entsprechend.

9 Korrektur von Verwaltungsakten

9.6.8 Zusammenfassender Überblick zu § 130 und § 131 AO

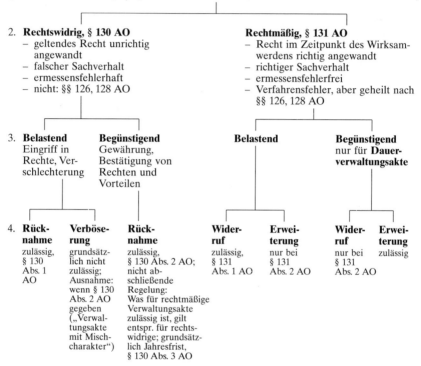

5. **Ermessensausübung**
   - **§ 130 Abs. 1 AO:** regelmäßig Rücknahme für Vergangenheit; grundsätzlich kein Rechtsanspruch
   - **§ 131 Abs. 1 AO:** nur in besonderen Fällen Widerruf
   - **§ 130 Abs. 2 AO:** in der Regel Rücknahme für Vergangenheit
   - **§ 131 Abs. 2 AO:** Widerruf nur nach genauer Abwägung der Interessen des Betroffenen und der öffentlichen Interessen (vgl. § 85 AO)

6. Rücknahme und Widerruf
   Ganz oder teilweise: in allen Fällen

7. Mit Wirkung für die **Vergangenheit:** nur bei § 130 Abs. 1 und 2 AO
   Mit Wirkung für die **Zukunft:** in allen Fällen von § 130 und § 131 AO

9.7 Korrektur von Vorbehaltsfestsetzungen (§ 164 AO)

Vorbehaltsfestsetzungen sind Steuerbescheide, in denen Steuern allgemein oder im Einzelfall unter dem Vorbehalt einer späteren abschließenden Nachprüfung festgesetzt werden (§ 164 Abs. 1 AO). Der Vorbehalt der Nachprüfung räumt die Möglichkeit ein, innerhalb der normalen Festsetzungsverjährung die Steuerfestsetzung in vollem Umfang zu korrigieren (§ 164 Abs. 2 und 4 AO).

9.7.1 Allgemeine Bedeutung

Das Besteuerungsverfahren ist ein Massenverfahren mit weitgehend summarischer Prüfung. Die Finanzbehörde muss daher die Möglichkeit haben, die materielle Bestandskraft in großem Umfang einzuschränken. Die Vorbehaltsfestsetzung dient der Beschleunigung der Steuerfestsetzung. Der Finanzbehörde soll eine rasche „Blind"-Festsetzung dadurch ermöglicht werden, dass die Steuer ohne Zeitdruck und ohne besondere Prüfung allein aufgrund der Angaben des Stpfl. festgesetzt wird, wobei eine spätere Überprüfung möglich bleibt. Der **Steuerfall ist „offen"**, d. h., er wird nicht materiell, sondern nur formell bestandskräftig (BFH, BStBl 1986 II S. 420). Durch die Vorbehaltsfestsetzung können gewichtige, sich schon nach der Steuererklärung ergebende Abschlusszahlungen oder auch Erstattungen schneller in die Wege geleitet werden, auch wenn die Behörde den Inhalt der Steuererklärung nicht unverändert übernimmt oder die Bearbeitung nicht zeitnah abgeschlossen werden kann. Der Stpfl. kann zudem jederzeit innerhalb der normalen Festsetzungsfrist durch tatsächliches und rechtliches Vorbringen die Korrektur der Vorbehaltsfestsetzung zu seinen Gunsten beantragen, auch wenn die Einspruchsfrist längst abgelaufen ist.

9.7.2 Anwendungsbereich

Bei den Vorbehaltsfestsetzungen unterscheidet man Vorbehalte

- kraft **ausdrücklichen Vermerks** (= behördliche Vorbehalte, § 164 Abs. 1 Satz 1 AO) und
- kraft **Gesetzes,** d. h. ohne besonderen Vermerk, z. B. Vorauszahlungsbescheide (§ 164 Abs. 1 Satz 2 AO), Steueranmeldungen (§§ 167, 168 AO) und nach Einzelsteuergesetzen (vgl. § 39 Abs. 3 b, § 39 a Abs. 4 EStG).

§ 164 Abs. 1 AO erwähnt – abgesehen von Vorauszahlungsbescheiden – nur die **Vorbehaltsfestsetzungen von Steuern.** Der Vorbehalt der Nachprüfung ist **ferner zulässig bei allen Festsetzungen,** für die die Vorschriften über das Steuerfestsetzungsverfahren gelten, z. B. bei Freistellungen, Steuervergütungen, Feststellungen, Steuermessbeträgen, Zinsen, Prämien und Zulagen. Ist ein **Grundlagen-**

bescheid (§ 171 Abs. 10 AO) unter Vorbehalt der Nachprüfung ergangen, so bezieht sich diese Vorbehaltsfestsetzung nur auf den Grundlagenbescheid, nicht jedoch auf den Folgebescheid. Jeder Folgebescheid kann allerdings insoweit nach § 175 Abs. 1 Satz 1 Nr. 1 AO korrigiert werden.

Wird ein Bescheid mit einer **Billigkeitsmaßnahme nach § 163 AO** verbunden, erfasst der Vorbehalt nur den Bescheid, da § 164 AO auf Billigkeitsmaßnahmen nicht anwendbar ist und diese zum Erlöschen des Anspruchs führen (§ 47 AO).

9.7.3 Voraussetzung für den Vorbehalt

Voraussetzung für die Vorbehaltsfestsetzung ist allein, dass der **Steuerfall nicht abschließend geprüft** ist (§ 164 Abs. 1 Satz 1 AO).

Prüfung in diesem Sinne ist jede Art von Prüfung, nicht nur die Ap (§§ 193 ff. AO), sondern auch die Prüfung an Amtsstelle.

Nicht abschließend geprüft ist der Steuerfall, solange die Sachverhaltsaufklärung nicht abgeschlossen oder die rechtliche Beurteilung nicht geklärt ist. Nicht jede Prüfung oder Beanstandung durch die Finanzbehörde führt zu einer abschließenden Nachprüfung. Eine vorläufige, insbesondere auf einzelne Punkte beschränkte Nachprüfung des steuererheblichen Sachverhalts und Abweichung von der Steuererklärung ist daher zulässig (BFH, BStBl 1984 II S. 6). Ebenso kann im Falle der Schätzung nach § 162 AO der Bescheid unter Vorbehalt ergehen (vgl. AEAO zu § 162 Nr. 4). Dasselbe gilt im Rahmen eines Einspruchs (vgl. AEAO zu § 367 Nr. 5). Schließlich ist ohne Bedeutung, ob eine spätere Prüfung beabsichtigt oder tatsächlich durchgeführt wird.

9.7.4 Verfahren

Der **Vorbehalt** der Nachprüfung ist eine **unselbständige Nebenbestimmung** im Sinne des § 120 AO, die im Steuerbescheid anzugeben ist. Sie bildet mit dem Steuerbescheid eine Einheit (BFH, BStBl 1983 II S. 622). Im Gegensatz zur vorläufigen Steuerfestsetzung hat der Vorbehalt keine Auswirkungen auf den Ablauf der Festsetzungsfrist (vgl. § 164 Abs. 4 und § 171 Abs. 8 AO).

Die Vorbehaltsfestsetzung ist eine **Ermessensentscheidung.** Die Steuern können „allgemein" oder im „Einzelfall" unter dem Vorbehalt der Nachprüfung festgesetzt werden (§ 164 Abs. 1 Satz 1 AO). Bei der Ausübung des Ermessens sind das berechtigte Interesse des Stpfl. an einer alsbaldigen endgültigen Veranlagung und das Interesse der Finanzbehörde an einer erleichterten Korrekturmöglichkeit gegeneinander abzuwägen. Steht etwa im Zeitpunkt der Vorbehaltsfestsetzung eindeutig fest, dass eine abschließende Prüfung wegen bestimmter Angaben noch

9.7 Korrektur von Vorbehaltsfestsetzungen (§ 164 AO)

erfolgen muss, so liegt kein Ermessensverstoß vor. „**Allgemein**" in diesem Sinne kann nicht bedeuten, dass die Finanzbehörde alle Steuerfälle zunächst unter Vorbehalt vor sich herschiebt. Maßgebend ist hier die Interessenabwägung, z. B. **Fallgruppen**, in denen Richtlinien zur Bearbeitung bestehen bzw. noch ausstehen oder eine höchstrichterliche Entscheidung zu erwarten ist; ferner, wenn aufgrund einer allgemeinen Anweisung, z. B. bei Großbetrieben, die Steuerfestsetzung nach § 164 AO durchzuführen ist, weil noch eine Ap aussteht (vgl. Ländererlasse, BStBl 1996 I S. 1391 Tz. 4).

Zulässig ist auch, den **Vorbehalt** der Nachprüfung ohne Zustimmung des Stpfl. **erstmals** nach Hinweis auf die Verböserungsabsicht (§ 367 Abs. 2 Satz 2 AO) **in die Einspruchsentscheidung** oder **in den Abhilfebescheid** aufzunehmen, wenn das FA noch eine abschließende Prüfung für erforderlich hält, z. B. nach einem Schätzungsbescheid (BFH, BStBl 1985 II S. 448). In anderen Fällen, z. B. bei Änderung eines endgültigen Bescheides nach §§ 172 ff. AO bzw. Einzelsteuergesetzen oder nach Klageerhebung, ist die **Zustimmung** des Stpfl. gemäß § 172 Abs. 1 Satz 1 Nr. 2 Buchst. a AO erforderlich (BFH, BStBl 1981 II S. 150; AEAO zu § 367 Nr. 5).

Form und **Inhalt** von Vorbehaltsfestsetzungen unterscheiden sich von den endgültigen Bescheiden nur durch die Kennzeichnung des Vorbehalts. Der Bescheid muss daher allen Erfordernissen entsprechen, die auch an den endgültigen Steuerbescheid zu stellen sind (vgl. § 157 AO). Soweit eine Steuerfestsetzung nicht kraft Gesetzes unter Vorbehalt der Nachprüfung steht, erfolgt die Kennzeichnung als „unter dem Vorbehalt der Nachprüfung" in der Überschrift oder in den Erläuterungen zum Bescheid. Die Vorbehaltsfestsetzung bedarf keiner Begründung (§ 164 Abs. 1 Satz 1 AO). Ein Steuerbescheid ergeht nur dann unter dem **Vorbehalt der Nachprüfung,** wenn dies **eindeutig erkennbar** ist (§ 124 Abs. 1, § 119 AO; BFH, BStBl 2000 II S. 284). Sonst ist der Vorbehalt unwirksam und der Bescheid als endgültig anzusehen (§ 125 Abs. 1, 4 AO). Eine Vorbehaltsfestsetzung liegt nicht schon deshalb vor, weil der Stpfl. seine Steuererklärung als solche bezeichnet hat. **Weicht** der bekannt gegebene **Steuerbescheid von der** getroffenen **Aktenverfügung ab,** so liegt eine offenbare Unrichtigkeit im Sinne von § **129 AO** vor (vgl. AEAO zu § 124 Nr. 2; BFH, BStBl 1996 II S. 509 m. w. N.). Die Vorbehaltskennzeichnung kann separat oder zugleich im Änderungsbescheid nach § 164 Abs. 2 AO unter Hinweis auf § 129 AO nachgeholt werden.

Die **Vorbehaltsfestsetzung** kann von Anfang an oder nachträglich **mit** einem **Vorläufigkeitsvermerk verbunden** werden (§ **165 Abs. 3 AO**). Diese Verbindung ist etwa zweckmäßig, wenn nur in einem Punkt Ungewissheit über tatsächliche Verhältnisse besteht, im Übrigen aber die Erklärung lediglich noch nachgeprüft werden soll. Denn für Aufhebung und Änderung bestehen unterschiedliche zeitliche Grenzen (vgl. § 164 Abs. 4 und § 171 Abs. 8 AO).

9.7.5 Wirkungen des Vorbehalts

Der Vorbehaltsbescheid entfaltet alle Wirkungen eines Bescheides. Er ist vollziehbar und vollstreckbar, anfechtbar und stellt Ansprüche aus dem Steuerschuldverhältnis fällig. Im Falle einer Steuerverfehlung ist die Tat bereits vollendet (§ 370 Abs. 4, § 378 AO).

Solange der Vorbehalt wirksam ist, bleibt der **Steuerfall in rechtlicher und tatsächlicher Hinsicht „offen"** (**§ 164 Abs. 2 AO**). Die Steuerfestsetzung kann daher jederzeit – also auch nach Ablauf der Einspruchsfrist (§ 355 AO) oder der Ausschlussfrist (§ 364 b AO), aber innerhalb der Festsetzungsfrist (§§ 169 ff. AO) – und dem Umfang nach uneingeschränkt von Amts wegen oder auch auf Antrag des Stpfl. aufgehoben oder geändert werden. **Einschränkungen** können sich aber durch den Umfang von **Ablaufhemmungen** nach § 164 Abs. 4, § 171 Abs. 2 bis 6, 9, 11 bis 14 AO ergeben. Die **Rechtsstellung der Beteiligten** ist allerdings **unterschiedlich** geregelt:

- **Finanzbehörde**

Der Vorbehalt der Nachprüfung gibt der Finanzbehörde jederzeit das Recht, die Steuerfestsetzung in vollem Umfang zu korrigieren, wobei auch die geänderte Steuerfestsetzung wieder unter Vorbehalt der Nachprüfung ergehen kann. Eine derartige Aufhebung oder Änderung kann sowohl wegen Bekanntwerden von neuen Tatsachen als auch zur Korrektur von Rechtsfehlern erfolgen. Das FA ist bei einer Änderung grundsätzlich nicht an seine bisherige Rechtsauffassung gebunden (BFH, BFH/NV 2003 S. 1529). Hierbei kann nicht auf die punktuellen Korrekturvorschriften der §§ 172 ff. AO zurückgegriffen werden (vgl. § 172 Abs. 1 Satz 1, § 177 Abs. 4 AO). Ob die Behörde von ihrem Recht zur Korrektur Gebrauch macht, entscheidet sie nach pflichtgemäßem Ermessen („kann" gemäß § 5 AO unter Beachtung von § 85 AO). Regelmäßig „ist" zu ändern. Das „kann" betrifft dann nur noch die Frage „wann".

Beispiele:

1. Durch „Vorabfestsetzungen" nach § 164 Abs. 2 AO können hohe Steuernachforderungen, die sich aufgrund einer noch nicht abgeschlossenen Ap ergeben, in Teilbeträgen festgesetzt werden. Dadurch ergeben sich gleichzeitig Zinsauswirkungen nach § 233 a AO.

2. Leistet ein Stpfl. zur Vermeidung weiterer Zinsen nach Ablauf der Karenzzeit (§ 233 a Abs. 2 und 3 AO) freiwillige Zahlungen, kann eine Steuerfestsetzung unter Vorbehalt verkürzt auf der Basis der bisher festgesetzten Vorauszahlungen zuzüglich der freiwillig geleisteten Zahlung ohne Angabe der Besteuerungsgrundlagen personell erfolgen (vgl. AEAO zu § 233 a Nr. 17).

3. Der ESt-Bescheid 07 steht unter Vorbehalt. Eine Ap führt zu keiner Änderung; die Aufhebung des Vorbehalts ist unterblieben. Nunmehr will das FA den Bescheid wegen eines Rechtsfehlers um + 3.000 € ändern. Zulässig?

9.7 Korrektur von Vorbehaltsfestsetzungen (§ 164 AO)

Da der Bescheid mangels ausdrücklicher Aufhebung gemäß § 164 Abs. 3 AO weiter unter Vorbehalt steht, ergibt sich die Änderung aus § 164 Abs. 2 AO. Unerheblich ist für die Ermessensausübung („kann"), dass der Vorbehalt zwingend aufzuheben war. Es sind daher nur Einwendungen gegen die Festsetzung als solche zulässig, nicht aber der Einwand, die Voraussetzungen des § 164 Abs. 2 AO lägen nicht mehr vor. Der Stpfl. hätte rechtzeitig Antrag auf Aufhebung stellen müssen (vgl. BFH, BStBl 1995 II S. 2; BFH/NV 1995 S. 369 und 938).

Bei Rechtsfehlern kann ausnahmsweise die Regelung des **Vertrauensschutzes nach § 176 AO** eingreifen (Verböserungsverbot). Das gilt z. B. bei einer Änderung der höchstrichterlichen Rechtsprechung oder bei einem Abweichen der Rechtsprechung von Verwaltungsanweisungen, die bei der Steuerfestsetzung angewendet worden sind, zuungunsten des Stpfl. (vgl. BFH, BStBl 2003 II S. 840 m. w. N.; AEAO zu § 164 Nr. 4). Ferner kann die Finanzbehörde durch bestandskräftige **Zwischenentscheidungen,** rechtskräftige **Urteile** (§ 110 Abs. 1 FGO), **Billigkeitsmaßnahmen** nach § 163 AO oder nach den Rechtsgrundsätzen von **Treu und Glauben** bzw. der **„tatsächlichen Verständigung"** an die einer Vorbehaltsfestsetzung zugrunde liegende Beurteilung eines Sachverhalts gebunden sein (vgl. BFH, BStBl 1990 II S. 1033; 1996 II S. 625; BFH/NV 2003 S. 4, 1529).

Beispiel:

Die Beteiligten haben im Rahmen der Festsetzung mit entscheidungsbefugten Vertretern des FA die für die einkommensteuerrechtliche Würdigung maßgeblichen Einzelheiten von Gesellschaftsverträgen zwischen Familienangehörigen erörtert. Dabei hat das FA klar zu erkennen gegeben, dass es die entsprechenden Gewinnanteile dem Grunde nach den Beteiligten zurechnen werde. – Bindung für FA.

- **Steuerpflichtiger**

Für den Stpfl. bestehen zwei Möglichkeiten, eine Änderung der Vorbehaltsfestsetzung zu erreichen:

1. Will er die sofortige Berücksichtigung seines Vorbringens, so kann und muss er **form- und fristgerecht Einspruch** einlegen. Er wird ggf. **Aussetzung der Vollziehung** beantragen (§ 361 AO). Zinsen fallen gemäß § 237 AO nur an, soweit der Einspruch erfolglos war. Für Feststellungsbescheide sind § 352, § 360 Abs. 3 AO zu beachten.

2. Der „betroffene" Stpfl. kann jederzeit – auch nach Ablauf der Einspruchsfrist – einen mündlichen oder schriftlichen **Antrag auf Aufhebung oder Änderung** der Vorbehaltsfestsetzung stellen (**§ 164 Abs. 2 Satz 2 AO**). Betroffen ist bei Feststellungsbescheiden nur, wer nach § 352 AO auch einspruchsbefugt ist. Bei Steueranmeldungen erfolgt die Änderung regelmäßig aufgrund der Abgabe einer „berichtigten Anmeldung" (§ 168 Satz 1 oder 2 AO). Im Einzelfall wird der Stpfl. (sein Berater) gleichzeitig **Stundung** beantragen (§ 222 AO; mit Zinspflicht nach § 234 AO, soweit die Steuer nicht herabgesetzt wird

9 Korrektur von Verwaltungsakten

[siehe Tz. 11.6.4]). Der Antrag nach § 164 Abs. 2 AO muss jedoch innerhalb der Festsetzungsfrist gestellt werden, um eine **Ablaufhemmung** nach **§ 171 Abs. 3 AO** zu bewirken.

Der Stpfl. kann mit seinem Antrag **Ermäßigungsgründe** tatsächlicher oder rechtlicher Art nachschieben. Dies gilt auch dann, wenn die Fehlerhaftigkeit des Bescheides erst nachträglich aufgrund neuer Rechtsprechung oder Verwaltungsanweisung erkannt wird. Der Antrag kann außerdem mit einer Berichtigung der Steuererklärung nach § 153 AO oder mit einer Selbstanzeige nach § 371 AO verbunden werden. Im Rahmen seines Antrages kann der Stpfl. außerdem erstmals steuerliche **Antrags- und Wahlrechte** ausüben, soweit die **Einzelsteuergesetze** hierfür nicht Fristen oder andere Einschränkungen vorsehen (siehe AEAO Vor §§ 172 bis 177 Nr. 8 mit Einzelheiten). Sieht das Gesetz keine Befristung für die Antragstellung vor, kann im Einzelfall aus seiner Konzeption folgen, dass der Antrag bis zur „Unanfechtbarkeit" des Bescheides gestellt worden sein muss (vgl. BFH, BStBl 1982 II S. 491).

Beispiel:

Antrag auf Regelbesteuerung nach § 19 Abs. 2 UStG und auf Besteuerung nach Durchschnittssätzen gemäß § 23 Abs. 3 UStG ist nur bis zur Unanfechtbarkeit der Festsetzung möglich (vgl. BFH, BStBl 1998 II S. 420; Abschn. 247 Abs. 6 UStR); anders dagegen für Verzicht auf Steuerbefreiung nach § 9 UStG (vgl. Abschn. 148 Abs. 3 UStR; die Rückgängigmachung des Verzichts wirkt auf das Jahr der Umsatzausführung zurück, BFH, DStR 2001 S. 788). Der Antrag auf Gewinnermittlung gemäß § 13 a Abs. 2 EStG ist befristet.

Hat der Stpfl. ein Wahlrecht in eine bestimmte steuerliche Richtung positiv ausgeübt, so ist grundsätzlich die „anderweitige" Ausübung des Wahlrechts mit „Unanfechtbarkeit" des Bescheides verbraucht und eine Änderung damit materiell-rechtlich ausgeschlossen (vgl. BFH, BStBl 1992 II S. 621 m. w. N.). Ausnahmen bilden z. B. zulässige Bilanzänderungen nach § 4 Abs. 2 EStG.

Beispiele:

1. Nach der einmal getroffenen Wahl der AfA nach § 7 Abs. 5 EStG ist ein „späterer" Wechsel zur AfA nach § 7 Abs. 4 EStG (und umgekehrt) infolge der festen Staffelsätze grundsätzlich ausgeschlossen (vgl. BFH, BStBl 1987 II S. 618; 1992 II S. 909; anders für Erstjahr und in den Fällen R 44 Abs. 8 EStR).

2. Das Wahlrecht nach § 10 d Abs. 1 Satz 4 EStG (Verlustvortrag statt -rücktrag) kann bis zur Unanfechtbarkeit des aufgrund des Verlustrücktrags geänderten Steuerbescheides ausgeübt werden (R 115 Abs. 5 EStR).

3. Haben die Beteiligten den Antrag und die Zustimmung zum Realsplitting nach § 10 Abs. 1 Nr. 1 EStG abgegeben, so wirken diese Erklärungen rechtsgestaltend und sind damit bindend (BFH, BStBl 2000 II S. 218).

4. Bei Betriebsveräußerung auf Rentenbasis oder mehr als 10 Jahresraten hat der Stpfl. ein Wahlrecht zwischen der Sofortversteuerung (§§ 16, 34 EStG) und der laufenden Versteuerung (§§ 15, 24 Nr. 2 EStG; siehe R 139 Abs. 11 EStR; bzgl.

9.7 Korrektur von Vorbehaltsfestsetzungen (§ 164 AO)

Wahlrecht bei Betriebsverpachtung vgl. R 139 Abs. 5 EStR). Nach Unanfechtbarkeit des Bescheides ist der Stpfl. an seine Entscheidung gebunden und kann z. B. nicht mehr von der Sofortversteuerung zur laufenden Versteuerung übergehen.

5. Ehegatten können das Wahlrecht der Veranlagungsart nach §§ 26 ff. EStG bei Erlass eines Änderungsbescheides erneut ausüben (vgl. BFH, BStBl 1992 II S. 123 m. w. N.; R 174 Abs. 3 und 4, R 174 a Abs. 2 EStR).

Hat der Stpfl. die **Änderung eines Vorauszahlungsbescheides** (z. B. ESt-Vorauszahlung, USt-Voranmeldung) beantragt und ergeht dann für das betreffende Jahr der eigentliche Steuerbescheid (Steueranmeldung), so hat sich der Vorauszahlungsbescheid nach § 124 Abs. 2 AO erledigt und damit auch der Antrag des Stpfl. (BFH, BStBl 2000 II S. 454; BFH/NV 2004 S. 502 für USt; Hinweis auf § 365 Abs. 3 AO und § 68 FGO).

Der Stpfl. hat **keinen Anspruch auf unverzügliche Entscheidung** über seinen Antrag. Die Entscheidung kann – innerhalb angemessener Frist – aus Gründen der Arbeitsvereinfachung bis zur abschließenden Prüfung des Steuerfalles hinausgeschoben werden, um eine mehrfache Befassung der Behörde mit derartigen Anträgen zu vermeiden. Bei einer Änderung sind im Rahmen des Ermessens regelmäßig die Rechtsauswirkungen zu berücksichtigen. Die Finanzbehörde würde z. B. dann ermessensfehlerhaft handeln, wenn sie den Bescheid bis zur abschließenden Nachprüfung nicht durch Teiländerungen korrigiert, obgleich eine teilweise Erstattung der Steuer bereits unzweifelhaft feststeht. Ferner sind die Auswirkungen auf Zinsen nach § 233 a Abs. 5 AO zu beachten. Die **Frist** selbst ist unter Berücksichtigung der Belange der Beteiligten zu bemessen. Im Allgemeinen wird analog § 46 Abs. 1 Satz 2 FGO eine Frist von sechs Monaten für die Prüfung angemessen sein. Hinderungsgründe sind rechtzeitig bekannt zu geben (vgl. AEAO zu § 168 Nr. 10). Gegen eine ermessensfehlerhafte Verzögerung der Korrektur kann sich der Stpfl. mit dem **Untätigkeitseinspruch** nach § 347 Abs. 1 Satz 2 AO wenden.

Wird die Vorbehaltsfestsetzung geändert, so ist in dem neuen Steuerbescheid zu vermerken, ob dieser weiterhin unter dem Vorbehalt der Nachprüfung steht oder ob der Vorbehalt aufgehoben ist. Wird der Vorbehalt nicht ausdrücklich aufgehoben, steht der geänderte Bescheid weiterhin unter Vorbehalt (BFH, BStBl 1995 II S. 2 m. w. N.; AEAO zu § 164 Nr. 6; siehe unter Tz. 9.7.6).

9.7.6 Aufhebung des Vorbehalts

Der Vorbehalt der Nachprüfung „kann" jederzeit durch Bescheid aufgehoben werden (**§ 164 Abs. 3 Satz 1 AO**). Die Aufhebung bedarf regelmäßig keiner besonderen Begründung und bei Einspruchsentscheidungen auch keines vorherigen Verböserungshinweises (BFH, BStBl 1997 II S. 5). Sie kann auch vom Stpfl. beantragt werden. Eine generelle Verpflichtung, alle Vorbehaltsfestsetzungen endgültig nachzuprüfen, besteht aus Rationalisierungsgründen nicht. Bei der Ermessensentscheidung ist das Interesse der Finanzbehörde an einer ökonomischen Arbeit einerseits und das Interesse des Stpfl. an einer abschließenden Prüfung andererseits abzuwägen (vgl. § 85 und § 164 Abs. 4 AO).

Die **Aufhebung des Vorbehalts** ist **zwingend** vorgeschrieben, wenn der Vorbehalt nicht mehr zulässig ist. Das Gesetz sieht eine ausdrückliche Verpflichtung zur Aufhebung des Vorbehalts vor, wenn eine **Außenprüfung** (Ap) stattgefunden hat, die zu keinen Änderungen gegenüber der Vorbehaltsfestsetzung geführt hat (§ 164 Abs. 3 Satz 2 AO), oder wenn der **Steuerfall abschließend geprüft** ist (§ 164 Abs. 1 Satz 1 AO). Nach einer Ap, die zu einer Änderung der Steuerfestsetzung führt, darf die geänderte Festsetzung nur dann nicht mehr unter dem Vorbehalt der Nachprüfung ergehen, wenn es sich bei der Ap um eine „abschließende Prüfung" handelt. Für den endgültigen Bescheid ist die Änderungssperre des § 173 Abs. 2 AO zu beachten. Ob die Prüfung unbeschränkt (Vollprüfung) oder beschränkt ist, ergibt sich aus dem **Inhalt der Prüfungsanordnung**. Auch eine **abgekürzte Ap** nach § 203 AO ist eine Vollprüfung. Dies gilt aber nicht, wenn sich eine Ap ausdrücklich auf bestimmte Sachverhalte beschränkt (§ 194 Abs. 1 Satz 2 AO).

Eine **USt-Sonderprüfung,** die nur Voranmeldungszeiträume oder bestimmte Sachverhalte wie z. B. Vorsteuerabzug oder Umsätze „Januar bis November 03" gemäß § 194 Abs. 1 Satz 2 AO erfasst, wirkt sich mangels „abschließender Prüfung" nicht auf die Festsetzung der Jahres-USt aus. Bereits geprüfte Sachverhalte können deshalb bei einer Sonderprüfung oder Ap, die die Jahres-USt zum Gegenstand hat, nochmals überprüft werden und zu einer Änderung der Jahres-USt führen. Die Änderungssperre des § 173 Abs. 2 AO greift nicht ein (vgl. BFH, BStBl 1988 II S. 307; BFH/NV 1990 S. 547; AEAO zu § 173 Nr. 8). **USt-Vorauszahlungsbescheide** bleiben gemäß § 164 Abs. 1 Satz 2 AO stets Vorbehaltsfestsetzungen.

> **Beispiel:**
> Bei einer USt-Sonderprüfung für 03 beschränkt sich die Prüfung der USt-Jahreserklärung laut Prüfungsanordnung auf Exportlieferungen und Vorsteuern. Folge?
> Der Vorbehalt der Nachprüfung braucht nicht aufgehoben zu werden, wenn die Prüfung zu keiner Änderung der Jahres-USt führt. Das Gleiche gilt für eine geänderte Festsetzung mangels „abschließender" Prüfung der USt 03.

Hinsichtlich der **LSt** und anderer Abzugsteuern besteht ein Nebeneinander von Haftungs- und Steuerschuld (vgl. BFH, DB 2004 S. 2194; AEAO zu § 167 Nr. 5). Daraus ergeben sich folgende Besonderheiten: Zur Durchsetzung der LSt-Ansprüche kann das FA einmal auf die LSt-Anmeldung nach § 168 AO i. V. m. § 41a Abs. 1 Nr. 1 EStG als „Sammelbescheid" besonderer Art zurückgreifen, in der der Arbeitgeber die Summe der nach § 38 Abs. 3 EStG einzube-

9.7 Korrektur von Vorbehaltsfestsetzungen (§ 164 AO)

haltenen LSt und gleichzeitig die nach § 40 Abs. 3 EStG als eigene Steuerschuld zu übernehmende pauschale LSt anzugeben hat. Diese Entrichtungsschuld betrifft den in der LSt-Anmeldung anzugebenden „Soll"-Betrag. Soweit der Vorbehalt der Nachprüfung nach § 168 AO noch besteht, kann das FA die LSt-Anmeldung wegen zu wenig oder zu viel angegebener LSt nach § 164 Abs. 2 AO durch Steuerbescheid ändern. (Hinweis: Gegen den Arbeitnehmer kann nach Maßgabe des § 42 d Abs. 3 EStG ggf. ein ESt-Nachforderungsbescheid ergehen.) Im Regelfall wird das FA aufgrund Ermessensausübung gegen den Arbeitgeber einen – vordruckmäßig zusammengefassten – LSt-Haftungsbescheid gemäß § 191 AO, § 42 d EStG und/oder einen LSt-Pauschalierungsbescheid (= Steuerbescheid im Sinne von § 155 Abs. 1, § 167 Abs. 1 Satz 1 AO) wegen derselben „Soll"-Entrichtungsschuld erlassen. Das FA wird ggf. ein schriftliches Anerkenntnis des Verpflichteten gemäß § 167 Abs. 1 Satz 3 AO veranlassen, das wiederum einer Steueranmeldung gleichsteht (vgl. R 145 Abs. 5 und 6 LStR; BFH, BStBl 2000 II S. 67 zur KapSt). Dieser Haftungs- und/oder Pauschalierungsbescheid bzw. die „Anerkenntnis-Anmeldung" führt regelmäßig zu einer Korrektur innerhalb des Regelungsbereichs der LSt-Anmeldung im Sinne von § 41 a Abs. 1 EStG oder zu einer erstmaligen LSt-Festsetzung nach § 167 Abs. 1 Satz 1 AO. Wird eine **LSt-Ap** nach § 42 f EStG, §§ 193 ff. AO durchgeführt, so handelt es sich stets um eine abschließende Prüfung der LSt im Sinne von § 41 a Abs. 1 EStG. Der Nachprüfungsvorbehalt der betreffenden LSt-Anmeldungen ist daher nach § 164 Abs. 3 AO zwingend durch Bescheid aufzuheben. Dem späteren Erlass eines Haftungs- und/oder Pauschalierungsbescheides gegen den Arbeitgeber für einen den Prüfungszeitraum betreffenden LSt-Sachverhalt steht damit die **Änderungssperre** des § 173 Abs. 2 Satz 1 AO entgegen, nicht aber ein schriftliches Anerkenntnis nach § 167 Abs. 1 Satz 3 AO (vgl. BFH, BStBl 1995 II S. 555 m. w. N.; H 145 LStH). Dagegen wird die Möglichkeit, einen ESt-Bescheid nach § 164 Abs. 2 AO zu ändern, nicht gemäß § 173 Abs. 2 AO dadurch eingeschränkt, dass derselbe Sachverhalt – z. B. ein Ehegattenarbeitsverhältnis – bereits Gegenstand einer LSt-Ap war (BFH, BFH/NV 1997 S. 161).

Entsprechendes gilt für die **KapSt**-Anmeldung und Haftung nach § 44 EStG sowie für den Steuerabzug nach §§ 48, 50 a EStG und § 73 g EStDV.

Ist gegen die Vorbehaltsfestsetzung Einspruch erhoben worden, kann gleichwohl der **Nachprüfungsvorbehalt im Einspruchsverfahren aufrechterhalten bleiben,** wenn das FA noch eine abschließende Prüfung für erforderlich hält (vgl. § 367 Abs. 2 Satz 1 AO: „In vollem Umfang erneut" bedeutet nicht „abschließend"; BFH, BStBl 1985 II S. 448 m. w. N.; AEAO zu § 367 Nr. 5).

Die **Aufhebung** des Vorbehalts hat die **Wirkung einer endgültigen Steuerfestsetzung (§ 164 Abs. 3 Satz 2 AO).** Sie muss dem Stpfl. daher **schriftlich** oder in **elektronischer Form** nach § 87 a Abs. 4 AO durch **Aufhebungsbescheid** mit Rechtsbehelfsbelehrung mitgeteilt werden entsprechend § 157 Abs. 1 Satz 1 und 3 AO (vgl. AEAO zu § 164 Nr. 6). Die Aufhebung kann zum einen isoliert durch Bescheid erfolgen: „Der Vorbehalt der Nachprüfung im Bescheid vom ... wird gemäß § 164 Abs. 3 AO aufgehoben." Der Sache nach handelt es sich hierbei um einen **verkürzten Steuerbescheid,** da § 155 Abs. 1 Satz 2 AO in § 164 Abs. 3 Satz 2 AO ausgeklammert ist (vgl. BFH, BStBl 1983 II S. 622). In ihm wird auf die Vorbehaltsfestsetzung Bezug genommen und damit dessen Steuerbetrag und sonstiger Inhalt Bestandteil des Aufhebungsbescheides. Die Aufhebung des Nachprüfungsvorbehalts kann zum anderen im Zusammenhang mit einem **Änderungsbescheid** oder mit einer **Einspruchsentscheidung** vorgenommen werden. Beispiel: „Der Bescheid ist nach § 164 Abs. 2 AO geändert. Der Vorbehalt der Nachprüfung wird aufgehoben."

Aus der Gleichstellung der Aufhebung des Vorbehalts mit einer Steuerfestsetzung ohne Vorbehalt und durch die sinngemäße Anwendung von § 157 Abs. 1 Satz 1 und 3 AO folgt nicht nur, dass es bei einer Vorbehaltsfestsetzung nach § 164 Abs. 1 AO stets einer **ausdrücklichen Aufhebung des Nachprüfungsvorbehalts** bedarf, sondern auch, dass die **Aufhebung in gleicher Weise anfechtbar** ist **wie eine Steuerfestsetzung** (BFH, BStBl 1985 II S. 448; 1995 II S. 2).

Beispiel:

Wegen Nichtabgabe der ESt-Erklärung erging gegen S ein ESt-Schätzungsbescheid unter Vorbehalt der Nachprüfung. Ein Einspruch blieb ohne Erfolg. In der Einspruchsentscheidung ist der Vorbehalt der Nachprüfung nicht erwähnt. Später beantragt S unter Einreichung der Jahreserklärung eine Änderung des ESt-Bescheides nach § 164 Abs. 2 AO. Möglich?

Der ESt-Bescheid ist antragsgemäß zu ändern. Der Vorbehalt der Nachprüfung ist trotz Durchführung des Einspruchsverfahrens wirksam geblieben, da er nicht ausdrücklich nach § 164 Abs. 3 AO aufgehoben worden war (BFH, BStBl 1995 II S. 2).

Der Grundsatz, dass der Vorbehaltsvermerk stets ausdrücklich aufgehoben sein muss, gilt auch für **Änderungen der Festsetzung.** Der Vorbehaltsvermerk im ersten Bescheid wirkt sonst für den geänderten Bescheid bzw. die Einspruchsentscheidung weiter, da durch die Inhaltsänderung des Bescheides die Nebenbestimmung „Vorbehalt der Nachprüfung" nicht berührt wird (vgl. BFH, BStBl 1995 II S. 2). Dies gilt **nicht** für den Steuerbescheid, der von einer eingereichten **LSt-Anmeldung** oder **USt-Jahresanmeldung** abweicht, da diese Festsetzung nicht kraft Gesetzes unter Vorbehalt der Nachprüfung steht. Ein eventueller Vorbehalt muss hier ausdrücklich vermerkt sein (vgl. BFH, BStBl 2000 II S. 284 m. w. N.; AEAO zu § 164 Nr. 6, zu § 168 Nr. 7).

9.7.7 Wegfall des Vorbehalts

Mit Ablauf der Festsetzungsfrist entfällt der Vorbehalt kraft Gesetzes **(§ 164 Abs. 4 Satz 1 AO).** Hierbei sind die **verlängerten Festsetzungsfristen** des **§ 169**

9.7 Korrektur von Vorbehaltsfestsetzungen (§ 164 AO)

Abs. 2 Satz 2 AO für hinterzogene und leichtfertig verkürzte Steuern **nicht** anzuwenden (§ 164 Abs. 4 Satz 2 AO).

Beispiel:

Das FA hatte die ESt-Erklärung des A für das Jahr 01 unbeanstandet in 02 übernommen. Die ESt-Festsetzung erging unter Vorbehalt der Nachprüfung. In 07 wird dem FA durch eine Kontrollmitteilung bekannt, dass A bestimmte Einnahmen vorsätzlich nicht der Besteuerung unterworfen hat (§ 370 AO). Korrektur zulässig?

A hat eine Steuerhinterziehung nach § 370 AO begangen. Die allgemeine Festsetzungsfrist von vier Jahren begann gemäß § 170 Abs. 2 Nr. 1 AO am 31.12.02 und lief mit dem 31.12.06 ab. Eine Änderung der ESt-Festsetzung in 07 kann daher nicht mehr nach § 164 Abs. 2 AO erfolgen, da der Vorbehalt der Nachprüfung mit Ablauf der normalen Festsetzungsfrist entfallen ist (§ 164 Abs. 4 AO). Es kommt aber eine Korrektur nach § 173 Abs. 1 Nr. 1, § 169 Abs. 2 Satz 2 AO in Betracht.

Nach § 164 Abs. 4 Satz 2 AO sind von den **Ablaufhemmungen** nur **§ 171 Absätze 7, 8 und 10 ausgeschlossen.** Der Vorbehalt der Nachprüfung bleibt somit nach Ablauf der „regulären" Festsetzungsfrist bestehen, wenn und soweit Ablaufhemmungen nach **§ 171 Abs. 1 bis 6, 9, 11 bis 14 AO** eingreifen. Von besonderer Bedeutung sind hierbei die Antragstellung nach § 164 Abs. 2 AO für den Ablauf der Festsetzungsfrist (§ 171 Abs. 3 AO) und die Ap (§ 171 Abs. 4 AO).

9.7.8 Rechtsbehelfe

Im Rahmen der Vorbehaltsfestsetzung ergeben sich zahlreiche Rechtsbehelfsmöglichkeiten. Hierbei ist insbesondere zu beachten:

Vorbehaltsfestsetzungen sind mit dem **Einspruch** anfechtbar (§ 347 AO). Der Vorbehaltsvermerk ist als unselbständige Nebenbestimmung zum Steuerbescheid nicht selbständig anfechtbar. Der Stpfl. muss vielmehr die Änderung des Steuerbescheides beantragen. Im Einspruchsverfahren kann er mit der Begründung sich sowohl gegen materiell-rechtliche Fehler des Bescheides als auch dagegen wenden, der Vorbehalt sei unzulässig. Die Einspruchsentscheidung darf den Vorbehalt ggf. aufrechterhalten bzw. sie muss den Vorbehalt aufheben, wenn die Voraussetzungen des § 164 Abs. 1 AO nicht/nicht mehr vorliegen. Dagegen muss der Stpfl. im **finanzgerichtlichen Verfahren** wegen § 100 Abs. 1 FGO seine Klage auf „Aufhebung des Steuerbescheides insgesamt" richten mit der Beschränkung auf Beseitigung des Vorbehaltsvermerks (vgl. BFH, BStBl 1981 II S. 150, 417; 1990 II S. 278 zu § 165 AO).

Ein **Einspruch gegen Vorauszahlungsbescheide** – z. B. USt oder ESt – ist nach Erlass des Jahressteuerbescheides weiter anhängig gemäß § 365 Abs. 3 AO (vgl. Ausführungen unter Tz. 9.1.3.5, 13.2.4 und 13.7).

Auch die **Änderung oder Aufhebung der Vorbehaltsfestsetzung** nach § 164 Abs. 2 Satz 1 AO ist in vollem Umfang mit dem **Einspruch** anfechtbar. Die **Beschrän-**

kungen des § 351 Abs. 1 AO wirken sich hier **nicht** aus, weil der ursprüngliche Bescheid wegen des Vorbehalts voll änderbar war (§ 351 Abs. 1 letzter Halbsatz AO; vgl. BFH, BStBl 1999 II S. 335; AEAO zu § 347 Nr. 3). Wird der Vorbehalt in der Einspruchsentscheidung aufgehoben, so kann die **Endgültigkeitserklärung** als unselbständige Nebenbestimmung nicht gesondert mit dem Einspruch angefochten werden, sondern nur einheitlich mit der **Klage** (BFH, BStBl 1984 II S. 85). Das gilt auch, wenn der Stpfl. die Aufhebung des in der Einspruchsentscheidung aufrechterhaltenen Vorbehalts begehrt oder der Nachprüfungsvorbehalt erstmals in die Einspruchsentscheidung aufgenommen worden ist.

Gegen die **Aufhebung des Vorbehalts nach § 164 Abs. 3 AO** kann der Stpfl. ebenfalls uneingeschränkt Einspruch einlegen. Entfällt der Vorbehalt wegen Ablauf der Festsetzungsfrist (§ 164 Abs. 4 AO), ist kein Einspruch gegeben.

Auch gegen die **Ablehnung des Antrags** auf Aufhebung oder Änderung der Vorbehaltsfestsetzung ist der Einspruch gegeben (§ 347 Abs. 1 Satz 1 Nr. 1 AO).

Wird über einen **Antrag** des Stpfl. ohne Mitteilung eines zureichenden Grundes **nicht in angemessener Frist entschieden,** so kann **Untätigkeitseinspruch** erhoben werden (§ 347 Abs. 1 Satz 2, § 355 Abs. 2 AO; Hinweis auf § 46 FGO).

9.7.9 Zusammenfassender Überblick

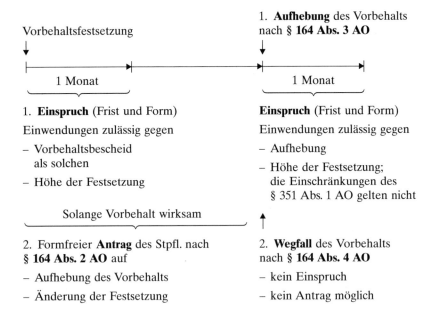

9.8 Änderung von Steueranmeldungen (§§ 167, 168 AO)

Steueranmeldungen sind Steuererklärungen, in denen der Stpfl. die Steuer aufgrund gesetzlicher Vorschriften selbst zu berechnen hat (§ 150 Abs. 1 Satz 3 AO). Das Steueranmeldungs-Verfahren ist ein abgekürztes Festsetzungsverfahren. Eine Festsetzung der Steuer durch Steuerbescheid ist nur erforderlich, wenn von der angemeldeten Steuer abgewichen wird oder der Steuer- bzw. Haftungsschuldner keine Steueranmeldung abgibt, z. B. für USt, LSt (**§ 167 Abs. 1 Satz 1 AO**). Unrichtige oder unvollständige Angaben in der Steueranmeldung können ebenso wie nicht rechtzeitige Abgabe als Steuerhinterziehung oder leichtfertige Steuerverkürzung geahndet werden (§ 370 Abs. 4, § 378 AO).

9.8.1 Anwendungsbereich

Eine Selbstberechnung der Steuer durch Steueranmeldung gemäß § 167 Abs. 1 Satz 1 AO ist gesetzlich insbesondere vorgeschrieben für die USt (Voranmeldung und Jahresanmeldung, § 18 Abs. 1 und 3 UStG), die LSt (§ 41 a EStG), die KapSt (§ 44 EStG), ggf. die ErbSt (§ 31 Abs. 7 ErbStG), die Grundsteuer (§ 44 GrStG), die Versicherungsteuer (§ 8 VersStG), die Mineralölsteuer (§ 10 MinöStG), die Feuerschutzsteuer (§ 8 FeuerSchStG).

Sonderregelungen ergeben sich für die elektronische Übermittlung von Steueranmeldungen gemäß § 150 Abs. 6 AO aufgrund der **StDÜV** (siehe unter Tz. 5.3.3.3).

Bei der Verwendung von **Steuerzeichen** und **Steuerstemplern** gilt nach **§ 167 Abs. 1 Satz 2 AO** Entsprechendes. Steuerzeichen werden z. B. bei der Tabaksteuer benutzt (§ 12 TabStG). Steuerstempler existieren zurzeit nicht.

Nach **§ 167 Abs. 1 Satz 3 AO** steht das schriftliche **Zahlungsanerkenntnis** des zum Steuerabzug Verpflichteten aufgrund einer Ap im Sinne von § 193 Abs. 2 Nr. 1 AO einer Steueranmeldung gleich. Diese umfasst neben Haftungsschulden – etwa LSt nach § 42 d Abs. 4 Nr. 2 EStG – auch die vom Arbeitgeber gemäß § 40 Abs. 3 EStG selbst geschuldete pauschalierte LSt sowie KapSt, ESt nach §§ 48, 50 a EStG und Versicherungsteuer. Ein Haftungsbescheid wird dadurch entbehrlich (vgl. AEAO zu § 167 Nr. 3).

Steueranmeldungen sind grundsätzlich bei dem für die Besteuerung zuständigen FA einzureichen, Zahlungen aber an die **zuständige (Zentral-)Kasse** zu entrichten. Nach **§ 167 Abs. 2 AO** treten keine Verspätungsfolgen nach § 152 AO ein, wenn die Steueranmeldung zusammen mit dem Scheck fristgerecht beim zuständigen Kassenamt eingeht. Andererseits reicht es nicht aus, dass Schecks auch fristwahrend beim Veranlagungs-FA eingereicht werden (vgl. §§ 224, 240 AO). Denn Zweck des Anmeldeverfahrens ist, aus Haushaltsgründen einen mög-

9 Korrektur von Verwaltungsakten

lichst frühen Eingang der Steuern zu bewirken. Die Regelung gilt nicht für Einfuhr- und Ausfuhrabgaben und Verbrauchsteuern wegen deren Besonderheiten.

9.8.2 Wirkung der Steueranmeldung

Nach **§ 168 Satz 1 AO** steht die Steueranmeldung mit Eingang bei der Behörde einer Steuerfestsetzung unter Vorbehalt der Nachprüfung, d. h. einem Steuerbescheid, gleich. Etwas anderes gilt nur dann, wenn die Steueranmeldung zu einer Herabsetzung der bisher zu entrichtenden Steuer oder zu einer Steuervergütung führt. In diesen Fällen wirkt die Steueranmeldung erst dann wie eine Steuerfestsetzung unter Vorbehalt der Nachprüfung, wenn die Zustimmung der Finanzbehörde bekannt wird (**§ 168 Satz 2 AO**).

Der **Stpfl.** kann gegen die Steueranmeldung fristgerecht **Einspruch** einlegen, soweit er keinen Einspruchsverzicht erklärt hat (§ 347 Abs. 1 Satz 1 Nr. 1, §§ 355, 354 AO). Für den Beginn der **Einspruchsfrist** enthält § 355 Abs. 1 Satz 2 AO eine Sonderregelung. Danach kann der Stpfl. die Steueranmeldung innerhalb eines Monats nach dessen Eingang bei der Finanzbehörde bzw. nach „Bekanntwerden" der Zustimmung anfechten. Diese Anfechtungsmöglichkeit erweitert den dem Stpfl. zustehenden **Änderungsanspruch** aus § 164 Abs. 2 AO. Das ist wichtig für eine AdV gemäß § 361 AO.

Im Übrigen ist die fällige Steuer ohne besonderes Leistungsgebot nach Eingang der Anmeldung bzw. Abgabe des schriftlichen Zahlungsanerkenntnisses vollstreckbar (§ 249 Abs. 1, § 254 Abs. 1 Satz 4 AO).

Bei der **LSt-** und der **USt-Anmeldung** können sich Besonderheiten ergeben. Einzelheiten siehe unter Tz. 9.7.6.

Mit **Aufhebung** bzw. **Wegfall des Vorbehalts** nach § 164 Abs. 2 bzw. 4 AO ist die Steuerfestsetzung endgültig und kann – ggf. nur aufgrund verlängerter Festsetzungsfristen im Einzelfall – nach Maßgabe der §§ 172 ff. AO geändert werden.

Beispiel:

U hatte in 02 vorsätzlich die unrichtige USt-Erklärung 01 mit Zahllast eingereicht (§ 370 AO). Sie war unbeanstandet übernommen worden. In 07 stellt das FA diese Tatsachen nachträglich fest mit USt-Erhöhung 20.000 €. Ist eine Korrektur möglich?

Die USt-Anmeldung (§ 18 Abs. 3 Satz 1 UStG) steht einer Steuerfestsetzung unter dem Vorbehalt der Nachprüfung gleich und kann – innerhalb der normalen Festsetzungsfrist – jederzeit geändert werden (§§ 168, 164 AO). Die allgemeine Festsetzungsfrist ist mit dem 31. 12. 06 abgelaufen (§§ 169, 170 Abs. 2 Nr. 1 AO). Der Vorbehalt der Nachprüfung ist damit entfallen (§ 164 Abs. 4 Satz 1 AO). Eine Änderung nach § 164 Abs. 2 AO scheidet daher aus. Jedoch greift § 173 Abs. 1 Nr. 1 AO bzw. § 172 Abs. 1 Satz 1 Nr. 2 Buchst. c AO ein. Die Änderung ist

9.8 Änderung von Steueranmeldungen (§§ 167, 168 AO)

zulässig, da die verlängerte Festsetzungsfrist von 10 Jahren noch nicht abgelaufen ist (§ 169 Abs. 2 Satz 2 AO).

Im Einzelnen sind hinsichtlich der Wirkung und Änderung einer Steueranmeldung verschiedene **Fallgruppen** zu unterscheiden:

- **Abweichende Steuerfestsetzung durch Bescheid – Schätzungsbescheid**

Weicht die Finanzbehörde von der angemeldeten Steuer ab, so ist eine Steuerfestsetzung vorzunehmen und darüber ein Steuerbescheid zu erteilen (**§ 167 Abs. 1 Satz 1 AO**). Die abweichende Festsetzung kann „unter Vorbehalt der Nachprüfung" oder „endgültig" vorgenommen werden. Erfolgt eine **abweichende Festsetzung der USt-Voranmeldung**, steht diese **als Vorauszahlungsbescheid** nach § 164 Abs. 1 Satz 2 AO, § 18 Abs. 1 UStG stets unter Vorbehalt der Nachprüfung. Dies gilt nicht bei abweichender Festsetzung **für andere Bescheide**, z. B. USt-Jahres- oder LSt-Bescheide. Hier muss gemäß § 164 Abs. 1 AO der Vorbehalt ausdrücklich vermerkt werden (vgl. Ausführungen zu § 164 AO; AEAO zu § 164 Nr. 6, zu § 168 Nr. 7).

Hat der Steuer- oder Haftungsschuldner entgegen seiner Verpflichtung keine Steueranmeldung abgegeben, z. B. für USt oder LSt, so ist ebenfalls nach **§ 167 Abs. 1 Satz 1 AO** eine Festsetzung der Steuer durch **Schätzungsbescheid** nach §§ 155, 162 AO erforderlich. Da die LSt-Anmeldung nach § 41 a Abs. 1 Satz 1 Nr. 1 EStG auch Haftungsschulden erfasst, können – unabhängig von der Arbeitgeberhaftung nach § 42 d EStG – gemäß § 167 Abs. 1 Satz 1 AO Haftungsschulden ausnahmsweise durch Steuerbescheid festgesetzt werden (vgl. BFH, DB 2004 S. 2194; AEAO zu § 167 Nr. 5). Entsprechendes gilt für die KapSt nach § 44 EStG. Nach einer **endgültigen Steuerfestsetzung**, d. h. ohne Vorbehalt der Nachprüfung, ist das **Steueranmeldungsverfahren nicht mehr anzuwenden.** Dies gilt nicht nur bei Abgabe der (erstmaligen) Steuererklärung nach Schätzung gemäß § 162 AO wegen Nichtabgabe der Steueranmeldung (§ 167 Abs. 1 Satz 1 2. Alternative AO), sondern auch in den Fällen, in denen der Stpfl. nach abweichender Steuerfestsetzung nach § 167 Abs. 1 Satz 1 1. Alternative AO eine berichtigte Steuererklärung abgibt. Die Steuererklärung des Stpfl. stellt dann unabhängig von der Selbstberechnung der Steuer lediglich einen **Antrag auf Änderung** der Steuerfestsetzung nach §§ 172 ff. AO dar. Steht die Steuerfestsetzung dagegen (noch) unter dem Vorbehalt der Nachprüfung, handelt es sich bei der Steuererklärung um eine Steueranmeldung im Sinne der §§ 167, 168 AO, die zugleich einen Antrag auf Änderung der bisherigen Steuerfestsetzung nach § 164 Abs. 2 AO enthält. Führt die Steueranmeldung zu einer Erhöhung der zu entrichtenden Steuer, steht sie mit ihrem Eingang einer nach § 164 Abs. 2 AO geänderten Steuerfestsetzung gleich. Führt die Steueranmeldung dagegen zu einer Steuervergütung, treten diese Rechtswirkungen erst ein, wenn das FA der Steueranmeldung zustimmt (§ 168 Satz 2 AO).

9 Korrektur von Verwaltungsakten

- **Nicht zustimmungsbedürftige Anmeldungen in Fällen mit „Zahllast"**

Wird von der **Steueranmeldung mit einer Zahllast** nicht abgewichen, so hat die Anmeldung bereits mit Eingang beim FA die Wirkung einer Vorbehaltsfestsetzung (**§ 168 Satz 1, § 164 AO**). Die Steuer ist ohne besonderes Leistungsgebot zum gesetzlichen Fälligkeitstag zu entrichten (§ 254 Abs. 1 Satz 4 AO).

Beispiel:
> Abgabe der USt-Voranmeldung Mai mit 12.000 € Zahllast (= § 168 Satz 1 AO).

Ergibt sich **durch die abweichende Festsetzung** gemäß § 167 Abs. 1 Satz 1 AO **eine höhere Zahllast** als angemeldet, handelt es sich um eine Änderung der Vorbehaltsfestsetzung gemäß § 168 Satz 1, § 164 Abs. 2 AO, da die Steueranmeldung mit einer Zahllast bereits mit Eingang beim FA die Wirkung einer Vorbehaltsfestsetzung hat. Für den nachzuzahlenden Differenzbetrag ist eine Zahlungsfrist einzuräumen (§ 220 Abs. 2 AO; § 18 Abs. 4 UStG ist zu beachten). Für Vorauszahlungsbescheide gilt § 164 Abs. 1 Satz 2 AO. Im Übrigen erfolgt ggf. ein Vorbehaltsvermerk nach § 164 Abs. 1 Satz 1 AO.

Beispiel:
> Abgabe der USt-Voranmeldung Mai am 10. 6. mit 12.000 € Zahllast. Das FA setzt die USt am 25. 6. abweichend auf 13.000 € fest (= Vorauszahlungsbescheid).

Reicht der Stpfl. eine **berichtigte Steueranmeldung mit einer höheren Zahllast** ein, liegt eine geänderte Steuerfestsetzung vor (§ 168 Satz 1, § 164 Abs. 2 AO). Eine Zustimmung oder Festsetzung durch das FA erübrigt sich. Wegen Säumniszuschläge beachte § 240 Abs. 1 Satz 3 AO.

Beispiel:
> Abgabe der USt-Voranmeldung Mai am 10. 6. mit 12.000 € Zahllast; am 15. 7. berichtigte USt-Voranmeldung Mai mit 13.000 € Zahllast. Folge: geänderte Festsetzung mit Eingang gemäß § 168 Satz 1, § 164 Abs. 2 AO.

Gibt der Stpfl. eine **berichtigte Anmeldung mit einer geringeren Steuervergütung** ab, nachdem das FA der ersten Anmeldung mit der Steuervergütung bereits zugestimmt hat, so führt die berichtigte Anmeldung zu einer Zahllast (Rückzahlung der Steuervergütung) und damit bereits ab Eingang zu einer Vorbehaltsfestsetzung. Wegen Säumniszuschläge siehe § 240 Abs. 1 Satz 3 AO.

Beispiel:
> Abgabe der USt-Voranmeldung Mai mit 10.000 € Erstattung (Rotbetrag) am 10. 6.; Zustimmung am 20. 6. durch Abrechnungsmitteilung. Am 15. 7. Abgabe einer berichtigten Voranmeldung Mai mit lediglich 9.000 € Erstattung. Folge: geänderte Vorbehaltsfestsetzung mit Eingang gemäß § 168 Satz 1, § 164 Abs. 2 AO.

9.8 Änderung von Steueranmeldungen (§§ 167, 168 AO)

- **Zustimmungsbedürftige Anmeldungen in „Erstattungsfällen"**

Führt die Steueranmeldung zu einer **Steuervergütung,** z. B. Vorsteuerüberschuss nach § 18 Abs. 3 UStG bei der USt, so wirkt die Anmeldung erst mit „Bekanntwerden" der Zustimmung durch die Finanzbehörde als Vorbehaltsfestsetzung (§ **168 Satz 2 AO;** beachte § 355 Abs. 1 Satz 2 AO). Bis dahin ist sie als Antrag auf Steuerfestsetzung im Sinne von § 155 Abs. 1 und 4 AO anzusehen. Entsprechendes gilt für Steueranmeldungen, die zu einer **Steuererstattung** führen, z. B. wenn ein Arbeitgeber wegen der Durchführung des LStJA (§ 42 b EStG) eine Forderung gegen die Finanzbehörde hat.

> **Beispiel:**
> Abgabe der USt-Voranmeldung Juni am 10. 7. mit 15.000 € Erstattung. Die Zustimmung wird am 20. 7. durch Abrechnungsmitteilung bekannt gegeben. Folge: Vorbehaltsfestsetzung mit – formfreier, aber bekannt gewordener – Zustimmung des FA, § 168 Satz 2 AO.

Führt die Steueranmeldung zu einer **Herabsetzung der bisher angemeldeten** – nicht: bisher entrichteten – **Steuer ("Soll"-Minderung** oder Mindersoll), ist ebenfalls Bekanntwerden der Zustimmung nach § 168 Satz 2 AO erforderlich (vgl. AEAO zu § 168 Nr. 3, 4 und 9). Bis dahin ist sie als Antrag auf Steuerfestsetzung zu behandeln. Das Gleiche gilt bei einer **berichtigten Anmeldung,** die zu einer **Herabsetzung der angemeldeten Steuer** oder zu einer **Erhöhung der bisher festgesetzten Vergütung oder Erstattung** oder zu einer Änderung/Aufhebung des **Zahlungsanerkenntnisses** führt (= Antrag auf Änderung der Festsetzung gemäß § 164 Abs. 2 AO).

> **Beispiele:**
>
> **1.** In den Voranmeldungen 01 sind 90.000 € USt angemeldet worden. Die USt 01 beträgt nach der Jahresanmeldung lediglich 85.000 €. Folge: Vorbehaltsfestsetzung mit Zustimmung, § 168 Satz 2 AO.
>
> **2.** USt-Voranmeldung Juni am 10. 7. mit 12.000 € Zahllast; berichtigte Voranmeldung Juni am 12. 8. mit nur 10.000 € Zahllast. Folge: Vorbehaltsfestsetzung am 10. 7. nach § 168 Satz 1 AO; berichtigte Anmeldung vom 12. 8. als Antrag nach § 164 Abs. 2 Satz 2 AO; geänderte Festsetzung nach § 164 Abs. 2 AO erst mit Bekanntwerden der Zustimmung des FA nach § 168 Satz 2 AO.
>
> **3.** USt-Voranmeldung Juli am 10. 8. mit 15.000 € Vergütung; Zustimmung am 20. 8. erteilt. Am 10. 9. Eingang der berichtigten Voranmeldung Juli mit 18.000 € Vergütung. Folge: Anmeldung vom 10. 8. ist Vorbehaltsfestsetzung nach § 168 Satz 2 AO geworden mit Zustimmung vom 20. 8.; berichtigte Voranmeldung vom 10. 9. als Antrag nach § 164 AO auf Änderung; erst mit Bekanntwerden der Zustimmung liegt geänderte Festsetzung nach § 164 Abs. 2 Satz 1 i. V. m. § 168 Satz 2 AO vor.

Führt die Anmeldung zu einer **Erstattung** von Steuern, so wird dieser Betrag erst mit Bekanntwerden der Zustimmung durch die Finanzbehörde **fällig** (§ 220 Abs. 2 Satz 2 AO; vgl. BFH, BStBl 1996 II S. 660; AEAO zu § 220). Im Übrigen ist die ursprünglich angemeldete Steuer zu entrichten, solange und soweit keine Zustimmung vorliegt (AEAO zu § 168 Nr. 5). Der Stpfl. kann vorher nicht mit Überschüssen gegen Steuerschulden nach § 226 AO **aufrechnen.** Wird einer derartigen Anmeldung nicht bzw. nicht in vollem Umfang zugestimmt, bleiben **Säumniszuschläge** bestehen (§ 240 Abs. 1 Satz 4 AO; AEAO zu § 168 Nr. 5).

Beispiele:

1. Unternehmer U hatte die USt-Voranmeldung April 01 abgegeben; Zahllast 30.000 €. Wenige Tage später stellte er fest, dass er 3.000 € Umsatz zu viel erklärt hatte. Rechtslage?
Die Voranmeldung hat mit Eingang beim FA die Wirkung einer Vorbehaltsfestsetzung (§ 168 Satz 1 AO). U kann **Einspruch** einlegen (§§ 347, 355 Abs. 1 Satz 2 AO) und Aussetzung der Vollziehung beantragen. U kann auch eine **berichtigte Anmeldung** abgeben (Antrag nach § 164 Abs. 2 AO). Diese bedarf zu ihrer Wirksamkeit des Bekanntwerdens der Zustimmung, da sie zu einem Mindersoll führt. Hinweis auf Stundungsantrag bzw. § 240 Abs. 1 Satz 4 AO für Säumniszuschläge. Im Zweifel ist Einspruch anzunehmen (vgl. AEAO Vor § 347 Nr. 1).

2. U hatte am 5.5.01 die USt-Voranmeldung April mit einem Rotbetrag von 10.000 € abgegeben. Das Finanzamt hat bisher nicht zugestimmt. Kurz darauf stellte U fest, dass der Vorsteuerüberschuss 12.000 € beträgt, und gab hierüber eine „berichtigte" Voranmeldung ab. Rechtslage?
Mangels Zustimmung liegt noch keine Vorbehaltsfestsetzung vor (§ 168 Satz 2 AO), sondern lediglich ein Antrag auf Steuerfestsetzung (= Neuanmeldung). Einspruch oder Antrag nach § 164 Abs. 2 AO entfallen daher (vgl. § 355 Abs. 1 Satz 2 AO). Das FA kann nur noch der neuen Voranmeldung zustimmen (vgl. BFH, BStBl 1991 II S. 281).

Nach **§ 168 Satz 2 AO** liegt erst mit **Bekanntwerden der Zustimmung** eine **wirksame Steueranmeldung** als Verwaltungsakt vor (vgl. BFH, BStBl 2002 II S. 642; 2003 II S. 904). Die Zustimmung bedarf keiner Form. Sie kann schriftlich, elektronisch oder mündlich erfolgen oder sich konkludent aus den Umständen des Falles ergeben. Sie muss aber dem Stpfl. „bekannt werden" (nicht: „bekannt gegeben" werden; siehe § 355 Abs. 1 Satz 2 AO für den Beginn der Einspruchsfrist). Das Bekanntwerden erfolgt regemäßig durch die maschinell erstellte **Abrechnungsmitteilung, Auszahlung** oder **Aufrechnung** durch Umbuchungsmitteilung (vgl. AEAO zu § 355 Nr. 1; zu § 168 Nr. 3, 4 und 9; zu § 220). Wird die Zustimmung schriftlich oder elektronisch erteilt, ist § 356 AO wegen der notwendigen Rechtsbehelfsbelehrung zu beachten (BFH, BStBl 2003 II S. 904). Erfolgt die Zustimmung in anderer Form, z. B. durch Auszahlung des Erstattungsbetrages, greift § 356 AO nicht ein.

9.8 Änderung von Steueranmeldungen (§§ 167, 168 AO)

Muster einer Abrechnungsmitteilung:

FA Nord ... 17. 7. 03
Herrn Ulf Unser ...
Mitteilung für 02 über Umsatzsteuer
Festsetzung
Ihrer am 31. 5. 03 eingegangenen Umsatzsteuererklärung wurde zugestimmt. Sie steht damit einer Steuerfestsetzung unter dem Vorbehalt der Nachprüfung (§ 164 AO) gleich.

	Festgesetzt werden	– 8.333,30 € (USt)
Abrechnung nach dem Stand vom 6. 7. 03	abzurechnen sind	– 8.333,30 €
	bereits erstattet	6.000,00 €
	demnach zu viel gezahlt	2.333,30 €

Über eine etwaige Verrechnung des Restguthabens mit Gegenansprüchen erhalten Sie eine besondere Mitteilung. Der darüber hinausgehende Betrag wird erstattet auf Konto ....
Rechtsbehelfsbelehrung: ....

Beispiele:

1. U hatte die USt-Voranmeldung Mai 01 mit einem Rotbetrag von 10.000 € abgegeben. Das FA buchte den Betrag lt. Mitteilung auf andere Schulden des U. Durch die Bekanntgabe der Umbuchungsmitteilung (= Aufrechnung nach § 226 AO) hat das FA zugestimmt (§ 168 Satz 2 AO; AEAO zu § 168 Nr. 3 und 9).

2. U verrechnet die LSt-Schuld Mai 01 mit dem USt-Rotbetrag Mai 01. Es folgt weder Mahnung noch Vollstreckung. Rechtsfolge?
Schweigen und Nichtstun sind nicht als Bekanntwerden der Zustimmung zu werten, da die Zustimmung für den Verwaltungsakt „Steueranmeldung" als solche und auch zeitlich nicht bestimmbar ist (vgl. AEAO zu § 355 Nr. 1; BFH, BStBl 1996 II S. 660, 662).

Aus **Vereinfachungsgründen** kann bei Steueranmeldungen, die zu einer Steuervergütung oder zu einem Mindersoll führen, die **Zustimmung allgemein** durch Verwaltungsanweisungen erteilt werden (so AEAO zu § 168 Nr. 9). Auch in diesen oder ähnlich automationsgesteuerten Fällen stehen die Anmeldungen erst mit Bekanntwerden der Zustimmung einer Vorbehaltsfestsetzung gleich. Die Rotbeträge sind erst mit Bekanntwerden der Zustimmung nach § 220 Abs. 2 Satz 2 AO fällig (vgl. AEAO zu § 168 Nr. 3 und 4, zu § 220). Beachte § 233 a AO.

In den übrigen Fällen ist eine bestimmte **Frist für die Zustimmung** nicht vorgesehen. Die Frist ist jedoch unter Berücksichtigung der Belange der Beteiligten zu bemessen, z. B. bestehen häufig Liquiditätsprobleme des Stpfl. bei Neugründung und bei Verzögerung der Zustimmung in Erstattungsfällen wegen noch ausstehender USt-Sonderprüfung. Nach § 18 f UStG kann hier die Zustimmung im Einvernehmen mit dem Unternehmer von einer Sicherheitsleistung abhängig

9 Korrektur von Verwaltungsakten

gemacht werden, um das Risiko eines Steuerausfalles zu vermeiden (siehe BMF, BStBl 2002 I S. 1018 mit Einzelheiten). Bei verzögerter Zustimmung bleiben die Möglichkeiten einer Dienstaufsichtsbeschwerde oder des **Untätigkeitseinspruchs** nach § 347 Abs. 1 Satz 2 AO (vgl. AEAO zu § 168 Nr. 10). Da der Finanzbehörde keine abschließende Prüfung des Steuerfalles obliegt, kann die Frist wesentlich kürzer sein als die in § 46 Abs. 1 Satz 2 FGO vorgesehene 6-Monats-Frist für die Untätigkeitsklage.

Wird die **Zustimmung nicht erteilt,** ist der Antrag auf Steuerfestsetzung bzw. der Änderungsantrag nach § 164 Abs. 2 AO durch **Bescheid** abzulehnen (**§ 155 Abs. 1, 4 AO**). Wird die Zustimmung lediglich teilweise nicht erteilt, so ist in die vom Antrag des Stpfl. **abweichende Festsetzung** ein Hinweis auf die teilweise Ablehnung des Antrags aufzunehmen. Die abweichende Festsetzung kann unter dem Vorbehalt der Nachprüfung oder endgültig ergehen (vgl. AEAO zu § 168 Nr. 6 und 7).

9.8.3 Zusammenfassende Übersicht

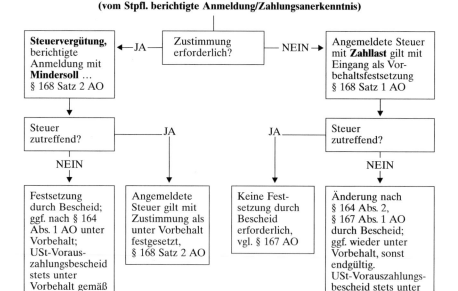

9.9 Korrektur vorläufiger Bescheide (§ 165 AO)

Eine Steuer kann nach § 165 AO vorläufig festgesetzt oder ausgesetzt werden, soweit Tatsachen, die den steuererheblichen Lebenssachverhalt ausmachen, ungewiss sind. Der Begriff der Ungewissheit ist ein unbestimmter Rechtsbegriff, der von den Finanzgerichten in vollem Umfang nachprüfbar ist.

9.9.1 Bedeutung der Vorschrift

Die Steuerfestsetzung hat den Zweck, den Steueranspruch bindend dem Grunde und der Höhe nach festzulegen. An einer abschließenden Beurteilung ist die Finanzbehörde jedoch so lange gehindert, wie noch nicht geklärt ist, ob und inwieweit ein gesetzlicher Tatbestand verwirklicht wurde. Um auch in diesen Fällen die Steuerfestsetzung nicht länger hinausschieben zu müssen, ist die Möglichkeit zum Erlass vorläufiger Steuerfestsetzungen oder zur Aussetzung der Steuerfestsetzung in § 165 Abs. 1 AO vorgesehen. Falsche Angaben in der Erklärung können als vollendete Tat geahndet werden (§ 370 Abs. 4, § 378 AO).

Die **Aussetzung der Steuerfestsetzung** ist von der Aussetzung der Vollziehung nach § 361 AO zu unterscheiden. Bei der Aussetzung der Festsetzung unterbleibt zunächst die Festsetzung einer Steuer, während bei der Aussetzung der Vollziehung ein Steuerbescheid bereits ergangen ist. Im Rechtsbehelfsverfahren gegen diesen Bescheid werden aber ernstliche Zweifel an seiner Rechtmäßigkeit geltend gemacht. Die Aussetzung einer Steuerfestsetzung hat im Hinblick auf § 119 Abs. 1 AO **schriftlich** zu erfolgen und ist nach § 122 AO bekannt zu geben. Bloßes „Nicht-tätig-werden" genügt nicht.

Die Festsetzung unter **Vorbehalt der Nachprüfung** kann die vorläufige Steuerfestsetzung nicht voll ersetzen. Dasselbe gilt für einen **endgültigen Bescheid.** Denn vielfach lassen sich die Tatbestände nicht innerhalb der relativ kurzen Festsetzungsfrist klären (vgl. § 164 Abs. 4, § 169 Abs. 2 AO). **§ 171 Abs. 8 AO** sieht deshalb für vorläufige und ausgesetzte Steuerfestsetzungen eine **Ablaufhemmung** vor. Zudem ermöglicht es die vorläufige Steuerfestsetzung, die Festsetzung wegen nur einer Tatsache, hinsichtlich der Ungewissheit besteht, offen zu lassen, z. B. bei fortbestehender Ungewissheit nach einer Ap, während der Vorbehalt nach § 164 AO regelmäßig total wirkt oder aus Rechtsgründen nicht (mehr) möglich ist. In Fällen, in denen eine Nebenbestimmung nach § 164 oder § 165 AO zwar möglich gewesen wäre, der Bescheid tatsächlich aber ohne eine solche Klausel erlassen wurde, ist die Anwendung der **§§ 172 ff. AO** – insbesondere von § 173 bzw. § 175 Abs. 1 Satz 1 Nr. 2 AO – als Änderungsvorschriften nicht ausgeschlossen (vgl. BFH, BFH/NV 2004 S. 154; Ausführungen zu Tz. 9.9.2 Beispiel 1, zu Tz. 9.11.2.1 „innere Tatsachen" und zu Tz. 9.14.1 Beispiel 7).

Obgleich § 165 Abs. 1 AO nur die Steuerfestsetzung nennt, können alle **Steuerbescheide** und **gleichgestellte Bescheide** vorläufig ergehen.

9.9.2 Tatbestandsmerkmale

Nach **§ 165 Abs. 1 Satz 1 AO** kann eine vorläufige Steuerfestsetzung oder Aussetzung erfolgen, soweit eine – vorübergehende – **Ungewissheit** über Besteuerungsgrundlagen besteht. Ungewissheit bedeutet, dass im Zeitpunkt der Steuerfestsetzung zwar objektiv feststeht, welcher Sachverhalt und welche Besteuerungsgrundlagen verwirklicht worden sind, die Voraussetzungen sich aber der subjektiven Kenntnis der Finanzbehörde entziehen und auch zur Zeit der Festsetzung mit zumutbarem Aufwand nicht zu beseitigen sind (vgl. § 171 Abs. 8 AO). Daraus folgt, dass eine vorläufige Festsetzung oder Aussetzung nur in Betracht kommt, wenn die Ungewissheit beseitigt werden kann. § 165 AO entbindet die Finanzbehörde nicht von der Aufklärungspflicht nach § 88 AO.

Die Ungewissheit muss sich auf die **tatsächlichen Voraussetzungen des Steueranspruchs** beziehen, d. h. auf den Sachverhalt und nicht auf dessen steuerrechtliche Würdigung (vgl. BFH, BStBl 1998 II S. 702; AEAO zu § 165 Nr. 1). Tatsachen sind – ebenso wie bei § 173 AO – alle Besteuerungsgrundlagen sowie Lebenssachverhalte im weiteren Sinne, die für den Steueranspruch von Bedeutung sein können. Es kann sich hierbei um steuerliche und außersteuerliche Merkmale handeln, wie etwa Einkunftsarten, Umsatz, Gesellschaftsform oder zivil- oder verwaltungsrechtliche Vorfragen, über die ein Rechtsstreit schwebt. § 165 AO ist danach anwendbar in Fällen **zeitlich bedingter Ungewissheit** über die Besteuerungsgrundlagen.

Beispiele:

1. Teilvorläufige Bescheide in den Fällen möglicher Liebhaberei wegen Verluste in der Anlaufphase (vgl. OFD-Verfügung, BB 1984 S. 2246; BFH, BStBl 1997 II S. 202 m. w. N.) oder hinsichtlich der ertragsteuerlichen Erfassung von im Wege der Selbstanzeige nacherklärten Einkünften (so Verwaltungserlasse).
Stellt sich bei einem endgültigen Steuerbescheid das Fehlen der Einkunftserzielungsabsicht (als Haupttatsache) und damit das Vorliegen von Liebhaberei erst später heraus, etwa durch nachträglich bekannt gewordene negative Beweisanzeichen als Hilfstatsachen, ist eine Bescheidänderung nach § 173 Abs. 1 Nr. 1 AO innerhalb der regulären Festsetzungsfrist möglich (vgl. BFH, BStBl 1995 II S. 192; BMF-Schreiben, BStBl 2004 I S. 933 Tz. 10 bzgl. V+V-Einkünfte).

2. Der Wertansatz der Privatentnahme eines Grundstücks bei § 16 EStG ist noch ungewiss wegen eines Wertgutachtens (BFH, BStBl 1989 II S. 130).

3. Ist bei Verlustzuweisungsgesellschaften und vergleichbaren Modellen ungewiss, ob und inwieweit eine gesonderte Feststellung durchgeführt wird, so ist der Steuerbescheid hinsichtlich des Ansatzes negativer Einkünfte aus der Beteiligung vorläufig zu erlassen (BMF, BStBl 1992 I S. 404 Tz. 4.2.3, 4.2.5). Für die Festsetzungsverjährung greift insoweit § 171 Abs. 8 AO neben Abs. 10 ein (BFH, BFH/NV 1995 S. 939).

9.9 Korrektur vorläufiger Bescheide (§ 165 AO)

4. Abschließende Beurteilung von Kosten als Werbungskosten oder anschaffungsnaher Aufwand nach drei Jahren gemäß § 6 Abs. 1 Nr. 1a EStG. Hinweis: Ein endgültiger Bescheid ist ggf. nach § 175 Abs. 1 Satz 1 Nr. 2 AO zu ändern (BFH, BFH/NV 2004 S. 154).

Eine Ungewissheit über die Voraussetzungen für die Entstehung einer Steuer liegt nach **§ 165 Abs. 1 Satz 2 AO** ferner vor, wenn

- die Anwendbarkeit eines **DBA** zu erwarten ist (vgl. AEAO zu § 165 Nr. 2) oder
- das BVerfG die **Unvereinbarkeit eines Steuergesetzes mit dem GG** festgestellt hat und der Gesetzgeber zu einer Neuregelung verpflichtet ist (vgl. AEAO zu § 165 Nr. 3) oder
- rechtliche **Unsicherheit über die Anwendung eines Gesetzes** besteht und deshalb ein **(Muster-)Verfahren** bei dem EuGH, dem BVerfG oder einem obersten Bundesgericht anhängig ist (vgl. BMF-Schreiben, BStBl 1995 I S. 264; 2003 I S. 338; AEAO zu § 165 Nr. 4; § 363 Abs. 2 Satz 2 AO).

Eine vorläufige Festsetzung kommt – mit Ausnahme der o. a. Fälle – **nicht** in Betracht bei Zweifeln über die **Auslegung gesetzlicher Vorschriften,** wenn die steuerrechtliche Beurteilung eines in tatsächlicher Hinsicht unstreitigen Sachverhalts unsicher ist, z. B. über das Vorliegen einer Mitunternehmerschaft (vgl. BFH, BStBl 1998 II S. 702 m. w. N.). Das Gleiche gilt, wenn steuerrechtliche Aspekte von vornherein eine Entscheidung nach den Regeln der objektiven Feststellungslast oder eine Schätzung erfordern, z. B. Bilanzansätze oder sonstige Besteuerungsgrundlagen (vgl. § 155 Abs. 2, § 162 Abs. 3 AO; BMF, BStBl 1992 I S. 404 Tz. 4.2.2 bis 4.2.5 für Beteiligungen an Verlustzuweisungsgesellschaften). In derartigen Fällen verbleibt nur § 164 AO oder ein endgültiger Bescheid.

Es steht im **Ermessen** der Finanzbehörde, im Einzelfall einen vorläufigen Bescheid zu erlassen oder die Steuerfestsetzung auszusetzen (§ 165 Abs. 1 Satz 1 AO: „kann"). Die Ermessensentscheidung hat unter Berücksichtigung von Recht, Billigkeit und Zweckmäßigkeit zu erfolgen (§ 5 und § 85 AO).

9.9.3 Umfang der Vorläufigkeit

Eine Steuer kann nur „**insoweit**" **vorläufig** festgesetzt werden, als ungewiss ist, ob und inwieweit die Voraussetzungen für ihre Entstehung eingetreten sind (**§ 165 Abs. 1 AO**). Die Vorläufigkeit erstreckt sich daher je nach Ungewissheit entweder auf den ganzen Steuerbescheid oder – im Normalfall – nur auf bestimmte vom Steuerbescheid erfasste Besteuerungsgrundlagen (Teilvorläufigkeit; vgl. BFH, BFH/NV 2005 S. 2). Im letzteren Fall tritt für die übrige Steuerfestsetzung materielle Bestandskraft ein (vgl. §§ 172 ff., 351 Abs. 1 AO).

Bei der vorläufigen Festsetzung sind **Umfang** und **Grund der Vorläufigkeit im Bescheid anzugeben** (§ 165 Abs. 1 AO). Regelmäßig wird der Vorläufigkeitsvermerk in der Überschrift und die Tatsachen, die als ungewiss betrachtet werden, in den Erläuterungen (im Bescheid) angegeben, z. B. „Die ESt-Festsetzung ist hinsichtlich der Einkünfte aus dem Grundstück ... vorläufig, weil ungewiss ist, ...". Bei nicht eindeutiger Kenntlichmachung des Vorläufigkeitsvorbehalts, z. B. wenn durch den Vorläufigkeitsvermerk nur mittelbar der Rahmen abgesteckt wird („Einkünfte aus V+V"), ist der bekannt gegebene Inhalt dieser Nebenbestimmung durch **Auslegung** zu ermitteln (vgl. § 124 Abs. 1 Satz 2 AO; BFH, BStBl 1993 II S. 338; BFH/NV 2005 S. 2). Ist der Umfang der Vorläufigkeit nicht bestimmbar, so ist der Vermerk nichtig gemäß § 125 Abs. 1, § 119 Abs. 1 AO (vgl. BFH, BFH/NV 1991 S. 506; 1992 S. 597). Die fehlende **Begründung** kann nachgeholt werden (§ 126 Abs. 1 Nr. 2, Abs. 2 AO; AEAO zu § 165 Nr. 5).

Beispiele:

1. Bei einer ESt-Festsetzung ist im Kopf des ESt-Bescheides „Vorläufig gemäß § 165 AO" und unter Erläuterungen „Veranlagung ist hinsichtlich der Einkünfte aus Kapitalvermögen vorläufig" vermerkt mit Angabe der Tatsachen. Folge?

Das FA wollte die ESt vorläufig festsetzen nur bzgl. der Einkünfte aus Kapitalvermögen. Das ist eindeutig genug zum Ausdruck gekommen. Die Festsetzung ist insoweit teilvorläufig (vgl. BFH, BStBl 1989 II S. 130).

2. Der ESt-Bescheid trägt keinen Vorläufigkeitsvermerk, sondern enthält nur einen allgemeinen Hinweis auf einen Bericht über eine Ap, in dem etwas als ungewiss dargestellt ist. Vorläufiger Bescheid?

Die Festsetzung ist endgültig, da im Bescheid Umfang und Grund der Vorläufigkeit anzugeben sind (vgl. FG Rheinland-Pfalz, EFG 1983 S. 99).

Wird eine in der Aktenverfügung vorläufig vorgenommene Steuerfestsetzung dem Stpfl. versehentlich ohne Vorläufigkeitsvermerk bekannt gegeben, so ist der bekannt gegebene Steuerbescheid maßgebend (§ 124 Abs. 1 AO). Entsprechendes gilt, wenn lediglich der Steuerbescheid den Vorläufigkeitsvermerk enthält. In beiden Fällen liegt eine offenbare Unrichtigkeit gemäß § 129 AO vor (vgl. BFH, BFH/NV 1990 S. 478).

Bei Teil-Ungewissheit kann eine **vorläufige Steuerfestsetzung mit einer Steuerfestsetzung unter dem Vorbehalt der Nachprüfung verbunden werden** (§ 165 Abs. 3 AO). Das hat zur Folge, dass auch nach Aufhebung oder Wegfall der Vorbehaltsfestsetzung (§ 164 Abs. 2, 4 AO) die Teilvorläufigkeit erhalten bleibt, soweit zu diesem Zeitpunkt die Ungewissheit noch besteht. Denn die Festsetzungsfrist ist insoweit in ihrem Ablauf nach § 171 Abs. 8 AO gehemmt **(Teilverjährung).** Ein **Vorbehaltsbescheid** darf außerdem **nachträglich mit** einem **Vorläufigkeitsvermerk** versehen werden (§ 164 Abs. 2 Satz 1, § 165 Abs. 3 AO; vgl. BFH, BFH/NV 1990 S. 502). Für **endgültige Bescheide** gilt dies **nur mit Zustimmung** des Stpfl. nach § 172 Abs. 1 Satz 1 Nr. 2 Buchst. a AO (vgl. BMF-Schreiben, BStBl 1990 I S. 624; 2003 I S. 338).

9.9 Korrektur vorläufiger Bescheide (§ 165 AO)

9.9.4 Korrektur der vorläufigen Festsetzung

Nach **§ 165 Abs. 2 Satz 1 AO „kann"** der vorläufige Steuerbescheid im angegebenen Umfang nur wegen der mit diesen Besteuerungsgrundlagen zusammenhängenden tatsächlichen Ungewissheiten, nicht aber selbständig wegen einer veränderten rechtlichen Beurteilung geändert werden (vgl. BFH, BStBl 1998 II S. 702 m. w. N.). Erfasst die Vorläufigkeit nur einen Teil des Bescheides, so gilt § 165 Abs. 2 AO nur insoweit (= punktuell). **Im Rahmen des Änderungsbetrages** sind auch solche Fehler zu berücksichtigen, die nicht mit dem Grund der Vorläufigkeit zusammenhängen (BFH, BStBl 2000 II S. 332). Entscheidend ist eine materiell-rechtlich zutreffende Besteuerung. Im Übrigen sind die §§ 172 ff. mit **§ 177 AO** anwendbar. Betraf der Vorläufigkeitsvermerk – unzulässigerweise – die steuerrechtliche Würdigung und nicht Tatsachen, so darf der Bescheid, wenn sich dieser als falsch herausstellt, nicht nach § 165 Abs. 2 AO zulasten des Stpfl. geändert werden, selbst wenn die Beurteilungsunsicherheit im Vorbehalt aufgenommen war (vgl. BFH, BStBl 1985 II S. 648; 1989 II S. 130). Ein erstmals vorläufiger Bescheid kann unter den o. a. Voraussetzungen durch **weitere vorläufige Bescheide** geändert werden. Hierbei sind Grund und Umfang der Vorläufigkeit anzugeben (BFH, BStBl 2000 II S. 282). Unerheblich ist hierbei, dass die nachfolgenden Bescheide keinen Vorläufigkeitsvermerk enthalten (s. u.).

Nach **§ 165 Abs. 2 Satz 2 AO „ist"** der vorläufige Bescheid in den Fällen des § 165 Abs. 1 Satz 1 AO in einen **endgültigen Bescheid** zu ändern, wenn Gründe für die Vorläufigkeit nicht mehr bestehen. Unerheblich ist, ob der Stpfl. einen Antrag stellt. Die Ungewissheit entfällt auch dann, wenn feststeht, dass sie auf Dauer bestehen bleibt (BFH, BStBl 1985 II S. 648). In diesem Fall ist nach § 162 AO zu schätzen. Die Endgültigkeitserklärung geschieht durch einen weiteren Bescheid, soweit sich Abweichungen zwischen dem vorläufigen und endgültig ermittelten Steueranspruch ergeben. Im Rahmen des Änderungsbetrages sind auch solche Fehler zu korrigieren, die nicht mit dem Grund der Vorläufigkeit zusammenhängen. Denn nur eine derartige **Saldierung** führt nach § 85 AO zu einer materiell richtigen Festsetzung (BFH, BStBl 2000 II S. 332). Hierbei sind die Grundsätze des **§ 176 AO** zu beachten. Bei inhaltlicher Übereinstimmung genügt eine Mitteilung an den Stpfl., dass der vorläufige Bescheid für endgültig erklärt wird. Der Sache nach handelt es sich bei der Mitteilung um einen verkürzten Bescheid. In ihm wird auf den vorläufigen Bescheid Bezug genommen und damit dessen Steuerbetrag und Begründung zum Bestandteil der Mitteilung gemacht. Lediglich die Rechtsbehelfsbelehrung muss wegen des Beginns der Einspruchsfrist erneuert werden (vgl. § 164 Abs. 3 AO). Ein vorläufiger Bescheid kann in diesen Fällen nicht stillschweigend als endgültig behandelt werden. Dazu bedarf es nach § 165 Abs. 2 Satz 2 AO einer **ausdrücklichen Erklärung.** Der Vorläufigkeitsvermerk bleibt daher in Änderungsbescheiden so lange wirksam, bis er ausdrücklich aufgehoben wird (vgl. BFH, BStBl 2000 II S. 282). Das gilt auch dann, wenn ein vorläufiger Bescheid gar nicht ergehen durfte, weil die hierfür vorgeschriebenen Voraussetzungen nicht vorlagen. Ein solcher Bescheid ist nicht nichtig, sondern nur fehlerhaft (vgl. BFH, BFH/NV 1995 S. 466 m. w. N.). **§ 171 Abs. 8 Satz 1 AO** ist hierbei zu beachten. Danach endet die Festsetzungsfrist nicht vor dem Ablauf **eines Jahres**, nachdem die **Ungewissheit beseitigt** „und" die Finanzbehörde hiervon Kenntnis erhalten hat. Ist die Festsetzungsfrist hiernach abgelaufen, so wird der Vorläufigkeitsvermerk automatisch gegenstandslos und die Steuerfestsetzung damit endgültig. Erweist sich in den Fällen des § 165 Abs. 1 Satz 2 AO die vorläufige Festsetzung als richtig, muss die Endgültigkeitserklärung nach § 165 Abs. 2 Satz 3 AO nur auf Antrag des Stpfl. erfolgen, um den Verfahrensaufwand möglichst gering zu halten. Diese Vereinfachungsregelung greift nicht ein, wenn der Bescheid aus anderen Gründen aufzuheben oder zu ändern ist. Stellt der Stpfl. keinen Antrag, wird der Bescheid durch Verjährungseintritt endgültig (vgl. AEAO zu § 165 Nr. 7). Für diese Fälle greift nach **§ 171 Abs. 8 Satz 2 AO** eine **2-Jahres-Frist**.

9.9.5 Rechtsbehelfe

Gegen vorläufige Bescheide ist der **Einspruch** gegeben (§ 347 AO). Der Stpfl. kann innerhalb der Einspruchsfrist den vorläufigen Bescheid mit allen Gründen anfechten. Er kann hierbei insbesondere geltend machen, dass die Voraussetzungen des § 165 AO nicht vorliegen (vgl. BFH, BStBl 1990 II S. 278). Das erforderliche **Rechtsschutzbedürfnis** fehlt aber, wenn der Bescheid in dem verfassungsrechtlichen Streitpunkt vorläufig ist, diese Streitfrage sich in einem Massenverfahren stellt und das anhängige Musterverfahren nicht aussichtslos erscheint (vgl. BFH, BStBl 1996 II S. 506; BMF, BStBl 2003 I S. 338). Im Einspruchsverfahren gegen den vorläufigen Bescheid wird die Steuerfestsetzung in vollem Umfang in tatsächlicher und rechtlicher Hinsicht überprüft (§ 367 Abs. 2 AO). Dies hat zur Folge, dass die Steuerfestsetzung ganz oder teilweise für endgültig erklärt werden muss, wenn sich ergibt, dass die Voraussetzungen für § 165 AO nicht bestanden haben oder zwischenzeitlich ganz oder teilweise weggefallen sind. Dagegen ist im **Klageverfahren** stets Antrag auf „Aufhebung des Bescheides" und nicht nur auf Aufhebung des unselbständigen Vorläufigkeitsvermerks wegen § 100 Abs. 1 FGO zu stellen (vgl. BFH, BStBl 1990 II S. 278 m. w. N.).

Wird die Steuer im geänderten bzw. endgültigen Bescheid höher festgesetzt als im teilvorläufigen Bescheid, so können Einwendungen zu den endgültigen Punkten im Rahmen des **§ 351 Abs. 1 AO** berücksichtigt werden, soweit die Änderung reicht (vgl. AEAO zu § 165 Nr. 6). Das ist die Konsequenz daraus, dass die Bestandskraft eines Steuerbescheides nur die festgesetzte Steuer, nicht aber auch die Gründe des Bescheides erfasst. Soweit die Vorläufigkeit reicht, greifen die Einschränkungen des § 351 Abs. 1 AO nicht ein („es sei denn ...").

Beispiel:

Der ESt-Bescheid 01 des S ist hinsichtlich der § 15 EStG-Einkünfte vorläufig wegen vermuteter Liebhaberei, im Übrigen endgültig bei einer ESt von 40.000 €. In 04 ergeht ein Änderungsbescheid nach § 165 Abs. 2 AO unter gleichzeitiger Aufhebung des Vorläufigkeitsvermerks über 41.000 €. Hiergegen legt S fristgerecht Einspruch ein und macht geltend:

1. zusätzliche Betriebsausgaben bei den § 15 EStG-Einkünften mit 2.000 € Steuerminderung und
2. zu Unrecht im ursprünglichen Bescheid angesetzter Gewinn aus § 23 EStG mit 3.000 € Steuerauswirkung.

Der Rechtsfehler i. H. v. 3.000 € ist im Rahmen des § 351 Abs. 1 AO zu berücksichtigen bis maximal 40.000 € („… insoweit …"). Soweit die Gründe mit dem vorläufigen Teil zusammenhängen, kann die festgesetzte ESt von 40.000 € um 2.000 € unterschritten werden (ESt = 38.000 €).

9.10 Aufhebung und Änderung von Steuerbescheiden nach § 172 AO

9.10.1 Allgemeines

Steuern können unter dem **Vorbehalt der Nachprüfung (§ 164 AO)** oder **vorläufig (§ 165 AO)** festgesetzt werden. Den Vorbehaltsfestsetzungen stehen Steueranmeldungen gleich (§ 168 AO). Derartige Steuerfestsetzungen können innerhalb der Festsetzungsfrist jederzeit aufgehoben oder geändert werden. Wegen Einzelheiten siehe Ausführungen zu § 164 und § 165 AO.

Demgegenüber weisen die **§§ 172 ff. AO** eigenständige und **einschränkende Regelungen** über die Aufhebung und Änderung rechtswidriger Steuerbescheide auf. Von entscheidender Bedeutung ist hierbei der Umfang der Korrektur. Während § 164 AO zu einer Gesamtaufrollung des Steuerfalles führt, erfolgt die Korrektur bei den anderen Vorschriften regelmäßig punktuell.

Die für Steuerbescheide geltenden Korrekturvorschriften sind auch anzuwenden, wenn ein Steuerbescheid durch **Einspruchsentscheidung** bestätigt oder abgeändert worden ist oder ein **Antrag** auf Erlass, Aufhebung oder Änderung eines Steuerbescheides ganz oder teilweise **abgelehnt** wird (§ 172 Abs. 1 Satz 2 und 3, Abs. 2 AO; vgl. AEAO zu § 172 Nr. 3 und 4). Sie gelten ferner für gleichgestellte Bescheide (vgl. § 155 Abs. 1 und 4; § 181 Abs. 1; § 184 Abs. 1; § 185; § 190; § 178 Abs. 4; § 239 Abs. 1 AO).

Die Grundregel für die Aufhebung und Änderung von **endgültigen Steuerbescheiden** enthält § 172 AO. Daneben kommen die §§ 173 ff. AO in Betracht.

9 Korrektur von Verwaltungsakten

9.10.2 Bedeutung des § 172 AO

Die Vorschrift des § 172 Abs. 1 Satz 1 Nr. 2 Buchst. a AO hat in der Praxis eine erhebliche Bedeutung. Sie gibt der Finanzbehörde insbesondere die Möglichkeit, endgültige Steuerbescheide mit Zustimmung oder auf Antrag des Stpfl. unter bestimmten Voraussetzungen aufzuheben oder zu ändern. Das gilt einmal für die Fälle, in denen der Stpfl. die Berichtigung des Bescheides anregt, ohne einen Rechtsbehelf einzulegen (**schlichter Änderungsantrag**). Außerdem erledigen die Finanzbehörden einen erheblichen Teil der gegen endgültige Steuerbescheide eingelegten **Einsprüche** nach Maßgabe von § 172 AO **durch Abhilfebescheide** (nach der Statistik für 2003: Abhilfe = 65,6 v. H., Rücknahme = 20,6 v. H. und Einspruchsentscheidung = 13,8 v. H.).

Die Finanzbehörde entscheidet nach pflichtgemäßem **Ermessen** unter Beachtung von § 85 AO, ob sie von ihrem Recht zur Aufhebung oder Änderung Gebrauch macht. Dadurch unterscheidet sich diese Vorschrift von den sonstigen Fällen der Korrektur von Steuerbescheiden, zu der die Finanzbehörde regelmäßig laut Gesetz verpflichtet ist (vgl. § 173, § 174 Abs. 1, § 175 AO).

9.10.3 Verbrauchsteuerbescheide

Ein Steuerbescheid, der Verbrauchsteuern betrifft, kann mit Rücksicht auf die einjährige Festsetzungsfrist ohne Einschränkung korrigiert werden (**§ 172 Abs. 1 Satz 1 Nr. 1 AO**). Der Stpfl. muss Korrekturen grundsätzlich fristgerecht durch Einspruch durchsetzen. Andernfalls entscheidet die Finanzbehörde nach pflichtgemäßem Ermessen, ob sie von ihrem Recht zur Aufhebung oder Änderung Gebrauch macht.

9.10.4 Änderung von Steuerbescheiden mit Zustimmung oder auf Antrag

Ein **endgültiger Bescheid** über Besitz- und Verkehrsteuern kann **mit Zustimmung** oder **auf Antrag** des Stpfl. zu seinen Gunsten aufgehoben oder geändert werden, soweit der Stpfl. **vor** Ablauf der Einspruchsfrist den Antrag gestellt hat bzw. soweit das FA dem Einspruch oder der Klage abhilft (**§ 172 Abs. 1 Satz 1 Nr. 2 Buchst. a** und **Satz 3 AO**). Für die Anwendung des § 172 Abs. 1 Satz 1 Nr. 2 Buchst. a AO ist entscheidend, ob die Einspruchs- bzw. Klagefrist bereits abgelaufen ist und ob der Bescheid im Rahmen eines Rechtsbehelfsverfahrens oder außerhalb geändert werden soll. **Nach Unanfechtbarkeit** kann eine Änderung nur **zulasten** des Stpfl. erfolgen.

9.10 Aufhebung und Änderung von Steuerbescheiden nach § 172 AO

9.10.4.1 Grundlagen

Die Änderung eines Bescheides nach Einlegung eines Einspruchs durch Abhilfebescheid ist der wichtigste Anwendungsfall (vgl. § 132 Satz 1 AO). Entspricht der geänderte Bescheid in vollem Umfang dem Einspruchsantrag, so erledigt sich das Einspruchsverfahren gemäß § 367 Abs. 2 Satz 3 AO (vgl. § 365 Abs. 3 AO). Ist der Abhilfebescheid nach Klageerhebung ergangen, hat das FG auf Antrag beider Parteien die Erledigung der Hauptsache festzustellen und eine Kostenentscheidung zu fällen (§ 138 FGO; vgl. § 77 Abs. 3, § 68 FGO, Tz. 14.2.5).

Allgemeine Voraussetzung für eine Änderung nach § 172 Abs. 1 Satz 1 Nr. 2 Buchst. a AO ist, dass es sich um einen **endgültigen rechtswidrigen (Steuer-) Bescheid** handelt, der nicht bestimmte Einfuhr- und Ausfuhrabgaben oder Verbrauchsteuern betrifft. Der zu ändernde Steuerbescheid – der gleichgestellte Bescheid oder die Einspruchsentscheidung gemäß § 172 Abs. 1 Satz 2 – darf weder insgesamt vorläufig sein noch unter Vorbehalt der Nachprüfung stehen. Der Nebensatz in § 172 Abs. 1 Satz 1 AO („soweit") stellt klar, dass die im Folgenden geregelten Einschränkungen für Bescheide im Sinne von §§ 164, 165 AO nicht gelten. Erfasst die Vorläufigkeit nach § 165 AO nur einen Teil des Bescheides, so sind die §§ 172 ff. mit § 177 AO auf den übrigen – endgültigen – Teil anwendbar.

Auch eine **Einspruchsentscheidung** „kann" auf Antrag nach § **172 Abs. 1 Satz 1 Nr. 2 Buchst. a i. V. m. Abs. 1 Satz 2 und 3 AO** geändert werden, z. B. zur Erledigung einer anhängigen oder drohenden **Klage.** Das ist in Schätzungsfällen bedeutsam, wenn die Steuererklärung erst nach Bekanntgabe der Einspruchsentscheidung, aber innerhalb der Klagefrist eingeht, ohne dass gleichzeitig Klage erhoben werden soll. Auch in derartigen Fällen ist ein Antrag auf „schlichte Änderung" wahlweise statt Klage wegen der Kostenfolge aus § 137 FGO zulässig gemäß § 172 Abs. 1 Satz 3 AO vorbehaltlich § 364 b AO (vgl. AEAO zu § 172 Nr. 4 und 5).

Der Bescheid muss **rechtswidrig** sein. Unerheblich ist, wer den Fehler verursacht oder verschuldet hat. § 172 Abs. 1 Satz 1 Nr. 2 AO erlaubt es daher nicht, einen rechtmäßigen Steuerbescheid zwecks anderweitiger Ausübung eines Wahlrechts zu ändern (vgl. AEAO Vor § 172 bis 177 Nr. 8 bzgl. „Wahlrecht"). Im Übrigen sind §§ 126, 127 und § 364 b AO zu beachten.

9.10.4.2 Zustimmung oder Antrag des Stpfl. im Rahmen eines Einspruchs- oder Klageverfahrens

Die Korrektur nach § 172 Abs. 1 Satz 1 Nr. 2 Buchst. a AO wird bestimmt durch die Zustimmung oder durch den Antrag des Stpfl. Die Abgrenzung ist fließend.

Zustimmung des betroffenen Stpfl. bedeutet **Einverständnis mit dem Ergebnis.** Als zustimmungsbedürftige Änderung im Sinne von § 172 Abs. 1 Satz 1 Nr. 2

Buchst. a AO ist auch das spätere Hinzufügen eines Nachprüfungsvorbehalts nach § 164 AO anzusehen, wenn der ursprüngliche Bescheid ohne Vorbehalt ergangen war (BFH, BStBl 1981 II S. 150). Die Zustimmung erfordert keine bestimmte Form, wohl aber eine eindeutige Erklärung. Auch das Nachholen der Zustimmung im Sinne einer Genehmigung ist möglich (vgl. § 126 Abs. 1 Nr. 1 AO; § 184 BGB).

Die Zustimmung ist regelmäßig in einem vom Stpfl. gestellten **Einspruchs- oder Klageantrag** zu sehen. Der Stpfl. kann seine Zustimmung/seinen Antrag einschränken („soweit").

Beispiel:

A legt am 1. 3. gegen den ESt-Bescheid Einspruch ein. Das FA teilt ihm mit, es werde den Bescheid nach § 172 Abs. 1 Satz 1 Nr. 2 Buchst. a AO ändern und seinem Begehren teilweise entsprechen, falls er den Einspruch zurücknehme. A erklärt daraufhin am 15. 4. die Rücknahme des Einspruchs. Rechtsfolge?

Die Rücknahme des Einspruchs würde den Verlust des eingelegten Einspruchs bedeuten (§ 362 Abs. 2 AO). Damit wäre der angefochtene Bescheid unanfechtbar und nur noch zulasten des A änderbar. In der erklärten Rücknahme des Einspruchs liegt nach dem Erklärungswert aus der Sicht des Empfängers gemäß §§ 133, 157 BGB die Zustimmung zu einer Änderung nach § 172 Abs. 1 Satz 1 Nr. 2 Buchst. a AO und damit die Beschränkung des bisherigen Antrags (vgl. BFH, BStBl 1968 II S. 203; 2001 II S. 162; Wüllenkemper, DStR 1989 S. 702).

Richtet sich ein Bescheid gegen **mehrere Personen,** so ist die Zustimmung aller „betroffenen" Beteiligten erforderlich, wenn über das streitige Rechtsverhältnis nur allen gegenüber einheitlich entschieden werden kann (entsprechend § 360 Abs. 3 AO; AEAO zu § 360 Nr. 4). Betroffen ist bei Feststellungsbescheiden nur, wer nach § 352 AO auch einspruchsbefugt ist. Bei zusammenveranlagten Ehegatten erfasst die Zustimmung/der Antrag eines der Ehegatten aber nur die Änderung diesem gegenüber, da es sich materiell um zwei Bescheide handelt.

Dem Antrag wird **„der Sache nach"** nur entsprochen, wenn dem Begehren in vollem Umfang Rechnung getragen und der Antrag damit materiell erledigt wird. Entscheidend ist hier ausschließlich das **betragsmäßige,** d. h. **steuerliche Ergebnis.** Dabei ist unerheblich, ob das FA der rechtlichen Beurteilung des Stpfl. folgt oder dem Antrag aus anderen Gründen entspricht (vgl. auch Ausführungen unter 9.10.4.3). Eine lediglich formelle Erledigung der Art, dass wegen gleichzeitiger Saldierung sich am steuerlichen Ergebnis nichts oder nur teilweise etwas ändert, ist unzulässig. Hier muss eine Einspruchsentscheidung ergehen, vorbehaltlich einer nachträglichen Antragsbeschränkung.

Beispiele:

1. S stellt im Einspruchsverfahren den Antrag, den ESt-Bescheid von 8.000 € auf 7.500 € zu ändern, und weist zur Begründung weitere Werbungskosten nach. Das FA erkennt den Abzug nicht an, setzt aber die ESt aus anderen Gründen auf 7.500 € fest. Rechtmäßig?

9.10 Aufhebung und Änderung von Steuerbescheiden nach § 172 AO

Hier ist der Sache nach dem Antrag des S entsprochen worden. Denn maßgebend ist die Steuerschuld und nicht die Begründung (vgl. § 157 Abs. 2, § 351 Abs. 1 AO).

2. Gegen S ist die USt auf 55.250 € festgesetzt worden. Er legt Einspruch ein und begehrt die Herabsetzung der USt auf 53.000 €. Das FA hält den Einspruch für teilweise begründet und will die USt auf 53.800 € festsetzen. Zulässig?
Es kann nicht nach § 172 Abs. 1 Satz 1 Nr. 2 Buchst. a AO verfahren, weil dem Antrag des S nicht voll entsprochen wird. Das FA muss eine Einspruchsentscheidung erlassen. Dies gilt vorbehaltlich einer „Teilabhilfe" (Hinweis auf § 365 Abs. 3 AO).

Der Stpfl. kann **gegen den Abhilfebescheid Einspruch** gemäß § 347 AO einlegen. Denn die Zustimmung oder der Antrag zu einer Änderung nach § 172 Abs. 1 Satz 1 Nr. 2 Buchst. a AO bedeutet keinesfalls einen Einspruchsverzicht (vgl. § 354 Abs. 2 AO). Gegen die Einspruchsentscheidung ist Klage gegeben (§ 40 FGO).

War der ursprüngliche Bescheid bereits unanfechtbar, so kann ein Änderungsbescheid zuungunsten des Stpfl. nur im Rahmen des **§ 351 Abs. 1 AO** angegriffen werden.

Das FA kann den Einspruch auch nur in einigen Punkten erledigen und die noch verbleibenden Streitfragen einer förmlichen Einspruchsentscheidung vorbehalten (vgl. § 367 Abs. 2 Satz 3 AO: „nur insoweit, als"). Eine solche **Teilabhilfe des angefochtenen Bescheides** ist im Allgemeinen unzweckmäßig. Denn das Einspruchsverfahren erledigt sich nur, wenn der geänderte Bescheid voll dem Einspruchsantrag entspricht (**§ 365 Abs. 3 AO**). Das gilt selbst dann, wenn dem Teil-Abhilfebescheid eine Erledigungserklärung beigefügt ist und der Stpfl. der Erklärung nicht widerspricht. Eine Teilabhilfe ist dagegen angebracht, wenn der Rechtsbehelf in gewissen Punkten unstreitig begründet ist und das Verfahren im Übrigen etwa nach § 363 AO ausgesetzt wird, weil ein Musterprozess vor dem BFH schwebt (vgl. AEAO zu § 367 Nr. 3). Eine Teilabhilfe ist auch während des gerichtlichen Verfahrens zulässig (**§ 68 FGO**).

9.10.4.3 Schlichte Änderung außerhalb eines Rechtsbehelfsverfahrens

§ 172 Abs. 1 Satz 1 Nr. 2 Buchst. a AO hat nicht nur Bedeutung für die Aufhebung oder Änderung eines Bescheides im Rechtsbehelfsverfahren, sondern auch für die „schlichte Änderung" außerhalb. Diese Regelung bezweckt, auf die Durchführung eines Einspruchs- bzw. Klageverfahrens zu verzichten. Beantragt der Stpfl. die Aufhebung oder Änderung eines Bescheides, so ist entscheidend, ob der Antrag nach oder vor Ablauf der Einspruchs- bzw. Klagefrist (= Unanfechtbarkeit) gestellt wurde. Für die Zustimmung gilt Entsprechendes.

- **Antrag „nach" Ablauf der Einspruchs- bzw. Klagefrist (Unanfechtbarkeit)**

Hat der Stpfl. die Einspruchs- bzw. Klagefrist versäumt, so ist der Bescheid auf Antrag bzw. mit Zustimmung des Stpfl. nach Fristablauf über § 172 Abs. 1

9 Korrektur von Verwaltungsakten

Satz 1 Nr. 2 Buchst. a AO **nur zuungunsten** innerhalb der Festsetzungsfrist **änderbar.** Hierfür maßgebend ist allein die **festgesetzte höhere Steuer** ohne Berücksichtigung von Steuerabzugsbeträgen (vgl. AEAO zu § 173 Nr. 1.4). Diese Regelung soll verhindern, dass über § 172 AO die Folgen der Unanfechtbarkeit umgangen werden. Der Stpfl. wird eine betragsmäßige Änderung zu seinen Lasten (höhere Steuer) in der Regel nicht beantragen. Ein nachträglicher Vorbehalts- oder Vorläufigkeitsvermerk bedarf ebenfalls stets der Zustimmung des Stpfl.

Beispiele:

1. Der S war entsprechend der ESt-Erklärung 01 mit endgültigem Bescheid zur ESt in Höhe von 0 € veranlagt worden. Er hatte hierbei Zinserträge von 12.000 € nicht angegeben; 3.600 € KapSt waren einbehalten worden. Nach Unanfechtbarkeit beantragt S, den Bescheid wegen der „versehentlich" nicht erklärten Zinsen zu ändern, die KapSt laut Bankbescheinigung anzurechnen und den Differenzbetrag (festzusetzende ESt 600 € ./. 3.600 € KapSt = 3.000 €) zu erstatten.

Bei der Frage, ob sich die Änderung des Bescheides zugunsten oder zuungunsten des Stpfl. auswirkt, ist allein auf die **festgesetzte Steuer** abzustellen. Die ESt-Festsetzung und die Anrechnung von Abzugsteuern nach § 36 Abs. 2 Nr. 2 EStG im Bereich des Erhebungsverfahrens sind unterschiedliche Verwaltungsakte, deren Korrektur jeweils unterschiedlichen Regelungen unterliegt (§§ 172 ff. bzw. § 130 AO). Daher darf bei dem für **§ 172 Abs. 1 Satz 1 Nr. 2 Buchst. a AO** und für **§ 173 Abs. 1 AO** notwendigen Vergleich („höhere" bzw. „niedrigere Steuer") die anzurechnende KapSt nicht mitberücksichtigt werden (vgl. AEAO zu § 173 Nr. 1.4). Da S eine Korrektur des ESt-Bescheides zuungunsten (+ 600 € ESt) beantragt, ist der **Bescheid** nach **§ 172 Abs. 1 Satz 1 Nr. 2 Buchst. a** bzw. **§ 173 Abs. 1 Nr. 1 AO** zu ändern. Die anschließende Anrechnung der KapSt erfolgt nach Korrektur der bisherigen **Anrechnungsverfügung** gemäß § **130 Abs. 1 AO** bzw. Erlass einer erstmaligen Anrechnungsverfügung (siehe Einzelheiten unter Tz. 9.11.3 Nr. 1 und Tz. 9.11.4).

2. Die Zustimmung zur Änderung eines Steuerbescheides zulasten des Stpfl. gemäß § 172 Abs. 1 Satz 1 Nr. 2 Buchst. a AO kann nicht im bloßen Einvernehmen mit dem Stpfl. im Rahmen einer Schlussbesprechung mit dem Ergebnis der Ap liegen. Wurde bei der Schlussbesprechung aber Einvernehmen mit dem Steuerberater erzielt, gilt dies als Zustimmung (BFH, BFH/NV 1990 S. 776; BStBl 2004 II S. 2).

Die **bloße Mitteilung des Stpfl.** über Tatsachen, die sich zu seinen Ungunsten auswirken, z. B. nach § 153 oder § 371 AO, ist regelmäßig **nicht als Antrag** anzusehen (vgl. AEAO zu § 172 Nr. 3). In diesem Fall sind § 173 und § 172 Abs. 1 Satz 1 Nr. 2 Buchst. c AO zu prüfen.

Es besteht **keine Verpflichtung des Stpfl.**, der Korrektur eines fehlerhaften Bescheides zuzustimmen. Die Verweigerung der Zustimmung kann allenfalls in besonders gelagerten Fällen gegen Treu und Glauben verstoßen (vgl. BFH, BStBl 1999 II S. 158 m. w. N.). In diesem Zusammenhang ist auf § 174 AO hinzuweisen, insbesondere auf Absatz 4; ferner auf § 173 AO.

9.10 Aufhebung und Änderung von Steuerbescheiden nach § 172 AO

- **Antrag „vor" Ablauf der Einspruchs- bzw. Klagefrist**

Ist dagegen der **Änderungsantrag vor Fristablauf** (= Unanfechtbarkeit) gestellt worden, kann eine **Änderung** „insoweit" sowohl **zugunsten** als auch **zuungunsten** des Stpfl. erfolgen. Enthält der Steuerbescheid Fehler, so hat der Stpfl. ein **Wahlrecht** zwischen einem Einspruch bzw. einer Klage nach Einspruchsentscheidung und einem formlosen, schlichten Änderungsantrag. Die schlichte **Änderung zugunsten** des Stpfl. (= Steuersaldo ohne Berücksichtigung anrechenbarer Steuern [Steuerabzugsbeträge]) setzt lediglich voraus, dass dieser die Änderung **vor Ablauf der Einspruchs- bzw. Klagefrist beantragt** oder ihr zugestimmt hat (**§ 172 Abs. 1 Satz 1 Nr. 2 Buchst. a und Satz 3 AO**; vgl. im Einzelnen BFH, BStBl 2003 II S. 505; OFD Hamburg, BB 1987 S. 536).

Der **Antrag** auf schlichte Änderung ist **formfrei**. Er kann – anders als der Einspruch nach § 357 AO – auch mündlich (telefonisch) gestellt werden. Das FA wird in diesem Fall regelmäßig einen Aktenvermerk fertigen (vgl. Nr. 3.2.2 FAGO; AEAO zu § 172 Nr. 2). Die Feststellungslast liegt beim Stpfl. Die Bearbeitung des Antrags hat zügig zu erfolgen (vgl. OFD Hamburg, BB 1987 S. 536).

Der Antrag/die Zustimmung auf schlichte Änderung zugunsten des Stpfl. muss **vor Ablauf der Einspruchs- bzw. Klagefrist** (§ 355 bzw. § 356 Abs. 2 AO; § 47 FGO) **eingehen**, d. h. „vor Unanfechtbarkeit" des Bescheides. So kann z. B. ein Antrag auf Änderung einer Einspruchsentscheidung nach § 172 Abs. 1 Satz 1 Nr. 2 Buchst. a mit Satz 2 und 3 AO vor Unanfechtbarkeit (= Ablauf der Klagefrist) gestellt werden, statt **Klage** nach §§ 40 ff. FGO zu erheben (vgl. AEAO zu § 172 Nr. 5). Bei Versäumung der Antragsfrist des § 172 Abs. 1 Satz 1 Nr. 2 Buchst. a AO ist ggf. Wiedereinsetzung gemäß **§ 110 AO** zu gewähren. Andernfalls ist nur noch eine Änderung zum Nachteil des Stpfl. zulässig. Auch **mehrfache Änderungsanträge** sind bis zum Ablauf der Einspruchsfrist uneingeschränkt zulässig.

Der **rechtzeitige** und **konkretisierte Antrag** bestimmt den Umfang der Korrektur, d. h., aufgrund des Antrags muss das FA die Fehlerhaftigkeit des Bescheides erkennen können. Der Stpfl. kann die **Begründung** des rechtzeitig gestellten und wirksamen Änderungsantrags nachholen, ergänzen oder austauschen, allerdings nur im festgelegten Rahmen (vgl. AEAO zu § 172 Nr. 2). Ein allgemein auf Änderung oder Überprüfung des Bescheides lautender Antrag (= nicht sachverhalts- oder zahlenmäßig konkretisierbarer Antrag) ist nach dem Wortlaut der Vorschrift – „den" Antrag – unwirksam (BFH, BStBl 2000 II S. 283). Später eingehende – erweiternde – „Zweit"-Anträge oder erstmals konkretisierte und begründete Anträge können „insoweit" nicht mehr berücksichtigt werden, da der betragsmäßige Rahmen der zulässigen Änderung durch „den" fristgerechten Antrag festgelegt ist. Anders ist es im Einspruchs- und Klageverfahren gemäß § 367 Abs. 2 AO bzw. § 96 FGO und für § 171 Abs. 3 a AO (vgl. AEAO zu § 172

Nr. 2). Damit wird für den Antrag auf schlichte Änderung mehr verlangt als für den Einspruch (vgl. § 357 Abs. 3 AO).

Beispiele:

1. Der S schreibt fristgerecht an das FA: „Ich beantrage die Änderung des ESt-Bescheides 09. Begründung folgt." Rechtslage?
Der nicht konkretisierte Antrag ist für eine Änderung nach § 172 Abs. 1 Satz 1 Nr. 2 Buchst. a AO unwirksam. Er ist aber gemäß §§ 347, 357 Abs. 1 AO als form- und fristgerechter Einspruch auszulegen.

2. Der telefonische und fristgerechte Antrag des S geht auf Herabsetzung der ESt wegen versehentlich nicht geltend gemachter Werbungskosten (Arbeitsmittel) von 800 €. Nach Ablauf der Einspruchsfrist erweitert S den Antrag um 3.000 € bezüglich bestimmter Werbungskosten aus V+V. Folge?
Der Rahmen für die schlichte Änderung beträgt 800 €. Der nicht rechtzeitige Erweiterungsantrag über 3.000 € ist nicht zu berücksichtigen.

Antrag und Zustimmung können bis zur Bekanntgabe der Entscheidung – auch formlos – ganz oder teilweise **zurückgenommen** oder **beschränkt** werden. Beantragt der Stpfl. etwa fristgerecht die – uneingeschränkte – Änderung des Bescheides (Beispiel oben) und nach Ablauf der Rechtsbehelfsfrist die Herabsetzung der Steuer um einen bestimmten Betrag (z. B. 1.000 €), so liegt darin bei entsprechender Auslegung eine zulässige Antragsbeschränkung (Risiko des Stpfl.; das FA wird ggf. rückfragen müssen, ob dies dem Willen des Stpfl. entspricht).

Bestehen Zweifel hinsichtlich der **verfahrensrechtlichen Behandlung eines unklaren Antrags** – schlichte Änderung oder Einspruch –, so ist ggf. eine klärende Rückfrage der Behörde beim Stpfl. erforderlich. Das gilt insbesondere, wenn der Stpfl. unerfahren oder steuerlich nicht beraten ist. Die **Auslegung** des wahren Willens des Stpfl. wird nach der Rechtsprechung im Zweifel allerdings dahin führen, dass er einen **Einspruch** einlegen wollte, da das Rechtsbehelfsverfahren einen umfassenderen Rechtsschutz bietet (vgl. § 357 Abs. 1 Satz 4 AO; BFH, BStBl 2003 II S. 505; nach AEAO zu § 172 Nr. 2 soll das FA konkret bestimmte Anträge des Stpfl. im Zweifel als Antrag auf schlichte Änderung auslegen und einen Abhilfebescheid erlassen). Diese Wahlmöglichkeit besteht aber nur, wenn der Antrag rechtzeitig und formgerecht im Sinne von § 357 Abs. 1 AO bzw. §§ 64, 65 FGO gestellt worden ist.

Beispiel:

S reicht nach Bekanntgabe des ESt-Schätzungsbescheides innerhalb eines Monats die ESt-Erklärung ein, ohne einen ausdrücklichen Antrag zu stellen. Folge?
Hierin ist regelmäßig die Einlegung eines form- und fristgerechten Einspruchs und nicht ein Antrag auf schlichte Änderung zu sehen (BFH, BStBl 2003 II S. 505). Das gilt nicht für ein Klageverfahren (siehe Tz. 14.2.1.7).

Stützt eine steuerlich sachkundige Person, insbesondere ein Angehöriger der steuerberatenden Berufe, seinen Antrag ausdrücklich auf „schlichte Änderung",

9.10 Aufhebung und Änderung von Steuerbescheiden nach § 172 AO

kann dieser Antrag im Zweifel nicht als Einspruch ausgelegt werden (vgl. OFD Hamburg, BB 1987 S. 536). Dasselbe gilt wegen § 357 Abs. 1 AO bzw. § 64 FGO beim Fehlen der erforderlichen Form oder wenn der mündliche/telefonische Antrag erst nach Ablauf der Einspruchsfrist schriftlich bestätigt wird.

Ein Nebeneinander von schlichtem Änderungsantrag und Einspruch ist nicht möglich. Hat der Stpfl. sich für den Einspruch entschieden, so überlagert dieser förmliche Rechtsbehelf einen daneben gestellten Antrag auf schlichte Änderung, weil der Einspruch die Rechte des Stpfl. umfassender und wirkungsvoller wahrt (BFH, BStBl 1995 II S. 353/356; AEAO zu § 172 Nr. 2). In der Einspruchsentscheidung ist darauf hinzuweisen, dass sich dadurch auch der Antrag auf schlichte Änderung erledigt hat. Nimmt der Stpfl. den Einspruch vor Bekanntgabe der Einspruchsentscheidung zur Vermeidung einer Verböserung zurück, bleibt der Antrag auf schlichte Änderung anhängig. In diesem Fall scheidet eine antragsgemäße Änderung des Steuerbescheides aber regelmäßig wegen der Saldierungsmöglichkeit nach § 177 Abs. 2 AO aus (s. u.).

Die **schlichte Änderung** ermöglicht **keine volle Überprüfung und Änderung** des Bescheides (anders § 367 Abs. 2 AO mit der Möglichkeit der Verböserung und § 96 FGO) und auch **keine AdV** nach § 361 AO, sondern allenfalls eine **Stundung** der Steuern nach den engeren Voraussetzungen des § 222 AO. Wird die festgesetzte Steuer bei Fälligkeit nicht gezahlt, fallen stets **Säumniszuschläge** an (§ 240 Abs. 1 Satz 4 AO).

Die schlichte Änderung von Bescheiden steht nach § 172 Abs. 1 Satz 1 Nr. 2 Buchst. a AO – anders als im Rechtsbehelfsverfahren – im **pflichtgemäßen Ermessen** („darf"). Liegen konkrete Änderungsgründe vor, so hat das FA im Regelfall dem Verlangen des Stpfl. entweder antragsmäßig oder – seine Einwilligung vorausgesetzt – teilweise zu entsprechen. Es darf den Antrag nicht einfach ablehnen und hierbei auf die Möglichkeit eines Rechtsbehelfsverfahrens gegen den Steuerbescheid verweisen, da nach **§ 85 AO** stets die richtige Steuer festzusetzen ist. Zur Vermeidung von Rechtsnachteilen sollte der Stpfl. oder sein Berater das Einspruchs- bzw. Klageverfahren wählen.

Der **Umfang der Änderung** ist abhängig vom Antrag bzw. von der Zustimmung („**soweit** ... der Sache nach entsprochen wird"). Maßgeblich hierfür ist die **betragsmäßige Auswirkung** des konkretisierten und rechtzeitigen Antrags. Gegenläufige materielle (Rechts-)Fehler sind nach **§ 177 Abs. 2 AO** zu saldieren. Die Änderung kann je nach Sach- und Rechtslage entweder dem Antrag des Stpfl. in vollem oder auch nur in teilweisem Umfang entsprechen oder sogar zur Ablehnung des Antrags führen. Ein Teiländerungs- oder Ablehnungsbescheid ist entsprechend zu begründen (§ 121 AO).

Hat das FA dem **Antrag voll entsprochen** und die Steuer entsprechend herabgesetzt, sind **weitere schlichte Änderungsanträge** zugunsten des Stpfl. unbegründet, die „nach" Unanfechtbarkeit des ursprünglichen Bescheides, aber vor Ablauf der Einspruchsfrist des geänderten Bescheides gestellt werden. Dies folgt aus dem Rechtsgedanken des § **351 Abs. 1 AO,** da der Erstbescheid bestandskräftig ist. Dasselbe gilt für einen **Einspruch** gegen den Änderungsbescheid. Ist der Änderungsbescheid dagegen „vor" Ablauf der Einspruchsfrist bekannt gegeben worden, so ersetzt der neue Bescheid den noch nicht unanfechtbaren Erstbescheid und ist bis zum Ablauf der neuen Einspruchsfrist voll anfechtbar (bzw. auf Antrag änderbar), da § 351 Abs. 1 AO nicht eingreift.

Erfolgt „nach" Ablauf der Einspruchsfrist eine **Teiländerung** oder ergeht ein **Ablehnungsbescheid,** ist hiergegen der Einspruch zulässig (§ 347 AO). In diesen Fällen liegt auch ein Rechtsschutzbedürfnis vor. Gegenstand des Einspruchsverfahrens ist nur die Frage, ob die Änderung „soweit" ganz oder teilweise abgelehnt werden durfte. Der materiell-rechtliche Inhalt des Bescheides selbst ist nicht zu berücksichtigen (Rechtsgedanke des § 351 Abs. 1 AO; BFH, BStBl 1994 II S. 439; 1995 II S. 353 m. w. N.; AEAO zu § 347 Nr. 2).

9.10 Aufhebung und Änderung von Steuerbescheiden nach § 172 AO

9.10.4.4 Zusammenfassender Überblick zu § 172 Abs. 1 Satz 1 Nr. 2 Buchst. a AO

§ 172 Abs. 1 Satz 1 Nr. 2 Buchst. a sowie **Satz 2 und 3 AO**
- schließt §§ 130, 131, 164, 165 AO aus
- erfasst endgültige Steuerbescheide über Besitz- und Verkehrsteuern und diesen gleichgestellte Bescheide und Einspruchsentscheidungen
- erfordert stets **Zustimmung** oder **Antrag** zur Änderung

Antrag **nach** Unanfechtbarkeit	Antrag **vor** Ablauf der Einspruchs- bzw. Klagefrist, d. h. vor Unanfechtbarkeit

Antrag nach Unanfechtbarkeit:
1. Änderung nur zulasten des Stpfl. zulässig
2. Änderungsbescheid ist anfechtbar in den Grenzen des § 351 Abs. 1 AO

Antrag vor Unanfechtbarkeit:

Einspruch bzw. Klage	Schlichter Änderungsantrag	Unklare Formulierung

Einspruch bzw. Klage:
1. Im Rechtsbehelfsantrag ist Antrag nach § 172 AO enthalten, siehe § 367 Abs. 2, § 132 AO bzw. § 65 FGO.
2. Rechtsanspruch auf Entscheidung (§ 367 AO, § 96 FGO).
3. Keine Bestandskraft vor Unanfechtbarkeit der Entscheidung.
4. Ggf. Aussetzung der Vollziehung nach § 361 AO.
5. Wird dem Antrag „der Sache nach", d. h. betragsmäßig, voll entsprochen, ergeht keine Einspruchsentscheidung (Urteil), sondern Abhilfebescheid nach § 172 Abs. 1 Satz 1 Nr. 2 Buchst. a AO. Wird dem Antrag nicht (voll) entsprochen, so Einspruchsentscheidung/Urteil (§§ 367, 366 AO, § 95 FGO).
6. Teilabhilfe zulässig; Rechtsbehelfsverfahren wird aber nicht erledigt (§ 365 Abs. 3 AO, § 68 FGO).
7. Verböserung möglich (§ 367 Abs. 2 Satz 2 AO).
8. Rechtsbehelf:
   - gegen Änderungsbescheid: Einspruch (§ 347 AO);
   - gegen Einspruchsentscheidung: Klage (§ 40 FGO).

Schlichter Änderungsantrag:
1. Kein Einspruch, Klage; damit
   - formfrei (telefonisch),
   - keine Verböserung,
   - keine Aussetzung der Vollziehung,
   - ggf. nur Stundung (§§ 222, 234 AO); beachte § 240 AO,
   - Bestandskraft mit Ablauf der Einspruchs-/Klagefrist.
2. Für Fehler aller Art.
3. Ermessensentscheidung; im Regelfall aber Anspruch auf Änderung (§§ 5, 85, 88 AO).
4. Änderungsumfang wird vom rechtzeitigen und konkretisierten Antrag bestimmt („soweit" … **vor** Ablauf … **den** Antrag …) unter Beachtung der Grenzen des § 177 Abs. 2 AO. Risiko des Stpfl. für Umfang der Änderung, d. h. keine erweiternde oder erstmals konkretisierte Anträge nach Ablauf der Frist möglich.
5. Bekanntgabe des Änderungsbescheides auch nach Unanfechtbarkeit zulässig.
6. Rechtsbehelf:
   - Voll- oder Teilablehnung des Antrags: Einspruch (§§ 347, 351 Abs. 1 AO);
   - Abhilfebescheid: Einspruch unbegründet.

Unklare Formulierung:
1. Auslegung des Antrags: im Zweifel **Einspruch** (vgl. § 357 Abs. 1 Satz 4 AO), da keine Rechtsnachteile entstehen. Für **Klage** beachte §§ 64 und 65 FGO.
2. Einspruch regelmäßig, wenn
   - Sachverhalt materiell-rechtlich noch aufzuklären ist, z. B. neue Anträge, Abgabe von Erklärungen nach Schätzung,
   - Antrag form- und fristgerecht.
3. Evtl. Klärung durch Rückfrage beim Stpfl.

9 Korrektur von Verwaltungsakten

9.10.5 Bescheide einer sachlich unzuständigen Behörde

Steuerbescheide, die von einer sachlich unzuständigen Behörde erlassen worden sind, ohne unwirksam zu sein, können aufgehoben oder geändert werden (**§ 172 Abs. 1 Satz 1 Nr. 2 Buchst. b AO**). In diesen Fällen besteht Übereinstimmung mit § 130 Abs. 2 Nr. 1 AO. Auf die dortigen Ausführungen wird verwiesen. Für Steuerbescheide dürfte § 172 Abs. 1 Satz 1 Nr. 2 Buchst. b AO kaum von praktischer Auswirkung sein, da in aller Regel Nichtigkeit vorliegen wird.

9.10.6 Durch unlautere Mittel erwirkte Steuerbescheide

Steuerbescheide, die durch unlautere Mittel erwirkt wurden, können aufgehoben oder geändert werden (**§ 172 Abs. 1 Satz 1 Nr. 2 Buchst. c AO**). Die gleiche Bestimmung findet sich für sonstige Verwaltungsakte bereits in § 130 Abs. 2 Nr. 2 AO. Insoweit enthalten beide Regelungen einen allgemeinen Rechtsgedanken.

Die unzutreffende Steuerfestsetzung muss auf dem Einsatz **unlauterer Mittel,** wie z. B. arglistige Täuschung durch bewusst wahrheitswidrige Angaben in der Steuererklärung, Drohung oder Bestechung, beruhen. Die Aufzählung ist nicht abschließend. Welche weiteren „unlauteren Mittel" in Betracht kommen, ist durch Auslegung unter Berücksichtigung des Gesetzeszwecks zu ermitteln. Entscheidend ist ein **vorsätzliches Verhalten,** durch das der unrichtige Bescheid „erwirkt" worden ist. Hauptfälle sind **Steuerhinterziehungen** nach § 370 und 370 a AO. Dies **Erwirken** kann durch den **Stpfl.,** seinen Vertreter/Berater oder auch durch irgendeine Person **(Dritte)** erfolgen (vgl. BFH, BStBl 1993 II S. 13; 1998 II S. 458/461; BFH/NV 2001 S. 418 m. w. N.). Daher schließen Manipulationen durch Steuerbeamte die Korrektur nicht aus. § 172 Abs. 1 Satz 1 Nr. 2 Buchst. c AO steht wahlweise neben anderen Korrekturvorschriften, z. B. § 173 AO.

> **Beispiele:**
>
> **1.** Der Stpfl. droht dem Bearbeiter mit Enthüllungen, besticht ihn oder beauftragt ihn entgeltlich mit der Erstellung von Steuererklärungen und veranlasst dadurch den Bearbeiter zu einer niedrigeren endgültigen ESt-Festsetzung. Das wird später bekannt. Folge?
>
> Der ESt-Bescheid kann nach § 172 Abs. 1 Satz 1 Nr. 2 Buchst. c AO geändert werden. § 173 Abs. 1 Nr. 1 AO greift auch ein, da der Bearbeiter in diesen Fällen nicht als Repräsentant des FA anzusehen ist, sondern als Interessenvertreter des Stpfl. (BFH, BStBl 1998 II S. 458).
>
> **2.** Die zu niedrige USt-Festsetzung beruht auf vorsätzlich falschen Angaben des Stpfl. bzw. des Rechnungsausstellers (§ 370 Abs. 1 Nr. 1 AO).
>
> § 172 Abs. 1 Satz 1 Nr. 2 Buchst. c AO und § 173 Abs. 1 Nr. 1 AO sind wahlweise anwendbar. Hinweis auf § 169 Abs. 2 Satz 2 und § 235 AO.

Die Korrektur ist in das **Ermessen** der Behörde gestellt („darf"). Das Ermessen (§ 5 AO) ist unter Berücksichtigung der Steuergerechtigkeit/materiellen Richtigkeit gemäß § 85 AO und des Vertrauensschutzes auszuüben. Der Adressat des Bescheides ist ausnahmsweise schutzwürdig, wenn er keinerlei Kenntnis von den Vorgängen hatte und die Fehlerhaftigkeit des Bescheides nicht erkennen konnte (BFH, BStBl 1998 II S. 458/461).

9.10.7 Sonstige Korrekturnormen für (Steuer-)Bescheide

Nach **§ 172 Abs. 1 Satz 1 Nr. 2 Buchst. d AO** bleiben andere gesetzlich zugelassene Aufhebungs- und Änderungsmöglichkeiten unberührt. **Anwendbar** sind z. B. §§ 129, 173 bis 175, 189, 233 a Abs. 5 i. V. m. § 239 Abs. 1 AO. Vorschriften in den Einzelsteuergesetzen sind im Zusammenhang mit der betreffenden Steuer zu erörtern, etwa § 10 d, § 34 f Abs. 3, § 39 Abs. 4, § 39 a Abs. 4 EStG; §§ 15 a, 17 UStG; §§ 20, 21 GrStG; § 35 b GewStG. Ausdrücklich **ausgeschlossen** hiervon sind jedoch die Vorschriften der §§ **130 und 131 AO**.

9.11 Korrektur nach § 173 AO wegen neuer Tatsachen oder Beweismittel

Steuerbescheide sind nach **§ 173 Abs. 1 AO** – vorbehaltlich der Änderungssperre nach Abs. 2 – aufzuheben oder zu ändern,

1. soweit Tatsachen oder Beweismittel nachträglich bekannt werden, die zu einer **höheren Steuer** führen **(Nr. 1)**,

2. soweit Tatsachen oder Beweismittel nachträglich bekannt werden, die zu einer **niedrigeren Steuer** führen, und den Stpfl. an deren nachträglichem Bekanntwerden grundsätzlich **kein grobes Verschulden** trifft **(Nr. 2)**.

Maßgeblich für die Frage, ob eine Änderung nach Nr. 1 – zulasten – oder nach Nr. 2 – zugunsten – des Stpfl. in Betracht kommt, ist nach dem Wortlaut und der Gesetzessystematik allein die **festgesetzte Steuer** ohne Berücksichtigung von Steuerabzugsbeträgen (siehe Einzelheiten unter Tz. 9.11.4).

9.11.1 Anwendungsbereich

§ 173 AO erstreckt sich auf alle **endgültigen (vorbehaltlosen) Steuerbescheide** und ihnen kraft Gesetzes **gleichgestellte Bescheide**, z. B. Feststellungsbescheide gemäß § 181 Abs. 1 AO (vgl. § 172 Abs. 1 Satz 1 Nr. 2 Buchst. d AO). Sonstige Korrekturvorschriften bleiben unberührt, z. B. §§ 172, 174 AO.

9.11.2 Nachträgliches Bekanntwerden von Tatsachen oder Beweismitteln

Gemeinsame Tatbestandsmerkmale für § 173 Abs. 1 Satz 1 Nr. 1 und Nr. 2 AO sind, dass Tatsachen oder Beweismittel nachträglich bekannt werden.

9.11.2.1 Tatsachen

Tatsache ist alles, was Merkmal oder Teilstück eines gesetzlichen Steuertatbestandes sein kann, also konkrete tatsächliche Zustände, Vorgänge, Beziehungen, Eigenschaften materieller oder immaterieller Art (vgl. BFH, BStBl 2004 II S. 394, 911 m. w. N.; AEAO zu § 173 Nr. 1 mit Einzelheiten).

Beispiele:

Einnahmen oder Ausgaben der entsprechenden, bereits veranlagten Einkunftsart (Ausnahmen s. u.); AfA; Entnahmen; Sonderausgaben; Verwendung eines Wirtschaftsgutes zu betrieblichen oder privaten Zwecken; Realisierbarkeit einer Forderung; Lieferungen oder sonstige Leistungen; Entnahmen und unentgeltliche Wertabgaben.

Rechtsbegriff des täglichen Lebens wie z. B. „Zinsen" für nicht anzuerkennendes Darlehen, „Kauf" oder „Pacht" beinhalten auch Tatsachen (= **vorgreifliche Rechtsverhältnisse**"; BFH, BFH/NV 2003 S. 1144). Stellt sich nachträglich heraus, dass die aus den Angaben des Stpfl. übernommene Wertung nicht zutrifft, erfolgt ggf. die Bescheidänderung nach § 173 AO (vgl. AEAO zu § 173 Nr. 1.1.1; BFH, BStBl 1995 II S. 264 bzgl. Zinsen).

Zu den Tatsachen gehören auch sog. **innere Tatsachen,** die nur anhand äußerer Merkmale – **Hilfstatsachen** – festgestellt werden können, z. B. die Absicht, Einkünfte zu erzielen (vgl. BFH, BStBl 1995 II S. 192; 2000 II S. 306, 713; BMF-Schreiben, BStBl 2004 I S. 933 Tz. 10 bzgl. V+V-Einkünfte/Liebhaberei; AEAO zu § 173 Nr. 1.1.1).

Keine Tatsachen im Sinne des § 173 AO sind **Schlussfolgerungen aller Art,** insbesondere rechtliche Würdigungen, Vermutungen, Richt- und Erfahrungssätze und darauf beruhende Entscheidungen (vgl. AEAO zu § 173 Nr. 1.1.2). § 173 AO greift daher nicht ein, wenn eine Rechtsfolge unrichtig beurteilt worden ist oder sich die Rechtsprechung oder die gesetzlichen Grundlagen geändert haben (= falsche Rechtsanwendung). Dies gilt jedoch nur, wenn der zugrunde liegende Sachverhalt der Finanzbehörde bekannt war.

Beispiele:

Anerkennung von Aufwendungen im Sinne von § 12 Nr. 1 EStG als Betriebsausgaben/Werbungskosten trotz Belegvorlage; verdeckte Gewinnausschüttung (vGA) ohne nähere Angaben wegen „unangemessener" Bezüge (siehe dazu AEAO zu § 173 Nr. 1.1.3; OFD Magdeburg, DB 2004 S. 2292 mit Lösungshinweisen); unrichtige Anwendung ausländischen Rechts (BFH, BStBl 1984 II S. 181); Einbeziehung steuerfreier Einkünfte (BFH, BStBl 1984 II S. 785); Änderung der BFH-Rechtsprechung und Entscheidungen des EuGH (vgl. BFH, BStBl 1996 II S. 399) oder

9.11 Korrektur nach § 173 AO wegen neuer Tatsachen oder Beweismittel

rückwirkende Gesetzesänderungen aufgrund einer Entscheidung des BVerfG (vgl. Baum, DStZ 1993 S. 147; AEAO zu § 173 Nr. 1.1.2).

Besonderheiten ergeben sich bei vorangegangenen Schätzungsbescheiden sowie bei nachträglichem Bekanntwerden bisher nicht erklärter Einkünfte und Einkunftsquellen:

- **Schätzungsbescheide**

Da bei der Schätzung von Besteuerungsgrundlagen nach § 162 AO der Besteuerung kein bestimmter Tatsachenstoff zugrunde liegt, kann bei einer vorangegangenen Schätzung erst nach Kenntnis aller den Veranlagungszeitraum berührenden Vorgänge und ihrer steuerlichen Auswirkung aus der Gesamtwürdigung der Tatsachen entschieden werden, ob sich jeweils eine höhere oder niedrigere Steuer ergibt. Hierbei sind die Vorgänge, die im Schätzungswege ermittelt und als Besteuerungsgrundlagen angesetzt wurden, jeweils gesondert zu beurteilen, z. B. unterschiedliche Arten der Umsätze und vorsteuerbelasteter Lieferungen, laufender Gewinn und Veräußerungsgewinn aus Gewerbebetrieb, Überschusseinkünfte, unbeschränkt abzugsfähige Sonderausgaben und Vorsorgeaufwendungen, außergewöhnliche Belastungen. Werden nachträglich bestimmte **Schätzungsgrundlagen**, d. h. Sachverhaltsmerkmale, bekannt, an die die Schätzung anknüpft, wie z. B. bei der **ESt** die „**Einkünfte**" aus Gewerbebetrieb als gemeinsames Ergebnis von Betriebseinnahmen und -ausgaben, stellen sie „**eine**" **neue steuererhöhende oder steuermindernde Tatsache** der entsprechenden Einkunftsart dar (vgl. BFH, BStBl 1996 II S. 149; 2001 II S. 379 m. w. N.; AEAO zu § 173 Nr. 6.2, 7). In diesen Fällen dürfen die Einkünfte nicht in steuererhöhende Einnahmen – § 173 Abs. 1 Nr. 1 AO – und in steuermindernde Ausgaben – § 173 Abs. 1 Nr. 2 AO – aufgespalten werden. Es werden nicht etwa wie bei einer – bisher schon erklärten – Einkunftsart nachträglich noch nicht erfasste Einnahmen und mit diesen im Zusammenhang stehende Aufwendungen bekannt, sondern die hieraus erzielten Einkünfte dieser Quelle als ein einheitlicher Vorgang. Das gilt auch, wenn das FA im Rahmen der Schätzung zur Ermittlung der Einkünfte (Gewinn oder Überschuss) jeweils von geschätzten Einnahmen und Ausgaben ausgegangen ist oder wenn bekannt war, dass der ursprünglich geschätzte Durchschnittsgewinn nicht dem tatsächlichen entsprechen würde (vgl. BFH, BStBl 1986 II S. 120, 233; Schmidt-Liebig, DStR 1996 S. 1669). Die Ersetzung einer Schätzungsveranlagung durch eine höhere Schätzung ist nur im Ausmaß der nachträglich bekannt gewordenen Schätzungsgrundlagen zulässig. Dabei ist nach Möglichkeit das bisherige Schätzungsverfahren fortzuführen, ggf. zu verfeinern. Ein Wechsel der **Schätzungsmethode** kommt nur in Betracht, wenn die bisherige Methode angesichts der neuen Schätzungsgrundlagen versagt (AEAO zu § 173 Nr. 7.1).

Anders verhält es sich bei der **USt.** Hier stellen die **steuerpflichtigen Umsätze** und die eigenständigen **Vorsteuerbeträge** „jeweils" **selbständige Tatsachen** dar,

9 Korrektur von Verwaltungsakten

die getrennt nach § 173 Abs. 1 Nr. 1 oder Nr. 2 zu würdigen sind (vgl. BFH, BStBl 1994 II S. 346; 2003 II S. 785). Später erklärte, im endgültigen USt-Schätzungsbescheid nicht erfasste Vorsteuern stehen mit den nachträglich bekannt gewordenen steuerpflichtigen (Mehr-)Umsätzen nur insoweit in einem unmittelbaren Zusammenhang im Sinne von § 173 Abs. 1 Nr. 2 Satz 2 AO, als sie zur Ausführung dieser Umsätze verwendet wurden. Die entsprechenden Vorsteuerbeträge können im Schätzungswege im Verhältnis der geschätzten zu den erklärten Umsätzen aufgeteilt werden (vgl. BFH, BStBl 1996 II S. 149; AEAO zu § 173 Nr. 6.3; Ausführungen zu Tz. 9.11.3 Punkt 6 mit Beispiel 3).

Beispiel:

FA hatte im endgültigen ESt- und USt-Schätzungsbescheid 06 des U angesetzt: Gewinn von 300.000 €, Umsatz von 900.000 € ohne Vorsteuerbeträge ⇒ 144.000 € USt (16 v. H.). Nach Ablauf der Einspruchsfrist gab U die Steuererklärungen ab mit: Betriebseinnahmen/Umsatz von 1 Mio. €, Betriebsausgaben von 800.000 € und Vorsteuern von 90.000 €. Sind die Bescheide nach § 173 AO änderbar?

Für die **ESt** ist hier alleinige neue Tatsache im Sinne von **§ 173 Abs. 1 Nr. 2 AO** der Gewinn in Höhe von 200.000 €. Es erfolgt somit keine Aufspaltung in Betriebseinnahmen (§ 173 Abs. 1 Nr. 1 AO) und Betriebsausgaben (§ 173 Abs. 1 Nr. 2 Satz 2 AO). Wegen groben Verschuldens ist keine Änderung zulässig.

Bei der **USt** sind steuerpflichtige Mehr-Umsätze und abzugsfähige Vorsteuerbeträge **jeweils** eigene Tatsachen im Sinne von **§ 173 Abs. 1 Nr. 1 bzw. Nr. 2 AO**. Nach § 173 Abs. 1 Nr. 2 Satz 2 AO sind die Vorsteuern wegen des groben Verschuldens nur zu berücksichtigen, soweit sie mit den steuererhöhenden Tatsachen (100.000 €) in einem unabdingbaren sachlichen Zusammenhang stehen, d. h. im Verhältnis zu $^{1}/_{10}$ = 9.000 €. Wegen der restlichen Vorsteuern von 81.000 € erfolgt nach **§ 177 Abs. 1 AO** Saldierung im Rahmen des § 173 Abs. 1 Nr. 1 AO von 16.000 € (= Mehrumsatz 100.000 € × 16 v. H.), d. h. bis 0 €. Der USt-Bescheid ist somit letztlich nach § 173 Abs. 1 Nr. 2 AO um ⅒ 9.000 € zu ändern auf 135.000 €.

- **Bekanntwerden bisher nicht erfasster Einkünfte bzw. Einkunftsquellen**

Werden vom Stpfl. bei der **ESt** nachträglich erstmals **Einkünfte** – insbesondere **Verluste** – erklärt, erfolgt ebenfalls **keine Aufspaltung** in Betriebseinnahmen und -ausgaben bzw. in Einnahmen und Werbungskosten. Auch hier bilden die aus dieser Tätigkeit erzielten Einkünfte einen einheitlichen Vorgang und damit je nach steuerlicher Auswirkung „**eine**" Tatsache im Sinne von § 173 Abs. 1 Nr. 1 oder Nr. 2 AO als das Saldierungsergebnis von Erträgen und Aufwendungen gemäß § 2 Abs. 1 EStG (vgl. BFH, BStBl 1994 II S. 346; AEAO zu § 173 Nr. 6.2).

Dasselbe gilt, wenn bei der **ESt** innerhalb einer bekannten Einkunftsart **einzelne selbständige Erwerbsgrundlagen (= Einkunftsquellen)** nachträglich bekannt werden, z. B. bei den Einkünften wurde bisher ein Gewerbebetrieb steuerlich erfasst, nicht jedoch ein weiterer Betrieb mit einem Verlust. Das aus dieser Erwerbsgrundlage erzielte Ergebnis (Verlust) stellt eine einheitliche Tatsache im Sinne von § 173 Abs. 1 Nr. 2 AO dar (BFH, BFH/NV 1999 S. 743).

9.11 Korrektur nach § 173 AO wegen neuer Tatsachen oder Beweismittel

- Werden nachträglich Erklärungen vorgelegt oder Tatsachen z. B. aufgrund einer Ap bekannt, aus denen sich bei einzelnen Besteuerungsgrundlagen eine **niedrigere Steuer** ergibt, so scheitert eine Änderung zugunsten des Stpfl. regelmäßig am **groben Verschulden** (siehe Ausführungen dort). In diesen Fällen sind die steuermindernden Tatsachen nur im Rahmen des **§ 177 Abs. 1 AO** zu berücksichtigen. Dies gilt auch bei der Zusammenveranlagung von **Ehegatten,** wenn bei dem einen Ehegatten steuererhöhende und bei dem anderen steuermindernde Tatsachen bekannt werden (BFH, BStBl 1987 II S. 297). Denn bei der Zusammenveranlagung wirkt sich gemäß § 26 b EStG jede Veränderung der Besteuerungsgrundlagen unmittelbar auf die Steuerschuld jedes Ehegatten aus (Gesamtschuldner gemäß § 44 AO). Dies gilt unabhängig davon, dass es sich bei den zusammengefassten Steuerbescheiden (§ 155 Abs. 3 AO) materiell um zwei Bescheide handelt. Steuererhöhende Tatsachen bei einem der Ehegatten führen daher auch beim anderen „zu einer höheren Steuer" gemäß § 173 Abs. 1 Nr. 1 AO, die ggf. im Wege der Saldierung nach § 177 AO zu mindern ist.

Beispiele:

1. S ist durch vorbehaltlosen ESt-Schätzungsbescheid mit Einkünften aus Gewerbebetrieb von 50.000 € und aus V+V von 5.000 € veranlagt worden. Im Übrigen hat das FA den Sonderausgaben-Pauschbetrag (§ 10 c Abs. 1 EStG) angesetzt. Nach Bestandskraft gibt S die ESt-Erklärung ab. Die § 15 EStG-Einkünfte betragen danach **a)** 60.000 € bzw. **b)** 30.000 €. Die V+V-Einkünfte belaufen sich auf ∕ 2.000 € und die beschränkt abzugsfähigen Sonderausgaben auf 5.500 €.

Gegenstand der Schätzung im Sinne von § 162 AO sind die jeweiligen Besteuerungsgrundlagen im Sinne von § 2 EStG, u. a. der Gewinn/Überschuss. Hierbei handelt es sich jeweils um eine neue Tatsache. Es erfolgt keine Aufspaltung etwa des Gewinns in Betriebseinnahmen und -ausgaben als zwei Tatsachen (vgl. BFH, BStBl 2005 II S. 76 m. w. N.). Die Einkünfte aus V+V und die Sonderausgaben sind neue Tatsachen im Sinne von **§ 173 Abs. 1 Nr. 2 AO,** an deren Bekanntwerden den S jedoch ein grobes Verschulden trifft, da er seiner Erklärungspflicht nicht nachgekommen ist. Die Ausnahmeregelung des § 173 Abs. 1 Nr. 2 Satz 2 AO greift nicht ein, da der steuererhöhende Vorgang (Gewinn) im Fall **a)** nicht ursächlich ist für die gesondert zu beurteilenden Besteuerungsgrundlagen V+V und Sonderausgaben. Die steuermindernden Tatsachen sind daher nur im Rahmen des **§ 177 Abs. 1 AO** zu berücksichtigen. Im Fall **b)** scheitert die Änderung in allen Fällen am groben Verschulden.

2. Der S war in den Jahren 01 bis 03 mit Einkünften aus nichtselbständiger Arbeit, aus Kapitalvermögen und aus den Vermietungen von drei Eigentumswohnungen in A veranlagt worden. S hatte in der ESt-Erklärung 02 und 03 bewusst die Einkünfte aus der 4., im Januar 02 geerbten und von S renovierten Eigentumswohnung in B nicht angegeben. Die Mieteinnahmen hieraus betragen in 02 = 15.000 €, in 03 = 30.000 € und die Werbungskosten in 02 = 42.000 €, in 03 = 7.000 €. Sind die endgültigen ESt-Bescheide 02 und 03 bzgl. der Einkünfte aus der 4. Eigentumswohnung zu ändern?

Neue Tatsache gemäß **§ 173 AO** ist hier die Vermietung der geerbten Eigentumswohnung in B. Ob eine nachträglich bekannt gewordene Tatsache zu einer höheren oder niedrigeren ESt führt, ist danach zu entscheiden, von welchen Tatsachen die Besteuerung bisher ausgegangen ist. Für die ESt ist entscheidend, ob einzelne Einnahmen oder Ausgaben zu einem dem FA bereits bekannten Sachverhalt hinzutreten oder ob ein in sich abgeschlossener einheitlicher Vorgang (Lebenssachverhalt) nachträglich bekannt wird. Die Ermittlung der Einkünfte wird zunächst für jede einzelne Einkunftsart (hier V+V) und sodann für jede einzelne Erwerbsgrundlage einer Einkunftsart getrennt vorgenommen (vgl. entsprechende Anlagen V+V). Wird innerhalb einer Einkunftsart eine **einzelne selbständige Erwerbsgrundlage** (hier 4. Mietobjekt) nachträglich bekannt, so stellt das aus dieser Erwerbsgrundlage erzielte Ergebnis eine **einheitliche Tatsache** dar (vgl. BFH, BFH/NV 1999 S. 743; AEAO zu § 173 Nr. 6.2). Hier treten nicht einzelne steuererhöhende oder steuermindernde Merkmale (einzelne Werbungskosten) zu einem bereits bekannten Vorgang hinzu. Folgen: Bei der **ESt 02** ist der **Verlust** von 27.000 € nach **§ 173 Abs. 1 Nr. 2 AO** wegen **groben Verschuldens nicht** zu berücksichtigen. Bei der **ESt 03** sind die **positiven Einkünfte** von 23.000 € nach **§ 173 Abs. 1 Nr. 1 AO** bzw. **§ 172 Abs. 1 Satz 1 Nr. 2 Buchst. c,** § 370 Abs. 1 Nr. 1 und Abs. 4 AO anzusetzen.

- Hat das FA im Wege der **Schätzung nach § 162 Abs. 5 AO** erklärte **Verlustanteile** als Beteiligungseinkünfte im Erstbescheid – ggf. aufgrund überschlägiger Überprüfung – übernommen und ist später die gesonderte Feststellung unterblieben (z. B. gemäß § 180 Abs. 3 AO), kann der Steuerbescheid wegen neuer Tatsachen nach § 173 Abs. 1 AO geändert werden (vgl. FG Köln, EFG 1983 S. 267).

- Besonderheiten ergeben sich **bei Sachverhalten,** die nur **auf Antrag** zu berücksichtigen sind oder bei denen ein **Wahlrecht** auszuüben ist, z. B. §§ 33 bis 33 c EStG, § 9 UStG-Option (Abschn. 148 UStR). In diesen Fällen steht § 173 AO einer Änderung grundsätzlich nicht entgegen. **Tatsache** ist hier jeweils der **zugrunde liegende Sachverhalt.** Das erstmalige Nachholen nicht fristgebundener Anträge oder das erstmalige Ausüben nicht fristgebundener Wahlrechte ist lediglich eine Verfahrenshandlung (vgl. BFH, BStBl 2004 II S. 394 m. w. N.; AEAO zu § 173 Nr. 3.2). Grobes Verschulden dürfte bei Antragsvergünstigungen aber regelmäßig vorliegen, z. B. bei ausdrücklichen Hinweisen in den Erklärungsvordrucken. **§ 177 AO** bleibt unberührt.

> **Beispiel:**
>
> Nach Bestandskraft des ESt-Bescheides stellt S erstmals einen Antrag nach § 33 EStG unter Vorlage der Belege, ohne dass grobes Verschulden eingreift. Folge?
> Die erstmalige Ausübung des nicht fristgebundenen Antrags führt zu einer Änderung nach § 173 Abs. 1 Nr. 2 AO. Tatsache ist der § 33 EStG zugrunde liegende Sachverhalt.
>
> **Abwandlung:** S hatte einen ausdrücklichen Hinweis im Erklärungsvordruck nicht beachtet.
>
> Da hier grobes Verschulden des S vorliegt, kann die Vergünstigung des § 33 EStG nur im Rahmen des § 177 AO berücksichtigt werden.

Eine Änderung nach § 173 AO entfällt, wenn nach Bestandskraft **fristgebundene Anträge** oder **Wahlrechte** verspätet geltend gemacht werden, z. B. nach Unanfechtbarkeit des Bescheides (vgl. AEAO Vor §§ 172 bis 177 Nr. 8 mit Einzelheiten).

9.11 Korrektur nach § 173 AO wegen neuer Tatsachen oder Beweismittel

- Bei **nachträglichem Bekanntwerden von abziehbaren Steuerschulden,** z. B. aufgrund einer Ap, sind bestandskräftige Steuer- und Feststellungsbescheide nach § 173 Abs. 1 Nr. 2 AO zwingend zulasten des Jahres zu ändern, zu dem die Mehrsteuern wirtschaftlich gehören. Tatsache ist hier das Bestehen von abzugsfähigen Betriebs- oder Personen-Steuerschulden.

- Hat **eine Tatsache Auswirkungen auf mehrere Jahre,** so liegt für jedes Jahr eine selbständig wirkende neue Tatsache vor, z. B. **bilanzielle Folgeberichtigung** durch Aktivierung/Nichtaktivierung eines Wirtschaftsguts des Anlagevermögens. Die Berichtigung eines Bilanzansatzes in der Schlussbilanz wegen neuer Tatsachen muss wegen des **Grundsatzes des Bilanzenzusammenhangs** nach § 252 Abs. 1 Nr. 1 HGB i. V. m. § 4 Abs. 1 Satz 1 EStG notwendige Folgen auch für spätere Jahre haben (vgl. R 15 Abs. 1 EStR). Die Festsetzung für die Folgejahre ist nach **§ 175 Abs. 1 Satz 1 Nr. 2 AO** zu ändern (vgl. BStBl 2000 II S. 18 m. w. N.).

> **Beispiel:**
> Der Außenprüfer stellt fest, dass S in 01 Anschaffungskosten von 100.000 € für ein Wirtschaftsgut des Anlagevermögens mit einer Nutzungsdauer von 4 Jahren als sofort abzugsfähige Ausgabe behandelt hatte, statt sie zu aktivieren. Die ESt-Bescheide 01 und 02 sind endgültig. Rechtslage?
>
> Tatsache im Sinne von § 173 Abs. 1 Nr. 1 AO ist die Aktivierung des Wirtschaftsguts im Erstjahr 01 und damit das Vorliegen nicht sofort abzugsfähiger Betriebsausgaben nach § 7 Abs. 1, § 4 Abs. 4 EStG von 75.000 € für die ESt 01. Der Bescheid 02 ist wegen des Bilanzenzusammenhangs (§ 252 Abs. 1 Nr. 1 HGB, § 4 Abs. 1 Satz 1 EStG) und der AfA von 25.000 € nach § 175 Abs. 1 Satz 1 Nr. 2 AO zu ändern.

9.11.2.2 Beweismittel

Beweismittel sind alle zur Aufklärung eines Sachverhalts dienenden Erkenntnismittel, die geeignet sind, das Vorliegen oder Nichtvorliegen von Tatsachen zu beweisen. Hierzu gehören insbesondere die in **§ 92 AO** aufgeführten klassischen Beweismittel wie etwa Auskünfte und Urkunden (vgl. AEAO zu § 173 Nr. 1.2). Ihr Vorliegen als solches kann noch nicht zu einer Korrektur führen. Nur wenn sie die Schlussfolgerung auf das Vorhandensein einer steuerlich bedeutsamen, nachträglich bekannt gewordenen Tatsache erlauben, können sie die Anwendung des § 173 AO begründen, z. B. Vorlage von Rechnungen zum Nachweis von Betriebsausgaben bzw. Werbungskosten oder außergewöhnlicher Belastungen, Bescheinigung im Rahmen des §§ 33 a, 35 a Abs. 2 EStG, Verträge, Sachverständigengutachten (vgl. AEAO zu § 175 Nr. 2.2 und 2.3). Hiervon sind die nachfolgenden Fallgestaltungen abzugrenzen.

Soweit die Erteilung oder Vorlage einer **Bescheinigung** oder **Bestätigung** ein notwendiger **Bestandteil des materiellen Besteuerungstatbestandes** ist, handelte es sich bei der nachträglichen Erteilung bisher um ein steuerlich rückwirkendes

Ereignis mit der speziellen Festsetzungsfrist nach § 175 Abs. 1 Satz 2 AO (vgl. BFH, BStBl 2003 II S. 554, zur Spendenbescheinigung nach § 50 Abs. 1 EStDV). Aufgrund der Neuregelung des **§ 175 Abs. 2 Satz 2 AO „gilt"** die nachträgliche Erteilung oder Vorlage derartiger Bescheinigungen bzw. Bestätigungen **nicht als rückwirkendes Ereignis** (soweit diese nach dem 28. 10. 2004 vorgelegt oder erteilt werden, Art. 97 § 9 Abs. 3 EGAO). Die gesetzgeberische Begründung ist, dass eine unterschiedliche verfahrensrechtliche Behandlung je nach rechtstechnischer Ausgestaltung der Bescheinigungen nicht gerechtfertigt sei. Damit sind im Ergebnis sämtliche Bescheinigungen oder Bestätigungen als **Beweismittel** anzusehen, die zeitnah vorgelegt werden müssen. Hinsichtlich der Änderung eines vorbehaltlosen und formell bestandskräftigen Steuerbescheids ist **§ 173 Abs. 1 Nr. 2 AO** zu prüfen (vgl. AEAO zu § 175 Nr. 2.2 Abs. 3). Die Korrektur ist vor allem davon abhängig, ob den Stpfl. am nachträglichen Bekanntwerden ein „grobes Verschulden" trifft (vgl. Melchior, DStR 2004 S. 2127; Ausführungen zu Tz. 9.11.2.3 und Tz. 9.14).

Soweit **Bescheinigungen** dagegen **Grundlagenbescheide** im Sinne von § 171 Abs. 10 AO sind, denen Bindungswirkung für Folgebescheide zukommt, erfolgt eine Änderung nach § 175 Abs. 1 Satz 1 Nr. 1 AO, z. B. amtliche Bescheinigung im Rahmen des § 33 b EStG (§ 65 EStDV) oder andere außersteuerliche Verwaltungsakte (siehe Ausführungen Tz. 9.13.1).

9.11.2.3 Nachträgliches Bekanntwerden

„Nachträglich bekannt werden" (= „neu") bedeutet, dass die Tatsachen oder Beweismittel zwar „bereits vorhanden", aber der Behörde erst bekannt werden, nachdem der – erstmalige oder geänderte – Steuerbescheid vorliegt. Sind dagegen die Tatsachen erst später „entstanden", kann eine Änderung nur im Rahmen des § 175 Abs. 1 Satz 1 Nr. 2 AO erfolgen (vgl. AEAO zu § 173 Nr. 1.3; Tz. 9.14). Bei § 173 Abs. 1 Nr. 1 und Nr. 2 AO kommt es nicht auf die **Kenntnis** des Stpfl., sondern allein auf die der **Finanzbehörde** an, da diese bei Erlass eines Bescheides alle ihr bekannten Tatsachen zu berücksichtigen hat (vgl. § 88 Abs. 2 AO). Die Tatsachen werden „nachträglich bekannt", sobald die behördliche Willensbildung über die Festsetzung abgeschlossen ist, d. h. regelmäßig mit der **Dateneingabe** für die EDV-programmgesteuerte Bescheiderstellung bzw. mit der **abschließenden Zeichnung der Verfügung** (BFH, BStBl 1998 II S. 450, 458 m. w. N.; AEAO zu § 173 Nr. 2). Dem Stpfl. ist das Datum der Unterzeichnung der Verfügung (Eingabewertbogens) auf Verlangen mitzuteilen.

Wird im EDV-Verfahren nach Dateneingabe bzw. Zeichnung des Eingabewertbogens eine **erneute materiell-rechtliche Kontrolle der gesamten Festsetzung** vorgenommen, z. B. aufgrund eines Änderungsantrags, Fehlerhinweises oder einer Zufallskontrolle, so sind gemäß § 88 AO alle bis dahin bekannt gewordenen Tatsachen zu berücksichtigen. Das ist auch der Fall, wenn etwa der maschinell aus-

9.11 Korrektur nach § 173 AO wegen neuer Tatsachen oder Beweismittel

gedruckte Bescheid mit einem allgemeinen Prüfhinweis versehen ist, z. B. für die gesamte Festsetzung oder für einzelne Einkünfte, dagegen nicht bei Überprüfung der Anschrift oder bei Plausibilitätskontrollen (vgl. BFH, BStBl 1989 II S. 259, 263; AEAO zu § 173 Nr. 2.2).

Maßgeblicher Bescheid kann hierbei nicht nur der **Erstbescheid,** sondern auch ein **Änderungsbescheid** bzw. **Ablehnungsbescheid** sein. Ein Änderungsbescheid darf nach § 173 AO grundsätzlich nur korrigiert werden, wenn die Tatsachen dem FA nach „seinem" Erlass bekannt geworden sind und nicht etwa nach Erlass des Erstbescheides. Denn das FA ist nach § 88 AO auch beim Erlass eines Änderungsbescheides zur Ermittlung aller Besteuerungsgrundlagen verpflichtet. **Ausnahmen** hiervon bestehen nur, wenn der **Änderungsbescheid** allein auf **§ 175 Abs. 1 Satz 1 Nr. 1 AO** basiert, da dem FA bei dieser Folgeänderung im Hinblick auf die Bindungswirkung des § 182 Abs. 1 AO eine neue eigene Vollüberprüfung der Festsetzung nicht zugemutet werden kann (vgl. BFH, BStBl 1989 II S. 259, 438; AEAO zu § 173 Nr. 2.4). Dasselbe gilt, wenn das FA einen **ablehnenden Bescheid** über die Änderung einer Steuerfestsetzung im Sinne von § 155 Abs. 1 Satz 3 AO ohne materiell-rechtliche Prüfung erlassen hatte, z. B. unter Hinweis auf „eingetretene Festsetzungsverjährung" (BFH, BStBl 1997 II S. 264).

> **Beispiel:**
>
> Aufgrund einer Kontrollmitteilung (KM) Anfang 05 erfuhr das FA nach Erlass des endgültigen ESt-Bescheides 03, dass S Darlehenszinsen von 20.000 € in 03 nicht erklärt hatte. Im Mai 05 änderte das FA den ESt-Bescheid 03 (alternativ)
> **a)** nach § 173 Abs. 1 Nr. 2 AO wegen weiterer Werbungskosten V+V,
> **b)** nach § 175 Abs. 1 Satz 1 Nr. 1 AO wegen geänderter Feststellungen,
> **c)** nach § 173 und § 175 AO wegen der o. a. Werbungskosten und Feststellungen.
> Hierbei wurden die Zinsen nicht erfasst. Erst Monate später wertete das FA die KM aus und änderte den ESt-Bescheid 03 erneut. Zulässig?
> Der Bescheid durfte nur im Fall **b)** nach **§ 173 Abs. 1 Nr. 1 AO** geändert werden. Die Änderung wegen der neuen Tatsache (Zinsen) ist nur zulässig, soweit diese „nachträglich" bekannt wird. Maßgeblicher Bescheid kann hierbei auch ein Änderungsbescheid sein. Dieser darf aber grundsätzlich nur erneut korrigiert werden, wenn die steuererhöhende Tatsache nach „seinem" Erlass bekannt geworden ist. Das ist bei a) und c) nicht der Fall. Die Ausnahme besteht nur bei b), da hier der Bescheid allein nach § 175 Abs. 1 Satz 1 Nr. 1 AO geändert wurde (vgl. BFH, BStBl 1989 II S. 438). Die Berichtigung kann nicht nach § 129 AO erfolgen, da das Auswerten einer KM regelmäßig auf Rechtsanwendung beruht und das Nichtauswerten/Übersehen der KM daher kein „mechanisches Versehen" darstellt.

Maßgebend ist die **Kenntnis der** zur Entscheidung über die Berücksichtigung von Tatsachen **organisatorisch zuständigen Dienststelle** der Finanzbehörde, z. B. der Veranlagungs- oder Übernahmestelle (vgl. AEAO zu § 173 Nr. 2.3). Dabei ist entscheidend die Kenntnis der für die Festsetzung zuständigen Amtsträger. Das sind regelmäßig **Vorsteher, Sachgebietsleiter** und **Bearbeiter** (BFH, BStBl 1998 II S. 458). Das Wissen des **Außenprüfers** ist dem FA nur bekannt, wenn es aktenkundig ist oder wenn der Prüfer selbst die Veranlagung nach § 195 Satz 3 AO vornimmt (vgl. BFH, BFH/NV 1992 S. 221; AEAO zu § 173 Nr. 2.3.2). Auch die **Rechtsbehelfsstelle** muss sich durch Nachforschungen bei der Veranlagungsstelle – erforderlichenfalls durch Anforderung der betreffenden Veranlagungsakten – die Kenntnis verschaffen, über die bereits die Veranlagungsstelle verfügt. Unterbleibt dies, so wird ihr wegen der organisatorischen Zusammenarbeit der Kenntnisstand der anderen Dienststellen zugerechnet (BFH, BStBl 1991 II S. 45; AEAO zu § 173 Nr. 2.3.1).

Grundsätzlich ist jeder Stelle nur das bekannt, was sich aus den von ihr geführten präsenten **Akten** ergibt. Davon kann für alle Tatsachen ausgegangen werden, die der Bearbeitung des Steuerfalls zugrunde gelegt worden sind. Gleichgültig ist, auf welche Weise die Tatsachen bekannt geworden sind. **Private Kenntnis** ist unmaßgeblich (BFH, BStBl 1998 II S. 458). Inhaltlich bekannt sind somit außer den zu bearbeitenden Steuererklärungen und den **Steuerakten** alle den Steuerfall betreffenden **Schriftstücke,** soweit sie sich im Veranlagungsbereich befinden, z. B. Kontrollmitteilungen, und die betreffenden **Kellerakten** zumindest der beiden Vorjahre, soweit eine besondere Veranlassung bestand, abgelegte Akten hinzuzuziehen (vgl. BFH, BStBl 1990 II S. 1047; 1998 II S. 552; AEAO zu § 173 Nr. 2.3.5).

Die **Kenntnis anderer Dienststellen der Behörde** ist **grundsätzlich unerheblich.** Was z. B. in den KSt-Akten steht, gilt regelmäßig nicht für andere Stellen innerhalb der Behörde als bekannt (BFH, BStBl 1999 II S. 223). Das gilt **nicht,** wenn für die Heranziehung dieser Akten ein besonderer Grund bestand, etwa bei **„aktenloser" Bearbeitung** von Steuerfällen (vgl. BFH, BStBl 1998 II S. 371 m. w. N.).

> **Beispiel:**
> Bei der Ap wird festgestellt, dass A Aufwendungen für mittägliche Fahrten zu seiner Wohnung als Betriebsausgaben angesetzt hat. A weist darauf hin, dass er schon seit Jahren entsprechend verfahren habe und diese Behandlung bei der letzten Ap gebilligt worden sei. Der vorangegangene Prüfungsbericht enthält keine Feststellungen zu diesen Aufwendungen. Liegt eine neue Tatsache vor?
> Aufwendungen für Mittagsheimfahrten können nicht als Betriebsausgaben berücksichtigt werden. Die Tatsache, dass A die Aufwendungen gewinnmindernd behandelt hat, ist für die Veranlagungsstelle neu, weil der vorangegangene Prüfungsbericht die von A gewählte steuerliche Behandlung nicht erwähnt und die Kenntnis des damaligen Prüfers hier nicht entscheidend ist (vgl. BFH, BFH/NV 1990 S. 477; AEAO zu § 173 Nr. 2.3.2).

Nach dem **Grundsatz von Treu und Glauben** setzt die dem Grunde nach statthafte Änderung nach § 173 Abs. 1 Nr. 1 AO voraus, dass das nachträgliche Bekanntwerden einer Tatsache oder eines Beweismittels nicht auf einer **Verletzung der dem FA obliegenden Ermittlungspflicht** aus § 88 AO beruht, sofern der Stpfl. seiner Mitwirkungspflicht nach § 90 und § 150 Abs. 2 AO in zumutbarer Weise genügt hat (vgl. BFH, BStBl 2004 II S. 911, 1072 m. w. N.; AEAO zu § 173

9.11 Korrektur nach § 173 AO wegen neuer Tatsachen oder Beweismittel

Nr. 4). In diesen Fällen wird der Ermittlungsfehler des FA – „es hätte erkennen können oder müssen" – der positiven „Kenntnis" gleichgestellt. Das gilt **nicht** für Fälle des **§ 173 Abs. 1 Nr. 2 AO,** da das FA seine Fehler nicht dem Stpfl. anlasten kann (vgl. BFH, BStBl 1997 II S. 422 m. w. N.). Für die Grenzen der Ermittlungspflicht ist zu beachten, dass das FA grundsätzlich von der Richtigkeit und Vollständigkeit der Steuererklärung ausgehen darf, insbesondere wenn sie ein Steuerberater angefertigt hat. Daher muss das FA nur offenkundigen Zweifelsfragen nachgehen. Verstößt der Stpfl. gegen seine Mitwirkungspflichten wegen derselben Tatsachen, hat er also den steuerlich relevanten Sachverhalt nicht richtig, vollständig und deutlich dem FA zur Prüfung unterbreitet, so kann er sich regelmäßig nicht auf den Vertrauensschutz berufen. Dazu zählen z. B. Angabe bestimmter Aufwendungen in einem Betrag, ohne kenntlich zu machen, dass dieser vom Stpfl. geschätzt worden ist („ca."), widersprüchliche Angaben oder Richtigstellung durch den Stpfl. gemäß § 153 AO erst nach abschließender Zeichnung (vgl. BFH, BStBl 1989 II S. 259).

Die **Feststellungslast** für neue Tatsachen im Sinne von § 173 Abs. 1 **Nr. 1** AO liegt grundsätzlich bei der **Finanzbehörde.** Sie hat deshalb den Nachteil zu tragen, der sich aus der Unaufklärbarkeit ergibt (vgl. BFH, BStBl 1989 II S. 585; 1998 II S. 599; AEAO zu § 173 Nr. 2.5; Ausführungen unter Tz. 5.2.10).

Eine Änderung kann auch auf Tatsachen gestützt werden, die durch **rechtswidrige Maßnahmen der Behörde** festgestellt worden sind, z. B. Ergebnisse einer rechtswidrig angeordneten Ap. **Ausnahmen** bestehen nur, soweit die Tatsachen z. B. aufgrund nichtiger Maßnahmen erlangt sind oder die Rechtswidrigkeit der Ermittlungsmaßnahme grundsätzlich in einem besonderen Verfahren (Einspruch; ggf. Klage) festgestellt worden ist (vgl. Einzelheiten unter Tz. 5.2.16).

9.11.3 Kein grobes Verschulden gemäß § 173 Abs. 1 Nr. 2 AO

Für die Änderung zugunsten des Stpfl. ist grundsätzlich unerheblich, durch welche Maßnahme die neuen Tatsachen oder Beweismittel bekannt werden, ob etwa durch eine Ap, Kontrollmitteilung, dienstliche Kenntnisnahme oder Mitteilung durch den Stpfl. selbst. Zusammen veranlagte Ehegatten sind für die Zurechnung groben Verschuldens als „ein" Stpfl. zu behandeln (BFH, BStBl 1997 II S. 115). Die Berücksichtigung solcher Tatsachen oder Beweismittel ist jedoch allgemein von der weiteren Voraussetzung abhängig, dass den Stpfl. am nachträglichen Bekanntwerden der Tatsachen oder Beweismittel kein **„grobes Verschulden"** trifft **(§ 173 Abs. 1 Nr. 2 Satz 1 AO).** Grobes Verschulden umfasst **Vorsatz** und grobe Fahrlässigkeit. **Grob fahrlässig** handelt vor allem, wer die Sorgfalt, zu der er nach seinen persönlichen Kenntnissen und Fähigkeiten verpflichtet und imstande ist, in besonders schweren Maßen und in nicht entschuldbarer Weise verletzt (subjektiver Verschuldensbegriff; vgl. AEAO zu § 173 Nr. 5.1; BFH,

9 Korrektur von Verwaltungsakten

BStBl 2001 II S. 379 m. w. N.). Die objektive **Feststellungslast** für fehlendes grobes Verschulden trifft nach den allgemeinen Regeln den **Stpfl.**

Einzelfälle zum groben Verschulden:

1. Nichtabgabe der Steuererklärung und Schätzung

Wer trotz Aufforderung seiner Pflicht zur Abgabe von Steuererklärungen oder Steueranmeldungen (z. B. USt, LSt) nicht nachkommt und erst nach Schätzung der Besteuerungsgrundlagen durch einen endgültigen Bescheid seine Erklärung oder Steueranmeldung abgibt, handelt regelmäßig grob schuldhaft (vgl. BFH, DStR 2004 S. 2100; AEAO zu § 173 Nr. 5.1.2). Eine Änderung nach § 173 Abs. 1 Nr. 2 AO unterbleibt insoweit. Die steuermindernden Tatsachen sind nur im Rahmen des § 177 Abs. 1 AO als materieller Fehler zu berücksichtigen.

Das gilt auch, wenn Einkünfte, die dem Steuerabzug unterliegen, wie z. B. Arbeitslohn, im Schätzungswege berücksichtigt wurden und der Stpfl. anhand der Steuererklärung später nachweist, dass die Einkünfte und Abzugsbeträge niedriger sind als bei der Schätzung berücksichtigt (vgl. Ausführungen unter Tz. 9.11.4 und zu § 162 AO). Hier hat das FA zwar von der begehrten Änderung nach § 173 Abs. 1 Nr. 2 AO wegen groben Verschuldens abzusehen, wäre aber grundsätzlich berechtigt, **geschätzte Anrechnungsbeträge** (vorbehaltlich § 36 Abs. 2 Nr. 2 Satz 2 EStG für KapSt) als selbständiger begünstigender Verwaltungsakt nach § 130 Abs. 2 und 3 AO auf den tatsächlich gezahlten Betrag zu kürzen. Dadurch würden die bei der ursprünglichen Schätzung aufeinander abgestimmten Größen (Einkünfte und Steueranrechnungsbeträge) außer Gleichgewicht geraten und es käme zu einer materiell-rechtlich unzutreffenden Steuernachforderung. Nach der Rechtsprechung müssen aber die anzurechnenden Steuern mit den der Besteuerung unterliegenden Einkünften korrespondieren (vgl. BFH, BFH/NV 1990 S. 619; 1995 S. 779; Ausführungen unter Tz. 9.11.4).

Zur Änderung eines **USt-Schätzungsbescheide**s siehe unter Punkt 6 Beispiel 3.

2. Verletzung der Mitwirkungspflichten

Der Stpfl. hat bei der Ermittlung des Sachverhalts mitzuwirken, insbesondere die für die Besteuerung erheblichen Tatsachen vollständig und wahrheitsgemäß darzulegen (§ 90 Abs. 1, § 150 Abs. 2 AO). Ein grobes Verschulden kann vorliegen, wenn der Stpfl. seine Erklärungspflicht schlecht erfüllt, indem er unzutreffende oder unvollständige Erklärungen abgibt, sich aufdrängenden Zweifeln nicht nachgeht (vgl. § 89 AO; AEAO zu § 173 Nr. 5.1). Dasselbe gilt, wenn er die vom Berater gefertigte Steuererklärung „blind" unterschreibt, obwohl ihm bei Durchsicht ohne weiteres hätte auffallen müssen, dass steuermindernde Aufwendun-

9.11 Korrektur nach § 173 AO wegen neuer Tatsachen oder Beweismittel

gen nicht angesetzt worden sind (vgl. BFH, BStBl 1984 II S. 2; BFH/NV 2001 S. 1011; 2003 S. 441).

Offensichtliche Versehen und alltägliche Irrtümer, die sich nie ganz vermeiden lassen, begründen kein grobes Verschulden, z. B. Verwechslungen, **Schreib-, Rechen- oder Übertragungsfehler** (vgl. AEAO zu § 173 Nr. 5.1.1).

Beispiel:
S hatte Werbungskosten zutreffend errechnet (5.320 €), aber falsch in den Erklärungsvordruck übertragen (3.520 €). Das FA hat bestandskräftig ohne Belegvorlage anhand der Erklärung veranlagt. Ist die Änderung des Bescheides möglich?
Der Übertragungsfehler ist eine bloße Nachlässigkeit, die im Drange der Geschäfte beim Stpfl. ebenso wie beim FA vorkommen kann, und stellt kein grobes Verschulden dar (vgl. FG Nürnberg, EFG 1978 S. 526; FG Berlin, EFG 1979 S. 579; FG Hamburg, EFG 1982 S. 225). Der Bescheid ist nach § 173 Abs. 1 Nr. 2 AO zu ändern.

Die **Unkenntnis steuerrechtlicher Vorschriften** begründet allein kein grobes Verschulden angesichts der Kompliziertheit und des Umfangs der steuerrechtlichen Bestimmungen (vgl. AEAO zu § 173 Nr. 5.1.1). Dem Stpfl. kann wegen der Komplexität des Steuerrechts und der Kosten auch nicht als grobes Verschulden angerechnet werden, keinen Steuerberater in Anspruch genommen zu haben (vgl. Niedersächs. FG, EFG 1981 S. 216). Etwas anderes gilt nur bei **Rechtskundigen,** die auf dem Gebiet des Steuerrechts tätig oder hierfür vorgebildet sind, z. B. Steuerberater, Finanzbeamter; dagegen allgemein nicht für Juristen und Anwälte (vgl. BFH, BStBl 1989 II S. 131 m. w. N.). Hat der Stpfl. aber ausdrückliche und **eindeutige Hinweise in Erklärungsvordrucken,** ggf. in Merkblättern oder in sonstigen Mitteilungen der Finanzbehörden nicht beachtet, handelt er regelmäßig grob schuldhaft, wenn er nach den Gegebenheiten des Einzelfalles und seinen individuellen Fähigkeiten in der Lage war, eine z. B. im Erklärungsvordruck ausdrücklich gestellte, auf einen ganz bestimmten Vorgang bezogene Frage zu beantworten (vgl. BFH, BStBl 2001 II S. 379; BFH/NV 2003 S. 441 m. w. N.; AEAO zu § 173 Nr. 5.1.2). Für **Merkblätter** gilt dies aber nur, wenn der Hinweis für einen steuerlichen Laien ausreichend verständlich, klar und eindeutig abgefasst ist. Zudem dürfen in Bezug auf das Durchlesen von Merkblättern keine unzumutbaren Anforderungen an Stpfl. gestellt werden (vgl. BFH, BStBl 1993 II S. 80 m. w. N.).

Beispiele:

1. Entgegen der Behandlung in den Vorjahren erfolgte in 05 kein Ansatz freiwillig gezahlter Beiträge zur Rentenversicherung in der ESt-Erklärung. – Grobes Verschulden, da eindeutige Zeile im Vordruck (vgl. FG Baden-Württemberg, EFG 1980 S. 56).

2. Nach Unanfechtbarkeit des endgültigen ESt-Bescheides beantragt S, Kosten für doppelte Haushaltsführung und den Ausbildungsfreibetrag für ein Kind zu berücksichtigen; er habe vergessen, entsprechende Angaben zu machen. – Die Möglichkeit, diese Kosten geltend zu machen, ergibt sich eindeutig aus dem Erklärungsvordruck. Den S trifft ein grobes Verschulden (vgl. BFH, BStBl 1992 II S. 65 m. w. N.). Anders wäre es bei entschuldbarem Irrtum über den Umfang der abziehbaren Aufwendungen (vgl. BFH, BStBl 1989 II S. 960).

3. Ein auf steuerlichem Gebiet nicht bewanderter Jurist bzw. ein Kfz-Sachverständiger unterlässt es, anteilige Kosten seiner Wohnung als Aufwendungen für ein häusliches Arbeitszimmer geltend zu machen. Aus der Anlage zur ESt-Erklärung bzw. aus der Anleitung dazu war die Abzugsfähigkeit derartiger Aufwendungen als Werbungskosten nicht (klar) ersichtlich (vgl. BFH, BStBl 1993 II S. 80).

4. Ein grobes Verschulden ist gegeben, wenn einem steuerlich nicht Beratenen – trotz Einnahmen und entsprechender Hinweise – unbekannt war, dass Anlaufverluste aus Gewerbebetrieb als negative Einkünfte zu berücksichtigen sind (BFH, BStBl 1994 II S. 346).

Etwas anderes gilt, wenn der Stpfl. rechtsirrtümlich annimmt, der Begriff „Gewinn" in der Anlage GSE zur ESt-Erklärung setze Einnahmen voraus und er deshalb keinen „Verlust" aus § 15 EStG erklärt hatte (BFH, BStBl 2001 II S. 379 m. w. N.) oder für vorab entstandene Werbungskosten als negative Einkünfte aus V+V mangels Einnahmen und Vordruck keine Erklärung abzugeben sei (vgl. BFH, BStBl 1989 II S. 131; FG Düsseldorf, EFG 2001 S. 729).

5. Der S hatte seinem Vater V ein Darlehen von 200.000 € gewährt. Die von V an S hierfür gezahlten Zinsen von 20.000 € jährlich für 01 bis 03 erkannte das FA aufgrund einer Ap nicht als Betriebsausgaben an, da das Darlehen nicht dem erforderlichen Fremdvergleich standhalte. Das war für S und V vorher nicht erkennbar. Sind die endgültigen ESt-Bescheide 01 bis 03 des S dahin zu ändern, dass die erklärten Zinsen von je 20.000 € nicht mehr angesetzt werden?

Die ESt-Bescheide sind nach § 173 Abs. 1 Nr. 2 AO wegen neuer Tatsachen zu ändern, da dem FA nicht bekannt war, dass Zinsen für ein steuerlich nicht anzuerkennendes Darlehen auch bei S keine Kapitalerträge gemäß § 20 Abs. 1 Nr. 7 EStG darstellen (= vorgreifliches Rechtsverhältnis). Ein grobes Verschulden des S am nachträglichen Bekanntwerden entfällt, da ihm die steuerliche Unwirksamkeit des Darlehensvertrages nicht bekannt war (vgl. BFH, BStBl 1995 II S. 264). § 174 Abs. 1 AO bzw. § 175 Abs. 1 Satz 1 Nr. 2 AO greifen nicht ein.

Die **Verletzung allgemeiner Grundsätze der Buchführung** (§§ 145 bis 147 AO) kann im Einzelfall grobes Verschulden darstellen, z. B. keine ordnungsgemäße, zeitnahe Buchführung (vgl. AEAO zu § 173 Nr. 5.1.2). Dagegen sind **Fehlbuchungen** und sonstige **Buchungsfehler** als „alltägliche Schnitzer" nicht ohne weiteres grobe Fehler (vgl. BFH, BStBl 1988 II S. 713). Die gleichen Grundsätze gelten auch für sonstige Aufzeichnungen und Belegaufbewahrungen.

3. Änderung der Rechtsprechung oder Verwaltungsvorschriften zugunsten des Stpfl. als auslösendes Moment

Konnte der Stpfl. davon ausgehen, dass nach der bisherigen Rechtsprechung oder Verwaltungsanweisung eine bestimmte Tatsache nicht zu einer Steuerminderung führt, und hat er deshalb den Ansatz in der Erklärung unterlassen, scheidet ein grobes Verschulden aus. Beachte aber Ausführungen zur **Rechtserheblichkeit,**

9.11 Korrektur nach § 173 AO wegen neuer Tatsachen oder Beweismittel

wenn diese Tatsachen nunmehr geltend gemacht werden (vgl. AEAO zu § 173 Nr. 3; Tz. 9.11.4).

4. Zeitraum für die Beurteilung des groben Verschuldens

Dieser Zeitraum wird **regelmäßig vor der Steuerfestsetzung** liegen. Nach der Rechtsprechung ist aber auch der Zeitraum miteinzubeziehen, in dem nach der Festsetzung der Bescheid noch unter Vorbehalt der Nachprüfung steht und nach § 164 Abs. 2 AO die Änderung jederzeit beantragt werden kann. Das gilt auch für den Zeitraum, in dem der endgültige **Bescheid noch anfechtbar** ist (BFH, BStBl 1995 II S. 264; 2005 II S. 75 m. w. N.; AEAO zu § 173 Nr. 5.5).

> **Beispiele:**
>
> **1.** S hatte versehentlich einen Teil der Werbungskosten in der ESt-Erklärung nicht angesetzt. Der Fehler fiel ihm sofort nach Erhalt des Bescheides auf. S vergaß, fristgerecht Einspruch einzulegen, und beantragt nun Änderung nach § 173 AO.
>
> Unabhängig vom entschuldbaren Versehen bei Fertigung der ESt-Erklärung liegt ein grobes Verschulden darin, dass S die Einlegung des Einspruchs unterlassen hatte.
>
> **2.** Sind in der Erklärung geltend zu machende Tatsachen nicht berücksichtigt worden, weil entweder die entsprechende Anlage versehentlich nicht eingereicht wurde oder beim FA abhanden gekommen ist, scheidet eine Änderung nach § 173 Abs. 1 Nr. 2 AO grundsätzlich nach Unanfechtbarkeit aus, wenn der Stpfl. die Nichtberücksichtigung der Tatsachen bei Überprüfen des Bescheides erkannt hat oder ohne weiteres hätte erkennen können und keinen Einspruch eingelegt hat.

5. Verschulden des Vertreters, Mitarbeiters oder Beraters

Das grobe Verschulden des Vertreters, einer im Betrieb angestellten Person oder eines steuerlichen Beraters ist dem Stpfl. nach allgemeinen Grundsätzen zuzurechnen (AEAO zu § 173 Nr. 5.3 und 5.4 m. w. N.). Bei der dem Berater zuzumutenden Sorgfalt ist zu berücksichtigen, dass von einem Angehörigen der steuerberatenden Berufe die Kenntnis und sachgemäße Anwendung der steuerlichen Vorschriften erwartet werden muss. Auffällige Lücken und relevante Umstände in der Steuererklärung sind ggf. durch Rückfragen mit dem Mandanten zu klären. Mitarbeiter des Beraters sind sorgfältig auszuwählen und zu überwachen (vgl. BFH, BStBl 1988 II S. 109; 713 für Buchhalter).

> **Beispiel:**
>
> S hatte ein Haus gekauft. Die ESt-Erklärung wurde vom Steuerberater B erstellt. B berücksichtigte zwar die Zinsaufwendungen, nicht aber die sonstigen Geldbeschaffungskosten. Nach Bestandskraft bittet S um Änderung des Bescheides; B habe ihn hiernach nicht gefragt. Er selbst habe erst jetzt von der Abzugsfähigkeit erfahren. Rechtslage?
>
> S muss sich das grobe Verschulden seines Beraters zurechnen lassen. Der Bescheid ist somit nicht nach § 173 Abs. 1 Nr. 2 AO zu ändern. Die Frage nach den Geldbeschaffungskosten hätte sich dem B aufdrängen müssen, da sie in der Praxis häufig

vorkommt und im Erklärungsvordruck besonders erwähnt ist (vgl. Schleswig-Holst. FG, EFG 1978 S. 359; FG Hamburg, EFG 1982 S. 225). Hinweis auf Schadensersatzhaftung des Beraters.

6. Gesetzliche Ausnahmeregelung

Nach **§ 173 Abs. 1 Nr. 2 Satz 2 AO** ist ein grobes Verschulden unbeachtlich, „wenn" (nicht: „soweit") die Tatsachen oder Beweismittel in einem unmittelbaren oder mittelbaren Zusammenhang mit Tatsachen im Sinne der Nr. 1 stehen. Dabei muss es sich um einen **ursächlichen** – nicht zeitlichen – **Zusammenhang** mit der jeweiligen Einzeltatsache handeln. Das ist nur der Fall, wenn der steuermindernde Vorgang nicht ohne den steuererhöhenden Vorgang denkbar ist (vgl. BFH, BStBl 1996 II S. 149 m. w. N.; AEAO zu § 173 Nr. 6). Diese Änderungen können auch unterschiedliche Steuern, Veranlagungszeiträume oder verschiedene Stpfl., z. B. zusammenveranlagte Ehegatten, betreffen (vgl. BFH, BStBl 1987 II S. 161, 297; Wichmann, DStZ 1990 S. 66). Sonst findet **§ 177 AO** Anwendung. Dies hat Bedeutung für den Änderungsrahmen. Denn beim Zusammentreffen von steuermindernden und steuererhöhenden Tatsachen sind die **mindernden Tatsachen** nicht nur bis zur steuerlichen Auswirkung der steuererhöhenden Tatsachen, sondern **uneingeschränkt zu berücksichtigen** (BFH, BStBl 1984 II S. 4). Die Ausnahmeregelung ist aber nicht mehr anwendbar, wenn die Änderung nach § 173 Abs. 1 Nr. 1 AO bereits bestandskräftig geworden oder verjährt ist, da nach dem gesetzgeberischen Zweck kein Grund besteht, die nochmalige Durchbrechung der Bestandskraft von erleichterten Voraussetzungen abhängig zu machen (BFH, BStBl 1984 II S. 48).

Beispiele:

1. S hatte in der Anlage Kap zur ESt-Erklärung 03 nur 7.000 € Zinserträge angegeben, obgleich er in 03 weitere Wertpapiere zum Teil auf Kredit erworben hatte. Vorsätzlich hatte er weder die hieraus in 03 angefallenen Einnahmen von 18.000 € noch die in 03 gezahlten Schuldzinsen von 25.000 € erklärt, um die positiven Einkünfte daraus später nicht zu versteuern. Der ESt-Bescheid 03 ist endgültig. Der Sachverhalt wird in 06 bekannt. Rechtslage?
Der Bescheid 03 ist nach § 173 Abs. 1 Nr. 1 und Nr. 2 Satz 2 AO unter voller Berücksichtigung der gezahlten Werbungskosten zu ändern, da ein unmittelbarer Sachzusammenhang besteht und die Erwerbsgrundlage/Einkunftsart bekannt war, wenn auch nicht der Höhe nach. Eine ESt-Hinterziehung 03 entfällt (§ 370 AO). Die ESt-Erstattung ist nach § 233 a AO zu verzinsen.

2. Der ESt-Bescheid 01 ist endgültig. Später werden bisher nicht erklärte Betriebseinnahmen von 3.000 € festgestellt. Gleichzeitig weist der Stpfl. weitere Werbungskosten bei V+V in Höhe von 5.000 € nach. Die Belegführung war sehr unordentlich. Umfang der Korrektur?
Die Einnahmen stellen eine neue Tatsache im Sinne von § 173 Abs. 1 Nr. 1 AO dar. Mangels Zusammenhang mit Nr. 1 greift hinsichtlich der Werbungskosten wegen des groben Verschuldens § 173 Abs. 1 Nr. 2 nicht ein. Es erfolgt lediglich eine Saldierung nach § 177 Abs. 1 AO. Die Änderung hat somit zu unterbleiben.

9.11 Korrektur nach § 173 AO wegen neuer Tatsachen oder Beweismittel

3. Wird ein Unternehmer mit geschätzten steuerpflichtigen Umsätzen ohne Vorsteuerabzug endgültig zur USt veranlagt, sind die in der nachträglich abgegebenen USt-Erklärung – mit höheren steuerpflichtigen Umsätzen – ausgewiesenen Vorsteuerbeträge gemäß § 173 Abs. 1 Nr. 2 Satz 2 AO nur abzugsfähig, soweit die Lieferungen und Leistungen, auf denen die Vorsteuerbeträge beruhen, zur Ausführung der nachträglich bekannt gewordenen Umsätze verwendet worden sind. Die im VZ anfallenden Einzelumsätze stehen grundsätzlich nicht in einem sachlichen Zusammenhang miteinander; auch die kontinuierliche Unternehmertätigkeit begründet keinen mittelbaren Sachzusammenhang (vgl. BFH, BStBl 1992 II S. 12; 1996 II S. 149). Die Vorsteuerbeträge können im Schätzungswege im Verhältnis der geschätzten zu den erklärten Mehrumsätzen aufgeteilt werden (vgl. AEAO zu § 173 Nr. 6.3; Ausführungen zu Tz. 9.11.2.1 unter „Schätzungsbescheide").

4. Geht der Mindergewinn 07 ursächlich auf den Mehrgewinn 06 zurück, besteht ein sachlicher Zusammenhang (BFH, BStBl 1986 II S. 120).

9.11.4 Rechtserheblichkeit (höhere oder niedrigere Steuer)

Die neuen Tatsachen oder Beweismittel müssen für die Steuerfestsetzung des Betroffenen **rechtserheblich** sein, d. h., die Änderung muss als Rechtsfolge aus dem nachträglichen Bekanntwerden abgeleitet werden können und bei **§ 173 Abs. 1 Nr. 1 AO** zu einer **höheren Steuer** oder bei **Nr. 2** zu einer **niedrigeren Steuer** führen. Ob eine Tatsache zu einer höheren oder niedrigeren Steuer führt, hängt davon ab, von welchen Tatsachen die Besteuerung bisher ausgegangen ist, z. B. von den Einnahmen oder Aufwendungen oder von der Höhe der jeweiligen Einkünfte (vgl. AEAO zu § 173 Nr. 3; Tz. 9.11.2.1). Das ist für jede Tatsache, jede Steuerart und jeden Steuerabschnitt **getrennt zu prüfen,** da grundsätzlich allein auf den zu ändernden Bescheid abzustellen ist (vgl. BFH, BStBl 1982 II S. 100).

Für den notwendigen Vergleich, ob die Änderung zu einer „höheren" oder „niedrigeren Steuer" führt, sind die von dieser Tatsache abhängigen, einbehaltenen und **anzurechnenden Steuern** – z. B. LSt, KapSt bzw. ESt – im Hinblick auf § 36 Abs. 2 Nr. 2 bzw. § 34 c Abs. 1 EStG **nicht zu berücksichtigen,** da nach Wortlaut und Gesetzessystematik allein die „festgesetzte Steuer" ohne Ansatz von Anrechnungsbeträgen maßgeblich ist (vgl. AEAO zu § 173 Nr. 1.4). Führt etwa der nachträglich bekannt gewordene und zugeflossene Arbeitslohn bzw. Kapitalertrag aus § 20 Abs. 1 Nr. 4 oder 7 EStG durch die damit verbundene Anrechnung von LSt bzw. KapSt (Letztere gemäß § 36 Abs. 2 Nr. 2 Satz 2 EStG erst nach Vorlage der Bescheinigung) im Endergebnis zu einer Entlastung des Stpfl., handelt es sich gleichwohl um eine „steuererhöhende" Tatsache. Die Steuerbescheinigung ist insoweit nur ein Beweismittel. Die **Steuerfestsetzung** ist nach **§ 173 Abs. 1 Nr. 1 AO** zu korrigieren (vgl. OFD München, DStR 2003 S. 30 mit Einzelheiten). Soweit die Steuerabzugsbeträge mit den der Besteuerung unterliegenden und tatsächlich „erfassten" Einnahmen korrespondieren, ist die **Anrechnungsverfügung** nach **§ 130 Abs. 1 AO** zu ändern (vgl. BFH, BStBl 2001

II S. 353 m. w. N.; Ausführungen zu Tz. 9.10.4.3 mit Beispiel). Die Voraussetzungen für eine korrigierte Abrechnung nach § 130 Abs. 1 AO sind auch erfüllt, wenn die festgesetzte Steuer nicht nach § 173 AO zu ändern ist, weil die mit der Anrechnung korrespondierenden und „erfassten" Einnahmen sich wegen Steuerfreibeträgen oder wegen des Grundfreibetrages im Einzelfall nicht auswirken. (Hinweis: In diesem Fall werden die geänderten Besteuerungsgrundlagen auch bei unveränderter Höhe der Einkünfte für evtl. spätere Bescheidänderungen EDV-mäßig gespeichert.)

Bei **Feststellungsbescheiden** muss entsprechend auf die höhere oder niedrigere Feststellung der Besteuerungsgrundlagen abgestellt werden (vgl. § 181 Abs. 1 AO; AEAO zu § 173 Nr. 10). Das gilt auch für Gewinnverteilungen und Artfeststellungsbescheide (vgl. BFH, BStBl 1988 II S. 174 m. w. N.).

Weiter gehend ist eine Tatsache nur rechtserheblich, wenn die Behörde bei rechtzeitiger Kenntnis der Tatsache schon bei der ursprünglichen Festsetzung mit an Sicherheit grenzender Wahrscheinlichkeit zu einer niedrigeren Steuer gelangt wäre (**„fiktive Rechtserheblichkeit"**; vgl. BFH, BStBl 1991 II S. 741; AEAO zu § 173 Nr. 3). Dadurch wird verhindert, dass nach einer Änderung der höchstrichterlichen Rechtsprechung Anträge nach § 173 Abs. 1 Nr. 2 AO auf Tatsachen gestützt werden können, die erst jetzt rechtserhebliche Bedeutung erlangt haben.

Beispiel:

S hatte in 01 bestimmte Aufwendungen in Kenntnis einer für ihn ungünstigen BFH-Rechtsprechung/Verwaltungsanweisung nicht in die ESt-Erklärung aufgenommen. Nach einem Wandel der bisherigen Rechtsauffassung meldet S den maßgeblichen Sachverhalt nach. Folge?

Die Tatsache ist nicht rechtserheblich im Sinne von § 173 Abs. 1 Nr. 2 AO, da das FA bei rechtzeitiger Kenntnis unter Zugrundelegung der bisherigen Rechtserkenntnis anders entschieden hätte (vgl. BFH, BFH/NV 1990 S. 3).

Auch die **Nichtigkeitserklärung einer Rechtsnorm** durch das BVerfG ist wegen der Sonderregelung in § 79 BVerfGG nicht rechtserheblich im Sinne von § 173 AO. Soweit aufgrund der Verfassungswidrigkeit eine **gesetzliche Neuregelung** erfolgt, sind bestandskräftige Bescheide ebenfalls nicht nach § 173 Abs. 1 Nr. 2 AO änderbar, da die Tatsache „Gesetzesänderung" nicht bereits im Zeitpunkt des Erlasses des zu ändernden Steuerbescheides vorhanden war, sondern erst später erfolgte (vgl. BFH, BStBl 1994 II S. 380; AEAO zu § 173 Nr. 1.1.2).

9.11.5 Änderungssperre nach einer Außenprüfung

Soweit ein Bescheid aufgrund einer Ap ergangen ist, kann die Änderungssperre des **§ 173 Abs. 2 AO** einer an sich zulässigen Änderung entgegenstehen. Der Steuerfall soll unter dieser Voraussetzung im Interesse des Stpfl. und des Rechts-

9.11 Korrektur nach § 173 AO wegen neuer Tatsachen oder Beweismittel

friedens abschließend erledigt sein. Nach dem Wortlaut des § 173 Abs. 2 AO und dem gesetzgeberischen Willen erfasst die Sperre nur **Änderungen nach Nr. 1 und Nr. 2,** nicht aber solche nach anderen Vorschriften, wie z. B. §§ 172, 174 oder 175 AO (vgl. BFH, BStBl 1995 II S. 2; AEAO zu § 173 Nr. 8.1).

Die Änderungssperre greift auch, wenn aufgrund der Ap **erstmalige Steuerfestsetzungen** erfolgen (vgl. BFH, BStBl 1988 II S. 932). Sie gilt ferner, wenn die Ap ohne Ergebnis geblieben ist („Null-Fall" nach § 164 Abs. 3 Satz 3 AO) und deshalb eine schriftliche Mitteilung nach § 202 Abs. 1 Satz 3 AO ergangen ist („**Negativmitteilung**" als gesondertes Schreiben oder als ausdrücklicher Hinweis im Prüfungsbericht; vgl. BFH, BStBl 1990 II S. 283; AEAO zu § 173 Nr. 8.5).

„**Außenprüfungen**" sind alle unter einer entsprechenden Prüfungsanordnung gegenüber dem Stpfl. als Adressaten durchgeführten Ermittlungen/Vollprüfungen einschließlich der **abgekürzten Ap** nach § 203 AO und § 194 Abs. 1 Satz 4 AO (vgl. BFH, BStBl 1995 II S. 289/291). Eine **Steuerfahndungsprüfung** nach § 208 Abs. 1 AO hat grundsätzlich **nicht** die gleiche Wirkung wie eine Ap (vgl. BFH, BStBl 1998 II S. 367; BFH/NV 2004 S. 1502; AEAO zu § 173 Nr. 8.4).

Werden im Rahmen einer **LSt-Ap** auch die lohnsteuerlichen Verhältnisse eines Arbeitnehmers mitgeprüft, ohne dessen ESt-Bescheide zu ändern, steht § 173 Abs. 2 AO einer späteren Änderung nicht entgegen, da dessen Bescheide nicht auf der LSt-Ap beruhen (BFH, BFH/NV 1997 S. 161). Dagegen kann ein aufgrund einer Ap beim Stpfl. erlassener ESt-Bescheid nicht gemäß § 173 Abs. 2 AO geändert werden, wenn das FA später durch eine LSt-Sonderprüfung Kenntnis von bisher nicht erfassten Einnahmen aus § 19 EStG erlangt, z. B. unentgeltliche oder verbilligte Sachbezüge (vgl. BFH, BStBl 1989 II S. 193, 447). Wegen der entsprechenden Anwendung des § 173 Abs. 2 AO für das **LSt-Nachforderungs- und Haftungsverfahren** wird auf R 145 LStR sowie auf die Ausführungen unter Tz. 9.7.6 verwiesen.

§ 173 Abs. 2 AO steht der Änderung oder Aufhebung einer Festsetzung in folgenden Fällen nicht entgegen:

1. Bei **Steuerhinterziehung** (§ 370 AO) oder **leichtfertigen Steuerverkürzungen** (§ 378 AO) durch den **Stpfl.** selbst oder durch **Dritte** zugunsten des Stpfl. Der § 173 Abs. 2 AO verlangt nur, dass eine solche Tat objektiv und subjektiv „vorliegt", z. B. durch unrichtige Angaben des Geschäftspartners über dessen Unternehmereigenschaft erfolgt Abrechnung der USt mit Vorsteuerausweis im Gutschriftverfahren (vgl. BFH, BStBl 1995 II S. 293/296 m. w. N.). Die erhöhte Bestandskraft wird nach dem Zweck des § 173 Abs. 2 AO nur hinsichtlich der nach § 370 oder § 378 AO **verkürzten Steuern** durchbrochen, also nicht bezüglich anderer Tatbestände. „Wenn" ist daher im Sinne von „soweit" zu verstehen (vgl. § 172 Abs. 1 Satz 1 Nr. 2 Buchst. c AO „soweit"). Persön-

liche Strafausschließungsgründe, wie z. B. Selbstanzeige nach § 371 AO, sind ohne Bedeutung (vgl. AEAO zu § 173 Nr. 8.6).

Beispiel:

Der ESt-Bescheid 01 war aufgrund einer Ap geändert worden. Später werden durch Kontrollmitteilungen hinterzogene Kapitaleinnahmen von 100.000 €, damit zusammenhängende Werbungskosten von 3.000 € und ein leicht fahrlässig nicht erklärter Gewinn aus § 23 EStG von 80.000 € bekannt. Änderungsumfang?
Die Änderung gemäß § **173 Abs. 1 Nr. 1 und Nr. 2 i. V. m. Abs. 2 AO** ist nur hinsichtlich der hinterzogenen Kapitaleinkünfte zulässig. Bezüglich der übrigen 80.000 € hat eine Änderung nach § 173 Abs. 2 AO zu unterbleiben, da insoweit weder eine Hinterziehung noch leichtfertige (= grob fahrlässige) Steuerverkürzung vorliegt. Daneben ist § **172 Abs. 1 Satz 1 Nr. 2 Buchst. c AO** bzgl. der Hinterziehung einschlägig („soweit"). Hinweis auf Zinsen nach § 233 a und § 235 AO.

2. Im Falle der **Beschränkung der Ap auf bestimmte Sachverhalte** gemäß § 194 Abs. 1 Satz 2 und 3 AO umfasst die Änderungssperre nur den in der Prüfungsanordnung genannten Teil der Besteuerungsgrundlagen (vgl. BFH, BStBl 1998 II S. 552; 1988 II S. 962 für USt-Sonderprüfung; AEAO zu § 173 Nr. 8.2). Ein aufgrund einer USt-Sonderprüfung ergangener USt-Vorauszahlungsbescheid steht daher dem Erlass oder der Änderung des USt-Jahresbescheides nicht gemäß § 173 Abs. 2 AO entgegen, da beide Bescheide verfahrensrechtlich voneinander unabhängig sind (BFH, BFH/NV 1995 S. 293).

Beispiel:

A ist OHG-Gesellschafter. Im Rahmen einer bei der OHG durchgeführten Ap wurden auch die steuerlichen Verhältnisse des A insoweit geprüft (vgl. § 194 Abs. 1 Satz 3 AO). Nach Unanfechtbarkeit des geänderten ESt-Bescheides erfährt das FA, dass A jeweils leicht fahrlässig Sonderbetriebseinnahmen von der OHG in Höhe von 20.000 € und einen Gewinn aus § 23 EStG von 10.000 € nicht erklärt hatte.
Die Änderungssperre des § 173 Abs. 2 AO erfasst nur den geprüften Teil der Besteuerungsgrundlagen. Hierzu gehören die Sonderbetriebseinnahmen. Eine Änderung des Feststellungsbescheides nach § 181 Abs. 1, § 173 Abs. 1 Nr. 1 AO muss daher unterbleiben. Der Gewinn aus § 23 EStG ist eine neue Tatsache im Sinne von § 173 Abs. 1 Nr. 1 AO und hat der Ap nicht unterlegen. Daher ist eine erneute Änderung des ESt-Bescheides vorzunehmen. § 173 Abs. 2 AO greift nicht ein.

3. **Änderungen im Rechtsbehelfsverfahren** gegen die aufgrund der Ap ergangenen Bescheide, da § 367 Abs. 2 AO eine umfassende Überprüfung und Änderung der angefochtenen Bescheide erlaubt.

4. **Änderungsmöglichkeiten nach anderen Korrekturvorschriften** bleiben von § 173 Abs. 2 AO unberührt, z. B. nach §§ 129, 172, 174 oder 175 AO, da die Änderungssperre des § 173 Abs. 2 AO sich auf § 173 AO beschränkt (vgl. BFH, BStBl 1995 II S. 2 m. w. N.; AEAO zu § 173 Nr. 8.1).

9.11.6 Rechtsfolgen

Bei Vorliegen aller Voraussetzungen besteht eine **Korrekturpflicht**. Die Änderung ist in beiden Fällen – nach oben und unten – auf den Nachholtatbestand beschränkt (**„… soweit …"**). Eine Gesamtaufrollung des Steuerfalles findet nicht statt. Allerdings ist im Rahmen des § 173 AO die Möglichkeit zur **Saldierung** jeder Art nach **§ 177 AO** zu beachten (vgl. Ausführungen unter Tz. 9.17).

> **Beispiel:**
> Die ESt ist auf 20.000 € festgesetzt. Nachträglich wird eine Tatsache mit einer steuerlichen Auswirkung von + 1.000 € bekannt. Gleichzeitig wird ein Rechtsfehler mit einer steuerlichen Auswirkung von ∕ 900 € entdeckt. Folge?
> Der ESt-Bescheid ist nach § 173 Abs. 1 Nr. 1, § 177 AO auf 20.100 € zu ändern.
> **Abwandlung:** Der Fehler wirkt sich mit + 500 € aus.
> Die Änderung der ESt-Festsetzung ist auf den Nachholtatbestand von 1.000 € beschränkt. Der Fehler kann nicht mitberichtet werden nach §§ 173, 177 AO.

Bei der Ermittlung des **Änderungsumfangs** ist eine Saldierung der steuerlichen Auswirkungen von Tatsachen zugunsten des Stpfl. mit Tatsachen, die sich für ihn nachteilig auswirken, nicht zulässig. Denn bei § 173 Abs. 1 **Nr. 1** und **Nr. 2 AO** handelt es sich um **zwei selbständige Korrekturvorschriften**. Nur wenn „ein und dieselbe" Tatsache für den Stpfl. gleichzeitig zu günstigen und ungünstigen Folgen führt, ist der Vorgang einheitlich zu beurteilen, z. B. statt sofort abzugsfähiger Betriebsausgaben erfolgt eine Aktivierung des Wirtschaftsgutes unter Gewährung von AfA oder aufgrund neuer Tatsachen erhöhen sich die Einkünfte mit negativen Folgen für § 33 Abs. 3 EStG.

Diese Grundsätze sind von erheblicher Bedeutung für den Änderungsumfang des § 173 AO im Zusammenhang mit den Saldierungsmöglichkeiten nach § 177 AO. Werden nachträglich Tatsachen sowohl zugunsten als auch zuungunsten des Stpfl. bekannt, so ergibt sich der Berichtigungsumfang für § 177 AO aus der durch die Mehrsteuer gesetzten **Obergrenze** und aus der durch die Mindersteuer gesetzten **Untergrenze** (vgl. Ausführungen unter Tz. 9.17; AEAO zu § 177 Nr. 2 bis 4 mit Beispielen).

> **Beispiel:**
> Die ESt ist bestandskräftig in Höhe von 10.000 € festgesetzt worden. Durch eine Ap werden neue Tatsachen sowohl zulasten (steuerliche Auswirkung + 2.000 €) als auch zugunsten (steuerliche Auswirkung ∕ 2.000 €) bekannt. Im Korrekturverfahren wird nunmehr ein materieller Fehler festgestellt mit einer steuerlichen Auswirkung von + 3.000 €. Inwieweit ist zu ändern?
> Die ESt ist auf 12.000 € zu ändern (§ 173 Abs. 1 Nr. 1 AO). Der Umfang der Korrektur ist für § 173 Abs. 1 Nr. 1 und Nr. 2 AO getrennt zu ermitteln. Er beträgt 12.000 € bei Nr. 1 und 8.000 € bei Nr. 2. Im Rahmen des § 177 Abs. 2 AO ist der materielle Fehler von + 3.000 € mit der an sich möglichen Änderung nach Nr. 2 zu saldieren, sodass eine Änderung insoweit unterbleiben muss. Eine Korrektur des materiellen Fehlers über 12.000 € hinaus ist nicht zulässig.

9.11.7 Zusammenfassender Überblick zu § 173 AO

1. Voraussetzungen

- **Tatsache:** Alles, was Merkmal oder Teilstück eines gesetzlichen Steuertatbestandes ist

  Nicht: Bloße Schlussfolgerungen, falsche Rechtsanwendung, Änderung der Rechtsprechung, Erfahrungssätze

- Beweismittel
- **Nachträgliches Bekanntwerden** = neu für Finanzbehörde
  - Nach abschließender Zeichnung bzw. Dateneingabe bekannt geworden
  - Kenntnis der maßgeblichen Dienststelle oder des Veranlagungsbereichs einschließlich Rechtsbehelfsstelle und Kellerakten
  - Gesamter Inhalt der Steuerakten ist grundsätzlich insoweit bekannt

  Besonderheiten:
  1. Bescheidänderung erfolgt nur nach § 175 Abs. 1 Satz 1 Nr. 1 AO wegen § 182 Abs. 1 AO oder sonst ohne materiell-rechtliche Prüfung
  2. Verletzung der dem FA obliegenden Ermittlungspflicht (Treu und Glauben) bei § 173 Abs. 1 Nr. 1 AO

  - Unmaßgeblich sind:
    - private Kenntnis
    - mündliche oder versteckte Mitteilungen
    - regelmäßig Kenntnis anderer Dienststellen
    - rechtswidrig ermittelte Tatsachen (grundsätzlich kein Verwertungsverbot)

- **Kein grobes Verschulden** bei § 173 Abs. 1 Nr. 2 AO
  - Grobes Verschulden umfasst Vorsatz oder grobe Fahrlässigkeit. Hierfür ist der individuelle Verschuldensmaßstab maßgeblich
  - Vertreter-, Mitarbeiter- oder Beraterverschulden gilt als eigenes Verschulden des Stpfl.
  - Verschulden nach der Festsetzung ist einzubeziehen
  - **Ausnahme:** unmittelbarer/mittelbarer sachlicher Zusammenhang mit Tatsachen im Sinne von § 173 Abs. 1 Nr. 1 AO; sonst § 177 AO

- **Höhere/niedrigere Steuer** = rechtserheblich

2. **Änderungssperre** nach einer **Ap** gemäß **§ 173 Abs. 2 AO** für Abs. 1 **Nr. 1** und **Nr. 2**

   Ausnahmen:
   - Soweit Steuerhinterziehung (§ 370 AO) oder leichtfertige Steuerverkürzung (§ 378 AO) vorliegt
   - Bei Beschränkung der Ap auf bestimmte Sachverhalte lt. Prüfungsanordnung für die übrigen Besteuerungsgrundlagen
   - Änderungen im Rechtsbehelfsverfahren (§ 367 Abs. 2 AO)
   - Andere Korrekturvorschriften

3. **Umfang der Korrektur**
   - Punktuelle Änderung
   - Saldierungsmöglichkeit nach § 177 AO

4. **Korrekturpflicht**

9.12 Widerstreitende Steuerfestsetzungen (§ 174 AO)

§ 174 AO will das komplizierte Problem sich widerstreitender Steuerfestsetzungen für bestimmte Fälle lösen, in denen aus einem Sachverhalt steuerlich unterschiedliche Schlussfolgerungen gezogen wurden, die sich nach materiellem Steuerrecht denkgesetzlich ausschließen **(Kollisionsfälle).** Der **Widerstreit** kann **positiv oder negativ** sein. Stpfl. können z. B. wegen desselben Sachverhalts mit Auslandsberührung trotz DBA vom deutschen und ausländischen FA steuerlich erfasst werden (vgl. App, DB 1985 S. 939, 1969; Birkenfeld, BB 1993 S. 1185 betr. innergemeinschaftlicher USt-Festsetzungen; beachte § 175 a AO). Ebenso ist der Fall möglich, dass ein steuerpflichtiger Vorgang weder bei der einen noch bei der anderen Steuerfestsetzung berücksichtigt wird, weil jedes FA für seinen Bereich die Steuerpflicht verneint, obwohl feststeht, dass der Sachverhalt unter eine der in Betracht kommenden Steuerarten fällt. Ähnliche Fragen tauchen auf, wenn die Zuordnung eines Sachverhalts zu einem bestimmten Besteuerungszeitraum oder Stpfl. zweifelhaft ist. Wegen nachträglicher **Bilanzberichtigungen** im Hinblick auf den formellen Bilanzenzusammenhang und Änderungen nach § 174 AO siehe Flies, DStZ 1997 S. 135. Der § 174 AO steht selbständig neben §§ 129, 172, 173, 175 AO.

9 Korrektur von Verwaltungsakten

Überblick zu § 174 AO:

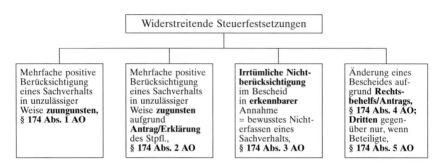

Die Regelungen des **§ 174 Abs. 1 bis 3 AO** betreffen **Mehrfacherfassungen** von Sachverhalten, die sich wechselseitig denkgesetzlich ausschließen. Demgegenüber stellen die Absätze 4 und 5 eigenständige Änderungsvorschriften dar, die nicht auf die Fälle der alternativen Erfassung bestimmter Sachverhalte beschränkt sind (vgl. BFH, BStBl 1992 II S. 126 m. w. N.).

9.12.1 § 174 Abs. 1 AO

Ist ein bestimmter Sachverhalt **mehrfach zuungunsten** eines oder mehrerer Stpfl. berücksichtigt worden, obwohl er nur einmal hätte berücksichtigt werden dürfen, so ist der fehlerhafte Steuerbescheid auf Antrag nach § 174 Abs. 1 AO zu korrigieren. **Voraussetzungen** sind danach:

1. Bestimmter Sachverhalt = derselbe deckungsgleiche Lebensvorgang
2. Unmittelbare positive Berücksichtigung in mehreren (Steuer-)Bescheiden
3. Zuungunsten eines oder mehrerer Stpfl.
4. Nach materiellem Steuerrecht nur einmalige Berücksichtigung zulässig
5. Antrag

Bestimmter Sachverhalt ist der einheitliche Tatsachen- oder Lebensvorgang, an den das Gesetz steuerliche Folgen knüpft. Er muss bestimmt sein im Sinne von „deckungsgleich" oder „genau umrissen", z. B. bei zweiseitigen Rechtsgeschäften, sodass jeweils der gesamte Vorgang mit beiden Seiten als ein Sachverhalt anzusehen ist. Nicht erforderlich ist, dass sich die Sachverhalte im Detail gleichen oder dieselbe Steuerart betreffen (vgl. BFH, BStBl 1988 II S. 404; 1990 II S. 558; 1991 II S. 387 m. w. N.; Janssen, BB 1992 S. 2337).

9.12 Widerstreitende Steuerfestsetzungen (§ 174 AO)

Beispiel:
Der ESt-Bescheid 01 erfasst die erklärte Betriebsaufgabe (§ 16 Abs. 3 EStG) und der ESt-Bescheid 03 die spätere Veräußerung des verpachteten Betriebs nochmals nach § 16 Abs. 1 EStG (vgl. R 139 Abs. 5 EStR). Folge?
Es handelt sich um zwei Sachverhalte: Aufgabe 01 und Verkauf 03 (vgl. BFH, BStBl 1984 II S. 593 für ErbSt-Bescheide). § 174 AO greift nicht ein.

Eine **mehrfache Berücksichtigung** im Sinne von **gesetzwidriger Doppelerfassung** eines bestimmten Sachverhalts erfordert ein wechselseitiges Ausschließlichkeitsverhältnis, sodass eine nochmalige Berücksichtigung desselben Sachverhalts denkgesetzlich ausgeschlossen ist. Voraussetzung hierfür ist zusätzlich, dass der Sachverhalt dem FA bei der Steuerfestsetzung bekannt war und als Entscheidungsgrundlage herangezogen und verwertet wurde (vgl. BFH, BStBl 1990 II S. 558; 1992 II S. 126). Das ist z. B. der Fall, wenn ein Vorgang irrtümlich verschiedenen Stpfl. **(Subjektkollision),** verschiedenen Steuern **(Objektkollision)** oder verschiedenen Besteuerungszeiträumen **(Zeitkollision)** zugeordnet worden ist (vgl. AEAO zu § 174 Nr. 2). Hierunter fallen etwa Fälle, in denen mehrfach gegen denselben Stpfl. eine Steuer festgesetzt worden ist, z. B. SchenkSt-Bescheid und GrESt-Bescheid wegen desselben Vorgangs (FG Münster, EFG 1980 S. 370; Gosse, FR 1983 S. 164). Dagegen kann etwa die unterschiedliche steuerliche Behandlung von Leistungen im Sinne des § 10 Abs. 1 Nr. 1a und § 22 Nr. 1 EStG – beim Leistenden nur mit dem Ertragsanteil und beim Empfänger dagegen voll als sonstige Bezüge – nicht nach § 174 Abs. 1 AO korrigiert werden, da das EStG insoweit kein zwingendes Korrespondenzprinzip kennt (BFH, BStBl 1994 II S. 597; 1996 II S. 157). Dasselbe gilt, wenn z. B. ein Darlehensverhältnis steuerlich unterschiedlich beim Schuldner und beim Empfänger behandelt wird (BFH, BStBl 1995 II S. 264; 2001 II S. 743 für Zinseinnahmen und Werbungskosten).

Dieser Sachverhalt muss in **mehreren (Steuer-)Bescheiden** unmittelbar **positiv berücksichtigt** worden sein. Der Begriff „in mehreren Steuerbescheiden" umfasst auch zusammengefasste Steuerbescheide nach § 155 Abs. 3 AO (= zwei inhaltsgleiche Steuerbescheide), ferner das Verhältnis von Steuerbescheid und zugrunde liegendem Feststellungsbescheid (§ 181 Abs. 1 AO; vgl. BFH, BStBl 1997 II S. 170). **Nicht** erfasst wird dagegen die **unmittelbare doppelte Berücksichtigung im gleichen Bescheid,** z. B. Doppelbuchung von Betriebseinnahmen oder Ansatz von Zinsen als Betriebseinnahmen und als Kapitalerträge. Hier sind z. B. die §§ 129, 173 AO zu prüfen. Erhält der Stpfl. zwei ESt-Bescheide für ein und denselben Veranlagungszeitraum beziehungslos nebeneinander, also nicht einen als „Änderungsbescheid", so ist der zweite ESt-Bescheid gemäß § 119 Abs. 1, § 125 Abs. 1 AO nichtig (BFH, BStBl 2001 II S. 662; nach AEAO zu § 174 Nr. 2 liegt ein Fall des § 174 Abs. 1 AO vor).

Auch bei **doppelter** bzw. **mehrfacher Nichtberücksichtigung** (negativem Widerstreit) ist § 174 Abs. 1 AO nach seinem eindeutigen Wortlaut sowie Sinn und

Zweck nicht anwendbar, z. B. eine Einnahme wird weder bei zwei Stpfl. noch in zwei Perioden erfasst. Eine Analogie in dem Sinne, dass die Nichtberücksichtigung einer Berücksichtigung zuungunsten gleichsteht, ist nicht zulässig (vgl. BFH, BStBl 1992 II S. 126). Denn § 174 AO unterscheidet streng zwischen „Mehrfacherfassungen" in den Absätzen 1 und 2 und der mehrfachen Nichtberücksichtigung in Absatz 3. In diesen Fällen kommt eine Korrektur nach § 173 AO oder § 174 Abs. 3 bzw. 4 AO in Betracht.

§ 174 Abs. 1 AO setzt weiter voraus, dass nach materiellem Steuerrecht nur eine **einmalige Berücksichtigung zulässig** ist. Hierbei ist zu beachten, dass die Steuergesetze nicht stets eine Doppelerfassung desselben Sachverhalts zwingend ausschließen, sondern vereinzelt bewusst wollen, z. B. bei Grundstücksveräußerung GrESt und gleichzeitig USt bei Option (§ 9 i. V. m. § 4 Nr. 9 Buchst. a UStG).

Beispiele:

1. S hatte den Pachtzins aus Sonderbetriebsvermögen irrtümlich in 03 als Einnahme aus § 21 EStG erfasst, obgleich er im Feststellungsbescheid, der dem endgültigen ESt-Bescheid zugrunde liegt, bereits als § 15 EStG-Einkünfte enthalten ist. Folge? Die doppelte Erfassung fällt unter § 174 Abs. 1 AO, da es sich um mehrere Bescheide handelt: einmal eigenständiger Feststellungsbescheid (§§ 181, 182 AO) und zum anderen unmittelbar (!) im ESt-Bescheid (vgl. BFH, BStBl 1985 II S. 622/624; 1997 II S. 170). § 173 Abs. 1 Nr. 2 AO ist anwendbar, falls kein grobes Verschulden vorliegt.

2. S hatte Mietzinsen in 04 sowohl als Betriebseinnahme als auch versehentlich als Einnahme aus V+V angesetzt. Der ESt-Bescheid 04 ist unanfechtbar. Änderbar? Es ist kein Fall des § 174 AO gegeben, da eine mehrfache Berücksichtigung nur in „einem" Bescheid vorliegt. § 173 Abs. 1 Nr. 2 AO dürfte regelmäßig eingreifen.

3. Beim Übergang von der Soll- zur Istbesteuerung bei der USt oder der Gewinnermittlung von § 4 Abs. 3 zu § 5 EStG wird ein Umsatz/eine Einnahme in 05 und 06 doppelt erfasst. – Änderung nach § 174 Abs. 1 AO; ggf. § 173 AO.

4. Dieselben Kapitalerträge sind bei der Zusammenveranlagung von M/F jeweils grob schuldhaft bei M und F angesetzt worden. Der ESt-Bescheid ist unanfechtbar. § 174 Abs. 1 AO greift ein, da es sich gemäß § 155 Abs. 3 AO um zwei – zusammengefasste – Steuerbescheide handelt. § 173 Abs. 1 Nr. 2 AO scheitert am groben Verschulden. § 129 AO entfällt bei Fehlern des Stpfl.

5. Unternehmer U erklärte für 07 eine steuerpflichtige Entnahme (Schenkung eines PKW an den Sohn). In 08 erfasst er den späteren Verkauf des PKW nochmals als Umsatz. Die USt-Bescheide 07 und 08 sind endgültig und unanfechtbar. § 174 Abs. 1 AO entfällt, da die USt-Bescheide zwei unterschiedliche Sachverhalte (Entnahme und Lieferung) erfassen (vgl. BFH, BStBl 1984 II S. 593; 1985 II S. 282). Soweit kein grobes Verschulden des U vorliegt, ist § 173 Abs. 1 Nr. 2 AO anwendbar.

6. Das Betriebs-FA hatte gegen A als Arbeitgeber einen LSt-Haftungsbescheid erlassen, weil S als nichtselbständiger Mitarbeiter tätig gewesen sei. S ist vom Wohnsitz-FA aber zutreffend mit § 18 EStG-Einkünften veranlagt worden. Folge?

9.12 Widerstreitende Steuerfestsetzungen (§ 174 AO)

§ 174 Abs. 1 AO entfällt, da der Haftungsbescheid einem Steuerbescheid nicht gleichsteht (vgl. BFH, BFH/NV 1997 S. 212). Vielmehr greift für den Haftungsbescheid § 130 Abs. 1 AO ein.

7. Bestimmte Honorare des S sind als steuerpflichtige Umsätze im endgültigen USt-Bescheid 01 erfasst worden. Im Rahmen der ESt-Veranlagung 01 werden sie zutreffend als § 19 EStG-Einkünfte erfasst und nicht als solche aus § 18 EStG. Ist der USt-Bescheid änderbar?

§ 174 AO soll nicht steuerlich korrespondierende Festsetzungen sicherstellen, sondern nur eine unzutreffende Doppelberücksichtigung eines Sachverhalts erfassen. Eine Änderung des USt-Bescheides entfällt somit.

Die Korrektur erfolgt lediglich auf **Antrag** und erfasst nur den sich aus der unzulässigen Doppelberücksichtigung ergebenden inhaltlichen Fehler. Bestehen Zweifel, welche der widerstreitenden Steuerfestsetzungen fehlerhaft ist, so ist der Antrag allgemein als solcher im Sinne von § 174 Abs. 1 AO zu behandeln. Eine besondere **Antragsfrist** enthält **§ 174 Abs. 1 Satz 2 AO.** Danach ist ein Änderungsantrag noch bis zum Ablauf eines Jahres nach Unanfechtbarkeit des letzten der betroffenen Steuerbescheide zulässig. Hierdurch ist sichergestellt, dass bei doppelter oder mehrfacher Berücksichtigung belastender Tatsachen auch eine Steuerfestsetzung korrigiert werden kann, für die die Festsetzungsfrist an sich abgelaufen ist. Wird der Antrag rechtzeitig gestellt, steht der Aufhebung oder Änderung des Bescheides insoweit keine Frist entgegen (§ 171 Abs. 3 AO).

§ 174 Abs. 1 AO kann auch beim **Missbrauch rechtlicher Gestaltungsmöglichkeiten** anwendbar sein. So kommt es zuweilen vor, dass die unangemessene Gestaltung zwar bei einer Steuerart zu der beabsichtigten Steuerminderung führt, dass der Stpfl. aber gleichzeitig bei einer anderen Steuer mehr zu zahlen hat, als er bei angemessener Gestaltung hätte zahlen müssen, und diese Mehrsteuer in Kauf nimmt (vgl. § 42 AO). In diesen Fällen ist die umgangene Steuer zwar festzusetzen, die im Hinblick auf die unangemessene Gestaltung zu hoch festgesetzte Steuer aber auf Antrag aufzuheben (vgl. FG Baden-Württemberg, EFG 1979 S. 526).

9.12.2 § 174 Abs. 2 AO

Ist ein bestimmter Sachverhalt in unvereinbarer Weise **mehrfach zugunsten** eines oder mehrerer Stpfl. berücksichtigt worden, so ist der fehlerhafte Bescheid zu korrigieren (vgl. AEAO zu § 174 Nr. 3). Die Änderung ist von Amts wegen vorzunehmen. Die **Voraussetzungen** des § 174 Abs. 2 AO entsprechen weitgehend dem Absatz 1:

1. Bestimmter Sachverhalt
2. Mehrfache Berücksichtigung, d. h. in mehreren Bescheiden
3. Zugunsten eines oder mehrerer Stpfl.

4. In unvereinbarer Weise, d. h. „rechtsfehlerhafte materielle Berücksichtigung" des Sachverhalts im dadurch fehlerhaften Bescheid
5. Alleinige oder überwiegende Verursachung durch Antrag oder Erklärung des Stpfl.

Der unrichtige Bescheid darf allerdings nur dann zum Nachteil des Stpfl. geändert werden, wenn die mehrfache – positive – Berücksichtigung des günstigen Sachverhalts auf einen **fehlerhaften Antrag** oder eine **Erklärung** des Stpfl. zurückzuführen ist. Unter den Begriff Antrag oder Erklärung im Sinne dieser Vorschrift fallen auch formlose Mitteilungen und Auskünfte sowie die für den Beteiligten von Dritten abgegebenen Erklärungen, z. B. im Rahmen des § 80 Abs. 1 oder § 200 Abs. 1 AO. Erforderlich ist **alleinige oder überwiegende Verursachung** durch den Stpfl. (BFH, BStBl 1997 II S. 170; 1999 II S. 158). Unerheblich ist, ob die Doppelberücksichtigung vom Stpfl. bewusst schuldhaft oder unbewusst veranlasst wurde (BFH, BStBl 1996 II S. 148). Der begünstigte Stpfl., der durch eine **objektiv falsche Darstellung des Sachverhalts** den Steuervorteil veranlasst hat, verdient keinen Vertrauensschutz. Beruht die unrichtige Festsetzung sowohl auf einer falschen oder unvollständigen Sachverhaltsdarstellung als auch auf Fehlern der Finanzbehörde, so ist entscheidend, wer von beiden den entscheidungserheblichen Beitrag zur Fehlerhaftigkeit geleistet hat. Hierbei ist vor allem zu berücksichtigen, dass ein Stpfl., der eine unrichtige Erklärung abgegeben hat, sich regelmäßig nicht auf Ermittlungsfehler der Behörde berufen kann (BFH, BStBl 1984 II S. 510). Wenn die Verletzung der Mitwirkungspflichten nach §§ 90, 150 Abs. 2 AO zum Fehler der Behörde beigetragen hat, ist der Bescheid zu korrigieren. Unklarheiten, die zur Irreführung der Behörde geeignet sind, gehen zulasten des Stpfl. Unerheblich ist stets eine falsche rechtliche Beurteilung durch den Stpfl., sofern er den Sachverhalt vollständig und richtig dargestellt hat (BFH, BStBl 1981 II S. 388).

Beispiele:

1. V hatte Werbungskosten bei V+V in 03 aufgrund der Rechnung angesetzt. Nach Bezahlung in 04 macht er den Betrag erneut geltend. Dies war dem FA trotz Belegvorlage nicht aufgefallen. Die ESt-Bescheide 03 und 04 sind endgültig. Änderbar?

§ 174 Abs. 2 AO greift ein. § 173 AO scheitert am nachträglichen Bekanntwerden.

2. Verluste aus 05 sind gemäß § 10 d EStG im ESt-Bescheid 06 voll abgezogen worden. Aufgrund unrichtiger Mitteilung (kein Feststellungsbescheid) werden sie vom FA auch in 07 angesetzt.

§ 174 Abs. 2 AO entfällt, da die mehrfache Berücksichtigung in 07 nicht auf einem Antrag oder einer Erklärung des Stpfl. beruht (FG Berlin, EFG 1985 S. 99).

3. S hatte gleichzeitig die ESt-Erklärung 01 und 02 eingereicht. Wenig später wies er das FA nach § 153 AO darauf hin, dass ein Aufwand von 10.000 € versehentlich den Gewinn beider Jahre gemindert habe; der Gewinn 02 sei entsprechend zu erhöhen. Das FA veranlagte 01 und 02 ohne Gewinnkorrektur für 02 nach Erklärung mit endgültigen ESt-Bescheiden. Ist der Bescheid 02 änderbar?

9.12 Widerstreitende Steuerfestsetzungen (§ 174 AO)

§ 174 Abs. 2 AO entfällt, da wegen der eindeutigen Richtigstellung vor der Festsetzung keine Mitverursachung durch S vorliegt; der Sachverhalt war richtig dargestellt (anders im BFH-Fall, BStBl 1984 II S. 510: nicht eindeutige Erklärung). § 173 Abs. 1 Nr. 1 AO scheidet mangels neuer Tatsache aus, ebenso § 172 Abs. 1 Satz 1 Nr. 2 Buchst. a AO mangels Zustimmung zur Änderung des Steuerbescheides (vgl. BFH, BStBl 1999 II S. 158: kein Verstoß des Stpfl. gegen Treu und Glauben).

9.12.3 § 174 Abs. 3 AO

§ 174 Abs. 3 AO regelt den **negativen Widerstreit**, d. h. den Fall, dass in einem Bescheid ein bestimmter – zu einer Steuerbelastung oder Steuerminderung führender – Sachverhalt in der erkennbaren Annahme nicht berücksichtigt worden ist, dass der Sachverhalt nur Bedeutung für eine andere Steuer, einen anderen Besteuerungszeitraum oder einen anderen Stpfl. habe (vgl. AEAO zu § 174 Nr. 4). **Voraussetzungen** sind:

1. Bestimmter Sachverhalt
2. Mit Steuerbelastung oder -minderung
3. Keine Berücksichtigung im (Steuer-)Bescheid
4. Rechtsfehlerhafte Annahme, d. h. für andere Steuer, Jahr oder Stpfl. erheblich
5. Konkretisierte und bewusste Annahme ist für Stpfl. „erkennbar" im Bescheid, im Schreiben oder aufgrund des gesamten Sachverhaltsablaufs

Stellt sich die unrichtige Sachverhaltsbeurteilung heraus, etwa bei Vorbereitung der anderen Steuerfestsetzung, so ist der fehlerhafte Bescheid – ggf. auch mehrere Bescheide –, bei dem die Berücksichtigung des Sachverhalts unterblieben ist, bei Vorliegen der weiteren Voraussetzungen **zugunsten oder zulasten** zu ändern. § 174 Abs. 3 AO setzt jedoch zwingend voraus, dass **für den Stpfl. erkennbar** war, weshalb die Finanzbehörde den Sachverhalt zunächst bewusst („in der Annahme") nicht berücksichtigt hat (vgl. AEAO zu § 174 Nr. 4; von Wedelstädt, DB 1995 S. 1144). Diese muss daher ihre Auffassung dem Stpfl. gegenüber im ursprünglichen Bescheid selbst oder auf andere Weise deutlich gemacht haben, z. B. Hinweis im Steuerbescheid, in einem Schreiben, im Prüfungsbericht. Es reicht aus, wenn die Nichtberücksichtigung für den Stpfl. auch ohne besondere Mitteilung des FA allein aufgrund des gesamten Sachverhaltsablaufs erkennbar war (BFH, BStBl 1990 II S. 458; BFH/NV 1999 S. 449). Der Umstand, dass ein **Dritter**, z. B. Steuerberater, aus Kenntnis weiterer Zusammenhänge in der Lage ist, den Irrtum des FA zu erkennen, reicht wegen des Vertrauensschutzes gegenüber dem Stpfl. nicht aus (vgl. BFH, BStBl 1986 II S. 241). Dasselbe gilt für eine **Nachholung der Begründung** gegenüber dem Stpfl. (FG Hamburg, EFG 1985 S. 536).

Unter den Voraussetzungen des § 174 Abs. 3 AO ist auch eine **unterbliebene Festsetzung nachzuholen**.

9 Korrektur von Verwaltungsakten

Beispiele:

1. Das FA hatte irrtümlich eine Grundstücksveräußerung bei der ESt-Veranlagung 03 nicht erfasst und im USt-Bescheid 03 als nach § 4 Nr. 9 Buchst. a UStG steuerfrei behandelt. Die GrESt-Stelle teilt dem Veranlagungsbereich später mit, dass der Vorgang nicht der GrESt unterliege. Sind die Bescheide zu ändern? Der USt-Bescheid ist – vorbehaltlich § 164 Abs. 2 AO – nach § 174 Abs. 3 AO zu ändern. Für die ESt entfällt § 174 Abs. 3 AO, da ESt und GrESt hier nicht in einem Spannungsverhältnis stehen. § 173 AO scheidet mangels neuer Tatsache aus.

2. Das FA hatte den Werbungskostenabzug von 2.000 € bei V+V für 01 schriftlich abgelehnt, da er in 02 zu berücksichtigen sei. Ein Ansatz in 02 unterblieb aus Versehen des Stpfl. Die ESt-Bescheide 01 und 02 sind endgültig und unanfechtbar. Korrigierbar? Die (doppelte) Nichtberücksichtigung ist kein Fall des § 174 Abs. 1 AO. § 174 Abs. 3 AO greift nicht ein, weil sich die Annahme – mangels Geltendmachung – nicht als unrichtig herausstellte. § 173 Abs. 1 Nr. 2 AO scheitert am nachträglichen Bekanntwerden bzw. regelmäßig am groben Verschulden.

3. Der von S erklärte Verlust aus § 16 EStG in Höhe von 200.000 € war vom FA rechtsirrig im ESt-Bescheid 01 (unter Vorbehalt der Nachprüfung) berücksichtigt worden. Folgerichtig blieb der Verlust in der ESt-Erklärung 02 und im endgültigen ESt-Bescheid 02 unberücksichtigt. Im Rahmen einer Ap wurde festgestellt, dass der Verlust richtigerweise nicht dem Jahr 01, sondern 02 zuzuordnen ist. Den nach § 164 Abs. 2 AO geänderten ESt-Bescheid 01 hatte S erfolglos mit Einspruch und Klage angegriffen. Wie ist die Rechtslage bzgl. des ESt-Bescheides 02?

Eine Änderung des ESt-Bescheides 02 nach **§ 173 Abs. 1 Nr. 2 AO** entfällt unabhängig von der Verschuldensfrage, da der Sachverhalt dem FA bei der Festsetzung 02 bereits bekannt war. Voraussetzung für **§ 174 Abs. 3 AO** ist, dass der Verlust im Bescheid 02 bewusst, d. h. „erkennbar in der Annahme" nicht berücksichtigt wurde, er sei in 01 zu erfassen. Dies ist im normalen Veranlagungsverfahren nicht der Fall, da dieser Sachverhalt (Verlust) aus der konkreten Sicht des FA nicht mehr Gegenstand der Festsetzung 02 sein konnte (vgl. AEAO zu § 174 Nr. 4). Ferner war auch für S bei Erlass des Bescheides 02 nicht erkennbar, dass der Verlust fehlerhaft nicht in 02 berücksichtigt worden war: Die analoge Anwendung des § 174 Abs. 3 AO wird vom BFH mangels einer Gesetzeslücke abgelehnt (BStBl 1994 II S. 597; 1995 II S. 264). **§ 174 Abs. 4 AO** scheidet aus, weil die Änderung des Bescheides 01 weder auf einen Rechtsbehelf oder Antrag des S noch zu seinen Gunsten erfolgte. Ein rückwirkendes Ereignis gemäß **§ 175 Abs. 1 Satz 1 Nr. 2 AO** liegt nicht vor, da der Bescheid 02 von Anfang an unrichtig war. S hatte damit praktisch keine Möglichkeit, für den Fall einer anderweitigen Beurteilung der ESt 01 den Bescheid 02 offen zu halten. Das widerspricht dem Zweck des § 174 AO. Daher ist die zu hoch festgesetzte ESt 02 aus sachlichen Billigkeitsgründen nach **§ 227 AO** zu erlassen (vgl. von Wedelstädt, DB 1995 S. 1144/1146).

Es besteht **Korrekturzwang.** Trotz des Wortlautes „kann" besteht ein Rechtsanspruch auf Änderung wegen der Ermessensreduzierung auf null (vgl. BFH, BStBl 1990 II S. 458 m. w. N.). Andernfalls würde sich das FA in Widerspruch zu seinem vorangegangenen Verhalten setzen, denn es soll gemäß § 85 AO die Steuer materiell richtig festsetzen.

9.12 Widerstreitende Steuerfestsetzungen (§ 174 AO)

Beispiel:
Sonderausgaben des S sind in 01 nicht berücksichtigt worden, weil das FA der Meinung war, sie seien erst in 02 abgeflossen. Dies wurde dem S mitgeteilt. Bei der ESt-Festsetzung 02 stellt sich jedoch heraus, dass die Sonderausgaben doch in 01 hätten berücksichtigt werden müssen. Das FA meint, S habe ja Einspruch einlegen können. S hat einen Rechtsanspruch darauf, den ESt-Bescheid 01 entsprechend zu ändern (§ 174 Abs. 3 AO). Ihm kann nicht entgegengehalten werden, er hätte den Bescheid 01 anfechten müssen. Andernfalls würde sich das FA zu seinem eigenen Verhalten und zu § 85 AO in Widerspruch setzen.

§ 174 Abs. 3 und 4 AO stehen selbständig nebeneinander. Das bedeutet u. a., dass eine Änderung nach Abs. 3 gegenüber einem **Dritten** auch ohne die für § 174 Abs. 4 AO erforderliche Hinzuziehung nach Abs. 5 vorzunehmen ist (BFH, BStBl 1984 II S. 788; siehe Beispiel zu Absatz 5).

Die Korrektur oder Nachholung der fehlerhaften Steuerfestsetzung ist nur zulässig, solange die **Festsetzungsfrist** für die „andere" Steuerfestsetzung noch nicht abgelaufen ist (**§ 174 Abs. 3 Satz 2 AO**). Dies ist die Verjährungsfrist für den Bescheid, in dem das FA den Sachverhalt ursprünglich berücksichtigen sollte.

9.12.4 § 174 Abs. 4 AO

Hat die Finanzbehörde oder das Gericht auf Betreiben des Stpfl. („aufgrund eines Rechtsbehelfs oder sonst auf Antrag") eine **Steuerfestsetzung zugunsten des Stpfl. geändert,** so können aus dem Sachverhalt nunmehr ohne Rücksicht auf die etwaige Bestandskraft eines anderen Steuerbescheides nachträglich die richtigen steuerlichen Folgerungen gezogen werden (vgl. AEAO zu § 174 Nr. 5). **Voraussetzungen** für die **Folgekorrektur** sind danach:

1. Unrichtige Steuerfestsetzung

2. Aufgrund eines Rechtsfehlers

3. Bestimmter – deckungsgleicher – Sachverhalt im Sinne von einheitlichem Lebensvorgang, an den das Gesetz steuerliche Folgen knüpft

4. Aufhebung oder Änderung dieses Bescheides zugunsten des Stpfl. aufgrund Rechtsbehelfs, Urteils oder auf Antrag, z. B. § 164 Abs. 2 AO; also nicht bei einer Änderung von Amts wegen

Als **Rechtsfolge** darf das FA aus dem irrig beurteilten Sachverhalt nunmehr für „denselben" Stpfl. durch erstmaligen Erlass bzw. Änderung eines oder mehrerer Bescheide die **richtigen korrespondierenden steuerlichen Folgen** zulasten oder ggf. auch zugunsten des Stpfl. bei einer anderen Steuerart oder in einem anderen Jahr ziehen. Es kann sich hierbei um eine Objektkollision (Steuerarten, z. B. GrESt und ErbSt) oder um eine Zeitkollision handeln. Der Umstand, dass der betreffende Bescheid zugunsten des Stpfl. geändert worden ist, verhindert unter dem Vertrauensaspekt nicht, dass stets die „richtigen", d. h. die bei zutreffender Gesetzesauslegung entsprechenden steuerlichen Folgerungen zu ziehen sind (vgl. BFH, BStBl 1997 II S. 647; 1998 II S. 83 m. w. N.; von Wedelstädt, DB 1994 S. 2469).

Diese Voraussetzungen können auch in den Fällen des § 174 Abs. 3 AO vorliegen. Andererseits erfasst Absatz 4 jedoch auch die Fälle, in denen es an der Erkennbarkeit fehlt. Absatz 4 ergänzt somit Absatz 3 um die Fälle, in denen eine Steuerfestsetzung auf Antrag oder im Rechtsbehelfsverfahren zugunsten des Stpfl. geändert worden ist (kumulative Vorschriften).

Beispiele:

1. Der S hatte in 01 einen PC (Computer) mit Drucker für 1.500 € erworben und in der ESt-Erklärung 01 in voller Höhe als Werbungskosten bei § 19 EStG angesetzt. Das FA lehnte den Abzug wegen § 12 Nr. 1 EStG ab. Nach erfolglosem Einspruch erhob S Klage. Das FG erkannte durch Urteil die Aufwendungen zwar grundsätzlich als Werbungskosten an, ließ aber nur eine Verteilung im Wege der AfA auf drei Jahre zu, d. h. für 01 AfA von 500 € als Werbungskosten. Die ESt-Bescheide 02 und 03 sind bereits bestandskräftig (endgültig). S beantragt deren Änderung. Möglich?

Eine Korrektur nach § 173 AO entfällt, da die Tatsachen dem FA bekannt waren. Eine Änderung der ESt-Bescheide 02 und 03 kann nicht nach § 174 Abs. 4 AO erfolgen. § 174 Abs. 4 AO bezweckt nur den Ausgleich einer zugunsten des Stpfl. eingetretenen Änderung (AEAO zu § 174 Nr. 5 mit Hinweis auf BFH, BStBl 1999 II S. 475). Danach kann der Erfolg in einem Einspruchs- oder Klageverfahren nicht auf andere bestandskräftige Steuerfestsetzungen übertragen werden. Diese müssen ggf. offen gehalten werden nach § 164 bzw. § 172 AO oder durch einen vorsorglich eingelegten Einspruch. Unter Umständen kann aber eine Billigkeitsmaßnahme nach § 227 AO geboten sein (vgl. BFH, BFH/NV 1998 S. 935).

2. S hatte sein Unternehmen über einen längeren Zeitraum aufgelöst. Aufgrund einer Klage gegen den ESt-Bescheid 03 entschied das FG, dass ein – evtl. steuerbegünstigter – Aufgabegewinn nicht in 03, sondern in 04 zu erfassen sei. Die ESt 04 ist unanfechtbar festgesetzt. Kann eine Änderung erfolgen?

Das FA kann den Bescheid 04 nach § 174 Abs. 4 AO auch insoweit ändern, als es den Verkauf als nicht tarifbegünstigt behandelt (vgl. BFH, BStBl 1990 II S. 373).

Liegen gleichzeitig die Voraussetzungen des Absatzes 3 und Absatzes 4 vor, so können die steuerlichen Folgerungen ohne Rücksicht auf die jeweils in Betracht kommende **Festsetzungsfrist** noch innerhalb eines Jahres nach Korrektur des fehlerhaften Steuerbescheides vorgenommen werden (vgl. BFH, BStBl 2004 II S. 763). Sind jedoch lediglich die Voraussetzungen des Absatzes 4 gegeben, so gilt die Jahresfrist nur dann, wenn in dem Zeitpunkt, in dem die aufgrund eines Rechtsbehelfs oder Antrags später aufgehobene oder geänderte Steuerfestsetzung vorgenommen wurde, die – sachverhaltsbezogene – Festsetzungsfrist für den Bescheid, in dem die Folgerungen richtigerweise zu ziehen wären, noch nicht abgelaufen war (vgl. BFH, BB 1990 S. 2106).

9.12 Widerstreitende Steuerfestsetzungen (§ 174 AO)

9.12.5 § 174 Abs. 5 AO für Drittwirkung

Sind in den Fällen des § 174 Abs. 4 AO bei einem „bestimmten Sachverhalt" im Sinne von einheitlichem Lebensvorgang die richtigen **steuerrechtlichen Folgerungen einem Dritten gegenüber zu ziehen,** so greift Absatz 4 nur ein, wenn die Aufhebung oder Änderung des fehlerhaften Bescheides ihm gegenüber wirksam ist, d. h., wenn der Dritte wirksam vor Eintritt der Festsetzungsverjährung am Verfahren beteiligt war (**§ 174 Abs. 5 AO;** vgl. BFH, BStBl 1991 II S. 605; 1993 II S. 817; AEAO zu § 174 Nr. 6 und 7; von Wedelstädt, DB 1990 S. 1483; 1994 S. 2469). Dritter in diesem Sinne ist jeder, der im fehlerhaften Bescheid nicht als Steuerschuldner angegeben war. Es bedarf in diesen Fällen keiner Prüfung, ob die besonderen Voraussetzungen der Hinzuziehung der §§ 359, 360 AO oder der §§ 57, 60 FGO vorliegen, da diese ein Rechtsbehelfsverfahren voraussetzen. Es reicht aus, dass der Dritte durch eigene verfahrensrechtliche Initiative auf die Korrektur des Bescheides hingewirkt hat, z. B. durch Stellung von Aufhebungs- oder Änderungsanträgen, und dass sich für ihn eine Folgeänderung im Sinne von § 174 Abs. 4 und 5 AO ergeben kann (BFH, BStBl 1995 II S. 764).

Erstmalige Festsetzungen und andere Korrekturvorschriften bleiben unberührt, z. B. § 164, § 173, aber auch § 174 Abs. 3 AO (vgl. BFH, BStBl 1984 II S. 788).

Beispiele:

1. U betreibt eine Werbeagentur und eine Boutique. Letztere wird von seiner (allein) fachkundigen Ehefrau F geleitet. Aufgrund einer USt-Sonderprüfung sah das FA die F als Unternehmerin der Boutique an. Es setzte die USt 01 und 02 des U durch endgültige Bescheide niedriger fest unter Hinweis auf den Prüfungsbericht. Gegen die F ergingen entsprechend USt-Bescheide 01 und 02, gegen die sie mit Erfolg Einspruch einlegte. U war vom FA nicht hinzugezogen worden. Sind die materiell unrichtigen USt-Bescheide des U zu ändern?

Die USt-Bescheide des U sind gemäß § 174 Abs. 3 AO zu ändern, da für U die irrige Beurteilung des FA erkennbar war (vgl. BFH, BFH/NV 1996 S. 733). Es bedurfte nicht seiner Hinzuziehung. § 174 Abs. 3 AO steht selbständig neben § 174 Abs. 4 und 5 AO (BFH, BStBl 1984 II S. 788).

2. Gegen die Behandlung einer monatlichen Zahlung der Tochter T an die Mutter M als nur mit dem Ertragsanteil steuerlich zu berücksichtigende Leibrente legt die T erfolgreich Einspruch mit dem Begehren ein, die Zahlungen als dauernde Last zu behandeln. Das FA zog die M zu dem Einspruchsverfahren hinzu (§ 174 Abs. 5, § 360 AO). Anschließend änderte es die entsprechenden Steuerfestsetzungen der M gemäß § 174 Abs. 4 und 5 AO dahin gehend, dass es die Zahlungen nicht mehr als Leibrente nur mit dem Ertragsteil, sondern als Einkünfte aus wiederkehrenden Bezügen nach § 22 Nr. 1 Satz 1 EStG erfasste. Zulässig?

Ein bestimmter Sachverhalt ist jeder einheitliche Lebensvorgang, aus dem steuerrechtliche Folgerungen sowohl beim Stpfl. als auch beim Dritten zu ziehen sind. Die steuerrechtlichen Folgerungen brauchen bei beiden nicht die gleichen zu sein. Nach § 174 Abs. 4 und 5 AO genügt es, dass ein und derselbe Sachverhalt sowohl beim Stpfl. als auch beim Dritten erfasst und irrig beurteilt worden ist, ohne dass dabei die Rechtsfolgen übereinstimmen müssen. Nach einer Richtigstellung der rechtlichen Beurteilung zugunsten der T aufgrund deren Einspruchs oder Antrags durfte damit verfahrensrechtlich korrespondierend aus dem einheitlichen Lebenssachverhalt die rechtliche Folgerung auch bei M im Wege der Änderung ihrer bestandskräftigen Steuerfestsetzung gezogen werden (vgl. BFH, BStBl 1994 II S. 597; 1996 II S. 157; BMF, BStBl 2004 I S. 922 Tz. 46 ff.).

9.13 Änderung von Folgebescheiden nach § 175 Abs. 1 Satz 1 Nr. 1 AO

Ein endgültiger Steuerbescheid ist zu erlassen, aufzuheben oder zu ändern, „soweit" ein **Grundlagenbescheid,** dem Bindungswirkung für diesen Bescheid zukommt, erlassen, aufgehoben oder geändert wird (§ 175 Abs. 1 Satz 1 Nr. 1 AO). Die Grundlagenbescheide bilden die verfahrensmäßige Voraussetzung für den Erlass der – ganz oder teilweise – auf ihnen beruhenden Steuerbescheide **(Folgebescheide).** Der Folgebescheid kann seinerseits auch wiederum ein Grundlagenbescheid eines Steuerbescheides sein (§ 181 Abs. 1, § 182 Abs. 1 AO). Die Finanzbehörde ist daher beim Erlass von (Steuer-)Bescheiden gemäß **§ 182 Abs. 1 AO** an die in anderen Bescheiden getroffenen Feststellungen gebunden.

9.13.1 Voraussetzungen

1. **Grundlagenbescheide.** Dazu gehören nach **§ 171 Abs. 10 AO:**

- **Feststellungsbescheide,** z. B. EW-Bescheide, Gewinn- oder Verlustfeststellungen, Ergänzungsbescheide (§ 180 Abs. 1 und 2, § 179 Abs. 3 AO).

- **Steuermessbescheide,** z. B. GewSt-Messbescheid für den GewSt-Bescheid und für den ESt-Bescheid gemäß § 35 EStG. Der ESt- bzw. Gewinnfeststellungs-Bescheid ist kein Grundlagenbescheid für den GewSt-Messbescheid (vgl. § 184 Abs. 1 Satz 2 AO; § 7 GewStG; BFH, BStBl 2004 II S. 699; Abschn. 38 Abs. 1 Satz 9 bis 11 GewStR; Hinweis auf die Sonderregelung des **§ 35 b GewStG** und Abschn. 83 GewStR mit Einzelheiten).

- **Andere Verwaltungsakte** mit Bindungswirkung. Nach der Rechtsprechung ist für die Annahme einer Bindungswirkung in diesen Fällen grundsätzlich eine ausdrückliche **gesetzliche Regelung** erforderlich. Sonst ist ein Grundlagenbescheid nur anzunehmen, wenn Sachverhalte zu beurteilen sind, die die Finanzbehörde mangels eigener Sachkunde nicht selbst zu prüfen vermag (vgl. BFH, BStBl 1988 II S. 981; AEAO zu § 175 Nr. 1.1). Zu diesen „anderen Verwaltungsakten" zählen:

9.13 Änderung von Folgebescheiden nach § 175 Abs. 1 Satz 1 Nr. 1 AO

- **Steuerliche Verwaltungsakte**
  z. B. ESt-Bescheid für SolZ, BAföG, Zinsbescheide, Erziehungsgeld oder Wohnungsbauprämie (vgl. Tz. 8.7.1);
  Stundung oder AdV als Grundlage des Zinsbescheides (§ 239 Abs. 1 AO; für Steuerzinsen enthält § 233 a Abs. 5 Satz 1 AO eine spezielle Änderungsvorschrift); nachträgliche Billigkeitsmaßnahmen nach § 163 AO als Grundlage für Steuerbescheide.

- **Außersteuerliche Verwaltungsakte**
  z. B. amtsärztliche Bescheinigung für § 33 b EStG (§ 65 EStDV; vgl. AEAO zu § 175 Nr. 1.1; H 194 EStH; BFH, BStBl 1990 II S. 60);
  rückwirkende Anerkennung der Berufsunfähigkeit für § 16 Abs. 4 EStG;
  Bescheinigungen im Sinne von §§ 7 d, 7 h, 7 i, 7 k, 10 g, 11 a, 11 b EStG (vgl. R 83 a Abs. 4 EStR; BFH, BStBl 2003 II S. 910, 912, 916; 2004 II S. 711);
  Anerkennungsbescheid für GrSt-Vergünstigung, nicht aber jede andere Bescheinigung (BFH, BStBl 1980 II S. 682; 1982 II S. 80).
  Ein – nicht fristgebundener – Antrag auf Gewährung einer Steuervergünstigung hinsichtlich eines Grundlagenbescheides im Sinne von § 171 Abs. 10 AO i. V. m. § 175 Abs. 1 Satz 1 Nr. 1 AO kann als Verfahrenshandlung auch nach Bestandskraft des Steuerbescheides für das jeweilige Kalenderjahr gestellt werden (vgl. AEAO zu § 175 Nr. 1.4 und Vor §§ 172 bis 177 Nr. 8).

2. Erlass, Aufhebung, Änderung oder Korrektur jeder Art

Weiteres Tatbestandsmerkmal ist „**Erlass**" oder jede Art von „**Korrektur**" eines **Grundlagenbescheides.** Danach muss das FA einen bereits ergangenen Folgebescheid innerhalb der Festsetzungsfrist entsprechend anpassen, wenn ein Grundlagenbescheid bisher noch nicht berücksichtigt worden ist (z. B. in den Steuerakten übersehen oder erstmalige endgültige Festsetzung nach § 164 Abs. 3 Satz 2 AO oder Fälle von § 155 Abs. 2, § 162 Abs. 5 AO) oder wenn dieser später korrigiert wird. Die Ursache für die Änderung eines Grundlagenbescheides kann nach dem Sinn der Vorschrift verschiedenartig sein. In erster Linie kommen Änderungen aufgrund der §§ 129, 164, 165, 172 ff. AO in Betracht. Auch Ergänzungsfeststellungen nach § 179 Abs. 3 AO müssen dazugerechnet werden; ferner §§ 130 und 131 AO, z. B. Stundung als Grundlage für den Zinsbescheid (§ 171 Abs. 10, § 234 Abs. 1 AO).

Beispiele:

1. A gab in der ESt-Erklärung die Einkünfte aus einer KG-Beteiligung mit 6.000 € an. Das Wohnsitz-FA wartete die gesonderte Gewinnfeststellung des Betriebs-FA nicht ab und veranlagte A endgültig zur ESt. Das Betriebs-FA stellte später den auf A entfallenden Gewinn mit 8.000 € fest. Folge?
Der ESt-Bescheid ist nach Erlass des Gewinnfeststellungsbescheides gemäß § 175 Abs. 1 Satz 1 Nr. 1 AO zu ändern.

2. A hatte in der ESt-Erklärung auf die Gewinnbeteiligung hingewiesen. Bei der Festsetzung übersah der Bearbeiter in den Steuerakten die Mitteilung über die gesonderte Feststellung (Feststellungsbescheid). Die darin festgestellten Einkünfte von 90.000 € waren deshalb nicht im ESt-Bescheid erfasst worden. Korrigierbar? Übersieht das FA bei Erlass des Steuerbescheides einen ihm bereits vorliegenden Feststellungsbescheid, so greift § 175 Abs. 1 Satz 1 Nr. 1 AO nach seinem Zweck gleichfalls ein. Daneben ist § 129 AO gegeben (BFH, BStBl 2003 II S. 867; AEAO zu § 175 Nr. 1.2).

3. Bei der ESt des S wurden u. a. Gewinnanteile von 64.000 € laut Feststellungsbescheid zugrunde gelegt. Später macht S geltend, der Gewinnanteil betrage nur 46.000 €; er sei offensichtlich unrichtig. Eine Rückfrage beim Betriebs-FA bestätigt den Zahlendreher. Ist der ESt-Bescheid nunmehr zu ändern?

Soweit S Beseitigung des unstreitigen Zahlendrehers aus dem Feststellungsbescheid verlangt, muss ihm die Bindungswirkung des Grundlagenbescheides entgegengehalten werden (§ 182 Abs. 1, § 351 Abs. 2 AO). Die Voraussetzungen des § 175 Abs. 1 Satz 1 Nr. 1 AO liegen zurzeit nicht vor, da eine Änderung des Feststellungsbescheides noch aussteht.

4. Das FA hat die ESt des S gestundet. Es erfährt später, dass inzwischen eine wesentliche Verbesserung der Vermögensverhältnisse des S eingetreten ist, und widerruft deshalb die Stundung nach § 131 Abs. 2 Nr. 3 AO. Folge?

Der Zinsbescheid ist nach § 175 Abs. 1 Satz 1 Nr. 1, § 239 Abs. 1 AO zu ändern, da die Stundung die Grundlage für die Zinsfestsetzung bildet (§ 171 Abs. 10, § 234 Abs. 1 AO; vgl. AEAO zu § 234 Nr. 3).

Enthält ein nachträglich ergangener Grundlagenbescheid, z. B. Gewinnfeststellungsbescheid, **Feststellungen in derselben Höhe wie** der – nach § 155 Abs. 2, § 162 Abs. 5 AO – **vorausgegangene (Folge-)Bescheid,** so entfällt eine Anpassung des Folgebescheides (BFH, BStBl 1995 II S. 488). Bei dieser Sachlage wäre es sinnloser Formalismus, den Folgebescheid aufzuheben und sogleich mit unverändertem Inhalt wieder zu erlassen. Einwendungen gegen die Besteuerungsgrundlagen müssen nunmehr nach § 351 Abs. 2 AO im Verfahren gegen den Feststellungsbescheid erhoben werden.

Die **Unwirksamkeit des Grundlagenbescheides** entzieht dem Folgebescheid die Basis und macht diesen rechtswidrig, aber nicht nichtig. Unerheblich ist, dass ein Steuerbescheid gemäß § 155 Abs. 2, § 162 Abs. 5 AO auch erteilt werden kann, wenn ein Grundlagenbescheid nicht (wirksam) erlassen wurde. Entscheidend ist, dass das FA vom Vorliegen eines wirksamen Grundlagenbescheides und der sich hieraus ergebenden Berücksichtigungspflicht für den Folgebescheid ausgegangen ist (vgl. BFH, BStBl 2001 II S. 381).

3. Ist die Änderung des Folgebescheides von weiteren Voraussetzungen abhängig, so müssen auch diese vorliegen.

So kann etwa ein Grundlagenbescheid über V+V-Einkünfte den **fristgebundenen Antrag** nach § 46 Abs. 2 Nr. 8 Satz 2 EStG auf Veranlagung nicht ersetzen (BFH, BStBl 1989 II S. 196). Bei einer Änderung von Einheitswerten durch Fortschreibung sind die **Fortschreibungsgrenzen** des § 22 BewG zu beachten. Diese

9.13 Änderung von Folgebescheiden nach § 175 Abs. 1 Satz 1 Nr. 1 AO

Einschränkungen gelten selbstverständlich nicht für Hauptfeststellungszeitpunkte oder wenn Fortschreibungen schon aus anderen Gründen erfolgen.

9.13.2 Korrekturumfang

Die Bindungswirkung eines – positiven oder negativen – Grundlagenbescheides nach **§ 182 Abs. 1 AO** beinhaltet, dass das für den Erlass eines Folgebescheides zuständige FA „insoweit" **alle Rechtsfolgerungen** aus dem selbständigen Regelungsbereich, d. h. aus dem notwendigen Inhalt des Grundlagenbescheides, zu ziehen hat. **„Anpassungsfehler"** sind durch entsprechende spätere Änderungen nach § 175 Abs. 1 Satz 1 Nr. 1 AO spätestens innerhalb der Festsetzungsfrist des § 171 Abs. 10 AO zu berücksichtigen (vgl. BFH, BStBl 1999 II S. 545; AEAO zu § 175 Nr. 1.2). Gegenläufige materielle Fehler sind gemäß **§ 177 AO** zu korrigieren, und zwar auch nach Ablauf der allgemeinen Festsetzungsfrist unter Berücksichtigung der Ablaufhemmung des § 171 Abs. 10 AO (BFH, BStBl 1992 II S. 504; siehe AEAO zu § 177 und unter Tz. 8.6.2 „Teilverjährung").

Beispiele:

1. M ist KG-Gesellschafter, seine Ehefrau F „Sekretärin" bei der KG mit einem Jahresgehalt von 50.000 €. M hatte der KG ein verzinsbares Darlehen gegeben und hierfür 20.000 € Zinsen Ende 03 erhalten. Gehalt und Zinsen wurden von der KG als Betriebsausgabe behandelt. In der ESt-Erklärung 03 hatten M und F außer dem Gewinnanteil von 200.000 € das Gehalt und die Zinsen als Einnahmen aus § 19 bzw. § 20 EStG angegeben. Die Einkünfte wurden im endgültigen ESt-Bescheid 03 (unter Berücksichtigung der Pauschbeträge des § 9 a EStG von 920 € und 102 € und des gemeinsamen Sparer-Freibetrages von 2.740 €) entsprechend festgesetzt. Aufgrund einer Ap bei der KG erfasste der geänderte Gewinnfeststellungsbescheid das der F gezahlte „Gehalt" und die Zinsen als Gewinnanteil des M, da kein echtes Arbeits- bzw. Darlehensverhältnis vorlag; Gewinnanteil somit 270.000 €. Inwieweit ist der ESt-Bescheid zu ändern?

Der zusammengefasste ESt-Bescheid ist nach § 175 Abs. 1 Satz 1 Nr. 1 AO zu ändern. Nach § 182 Abs. 1 AO muss das für den Folgebescheid zuständige FA „insoweit" alle positiven und negativen Rechtsfolgerungen aus dem selbständigen Regelungsbereich des Feststellungsbescheides ziehen. Da wegen der Bindungswirkung ein und derselbe Sachverhalt im Feststellungs- und Folgebescheid nicht unterschiedlich beurteilt werden darf, sind die bisher als Einkünfte aus §§ 19, 20 EStG erfassten Einnahmen als Anpassungsfolge zwingend zu kürzen. Dadurch erhöht sich der Gesamtbetrag der Einkünfte um 3.762 € (Erhöhung Gewinnanteil 70.000 € ∕. 49.080 € aus § 19 EStG und ∕. 17.158 € aus § 20 EStG).

2. Das Lage-FA hat den Anteil der Einkünfte des B aus V+V nach § 180 Abs. 1 Nr. 2 Buchst. a AO auf 8.000 € festgestellt. Dieser Betrag ist der ESt-Festsetzung zugrunde gelegt worden. Nachträglich ändert das Lage-FA den Feststellungsbescheid; auf B entfällt ein Anteil von 1.000 €. Das Wohnsitz-FA stellt bei Bearbeitung des Falles nach Ablauf der allgemeinen Festsetzungsfrist, aber innerhalb der Frist des § 171 Abs. 10 AO einen Rechtsfehler von + 6.250 € fest. Folge?

Die ESt-Festsetzung muss nach § 175 Abs. 1 Satz 1 Nr. 1 AO um den Betrag geändert werden, der sich aus der Minderung der Einkünfte aus V+V ergibt. Der im ESt-Bescheid enthaltene materielle Fehler ist nach § 177 Abs. 2 AO zu saldieren, da der Steueranspruch insoweit nicht erloschen ist. Änderung somit um ⁒ 750 € × ESt-Satz.

Wird ein **Grundlagenbescheid ersatzlos aufgehoben** oder ergeht ein **negativer Feststellungsbescheid,** so hat das für den Folgebescheid zuständige FA den Sachverhalt in eigener Zuständigkeit zu ermitteln und selbst die rechtlichen Folgerungen daraus nach § 175 Abs. 1 Satz 1 Nr. 1 AO unmittelbar im Steuerbescheid vorzunehmen (vgl. BFH, BFH/NV 2001 S. 733; AEAO zu § 175 Nr. 1.3).

9.13.3 Korrekturzwang

Nach § 175 Abs. 1 Satz 1 Nr. 1 mit § 182 Abs. 1 AO muss das FA alle Folgerungen dem Grunde und der Höhe nach aus dem Grundlagenbescheid ziehen („ist"). Hinweis auf § 351 Abs. 2 AO und § 42 FGO.

9.13.4 Rechtsbehelf

Gegen den geänderten Folgebescheid ist der **Einspruch** nach § 347 AO gegeben. Hierbei sind Einwendungen in den Grenzen des **§ 351 Abs. 1 und 2 AO** möglich.

9.14 Eintritt eines Ereignisses mit steuerlicher Wirkung für die Vergangenheit gemäß § 175 Abs. 1 Satz 1 Nr. 2 AO

Ein Steuerbescheid ist – nahezu zeitlich unbeschränkt – zu erlassen, aufzuheben oder zu ändern, soweit ein Ereignis eintritt, das steuerliche Wirkung für die Vergangenheit hat (§ 175 Abs. 1 Satz 1 Nr. 2, Abs. 2 AO). Wegen der **Abgrenzung** zu § 173 AO gilt Folgendes: Ein Ereignis im Sinne von **§ 175 Abs. 1 Satz 1 Nr. 2 AO** muss **nachträglich „eintreten",** d. h., nachdem der Steueranspruch entstanden ist und, im Fall der Änderung eines Steuerbescheides, **nachdem** dieser – zunächst fehlerfreie – Steuerbescheid ergangen ist. Dies unterscheidet § 175 Abs. 1 Satz 1 Nr. 2 AO von der Änderungsmöglichkeit nach § 173 Abs. 1 AO wegen neuer Tatsachen. Bei **§ 173 Abs. 1 AO** erfährt der steuerlich relevante Sachverhalt nicht wie bei § 175 Abs. 1 Satz 1 Nr. 2 AO nachträglich und rückwirkend eine andere Gestaltung, sondern es wird nur die Kenntnis des FA bezüglich des **vorhandenen Sachverhalts,** d. h. des von Anfang an fehlerhaften Bescheides, nachträglich erweitert („bekannt"; vgl. AEAO zu § 173 Nr. 1.3, zu § 175 Nr. 2.2 und 2.3). Eine Ausnahmeregelung hiervon enthält § 175 Abs. 2 Satz 2 AO für die nachträgliche Vorlage von materiell wirkenden Bescheinigungen (s. u.). Deshalb **schließen** die Möglichkeit der Änderung von Steuerbescheiden wegen neuer Tatsachen oder

9.14 Eintritt eines Ereignisses mit steuerlicher Wirkung für die Vergangenheit

Beweismittel im Sinne von § 173 Abs. 1 AO und die Korrektur wegen Eintritts eines rückwirkenden Ereignisses gemäß § 175 Abs. 1 Satz 1 Nr. 2 AO **einander aus** (vgl. BFH, BStBl 1993 II S. 897/901). Aufgrund der Sonderregelung in **§ 175 Abs. 1 Satz 2 AO** kann der Bescheid auch nach Eintritt der regulären **Festsetzungsverjährung** geändert werden. Ferner ergeben sich Besonderheiten wegen der **Verzinsung** aus § 233 a Abs. 2 a und 7 AO. Insoweit bestehen gravierende Unterschiede zur Korrektur nach § 173 AO.

Soweit die Erteilung und Vorlage einer **Bescheinigung** oder **Bestätigung** ein notwendiger Bestandteil des materiellen Besteuerungstatbestandes ist, handelte es sich bei der nachträglichen Erteilung bisher um ein steuerlich rückwirkendes Ereignis mit einer speziellen Fristregelung nach § 175 Abs. 1 Satz 2 AO (vgl. BFH, BStBl 2003 II S. 554 zur Spendenbescheinigung nach § 50 Abs. 1 EStDV; AEAO zu § 175 Nr. 2). Nach der Neuregelung des **§ 175 Abs. 2 Satz 2 AO** „gilt" die nachträgliche Erteilung einer Vorlage derartiger Bescheinigungen bzw. Bestätigungen nicht (mehr) als rückwirkendes Ereignis (soweit diese nach dem 28. 10. 2004 vorgelegt oder erteilt werden, Art. 97 § 9 Abs. 3 EGAO). Die gesetzgeberische Begründung ist, dass eine unterschiedliche verfahrensrechtliche Behandlung je nach rechtstechnischer Ausgestaltung der Bescheinigungen nicht gerechtfertigt sei. Damit sind im Ergebnis sämtliche Bescheinigungen oder Bestätigungen als **„Beweismittel"** anzusehen (vgl. Melchior, DStR 2004 S. 2127; anders Tipke/Kruse, § 175 AO Tz. 49). Hinsichtlich der Korrektur eines vorbehaltlosen und formell bestandskräftigen Steuerbescheids ist **§ 173 Abs. 1 Nr. 2 AO** zu prüfen (vgl. AEAO zu § 175 Nr. 2.2 Abs. 3). Die Änderung ist vor allem davon abhängig, ob den Stpfl. am nachträglichen Bekanntwerden ein „grobes Verschulden" trifft. In den Ausnahmefällen, in denen die Bescheinigung als Grundlagenbescheid angesehen werden kann, greift **§ 175 Abs. 1 Satz 1 Nr. 1 AO** ein.

Sondervorschriften gehen dem § 175 Abs. 1 Satz 1 Nr. 2 und Abs. 2 AO vor, z. B. § 5 Abs. 2, § 7 Abs. 2, § 14 Abs. 2 BewG; § 16 GrEStG; § 15 a UStG i. V. m. § 44 UStDV (Abschn. 217, 218 UStR), § 17 UStG (Abschn. 223 UStR).

9.14.1 Voraussetzungen

- **Ereignis**

Ereignis ist jeder tatsächliche oder rechtliche Umstand, der nach dem Gesetz im Einzelfall den Steueranspruch dem Grunde oder der Höhe nach beeinflusst. Dagegen ist der gesetzliche abstrakte Tatbestand, z. B. eine **rückwirkende steuerliche Gesetzesänderung** nach Erlass eines Steuerbescheides, kein Ereignis (vgl. BFH, BStBl 1991 II S. 55; AEAO zu § 175 Nr. 2.2). Die **Nichtigkeitserklärung einer Rechtsnorm** durch das BVerfG führt wegen § 79 Abs. 2 BVerfGG ebenfalls nicht zu einer Änderung, soweit nicht ein besonderes Gesetz allgemein ergeht

9 Korrektur von Verwaltungsakten

(vgl. BFH, BStBl 1994 II S. 380, 389; AEAO zu § 175 Nr. 2.2; Hinweis auf das Vollstreckungsverbot nach § 251 Abs. 2 AO). Der § 175 Abs. 1 Satz 1 Nr. 2 AO greift auch bei einer (späteren) **Änderung der BFH-Rechtsprechung** nicht ein, da die Entscheidung keine Rechtswirkungen über den entschiedenen Fall hinaus hat (vgl. § 110 Abs. 1 FGO; BFH, BStBl 1994 II S. 380; 1996 II S. 399).

- **Nachträglicher Eintritt**

Das Ereignis muss nachträglich eintreten, d. h., nachdem der Steueranspruch entstanden ist, und im Fall der Änderung eines Steuerbescheides, nachdem dieser Steuerbescheid ergangen ist, weil sonst die Änderung eines Steuerbescheides nicht erforderlich ist. Der § 175 Abs. 2 AO stellt dies ausdrücklich klar.

- **Steuerliche Rückwirkung**

Das Ereignis muss sich steuerlich für die Vergangenheit, d. h. rückwirkend, auswirken. Das ist regelmäßig der Fall, wenn die Besteuerung nicht an Lebensvorgänge, sondern unmittelbar oder mittelbar an Rechtsgeschäfte, Rechtsverhältnisse oder Verwaltungsakte anknüpft und diese Umstände rückwirkend anders gestaltet werden (vgl. AEAO zu § 175 Nr. 2 mit Einzelheiten). Die steuerliche Rückwirkung kann sich aus einer **ausdrücklichen Gesetzesbestimmung** ergeben (vgl. § 61 Abs. 3 AO; § 13 a Abs. 5, § 19 a Abs. 5, § 29 ErbStG) oder durch § **175 Abs. 2 Satz 1 AO ausgeschlossen** sein.

Der § **175 Abs. 2 Satz 1 AO** dient insbesondere **zur Klarstellung für** die Fälle, in denen **steuerliche Vergünstigungen** von Voraussetzungen abhängen, deren Erfüllung häufig erst später abschließend beurteilt werden kann. Die Voraussetzungen hierfür können im Gesetz selbst genannt oder durch einen besonderen Verwaltungsakt festgestellt sein. Im Gesetz genannt sind z. B. Mindestlaufzeiten bei begünstigten Darlehen (§ 7 a FörderGG) oder bestimmte Mindest-Verbleibens- oder Verwendungsvoraussetzungen (beweglicher) Wirtschaftsgüter nach § 6 Abs. 5 Satz 4, § 16 Abs. 3 Satz 3 EStG oder für Sonder-AfA (vgl. § 7c Abs. 4, § 7d Abs. 6, §§ 7g, 7k Abs. 2 Nr. 4 EStG; § 2 Nr. 2 und 3 FörderGG; § 2 InvZulG; R 83 Abs. 6 EStR) oder bestimmte Einkunftsverhältnisse des Kindes für die Kindergeldfestsetzung bzw. für den Kinderfreibetrag gemäß § 32 Abs. 4 und 5, § 31 EStG.

Beispiel:

S hatte für ein Wirtschaftsgut des Anlagevermögens erhöhte AfA nach § 7d EStG in Anspruch genommen. Die Veranlagungen sind endgültig. Vor Ablauf der 5-jährigen Zweckbindung wird das Anlagegut veräußert. Folge?

Da die Zweckbindung nicht eingehalten wurde, sind die erhöhten AfA gemäß § 7 d Abs. 6 EStG rückwirkend zu versagen. Die Bescheide sind nach § 175 Abs. 1 Satz 1 Nr. 2, Abs. 2 AO zu ändern (BFH, BStBl 2002 II S. 134). Hinweis auf § 233 a AO.

9.14 Eintritt eines Ereignisses mit steuerlicher Wirkung für die Vergangenheit

In welchen Fällen ein Ereignis sonst steuerliche Wirkung für die Vergangenheit hat, richtet sich nach dem jeweilig anzuwendenden materiellen **Einzelsteuergesetz** oder nach der Generalnorm des § 41 Abs. 1 Satz 1 AO. Bei den „laufend veranlagten" Steuern werden die Folgerungen aus dem Ereignis regelmäßig nicht durch Änderung der ursprünglichen Steuerfestsetzung gezogen, sondern die erforderlichen Anpassungen in dem Besteuerungszeitraum vorgenommen, in dem die steuerliche Wirkung eintritt, z. B. für gewinnabhängige Steuern, für § 11 EStG bei negativen Einnahmen oder Werbungskosten (vgl. BFH, DB 2005 S. 867). Den Gegensatz zu den steuerlich „laufenden Tatbeständen/Geschäftsvorfällen" bilden die nachträglichen Änderungen der steuerlichen „Einmaltatbestände", z. B. eine nachträgliche Beeinflussung der Höhe von Veräußerungsgewinnen im Sinne von §§ 16, 17 oder 23 EStG, Fälle des § 39 AO oder § 15 a UStG (Abschn. 217 UStR).

Beispiele:

1. Folgewirkungen von **Bilanzberichtigungen** bzw. -änderungen und von Feststellungsbescheidänderungen sind rückwirkende Ereignisse (vgl. R 15 EStR; BFH, BStBl 2000 II S. 18; AEAO zu § 175 Nr. 2.4 „§ 4 Abs. 2 Satz 1 EStG").

2. Der S erzielte aus einem privaten **Veräußerungsgeschäft** (§ 23 EStG) in 02 einen Gewinn von 200.000 €, der im endgültigen ESt-Bescheid 02 erfasst wurde. In 04 musste S von den vereinnahmten Erlösen 30.000 € zurückzahlen bzw. es fielen Werbungskosten von 30.000 € an. Folge?

Die zurückgezahlten Erlöse (= negative Einnahmen) bzw. die späteren Werbungskosten sind – unabhängig von § 11 Abs. 2 EStG – in dem Kalenderjahr zu berücksichtigen, in dem der Gewinn gemäß § 23 Abs. 4 EStG anfällt. Der Bescheid 02 ist nach § 175 Abs. 1 Satz 1 Nr. 2 AO zu ändern (BFH, BStBl 1992 II S. 1017; AEAO zu § 175 Nr. 2.4 „§ 22 Nr. 3 EStG").

3. Bei zweckgebundenen **Spenden** erfolgt der Sonderausgabenabzug unter der „rückwirkenden Tatbestandswandlung" (BFH, BStBl 1976 II S. 338). Ebenso für Spenden bei Rückgängigmachung der KSt-Befreiung, sofern nicht der Vertrauensschutz des § 10 b Abs. 4 Satz 1 EStG oder Grundsatz von Treu und Glauben greift (vgl. BFH, BStBl 1997 II S. 612). Lagen dagegen die Abzugsvoraussetzungen im Zeitpunkt der Steuerfestsetzung nicht vor, greift § 173 AO ein (vgl. AEAO zu § 175 Nr. 2.2 und 2.3).

Die Vorlage der **Spendenbestätigung** ist nach § 50 Abs. 1 EStDV eine materiell-rechtliche Voraussetzung für den Abzug der Spende nach §§ 10 b, 34 g EStG (vgl. BFH, BStBl 2003 II S. 554 zu § 175 Abs. 2 AO in der Fassung bis zum 28. 10. 2004). Wird die Spendenbescheinigung nach Unanfechtbarkeit des vorbehaltlosen ESt-Bescheides ausgestellt und dem FA vorgelegt, „gilt" dies aufgrund der Neuregelung in § **175 Abs. 2 Satz 2 AO** nicht (mehr) als rückwirkendes Ereignis; eine Änderung des Bescheides nach § 175 Abs. 1 Satz 1 Nr. 2 AO entfällt damit. Die Korrektur nach § **173 Abs. 1 Nr. 2 AO** ist vor allem davon abhängig, ob den Stpfl. ein „grobes Verschulden" am nachträglichen Bekanntwerden des „Beweismittels" trifft (vgl. Melchior, DStR 2004 S. 2127; Ausführungen zu Tz. 9.11).

4. Bei der Durchführung der ESt-Veranlagung 07 sind beim Ansatz von **außergewöhnlichen Belastungen** (§ 33 EStG) noch ausstehende Erstattungen von dritter Seite im Schätzungswege nicht bzw. bereits belastungsmindernd angesetzt worden.

9 Korrektur von Verwaltungsakten

Der Bescheid 07 ist endgültig. Ende 08 stellt sich heraus, **a)** dass die Erstattung unzutreffend geschätzt worden ist bzw. **b)** dass bei Erlass des Bescheides 07 nicht mit einer Erstattung zu rechnen war und der volle Ausgabenbetrag als außergewöhnliche Belastung abgesetzt worden ist bzw. **c)** dass eine außergewöhnliche Belastung im Hinblick auf eine sicher erwartete volle Erstattung nicht angesetzt worden ist, die Erstattung aber ganz/teilweise ausblieb. Ist der Bescheid 07 zu ändern?

In allen Fällen ist die Erstattung oder deren Ausbleiben ein Ereignis, das sich steuerlich rückwirkend auf die Belastung 07 auswirkt (vgl. Stuhldreier, DStZ 1984 S. 610). Der Bescheid 07 ist gemäß § 175 Abs. 1 Satz 1 Nr. 2 AO entsprechend zu ändern. Wegen Lösegeldrückzahlung siehe FG Münster, EFG 1987 S. 186.

5. Nach Bestandskraft des ESt-Bescheides 07 stimmt die geschiedene Ehefrau F dem Abzug von Unterhaltsleistungen des M in Höhe von 13.805 € als Sonderausgaben nach § 10 Abs. 1 Nr. 1 EStG zu. Ist der ESt-Bescheid des M zu ändern?

Für den Abzug der Unterhaltsleistungen im Wege des **Realsplittings** nach § 10 Abs. 1 Nr. 1 EStG sind die Bestätigung des Leistungsempfängers wegen § 22 Abs. 1 Nr. 1a EStG in Form der **Zustimmung** (Anlage U zur ESt-Erklärung bzw. Urteil) und der Antrag des Unterhaltsleistenden materiell-rechtliche Voraussetzungen (vgl. BFH, BStBl 1989 II S. 957). Die Korrektur des ESt-Bescheides von M nach § 175 Abs. 1 Satz 1 Nr. 2 AO wird durch § 175 Abs. 2 Satz 2 AO ausgeschlossen (anders AEAO zu § 175 Nr. 2.4 „§ 10 Abs. 1 Nr. 1 EStG"). Eine Änderung nach § 173 Abs. 1 Nr. 2 AO ist davon abhängig, ob den Stpfl. am nachträglichen Bekanntwerden ein „grobes Verschulden" trifft (vgl. Melchior, DStR 2004 S. 2127).

Ist der Abzug als Sonderausgabe im ESt-Bescheid des Unterhaltsleistenden gewährt worden, war aber der **Widerruf der Zustimmung** zum Realsplitting rechtzeitig nach § 10 Abs. 1 Nr. 1 EStG beim Wohnsitz-FA des Empfängers erfolgt, so ist der ESt-Bescheid regelmäßig nach § 173 Abs. 1 Nr. 1 AO zu ändern. Die Kenntnis des Wohnsitz-FA des Empfängers kann dem für die Veranlagung des Leistenden zuständigen FA nicht zugerechnet werden (BFH, BStBl 2003 II 803; H 86 b EStH).

6. M ist getrennt zur ESt veranlagt worden. Im Zuge der Steuerfestsetzung gegen dessen Ehegatten F wird der **Antrag nach § 26 Abs. 2 EStG** widerrufen. Folge?

Der ESt-Bescheid des M ist nach § 175 Abs. 1 Satz 1 Nr. 2 AO aufzuheben und eine Zusammenveranlagung durchzuführen (vgl. R 174 Abs. 3 EStR; BFH, BStBl 1999 II S. 762 m. w. N.; AEAO zu § 175 Nr. 2.4 „§ 26 b EStG").

7. V hatte in 01 ein Mietwohngrundstück für 1 Mio. € erworben (Gebäudeanteil 80 v. H.). Die von V in 01 und 02 getätigten Instandsetzungskosten von 50.000 € bzw. 60.000 € waren in den endgültigen ESt-Bescheiden 01 und 02 als Werbungskosten berücksichtigt worden. Nachdem er in 03 weitere Aufwendungen für Instandsetzung von 90.000 € erklärt hat, will das FA die o. a. Aufwendungen als **anschaffungsnahe Herstellungskosten** im Sinne von § 6 Abs. 1 Nr. 1a, § 9 Abs. 5 Satz 2 EStG umqualifizieren und wegen der geminderten Werbungskosten die ESt-Bescheide 01 und 02 entsprechend ändern. Zulässig?

§ 173 Abs. 1 Nr. 1 AO greift nicht ein, da die Bescheide 01 und 02 fehlerfrei waren, solange die Instandsetzungsaufwendungen nicht die schädliche 15 v. H.-Grenze überstiegen. Erst durch die Höhe der Aufwendungen in 03 ergibt sich jetzt der erforderliche Zusammenhang mit der Anschaffung des Gebäudes und damit die Nichtberücksichtigung der o. a. Kosten als sofort abzugsfähige Werbungskosten in 01 und 02. Die ESt-Bescheide sind nach § 175 Abs. 1 Satz 1 Nr. 2 AO änderbar (vgl. BFH, BFH/NV 2004 S. 154; AEAO zu § 175 Nr. 2.4 „§ 6 Abs. 1 Nr. 1a EStG").

9.14 Eintritt eines Ereignisses mit steuerlicher Wirkung für die Vergangenheit

8. Werden vom Stpfl. geleistete Sonderausgaben, z. B. **Vorsorgeaufwendungen oder KiSt,** in einem späteren VZ erstattet und entfällt eine Verrechnungsmöglichkeit (aus Praktikabilitätsgründen) im Erstattungsjahr mit gleichartigen Aufwendungen, so ist der bestandskräftige ESt-Bescheid nach § 175 Abs. 1 Satz 1 Nr. 2 AO zu ändern (BFH, BStBl 2002 II S. 569; DB 2004 S. 2350; BMF-Schreiben, BStBl 2002 I S. 667; H 86 a EStH für KiSt; AEAO zu § 175 Nr. 2.4 „§ 10 EStG").

9. Unternehmer U hatte in 01 bis 03 an städtische Bedienstete Schmier- bzw. **Bestechungsgelder** gezahlt, um öffentliche Aufträge zu erhalten (§§ 229, 331 ff. StGB). Dies wird dem FA vor bzw. nach Erlass der entsprechenden, endgültigen ESt-Bescheide 01 bis 03 des U bekannt. Rechtslage?

Nach § 4 Abs. 5 Nr. 10 EStG sind derartige Betriebsausgaben nicht abzugsfähig, „wenn" die Zuwendung eine rechtswidrige (strafbare) Handlung darstellt. Das FA entscheidet über die mangelnde Abzugsfähigkeit unmittelbar selbständig. Endgültige ESt-Bescheide sind nach § 173 Abs. 1 Nr. 1 AO zu ändern (vgl. R 24 Abs. 6 EStR).

10. V veräußerte in 05 sein Unternehmen für 2 Mio. € an K. Der verzinsliche Kaufpreis ist in vier gleich hohen jährlichen Teilbeträgen zu zahlen, erstmalig am 1. 1. 06. Das FA hat die Besteuerung nach § 16 EStG durchgeführt. Der ESt-Bescheid 05 ist endgültig. Alternativen:

1. K kann Ende 08 wegen schlechter Ertragslage den Restkaufpreis nicht voll zahlen. V verzichtet daher auf 300.000 € (Teilerlass aus betrieblichen Gründen).
2. K fällt Ende 07 in Insolvenz mangels Masse; weitere Zahlungen sind nicht zu erwarten.
3. Wegen Minderungsansprüchen nach §§ 459 ff. BGB wird der Kaufpreis in 07 durch Gerichtsurteil bzw. außergerichtlichen Vergleich um 500.000 € herabgesetzt.

V beantragt in allen Fällen insoweit die Änderung des ESt-Bescheides 05. Wie ist zu entscheiden?

1. Der Teilerlass wirkt sich nach § 175 Abs. 1 Satz 1 Nr. 2 AO auf die Höhe des Veräußerungsgewinns aus. Bei der Betriebsveräußerung/-aufgabe handelt es sich um ein einmaliges punktuelles Ereignis gemäß §§ 16, 34 EStG. Veräußerungspreis im Sinne von § 16 Abs. 2 EStG ist der Preis, den der Veräußerer tatsächlich erzielt, da dieser die Höhe des Gewinns beeinflusst. Die rückwirkende Änderung (Minderung oder Erhöhung) wirkt materiell-rechtlich auf den Zeitpunkt der Veräußerung zurück und beeinflusst die festgesetzte ESt. Entscheidend ist dabei, dass Störungen in der Abwicklung des Veräußerungsgeschäfts als Gründe für die Erlösänderung maßgeblich sind (vgl. BFH, BStBl 2000 II S. 179 m. w. N.; H 139 Abs. 10 EStH; AEAO zu § 175 Nr. 2.4 „§ 16 EStG").
2. Es erfolgt ebenfalls eine Änderung nach § 175 Abs. 1 Satz 1 Nr. 2 AO, da die Uneinbringlichkeit der Kaufpreisforderung Auswirkungen auf die Höhe des tatsächlich erzielten Gewinns hat (vgl. BFH, BStBl 1993 II S. 894, 897; 1994 II S. 564; 1995 II S. 112).
3. Aufgrund des Urteils bzw. Vergleichs wird der tatsächlich geschuldete Kaufpreis mit steuerlicher Wirkung für die Vergangenheit herabgesetzt (vgl. § 472 BGB) mit der Folge nach § 175 Abs. 1 Satz 1 Nr. 2 AO (BFH, BStBl 1995 II S. 112; 2004 II S. 107 m. w. N. für nachträgliche AK bei § 17 EStG; siehe H 140 Abs. 5 EStH; AEAO zu § 175 Nr. 2.4 „§ 17 EStG"). Der Veräußerungsgewinn ist steuerlich im Zeitpunkt der Übertragung realisiert. Nachträgliche Ereignisse, die die Höhe des Gewinns beeinflussen, sind daher zurückzubeziehen.

11. Weitere Beispiele enthält der AEAO zu § 175 Nr. 2.4.

9 Korrektur von Verwaltungsakten

Nicht jedes Ereignis hat steuerliche Wirkung für die Vergangenheit. Das gilt insbesondere für die **nachträgliche Änderung** oder **Aufhebung von Verträgen**. Denn es steht grundsätzlich nicht im Belieben der Beteiligten, einer Sachverhaltsgestaltung nachträglich „rückwirkende Kraft" beizulegen.

Beispiele:

1. A ist für 01 nach § 46 EStG veranlagt worden. In 03 zahlt er 3.000 € seines in 01 bezogenen Gehalts an den Arbeitgeber zurück, weil ihm in Höhe dieses Betrages zu viel Gehalt bezahlt worden war. A beantragt, den ESt-Bescheid 01 entsprechend zu ändern. Möglich?

Eine Korrektur entfällt. Die ESt wird nach dem im Kalenderjahr bezogenen Einkommen festgesetzt (§ 25 EStG). Die Verpflichtung, Teile der Einkünfte in einem späteren Kalenderjahr zurückzuzahlen, beeinflusst die Höhe der Steuerschuld nicht. § 175 Abs. 1 Satz 1 Nr. 2 AO ist nicht anwendbar. Die zurückgezahlten Beträge können nur im Jahre der Rückzahlung als negative Einnahmen aus nichtselbständiger Arbeit berücksichtigt werden (BFH, BStBl 1965 III S. 67; DB 2005 S. 867).

2. V übertrug unentgeltlich in 01 seinen Gewerbebetrieb an E. In 06 kommt es zu Streitigkeiten. V und E vereinbaren, dass der Schenkungsvertrag als unwirksam angesehen wird. Die von E versteuerten Gewinne muss E an V zurückzahlen. E beantragt, die gegen ihn erfolgten ESt-Festsetzungen zu ändern.

Die ESt-Bescheide können nicht nach § 175 Abs. 1 Satz 1 Nr. 2 AO geändert werden. Besteuerungsmerkmal im Sinne von § 15 EStG ist nicht der Gewinn, sondern die gewerbliche Tätigkeit. Das gilt entsprechend für die Eigenschaft als „Unternehmer". Diese Tätigkeit aber nicht nachträglich mit Wirkung für die Vergangenheit weggefallen (BFH, BStBl 1976 II S. 656; 1984 II S. 786).

3. Die Anfechtung eines Mietwohngrundstückserwerbs ist erfolgt wegen arglistiger Täuschung mit dinglicher Wirkung (§§ 123, 142 BGB) unter Rückgewähr der gegenseitigen Leistungen. Rechtsfolgen?

§ 175 Abs. 1 Satz 1 Nr. 2 AO entfällt für den ESt-Bescheid bzgl. V+V-Einkünften im Hinblick auf §§ 39, 41 AO, da wirtschaftliches Eigentum für die Vergangenheit weiter besteht und auch der Tatbestand der Einkunftserzielung unverändert bleibt. Dagegen ist der GrESt-Bescheid nach § 175 Abs. 1 Satz 1 Nr. 2 AO aufzuheben. Die Sonderregelung des § 16 GrEStG erfasst nur die obligatorische Geschäftsrückgängigmachung (BFH, BStBl 1982 II S. 425).

Umstritten ist, ob die Fälle wirksamer **Steuer- und Satzungsklauseln** durch § 175 Abs. 1 Satz 1 Nr. 2 AO berücksichtigt werden. Unter Steuerklauseln versteht man Bedingungen eines Einzelvertrages mit dem Inhalt, dass die vertraglichen Abreden nur oder nur teilweise gelten sollen, wenn sie von der Finanzbehörde steuerlich in einem bestimmten Sinne anerkannt werden. Die Steuerklauseln sollen vermeiden, dass zivilrechtliche Vereinbarungen zu einer für den Stpfl. ungünstigen Tatbestandsverwirklichung führen. Erkennt nämlich die Finanzbehörde die steuerliche Behandlung nicht oder nur teilweise an, so werden zunächst steuerlich relevante Vertragsinhalte regelmäßig als rückwirkend unwirksam angesehen. Zahlreiche Probleme sind noch ungeklärt (vgl. BFH, BStBl 1993 II S. 296; Zenthöfer, DStZ 1987 S. 185, 217, 273).

Bei **Satzungsklauseln** untersagt eine im Gesellschaftsvertrag (Satzung) enthaltene Generalklausel verdeckte Gewinnausschüttungen (vGA), um angemessene Leistungen herbeizuführen und das Risiko der vGA zu vermeiden. Nach h. M. führen Satzungsklauseln nicht zu einer Rückgängigmachung von vGA, da sie ihre Grundlage im Gesellschaftsverhältnis haben und der Rückforderungsanspruch den Gewinn nicht mindern darf (§ 8 Abs. 3 Satz 2 KStG; vgl. BFH, BStBl 1994 II S. 561; 2001 II S. 226 m. w. N.).

9.14.2 Umfang und zeitliche Grenze der Korrektur

§ 175 Abs. 1 Satz 1 Nr. 2 AO führt zu einer **punktuellen Änderung** mit jeder Art von Saldierung nach **§ 177 AO**. Der zu korrigierende Steuerbescheid hat alle steuerlichen Wirkungen des Ereignisses zu berücksichtigen (BFH, BStBl 2001 II S. 122).

Die **Festsetzungsfrist** für die Korrektur beginnt mit Ablauf des Jahres, in dem das Ereignis eintritt (§ 175 Abs. 1 Satz 2 AO). Es handelt sich hierbei um eine spezielle punktuelle Anlaufhemmung.

9.15 Umsetzung von Verständigungsvereinbarungen nach DBA (§ 175 a AO)

Zwischenstaatliche Verständigungsvereinbarungen und Schiedssprüche aufgrund von **DBA** und anderen **zwischenstaatlichen Verträgen** gehen nach § 2 AO den deutschen Steuergesetzen vor. Sie betreffen eine Einigung über Einzelfälle oder allgemeine Fragen der Besteuerung in Deutschland oder in anderen Staaten und setzen teilweise die Bestandskraft des Bescheides voraus (vgl. BMF, BStBl 1993 I S. 332; AEAO zu § 175 a). Das Ergebnis der Verhandlung ist sodann nach **§ 175 a AO** durch Erlass, Aufhebung oder Änderung von Steuerbescheiden umzusetzen. Diese Regelung ist vergleichbar mit § 175 Abs. 1 Satz 1 Nr. 1 AO. Die Festsetzungsfrist endet insoweit nicht vor Ablauf eines Jahres nach dem Wirksamwerden der Übereinkunft bzw. des Schiedsspruchs.

Soweit derartige zwischenstaatliche Vereinbarungen bestandskräftige Bescheide voraussetzen und damit auch den Abschluss von Rechtsbehelfsverfahren, ermöglicht **§ 354 Abs. 1a AO** einen Teilverzicht bzw. **§ 362 Abs. 1a AO** eine Teilrücknahme, beschränkt auf derartige Besteuerungsgrundlagen.

9.16 Einschränkungen des Korrekturumfangs

9.16.1 Vertrauensschutz nach § 176 AO

Die Regeln des Vertrauensschutzes in § 176 AO können eine Aufhebung oder Änderung von Bescheiden zulasten des Stpfl. einschränken oder ausschließen. Demgegenüber kann sich die Finanzbehörde auf Vertrauensschutz nicht berufen. Sie muss hinnehmen, dass eine günstigere höchstrichterliche Rechtsprechung mit Steuerentlastungseffekt auch für abgeschlossene Veranlagungen zugunsten des Stpfl. berücksichtigt wird, soweit die Festsetzung noch änderbar ist.

Die Anwendung des **§ 176 AO** erfasst **nicht erstmalige Festsetzungen,** sondern **nur Änderungsbescheide.** Als Steuerbescheid im Sinne des § 176 AO gilt auch ein Freistellungs- oder Aufhebungsbescheid nach § 155 Abs. 1 Satz 3 AO oder ein Feststellungsbescheid (§ 181 Abs. 1 AO).

Nach der **typisierenden Fallgruppenregelung** des § 176 AO darf bei der Aufhebung oder Änderung eines Steuerbescheides nicht zum Nachteil des Stpfl. berücksichtigt werden, dass

- das BVerfG die Nichtigkeit einer Rechtsnorm, auf der die bisherige Steuerfestsetzung beruht, feststellt (**Abs. 1 Nr. 1;** vgl. BStBl 1986 II S. 684 zu Parteispenden und BMF, BStBl 1986 I S. 488).

- ein oberster Gerichtshof des Bundes, z. B. BFH, eine Norm, auf der die bisherige Steuerfestsetzung beruht, wegen Verfassungswidrigkeit nicht (mehr) anwendet **(Abs. 1 Nr. 2).** Anwendungsfälle sind Rechtsverordnungen und vorkonstitutionelle Gesetze.

- sich die Rechtsprechung eines obersten Gerichtshofes des Bundes geändert hat, die bei der bisherigen Steuerfestsetzung von der Finanzbehörde „erkennbar" angewandt worden ist **(Abs. 1 Nr. 3).** Das ist nur dann gegeben, wenn ein im Wesentlichen gleich gelagerter Fall rechtlich anders entschieden wurde als bisher, also nicht bei nur Fortentwicklung der Rechtsprechung (vgl. BFH, BStBl 2000 II S. 676/683 m. w. N.). Hierbei besteht eine widerlegbare Vermutung, dass die Behörde eine bei Erlass des Bescheides noch maßgebende, aber später geänderte BFH-Rechtsprechung angewandt hat, wenn der Bescheid mit dieser Rechtsprechung übereinstimmt. Diese Vermutung gilt aber nicht bei Vorbehaltsfestsetzungen, wenn im Zeitpunkt des Bescheiderlasses eine von dieser Rechtsprechung eindeutig abweichende Verwaltungsregelung oder ein Nichtanwendungserlass bestand (BFH, BStBl 1992 II S. 5).

- eine allgemeine Verwaltungsvorschrift der Bundesregierung oder einer obersten Bundes- oder Landesbehörde von einem obersten Gerichtshof des Bundes ausdrücklich oder sinngemäß als nicht mit dem geltenden Recht im Einklang

9.16 Einschränkungen des Korrekturumfangs

stehend bezeichnet worden ist (**Abs. 2;** vgl. BFH, BStBl 1988 II S. 40). Das gilt vor allem für Steuer-Richtlinien und Schreiben des BMF oder der Länder, die im BStBl I oder in Fachzeitschriften veröffentlicht werden.

Der Vertrauensschutz erstreckt sich somit **nicht** auf die Rechtsprechung des **FG** sowie auf **OFD-Verfügungen** (vgl. aber „Treu und Glauben" unter Tz. 9.15.2). Der Wortlaut des § 176 AO erfasst ferner nicht den Fall, dass im **Anfechtungsverfahren** über den Änderungsbescheid der BFH erstmals seine Rechtsprechung ändert oder eine Verwaltungsvorschrift als rechtswidrig bezeichnet (vgl. BFH, BStBl 1990 II S. 599 unter Hinweis auf Billigkeitsmaßnahmen).

Die Regelung des § **176 AO** ist von besonderer Bedeutung für die Festsetzung unter dem **Vorbehalt der Nachprüfung** (§§ 164, 168 AO; vgl. BFH, BStBl 2002 II S. 840; AEAO zu § 164 Nr. 4, § 176 Nr. 2). Sie ist darüber hinaus aber **für alle Festsetzungen** wichtig und schränkt die Möglichkeit der Änderung eines Steuerbescheides oder einer **Steueranmeldung** ein (vgl. BFH, DB 1993 S. 413). Der Stpfl. wird praktisch so gestellt, als sei die frühere Festsetzung unabänderlich, soweit sie auf der früheren Rechtsauffassung beruht. Soweit eine Änderung der bisherigen Steuerfestsetzung zulässig ist, hat der Stpfl. unter den Voraussetzungen des § 176 AO einen Anspruch darauf, dass hierbei keine ungünstigere Rechtsauffassung vertreten wird als bei der bisherigen Steuerfestsetzung. Auch bei nachträglichem Bekanntwerden von Tatsachen oder Beweismitteln ist der Schutz des § 176 AO zu gewähren. § 176 AO ist eingeschränkt anwendbar auf Neuveranlagungen der Grundsteuermessbeträge (§ 17 Abs. 2 Nr. 2 GrStG) sowie auf Fortschreibungen der Einheitswerte (§ 22 Abs. 3 BewG).

Beispiel:

Die Finanzbehörden und die BFH-Rechtsprechung sehen im Zeitpunkt der USt-Anmeldung für das Kalenderjahr 01 bestimmte Umsätze als nicht umsatzsteuerpflichtig an. Nach Änderung der Rechtsprechung deckt die Ap bei dem S in 03 u. a. derartige der Behörde bisher nicht bekannte Umsätze auf. Folge? Soweit eine Änderung gemäß §§ 168, 164 Abs. 2 AO an sich uneingeschränkt zulässig ist, muss die für S günstige bisherige Rechtsprechung des BFH auch dann weiter angewandt werden, wenn der BFH seine Rechtsprechung später zum Nachteil des S ändert. § 176 AO greift ein, wenn der Finanzbehörde bei der Steueranmeldung Tatsachen nicht bekannt waren, die nach damaliger Auffassung nicht zu einer Steuerbelastung geführt hätten. Dies muss unabhängig davon gelten, ob das Nicht-Bekannt-Sein in diesem Fall auf bewusstes Nichterklären der Tatsachen in Kenntnis der bisherigen Rechtsprechung oder auf bewusstes Nichtermitteln aus den gleichen Gründen zurückzuführen ist. Entscheidend ist allein, wie diese Tatsachen bei der ersten Steuerfestsetzung oder Steueranmeldung behandelt worden wären, wären sie bekannt gewesen (§ 176 Abs. 1 Satz 2 AO; vgl. BFH, BStBl 1992 II S. 5 m. w. N.).

Der Vertrauensschutz gilt jedoch nach § **176 Abs. 1 Satz 2 AO** nicht uneingeschränkt. Für Fälle, in denen eine höchstrichterliche Rechtsprechung noch keine Anerkennung durch die Finanzbehörden gefunden hat, besteht allgemein kein Vertrauensschutz. Das Einverständnis der Finanzbehörde mit der Anwendung der Rechtsprechung ist immer dann zu unterstellen, wenn die Entscheidung im BStBl veröffentlicht worden war und keine Verwaltungsanweisung vorlag, die Rechtsprechung des BFH nicht anzuwenden (vgl. AEAO zu § 176 Nr. 3).

Beispiel:

Ein BFH-Urteil ist laut Erlass des Finanzministers über den entschiedenen Fall hinaus nicht anzuwenden (vgl. § 110 Abs. 1 FGO). Der Stpfl. legt diese Rechtsprechung seiner Steuererklärung zugrunde, ohne dies der Finanzbehörde gegenüber kenntlich zu machen. Die Steuerfestsetzung erfolgt unbeanstandet unter dem Vorbehalt der Nachprüfung. Später ändert sich die BFH-Rechtsprechung. Folge?

Der Vertrauensschutz greift hier nicht ein, da das FA bei Kenntnis der Umstände anders entschieden haben würde (§ 176 Abs. 1 Satz 2 AO).

Entsprechendes dürfte auch für die Fälle gelten, in denen derartige allgemeine Verwaltungsvorschriften nicht vorliegen und auch keine einheitliche Rechtsanwendung der Finanzbehörde erkennbar ist. Denn eine Rechtsprechung, die noch keine allgemeine Anerkennung gefunden hat, kann keinen derartigen Vertrauensschutz begründen (vgl. BFH, BStBl 1980 II S. 441/447).

9.16.2 Grundsatz von Treu und Glauben

Bei der Korrektur von Verwaltungsakten, insbesondere von Steuerbescheiden, ist der allgemeine Grundsatz von Treu und Glauben zu beachten, sofern nicht **Sonderregelungen** wie z. B. **§ 10 b Abs. 4 Satz 1 EStG** vorgehen. Der durch § 176 AO gewährte Vertrauensschutz wird nicht in allen Fällen ausreichend sein. Es bedarf daher weiterhin in bestimmten Fällen eines Rückgriffs auf den allgemeinen Grundsatz von Treu und Glauben (vgl. Ausführungen unter Tz. 2.5.6). Die Berufung auf den Grundsatz von Treu und Glauben ist ein Rechtseinwand, der der Geltendmachung eines materiell-rechtlichen Anspruchs aus dem Steuerschuldverhältnis entgegensteht. Treu und Glauben sind deshalb insbesondere im Korrekturverfahren zu beachten. Von praktischer Bedeutung sind etwa die Fälle, in denen die Finanzbehörde sich durch eine **verbindliche Zusage** oder „**tatsächliche Verständigung**" gebunden hat oder eine **Verwirkung** des Korrekturanspruchs in Betracht kommt, z. B. wenn sie klar zu erkennen gegeben hat, dass der Stpfl. mit einer Nachforderung nicht zu rechnen braucht.

Ob daneben im Einzelfall oder allgemein **Vertrauensschutz durch Übergangsregelungen** zu gewähren ist, z. B. bei einer Verschärfung der Rechtsprechung, entscheiden die Finanzbehörden nach § **163 AO** bzw. § 227 AO (vgl. Ausführungen unter Tz. 8.5).

9.16 Einschränkungen des Korrekturumfangs

9.16.3 Erhöhte Bestandskraft

Eine Berücksichtigung von Rechtsfehlern zulasten des Stpfl. kann im Korrekturverfahren nach dem Grundsatz der „erhöhten Bestandskraft" eingeschränkt sein. Entscheidungen im Festsetzungsverfahren sollen nach der Regelung des § 172 Abs. 1 Satz 2 und des § 177 AO grundsätzlich keine Bindungswirkung für spätere Korrekturen haben. Die Behörde ist daher generell nicht an ihre frühere Rechtsauffassung gebunden, wenn sie im vorausgegangenen Einspruchsverfahren diese Frage bestandskräftig entschieden hat (vgl. BFH, BStBl 1988 II S. 517; BFH/NV 2003 S. 1529; AEAO zu § 367 Nr. 4).

Beispiel:

A ist wegen Nichtabgabe der ESt-Erklärung im Schätzungswege veranlagt worden. Im Rahmen des Einspruchs hat A die Erklärung nachgereicht. Gegen den Abhilfebescheid legt A erneut Einspruch ein, weil bestimmte Aufwendungen – angeblich unzutreffend – als nichtabzugsfähige Betriebsausgaben behandelt wurden. Das FA gibt dem Einspruch zu Unrecht statt. Später ergibt sich eine Änderungsmöglichkeit nach § 175 Abs. 1 Satz 1 Nr. 1 AO zugunsten des A, wobei weitere materielle Fehler festgestellt werden. Folge?

Das FA hat grundsätzlich materielle Fehler im Rahmen der Änderung nach § 177 AO zu berücksichtigen. Es kann sich auch ohne weiteres von Rechtsauffassungen lösen, die es im Abhilfebescheid vertreten hat. Der ESt-Bescheid ist somit ohne Rücksicht darauf zu korrigieren, ob und inwieweit er im Einspruchsverfahren überprüft worden ist (vgl. AEAO zu § 367 Nr. 4).

9.16.4 Rechtskräftige Urteile

Rechtskräftige Urteile können der Änderung eines Verwaltungsaktes entgegenstehen. Die Finanzbehörde ist grundsätzlich nicht gehindert, Verwaltungsakte, die Gegenstand eines gerichtlichen Verfahrens waren, zu ändern (§ 110 Abs. 2 FGO). Die Korrekturmöglichkeiten können aber nach **§ 110 Abs. 1 FGO** durch rechtskräftige Urteile eingeschränkt sein. Das gilt auch für Vorbehaltsfestsetzungen (vgl. BFH, BStBl 1990 II S. 1032 m. w. N.). Wegen eines **Verwertungsverbots** für bestimmte Tatsachen siehe unter Tz. 5.2.16. Rechtskräftige Urteile binden die Beteiligten so weit, als über den **Streitgegenstand** entschieden worden ist. Erfasst werden davon alle Besteuerungsgrundlagen, zu denen das Gericht rechtsverbindliche Feststellungen getroffen hat, dagegen nicht andere Sachverhalte (vgl. Ausführungen zu § 364 b AO).

Beispiel:

Die im Schätzungswege festgesetzten ESt- und GewSt-Messbescheide hatte S nach erfolglosem Vorverfahren mit der Klage angefochten. S hat nach Klageabweisung nur in der ESt-Sache Revision eingelegt und erreicht, dass die ESt wegen überhöhter Schätzung der gewerblichen Einkünfte niedriger festgesetzt wurde. S verlangt nun die Änderung des GewSt-Messbescheides nach § 35 b GewStG. Mit Erfolg? Eine Änderung des GewSt-Messbescheides nach § 35 b GewStG kann nicht erfolgen, weil das FG dessen Rechtmäßigkeit durch das klageabweisende Urteil rechtskräftig bestätigt hat (§ 110 Abs. 1 FGO; vgl. BFH, BStBl 1980 II S. 104).

9.17 Berichtigung von materiellen Fehlern nach § 177 AO

Der Umfang einer Korrekturmöglichkeit für Steuerbescheide und diesen gleichgestellte Bescheide wird durch die Saldierung von materiellen (Rechts-)Fehlern nach § 177 AO zugunsten und zuungunsten des Stpfl. begrenzt. § 177 AO ist nur eine selbständige „passive" Rechtsgrundlage für die gegenläufige Berichtigung von materiellen (Rechts-)Fehlern, aber **keine eigenständige „aktive" Änderungsvorschrift** (anders die Fehler berichtigende Fortschreibung nach § 22 Abs. 3 Satz 1 BewG).

Materielle (Rechts-)Fehler allein können die Aufhebung oder Änderung eines Bescheides nicht rechtfertigen mit Ausnahme der weiter gehenden Änderungsmöglichkeiten nach § 164 Abs. 2 und § 165 Abs. 2 AO. Dagegen kommt bei endgültigen Festsetzungen nur eine **begrenzte „passive" Berichtigung** solcher Fehler nach § 177 AO in Betracht. Das gilt auch für Bescheide gemäß § 165 AO, soweit sie nicht teilvorläufig, d. h. endgültig, sind. Materielle Fehler, die nicht Anlass der Korrektur sind, sind nach § 177 Abs. 1 und 2 AO zu saldieren, „soweit" dadurch der Korrekturrahmen nicht überschritten wird. Innerhalb dieses Rahmens sind gegenläufige materielle Fehler zugunsten und zuungunsten des Stpfl. voll auszugleichen. Diese Saldierungsmöglichkeit folgt aus dem Grundsatz, dass die Bestandskraft einer Steuerfestsetzung nur die Steuer, nicht aber die Gründe des Bescheides erfasst (vgl. § 157 Abs. 2, § 351 Abs. 1 AO, § 42 FGO).

Der **Unterschied zu § 351 Abs. 1 AO, § 42 FGO** besteht darin, dass **§ 177 AO** die Möglichkeit eröffnet, **materielle Fehler bereits bei Erlass des Korrekturbescheides zu berücksichtigen,** ohne dass es eines Rechtsbehelfs bedarf. Es handelt sich somit um eine Verfahrensvereinfachung im Vorfeld.

§ 177 AO ist bei allen Änderungen von endgültigen Bescheiden (Punktkorrekturen) von Amts wegen zu beachten. Der Wortlaut des § 177 AO beschränkt sich nicht auf eine Änderung nach §§ 172 ff. AO, sondern gilt auch für sonstige Änderungsmöglichkeiten gemäß § 172 Abs. 1 Satz 1 Nr. 2 Buchst. d AO. Wird z. B. ein Steuerbescheid nach § 10 d EStG wegen eines Verlustrücktrags geändert, hat das FA unterlaufene materielle Fehler bis zur Höhe des rücktragsfähigen Verlustes zu korrigieren (vgl. BFH, BStBl 1989 II S. 225, 229; H 115 EStH). § 177 AO ist auch bei einer Berichtigung von Steuerbescheiden wegen offenbarer Unrichtigkeiten nach **129 AO** anwendbar (nach AEAO zu § 129 Nr. 2

9.17 Berichtigung von materiellen Fehlern nach § 177 AO

"sinngemäß"). Dies wird vom BFH und teilweise von der Literatur verneint (vgl. BStBl 1989 II S. 531 m. w. N.; Ausführungen unter Tz. 9.3.2). Da kein Grund für eine Differenzierung zwischen der Berichtigung nach § 129 AO und den übrigen Vorschriften für eine Aufhebung oder Änderung von Steuerbescheiden im Hinblick auf § 177 AO ersichtlich ist, muss § 177 AO auch die Berichtigung nach § 172 Abs. 1 Satz 1 Nr. 2 Buchst. d i. V. m. § 129 AO umfassen (vgl. unten 4. Beispiel).

§ 177 AO gilt **nicht** für Änderungen im Rahmen des **164 AO** oder des vorläufigen Teils nach **§ 165 AO** gemäß **§ 177 Abs. 4 AO** (vgl. AEAO zu § 165 Nr. 6), für Verwaltungsakte im Sinne der §§ 130, 131 AO, für Fälle des Vertrauensschutzes (§ 176 AO; Treu und Glauben) und der Rechtskraft.

Materielle Fehler sind nach **§ 177 Abs. 3 AO** alle materiellen Unrichtigkeiten des Bescheides, die nicht selbständig änderbar sind. Dazu zählen insbesondere Fehler in der Rechtsanwendung (**Rechtsfehler**) sowie bereits **verjährte materielle Fehler** einschließlich offenbarer Unrichtigkeiten gemäß § 129 AO, wenn die Korrektur der Steuerfestsetzung aufgrund besonderer Anlauf- oder Ablaufhemmungen außerhalb der regelmäßigen Festsetzungsfrist der §§ 169 ff. AO erfolgt (vgl. AEAO zu § 177 Nr. 1). Verfahrensverstöße können sich nur auswirken, wenn hierdurch der Bescheid materiell unrichtig wurde (vgl. §§ 126, 127 AO).

Dies gilt auch bei **zusammengefassten Steuerbescheiden,** wenn z. B. bei einem Ehegatten steuererhöhende und bei dem anderen steuermindernde Tatsachen bekannt werden und die Änderung der steuermindernden Tatsachen am groben Verschulden scheitert (vgl. BFH, BStBl 1987 II S. 297).

> **Beispiel:**
> Die festgesetzte ESt beträgt 30.000 €. Bei einer Ap werden für die § 15-Einkünfte neue Tatsachen mit einer steuerlichen Auswirkung von + 2.000 € festgestellt. Gleichzeitig weist der S Werbungskosten bei den Einkünften aus § 21 EStG mit ./. 3.000 € nach, die er grob fahrlässig nicht angesetzt hatte. Folge?
> Eine Änderung nach § 173 Abs. 1 Nr. 1, § 177 Abs. 1 AO unterbleibt. Wegen des groben Verschuldens greift zwar § 173 Abs. 1 Nr. 2 AO als Änderungsnorm nicht ein, das schließt aber eine Berücksichtigung zugunsten des S im Rahmen des § 177 AO nicht aus (vgl. BFH, BStBl 1987 II S. 297; AEAO zu § 177 Nr. 1).

Für die Berücksichtigung derartiger materieller Fehler ist zuerst der **Änderungsrahmen** zu ermitteln. Dieser ergibt sich üblicherweise aus dem **Steuermehr-** bzw. **Steuerminderbetrag** (vgl. BFH, BStBl 1994 II S. 77; AEAO zu § 177 Nr. 2 bis 4). Aus Vereinfachungsgründen ist aber auch zulässig, den Änderungsbereich durch einen Vergleich der Bemessungsgrundlagen, z. B. anhand der zu ändernden Einkünftebeträge, zu berechnen (BFH, BStBl 1993 II S. 822).

1. Die **Obergrenze** ergibt sich aus dem bestandskräftig bisher festgesetzten Betrag und den Auswirkungen aller Korrekturtatbestände, die für sich allein genommen zu einer Mehrsteuer bzw. zu Mehrgewinnen führen.

2. Die **Untergrenze** ergibt sich daraus, dass der ursprünglich festgesetzte Betrag um die steuerlichen Auswirkungen aller Korrekturnormen vermindert wird, die für sich allein zur Herabsetzung führen (vgl. BFH, BStBl 1987 II S. 297).

3. Zur Berechnung des Änderungsrahmens dürfen **Korrekturtatbestände mit gegenläufiger steuerlicher Auswirkung nicht miteinander saldiert** werden („Saldierungsverbot"). Dies ergibt sich aus der Zweiteilung des § 177 AO in Absatz 1 und 2, wonach materielle (Rechts-)Fehler getrennt im Rahmen des jeweiligen Änderungsbereichs zu berichtigen sind („zugunsten und zuungunsten des Stpfl." bzw. umgekehrt; vgl. BFH, BStBl 1993 II S. 822; 1994 II S. 77; AEAO zu § 177 Nr. 2).

Anschließend ergibt sich für die Korrektur nachstehende **Rangfolge:**

1. Zuerst sind bei **mehreren materiellen Fehlern** die Auswirkungen aller Art von Saldierungsmöglichkeiten zu berücksichtigen: „zugunsten und zuungunsten" bzw. umgekehrt je nach Abs. 1 oder 2 („Saldierungsgebot"; vgl. AEAO zu § 177 Nr. 4).

2. Der so ermittelte Betrag (**„Fehlersaldo"**) ist **mit Korrekturvorschriften gegenläufiger Auswirkung** zu saldieren, „soweit die Änderung reicht". Soweit ein Ausgleich mit materiellen Fehlern nach § 177 AO nicht möglich ist, bleibt der Bescheid fehlerhaft. Hierin liegt kein Grund für Billigkeitsmaßnahmen. Dieser Fehlersaldo bleibt aber für eine erneute Änderung in Reserve.

3. Zuletzt sind alle **übrigen Korrekturtatbestände** mit der Differenz zu verrechnen (vgl. AEAO zu § 177 Nr. 4 mit Beispielen).

Beispiele:

1. Die endgültig und bestandskräftig festgesetzte ESt beträgt 10.000 €. Später werden neue Tatsachen mit + 3.000 € bekannt. Gleichzeitig werden materielle Fehler mit ∕. 2.500 € und + 1.000 € festgestellt. Wie ist der Korrekturumfang?
Die Änderung der ESt-Festsetzung kommt nach § 173 Abs. 1 Nr. 1, § 177 Abs. 1 AO nur insoweit in Betracht, als die Änderung unter Berücksichtigung des Fehlersaldos von 1.500 € reicht. Der Änderungsbescheid lautet über 11.500 €.

2. Wie Beispiel 1.; jedoch hat der Rechtsfehler eine Auswirkung von ∕. 3.500 €. Wegen der Grenzen des § 177 Abs. 1 AO ist eine Saldierung zugunsten des Stpfl. über den Korrekturbetrag von 3.000 € hinaus nicht möglich. Ein Änderungsbescheid muss unterbleiben.

3. Wie Beispiel 1.; jedoch hat der Rechtsfehler eine Auswirkung von + 1 000 €. Die ESt würde bei Einbeziehung der nachträglich bekannt gewordenen Tatsachen und bei rechtlich zutreffender Beurteilung 14.000 € betragen. Nach § 177 Abs. 1 AO („... soweit die Änderung reicht ...") kommt aber nur eine Änderung in Höhe von 13.000 € in Betracht.

4. Die festgesetzte ESt beträgt 20.000 €. Dabei war ein Rechenfehler im Sinne von § 129 AO unterlaufen; Berichtigungsmöglichkeit dadurch auf 21.000 €. Gleichzeitig

9.17 Berichtigung von materiellen Fehlern nach § 177 AO

wird ein materieller (Rechts-)Fehler mit einer Auswirkung von ∕. 500 € festgestellt. Folge?

Innerhalb der Änderungsgrenzen nach § 177 Abs. 1 AO ist der Rechtsfehler zu saldieren. Es ergeht ein Änderungsbescheid über 20.500 €. Soweit nach anderer Ansicht § 177 AO im Rahmen des § 129 AO nicht anwendbar ist, bleibt zu differenzieren: Nach BFH, BStBl 1989 II S. 531/533, lassen sich alle Saldierungsmöglichkeiten im Wege pflichtgemäßen Ermessens bei § 129 AO („kann") erreichen. Nach a. A. in der Literatur (vgl. BFH, a. a. O.) sind Rechtsfehler nur aufgrund eines Einspruchs im Rahmen des § 351 Abs. 1 AO zugunsten des Stpfl. zu berücksichtigen.

5. Die festgesetzte ESt beträgt 40.000 €. Später wird eine neue Tatsache (§ 173 Abs. 1 Nr. 1 AO) bekannt mit einer Auswirkung von + 3.000 €. Gleichzeitig ergibt sich eine Änderung nach § 175 Abs. 1 Satz 1 Nr. 1 AO mit ∕. 4.000 €. Zwei materielle (Rechts-)Fehler haben Auswirkungen von + 5.000 € und von ∕. 2.000 €. Der obere Änderungsrahmen beträgt nach § 173 Abs. 1 Nr. 1 AO 43.000 €, der untere nach § 175 Abs. 1 Satz 1 Nr. 1 AO 36.000 €. Die saldierten Rechtsfehler (5.000 € ∕. 2.000 €) haben in Höhe von + 3.000 € nach § 177 Abs. 2 AO Auswirkung auf die Änderungsmöglichkeit nach § 175 Abs. 1 Satz 1 Nr. 1 AO. Die Differenz hieraus von ∕. 1.000 € ist nun mit den steuererhöhenden Tatsachen aus § 173 Abs. 1 Nr. 1 AO zu verrechnen. Somit ergibt sich eine Änderung des ESt-Bescheides von + 2.000 € auf 42.000 €.

6. Schematische Berechnung von Korrekturumfang und Saldierung:

Alternativen:	1.	2.	3.	4.	5.	6.
Steuer bisher:	50.000	50.000	50.000	50.000	50.000	50.000
Korrekturmöglichkeiten §§ 129, 172 ff. AO mit						
– Steuererhöhung von	3.000	2.000	–	–	2.000	4.000
– Steuerminderung von	–	–	2.000	3.000	1.000	2.000
Materieller (Rechts)-Fehler mit						
– Steuererhöhung von	1.300	800	3.000	500	2.000	5.000
– Steuerminderung von	500	3.000	1.500	2.500	1.000	1.500
Änderungsrahmen						
– Obergrenze:	53.000	52.000	50.000	50.000	52.000	54.000
– Untergrenze:	50.000	50.000	48.000	47.000	49.000	48.000
Fehlersaldo von zu saldieren nach § 177 Abs. 1 bzw. Abs. 2 AO mit „gegenläufigen" Korrekturmöglichkeiten.	+ 800	– 2.200	+ 1.500	– 2.000	+ 1.000	+ 3.500
Steuer zu ändern auf	**53.000**[1]	**50.000**[2]	**49.500**	**47.000**[2]	**52.000**	**54.000**[2]

---

[1] Keine Saldierung möglich, da dem Fehlersaldo keine Korrekturmöglichkeit mit gegenläufiger Auswirkung gegenübersteht.

[2] Der Korrekturrahmen darf nicht über- bzw. unterschritten werden. Restliche materielle Fehler bleiben insoweit unberücksichtigt; ggf. bei späteren Korrekturen zu saldieren.

9 Korrektur von Verwaltungsakten

Zusammenfassender Überblick zu § 177 AO:

1. Anwendbar auf Steuerbescheide und gleichgestellte Bescheide
   Nicht anwendbar: – in den Fällen § 164 Abs. 2 AO und § 165 Abs. 2 AO für den vorläufigen Teil (§ 177 Abs. 4 AO);
   – soweit § 176 AO eingreift; ebenso bei Treu und Glauben;
   – soweit Rechtskraft von Urteilen vorliegt (§ 110 FGO).

2. Saldierung mit materiellen Fehlern im Sinne von § 177 Abs. 3 AO

3. Berichtigungsumfang
   Innerhalb des Korrekturrahmens (Ober- und Untergrenze)

4. Berichtigungspflicht („sind")

9.18 Prüfungsschema zur Korrektur von Steuerbescheiden

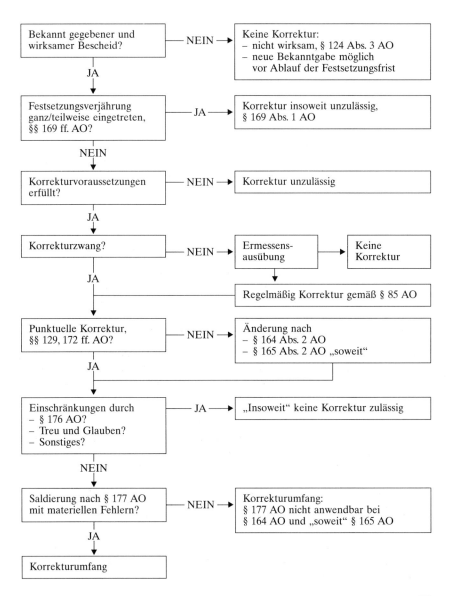

10 Haftung

10.1 Allgemeine Grundsätze

Haften bedeutet im **Zivilrecht** Einstehenmüssen für eine eigene oder fremde Schuld. Haften kann sowohl eine Person (persönliche Haftung) als auch eine Sache (Sachhaftung). Eine Person haftet beschränkt oder unbeschränkt. Bei beschränkter Haftung hat sie für die Leistung nur bis zu einer bestimmten Höhe oder nur mit bestimmten Mitteln einzustehen. Bei der unbeschränkten Haftung haftet sie mit ihrem ganzen Vermögen. Im **Steuerrecht** beinhaltet „haften" allgemein das Einstehenmüssen für eine fremde Schuld (**„Fremdhaftung"**). Das bedeutet, der Steuerschuldner kann grundsätzlich nicht zugleich Haftungsschuldner sein bzw. Haftungsbescheid nach § 191 AO und Steuerbescheid nach § 155 AO schließen sich im Allgemeinen aus (vgl. **Sonderregelung** in **§ 167 Abs. 1 Satz 3 AO** bzgl. Steuerabzugsverfahren hinsichtlich Schuldnerschaft und Steuer- bzw. Haftungsbescheid mit der Problematik von § 119 Abs. 1, §§ 125 und 128 Abs. 3 AO; siehe Ausführungen unten zu „LSt"). Das gilt für alle Haftungstatbestände (vgl. § 70 Abs. 1 AO: „... so haften die Vertretenen, soweit sie nicht Steuerschuldner sind ..."). Die Haftung dient im Steuerrecht dem Zweck, die Durchsetzung des einzelnen Steueranspruchs und damit das Steueraufkommen sicherzustellen, indem neben oder anstelle des Steuerschuldners vor allem andere Personen, gelegentlich aber auch Sachen für die Leistung der Steuerschuld einzustehen haben (unechte Gesamtschuld im Sinne von § 44 AO).

Hierbei sind aber **Besonderheiten** zu beachten. Bei **LSt**-Anmeldungen erfolgen nach § 168 AO, § 41a Abs. 1 Nr. 1 EStG Steuerfestsetzungen auch wegen der LSt-Beträge, für die die Arbeitnehmer Steuerschuldner gemäß § 38 Abs. 2 EStG sind und für die der Arbeitgeber nur Haftungsschuldner nach § 42d EStG sein kann. In diesen und in den Fällen des § 167 Abs. 1 Satz 1 AO können Haftungsschulden ausnahmsweise durch Steuerbescheid festgesetzt werden bzw. stehen in den Fällen des § 167 Abs. 1 Satz 3 AO einer Steueranmeldung gleich (vgl. Ausführungen unter Tz. 9.7.6 m. w. N.). Das gilt entsprechend für andere Abzugsteuern wie **KapSt** (§ 44 EStG; vgl. BFH, BStBl 2000 II S. 67).

Der **Gesamtrechtsnachfolger** (z. B. Erbe) ist nach **§ 45 AO** regelmäßig Steuerschuldner mit der Möglichkeit, den Umfang der Steuerschuld nach § 265 AO, §§ 1975 ff. BGB zu beschränken (s. u. Tz. 4.2.8.3). Er haftet nicht. Etwas anderes gilt nur, wenn der Rechtsvorgänger selbst Haftungsschuldner ist (z. B. nach § 42d EStG) oder wenn der Erbe über § 45 Abs. 2 Satz 2 AO haftet, z. B. nach § 69 oder § 71 AO als Täter oder Teilnehmer einer Steuerhinterziehung oder gemäß § 153 Abs. 1 Satz 2 AO wegen vorsätzlich unterlassener Berichtigung.

10.1 Allgemeine Grundsätze

Sind **Ehegatten** Gesamtschuldner gemäß § 44 AO bei der ESt, so gilt nach dem Sinn und Zweck der Haftung Entsprechendes, wenn der eine Ehegatte den Haftungstatbestand des § 69 oder § 71 AO mitverwirklicht hat, das FA aber die Steueransprüche ihm gegenüber nach **Aufteilung** der Steuerschuld gemäß §§ 268, 278 AO nicht mehr geltend machen kann und der andere Ehegatte als verbleibender Steuerschuldner mittellos ist (vgl. BFH, BStBl 2002 II S. 501; Tormöhlen, wistra 2000 S. 406; FG Köln, EFG 2000 S. 201; Ausführungen unter Tz. 10.5.1).

Beispiel:
Der Kaufmann M hatte ESt 05 bis 10 in Höhe von je 40.000 € durch unrichtige Erklärung seiner gewerblichen Einkünfte auf Anstiftung seiner vermögenden Ehefrau F hinterzogen. Nach Änderung der zusammengefassten ESt-Bescheide erlässt das FA auf Antrag der F entsprechende Aufteilungsbescheide 05 bis 10. Vollstreckungen gegen M als Steuerschuldner sind fruchtlos. Kann ein Haftungsbescheid gegen F ergehen?
Die für die Steuerhinterziehungen mitverantwortliche F haftet nach §§ 71, 370 AO für die im Gewerbebetrieb verkürzte ESt des M unbeschadet der – formellen – Gesamtschuldnerschaft gemäß § 44 Abs. 2 Satz 3 AO, soweit ihre Inanspruchnahme als Steuerschuldner an § 278 Abs. 1 AO scheitert.

Ebenso kann ein **GmbH-Geschäftsführer** mittelbar für eigene Steuerschulden nach § 69 oder § 71 AO haften, soweit die von der GmbH nicht abgeführte oder von ihm unzutreffend angemeldete LSt auf seinen Arbeitslohn entfällt (= Haftung für fremde Haftungsschulden aus § 42 d EStG; vgl. BFH, BStBl 1988 II S. 167).

Von den Haftungstatbeständen, die sich aus den Steuergesetzen herleiten, sind die **zivilrechtlichen Haftungstatbestände** zu unterscheiden. Eine Haftung für Steueransprüche kann in bestimmten Fällen auch aufgrund von zivilrechtlichen Vorschriften in Betracht kommen (**§ 191 Abs. 1 AO:** „... kraft Gesetzes ..."). Es wird insoweit nicht unterschieden, ob die Haftung sich aus den Steuergesetzen oder aus Haftungsvorschriften des Zivilrechts ergibt. Vergleiche § 191 Abs. 1 und 4 AO einerseits und andererseits **§ 192 AO** für die **vertragliche Haftung.** Die verschiedenen Haftungsbestimmungen überschneiden sich zum Teil, jedoch bestehen Unterschiede im Tatbestand und in der Rechtsfolge. Die Haftung derselben Person lässt sich deshalb manchmal aus mehreren Haftungsvorschriften – sei es steuer- oder zivilrechtlicher Art – nebeneinander herleiten.

10 Haftung

10.2 Überblick über Haftungstatbestände und Verfahren

Sämtliche Haftungsnormen stehen grundsätzlich gleichrangig nebeneinander. Jedoch sind beim Erlass des Haftungsbescheides nach § 191 AO besondere Umstände zu berücksichtigen, z. B. eine volle persönliche oder nur beschränkte Haftung oder im Rahmen des Ermessens die vorrangige Haftung wegen Beteiligung an einer Steuerhinterziehung gegenüber der Haftung nur als Gesellschafter (vgl. BFH, BStBl 2003 II S. 160).

Eine umfassende Übersicht der wichtigsten Haftungstatbestände und des Haftungsverfahrens zeigt das Schaubild auf S. 479.

Checkfragen: „Wer" haftet → „weshalb" → „wofür" → „womit" (siehe Tz. 10.3.3, 10.8.5, 10.9.4)?

10.2 Überblick über Haftungstatbestände und Verfahren

HAFTUNG FÜR STEUERSCHULDEN

I. Haftungstatbestände

nach **Steuerrecht** – – – nebeneinander anwendbar – – – nach **Zivilrecht**

Abgabenordnung
§ 191 Abs. 1 AO i. V. m.
- § 69 Vertreter
- § 70 Vertretene
- § 71 Steuerhinterzieher
- § 72 Kontenführer
- § 73 Organschaft
- § 74 wesentlich Beteiligter
- § 75 Betriebsübernehmer
- § 76 Sachhaftung
- § 77 Duldungspflichten

Einzelsteuergesetze
§ 191 Abs. 1 AO i. V. m.
- § 42 d EStG für **LSt** (vgl. R [H] 145, 146 LStR); anders für Nachforderung gemäß § 40 Abs. 3 EStG = pauschalierte LSt als Unternehmensteuer, d. h. Steuerbescheid
- § 10 b Abs. 4 EStG, § 9 Nr. 3 KStG; § 9 Nr. 5 GewStG für **Spenden**
- § 44 Abs. 5 EStG für **KapSt**
- §§ 13 c, 13 d, 25 d UStG für **USt**
- § 20 ErbStG
- § 48 a Abs. 3, § 50 a Abs. 5 EStG
- ...

kraft Gesetzes
§ 191 Abs. 1 AO i. V. m.
- §§ 128 ff. AO entspr. für BGB-Gesellschafter
- § 25 HGB für Erwerber
- § 28 HGB für Eintretenden
- §§ 128 ff. HGB für OHG-Gesellschafter und gemäß § 161 HGB für KG-Komplementär;
- § 15 HGB gilt nicht für Ausgeschiedene
- §§ 171 bis 176 HGB für Kommanditisten
- §§ 8, 10 PartGG für Partner
- §§ 3 ff. AnfG (Abschn. 21 VollstrA)
- ...

kraft Vertrages
§ 48 Abs. 2 AO i. V. m.
- § 765 BGB Bürgschaft, z. B. für Zölle
- §§ 305, 328 BGB Schuldbeitritt
- § 780 BGB Schuldversprechen
Hinweis auf Sicherheitsleistung nach § 18 f UStG und auf § 244 AO

II. **Inanspruchnahme durch Haftungsbescheid, § 191 AO**
Rechtsbehelf: § 347 Abs. 1 Nr. 1 AO
Einwendungen hierbei gegen:
- Grund und Höhe der Haftung
- Erstschuld (Steuerschuld),
- Ausnahme: § 166 AO
- Ermessensausübung
- § 191 Abs. 3 bis 5 AO

III. **Zahlungsaufforderung, § 219 AO**
Rechtsbehelf: § 347 AO

Inanspruchnahme ggf. durch **Klage** vor dem ordentlichen Gericht, **§ 192 AO**; Vollstreckung nach der ZPO

10.3 Haftung der Vertreter und Geschäftsführer nach § 69 AO

Die in § 34 und § 35 AO bezeichneten Personen haften nach § 69 AO persönlich bei vorsätzlicher oder grob fahrlässiger Verletzung ihrer Pflichten. Diese **verschuldensabhängige Schadensersatzhaftung** wird wegen der häufig vorkommenden Firmenzusammenbrüche gerade bei GmbHs auch als „Geschäftsführerhaftung" bezeichnet. Der vielseitig bedrängte Geschäftsführer gibt dem Druck energischer Privatgläubiger unter Benachteiligung fiskalischer Interessen nach (vgl. dazu § 380 AO für LSt. Beachte **§ 266 a StGB** für das Nichtabführen von Arbeitnehmerbeiträgen und entsprechende Haftung auch für solche Zeiträume, in denen kein Lohn ausbezahlt wurde, solange noch finanzielle Mittel für die ausreichende Beitragszahlung zur Verfügung standen).

Zahlungen eines (GmbH-)Geschäftsführers aufgrund der Haftungsinanspruchnahme nach § 69 AO sind grundsätzlich durch das Arbeitsverhältnis veranlasst und daher Werbungskosten bei den § 19 EStG-Einkünften (vgl. OFD Düsseldorf, DStR 1992 S. 1725; BFH, BStBl 2004 II S. 641, bzgl. § 71 AO).

10.3.1 Voraussetzungen

1. Verpflichteter Personenkreis = Haftungsschuldner

Der Kreis der haftenden Personen umfasst nach **§ 34 AO gesetzliche Vertreter** natürlicher und juristischer Personen, **Geschäftsführer** von nichtrechtsfähigen Personenvereinigungen oder Vermögensmassen und **Vermögensverwalter**.

> **Beispiele:**
> - Eltern (§ 1626 BGB), Vormund (§ 1793 BGB), Pfleger (§ 1909 BGB), Betreuer (§§ 1896, 1902 BGB; vgl. dazu Stahl/Carlé, DStR 2000 S. 1245).
> - GmbH-Geschäftsführer (§ 35 GmbHG), AG-Vorstand (§ 78 AktG), Vereinsvorstand (§ 26 BGB; BFH, BStBl 1998 II S. 761; 2003 II S. 556 für LSt.
>   Wegen der verschuldensunabhängigen „konzernrechtlichen Haftung" des Gesellschafter-Geschäftsführers siehe Woring, DStR 1992 S. 426.
> - Geschäftsführer der GbR (§ 714 BGB), der OHG (§§ 114, 125 HGB), der KG (§ 161 Abs. 2, §§ 125, 164, 169, 170 HGB), Partner nach §§ 6 und 7 PartGG. Davon unabhängig kann sich eine Haftung nach § 191 Abs. 1 AO i. V. m. PartGG oder HGB auch ohne Verschulden ergeben (Einzelheiten unter Tz. 10.12.3).
> - Vermögensverwalter (§ 34 Abs. 3 AO), Insolvenzverwalter (§§ 22, 56 InsO), Testamentsvollstrecker (§§ 2197 ff. BGB), Treuhänder (vgl. § 159 AO).

Verfügungsberechtigter im Sinne von **§ 35 AO** ist jeder, der tatsächlich über Mittel, die einem anderen gehören, verfügen „kann" und als solcher auftritt. Er muss grundsätzlich in der Lage sein, aufgrund rechtlicher Verfügungsmacht im

10.3 Haftung der Vertreter und Geschäftsführer nach § 69 AO

Außenverhältnis unmittelbar oder mittelbar wirksam zu handeln (vgl. BFH, BStBl 1995 II S. 859 m. w. N.; Gmach, DStZ 2001 S. 341). Diese Voraussetzungen sind etwa gegeben beim **Generalbevollmächtigten** oder beim **kommissarischen** bzw. **faktischen Geschäftsführer,** die neben dem gesetzlichen Vertreter (evtl. Strohmann) als Haftungsschuldner in Betracht kommen (vgl. BFH, BStBl 1991 II S. 284 m. w. N.). Dazu gehören in der Regel **nicht Prokuristen** und **Steuerberater** (BFH, BStBl 1985 II S. 147). Letztere sind nicht Organ des Vertretenen, sondern lediglich Beauftragte des Geschäftsherrn, der ihren Wirkungskreis bestimmt. Daher werden die steuerlichen Pflichten etwa eines Prokuristen durch den ihm zugewiesenen Geschäftsbereich begrenzt, soweit er nicht außerhalb dieses Wirkungskreises aufgetreten ist (vgl. § 49 HGB). Der Prokurist haftet daher nur, wenn die Erfüllung steuerlicher Pflichten zu seinem betriebsinternen Aufgabenkreis gehört. Der „ständige Vertreter" im Sinne von § 13 AO ist meist zugleich Verfügungsberechtigter. Grundsätzlich ist eine **Bank** kein Verfügungsberechtigter, auch wenn sie aufgrund von Sicherungsabtretungen nahezu sämtlicher Kundenforderungen, Sicherungsübereignungen, Abwicklung des Zahlungsverkehrs über ein bei ihr geführtes Konto usw. erheblichen Einfluss auf den Steuerschuldner nimmt. Ausnahmen greifen ein bei weiter gehenden Mitsprache- oder Verfügungsrechten als „faktischer Geschäftsführer" (vgl. BFH, BStBl 1995 II S. 859; AEAO zu § 35 Nr. 3).

Die **Amtsniederlegung, Entlassung** oder ein **gerichtliches Verfügungsverbot** im Insolvenzverfahren führen zum Verlust der Organstellung ab diesem Zeitpunkt (siehe dazu AEAO zu § 34 Nr. 3 und unter „Pflichtverletzung"). Die Regelung des § 15 HGB (öffentlicher Glaube der Handelsregistereintragung) ist für die Haftung nach § 69 AO ohne Bedeutung (BFH, BStBl 1985 II S. 562).

Die Regelung der **§§ 93, 227 Abs. 2 InsO** hindert das FA **nicht,** nach Eröffnung des Insolvenzverfahrens über das Vermögen einer Gesellschaft Ansprüche aus § 69 AO gegen den persönlich haftenden Gesellschafter einer GbR oder OHG geltend zu machen (vgl. BFH, BStBl 2002 II S. 73; BGH, BStBl 2002 II S. 786; AEAO zu § 191 Nr. 1).

2. Pflichtverletzung

Die **Pflichten** ergeben sich aus **§§ 34, 35 AO** sowie aus den Einzelgesetzen. Die Pflichtverletzung kann erfolgen einmal **im Festsetzungsverfahren,** z. B. aus unrichtigen oder nicht abgegebenen Steuererklärungen oder aus dem Auswahl- und Überwachungsverschulden hinsichtlich von Angestellten, und zum anderen **im Erhebungsverfahren** insbesondere aus der **Nichtzahlung** fälliger Ansprüche im Sinne von § 37 AO aus „verwalteten Mitteln" (§ 34 Abs. 1 Satz 2 AO; siehe unter „Verschulden"). Eine Haftung entfällt daher, wenn z. B. der Geschäftsführer im Zeitpunkt der Fälligkeit der Steuerschuld infolge Entlassung oder Niederlegung seines Amtes oder gerichtlichen Verfügungsverbots wegen Insolvenz

10 Haftung

nicht mehr befugt war, über Mittel zu verfügen und Steuern zu entrichten (vgl. BFH, BStBl 1993 II S. 471 m. w. N.; AEAO zu § 34 Nr. 3 mit Einzelheiten).

Beispiele:

1. Der GmbH-Geschäftsführer G hat Buchführungsarbeiten und die Erledigung von LSt-Sachen dem Angestellten A übertragen, ohne zu überprüfen oder zu kontrollieren, ob dieser überhaupt den Aufgaben gewachsen ist. – G hat grob schuldhaft im Sinne von §§ 69, 34 Abs. 1 AO seine Pflichten verletzt (vgl. BGH, HFR 1986 S. 83).

2. Der Insolvenzverwalter hat die Pflichten eines gesetzlichen Vertreters, soweit seine Verwaltung reicht (§ 34 Abs. 3 AO). Er haftet nach § 69 AO wegen Nichtabführung der USt oder LSt im Betrieb des Gemeinschuldners als Masseverbindlichkeit (vgl. BFH, BStBl 1995 II S. 230; 2003 II S. 337 m. w. N.). Ist die Steuerforderung dagegen eine Insolvenzforderung, so ergibt sich eine Haftung wegen Nichtzahlung aus § 60 InsO (vgl. BGH, NJW 1989 S. 303; Mösbauer, DStZ 2000 S. 443).

Sind in einer Gesellschaft (z. B. OHG, KG, Partnerschaft oder GmbH) bzw. im Verein **mehrere Geschäftsführer** bestellt, trifft grundsätzlich jeden von ihnen die Verantwortung für die steuerlichen Pflichten der Gesellschaft. Die **Gesamtverantwortung** verlangt eine gewisse **Überwachung der Geschäftsführung** im Ganzen. Diese kann durch eine – zwingend schriftliche, z. B. im Gesellschaftsvertrag enthaltene – eindeutige Verteilung der Geschäfte zwar begrenzt, aber nicht aufgehoben werden (BFH, BStBl 1998 II S. 761; 2003 II S. 556; BFH/NV 2004 S. 157 m. w. N.). Ist die Wahrnehmung der steuerlichen Belange der Gesellschaft wirksam einem Mit-Geschäftsführer zugewiesen, so tritt für die anderen Geschäftsführer der Umfang ihrer Pflichten nur „insoweit" und „solange" zurück, wie für sie unter dem Maßstab der Sorgfalt eines gewissenhaften Vertreters im Sinne von § 347 HGB, § 43 GmbHG kein Grund für die Annahme besteht, die steuerlichen Pflichten würden nicht genau erfüllt. Der Grundsatz der Gesamtverantwortung verlangt zumindest eine gewisse Überwachung der Geschäftsführung im Ganzen (vgl. BFH, BFH/NV 1998 S. 11 m. w. N.). Zeichnet sich die nahende Zahlungsunfähigkeit oder Überschuldung der Gesellschaft ab, ist jeder einzelne Geschäftsführer ab Kenntnis hiervon verpflichtet, sich um die Gesamtbelange der Gesellschaft zu kümmern (solidarische Verantwortlichkeit und Haftung). Das Gleiche gilt, wenn im konkreten Fall die Person eines handelnden Mitgesellschafters, Geschäftsführers oder Angestellten Veranlassung zu einer Überprüfung gibt, z. B. wenn sich aus dem Betriebsablauf der Gesellschaft, insbesondere dem Zahlungsverkehr, ergibt, dass keine oder kaum USt- oder LSt-Beträge an das FA abgeführt werden (vgl. BFH, BStBl 1998 II S. 761 m. w. N.).

3. Steuerausfall als Haftungsschaden

Durch die Pflichtverletzung muss ein Schaden entstanden sein, regelmäßig ein Steuerausfall (vgl. BFH, BStBl 1994 II S. 438 m. w. N. für Null-Situation bei der USt; § 36 Abs. 2, 4 EStG für LSt-Anrechnung; § 38 Abs. 4 EStG für Einbehaltung

10.3 Haftung der Vertreter und Geschäftsführer nach § 69 AO

der LSt). Der Haftungsschaden kann nach dem Gesetzeswortlaut des § 69 AO durch folgende Tatbestände alternativ („oder") verwirklicht werden:

1. Ansprüche aus dem Steuerschuldverhältnis (§ 37 AO) sind
   - **nicht** oder **zu niedrig festgesetzt** (siehe aber Einschränkungen im Beispiel unten) oder
   - **nicht rechtzeitig festgesetzt.** Das ist spätestens der Fall, wenn die Veranlagungsarbeiten für diese Steuererklärungen im Wesentlichen abgeschlossen sind durch die zuständige FA-Stelle bzw. bei den Fälligkeitssteuern mit Ablauf der gesetzlichen Frist (vgl. § 18 UStG, § 41a EStG), oder
   - **nicht** oder **nur teilweise** bei Fälligkeit **erfüllt** worden durch Zahlung oder Aufrechnung.

   Beispiel:
   Der GmbH-Geschäftsführer G gab vorsätzlich unrichtige USt-Voranmeldungen ab. Kurze Zeit später fiel die GmbH in Insolvenz (mangels Masse). Sie hätte die USt auch bei richtiger Anmeldung nicht zahlen können. Haftet G nach § 69 AO?
   G haftet nicht nach § 69 AO, obgleich „infolge" seines Verhaltens die USt zu niedrig festgesetzt ist (§ 18 Abs. 1 UStG, § 168 Satz 1, § 370 AO). Zwar kann nach dem Gesetzeswortlaut der Tatbestand des § 69 AO alternativ („oder") verwirklicht sein, d. h. hier durch unrichtige Steueranmeldungen unabhängig von den Zahlungspflichten. Bei § 69 AO handelt es sich aber wegen des Schadensersatzcharakters um einen **„kumulativen Haftungsgrund",** der Steuerausfälle vermeiden soll (vgl. BFH, BStBl 1993 II S. 8; 1995 II S. 230 m. w. N.). Aus denselben Gründen entfällt auch eine Haftung nach § 71 AO (siehe Ausführungen dort).

2. **Steuervergütungen,** z. B. überhöhte USt-Überschüsse, oder Steuererstattungen sind ohne Rechtsgrund im Sinne von § 37 Abs. 2, § 218 Abs. 1 AO gezahlt worden bzw. durch die Nichtabgabe der berichtigten USt-Anmeldung ist der **Rückzahlungsanspruch** nicht festgesetzt worden (vgl. BFH, BFH/NV 1990 S. 618; Geimer, DStZ 1986 S. 436).

3. Durch eine unterlassene oder verspätete Steueranmeldung ist eine aussichtsreiche **Vollstreckungs- oder Aufrechnungsmöglichkeit** des FA **vereitelt** worden (BFH, BFH/NV 1996 S. 97).

Später, d. h. nach Eintritt des Haftungsschadens, gezahlte Steuern sind gemäß § 44 Abs. 2 AO beim Erlass des Haftungsbescheides zu berücksichtigen (vgl. Ausführungen unter Tz. 10.14.8).

4. Kausalität

Die Pflichtverletzung muss kausal (ursächlich) sein, d. h., es muss feststehen, dass ohne die Pflichtverletzung der Schaden nicht eingetreten wäre („infolge"). Insoweit haftet der Vertreter, im Übrigen nicht. So ist z. B. eine eventuelle Pflichtverletzung des Vertreters im Anmeldungs-/Festsetzungsverfahren nicht oder nur teilweise ursächlich für das Nichtzahlen von Steuern, wenn Mittel im Sinne von § 34 Abs. 1 Satz 2 AO nicht (mehr) oder nicht ausreichend vorhanden waren oder wenn dieser im Zeitpunkt der Fälligkeit der Steuerschuld nicht mehr befugt war, über Mittel der Gesellschaft zu verfügen (vgl. BFH, BStBl 1993 II S. 471; 2001 II S. 271 m. w. N.).

5. Verschulden

Der Haftungsschaden (Steuerausfall) muss nach § 69 Satz 1 AO durch eine „vorsätzliche oder grob fahrlässige" Pflichtverletzung der in §§ 34 und 35 AO genannten Personen eingetreten sein (**= subjektiver Sorgfaltsmaßstab**). Nach Sinn und Zweck des § 69 AO ist der allgemeine Rechtsgedanke, der die Zurechnung fremden Verhaltens zum Inhalt hat, nicht anwendbar (vgl. BFH, BStBl 1995 II S. 278 m. w. N.; Beispiel 1 unten). **Vorsatz** bedeutet Kenntnis der Pflichten und bewusste Verletzung der steuerlichen Pflichten. Nicht erforderlich ist das Bewusstsein, dass durch dieses Verhalten ein Schaden des Fiskus eintritt. Der Nachweis des Vorsatzes ist u. U. schwer zu führen. **Grob fahrlässig** handelt, wer nach seinen persönlichen Fähigkeiten und Kenntnissen die Pflichten in ungewöhnlich großem Maße verletzt („musste sich ihm aufdrängen"; vgl. AEAO zu § 173 Nr. 5; § 347 HGB; § 43 GmbHG). Liegt nur leichte Fahrlässigkeit vor, so tritt keine Haftung ein. Für die Abgrenzung zwischen leichter und grober Fahrlässigkeit kommt es auf die gesamten Umstände des Einzelfalls an. Dies gilt insbesondere in LSt-Sachen. Eine „Vorprägung" grob schuldhafter Pflichtverletzung besteht nicht (vgl. BFH, BStBl 1989 II S. 219).

Beispiele:

1. Der Geschäftsführer einer GmbH, der wiederholt feststellt, dass entgegen seinen Anweisungen die einbehaltene LSt der Arbeitnehmer nicht vollständig abgeführt ist, darf sich nicht mit allgemeinen Ermahnungen begnügen. Er muss für die rechtzeitige Abführung der LSt durch geeignete Maßnahmen sorgen. Andernfalls handelt er grob fahrlässig (vgl. BFH, BFH/NV 1989 S. 72; BStBl 1991 II S. 284).
Dagegen kann dem Geschäftsführer ein grobes Verschulden des Steuerberaters der GmbH bei der Fertigung von Steuererklärungen nicht nach allgemeinen Grundsätzen zugerechnet werden, wenn ihn kein Auswahl- oder Überwachungsverschulden trifft (BFH, BStBl 1995 II S. 278).

2. Ein grobes Verschulden liegt vor, wenn ein Mitgeschäftsführer den Zahlungsverkehr nicht kontrolliert und ihm nicht auffällt, dass die Gesellschaft keine oder kaum Steuern abführt (vgl. BFH, BStBl 1998 II S. 761 für Verein). Die Frage des Verschuldens ist in diesem Fall streng zu beurteilen, weil der Geschäftsführer als Vertreter des Arbeitgebers die LSt nur treuhänderisch für den Arbeitnehmer und den Steuerfiskus und deshalb nicht zweckwidrig verwenden darf (vgl. § 38 Abs. 3, 4 EStG).

3. Dagegen kann eine Pflichtverletzung, die nicht im Zusammenhang mit der Abführung einbehaltener LSt oder von USt, sondern mit der Berechnung der Steuern als solcher steht, anders zu beurteilen sein. Die Anforderungen dürfen insoweit nicht überspitzt werden (BFH, BStBl 1982 II S. 521; 1991 II S. 284 m. w. N.).

10.3 Haftung der Vertreter und Geschäftsführer nach § 69 AO

4. Der BFH hat ferner folgende Einwendungen des Vertreters/Geschäftsführers als unbeachtlich qualifiziert:

a) Er habe auf die Kreditzusage der Bank vertraut (BFH, BFH/NV 1988 S. 764) bzw. die Kreditzusage sei „nach Fälligkeit", aber noch innerhalb der Schonfrist des § 240 Abs. 3 AO zurückgenommen worden mit dadurch bewirkter Zahlungsunfähigkeit (BFH, BStBl 1991 II S. 282; vgl. dazu auch BFH, BStBl 1993 II S. 471).

b) Die Bank habe ihn dazu gedrängt, ausdrücklich oder stillschweigend darin einzuwilligen, dass die Löhne ohne Einbehaltung und Abführung der LSt gezahlt werden. Er muss in diesem Fall die Bank auf seine steuerlichen Pflichten hinweisen und eine gleichmäßige Erfüllung der Verbindlichkeiten gegenüber dem FA und den Arbeitnehmern verlangen (BFH, BFH/NV 1988 S. 206, 345; 1992 S. 575).

c) Er habe Steuern wegen der Liquiditätslage der Gesellschaft nur deshalb nicht bezahlt, um den Betrieb und die Arbeitsplätze zu erhalten (BFH, BFH/NV 1988 S. 764), bzw. er habe den Grundsatz der Quotentilgung nicht gekannt (BFH, BFH/NV 1992 S. 785).

d) Er habe nachträglich einen Stundungsantrag gestellt (BFH, BFH/NV 1988 S. 7).

e) Er habe darauf vertraut, nicht abgeführte **LSt** später aus einer erwarteten Steuererstattung bezahlen zu können (BFH, BFH/NV 1989 S. 150). Das bloße Vertrauen auf einen zukünftigen Geldzufluss oder das Bestehen einer Aufrechnungslage kann den Geschäftsführer nicht von der Pflicht entbinden, LSt zum gesetzlichen Fälligkeitszeitpunkt zu zahlen. Das gilt auch dann, wenn er damit rechnet, werde rückständige LSt mit einem vermeintlichen Vorsteuer-Guthaben ausgleichen können, das sich später als nicht realisierbar erweist (BFH, BFH/NV 2004 S. 1069).

f) Er sei durch die Gesellschafter an der Erfüllung seiner steuerlichen Pflichten gehindert worden bzw. er hätte sonst seinen Arbeitsplatz verloren. Kann er sich innerhalb der Gesellschaft nicht durchsetzen und seiner Rechtsstellung gemäß handeln, so muss er als Geschäftsführer zurücktreten (BFH, BStBl 2004 II S. 579). Letzteres muss er in Kauf nehmen, wenn er auf anderem Weg als Geschäftsführer keine Möglichkeit gehabt hätte, seine rechtlichen Aufgaben zu erfüllen (BFH, BFH/NV 1988 S. 345).

g) Er habe sich noch in der Einarbeitungsphase als Geschäftsführer befunden; die eigentlichen Entscheidungen seien weiterhin vom Vorgänger getroffen worden (BFH, BFH/NV 1988 S. 649).

h) Er sei Nachfolgegeschäftsführer gewesen. Als solcher haftet er auch für die im Zeitpunkt seines Antritts vorhandenen Steuerrückstände, die sein Vorgänger hat entstehen lassen, wenn er entsprechende Mittel zur Verfügung hatte (BFH, BFH/NV 1988 S. 206).

i) Durch Einräumung von Globalzessionen und Sicherungsrechten zugunsten Kredit gebender Banken sei er außerstande gewesen, vorhersehbare Steuerforderungen zu tilgen (BFH, BStBl 1991 II S. 678; 2003 II S. 337).

j) Da sich die Verantwortlichkeit des (GmbH-)Geschäftsführers für die Erfüllung der steuerlichen Pflichten (der GmbH) allein aus seiner nominellen Bestellung zum Geschäftsführer ergibt, kann er sich zur Entschuldigung nicht darauf berufen, als **Strohmann** missbraucht worden zu sein und aufgrund eines Treuhandvertrages keinerlei Handlungsmöglichkeiten gehabt zu haben. Er verletzt zumindest grob fahrlässig die ihm auferlegten Pflichten, wenn er in Kenntnis des steuerunehrlichen Verhaltens eines anderen die Führung der Geschäfte durch diesen – Verfügungsbefugten nach § 35 AO – duldet (BFH, BFH/NV 1996 S. 657; BStBl 2004 II S. 579). Die gilt grundsätzlich auch für volljährige **Kinder** oder andere Angehörige einer die

GmbH beherrschenden Person, selbst wenn ihnen das Amt des Geschäftsführers aufgedrängt worden ist (BFH, BFH/NV 1998 S. 11).

k) Weitere Rechtsprechungsnachweise enthält die AO-Kartei NRW § 69 Karte 3001.

Ein **mitwirkendes Verschulden der Finanzbehörde** ist erst bei der Ermessensausübung über den Erlass bzw. die Höhe des Haftungsbescheides zu berücksichtigen (vgl. BFH, BStBl 2003 II S. 556 m. w. N.).

Die **Art der Steuerrückstände** hat für den Bereich des § 69 AO erhebliche Bedeutung (nach a. A. für den Umfang der Pflichtverletzung):

- **Abzugsteuern**

Abzugsteuern sind als treuhänderische Fremdgelder stets **vorrangig** vor sonstigen Verbindlichkeiten an das FA abzuführen, z. B. **LSt** (§§ 38, 41 a, 42 d EStG; anders für pauschalierte LSt nach §§ 37 a, 40, 40 a EStG als Unternehmenssteuer), **KapSt** (§§ 43 ff. EStG), **§ 48** und **§ 50 a EStG** mit § 73 g EStDV (vgl. BFH, BStBl 2001 II S. 271 m. w. N.; 1990 II S. 767 für pauschalierte LSt).

In diesen Fällen handelt es sich um eine **Haftung** des Vertreters/Geschäftsführers **für Haftungsschulden** des Vertretenen (mehrstufige Haftung). Bei Verletzung dieser Pflicht können sich zusätzlich Rechtsfolgen aus §§ 370, 378 bzw. 380 AO ergeben.

In der Praxis werden häufig Löhne nicht ausgezahlt im Hinblick auf die Absicherung der Arbeitnehmer durch Insolvenzgeld für die letzten drei Monate nach §§ 138 ff. SGB III, sodass mangels zu entrichtender **LSt** eine Haftung entfällt. Verfügt die Gesellschaft nur über Mittel in Höhe der ausgezahlten Nettolöhne, so besteht die schuldhafte Pflichtverletzung des Geschäftsführers im Sinne von § 34 Abs. 1 Satz 2 AO darin, dass er die Löhne nicht zum Zweck der anteiligen Befriedigung des FA wegen der LSt nach **§ 38 Abs. 4 EStG** entsprechend **gekürzt** an die Arbeitnehmer ausgezahlt hat (vgl. BFH, BStBl 1998 II S. 761 m. w. N.). Betrifft die LSt-Haftung einen sich über mehrere Monate erstreckenden Zeitraum, so kann der Geschäftsführer sich nicht darauf berufen, dass er während des ganzen Zeitraums nur Geldmittel in Höhe der ausgezahlten Nettolöhne zur Verfügung gehabt habe und deshalb nur insoweit hafte, als er jeweils bei der gebotenen Kürzung der Nettolöhne das FA wegen der LSt anteilig hätte befriedigen können. Denn aus der Tatsache, dass über mehrere Monate hinweg die Löhne stets ungekürzt ausgezahlt wurden, ergibt sich, dass der Geschäftsführer jedenfalls über ausreichende Mittel verfügte, um jeweils die für den vorangegangenen Monat angemeldete und rückständige LSt am 10. des Folgemonats in voller Höhe an das FA zu zahlen (§ 41 a Abs. 1 EStG). Wer aber in Kenntnis der für den Vormonat entstandenen, aber noch nicht abgeführten LSt die Löhne für den laufenden Monat ungekürzt auszahlt, handelt vorsätzlich und haftet insoweit unbeschränkt für die LSt nach § 69 AO. Eine betragsmäßige Haftungsbeschrän-

10.3 Haftung der Vertreter und Geschäftsführer nach § 69 AO

kung für LSt kann allenfalls für den letzten Monat des Haftungszeitraums in Betracht kommen, wenn nachfolgende Lohnzahlungen nicht mehr erfolgen und auch aus den für die letzte Lohnzahlung verwendeten Mitteln die LSt-Rückstände des Vormonats nicht hätten bezahlt werden können. In diesem Fall besteht die Kausalität bzw. das Verschulden nur hinsichtlich der LSt, die der Geschäftsführer bei der gebotenen Kürzung der Nettolöhne an das FA hätte abführen können (vgl. BFH, BStBl 1988 II S. 859).

- **Sonstige Steueransprüche**

Bei sonstigen fälligen oder bereits entstandenen Ansprüchen im Sinne von § 37 AO (z. B. **USt, GewSt**, KSt, pauschalierte LSt nach §§ 40 ff. EStG, steuerliche Nebenleistungen) gilt allgemein der haftungsbegrenzende **Grundsatz der Gleichbehandlung** aller Gläubiger. Die Begründung hierfür ist, dass der Fiskus sich die Steuerschuldner nicht aussuchen kann und daher gegenüber Privatgläubigern nicht benachteiligt werden darf. Die **Haftungsquote** ist danach **unter Berücksichtigung der Mittelverwendung** während des Haftungszeitraums zu ermitteln, ggf. mit pauschalen Sicherheitsabschlägen (vgl. BFH, BStBl 1990 II S. 201 m. w. N. und S. 767 für pauschalierte LSt). Dieser Grundsatz der anteiligen Tilgung hat vor allem Bedeutung für die USt und pauschalierte LSt sowie steuerliche Nebenleistungen, weil es sich hierbei – im Gegensatz zur KSt und GewSt – um ertragsunabhängige Steuern/Abgaben handelt. Maßgeblicher **Haftungszeitraum** für die Berechnung der Steuerhaftungsquote ist die **„Krise"**, d. h. die Zeit vom Einsetzen der ersten Steuersäumigkeit bis zum letzten (regelmäßig) endgültigen Steuerausfall (vgl. § 17 Abs. 2, § 18 Abs. 2 InsO; Prugger, Inf 1990 S. 343/346 m. w. N.).

Fehlen Mittel zur Zahlung der steuerlichen Rückstände und können diese auch nicht beschafft werden, z. B. durch Kredite, entfällt gemäß **§ 34 Abs. 1 Satz 2 AO** die Haftung des Verantwortlichen, sofern ihm nicht auf einen früheren Zeitpunkt eine schuldhafte Pflichtverletzung anzulasten ist (vgl. BFH, BStBl 1988 II S. 980; 1991 II S. 282).

Reichen die **verfügbaren Mittel nicht zur Tilgung aller Steuerschulden** aus, kann in der unterlassenen anteiligen Tilgung eine schuldhafte Pflichtverletzung liegen. Es muss daher jeweils der Umfang der im maßgebenden Zeitpunkt verfügbaren Mittel festgestellt werden (**„Mittelverwendungsrechnung"**). Das FA hat hierfür grundsätzlich die **Feststellungslast**. Es kann vom Vertreter bzw. Geschäftsführer als Haftungsschuldner wegen dessen „Beweisnähe" die zur Feststellung des Haftungsumfangs notwendigen **Auskünfte** und Vorlage einschlägiger Unterlagen (Verbindlichkeiten und Zahlungsnachweise) verlangen (§§ 93, 97 AO; BFH, BStBl 1990 II S. 357; BFH/NV 1995 S. 570; AO-Kartei NRW § 69 Karte 801 mit Muster). Werden diese nicht beigebracht, kann die Haftungssumme ggf. in Höhe des vollen Steuerrückstands festgesetzt werden (vgl. BFH, BFH/NV 2002 S. 4, 6).

10 Haftung

Die Pflicht zur vollen oder anteiligen Entrichtung der Steuerschulden entsteht nicht erst bei Fälligkeit. Zwar richtet sich die Haftungshöhe nach dem Umfang des bei Fälligkeit eingetretenen Steuerausfalls. Die Pflichten werden aber schon dann grob schuldhaft verletzt, wenn durch Vorwegbefriedigung anderer Gläubiger oder in sonstiger Weise vorsätzlich oder grob fahrlässig Bedingungen gesetzt werden, eine bereits entstandene, aber erst künftig fällig werdende Steuerforderung im Zeitpunkt der Fälligkeit zu tilgen (vgl. BFH, BStBl 1988 II S. 742; BFH/NV 1997 S. 7).

Reichen bei Zahlungsschwierigkeiten im Zeitpunkt der Fälligkeit der Steuerschulden die verfügbaren Mittel zur Tilgung aller Verbindlichkeiten einschließlich Personalkosten (Löhne, LSt und Sozialabgaben) nicht aus, so gilt der **Grundsatz der anteiligen Tilgung,** d. h., die Verantwortlichen haften für eine „in etwa" angemessene – zumindest der Befriedigung der anderen Gläubiger überschlägig entsprechende – Tilgung der Steuerschulden (vgl. BFH, BStBl 1990 II S. 201, 357 m. w. N.). In die Vergleichsrechnung zur Ermittlung der anteiligen Tilgungsquote sind die im Haftungszeitraum insgesamt zu tilgenden Verbindlichkeiten einzubeziehen. Dazu gehören sämtliche Steuerschulden einschließlich USt und steuerliche Nebenleistungen (vgl. BFH, BStBl 2001 II S. 271). Streitig ist die Einbeziehung der – tilgungsvorrangigen – Steuerabzugsbeträge wie LSt in die Vergleichsrechnung (dafür BFH, BStBl 1988 II S. 174; 1990 II S. 201; OFD Magdeburg, BB 1995 S. 82/84; AO-Kartei NRW § 69 Karte 801 Anlage 3; a. A. FG Düsseldorf, EFG 1997 S. 648; Buciek, BB 1989 S. 2303; Prugger, Inf 1990 S. 343). Meines Erachtens sind die Steuerabzugsbeträge (LSt) „haftungsneutral" bei der Ermittlung der Gesamtverbindlichkeiten und der anteiligen Tilgung zu behandeln. Die **uneingeschränkte Haftung für Abzugsteuern,** wie z. B. LSt, bleibt hiervon unberührt, da in diesen Fällen eine Rücksichtnahme auf die Liquiditätslage grundsätzlich entfällt (s. o.).

Wurden während eines längeren Haftungszeitraums mit **mehreren Fälligkeitszeitpunkten** Steuern nicht oder nicht vollständig entrichtet, so ist bzgl. der Feststellung, ob und inwieweit der Vertreter seine Verpflichtung zur in etwa gleichmäßigen Befriedigung aller Gläubiger gegenüber dem FA verletzt hat, auf den säumigen Gesamtzeitraum – **Globalbetrachtung mit Quotenberechnung** – abzustellen und nicht auf jeden einzelnen Zahlungs- oder Fälligkeitszeitpunkt (vgl. BFH, BStBl 1990 II S. 201 m. w. N.; Buyer, GmbHR 1987 S. 276; Buciek, BB 1989 S. 2303; Friedl, DStR 1989 S. 162 m. w. N.). Hiervon unberührt bleibt die Haftung für etwa hinterzogene Steuern nach § **71 AO** (Problem des Vorsatznachweises und der Schadensersatzfunktion). Weil die einzelnen Beträge und der Haftungszeitraum sich kaum exakt ermitteln lassen, sind nach der Rechtsprechung ggf. **pauschale Abschläge** bis zu 10 v. H. im Rahmen der Ermessensausübung beim Erlass des Haftungsbescheides vorzunehmen.

Die **Haftungsquote,** insbesondere die **anteilige USt,** kann nach folgendem Schema ermittelt werden, jedoch – aus Rechts- und Praktikabilitätsgründen – hier ohne

10.3 Haftung der Vertreter und Geschäftsführer nach § 69 AO

LSt (anders AO-Kartei NRW § 69 Karte 801 Anlage 3; OFD Magdeburg, BB 1995 S. 82/84):

1. Berechnung der **Gesamtverbindlichkeiten:**
   Zahlungsverpflichtungen zu Beginn des Haftungszeitraums
   (ohne Steuerrückstände) .... €
   + Zugang bzw. ∕ Abgang an o. a. Schulden
   (ohne Berücksichtigung geleisteter Zahlungen)
   bis zur Zahlungseinstellung/Insolvenz .... €

   Allgemeine Verbindlichkeiten insgesamt .... €

   Fällige und bereits entstandene Steuerrückstände zu Beginn
   des Haftungszeitraums + ... €
   + Zugang bzw. ∕ Abgang rückständiger Steuerschulden
   (ohne Berücksichtigung geleisteter Zahlungen) + ... €

   Steuerrückstand insgesamt .... €

   Gesamtverbindlichkeiten danach .... €

2. **Anteil des Steuerrückstandes** an den
   Gesamtverbindlichkeiten im Sinne von Nr. 1 = ... v. H.

3. **Berechnung der Mittelverwendung:**
   Summe der bezahlten Verbindlichkeiten und getilgten Steuerschulden bis zur Zahlungseinstellung (einschließlich nach
   § 226 AO verrechneter/umgebuchter Steuerguthaben) .... €

4. Bei **anteiliger Steuerhaftungsquote** von .... v. H.
   hätten auf die o. a. Steuerrückstände entrichtet werden müssen .... €

   Tatsächlich getilgte Steuerschulden ∕ .... €

5. **Haftungssumme** (ggf. pauschaler Abschlag bis 10 v. H.) = ... €

Beispiel:

Schulden der GmbH (ohne Steuern) am 1. 1. 07 von 6 Mio. € und am 15. 6. 07 von 19 Mio. € (Insolvenz mangels Masse); USt-Rückstände Anfang 07 von 200.000 € und am 15. 6. von 1 Mio. €. In diesem Zeitraum zahlte der Geschäftsführer G auf rückständige USt 100.000 € und auf sonstige Verbindlichkeiten 15,9 Mio. € (insgesamt 16 Mio. €). LSt war nicht angefallen mangels Lohnzahlungen. Haftet G für USt?

Von den 20 Mio. € Gesamtverbindlichkeiten (vor Zahlung) entfällt auf die USt ein Anteil von 5 v. H. Der Anteil, der bei gleichmäßiger Tilgung der USt zu den Gesamtverbindlichkeiten auf die USt-Rückstände hätte gezahlt werden müssen, beträgt 5 v. H. von 16 Mio. € = 800.000 €. Darauf wurden gezahlt 100.000 €. Es verbleibt ein Haftungsschaden von 700.000 €, für den G nach § 69 AO persönlich haftet.

10.3.2 Umfang der Haftung

Die Haftung nach § 69 AO ist persönlich. Der Umfang der Haftungsschuld richtet sich nach dem Grund der Pflichtverletzung hinsichtlich der Nichterfüllung der Steuerschulden. Sind inhaltlich richtige Steuererklärungen/Steueranmeldungen abgegeben worden, reichen aber die verfügbaren Mittel zur Erfüllung der sich daraus ergebenden Zahlungspflichten nicht aus, so ist der Steuergläubiger angemessen zu befriedigen. Andernfalls haftet der Verantwortliche für den **anteiligen Steuerausfall.** Sind vorsätzlich oder grob fahrlässig inhaltlich unrichtige Erklärungen abgegeben worden, so besteht eine **volle Haftung** nur, wenn gleichzeitig entsprechende Zahlungsmittel vorhanden waren (§ 34 Abs. 1 Satz 2 AO).

Für **Steuerabzugsbeträge** kann sich dagegen eine **Vollhaftung** ergeben. Im Übrigen greift hier für die Zahlungsaufforderung die Ausnahmeregelung des § 219 Satz 2 AO ein.

Die Haftung umfasst **alle Ansprüche aus dem Steuerschuldverhältnis** (§ 37 AO). **§ 69 Satz 2 AO** erweitert diese Haftung auch auf solche **Säumniszuschläge**, die „infolge" der Pflichtverletzungen mittelbar „entstanden" sind, nicht aber für Zinsen (vgl. BFH, BStBl 1999 II S. 670; DB 2005 S. 33 m. w. N.).

10.3.3 Prüfungsschema zu § 69 AO

Wer?
1. **Gesetzliche Vertreter** natürlicher/juristischer Personen nach § 34 Abs. 1 AO, z. B. GmbH-Geschäftsführer (§ 35 GmbHG)

2. **Geschäftsführer von Personenvereinigungen** nach § 34 Abs. 1 AO, z. B. von GbR, OHG, KG oder Partnerschaft
Daneben kann sich ggf. eine zivilrechtliche Haftung als Gesellschafter auch ohne Verschulden ergeben.

3. **Vermögensverwalter/Insolvenzverwalter** nach § 34 Abs. 3 AO

4. **Verfügungsberechtigter** nach § 35 AO,
z. B. Generalbevollmächtigter, faktischer Geschäftsführer, Prokurist der Steuerabteilung
Bei **mehreren Geschäftsführern** ist grundsätzlich die schriftliche Aufgabenteilung zu beachten vorbehaltlich einer späteren solidarischen Verantwortung und Haftung.

Weshalb? **Vorsätzliche oder grob fahrlässige Pflichtverletzung,**
insbesondere Verstoß gegen § 34 Abs. 1 Satz 2 AO und dadurch Steuerausfall (= Schadensersatz)
↓

10.4 Haftung des Vertretenen (§ 70 AO)

Wofür? **1. Abzugsteuern:** stets **vorrangig**, z. B. LSt, KapSt, Steuerabzug nach § 48 oder § 50 a EStG

2. Sonstige Ansprüche aus dem Steuerschuldverhältnis, wie z. B. USt, KSt, GewSt, pauschalierte LSt und steuerliche Nebenleistungen

Grundsatz der anteiligen Tilgung, d. h. Haftungsquote unter Berücksichtigung der Mittelverwendung während des Haftungszeitraums („Krise")

Ggf. **Ausschluss von Einwendungen** zu Grund und Höhe der Schulden gemäß **§ 166 AO**

Vereinfachtes Schema zur Ermittlung der USt-Haftungsquote (ohne LSt):
1. Verhältnis gesamte Zahlungsverbindlichkeiten in der Zahlungskrise zu USt-Schulden; danach Anteil der USt-Rückstände   = _____ v. H.
2. Tilgungen (Zahlungen) insgesamt in Haftungskrise   = ... €
3. **Quote** für **USt-Schulden:** _____ v. H. (Tz. 1) auf Entrichtungen im Sinne von Tz. 2   = ... €
./. geleistete/umgebuchte Steuern   = ... €
Haftungsschaden (ggf. Abschlag bis 10 v. H.)   = ... €

3. **Säumniszuschläge** gemäß § 69 Satz 2 AO

Womit?   Persönliche und unbeschränkte Haftung „soweit"

10.4 Haftung des Vertretenen (§ 70 AO)

Der Vertretene haftet nach § 70 AO unter bestimmten Voraussetzungen für die durch Steuerhinterziehung oder leichtfertige Steuerverkürzung verkürzten Steuern und die zu Unrecht gewährten Steuervorteile. Die Vorschrift kommt nicht zur Anwendung, wenn der Vertretene selbst Steuerschuldner ist. Die Bedeutung des § 70 AO liegt auf dem Gebiet der **Verbrauchsteuern.** Im Bereich der sonstigen Steuern greift § 70 AO lediglich für **Abzugsteuern** ein. Hier werden aber regelmäßig die unproblematischen Haftungsnormen der § 42 d, § 44 Abs. 5, § 48 oder § 50 a Abs. 5 EStG herangezogen, außer im Falle der verlängerten Festsetzungsfristen nach § 191 Abs. 3 AO.

Die Vertreter und die sonstigen in den §§ 34 und 35 AO bezeichneten Personen müssen eine **Steuerhinterziehung** nach § 370 AO oder **leichtfertige Steuerverkürzung** nach § 378 AO begangen haben. Sowohl der objektive als auch der subjektive Tatbestand einer dieser Bestimmungen muss erfüllt sein. Die Tat muss bei Ausübung der Obliegenheiten begangen sein, d. h., es ist eine unmittelbare Beziehung zwischen den Obliegenheiten und der Steuerverfehlung erforderlich. Bei Taten gesetzlicher Vertreter entfällt die Haftung für natürliche Personen, wenn sie aus der Tat keinen Vermögensvorteil erlangt haben. Diese Regelung berücksichtigt, dass eine natürliche Person kein Verschulden bei der Auswahl und Beaufsichtigung des gesetzlichen Vertreters treffen kann. Im Übrigen haben alle Vertretenen die Möglichkeit, sich zu entlasten, wenn sie den gesetzlichen Vertreter, Vermögensverwalter usw. sorgfältig ausgewählt und beaufsichtigt haben (§ 70 Abs. 2 AO). Voraussetzung ist allerdings, dass auch in diesen Fällen der Vertretene aus der Tat keinen Vermögensvorteil erlangt hat.

10.5 Haftung des Steuerhinterziehers und Steuerhehlers nach § 71 AO

Für den Bereich der Steuerhinterziehung ist § 71 AO die zentrale Haftungsvorschrift. Danach haften Steuerhinterzieher und Teilnehmer für die verkürzten Steuern und die zu Unrecht gewährten Steuervorteile sowie für die Hinterziehungszinsen. Andere Haftungsnormen können zu § 71 AO hinzukommen, z. B. §§ 69, 70 AO, § 42 d EStG, § 128 HGB. Der Kreis der haftenden Personen ist durch § 71 AO erheblich über den Rahmen des § 69 AO hinaus erweitert. Während § 69 AO die vertretungs- und verfügungsberechtigten Personen umfasst, haften nach § 71 AO bei Steuerhinterziehung oder Steuerhehlerei alle natürlichen Personen, die mit Steuerangelegenheiten eines Stpfl. zu tun haben. Sie haften auch dann, wenn sie nicht Angestellte des Stpfl. sind. Ferner laufen die Verjährungsfristen gemäß § 191 Abs. 3 Satz 2 AO unterschiedlich lang, nämlich vier bzw. zehn Jahre. Weitere Unterschiede ergeben sich bei § 219 und § 235 AO.

10.5.1 Voraussetzungen

1. Der **Beteiligte** darf als Haftungsschuldner **grundsätzlich nicht gleichzeitig Steuerschuldner** sein, da „Haften" im steuerrechtlichen Sinne Einstehen für eine fremde Steuerschuld bedeutet. Von diesem Grundsatz hat die Rechtsprechung **Ausnahmen** zugelassen. So haftet etwa ein **GmbH-Geschäftsführer** auch für die LSt, die auf seinen Arbeitslohn entfällt und für die er selbst mittelbar Steuerschuldner ist (= mehrstufige Haftung; vgl. BFH, BStBl 1988 II S. 167). Ein weiterer Fall der Identität von Steuerschuld und Haftungsschuld besteht dann, wenn bei der Zusammenveranlagung zur ESt ein **Ehegatte** hinsichtlich der Einkünfte des anderen eine Steuerhinterziehung begangen oder daran teilgenommen hat, dann aber die Gesamtschuld (§ 44 AO) nach den §§ 268 ff. AO aufgeteilt wird

10.5 Haftung des Steuerhinterziehers und Steuerhehlers nach § 71 AO

und wegen der hinterzogenen Steuerschuld gegen ihn nicht mehr gemäß § 44 Abs. 2 Satz 4, § 278 Abs. 1 AO vollstreckt werden darf (vgl. ferner § 45 Abs. 2 Satz 2 AO für die Erbenhaftung sowie Ausführungen Tz. 10.1 mit Beispiel).

2. Der **Täter/Mittäter** oder **Teilnehmer** (Anstifter/Gehilfe) muss eine **vollendete Steuerhinterziehung nach §§ 370, 370 a AO** bzw. eine Steuerhehlerei (§ 374 AO) begangen haben. Er muss den objektiven Tatbestand der jeweiligen Strafnorm erfüllen sowie subjektiv schuldhaft und mit **Vorsatz** gemäß § 15 StGB gehandelt haben (vgl. BFH, BStBl 1998 II S. 530). Das gilt entsprechend für erschlichene Investitionszulagen (BFH, BStBl 1999 II S. 670). Bei Versuch und bei sonstigen Delikten, z. B. bei leichtfertiger Steuerverkürzung nach § 378 AO oder bei betrügerisch erschlichener Steuererstattung (§ 263 StGB), entfällt eine Haftung nach § 71 AO.

Beispiele:

1. Steuerberater B stellte im Namen seines Mandanten S mit Erfolg einen Stundungsantrag für die ESt-Abschlusszahlung von 20.000 €. Hierbei wurden vorsätzlich liquide Mittel in Höhe von 50.000 € verschwiegen. S wurde später zahlungsunfähig. B haftet zwar nicht nach §§ 69, 35 AO, wohl aber nach § 71 i. V. m. § 370 AO für den vollen Schaden und die Zinsen.

2. Der Bierverleger B lieferte zahlreichen Gastronomen nicht nur Bier und sonstige Getränke auf Rechnung, sondern auf deren Wunsch auch einen Teil der Waren mit „anonymen Barverkaufsrechnungen" – entgegen § 144 Abs. 3 Nr. 2 AO ohne Firma und Anschrift der Wiederverkäufer – für deren „Schwarzgeschäfte", die diese steuerlich nicht erfassten. Rechtslage?
B hat Beihilfe zu Steuerhinterziehungen nach § 370 AO geleistet. Er hat den Kunden, die als Haupttäter „Schwarzgeschäfte" tätigten, deren Taten dadurch erleichtert, dass diese annehmen konnten, auch in der Buchführung des B nicht in Erscheinung zu treten. B haftet nach § 71 AO für die durch die Kunden verkürzten Steuern und Hinterziehungszinsen (vgl. BFH, BStBl 2004 II S. 641, 919). Nach BFH führt die Bezahlung der Haftungsschulden bei B zu Betriebsausgaben, weil die Inanspruchnahme des Haftungsschuldners nach § 71 AO keinen Strafcharakter hat und bei B die Zahlungen (auch für ESt der Kunden) daher nicht dem Abzugsverbot des § 12 Nr. 4 EStG unterliegen. Das bedeutet, dass die ESt der steuerhinterziehenden Kunden bei diesen zwar dem Abzugsverbot des § 12 Nr. 3 EStG unterliegt, beim Haftungsschuldner B aber abziehbar ist. Bei einem Rückgriff des B nach § 426 BGB käme die Steuerminderung auch den Steuerschuldnern zugute.

Eine vorherige strafgerichtliche **Verurteilung** ist nicht erforderlich, z. B. es erfolgte Einstellung des Steuerstrafverfahrens nach § 398 bzw. § 399 AO i. V. m. §§ 153, 153 a StPO. Auch **Verfahrenshindernisse** wie z. B. Selbstanzeige oder Strafverfolgungsverjährung sind ohne Bedeutung. Die Finanzbehörde ist an Entscheidungen im strafgerichtlichen Verfahren nicht gebunden, sondern hat selbständig die Voraussetzungen des § 71 AO zu prüfen und im Haftungsbescheid gemäß § 121 AO zu begründen (vgl. BFH, BStBl 1995 II S. 198 m. w. N.; AEAO zu § 71 und zu § 235 Nr. 1.3).

10.5.2 Haftungsumfang

Die Haftung ist **persönlich** und **unbeschränkt**. Sie erstreckt sich auf die vorsätzlich verkürzten Steuern als **Nachzahlungsbetrag** ggf. unter Berücksichtigung von § 177 AO (= Vermögensschaden des Fiskus wegen der Abhängigkeit der Haftung von der Steuerschuld als Primäranspruch; vgl. BFH, BStBl 1995 II S. 198; Ausführungen zu § 235 AO unter Tz. 11.6.5). Sie erfasst ferner die zu Unrecht gewährten **Steuervorteile** (z. B. Stundung, Erlass) und die **Hinterziehungszinsen** (§ 235 AO). Die Haftung erfasst somit nicht Steuern, auf deren Verkürzung sich der Vorsatz nicht bezogen hat, z. B. leichtfertig verkürzte Steuern und Sicherheitszuschläge, und andere steuerliche Nebenleistungen wie z. B. Säumniszuschläge.

Die Haftung nach § 71 AO hat – ebenso wie nach § 69 AO – **Schadensersatzcharakter** und stellt keine Sanktion für die Störung des Festsetzungsverfahrens oder Nebenstrafe dar (BFH, BStBl 2004 II S. 641). Daher ist für § 71 AO auch entscheidend, ob die hinterzogenen Steuern bei steuerehrlichem Verhalten hätten bezahlt werden können (Kausalität). Daraus folgt, dass der Steuerhinterzieher/Teilnehmer nicht (ggf. nur anteilig) haftet, wenn die hinterzogenen Beträge dem Fiskus mangels ausreichender Zahlungsmittel nicht zugeflossen wären (vgl. BFH, BStBl 1993 II S. 8 und 775; 1995 II S. 198 m. w. N.). Der Haftungsschuldner trägt für diesen Ausnahmetatbestand die Feststellungslast.

Beispiele:

1. Der Bankangestellte B gab dem FA vorsätzlich eine falsche Auskunft über die Bankguthaben des S bzw. unterstützte Kunden beim anonymen Kapitaltransfer ins Ausland. Dadurch wurden Steuern der Bankkunden zu niedrig festgesetzt. Folge?

B haftet für die dadurch verkürzten Steuern nach § 71 AO und für die Hinterziehungszinsen (§ 235 AO). Bezüglich des Kapitaltransfers liegt Beihilfe zu ESt-Hinterziehungen durch den Bankmitarbeiter zugunsten der Kunden vor mit der Folge einer Haftung nach § 71 AO (vgl. BGH, BStBl 2001 II S. 79).

2. Der GmbH-Geschäftsführer G hatte in 03 bis 05 vorsätzlich 200.000 € USt und LSt zu wenig angemeldet und gezahlt. Vor einer Ap in 07 erstattet er wirksam Selbstanzeige. Die Prüfung führt zu weiteren Mehrsteuern von 100.000 €, ohne dass hierfür Vorsatz nachgewiesen werden kann. Die GmbH wird daraufhin illiquid. Rechtsfolgen?

G haftet nur für die verkürzten Steuern von 200.000 € nach §§ 69, 34 AO und nach §§ 71, 370 AO. Die Selbstanzeige nach § 371 AO als persönlicher Strafausschließungsgrund ist für die Haftung unerheblich. Unterschiede ergeben sich aber für die Verjährung aus § 191 Abs. 3 AO (vgl. auch §§ 219 und 235 AO). Die Haftung für die übrigen Mehrsteuern könnte sich nur aus § 69 AO ergeben, wenn G insoweit grob fahrlässig gehandelt hätte; sonst nicht.

3. Siehe Beispiel zu Tz. 10.3.1 unter „Steuerausfall als Haftungsschaden".

10.5.3 Verfahren

Für die Haftung nach § 71 AO ergeben sich verlängerte Fristen von zehn Jahren nach § **191 Abs.** 3 **Satz** 2 **AO** und weitere Besonderheiten aus § **191 Abs.** 5 **Satz** 2 **AO** für die Inanspruchnahme. Ferner gilt gemäß § **219 Satz** 2 **AO** für die Haftung nach § 71 AO eine Ausnahme von dem Subsidiaritätsprinzip des Satzes 1. Danach kann derjenige, der eine Steuerhinterziehung „begangen" hat (Täter oder Mittäter), unmittelbar als Haftender herangezogen werden. Teilnahme in Form von Anstiftung oder Beihilfe zu diesem Delikt genügt nicht.

10.6 Haftung bei Verletzung der Kontenwahrheit

Bei vorsätzlicher oder grob fahrlässiger Verletzung der Pflicht zur Kontenwahrheit ergibt sich unter den Voraussetzungen des § **72 AO** eine **Ausfallhaftung**. Nach § 154 AO besteht die Pflicht zur Kontenwahrheit (vgl. dazu AEAO zu § 154; § 378 Abs. 2 Nr. 2 AO). Insbesondere darf niemand auf einen falschen oder erdichteten Namen ein Konto errichten (z. B. „Schwarzgeldkonto", „CpD-Konto"), Wertsachen in Verwahrung geben oder sich ein Schließfach geben lassen. Unbedenklich ist die Errichtung von Konten Dritter, Fremd- oder Anderkonten zugunsten wirklich existierender Personen. Bei einem Verstoß hiergegen dürfen Guthaben, Wertsachen und der Inhalt eines Schließfachs nur mit Zustimmung des zuständigen FA herausgegeben werden (§ **154 Abs. 3 AO**). Wer vorsätzlich oder grob fahrlässig gegen die Kontensperre des § 154 Abs. 3 AO verstößt, haftet nach § 72 AO, soweit dadurch die Verwirklichung von Ansprüchen aus dem Steuerschuldverhältnis beeinträchtigt wird (vgl. Mösbauer, Inf 1990 S. 7). Bei schuldhaften Verstößen der Organe und Erfüllungsgehilfen von Kreditinstituten haften diese als juristische Personen neben den natürlichen Personen (vgl. BFH, BStBl 1990 II S. 263).

Beispiel:

Der Geschäftsstellenleiter der Bank duldet, dass der Zahlungsverkehr der X-GmbH über ein CpD-Konto bzw. ein Konto läuft, das auf den Namen des Geschäftsführers der GmbH lautet. Hierdurch sollen Vollstreckungen wegen Steuerrückständen der GmbH in das Konto vereitelt werden (vgl. §§ 309, 314, 262 AO). – Haftung der Bank und des Geschäftsstellenleiters ist nach § 72 AO gegeben.

10.7 Haftung bei Organschaft

Eine Organgesellschaft haftet nach § 73 AO in bestimmtem Umfang für Steuern des Organträgers. Organgesellschaften sind juristische Personen, die dem Willen eines anderen Unternehmens (Organträger) derart untergeordnet sind, dass sie keinen eigenen Willen haben. Die Regelung in § 73 AO verzichtet darauf, den Organschaftsbegriff näher zu umschreiben. Es gelten die in den Einzelsteuergesetzen enthaltenen Begriffsbestimmungen, z. B. §§ 14 ff. KStG; § 2 Abs. 2 Nr. 2 UStG; § 2 Abs. 2 GewStG. Die Haftung der Organgesellschaft – Tochtergesellschaft – ist deshalb gerechtfertigt, weil bei steuerlicher Anerkennung einer Organschaft die vom Organträger – Organmutter – zu zahlende Steuer auch die Beträge umfasst, die ohne die Organschaft von der Organgesellschaft zu leisten wären („Tochter für Mutter"). Aus diesem Grund besteht nach § 73 AO die Haftung nur für solche Steuern des Organträgers, für welche die Organschaft von Bedeutung ist, nicht aber für sonstige Steuern, z. B. LSt, oder für steuerliche Nebenleistungen. Die Haftung ist nicht auf Betriebsteuern beschränkt. Betriebsteuern sind solche, bei denen sich die Steuerpflicht auf den Betrieb des Unternehmens gründet, z. B. USt, GewSt. Der gesetzgeberische Grund für die Haftung besteht auch bei anderen Steuern, z. B. KSt. Nach dem Wortlaut erfasst § 73 AO sämtliche Steuern des Organträgers aus dem Organkreis ohne Rücksicht darauf, wo die Steuern verursacht worden sind, nicht aber steuerliche Nebenleistungen wie z. B. Zinsen (vgl. BFH, DB 2005 S. 33; Probst, BB 1987 S. 1992; Mösbauer, FR 1989 S. 473 m. w. N.).

10.8 Haftung des Eigentümers von Gegenständen (§ 74 AO)

Die an einem Unternehmen wesentlich beteiligten Personen haften nach § 74 AO für die „betriebsbedingten Steuern" des Unternehmens mit den in ihrem Eigentum stehenden Gegenständen, die dem Unternehmen dienen.

10.8.1 Sinn und Zweck

Durch § 74 AO soll unter bestimmten Voraussetzungen der Ausfall von „betriebsbedingten Steuern" verhindert werden, wenn wichtige pfändbare, dem Unternehmen dienende Gegenstände einem anderen gehören und der Unternehmer selbst kein für die Vollstreckung ausreichendes Vermögen besitzt. Dies gilt insbesondere, wenn der Unternehmer mit gepachteten Betriebsmitteln wirtschaftet, z. B. im Rahmen einer Betriebsaufspaltung, bei Sonder-Betriebsvermögen, bei einer atypischen stillen Gesellschaft oder auch bei der Sicherungsübereignung an beherrschende Kreditgeber. Den eigentlichen Grund für diese gegenständlich beschränkbare – teilweise vom Zivilrecht abweichende – **verschuldensunabhängige Durchgriffshaftung** bildet der objektive Beitrag, den der Gesellschafter durch die Überlassung von Gegenständen für die Weiterführung des Betriebs leistet (vgl. BFH, BStBl 1984 II S. 127; Ausführungen unter Tz. 10.12.3).

10.8 Haftung des Eigentümers von Gegenständen (§ 74 AO)

Beispiele:

Die Vertriebsgesellschaft (GmbH) arbeitet nur mit gemieteten Maschinen. Der Besitzunternehmer U (Vermieter) könnte ohne die Regelung in § 74 AO bei einer Vollstreckung durch das FA in die Maschinen, die ihm gehören, sein Eigentumsrecht mit Erfolg geltend machen, obwohl er an der GmbH wesentlich beteiligt ist (vgl. § 262 AO). Dasselbe gilt bei der Überlassung von Sonder-Betriebsvermögen an die KG durch den wesentlich beteiligten Kommanditisten.

10.8.2 Voraussetzungen

1. Wesentliche Beteiligung

Die Haftung besteht nur für **wesentlich beteiligte Personen** im Sinne von § 74 Abs. 2 AO. Die wesentliche Beteiligung an einem Unternehmen kann in zweifacher Hinsicht gegeben sein. Einmal liegt eine wesentliche Beteiligung stets vor, wenn jemand zu **mehr als einem Viertel** an einem Unternehmen beteiligt ist. Entscheidend ist für die Bemessung, inwieweit jemand am Grund- oder Stammkapital oder am Vermögen des Unternehmens beteiligt ist. Eine mittelbare Beteiligung ist ausreichend. Auch der atypische stille Gesellschafter ist Beteiligter, nicht aber der typische Stille (vgl. § 230 HGB).

Beispiel:

B ist zu 10 v. H. unmittelbar und zu weiteren 20 v. H. durch Vermittlung eines Treuhänders am Stammkapital einer GmbH bzw. als Kommanditist am Vermögen einer GmbH & Co. KG beteiligt.

Da die Beteiligung mehr als ein Viertel beträgt, ist B wesentlich beteiligt.

Als wesentlich beteiligt gilt auch, wer auf das Unternehmen einen **beherrschenden Einfluss** ausübt **und** durch sein **Verhalten** dazu beiträgt, dass fällige betriebsbedingte Steuern nicht entrichtet werden (§ 74 Abs. 2 Satz 2 AO). Durch diese Fiktion sollen tatsächliche Beherrschungsverhältnisse auch ohne entsprechende Vermögensbeteiligung erfasst werden. Dieser Einfluss kann auf rechtlichen Vereinbarungen oder auf persönlichen Verhältnissen, insbesondere verwandtschaftlichen, wirtschaftlichen oder gesellschaftlichen Beziehungen beruhen. Die bloße Möglichkeit der Beherrschung genügt nicht. Es muss stets hinzukommen, dass der Beherrschende speziell durch sein Verhalten dazu beiträgt, dass fällige betriebsbedingte Steuern nicht entrichtet werden (vgl. Mösbauer, DStZ 1996 S. 513).

Beispiele:

1. An einer Familien-GmbH ist M zu 10 v. H. beteiligt und gleichzeitig Geschäftsführer. Je weitere 30 v. H. der Anteile halten seine nicht fachkundige Ehefrau F und die beiden minderjährigen Kinder. Folge?

M hat einen beherrschenden Einfluss, da er als gesetzlicher Vertreter – Gesamtvertretung neben F – auch die Stimmrechte der Kinder ausüben kann.

2. B ist maßgeblicher Kreditgeber des U. Wesentliche Gegenstände sind B sicherungsübereignet. Unter Androhung der Kreditkündigung mit Insolvenzfolge hat B dem U Gelder zur Verfügung gestellt, die nur für bestimmte Geschäfte verwendet werden dürfen, nicht aber für anfallende Betriebsteuern.

B hat hier einen beherrschenden Einfluss im Sinne von § 74 Abs. 2 AO, da U bei einer Kreditkündigung den Betrieb nicht weiterführen könnte. Aufgrund der Anweisung des B können ggf. fällige Betriebsteuern nicht gezahlt werden.

2. Eigentümer von Gegenständen

Der wesentlich Beteiligte haftet mit ihm gehörenden **Gegenständen.** Zu den Gegenständen gehören außer Sachen (§ 90 BGB) auch Rechte und sonstige Vermögenswerte, in die vollstreckt werden kann, z. B. Patente. Die Haftung kann sich hiernach auf alle Wirtschaftsgüter materieller und immaterieller Art erstrecken (anders AEAO zu § 74 Nr. 1). Gegenstand – und damit mögliches Vollstreckungsobjekt – kann auch die Teilfläche eines größeren Grundstücks sein, wenn das Unternehmen nur auf der Teilfläche betrieben wird und die Teilfläche grundbuchmäßig verselbständigt ist (BFH, BStBl 1961 III S. 216). Das ist nicht gegeben bei der Verpachtung einzelner Räume eines Hauses vorbehaltlich Teileigentum (vgl. Mösbauer, DStZ 1996 S. 513/515 m. w. N.). Der Gegenstand muss dem wesentlichen Beteiligten gehören. **Eigentum** im Sinne von § 74 AO bestimmt sich aus Vollstreckungsgründen ausschließlich nach Zivilrecht. Die Zurechnungsvorschrift des § 39 Abs. 2 AO ist daher nicht anwendbar. Anwartschaftsrechte als Vorstufe des Eigentums, z. B. Eigentumsvorbehalt, begründen keine Haftung (BFH, BStBl 1957 III S. 279). Sind mehrere Gesellschafter wesentlich beteiligt, so haften sie mit den Gegenständen, die ihnen allein gehören, und mit dem Gesamthandsvermögen (BFH, BStBl 1984 II S. 127).

3. Dem Unternehmen dienende Gegenstände

Der Gegenstand muss dem Unternehmen „dienen", d. h., er muss für das Unternehmen von wesentlicher Bedeutung bzw. für den Betriebsablauf als Anlagevermögen unerlässlich sein, z. B. Grundstück, LKW oder Baukran. Ein einzelner für den Betrieb des Unternehmens nicht ausschlaggebender Gegenstand, wie z. B. ein PKW oder eine typische Maschine, wird von der Haftung nicht erfasst. Das gilt auch für Gegenstände, die dem Unternehmen nur kurzfristig dienen.

10.8.3 Umfang der Haftung

Die Haftung erstreckt sich nach § 74 Abs. 1 AO auf die **betriebsbedingten** „**Steuern**". Das sind Steuern, deren Entstehungstatbestand ein Unternehmen zwingend voraussetzen und daher bei Nichtunternehmern nicht anfallen können. Dazu gehören vor allem **USt** und **GewSt** des Unternehmens sowie Verbrauchsteuern bei Herstellungsbetrieben. **Nicht** dazu zählen **Abzugsteuern** wie LSt,

10.8 Haftung des Eigentümers von Gegenständen (§ 74 AO)

BauabzugSt (vgl. demgegenüber den Wortlaut des § 75 Abs. 1 AO), Personensteuern wie ESt/KSt, ferner KraftSt, GrSt oder GrESt, da diese nicht an das Betreiben eines Unternehmens, sondern an andere Verkehrsvorgänge anknüpfen, Haftungsschulden des Unternehmens und steuerliche Nebenleistungen (vgl. AEAO zu § 74 Nr. 2).

Zeitlich erstreckt sich die Haftung nur auf Steuern, die während des Bestehens der wesentlichen Beteiligung entstanden sind (vgl. § 38 AO). Die Fälligkeit ist unerheblich. In dieser Zeit müssen die Gegenstände als Haftungsgrundlage auch dem Betrieb gedient haben **(Stichtagsprinzip)**. Die Haftung greift daher noch ein, wenn die wesentliche Beteiligung nicht mehr besteht und/oder die Gegenstände nicht mehr dem Unternehmen zur Nutzung überlassen sind, da der haftungsbegründende Tatbestand bereits verwirklicht ist (vgl. Niedersächs. FG, EFG 1981 S. 58). Sind die Gegenstände bei Erlass des Haftungsbescheides nicht mehr vorhanden, z. B. veräußert oder verschrottet, entfällt die Haftung nach dem Sinn und Zweck des § 74 AO, ausgenommen bei konkret vorhandenen Surrogaten (vgl. AEAO zu § 75 Nr. 4.3; FG Köln, EFG 2000 S. 203; streitig).

Beispiel:
S war vom 1.1.01 bis 31.12.07 wesentlich als Kommanditist an der S-KG beteiligt. Vom 1.1.04 bis 31.12.10 hatte S der KG ein Grundstück als wesentliche Grundlage verpachtet. Für welchen Zeitraum haftet S?
S haftet nach § 74 AO nur für die in der Zeit vom 1.4.04 bis 31.12.07 entstandenen betriebsbedingten Steuern, da er in dieser Zeit wesentlich beteiligt war und gleichzeitig das Grundstück verpachtet hatte.

Die **Haftung** ist eine **persönliche** und **nicht „wertmäßige"**, jedoch **beschränkbar** auf den Gegenstand als Sondervermögen („mit diesen"; vgl. AEAO zu § 74 Nr. 1, zu § 75 Nr. 4.3). Daher kann der Haftende die Vollstreckung in die Gegenstände nicht durch Zahlung ihres Wertes abwenden, sondern ggf. nur durch Zahlung der höheren Haftungsschuld.

10.8.4 Verfahrensfragen

Die Geltendmachung der Haftung erfolgt nach §§ 191, 219 AO. Der **Haftungsgegenstand** ist im Haftungsbescheid als Begründung nach § 121 AO zu nennen. Kann oder will der Haftungsschuldner die Steuern nicht bezahlen, so muss er die gegenständliche **Haftungsbeschränkung** durch formlose Einrede entsprechend **§§ 265, 266 AO** i. V. m. **§§ 786, 781 ZPO im Vollstreckungsverfahren** geltend machen, ggf. im Wege des Einspruchs gegen die Vollstreckungsmaßnahme (vgl. BFH, BStBl 1998 II S. 708; 2004 II S. 35). In diesem Fall kann die Finanzbehörde nur noch in den betreffenden Vermögensgegenstand vollstrecken. Eine weitere – persönliche – Inanspruchnahme des Haftungsschuldners entfällt damit.

10.8.5 Prüfungsschema zu § 74 AO

Wer? **Eigentümer von Gegenständen**
Maßgeblich ist nicht § 39 AO, sondern der **zivilrechtliche Eigentumsbegriff** wegen der Vollstreckungsmöglichkeiten.

Gegenstände = Sachen und Rechte, insbesondere Grundstücke

Weshalb? **Gegenstände dienen/haben dem Unternehmen (§ 2 UStG) gedient**, d. h. längerfristig den Unternehmenszweck gefördert: Das Unternehmen ist nicht Eigentümer und die Gegenstände sind nicht von untergeordneter Bedeutung. Unerheblich ist, ob sie eine wesentliche Betriebsgrundlage bilden.

Wichtig:

- Die Gegenstände müssen zur Zeit der Entstehung des Steueranspruchs dem Unternehmen gedient haben **und**

- dem Haftenden zur Zeit der Geltendmachung durch Haftungsbescheid noch gehören. Nicht erforderlich ist, dass der Gegenstand dann noch dem Unternehmen dient.

Eigentümer ist wesentlich am Unternehmen beteiligt, § 74 Abs. 2 AO

- mehr als 25 v. H. am Grund-/Stammkapital oder Vermögen beteiligt **oder**

- beherrschender Einfluss auf das Unternehmen

Wofür? **Persönliche Haftung für betriebsbedingte Steuern, § 74 Abs. 1 AO**, d. h. für Steuern, die zwingend ein Unternehmen voraussetzen, wie **USt, GewSt**. **Nicht** für ESt/KSt, KraftSt, Steuerabzugsbeträge wie LSt, steuerliche Nebenleistungen.

Zeitliche Beschränkung, § 74 Abs. 1 Satz 1 AO (Stichtagsprinzip). Bei Entstehung des Steueranspruchs muss die wesentliche Beteiligung bestanden **und** der Gegenstand dem Unternehmen gedient haben.

Womit? **Grundsätzlich persönliche Vollhaftung** für o. a. Steuern, aber **beschränkbar** auf den Gegenstand als Sondervermögen durch **Einrede** des Haftungsschuldners entsprechend §§ 265, 266 AO, ggf. als Einspruch gegen Vollstreckungsmaßnahmen.

10.9 Haftung des Betriebsübernehmers (§ 75 AO)

Der Erwerber eines Unternehmens oder eines in der Gliederung eines Unternehmens gesondert geführten Betriebs haftet persönlich bei einer Übereignung im Ganzen in **sachlich** und **zeitlich** bestimmtem Umfang für betriebsbedingte Steuern und für Steuerabzugsbeträge, aber **gegenständlich beschränkbar**.

10.9.1 Grundlagen

Sinn und Zweck dieses wichtigen Haftungstatbestandes ist es, dass durch den Übergang in andere Hände die in dem Unternehmen als solchem liegende Sicherung (Vollstreckungsmöglichkeit) für die betriebsbedingten Steuern und Steuerabzugsbeträge nicht verloren gehen soll. Den Steuern stehen die Ansprüche auf Erstattung von Steuervergütungen gleich. **§ 75 AO** steht selbständig **neben § 25 HGB**, unterscheidet sich jedoch in Voraussetzungen und Umfang der Haftung. Mögliche Wege zur zivilrechtlichen und steuerlichen Haftungsvermeidung zeigen Leibner/Pump (DStR 2002 S. 1689).

10.9.2 Voraussetzungen

1. Unternehmen oder Teilbetrieb

Als **Unternehmen** ist jede selbständig ausgeübte Tätigkeit im Sinne von § 2 UStG anzusehen (vgl. AEAO zu § 75 Nr. 3.1). Bei einem Unternehmen handelt es sich um die organisatorische Zusammenfassung sachlicher und persönlicher Mittel zu einer wirtschaftlichen Einheit. Dazu gehören außer land- und forstwirtschaftliche insbesondere gewerbliche und freiberufliche Unternehmen sowie ferner Vermietungsunternehmen, z. B. bei Erwerb eines vermieteten Grundstücks mit USt-Rückständen aufgrund § 9 Abs. 1 UStG (vgl. BFH, BStBl 1993 II S. 700; BFH/NV 1996 S. 726).

Der **Betrieb** ist gegenüber dem Unternehmen der engere Begriff. Ein gesondert geführter Betrieb in der Gliederung eines Unternehmens liegt vor, wenn eine gewisse organisatorische Selbständigkeit gegeben ist, sodass der veräußerte Teil als selbständiges Unternehmen fortgeführt werden kann (Teilbetrieb; vgl. AEAO zu § 75 Nr. 3.1). In diesem Fall tritt eine **anteilige Haftung** ein, d. h. nur für Steuern aus diesem Betrieb (vgl. BFH, BStBl 1985 II S. 354/356).

2. Übereignung

Das Unternehmen oder der Betrieb muss dem Erwerber übereignet werden (vgl. § 16 EStG; § 1 Abs. 1a UStG; AEAO zu § 75 Nr. 3.2 mit Beispielen). Als Erwer-

10 Haftung

ber ist derjenige anzusprechen, der wirtschaftlich in die Position des Veräußerers getreten ist. Der Begriff **Übereignung** ist daher im Sinne von § 39 AO zu verstehen (vgl. BFH, BStBl 2003 II S. 226).

Beispiel:
Der Veräußerer ist Inhaber eines Betriebs. Die Maschinen sind ihm unter Eigentumsvorbehalt geliefert bzw. der Bank sicherungsübereignet. Der Erwerber des Betriebs rückt in die Rechtsstellung des Veräußerers und zahlt die weiteren Raten an die Lieferfirmen bzw. Bank. – Es handelt sich um eine Übereignung im Sinne des § 75 AO (vgl. BFH, BFH/NV 1994 S. 762 mit Abgrenzungen).

Bei **mehrfacher Übereignung** haftet jeder weitere Erwerber innerhalb der Fristen für die Betriebsteuerschulden aller Vorunternehmer, da die Haftung sachbezogen ist (BFH, BStBl 1970 II S. 676; 1974 II S. 434).

Keine Übereignung im Sinne des § 75 AO liegt in folgenden Fällen vor:

- Beim Erwerb kraft Gesetzes im Wege der **Gesamtrechtsnachfolge,** z. B. durch Erbfolge. Übereignung bedeutet Eigentumsübergang durch Rechtsgeschäft.

- Bei einer **Verpachtung** des Unternehmens, auch wenn diese langfristig ist. Es fehlt der Eigentumswechsel (anders für § 25 HGB; vgl. BFH, BStBl 1980 II S. 258; 1986 II S. 589).

- Beim **Ausscheiden eines Gesellschafters** aus einer OHG oder BGB-Gesellschaft, wenn diese nur aus zwei Personen besteht und der andere Gesellschafter den Betrieb weiterführt. Der Anteil des ausscheidenden Gesellschafters wächst dem als alleinigen Inhaber zurückbleibenden Gesellschafter kraft Gesetzes an (§ 142 HGB, § 738 BGB; vgl. BFH, BStBl 1985 II S. 541).

- Beim Abschluss eines **Sicherungsübereignungsvertrages,** weil der Sicherungsnehmer in seinen Rechten beschränkt ist und davon nur im Rahmen des Sicherungszwecks Gebrauch machen darf. Eine Haftung nach § 75 AO kann aber ausgelöst werden, wenn der Sicherungsnehmer später bei der Verwertung das Volleigentum an den sicherungsübereigneten Gegenständen erwirbt.

- Bei Übertragung des Eigentums an wesentlichen Betriebsgrundlagen, z. B. Inventar, unmittelbar von Dritten – also nicht vom veräußernden Unternehmer – auf den Erwerber (BFH, BFH/NV 1994 S. 762 m. w. N.).

Beim **Erwerb aus einer Insolvenzmasse** handelt es sich zwar um eine Übereignung, aber es tritt für den Erwerber **keine Haftung** ein. § 75 Abs. 2 AO soll die Verwertung dieser Masse erleichtern (s. u. „lebensfähiges Unternehmen" Beispiel 2). Dasselbe gilt für Erwerbe im Vollstreckungsverfahren (vgl. AEAO zu § 75 Nr. 3.4).

3. Wesentliche Grundlagen eines lebensfähigen Unternehmens

Das Unternehmen bzw. der Betrieb muss „im Ganzen" übereignet werden, d. h., der Erwerber muss **alle wesentlichen Grundlagen** vom veräußernden Unternehmer übertragen erhalten (vgl. AEAO zu § 75 Nr. 3.2). Einzelveräußerungen von wesentlichen Grundlagen an verschiedene Personen begründen somit keine Haftung. Werden nicht wesentliche Betriebsbereiche oder einzelne Gegenstände vom Erwerber nicht übernommen, schließt das seine Haftung nicht aus. Es darf sich dabei nur nicht um eine wesentliche Grundlage für die Betriebsfortführung handeln.

Beispiele für wesentliche Grundlagen:

Betriebsgrundstück (BFH, BStBl 1985 II S. 651); Eintritt in bestehende Miet- und Pachtverträge von Betriebsräumen unter Mitwirkung des Veräußerers (vgl. BFH, BFH/NV 1991 S. 718 für Gastwirtschaft; 1992 S. 712 m. w. N.) oder Kundendienstverträge (BFH, BStBl 1986 II S. 654); regelmäßig Kundenstamm, Firma, ganz oder teilweise Übernahme des qualifizierten Personals (BFH, BStBl 2003 II S. 226); dagegen allgemein nicht Warenlager. Weitere Beispiele enthalten AEAO zu § 75 Nr. 3.2 und Abschn. 5 UStR.

Der Erwerber muss ein **lebensfähiges Unternehmen** erhalten. Das liegt nur vor, wenn der Erwerber in der Lage ist, mit den auf ihn übergegangenen Grundlagen ohne erhebliche finanzielle Aufwendungen das Unternehmen fortzuführen (vgl. BFH, BStBl 2003 II S. 226; AEAO zu § 75 Nr. 3.3). Der Betrieb muss so, wie er übereignet wird, fortgeführt werden „können". Denn die Haftung ist nicht auf die Fortführung des Betriebs durch den Erwerber gegründet, sondern sachbezogen darauf, dass der Erwerber sich die wirtschaftliche Ertragskraft des übernommenen Unternehmens – sei es durch Eigenbetrieb, Verpachtung, Weiterveräußerung oder Stilllegung zur Steigerung der Erträge des eigenen Betriebs – zuführen und daraus die rückständigen Betriebsteuern zahlen kann (vgl. BFH, BFH/NV 1992 S. 712 m. w. N.). Renditefragen sind deshalb unerheblich; ebenso Erweiterungs- oder Rationalisierungsmaßnahmen.

Beispiele:

1. A erwirbt den Hotelbetrieb des B, den er sogleich an P verpachtet. Folge?
A hat einen „lebenden" Betrieb mit allen wesentlichen Grundlagen erworben und haftet nach § 75 AO. Es genügt die Möglichkeit, den Betrieb selbst fortzuführen; die Verpachtung ist unschädlich (BFH, BStBl 1974 II S. 434).

2. Ein nicht mehr lebensfähiges Unternehmen liegt i. d. R. vor, wenn die Eröffnung eines Insolvenzverfahrens mangels Masse entfällt und sich die wesentlichen verwertbaren Betriebsgegenstände im Veräußerungszeitpunkt im Eigentum Dritter befunden haben (vgl. BFH, BStBl 1983 II S. 282; BFH/NV 1993 S. 215).

Der Erwerb eines lebensfähigen Betriebs kann auch dann gegeben sein, wenn vor der Übereignung der **Betrieb kurzfristig stillgelegen** hat. Es kommt auf die Umstände des Einzelfalls an. Von Bedeutung ist, ob der Erwerber das Geschäft mit den vorhandenen Wirtschaftsgütern ohne wesentliche Neuaufwendungen und

Schwierigkeiten hat aufnehmen können (BFH, BStBl 1974 II S. 434). Entscheidend ist bei Erwerb eines stillliegenden Unternehmens letztlich, ob es seinen Charakter als lebender Organismus verloren hat oder nicht. Unschädlich ist i. d. R. eine kurzfristige Stilllegung von wenigen Wochen, schädlich dagegen ein Zeitraum von mehreren Monaten.

4. Haftungsausschluss – Kenntnis von Schulden

Ein **vertraglicher Haftungsausschluss** ist für § 75 AO **unerheblich,** da es sich – anders als bei § 25 HGB – um eine zwingende Haftungsnorm handelt (vgl. AEAO zu § 75 Nr. 3.4). Haftungsvereinbarungen haben daher nur Bedeutung für zivilrechtliche Regressansprüche des Erwerbers gegen den Veräußerer. Ebenso kommt es **nicht** auf die **Kenntnis des Erwerbers** von den Steuerschulden an, z. B. die Steuerrückstände ergeben sich erst später aufgrund einer Ap beim Veräußerer.

10.9.3 Haftungsumfang

1. Sachliche Beschränkung

Die Haftung des Erwerbers besteht **sachlich** nur für **bestimmte Steuerschulden,** und zwar für:

- Steuern, bei denen sich die Steuerpflicht auf den Betrieb des Unternehmens gründet (betriebsbedingte Steuern),
- Steuerabzugsbeträge (LSt nach § 38 EStG, KapSt gemäß § 44 EStG, Steuerabzug nach § 48 und § 50 a EStG = Haftung für Haftungsschulden = Haftung 2. Grades),
- Ansprüche auf Erstattung von Steuervergütungen, insbesondere USt.

Betriebsbedingte Steuern sind solche Steuern, bei denen die Steuerpflicht durch bestimmte in den einzelnen Steuergesetzen selbst bezeichnete Tatbestände an den „Betrieb eines Unternehmens" geknüpft ist (vgl. AEAO zu § 75 Nr. 4.1). Hierzu gehören insbesondere **USt, GewSt** und Verbrauchsteuern. Keine betriebsbedingten Steuern sind z. B. ESt, KSt, KraftSt, pauschalierte LSt, da Letztere auch bei privaten Arbeitgebern entstehen kann (anders AEAO zu § 75 Nr. 4.1). So knüpft die KraftSt stets an das Halten bzw. die Zulassung des Fahrzeugs und nicht an die Zugehörigkeit zum Betriebsvermögen an. Die GrESt und GrSt sind auch dann keine betriebsbedingten Steuern, wenn das Grundstück dem Unternehmen dient. Eingangsabgaben zählen ebenfalls nicht dazu, auch wenn sie für im Betrieb verwendete Gegenstände bezahlt werden. Den Steuern sind die Ansprüche auf Erstattung von solchen **Steuervergütungen** gleichgestellt, die der Veräußerer ohne rechtlichen Grund erhalten hat, z. B. USt, Investitionszulage (§ 75 Abs. 1 Satz 3 AO). Die Haftung erstreckt sich **nicht** auf die **steuerlichen**

10.9 Haftung des Betriebsübernehmers (§ 75 AO)

Nebenleistungen im Sinne von § 3 Abs. 4 AO, wie z. B. Verspätungszuschläge, Zinsen und Säumniszuschläge. Die Verweisung für Zinsen in § 239 Abs. 1 AO auf die für Steuern geltenden Vorschriften erfasst nicht die materiell-rechtlichen Haftungsbestimmungen nach §§ 69 ff. AO (BFH, BB 2004 S. 2673).

2. Zeitliche Grenzen

Für die Haftung bestehen verschiedene **zeitliche Grenzen**. Voraussetzung für eine Haftung des Betriebsübernehmers ist,

- dass die Steuern seit dem Beginn des letzten vor der Übereignung liegenden Kalenderjahres „entstanden" sind – **Haftungszeitraum** – und

- bis zum Ablauf von einem Jahr nach Anmeldung des Betriebs durch den Erwerber gemäß §§ 155 oder 168 bzw. 191 AO „festgesetzt oder angemeldet" werden – **Anmeldungs- und Festsetzungszeitraum.**

Musterbeispiel zu § 75 AO:

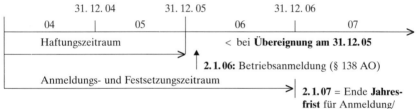

Haftungszeitraum:

Die Steuerschuld muss seit dem **Beginn** des letzten vor der Übereignung liegenden Kalenderjahres entstanden sein (vgl. § 38 AO, §§ 13, 18 UStG; § 18 GewStG; § 38 EStG). Maßgebend ist hierfür nicht der Tag des Vertragsabschlusses, sondern der Tag des wirtschaftlichen Übergangs im Sinne von § 39 AO. Der Haftungszeitraum beträgt danach höchstens zwei Jahre und mindestens ein Jahr plus einen Tag.

> **Beispiel:**
> Der Vertrag über die Veräußerung eines Unternehmens wurde am 10. 12. 06 abgeschlossen. Die Übertragung der wesentlichen Grundlagen des Unternehmens erfolgte am 1. 1. 07. Der Veräußerer schuldet noch die USt-Abschlusszahlungen für die Jahre 05 und 06 sowie LSt 05 aufgrund einer LSt-Ap in 06 und Säumniszuschläge hierzu. Welche Rückstände werden von § 75 AO erfasst?
> Der Haftungszeitraum erstreckt sich vom 1. 1. 06 bis 1. 1. 07 einschließlich. Eine Haftung des Erwerbers kommt nur für die USt 06 in Betracht. Die USt 05 ist bereits vor dem 1.1.06 entstanden (§§ 13, 18 UStG), also vor dem Haftungszeitraum und nicht seit Beginn des letzten vor der Übereignung liegenden Kalenderjahres.

10 Haftung

Eine Haftung für die LSt entfällt ebenfalls, da diese in 05 entstanden ist (§ 38 Abs. 2 EStG). Auch § 613 a BGB begründet keine Haftung für die LSt. Säumniszuschläge werden als steuerliche Nebenleistungen nicht von § 75 AO erfasst.

Der Haftungszeitraum nach § 75 AO **endet** in dem Zeitpunkt, in dem der Erwerber selbst Steuerschuldner für die sich auf den Betrieb des Unternehmens gründenden Steuern wird. Bis zu diesem Zeitpunkt haftet der Erwerber im Rahmen des § 75 AO für die Steuerschulden des Veräußerers, auch wenn diese – wie z. B. die USt des laufenden Voranmeldungszeitraums und die aus einer steuerbaren Geschäftsveräußerung resultierende USt unter Beachtung von § 1 Abs. 1 a UStG; vgl. Abschn. 5 UStR – bei Übereignung zu Beginn oder im Laufe eines Monats zeitlich erst danach (mit Ablauf des Voranmeldungszeitraums) gesetzestechnisch entstanden sind (vgl. §§ 13, 18 UStG; BFH, BStBl 1982 II S. 490). Entscheidend ist, dass der Tatbestand für die Entstehung der Steuerschuld vom Veräußerer bereits gelegt ist.

Festsetzungszeitraum:

Die weitere zeitliche Begrenzung der Haftung ergibt sich aus der **Anmeldung des Betriebs,** die der Erwerber nach **§ 138 AO** vorzunehmen hat (vgl. AEAO zu § 75 Nr. 4.2, zu § 138 Nr. 1). Gehaftet wird nur für die Beträge, die bis zum Ablauf eines Jahres nach Anmeldung des Betriebs durch den Erwerber „festgesetzt oder angemeldet" werden (vgl. §§ 155, 168, 191 AO). Diese Regelung stellt nicht auf das Kalenderjahr ab. Die **Jahresfrist** beginnt frühestens mit dem Zeitpunkt der Betriebsübernahme. Entscheidend ist, ob und in welcher Höhe die Steuern gegenüber dem Veräußerer vor Ablauf der Jahresfrist festgesetzt worden sind. Während die Haftungsvorschriften grundsätzlich nicht verlangen, dass vorher die entsprechenden **Ansprüche festgesetzt** sein müssen, hat hier nach dem eindeutigen Gesetzeswortlaut die Festsetzung der Steuer- oder Haftungsschulden vorauszugehen. Daher wird die Haftungsschuld durch einen nach Ablauf der Jahresfrist ergehenden, höheren Änderungsbescheid nicht mehr beeinflusst. Nachträgliche Steuerschuldminderungen schlagen aber wegen der Akzessorietät der Haftung auf die Haftungsschuld durch.

Der Haftungsbescheid kann später erlassen werden. Die Finanzbehörde wird in Fällen der Betriebsübernahme die Steuerfestsetzung beschleunigt durchführen und erforderlichenfalls schätzen. Im Interesse des Erwerbers liegt es, dass er seiner Anzeigepflicht nach § 138 AO ordnungsgemäß und möglichst frühzeitig nachkommt.

Beispiel:

Kaufmann A übernahm das Unternehmen des B am 15. 6. 08. Aus Nachlässigkeit meldete A den übernommenen Betrieb erst am 10. 9. 08 an. Abweichend von der USt-Anmeldung 08 über 5.000 € Abschlusszahlung – Eingang 1. 9. 09 – setzte das FA mit USt-Bescheid vom 3. 10. 09 die Abschlusszahlung des B für 08 auf 15.000 € fest. In welchem Umfang haftete A?

10.9 Haftung des Betriebsübernehmers (§ 75 AO)

A haftet nur für die USt-Schuld des B von 5.000 €. Die USt ist in 08 entstanden (§§ 13, 18 UStG). Auch die weitere Voraussetzung, dass die USt vor Ablauf eines Jahres nach Anmeldung des Betriebs durch den Erwerber festgesetzt sein muss, ist nach § 168 AO insoweit erfüllt. Die Jahresfrist endete mit Ablauf des 10.9.09 (§ 108 Abs. 1 AO, § 188 Abs. 2 BGB). Die nach Jahresfrist erfolgte höhere Festsetzung konnte dagegen die Haftungsschuld nicht mehr beeinflussen.

3. Betriebsbezogene Haftung

Die Haftung ist **sachbezogen auf den übereigneten Betrieb** oder **das übereignete Unternehmen.** § 75 Abs. 1 AO enthält also nicht nur eine zeitliche Beschränkung der Haftung für Betriebsteuern und Steuerabzugsbeträge. Diese Haftungsbeschränkung wird weiterhin eingeengt durch die Voraussetzung, eine Haftung bestehe nur für Steuerschulden eines übereigneten „Unternehmens" oder „Betriebs". Die Haftung knüpft mithin nicht an die Person des Unternehmers oder des Betriebsinhabers an. Wenn Unternehmer oder Betriebsinhaber während der Fristen des § 75 AO gleich geblieben sind, aber das Unternehmen oder der Betrieb sich geändert haben, z. B. Strukturänderung von Handwerksbetrieb in Großhandel, kommt eine Haftung nur für Steuerschulden in Betracht, die auf das Unternehmen oder den Betrieb in seiner bei Übereignung bestehenden Form zurückzuführen sind (BFH, BStBl 1970 II S. 676; 1974 II S. 145, 435). Ist das Unternehmen dagegen während der Fristen des § 75 AO dasselbe geblieben, hat aber der Unternehmer gewechselt, so erstreckt sich die Haftung auf die gesamten Rückstände an Betriebsteuern innerhalb der zeitlichen Grenzen des § 75 AO (BFH, BStBl 1974 II S. 435). Die Haftung des Erwerbers beschränkt sich also nicht unbedingt auf die Steuerschulden des Veräußerers. Vielmehr kann sie sich auch auf die rückständigen Betriebsteuern eines früheren Eigentümers erstrecken, der das Unternehmen betrieben hat.

4. Gegenständliche Beschränkbarkeit der Haftung

Die **Haftung** ist **persönlich, aber gegenständlich beschränkbar** auf das **übernommene Vermögen** (vgl. AEAO zu § 75 Nr. 1 und 4.3). Eine entsprechende Haftungsbeschränkung besteht für Erben eines Vermögens (§ 45 AO). Unter dem Bestand des übernommenen Vermögens ist die Gesamtheit der Gegenstände zu verstehen, die das übernommene Aktivvermögen bilden. Die diesem gegenüberstehenden Schulden sind nicht abzuziehen. Ist das übernommene Vermögen nicht mehr in Natur vorhanden, so treten an dessen Stelle die Surrogate, z. B. dafür erworbener Gegenstand, Erlös oder Forderung (streitig). Die Haftung ist hiernach **nicht rechnerisch** (wertmäßig), **sondern gegenständlich** auf das übernommene Unternehmen **beschränkbar entsprechend §§ 265, 266 AO, §§ 781 ff. ZPO.** Es besteht eine Haftung mit dem übernommenen Unternehmen, nicht in Höhe des Wertes des übernommenen Unternehmens. Mit seinem sonstigen Vermögen haftet der Betriebsinhaber nicht für die Steuerschulden des Veräußerers, wohl

10 Haftung

aber ggf. für vertraglich übernommene sonstige Verbindlichkeiten des Veräußerers. Er bleibt nach § 75 AO haftfrei, soweit der Bestand des übernommenen Unternehmens zur Befriedigung des FA nicht ausreicht. Wenn der Erwerber zu einer freiwilligen Zahlung sich nicht bereit finden kann, so ist er verpflichtet, die **Vollstreckung in das übernommene Unternehmen** zu dulden. Gegen die uneingeschränkte Anwendung dieser im bürgerlichen Recht geltenden Grundsätze sind im Schrifttum Bedenken erhoben worden.

Die **gegenständliche Haftungsbeschränkung** mit dem Vermögenswert ist **im Haftungsbescheid aufzunehmen** (§ 121 Abs. 1 AO; AEAO zu § 75 Nr. 4.3). Sie ist jedoch erst auf formlose **Einrede** bzw. **Einspruch** des Haftungsschuldners im **Erhebungs-** bzw. **Vollstreckungsverfahren** zu berücksichtigen entsprechend der beschränkten Haftung der in §§ 265, 266 AO, §§ 781 ff. ZPO genannten Personengruppen (vgl. Ausführungen zu § 74 AO; BFH, BStBl 1998 II S. 708; BFH/NV 1993 S. 215).

Wegen der verfahrensrechtlichen Geltendmachung der Haftung für **GewSt** siehe Abschn. 37 GewStR.

10.9.4 Prüfungsschema zu § 75 AO

Wer? **Erwerber eines Unternehmens im Sinne von § 2 UStG** oder eines Teilbetriebes

Weshalb? **Aufgrund Übereignung im Sinne von § 39 AO,** d. h. rechtsgeschäftlicher Inhaberwechsel, z. B. Kauf oder Schenkung (vorweggenommene Erbfolge):

- Nicht bei Sicherungsübereignung; Pacht; Gesamtrechtsnachfolge; Anwachsung nach § 142 HGB; Fälle des § 75 Abs. 2 AO
- **Im Ganzen** = alle wesentliche Betriebsgrundlagen
- **Lebendes/lebensfähiges Unternehmen (Teilbetrieb)** unabhängig von Rendite oder Fortführung (Gegensatz: stillgelegtes Unternehmen)
- **Unerheblich** sind **Kenntnis** des Erwerbers von den Steuerrückständen oder vertraglicher **Haftungsausschluss**

↓

Wofür? 1. **Betriebsbedingte Steuern,** d. h. Steuern, die zwingend ein Unternehmen voraussetzen, z. B. USt, GewSt, Verbrauchsteuern

Nicht: ESt/KSt, KraftSt, pauschalierte LSt, steuerliche Nebenleistungen

10.9 Haftung des Betriebsübernehmers (§ 75 AO)

2. **Steuerabzugsbeträge**
   z. B. LSt, KapESt, §§ 48, 50 a EStG
3. **Ansprüche auf Erstattung von Steuervergütungen,** z. B. USt, Zulagen

Zeitliche Beschränkungen hierbei:

- **Haftungszeitraum,** d. h., Ansprüche müssen seit Beginn des letzten vor der Übereignung liegenden Jahres entstanden sein
- **Anmeldungs- bzw. Festsetzungszeitraum,** d. h. Anmeldung der Steuer nach §§ 167, 168 AO bzw. Festsetzung durch Bescheid (§ 157 oder § 191 AO) der o. a. Ansprüche spätestens innerhalb eines Jahres nach Betriebsanmeldung durch den Erwerber (§ 138 AO)

Womit? **Grundsätzlich persönliche volle Haftung**

Haftung ist aber **beschränkbar** auf den Bestand des übernommenen Aktivvermögens durch **Einrede** des Haftungsschuldners im Vollstreckungsverfahren **entsprechend § 266 AO** (ggf. im Rahmen des Einspruchs gegen die Vollstreckungsmaßnahme). Der Erwerber muss die Zwangsvollstreckung in die Gegenstände dulden.

10.9.5 Übersicht zur Haftung bei Betriebsübernahme

Eine zusammenfassende Darstellung zur Haftung des Betriebsübernehmers sowohl nach § 75 AO als auch nach § 25 HGB ergibt sich aus der Übersicht auf S. 510.

10 Haftung

Haftung bei **Betriebsübernahme**, § 191 AO i. V. m.:

	§ 75 AO	§ 25 HGB
1. Erwerb	(lebensfähiges) Unternehmen oder gesondert geführter Betrieb im Ganzen (alle wesentlichen Teile in einem Akt) übereignet; Zeitpunkt: wirtschaftlicher Übergang (§ 39 AO); nicht: Vertragsschluss	Handelsgeschäft eines Kaufmanns (§§ 1 ff. HGB) unter Lebenden: Kauf, Schenkung, Pacht Nicht: Kleingewerbe (§ 1 Abs. 2 HGB)
2. Weitere Voraussetzungen		tatsächliche Fortführung der **Firma** (vgl. §§ 17 ff. HGB); keine Einstellung des Betriebs durch Erwerber
3. Keine Haftung	§ 75 Abs. 2 AO: Erwerb aus Insolvenzverfahren und Vollstreckungsverfahren; Gesamtrechtsnachfolge	Erwerb aus Insolvenzverfahren: Haftung gilt als abbedungen; Gesamtrechtsnachfolge
4. Kenntnis von den Steuerschulden	in allen Fällen unerheblich	
5. Haftungsausschluss	unerheblich, da § 75 AO zwingendes öffentliches Recht	möglich nach § 25 Abs. 2 HGB: – Handelsregistereintragung und Bekanntgabe oder – Mitteilung an Gläubiger (FA), soweit unverzüglich nach Übernahme
6. Umfang der Haftung	– betriebsbedingte Steuern: USt, GewSt ... – nicht: steuerliche Nebenleistungen (§ 3 Abs. 4 AO) – Steuerabzugsbeträge: LSt, KapSt .... – Ansprüche auf Erstattung von Steuervergütungen – soweit die Ansprüche seit dem Beginn des letzten vor der Übereignung liegenden Kalenderjahres **entstanden** sind **für USt:** laufende USt bis zur Übereignung (§ 38 AO) sowie ggf. USt aus der Veräußerung vorbehaltlich § 1 Abs. 1 a UStG (BFH, BStBl 1982 II S. 490) **für GewSt:** vgl. Abschn. 37 GewStR – und bis zum Ablauf eines Jahres nach Betriebsanmeldung durch den Erwerber (§ 138 AO) **festgesetzt** oder **angemeldet** sind nach §§ 155, 168 oder § 191 AO	– alle **Geschäftsverbindlichkeiten,** d. h. alle steuerlichen Verbindlichkeiten, die als Betriebsausgabe abzugsfähig sind, soweit ihre Grundlage gelegt ist (vgl. BFH zu § 75 AO), z. B.: GewSt, LSt, USt, steuerliche Nebenleistungen hierfür – zeitlich unbegrenzt, soweit nicht verjährt – Festsetzung nicht erforderlich; im Übrigen auch außerhalb der Fristen des § 75 AO
7. Haftungsbeschränkung	gegenständlich, also nicht wertmäßig entsprechend § 266 AO	nein; volle persönliche unbeschränkte Haftung
8. Haftungsverjährung	§ 191 Abs. 3 AO: vier Jahre	§ 191 Abs. 3 und 4 AO i. V. m. BGB und HGB vorbehaltlich § 191 Abs. 5 AO

10.10 Sachhaftung

Nach § **76 AO** kann sich die Finanzbehörde wegen Einfuhr- und Ausfuhrabgaben sowie Verbrauchsteuern ohne Beachtung der privatrechtlichen Verhältnisse aus den Waren befriedigen, sofern dies nicht nach Absatz 5 unbillig ist (vgl. Mösbauer, DStZ 1987 S. 397).

10.11 Duldungspflicht

Die Verpflichtung, die Vollstreckung wegen Steuerrückständen in verwaltetes Vermögen nach § **77 Abs.** 1 AO zu dulden, trifft vor allem die in den §§ 34 und 35 AO genannten Vertreter, Vermögensverwalter und Verfügungsberechtigten, wenn sie eigenen Gewahrsam an dem verwalteten Vermögen besitzen. Üben sie dagegen den Gewahrsam für den Steuerschuldner aus, so kann ohne Rückgriff auf die gesetzliche Duldungspflicht unmittelbar in dessen Vermögen vollstreckt werden. Das ist der Regelfall.

Nach § **77 Abs. 2 AO** hat der Eigentümer die Vollstreckung in Grundbesitz wegen Steuern zu dulden, die als öffentliche Last auf dem Grundbesitz ruhen (vgl. § 12 GrStG; BVerwG, BStBl 1985 II S. 25; NJW 1987 S. 2098).

Die verfahrensrechtlichen Fragen des Duldungsbescheides sind in § 191 AO geregelt.

10.12 Zivilrechtliche Haftungstatbestände

Eine Haftung „**kraft Gesetzes**" kann sich für Steuerschulden auch aus den Vorschriften des bürgerlichen Rechts und des Handelsrechts ergeben (**§ 191 Abs. 1 und 4 AO**). Die steuerrechtlichen und zivilrechtlichen Haftungsvorschriften stehen selbständig nebeneinander (vgl. BFH, BStBl 1986 II S. 156, 383). Verschiedene Haftungstatbestände des Privatrechts erweitern die Haftung für Steuerschulden zum Teil erheblich gegenüber den steuerrechtlichen Haftungsvorschriften. Das zeigt sich vor allem bei der Haftung des Betriebsübernehmers nach § 75 AO und § 25 HGB.

10.12.1 Erwerb eines Handelsgeschäfts nach § 25 HGB

Der Erwerber eines **Handelsgeschäfts** im Sinne von **§§ 1 ff. HGB** haftet für alle im Betrieb des Geschäfts begründeten Verbindlichkeiten des früheren Inhabers, wenn das Geschäft unter der bisherigen Firma fortgeführt wird (§ 25 Abs. 1 HGB). **Firma** ist der Name des **Kaufmanns** im Sinne von §§ 1 ff. HGB, unter dem im Handel die Geschäfte betrieben werden (§§ 17 ff. HGB). Kaufmann ist jeder, der ein Handelsgewerbe betreibt (§ 1 Abs. 2 HGB). Handelsgewerbe ist jeder Gewerbebetrieb, außer wenn das Unternehmen nach Art und Umfang keinen in kaufmännischer Weise eingerichteten Geschäftsbetrieb erfordert. Da **Kleingewerbetreibende** gemäß § 1 Abs. 2 HGB keine Kaufleute sind, sondern Privatpersonen gleichstehen, greift § 25 HGB bei Erwerb eines derartigen Kleingeschäfts nicht ein. Kriterien für diese Gruppe sind etwa Jahresumsatz unter 350.000 €, Gewinn kleiner als 30.000 € oder weniger als fünf Beschäftigte. Unerheblich ist, ob der Erwerber die Firma mit oder ohne Beifügung eines Nachfolgezusatzes fortführt, z. B. als Firmenzusatz „Inhaber X", „GmbH" oder „KG". Pacht reicht als **Inhaberwechsel** – anders als bei § 75 AO – aus (vgl. BFH, BStBl 1986 II S. 383 m. w. N.). Auf die Zustimmung des Veräußerers zur Fortführung der Firma kommt es nicht an. Entscheidend für die Haftung ist allein, dass der Erwerber die **Firma tatsächlich fortführt**. Die Regelung dient dem Schutz der Gläubiger.

Die **Haftung kann** durch Eintragung im Handelsregister oder durch Mitteilung an Gläubiger **ausgeschlossen werden (§ 25 Abs. 2 HGB).** Hierdurch ist auch der Ausschluss einzelner Gläubiger, z. B. der Finanzbehörde, möglich. Der Haftungsausschluss muss nach der Zivil-Rechtsprechung „unverzüglich" nach der Übernahme erfolgen, d. h. regelmäßig innerhalb von drei Monaten. Sonst ist er unwirksam (vgl. OLG Hamm, GmbHR 1999 S. 77; BayObLG, DStR 2003 S. 1452).

Besteht bei Fortführung der Firma kein Haftungsausschluss, so haftet der Erwerber für die **betrieblich begründeten Abgabeschulden.** Die Haftung geht über den Rahmen des § 75 AO hinaus. In § 25 HGB ist keine zeitliche Beschränkung vorgesehen vorbehaltlich der Nachhaftungsbegrenzung gemäß § 26 HGB. Außerdem erstreckt sich die Haftung auf alle betrieblichen Abgabeschulden, die im übernommenen Handelsgeschäft begründet sind, und nicht nur auf betriebsbedingte Steuern und Steuerabzugsbeträge. Die Haftung erfasst auch die entsprechenden steuerlichen Nebenleistungen, jedoch nicht die ESt, KSt, ErbSt und die darauf entfallenden Nebenleistungen.

Beispiel:

K erwarb in 05 das Handelsgeschäft des Kaufmanns V und führte die Firma fort. Ein Haftungsausschluss besteht nicht. V hatte zur Zeit der Übereignung folgende Abgaberückstände: für einen Lieferwagen KraftSt aus dem laufenden Jahr, USt aus den Vorjahren mit entsprechenden Säumniszuschlägen. Wie haftet K?

Die KraftSt mit Säumniszuschlägen gehört bei dem betrieblich genutzten Kraftfahrzeug zu den betrieblich begründeten Verbindlichkeiten im Sinne des § 25 HGB; sie fallen aber nicht unter § 75 AO. Für die USt des V besteht nach § 75 AO eine Haftung des K nur für das Vorjahr, während § 25 HGB diese zeitliche Begrenzung nicht enthält und auch die dazugehörigen Säumniszuschläge erfasst. K haftet daher nach § 191 AO i. V. m. § 25 HGB in voller Höhe.

Siehe im Übrigen die Übersicht unter Tz. 10.9.4.

10.12.2 Sonstige zivilrechtliche Haftungsvorschriften

Gemäß § 191 Abs. 1 und 4 AO kann sich eine Haftung bestimmter Personen „kraft Gesetzes" aus zivilrechtlichen Normen ergeben.

- **Gesellschafter einer Gesellschaft bürgerlichen Rechts (GbR)**

Bei einer GbR, die als solche der Besteuerung unterliegt, haften die Gesellschafter persönlich, unbeschränkt und gesamtschuldnerisch **entsprechend §§ 128 ff. HGB** (vgl. BGH, NJW 2001 S. 1056; 2003 S. 1803; AEAO zu § 191 Nr. 1). Der in die GbR **eintretende Gesellschafter** haftet entsprechend § 130 HGB auch für die Altschulden als „vorher begründete Verbindlichkeiten".

Da Steuerschulden kraft Gesetzes entstehen, kann die Haftung gegenüber der Finanzbehörde **nicht ausgeschlossen** oder **beschränkt werden** (vgl. BFH, BStBl 1990 II S. 939; BVerwG, BStBl 1994 II S. 140/142; anders im Zivilrecht durch individuelle Vereinbarung für die „GbR-mbH", vgl. BGH, DB 1999 S. 2205: Hinweis im Briefkopf reicht nicht aus).

Die Gesellschafter der GbR haften folglich für alle **Gesellschaftsverbindlichkeiten** (= Steuerschulden und damit zusammenhängenden steuerlichen Nebenleistungen), für die die GbR als solche steuerpflichtig ist (z. B. USt, GewSt, GrESt, GrSt, KraftSt) oder für die sie haftet (z. B. LSt nach § 42 d EStG als Arbeitgeber).

Der aus der GbR **ausgeschiedene Gesellschafter** haftet weiter für alle Verbindlichkeiten, die im Zeitpunkt seines Ausscheidens bzw. der Auflösung der GbR begründet waren, zeitlich aber mit einer Ausschlussfrist von fünf Jahren (§ 191 Abs. 4 AO i. V. m. §§ 159, 160 HGB). Wegen der fehlenden Registerpublizität der GbR beginnt die Frist mit Kenntnis des jeweiligen Gläubigers vom Ausscheiden des Gesellschafters.

- **Gesellschafter einer Partnerschaft**

Nach § 8 PartGG haften die Partner für die Verbindlichkeiten der Partnerschaft persönlich als Gesamtschuldner. Der Umfang der Haftung entspricht der bei der GbR. Neu eintretende Partner haften nach Maßgabe des § 130 HGB auch für Altverbindlichkeiten der Partnerschaft (§ 8 Abs. 1 Satz 2 PartGG). Ausgeschiedene Gesellschafter können nach allgemeinen Grundsätzen nur für Altschulden der Partnerschaft mit der Nachhaftungsbegrenzung gemäß § 10 Abs. 2 PartGG i. V. m. §§ 159, 160 HGB in Anspruch genommen werden.

Die Möglichkeit der **Haftungsbeschränkung** nach § 8 Abs. 2 und 3 PartGG ist abschließend geregelt und gilt mangels „Vertragsbeziehungen" nicht für steuerliche Verbindlichkeiten der Partnerschaft.

10 Haftung

- **Gesellschafter einer OHG und Komplementär einer KG**

Diese haften nach § 128 HGB bzw. § 161 Abs. 2, § 128 HGB für sämtliche auf Zahlung gerichtete Verbindlichkeiten der OHG/KG, d. h. für alle Ansprüche aus dem Steuerschuldverhältnis im Sinne von § 37 AO (vgl. BFH, BStBl 2002 II S. 267). Hiervon unberührt bleibt eine mögliche Haftung z. B. nach §§ 69, 71 oder 74 AO. Für die Haftung nach AO ist die Sperrwirkung des § 93 InsO nicht zu beachten (BFH, BStBl 2002 II S. 73; BGH, BStBl 2002 II S. 786).

Für **Eintretende** gilt gemäß § 130 HGB die Haftung nach Maßgabe der oben genannten Vorschriften. Bei Neugründung der Gesellschaft durch Aufnahme eines Teilhabers in das bisherige Geschäft eines Einzelkaufmannes greift die Haftung nach § 28 HGB ein.

Ein **ausgeschiedener** Gesellschafter haftet nach §§ 128, 129 HGB bzw. § 161 Abs. 2, §§ 128, 129 HGB weiter für Altschulden, nicht aber für Verbindlichkeiten, die nach seinem Ausscheiden aus der OHG/KG begründet werden. Das gilt auch, wenn das Ausscheiden nicht im Handelsregister eingetragen ist, da § 15 HGB auf Steueransprüche keine Anwendung findet (BFH, BStBl 1978 II S. 490). Für die Nachhaftung zu beachten ist die Ausschlussfrist von fünf Jahren nach Eintragung des Ausscheidens im Handelsregister (§§ 159, 160 HGB i. V. m. § 191 Abs. 4 AO).

- **Kommanditisten**

Die eingeschränkte Haftung der Kommanditisten ergibt sich aus den **§§ 171 bis 176 HGB**. Hiervon unberührt bleibt eine weiter gehende Haftung z. B. nach §§ 69, 71 oder 74 AO.

- **Stiller Gesellschafter**

Eine zivilrechtliche Haftung entfällt, weil der stille Gesellschafter mangels eines Gesellschaftsvermögens nicht für Schulden der Innengesellschaft einstehen muss (vgl. § 230 Abs. 2 HGB). Schuldner ist der Geschäftsinhaber (vgl. BFH, BFH/NV 1990 S. 591).

- **Vorstandsmitglieder eines rechtsfähigen Vereins (e. V.)**

Als Haftungsgrundlage kommen §§ 26, 42 BGB in Betracht. Hiervon unberührt bleibt eine mögliche Haftung nach §§ 69 oder 71 AO.

- **Mitglieder eines nichtrechtsfähigen Vereins**

Nach h. M. kann sich im Einzelfall eine Haftung der für den Verein handelnden zuständigen Personen aus § 54 Satz 2 i. V. m. §§ 421, 427 BGB ergeben, nicht aber für die übrigen Mitglieder (vgl. Dißars, DStZ 1996 S. 37). Als weitere Haftungstatbestände sind §§ 69 oder 71 AO zu prüfen.

- **Vorstandsmitglieder, Aktionäre usw. einer AG**

Diese Personen haften ggf. je nach ihrem Status für steuerliche Verbindlichkeiten der AG nach den §§ 69, 71 oder 74 AO bzw. nach den §§ 41, 62, 93, 116 oder 117 AktG.

- **GmbH-Gesellschafter**

Eine persönliche Haftung von GmbH-Gesellschaftern für Verbindlichkeiten der GmbH kommt – außer nach §§ 69, 71 oder 74 AO – in Betracht gemäß §§ 9, 11, 21 Abs. 3, §§ 24, 32 a und 32 b GmbHG.

Daneben kann sich nach der Rechtsprechung des BGH eine persönliche Haftung von GmbH-Gesellschaftern im Wege des sog. **Durchgriffs im Fall der Vermögensvermischung** ergeben, wenn die Abgrenzung zwischen Gesellschafts- und Privatvermögen durch eine fehlende bzw. undurchsichtige Buchführung oder sonst verschleiert worden ist und der betreffende Gesellschafter hierfür verantwortlich ist (vgl. BGH, NJW 1994 S. 1801 m. w. N.).

10.12.3 Gläubigeranfechtung

Anlässlich von Vermögensübertragungen durch den Stpfl. auf Dritte kann ggf. eine Anfechtung der zugrunde liegenden Rechtshandlungen nach dem **Anfechtungsgesetz** (AnfG) erfolgen. Bei wirtschaftlichen Schwierigkeiten neigen Stpfl. dazu, ihnen gehörende Vermögenswerte, z. B. Grundstücke, Wertpapiere oder Geld, dem Zugriff der Gläubiger – auch Steuergläubiger – durch zivilrechtlich wirksame Übertragung auf Dritte – i. d. R. nahe stehende Personen wie Ehegatten oder Kinder im Sinne von § 138 InsO – zu entziehen. Der benachteiligte Gläubiger (Finanzbehörde) kann die vorherige Zugriffslage wiederherstellen, indem er außerhalb eines Insolvenzverfahrens (§§ 129 ff. InsO) die vollstreckungsvereitelnde Rechtshandlung des Schuldners nach dem AnfG anficht. Durch die erfolgreiche Gläubigeranfechtung wird der anfechtbar weggegebene Vermögenswert dem Vollstreckungszugriff des Gläubigers wieder erschlossen („Rückgewähr" nach § 11 AnfG). Der Vermögenswert bleibt zwar im Vermögen des Anfechtungsgegners (Erwerbers), er muss sich aber so behandeln lassen, als gehöre dieser Gegenstand noch zum Vermögen des Schuldners.

Das AnfG enthält folgende **Anfechtungstatbestände** (siehe Übersicht S. 517):
– Absichtsanfechtung in § 3 Abs. 1 und 2 AnfG
– Schenkungsanfechtung in § 4 AnfG
– anfechtbare Rechtshandlungen des Erben in § 5 AnfG
– nach § 6 AnfG anfechtbare Rechtshandlungen, durch die kapitalsetzende Gesellschafterleistungen im Sinne von § 32 a GmbHG, § 172 a HGB gesichert oder zurückgewährt werden

Der Anfechtungsgegner kann durch **Duldungsbescheid** nach § 191 Abs. 1 AO in Anspruch genommen werden, soweit und solange sich der übertragene Vermögenswert unterscheidbar in dessen Vermögen befindet (Spezialregelung gegenüber der Klage nach § 13 AnfG; vgl. BFH, BStBl 1997 II S. 17 m. w. N.; Claßen, DStR 1999 S. 72). Ist die „Rückgewähr" im Sinne von § 11 AnfG nicht möglich, z. B. bei anfechtbaren Geldzahlungen oder bei Weiterveräußerung/ Untergang des Vermögenswertes, so ist Wertersatz in Geld zu leisten (BFH, BStBl 2004 II S. 923).

Die zusätzliche **Inanspruchnahme bei unentgeltlichen Vermögenszuwendungen nach § 278 Abs. 2 AO** ist nicht Gegenstand eines Haftungs- oder Duldungsverfahrens. In den Fällen, in denen einem der Gesamtschuldner, für die das Aufteilungsverfahren bei der ESt durchgeführt wird, unentgeltlich Vermögensgegenstände von dem anderen Gesamtschuldner – i. d. R. Ehegatte – zugewendet worden sind, kann der Begünstigte über den sonst nach der Aufteilung auf ihn entfallenden Steuerbetrag hinaus in Anspruch genommen werden, soweit die übrigen Voraussetzungen des § 278 Abs. 2 AO vorliegen (vgl. BFH, BStBl 2002 II S. 214). Dies geschieht i. d. R. durch einen Ergänzungsbescheid zum Aufteilungsbescheid.

Übersicht zum AnfG

Anfechtungstatbestände nach dem **AnfG**:	Absichtsanfechtungen		Schenkungsanfechtung § 4	Sonstige Fälle § 5	§ 6 (i. V. m. § 32 a GmbHG)
	§ 3 Abs. 1	§ 3 Abs. 2			
Allgemeine Voraussetzungen	§§ 1 und 2 AnfG: 1. Vollstreckbarer Schuldtitel, z. B. Steuerbescheid (§ 218 Abs. 1 AO) 2. Fälligkeit (sonst ggf. Anfechtungsankündigung) 3. Vollstreckung in Schuldnervermögen erfolglos oder aussichtslos 4. Objektive Benachteiligung des FA				
Handlung des Schuldners	Vorsätzliche Rechtshandlung	Benachteiligender entgeltlicher Vertrag zwischen Schuldner und nahe stehender Person (§ 138 InsO)	Unentgeltliche Leistungen	Erfüllung Pflichtteil, Vermächtnis oder Auflage durch **Erben**	Befriedigung oder Gewährung von Sicherheiten für Eigenkapital ersetzendes Darlehen
Benachteiligungsabsicht erforderlich?	Ja (Beweislast FA)	Wird unterstellt (kein Gegenbeweis möglich)	Nein	Nein	Nein
Kenntnis des Anfechtungsgegners von der Benachteiligungsabsicht erforderlich?	Ja (mit Beweiserleichterung für FA)	Wird vermutet (Gegenbeweis zulässig)	Nein	Nein	Nein
Anfechtungsfrist (ab Vornahme der Rechtshandlung bzw. Eintragung im Grundbuch)	10 Jahre	2 Jahre	4 Jahre	4 Jahre	1 bzw. 10 Jahre

10.13 Vertragliche Haftung

Dritte können sich vertraglich verpflichten, für Leistungen aus dem Steuerschuldverhältnis gegenüber der Finanzbehörde einzustehen (**§ 48 Abs. 2 AO**). Es handelt sich hierbei um einen **privatrechtlichen Anspruch** (vgl. **§ 192 AO**). Rechtsgeschäftliche Verpflichtungsgründe sind etwa **Bürgschaft** (§§ 765 ff. BGB), insbesondere Bankbürgschaft im Rahmen von § 18 f UStG, **Schuldversprechen** (§§ 780 ff. BGB; i. d. R. Schriftform erforderlich) und **Schuldübernahme** in Form des Schuldbeitritts (kumulative Schuldübernahme; vgl. dazu § 244 AO). Dagegen ist die befreiende Schuldübernahme in der Form, dass der Übernehmende an die Stelle des Steuerschuldners tritt und dieser ausscheidet, nicht zulässig, weil der Steueranspruch gegen den Steuerschuldner nicht durch eine privatrechtliche Vereinbarung aufgehoben werden kann.

10.14 Haftungs- und Duldungsbescheide (§ 191 AO)

Haftungs- und Duldungsbescheide ergehen in Fällen, in denen „kraft Gesetzes" eine Haftungs- oder Duldungspflicht besteht. Die verfahrensmäßige Geltendmachung dieser Ansprüche wird durch § 191 AO geregelt.

10.14.1 Grundbegriffe und Überblick

Haftungsbescheide sind Verwaltungsakte, in denen ein Geldbetrag als Haftungsschuld für die Erfüllung einer fremden Steuerschuld gegenüber dem Haftungsschuldner festgesetzt wird (**§ 191 Abs. 1 Satz 1 AO**). Nach **§ 167 Abs. 1 Satz 3 AO** steht das **schriftliche Anerkenntnis** des Steuer- oder Haftungsschuldners nach einer Ap im Sinne von § 193 Abs. 2 Nr. 1 AO für Steuerabzugsbeträge wie LSt oder KapSt einer Steueranmeldung gleich. Dadurch erübrigt sich der Erlass eines schriftlichen Haftungsbescheides nach § 191 AO.

Durch **Duldungsbescheid** wird nach **§ 191 Abs. 1 AO** in Anspruch genommen, wer verpflichtet ist, die Vollstreckung zu dulden. Der Duldungsschuldner haftet nicht persönlich für eine fremde Schuld, sondern hat nur die Stellung eines Vollstreckungsschuldners hinsichtlich bestimmter Gegenstände und muss die Vollstreckung in diese Gegenstände dulden (siehe § 77 AO; Ausführungen unter Tz. 10.12.3). Daher setzt der Duldungsbescheid im Gegensatz zum Haftungsbescheid stets voraus, dass der Steueranspruch vorher festgesetzt worden ist (vgl. § 2 AnfG, § 218 Abs. 1, §§ 249, 251 AO; BFH, BStBl 1988 II S. 408).

Entgegen dem Wortlaut des § 191 Abs. 1 AO sind in die Haftung nicht nur „Steuern" einzubeziehen, sondern auch **sonstige Ansprüche** aus dem Steuerschuldverhältnis und damit auch steuerliche Nebenleistungen (vgl. § 37 Abs. 1

10.14 Haftungs- und Duldungsbescheide (§ 191 AO)

AO). Bei § 191 AO handelt es sich ausschließlich um eine Verfahrensvorschrift für den Erlass und die Form von Haftungsbescheiden. Der Wortlaut erlaubt daher keinen Rückschluss auf Inhalt und Umfang der materiell-rechtlichen Haftungsschuld, die sich allein aus den gesetzlichen Haftungsnormen ergibt (vgl. Ausführungen zu Tz. 10.2 bis 10.13; BFH, BStBl 1987 II S. 363; 1989 II S. 952).

Für die Haftung gilt der **Grundsatz der Akzessorietät.** Der Umfang der Haftungsschuld (Haftungssumme) bestimmt sich nach dem Umfang des Primäranspruchs, d. h. nach dem Umfang des der Haftung zugrunde liegenden Anspruchs aus dem Steuerschuldverhältnis im Sinne von § 37 Abs. 1 AO (vgl. BFH, BStBl 2000 II S. 486; 2002 II S. 267). Dies bedeutet vereinfacht: Die Haftungsschuld ist in der Höhe grundsätzlich abhängig von der Steuerschuld bzw. der Haftungsschuldner darf mit der Haftungsschuld grundsätzlich nicht höher belastet werden als der Steuerschuldner mit der Schuld aus dem Steuerschuldverhältnis (siehe § 44 Abs. 2, § 191 Abs. 5 AO; Ausführungen unter Tz. 10.14.8). Im Übrigen ist die Haftungsschuld gegenüber der Steuerschuld weitgehend verselbständigt. Für die – richtige – Steuerschuld muss der Haftende einstehen. Haftender und Steuerschuldner sind unechte **Gesamtschuldner** (§ 44 Abs. 1 AO).

Beruht die **Haftung auf Vertrag,** so kann der Anspruch nach den Vorschriften des bürgerlichen Rechts nur vor den **Zivilgerichten** verfolgt werden **(§ 192 AO;** vgl. **§ 48 Abs. 2 AO).** Eine Inanspruchnahme durch Haftungsbescheid ist unzulässig; ebenso eine Vollstreckung nach §§ 249 ff. AO.

Die Vorschriften der AO unterscheiden zwischen **Feststellung der Haftung** und **Verwirklichung des Haftungsbetrages.** Der Haftungsbescheid nach **§ 191 Abs. 1 AO** bildet die Grundlage für die Verwirklichung des Haftungsanspruchs (§ 218 Abs. 1, § 37 Abs. 1 AO). Die **tatsächliche Inanspruchnahme** ist durch **§ 219 AO** geregelt (Einzelheiten unter Tz. 10.14.6).

Die **Zuständigkeit** für den Erlass von Haftungsbescheiden bestimmt sich nach **§ 24 AO.** Wegen des Sachzusammenhangs ist regelmäßig das FA des Steuerschuldners örtlich zuständig (vgl. AEAO zu § 24 Nr. 1). Für GewSt ist die Gemeinde zuständig (vgl. Abschn. 37 GewStR).

10.14.2 Geltendmachung der Haftung

Die verfahrensrechtliche Behandlung von Haftungsschuld und Steuerschuld ist unterschiedlich geregelt. Der Haftungs- und Duldungsbescheid ist dem Steuerbescheid nicht gleichgestellt. Zwar handelt es sich materiell um einen Anspruch aus dem Steuerschuldverhältnis (§ 37 Abs. 1 AO), formell aber um **zwei getrennte Verfahren.** Eine **Umdeutung** ist nach § 128 Abs. 3 AO ausgeschlossen.

Bei der Geltendmachung der Haftung sind insbesondere folgende entscheidungserhebliche Merkmale zu prüfen (vgl. App, Inf 1990 S. 513 mit Prüfungslisten):

10 Haftung

1. Rechtliches Gehör

Dem Haftungsschuldner ist grundsätzlich vor Erlass des Haftungsbescheides rechtliches Gehör nach **§ 91 Abs. 1 AO** zu gewähren. Ihm sind die Rechtsgrundlagen und der entscheidungserhebliche Sachverhalt zwecks Stellungnahme mitzuteilen. Ein Verstoß hiergegen ist heilbar nach § 126 Abs. 1 Nr. 3, Abs. 2 AO, z. B. Nachholung durch mündliche Erläuterung oder in der Einspruchsentscheidung.

2. Form und Inhalt des Bescheides

Form und Inhalt der Haftungs- und Duldungsbescheide richten sich nach eigenen Bestimmungen. Sie sind **schriftlich** zu erteilen (§ 191 Abs. 1 Satz 3 unter Beachtung von § 119 Abs. 3, § 87a Abs. 4 AO). Eine **Sonderregelung** enthält **§ 167 Abs. 1 Satz 3 AO**. Hat der Haftungsschuldner nach einer Ap seine Zahlungspflicht gemäß § 42d Abs. 4 oder § 44 Abs. 5 EStG schriftlich anerkannt, steht das Anerkenntnis einer Steueranmeldung gleich und ist damit Grundlage für das Erhebungsverfahren nach § 218 Abs. 1 AO.

Haftungsbescheide müssen **inhaltlich hinreichend bestimmt** sein (§ 119 Abs. 1 AO; vgl. Muster Haftungsbescheid unter Nr. 7). Insbesondere müssen

- die erlassende Behörde,
- der Haftungsschuldner und
- die Haftungsschuld mit der Art der Steuer/Abgabe angegeben sein.

Sonst ist der Haftungsbescheid **nichtig** (§ 125 AO). Die fehlende Angabe des Steuerschuldners bzw. Entrichtungspflichtigen ist kein schwerwiegender Fehler, solange die Haftungsschuld in tatsächlicher und rechtlicher Hinsicht in anderer Weise ausreichend konkretisiert werden kann (BFH, BStBl 1997 II S. 306).

Ferner ist die **Haftungsschuld** grundsätzlich nach Steuerart, Betrag, steuerlichen Nebenleistungen und Zeitraum **aufzugliedern** (vgl. BFH, BFH/NV 1993 S. 146 m. w. N.). Die notwendige Aufgliederung hat, wenn nicht im Bescheid selbst, zumindest aus einer dem Bescheid beigefügten Anlage (ggf. Prüfungsbericht) hervorzugehen. Sonst ist der Bescheid **rechtswidrig,** aber nicht nichtig.

Die zu verschiedenen Zeiten und aufgrund von unterschiedlichen Tatumständen entstandenen Haftungsschulden beruhen auf voneinander unabhängigen Haftungsfällen, die in Einzelhaftungsbescheiden oder aufgegliedert in „**Sammelhaftungsbescheiden**" (= inhaltlich selbständige Bescheide) festgesetzt werden können. Das hat zur Folge, dass die Haftungsansprüche gesondert anfechtbar sind (bei entsprechender Auslegung sind im Zweifel alle Punkte angefochten), dass bestimmte „Teil-Haftungsbescheide" u. U. unanfechtbar werden oder Teil-Ansprüche sogar verjähren können und dass bei fehlerhafter Zuordnung eines Haftungstatbestandes eine Korrektur nur gemäß § 130 Abs. 2 AO erfolgen kann.

10.14 Haftungs- und Duldungsbescheide (§ 191 AO)

Bei neu festgestellten Sachverhalten kann grundsätzlich ein weiterer Haftungsbescheid ergehen (vgl. Ausführungen unter Tz. 9.6.2).

Für die **LSt-Haftung** gelten Besonderheiten (vgl. § 167 Abs. 1 Satz 3 AO; Ausführungen unter Tz. 9.7.6): Aus dem Bescheid muss eindeutig hervorgehen, ob das FA einen Haftungsbescheid gemäß § 42 d EStG oder/und einen LSt-Pauschalierungsbescheid erlassen hat. Sonst ist der Bescheid unwirksam (vgl. BFH, BStBl 1987 II S. 139/141; R 145 LStR und H 145 LStH). Eine Aufgliederung des Haftungsbetrages auf die einzelnen Arbeitnehmer hat grundsätzlich zu erfolgen. Ausnahmen bestehen bei einer Vielzahl von Nacherhebungsfällen, bei fehlenden Namensangaben oder kleinen Beträgen (vgl. BFH, BStBl 1994 II S. 536 m. w. N.; Thomas, DStR 1995 S. 273). Dagegen ist eine Aufteilung nach monatlichen Lohnzahlungszeiträumen nicht erforderlich, wohl aber nach Kalenderjahren (vgl. BFH, BStBl 1989 II S. 220 m. w. N.). Wegen der LSt-Sammelhaftungsbescheide siehe oben, wegen Begründung und Ermessen vgl. folgende Ausführungen.

3. Begründung

Der Haftungsbescheid ist grundsätzlich zu begründen (§ 121 AO). Erforderlich ist danach die Haftungsvorschrift, der haftungsauslösende Sachverhalt, die Angabe der zur Haftung führenden Besteuerungsgrundlagen und die Steuerberechnung (ggf. als Anlage), der Haftungsgegenstand bei gegenständlich beschränkbarer Haftung (z. B. § 74 und § 75 AO) und Darlegungen zur Ermessensausübung.

In Ausnahmefällen kann von der Begründung abgesehen werden, wenn z. B. dem Betroffenen die Auffassung der Behörde über die Sach- und Rechtslage bereits bekannt ist (Fälle des § 121 Abs. 2 AO, z. B. Hinweise im Ap-Bericht) oder wenn der Haftungsschuldner die Steuerfestsetzung nach § 166 AO gegen sich gelten lassen muss. Ferner muss die Ermessensausübung bei der Haftung nach § 71 AO im Regelfall nicht begründet werden, da sie dem Grunde und der Höhe nach „vorgeprägt" ist (vgl. BFH, BStBl 2004 II S. 919 m. w. N.).

Eine Begründung ist dagegen regelmäßig erforderlich bei der Arbeitgeberhaftung (vgl. R 145 LStR und H 145 LStH), bei Haftungstatbeständen mit Verschuldensformen wie z. B. § 69 AO, da insoweit keine „Vorprägung" der Ermessensentscheidung besteht (vgl. BFH, BStBl 1989 II S. 219, 491), und bei der Auswahl mehrerer Haftungsschuldner (vgl. BFH, BStBl 2003 II S. 160). Vorgedruckte Begründungen in (LSt-)Haftungsbescheiden für die Ausübung des Auswahlermessens entsprechen i. d. R. nicht der individuellen Ermessensabwägung und führen als Ermessensfehlgebrauch zur Rechtswidrigkeit. Dasselbe gilt für inhaltslose Floskeln, wie z. B. „Es entspricht billigem Ermessen, Sie in Anspruch zu nehmen".

4. Ermessensausübung

Der Erlass des Haftungsbescheides steht im pflichtgemäßen **Ermessen** (§ 191 Abs. 1 AO „kann", § 5 AO). Das Ermessen umfasst die Entscheidung, „ob" eine Inanspruchnahme überhaupt und – eingeschränkt – in welcher Höhe (voll oder Teilbetrag) sie erfolgt (**Entschließungsermessen**) und „wer" von mehreren Haftungsschuldnern in Anspruch genommen wird (**Auswahlermessen**). Eine fehlende oder unvollständige Ermessensbegründung kann ggf. geheilt werden (§ 126 Abs. 1 Nr. 2, Abs. 2 AO).

Die Finanzbehörde hat sich grundsätzlich **zunächst** an den **Steuerschuldner** als Primärschuldner zu halten (vgl. BFH, BStBl 1989 II S. 118 m. w. N.; Ausnahmen: § 42 d Abs. 3, 6, § 44 Abs. 5, § 50 a Abs. 5 EStG; für LSt-Haftung siehe R und H 145, 146, 146 a LStR). Die **Haftung** ist **subsidiär.** Das wird besonders deutlich bei der Zahlungsaufforderung gemäß § 219 AO, die das Erhebungsverfahren betrifft und die grundsätzlich die erfolglose oder die zu erwartende Aussichtslosigkeit der Inanspruchnahme des Steuerschuldners voraussetzt. Diese Einschränkungen sind im Rahmen der Ermessensausübung entsprechend bereits beim Erlass des Haftungsbescheides zu berücksichtigen, obgleich diese Kriterien nicht unmittelbar gelten. So wäre z. B. der Haftungsbescheid ermessensfehlerhaft, wenn der Steuerschuldner ausreichendes unbewegliches Vermögen im Inland besitzt. Danach darf der Haftende grundsätzlich erst in Anspruch genommen werden, wenn ein Vorgehen gegen den Erstschuldner erfolglos war oder anzunehmen ist, dass die Vollstreckung in das bewegliche und unbewegliche Vermögen aussichtslos sein würde. Dies **gilt** aber **nicht,** wenn Haftungsverjährung droht oder wenn der Inanspruchnahme des Erstschuldners sonstige Hindernisse entgegenstehen, z. B. Insolvenzverfahren, Vollstreckung im Ausland, ausgesetzte oder strittige Forderungen (vgl. BFH, BStBl 1983 II S. 592; 1989 II S. 99; 1997 II S. 306). Darüber hinaus ist bei der Ermessensentscheidung zu berücksichtigen, ob der Haftungsschuldner eine Steuerhinterziehung begangen hat oder gesetzlich verpflichtet war, Steuern einzubehalten und abzuführen oder zulasten eines anderen zu entrichten, z. B. für Haftung gemäß § 69 und § 71 AO (vgl. § 219 Satz 2 AO; BFH, BStBl 2004 S. 919).

Beispiel:

X hat sein Unternehmen an Y veräußert. Eine Ap stellt fest, dass gegen X USt-Nachforderungen bestehen, für die Y nach § 75 AO haftet. Folge?

Das FA muss im Regelfall die gegen X erlassenen USt-Bescheide bzw. USt-Anmeldungen ändern und die USt von X anfordern. Ein Haftungsbescheid gegen Y kommt in Betracht, wenn feststeht, dass Vollstreckungen in das Vermögen des X erfolglos bleiben werden (§ 191 Abs. 1, § 5 AO).

Die Inanspruchnahme für die gesamte Steuerschuld kann rechtswidrig sein, wenn z. B. beim Steuerschuldner überhöhte **bestandskräftige Schätzungsbescheide** vor-

10.14 Haftungs- und Duldungsbescheide (§ 191 AO)

liegen, da die Finanzbehörde dem Haftungsbescheid stets die „richtige" Steuer zugrunde legen muss. Ausgenommen sind die Fälle des § 166 AO. Hat die Behörde die Steuer grob fahrlässig nicht rechtzeitig festgesetzt oder erhoben, kann wegen **Mitverschuldens** im Einzelfall die Inanspruchnahme des Haftenden ermessensfehlerhaft sein (vgl. BFH, BStBl 1992 II S. 696 m. w. N.; Bley, DStR 1990 S. 25 m. w. N.). Auch der Grundsatz von **Treu und Glauben,** z. B. Vertrauen auf Verwaltungserlasse oder verbindliche Auskunft, kann dem Erlass eines Haftungsbescheides entgegenstehen (BFH, BStBl 1993 II S. 844).

Kommen **mehrere Personen als Haftende** in Betracht, z. B. Gesellschafter-Geschäftsführer wegen LSt-Hinterziehung nach § 71 AO und der Arbeitgeber gemäß § 42 d EStG, sind sämtliche Haftungsnormen grundsätzlich gleichrangig, jedoch hat die Behörde ein **Auswahlermessen** zur Haftungsinanspruchnahme zu treffen (BFH, BStBl 2003 II S. 160). In diesen Fällen ist regelmäßig derjenige Geschäftsführer, Gesellschafter usw. in Anspruch zu nehmen, der die Leitung in steuerlichen/kaufmännischen Angelegenheiten innehatte (vgl. BFH, BStBl 1998 II S. 761/765 m. w. N.). Es geht **Verschuldenshaftung** vor sonstiger **Ausfallhaftung.** Im Übrigen kann der unterschiedliche Grad des Verschuldens oder die Vermögenssituation entscheidend sein (vgl. BFH, BStBl 1995 II S. 300/302; 2003 II S. 160 m. w. N.).

5. Steuerfestsetzung

Die Festsetzung der Steuer gegenüber dem Steuerschuldner ist grundsätzlich nicht Voraussetzung für den Erlass eines **Haftungsbescheides,** weil die Entstehung der Haftungsschuld nicht die Festsetzung, sondern nur das Entstehen der Steuerschuld erfordert. Dagegen setzen Haftungsbescheide nach § **75 Abs. 1 AO** bzw. **Duldungsbescheide** im Hinblick auf § 2 AnfG stets die vorherige Festsetzung bzw. Fälligkeit und Vollstreckbarkeit der Steuer voraus (vgl. BFH, BStBl 1988 II S. 408 m. w. N.).

Beispiel:

Hinsichtlich der in Insolvenz geratenen, bereits im Handelsregister gelöschten X-GmbH wurde festgestellt, dass der Umsatz durch den Geschäftsführer G grob fahrlässig falsch ermittelt und dadurch 50.000 € USt zu wenig gezahlt worden waren. Die allgemeine Festsetzungsfrist ist noch nicht abgelaufen. Folge?

G haftet als gesetzlicher Vertreter der GmbH (§ 34 Abs. 1 AO, § 35 GmbHG) nach § 69 AO persönlich. Die Inanspruchnahme des G durch Haftungsbescheid nach § 191 AO setzt lediglich die Existenz der Steuerschuld voraus. Es ist nicht zwingend erforderlich, dass die Steuerschuld bereits durch einen geänderten Steuerbescheid konkretisiert ist (vgl. BFH, BStBl 2000 II S. 486 m. w. N.). § 191 Abs. 5 Nr. 1 AO steht dem nicht entgegen, da die Steuerfestsetzung hier aus anderen Gründen nicht erfolgen kann (vgl. dazu § 191 Abs. 3 Satz 4 AO).

Zur Frage der **Akzessorietät** siehe Ausführungen unter Tz. 10.14.1/8.

6. Sonderregelung für beratende Berufe

Die Zugehörigkeit zu den beratenden Berufen lässt den Haftungsanspruch selbst unberührt. Vor Erlass eines Haftungsbescheides wegen einer Handlung im Sinne des § 69 AO ist jedoch der zuständigen Berufskammer Gelegenheit zur Stellungnahme zu geben, soweit die betreffende Pflichtverletzung „in Ausübung des Berufes" geschah, sonst nicht (§ **191 Abs. 2 AO;** vgl. § 411 AO; AEAO zu § 191 Nr. 7; Weyand, Inf 1990 S. 241). Die Finanzbehörde ist an die rechtliche Beurteilung der Berufskammer nicht gebunden. Sie entscheidet in eigener Zuständigkeit. Der Verstoß gegen die Anhörungspflicht führt nicht zur Nichtigkeit eines gleichwohl erlassenen Haftungsbescheides, sondern ist heilbar (vgl. § 125 Abs. 3 Nr. 4, § 126 Abs. 1 Nr. 5 AO). Fälle des „Beraterprivilegs" sind selten.

Beispiele:

1. Rechtsanwalt R wird als Insolvenzverwalter bzw. als Testamensvollstrecker tätig. Infolge grober Pflichtverletzung des R werden fällige Steuern nicht entrichtet. Greift § 191 Abs. 2 AO ein?

Die Insolvenzverwaltertätigkeit ist nicht wesensmäßig mit der Tätigkeit als Rechtsanwalt verflochten. § 191 Abs. 2 AO greift nicht ein (vgl. BFH, BStBl 2002 II S. 202).

Anders ist es bezüglich der Tätigkeit als Testamentsvollstrecker wegen der hierfür erforderlichen qualifizierten Rechtskenntnisse (BFH, BStBl 1998 S. 760).

2. Der Steuerberater S, der als Liquidator einer GmbH tätig wird, erfüllt den Tatbestand des § 69 AO. Folge?

S handelte nicht in Ausübung seines steuerberatenden Berufes, da der Liquidator gesetzlicher Vertreter der GmbH ist und seine Aufgaben vom Gesellschaftsrecht bestimmt werden (BFH, BStBl 1973 II S. 832).

7. Muster eines Haftungsbescheides

Finanzamt Nord   Nord, 7. Aug. 10

Steuernummer _____/_____/_____   ....

Herrn   Konten der Finanzkasse:
Willi Wutz
Schlossstr. 13   ....
12345 X-Stadt

Haftungsbescheid

Die Firma A-GmbH, Nord, schuldet die folgenden Steuern bzw. Abgaben:

a) Umsatzsteuer-Abschlusszahlung 06	in Höhe von	20.000,- €
b) Umsatzsteuer-Vorauszahlung 8/08	in Höhe von	5.000,- €
c) Lohnsteuer 10/08 als Entrichtungspflichtige	in Höhe von	3.000,- €
d) Kraftfahrzeugsteuer LKW N-YZ 111	in Höhe von	200,- €
e) Säumniszuschläge		
– zur Umsatzsteuer 06	in Höhe von	4.000,- €
– zur Umsatzsteuer 8/08	in Höhe von	450,- €
– zur Lohnsteuer 10/08	in Höhe von	240,- €
– zur Kraftfahrzeugsteuer	in Höhe von	10,- €
		32.900,- €

10.14 Haftungs- und Duldungsbescheide (§ 191 AO)

Für diese Rückstände haften Sie neben der Steuerschuldnerin bzw. Entrichtungspflichtigen nach § 69 Abgabenordnung (AO).

Zahlungsaufforderung

Ich bitte, den Betrag von 32.900,– € spätestens am 10. Sept. 10 an die Finanzkasse des Finanzamtes Nord zu zahlen.

Die Besteuerungsmerkmale bitte ich den beigefügten Anlagen zu entnehmen, die Bestandteil dieses Haftungsbescheides sind.

Rechtsgrund des Haftungsanspruchs

Nach § 69 AO haften die in §§ 34, 35 AO bezeichneten Personen, soweit Ansprüche aus dem Steuerschuldverhältnis infolge vorsätzlicher oder grob fahrlässiger Verletzung der ihnen auferlegten Pflichten nicht oder nicht rechtzeitig festgesetzt oder erfüllt werden.

Nach dem Gesellschaftsvertrag vom 2.2.02 sind Sie **Geschäftsführer** der A-GmbH. Sie haben daher nach § 34 Abs. 1 AO, § 35 GmbHG die der A-GmbH obliegenden Pflichten zu erfüllen. In dieser Eigenschaft haben Sie insbesondere dafür zu sorgen, dass die von der GmbH geschuldeten Steuern und Abgaben entrichtet werden. Durch Verletzung der **Zahlungspflicht** haben Sie bewirkt, dass die rückständigen Ansprüche aus dem Steuerschuldverhältnis nicht erfüllt wurden. Denn Sie haben trotz ausreichender Geldmittel die Tilgung der Ansprüche nicht veranlasst.

Bei der Überprüfung der in Betracht kommenden Geschäftsunterlagen hat sich nämlich herausgestellt, dass die GmbH im Haftungszeitraum, d. h. in der Zeit vom 10.9.08 (Fälligkeit der ältesten Schuld) bis zum 10.7.09, erhebliche Umsätze ausgeführt hat, durch deren Abwicklung der Firma laufend beachtliche Zahlungsmittel zuflossen, die nur zu einem geringen Teil zur Zahlung von fälligen Steuern verwendet wurden. Aus den Unterlagen ergibt sich für den genannten Zeitraum folgendes Verhältnis zwischen verfügbaren Zahlungsmitteln und fälligen Verbindlichkeiten:

An Zahlungen gingen insgesamt rund		500.000 € ein.
Außer den fälligen Steuern bestanden Verbindlichkeiten in Höhe von rund	300.000 €	
Die steuerlichen Zahlungspflichten beliefen sich auf ca.	<u>100.000 €</u>	400.000 €

Mithin reichten die verfügbaren Mittel aus, um die steuerlichen Verpflichtungen im vollen Umfang abzudecken. Dadurch, dass Sie trotzdem nicht die Tilgung der Rückstände veranlasst haben, haben Sie Ihre Sorgfaltspflicht in ungewöhnlich hohem Maße, also grob fahrlässig, verletzt.

Hinsichtlich der einbehaltenen und angemeldeten, aber nicht abgeführten **Lohnsteuerabzugsbeträge** (§ 41a EStG) liegt ebenfalls eine grob fahrlässige Pflichtverletzung vor, weil die einbehaltene Lohnsteuer nur treuhänderisch für den Fiskus verwaltet und deshalb nicht sach- und zweckwidrig verwendet werden darf. Ihr Verschulden liegt darin, dass Sie die am 10.11.08 angemeldeten Lohnsteuerabzugsbeträge für Oktober 08 nicht spätestens bis zum 10.11.08 an das Finanzamt abgeführt haben.

Sie haften nach alledem gemäß § 191 i. V. m. §§ 69, 34 AO für die vorgenannten Abgabeschulden der GmbH. Die Haftung umfasst auch die infolge der Pflichtverletzung zu zahlenden **Säumniszuschläge** (§ 69 Satz 2 AO).

10 Haftung

Die Verwirklichung der Ansprüche aus dem Steuerschuldverhältnis durch Inanspruchnahme der Steuerschuldnerin selbst hat nicht zum Erfolg geführt. Die Steuerschuldnerin war freiwillig nicht bereit zu zahlen. Aber auch durch Vollstreckungsmaßnahmen konnten die rückständigen Beträge nicht eingezogen werden. Das Finanzamt hält es deshalb für **ermessensgerecht,** Sie als die für die Nichtzahlung verantwortliche Person in vollem Umfang zur Haftung heranzuziehen. Demgegenüber können Sie nicht einwenden, dass ... (Würdigung der gegen die Haftungsinanspruchnahme vorgetragenen Gründe. Soweit solche Gründe nicht vorgetragen worden sind, ist darauf hinzuweisen, dass trotz Ermittlungen des Finanzamtes derartige Umstände nicht festgestellt werden konnten.)

Rechtsbehelfsbelehrung

10.14.3 Verjährung der Haftung aus Steuergesetzen

Die Verjährungsfristen für den Erlass eines Haftungsbescheides sind bei der Haftung aus Steuergesetzen und aus außersteuerlichen Vorschriften unterschiedlich geregelt, wie sich aus § 191 Abs. 3 und Abs. 4 AO ergibt.

Bei einer **Haftung aus Steuergesetzen** sind die Vorschriften über die Festsetzungsfrist nur für den „Erlass" (so Gesetzeswortlaut), nicht aber für die Änderung und Aufhebung des Haftungsbescheides entsprechend anzuwenden, soweit § **191 Abs. 3 AO** keine Sonderbestimmungen enthält (vgl. BFH, BStBl 1998 II S. 131; AEAO zu § 191 Nr. 4). Die Festsetzungsfrist beträgt für die Haftung:

- grundsätzlich vier Jahre. Das gilt auch für die Haftung nach § 69 AO,
- in den Fällen des § 70 AO (Haftung des Vertretenen) zehn Jahre bei Steuerhinterziehung und fünf Jahre bei leichtfertiger Steuerverkürzung,
- in den Fällen des § 71 AO zehn Jahre (wegen Hinterziehungszinsen siehe § 239 Abs. 1 Nr. 3 AO; vgl. dazu Holland, DStZ 1994 S. 553).

Die **Festsetzungsfrist beginnt** mit Ablauf des Kalenderjahres, in dem der Tatbestand verwirklicht worden ist, an den das Gesetz die Haftungsfolge knüpft (§ **191 Abs. 3 Satz 3 AO**). Maßgebend ist also nicht die Entstehung des Hauptanspruchs oder die Abgabe der Erklärung oder die Anmeldung der betreffenden Steuer, für die gehaftet wird, durch den Stpfl. (vgl. BFH, BStBl 2001 II S. 13 für den Sonderfall „Erklärungspflichtiger = Haftungsschuldner"). Die Haftungsverjährung kann danach früher oder später beginnen als die Festsetzungsverjährung nach §§ 169 ff. AO für die Steuern.

Beispiele:

1. K hatte mit Vertrag vom 1. 12. 01 das Unternehmen des U gekauft. Die Übernahme erfolgte vereinbarungsgemäß am 1. 2. 02. Die USt-Anmeldung 01 ist in 02 eingegangen. Ein Teil der USt 01 ist jedoch nicht entrichtet worden. Wann tritt Haftungsverjährung ein?

10.14 Haftungs- und Duldungsbescheide (§ 191 AO)

K haftet nach § 75 AO für die USt 01 als Betriebsübernehmer. Der Haftungstatbestand ist mit der Übernahme am 1. 2. 02 verwirklicht worden (BFH, BStBl 1984 II S. 695). Die Festsetzungsfrist von vier Jahren beginnt nach § 191 Abs. 3 Satz 3 AO am 31. 12. 02 und endet mit Ablauf des 31. 12. 06.

2. Der Geschäftsführer G der X-KG hatte in 02 vorsätzlich eine unrichtige USt-Anmeldung für 01 eingereicht. Diese führte zu einer Herabsetzung der bisher zu entrichtenden USt. Das FA stimmte am 15. 1. 03 zu. Der Vorgang wird in 08 bekannt. Rechtslage?

Die Festsetzungsfrist ist für jeden Haftungstatbestand gesondert zu prüfen: G haftet einmal nach **§ 69 AO**, da er als gesetzlicher Vertreter seine Pflicht zur Abgabe richtiger Steuererklärungen vorsätzlich verletzt hatte und dadurch die USt nicht in richtiger Höhe festgesetzt wurde. Der Haftungstatbestand ist mit Bekanntgabe der Zustimmung gemäß § 168 AO erfüllt. Die Festsetzungsfrist beginnt mit Ablauf 03, dauert gemäß § 191 Abs. 3 Satz 3 AO für § 69 AO vier Jahre (obgleich eine Steuerhinterziehung vorliegt) und endet mit Ablauf 07 (vgl. BFH, BStBl 2003 II S. 223/225). – G haftet auch nach **§ 71 AO** als Steuerhinterzieher (§ 370 AO). Der Haftungstatbestand ist hier ebenfalls in 03 verwirklicht (vgl. § 370 Abs. 4 AO). Die verlängerte Frist von zehn Jahren für § 71 AO endet mit Ablauf 13. Das FA kann daher in 08 die Haftung nur auf § 71 AO stützen.

Für die Festsetzungsfrist können sich **Ablaufhemmungen** ergeben:

1. Ist die **Steuer,** für die gehaftet wird, **noch nicht festgesetzt** worden, endet die Festsetzungsfrist für den Haftungsbescheid nicht vor Ablauf der für die Steuer geltenden Festsetzungsfrist (§ 191 Abs. 3 Satz 4 Halbsatz 1 AO).

2. Ist die **Steuer bereits festgesetzt** worden, greift die Ablaufhemmung nach § 171 Abs. 10 AO ein (§ 191 Abs. 3 Satz 4 Halbsatz 2 AO). Der Ablauf der Festsetzungsfrist für den Haftungsbescheid endet somit regelmäßig nicht vor Ablauf von zwei Jahren nach Bekanntgabe des Steuerbescheides. Dies gilt aber nur, wenn die Steuer vor Ablauf ihrer Festsetzungsfrist festgesetzt worden ist.

3. In den Fällen der **§§ 73 und 74 AO** endet die Festsetzungsfrist nicht, bevor die gegen den Steuerschuldner festgesetzte Steuer durch Zahlungsverjährung erloschen ist (§ 191 Abs. 3 Satz 5 AO). Die Haftung ist hier von einem fortdauernden Tatbestand abhängig.

Beispiel:

Der Vereinsvorstand V hatte trotz gesetzlicher Verpflichtung grob fahrlässig die USt-Erklärung 01 nicht abgegeben. Die USt-Festsetzung unterblieb. Der Haftungstatbestand der §§ 69, 34 Abs. 1 AO soll dadurch in 03 erfüllt sein. Von einer Steuerfestsetzung wird in 09 nach § 156 Abs. 2 AO abgesehen, da der Verein illiquide ist. Kann noch ein Haftungsbescheid erlassen werden?

Die Festsetzungsfrist für den Haftungsbescheid beginnt am 31. 12. 03, da der Tatbestand der leichtfertigen Steuerverkürzung in 03 erfüllt worden ist, und endet regelmäßig mit dem 31. 12. 07. Es tritt jedoch eine Ablaufhemmung nach § 191 Abs. 3 Satz 4 Halbsatz 1 AO ein. Die verlängerte Festsetzungsfrist für die USt begann nach § 170 Abs. 2 Nr. 1 AO am 31. 12. 04 und endet mit dem 31. 12. 09 (§ 169 Abs. 2 Satz 2 und 3 AO). Der Haftungsbescheid kann daher bis zum Ablauf des 31. 12. 09 ergehen.

Abwandlung: Die USt-Erklärung ist in 03 eingereicht und der USt-Bescheid am 5.5.07 bekannt gegeben worden.
Die Festsetzungsfrist für den Haftungsbescheid endet hier mit Ablauf des 5.5.08 (§ 191 Abs. 3 Satz 4 Halbsatz 2 AO).

10.14.4 Haftungsverjährung bzw. Enthaftung nach Zivilrecht

§ 191 Abs. 4 AO trifft eine Sonderregelung für die Fälle, in denen sich die Haftung nicht aus den Steuergesetzen herleitet. Für diese Haftungsansprüche können aufgrund des Handelsrechts Verjährungsvorschriften bzw. Nachhaftungsbegrenzungen gelten, die von den in § 191 Abs. 3 AO geregelten Festsetzungsfristen abweichen, sie insbesondere überschreiten. Hierdurch ist gewährleistet, dass ein Haftungsbescheid – unter der Einschränkung des § 191 Abs. 5 AO – so lange ergehen kann, als der Haftungsanspruch noch aufgrund der für ihn geltenden außersteuerlichen Verjährungsfristen besteht, z. B. § 195 BGB; §§ 159, 160 HGB für OHG/KG; entsprechend anwendbar für GbR und gemäß § 10 PartGG für Partnerschaft; § 26 und § 28 Abs. 3 HGB (vgl. BGH, DStR 1992 S. 878).

10.14.5 Unterbleiben von Haftungsbescheiden

Der Haftende kann nicht mehr durch Haftungs- oder Duldungsbescheid in Anspruch genommen werden „nach":

1. **Erfüllung** durch einen Gesamtschuldner (**§ 44 Abs. 2 Satz 1 und 2 AO**). Erfüllungswirkung haben Zahlung, Befriedigung im Vollstreckungsverfahren und Aufrechnung. **Andere Tatsachen,** z. B. Erlass der Steuerschuld aus persönlichen – nicht: sachlichen – Gründen oder Verjährung, scheiden in diesem Zusammenhang aus (§ 44 Abs. 2 Satz 3 AO; vgl. AEAO zu § 191 Nr. 3; BFH, BStBl 2002 II S. 267; 1988 II S. 859 zur Akzessorietät für Säumniszuschläge; beachte § 191 Abs. 5 Nr. 2 AO).

2. **Verjährung der Haftungsansprüche** bzw. Enthaftung (**§ 191 Abs. 3 und 4 AO**).

3. **Ablauf der Festsetzungsfrist** gegen den Steuerschuldner (**§ 191 Abs. 5 Satz 1 Nr. 1 AO** i. V. m. §§ 169 ff. AO). Die Steuerfestsetzungsverjährung nach §§ 169 ff. AO und die Haftungsverjährung nach § 191 Abs. 3 und 4 AO sind nicht stets identisch (siehe Beispiele Tz. 10.14.3). Ist dagegen der Haftungsbescheid bereits ergangen und verjährt die zugrunde liegende Steuer anschließend, so ist dies gemäß § 44 Abs. 2 Satz 3 AO für die Haftung unerheblich (vgl. BFH, BStBl 2002 II S. 267).

4. **Erlass oder Zahlungsverjährung** des Steuerzahlungsanspruchs (**§ 191 Abs. 5 Satz 1 Nr. 2, §§ 227, 228 AO**).

10.14 Haftungs- und Duldungsbescheide (§ 191 AO)

Der Grundsatz der Akzessorietät des § 191 Abs. 5 Satz 1 Nr. 1 und 2 AO wird allerdings durchbrochen, wenn der Haftungsschuldner eine **Steuerhinterziehung** als (Mit-)Täter „begangen" hat (**§ 191 Abs. 5 Satz 2 AO**). Im Fall der Teilnahme als Anstifter oder Gehilfe und der leichtfertigen Steuerverkürzung durch den Haftungsschuldner verbleibt es beim Grundsatz des § 191 Abs. 5 Satz 1 AO.

Beispiel:

Das FA hat der S-GmbH aus persönlichen Billigkeitsgründen (Bedrohung der wirtschaftlichen Existenz ...) bestimmte Steuern erlassen. Es will nun den GmbH-Geschäftsführer G nach § 69 AO in Anspruch nehmen:
a) Der Haftungsbescheid ist bereits vor Ausspruch des Erlasses ergangen.
b) Ein Haftungsbescheid ist bisher noch nicht ergangen.
G beruft sich in beiden Fällen auf das Erlöschen der Steuerschuld. Zu Recht?

Grundsätzlich kann keine Haftungsschuld ohne Steuerschuld entstehen. Ist die Haftungsschuld entstanden und durch selbständigen Haftungsbescheid konkretisiert, ist sie nur noch bedingt akzessorisch. Im Fall **a)** wirkt der Erlass aus persönlichen Gründen bei der GmbH nicht gegenüber G (§ 44 Abs. 2 Satz 3 AO). Auch greift § 191 Abs. 5 Nr. 2 AO nicht ein, da der Haftungsbescheid bereits ergangen ist. Dagegen kann sich G im Fall **b)** auf den Erlass gegenüber dem Steuerschuldner berufen, sofern er keine Steuerhinterziehung begangen hat (§ 191 Abs. 5 Nr. 2 und Satz 2 AO).

10.14.6 Zahlungsaufforderung nach § 219 AO

Anders als die Festsetzung der Haftungsschuld durch Bescheid nach § 191 AO betrifft die Zahlungsaufforderung nach § 219 AO die Verwirklichung des festgesetzten Anspruchs im **Erhebungsverfahren.** Regelmäßig wird die Zahlungsaufforderung mit dem Haftungsbescheid verbunden werden. Sie entspricht dem Leistungsgebot des § 254 Abs. 1 AO, wobei zusätzlich die Voraussetzungen des § 219 AO erfüllt sein müssen (vgl. BFH, BFH/NV 1995 S. 950). Voraussetzung hierfür ist nach **§ 219 Satz 1 AO,** dass die Vollstreckung in das „bewegliche" Vermögen des Steuerschuldners erfolglos war oder aussichtslos erscheint. Der Haftungsschuldner kann entsprechende Nachweise verlangen (§§ 121, 30 Abs. 4 Nr. 1 AO). Ein Haftungsbescheid mit begrenzter bzw. ohne Zahlungsaufforderung kann etwa in Betracht kommen, wenn bzw. soweit der Haftungsbescheid über ausgesetzte Steuern oder wegen drohenden Ablaufs der Festsetzungsfrist ergeht, die Voraussetzungen für die Zahlungsaufforderung nach § 219 Satz 1 AO aber noch nicht vorliegen. Für diese Fälle regelt § 229 Abs. 2 AO den Beginn der Zahlungsverjährung abweichend von dem allgemeinen Grundsatz des Absatzes 1, der an die Fälligkeit anknüpft.

Ausnahmen von der Subsidiarität enthält **§ 219 Satz 2 AO** für (Mit-)Täter einer Steuerhinterziehung (also nicht für Anstifter oder Gehilfen als Teilnehmer), für Abzugsteuern (vor allem LSt) sowie für die VersSt („zulasten eines anderen zu entrichten"). Diese Tatbestände sind abschließend. Ergeht z. B. ein Haftungsbescheid nach § 69 und § 71 AO über verschiedene Beträge, so ist die Zahlungsaufforderung wegen der § 71 AO-Haftungsbeträge nach § 219 Satz 2 AO sofort zulässig, aber im Regelfall nicht bzgl. § 69 AO, da die Voraussetzungen nach § 219 Satz 1 AO (noch) nicht vorliegen.

10.14.7 Korrekturmöglichkeiten

Haftungs- und Duldungsbescheide sind hinsichtlich ihrer Korrektur den Steuerbescheiden nicht gleichgestellt. Die Korrektur richtet sich vielmehr nach den §§ **129 bis 132 AO.** Haftungsbescheide können auch nach Ablauf der Festsetzungsfrist zugunsten korrigiert werden (vgl. AEAO zu § 191 Nr. 4 mit Nachweis). Rechtswidrige Haftungs- und Duldungsbescheide sind nach § 130 AO abänderbar. Wird ein rechtswidriger Haftungsbescheid aufgehoben, so kann eine korrespondierende Erhöhung des Haftungsbetrages nur unter den Voraussetzungen des § **130 Abs. 2 AO** erfolgen. Beruhte der ursprüngliche Bescheid auf unrichtigen oder unvollständigen Angaben des Haftungsschuldners, kann – abgesehen von einer möglichen Verjährung oder etwaigen Formfehlern des FA – die Korrektur regelmäßig nach § 130 Abs. 2 Nr. 3 bzw. 4 AO erfolgen (vgl. Ausführungen unter Tz. 9.5.2 und 9.6.2). Ist die Steuerschuld nachträglich aufgrund einer Änderung, z. B. nach § 164 Abs. 2 AO, niedriger festgesetzt worden, hat der Haftungsschuldner einen Rechtsanspruch auf eine teilweise Rücknahme des Haftungsbescheides, da das Ermessen in § 130 Abs. 1 AO auf null reduziert ist (vgl. BFH, BStBl 1980 II S. 58; 1998 II S. 131 mit Einzelheiten). Sind die Steueransprüche entfallen, ist der Haftungsbescheid aufzuheben. Er erledigt sich nicht von selbst (§ 124 Abs. 2 AO; vgl. BFH, BStBl 1983 II S. 544).

Bei der **LSt**-Haftung bestehen Besonderheiten, da hier Haftungsschulden ausnahmsweise durch Steuerbescheid bzw. Steueranmeldung festgesetzt werden (§§ 167, 168 AO, § 41a Abs. 1 Nr. 1 EStG). Hebt das FA aufgrund einer LSt-Ap den Vorbehalt der Nachprüfung bei den in den LSt-Anmeldungen des Prüfungszeitraums liegenden Steuerfestsetzungen auf, so steht dem späteren Erlass eines LSt-Haftungsbescheides wegen neuer, den Prüfungszeitraum betreffender Tatsachen die Änderungssperre des § **173 Abs. 2 Satz 1 AO** entgegen (vgl. Ausführungen unter Tz. 9.7.6).

10.14.8 Rechtsbehelfe

Gegen **Haftungs- und Duldungsbescheide** ist der **Einspruch** gegeben (§ **347 Abs. 1 Satz 1 Nr. 1 AO**). Ebenso ist die **Zahlungsaufforderung** (§ **219 AO**) mit dem Einspruch anfechtbar. Hierbei kann nach dem Rechtsgedanken des § 256 AO nur geltend gemacht werden, dass die Voraussetzungen für den Erlass der Zahlungsaufforderung nicht vorgelegen haben (BFH, BFH/NV 1995 S. 950).

10.14 Haftungs- und Duldungsbescheide (§ 191 AO)

Einwendungen im Einspruchsverfahren gegen den Haftungsbescheid können sich insbesondere richten gegen

- den Haftungsgrund und die Höhe der Haftungssumme,
- den Haftungsbescheid als solchen, z. B. Verstoß gegen § 130 Abs. 2 AO oder § 191 Abs. 5 AO,
- Grund und Höhe der Abgabenschuld, für die gehaftet werden soll, und
- die Ermessensausübung bei der Geltendmachung der Haftung.

Entstehung und Höhe der Haftungsschuld hängen von der Existenz und der zutreffenden Höhe der Ansprüche aus dem Steuerschuldverhältnis gegen den Erstschuldner ab (Akzessorietät; vgl. unter Tz. 10.14.1). Daraus folgt, dass der Haftungsschuldner nur in Höhe des kraft Gesetzes (abstrakt) entstandenen und damit zutreffenden Steueranspruchs haftet. Einwendungen des Haftenden gegen die Höhe des Steuerbetrages sind deshalb der Sache nach zugleich Einwendungen gegen den Haftungstatbestand (vgl. BVerfG, BStBl 1997 II S. 415/418). Die Höhe der Haftungsschuld ist im Regelfall als Rechtsentscheidung auch gerichtlich überprüfbar. Ob die Steuerschuld dem Steuerschuldner gegenüber schon unanfechtbar festgesetzt worden ist oder nicht, ist daher grundsätzlich unmaßgeblich für den Haftungsschuldner. Gemäß § 124 Abs. 1 AO besteht insoweit **keine Drittwirkung** gegenüber einem Nichtadressaten. **Ausnahmen** ergeben sich für **Duldungsbescheide** (siehe unter Tz. 10.14.1) und in den Fällen des **§ 166 AO** (s. u.).

Spätere Zahlungen anderer sind nach § 44 Abs. 2 AO regelmäßig bis zum Abschluss des Einspruchsverfahrens zu berücksichtigen (BFH, BStBl 1992 II S. 696 m. w. N.; AEAO zu § 191 Nr. 3).

Beispiel:

B haftet nach § 75 AO für rückständige USt des A. Die USt ist gegenüber A bestandskräftig auf 40.000 € festgesetzt worden. Dabei war ein Rechtsfehler zulasten des A mit einer steuerlichen Auswirkung von 5.000 € unterlaufen. Das FA hatte einen Haftungsbescheid über 40.000 € erlassen. Danach zahlte A noch 10.000 € rückständige USt. B hat Einspruch eingelegt. Rechtslage?

B kann mit Erfolg einwenden, dass die USt unzutreffend ist. Die Haftungsschuld kann nur in Höhe festgesetzt werden, in der die USt-Schuld besteht, d. h. 35.000 €. Hat sich der im Haftungsbescheid festgesetzte Betrag durch danach von anderen Gesamtschuldnern geleistete Zahlungen gemindert, so muss das FA dies nach § 44 Abs. 2 AO bei Erlass der Einspruchsentscheidung zusätzlich berücksichtigen. Es handelt sonst ermessensfehlerhaft.

Beruft sich der Haftungsschuldner darauf, dass die der Haftung zugrunde gelegten Steuerrückstände bereits erfüllt sind, z. B. bei der LSt-Haftung aufgrund der ESt-Veranlagungen der Arbeitnehmer, so muss er dies konkret mit Einzel-

10 Haftung

heiten darlegen. Erst dann hat das FA weitere Nachforschungen anzustellen (BFH, BB 1992 S. 2052).

Im Fall des § **166 AO** ist der Haftende auf Einwendungen gegen die Haftung und deren Geltendmachung beschränkt. § 166 AO ist als allgemeiner Rechtsgrundsatz auch im Haftungsverfahren anwendbar (vgl. BFH-GrS, BStBl 1986 II S. 230/232; 1998 II S. 761). Rechtsnachfolger im Sinne von § 166 AO ist nur der Gesamtrechtsnachfolger, nicht jedoch der Einzelrechtsnachfolger, wie z. B. Unternehmenserwerber (§ 75 AO) oder Geschäftsnachfolger (§ 25 HGB). Der Haftende muss eine formell **„unanfechtbare", bestandskräftige Steuerfestsetzung** gegen sich gelten lassen, wenn er rechtlich (= als zur Alleinvertretung der Gesellschaft Berechtigter) während der gesamten Dauer der Rechtsbehelfsfrist in der Lage gewesen wäre, den gegen den Stpfl. erlassenen Bescheid als dessen Vertreter, Bevollmächtigter oder kraft eigenen Rechts anzufechten (vgl. § 34 AO, § 714 BGB, § 125 HGB; § 360 Abs. 1 und 4 AO; BFH, BFH/NV 2003 S. 1540; BStBl 2005 II S. 127). Soweit der Betreffende Rechtsnachfolger des Steuerschuldners ist, wird er als Steuerschuldner nach § 45 AO durch Steuerbescheid in Anspruch genommen, nicht jedoch als Haftungsschuldner (siehe unter Tz. 10.1).

Von der Sonderregelung des § 166 AO abgesehen äußert die Bestandskraft eines Steuerbescheides gemäß § 124 Abs. 1 AO keine Drittwirkung für den Haftenden. Es kann daher zweckmäßig sein, den Haftenden bei einem Einspruchsverfahren des Erstschuldners nach § **360 Abs. 1 AO** zum Verfahren hinzuzuziehen. Dadurch wird erreicht, dass die Entscheidung, d. h. Grund und Höhe des Steueranspruchs, auch gegenüber dem Haftenden bindend festgestellt wird (§ 360 Abs. 4 AO). Der Haftungsschuldner kann in einem späteren Verfahren nur noch den Haftungsgrund und die fehlerhafte Inanspruchnahme bestreiten.

Die **Einschränkung** der Anfechtbarkeit nach § **351 Abs. 1 AO** gilt **nicht** für die nach den §§ 130, 131 AO korrigierbaren Haftungsbescheide (vgl. AEAO zu § 351 Nr. 3; streitig).

10.14 Haftungs- und Duldungsbescheide (§ 191 AO)

10.14.9 Prüfungsschema bei Haftungsfällen

1. **Bekannt gegebener** und **wirksamer Haftungsbescheid?**
   - Bekanntgabe am ......, § 122 AO; Ende Einspruchsfrist am ......, § 355 AO
   - Schriftlicher Haftungsbescheid, § 191 Abs. 1 Satz 3 AO?
     → Ausnahmefall nach § 167 Abs. 1 Satz 3 AO?
   - Inhaltlich hinreichend bestimmt, § 119 Abs. 1, § 125 AO?
     → Angabe der erlassenden Behörde, des Haftungsschuldners und der Haftungsschuld mit Art der Steuer
   - Rechtliches Gehör gemäß § 91 AO gewährt?
   - Erforderliche Begründung nach § 121 AO?
     → Aufgliederung der Haftungsschuld nach Art und Zeitraum im Bescheid bzw. in Anlagen; Angabe des Steuerschuldners, des Haftungsgrundes und ggf. Haftungsgegenstandes bei §§ 74 und 75 AO; Ermessensausübung („kann", § 191 Abs. 1, § 5 AO)
   - Zuständiges FA, § 24 AO?

2. **Haftungsanspruch gegeben?**
   § 191 Abs. 1 AO i. V. m. § ... AO bzw. Einzelgesetz
   - Voraussetzungen im Einzelnen („wer" → „weshalb")
   - Umfang der Haftung generell („wofür" → „womit")
     • Welche Steuern?
     • Steuerliche Nebenleistungen?

3. **Akzessorietät der Haftungsschuld** beachtet?
   - Ist der Primäranspruch (Steuerschuld) in zutreffender Höhe gegeben bzw. festgesetzt?
     Ausnahme: **§ 166 AO** für zur Alleinvertretung Berechtigte?
   - Ist die **Steuerschuld** ganz oder teilweise nach **§ 44 Abs. 2 AO erloschen** durch Zahlung, Aufrechnung, Erfüllung im Vollstreckungsverfahren?
   - Greift **§ 191 Abs. 5 Satz 1 AO** ein?
     • **Nr. 1:** Festsetzungsverjährung der Steuer nach §§ 169 ff. AO
     • **Nr. 2:** Zahlungsverjährung oder Erlass der Steuer
     • **Ausnahme:** § 191 Abs. 5 Satz 2 AO bei Steuerhinterziehung (§ 370 AO) oder Steuerhehlerei (§ 374 AO) für Täter; nicht: bei Teilnahme oder § 378 AO

4. **Haftungsverjährung** nach § 191 Abs. 3 AO eingetreten?
   - Beginn: § 191 Abs. 3 Satz 3 AO mit Ablauf des Jahres, in dem der Haftungstatbestand verwirklicht ist
   - Dauer: § 191 Abs. 3 Satz 2 AO: grundsätzlich 4 Jahre
     Ausnahmen: • § 70 AO: 5 bzw. 10 Jahre
                 • § 71 AO: 10 Jahre
                 • § 191 Abs. 4 AO i. V. m. § ...
   - Ende: ...

5. **Fehlerfreie Ermessensausübung** nach § 191 Abs. 1, § 5 AO („kann")?
   - Entschließungsermessen („ob")
   - Auswahlermessen bei mehreren Haftenden („wer"); Grundsatz: Verschuldenshaftung vor Ausfallhaftung, z. B. bei mehreren Geschäftsführern/Gesellschaftern

6. **Zahlungsaufforderung** nach **§ 219 AO** rechtmäßig?
   - Grundsätzlich subsidiär nach Satz 1
   - Ausnahmen nach § 219 Satz 2 AO

7. **Korrektur** des Haftungsbescheides zutreffend?
   - §§ 129 bis 131 AO im Einzelnen
   - Änderungssperre § 173 Abs. 2 AO entsprechend für LSt-Haftung beachtet?

8. **Rechtsschutz**
   - Einspruch, § 347 AO
   - AdV, § 361 AO und § 69 FGO

9. **Besonderheiten**
   - Keine Aussetzungszinsen gemäß § 237 AO bei Haftungsbescheiden
   - Säumniszuschläge nach **§ 240 Abs. 1 Satz 2 AO** möglich bzgl. Steuern
   - Keine Stundung von Steuerabzugsbeträgen für Haftungsschuldner nach **§ 222 Satz 3 und 4 AO**
   - Bei Stundung von Haftungsschulden regelmäßig Zinsen nach **§ 234 AO**

11 Erhebungsverfahren (§§ 218 bis 248 AO)

Das Erhebungsverfahren ist in den §§ 218 ff. AO geregelt. Es umfasst Vorschriften über Fälligkeit, Stundung, Zahlungsaufschub, Zahlung, Aufrechnung, Billigkeitserlass, Zahlungsverjährung, Verzinsung, Säumniszuschläge und Sicherheitsleistung.

Checkfragen zum Erhebungsverfahren:
1. Besteht ein – wirksamer – **Anspruch** im Sinne von **§ 218 AO**?
2. Wann ist dieser **fällig** gemäß **§ 220 AO** (§§ 221, 222 AO)?
3. Ist bzw. wann ist hierauf wirksam **geleistet** worden durch **Zahlung** (§§ 224 bis 225 AO) oder **Aufrechnung** (§ 226 AO)?
4. Sind **Säumniszuschläge** (§ 240 AO) oder **Zinsen** (§§ 233 ff. AO) angefallen?

11.1 Verwirklichung und Fälligkeit von abgaberechtlichen Ansprüchen

11.1.1 Rechtsgrundlagen

Rechtsgrundlage für die Erfüllung abgaberechtlicher Ansprüche bilden regelmäßig die **wirksamen Steuerfestsetzungen** oder **sonstigen Verwaltungsakte** im Gegensatz zu den nichtigen Verwaltungsakten (**§ 218 Abs. 1 AO**). Ausnahmen sind Erstattungsansprüche aus § 37 Abs. 2 AO, Säumniszuschläge, die kraft Gesetzes ohne vorausgehende Festsetzung verwirkt sind (§ 240 AO), Kosten (§§ 337 ff. AO), Geldstrafen und -bußen, für die besondere Vorschriften gelten.

Zu den festzusetzenden Ansprüchen gehören neben Steuerbescheiden im Sinne von § 155 AO und Steueranmeldungen (§ 168 AO) insbesondere Haftungsbescheide (§ 191 AO), Zinsbescheide (§ 239 AO) und Verwaltungsakte über die Festsetzung von Verspätungszuschlägen (§ 152 AO), Zwangsgeldern (§ 329 AO) und Kosten (§ 178 AO). Auch der Abrechnungsbescheid nach § 218 Abs. 2 AO kann Grundlage für die Erfüllung von Ansprüchen aus dem Steuerschuldverhältnis sein. Derartige Festsetzungen wirken deklaratorisch, soweit sich der festgesetzte Anspruch mit der gesetzlichen (Steuer-)Schuld deckt. Demgegenüber wirkt der Verwaltungsakt konstitutiv, soweit der festgesetzte höhere Anspruch nicht der tatsächlich entstandenen Schuld entspricht oder wenn es sich um Ansprüche handelt, deren Festsetzung in das Ermessen der Finanzbehörde gestellt ist, z. B. Verspätungszuschlag gemäß § 152 Abs. 1 AO.

11 Erhebungsverfahren

Die **Kleinbetragsregelungen** für das Erhebungsverfahren, die eine spätere Entrichtung der Beträge zulassen, sind zu beachten. Einzelheiten hierzu ergeben sich aus dem BMF-Schreiben, BStBl 2001 I S. 242.

11.1.2 Abrechnungsbescheid

Über Streitigkeiten, die **Zahlungsansprüche im Erhebungsverfahren** betreffen, entscheidet die Finanzbehörde durch Abrechnungsbescheid (**§ 218 Abs. 2 AO**). Daher können Einwendungen, die im Festsetzungsverfahren hätten geltend gemacht werden müssen, z. B. gegen Schätzungsbescheide, nicht gegen einen Abrechnungsbescheid als Teil des Erhebungsverfahrens erhoben werden (BFH, BStBl 1992 II S. 781). Etwas anderes gilt nur für die Verwirklichung von Ansprüchen ohne vorausgehende Festsetzung, z. B. bei Säumniszuschlägen (BFH, BStBl 1999 II S. 751). **Streitigkeiten** im Sinne von § 218 Abs. 2 AO bestehen nur dann, wenn der Stpfl. oder ein Dritter etwas behauptet, was die Behörde bestreitet, bzw. im umgekehrten Falle. Der Abrechnungsbescheid hat nur die Feststellung zum Inhalt, ob ein Erstattungsanspruch dem Grunde und der Höhe nach besteht oder eine bestimmte Zahlungsverpflichtung erloschen ist, d. h., ob wirksam gezahlt, aufgerechnet, verrechnet, erlassen, ob Verjährung eingetreten, die Schuld bereits vor Begründung der Zahlungspflicht erloschen oder der Ausgleich durch Vollstreckungsmaßnahmen erreicht worden ist (vgl. BFH, BStBl 1997 II S. 479; 1999 II S. 751 m. w. N.). § 218 Abs. 2 AO enthält keine vorrangige Sonderregelung gegenüber §§ 130, 131 AO. Damit besteht beim Erlass eines Abrechnungsbescheides eine Bindungswirkung an die Anrechnungsverfügungen (vgl. BFH, BStBl 1997 II S. 479, 787 m. w. N.; AEAO zu § 218 Nr. 3).

Beispiele:

1. Zwischen dem FA und S besteht Streit darüber, ob und ggf. welche Schulden voll getilgt sind, da das FA Zahlungseingänge abweichend von der Bestimmung des S und der gesetzlichen Tilgungsfolge des § 225 Abs. 1 und 2 AO gebucht hat. Folge?
Im Streitfall muss das FA durch Abrechnungsbescheid nach § 218 Abs. 2 AO darüber entscheiden, welcher Anspruch erloschen ist.

2. Es ist streitig, wer von mehreren Personen Erstattungsberechtigter im Sinne von § 37 Abs. 2 AO ist. – Es muss ein Abrechnungsbescheid dazu ergehen.

Der verwirklichte Anspruch ist im Abrechnungsbescheid genau zu bestimmen, z. B. Steueranspruch nach Art und Höhe sowie Erlöschensgrund, Entstehung und Dauer sowie Höhe von verwirkten Säumniszuschlägen je Steuerart und -jahr (vgl. BFH, BStBl 1997 II S. 479).

Der Abrechnungsbescheid ist als sonstiger Verwaltungsakt nach § 129 bzw. § 130 AO korrigierbar, soweit er fehlerhaft ist.

11.1 Verwirklichung und Fälligkeit von abgaberechtlichen Ansprüchen

Keine Abrechnungsbescheide sind schriftliche **Abrechnungen** oder **Anrechnungen von Steuern** bzw. **Steuerabzugsbeträgen** als Teil des Leistungsgebots oder der Erstattungsverfügung sowie **Kontoauszüge** (vgl. BFH, BStBl 1992 II S. 713 m. w. N.). Sie können jederzeit nach § 129 bzw. § 130 AO zugunsten oder zulasten des Stpfl. geändert werden, wenn sich die ursprüngliche Anrechnung als unzutreffend erweist (vgl. AEAO zu § 218 Nr. 3; BFH, BStBl 2001 II S. 133/136; OFD München, DStR 2003 S. 30 mit Einzelheiten).

Beispiel:

Das FA hatte im USt-Bescheid rechtsfehlerhaft höhere Vorauszahlungen als tatsächlich geleistet angerechnet. Rechtslage?

Der Anrechnungsteil des USt-Bescheides ist ein selbständiger Verwaltungsakt und nicht Teil der Steuerfestsetzung oder Abrechnungsbescheid im Sinne von § 218 Abs. 2 AO. Zur Richtigstellung kann die unzutreffende Anrechnung unter den Voraussetzungen des § 130 Abs. 2 und 3 AO geändert werden (i. d. R. Abs. 2 Nr. 3 bzw. 4). Ein Abrechnungsbescheid ist nur im Streitfalle zu erteilen (vgl. AEAO zu § 218 Nr. 3).

Als **Rechtsbehelf** gegen den Abrechnungsbescheid ist der Einspruch gegeben (§ 347 Abs. 1 Satz 1 Nr. 1 AO). Ohne vorherigen Erlass eines Abrechnungsbescheides ist eine auf Steuererstattung nach § 40 Abs. 1 FGO gerichtete Leistungsklage unzulässig (BFH, BStBl 1986 II S. 702). Der Abrechnungsbescheid ist ein vollziehbarer Verwaltungsakt im Sinne von **§ 361 AO,** wenn er eine Leistungspflicht begründet, z. B. Erhebung von Säumniszuschlägen, Rückforderung überzahlter oder fehlgeleiteter Erstattungen oder nach Aufrechnung durch das FA einen geminderten Erstattungsanspruch des Stpfl. feststellt. Das gilt nicht im Fall einer bloßen Ablehnung (vgl. BFH, BFH/NV 1997 S. 547; AEAO zu § 361 Nr. 2.3.1).

11.1.3 Fälligkeit

Die Fälligkeit von Ansprüchen aus dem Steuerschuldverhältnis richtet sich nach den **§§ 220 und 221 AO.** Sie erfasst alle Ansprüche im Sinne von § 37 AO.

Die **Bedeutung der Fälligkeit** zeigt sich für den Steuerschuldner vor allem dann, wenn er eine – wirksam festgesetzte – Steuer nicht rechtzeitig entrichtet. In diesem Fall ist ein Säumniszuschlag verwirkt (§ 240 AO). Auch die Vollstreckung darf erst beginnen, wenn die Leistung fällig ist (§ 254 AO). Die Behörde kann außerdem mit einem Steueranspruch erst aufrechnen, wenn er fällig ist (§ 226 Abs. 1 AO, § 387 BGB). Ebenso ist der Beginn der Zahlungsverjährung grundsätzlich abhängig von der erstmaligen Fälligkeit des Anspruchs (§ 229 Abs. 1 AO). Die Fälligkeit hat ferner Bedeutung für die Verzinsung (vgl. § 234 Abs. 1, § 235 Abs. 2 und 3, § 237 Abs. 2 AO).

11 Erhebungsverfahren

§ 220 AO enthält vier alternative Fälligkeitszeitpunkte:

1. Die Fälligkeit bestimmt sich allgemein nach den **Einzelsteuergesetzen** (§ 220 Abs. 1 AO, z. B. § 36 Abs. 4, § 37 Abs. 1, § 41 a Abs. 1, § 44 Abs. 1 EStG, § 18 Abs. 1 und 4 UStG).
   Fehlt eine besondere **gesetzliche Regelung,** so richtet sich die Fälligkeit nach § 220 Abs. 2 AO:

2. Nach § **220 Abs. 2 Satz 1 1. Halbsatz AO** gilt der Grundsatz, dass **Entstehungs- und Fälligkeitszeitpunkt zusammenfallen.** Hierunter fallen vor allem **Säumniszuschläge** nach § 240 AO, die kraft Gesetzes verwirkt sind und sofort fällig werden. Ferner gehören hierzu Erstattungsansprüche, die ohne vorherige Festsetzung entstehen, z. B. Doppelzahlungen, Zahlungen aufgrund nichtiger Steuerbescheide oder auf bereits verjährte Schulden oder bei unwirksamer Vollstreckung. Sie werden sofort mit ihrer Entstehung (Entrichtung) fällig (§ 220 Abs. 2 Satz 1, § 37 Abs. 2 AO).

3. Nach der Sonderregelung des § **220 Abs. 2 Satz 1 2. Halbsatz AO** wird die mit Entstehung des Anspruchs eingetretene Fälligkeit hinausgeschoben, wenn die Behörde aufgrund eines nach § 254 AO erforderlichen **Leistungsgebotes** eine **Zahlungsfrist** setzt, z. B. Festsetzung eines Verspätungszuschlags, eines Zwangsgeldes oder eines USt-Schätzungsbescheides mit Leistungsgebot. Als angemessene Frist ist – in Anlehnung an die gesetzlichen Fälligkeiten – regelmäßig eine Zahlungsfrist von einem Monat anzusehen. Kürzere Fristen kommen in Betracht, wenn der Anspruch andernfalls gefährdet erscheint oder bei der Festsetzung von (USt-)Vorauszahlungen zehn Tage nach Absendung gemäß EDV-Praxis.

4. Bei **Festsetzung** von „**Ansprüchen aus dem Steuerschuldverhältnis**" ist nach § **220 Abs. 2 Satz 2 AO** der **Bekanntgabetag** der frühestmögliche Fälligkeitstag, sofern keine besondere gesetzliche Regelung besteht (vgl. § 36 Abs. 4 Satz 2 EStG). Das gilt vor allem für **Erstattungs- und Vergütungsbescheide** (vgl. § 168 AO i. V. m. § 18 UStG für USt-Vergütungen; AEAO zu § 220), für **Haftungsbescheide** mit Zahlungsaufforderung und für Verspätungszuschläge.

Vorverlegung der Fälligkeit nach § 221 AO:

Unter bestimmten Voraussetzungen kann die Finanzbehörde die Entrichtung der **USt** oder einer **Verbrauchsteuer** vor der gesetzlichen Fälligkeit verlangen, die Fälligkeit also vorverlegen. Die Fälligkeit darf jedoch nicht vor den Zeitpunkt der Entstehung der Steuer gelegt werden. Voraussetzung für die Anwendung des § 221 AO ist, dass die Steuer mehrfach nicht rechtzeitig entrichtet wurde oder dass ihr Eingang gefährdet ist. Eine Vorverlegung der Fälligkeit wegen der wiederholten nicht rechtzeitigen Entrichtung muss vorher angekündigt worden sein. Die Schonfrist des § 240 Abs. 3 AO ist weiterhin zu beachten.

11.1 Verwirklichung und Fälligkeit von abgaberechtlichen Ansprüchen

11.1.4 Stundung (§ 222 AO)

Der Fälligkeitszeitpunkt kann bei Ansprüchen aus dem Steuerschuldverhältnis nach § 222 AO unter bestimmten Voraussetzungen durch Stundung hinausgeschoben werden. § 222 AO gilt nur für Zahlungsansprüche des Fiskus, nicht aber für Ansprüche gegen ihn. Für gestundete Steuern fallen keine Säumniszuschläge an, sondern grundsätzlich **Stundungszinsen** gemäß § 234 AO. Gestundete Ansprüche dürfen nicht vollstreckt werden (§§ 254, 257 AO).

Bei **Einfuhr- und Ausfuhrabgaben** sowie **Verbrauchsteuern** kommt **Zahlungsaufschub** gemäß **§ 223 AO** in Betracht, soweit Einzelsteuergesetze dies bestimmen.

Die Stundung von Steueransprüchen und sonstigen Zahlungsansprüchen des Fiskus ist nach **§ 222 Satz 1 AO** nur unter zwei **Voraussetzungen** zulässig:

1. Die **Einziehung** bei Fälligkeit würde für den Schuldner eine **erhebliche Härte** bedeuten und
2. der **Anspruch** erscheint durch die Stundung **nicht gefährdet** (s. u.).

Eine **Stundung** ist zwingend ausgeschlossen in den Fällen des **§ 222 Satz 3 und 4 AO** hinsichtlich **einbehaltener LSt** (§ 38 Abs. 2, § 41 a EStG), **KapSt** (§§ 43 ff. EStG), ESt-Abzüge (§§ 48, 50 a EStG) und VersicherungSt. Denn die einbehaltenen Steuerabzugsbeträge sind für den Stpfl. treuhänderische (Fremd-)Gelder, mit denen er nicht wirtschaften soll. Damit entfällt auch die Möglichkeit einer zinslosen Verrechnungsstundung (vgl. BFH, BStBl 1999 II S. 3; siehe Beispiel am Ende). In diesen Fällen kann allenfalls **Vollstreckungsaufschub nach § 258 AO** mit den entsprechenden Folgen für Säumniszuschläge gemäß § 240 AO erfolgen. Ist der Entrichtungspflichtige dagegen selbst Steuerschuldner, z. B. als Arbeitgeber bei der **pauschalierten LSt** nach § 40 Abs. 3 EStG, oder Haftungsschuldner für „nicht einbehaltene" LSt, KapSt usw., bleibt eine Stundung möglich, da § 222 Satz 3 und 4 AO diese Fallgestaltungen nicht erfassen und er die Steuerzahlung aus seinem eigenen Vermögen zu leisten hat.

Eine **erhebliche Härte** kann sich **aus sachlichen Gründen** oder **aus den persönlichen Verhältnissen** des Schuldners ergeben.

> **Beispiele:**
>
> **1.** Eine sachlich begründete Härte liegt vor, wenn der Stundungsantrag mit alsbald fälligen Gegenansprüchen begründet wird („Verrechnungsstundung"; vgl. BFH, BStBl 1983 II S. 397; 1985 II S. 194, 449; BFH/NV 1991 S. 14).
>
> **2.** Eine in den persönlichen Verhältnissen des Schuldners liegende Härte kann gegeben sein, wenn er wegen Arbeitslosigkeit oder betriebsbedingter Ursachen in Zahlungsschwierigkeiten gekommen ist (Existenzgefährdung).

Ob die Einziehung von Abgaben eine **erhebliche Härte** darstellt, muss unter Berücksichtigung der besonderen Verhältnisse des konkreten Falles festgestellt werden. Eine allgemeine Härte, wie sie in jeder Zahlung liegt, ist kein ausreichender Stundungsgrund. Es ist zwischen dem Interesse des Fiskus an einer vollständigen und gleichmäßigen Erhebung und dem Interesse des Schuldners an einem Aufschub der Fälligkeit der Zahlung abzuwägen. Eine erhebliche Härte ist regelmäßig anzunehmen, wenn der Schuldner durch die pünktliche Entrichtung in ernsthafte Zahlungsschwierigkeiten kommen würde. Der Schuldner kann sich allerdings nicht auf Zahlungsschwierigkeiten berufen, die er hätte vermeiden können. Er muss, wenn er nicht über eigene Mittel zur Zahlung der Schuld verfügt, sich ernsthaft um einen Bankkredit bemühen (BFH, BStBl 1974 II S. 307).

Beispiel:

Der S hat für seinen Betrieb einen Bankkredit eingeräumt erhalten, der zur Zahlung der aufgrund einer Ap festgestellten Steuerschuld ausreichen würde. Der Kredit ist dazu bestimmt, Großreparaturen zu finanzieren, die zur Aufrechterhaltung des Betriebs notwendig sind. Der Betrieb bildet für S die Existenzgrundlage. Weiteres Vermögen und andere Finanzierungsmöglichkeiten hat er nicht. § 222 AO?

Eine erhebliche Härte ist ausnahmsweise anzunehmen, obwohl dem S aufgrund des Kredits die Mittel zur Bezahlung der Steuerschuld zur Verfügung stehen. Die Ausnahme ist gerechtfertigt, weil der S die Mittel unbedingt zur Fortführung des Betriebs und damit zur Erhaltung seiner wirtschaftlichen Existenz benötigt.

Eine Stundung von Abschlusszahlungen, die aufgrund der Steuererklärungen für den Steuerschuldner rechtzeitig erkennbar sind, kommt nur in Betracht, wenn der Schuldner aus einem von ihm nicht zu vertretenden Grund weder über die erforderlichen Mittel verfügt noch in der Lage ist, sich diese Mittel auf zumutbare Weise zu verschaffen. Wenn der Steuerschuldner ohne Rücksicht auf bevorstehende Abschlusszahlungen sich zur Vornahme erheblicher Investitionen entschließt und zu deren Finanzierung sämtliche flüssigen Mittel und die laufenden Einnahmen aufwendet, so hat er es selbst zu vertreten, wenn er die Steuerschuld nicht zum Fälligkeitszeitpunkt entrichten kann (BFH, BStBl 1974 II S. 307).

Die **Gefährdung des Anspruchs** kann sich durch eine Stundung bei wirtschaftlich leistungsschwachen Schuldnern ergeben, wenn bei diesen eine Besserung der Zahlungsfähigkeit nicht mehr zu erwarten ist. Dem wirtschaftlich leistungsfähigen Schuldner, der nur zeitweilig zur Zahlung nicht in der Lage ist („Zahlungsstockung"), kann dagegen durch eine Stundung wirksam geholfen werden. Der Anspruch ist nicht gefährdet, wenn der Schuldner ausreichende **Sicherheit** leistet.

Die Stundung soll in der Regel nur auf **Antrag** gewährt werden. Es liegt vor allem im eigenen Interesse des Schuldners, dass er die Stundung beantragt und den Antrag auch ausreichend begründet. Zur Begründung kann z. B. ein Liquiditätsstatus vorgelegt werden, aus dem sich eine Gegenüberstellung der flüssigen und kurzfristig realisierbaren Vermögenswerte einerseits und der Rückstände sowie der kurzfristig fälligen Verpflichtungen andererseits ergibt. Dies gilt besonders bei Anträgen auf längere Stundungen mit Teilzahlungsvorschlägen.

11.1 Verwirklichung und Fälligkeit von abgaberechtlichen Ansprüchen

Die Stundung nach § 222 Satz 1 AO liegt grundsätzlich im **Ermessen** der Finanzbehörde. Es sind insbesondere die Interessen des Steuergläubigers und des Steuerschuldners gegeneinander abzuwägen. Ermessenseinschränkungen ergeben sich für die **Verrechnungsstundung** (technische Stundung), d. h., wenn Stundungsanträge für künftig entstehende oder vorhandene Rückstände gestellt werden. Das ist etwa der Fall, wenn Guthaben aus einer noch durchzuführenden Veranlagung mit Sicherheit zu erwarten sind oder eine Änderung der Steuerfestsetzung wegen eines Verlustrücktrags bei Vorlage der entsprechenden Steuererklärung bzw. USt-Vergütungsansprüche laut Steueranmeldung bevorsteht, soweit hierfür innerhalb des Stundungszeitraums keine Erstattungszinsen gemäß § 233 a AO anfallen. In diesen Fällen kann ein Rechtsanspruch auf zinsfreie Stundung bestehen (Ermessensreduzierung auf null; vgl. AEAO zu § 234 Nr. 11; BFH, BFH/NV 1998 S. 418; § 28 ErbStG mit R 86 ErbStR).

Die Finanzbehörde hat im Fall einer Stundung ferner nach pflichtgemäßem Ermessen zu entscheiden, ob die Stundung unter **Widerrufsvorbehalt, Auflagen** oder **Bedingungen** ausgesprochen wird, z. B. Einzugsermächtigung für Teilzahlungen. Die Aufnahme einer **Verfallklausel** gemäß § 120 Abs. 2 Nr. 2 AO ist zulässig und in der Praxis die Regel, ebenso der Vorbehalt des Widerrufs (§ 120 Abs. 2 Nr. 3, § 131 Abs. 2 Nr. 1 AO; FinMin-Erlasse, BStBl 2004 I S. 29 Tz. A I).

Beispiel:
Der S hat am 10. 2. beantragt, die Zahlung der am 10. 3. fälligen Steuerschuld in Teilbeträgen zum 1. 4., 1. 6. und 1. 8. zu gestatten. Das FA entspricht dem Antrag mit folgender Verfallklausel: „Wird eine Teilzahlung nicht rechtzeitig entrichtet, so gilt die Stundung als widerrufen. Damit wird die gesamte Steuerschuld sofort fällig."
Die Verwendung der Klausel stellt sich nicht als Fehlgebrauch des Ermessens dar. Aufgrund der Verfallklausel ist die Stundung auflösend bedingt. Bei Eintritt der Bedingung (nicht pünktliche Entrichtung einer Teilzahlung) fällt die Stundung ohne weiteres weg. Unklare Rechtsverhältnisse entstehen bei einer auflösend bedingten Stundung nicht, weil für alle Beteiligten eindeutig feststeht, ob und wann die Bedingung eingetreten ist und die Stundung wegfällt. Anders als beim Vorbehalt ist ein Widerruf der Stundung entbehrlich (vgl. § 131 Abs. 2 Nr. 1, Abs. 3 AO).

Die Finanzbehörde darf ab einer bestimmten Höhe nur mit – innerdienstlicher – **Zustimmung der OFD** bzw. **des FinMin** stunden. Einzelheiten ergeben sich aus den einschlägigen FinMin-Erlassen (BStBl 2003 I S. 401; 2004 I S. 29).

Die Möglichkeit der Stundung ist nicht auf bestimmte Ansprüche oder Steuern beschränkt. Aus dem System der einzelnen Steuern können sich jedoch **Einschränkungen** ergeben, insbesondere bei den Verkehrsteuern, z. B. der USt, und **Ausschlüsse** nach § 222 Satz 3 und 4 AO bei Abzugsteuern, wie etwa der LSt.

Beispiele:
1. Bei der LSt verwaltet der Arbeitgeber die von den Arbeitnehmern einbehaltenen Steuerabzugsbeträge treuhänderisch. Für den Arbeitgeber sind es fremde Gelder,

11 Erhebungsverfahren

die er rechtzeitig und ungekürzt abzuführen hat (§ 41 a Abs. 1 EStG). Bei einer Stundung dieser Beträge würden dem Arbeitgeber vom FA fremde Geldmittel zur Verfügung gestellt. Eine Stundung ist deshalb hinsichtlich dieser Beträge nach § 222 Satz 3 und 4 AO nicht gerechtfertigt, und zwar auch nicht aus sachlichen Gründen, z. B. im Hinblick auf die Verrechnung mit alsbald fälligen USt-Erstattungen.

2. Eine Stundung kann dagegen in Betracht kommen, wenn es sich um die Erfüllung einer LSt-Nachforderung handelt, die gegen den Arbeitgeber nach § 42 d EStG als Haftungsschuldner geltend gemacht wird, und dieser die LSt nicht einbehalten hatte.

In Stundungssachen ist Folgendes zu beachten (AEAO zu § 240 Nr. 6):

1. Wird eine **Stundung vor Fälligkeit beantragt,** aber erst nach Fälligkeit bewilligt, so ist die Stundung mit Wirkung vom Fälligkeitstag an auszusprechen.

   Wird eine Stundung vor Fälligkeit beantragt, aber nach Fälligkeit erstmals abgelehnt, so ist im Allgemeinen eine neue Zahlungsfrist mit anschließender Schonfrist (§ 240 Abs. 3 AO) zu bewilligen. Ausnahmen gelten etwa in Missbrauchsfällen.

2. Wird eine **Stundung nach Fälligkeit beantragt** und bewilligt, so erfolgt die Stundung im Regelfall vom Eingangstag des Antrags an. Bereits verwirkte Säumniszuschläge sind gemäß § 240 AO zu entrichten.

3. Wird eine Stundung nach Fälligkeit beantragt und abgelehnt, so verbleibt es grundsätzlich beim ursprünglichen Fälligkeitstag.

Die **Korrektur** der Stundungsverfügung richtet sich nach den **§§ 129 bis 131 AO.**

Stundung soll in der Regel nur gegen **Sicherheitsleistung** gewährt werden. Die Finanzbehörden haben nach pflichtgemäßem Ermessen zu entscheiden, ob hierauf verzichtet werden kann. Von einer Sicherheitsleistung kann allgemein abgesehen werden, wenn es sich um kleinere Beträge handelt, die Stundung nur kurzfristig sein soll oder keine Gefährdung des Anspruchs zu befürchten ist. Für die Sicherheitsleistung sind die allgemeinen Vorschriften der **§§ 241 ff. AO** maßgebend.

11.2 Erlöschen durch Zahlung (§§ 224 bis 225 AO)

11.2.1 Allgemein

Die Schuld wird im Allgemeinen durch Zahlung gemäß **§ 224 AO** erfüllt; Ausnahme **§ 224 a AO.** Der Steuerschuldner braucht die Fälligkeit nicht abzuwarten. Es gilt der Grundsatz, dass der Gläubiger eine Leistung nicht vor Fälligkeit verlangen, der Schuldner sie aber vorher bewirken kann (§ 271 Abs. 2 BGB). Ansprüche aus dem Steuerschuldverhältnis erlöschen nach § 47 AO durch Zahlung nur, wenn diese wirksam geleistet ist. Dies ergibt sich aus § 224 Abs. 2 AO, der den Leistungstag für die „wirksam geleistete Zahlung" bestimmt.

11.2 Erlöschen durch Zahlung (§§ 224 bis 225 AO)

Ist der Anspruch schon vorher anderweitig erloschen, z. B. durch Aufrechnung oder Verjährung, so ergibt sich ein Erstattungsanspruch aus § 37 Abs. 2 AO.

11.2.2 Leistungsort

Alle **Zahlungen an Finanzbehörden** sind an die zuständige Kasse zu entrichten (**§ 224 Abs. 1 AO**). Das gilt sowohl für Barzahlungen (vorbehaltlich Abs. 4) als auch für bargeldlose Zahlungen sowie für Zahlungen durch Dritte gemäß § 48 AO, z. B. Abzugsteuern, oder aufgrund Pfändung. Zahlungen, die diese Voraussetzung nicht erfüllen, sind nicht wirksam geleistet und führen daher nicht zum Erlöschen des Anspruchs.

„An die Kasse zu entrichten" stellt klar, dass Geldschulden aus dem Steuerschuldverhältnis stets Bring- oder Schickschulden sind. Der Steuerschuldner hat das Geld auf seine Gefahr und auf seine Kosten dem Steuergläubiger zu übermitteln (vgl. § 270 BGB), d. h., der geleistete Betrag muss bei der Kasse der zuständigen Behörde eingehen. Andernfalls ist die Zahlung nicht wirksam bzw. rechtzeitig geleistet (vgl. Ausführungen zu § 167 Abs. 2 AO unter Tz. 9.8.1).

Außerhalb des Kassenraums können Zahlungsmittel nur einem zur Annahme besonders **ermächtigten Amtsträger** übergeben werden (**§ 224 Abs. 1 Satz 2 AO**). Fehlt die Ermächtigung, so hat die Zahlung schuldbefreiende Wirkung erst mit Eingang bei der Kasse, sonst nicht. Diese Regelung hat vor allem Bedeutung im Vollstreckungsverfahren. Zur Abwendung einer Pfändung sind Zahlungen an den Vollziehungsbeamten zulässig, sofern dieser aufgrund einer besonderen Ermächtigung, d. h. aufgrund eines wirksamen **Vollstreckungsauftrags,** inkassobefugt ist (§ 285 Abs. 2, § 292 Abs. 1 AO). Darüber hinaus dient die Regelung des § 224 Abs. 1 Satz 2 AO den besonderen Belangen der Zollbehörde.

> **Beispiel:**
> Der Stpfl. S zahlt rückständige Steuern in Höhe von 20.000 € aufgrund Vollstreckungsauftrags an den Vollziehungsbeamten V und gleichzeitig per Scheck an V 30.000 € fällige LSt und USt. V unterschlägt die 50.000 €. Folge?
> Die Zahlung per Scheck hat keine schuldbefreiende Wirkung, da V hierfür nicht ermächtigt war im Sinne von § 224 Abs. 1 Satz 2, § 285 Abs. 2, § 292 AO. S muss den Betrag noch an das FA zahlen. Die Steuerrückstände von 20.000 € sind dagegen nach §§ 47, 224 Abs. 1 Satz 2 AO erloschen.

11.2.3 Tag der Zahlung

Der Tag der Zahlung ist für den Zeitpunkt maßgebend, zu dem der Steueranspruch erlischt. Daran ändert auch eine irrtümlich falsche Buchung des FA nichts. Der Zeitpunkt, zu dem eine wirksam geleistete Zahlung als entrichtet gilt, ist festgelegt in **§ 224 Abs. 2 AO**. Die Regelung ist wichtig für die Berechnung

11 Erhebungsverfahren

von Zinsen und Säumniszuschlägen. Maßgebend ist aufgrund der gesetzlichen Fiktion („gilt")

- nach **Nr. 1** der Tag des Eingangs bei Übergabe oder Übersendung von **Zahlungsmitteln** (Bargeld, Schecks; Hinweis auf § 240 Abs. 3 Satz 2 AO: keine Schonfrist);
- nach **Nr. 2** bei **Überweisungen** usw. der Tag der Gutschrift (= Verfügungsmacht). Auf die Wertstellung des Kreditinstituts kommt es nicht an. Bei Überweisungen muss der Stpfl. daher ausreichende Laufzeiten einkalkulieren;
- nach **Nr. 3** der Fälligkeitstag bei Vorliegen einer **Einzugsermächtigung,** sonst der Eingangstag der Lastschriftermächtigung beim FA, Verzögerungen des Einzugsverfahrens gehen somit nicht zulasten des Steuerschuldners. Das automatisierte Lastschrifteinzugsverfahren wird insbesondere angeboten bei der KraftSt, LSt- und USt-Voranmeldung sowie bei Ertragsteuern.

Der bargeldlose Zahlungsverkehr ist aus kassentechnischen Gründen der Regelfall, wie sich aus § 224 Abs. 3 und 4 AO ergibt. Zur Rationalisierung des Kassenwesens ist grundsätzlich die Kasse der Finanzbehörden für den Barzahlungsverkehr geschlossen und ein Kreditinstitut einzuschalten.

11.2.4 Reihenfolge der Tilgung

Die in **§ 225 AO** festgelegte Reihenfolge der Tilgung ist für das Erlöschen von Ansprüchen bedeutsam. Die Regelung kommt zur Anwendung, wenn eine Zahlung nicht zur Tilgung aller Steuerschulden ausreicht. Nach § 225 AO ist zu unterscheiden, ob der Steuerschuldner freiwillig zahlt oder ob die Zahlung im Verwaltungsweg erzwungen wird. Als freiwillig wird auch die Zahlung angesehen, die im Vollstreckungsverfahren zur Abwendung einer Pfändung geleistet wird.

Bei **freiwilliger Zahlung** bestimmt der Schuldner, welche Schuld getilgt wird (**§ 225 Abs. 1 AO).** Trifft der freiwillig Zahlende keine Bestimmung über die Verwendung der Teilzahlung, sind gemäß **§ 225 Abs. 2 AO** primär die Geldbußen zu tilgen (Geldstrafen wegen Steuerstraftaten kommen nicht in Betracht, weil von den Finanzbehörden nur Geldbußen festgesetzt und erhoben werden können). Sodann werden nacheinander Zwangsgelder, Steuerabzugsbeträge, übrige Steuern, Kosten, Verspätungszuschläge, Zinsen und Säumniszuschläge getilgt. Innerhalb dieser Reihenfolge sind die einzelnen Schulden nach ihrer Fälligkeit zu ordnen. Wenn Schulden gleichen Ranges zur gleichen Zeit fällig geworden sind, bestimmt die Finanzbehörde die Reihenfolge der Tilgung. Das gilt auch für Säumniszuschläge.

Wird eine **Teilzahlung im Verwaltungswege erzwungen,** so ist die Finanzbehörde nicht an eine festgelegte Reihenfolge gebunden. Sie bestimmt die Reihenfolge der Tilgung nach pflichtgemäßem Ermessen (**§ 225 Abs. 3 AO).**

11.3 Aufrechnung (§ 226 AO)

11.3.1 Rechtsgrundlagen

Aufrechnung ist die wechselseitige Tilgung von zwei sich gegenüberstehenden Forderungen durch eine einseitig herbeigeführte Verrechnung (**§§ 226, 47 AO**). Ihr Zweck ist die Sicherung des eigenen Anspruchs und die Vermeidung unwirtschaftlicher Einzelerfüllung. Mit (und gegen) Ansprüchen aus dem Steuerschuldverhältnis kann gegen (mit) alle schuldrechtlichen Ansprüche – sowohl öffentlich-rechtliche als auch zivilrechtliche, z. B. Kauf- oder Werkvertrag – aufgerechnet werden (vgl. AO-Kartei NRW § 226 Karte 801).

Die wechselseitige Tilgung der beiden Forderungen wird durch die **einseitige Erklärung** einer der Beteiligten herbeigeführt (§ 388 BGB). Eine besondere Form ist hierfür nicht vorgeschrieben. Schlüssige Handlungen reichen aus, z. B. Umbuchungsmitteilung (vgl. BFH, BStBl 1997 II S. 479; Bultmann, DStZ 1994 S. 174, für den Fall der Zusammenveranlagung von Ehegatten). Die Aufrechnungserklärung ist unwirksam, wenn sie unter einer Bedingung oder Zeitbestimmung abgegeben wird.

Für die Aufrechnung mit Ansprüchen aus dem Steuerschuldverhältnis sowie für die Aufrechnung gegen diese Ansprüche gelten nach **§ 226 Abs. 1 AO** die **Vorschriften des bürgerlichen Rechts (§§ 387 bis 396, 406 BGB) sinngemäß**, soweit nichts anderes bestimmt ist. **Aufrechnungsverbote** und ergänzende **Sonderregelungen** sind in § 226 Abs. 2 bis 4 AO aufgeführt: Abweichend von § 390 Satz 2 BGB kann mit steuerrechtlichen Ansprüchen nicht aufgerechnet werden, wenn sie durch Verjährung oder Ablauf einer Ausschlussfrist erloschen sind. Für die Aufrechnung durch den Steuerschuldner bestehen bestimmte Einschränkungen. Außerdem wird klargestellt, dass es für die Aufrechnung auch auf die Verwaltungshoheit ankommen kann. Die Aufrechnung mit **Kindergeld** ist in **§ 75 EStG** geregelt.

11.3.2 Voraussetzungen

Voraussetzung für eine wirksame Aufrechnung ist die **Aufrechnungslage** nach **§ 226 Abs. 1 AO, § 387 BGB**. § 387 BGB lautet: „Schulden zwei Personen einander Leistungen, die ihrem Gegenstand nach gleichartig sind, so kann jeder Teil seine Forderung gegen die Forderung des anderen Teils aufrechnen, sobald er die ihm gebührende Leistung fordern und die ihm obliegende Leistung bewirken kann." Danach müssen gegeben sein (vgl. AEAO zu § 226 Nr. 1):

- **Gegenseitigkeit** der einander gegenüberstehenden Forderungen
- **Gleichartigkeit** dieser Forderungen

11 Erhebungsverfahren

– **Erfüllbarkeit (Entstehung)** der Forderung, gegen die aufgerechnet werden soll **(Hauptforderung)**
– **Fälligkeit der Forderung,** mit der aufgerechnet werden soll **(Gegenforderung)**
– Für **Aufrechnungen durch Stpfl.** gilt zusätzlich § 226 Abs. 3 AO.

1. Gegenseitigkeit ist nach § 226 Abs. 1, 4 AO, § 387 BGB gegeben, wenn die Forderungen zwischen denselben Personen bestehen („wechselseitige Identität"). Der Schuldner der einen Forderung muss Gläubiger der anderen Forderung sein. Die Behörde kann deshalb gegen den Erstattungsanspruch des Stpfl. nur mit einer eigenen Forderung aufrechnen **(Personengleichheit),** nicht mit einer Gesellschaftsforderung, wenn er Gesellschafter einer OHG oder KG ist.

Beispiel:

Die X-KG schuldet dem FA 100.000 € USt. Dem Komplementär X steht gegen das FA ein ESt-Erstattungsanspruch von 30.000 € zu. Kann das FA wirksam aufrechnen?

Da Schuldner und Gläubiger des FA nicht identisch sind, fehlt die Gegenseitigkeit. Hinweis: Erst nach Erlass eines Haftungsbescheides gegen A wegen der USt-Rückstände (§ 191 AO, §§ 161, 128 HGB) und Fälligkeit der Haftungsschuld (§§ 219, 220 AO) kann das FA mit dem USt-Haftungsanspruch gegen den ESt-Erstattungsanspruch aufrechnen.

Die Behörde kann mit Ansprüchen gegen **Gesamtschuldner** im Sinne von § 44 AO gegen Ansprüche eines Gesamtschuldners aufrechnen, weil Gesamtschuldner nebeneinander dieselbe Leistung schulden, z. B. Steuerschuldner und Haftungsschuldner. Bei der Zusammenveranlagung von **Ehegatten** zur ESt steht ein etwaiger Erstattungsanspruch demjenigen Ehegatten zu, der die zu erstattende Steuer, z. B. LSt, an das FA gezahlt hat (vgl. § 37 Abs. 2 AO). Gegen diesen Anspruch kann daher das FA mit Steuerrückständen des anderen Ehegatten nicht aufrechnen, da Ehegatten getrennte Steuersubjekte bleiben und nicht Gesamtgläubiger sind (BFH, BStBl 1990 II S. 41 m. w. N.; vgl. Bultmann, DStZ 1994 S. 174; Ausführungen unter Tz. 4.2.3.1 mit Beispielen). Unzulässig ist die Aufrechnung des FA **nach Aufteilung** einer (Ehegatten-)Gesamtschuld (§§ 268 ff. AO) gegenüber dem einen Ehegatten, der einen eigenen Steuererstattungsanspruch (z. B. ESt, USt) oder einen Überzahlungsanspruch gemäß § 276 Abs. 6 Satz 2 AO gegen das FA hat und auf den kein Rückstand mehr entfällt (vgl. § 44 Abs. 2 Satz 4, § 269 Abs. 2 Satz 2, § 278 Abs. 1 AO; BFH, BStBl 1988 II S. 406; 1991 II S. 493). Hat das FA nach Antragstellung (§ 269 AO), aber vor Erlass des Aufteilungsbescheides aufgerechnet, so entfällt die mit der Aufrechnung verbundene Tilgung rückwirkend bei Aufteilung. Der Aufrechnungsbetrag ist als Zahlung nach § 276 Abs. 6 AO anzusehen und ggf. zu erstatten.

Die Gegenforderung des Stpfl. muss gegen die **Körperschaft** gerichtet sein, die Steuergläubiger ist (**§ 226 Abs. 1 AO, § 387 BGB, Art. 106 GG = Ertragshoheit**)

11.3 Aufrechnung (§ 226 AO)

oder die die Steuer verwaltet (**§ 226 Abs. 4 AO** ... „auch" ... = **Verwaltungshoheit** nach Art. 108 GG, § 17 Abs. 2 FVG). Hierdurch werden Schwierigkeiten hinsichtlich der Aufrechnungsmöglichkeit vermieden, wenn bei den aufzurechnenden Ansprüchen die ertragsberechtigten Körperschaften nicht identisch sind.

> **Beispiel:**
> Hinsichtlich der Gemeinschaftsteuern (ESt, KSt und USt) sind Bund und Länder nur in Höhe ihrer Anteile steuerberechtigt (Art. 106 Abs. 3 GG). Als Steuergläubiger gilt nach § 226 Abs. 4 AO für die Aufrechnung in vollem Umfang auch das Land, das die Steuer verwaltet (Art. 108 Abs. 2 GG, § 17 Abs. 2 FVG). Ein Steuerschuldner, der ErbSt bzw. GrESt (nach Art. 106 Abs. 2 GG Ländersteuern) schuldet, kann also mit einem Erstattungsanspruch auf ESt aufrechnen.

Hinsichtlich der Aufrechnung mit mehreren Forderungen ist ggf. eine Konkretisierung gemäß § 396 Abs. 1 BGB erforderlich (vgl. BFH, BStBl 1990 II S. 523).

Bei der Aufrechnung durch die Finanzbehörde oder den Stpfl. ist **395 BGB** („Kassenidentität") **nicht** zu beachten (vgl. BFH, BStBl 1989 II S. 949).

In den Fällen, in denen die für eine Aufrechnung erforderliche Gegenseitigkeit fehlt, lässt sich diese Voraussetzung durch **Abtretung** oder evtl. **Pfändung** herbeiführen (BFH, BStBl 1989 II S. 1004; AEAO zu § 226 Nr. 1 und 3). Als verwaltende Körperschaft im Sinne von § 226 Abs. 4 AO ist in solchem Fall der Empfänger des abgetretenen Anspruchs zu betrachten. Die Aufrechnung gegen abgetretene Ansprüche mit Forderungen an den Altgläubiger ist unter den Voraussetzungen des **§ 406 BGB** möglich. Nach dem Zweck dieser Vorschrift soll die Rechtslage des Schuldners durch die Abtretung grundsätzlich nicht verschlechtert werden (vgl. BFH, BStBl 1990 II S. 352, 523; 2005 II S. 7).

> **Beispiel:**
> S schuldet dem FA 10.000 € USt 07, fällig am 1. 9. 08. Aufgrund des nach § 10 d EStG geänderten ESt-Bescheides 06 vom 1. 10. 08 (zur Post) hat S einen Erstattungsanspruch von 12.000 €, den er am 15. 9. 08 (Eingang der Abtretungsanzeige nach § 46 Abs. 3 AO) an seinen Gläubiger (G-Bank) abgetreten hatte. Kann das FA aufrechnen?
> Die USt-Forderung 07 ist spätestens mit Ablauf 07 entstanden (§§ 13, 18 UStG) und somit vom FA vor Kenntnis von der Abtretung erworben worden (§ 406 1. Alternative BGB). Die USt 07 war fällig am 1. 9. 08, also vor Kenntnis von der Abtretung am 15. 9. 08 (§ 406 2. Alternative BGB). Die Aufrechnung ist daher in Höhe von 10.000 € zulässig. Aufrechnungsgegner ist die G-Bank als Abtretungsempfänger. Dem S ist eine Abschrift der Aufrechnungserklärung vom FA zu übersenden.

2. Gleichartigkeit der Forderungen ist im Steuerrecht regelmäßig gegeben, da Haupt- und Gegenforderung sich auf **Geldansprüche** beziehen. Die Rechtsgrundlagen der Forderungen sind ohne Bedeutung.

3. Erfüllbarkeit, d. h. **Entstehung der Hauptforderung,** ist erforderlich (§ 387 BGB: „... sobald der aufrechnende Schuldner die ihm obliegende Leistung bewirken kann"). Die Hauptforderung (= Schuld oder **„Passivforderung"**) steht dem Empfänger der Aufrechnungserklärung gegen den Aufrechnenden zu. Das Entstehen der Ansprüche richtet sich nach § 38 AO i.V. m. den Einzelsteuergesetzen. Haftungsansprüche des FA entstehen, wenn die gesetzlichen Voraussetzungen des jeweiligen Haftungstatbestandes erfüllt sind (vgl. § 191 Abs. 3 Satz 3 AO; BFH, BStBl 1997 II S. 171). Für das Aufrechnungsrecht des Steuerschuldners kommt es demgemäß nur darauf an, ob der Gegenanspruch des FA bereits entstanden ist, gegen den er aufrechnen will. Unerheblich ist es, ob der Gegenanspruch des FA, gegen den der Steuerschuldner aufrechnet, bereits festgesetzt oder fällig ist.

Beispiel:

A hat am 10. 6. 02 die ESt-Vorauszahlung von 900 € zu leisten. Er erklärt dem FA am 20. 5. 02, dass er gegen den Vorauszahlungsanspruch mit einem fälligen Anspruch auf Erstattung der ESt 01 in gleicher Höhe aufrechne. Wirksam?

Die Aufrechnung gegen den Vorauszahlungsanspruch (Hauptforderung) ist zulässig, obwohl dieser Anspruch am 20. 5. noch nicht fällig ist. Es genügt, dass die Hauptforderung rechtswirksam besteht. Der Vorauszahlungsanspruch ist am 1. 4. entstanden (§ 37 Abs. 1 Satz 2 EStG).

4. Fälligkeit der Gegenforderung muss gegeben sein. Gegenforderung ist die Forderung, mit der der Schuldner aufrechnet (= **„Aktivforderung"** des Aufrechnenden). Die Gegenforderung wird in § 226 Abs. 3 AO als Gegenanspruch bezeichnet. Die vor Fälligkeit erklärte Aufrechnung ist unwirksam (vgl. FG Rheinland-Pfalz, EFG 1985 S. 50 für Bekanntgabemangel des Steuerbescheides).

Beispiele:

Das FA könnte bei dem Sachverhalt des vorigen Beispiels am 20. 5. die Aufrechnung nicht wirksam erklären, da die ESt-Vorauszahlung als Gegenforderung noch nicht fällig ist (§ 220 Abs. 1 AO, § 37 Abs. 1 Satz 1 EStG).

Soweit in der – ländereinheitlichen – FA-Praxis eine **maschinelle Verrechnung** von Steuerguthaben mit – höchstens einen Monat – später fällig werdenden Steuern aus Vereinfachungsgründen durch „Abrechnungsmitteilung" erfolgt, ist diese als Aufrechnung vor Fälligkeit der Gegenforderung unwirksam und rechtlich nur als ein „Verrechnungsangebot" des FA an den Stpfl. zu werten (vgl. Tz. 11.3.5; AEAO zu § 226 Nr. 5). Bei Streitigkeiten hierüber ist ein Abrechnungsbescheid nach § 218 Abs. 2 AO zu erteilen. Da aber die Gegenforderung inzwischen regelmäßig fällig wurde, ist nunmehr eine Aufrechnung zulässig geworden. Erwachsen dem Stpfl. wegen dieser Streitsache Beratungskosten oder Zinsnachteile gemäß § 233 a AO, hat das FA diese aus Amtshaftung nach § 839 BGB, Art. 34 GG zu ersetzen.

Für Anmeldesteuern mit Erstattungsbeträgen (§ 168 Satz 2 AO) ergeben sich Billigkeitsregelungen aus dem AEAO zu § 226 Nr. 2.

Hatte die Finanzbehörde die **Steuer gestundet** (§ 222 AO), muss vor oder gleichzeitig mit der Erklärung der Aufrechnung die Stundung zurückgenommen oder widerrufen werden (§§ 130, 131 AO). Vorher ist die Aufrechnung unwirksam.

11.3 Aufrechnung (§ 226 AO)

In der Aufrechnungserklärung selbst ist ein Widerruf der Maßnahme nicht zu erblicken (BFH, BStBl 1973 II S. 513). Dasselbe gilt für die **Aussetzung der Vollziehung** (§ 361 AO, § 69 FGO), da die Aufrechnung eine – unzulässige – Vollziehung des zugrunde liegenden Bescheides darstellen würde (BFH, BStBl 2001 II S. 247; AEAO zu § 226 Nr. 1). Dagegen hindert **Vollstreckungsaufschub** (§ 258 AO) die Aufrechnung nicht, weil durch diese Maßnahmen die Fälligkeit nicht hinausgeschoben wird (vgl. AEAO zu § 240 Nr. 7).

Bei einer **Mehrheit von Ansprüchen** hat der Aufrechnende ein freies Bestimmungsrecht über die zur Aufrechnung zu stellenden Ansprüche, d. h., er muss keine bestimmte Tilgungsreihenfolge im Sinne von § 225 Abs. 2 AO beachten; es gilt § 226 Abs. 1 AO i. V. m. § 396 Abs. 1, § 366 Abs. 2 BGB (vgl. BFH, BStBl 1988 II S. 117; 1990 II S. 523/525).

11.3.3 Sonderregelung für Steuerschuldner

Der Steuerschuldner kann nur mit unbestrittenen oder rechtskräftig festgestellten Gegenansprüchen aufrechnen (**§ 226 Abs. 3 AO**). Zweck dieser einschränkenden Regelung ist, den Steuergläubiger nicht der Gefahr auszusetzen, dass das Aufkommen an öffentlichen Einnahmen durch die Geltendmachung nicht hinreichend feststehender Gegenforderungen beeinträchtigt wird. Auch sollen Schwierigkeiten vermieden werden, die sich dann ergeben können, wenn die Gegenforderung des Steuerschuldners sich gegen andere Behörden als die Finanzverwaltung richtet. In diesem Fall ist es Sache des Steuerschuldners darzulegen, dass seine Forderung entweder rechtskräftig festgestellt oder unbestritten ist (BFH, BStBl 1979 II S. 690). **Unbestritten** ist eine Forderung dann, wenn gegen Bestand und Fälligkeit keine sachlichen Einwendungen erhoben werden. **Rechtskräftig festgestellt** ist die Forderung, wenn ein unanfechtbares Urteil oder ein unanfechtbarer Verwaltungsakt vorliegt.

Der Stpfl. kann gegen alle Ansprüche aus dem Steuerschuldverhältnis aufrechnen. Dazu gehören nach § 37 AO u. a. die Ansprüche auf steuerliche Nebenleistungen, z. B. Verspätungszuschläge. Die Ansprüche auf Geldstrafen oder -bußen gehören nicht zu diesen Ansprüchen.

11.3.4 Wirkung der Aufrechnung

Durch die Aufrechnungserklärung erlöschen nach **§ 226 Abs. 1 AO, § 389 BGB** rückwirkend die Forderungen, die sich aufrechenbar gegenüberstehen (**Aufrechnungslage**). § 389 BGB lautet: „Die Aufrechnung bewirkt, dass die Forderungen, soweit sie sich decken, als in dem Zeitpunkt erloschen gelten, in welchem sie zur Aufrechnung geeignet einander gegenübergetreten sind." Für den Zeitpunkt des Erlöschens ist demnach nicht die Abgabe der Aufrechnungserklärung maßgebend, sondern der Zeitpunkt der Aufrechnungslage. Hierdurch können sich Auswirkungen auf – zunächst entstandene – Säumniszuschläge und Zinsen ergeben.

Einschränkungen für die Rückwirkung der Aufrechnung ergeben sich aus **§ 240 Abs. 1 Satz 5 AO** und **§ 238 Abs. 1 Satz 3 AO**. Danach wirkt die Aufrechnung für die Berechnung von Säumniszuschlägen und Zinsen nicht über den **Zeitpunkt der Fälligkeit der Schuld** des Aufrechnenden zurück (vgl. AEAO zu § 226 Nr. 2; BFH, BStBl 2000 II S. 246).

Beispiel:

U reichte die USt-Voranmeldung Mai 01 über 30.000 € am 10. 6. 01 beim FA ein ohne zu zahlen. Der ESt-Bescheid 00 mit 32.000 € Erstattung ging dem U am 21. 9. 01 zu. Das FA rechnete gleichzeitig die ESt-Erstattung mit der USt und den angefallenen Säumniszuschlägen auf und erstattete den Restbetrag. Rechtslage?

1. Die **Aufrechnungsvoraussetzungen** nach § 226 AO sind gegeben. Es bestanden gegenseitige und gleichartige Ansprüche der Beteiligten. Die USt war als Gegenforderung fällig am 10. 6. 01 (§ 18 Abs. 1 UStG) und die ESt als Hauptschuld des FA mit Ablauf 31. 12. 00 entstanden (§ 36 Abs. 1 EStG). Die **Aufrechnungslage** bestand somit am 10. 6. 01.

2. Nach § 240 Abs. 1 Satz 1 AO waren **Säumniszuschläge zur USt** ab 11. 6. 01 entstanden. Sie betragen bis zur Erklärung der Aufrechnung 4 v. H. von 30.000 € = 1.200 €. Nach § **240 Abs. 1 Satz 5 AO** wirkt für die **Berechnung der Säumniszuschläge** dagegen die Aufrechnung nicht über den **Zeitpunkt der Fälligkeit der Schuld** des Aufrechnenden zurück. Die ESt-Schuld war fällig mit Bekanntgabe des Bescheides am 21. 9. 01 (§ 220 AO, § 36 Abs. 4 EStG). Es sind somit die Säumniszuschläge zur USt von 1.200 € für die Zeit vor Fälligkeit der ESt bestehen geblieben. (**Hinweis:** U hätte besser im Hinblick auf die künftige ESt-Erstattung die zinslose Verrechnungsstundung der USt nach §§ 222, 234 Abs. 2 AO beantragt.)

11.3.5 Abgrenzung zum Verrechnungsvertrag

Von der **Aufrechnung,** bei der nach § 388 BGB die Verrechnung durch eine **einseitige Willenserklärung** herbeigeführt wird, ist die Verrechnungsvereinbarung als obligatorischer oder dinglicher Vertrag zu unterscheiden (s. u.). Ein **Verrechnungsvertrag** liegt vor, wenn die Finanzbehörde ein Verrechnungsangebot macht und der Steuerschuldner dies Angebot annimmt bzw. umgekehrt (vgl. BFH, BStBl 1986 II S. 506; FA-Vordruck „Verrechnungsantrag"). Es müssen also beide Partner mit der Verrechnung ausdrücklich oder konkludent einverstanden sein. Schweigen stellt keine Annahmeerklärung dar.

Beispiel:

Der Komplementär K der X-KG erklärt gleichzeitig mit der USt-Voranmeldung der KG die Verrechnung deren USt-Vergütungsanspruchs mit seiner ESt-Schuld. Das FA nimmt dieses Angebot (ggf. stillschweigend) unter der auflösenden Bedingung an, dass das errechnete USt-Guthaben durch die Festsetzung der USt-Jahresschuld bestätigt wird (vgl. BFH, BStBl 1987 II S. 8).

Ein Verrechnungsvertrag kommt in Betracht, wenn die Aufrechnungslage nicht gegeben ist. Der Abschluss eines derartigen Vertrages ist zulässig, auch wenn die Voraussetzungen für eine Aufrechnung nicht erfüllt sind, weil die Steuerforderung noch nicht fällig ist oder sich die Steuerforderung und der Gegenanspruch des Steuerschuldners aus anderen Gründen nicht aufrechenbar gegenüberstehen (vgl. BFH, BStBl 2000 II S. 246/250 m. w. N.; AEAO zu § 226 Nr. 5). Der Abschluss des obligatorischen Verrechnungsvertrages hat noch keine schuldtilgende Wirkung, sondern stellt nur die Aufrechnungslage her, während beim dinglichen (= verfügenden) Vertrag die Schulden getilgt werden (vgl. BFH, BStBl 1985 II S. 278).

11.3.6 Verfahren

Die – schriftliche, elektronische oder mündliche – **Aufrechnungserklärung des Stpfl.** wird wirksam mit Zugang bei der Finanzbehörde (§ 226 Abs. 1 AO, § 130 BGB, § 87 a Abs. 1 und 3 AO). Hält die Finanzbehörde die Aufrechnung nicht oder nicht in vollem Umfang für zulässig, ist dem Stpfl. ein **Abrechnungsbescheid** gemäß **§ 218 Abs. 2 AO** zu erteilen, gegen den Einspruch nach § 347 Abs. 1 Satz 1 Nr. 1 AO gegeben ist, sodann Anfechtungsklage nach § 40 FGO.

Rechnet die **Finanzbehörde** mit **Ansprüchen aus dem Steuerschuldverhältnis** auf, so ist diese Aufrechnungserklärung **kein Verwaltungsakt,** sondern eine „**verwaltungsrechtliche" Willenserklärung** (vgl. BFH, BStBl 1996 II S. 55; 1997 II S. 479 m. w. N.). Die behördliche Aufrechnungserklärung ist zwar Verwaltungshandeln, es fehlt ihr aber der Regelungscharakter. Für sämtliche Aufrechnungsfälle mit und gegen Ansprüche aus dem Steuerschuldverhältnis wird nach § 226 Abs. 1 AO auf das Zivilrecht verwiesen. Daraus folgt, dass die Aufrechnung durch die Behörde – innerhalb und außerhalb bestehender Schuldverhältnisse – und die Aufrechnung durch den Stpfl. hinsichtlich ihrer Voraussetzungen, Rechtsformen und Rechtsfolgen gleich zu beurteilen sind, soweit nichts Gegenteiliges geregelt ist. Die Regelungsfolge der behördlichen Aufrechnungserklärung, z. B. Umbuchungsmitteilungen oder Steuerverrechnungen im Abrechnungsteil, bewirkt das Erlöschen nach Maßgabe der §§ 226, 47 AO, §§ 387 ff. BGB, d. h., **die Aufrechnung durch die Behörde ist nicht wirksam, wenn die Aufrechnungsvoraussetzungen nicht vorgelegen haben** (vgl. BFH, BStBl 1987 II S. 536; 1988 II S. 366).

Über die Wirksamkeit der Aufrechnung ist bei Streit zwischen den Beteiligten durch **Abrechnungsbescheid** nach **§ 218 Abs. 2 AO** zu entscheiden (s. o.). Als vorläufiger Rechtsschutz kommt ggf. eine **AdV** nach **§ 361 AO** in Betracht, da der Abrechnungsbescheid im Hinblick auf den geminderten Erstattungsanspruch ein vollziehbarer Verwaltungsakt ist (vgl. BFH, BFH/NV 1997 S. 547; Friedl, DStR 1991 S. 1005; AEAO zu § 361 Nr. 2.3.1).

Beispiel:

Am 30. 10. 13 schildert der M folgenden Sachverhalt mit der Bitte um Rechtsrat: Seine vierteljährlichen ESt-Vorauszahlungen für 13 betragen 5. 000 €. Am 13. 9. 13 habe ihm das FA den USt-Bescheid 11 mit einem Erstattungsanspruch von 7.000 € bekannt gegeben, den er gegen die ESt III/13 verrechnen und den Rest sich auszahlen lassen wollte. Aber bereits vorher habe ihm das FA mit Schreiben vom 19. 9. 13 mitgeteilt, dass das USt-Guthaben in voller Höhe mit USt-Rückständen Juli 13 seiner Ehefrau F verrechnet werde. Mit Telefonat vom 25. 9. 13 habe er die Aufrechnung zurückgewiesen und dem FA mitgeteilt, er rechne seinerseits auf und verlange Auszahlung der 2.000 €. Dies habe das FA mit Bescheid vom 10. 10. 13 abgelehnt und auf Zahlung der ESt III/13 nebst 1 v. H. Säumniszuschlägen bestanden.

1. Die **Aufrechnung** durch das **FA** ist **nicht wirksam,** da die Voraussetzungen des § 226 AO i. V. m. §§ 387, 389 BGB nicht gegeben waren mangels Gegenseitigkeit von Haupt- und Gegenforderung (F war USt-Schuldnerin und nicht M). Damit sind die Ansprüche nicht nach § 47 AO erloschen.

2. M hat wirksam aufgerechnet: **Gegenseitigkeit** von ESt und USt des M sind gegeben nach § 226 Abs. 4 AO. Die **USt-Gegenforderung** des M war **fällig** mit Bekanntgabe am 13. 9. 13 (§ 220 Abs. 2 Satz 2 AO) und **unbestritten** (§ 226 Abs. 3 AO). Die **Hauptforderung** ESt III/13 war entstanden (= erfüllbar) am 1. 7. 13 (§ 37 Abs. 1 EStG). Danach bestand am 13. 9. 13 die **Aufrechnungslage** und führte durch die wirksame Erklärung des M zum Erlöschen der Ansprüche am 13. 9. 13 (§ 47 AO; vgl. AEAO zu § 226 Nr. 2 AO).

3. Gegen den **Abrechnungsbescheid** vom 10. 10. 13 kann M Einspruch einlegen (§ 218 Abs. 2, § 347 Abs. 1 Nr. 1 AO). Die Frist endet mit dem 13. 11. 13 (§§ 355, 122 AO) vorbehaltlich § 356 Abs. 2 AO. Zusätzlich ist ein **AdV-Antrag** beim FA nach § 361 AO zu stellen.

4. **Säumniszuschläge** nach § 240 AO sind nicht zu erheben. Zwar ist die ESt III/13 erst am 13. 9. 13, also nach Fälligkeit (10. 9. 13), erloschen, aber noch innerhalb der Schonfrist des § 240 Abs. 3 AO.

Rechnet die **Finanzbehörde** dagegen **mit einer privatrechtlichen Forderung** auf, z. B. aufgrund Pfändung gegenüber dem Drittschuldner oder aus Gewährleistung, dann geschieht dies durch eine „privatrechtliche" **Willenserklärung.** Diese Unterscheidung, ob die Aufrechnungserklärung eine „verwaltungsrechtliche" oder eine „privatrechtliche" Willenserklärung ist, hat Bedeutung für die Rechtswegzuweisung: Finanzrechtsweg oder ordentliches Gericht.

Für die **Aufrechnung im Insolvenzverfahren** des Stpfl. sind die speziellen Vorschriften der **§§ 94 ff. InsO** zu beachten (vgl. dazu Obermair, BB 2004 S. 2610).

11.4 Zahlungserlass (§ 227 AO)

Durch den Zahlungserlass erlischt der konkretisierte Anspruch aus dem Steuerschuldverhältnis (**§§ 47, 227 AO**). Hiervon zu unterscheiden ist der Erlass im Festsetzungsverfahren nach § **163 AO** (siehe unter Tz. 8.5). Der Erlass der

11.4 Zahlungserlass (§ 227 AO)

Steuerschuld im Erhebungsverfahren kommt nur in Ausnahmefällen in Betracht. Grundsätzlich muss der bestehende Anspruch erfüllt werden. Die Einziehung der Steuer muss unbillig sein. In diesem Fall wird durch den Erlass die Einzelfallgerechtigkeit hergestellt. Ein vorläufiger Steuererlass ist nicht möglich, weil er auf einen Erlass unter Widerrufsvorbehalt hinausliefe; denn mit dem Wirksamwerden des Erlasses erlischt die Schuld. **Vorrangige Spezialregelungen** bestehen für einen **Zinserlass** in **§ 234 Abs. 2** und **§ 237 Abs. 4 AO**.

11.4.1 Voraussetzungen

Der Anspruch kann erlassen werden, wenn seine **Einziehung** nach Lage des Einzelfalles **unbillig** wäre (**§ 227 AO**). Unbillig ist, was dem Rechtsempfinden nicht genügt, d. h. mit ihm unvereinbar ist. Die Unbilligkeit kann sich aus den persönlichen Verhältnissen des Schuldners oder auch aus sachlichen Gründen ergeben:

- **Persönliche Unbilligkeit**

Diese liegt vor, wenn die Steuererhebung die wirtschaftliche oder persönliche Existenz des Stpfl. vernichten oder ernstlich gefährden würde. Der Erlass aus persönlichen Billigkeitsgründen setzt voraus, dass der Schuldner erlassbedürftig und erlasswürdig ist (vgl. BFH, BFH/NV 1994 S. 606).

Erlassbedürftigkeit ist gegeben, wenn bei einer Versagung des Erlasses die wirtschaftliche Existenz des Schuldners gefährdet würde. Der notwendige Lebensunterhalt des Schuldners und der mit ihm in Hausgemeinschaft lebenden Personen und die Fortführung seiner Erwerbstätigkeit müssen gesichert sein, damit sie nicht der Sozialhilfe zur Last fallen und die Möglichkeit zur Altersvorsorge besteht. **Gefährdung des notwendigen Lebensunterhalts** liegt vor, wenn ausreichende Mittel für Nahrung, Kleidung, Wohnung und ärztliche Behandlung nicht zur Verfügung stehen. Nach Lage des Falles können auch Aufwendungen für notwendigen Hausrat und sonst erforderliche Gegenstände des täglichen Lebens, für Ausbildung und Altersversorgung zum lebensnotwendigen Unterhalt gehören, z. B. Abschluss einer Rentenversicherung gegen Einmalprämie bei einem über 65-Jährigen (vgl. BFH, BStBl 1987 II S. 612). Die Mittel müssen für den Schuldner selbst und die mit ihm in Haushaltsgemeinschaft lebenden Personen ausreichen. Dem Schuldner muss eine seiner Berufstätigkeit und seiner Verschuldung angemessene, aber bescheidene Lebens- und Haushaltsführung möglich sein (vgl. § 811 ZPO). Ein Schuldner mit erheblichen Rückständen hat Beschränkungen und Unbequemlichkeiten auf sich nehmen. Es ist ihm zuzumuten, die darüber hinaus zur Verfügung stehenden Mittel zur Tilgung der Schulden zu verwenden. Alten oder nicht erwerbstätigen Schuldnern kann durch einen Erlass entgegengekommen werden, wenn sie die Schuld nur unter Verwertung von Vermögensgegenständen tilgen könnten, die zur Sicherung des Lebensabends bestimmt sind und nicht über ein bescheidenes Maß hinausgehen, z. B. kleiner Hausbesitz, geringe Ersparnisse (vgl. BFH, BStBl 1987 II S. 612 m. w. N.).

Gefährdung der Fortführung bzw. **Aufnahme der Erwerbstätigkeit** ist ein weiterer persönlicher Grund für einen Erlass aus Billigkeitsgründen. Erwerbstätigkeit ist jede unternehmerische Tätigkeit im Sinne des USt-Rechts. Die Aufgabe oder der Verzicht auf Erwerbstätigkeit kann dem Schuldner im Allgemeinen nicht zugemutet werden. Lässt sich allerdings der Zusammenbruch eines Unternehmens nicht mehr aufhalten oder will der Schuldner die Erwerbstätigkeit auf jeden Fall aufgeben, so ist die Einziehung der Steuer für die Gefährdung der Erwerbstätigkeit nicht ursächlich. In solchen Fällen würde ein Erlass vor allem den anderen Gläubigern zugute kommen. Eine Billigkeitsmaßnahme kann dann allenfalls zur Sicherung des notwendigen Lebensunterhalts des Schuldners angebracht sein. Durch die Einziehung der Ansprüche muss die Fortsetzung der Erwerbstätigkeit bzw. deren Aufnahme gefährdet sein. Das ist etwa der Fall, wenn die Durchsetzung der Ansprüche wegen eines Vollstreckungsschutzes ausgeschlossen ist, die Steuerrückstände aber den Stpfl. daran hindern, eine neue Erwerbstätigkeit zu beginnen und sich so eine eigene, von Sozialhilfeleistungen unabhängige wirtschaftliche Existenz aufzubauen (BFH, BStBl 2002 II S. 176). Ein zeitnaher **Liquidationsstatus** ist zum Nachweis anzufordern, dass dem Schuldner bare oder leicht verwertbare Mittel nicht zur Verfügung stehen. Ein **Vermögensstatus** ist aufzustellen, in dem das Betriebs- und Privatvermögen mit den Verkehrswerten ausgewiesen wird. Ein Erlass ist nicht gerechtfertigt, wenn der Schuldner Vermögensstücke besitzt, deren Verwertung zumutbar ist. Die Umsatz- und Gewinnentwicklung der letzten Jahre sowie die Entwicklung des Betriebsvermögens sind festzustellen. Schließlich sind die Gewinnaussichten zu beurteilen, wofür die bisherige Entwicklung des Betriebs, seine besonderen Verhältnisse und die allgemeine Marktlage und Marktentwicklung von Bedeutung sind. Ein hinreichender Grund zu einem Erlass besteht dann nicht, wenn die Prüfung ergibt, dass dem Schuldner bereits durch eine **Stundung** (§ 222 AO) oder **Vollstreckungsaufschub** (§ 258 AO) geholfen werden kann. Ein Erlass kommt nur dann in Betracht, wenn nicht zu erwarten ist, dass bereits bei einer dieser Maßnahmen die wirtschaftliche Lage des Schuldners sich bessern wird. Schließlich kann auch das Verhalten anderer Gläubiger Rückschlüsse zulassen, ob eine wirtschaftliche Notlage besteht. Gewähren die privaten Gläubiger Forderungserlass in erheblichem Umfang, so kann dies ein Anzeichen für die Existenzgefährdung des Schuldners sein.

Beispiele:

1. Gegen den 78-jährigen S bestehen seit Jahren Steuerforderungen von 80.000 €. Der S erhält für sich und seine 80-jährige Ehefrau eine Rente von monatlich 1.000 €. Außer einem bescheidenen Einfamilienhaus, in dem das Ehepaar wohnt, hat S kein Vermögen. Wie sind die Aussichten für einen Erlass zu beurteilen?

11.4 Zahlungserlass (§ 227 AO)

Ein Erlass nach § 227 AO wegen Gefährdung des notwendigen Lebensunterhalts kann gerechtfertigt sein, wenn das Hausgrundstück bereits erheblich belastet ist. Eine Veräußerung des Grundstücks wird dem S nicht zugemutet werden können.

2. S, Inhaber eines kleinen Familienunternehmens, ist infolge eines ungünstigen Vertragsabschlusses in ernste Zahlungsschwierigkeiten gekommen. Er hat Steuerrückstände von 220.000 € und 3 Mio. € Lieferantenschulden. Die Privatgläubiger wollen S 50 v. H. ihrer Forderungen erlassen und den Rest langfristig stunden, damit der Betrieb lebensfähig ist. Sie gehen dabei von der Voraussetzung aus, dass auch das FA dem S mindestens in gleicher Weise entgegenkommt. Aussichten?

Ein Erlass oder Teilerlass der Steuerrückstände nach § 227 AO kommt unter diesen Umständen ebenfalls in Betracht. Die Fortführung des Betriebs ist ohne diese Billigkeitsmaßnahme gefährdet.

Erlasswürdigkeit setzt voraus, dass der Schuldner durch sein Verhalten nicht gegen die Interessen der Allgemeinheit verstoßen und die mangelnde Leistungsfähigkeit nicht selbst herbeigeführt hat (vgl. BFH, BFH/NV 1990 S. 137; 1994 S. 606). Der Schuldner ist insbesondere erlassunwürdig, wenn er Vermögen verschenkt hat oder seinen steuerlichen Verpflichtungen vorsätzlich oder grob fahrlässig nicht nachgekommen ist (vgl. §§ 370, 378 AO). Die Erlasswürdigkeit ist allerdings nicht wegen jeder vorangegangenen Pflichtverletzung zu verneinen. Es sind dabei alle Umstände des Einzelfalles zu berücksichtigen.

Beispiel:

Der S beantragt den Erlass von 60.000 € Steuern, die sich durch eine Ap ergeben haben. Nach den Feststellungen der Ap hat S seiner Tochter in den Vorjahren 200. 000 € geschenkt. Wegen Steuerhinterziehung ist S im Zuge eines durch die Ap ausgelösten Strafverfahrens zu 10.000 € Geldstrafe verurteilt worden.

S ist nicht erlasswürdig. Nach seinem Gesamtverhalten ist es nicht vertretbar, ihm zulasten der Allgemeinheit einen Erlass zu gewähren. Er musste mit diesen Nachsteuern rechnen. Wenn er seiner Tochter dennoch hohe Geldbeträge zur Verfügung gestellt hat, so hat er seine Zahlungsunfähigkeit durch sein eigenes Verschulden herbeigeführt.

- **Sachliche Billigkeitsgründe**

Diese sind gegeben, wenn die rechtliche Aussage des Steuergesetzes über den mit ihm verfolgten Zweck und seine Wertungen hinausgeht („Überhang des gesetzlichen Tatbestandes" und **„Übermaßverbot"**; vgl. BFH, BStBl 2004 II S. 343, 370, 373 bzgl. USt). Die Voraussetzungen für einen Erlass aus sachlichen Billigkeitsgründen liegen nur selten vor. Demnach können Umstände, die dem Besteuerungszweck entsprechen oder die der Gesetzgeber bei der Ausgestaltung eines Tatbestandes bewusst in Kauf genommen hat, einen Erlass aus sachlichen Billigkeitsgründen nicht rechtfertigen. Sachliche Billigkeitsgründe sind dagegen anzuerkennen, soweit nach dem erklärten oder mutmaßlichen Willen des Gesetzgebers angenommen werden kann, dass der Gesetzgeber die im Billigkeitswege zu entscheidende Frage – hätte er sie geregelt – im Sinne des begehrten Erlasses entschieden haben würde. Um einen sachlichen Billigkeitsgrund handelt es sich, wenn bei einer Änderung der Rechtsprechung oder Verwaltungsübung die Finanzverwaltung eine **Übergangs- oder Anpassungsregelung** trifft, die die betroffenen Stpfl. durch einen Erlass vor unbilligen Härten bewahrt. **Säumniszuschläge** sind aus sachlichen Gründen regelmäßig zur Hälfte bzw. ganz zu erlassen, wenn der Schuldner überschuldet und nur beschränkt zahlungsunfähig ist, da eine Erhebung mit dem Sinn und Zweck des § 240 AO nicht vereinbar ist (vgl. AEAO zu § 240 Nr. 5; BFH, BStBl 2002 II S. 176).

Die **sachliche Überprüfung unanfechtbarer Bescheide** kann grundsätzlich **nicht** im Wege des Erlassverfahrens nach § 227 AO erfolgen. Eine sachliche Unbilligkeit ist nicht deshalb gegeben, weil ein unanfechtbarer Steuerbescheid unrichtig ist, z. B. **Schätzungsbescheid.** Der Schuldner muss die unrichtige Entscheidung rechtzeitig mit Rechtsbehelf angreifen. Eine andere Beurteilung ist nur gerechtfertigt, wenn ganz besondere Umstände zusammentreffen und insbesondere durch das Verhalten der Verwaltung der Grundsatz von **Treu und Glauben** verletzt ist (BFH, BStBl 1987 II S. 612). Ausnahmsweise können unanfechtbar festgesetzte Steuern im Billigkeitswege dann sachlich überprüft werden, wenn die Festsetzung „offensichtlich und eindeutig" falsch ist und wenn es dem Stpfl. nicht möglich und nicht zumutbar war, sich gegen die Fehlerhaftigkeit rechtzeitig zu wehren (vgl. BFH, BStBl 1993 II S. 3; BFH/NV 2004 S. 1505 m. w. N.). Beruht der fehlerhafte Bescheid auf fehlenden oder unzureichenden Angaben des Pflichtigen, ist eine sachliche Überprüfung im Billigkeitsverfahren in der Regel ausgeschlossen (BFH, BFH/NV 2004 S. 1505). Die Frage, ob ein Steuerbescheid „offensichtlich falsch" war, ist nach der zur Zeit des Erlasses des Steuerbescheides herrschenden Rechtslage zu beurteilen. Eine Änderung der Rechtsprechung rechtfertigt nicht, einen bestandskräftigen Bescheid im Erlasswege zu korrigieren (BFH, BStBl 1988 II S. 512).

11.4.2 Bedeutung der Steuerart

Für die Entscheidung, ob im Einzelfall ein Erlass gerechtfertigt ist, ist die Steuerart von Bedeutung. Bei der **USt,** die regelmäßig von dem Steuerschuldner auf den Abnehmer abgewälzt werden kann, wie überhaupt bei den indirekten Steuern, ist für eine Berücksichtigung der persönlichen Verhältnisse wenig Raum (BFH, BStBl 1975 II S. 727). USt-Schulden aus berichtigter Vorsteuer gemäß § 17 Abs. 2 UStG können im Einzelfall aus wirtschaftlichen Billigkeitsgründen erlassen werden (BMF, BStBl 1986 I S. 390).

Die **LSt,** die der Arbeitgeber einbehalten hat, muss er nach § 41a Abs. 1 EStG abführen. Ein Erlass kommt allgemein nicht in Betracht, weil der Arbeitgeber über diese Beträge nur als Treuhänder verfügt (vgl. § 222 Satz 3 und 4 AO).

11.4 Zahlungserlass (§ 227 AO)

Bei der **GrESt** wird ein Erlass selten gerechtfertigt sein. Diese Verpflichtung muss von den Beteiligten bei der Preisgestaltung ebenso in Rechnung gestellt werden wie z. B. die Gerichts- und Notariatsgebühren (BFH, BStBl 1972 II S. 649). Persönliche Billigkeitsgründe scheiden deshalb im Allgemeinen aus. Unter Umständen kann ein Erlass aus sachlichen Billigkeitsgründen in Betracht kommen (BFH, BStBl 1977 II S. 807).

Bei der **GewSt** ist entscheidend, dass sie als abwälzbare Objektsteuer ausgestaltet ist. Daher kommt ein Erlass durch die Gemeinde regelmäßig nur wegen sachlicher Unbilligkeit in Betracht. Ausnahmsweise können auch die persönlichen Verhältnisse berücksichtigt werden, wenn ohne den Erlass die wirtschaftliche Existenz des Steuerschuldners gefährdet sein würde.

11.4.3 Formen des Erlasses

Eine festgesetzte Steuer kann **ganz** oder **zum Teil** erlassen werden. Die Finanzbehörde kann entweder auf die Einziehung **verzichten** oder bereits entrichtete Beträge **erstatten** oder **anrechnen** (§ 227 AO). Nach dieser Vorschrift können nicht nur Steueransprüche, sondern auch andere Ansprüche aus dem Steuerschuldverhältnis erlassen werden, z. B. steuerliche Nebenleistungen.

11.4.4 Ermessensentscheidung

Bei allen Formen des Erlasses handelt es sich um Ermessensentscheidungen der Finanzbehörde (vgl. BFH, BStBl 1993 II S. 3). Das Ermessen ist entsprechend dem Zweck der Ermächtigung auszuüben, und die gesetzlichen Grenzen des Ermessens sind einzuhalten (§ 5 AO). **Ermessensrichtlinien** sind angesichts des automatisierten Massenverfahrens zulässig und erforderlich. Die Gerichte können die Entscheidung der Finanzbehörde nur auf einen Ermessensfehlgebrauch oder eine Ermessensüberschreitung nachprüfen (§ 102 FGO). Für die Beurteilung, ob eine Ermessensentscheidung der Finanzbehörde rechtswidrig ist, kommt es bei persönlichen Billigkeitsgründen grundsätzlich auf die Verhältnisse im Zeitpunkt der Verwaltungsentscheidung an (BFH, BStBl 1972 II S. 649, 919). Spätere Veränderungen der persönlichen und wirtschaftlichen Verhältnisse des Steuerschuldners können lediglich einen erneuten Antrag auf Erlass rechtfertigen. Wird ein Erlass wegen sachlicher Unbilligkeit beantragt, so kommt es grundsätzlich auf die Verhältnisse in dem Zeitpunkt an, in dem der Härtefall eingetreten ist (BFH, BStBl 1962 III S. 55). Nach einem Wechsel in der Person des Steuerschuldners (z. B. durch Erbfall) sind für den Erlass die Verhältnisse des Nachfolgers maßgebend. Für eine Erstattung aus persönlichen Billigkeitsgründen ist jedoch erforderlich und ausreichend, dass die Einziehung im Zeitpunkt der Zahlung der Steuer unbillig war (BFH, BStBl 1977 II S. 127).

11 Erhebungsverfahren

Zuständig für Erlasssachen sind entsprechend der Verwaltungskompetenz die **FÄ**. Sie bedürfen aber dazu – innerdienstlich – der Zustimmung der OFD oder des FinMin ab einer bestimmten Größenordnung (vgl. BMF-Schreiben, BStBl 2003 I S. 401; Ländererlasse, BStBl 2004 I S. 29). Für den Erlass von Realsteuern sind die **Gemeinden** und von KiSt die **Kirchen** zuständig. Soweit es sich um Anträge auf Erlass oder Gewährung anderer Billigkeitsmaßnahmen von Steuerrückständen nach den Restschuldbefreiungstatbeständen der §§ **286 ff.** bzw. §§ **304 ff. InsO** handelt, ist hierfür nicht die Finanzbehörde als Gläubiger zuständig, sondern allein das jeweilige **Amtsgericht**. Ein vorheriger außergerichtlicher (Teil-)Erlass nach § 227 AO ist möglich (vgl. BMF, BStBl 2002 I S. 132).

11.4.5 Niederschlagung

Vom Erlass ist die Niederschlagung nach § **261 AO** zu unterscheiden. Bei der Niederschlagung handelt es sich um eine **innerdienstliche Maßnahme,** den Anspruch vorläufig nicht geltend zu machen. Der Anspruch erlischt durch diese Maßnahme nicht. Eine Niederschlagung kommt in Betracht, wenn feststeht, dass die Einziehung keinen Erfolg haben wird oder die Kosten der Einziehung unverhältnismäßig hoch sein werden (vgl. Abschn. 14 ff. VollstrA).

11.5 Zahlungsverjährung (§§ 228 bis 232 AO)

11.5.1 Allgemeine Grundsätze

Verjährung bewirkt das **Erlöschen des Anspruchs** durch Zeitablauf (**§ 47 AO**). Die Verjährung ist in allen Rechtsbereichen anerkannt und bezweckt die Wahrung des Rechtsfriedens und der Rechtssicherheit. Der Schuldner soll nach Ablauf einer bestimmten Zeit die Gewissheit haben, dass ein Anspruch gegen ihn nicht mehr durchgesetzt werden kann.

Im Steuerrecht ist zwischen der Festsetzungsverjährung und der Zahlungsverjährung zu unterscheiden. Bei der **Festsetzungsverjährung** handelt es sich um die Verjährung des noch nicht festgesetzten Steueranspruchs (§§ 169 ff. AO). Der **Zahlungsverjährung** unterliegen dagegen sämtliche Zahlungsansprüche aus dem Steuerschuldverhältnis (§ 228 AO). Durch die Verjährung erlöschen der Anspruch und die von ihm abhängigen Zinsen (§ 232 AO).

11.5 Zahlungsverjährung (§§ 228 bis 232 AO)

11.5.2 Gegenstand der Zahlungsverjährung, Verjährungsfrist

Ansprüche aus dem Steuerschuldverhältnis unterliegen der Zahlungsverjährung (§ 228 AO). Gegenstand der Zahlungsverjährung sind sämtliche konkretisierten Ansprüche aus dem Steuerschuldverhältnis, die in § 37 AO aufgeführt sind, sowie sonstige Ansprüche, für die die Vorschriften der AO entsprechend Anwendung finden, z. B. Prämien und Zulagen. Es verjähren aber nicht nur die Ansprüche des Fiskus, sondern auch solche des Stpfl., z. B. Ansprüche auf Erstattung nach § 37 Abs. 2 AO (vgl. Hein, DStZ 1996 S. 609 für Zahlungen aufgrund nichtiger Steuerbescheide).

Die **Verjährungsfrist** beträgt für alle Zahlungsansprüche einheitlich **fünf Jahre (§ 228 Satz 2 AO).** Es tritt auch keine Verlängerung der Verjährungsfrist aufgrund Steuerhinterziehung ein (anders bei der Festsetzungsverjährung nach § 169 Abs. 2 AO).

11.5.3 Beginn der Verjährung

Die Verjährung beginnt grundsätzlich **mit Ablauf des Kalenderjahres,** in dem der **Anspruch erstmals fällig** geworden ist (**§ 229 Abs. 1 Satz 1 AO**). Die Fälligkeit richtet sich nach § 220 AO. Stundung oder Aussetzung der Vollziehung ab Fälligkeit lassen die erstmalige Fälligkeit unberührt und wirken sich lediglich als Unterbrechungshandlung nach § 231 AO aus.

Beispiel:
Der ESt-Bescheid 01 mit einer Abschlusszahlung von 6.000 € wird am 10. 11. 02 bekannt gegeben und ab Fälligkeit bis zum 10. 1. 03 gestundet. Folge?
Nach § 220 Abs. 1 AO, § 36 Abs. 4 EStG ist der Anspruch erstmals fällig am 10. 12. 02. Die Zahlungsverjährung beginnt daher nach § 229 Abs. 1 Satz 1 AO mit Ablauf 02, wird jedoch durch die Stundung nach § 231 AO sofort unterbrochen.

Eine **Ausnahmeregelung** gilt nach **§ 229 Abs. 1 Satz 2 AO** für **Fälligkeitssteuern** und bei der Aufhebung, Änderung oder Berichtigung von Festsetzungen (Anlaufhemmung). Bei Fälligkeitssteuern, z. B. LSt und USt-Vorauszahlungen, ist der Anspruch abstrakt fällig, auch wenn die Steuer nicht (rechtzeitig) angemeldet oder festgesetzt worden ist (vgl. § 41a EStG, § 18 Abs. 1 UStG). In diesen Fällen beginnt die Verjährung nicht vor Ablauf des Kalenderjahres, in dem die Steuerfestsetzung oder Steueranmeldung wirksam geworden ist, aus der sich der konkretisierte Anspruch ergibt (vgl. § 218 Abs. 1 AO als Grundlage für die Erhebung). Den Zeitpunkt der Wirksamkeit bestimmt § 124 Abs. 1 AO.

Beispiel:
Unternehmer U gibt die USt-Voranmeldung Nov. 01 erst im Jan. 02 ab. Folge?
Die Steueranmeldung ist in 02 wirksam geworden (§ 168 AO), obwohl die USt bereits am 10. 12. 01 fällig war (§ 18 Abs. 1 UStG). Die Verjährung beginnt nach § 229 Abs. 1 Satz 1 AO mit Ablauf 02.

Das Gleiche gilt für die Fälle der **korrigierten Festsetzung** eines Anspruchs. Dies ist unabhängig davon, ob der Bescheid angefochten wird oder nicht. Wird die Steuerfestsetzung durch gerichtliche Entscheidung geändert oder aufgehoben, so beginnt die Verjährung dieses Anspruchs erst mit Ablauf des Kalenderjahres, in dem das Urteil rechtskräftig geworden ist.

Eine weitere Sonderregelung enthält § **229 Abs. 2 AO** für **Haftungsbescheide ohne Zahlungsaufforderung.** Ein solcher Fall kann vorliegen, wenn der Ablauf der Festsetzungsfrist droht und die Voraussetzungen des § 219 AO noch nicht erfüllt sind. In diesem Fall ist der Haftungsanspruch noch nicht fällig, aber bereits konkretisiert. Ergeht dagegen der Haftungsbescheid mit Zahlungsaufforderung, so beginnt die Verjährung mit Ablauf des Kalenderjahres, in dem der Haftungsanspruch erstmals fällig ist.

Da die Zahlungsverjährung immer mit Ablauf eines Kalenderjahres beginnt und die Verjährungsfrist volle fünf Jahre dauert, handelt es sich um eine sog. **Kalenderverjährung.** Vorbehaltlich des § **108 Abs. 3** und § 230 AO enden die Fristen einheitlich mit Ablauf eines Kalenderjahres (vgl. AEAO zu § 228 Nr. 2).

11.5.4 Hemmung wegen höherer Gewalt

Eine Ablaufhemmung der Zahlungsverjährung besteht nur bei höherer Gewalt (§ **230 AO**; anders bei der Festsetzungsverjährung, § 171 AO). Höhere Gewalt sind Naturkatastrophen, Aufruhr, Krieg und andere unabwendbare Zufälle. Die Zahlungsverjährung wird nur dann gehemmt, wenn die höhere Gewalt innerhalb der letzten sechs Monate der Verjährungsfrist besteht. Die Frist verlängert sich um den Zeitraum, den die Hemmung in den letzten sechs Monaten der Frist dauert, also höchstens um sechs Monate. In diesem Sonderfall endet die Verjährung im Laufe eines Jahres. § 230 AO hat bisher keine praktische Bedeutung erlangt.

11.5.5 Unterbrechung

Wird die Verjährung durch bestimmte Ereignisse unterbrochen, so beginnt eine **neue Verjährungsfrist** zu laufen (§ **231 AO**). Die fünfjährige Verjährungsfrist beginnt mit Ablauf des Kalenderjahres, in dem die „**punktuelle**" bzw. „**Dauer-Unterbrechung**" ihr Ende erreicht hat (§ 231 Abs. 3 AO). Durch diese Wirkung unterscheidet sich die Unterbrechung von der Hemmung.

Unterbrechungshandlungen sind nach § **231 Abs. 1 AO** entweder wirksam bekannt gegebene Verwaltungsakte gegenüber dem Schuldner oder andere Maßnahmen tatsächlicher Art mit Außenwirkung:

1. **Schriftliche Geltendmachung des Anspruchs** durch den Fiskus oder den Stpfl., z. B. durch Leistungsgebot (§ 254 AO), Mahnung (§ 259 AO) und durch jedes

11.5 Zahlungsverjährung (§§ 228 bis 232 AO)

andere – wirksam bekannt gegebene – Schreiben mit einer Zahlungsaufforderung an den Stpfl. (BFH, BStBl 2003 II S. 933; beachte § 87 a AO). Das gilt nicht für mündliche oder unwirksame Zahlungsaufforderungen, Schuldanerkenntnisse oder für die Festsetzung der Steuer.

2. **Zahlungsaufschub** nach § 223 AO.
3. **Stundung** (§ 222 AO; auch mündliche); nicht dagegen Erlassantrag oder Niederschlagung (§ 261 AO).
4. **Aussetzung der Vollziehung** durch die Finanzbehörde oder das Gericht (§ 361 AO, § 69 FGO; vgl. BFH, BStBl 1999 II S. 749 für unwirksame AdV).
5. **Sicherheitsleistung** (§§ 241 ff. AO).
6. **Mitgeteilter Vollstreckungsaufschub** (§ 258 AO; BFH, BStBl 1991 II S. 742).
7. **Vollstreckungsmaßnahmen** (§§ 249 ff. AO), z. B. Forderungs- oder Sachpfändungen, fruchtlose Pfändung oder sonstige Zwangsmaßnahmen, wie Antrag auf Eintragung einer Sicherungshypothek (vgl. BFH, BStBl 1990 II S. 44); dagegen nicht die Anfrage beim Gericht gemäß § 284 Abs. 4 Satz 2 AO (BFH, BStBl 1997 II S. 8).
8. Anmeldung im **Insolvenzverfahren** usw.
9. **Ermittlungen** der Finanzbehörde nach dem Wohnsitz oder Aufenthaltsort des Zahlungspflichtigen (nicht Stpfl.) zwecks Realisierung der Ansprüche (vgl. BFH, BStBl 1993 II S. 220).

Die **Aufzählung** der Unterbrechungstatbestände in § 231 Abs. 1 AO ist **abschließend**. Andere externe Maßnahmen der Finanzbehörde oder sonstige Handlungen des Stpfl. sind nicht geeignet, die Verjährung eines Anspruchs zu unterbrechen. Bei den Unterbrechungstatbeständen kann nur eine schriftliche Zahlungsaufforderung und die Sicherheitsleistung vom Stpfl. ausgehen. Die übrigen Unterbrechungshandlungen ergeben sich durch Maßnahmen der Finanzbehörde mit Außenwirkung und setzen einen – wirksamen – Zahlungsanspruch gemäß § 218 AO voraus.

Die Unterbrechungshandlung ist ein tatsächlicher Vorgang mit rechtlicher Wirkung und kann daher nicht rückwirkend entfallen, wenn der zugrunde liegende Verwaltungsakt aufgehoben oder gegenstandslos wird. Nur **nichtige Maßnahmen unterbrechen nicht**. Für den Eintritt der Unterbrechung genügt zur **Fristwahrung** bei schriftlichen Unterbrechungshandlungen der Finanzbehörde, wenn das Schriftstück vor Ablauf der Verjährungsfrist die Finanzbehörde verlassen hat und dem Zahlungspflichtigen später zugeht oder wenn bei öffentlicher Zustellung zu diesem Zeitpunkt der Aushang erfolgt ist (§ 231 Abs. 1 Satz 2 i. V. m. § 169 Abs. 1 Satz 3 AO; BFH, BStBl 2003 II S. 933).

Beispiel:

Mit Ablauf des 31. 12. 08 drohen Abgaben in Höhe von 50.000 € zu verjähren. Das FA mahnt die Rückstände mit Schreiben vom 30. 12. 08 (zur Post) an; Zugang am 3. 1. 09. Wirksame Unterbrechung?

Die Verjährung wird durch jede Unterbrechungsmaßnahme der Behörde unterbrochen, wenn bis zu diesem Zeitpunkt das entsprechende Schriftstück die Behörde verlassen hat und später tatsächlich zugeht. Auf den Zeitpunkt des Zugangs kommt es für den Eintritt der Unterbrechung nicht an. Bei Unterbrechungstatbeständen ohne Dauerwirkung, wie hier Mahnung, beginnt die neue Verjährungsfrist mit Ablauf 08 (§ 231 Abs. 1 bis 3 AO).

Das **Ende der Unterbrechung,** das für den Beginn der neuen Verjährung von Bedeutung ist (§ 231 Abs. 3 AO), deckt sich bei einzelnen Unterbrechungstatbeständen mit dem Beginn der Unterbrechung, z. B. bei einer Zahlungsaufforderung oder einem vergeblichen Vollstreckungsversuch (= punktuelle Unterbrechung). Die meisten Unterbrechungshandlungen haben allerdings Dauerwirkung, z. B. Stundung, Aussetzung der Vollziehung, Vollstreckungsmaßnahmen mit Pfändungspfandrechten, Sicherheitsleistung. Auf diese bezieht sich die Regelung in § 231 **Abs. 2 AO**. Diese Unterbrechungstatbestände können befristet oder unbefristet sein. Bei befristeten Maßnahmen endet die Unterbrechung mit dem Ablauf der Frist, z. B. bei einer Stundung. Bei unbefristeten Maßnahmen endet die Unterbrechung mit dem Erlöschen oder der Beendigung der Unterbrechungshandlung.

Beispiele:

1. Der Steuerschuldner hat am 20. 6. 03 für den Anspruch Sicherheit geleistet. Die Sicherheit ist am 10. 3. 05 erloschen. Folge?

Die Sicherheitsleistung führt zu einer Unterbrechung der Verjährung mit Dauerwirkung. Sie ist in 05 beendet. Mit Ablauf 05 beginnt eine neue Verjährung.

2. Die Verjährung des Anspruchs wurde durch Anmeldung im Insolvenzverfahren am 5. 11. 04 unterbrochen. Das Insolvenzverfahren ist am 20. 9. 06 beendet worden. – Die neue Verjährung beginnt mit Ablauf 06 (§ 231 Abs. 3 AO).

Für **Ansprüche des Stpfl. gegen die Finanzbehörde,** deren Verjährung durch schriftliche Geltendmachung unterbrochen ist, besteht in **§ 231 Abs. 2 Satz 2 AO** eine Sonderregelung. Die eingetretene Unterbrechung endet nicht, bevor über den Anspruch rechtskräftig entschieden ist. Für die Finanzbehörde bedurfte es keiner entsprechenden Regelung, weil sie erforderlichenfalls selbst die Vollstreckung betreiben kann.

Die Verjährung wird nur in **Höhe des Betrages** unterbrochen, auf den sich die Unterbrechungshandlung bezieht (**§ 231 Abs. 4 AO**). Die Unterbrechung ist demnach in ihrer Wirkung beschränkt. Sie betrifft nicht immer den ganzen Anspruch. Dadurch kann sich eine **Teilverjährung** des einheitlichen Zahlungsanspruchs ergeben.

11.5 Zahlungsverjährung (§§ 228 bis 232 AO)

Beispiel:

Gegen den Zahlungspflichtigen besteht ein ESt-Anspruch von 20.000 €, der in 01 fällig ist. Ein Teilbetrag von 10.000 € ist bis zum 30. 9. 02, ein weiterer Betrag von 6.000 € bis zum 30. 6. 03 gestundet worden. Folge für § 231 AO?
Die Verjährung des Zahlungsanspruchs von 20.000 € wird durch die Stundung nur in Höhe von 16.000 € unterbrochen. Der Teilbetrag von 10.000 € verjährt erst mit Ablauf des 31. 12. 07 und der Betrag von 6.000 € erst mit Ablauf 08. Der nicht gestundete Betrag von 4.000 € verjährt dagegen bereits mit Ablauf 06.

11.5.6 Wirkung der Zahlungsverjährung

Durch die Verjährung **erlöschen der Anspruch** und die **von ihm abhängenden Zinsen (§§ 47, 232 AO)**. Das Erlöschen ist von Amts wegen zu beachten (§ 88 Abs. 2 AO). Ein bereits verjährter Zahlungsanspruch darf nicht mehr gefordert werden. Der Steuerschuldner kann die Beträge, die er nach Verjährungseintritt gezahlt hat, nach **§ 37 Abs. 2 AO** zurückfordern. Mit verjährten Ansprüchen kann nicht aufgerechnet werden **(§ 226 Abs. 2 AO)**.

Insoweit besteht ein grundlegender Unterschied gegenüber der Verjährung zivilrechtlicher Ansprüche. § 214 BGB gibt dem Schuldner nur ein Leistungsverweigerungsrecht, und im gerichtlichen Verfahren ist die Verjährung nur auf ausdrückliche Einrede des Schuldners zu beachten. Die Forderung bleibt aber erfüllbar, d. h., Geleistetes kann nicht zurückgefordert werden.

11.5.7 Prüfungsschema Zahlungsverjährung

1. **Ansprüche** aus dem Steuerschuldverhältnis, §§ 228, 37 AO
   z. B. Steuer, Säumniszuschlag, Erstattung

2. **Dauer:** 5 Jahre, § 228 Satz 2 AO

3. **Beginn** der Frist, § 229 AO

   – **Grundsatz:** Ablauf des Kalenderjahres, in dem der Anspruch erstmals **fällig** war, § 229 Abs. 1 Satz 1, § 220 AO   31. 12. ...

   – **Ausnahmen:** Anlaufhemmung, § 229 Abs. 1 Satz 2, Abs. 2 AO „Wirksamwerden" der Festsetzung   31. 12. ...
   z. B. Fälligkeitssteuern (LSt, USt); Haftungsbescheid ohne Zahlungsaufforderung

4. **Regelmäßiges Ende** der Frist,
 § 108 Abs. 1 AO, § 188 Abs. 2 BGB   31. 12. ...

 Ausnahmetatbestände:

5. **§ 108 Abs. 3 AO** oder   ....

6. **Ablaufhemmung,** § 230 AO, oder   ....

7. **Unterbrechung,** § 231 AO
   - Abschließende Aufzählung der Unterbrechungshandlungen in § 231 Abs. 1 AO
   - Neuer Fristbeginn, § 231 Abs. 3 AO   31. 12. ...
     in Höhe von ... Euro, § 231 Abs. 4 AO
   - Fristende   31. 12. ...
   - Fristwahrung, § 231 Abs. 1 Satz 2, § 169 Abs. 1 Satz 3 AO

8. **Rechtsfolge**
   - Erlöschen, §§ 232, 47 AO
   - Gegebenenfalls Erstattungsanspruch gemäß § 37 Abs. 2 AO, wenn nach Verjährung gezahlt oder aufgerechnet wurde

11.6 Verzinsung (§§ 233 bis 239 AO)

11.6.1 Grundsätze

Zinsen sind **laufzeitabhängiges Entgelt** für den Gebrauch eines auf Zeit überlassenen oder vorenthaltenen Geldkapitals. Sie sind weder Druckmittel noch Strafe. Aus Gründen der „Praktikabilität" hat der Gesetzgeber keinen variablen Marktzins, sondern typisierend einen **festen Zinssatz von 0,5 v. H.** je vollen Monat zugrunde gelegt (§ 238 Abs. 1 AO). Dies hat Auswirkungen auf die Frage nach zinsspezifischen Billigkeitsmaßnahmen etwa bei verzögerter Festsetzung (§ 223 a AO) oder überlanger Aussetzungsdauer (§ 237 AO).

Die Verzinsung fälliger Ansprüche aus dem Steuerschuldverhältnis ist auf **einzelne gesetzliche Tatbestände** beschränkt (**§ 233 Satz 1 AO**). Somit besteht keine „Voll"verzinsung aller Ansprüche. Ansprüche auf steuerliche Nebenleistungen (§ 3 Abs. 4 AO) und entsprechende Erstattungsansprüche werden nicht verzinst

11.6 Verzinsung (§§ 233 bis 239 AO)

(§ 233 Satz 2 AO). Festgesetzt werden Steuerzinsen (§ 233 a AO), Stundungszinsen (§ 234 AO), Hinterziehungszinsen (§ 235 AO), Prozesszinsen auf Erstattungsbeträge (§ 236 AO) und Aussetzungszinsen (§ 237 AO). Mit Ausnahme der Steuerzinsen auf Erstattungen und der Prozesszinsen handelt es sich stets um Zinsen zugunsten des Fiskus (Nachzahlungszinsen).

Zinspflichten nach Einzelsteuergesetzen gehen den Vorschriften der §§ 233 a ff. AO vor, z. B. § 28 ErbStG, § 6 InvZulG. Für KiSt sind die §§ 233 ff. AO nur beschränkt anwendbar (vgl. KiStG der Länder). Ausdrücklich **zinsfrei** sind Stundungen nach § 25 ErbStG und § 21 Abs. 2 Satz 4 UmwStG.

Die Zinsen sind grundsätzlich **abhängig** von der Steuerfestsetzung (vgl. § 233 a Abs. 5 AO). Sonderregelungen bestehen nach § 234 Abs. 1 Satz 2 AO für Stundungszinsen, nach § 235 Abs. 3 Satz 3 AO für Hinterziehungszinsen, nach § 236 Abs. 5 AO für Prozesszinsen, nach § 237 Abs. 5 AO für Aussetzungszinsen und im Fall der Aufrechnung gemäß § 238 Abs. 1 Satz 3 AO (siehe die vergleichbare Regelung in § 240 Abs. 1 Satz 4 und 5 AO).

Die **ertragsteuerliche Behandlung der Zinsen** richtet sich nach den zugrunde liegenden Steuern. **Nachzahlungszinsen** auf Betriebssteuern stellen Betriebsausgaben (§ 4 Abs. 4 und 5 Nr. 8 a EStG) bzw. Werbungskosten (§ 9 Abs. 1 Nr. 1 EStG, z. B. für GrSt oder USt bei V+V-Einkünften) dar. **Erstattungszinsen** auf Betriebssteuern (USt, GewSt, LSt) sind Betriebseinnahmen. Zinsen auf Personensteuern sind bei natürlichen Personen Kapitalerträge (§ 20 Abs. 1 Nr. 7 EStG) und bei Körperschaften Betriebseinnahmen (§ 8 KStG). Wegen der bilanzsteuerlichen Behandlung von Zinsen nach § 233 AO siehe Erlass FinSen Bremen, BB 2001 S. 1733.

11.6.2 Höhe und Festsetzung der Zinsen

Die Zinsen betragen für **jeden vollen Monat** des Zinslaufs **0,5 v. H.** Sie sind nur für volle Monate (nicht Kalendermonate) zu zahlen „von dem Tag an, an dem der Zinslauf beginnt" **(§ 238 Abs. 1 AO)**. Für die Berechnung ist der jeweils zu verzinsende Anspruch jeder Steuerart oder des Zeitraums auf volle 50 Euro nach unten abzurunden (§ 238 Abs. 2 AO).

> **Beispiel:**
> Stundung der am 10.9.03 fälligen ESt von 10.049 € „ab Fälligkeit bis zum 15.10.03". Fallen Zinsen an?
> Der erste volle Zinsmonat schließt „nahtlos" an die Fälligkeit an und läuft vom 11.9. (= Beginn der Stundung) bis 10.10.03 (§ 238 Abs. 1, § 234 Abs. 1 AO; vgl. AEAO zu § 238 Nr. 1). Die Stundungszinsen betragen 0,5 v. H. von 10.000 €
> = 50 €.

Die Zinsen sind für **jede Einzelforderung** besonders zu berechnen. Die einzelnen Ansprüche sind somit zu trennen, wenn Steuerart, Zeitraum oder sogar der Tag des Zinslaufs wegen unterschiedlicher Fälligkeit voneinander abweichen, z. B. ESt 03 und USt 03; ESt 03 und ESt 04; USt-Vorauszahlungen verschiedener Monate 05 und die USt-Abschlusszahlung 05 (vgl. AEAO zu § 235 Nr. 5.1).

Abzurunden auf **volle 50 Euro nach unten** ist jeweils der einzelne zu verzinsende Anspruch (**§ 238 Abs. 2 AO**). Dieser ist getrennt zu beurteilen, wenn Steuerart, Zeitraum oder der Tag des Beginns des Zinslaufs voneinander abweichen (AEAO zu § 235 Nr. 5.1 und zu § 238 Nr. 2).

Die **Kleinbetragsregelung** des **§ 239 Abs. 2 AO,** wonach die Zinsen auf **volle Euro gerundet** festzusetzen sind und die sich insgesamt ergebenden Zinsen „unter" 10 Euro nicht erhoben werden, ist jeweils auf die für eine Einzelforderung berechneten Zinsen anzuwenden (AEAO zu § 233 a Nr. 59; zu § 234 Nr. 8 bis 10; zu § 239 Nr. 3).

Zinsen werden durch **schriftlichen** oder **elektronisch erteilten Zinsbescheid** festgesetzt (**§ 239 Abs. 1 AO**). Die für Steuern geltenden Vorschriften sind entsprechend anzuwenden. Der Mindestinhalt des Zinsbescheides richtet sich nach den § 157 Abs. 1, § 119 AO. Der Zinsbescheid muss die Zinsen nach Art und Betrag bezeichnen und den Schuldner angeben. Ein Sammelzinsbescheid (= inhaltlich mehrere selbständige Zinsbescheide) ist zulässig. Die **Korrektur** des Zinsbescheides kann nach §§ 129, 164, 172 ff., insbesondere § 175, oder der Sonderregelung des § 233 a Abs. 5 AO innerhalb der **einjährigen Festsetzungsfrist** des § 239 Abs. 1 AO unter Beachtung der besonderen Anlaufhemmungen erfolgen (vgl. AEAO zu § 235 Nr. 7).

Gegen den **Zinsbescheid** ist der **Einspruch** nach § 347 Abs. 1 Satz 1 Nr. 1 AO gegeben (vgl. AEAO zu § 233 a Nr. 71, zu § 239 Nr. 1). Gegebenenfalls kommt eine **AdV** nach § 361 AO (§ 69 FGO) in Betracht. Soweit die Vollziehung des zugrunde liegenden angefochtenen Steuerbescheides ausgesetzt ist, hat auch eine AdV des Zinsbescheides zu erfolgen (§ 361 Abs. 3 i. V. m. § 239 Abs. 1, § 233 a Abs. 3, § 235 Abs. 1 AO; vgl. AEAO zu § 233 a Nr. 73). Gegen die Ablehnung von **Billigkeitsmaßnahmen** innerhalb und außerhalb des Zinsfestsetzungsverfahrens nach den Sonderregelungen von § 234 Abs. 2 AO und § 237 Abs. 2 AO oder für sonstige Fälle nach § 163 AO bzw. § 227 AO ist ebenfalls der **Einspruch** statthaft. Hierbei ist hinsichtlich der Rechtmäßigkeit beider Verwaltungsakte – insbesondere für das Klageverfahren nach §§ 40, 44 FGO – die **Zweispurigkeit** von Festsetzungs- und Erlassverfahren zu beachten (vgl. BFH, BStBl 1998 II S. 38; AEAO zu § 233 a Nr. 72 und zu § 347 Nr. 4).

11.6.3 Steuerzinsen nach § 233 a AO

Die sog. „Voll"-Verzinsung von Steuernachforderungen und Steuererstattungen steht unter dem Gesichtspunkt der steuerlichen Gleichmäßigkeit und soll gewisse

11.6 Verzinsung (§§ 233 bis 239 AO)

Zinsvorteile des Schuldners bzw. Zinsnachteile des Gläubigers ausgleichen (vgl. AEAO zu § 233 a mit Einzelheiten). Für „früh veranlagte" Stpfl. (innerhalb der Karenzzeit von 15 Monaten bzw. wirksame Steuerfestsetzung danach bis zum 29. 4.) ergeben sich keine Steuerzinsen für den Unterschiedsbetrag nach § 233 a Abs. 3 bzw. 7 AO.

Der **sachliche Anwendungsbereich** des **§ 233 a Abs. 1 und 6 AO** erfasst die Verzinsung von ESt, KSt, USt, GewSt. Nicht zinspflichtig sind sonstige Steuern (z. B. ErbSt, Solidaritätszuschlag), Steuervorauszahlungen, Steuerabzugsbeträge (z. B. LSt, KapSt oder BauabzugSt) und Haftungsschulden (§ 233 a Abs. 1, § 233 Satz 1 AO; vgl. AEAO zu § 233 a Nr. 2).

Die Zinsen werden allgemein im automatisierten Verfahren berechnet, festgesetzt und zum Soll gestellt (AEAO zu § 233 a Nr. 1; Vordruck für Sonderfälle zur personellen Berechnung). Der **Zinsbescheid** wird regelmäßig mit dem Steuerbescheid oder der Abrechnungsmitteilung verbunden (**§ 233 a Abs. 4, § 239 Abs. 1 AO**). **Zinsschuldner** ist der Steuerschuldner und **Zinsgläubiger** grundsätzlich der Gläubiger des Erstattungsanspruchs (vgl. AEAO zu § 233 a Nr. 3).

Die **Verzinsung beginnt** in der Regel nach einer **Karenzzeit** von **15 Monaten** nach Ablauf des Kalenderjahres, in dem die Steuer entstanden ist, d. h., Steuerzinsen sind erst ab 1. 4. des übernächsten Jahres zu berechnen, z. B. für ESt 2004 ab 1. 4. 2006 (**§ 233 a Abs. 2 Satz 1 AO**). Nach § 233 a Abs. 2 Satz 2 AO besteht eine Karenzzeit von 21 Monaten für bestimmte Einkünfte aus Land- und Forstwirtschaft. Zinspflichtig sind nach Ablauf der Karenzzeit nur **volle Monate** unter Berücksichtigung der Kleinbetragsregelung (vgl. §§ 238, 239 Abs. 2 AO).

Der **Zinslauf endet** mit Ablauf des Tages, an dem die Steuerfestsetzung wirksam wird (**§ 233 a Abs. 2 Satz 3 AO**). Die Steuerfestsetzung wird regelmäßig wirksam mit Bekanntgabe des Steuerbescheides nach § 122 Abs. 2 oder 2 a, § 124 Abs. 1 AO am dritten Tag bzw. bei Steueranmeldungen mit Eingang oder mit Bekanntwerden der Zustimmung gemäß § 168 AO (vgl. BFH, BStBl 2001 II S. 274; AEAO zu § 233 a Nr. 4 bis 7 mit Einzelheiten). Da dieser Tag mitzählt, endet der 1. volle Monat mit dem 30. April. Die Regelung des § 108 Abs. 3 AO ist zu beachten. Die Zustimmung ist notwendiger Bestandteil der Steueranmeldung mit Außenwirkung. Sie bedarf keiner „Bekanntgabe", wohl aber des „Bekanntwerdens" gemäß § 355 Abs. 1 Satz 2 AO, z. B. durch Eingang der Erstattung oder Zugang der Abrechnungsmitteilung (vgl. BFH, BStBl 1996 II S. 660, 662 m. w. N.; AEAO zu § 233 a Nr. 5).

Einen vom Regelfall abweichenden **späteren Zinslaufbeginn** enthält **§ 233 a Abs. 2 a und 7 AO** für die steuerlichen Auswirkungen eines **rückwirkenden Ereignisses** im Sinne von § 175 Abs. 1 Satz 1 Nr. 2 und Abs. 2 AO. Das gilt auch bei Änderungen nach dem vorrangigen **§ 164 Abs. 2 AO** oder aufgrund eines **Verlustrücktrages** gemäß § 10 d EStG. Hier beginnt der Zinslauf „insoweit" erst

15 Monate nach Ablauf des Kalenderjahres, in dem das Ereignis eingetreten oder der Verlust entstanden ist (vgl. AEAO zu § 233 a Nr. 10, 28 bis 40, 42, 47 ff., 74 mit Einzelheiten und Beispielen). Entsprechendes gilt, wenn das rückwirkende Ereignis in einem – für den Steuerbescheid verbindlichen – Grundlagenbescheid berücksichtigt wurde (vgl. AEAO zu § 233 a Nr. 74).

Bei **erstmaligen Steuerfestsetzungen** richtet sich die **Zinsberechnung** nach **§ 233 a Abs. 3 AO**. Danach ist **Bemessungsgrundlage** für die Steuerzinsen der „**Unterschiedsbetrag**", d. h. festgesetzte Steuer ∕ anzurechnende Steuer (LSt, KapSt) ∕ festgesetzte Vorauszahlungen = **Mehr-** oder **Mindersoll** im Sinne von § 233 a Abs. 3 AO.

Für **Nachzahlungen** gilt das Prinzip der **Sollverzinsung,** da die „festgesetzte" Steuer und die bis „zum Beginn des Zinslaufs festgesetzten" Vorauszahlungen maßgeblich sind. **Freiwillige** oder vorzeitige (Abschlags-)**Zahlungen** sind grundsätzlich ohne Zinsauswirkung (vgl. BFH, BStBl 2003 II S. 115; AEAO zu § 233 a Nr. 13 bis 18, 70 mit Erlassregelungen). Zur Vermeidung/Verminderung von Zinsen sind ggf. Anträge auf Anpassung (Erhöhung) von Vorauszahlungen, auf (Teil-)Änderungen von Steuerbescheiden zu stellen, z. B. nach § 164 Abs. 2 AO bei einer langwierigen Ap oder Steuerfahndung, oder berichtigte Steueranmeldungen abzugeben (vgl. AEAO zu § 233 a Nr. 15 bis 18). Nichtzahlung oder Teilzahlung von Vorauszahlungen beeinflussen die Höhe der Steuerzinsen nach § 233 a Abs. 3 AO nicht, sondern führen zu Säumniszuschlägen (§ 240 AO) oder bei Stundung zu Zinsen nach § 234 AO. Eine durch das FA **verzögerte Veranlagung** löst nicht zwingend zinsspezifische, d. h. sachliche Billigkeitsmaßnahmen nach § 163 oder § 227 AO aus, da die Verzinsung ein Ausgleich für Zinsvorteile des Steuerschuldners bzw. Zinsnachteile des Gläubigers darstellt (vgl. BFH, BStBl 1997 II S. 259, 446; AEAO zu § 233 a Nr. 1, 8, 69, 70 sowie Nr. 64, 65, 68 mit Erlassregelungen für Sonderfälle).

Beispiel:

ESt-Bescheid 09 (zur Post 7. 1. 12)	80.048 €
Festgesetzte ESt-Vorauszahlungen	52.000 €
Abschlusszahlung = Unterschiedsbetrag (Mehrsoll)	28.048 €
Gezahlt am 20. 2. 12 durch Banküberweisung (§ 224 AO)	

Berechnung der Nachforderungszinsen (§ 233 a Abs. 2 und 3, § 238 AO): 9 volle Zinsmonate à 0,5 v. H. (1. 4. bis 31. 12. 11). Die ESt-Festsetzung wird wirksam am 10. 1. 12 nach §§ 122, 124 AO, also 4,5 v. H. von 28.000 € = 1.260 €. Wegen der nicht fristgerechten Zahlung fallen Säumniszuschläge nach § 240 AO an (vgl. AEAO zu § 233 a Nr. 20).

Bei **Steuererstattungen** gelten Besonderheiten, d. h., der Unterschiedsbetrag (Mindersoll) wird nur bis zur Höhe der Erstattung verzinst und der Zinslauf beginnt frühestens mit dem Tag der tatsächlichen Zahlung (§ 233 a Abs. 3 Satz 3 AO; vgl. AEAO zu § 233 a Nr. 12, 21 ff. mit Beispielen). Berücksichtigt werden

11.6 Verzinsung (§§ 233 bis 239 AO)

ebenfalls nur die bis zum Beginn des Zinslaufs festgesetzten und geleisteten (Voraus-)Zahlungen sowie einbehaltene Steuern.
Korrekturen des Steuerbescheides (ggf. unter Beachtung von § 177 AO) oder der **Steueranrechnungsbeträge** (auch durch Abrechnungsbescheid nach § 218 Abs. 2 AO) führen regelmäßig zu einer erstmaligen oder geänderten Zinsfestsetzung nach § **233 a Abs. 1** bzw. **5 AO** (vgl. AEAO zu § 233 a Nr. 41 ff., 60 mit Beispielen). Dabei ist gleichgültig, worauf die Korrektur beruht, z. B. §§ 129 ff., 164 oder 172 ff. AO. Bei Änderungen im Sinne von § 175 Abs. 1 Satz 1 Nr. 2 AO oder § 10 d EStG gelten **Besonderheiten** gemäß § **233 a Abs. 2 a und 7 AO** (vgl. AEAO zu § 233 a Nr. 42, 46 bis 50, 56 bis 58 mit Einzelheiten und Beispielen).

Für das **Verhältnis des § 233 a AO zu anderen steuerlichen Nebenleistungen** gilt:

1. Bei der Bemessung des **Verspätungszuschlags** sind „gezogene Vorteile" nach § 152 Abs. 2 Satz 2 AO zu berücksichtigen, d. h. nur zinsfreie Vorteile bis zum Zinslaufbeginn nach § 233 a Abs. 2 AO (vgl. AEAO zu § 152 Nr. 7).

2. Die Erhebung von **Säumniszuschlägen** (§ 240 AO) und **Aussetzungszinsen** (§ 237 AO) wird durch § 233 a AO grundsätzlich nicht berührt, da Steuerzinsen nur den Zeitraum bis zum Wirksamwerden der Steuerfestsetzung betreffen (vgl. AEAO zu § 233 a Nr. 64 und 68 mit Hinweisen auf Sonderfälle).

   Dagegen sind **Steuerzinsen** nach § **234 Abs. 3 AO** auf Stundungszinsen für denselben Zeitraum regelmäßig anzurechnen (vgl. AEAO zu § 233 a Nr. 65).

3. Überschneidungen von Steuerzinsen und **Hinterziehungszinsen** (§ 235 AO) sind möglich, da der Zinslauf nach § 235 Abs. 2 AO bereits mit Eintritt der Verkürzung bzw. mit späterer fiktiver Fälligkeit der Nachforderung beginnt. Zur Vermeidung einer Doppelverzinsung werden die **Steuerzinsen** auf die Hinterziehungszinsen nach § 235 Abs. 4 AO **angerechnet** (vgl. AEAO zu § 235 Nr. 5.2). Aus der Anrechnung folgt der Vorrang des § 235 AO, d. h., die Nachforderungszinsen werden gleichsam zu Hinterziehungszinsen umqualifiziert. Soweit die Anrechnung reicht, greift das Abzugsverbot nach § 4 Abs. 5 Nr. 8 a, § 9 Abs. 5 EStG ein und es kommt nicht zum Abzug der anrechenbaren Zinsen als Betriebsausgabe oder Werbungskosten (vgl. BFH, BStBl 2005 II S. 274).

   Beispiel:

Abgabe der USt-Voranmeldung Januar 02 am 10. 2. 02, dabei hinterzogen (§ 370 AO)	20.000 €
Abgabe der USt-Jahreserklärung 02 am 24. 10. 04 mit zutreffendem Mehrbetrag (§ 371 AO)	20.000 €
Zahlung des Mehrbetrages nach § 18 Abs. 4 UStG am Fälligkeitstag	24. 11. 04

Berechnung der Zinsen:
Hinterziehungszeitraum 11. 2. 02 bis 24. 11. 04 (**§ 235 AO**)
Zinszeitraum in vollen Monaten: 33
Zinsbetrag (16,5 v. H. von 20.000 €)   3.300 €
Abzüglich für denselben Zeitraum
festgesetzte Zinsen nach § 233 a AO   600 €
(Zinszeitraum 1. 4. bis 24. 10. 04 = 6 volle Monate,
Zinsbetrag 3 v. H. von 20.000 €)
Festzusetzende Hinterziehungszinsen
(§ 235 Abs. 1 und 4 AO)   2.700 €

Die Anrechnung erfolgt nach h. M. im Rahmen der Zinsfestsetzung als Teil des Hinterziehungszinsbescheides und nicht als eigenständiger Anrechnungs-Verwaltungsakt (AEAO zu § 233 a Nr. 66 und zu § 235 Nr. 5.2). Zinsbescheide nach § 233 a AO sind hiernach insoweit Grundbescheide nach § 171 Abs. 10, § 175 Abs. 1 Satz 1 Nr. 1 AO für § 235 AO-Zinsfestsetzungen.

4. Auf **Prozesszinsen** für denselben Zeitraum werden ebenfalls die Steuerzinsen **angerechnet** (§ 236 Abs. 4 AO). Dadurch kann sich eine Verzinsung nach § 233 a AO abweichend von den Fällen des § 236 Abs. 3 AO ergeben (vgl. AEAO zu § 233 a Nr. 67).

11.6.4 Stundungszinsen (§ 234 AO)

Alle **Ansprüche aus dem Steuerschuldverhältnis** (§ 37 AO) mit Ausnahme der steuerlichen Nebenleistungen (§ 233 Satz 2 AO) sind nach **§ 234 Abs. 1 Satz 1 AO** für die „Dauer einer gewährten Stundung" zu verzinsen („Sollverzinsung"). Die Höhe der Zinsen ändert sich daher grundsätzlich nicht, wenn vor oder nach der Frist die Schuld entrichtet wird, die in der Stundungsverfügung gemäß § 222 AO festgelegt ist. Wird jedoch der gestundete Betrag früher als einen Monat vor Fälligkeit getilgt, z. B. durch Zahlung oder Aufrechnung, so kann insoweit auf bereits festgesetzte Zinsen auf Antrag nach § 234 Abs. 2 AO verzichtet werden (AEAO zu § 234 Nr. 1). Bei verspäteter Zahlung entstehen Säumniszuschläge (§ 240 AO).

Die Stundungszinsen werden im automatisierten Verfahren berechnet, nach **§ 239 Abs. 1, § 157 AO** durch schriftlichen **Zinsbescheid** festgesetzt und regelmäßig mit der letzten Rate erhoben.

Der **Zinslauf** beginnt ab Wirksamwerden der Stundung (§ 238 Abs. 1 Satz 2; § 234 Abs. 1 AO) und endet mit Ablauf des letzten Tages, für den die Stundung ausgesprochen ist; wenn dies ein Sonntag usw. im Sinne von § 108 Abs. 3 AO ist, erst am nächstfolgenden Werktag (vgl. AEAO zu § 234 Nr. 5). Berechnungsbeispiele enthält der AEAO zu § 234 Nr. 5 bis 7, 10 (siehe auch Beispiel unter Tz. 11.6.7). Für jede Einzelforderung sind die Zinsen besonders zu berechnen

11.6 Verzinsung (§§ 233 bis 239 AO)

unter Beachtung der Kleinbetragsregelung des § 239 Abs. 2 AO (AEAO zu § 234 Nr. 8, 10). Bei Gewährung von Ratenzahlungen siehe AEAO zu § 234 Nr. 9.

Im Zusammenhang mit der **Korrektur** einer Stundungsverfügung bzw. der zugrunde liegenden Steuerfestsetzung können sich im Einzelfall für den Zinsbescheid unterschiedliche Auswirkungen ergeben:

- Da die **Stundungsverfügung** im Sinne von **§ 222 AO** gemäß § 234 Abs. 1 Satz 1, § 171 Abs. 10 AO der **Grundlagenbescheid** für die Zinsfestsetzung ist, muss bei Berichtigung, Rücknahme oder Widerruf der Stundung nach den §§ 129 bis 131 AO der Zinsbescheid entsprechend korrigiert werden (**§ 175 Abs. 1 Satz 1 Nr. 1** i. V. m. § 239 Abs. 1 AO; AEAO zu § 234 Nr. 3).

   Beispiel:
   Die ESt 01 von 5.000 € wird ab Fälligkeit für 3 Monate gestundet. Gleichzeitig werden Zinsen von 75 € festgesetzt. Später nimmt das FA die Stundung wegen unrichtiger Angaben rückwirkend zurück (§ 130 Abs. 2 Nr. 3 AO).
   Der Zinsbescheid ist nach §§ 239, 175 Abs. 1 Satz 1 Nr. 1 AO aufzuheben. Es fallen nunmehr Säumniszuschläge ab ursprünglicher Fälligkeit an (§ 240 AO).

- Wird der „**Steuer**"-Bescheid „**nach**" Ablauf der Stundung korrigiert und die **Steuerschuld gemindert,** ist der **Zinsbescheid** nach **§ 234 Abs. 1 Satz 2 AO nicht zu ändern** (vgl. § 240 Abs. 1 Satz 4 AO für Säumniszuschläge). Maßgeblich für die Festsetzung von Stundungszinsen ist danach der gestundete Steueranspruch bei Ablauf der Stundung (vgl. entsprechende Regelungen in § 235 Abs. 3 Satz 3, § 236 Abs. 4, § 237 Abs. 5 AO).

- **§ 234 Abs. 1 Satz 2 AO** gilt nach dem eindeutigen Gesetzeswortlaut **nicht** bei einer Steuerminderung aufgrund **korrigierter „Abrechnung" von Steuerbeträgen** und bei der Korrektur **anderer Abgabenbescheide,** z. B. Haftungsbescheide (vgl. Ausführungen zu § 240 Abs. 1 Satz 4 AO unter Tz. 9.1.3.6; AEAO zu § 240 Nr. 2). In diesen Fällen ist der **Zinsbescheid** stets nach **§ 175 Abs. 1 Satz 1 Nr. 2 AO** zu ändern, da die Zinsen als Nebenleistung von der Höhe der Hauptschuld abhängig sind.

- Wird die **gestundete Steuerschuld** (Abgabe) „**vor**" Ablauf der Stundung **gemindert,** so ist der **Zinsbescheid** wegen der Akzessorietät des Zinsanspruchs (Abhängigkeit vom Bestehen der gestundeten Abgabe) entsprechend nach **§ 175 Abs. 1 Satz 1 Nr. 2** i. V. m. § 239 Abs. 1 AO zu ändern (vgl. BFH, BFH/NV 1991 S. 212; 1992 S. 150; AEAO zu § 234 Nr. 2). Sollte im Einzelfall zugleich die Stundungsverfügung korrigiert werden, greift § 175 Abs. 1 Satz 1 Nr. 1 AO für den Zinsbescheid ein.

Ein **Zinsverzicht** ist gemäß **§ 234 Abs. 2 AO** möglich, wenn die Erhebung im Einzelfall unbillig wäre. Diese Regelung deckt sich mit den Erlassvoraussetzungen der §§ 163, 227 AO, ist jedoch vorrangig. Persönliche Billigkeitsgründe sind etwa: unverschuldete Liquiditätsprobleme, Naturkatastrophen, Arbeitslosigkeit, Erkrankung, Sanierungsfälle (vgl. AEAO zu § 234 Nr. 11). Sachliche Billigkeitsgründe können darin liegen, dass der Schuldner alsbald mit Steuererstattungen nachweislich zu rechnen hat (**Verrechnungsstundung**), z. B. im Hinblick auf § 10 d EStG oder auf noch ausstehende Zustimmungen in Fällen des § 168 Satz 2 AO bei der USt, soweit hierfür innerhalb des Stundungszeitraums keine Erstattungszinsen nach § 233 a AO anfallen (vgl. Ausführungen unter Tz. 11.1.4). Einen gesetzlichen Zinsverzicht enthalten § 224 a Abs. 4 AO; § 20 Abs. 6, § 21 Abs. 2 UmwStG; § 25 ErbStG.

Wegen der **Anrechnung** von Steuerzinsen auf festgesetzte Stundungszinsen nach **§ 234 Abs. 3 AO** siehe AEAO zu § 233 a Nr. 65.

11.6.5 Hinterziehungszinsen (§ 235 AO)

Hinterzogene Steuern sind nach **§ 235 Abs. 1 Satz 1 AO** regelmäßig zu verzinsen. Voraussetzung ist die Erfüllung des objektiven und subjektiven Tatbestands der Steuerhinterziehung (§ 370 und § 370 a AO). Eine Steuerhinterziehung begeht u. a., wer vorsätzlich und schuldhaft den Finanzbehörden über steuerlich erhebliche Tatsachen unrichtige oder unvollständige Angaben macht „und" dadurch Steuern verkürzt (§ 370 Abs. 1 AO). Die Steuerhinterziehung ist als strafrechtliche Vorfrage durch die Behörde nachzuweisen. Hierbei ist der Grundsatz „im Zweifel für den Angeklagten" zu beachten (vgl. BFH, BStBl 1992 II S. 128 m. w. N.). **Ohne Bedeutung** sind persönliche Strafausschließungsgründe wie etwa **Selbstanzeige** (§ 371 AO) oder **Verfolgungsverjährung**. Gleiches gilt für eine Verfahrenseinstellung wegen Geringfügigkeit nach § 398 AO, § 153 a StPO oder bei Tod des Täters (vgl. BFH, BStBl 1992 II S. 9; AEAO zu § 235 Nr. 1.3). Leichtfertige Verkürzung nach § 378 AO und sonstige Bußgelddelikte lösen dagegen keine Zinspflicht aus (vgl. AEAO zu § 235 Nr. 1 und 2).

Gegenstand der Verzinsung ist nach § 235 Abs. 1 AO der hinterzogene **Nach-** bzw. **Rückzahlungsbetrag**, d. h. der Differenzbetrag zwischen der richtig festzusetzenden Steuerschuld (ggf. unter Berücksichtigung von § 177 AO) und der von der Behörde ohne Kenntnis von der Hinterziehung festgesetzten Steuer als Ausgleich für den verursachten Vermögensschaden des Fiskus (vgl. BFH, BStBl 1995 II S. 198; AEAO zu § 235 Nr. 2). Nicht hinterzogene Steuern sind auszuscheiden. Bei der **ESt** erfolgt die Zinsberechnung wegen der Steuerprogression zugunsten des Schuldners auf der Basis der hinterzogenen ESt als Sockelbetrag vor den anderen steuererhöhenden Korrekturtatbeständen. Hinterziehungszinsen sind Verzugszinsen ohne Strafcharakter (vgl. BFH, BStBl 1994 II S. 438). Daher gilt das strafrechtliche Saldierungsverbot des **§ 370 Abs. 4 Satz 3 AO** nicht für die Verzinsung. Hinterziehungszinsen fallen nur an, wenn und soweit die Steuerhinterziehung im Einzelfall zu einer Steuernach- oder -rückzahlung führt. Noch

11.6 Verzinsung (§§ 233 bis 239 AO)

nicht angerechnete Abzugsteuern, z. B. LSt und KapSt, sind ebenfalls mindernd zu berücksichtigen. Dies folgt aus § 235 Abs. 1 und 3 AO, da der **Zinsvorteil abgeschöpft** werden soll und der Zinslauf auf die Zahlung abstellt (vgl. BFH, BStBl 1992 II S. 9; 1995 II S. 198; AEAO zu § 235 Nr. 2.4). Als Gegenstand der Verzinsung kommen ferner in Betracht hinterzogene Vorauszahlungen oder gleichgestellte Rückforderungsansprüche wie **Prämien** oder **Zulagen** (vgl. AEAO zu § 235 Nr. 2.1).

Zinsschuldner ist grundsätzlich derjenige, zu dessen **unmittelbarem steuerlichem Vorteil** (= Zinsvorteil) hinterzogen worden ist, also der Steuerschuldner (**§ 235 Abs. 1 Satz 2 AO;** vgl. BFH, BStBl 1996 II S. 554; AEAO zu § 235 Nr. 3). Dieser muss nicht Täter oder Teilnehmer der Hinterziehung sein, z. B. nur einer der Ehegatten begeht Steuerhinterziehung bei der ESt-Zusammenveranlagung. Täter kann auch ein sonstiger Dritter sein, z. B. Angestellter oder Steuerberater (vgl. BFH, BStBl 1991 II S. 822; AEAO zu § 235 Nr. 3.2). Daher ist Zinsschuldner der USt z. B. derjenige, der gutgläubig von einem Dritten in eine Steuerhinterziehungshandlung einbezogen worden ist, die zu einem unberechtigten Vorsteuerabzug aufgrund fingierter Rechnungen geführt hat (BFH, BStBl 1996 II S. 554; 1998 II S. 466).

Eine **Sonderregelung** enthält **§ 235 Abs. 1 Satz 3 AO** für Fälle des „einbehaltenen", aber nicht abgeführten Steuerabzugs und der Pflicht zur Entrichtung von Steuern zulasten Dritter, z. B. für LSt, KapSt oder BauabzugSt (vgl. BFH, BStBl 1994 II S. 557; 1996 II S. 592; AEAO zu § 235 Nr. 3.2). Begehen dagegen die in § 34 und § 35 AO genannten Personen eine Steuerhinterziehung als gesetzliche Vertreter, Geschäftsführer oder Verfügungsberechtigte, so ziehen nicht sie, sondern der Steuerschuldner, für den sie handeln, den unmittelbaren Zinsvorteil daraus, z. B. ESt-Hinterziehung durch den **OHG-** oder **KG-Geschäftsführer** aufgrund einer unrichtigen einheitlichen Gewinnfeststellungserklärung zugunsten der Gesellschafter (vgl. BFH, BStBl 1992 II S. 163; 1994 II S. 885; AEAO zu § 235 Nr. 6.1). In diesen Fällen ergehen die Zinsbescheide gegen die Gesellschafter als Folgebescheide. Das gilt entsprechend für die Festsetzung von Zinsen auf hinterzogene GewSt (vgl. AEAO zu § 235 Nr. 6.2). Der Steuerhinterzieher haftet für die Zinsen nach § 71 AO. Die **GmbH-Geschäftsführer** sind ebenfalls nicht Zinsschuldner, sondern Haftungsschuldner (vgl. BFH, BStBl 1991 II S. 781; AEAO zu § 235 Nr. 3.3).

Der **Zinslauf beginnt** nach **§ 235 Abs. 2 Satz 1, § 238 Abs. 1 Satz 2 AO** grundsätzlich mit dem Eintritt der Verkürzung oder der Erlangung des Steuervorteils im Sinne von § 370 Abs. 1 und 4 AO, z. B. keine oder zu niedrige Steuerfestsetzung, überhöhte Steuererstattung/-vergütung, unberechtigte Stundung oder Erlass (vgl. AEAO zu § 235 Nr. 4). Ereignistag für die Zinsberechnung gemäß § 235 Abs. 3, § 238 Abs. 1 AO ist grundsätzlich der Bekanntgabetag des unrichtigen Steuerbescheides/Verwaltungsaktes gemäß § 122 Abs. 2 AO. Dieser Tag ist für den Fristbeginn nicht einzubeziehen (AEAO zu § 235 Nr. 4.1.3). **Zinsbeginn ist somit der Tag nach Bekanntgabe.** Dies für die Zinsberechnung geltende Prinzip entspricht den maßgeblichen allgemeinen Auslegungsregeln für Fristen nach § 108 AO, §§ 187 ff. BGB. Wenn für den Anfang einer Frist (oder einer Zeiteinheit, hier für den Beginn des Zinslaufs nach § 235 Abs. 2 AO) ein Ereignis maßgebend ist (= Eintritt der Verkürzung), ist der Ereignistag nach § 187 Abs. 1 BGB nicht mitzurechnen. Hiernach schließt die Zinsregelung des § 235 Abs. 2 AO stets einheitlich „nahtlos" an die Zeit vorher an, indem sie – für den Regelfall derartiger Zinsen – vom Ablauf der späteren fiktiven Fälligkeit an die Entstehung von Hinterziehungszinsen unmittelbar anordnet.

Hat der Stpfl. vorsätzlich keine Steuererklärung eingereicht und ist die Festsetzung daher unterblieben, so ist die Steuer zu dem Zeitpunkt verkürzt, zu dem die Veranlagungsarbeiten für das betreffende Kalenderjahr durch die zuständigen Veranlagungsstellen im Wesentlichen abgeschlossen sind (Faustformel: „95 %-Methode"). Wären die verkürzten Steuern erst später fällig geworden (vgl. für Abschlusszahlungen § 36 Abs. 4 EStG, § 18 Abs. 4 UStG), sind Zinsen für verkürzte **Nachzahlungen** nach **§ 235 Abs. 2 Satz 2 AO** mit Ablauf des **späteren fiktiven Fälligkeitstages** zu berechnen (vgl. AEAO zu § 235 Nr. 4.1.3).

Bei **Fälligkeitssteuern** (z. B. USt, LSt) tritt die Verkürzung grundsätzlich mit Ablauf **der gesetzlichen Fälligkeit** ein, d. h., der gesetzliche Fälligkeitstag ist der Ereignistag für die Zinsberechnung. In den Fällen zustimmungsbedürftiger Steueranmeldungen (§ 168 Satz 2 AO) tritt die Verkürzung erst mit Bekanntwerden der Zustimmung ein, z. B. unrichtige USt-Voranmeldung mit zu hoher Erstattung (vgl. AEAO zu § 168 Nr. 3 bis 5, 9 und zu § 235 Nr. 4.1.2).

Der **Zinslauf endet** nach **§ 235 Abs. 3 Satz 1 AO** grundsätzlich mit Ablauf des Tages der Steuertilgung, d. h. der **Zahlung** (§ 224 Abs. 2 AO) oder der **Aufrechnungswirkung** gemäß § 238 Abs. 1 Satz 3 AO. Der Tilgungstag wird stets mitgerechnet.

Die Hinterziehungszinsen werden **längstens** berechnet bis **zum Ablauf des Fälligkeitstages** für die nachgeforderten verkürzten Steuern bzw. Steuervorteile (ggf. unter Berücksichtigung von § 108 Abs. 3 AO). Denn nach **§ 235 Abs. 3 Satz 2 AO** werden Zinsen nicht erhoben für eine Zeit, für die Säumniszuschläge „verwirkt", die Zahlung „gestundet" oder die Vollziehung „ausgesetzt" ist **(Kumulierungsverbot).** Diese Vorschriften schließen „nahtlos" an die Zinsregelung der §§ 235, 238 AO an, indem sie – für den Fall nicht rechtzeitiger Zahlung – z. B. vom Ablauf des Fälligkeitstages an, also unmittelbar nach Ende des Zinslaufs, die Entstehung von Säumniszuschlägen nach § 240 AO als vorrangig anordnen. Unerheblich ist, ob diese anderen steuerlichen Nebenleistungen tatsächlich zu zahlen sind, z. B. wegen der Schonfrist nach § 240 Abs. 3 AO (vgl. AEAO zu

11.6 Verzinsung (§§ 233 bis 239 AO)

§ 235 Nr. 4.2.2). Das ist auch zu beachten, wenn ein vorsätzlich erschlichener Steuervorteil, z. B. Stundung oder Erlass, nach § 130 AO rückwirkend zurückgenommen worden ist.

Beispiele:

1. Aufgrund vorsätzlich unrichtiger Angaben des S wird die ESt mit Bescheid 08 vom 17. 2. 10 (zur Post) um 10.000 € zu niedrig festgesetzt. Nach wirksamer Selbstanzeige (§ 371 AO) ergeht der nach § 173 AO geänderte ESt-Bescheid am 14. 11. 10 (zur Post). S zahlt die 10.000 € am 20. 12. 10 (Gutschrift gemäß § 224 Abs. 2 Nr. 2 AO). Höhe der Zinsen?

Die ESt-Verkürzung ist in Höhe von 10.000 € mit Bekanntgabe am 20. 2. 10 eingetreten (§ 370 Abs. 1 und 4, § 122 Abs. 2 Nr. 1 AO). Maßgebend für den Zinslaufbeginn ist nach § 238 Abs. 1 Satz 2, § 235 Abs. 2 Satz 2 AO der Ablauf des fiktiven Fälligkeitstages, somit der 21. 3. 10 (§ 220 Abs. 1 AO, § 36 Abs. 4 EStG). Hinterziehungszinsen sind deshalb ab 21. 3. 10 festzusetzen. Der Zinslauf würde nach § 235 Abs. 3 Satz 1 AO mit Zahlung der verkürzten 10.000 € am 20. 12. 10 enden. Nach § 235 Abs. 3 Satz 2 AO endet der Zinslauf aber bereits mit Ablauf des 17. 12. 10 (Fälligkeitstag), da ab 18. 12. 10 nach § 240 Abs. 1 AO Säumniszuschläge „verwirkt" sind, auch wenn sie nach § 240 Abs. 3 AO nicht „erhoben" werden. Es liegen 8 volle Zinsmonate vor. Die Hinterziehungszinsen betragen somit 400 € (§ 238 AO).

2. Unternehmer U hatte die USt-Voranmeldung Mai 09 vorsätzlich erst am 10. 7. 09 zusammen mit der USt-Voranmeldung Juni 09 eingereicht und die verkürzte USt Mai in Höhe von 10.000 € am 12. 7. 09 gezahlt. Ein Antrag auf Dauerfristverlängerung (§ 46 UStDV) ist nicht gestellt worden. Zinsfolge?

Die USt-Verkürzung ist am 10. 6. 09 eingetreten (§ 370 Abs. 1 und 4 AO, § 18 Abs. 1 UStG). Nach § 235 Abs. 2 Satz 1 AO beginnt der Zinslauf am 11. 6. 09 und endet grundsätzlich nach § 235 Abs. 3 Satz 1 AO mit Zahlung. Mit Ablauf des 10. 7. 09 liegt ein voller Zinsmonat vor = 50 € Zinsen (§ 238 AO, § 187 Abs. 1, § 188 Abs. 2 BGB). § 235 Abs. 3 Satz 2 AO steht nicht entgegen, da Säumniszuschläge nach § 240 Abs. 1 Satz 3 AO erst ab 11. 7. 09 verwirkt sind. Hinweis auf Verspätungszuschlag unter Berücksichtigung der Zinsen (§ 152 Abs. 2 Satz 2 AO).

3. U hatte die USt-Voranmeldung Januar 10 am 10. 2. 10 eingereicht und hierin vorsätzlich einen „Rotbetrag" von 50.000 € statt richtig mit 30.000 € ausgewiesen. Das FA zahlte am 24. 2. 10 die USt-Erstattung aus zusammen mit Bekanntgabe der Abrechnungsmitteilung. Am 28. 12. 10 reichte U eine berichtigte Anmeldung für Januar als „Selbstanzeige" ein und zahlte die 20.000 € gleichzeitig mit Scheck. Zinsen?

Die USt-Verkürzung von 20.000 € ist am 24. 2. 10 mit Bekanntgabe der Zustimmung eingetreten (§ 370 Abs. 1 und 4, § 168 Satz 2 AO, § 18 UStG; vgl. AEAO zu § 168 Nr. 3 bis 5, zu § 220, zu § 355 Nr. 1). Die Selbstanzeige nach § 371 AO ist für § 235 AO unerheblich. Der Zinslauf beginnt nach § 235 Abs. 2 Satz 1 AO am 25. 2. 10 und endet nach § 235 Abs. 3 Satz 1 AO am 28. 12. 10. Es liegen 10 volle Zinsmonate vor = 1.000 € Zinsen (§ 238 Abs. 1 AO, § 187 Abs. 1, § 188 Abs. 2 BGB).

Spätere Korrekturen des „Steuer"-Bescheides „nach" Ende des Zinslaufs haben gemäß **§ 235 Abs. 3 Satz 3 AO** keine Auswirkungen auf die bis dahin entstandenen Zinsen (vgl. Ausführungen zu § 234 AO unter Tz. 11.6.4).

Nach § 235 Abs. 4 AO sind Steuerzinsen nach § 233 a AO, die für denselben Zeitraum festgesetzt werden (nach Ablauf der Karenzzeit von 15 Monaten bis zur Steuerfestsetzung), anzurechnen (siehe AEAO zu § 235 Nr. 5.2; Ausführungen Tz. 11.6.3. am Ende mit Beispiel).

11.6.6 Prozesszinsen auf Erstattungsbeträge (§ 236 AO)

Der Erstattungsbetrag ist zu verzinsen, wenn **aufgrund gerichtlicher Entscheidung** eine festgesetzte **Steuer herabgesetzt** wird (§ 236 AO). Das Gegenstück zu den Erstattungszinsen bilden die Zinsen bei Aussetzung der Vollziehung (§ 237 AO). Erstattungszinsen können nur im Rahmen oder aufgrund eines gerichtlichen Verfahrens beansprucht werden (vgl. BFH, BStBl 2004 II S. 169; AEAO zu § 236 Nr. 1). Das Einspruchsverfahren kennt keine Erstattungszinsen. Der Zinsanspruch entsteht, wenn eine Steuer nach Eintritt der Rechtshängigkeit herabgesetzt wird. Rechtshängigkeit tritt ein, sobald die Klage ordnungsgemäß erhoben ist (Eingang der Klageschrift bei Gericht, §§ 64, 66 FGO; vgl. AEAO zu § 236 Nr. 5). Der Eingang der Klageschrift bei der Finanzbehörde genügt nicht. Er wahrt zwar die Frist für die Erhebung der Klage (§ 47 Abs. 2 und 3 FGO), begründet aber keine Rechtshängigkeit. Eine Verzinsung ist nur bei Vorliegen bestimmter Tatbestände vorgesehen. Diese ergeben sich im Einzelnen aus § 236 Abs. 1 und 2 AO und betreffen ausschließlich **Steuerfestsetzungen** im Sinne von § 155 AO, nicht jedoch die aufgrund einer Gerichtsentscheidung nachträglich erfolgte Eintragung eines Freibetrages auf der LSt-Karte, da es hier an einer „festgesetzten Steuer" fehlt. Prozesszinsen kommen auch bei **Steuervergütungen** in Betracht, z. B. wenn eine vorher abgelehnte USt-Vergütung im Zuge des gerichtlichen Verfahrens gewährt oder eine zu niedrig festgesetzte Vergütung heraufgesetzt wird (§ 155 Abs. 4 AO).

§ 236 AO begründet dagegen **keine** generelle **Zinspflicht für sonstige Rechtsstreitigkeiten,** auf welche die FGO Anwendung findet, z. B. hinsichtlich Haftungsansprüchen (vgl. BFH, BStBl 1989 II S. 821), steuerlicher Nebenleistungen und für Fälle des Erhebungsverfahrens, in denen der Stpfl. ohne rechtlichen Grund Steuern entrichtet hat oder einen materiell-rechtlichen Erstattungsanspruch mit Erfolg geltend macht, z. B. ein Abrechnungsbescheid (§ 218 Abs. 2 AO) aufgehoben oder geändert wird, da hierdurch nicht die Festsetzung der Steuer berührt wird (§ 233 Satz 1 AO; vgl. BFH, BStBl 1987 II S. 702). Dasselbe gilt, wenn die Erstattung nach § 163 AO oder § 227 AO aus Billigkeitsgründen gewährt wird.

Die **Verzinsung beginnt** regelmäßig mit dem **Tag der Rechtshängigkeit.** Ist der zu erstattende Betrag erst nach Eintritt der Rechtshängigkeit gezahlt worden, so beginnt die Verzinsung mit dem **Tag der Zahlung** (§ 236 Abs. 1 AO). Die Verzinsung **endet** mit dem **Auszahlungstag.** Der Tag des Beginns der Rechtshängig-

11.6 Verzinsung (§§ 233 bis 239 AO)

keit (oder Tag der Zahlung) sowie der Auszahlungstag sind mitzurechnen. Die Zinsen sind von dem Tag an, an dem der Zinslauf beginnt, nur für volle Monate zu zahlen. § 239 Abs. 2 AO ist zu beachten. Erstattungszinsen sind von Amts wegen zu zahlen. Bei den Realsteuern obliegt die Zinszahlung den Gemeinden.

Unter bestimmten Voraussetzungen erfolgt **keine Verzinsung (§ 236 Abs. 3 AO).** Ein zu erstattender Betrag wird nicht verzinst, soweit dem Beteiligten die Rechtsbehelfskosten nach § 137 Satz 1 FGO durch das Gericht auferlegt worden sind. Dieser Fall tritt ein, wenn die Herabsetzung der Steuer auf Tatsachen beruht, die der Beteiligte hätte früher geltend machen oder beweisen können und sollen, z. B. in Schätzungsfällen. Andere Fälle der Kostentragung werden von § 236 Abs. 3 AO nicht erfasst, z. B. § 136 Abs. 2 FGO bei Klagerücknahme nach Änderung des Bescheides (vgl. BFH, BStBl 1995 II S. 37). Maßgebend ist die Kostenentscheidung (vgl. Ausführungen unter Tz. 14.8.1). Wegen der **Anrechnung** von Steuerzinsen siehe **§ 236 Abs. 4 AO** und Ausführungen unter Tz. 11.6.3 am Ende. **Spätere Korrekturen der Steuerfestsetzung** sind ohne Auswirkung auf den Zinsbescheid (**§ 236 Abs. 5 AO).**

11.6.7 Aussetzungszinsen nach § 237 AO

§ 237 AO löst eine Zinspflicht aus, „soweit" ein förmlicher außergerichtlicher Rechtsbehelf oder eine Anfechtungsklage gegen einen von der Vollziehung ausgesetzten Steuerbescheid – oder ihm gleichgestellten Bescheid – „endgültig keinen Erfolg" gehabt hat.

Gegenstand der Verzinsung sind ausgesetzte **Steuerbescheide** und **gleichgestellte Bescheide,** nicht dagegen sonstige Festsetzungen, wie z. B. Haftungs- oder Abrechnungsbescheid (§ 237 Abs. 1 Satz 1, § 233 Satz 1 AO). Die Zinspflicht kommt auch bei nicht angefochtenen Folgebescheiden und in den Fällen des § 35 b GewStG in Betracht, soweit die Anfechtung gegen den Grundlagenbescheid ohne Erfolg war (§ 237 Abs. 1 und 3 AO). Dies gilt auch dann, wenn ein angefochtener Grundlagenbescheid nicht auf den Vorschriften der §§ 179 ff. AO beruht, z. B. Bescheinigungen gemäß § 33 b EStG als außersteuerliche Verwaltungsakte, oder wenn die Anfechtung des Grundlagenbescheides die Vollziehungsaussetzung eines anderen Grundlagenbescheides und hierauf beruhender Folgebescheide gemäß § 361 Abs. 3 AO, § 69 Abs. 2 Satz 4 FGO auslöst (vgl. AEAO zu § 237 Nr. 2).

Weitere Voraussetzung für die Verzinsung ist nach § **237 Abs. 1 AO,** dass der angefochtene (Steuer-)Bescheid **nach § 361 AO oder § 69 FGO** tatsächlich **ausgesetzt** war und dieses konkrete Rechtsbehelfsverfahren **im Endergebnis insoweit endgültig erfolglos** war, insbesondere weil der Rechtsbehelf durch unanfechtbare Entscheidung ganz oder teilweise abgewiesen oder zurückgenommen worden ist (vgl. §§ 367, 362 AO, §§ 72, 95, 126 FGO). Für die Frage „ohne

Erfolg geblieben" ist unerheblich, aus welchen Gründen der Rechtsbehelf im Ergebnis erfolglos war. Es ist allein abzustellen auf das zahlenmäßige Ergebnis des **geschuldeten** und tatsächlich von der Vollziehung **ausgesetzten Betrages** (vgl. BFH, BStBl 1999 II S. 201 m. w. N.; AEAO zu § 237 Nr. 4). Das gilt auch, wenn der Rechtsbehelf wegen dessen Rücknahme oder aus Gründen außerhalb des Rechtsbehelfsverfahrens erfolglos war, z. B. gegenläufige Korrektur in der Einspruchsentscheidung aufgrund § 175 Abs. 1 Satz 1 Nr. 1 AO, oder wenn die durch einen an sich erfolgreichen Einspruch erzielbare Steuerminderung durch andere Umstände kompensiert wird bzw. sogar eine Verböserung erfolgt. Bei teilweiser Aussetzung bezieht sich die Zinspflicht nur auf den ausgesetzten Betrag. Aus dem Wort „soweit" ergibt sich ferner, dass bei Teiländerungen nur der Betrag zu verzinsen ist, hinsichtlich dessen der Stpfl. endgültig unterlag. Bei **Grundlagenbescheiden** ist allein auf das Ergebnis des Einspruchsverfahrens gegen den ausgesetzten Grundlagenbescheid abzustellen. Nicht maßgebend ist die steuerliche Auswirkung, die sich aus Gründen außerhalb des Einspruchsverfahrens letztlich auf der Ebene des Folgebescheides ergibt. Daher fallen keine Aussetzungszinsen an, wenn der Grundlagenbescheid antragsgemäß geändert worden ist und der Einspruch sich dadurch erledigt hat (BFH, BFH/NV 2004 S. 158).

Die **Verzinsung beginnt** nach **§ 237 Abs. 2 Satz 1 AO** grundsätzlich am Tag des Rechtsbehelfseingangs, im Regelfall aber erst am **Tag nach Fälligkeit.** Der Eingangstag ist nur bedeutsam bei den Fälligkeitssteuern (vgl. § 18 Abs. 1 UStG; § 41 a EStG für LSt), da hier die gesetzliche Fälligkeit allgemein früher liegt. In der Mehrzahl der Fälle wird die AdV erst am Tag nach Fälligkeit oder später wirksam (vgl. AEAO zu § 237 Nr. 6 und zu § 361 Nr. 8.1). Für die Zeit zwischen Fälligkeit und AdV-Beginn fallen Säumniszuschläge an. Wird die AdV später bekannt gegeben, so beginnt der Zinslauf stets mit dem Tag, an dem die Wirkung der Aussetzung (oder Aufhebung) laut Verfügung eintritt (§ 237 Abs. 2 Satz 2 AO), z. B. bei rückwirkender Aussetzung.

Der Zinslauf **endet** grundsätzlich mit **Ablauf der Aussetzung** laut Tenor, z. B. ein Monat nach Bekanntgabe der Einspruchsentscheidung, spätestens mit der endgültigen Erfolglosigkeit des Rechtsbehelfs, z. B. **Rücknahme** oder rechtskräftiges Urteil (vgl. AEAO zu § 361 Nr. 8.2). Dieser Tag wird mitgerechnet. Für die Zeit danach fallen ggf. Säumniszuschläge (§ 240 AO) oder Stundungszinsen (§ 234 AO) an. Wird die Schuld vor Ablauf der Aussetzung erfüllt, so endet die Verzinsung nach dem Gesetzeszweck mit der **Tilgung,** z. B. mit Zahlung oder Aufrechnungswirkung (§ 47 und § 238 Abs. 1 Satz 3 AO; vgl. BFH, BFH/NV 1999 S. 447).

Beispiel:
Der USt-Bescheid 07 über 30.000 € mit einer Abschlusszahlung von 4.500 € wurde am 15. 11. 08 zur Post gegeben. Am 1. 12. 08 legte U Einspruch ein und beantragte Herabsetzung der USt um 3.000 € sowie AdV. Die übrigen 1.500 € zahlte U bei Fälligkeit. Das FA gewährte mit Schreiben vom 29. 12. 08 AdV „ab Ablauf des

11.6 Verzinsung (§§ 233 bis 239 AO)

Fälligkeitstages bis zur Unanfechtbarkeit der Entscheidung". Mit Einspruchsentscheidung vom 12. 9. 09 (Bekanntgabetag) wurde die USt 07 auf 29.000 € herabgesetzt. U verrechnete am 15. 9. 09 wirksam 900 € gemäß § 238 Abs. 1 Satz 3 AO mit einem fälligen Erstattungsanspruch in gleicher Höhe. Auf Antrag des U wurde der Restbetrag „ab Ende der AdV bis zum 10. 1. 10" gestundet und von U am 12. 1. 10 (Montag) gezahlt. Zinsen?

Der ausgesetzte Betrag ist gemäß § 237 Abs. 1 AO in Höhe von 2.000 € zu verzinsen. Der Zinslauf beginnt gemäß § 237 Abs. 2 AO ab 19. 12. 08 (Fälligkeit nach § 18 Abs. 4 UStG am 18. 12. 08). Er endet für 900 € mit Erfüllung am 15. 9. 09 (§ 47 AO mit Aufrechnungslage); Zinslauf somit 19. 12. 08 bis 18. 08. 09 = 8 volle Monate; Zinsbetrag gemäß § 238 AO = 36 €. Für die restlichen 1.100 € endet der Zinslauf mit Ablauf des 12. 10. 09 (Ablauf der AdV mit Unanfechtbarkeit, d. h. mit Ablauf der Klagefrist gemäß § 47 FGO). Zinslauf hier 19. 12. 08 bis 18. 09. 09 = 9 volle Monate; Zinsbetrag = 49,50 €. Aussetzungszinsen insgesamt 85 € (abgerundet nach § 239 Abs. 2 AO).

Bezüglich der gestundeten 1.100 € USt beginnt der Zinslauf gemäß § 234 Abs. 1, § 238 AO ab 13. 10. 09 (fällig mit Ablauf der AdV) und endet mit Ablauf des 10. 1. 10 (letzter Tag der Stundung). Hierbei ist unerheblich, dass das Ende des Zinslaufs auf einen Samstag fällt. Zinslauf somit vom 13. 10. bis 12. 12. 09 = 2 volle Monate. Die Zinsen betragen 11 €.

Eine **Korrektur der Aussetzungszinsen** kommt nach einem erfolglosen Rechtsbehelfsverfahren gemäß **§ 237 Abs. 5 AO nicht** in Betracht, wenn die geschuldete Steuer später niedriger festgesetzt wird. **Anders** ist es bei späteren Korrekturen von **Anrechnungsverfügungen.**

Nach **§ 237 Abs. 4 AO** kann ein **Zinsverzicht** in Betracht kommen (vgl. Ausführungen unter Tz. 11.6.4). Das ist z. B. möglich, wenn die Voraussetzungen für eine Verrechnungsstundung vorgelegen haben. Das gilt aber regelmäßig nicht bei überlanger Verfahrensdauer, da der Stpfl. durch die AdV einen – nicht gerechtfertigten – Liquiditäts- und Zinsvorteil hatte, der mit der Zinsfestsetzung nach § 237 AO wieder beseitigt werden soll (vgl. BFH, BStBl 1996 II S. 53/55 m. w. N.).

11.6.8 Schaubild Verzinsung

	Steuerzinsen § 233 a AO	Stundungszinsen § 234 AO	Hinterziehungszinsen § 235 AO	Prozesszinsen § 236 AO	Aussetzungszinsen § 237 AO
Rechtsgrundlage	§ 233 a AO	§ 234 AO	§ 235 AO	§ 236 AO	§ 237 AO
Begriff	Verzinsung von Steuernachzahlungen und -erstattungen	Ausgleich für Stundungsvorteil	Abschöpfung Zinsvorteil für hinterzogene Nachzahlung	Folge einer Steuerherabsetzung im Klageweg	Ausgleich eines nicht gerechtfertigten Steuervorteils
Gegenstand der Verzinsung	ESt, KSt, USt, GewSt, (VSt) § 233 a Abs. 1 und 6 AO, nicht: Steuerabzugsbeträge, sonstige Steuern	Alle nach § 222 AO gestundeten Ansprüche aus dem Steuerschuldverhältnis, vorbehaltlich § 233 AO	Hinterzogene Steuern im Sinne von §§ 370, 373 AO oder gleichgestellte Ansprüche, nicht: §§ 378 ff. AO	Steuerbetrag, der durch oder aufgrund **Gerichtsentscheidung** rechtskräftig herabgesetzt ist, § 236 Abs. 1 und 2 AO	Ausgesetzte Beträge eines angefochtenen Steuerbescheides oder gleichgestellten Bescheides, § 237 Abs. 1, § 361 AO, § 69 FGO
Beginn der Verzinsung	Nach Ablauf der Karenzzeit von i. d. R. 15 Monaten, § 233 a Abs. 2 AO; Sonderfall: § 233 a Abs. 2 a und 7 AO	Tag, an dem die Stundung wirksam wird, § 238 Abs. 1, § 234 Abs. 1 AO; der Fälligkeitstag wird nicht mitgerechnet	Grundsätzlich nach Vollendung der Steuerhinterziehung (vgl. § 370 Abs. 4 AO) bzw. nach Fälligkeit bei Abschlusszahlungen, § 235 Abs. 2 AO	Rechtshängigkeit oder spätere Zahlung, § 236 Abs. 1 AO	Eingang des Rechtsbehelfs, frühestens nach Fälligkeit bzw. mit Tag der Aussetzung, § 237 Abs. 1 AO
Ende der Verzinsung	Mit Wirksamwerden der Steuerfestsetzung, § 233 a Abs. 2 AO	Letzter Tag der Stundung, § 234 Abs. 1 AO	Grundsätzlich der Tag, an dem die hinterzogene Steuer entrichtet wird, § 235 Abs. 3 Satz 1 AO, bzw. mit früherer Fälligkeit der Nachzahlung, § 235 Abs. 3 Satz 2 AO	Tag der Auszahlung, § 236 Abs. 1 AO	Ende der Aussetzung, § 237 Abs. 2 AO, bzw. mit vorzeitiger Entrichtung
Prozentsatz	0,5 v. H. des zu verzinsenden Betrages jeder Steuerart, abgerundet auf volle 50 €, für volle Monate, § 238 AO (nicht Kalendermonate)				
Geltendmachung	- Festsetzung durch schriftlichen **Zinsbescheid**, § 239 Abs. 1, § 155 AO; **Kleinbetragsregelung** „unter 10 €", § 239 Abs. 2 AO - regelmäßig mit Steuerbescheid, § 233 a Abs. 4 AO	- regelmäßig zusammen mit der Stundung - Erhebung i. d. R. mit der letzten Rate	- nach Ende des Zinslaufs bzw. rkr. Abschluss des Steuerstrafverfahrens	- Zahlung von Amts wegen, kein Antrag erforderlich	- nach Ablauf der AdV und endgültiger Erfolglosigkeit des Rechtsbehelfs
Besonderheiten	Prinzip der **Sollverzinsung** für Nachforderungen (Mehrroll) und bei Steuererstattung (Mindersoll); Besonderheiten, § 233 a Abs. 3 AO; i. d. R. führt jede Steuerbescheidänderung zur Änderung des Zinsbescheides, § 233 a Abs. 5 AO; **Anrechnung** auf andere Zinsen	Prinzip der **Sollverzinsung**, aber Billigkeitsmaßnahmen möglich, § 234 Abs. 2 AO; Kleinbetragsregelung je Einzelforderung, § 239 Abs. 2 AO; bei **Rücknahme/Widerruf der Stundung** Korrektur des Zinsbescheides gemäß § 175 Abs. 1 Satz 1 Nr. 1, § 239 Abs. 1 AO; **Anrechnung**, § 234 Abs. 3 AO	**Schuldner** = derjenige, zu dessen steuerlichen Vorteil hinterzogen, § 235 Abs. 1 Satz 2 AO; Sonderregelungen in Satz 3; **Verbot der Mehrfachverzinsung**, § 235 Abs. 3 Satz 2 AO; **Anrechnung**, § 235 Abs. 4 AO	**Keine Verzinsung**, wenn Kläger gemäß § 137 FGO die Kosten trägt, § 236 Abs. 3 AO; Sonderregelungen greift auch hier ein; **Anrechnung**, § 236 Abs. 4 AO	**Zinsverzicht** möglich, § 237 Abs. 4 AO; Zinspflicht für GewSt, § 237 Abs. 3 AO; **Anrechnung**, § 237 Abs. 4 AO
	← Abhängigkeit der Zinsen von der Steuerfestsetzung ist eingeschränkt →				
Rechtsbehelf	**Einspruch** gegen **Zinsbescheid** sowie gegen Ablehnung von **Billigkeitsmaßnahmen** nach § 234 Abs. 2, § 237 Abs. 4 bzw. §§ 163, 227 AO				
Verjährung	- Festsetzungsfrist: 1 Jahr, § 239 Abs. 1, §§ 169 ff. AO; Hinweis auf Anlaufhemmungen nach § 239 Abs. 1 Satz 2 AO - Zahlungsverjährung: 5 Jahre, §§ 228 ff. AO; beachte § 232 AO				

Merke: Zinsen fallen nur an, soweit eine gesetzliche Regelung besteht, § 233 Satz 1 AO. Nicht bei steuerlichen Nebenleistungen gemäß § 233 Satz 2 AO

11.7 Säumniszuschläge (§ 240 AO)

Wird eine Steuer oder eine zurückzuzahlende Steuer bzw. Steuervergütung nicht spätestens am Fälligkeitstag entrichtet, ist ein Säumniszuschlag verwirkt.

11.7.1 Rechtsnatur

Säumniszuschläge sind steuerliche Nebenleistungen (§ 3 Abs. 4 AO). Sie haben als Druckmittel, das den Schuldner zur pünktlichen Zahlung anhalten soll, gleichzeitig Zinscharakter für die Säumniszeit (vgl. § 235 Abs. 3 Satz 2 AO).

11.7.2 Voraussetzungen

Säumniszuschläge entstehen nur bei angemeldeten oder wirksam festgesetzten und fälligen **Steuerbeträgen,** die bis zum Ablauf des **Fälligkeitstages** nicht entrichtet worden sind (§ **240 Abs. 1 Satz 1** i. V. m. § 218 Abs. 1 AO; für Fälligkeit siehe § 220 AO). Zu den Steuern gehört auch der Rückforderungsanspruch des FA wegen zu Unrecht gezahlter Steuern bzw. **Steuervergütungen** als umgekehrter Steueranspruch im Sinne von § 37 Abs. 1 AO. Für die Anwendung des § 240 AO ist es gleichgültig, ob die rückständige „Steuer" vom eigentlichen Schuldner oder vom Haftungsschuldner gefordert wird. Säumniszuschläge fallen daher an, wenn Haftungsschulden – etwa einbehaltene, aber nicht abgeführte LSt-Abzugsbeträge – aufgrund einer Steueranmeldung nach § 168 Satz 1 oder aufgrund eines schriftlichen Anerkenntnisses gemäß § 167 Abs. 1 Satz 3 AO einer „Steuer"-Festsetzung gleichstehen. Das Gleiche gilt nach § **240 Abs. 1 Satz 2 AO** für **Haftungsschulden,** „soweit" sich die Haftung auf „Steuern" und Steuervergütungen erstreckt. Die Haftungsschuld ist ggf. für § 240 AO aufzuteilen, da die mit dem Haftungsbescheid angeforderten steuerlichen Nebenleistungen, wie z. B. Zinsen oder Verspätungszuschläge, selbst keine Säumniszuschläge auslösen. Denn Säumniszuschläge entstehen **nicht,** wenn **steuerliche Nebenleistungen** verspätet entrichtet werden (§ 240 Abs. 2 AO).

Säumniszuschläge entstehen kraft Gesetzes allein durch Zeitablauf. Auf ein Verschulden des Schuldners kommt es nicht an. Eine besondere Festsetzung ist nach § **218 Abs. 1 Satz 1 2. Halbsatz AO** nicht erforderlich. Regelmäßig bedarf es daher auch keines Leistungsgebots (§ 254 Abs. 2 AO). Die Anforderung der Säumniszuschläge wird dem Schuldner lediglich deklaratorisch mitgeteilt. Bei einem Streit über die Frage, ob Säumniszuschläge entstanden sind, entscheidet die Behörde durch Abrechnungsbescheid gemäß § 218 Abs. 2 AO (vgl. Tz. 11.7.5; AEAO zu § 240 Nr. 8).

Es tritt **keine Säumnis ein, bevor die Steuer festgesetzt** oder **angemeldet** worden ist **(§ 240 Abs. 1 Satz 3 AO).** Bei Fälligkeitssteuern kann demgemäß ein Säumniszuschlag nicht schon vom gesetzlichen Fälligkeitstermin an erhoben werden, wenn die Steuer erst nach diesem Termin von dem Stpfl. nach § 168 AO angemeldet bzw. nachträglich geändert oder von der Finanzbehörde gemäß § 167 Abs. 1, § 157 AO durch (Schätzungs-)Bescheid festgesetzt wird (vgl. AEAO zu § 240 Nr. 1 und zu § 168 Nr. 5).

Beispiele:

1. Gibt der Stpfl. bei einer Fälligkeitssteuer (z. B. USt-Vorauszahlung, LSt) seine Voranmeldung oder Anmeldung erst nach Ablauf des Fälligkeitstages ab, so sind Säumniszuschläge bei verspätet geleisteter Zahlung nicht vom Ablauf des gesetzlichen Fälligkeitstages an (vgl. § 18 Abs. 1 UStG, § 41a EStG), sondern erst von dem auf den Tag des Eingangs der Voranmeldung oder Anmeldung folgenden Tag an zu berechnen (§ 240 Abs. 1 Satz 3 AO; ggf. unter Beachtung der Schonfrist von Abs. 3). Hiervon unberührt bleiben § 152 AO und § 380 AO für Abzugsteuern.

2. Setzt das FA eine Fälligkeitssteuer wegen Nichtabgabe der Voranmeldung oder Anmeldung durch Schätzungsbescheid fest, so sind Säumniszuschläge für verspätet geleistete Zahlung nicht vom Ablauf des gesetzlichen Fälligkeitstages an, sondern erst von dem Tag an zu erheben, der auf den letzten Tag der gesetzten Zahlungsfrist folgt (§ 240 Abs. 1, § 220 Abs. 2 AO). Beachte § 152 AO; ferner §§ 370, 378, 380 AO.

Bei einer nachträglichen **Korrektur der „festgesetzten" Steuer**, z. B. nach § 129, § 164 oder §§ 172 ff. AO durch Erhöhung oder Minderung der Steuer, bleiben die bis zum Wirksamwerden des Änderungs- oder Aufhebungsbescheides verwirkten Säumniszuschläge nach der Sonderregelung des **§ 240 Abs. 1 Satz 4 AO** bestehen. Das gilt auch, wenn die ursprüngliche, für die Bemessung der Säumniszuschläge maßgebende Steuer im Einspruchsverfahren herabgesetzt wird (§ 367 AO). Der Stpfl. hätte in diesen Fällen Antrag auf AdV (§ 361 AO) oder Stundung (§ 222 AO) stellen müssen. Ändert sich der rückständige Steuerbetrag dagegen aufgrund nachträglicher **„Anrechnung" von Steuerabzugsbeträgen**, z. B. nach § 36 Abs. 2 EStG oder durch „Abrechnungsbescheid" nach § 218 Abs. 2 AO, so beruht dies nicht auf einer Steuerfestsetzung, sondern auf einer Korrektur im Erhebungsverfahren. Verwirkte Säumniszuschläge sind wegen der Akzessorietät entsprechend zu korrigieren (vgl. BFH, BStBl 1992 II S. 956; AEAO zu § 240 Nr. 2).

Eine Sonderregelung besteht in **§ 240 Abs. 1 Satz 5 AO** für die Aufrechnung. Danach wirkt die Aufrechnung für die Berechnung der Säumniszuschläge nicht über den Zeitpunkt der Fälligkeit der Schuld des Aufrechnenden zurück (vgl. AEAO zu § 226 Nr. 2; Ausführungen unter Tz. 11.3.4 mit Beispiel).

11.7.3 Berechnung und Schonfrist

Der Säumniszuschlag beträgt **für jeden „angefangenen" Monat der Säumnis 1 v. H.** des rückständigen Steuerbetrages. Der rückständige Betrag jeder einzel-

11.7 Säumniszuschläge (§ 240 AO)

nen Fälligkeit wird für die Berechnung des Säumniszuschlags auf volle 50 Euro nach unten abgerundet. Für Steuerrückstände unter 50 Euro fällt daher kein Säumniszuschlag an.

Säumnisbeginn ist grundsätzlich der Tag nach Ablauf des Fälligkeitstages (§ 240 Abs. 1 Satz 1 AO; für Fälligkeit siehe § 220 AO). In den Fällen des **§ 108 Abs. 3 AO** verschiebt sich die Fälligkeit auf den nächsten Werktag. Unter den Voraussetzungen des § 240 Abs. 1 Satz 3 AO beginnt die Säumnis erst am Tag nach Eingang der erstmaligen oder berichtigten Steueranmeldung bzw. nach der Festsetzung.

Eine **Schonfrist** besteht bei Säumnis bis zu drei Tage **für Überweisungen** und für nach Fälligkeit, aber vor Ablauf der Schonfrist erteilte und der Behörde vorliegende **Einzugsermächtigungen** sowie für **Aufrechnungsfälle,** dagegen **nicht** für verwirkte Säumniszuschläge bei **Bar-** oder **Scheckzahlungen (§ 240 Abs. 3** i. V. m. § 224 Abs. 2, § 226 AO). Die Schonfrist beginnt mit dem für die Berechnung des Säumniszuschlags maßgebenden Tag und ist von Amts wegen zu beachten. Sie endet mit Ablauf des dritten Tages nach dem – u. U. hinausgeschobenen – Fälligkeitstag. Der § 108 Abs. 3 AO ist wieder zu beachten.

Beispiel:

Die ESt-Vorauszahlung IV/05 ist am 10. 12. 05 fällig. Dieser Tag ist ein Samstag. Der Zahlungseingang beim FA erfolgt am 15. 12. 05 durch Gutschrift aufgrund Überweisung (§ 224 Abs. 2 Nr. 2 AO). Folge?

Der Fälligkeitstag wird nach § 108 Abs. 3 AO auf den 12. 12. 05 hinausgeschoben. Die Schonfrist beginnt am 13. 12. zu laufen und endet mit Ablauf des 15. 12. (§ 108 Abs. 1 AO, § 187 Abs. 1, § 188 Abs. 1 BGB). An diesem Tag ist die Zahlung erfolgt. Ein Säumniszuschlag ist „entstanden", aber nicht zu „erheben" (§ 240 Abs. 3 AO).

Die **Säumnis endet** entweder mit dem Erlöschen des Anspruchs nach § 47 AO bzw. mit Aufhebung der Fälligkeit durch Stundung (§ 222 AO) oder durch AdV (§ 361 AO, § 69 FGO).

Zur Erhebung von Säumniszuschlägen in **Stundungs- und Aussetzungsfällen** sowie bei **Herabsetzung von Vorauszahlungen** siehe AEAO zu § 240 Nr. 6.

Bei **mehrmonatiger Säumnis** schließen die einzelnen Monatszeiträume stets unmittelbar aneinander an, auch wenn ein abgelaufener Monatszeitraum auf einen Samstag usw. endet. Nur für den letzten Monatszeitraum der Säumnis ist § 108 Abs. 3 AO zu beachten.

Beispiel:

Die ESt-Abschlusszahlung von 5.040 € ist fällig am 10. 9. (Samstag). Der Zahlungseingang erfolgt am 12. 12. (Montag). Der 12. 11. ist ein Samstag. Folge?

11 Erhebungsverfahren

Fälligkeitstag ist gemäß § 108 Abs. 3 AO der 12. 9. Der erste Monat der Säumnis beginnt daher am 13. 9. und endet am 12. 10. Der zweite Monat reicht vom 13. 10. bis zum 12. 11. Der dritte Monat beginnt am 13. 11. – unabhängig davon, dass der 12. 11. ein Samstag ist – und endet mit dem 12. 12. Bei Zahlungseingang am 12. 12. gilt die Zahlung noch als im dritten Monat bewirkt (§ 224 Abs. 2 AO). Die Säumniszuschläge betragen somit 3 v. H. der abgerundeten Steuerschuld von 5.000 €; das sind 150 € (§ 240 Abs. 1 AO).

11.7.4 Besonderheiten

In den Fällen der **Gesamtschuld** entstehen Säumniszuschläge gegenüber jedem säumigen Gesamtschuldner (**§ 240 Abs. 4 AO**). Der Säumniszuschlag ist jedoch von den Gesamtschuldnern insgesamt nur in der Höhe zu fordern, in der er entstanden wäre, wenn die Säumnis lediglich bei einem Gesamtschuldner eingetreten wäre. Ein etwaiger Ausgleich zwischen den Gesamtschuldnern findet nach den Vorschriften des bürgerlichen Rechts statt.

Säumniszuschläge fallen auch bei **Vollstreckungsaufschub** nach § 258 AO an, da die Fälligkeit der Steuerrückstände bestehen bleibt (AEAO zu § 240 Nr. 7).

Ein **Erlass** von Säumniszuschlägen **kann** in Betracht kommen, wenn die Einziehung nach Lage des Einzelfalles unbillig ist (**§ 227 AO**). Das kann aus persönlichen Gründen bei einer plötzlichen schweren Erkrankung des Steuerschuldners als Hindernis für die pünktliche Zahlung in Betracht kommen, bei einem sonst pünktlichen Steuerzahler, dem ein offenbares Versehen unterlaufen ist, oder in sonstigen Fällen persönlicher oder sachlicher Unbilligkeit (vgl. AEAO zu § 240 Nr. 5). Wer dagegen regelmäßig die Schonfrist ausnutzt, ist wegen des bewussten Risikos nicht erlasswürdig (vgl. BFH, BStBl 1990 II S. 1007). Säumniszuschläge **sind** gemäß § 227 AO ganz oder regelmäßig zur Hälfte **zu erlassen,** wenn dem Steuerschuldner die rechtzeitige Zahlung wegen Überschuldung und – ggf. beschränkter – Zahlungsunfähigkeit unmöglich war oder wenn bei Fälligkeit die sachlichen Voraussetzungen für eine Stundung oder einen Vollstreckungsaufschub gegeben waren (vgl. BFH, BStBl 2003 II S. 901 m. w. N.; AEAO zu § 240 Nr. 5). In diesen oder ähnlichen Fällen, z. B. Überschneidungen mit Steuerzinsen nach § 233 a AO aufgrund der Änderung von Steuerbescheiden, ist die Erhebung der vollen Säumniszuschläge ein untaugliches Mittel und mit dem Sinn und Zweck des Gesetzes nicht vereinbar. Daher ist regelmäßig mindestens die Hälfte der verwirkten Zuschläge entsprechend der Höhe von Zinsen zu erlassen (vgl. AEAO zu § 233 a Nr. 64).

Säumniszuschläge unterliegen nur der **Zahlungsverjährung** (§§ 228 ff. AO). Die Festsetzungsverjährung greift nicht ein, da Säumniszuschläge nicht von einer förmlichen Festsetzung abhängig sind.

11.7.5 Rechtsschutz

Besteht Streit über die Säumniszuschläge, d. h., beanstandet der Stpfl. Grund oder Höhe der Säumniszuschläge, so ist das Vorbringen regelmäßig als **Antrag auf Erteilung eines Abrechnungsbescheides** nach **§ 218 Abs. 2 AO** anzusehen (vgl. AEAO zu § 240 Nr. 8). Dagegen ist der Einspruch gegeben.

Wendet sich der Stpfl. lediglich gegen die **Anforderung im Sinne von § 254 AO**, d. h., bestreitet er nicht die Verwirkung des Säumniszuschlags dem Grunde oder der Höhe nach, so ist das Vorbringen als Einspruch anzusehen oder ggf. als Erlassantrag zu werten (vgl. AEAO zu § 240 Nr. 8).

11.8 Sicherheitsleistung (§§ 241 bis 248 AO)

Die Vorschriften der §§ 241 bis 248 AO regeln Art und Verfahren der Sicherheitsleistung. Wann und ggf. in welcher Höhe Sicherheiten zu erbringen sind, ergibt sich aus den Einzelbestimmungen der AO, z. B. § 109 Abs. 2, § 165 Abs. 1, §§ 221, 222, 223, 361 Abs. 2 AO, sowie aus den Einzelgesetzen wie etwa § 18 f UStG. Die Finanzbehörde hat nach pflichtgemäßem **Ermessen** zu entscheiden, ob auf eine Sicherheit verzichtet werden kann. Von einer Sicherheitsleistung kann im Allgemeinen abgesehen werden, wenn es sich um kleinere Beträge handelt, die Stundung oder ähnliche Maßnahme nur kurzfristig sein soll und keinerlei Gefährdung des Anspruchs zu befürchten ist.

In § 241 AO sind die Sicherheiten aufgeführt, unter denen der zur Sicherheitsleistung Verpflichtete wählen kann. Die Finanzbehörde kann allerdings nach ihrem Ermessen auch andere Sicherheiten annehmen (§ 245 AO). Es liegt auch im Ermessen, zu welchen Werten Gegenstände als Sicherheit anzunehmen sind (§ 246 AO). Zu beachten sind ferner die Vorschriften über die Wirkung der Hinterlegung von Zahlungsmitteln (§ 242 AO), über die Verpfändung von Wertpapieren (§ 243 AO), über die Steuerbürgen (§ 244 AO), über den Austausch von Sicherheiten (§ 247 AO) und über die Nachschusspflicht, falls eine Sicherheit unzureichend wird (§ 248 AO). Die Kosten der Sicherheitsleistung treffen den Stpfl.

Die für die Bundesfinanzverwaltung erlassene Dienstanweisung über die Sicherheitsleistung im Verbrauchsteuerverfahren gilt entsprechend für die Besitz- und Verkehrsteuern (AEAO zu § 241 Nr. 2; vgl. im Einzelnen AO-Kartei §§ 241–248 Karte 2). Die **Erzwingung** von Sicherheiten richtet sich nach § 336 AO, ihre **Verwertung** nach § 327 AO.

12 Vollstreckung; Steuerstraf- und Bußgeldrecht

Die Vorschriften über die **Vollstreckung wegen Geldforderungen** (§§ 249 ff.; 259 ff. AO) sind wegen ihrer großen Bedeutung gesondert in **Band 14** der Lehrbuchreihe behandelt.

Die **Vollstreckung wegen anderer Leistungen als Geldforderungen** (§§ 328 bis 335 AO) ist bereits im Zusammenhang mit dem Steuerermittlungsverfahren unter Tz. 5.3.7 erörtert worden.

Im Zusammenhang mit der Durchführung der Besteuerung werden immer wieder **steuerstraf- oder bußgeldrechtliche Sachverhalte** aufgedeckt. Darüber hinaus ergeben sich im Besteuerungsverfahren verschiedene Anknüpfungspunkte mit Steuerhinterziehungen (§§ 370, 370 a AO) oder Steuerverkürzungen (§ 378 AO). Zu nennen sind insbesondere §§ 71, 169 Abs. 2 Satz 2, § 171 Abs. 5 und 7, § 173 Abs. 2, § 191 Abs. 3 Satz 2, § 219 Satz 2, § 235 AO. Einzelheiten zum Steuerstraf- und Bußgeldrecht werden wegen der großen Bedeutung und des Umfangs gesondert in **Band 15** der Lehrbuchreihe behandelt.

13 Außergerichtliches Rechtsbehelfsverfahren (§§ 347 bis 367 AO)

13.1 Allgemeine Grundlagen

Das Rechtsschutzverfahren ist in der AO und der FGO geregelt. Es ist zu unterscheiden zwischen **außergerichtlichen** und **gerichtlichen Rechtsbehelfen**. Letztere werden allgemein als Rechtsmittel bezeichnet.

Außergerichtlicher Rechtsbehelf ist einheitlich der **Einspruch** (§ 347 AO). Das Einspruchsverfahren wird auch als Vorverfahren bezeichnet (§§ 44, 46 FGO). Es ist als Fortsetzung des Besteuerungsverfahrens ausgestaltet (**„verlängertes Festsetzungsverfahren"**) und mit dem vorhergehenden Verfahren eng verbunden. Die Vorschriften, die für den Erlass des angefochtenen und begehrten Verwaltungsaktes im Besteuerungsverfahren anzuwenden sind, gelten entsprechend nach **§ 365 Abs. 1 i. V. m. §§ 85 ff. AO**.

Das Rechtsbehelfsverfahren dient dem Rechtsschutz des Stpfl. Es gewährleistet, dass die Maßnahmen und Entscheidungen der Behörden im Besteuerungsverfahren auf ihre Rechtmäßigkeit überprüft werden können. Die außergerichtlichen Rechtsbehelfe haben darüber hinaus zwei weitere Funktionen. Sie sind als Selbstkontrolle der Verwaltung gedacht und tragen dazu bei, die Gerichte zu entlasten (**„Filterwirkung"**). Die Behörde kann überprüfen, ob die nicht selten in einem Massenverfahren ergangenen Verwaltungsakte dem geltenden Recht entsprechen, und durch Änderung gegebenenfalls vermeiden, dass sich ein gerichtliches Verfahren entwickelt.

Die unterschiedliche Zielsetzung des außergerichtlichen und gerichtlichen Rechtsbehelfsverfahrens wird in der gesetzlichen Regelung berücksichtigt. Die FGO ist im Aufbau und in der Systematik an die VwGO angelehnt, während die AO das Einspruchsverfahren an das Besteuerungsverfahren anschließt.

Keine Rechtsbehelfe sind **Dienst- oder Sachaufsichtsbeschwerden, Gegenvorstellungen** und **Anregungen, einen Verwaltungsakt aufzuheben oder zu ändern** (vgl. AEAO vor § 347 Nr. 1). Mit der Dienst- oder Sachaufsichtsbeschwerde kann sich der Stpfl. an eine übergeordnete Behörde wenden, um durch innerdienstliche Anweisung eine Änderung des Verwaltungsaktes zu erreichen (Petitionsrechte im Sinne von Art. 17 GG). Diese Beschwerden können unabhängig vom Rechtsbehelfsverfahren eingelegt werden. Ein Anspruch auf Tätigwerden der übergeordneten Behörde besteht nicht. Die Gegenvorstellung richtet sich an die Behörde selbst, die den Verwaltungsakt erlassen hat. Mit ihr wird oftmals angeregt, einen Verwaltungsakt aufzuheben oder zu ändern (§§ 129 ff., 164, 172 ff. AO).

13 Außergerichtliches Rechtsbehelfsverfahren

Der **Rechtsbehelf** weist gegenüber Änderungsanregungen Besonderheiten auf: Er verhindert den Eintritt der Unanfechtbarkeit (Bestandskraft), verpflichtet die Behörde zur Entscheidung, kann beim Einspruch nach § 367 Abs. 2 AO zur Verböserung führen und ermöglicht eine AdV. In Zweifelsfällen ist ein förmlicher Rechtsbehelf anzunehmen, da er die Rechte des Stpfl. umfassender wahrt als eine Änderungsanregung (vgl. AEAO vor § 347 Nr. 1 und zu § 172 Nr. 2). Entsprechendes gilt für den Antrag auf Nichtigkeitsfeststellung eines Verwaltungsaktes nach § 125 Abs. 5 AO (siehe § 41 FGO).

Beispiel:

Der S hat am 6.6.07 den ESt-Bescheid 06 mit einer Abschlusszahlung von 3.450 € erhalten. Er schreibt am 1.7.07 an das FA – ohne ausdrücklich Einspruch einzulegen: „... beantrage ich die Berücksichtigung weiterer Kosten (siehe Anlage) als Werbungskosten. Erst jetzt habe ich anhand der Merkblätter zur ESt-Erklärung deren Abzugsfähigkeit festgestellt. Dies bitte ich bei der Abschlusszahlung zu berücksichtigen ..." Die rechtliche Wertung des Sachverhalts ist nicht eindeutig. Rechtslage?

Da S mit dem ESt-Bescheid nicht einverstanden ist und eine Änderung begehrt, ist das Schreiben auszulegen. Die Auslegung als Antrag auf Änderung nach § **173 Abs. 1 Nr. 2 AO** führt ggf. zur Ablehnung wegen groben Verschuldens (Nichtbeachtung ausdrücklicher Hinweise). Bei einer Auslegung als Antrag auf schlichte Änderung nach § **172 Abs. 1 Satz 1 Nr. 2 Buchst. a AO** entfällt die Möglichkeit der beantragten AdV der streitigen ESt-Abschlusszahlung nach § 361 AO, da die AdV einen angefochtenen Bescheid voraussetzt. Außerdem dient das Antragsverfahren nach § 172 AO der beschleunigten Erledigung unstreitiger Rechtsfragen. Das Schreiben des S ist daher als **Einspruch** mit **AdV-Antrag** zu werten (vgl. AEAO zu § 172 Nr. 2).

Das Einspruchsverfahren ist grundsätzlich **kostenfrei**, d. h., Einspruchsführer und Finanzbehörde haben jeweils ihre eigenen Aufwendungen zu tragen, z. B. für Steuerberater oder Gutachter (vgl. BFH, BStBl 1996 II S. 501, sowie die abweichende Rechtslage in § 77 EStG für Kindergeldsachen und in § 80 VwVfG für das allgemeine Verwaltungsrecht). Ausnahmen ergeben sich aus § **139 Abs. 3 Satz 3 FGO,** wenn sich das Klageverfahren anschließt, oder in engen Grenzen für Schadensersatz aus **Amtshaftung** gemäß § 839 BGB i. V. m. Art. 34 GG (vgl. Neusel, Stbg 2003 S. 366).

13.2 Zulässigkeitsvoraussetzungen

Ziel des Einspruchsverfahrens ist es, eine sachliche Überprüfung des angefochtenen Verwaltungsaktes herbeizuführen (vgl. § 367 Abs. 2 AO). Nach einem für alle Verfahrensordnungen geltenden Grundsatz ist die Sachentscheidung über einen Rechtsbehelf („Begründetheit") von dem Vorliegen bestimmter verfahrensrechtlicher Voraussetzungen abhängig, d. h., die **Zulässigkeit** des Rechtsbehelfs

13.2 Zulässigkeitsvoraussetzungen

ist **Voraussetzung für eine Sachentscheidung.** Fehlt es an einer Zulässigkeitsvoraussetzung, so muss der Einspruch von Amts wegen als unzulässig verworfen werden (§ 358 AO). Er darf sachlich nicht behandelt werden, selbst wenn er nach materiellem Recht begründet wäre.

Beispiel:
Der Einspruch gegen einen unrichtigen ESt-Bescheid geht verspätet beim FA ein. Der Einspruch ist nach § 358 AO als unzulässig zu verwerfen. Eine Entscheidung in der Sache selbst gemäß § 367 Abs. 2 AO darf trotz offensichtlicher Begründetheit nicht erfolgen.

Regelmäßig müssen folgende **Zulässigkeitsvoraussetzungen** vorliegen:
1. Statthaftigkeit, §§ 347 und 348 AO
2. Form, § 357 Abs. 1 und 3 AO
3. Frist, §§ 355, 356, 357 Abs. 2, §§ 108 bis 110 AO
4. Beschwer, § 350 AO
5. Spezielle Einspruchsbefugnis, §§ 352, 353 AO
6. Kein Verzicht, § 354 AO
7. Keine Rücknahme, § 362 AO
8. Handlungsfähigkeit, §§ 365, 79 AO
9. Ordnungsgemäße Vertretung, §§ 365, 80 AO

13.2.1 Statthaftigkeit und Ausschluss des Einspruchs nach §§ 347, 348 AO

Nach § 347 AO ist als außergerichtlicher Rechtsbehelf einheitlich der Einspruch statthaft in bestimmten steuerlichen Angelegenheiten. Er ist nach § 348 AO in den dort geregelten Fällen ausgeschlossen. Im Einzelnen gilt Folgendes:

1. Einspruchsfähige Verwaltungsakte

Der Einspruch ist nach § **347 Abs. 1 Satz 1 AO** gegen **alle Verwaltungsakte** (§ 118 AO) der in Abs. 2 genannten Angelegenheiten statthaft. Da **Steueranmeldungen** nach § 168 AO einer Steuerfestsetzung unter dem Vorbehalt der Nachprüfung gleichstehen, können sie ebenfalls mit dem Einspruch angefochten werden (vgl. § 355 Abs. 1 Satz 2 AO für Frist; AEAO zu § 168 Nr. 13). Der Einspruch ist ferner gegeben gegen die **Ablehnung eines derartigen Verwaltungsaktes** oder **Realaktes,** wie z. B. Ablehnung eines Antrags auf Akteneinsicht nach § 364 AO (vgl. AEAO zu § 347 Nr. 1 und zu § 364). Gleiches gilt, wenn **korrigierte Verwaltungsakte/Bescheide** ergangen sind oder der Erlass eines Korrekturbescheides von der Finanzbehörde abgelehnt worden ist (vgl. AEAO zu § 347 Nr. 2 und 3).

13 Außergerichtliches Rechtsbehelfsverfahren

Aus Rechtsschutzgründen ist der Einspruch auch – unbefristet – statthaft gegen **nichtige Verwaltungsakte** und **Scheinverwaltungsakte,** obgleich der Schein- und der nichtige Verwaltungsakt keinerlei Rechtswirkungen haben (vgl. AEAO zu § 347 Nr. 1). Dem – begründeten – Einspruch wird dadurch abgeholfen, dass entweder die Unwirksamkeit (Nichtigkeit) im Sinne von **§ 124 Abs. 3 AO** festgestellt oder der „Verwaltungsakt" nach § 367 Abs. 2 Satz 3 AO förmlich aufgehoben oder der angefochtene unwirksame Verwaltungsakt durch einen neuen Verwaltungsakt ersetzt und das Einspruchsverfahren sodann nach **§ 365 Abs. 3 Nr. 2 AO** fortgeführt wird. Entscheidend ist, dass ein Verwaltungsakt die Äußerung einer mit staatlicher Autorität ausgestatteten Behörde enthält, die den Schein der Rechtswirksamkeit für sich hat und aus deren Vorhandensein dem Betroffenen Nachteile und Unannehmlichkeiten erwachsen können (BFH, BStBl 1983 II S. 543). Unabhängig hiervon kann gegen nichtige Verwaltungsakte unmittelbar **Feststellungsklage** erhoben werden (§ 41 FGO), die **Feststellung der Nichtigkeit** nach § 125 Abs. 5 AO oder auch die **Rücknahme** bzw. **Aufhebung** nach § 130 AO bzw. § 172 AO erfolgen (BFH, BStBl 1985 II S. 579).

2. Untätigkeitseinspruch

Nach **§ 347 Abs. 1 Satz 2 AO** ist darüber hinaus der – unbefristete – Untätigkeitseinspruch gegeben, wenn geltend gemacht wird, dass über einen Antrag auf Erlass eines Verwaltungsaktes, z. B. Änderungsbescheid, ohne Mitteilung eines zureichenden Grundes binnen angemessener Frist sachlich nicht entschieden worden ist. Welche Frist „**angemessen**" ist, hängt vom Umfang und von der Kompliziertheit des Einzelfalles ab. In der Regel wird eine kürzere Frist als die vergleichbare Sechsmonatsfrist des § 46 FGO in Betracht kommen. Der Untätigkeitseinspruch ist im Übrigen **zeitlich nicht befristet** (§ 355 Abs. 2 AO).

Beispiel:

Dem FA ist bei der ESt-Festsetzung ein Rechenfehler (§ 129 AO) zuungunsten des S unterlaufen. S stellt einen entsprechenden Berichtigungsantrag, der nach 5 Monaten noch nicht entschieden ist. Folge?

S hat einen Rechtsanspruch auf Berichtigung der Festsetzung (§ 129 Satz 2 AO). Da ein Verwaltungsakt noch nicht ergangen ist, kann S im Wege des Untätigkeitseinspruchs das FA veranlassen, tätig zu werden (§ 347 Abs. 1 Satz 2 AO).

Wird während des Einspruchsverfahrens der beantragte Verwaltungsakt erlassen, so hat sich der Untätigkeitseinspruch erledigt. Wird auch über den Untätigkeitseinspruch ohne Mitteilung eines zureichenden Grundes nicht in angemessener Frist entschieden, kann **Untätigkeitsklage** erhoben werden gemäß **§ 46 FGO.**

3. Ausschluss des Einspruchs

Der **§ 348 AO** regelt negativ die Fälle, in denen ein Einspruch ausgeschlossen ist, z. B. gegen Einspruchsentscheidungen (Nr. 1) oder Nichtentscheidung hierüber

13.2 Zulässigkeitsvoraussetzungen

(Nr. 2), gegen Verwaltungsakte oberster Bundes- oder Landesfinanzbehörden (Nr. 3) sowie gegen Entscheidungen der Zulassungs- und Prüfungsausschüsse bei den OFDen (Nr. 4). In diesen Fällen kann **unmittelbar Klage** erhoben werden gemäß §§ 40, 44 Abs. 1 bzw. § 46 FGO.

4. Einspruchsfähige Angelegenheiten – Finanzrechtsweg

Abgabenangelegenheiten im Sinne von **§ 347 Abs. 1 Satz 1 Nr. 1 und Abs. 2 AO** sind alle mit der Verwaltung der Abgaben oder sonst mit der Anwendung der abgabenrechtlichen Vorschriften durch die Finanzbehörde zusammenhängenden Angelegenheiten einschließlich Kindergeldsachen (vgl. § 31 EStG; § 33 Abs. 2 FGO).

Der § 347 Abs. 1 Satz 1 Nr. 1 AO ist **nicht anwendbar**

- im **Straf- und Bußgeldverfahren** gemäß **§ 347 Abs. 3 AO** (vgl. BFH, BStBl 1988 II S. 359 für Auskunftsersuchen der Steuerfahndung; 2001 II S. 306; 2004 II S. 458 m. w. N.)

> **Beispiel:**
>
> Der Stpfl. begehrt nach Einstellung des Steuerstrafverfahrens die Einsichtnahme in Ermittlungsakten der Steuerfahndung. Welcher Rechtsbehelf ist gegeben?
> Steuerstraf- und Bußgeldsachen gehören nicht zu den Abgabenangelegenheiten (§ 347 Abs. 3 AO). Für sie ist der Einspruch ausgeschlossen. Die Tätigkeit der Steuerfahndung dient jedoch auch zur Ermittlung von Besteuerungsgrundlagen (§ 208 AO). Der Antrag auf Akteneinsicht ist deshalb nach Abschluss eines Straf- oder Bußgeldverfahrens als Abgabenangelegenheit anzusehen. Die strafverfahrensrechtliche Seite der Steuerfahndung tritt dann in den Hintergrund (BFH, BStBl 1997 II S. 543).

- auf **landesrechtlich geregelte Steuern** (§ 1 Abs. 1 AO)

- auf die von den Gemeinden verwalteten **Realsteuern** (§ 1 Abs. 2 Nr. 6 AO)

> **Beispiel:**
>
> Die GewSt unterliegt der Gesetzgebung des Bundes (Art. 105 Abs. 2 GG). Sie wird nur bis zur Festsetzung des Messbetrages von Länderfinanzbehörden verwaltet (§ 13 GewStG, § 184 AO). Die Steuerfestsetzung obliegt in den meisten Ländern (Ausnahmen: Berlin, Bremen, Hamburg) den Gemeinden. Welcher Rechtsbehelf ist gegeben?
> Die GewSt-Messbescheide müssen mit Einspruch nach § 347 Abs. 1 Satz 1 Nr. 1 und Abs. 2 AO angefochten werden. Gegen den GewSt-Bescheid ist dagegen der Widerspruch nach § 79 VwVfG, §§ 68 ff. VwGO gegeben (vgl. BFH, BStBl 1990 II S. 582).

Neben den Abgabenangelegenheiten ist der Einspruch auch statthaft in Streitigkeiten über die **Vollstreckung bestimmter anderer Verwaltungsakte (§ 347 Abs. 1 Satz 1 Nr. 2 AO,** § 33 Abs. 1 Nr. 2 FGO) und in bestimmten berufsrechtlichen und öffentlich-rechtlichen Streitigkeiten nach dem **Steuerberatungsgesetz** (§ 347

Abs. 1 Satz 1 Nr. 3 AO vorbehaltlich § 348 Nr. 3 und 4 AO, § 33 Abs. 1 Nr. 3 FGO; vgl. dazu AEAO zu § 347 Nr. 5).

Schließlich können Verwaltungsakte mit dem Einspruch angefochten werden, wenn die entsprechenden Vorschriften ausdrücklich für anwendbar erklärt worden sind (**§ 347 Abs. 1 Satz 1 Nr. 4 AO,** § 33 Abs. 1 Nr. 4 FGO). Das ist z. B. geschehen durch § 5 InvZulG, § 14 Abs. 2 des 5. VermBG, § 8 Abs. 1 WoPG sowie in zahlreichen Landesgesetzen über **Landessteuern** und in Gesetzen zur Durchführung der **EG-Verordnungen** (vgl. AEAO zu § 347 Nr. 6).

Über die Statthaftigkeit ist durch Einspruchsentscheidung zu befinden. Bestehen keine entsprechenden Zweifel, so ist es überflüssig, in der Entscheidung auf die §§ 347, 348 AO einzugehen.

5. Unrichtige Bezeichnung

Die unrichtige Bezeichnung des Einspruchs ist unschädlich (**§ 357 Abs. 1 Satz 4 AO).** Ist zweifelhaft, ob Einspruch gegen eine Entscheidung eingelegt ist und welcher, so gilt der Grundsatz der Meistbegünstigung. Danach ist sowohl der Einspruch zulässig, der gegen die erkennbar gewollte Entscheidung gegeben ist, als auch der, der dem objektiven Gehalt der angegriffenen Entscheidung entspricht. Der wirkliche Wille ist durch **Auslegung** zu ermitteln entsprechend § 133 BGB. Das gilt auch für nicht eindeutige Erklärungen von Angehörigen der steuerberatenden Berufe. Gegebenenfalls ist die Wertung nach schriftlicher Rückfrage vorzunehmen.

> **Beispiele für statthafte Einsprüche:**
>
> Widerspruch oder Beschwerde statt Einspruch; allgemeines Begehren („ist falsch"); Abgabe der Steuererklärung nach Schätzungsbescheid innerhalb der Einspruchsfrist (BFH, BStBl 2003 II S. 505).

13.2.2 Form und Inhalt des Einspruchs

Die Einspruchserklärung muss formgerecht abgegeben werden. Der erforderlichen **Form** wird genügt, wenn der Einspruch schriftlich eingereicht oder zu Protokoll erklärt wird (**§ 357 Abs. 1 AO**). Der Einspruch muss nicht eigenhändig unterschrieben sein. Es genügt, wenn aus dem **Schriftstück** hervorgeht, wer den Einspruch eingelegt hat (§ 357 Abs. 1 Satz 2 AO). Auch ein Einspruch mit Faksimile-Unterschrift ist wirksam eingelegt. Einlegung durch **Niederschrift** und mithilfe eines **Telegramms** sind Unterfälle der Schriftform. Die Niederschrift besteht in der Protokollierung einer mündlich von einer körperlich anwesenden Person gegenüber einem Amtsträger abgegebenen Erklärung. Allgemein wird zur Vermeidung von Missverständnissen dem Erklärenden die Niederschrift vorgelesen, er hat sie zu genehmigen und zu unterschreiben. Formgerechte Einlegung

13.2 Zulässigkeitsvoraussetzungen

liegt ebenfalls vor bei Übermittlung durch **Telefax** oder **E-Mail** nach § 87 a Abs. 1 AO (vgl. GmS-OGB vom 5. 4. 2000, BB 2000 S. 1645; BFH, BFH/NV 2001 S. 479 für Computerfax; AEAO zu § 357 Nr. 1). Dagegen kann ein Einspruch **fernmündlich nicht wirksam** eingelegt werden (BFH, BStBl 1972 II S. 2).

Beispiel:

A hat am 10. 4. einen Steuerbescheid erhalten. Er spricht fernmündlich am 20. 4. mit dem Sachbearbeiter und erklärt, er lege gegen den Steuerbescheid Einspruch ein. Der Sachbearbeiter fertigt – ohne Hinweis auf die vorgeschriebene Form – einen entsprechenden Aktenvermerk. Folge?

Der Einspruch ist gemäß § 357 Abs. 1 AO nicht wirksam eingelegt. Der Aktenvermerk kann die Protokollierung in der üblichen Form, die die persönliche Anwesenheit des Erklärenden voraussetzt, nicht ersetzen. Aus Gründen der Fürsorgepflicht (§ 89 AO) hätte A belehrt werden müssen. Hinweis auf § 172 Abs. 1 Satz 1 Nr. 2 Buchst. a AO als Antrag auf schlichte Änderung, sofern A konkrete Angaben gemacht hat.

Hat die Behörde hinsichtlich der Form des Einspruchs beim Stpfl. einen Verfahrensirrtum hervorgerufen (vgl. Beispiel oben), ist ggf. Wiedereinsetzung nach § 110 AO zu gewähren.

Über den **Inhalt des Einspruchs** enthält § **357 Abs. 1 und 3 AO** nur **Sollvorschriften**. Nach allgemein anerkannten Verfahrensgrundsätzen ist es nicht notwendig, dass die Erklärung ausdrücklich als Einspruch bezeichnet ist. Es genügt, wenn aus ihr hervorgeht, dass die Nachprüfung einer Entscheidung gewünscht wird. Hierbei kommt es entscheidend auf den erklärten Willen, nicht auf die Beweggründe für die Abgabe einer Erklärung an.

Beispiel:

A hat den ESt-Bescheid am 14. 5. erhalten. Danach beträgt die Abschlusszahlung 10.000 €. Am 10. 6. überweist er 5.000 € an die Finanzkasse und teilt gleichzeitig in einem Schreiben mit, dass die Zahlung unter dem Vorbehalt der Richtigkeit der Steuerfestsetzung erfolgt. Hat A Einspruch eingelegt?

Ein Vorbehalt bei der Steuerzahlung ist keine Einspruchserklärung, weil sich daraus nicht entnehmen lässt, dass eine Nachprüfung der Steuerfestsetzung begehrt wird (BFH, BStBl 1962 III S. 422; 1966 III S. 515).

Rechtsbehelfserklärungen sind **bedingungsfeindlich**. Verfahrenshandlungen entfalten Gestaltungswirkung und bedürfen unbedingter Klarheit. Einschränkungen machen die Erklärungen unwirksam (BFH, BStBl 1979 II S. 374). Anfechtungen wegen Willensmängeln sind unbeachtlich.

Beispiele:

1. A wendet sich gegen eine Steuerfestsetzung mit der Erklärung: „Sofern das FA mir die Steuer nicht aus den unten angeführten Gründen nach § 227 AO erlässt, lege ich Einspruch ein." Folge?

A hat die Rechtsbehelfseinlegung von einem ungewissen zukünftigen Ereignis abhängig gemacht. Ein Einspruch ist nicht wirksam eingelegt.

2. B schreibt dem FA, er lege gegen den ESt-Bescheid „vorsorglich" Einspruch ein. Mit dem Zusatz „vorsorglich" bringt B zum Ausdruck, dass er sich noch nicht schlüssig ist, ob er das Einspruchsverfahren bis zum Ende durchführen wird. Es handelt sich nicht um eine Bedingung oder einen Vorbehalt, die die Rechtsgültigkeit des Einspruchs beeinflussen (BFH, HFR 1965 S. 517).

Die Einspruchserklärung soll die angegriffene Entscheidung und den Umfang der begehrten Nachprüfung erkennen lassen. Für die Frage der „Zulässigkeit" des Einspruchs besteht **kein Begründungszwang (§ 357 Abs. 3 AO).** Dagegen bezieht sich die Setzung einer Ausschlussfrist nach § 364 b Abs. 1 AO im weiteren Verfahren auf die „Begründetheit" des Einspruchs gemäß dessen Absatz 2. Bei Unklarheit ist die zuständige Behörde gehalten, den angegriffenen Verwaltungsakt und den Umfang des Einspruchsbegehrens durch Rückfrage zu ermitteln (§ 88 Abs. 2, § 91 AO). Bleiben diese Bemühungen ohne Erfolg, muss die Erklärung mithilfe der sinngemäß geltenden Regeln des § 133 BGB ausgelegt werden. Dabei ist zu unterstellen, dass ein Stpfl. seine Belange in rechtlich geeigneter Weise wahren will (BFH, BStBl 1986 II S. 243; 1987 II S. 5).

Beispiel:
A ist als Gesellschafter an einer OHG beteiligt. Der Gewinn der OHG ist im Gewinnfeststellungsbescheid auf 200.000 € festgestellt worden. Auf A entfiel ein Gewinnanteil von 100.000 €. Bei der ESt-Veranlagung des A, die nach Bestandskraft des Gewinnfeststellungsbescheides durchgeführt wurde, ist der Gewinnanteil zugrunde gelegt worden. Nach Erteilung des ESt-Bescheides macht A in einem Schreiben geltend, dass die ESt zu hoch festgesetzt worden sei, weil bei der Ermittlung seines Gewinnanteils Sonderbetriebsausgaben von 15.000 €, die er allein aufgewendet habe, nicht berücksichtigt worden seien. Rechtslage?
Über die Höhe des Gewinnanteils ist im Verfahren der gesonderten und einheitlichen Gewinnfeststellung nach § 180 Abs. 1 Nr. 2 Buchst. a AO zu entscheiden. Im Einspruchsverfahren gegen den ESt-Bescheid ist die Berücksichtigung von Einwendungen, die sich gegen den Gewinnanteil richten, ausgeschlossen (§ 182 Abs. 1, § 351 Abs. 2 AO). Der Einspruch ist insoweit unbegründet. Er kann ggf. im Rahmen der Auslegung als gegen den Gewinnfeststellungsbescheid eingelegt angesehen und müsste wegen Ablaufs der Einspruchsfrist als unzulässig verworfen werden, sofern nicht Wiedereinsetzung nach § 110 AO gewährt werden kann.

13.2.3 Einspruchsfrist

Der Einspruch muss vor Ablauf der Einspruchsfrist bei der sachlich und örtlich zuständigen Stelle eingehen (§ 355 AO). Die **Dauer der Einspruchsfrist** beträgt einen Monat **(§ 355 Abs. 1 AO).** Sie wird nach § 108 AO berechnet. Bei Fristversäumnis ist § 110 AO zu prüfen.

Die **Frist beginnt** nach § 355 Abs. 1 Satz 1 AO mit der wirksamen Bekanntgabe des Verwaltungsaktes im Sinne von § 122 Abs. 1, § 124 Abs. 1 AO. Daher kann vor Bekanntgabe des Verwaltungsaktes kein Einspruch eingelegt werden (BFH, BStBl 1983 II S. 551). Entscheidend ist hierbei der tatsächliche Zugang (vgl.

13.2 Zulässigkeitsvoraussetzungen

§ 155 Abs. 1 Satz 2 AO „... der nach § 122 Abs. 1 bekannt gegebene Verwaltungsakt"). Die formelle Bekanntgabevermutung des § 122 Abs. 2 oder Abs. 2 a AO ist insoweit unerheblich.

Beispiel:
Bei S war eine Ap durchgeführt worden. Der Prüfungsbericht wurde ihm nach § 202 Abs. 2 AO zur Stellungnahme innerhalb von zwei Wochen am 3. 5. übersandt. Am 3. 6. ging die Stellungnahme des S beim FA ein. S wendet sich darin gegen die Prüfungsfeststellungen mit „Einspruch". Am 6. 6. erließ das FA einen Änderungsbescheid entsprechend den Feststellungen der Ap. Rechtslage?

Bei der Stellungnahme des S handelt es sich um einen unzulässigen Einspruch gegen die geänderte Steuerfestsetzung, weil ihm der Änderungsbescheid nicht bekannt war (§ 347 Abs. 1 Nr. 1 AO). Der Bericht selbst ist kein anfechtbarer Verwaltungsakt (BFH, BStBl 1986 II S. 21; 1988 II S. 855). S muss gegen den Änderungsbescheid fristgerecht Einspruch einlegen.

Soweit es sich um einen Einspruch gegen **Steueranmeldungen** handelt, kommt es für den Beginn der Einspruchsfrist auf den Eingang der Steueranmeldung beim FA bzw. auf das Bekanntwerden der Zustimmung an (**§ 355 Abs. 1 Satz 2 AO**; vgl. unter Tz. 9.8.2; AEAO zu § 355 Nr. 1).

Zur Wahrung der Frist ist erforderlich, dass der Einspruch fristgerecht bei der **Anbringungsbehörde** eingeht. Wird ein Einspruch mit **Telefax** oder **E-Mail** am letzten Tag der Frist übermittelt, so erfordert die fristgerechte Einlegung, dass das Dokument bis 24.00 Uhr vom Empfangsgerät mit dem Mussinhalt des § 357 Abs. 1 AO vollständig ausgedruckt oder im „elektronischen Briefkasten" aufgezeichnet wird (BFH, BStBl 2001 II S. 32 m. w. N.). Anbringungsbehörde ist nach **§ 357 Abs. 2 Satz 1 AO** grundsätzlich die erlassende Behörde, d. h. regelmäßig das örtlich zuständige FA. Der **Eingangsstempel** der Behörde bzw. die Eingangszeit bei elektronischen Dokumenten als öffentliche Urkunde beweist regelmäßig den Zeitpunkt des Eingangs des Schriftstücks. Der Gegenbeweis ist gemäß § 418 Abs. 2 ZPO möglich, aber nicht durch eidesstattliche Versicherung als bloßes Glaubhaftmachen. Erforderlich ist der volle Nachweis eines anderen Geschehensablaufs gemäß § 418 Abs. 2 ZPO (vgl. BFH, BStBl 1996 II S. 19; BFH/NV 2004 S. 1548 m. w. N.).

Bei **Feststellungs- und Messbescheiden** kommt als Anbringungsbehörde auch die Behörde in Betracht, die zur Erteilung des Steuerbescheides als Folgebescheid zuständig ist (§ 357 Abs. 2 Satz 2 AO). Das gilt nicht umgekehrt.

Beispiel:
Der Gewinnfeststellungsbescheid ist dem S am 1. 6. zugegangen. Am 30. 6. wirft S den Einspruch hiergegen in den Briefkasten seines Wohnsitz-FA Köln, das den Einspruch an das zuständige Betriebs-FA Bonn weiterleitet; Eingang dort am 14. 7. Der Eingang beim Wohnsitz-FA wahrt die Einspruchsfrist (§ 357 Abs. 2 Sätze 1 und 2 AO).

13 Außergerichtliches Rechtsbehelfsverfahren

Nach § **357 Abs. 2 Satz 3 AO** kann der Einspruch gegen einen Verwaltungsakt, den eine Behörde aufgrund gesetzlicher Vorschrift für die zuständige Finanzbehörde erlässt, z. B. bei Auftragsprüfungen nach § 195 Satz 3 AO, fristwahrend auch bei der zuständigen Finanzbehörde eingelegt werden.

Die Anbringung des Einspruchs bei einer **sonstigen Behörde** ist unschädlich, wenn er innerhalb der Einspruchsfrist bei einer der zuständigen Anbringungsbehörden der Sätze 1 bis 3 eingeht (**§ 357 Abs. 2 Satz 4 AO).** Das Risiko der rechtzeitigen Übermittlung trägt in diesen Fällen grundsätzlich der Stpfl. Ausnahmsweise kommt bei schuldhaft verzögerter oder unterlassener rechtzeitiger Weiterleitung des Einspruchs an die zuständige Behörde Wiedereinsetzung nach § **110 AO** in Betracht (vgl. AEAO zu § 357 Nr. 2; BVerfG, BStBl 2002 II S. 835).

Von der Anbringungsbehörde zu unterscheiden ist die **Entscheidungsbehörde**. Für Einspruchsentscheidungen ist sachlich und örtlich zuständig das FA, das den angefochtenen Verwaltungsakt erlassen hat (**§ 367 Abs. 1 AO).** Ein Wechsel in der örtlichen Zuständigkeit des FA für die Durchführung von Besteuerungsaufgaben nach Einspruchseinlegung berührt auch die Zuständigkeit der Entscheidungsbehörde. Ist nachträglich ein anderes FA örtlich zuständig geworden, so geht die Entscheidungsbefugnis auf die nunmehr zuständige Behörde über (§ 367 Abs. 1 Satz 2 AO). Eine Zuständigkeitsvereinbarung im Rahmen des § 26 Satz 2 AO ist möglich.

Der **Untätigkeitseinspruch** kann nach **§ 355 Abs. 2 AO unbefristet** erhoben werden, da ein Verwaltungsakt nicht bekannt gegeben worden ist.

Einspruchsfristen werden nicht in Lauf gesetzt, wenn in **schriftlich** oder **elektronisch ergangenen Verwaltungsakten** eine **Rechtsbehelfsbelehrung fehlt** oder **unrichtig** erteilt ist (**§ 356 Abs. 1 AO).** Unerheblich ist dabei, ob für die angefochtene Entscheidung die Schriftform gesetzlich vorgeschrieben ist. Maßgebend allein ist, dass die Entscheidung tatsächlich schriftlich oder elektronisch ergangen ist. Bei **mündlichen** Verwaltungsakten und **Steueranmeldungen** beträgt die Einspruchsfrist stets einen Monat ab Bekanntgabe (vgl. BFH, BStBl 1998 II S. 649).

Beispiel:

Das FA hatte mit Schreiben vom 5. 9. ein Auskunftsersuchen im Sinne von § 93 AO an S geschickt. Eine Rechtsbehelfsbelehrung ist nicht angefügt. Folge?

Nach §§ 93, 119 Abs. 2 AO ist Schriftform für diesen Verwaltungsakt nicht vorgeschrieben. Weil aber Schriftform gewählt wurde, beginnt die Frist für den nach § 347 AO zulässigen Einspruch nicht zu laufen (§ 356 Abs. 1 und 2 AO).

Die Rechtsbehelfsbelehrung ist in deutscher Sprache abzufassen (vgl. § 87 Abs. 1 und 4 AO). Das gilt auch für eine Rechtsbehelfsbelehrung gegenüber einem Ausländer, der der deutschen Sprache nicht mächtig ist (BFH, BStBl 1976 II S. 440).

13.2 Zulässigkeitsvoraussetzungen

Eine Rechtsbehelfsbelehrung ist **unrichtig,** wenn sie nicht die notwendigen Bestandteile enthält. In die Belehrung müssen der Einspruch, die Finanzbehörde, bei der er einzulegen ist, deren Sitz und die Einspruchsfrist aufgenommen werden (§ 356 Abs. 1 AO). Nur dieser Inhalt gewährleistet, dass der Empfänger der anfechtbaren Entscheidung in der Lage ist, den richtigen Rechtsbehelf bei der richtigen Behörde vor Ablauf der Einspruchsfrist anzubringen. Das gilt auch, wenn die Belehrung zugunsten des Betroffenen unrichtig ist (BFH, BStBl 1984 II S. 84). Eine Belehrung über die Form des Einspruchs oder die Angabe der Fax-Nr. oder E-Mail-Adresse ist nicht vorgeschrieben. Werden Angaben hierüber in die Belehrung aufgenommen, so müssen sie richtig, vollständig und unmissverständlich sein. Ist das nicht der Fall, muss die Rechtsbehelfsbelehrung als unrichtig erteilt angesehen werden mit der Folge, dass die Einspruchsfrist nicht in Lauf gesetzt wird.

Nach **Ablauf eines Jahres** seit Bekanntgabe kann eine Entscheidung auch bei unterbliebener oder falscher Rechtsbehelfsbelehrung grundsätzlich nicht mehr angefochten werden. Das gilt nicht, wenn die Einlegung des Einspruchs infolge höherer Gewalt unmöglich war oder eine Belehrung dahin erfolgt ist, dass ein Einspruch nicht gegeben sei (**§ 356 Abs. 2 AO**).

13.2.4 Beschwer

Der Einspruch ist unzulässig, wenn für die Durchführung des Einspruchsverfahrens kein Rechtsschutzbedürfnis besteht. Das **Rechtsschutzbedürfnis** (Rechtsschutzinteresse) ist eine für alle Rechtsbehelfe geltende Verfahrensvoraussetzung (vgl. AEAO zu § 350 Nr. 6). Nach **§ 350 AO** ist einspruchsbefugt nur, wer geltend macht, durch einen Verwaltungsakt beschwert zu sein. Das ist stets der Fall, wenn der angefochtene Verwaltungsakt zulasten desjenigen ergangen ist, der Einspruch eingelegt hat. Eine fehlende Begründung oder mangelnde Erfolgsaussichten sind dabei unerheblich. Dagegen besteht im weiteren Verfahren nach **§ 364 b Abs. 1 Nr. 1 AO** die Pflicht zur Angabe entsprechender Tatsachen. Es müssen ggf. tatsächliche Behauptungen aufgestellt werden, die eine unmittelbare Rechtsverletzung möglich erscheinen lassen, wenn die Beschwer anhand des angefochtenen Verwaltungsaktes nicht ohne weiteres erkennbar ist (vgl. BFH, BStBl 1986 II S. 26). Ob wirklich eine Rechtsverletzung vorliegt, ergibt sich erst bei der sachlichen Nachprüfung im Laufe des Verfahrens und ist eine Frage der Begründetheit, nicht der Zulässigkeit des Einspruchs.

Beispiel:

A legt Einspruch gegen einen ESt-Bescheid ein mit der Begründung, das FA habe die von ihm als Sonderausgaben geltend gemachte Lebensversicherungsprämie zu Unrecht nicht in vollem Umfang berücksichtigt. Eine Nachprüfung ergibt, dass diese Behauptung nicht zutrifft. A hat sich geirrt. Ist der Einspruch zulässig?

13 Außergerichtliches Rechtsbehelfsverfahren

Der Einspruch ist zulässig, weil A eine Rechtsverletzung geltend macht. Der Einspruch ist jedoch nicht begründet. Tatsächlich liegt eine Rechtsverletzung nicht vor. Darüber ist aber erst im Einspruchsverfahren sachlich zu entscheiden. Fehlende Rechtsverletzung kann nur angenommen werden, wenn offensichtlich und eindeutig unter keinem rechtlichen Gesichtspunkt die Behauptungen zum Erfolg des Einspruchs führen können.

Eine **Beschwer** ist regelmäßig schlüssig geltend gemacht, wenn eine **Rechtsverletzung** oder Ermessenswidrigkeit gerügt wird (vgl. AEAO zu § 350 Nr. 1 bis 5). Das gilt aber auch, wenn der Einspruchsführer eine **günstigere Ermessensausübung** begehrt. Aus nicht gesondert festgestellten Besteuerungsgrundlagen ergibt sich keine Beschwer, sondern nur durch die Höhe der **festgesetzten Steuer** zur angestrebten Steuer (vgl. § 157 Abs. 2 AO im Unterschied zu § 182 Abs. 1 AO). Bei einer zu niedrigen Festsetzung kann eine Beschwer bestehen, wenn eine höhere Festsetzung zum Zweck der KapSt- oder LSt-Anrechnung gemäß § 36 Abs. 2 Nr. 2 EStG begehrt wird (BFH, BStBl 1995 II S. 362 m. w. N.) oder sich in Folgejahren günstiger auswirken kann, z. B. aufgrund des Bilanzenzusammenhangs (vgl. BFH, BStBl 2003 II S. 904 m. w. N.) oder der AfA-Höhe (vgl. AEAO zu § 350 Nr. 2 bis 4). Beschwert ist auch der Adressat eines auf 0 € lautenden ESt-Bescheides wegen der Bindungswirkung der positiven Einkünfte für Bewilligungsverfahren von BAföG-Leistungen, Erziehungsgeld oder Prämien (vgl. BFH, BStBl 1995 II S. 537, 628; 1996 II S. 654). Es ist jedoch zu beachten, dass die Aufhebung eines Verwaltungsaktes nicht schon deshalb beansprucht werden kann, weil er unter Verletzung von Vorschriften über das Verfahren, die Form oder die örtliche Zuständigkeit zustande gekommen ist, wenn keine andere Entscheidung in der Sache hätte getroffen werden können (**§ 127 AO**).

Beispiele:

1. A ist vom FA X zur ESt veranlagt worden. Er legt Einspruch ein mit der Behauptung, er habe seinen Wohnsitz im Bezirk der FA Y. Zulässig?
Örtlich zuständig für die ESt-Veranlagung ist das Wohnsitz-FA (§ 19 Abs. 1 AO). A macht die Verletzung einer Zurechnungsnorm geltend. Der Einspruch ist unzulässig. Eine Aufhebung kommt wegen der Vorschrift des § 127 AO nur in Betracht, wenn auch materielles Recht verletzt ist (BFH, BStBl 1984 II S. 342).

2. A und B reichen gemeinsam eine Erklärung zur einheitlichen Gewinnfeststellung nach § 180 AO ein. Danach ist B zu 10 v. H. an den Einkünften des A aus Gewerbebetrieb beteiligt. Das FA rechnet die Einkünfte in vollem Umfang A zu und stellt das in einem besonderen Bescheid fest. A und B legen Einspruch ein. Zulässig?
Mit dem Einspruch wird die verfahrensrechtliche Zulässigkeit und gleichzeitig die materielle Richtigkeit eines negativen Feststellungsbescheides gerügt. Die Rechtsverletzung liegt darin, dass die behauptete Rechtsposition allgemein mit steuerlich verbindlicher Wirkung geleugnet wird (BFH, BStBl 1971 II S. 478). Der Einspruch ist jeweils zulässig.

3. Die gesonderte Feststellung einer unzutreffenden Einkunftsart bedeutet für den Betroffenen wegen ihrer Wirkung für die Folgebescheide (§ 182 AO) eine Rechts-

13.2 Zulässigkeitsvoraussetzungen

verletzung (BFH, BStBl 1985 II S. 676). Dasselbe gilt für die Höhe von Verlusten in Feststellungsbescheiden.

4. Nach der Prüfung des Einzelunternehmens von M werden die entsprechenden ESt-, USt- und GewSt-Messbescheide geändert. Die Eheleute M–F legen „gegen alle Änderungsbescheide" Einspruch ein. Zulässig?

Der nicht unternehmerisch tätige Ehegatte F ist durch den USt- und GewSt-Messbescheid nicht beschwert. Sein Einspruch ist insoweit unzulässig.

Nicht jeder kann einen Einspruch gegen einen rechtswidrigen Verwaltungsakt einlegen, sondern nur der, der von dem Verwaltungsakt inhaltlich **unmittelbar betroffen** ist (vgl. BFH, BStBl 1998 II S. 63 m. w. N.).

Beispiele:

1. Herr und Frau C werden zur ESt zusammen veranlagt. Der Bescheid, der die zusammengerechneten Einkünfte und die aufgrund des Splittingtarifs ermittelte ESt enthält, ist nur an Herrn C adressiert, weil Frau C inzwischen von ihrem Ehemann dauernd getrennt lebt. Kann Frau C Einspruch einlegen?

Adressat des Bescheides ist Herr C. Frau C ist nicht in ihren Rechten verletzt, weil sich die Steuerfestsetzung nicht unmittelbar gegen sie richtet. Sie ist zur Einlegung eines Einspruchs nach § 350 AO nicht befugt.

2. Nach der USt-Erklärung des U ist eine negative USt-Schuld festzusetzen. Den sich danach ergebenden Zahlungsanspruch hat U an G abgetreten. Das FA setzt einen geringeren Erstattungsanspruch fest. Dagegen wendet sich G mit dem Einspruch. Zulässig?

G ist nicht einspruchsbefugt. Er hat mit der Abtretung ggf. einen Zahlungsanspruch erworben, aber keine Rechte aus der steuerrechtlichen Stellung des U (BFH, BStBl 1999 II S. 84 m. w. N.; AEAO zu § 46 Nr. 4).

3. Dem ausgeschiedenen OHG-Gesellschafter S ist versehentlich der einheitliche Gewinnfeststellungsbescheid nicht bekannt gegeben worden, wohl aber den verbleibenden Gesellschaftern. S legt Einspruch ein. Zulässig?

Der Einspruch ist zulässig, da S durch den Inhalt des wirksamen Bescheides nach § 182 Abs. 1 AO unmittelbar betroffen ist trotz fehlender Bekanntgabe ihm gegenüber (BFH, BStBl 1988 II S. 855; 1993 II S. 864).

Besondere gesetzliche Regelungen bestehen für alle **Feststellungsbescheide** nach **§ 352 AO** und für bestimmte **Ausnahmefälle.** Bei diesen Bescheiden kann auch der **Einzelrechtsnachfolger** im Sinne von § 39 AO gegebenenfalls Einspruch einlegen (§ 353 AO). Im Einzelnen können sich unterschiedliche Fallgruppen ergeben; siehe AEAO zu § 353. Zu den weiteren Ausnahmefällen gehört die Einspruchsbefugnis des zu einem Einspruchsverfahren **Hinzugezogenen** gemäß **§ 360 Abs. 4 AO,** ohne dass sich der Verwaltungsakt unmittelbar gegen ihn richtete (Fälle der einfachen Hinzuziehung). Dadurch werden Personen einspruchsberechtigt, die von einem Verwaltungsakt nicht unmittelbar betroffen sind, sondern durch ihn nur in ihren Interessen berührt werden.

13.2.5 Einspruchsbefugnis bei einheitlichen Feststellungen gemäß § 352 AO

Bei einheitlichen Feststellungsbescheiden ist durch § 352 AO – unabhängig von der Einkunfts- oder Vermögensart und von den in die Feststellung nach § 180 AO einbezogenen Besteuerungsgrundlagen – die persönliche Einspruchsbefugnis der Beteiligten bzw. Mitberechtigten eingeschränkt zwecks Verfahrensvereinfachung und -erleichterung (vgl. § 48 FGO). Hierdurch ergeben sich gleichzeitig Auswirkungen auf die notwendige Hinzuziehung gemäß § 360 Abs. 3 Satz 2 AO (vgl. § 60 FGO; Übersicht unter Tz. 13.8.3).

Die Grundsätze des **§ 352 AO** gelten **entsprechend** für **Anträge auf AdV** und auf **Änderung** von einheitlichen Feststellungsbescheiden. Antragsberechtigt gemäß § 164 Abs. 2 oder §§ 172 ff. AO ist daher nur, wer auch nach § 352 AO einspruchsbefugt ist. § 352 AO ist ferner entsprechend anwendbar bei der Anfechtung von **Billigkeitsmaßnahmen** gemäß § 163 Abs. 1, § 181 Abs. 1 AO in derartigen Feststellungsverfahren (vgl. AEAO zu § 352) und für **Hinterziehungszins-Feststellungsbescheide** nach § 235 i. V. m. § 181 Abs. 1 AO (vgl. Bublitz, DStR 1990 S. 438).

- **Grundsätzliche Einspruchsbefugnis nur der Geschäftsführer**

Nach § 352 Abs. 1 Nr. 1 1. Halbsatz AO sind einspruchsbefugt grundsätzlich nur die zur Vertretung berufenen Geschäftsführer (Merke: „Einer für alle"). Einspruchsbefugt ist jeder zur Vertretung der Personenmehrheit gesetzlich oder vertraglich berufene Geschäftsführer im Sinne von § 34 AO, z. B. auch ein angestellter Geschäftsführer der KG als „unbeteiligter Dritter".

Der Geschäftsführer ist **stets** und **uneingeschränkt einspruchsbefugt**, z. B. wegen der Art und Höhe der Einkünfte, der AdV, aber auch hinsichtlich persönlicher Verhältnisse der anderen Beteiligten/Mitberechtigten im Sinne von § 352 Abs. 1 Nr. 4 oder 5 AO. Der Einspruch erfolgt regelmäßig „im Namen der Gesellschaft" in gesetzlicher Prozessstandschaft für die Gesellschafter (vgl. BFH, BStBl 2004 II S. 239, 964 m. w. N.).

- **Subsidiär für Einspruchsbevollmächtigte**

Sofern kein alleinvertretungsberechtigter Geschäftsführer vorhanden ist, z. B. bei einer Grundstücksgemeinschaft (§ 744 BGB) oder Erbengemeinschaft (§§ 2032, 2038 BGB) mit Einkünften aus Vermietung und Verpachtung oder bei einer atypischen stillen Gesellschaft, ist nach **§ 352 Abs. 1 Nr. 1 2. Halbsatz und Abs. 2 Satz 1 AO** der gemeinsam **rechtsgeschäftlich bestellte Empfangsbevollmächtigte** einspruchsbefugt als „**Einspruchsbevollmächtigter**" (vgl. AEAO zu § 352 Nr. 3).

13.2 Zulässigkeitsvoraussetzungen

Fehlt ein gemeinsam bestellter Empfangsbevollmächtigter, z. B. bei einer GbR, Partnerschaft oder OHG mit Gesamtvertretung (vgl. §§ 709, 714 BGB; § 7 Abs. 3 PartGG; § 125 Abs. 2 HGB), so ergibt sich die Einspruchsbefugnis aus **§ 352 Abs. 2 Satz 2 AO** für den

- **fingierten Empfangsbevollmächtigten** im Sinne von § 183 Abs. 1 Satz 2 AO bzw.
- von der Finanzbehörde **bestimmten Empfangsbevollmächtigten** im Sinne von § 183 Abs. 1 Satz 3 AO.

Um die Rechtsposition einzelner Feststellungsbeteiligter nicht unzumutbar zu beeinträchtigen, kann jeder Beteiligte nur in diesen beiden Fällen des § 352 Abs. 2 Satz 2 AO und nur für seine Person der Einspruchsbefugnis des Empfangsbevollmächtigten **widersprechen** und selbst gemäß § 352 Abs. 1 Nr. 2 AO Einspruch einlegen. Hierbei ist zu beachten, dass die **Einspruchsfrist** auch gegenüber dem Widersprechenden mit wirksamer Bekanntgabe des Feststellungsbescheides an den Empfangsbevollmächtigten beginnt. Für die nicht widersprechenden Feststellungsbeteiligten bleibt es bei der allgemeinen Einschränkung der Einspruchsbefugnis nach § 352 AO (vgl. AO-Kartei NRW zu § 352 Karte 801).

In allen Fällen der Einspruchsbevollmächtigung nach § 352 Abs. 2 AO sind die Beteiligten hierüber für die betreffenden Feststellungszeiträume zu **belehren** (§ 352 Abs. 2 Satz 3 AO). Sonst greift die Beschränkung der Einspruchsbefugnis nicht ein und § 352 Abs. 1 Nr. 2 AO ist anwendbar.

- **Ausnahmsweise jeder Beteiligte**

Wenn weder ein vertretungsbefugter Geschäftsführer noch ein Einspruchsbevollmächtigter vorhanden ist, z. B. bei einer Erbengemeinschaft (§§ 2032, 2038 BGB) oder nach Auflösung der Gesellschaft/Gemeinschaft oder bei Verstoß gegen das Belehrungsgesetz (s. o.), kann jeder Feststellungsbeteiligte nach **§ 352 Abs. 1 Nr. 2 AO** Einspruch einlegen, gegen den ein Feststellungsbescheid ergangen ist oder zu ergehen hätte und soweit er nach § 350 AO steuerrechtlich in seinen Interessen betroffen ist (vgl. BFH, BStBl 1990 II S. 333, 558, 561; 1994 II S. 607/608 m. w. N.).

- **Ausgeschiedene Gesellschafter und Gemeinschafter**

Diese sind für Zeiträume vor ihrem Ausscheiden nach **§ 352 Abs. 1 Nr. 3 AO** stets einspruchsbefugt, soweit sie steuerrechtlich betroffen, d. h. im Sinne von § 350 AO „beschwert" sind (vgl. BFH, BStBl 1990 II S. 1068 m. w. N.). Ein ausgeschiedener Gesellschafter, z. B. Kommanditist, kann daher gegen den einheitlichen Feststellungsbescheid auch in den Fällen Einspruch einlegen und nach § 364 AO entsprechende Mitteilung der Besteuerungsgrundlagen verlangen, soweit es um die Gewinnfeststellung selbst geht (vgl. dazu §§ 164, 166 HGB).

Hierbei ist die **Einspruchsfrist** des § 355 AO zu beachten. Die Frist beginnt in den Fällen des § 183 Abs. 2 AO mit Bekanntgabe des Bescheides gegenüber dem Ausgeschiedenen bzw. in den Fällen des § 183 Abs. 3 Satz 1 AO mit Bekanntgabe des Bescheides an den Empfangsbevollmächtigten.

- **Beschränkte persönliche Einspruchsbefugnis einzelner Beteiligter**

1. Nach § **352 Abs. 1 Nr. 4 AO** ist ein Beteiligter im Übrigen nur einspruchsbefugt, „**soweit**" es sich darum handelt, **wer** an dem festgestellten Betrag beteiligt ist und wie dieser sich auf die einzelnen Beteiligten verteilt. Hierunter fällt vor allem die Höhe des **quotenmäßigen Anteils**, aber auch die Frage, ob z. B. ein Dritter Mitunternehmer bzw. Mitbeteiligter ist oder nicht, wenn dadurch die Verteilung der Einkünfte geändert wird und der Beteiligte davon betroffen, d. h. nach § 350 AO beschwert ist (vgl. BFH, BStBl 1986 II S. 525; 1987 II S. 601).

2. Ferner ist nach § **352 Abs. 1 Nr. 5 AO** teileinspruchsbefugt ein Beteiligter, „**soweit**" es sich um Punkte handelt, die den Beteiligten **für seine Person** angehen, z. B. Sonderbetriebsvermögen, Sonderbetriebseinnahmen oder -ausgaben eines Kommanditisten, Sonderwerbungskosten bei Überschusseinkünften oder Spenden als „andere Besteuerungsgrundlagen" im Sinne von § 180 Abs. 1 Nr. 2 Buchst. a AO. Soweit der Beteiligte Mehrbelastungen zu tragen hat, z. B. aufgrund allgemeiner Gewinnerhöhung, handelt es sich nicht um eine ihn „persönlich angehende Frage".

3. Soweit die Beschränkung der Einspruchsbefugnis nach § 352 Abs. 1 Nr. 1 oder 2 AO Mitbeteiligten gegenüber gilt, können diese nicht wirksam Einspruch einlegen und sind nicht zum Einspruchsverfahren nach § **360 Abs. 3 Satz 2 AO** hinzuzuziehen (vgl. BFH, BStBl 1987 II S. 197). In den Fällen der Nr. 4 und 5 (= beschränkte Einspruchsbefugnis) sind nur die im Streit befindlichen Punkte zu überprüfen. Die zur Vertretung berufenen Geschäftsführer bzw. sonst Einspruchsbevollmächtigten sind dagegen zur Einlegung des Einspruchs wegen dieser Punkte stets befugt (vgl. BFH, BStBl 2004 II S. 964).

Beispiel:

A, X und Y sind Gesellschafter der A-KG. A ist Komplementär, X und Y sind Kommanditisten. Gegen den Gewinnfeststellungsbescheid 01 hat X Einspruch eingelegt mit der Begründung, Darlehenszinsen von 10.000 € zum Erwerb seines Anteils seien nicht erfasst und der Gesamtgewinn der KG sei unzutreffend festgestellt worden, weil das FA Aufwendungen von 50.000 € als nicht sofort abzugsfähige Betriebsausgaben behandelt habe. A hatte keinen Einspruch eingelegt, da er die steuerliche Behandlung der Aufwendungen für richtig hält. Wie ist die Rechtslage?

Vom Gewinnfeststellungsbescheid ist auch X gemäß § 350 AO allgemein betroffen. Nach § 352 Abs. 1 Nr. 1 AO ist wegen der Höhe des Gewinns nur A als gesetzlicher Geschäftsführer (vgl. dazu § 161 Abs. 2, §§ 125, 170 HGB) einspruchsbefugt, nicht

13.2 Zulässigkeitsvoraussetzungen

aber der X. Der Einspruch des X ist insoweit unzulässig. X kann A nur aufgrund des Gesellschaftsvertrages intern auffordern, tätig zu werden. Soweit X die Berücksichtigung der Zinsen als Sonderbetriebsausgaben nach § 15 Abs. 1 Nr. 2 EStG beansprucht, ist er nach § 352 Abs. 1 Nr. 5 AO teilweise einspruchsbefugt. Nach § 360 Abs. 3 Satz 1 AO erfolgt zwingend die Hinzuziehung des A. Dagegen darf Y nach § 360 Abs. 3 Satz 2 AO nicht hinzugezogen werden, auch nicht nach dem § 360 Abs. 1 AO, da die Sonderregelung des § 360 Abs. 3 Satz 2 AO den Rückgriff auf § 360 Abs. 1 AO ausschließt (vgl. BFH, BStBl 1990 II S. 1072).

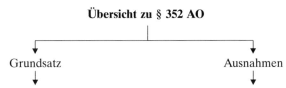

Übersicht zu § 352 AO

Grundsatz	Ausnahmen
Vertretungsbefugte Geschäftsführer stets in vollem Umfang, § 352 Abs. 1 Nr. 1 1. Halbsatz AO	1. **Einspruchsbevollmächtigte** nur **subsidiär,** § 352 Abs. 1 Nr. 1 2. Halbsatz i. V. m. Abs. 2 AO
Sonderfall: **Ausgeschiedener Gesellschafter** zu allen Fragen, soweit er rechtlich betroffen ist, § 352 Abs. 1 Nr. 3 AO	2. **Jeder** Mitberechtigte nur **subsidiär,** § 352 Abs. 1 Nr. 2 AO
	3. **Eingeschränkt** Beteiligte a) § 352 Abs. 1 Nr. 4 AO für **Beteiligungsfragen** b) § 352 Abs. 1 Nr. 5 AO für **persönliche Fragen**

13.2.6 Einspruchsverzicht und Einspruchsrücknahme

Einspruchsverzicht und Einspruchsrücknahme sind verfahrensrechtliche Erklärungen, die den Verlust der Einspruchsbefugnis zur Folge haben. Legt ein Stpfl. trotz Abgabe entsprechender Erklärungen Einspruch ein, so ist der Einspruch unzulässig (§ 354 Abs. 1 Satz 3, § 362 Abs. 2 Satz 1 AO).

13.2.6.1 Verzicht gemäß § 354 AO

Verzichtet werden kann auf den Einspruch grundsätzlich erst „nach" Erlass des Verwaltungsaktes (§ 354 Abs. 1 Satz 1 AO). Eine **Ausnahme** gilt nach § 354 Abs. 1 Satz 2 AO für Steueranmeldungen. Hierbei kann der Verzicht bereits bei ihrer Abgabe ausgesprochen werden, wenn die Steuer nicht abweichend von der Steueranmeldung festgesetzt wird.

Einen **Teilverzicht** regelt § 354 Abs. 1a AO im Zusammenhang mit **DBA** oder anderen zwischenstaatlichen Verträgen, da diese für die Einleitung und Durchführung von Verständigungs- bzw. Schlichtungsvereinbarungen regelmäßig Bestandskraft des Verwaltungsaktes voraussetzen (Hinweis auf § 175 a AO und § 362 Abs. 1a AO).

Der Verzicht ist **schriftlich** oder zur Niederschrift der zuständigen Behörde zu erklären (§ 354 Abs. 2 Satz 1 AO). Hiernach ist Adressat die Finanzbehörde, die zur Zeit der Verzichtserklärung für den Erlass des Verwaltungsaktes zuständig ist, der angefochten werden könnte. Der Verzicht ist **bedingungsfeindlich** und **unwiderrufbar**. Er darf keine weiteren Erklärungen enthalten (§ 354 Abs. 2 Satz 1 AO). Eine Ausnahme besteht nur bei Verzicht im Zusammenhang mit Steueranmeldungen (§ 354 Abs. 2 Satz 1 i. V. m. §§ 168, 167 Abs. 1 Satz 1 AO). Der Verzicht ist **unwirksam** bei fehlender Form oder bei inhaltlichen Verstößen (s. o.). Das Gleiche gilt, wenn er auf einer unzulässigen Beeinflussung durch die Finanzbehörde beruht, z. B. Täuschung. Wird nachträglich die Unwirksamkeit des Verzichts geltend gemacht, so muss dies innerhalb eines Jahres nach Ablauf der Einspruchsfrist erfolgen (§ 354 Abs. 2 Satz 2 i. V. m. § 110 Abs. 3 AO).

13.2.6.2 Rücknahme gemäß § 362 AO

Ist bereits Einspruch eingelegt, kann dessen – volle oder begrenzte – Rücknahme in Betracht kommen (§ **362 Abs. 1** und **Abs. 1a AO;** siehe dazu Tz. 13.3.3). Bei der Rücknahme müssen ebenfalls besondere **Form- und Fristvorschriften** beachtet werden. Die Rücknahme kann schriftlich, elektronisch oder durch Erklärung zur Niederschrift bis zur Bekanntgabe der Entscheidung erfolgen (§ 362 Abs. 1 Satz 2, § 357 Abs. 1 und 2 AO). Die Rücknahme des Einspruchs ist **unanfechtbar, bedingungsfeindlich und unwiderrufbar.** Es handelt sich dabei um Verfahrenshandlungen, auf die die Regeln, die für Rechtsgeschäfte gelten, nicht anwendbar sind.

Beispiel:

A gibt nach Einlegung eines Einspruchs folgende schriftliche Erklärung ab: „Ich nehme den eingelegten Einspruch aufgrund des Erörterungstermins zurück, damit der angefochtene ESt-Bescheid 06 geändert werden kann unter Berücksichtigung von 1.200 € Werbungskosten statt der beantragten 1.500 €." Rechtslage?
Die Erklärung des A ist im Zusammenhang mit den dazugehörigen Umständen auszulegen (§§ 133, 157 BGB). Hier ist keine Einspruchsrücknahme gewollt, sondern lediglich eine Antragsbeschränkung im Hinblick auf einen beabsichtigten Abhilfebescheid zugunsten des A nach § 172 Abs. 1 Satz 1 Nr. 2 Buchst. a AO (vgl. BFH, BStBl 1966 III S. 325; 1968 III S. 203; 2001 II S. 162).

Die Rücknahme ist ferner unwirksam, wenn sie auf einer **unzulässigen Beeinflussung durch die Behörde** beruht. Es widerspricht dem Vertrauensverhältnis, wenn die Behörde sich in solchen Fällen auf die Wirksamkeit beruft. Als unlautere

13.2 Zulässigkeitsvoraussetzungen

Mittel der Beeinflussung kommen Zwang, Drohung und bewusste Täuschung in Betracht. Als unzulässige Beeinflussung wird auch angesehen, wenn die Rücknahme durch eine unzutreffende Auskunft oder Belehrung verursacht wurde. Voraussetzung ist dabei jedoch, dass die Auskunft einem rechtsunkundigen Stpfl. ohne Vorbehalt erteilt wurde und von der Behörde eine zutreffende Auskunft aufgrund der Gesetzeslage und nach dem Stand der Rechtsprechung erwartet werden konnte (BFH, BStBl 1972 II S. 353).

Beispiel:

Der von A gegen die ESt-Festsetzung eingelegte Einspruch wurde durch Abhilfebescheid nach § 172 Abs. 1 Satz 1 Nr. 2 Buchst. a AO erledigt, weil dem Antrag in vollem Umfang entsprochen werden konnte. Gegen den Änderungsbescheid legte A erneut Einspruch bzgl. anderer Punkte ein. Das FA teilte ihm schriftlich mit, dass Änderungsbescheide, die aufgrund des § 172 Abs. 1 Satz 1 Nr. 2 Buchst. a AO ergehen, nicht anfechtbar seien, weil die erklärte oder gesetzlich vermutete Zustimmung als Einspruchsverzicht angesehen werden müsse. A nahm daraufhin den Einspruch zurück. Folge?

Die Belehrung des FA war unzutreffend. Nach § 347 Abs. 1 Satz 1 Nr. 1 AO können auch Änderungsbescheide angefochten werden. Der rechtsunkundige A ist durch die falsche Belehrung veranlasst worden, den Einspruch zurückzunehmen. Die Erklärung ist unwirksam.

§ 362 Abs. 1 a AO sieht eine **Teil-Einspruchsrücknahme** im Hinblick auf zwischenstaatliche Verständigungs- bzw. Schiedsverfahren vor (vgl. § 354 Abs. 1 a und § 175 a AO).

Zu beachten ist, dass die Rücknahme den **Verlust des eingelegten Einspruchs** bewirkt (**§ 362 Abs. 2 AO**). Der Einspruchsführer ist hiernach nicht gehindert, gegen den Verwaltungsakt innerhalb der Einspruchsfrist erneut Einspruch zu erheben (vgl. AEAO zu § 362 Nr. 1; anders § 72 Abs. 2 FGO). Über die Wirksamkeit der Einspruchsrücknahme ist durch Fortsetzung des Einspruchsverfahrens zu entscheiden (vgl. AEAO zu § 362 Nr. 2). Wird auf Wirksamkeit der Erklärung erkannt, so muss der Einspruch als unzulässig verworfen werden. Eine Sachentscheidung hat zu ergehen, wenn die Erklärung als unwirksam angesehen wird (vgl. BFH, BStBl 1980 II S. 300). Im Interesse der Rechtssicherheit muss die Unwirksamkeit innerhalb einer angemessenen Frist geltend gemacht werden. Nach Ablauf eines Jahres, vom Zeitpunkt der Abgabe der Erklärung an gerechnet, ist eine Berufung auf die Unwirksamkeit ausgeschlossen. Der § 110 Abs. 3 AO gilt sinngemäß nach § 362 Abs. 2 AO.

13.2.7 Handlungsfähigkeit

Der Einspruch ist unzulässig, wenn ein Beteiligter Verfahrenshandlungen nicht wirksam vornehmen kann. Diese Handlungsfähigkeit richtet sich nach **§ 365 i. V. m. § 79 AO** (Einzelheiten siehe unter Tz. 5.2.2).

13.2.8 Ordnungsgemäße Vertretung

Die Beteiligten können sich durch **Bevollmächtigte** vertreten lassen. Umfang, Wirkung und Erlöschen der Vollmacht sind den §§ **365, 80 AO** zu entnehmen (vgl. Einzelheiten unter Tz. 5.2.3). Daneben gilt ergänzend § **364 a Abs. 2 und 3 AO**. Eine ordnungsgemäße Vollmacht muss erkennen lassen, **wer wen** und **wozu** bevollmächtigt hat. Will bei zusammenveranlagten Ehegatten einer für den anderen Einspruch mit einlegen oder der Berater Einspruch für beide führen, so muss dies in dem Einspruchsschreiben klar und unmissverständlich erkennbar sein, z. B. steht im Briefkopf zwar nur der Name des einen Ehegatten, im Text erfolgt aber Verwendung der Wir-Form oder die Unterschrift beider (vgl. BFH, BStBl 1994 II S. 561; 1995 II S. 306/308; BFH/NV 1998 S. 942). Sonst darf die Einspruchsentscheidung nur gegen den einspruchsführenden Ehegatten ergehen. Soweit sie auch gegen den anderen Ehegatten ergeht, ist sie nichtig (Hinweis auf § 360 AO; Tz. 13.9.2).

Die Vollmacht ermächtigt grundsätzlich zu allen Verfahrenshandlungen für und gegen den Beteiligten. Der Bevollmächtigte muss auf Verlangen seine Vollmacht schriftlich nachweisen. Die Vollmacht erlischt durch Tod des Bevollmächtigten, Widerruf oder Mandatsniederlegung.

Wer im Einspruchsverfahren ohne Vollmacht auftritt, handelt als Vertreter ohne Vertretungsmacht. Ein solches Auftreten bleibt aber Handeln in fremdem Namen, d. h., Beteiligter ist allein der Stpfl., in dessen Namen gehandelt wird. Da das Vorhandensein der Vollmacht Voraussetzung für eine Sachentscheidung ist, muss ein eingelegter Einspruch bei fehlender Vollmacht als unzulässig verworfen werden, sofern nicht eine nachträgliche Genehmigung gemäß §§ 365, 80 AO, § 177 BGB erfolgt.

13.2 Zulässigkeitsvoraussetzungen

13.2.9 Prüfungsschema Einspruch
1. **Zulässigkeit des Einspruchs gemäß § 358 AO?**

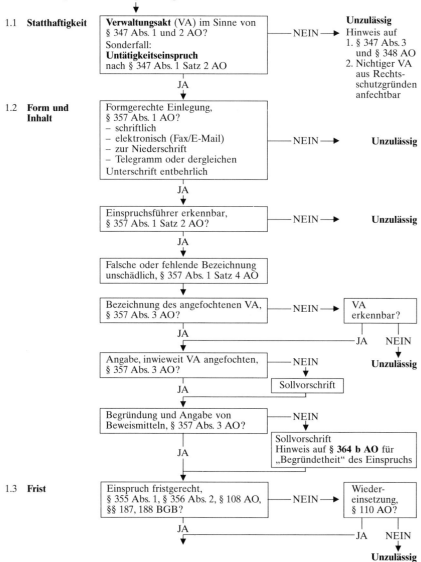

13 Außergerichtliches Rechtsbehelfsverfahren

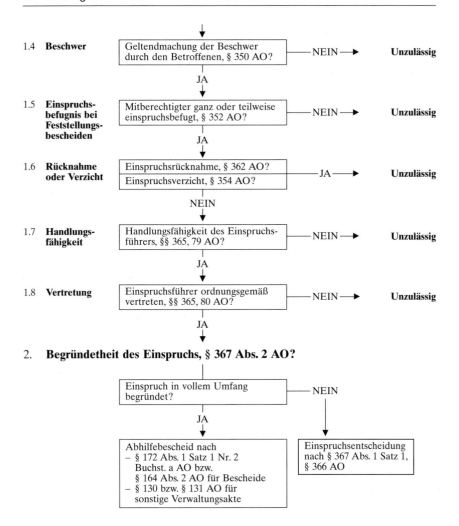

13.3 Verfahrensgrundsätze

13.3.1 Beteiligte

Nach **§ 359 AO** ist Beteiligter, wer den Einspruch eingelegt hat und wer hinzugezogen worden ist (§ 360 AO). Jeder Beteiligte hat die gleichen Rechte. Er kann sachdienliche Anträge stellen. Alle Entscheidungen sind ihm bekannt zu geben.

13.3.2 Untersuchungsgrundsatz

Das Einspruchsverfahren wird vom Untersuchungsgrundsatz (Amtsprinzip) beherrscht (§ **365** i.V. m. §§ **85 ff. AO** = „verlängertes Festsetzungsverfahren"). Danach muss die Finanzbehörde von Amts wegen den entscheidungserheblichen Sachverhalt ermitteln. Die Anträge und die Begründung des Stpfl. begrenzen daher die Befugnisse und Pflichten der Behörde nicht. Es sind auch die für den Beteiligten günstigen Umstände zu berücksichtigen. Dazu gehört u. a., die Abgabe von Erklärungen, ggf. die mündliche Erörterung des Sach- und Rechtsstands nach § **364 a AO** als Filterwirkung bzw. die Stellung von Anträgen anzuregen (§§ 365, 88 Abs. 2, §§ 89, 91 AO). Das Ergebnis der Ermittlungen ist frei zu würdigen. Ist nicht festzustellen, ob bestimmte rechtserhebliche Tatsachen gegeben sind oder nicht, greift die allgemeine **Feststellungslast** ein (vgl. Ausführungen unter Tz. 5.2.10).

Der Untersuchungsgrundsatz wird durch die **Mitwirkungspflichten des Stpfl.** ergänzt und eingeschränkt. Zwar besteht für Einsprüche grundsätzlich kein Begründungszwang (§ 357 Abs. 3 AO vorbehaltlich § 364 b AO). Aber die Behörde hat keinen Anlass, die Ermittlungen auch auf Fragen auszudehnen, deren rechtliche Beurteilung nach Aktenlage offensichtlich nicht zweifelhaft ist, d. h. **keine Ermittlungen „ins Blaue"** hinein. Das gilt vor allem für Fälle von geringer steuerlicher Auswirkung (= **Gewichtung der Steuerfälle** auch im Einspruchsverfahren). Bereits in der Vergangenheit **geklärte Dauersachverhalte** bedürfen daher keiner weiteren Prüfung, sofern sie nicht offensichtlich fehlerhaft und von Gewicht sind. Die nach § 90 AO obliegenden Darlegungs- und Nachweispflichten sind auch im Einspruchsverfahren zu beachten. Danach ist es in erster Linie – ungeachtet § 357 Abs. 3 AO – Sache des Stpfl., die ihm bekannten Tatsachen und Beweismittel vorzubringen, die eine Änderung des angefochtenen Verwaltungsaktes rechtfertigen (siehe § **364 b AO**; Einzelheiten unter Tz. 13.3.4).

Beispiel:
A hat gegen einen USt-Bescheid Einspruch eingelegt. Eine Begründung hat er trotz Aufforderung nicht eingereicht. Rechtsfolge?

Das FA hat die ihm obliegende amtliche Ermittlungspflicht erfüllt, wenn es mithilfe der Akten den USt-Bescheid auf Fehler in rechtlicher und tatsächlicher Hinsicht überprüft. Stellt es dabei keine Fehler fest, so ist der Einspruch als unbegründet zurückzuweisen (§ 367 AO).

Im Einspruchsverfahren besteht grundsätzlich keine Bindung mehr an den angefochtenen Verwaltungsakt. Er ist voll überprüfbar. Es kann sogar eine **Verböserung** des angefochtenen Bescheides erfolgen (§ 367 Abs. 2 Satz 1 und 2 AO).

13.3.3 Rechtliches Gehör, Erörterungstermin und Verböserungsmöglichkeit

Im Einspruchsverfahren muss **rechtliches Gehör** gewährt werden. Es ist den Beteiligten (§ 359 AO) Gelegenheit zu geben, sich zu dem entscheidungserheblichen Sachverhalt (Tatsachen, Beweisergebnisse, Rechtsauffassungen) zu äußern, bevor ein Verwaltungsakt erlassen wird, der in Rechte der Beteiligten eingreift (§§ 365, 91 AO). Soweit im Vorverfahren rechtliches Gehör nicht gewährt worden oder eine erforderliche Begründung unterblieben ist, kann dieser Mangel durch Nachholung behoben werden (§ 126 Abs. 2 AO). Die Verletzung des rechtlichen Gehörs im Einspruchsverfahren ist ein wesentlicher Verfahrensmangel und macht die Einspruchsentscheidung rechtswidrig, aber nicht nichtig. Bei Klageerhebung kann das Gericht die Entscheidung aufheben und an die Behörde zurückverweisen (§ 100 Abs. 3 FGO). Daneben bestehen spezielle Vorschriften.

- **Mitteilung der Besteuerungsgrundlagen nach § 364 AO**

Eine besondere Regelung des rechtlichen Gehörs enthält § 364 AO über die Mitteilung von Besteuerungsgrundlagen. Grundsätzlich hat der Stpfl. kein Recht auf Einsicht in die von der Behörde geführten Steuerakten (anders § 78 FGO; vgl. BFH, BStBl 2003 II S. 790; AEAO zu § 91 Nr. 4 und zu § 364). Anstelle eines **Akteneinsichtsrechts** tritt der Anspruch auf Mitteilung der Besteuerungsgrundlagen. Der Begriff der Besteuerungsgrundlagen ist weit auszulegen. Er umfasst alle Berechnungsgrundlagen, Gutachten, Beweismittel, Beweiserhebungen, Zeugenaussagen, Vermerke über Beweiserhebungen, Rechtshilfeersuchen, Schätzungsunterlagen und -methoden. Solange die Behörde der Pflicht aus § 364 AO nicht nachkommt, kann der Stpfl. seine Prüfungs- und Einspruchsrechte nicht ausreichend ausüben. Steuerbescheide sind in diesem Fall folglich in ihrer Vollziehung gemäß § 361 AO, § 69 FGO auszusetzen (BFH, BStBl 1978 II S. 402).

- **Mündliche Erörterung gemäß § 364 a AO**

Nach § **364 a Abs. 1 AO** ist die Finanzbehörde auf **Antrag** des Einspruchsführers im Allgemeinen verpflichtet („soll"), die mündliche Erörterung des Sach- und

13.3 Verfahrensgrundsätze

Rechtsstandes vor Erlass einer Einspruchsentscheidung durchzuführen. Das gilt nicht bei offensichtlichen Verfahrensverschleppungen, bei einem beabsichtigten Abhilfebescheid oder in den Fällen des § 363 AO (vgl. AEAO zu § 364 a Nr. 4). Für den Antrag besteht keine bestimmte Form – auch telefonisch möglich – und keine Frist (vgl. AEAO zu § 364 a Nr. 5). Eine frühzeitige Antragstellung ist aber zu empfehlen. Die Erörterung kann im Rahmen des Ermessens grundsätzlich an Amtsstelle, aber auch an anderen Orten erfolgen, z. B. im Büro des Steuerberaters. Ziel der Erörterung kann auch eine einvernehmliche „tatsächliche Verständigung" sein (vgl. AEAO zu § 364 a Nr. 1).

Nach § **364 a Abs. 1 Satz 3 AO** kann eine **Ladung** zur mündlichen Erörterung auch **von Amts wegen** erfolgen. Die Finanzbehörde kann nach Satz 2 weitere Beteiligte hierzu laden, z. B. Hinzugezogene. Bei Nichterscheinen sind **Zwangsmaßnahmen nach § 364 a Abs. 4 AO unzulässig.** Auch negative Schlussfolgerungen dürfen nicht gezogen werden.

Unter den Voraussetzungen des § **364 a Abs. 2 AO** – bei Verfahren mit mehr als zehn Beteiligten – kann aus Gründen der Verfahrenserleichterung die Bestellung eines **gemeinsamen Vertreters** verlangt werden.

Eine Vertretung durch **Bevollmächtigte** ist nach § **364 a Abs. 3 AO** zulässig, jedoch kann die Behörde das persönliche Erscheinen des Beteiligten anordnen, z. B. wenn Sachverhaltsfragen nur durch ihn beantwortet werden können.

Sowohl die Ablehnung eines Antrags als auch die Ladung zu einer Erörterung sind verfahrensleitende Handlungen, die nicht isoliert angefochten werden können. Als Rechtsmittel ist daher nur die **Klage gegen die Einspruchsentscheidung** gegeben. Ergeht trotz Antrags die Einspruchsentscheidung ohne mündliche Erörterung, so erfolgt wegen des Verfahrensfehlers auf entsprechenden Klageantrag hin regelmäßig die isolierte Aufhebung der Einspruchsentscheidung nach § 100 Abs. 1 Satz 1 FGO.

- **Verböserungsmöglichkeit**

Die Gewährung ausreichenden rechtlichen Gehörs im Einspruchsverfahren ist von besonderer Bedeutung in den Fällen, in denen das FA nach § **367 Abs. 2 AO zum Nachteil ändern** will (Hinweis auf § 364 b Abs. 2 Satz 2 AO). Die für begünstigende Verwaltungsakte nach § 130 Abs. 2, § 131 Abs. 2 AO bestehenden Einschränkungen gelten insoweit nicht, da § 367 Abs. 2 AO die vorrangige Spezialnorm ist. Eine Verböserung darf nur erfolgen, wenn dem Einspruchsführer zuvor **Gelegenheit zur Äußerung** gegeben worden ist. Er erhält auf diese Weise die Möglichkeit, der Verböserung durch **Rücknahme** des Einspruchs nach § **362 AO** zu entgehen, soweit nicht eine **Korrektur** auch außerhalb des Einspruchsverfahrens möglich ist (§§ 129 ff., 164, 172 ff. AO; vgl. BFH, BStBl 1990 II S. 414;

AEAO zu § 367 Nr. 2). Voraussetzungen für eine Änderung zum Nachteil des Einspruchsführers nach § 367 Abs. 2 Satz 2 AO sind, dass

1. der Einspruchsführer auf die Möglichkeit einer verbösernden Entscheidung hingewiesen wird,
2. ihm Gründe für die mögliche Verböserung angegeben werden, z. B. erstmaliger Vorbehalt der Nachprüfung, Kürzung von Aufwendungen, und
3. er Gelegenheit erhält, sich hierzu zu äußern.

Dagegen ist das FA zu einer weiter gehenden Belehrung über eine evtl. Rücknahmemöglichkeit des Einspruchs nicht verpflichtet. Andererseits kann eine entsprechende Aufklärung zweckdienlich sein, dass der Sachverhalt auch unter Korrekturvorschriften, z. B. § 164 Abs. 2, § 175 oder § 173 AO, subsumiert werden kann trotz Rücknahme des Einspruchs (vgl. AEAO zu § 367 Nr. 2).

Der fehlende Hinweis auf die Verböserungsmöglichkeit führt nicht zur Nichtigkeit (BFH, BStBl 1980 II S. 154). Bei Erhebung der **Klage** kann zur Heilung des Fehlers die Einspruchsentscheidung aufgehoben und an das FA zurückverwiesen werden (§ 100 Abs. 3 FGO). Damit hat der Stpfl. ggf. die Möglichkeit, durch Rücknahme des Einspruchs die Verböserung zu vermeiden. Die Zurückverweisung wegen des Verfahrensfehlers kann unterbleiben, wenn z. B. das FA den Bescheid aufgrund von Korrekturvorschriften ändern konnte (vgl. BFH, BStBl 1990 II S. 414) oder der Stpfl. im Klageverfahren eine Sachentscheidung begehrt (vgl. BFH, BFH/NV 2004 S. 1514).

13.3.4 Setzung von Ausschlussfristen nach § 364 b AO

Die Fristsetzung nach **§ 364 b AO** („**Präklusion**") soll zur Beschleunigung des Einspruchsverfahrens dienen und Verschleppungstaktiken insbesondere in Verfahren gegen Schätzungsbescheide entgegenwirken (vgl. **§ 79 b FGO** für gerichtliche Verfahren).

Nach **§ 364 b Abs. 1 AO** „**kann**" die Finanzbehörde dem Einspruchsführer – nicht aber dem Hinzugezogenen – schriftlich bzw. elektronisch im Hinblick auf § 119 Abs. 1 AO und mit entsprechender Begründung (§ 121 AO) unter Belehrung über die Rechtsfolgen eine **angemessene Ausschlussfrist** – in der Regel mindestens einen Monat – setzen

1. **allgemein** zur Angabe von konkreten Tatsachen, durch deren Berücksichtigung oder Nichtberücksichtigung er sich im Sinne von § 350 AO beschwert fühlt, z. B. Vorlage von Steuererklärungen nebst Anlagen bei pauschalen Einwendungen gegen einen Schätzungsbescheid;

13.3 Verfahrensgrundsätze

2. **im weiteren Verfahren** zur Angabe über bestimmte klärungsbedürftige Punkte (Tatsachen) und zur Bezeichnung von Beweismitteln oder zur Vorlage von Urkunden, soweit er dazu verpflichtet ist.

Die aufklärungs- oder beweisbedürftigen Punkte (Tatsachen) sind in der fristsetzenden Aufforderung so konkret zu bezeichnen, dass es dem Einspruchsführer möglich ist, die Anordnung ohne weiteres zu befolgen. Eine Verfügung, die allgemein zu einer Stellungnahme und pauschal zur Vorlage zahlreicher für erforderlich gehaltener Unterlagen auffordert, ist gemäß § 119 Abs. 1, § 125 AO unwirksam (vgl. BFH, BStBl 1995 II S. 417, zum entsprechenden § 79 b Abs. 2 FGO). Nach § **364 b Abs. 3 AO** ist der Einspruchsführer über die Rechtsfolgen zu belehren, und zwar notwendig schriftlich oder elektronisch. Andernfalls ist die Fristsetzung unwirksam.

Die Aufforderung mit Fristsetzung ist **kein Verwaltungsakt** mangels unmittelbarer Rechtswirkung, sondern nur eine verfahrensleitende Handlung zur Vorbereitung der Einspruchsentscheidung. Sie ist daher **nicht selbständig anfechtbar** innerhalb des Einspruchsverfahrens, sondern nur mit der Klage gegen die Einspruchsentscheidung (vgl. AEAO zu § 364 b Nr. 4; OFD Erfurt, DStR 1997 S. 163). Ein **Vorbehalt der Nachprüfung** soll spätestens mit Fristsetzung aufgehoben werden (AEAO zu § 364 b Nr. 2). Der Aufhebungsbescheid wird nach § 365 Abs. 3 AO automatisch Gegenstand des Einspruchsverfahrens (BFH, BStBl 2003 II S. 112).

Wie das FA über einen **Antrag auf Fristverlängerung** zu entscheiden hat, ist abhängig vom zeitlichen Eingang des Antrags. Es ist entscheidend, wann der Verlängerungsantrag gestellt worden ist. Ein **vor Fristablauf** gestellter Antrag kann als nach § 364 b AO gesetzte „behördliche" Frist gemäß § **109 Abs. 1 AO** verlängert werden, ggf. sogar rückwirkend auf den Zeitpunkt der Antragstellung vor Fristablauf (vgl. AEAO zu § 364 b Nr. 4; Siegert, DStZ 1995 S. 517; Späth, DStZ 1995 S. 363; nach OFD Erfurt, DStR 1997 S. 163, ist ein Einspruch gegen die Fristsetzung mit Antrag auf AdV bei steuerlich nicht Beratenen umzudeuten in einen Antrag auf Fristverlängerung nach § 109 AO). Geht der Verlängerungsantrag **nach Fristablauf** ein, kann gemäß § **364 b Abs. 2 Satz 3 AO** nur Wiedereinsetzung nach § **110 AO** in Betracht kommen.

Erklärungen und Beweismittel, die vom Einspruchsführer erst nach Fristablauf vorgebracht werden, „**sind**" vom FA nach § **364 b Abs. 2 Satz 1 und 3 AO im Einspruchsverfahren zwingend nicht zu berücksichtigen.** Ausnahmen bestehen nur, wenn Wiedereinsetzung nach § 110 AO gewährt wird bzw. im Einzelfall eine – rechtswidrige – Fristsetzung nach § 130 Abs. 1 AO aufgehoben wird.

Verspätet vorgebrachte Angaben sind innerhalb des Einspruchsverfahrens allenfalls **zum Nachteil** des Stpfl. gemäß § 364 b Abs. 2 Satz 2 und § 367 Abs. 2 Satz 2 AO zu berücksichtigen. Durch **Einspruchsrücknahme** kann der Stpfl. die Verböserung vermeiden.

13 Außergerichtliches Rechtsbehelfsverfahren

Im Zusammenhang mit § 364 b AO und dem sich **anschließenden Klageverfahren** begrenzt § **76 Abs. 3 FGO** die Sachaufklärungspflicht des Gerichts. Danach „**kann**" das Gericht derartige Erklärungen usw. zurückweisen und ohne weitere Ermittlungen insoweit entscheiden. Das Gericht hat im Rahmen der **Ermessensentscheidung** nach § 76 Abs. 3 FGO entsprechend § **79 b Abs. 3 FGO** insbesondere zu prüfen, ob

- die Ausschlussfrist wirksam und ermessensfehlerfrei, zu kurz oder sonst rechtswidrig war, z. B. Ablehnung der Fristverlängerung nach § 109 AO,
- die notwendige Belehrung nach § 364 b Abs. 3 AO erfolgt ist,
- tatsächlich ein Aufklärungsbedarf besteht,
- die für aufklärungs- oder beweisbedürftig erachteten Punkte genau bezeichnet worden sind,
- die Aufforderung des FA erfüllbar ist,
- Wiedereinsetzungsgründe nach § 110 AO eingreifen oder
- es dem Gericht mit geringem Aufwand möglich ist, den Sachverhalt auch ohne weitere Mitwirkung der Beteiligten zu ermitteln, und die Zulassung die Erledigung des Rechtsstreites verzögern würde (vgl. BFH, BStBl 1998 II S. 399; 1999 II S. 26; 2004 II S. 833/835).

Der BFH hält es im Interesse des § 85 AO und des § 76 FGO für gerechtfertigt, die vom Stpfl. erklärten Angaben grundsätzlich im Gerichtsverfahren zu verwerten. In **Schätzungsfällen** ist das FG nach § **100 Abs. 3 Satz 2 FGO** stets zu einer eigenen Sachaufklärung verpflichtet (vgl. BFH, BStBl 2000 II S. 354; BFH/NV 2005 S. 63). Berücksichtigt das Gericht die nach Fristablauf vorgebrachten Beweismittel, Erklärungen oder Tatsachen zugunsten des Klägers, so wirkt sich dies auf die **Kostenentscheidung** nach § **137 Satz 3 FGO** aus. Das Klageverfahren kann ggf. durch **Abhilfebescheid** nach § 172 Abs. 1 Satz 1 Nr. 2 Buchst. a AO erledigt werden (vgl. AEAO zu § 364 b Nr. 5; BFH, BStBl 2004 II S. 833/836).

Trotz der Präklusion bleiben die **Korrekturvorschriften** außerhalb des Rechtsbehelfsverfahrens sowohl zugunsten als auch zulasten des Stpfl. **anwendbar,** z. B. §§ 129 ff., 164, 172 ff. AO, da die Ausschlussfrist nur innerhalb des Einspruchsverfahrens wirkt und die Einspruchsentscheidung wegen der nicht berücksichtigten Angaben materiell fehlerhaft bleibt (vgl. AEAO zu § 364 b Nr. 3; OFD Erfurt, DStR 1997 S. 163). Bei (Schätzungs-)Bescheiden unter Vorbehalt der Nachprüfung, bei denen der Steuerfall für eine etwaige spätere Überprüfung offen gehalten werden soll, sind – unabhängig von der Präklusion nach § 364 b AO – später vorgebrachte Angaben stets nach § **164 Abs. 2 AO** zu berücksichtigen, sofern der Vorbehalt nicht zugleich mit der Fristsetzung aufgehoben wurde (vgl. AEAO zu § 364 b Nr. 2). Die Möglichkeit der „schlichten Änderung" einer Einspruchsentscheidung ist in diesen Fällen nach § **172 Abs. 1**

13.3 Verfahrensgrundsätze

Satz 1 Nr. 2 Buchst. a i. V. m. Abs. 1 Satz 3 letzter Halbsatz AO ausgeschlossen (vgl. Ausführungen unter Tz. 9.10.4.1). Soweit bei endgültigen Bescheiden präkludierte Tatsachen im Sinne von § **173 AO** zugunsten des Stpfl. „vor" der Entscheidung über den Einspruch noch vorgebracht wurden, sind sie nicht „nachträglich" bekannt geworden. Bei einem Tatsachenvortrag „nach" Abschluss des Einspruchsverfahrens steht regelmäßig „grobes Verschulden" einer Änderung nach § 173 Abs. 1 Nr. 2 AO entgegen. Eine Berücksichtigung verspätet vorgebrachter Angaben muss aber bei einem nachfolgenden Korrekturverfahren nach §§ **129, 172, 174 ff.** AO im Rahmen des § **177 AO** bzw. § **351 AO** erfolgen, da die Steuerfestsetzung wegen der nicht berücksichtigten Tatsachen materiell fehlerhaft ist (vgl. AEAO zu § 364 b Nr. 3; OFD Erfurt, DStR 1997 S. 163; Siegert, DStZ 1995 S. 25/31 und 517/522; von Wedelstädt, DB 1996 S. 113/115).

Beispiel:
Wegen Nichtabgabe der Erklärung erging am 3. 12. 06 der endgültige ESt-Schätzungsbescheid 05 über 50.000 €. Der S legte am 2. 1. 07 Einspruch ein mit dem Hinweis „Begründung folgt". Nach mehrfacher Mahnung setzte das FA am 25. 4. 07 eine „Ausschlussfrist ... bis 1. 6. 07" mit entsprechender Belehrung. S reichte die ESt-Erklärung am 6. 6. 07 nach. Danach beträgt die ESt **a)** 30.000 € bzw. **b)** 55.000 €.

1. Wie wird das FA entscheiden?
2. Was kann bzw. muss S im Fall 1 a) nach der Entscheidung des FA unternehmen?
3. Das FG hatte im Fall 1 a) die Klage rechtskräftig abgewiesen. Danach erging ein nach § 175 Abs. 1 Satz 1 Nr. 1 AO geänderter ESt-Bescheid 05 über 75.000 € (+ 25.000 €). Rechtslage?

1. Das FA muss im Fall **a)** den Einspruch nach § 367 Abs. 2 AO als „unbegründet" zurückweisen, da die Ermäßigungsgründe zwingend nach § **364 b Abs. 2 AO** ausgeschlossen sind. Wiedereinsetzungsgründe entsprechend § 110 AO sind nicht erkennbar. Im Fall **b)** ergeht nach § 367 Abs. 2 Satz 2, § 364 b Abs. 2 Satz 2 AO eine verbösernde Einspruchsentscheidung vorbehaltlich einer rechtzeitigen Einspruchsrücknahme (§ 362 AO) oder einer Korrekturmöglichkeit nach § 173 AO.

2. Der S kann die Änderung der Einspruchsentscheidung nicht nach § **172 Abs. 1 Satz 1 Nr. 2 Buchst. a i. V. m. Abs. 1 Satz 3 AO** erreichen. S muss frist- und formgerecht **Anfechtungsklage** nach § 40 Abs. 1, §§ 44, 47 FGO erheben, um eine Überprüfung durch das FG nach § **76 Abs. 3 FGO** („kann") im Rahmen des § **79 b Abs. 2 FGO** zu erreichen. Auch im Fall eines Obsiegens hat S nach § **137 Satz 3 FGO** die **Kosten** zu tragen.

3. Es ist form- und fristgerecht **Einspruch** nach §§ 347, 355, 357 AO einzulegen, um eine Änderung gemäß § 367 Abs. 2 Satz 1 AO in den Grenzen des § **351 Abs. 1 AO** zu erreichen, d. h. die nachträgliche Berücksichtigung des materiellen Fehlers (⁄ 20.000 €) auf 55.000 €. Denn im Einspruchsverfahren gegen den Änderungsbescheid besteht keine Bindungswirkung an § 364 b AO hinsichtlich des früheren Einspruchsverfahrens oder der gerichtlichen Entscheidung nach § 110 Abs. 1 wegen Abs. 2 FGO (vgl. Siegert, DStZ 1995 S. 25/31). Zusätzlich ist ein **Antrag auf AdV** nach § 361 AO zu stellen.

13.3.5 Aussetzung und Ruhen des Verfahrens gemäß § 363 AO

13.3.5.1 Aussetzung des Verfahrens

Die **Entscheidung** über den Einspruch kann nach **§ 363 Abs. 1 AO** im Rahmen des Ermessens **ausgesetzt** werden, wenn die Entscheidung von dem Bestehen oder Nichtbestehen eines Rechtsverhältnisses abhängt, das den Gegenstand eines anhängigen Rechtsstreits bildet oder von einem Gericht oder einer Verwaltungsbehörde festzustellen ist. Beispielsweise kann das Verfahren gegen einen Folgebescheid so lange ausgesetzt werden, als unklar ist, ob und wie der angefochtene Grundlagenbescheid geändert wird (BFH, BStBl 1979 II S. 678; 1985 II S. 3/5).

13.3.5.2 Ruhen des Verfahrens

Es sind folgende Fallgruppen zu unterscheiden:

- **Ruhen mit Zustimmung des Einspruchführers**

Mit Zustimmung des Stpfl. „kann" das **Verfahren ruhen,** wenn das aus wichtigen Gründen zweckmäßig erscheint (**§ 363 Abs. 2 Satz 1 AO**). Die Anordnung des Ruhens des Verfahrens kommt etwa in Betracht, wenn die gleiche Rechtsfrage für die Vorjahre bereits bei Gericht anhängig ist oder das Ergebnis einer Ap abgewartet werden soll.

- **Zwangsruhen von Einsprüchen**

§ 363 Abs. 2 Satz 2 bis 4 AO regelt ein „**Zwangsruhen**" von Einsprüchen zur rationellen Abwicklung von Masseneinsprüchen wegen behaupteter Verfassungswidrigkeit einer Steuernorm. Dies gilt nicht für Anträge außerhalb eines Einspruchs, z. B. für Anträge auf schlichte Änderung nach § 172 Abs. 1 Satz 1 Nr. 2 Buchst. a AO. Beim Zwangsruhen ist zu differenzieren zwischen:

1. Zwangsruhe kraft Gesetzes im Einzelfall, § 363 Abs. 2 Satz 2 AO

Dieser Fall ist „insoweit" gegeben, als der Einspruchführer seinen Einspruch auf ein **beim EuGH, BVerfG oder einem obersten Bundesgericht anhängiges Verfahren** wegen der Verfassungsmäßigkeit einer Rechtsnorm oder wegen einer Rechtsfrage stützt. Voraussetzung ist ferner, dass im Hinblick auf dieses Verfahren die Steuer **nicht** nach § 165 Abs. 1 Satz 2 Nr. 3 AO vorläufig festgesetzt worden ist. Der Einspruchführer hat auf das anhängige Verfahren grundsätzlich hinzuweisen (ohne Aktenzeichen) und auf seine Rechtserheblichkeit.

Die Zwangsruhe kraft Gesetzes ist **nicht** mit dem Einspruch **anfechtbar** mangels eines Verwaltungsaktes gemäß § 347 Abs. 1 Satz 1 Nr. 1 AO.

Über **andere Fragen,** die nicht Anlass der Zwangsruhe sind („insoweit"), kann zwar nicht durch Teil-Einspruchsentscheidung entschieden werden, wohl aber durch Erlass von **Teil-Abhilfebescheiden** nach § 172 Abs. 1 Satz 1 Nr. 2 Buchst. a

AO oder durch **Änderungsbescheide** aus außerhalb des Einspruchsverfahrens liegenden Gründen, z. B. wegen neuer Tatsachen nach § 173 AO oder wegen Folgeänderungen nach § 175 Abs. 1 Satz 1 Nr. 1 AO (vgl. AEAO zu § 363 Nr. 2). Der geänderte Bescheid wird nach **§ 365 Abs. 3 AO** Gegenstand des Einspruchsverfahrens, das im Übrigen nach § 363 Abs. 2 AO bis zur Entscheidung des maßgebenden Gerichts weiterhin ruht.

2. Zwangsruhe durch Allgemeinverfügung, § 363 Abs. 2 Satz 3 AO

Sind noch **keine Musterverfahren anhängig**, kann durch **Allgemeinverfügung** im Sinne von § 118 Satz 2 AO für bestimmte Gruppen gleich gelagerter Fälle das Ruhen von Einsprüchen angeordnet werden. Zweifelhaft ist, ob hiergegen der Einspruch zulässig ist (vgl. Szymczak, DB 1994 S. 2254/2260: kein Rechtsschutzbedürfnis). Er dürfte in der Regel umzudeuten sein in einen Antrag auf Verfahrensfortführung nach § 363 Abs. 2 Satz 3 AO.

- **Fortsetzung des Einspruchsverfahrens**

Auf **Antrag** des Einspruchsführers oder auf **Mitteilung** der Finanzbehörde „ist" das ruhende Verfahren zwingend nach **§ 363 Abs. 2 Satz 4 AO** fortzuführen. Dem Beteiligten soll vor der entsprechenden Mitteilung rechtliches Gehör gewährt werden (AEAO zu § 363 Nr. 3).

- **Anfechtungsbeschränkung**

Die **Ablehnung eines Antrags** auf Aussetzung oder Ruhen des Verfahrens sowie der **Widerruf** einer Entscheidung im Sinne von § 363 Abs. 1 und 2 AO ist nicht selbständig anfechtbar, sondern nur zusammen mit der **Klage** gegen die Einspruchsentscheidung gemäß § 363 Abs. 3 AO. Dies muss nach Sinn und Zweck entsprechend für die **Fortsetzungsmitteilungen** nach § 363 Abs. 2 Satz 4 AO gelten.

13.4 Anfechtbarkeit von geänderten Verwaltungsakten

Verwaltungsakte, die „unanfechtbare" Verwaltungsakte ändern, können nach **§ 351 Abs. 1 AO** nur insoweit angegriffen werden, als die Änderung reicht (vgl. § 42 FGO). § 351 Abs. 1 AO schützt die formelle Bestandskraft des ursprünglichen Bescheides, soweit er nicht geändert worden ist. Etwas anderes gilt nur, wenn Korrekturvorschriften Ausnahmen zulassen. Es handelt sich bei § 351 Abs. 1 AO um eine **sachliche Anfechtungsbeschränkung** im Sinne von materieller Begründetheit (Umfang) des Einspruchs. Der angegriffene und unanfechtbare Bescheid ist nach **§ 367 Abs. 2 AO** der Sache nach **in vollem Umfang** erneut zu „**überprüfen**". Aufgrund der Anfechtung des Änderungsbescheides kann er aber

13 Außergerichtliches Rechtsbehelfsverfahren

nach § 351 Abs. 1 AO nur im Umfang der Abweichung vom ursprünglichen Bescheid „geändert" werden (vgl. AEAO zu § 351 Nr. 1).

Die **Beschränkung** des Umfangs des Anfechtungsrechts kommt **nicht** in Betracht, wenn der ursprüngliche **Bescheid** im Zeitpunkt seiner Korrektur – Bekanntgabe des Änderungsbescheides – **noch anfechtbar** war, weil nur die Bestandskraft geschützt werden soll. In diesem Fall ist der Bescheid in vollem Umfang nach § 367 Abs. 2 AO änderbar, da § 351 Abs. 1 AO keine Anwendung findet („die unanfechtbare Verwaltungsakte ändern").

Beispiele:
1. Der ESt-Bescheid über 10.000 € ging am 1.3. zu. Am 25.3. legte S Einspruch ein mit dem Antrag, die ESt auf 9.000 € herabzusetzen. Rechtsfolge? Nach § 367 Abs. 2 AO ist der Bescheid in vollem Umfang überprüfbar und änderbar. § 351 Abs. 1 AO greift nicht ein.

2. Der ESt-Bescheid über 20.000 € ging am 1.6. zu. Am 20.6. erging ein Änderungsbescheid nach § 173 AO über 23.000 €. Hiergegen legte S am 11.7. Einspruch ein mit dem Antrag, die ESt auf 18.000 € wegen verschiedener Rechtsfehler herabzusetzen. Möglich? Nach § 367 Abs. 2 AO ist der Bescheid entsprechend zu ändern, da der angefochtene Änderungsbescheid den noch nicht unanfechtbaren Erstbescheid ersetzt hat und somit kein Fall des § 351 Abs. 1 AO vorliegt (vgl. BFH, BStBl 1984 II S. 791).

Die sachliche Anfechtungsbeschränkung im Sinne von Begründetheit (Umfang) ist bei allen Änderungen von **unanfechtbaren Bescheiden** zu beachten, die aufgrund von Vorschriften durchgeführt werden, die eine Durchbrechung der Bestandskraft zulassen, z. B. §§ 129, 164, 172 ff. AO. Zwar bezieht sich § 351 Abs. 1 AO dem Wortlaut nach nur auf Verwaltungsakte, die geändert worden sind. § 351 Abs. 1 AO umfasst aber auch die Berichtigung nach § 129 AO (vgl. BFH, BStBl 1984 II S. 511). Nicht erfasst werden die nach den §§ 130, 131 AO korrigierbaren Verwaltungsakte, da hierfür – abgesehen vom Wortlaut – kein praktisches Bedürfnis besteht (vgl. BFH, BStBl 1984 II S. 791; AEAO zu § 351 Nr. 3).

Im Rahmen der materiellen Begründetheit des Einspruchs sind **Korrekturvorschriften** nur daraufhin zu **prüfen,**

1. ob der **Änderungsbescheid dem Grunde und der Höhe nach** durch Korrekturvorschriften gedeckt ist (nach § 367 Abs. 2 AO besteht die Möglichkeit der Verböserung, soweit diese ihre Grundlage im Änderungsbescheid hat; vgl. BFH, BStBl 2001 II S. 124) und

2. ob die **im unanfechtbaren Erstbescheid festgesetzte Steuer** (Geldbetrag) unter Berücksichtigung aller (materiellen) Umstände der Höhe nach **niedriger** festzusetzen ist (§ 351 Abs. 1 AO „... es sei denn ...").

Sinn und Zweck des § 351 Abs. 1 AO ist es, die mit der Bestandskraft der ursprünglichen Steuerfestsetzung eingetretene Bindungswirkung zu schützen.

13.4 Anfechtbarkeit von geänderten Verwaltungsakten

Der Stpfl. soll eine günstige Rechtsstellung, die er durch die Unanfechtbarkeit des ursprünglichen Verwaltungsaktes verloren hat, nicht durch die Anfechtungsmöglichkeiten eines geänderten Verwaltungsaktes wiedererlangen. In Bestandskraft erwachsen nur die in einem Bescheid festgesetzten Beträge, nicht dagegen die Besteuerungsgrundlagen, aus denen sich die Beträge ergeben (vgl. § 157 Abs. 2 AO). Durch § 351 Abs. 1 AO wird deshalb die Überprüfbarkeit eines geänderten Verwaltungsaktes nur der Höhe, nicht dem Grunde nach eingeschränkt. Nur insoweit ist der Bescheid nach § 367 Abs. 2 AO voll änderbar (vgl. AEAO zu § 351 Nr. 1).

Hiernach müssen im Einspruchsverfahren gegen geänderte Verwaltungsakte auch Umstände berücksichtigt werden, deren Beachtung bei der ursprünglichen, bestandskräftigen Steuerfestsetzung zu einem anderen Ergebnis geführt hätte. Nicht fristgebundene versäumte Anträge können nachgeholt, Wahlrechte erstmals oder anderweitig ausgeübt und bisher nicht berücksichtigte materielle Fehler vorgebracht werden. Im Rahmen dieses Prüfungspunktes sind nach § 367 Abs. 2 AO Korrekturvorschriften ohne Bedeutung. Dabei darf jedoch der früher bestandskräftig festgesetzte Betrag grundsätzlich nicht unterschritten werden (vgl. § 177 AO; AEAO zu § 351 Nr. 1).

Beispiel:
Die ESt des A ist unanfechtbar auf 5.000 € festgesetzt. Bei einer Nachprüfung entdeckte das FA einen Rechenfehler. Gegen den nach § 129 AO geänderten Bescheid über 5.250 € legte A Einspruch ein. Er weist nach, dass er außergewöhnliche Belastungen in seiner ESt-Erklärung nicht geltend gemacht hat. Die ESt ist danach nur in Höhe von 4.900 € entstanden. Folge?
Die Aufwendungen sind im Einspruchsverfahren nach § 367 Abs. 2 AO gegen den geänderten Bescheid zu berücksichtigen. § 351 Abs. 1 AO verbietet es jedoch, die ursprünglich festgesetzte ESt-Schuld von 5.000 € zu unterschreiten.

Lassen **Änderungsvorschriften** eine Herabsetzung des bestandskräftig festgestellten Betrages zu, so kann der **ursprüngliche Betrag unterschritten** werden („es sei denn"). Jedoch kann im Einspruchsverfahren eine weitere Herabsetzung nicht verlangt werden, sofern die Auswirkungen der Änderungsvorschrift beachtet worden sind. Die Änderung im Sinne von § 351 Abs. 1 AO reicht in diesen Fällen von dem neu festgesetzten zum höheren, früher festgesetzten Betrag (vgl. AEAO zu § 351 Nr. 2).

Beispiele:
1. Der ESt-Bescheid über 10.000 € ist unanfechtbar. Gegen den nach § 175 Abs. 1 Satz 1 Nr. 1 AO ergangenen Änderungsbescheid über 9.000 € legt S Einspruch ein mit der Begründung, die ESt betrage wegen eines Rechtsfehlers nur 7.000 €. Folge?
Die Einwendungen des S können nach § 367 Abs. 2 AO nicht berücksichtigt werden. § 175 Abs. 1 Satz 1 Nr. 1 AO lässt nur eine punktuelle Änderung zu. Einer weiteren Herabsetzung steht § 351 Abs. 1 AO entgegen, da Rechtsfehler nicht selbständig korrekturfähig sind.

13 Außergerichtliches Rechtsbehelfsverfahren

2. Der ESt-Bescheid über 20.000 € steht nach § 164 AO unter Vorbehalt der Nachprüfung. Nach Unanfechtbarkeit ergeht ein endgültiger Änderungsbescheid gemäß § 164 Abs. 2 und 3 AO über 21.000 €. S legt hiergegen Einspruch ein mit der Begründung, die ESt betrage wegen eines Rechtsfehlers nur 18.000 €.

Die Einwendungen des S sind gemäß § 367 Abs. 2, § 351 Abs. 1 AO zu berücksichtigen, da der Erstbescheid nach § 164 Abs. 2 AO noch voll änderbar und daher materiell nicht bestandskräftig war (vgl. BFH, BStBl 1999 I S. 335; AEAO zu § 347 Nr. 3).

Liegen gleichzeitig **steuererhöhende und steuermindernde Änderungsvorschriften** vor, so ergibt sich der **Anfechtungsrahmen des § 351 Abs. 1 AO** aus der **Ober- und Untergrenze** der gegenläufigen Normen und nicht aus dem Saldo der Änderungsvorschriften (vgl. Parallele des § 177 AO; Tz. 9.17).

Beispiel:

Die unanfechtbar auf 9.000 € festgesetzte ESt des A wird wegen Bekanntwerdens neuer Tatsachen im Sinne von § 173 Abs. 1 Nr. 1 AO mit einer steuerlichen Auswirkung von 1.000 € und wegen eines Rechenfehlers nach § 129 AO mit einer steuerlichen Auswirkung von ./. 700 € auf 9.300 € geändert. A legt Einspruch ein und macht weitere Aufwendungen geltend, die eine steuerliche Auswirkung von 1.100 € haben, ohne dass hierfür Änderungsvorschriften eingreifen. Folge?

Die ESt muss auf 8.300 € festgesetzt werden, weil die ursprünglich unanfechtbar festgesetzte Steuer um den Betrag unterschritten werden kann, der auf die Änderungsmöglichkeit nach § 129 AO als Untergrenze entfällt (§ 351 Abs. 1 2. Halbsatz AO).

Die Grundsätze über die Anfechtbarkeit von geänderten Verwaltungsakten gelten auch für **Feststellungsbescheide.** Dabei sind jedoch Besonderheiten zu beachten. Feststellungsbescheide setzen sich aus einer Reihe von Einzelfeststellungen zusammen, die nicht unselbständige Besteuerungsgrundlagen sind, sondern einer gewissen Verselbständigung unterliegen. Ist eine Einzelfeststellung unrichtig getroffen, kann sie nur im Rechtsbehelfsverfahren korrigiert werden. Bei Änderungsbescheiden zuungunsten des Stpfl. können deshalb etwa Feststellungen, die unverändert aus einem unanfechtbaren Bescheid übernommen wurden, nicht mehr mit Erfolg angegriffen werden (BFH, BStBl 1978 II S. 44).

13.5 Anfechtungsbeschränkung bei Grundlagen-/Folgebescheiden

Folgebescheide können nicht mit der Begründung angefochten werden, dass ihnen zugrunde liegende Bescheide unrichtig seien (**§ 351 Abs. 2 AO**). Diese Regelung zieht die notwendigen Folgerungen aus den Wirkungen der Grundlagenbescheide im Sinne von § 171 Abs. 10 AO (vgl. § 42 FGO). Der Ausschluss der Anfechtung gilt hiernach vornehmlich für Steuerbescheide, Feststellungsbescheide höherer Ordnung, Steuermessbescheide, Steueranmeldungen und Zerlegungs- und Zuteilungsbescheide. Der § 351 Abs. 2 AO enthält keine Zulässigkeitsvoraussetzung, sondern nur eine sachliche Anfechtungsbeschränkung im Sinne der Begründetheit des Einspruchs (vgl. BFH, BStBl 1988 II S. 142 m. w. N.; AEAO zu § 351 Nr. 4; OFD Düsseldorf, DB 1994 S. 1956).

Beispiele:

1. Der Gesellschafter A der X-OHG legt gegen den ESt-Bescheid Einspruch ein mit der Begründung, er habe bisher nicht berücksichtigte Finanzierungskosten seines Gesellschaftsanteils von 10.000 € gehabt. Sein Gewinnanteil sei deshalb in dem Gewinnfeststellungsbescheid zu hoch. Außerdem seien die Einkünfte aus V+V um 5.000 € zu hoch angesetzt worden. Rechtslage?

Bei den Aufwendungen handelt es sich um Sonderbetriebsausgaben des A, die im Gewinnfeststellungsbescheid nach § 180 Abs. 1 Nr. 2 Buchst. a AO bei der Feststellung des Gewinnanteils des A zu berücksichtigen sind. Der ESt-Bescheid kann insoweit nach § 351 Abs. 2 AO nicht angegriffen werden, wohl aber bzgl. der Einkünfte aus V+V. Der Einspruch ist daher zulässig, aber nur teilweise begründet.

2. S hat Einspruch gegen den geänderten ESt-Bescheid eingelegt und vorgetragen, der Gewinnfeststellungsbescheid sei nicht wirksam bekannt gegeben worden.

Nach § 351 Abs. 2 AO können lediglich „Entscheidungen" in einem Grundlagenbescheid nicht durch Anfechtung des Folgebescheides angegriffen werden. Hinsichtlich der „Wirksamkeit" des Grundlagenbescheides besteht jedoch keine Bindungswirkung gemäß § 182 Abs. 1 AO. Es handelt sich vielmehr um einen unmittelbaren Fehler des ESt-Bescheides, da die Voraussetzungen des § 175 Abs. 1 Satz 1 Nr. 1 AO nicht vorgelegen haben (vgl. BFH, BStBl 2001 II S. 381).

13.6 Anfechtung von Nebenbestimmungen

Nebenbestimmungen des Verwaltungsaktes können allgemein **nicht gesondert angefochten** werden. Als Nebenbestimmungen eines Verwaltungsaktes werden die Befristung (§ 120 Abs. 2 Nr. 1 AO), die Bedingung (§ 120 Abs. 2 Nr. 2 AO), der Widerrufsvorbehalt (§ 120 Abs. 2 Nr. 3 AO), die Auflage (§ 120 Abs. 2 Nr. 4 AO), der Auflagenvorbehalt (§ 120 Abs. 2 Nr. 5 AO), der Nachprüfungsvorbehalt (§ 164 AO) und der Vorläufigkeitsvermerk (§ 165 AO) angesehen.

Befristung, Bedingung und Widerrufsvorbehalt sind untrennbare Bestandteile eines Verwaltungsaktes und einer gesonderten Anfechtung deshalb nicht zugänglich (vgl. BFH, BStBl 1976 II S. 533). Auch der Vorbehaltsvermerk und die Endgültigkeitserklärung sind als unselbständige Nebenbestimmungen nicht gesondert anfechtbar, sondern nur der Bescheid insgesamt (BFH, BStBl 1984 II S. 85).

Dagegen sind die **Auflage** und der **Auflagenvorbehalt** als **selbständige Verwaltungsakte** mit Gründen anfechtbar, die den Hauptverwaltungsakt unberührt lassen.

13.7 Einspruchsentscheidung

Über den Einspruch entscheidet die Finanzbehörde, die den Verwaltungsakt erlassen hat (**§ 367 Abs. 1 Satz 1 AO**). Das ist in der Regel das zuständige FA (vgl. bei Zuständigkeitswechsel Tz. 3.2.10; AEAO zu § 367 Nr. 1; BMF, BStBl 1995 I S. 664). Die Entscheidungsbefugnis liegt auch beim FA, wenn der angefochtene Verwaltungsakt von einer Behörde ausgegangen ist, die für das zuständige FA gehandelt hat (§ 367 Abs. 3 AO).

Beispiel:
Die Gemeinde G hat auf der LSt-Karte des A die Steuerklasse I eingetragen. A ist der Auffassung, dass auf der LSt-Karte die Steuerklasse III zu bescheinigen ist. Er legt deshalb Einspruch bei der Gemeinde ein. Rechtslage?

Gegen Verwaltungsakte, mit denen Eintragungen auf der LSt-Karte angeordnet werden, ist der Einspruch gegeben (§ 347 Abs. 1 Satz 1 Nr. 1 AO, § 39 Abs. 3 b EStG). Die Gemeinde hat für das FA gehandelt (§ 39 Abs. 6 EStG). Über den Einspruch entscheidet das FA, wenn die Gemeinde nicht abhilft (§ 367 Abs. 3 AO).

Einer Einspruchsentscheidung in der Hauptsache bedarf es nicht, wenn das FA dem Einspruchsantrag durch Zurücknahme oder Änderung des angefochtenen Verwaltungsaktes entspricht (**§ 367 Abs. 2 Satz 3 AO**). In Betracht kommt gemäß § 132 AO insbesondere ein **Abhilfebescheid** nach § 172 Abs. 1 Satz 1 Nr. 2 Buchst. a AO für endgültige Bescheide oder nach § 164 Abs. 2 AO für Vorbehaltsfestsetzungen oder nach §§ 130, 131 für sonstige Verwaltungsakte.

Hebt das FA im Einspruchsverfahren einen Verwaltungsakt (Bescheid) „ersatzlos" auf, z. B. aus materiellen Gründen oder wegen Nichtigkeit, und erklärt den Einspruch für erledigt, so ist es i. d. R. nicht gehindert, den Anspruch durch Erlass eines neuen Verwaltungsaktes (Bescheides) geltend zu machen, ohne dass die Korrekturvoraussetzungen erfüllt sein müssen. Etwas anderes gilt nur, wenn in der Aufhebung ein Freistellungsbescheid im Sinne von § 155 Abs. 1 Satz 3 AO zu sehen ist, wenn durch die Aufhebung ein Vertrauensschutz für den Stpfl. eingreift oder wenn es sich um Ermessensentscheidungen in Haftungsfragen handelt (vgl. dazu § 130 Abs. 2 AO; BFH, BStBl 1986 II S. 775, 779).

Nach **§ 132 AO** kann auch während des Rechtsbehelfsverfahrens ein **Änderungs-** bzw. **Abhilfebescheid** ergehen. Dieser beendet das Einspruchsverfahren nur, wenn er dem Begehren des Stpfl. voll entspricht (§ 172 Abs. 1 Satz 1 Nr. 2 Buchst. a, § 367 Abs. 2 Satz 3 AO). Das hat zur Folge, dass nach Erlass eines Änderungsbescheides eine Einspruchsentscheidung erforderlich ist, wenn dem Begehren nicht in vollem Umfang entsprochen wird (= **Teil-Abhilfebescheid;** vgl. AEAO zu § 367 Nr. 3; Olgemöller/Kamps, DStR 2000 S. 1723). Der Änderungsbescheid wird in diesem Fall nach **§ 365 Abs. 3 AO** kraft Gesetzes Gegenstand des zulässigen und fortbestehenden Einspruchsverfahrens (ebenso im Klageverfahren nach § 68 FGO). Das gilt auch, wenn ein Verwaltungsakt an die Stelle eines mit Einspruch angefochtenen, aber unwirksamen oder nichtigen

13.7 Einspruchsentscheidung

Verwaltungsaktes tritt (vgl. Ausführungen unter Tz. 9.1.3.5, 13.2.4 und 14.2.5; AEAO zu § 365). Ein erneuter Einspruch ist nicht zulässig.

Beispiel:
Das FA hatte die ESt mit 30.000 € festgesetzt. Dagegen legte S Einspruch ein mit dem Antrag, die ESt auf 28.000 € zu ermäßigen. Das FA änderte die Festsetzung auf 29.000 € durch „Abhilfebescheid" und weist in den Erläuterungen darauf hin, durch diesen Bescheid sei dem Einspruch abgeholfen worden und das Einspruchsverfahren beendet. S legte hiergegen form- und fristgerecht Einspruch ein mit entsprechender Begründung und Antrag. Rechtslage?
Das Einspruchsverfahren ist noch nicht abgeschlossen. Der Änderungsbescheid ist automatisch Gegenstand des Verfahrens geworden (§ 365 Abs. 3 AO). Der erneute Einspruch ist unzulässig. Er ist aber regelmäßig als weitere Begründung des noch schwebenden Einspruchsverfahrens auszulegen (ggf. nach Rücksprache mit S). Es muss ggf. eine Einspruchsentscheidung nach § 367 AO bzw. ein Abhilfebescheid über den Restbetrag ergehen. Die Fortsetzung des Einspruchsverfahrens kann von S ggf. erzwungen werden durch eine – nicht fristgebundene – Untätigkeitsklage nach § 46 FGO (vgl. Olgemöller/Kamps, DStR 2000 S. 1723).

Auch bei Einsprüchen gegen **Vorauszahlungsbescheide** – z. B. USt – wird der **Jahressteuerbescheid** nach § 365 Abs. 3 AO automatisch Gegenstand des anhängigen Einspruchsverfahrens, da der Jahressteuerbescheid den Vorauszahlungsbescheid ersetzt (vgl. BFH, BStBl 2000 II S. 454; BFH/NV 2004 S. 502; AEAO zu § 365 Nr. 2, zu § 237 Nr. 4 und zu § 361 Nr. 8.2.2).

Inhalt und Form der Einspruchsentscheidung sind in der AO nur lückenhaft geregelt. Die AO bestimmt lediglich, dass die Einspruchsentscheidung schriftlich zu erteilen, zu begründen, mit einer Rechtsbehelfsbelehrung zu versehen und den Beteiligten bekannt zu geben ist (**§ 366 AO;** vgl. § 87 a Abs. 4 AO; AEAO zu § 366 und zu § 122 Nr. 1.8.2). Üblicherweise beginnt eine Einspruchsentscheidung mit der Bezeichnung der Beteiligten (Rubrum) und der Entscheidungsformel (Tenor). Die Begründung wird aufgeteilt in den Sachverhalt und die Entscheidungsgründe. Die Berechnung der geänderten Steuer, z. B. ESt, erfolgt regelmäßig im maschinellen Verfahren als Anlage zur Einspruchsentscheidung.

Im Einspruchsverfahren ist der angefochtene Verwaltungsakt in vollem Umfang in tatsächlicher und rechtlicher Hinsicht zu überprüfen (§ 367 Abs. 2 Satz 1 AO). Durch die Überprüfung sollen Fehler des angefochtenen Verwaltungsaktes beseitigt werden. Unabhängig davon, ob Korrekturvorschriften eingreifen, darf nach **§ 367 Abs. 2 Satz 2 AO** eine **Verböserung** erfolgen, wenn dem Einspruchsführer zuvor Gelegenheit zur Äußerung gegeben worden ist (vgl. Ausführungen Tz. 13.3.3). In der **Entscheidungsformel** muss zum Ausdruck gebracht werden, ob und ggf. auf welche Weise der fehlerhafte Verwaltungsakt richtig gestellt wird.

Beispiel:
Das FA hat einen auf § 173 Abs. 1 Nr. 1 AO gestützten Änderungsbescheid erlassen und die ESt 01 von 5.000 € auf 8.000 € erhöht. S legt Einspruch ein und behauptet, neue Tatsachen seien nicht festgestellt worden. Rechtslage?

Ergibt die erneute Überprüfung, dass der Änderungsbescheid nicht fehlerhaft ist, lautet der Tenor: „Der Einspruch wird als unbegründet zurückgewiesen." Ist das FA der Auffassung, dass die ESt nur um 2.000 € hätte erhöht werden dürfen, so wird als Tenor gewählt: „Unter Änderung des Bescheides vom ... wird die Einkommensteuer 01 auf 7.000 € festgesetzt." Stellt sich heraus, dass neue Tatsachen nicht vorliegen, so durfte der Änderungsbescheid nicht ergehen. Er darf deshalb nicht bestehen bleiben. Sofern das FA einen Abhilfebescheid erlässt, kann der Tenor wie folgt gefasst werden: „Der Änderungsbescheid wird ersatzlos aufgehoben. Hierdurch erledigt sich Ihr Einspruch vom ..." Der ursprüngliche Bescheid tritt damit wieder in Kraft.

Bleibt der **Einspruch** längere Zeit **unbearbeitet**, kann ggf. **Untätigkeitsklage** gemäß **§ 46 FGO** erhoben werden. Selbst jahrelanger Zeitablauf führt regelmäßig nicht zu einer Verwirkung des Steueranspruchs (vgl. BFH, BStBl 1987 II S. 12 für fast 10-jähriges Nichtbearbeiten).

13.8 Hinzuziehung

13.8.1 Grundlagen

Am Einspruchsverfahren können **Dritte** beteiligt werden. Das geschieht durch Hinzuziehung nach **§ 360 AO**. Der Hinzugezogene ist Beteiligter gemäß § 359 Nr. 2 AO. Zweck der Hinzuziehung ist die Vermeidung abweichender Entscheidungen, da die Bestandskraft der Entscheidung sich auch auf den Hinzugezogenen erstreckt (§ 360 Abs. 4, § 166 AO). Die Hinzuziehung oder deren Ablehnung geschieht durch Verwaltungsakt, gegen den Einspruch durch den Beteiligten und den Betroffenen zulässig ist (vgl. BFH, BStBl 1989 II S. 87).

Die Vorschrift des § 360 AO gilt nur für das Einspruchsverfahren und **nicht für das AdV-Verfahren** (vgl. BFH, BStBl 1986 II S. 68). Sie unterscheidet zwischen einfacher und notwendiger Hinzuziehung.

13.8.2 Einfache Hinzuziehung

Bei der einfachen Hinzuziehung steht die Beteiligung Dritter am Einspruchsverfahren im Ermessen der zur Entscheidung über den Einspruch berufenen Stelle (**§ 360 Abs. 1 AO „kann"**). Sie kommt in Betracht, wenn die rechtlichen Interessen eines Dritten durch die Einspruchsentscheidung berührt werden. Das ist vor allem bei Haftungsschuldnern der Fall. Eine Ausnahmeregelung enthält § 360 Abs. 2 AO insbesondere für den GewSt-Messbescheid. Eine einfache Hinzuziehung ist unzulässig, wenn bei Gesamtschuldnern der angefochtene Bescheid dem anderen gegenüber nicht wirksam oder aber bereits unanfechtbar geworden ist (vgl. BFH, BStBl 2001 II S. 747).

13.8 Hinzuziehung

Beispiele:
1. Die Eheleute M–F wurden zusammen zur ESt veranlagt. Der ESt-Bescheid ist adressiert an „Herrn M und Frau F". M legt gegen den Bescheid nur im eigenen Namen Einspruch ein. Welche Auswirkungen ergeben sich für F?
Es handelt sich um zusammengefasste Bescheide gemäß § 155 Abs. 3 AO. Die F kann wegen ihrer Eigenschaft als Gesamtschuldnerin (§ 44 AO) zum Einspruchsverfahren hinzugezogen werden. Die Hinzuziehung ist zweckmäßig, aber im Regelfall nicht notwendig, da gegen Gesamtschuldner verschiedene Entscheidungen rechtlich möglich sind (vgl. BFH, BStBl 1992 II S. 916; 1994 II S. 405 m. w. N.; AEAO zu § 360 Nr. 3). Bei fehlender Hinzuziehung kann F im Hinblick auf evtl. unterschiedliche Steuerbeträge (Rückstände) eine Aufteilung nach Maßgabe der §§ 268 ff. AO beantragen. Siehe hierzu das Beispiel unter Tz. 8.4.

2. B hat sein Unternehmen an C in 03 im Ganzen übereignet. B legt gegen den USt-Bescheid 02 Einspruch ein. Welche Rechtsfolge ergibt sich dadurch für C?
C haftet für die USt-Schuld nach § 75 AO. Er kann als Haftender nach § 360 Abs. 1 AO zum Einspruchsverfahren hinzugezogen werden.

Die Hinzuziehung erfolgt von Amts wegen oder auf Antrag durch Verwaltungsakt. Vor der Hinzuziehung ist der Einspruchsführer anzuhören, um berechtigte Einwendungen geltend machen zu können, z. B. Verletzung des Steuergeheimnisses oder wirtschaftliche Nachteile. Gegen die Hinzuziehung oder deren Ablehnung kann er Einspruch nach § 347 AO einlegen und Aussetzung der Vollziehung (§ 361 AO) beantragen.

Einen **Sonderfall** der Hinzuziehung regelt § **174 Abs. 5 AO**. Danach ist die Hinzuziehung eines Dritten zulässig, der von der Änderung oder Aufhebung eines infolge irriger Beurteilung eines Sachverhalts ergangenen Verwaltungsaktes betroffen wird. In diesem Fall bedarf es keiner besonderen Prüfung, ob die Voraussetzungen des § 360 AO vorliegen (BFH, BStBl 1987 II S. 267).

13.8.3 Notwendige Hinzuziehung

In den Fällen der notwendigen Hinzuziehung müssen Dritte am Einspruchsverfahren beteiligt werden. Die Voraussetzungen liegen vor, wenn an dem streitigen Rechtsverhältnis Dritte derart beteiligt sind, dass die Entscheidung auch ihnen gegenüber nur einheitlich ergehen kann und hierdurch ihre „steuerrechtlichen Interessen" berührt werden (§ **360 Abs. 3 AO „sind"**). Eine Beteiligung in diesem Sinne ist in der Regel nur gegeben bei einheitlichen Feststellungen nach § 180 AO und bei anderen Verwaltungsakten, die ihrem Wesen nach nur mit Wirkung für und gegen mehrere Beteiligte ergehen können. Danach sind auch die Gesellschafter/Beteiligten, denen gegenüber der Feststellungsbescheid in Bestandskraft erwachsen ist, notwendig hinzuzuziehen. Alle erforderlichen Folgeänderungen sind auch ihnen gegenüber zu ziehen (BFH, BStBl 2003 II S. 335). § 360 Abs. 1 Satz 2 AO ist entsprechend auf Abs. 3 anzuwenden. Der Einspruchsführer hat damit die Möglichkeit, durch Rücknahme des Einspruchs die Hinzuziehung zu vermeiden.

13 Außergerichtliches Rechtsbehelfsverfahren

Ausnahmen von der notwendigen Hinzuziehung ergeben sich in folgenden Fällen:

1. Die übrigen Beteiligten sind durch den Rechtsstreit offenkundig „**steuerrechtlich nicht betroffen**" im Sinne von § 350 AO. Es ändert sich z. B. die Höhe des Gesamtgewinns oder ihres Gewinnanteils oder die Zurechnung ihres Anteils nicht (vgl. BFH, BStBl 1995 II S. 763; 2003 II S. 335).

2. Für Mitberechtigte, die **nach § 352 AO nicht einspruchsbefugt** sind (§ 360 Abs. 3 Satz 2 AO). Haben die vertretungsberechtigten Personen Einspruch eingelegt, so sind die anderen Mitberechtigten nur hinzuzuziehen, „wenn" es sich um ausgeschiedene Beteiligte handelt (§ 352 Abs. 1 Nr. 3 AO) oder „soweit" die Voraussetzungen des § 352 Abs. 1 Nr. 4 oder 5 AO vorliegen (BFH, BFH/NV 2002 S. 61). Im Übrigen dürfen sie wegen der Sonderregelung des § 360 Abs. 3 Satz 2 AO auch nicht nach § 360 Abs. 1 AO hinzugezogen werden (vgl. BFH, BStBl 1988 II S. 544, 1008; 1990 II S. 1072).

3. Der **Einspruch** ist offensichtlich **unzulässig**. Es sind z. B. Wiedereinsetzungsgründe bei Fristversäumnis nicht erkennbar (vgl. BFH, BFH/NV 1999 S. 473).

Beispiele:

1. A und B sind als Miterben Gesamthandeigentümer eines Mietwohngrundstücks. Die Einkünfte sind nach § 180 Abs. 1 Nr. 2 Buchst. a, § 179 Abs. 2 AO einheitlich festgestellt worden. A legt gegen den Feststellungsbescheid Einspruch ein gemäß § 352 Abs. 1 Nr. 2 AO wegen der Höhe der Einkünfte. Folge?
Der Feststellungsbescheid richtet sich gegen A und B (§ 179 Abs. 2 AO). B muss zum Einspruchsverfahren hinzugezogen werden (§ 360 Abs. 3 Satz 1 AO).

2. Das FA hat in einem einheitlichen Gewinnfeststellungsbescheid C und D als Mitunternehmer einer KG behandelt und D als Kommanditisten angesehen. Dagegen legt C Einspruch ein. Er behauptet, D sei nur stiller Gesellschafter gewesen. Streitig ist, ob eine Beteiligung von C und D an den Einkünften aus Gewerbebetrieb im Sinne des § 180 Abs. 1 Nr. 2 Buchst. a AO vorgelegen hat. Die Entscheidung, ob Mitunternehmerschaft besteht, kann nur einheitlich ergehen. D muss zum Einspruchsverfahren hinzugezogen werden nach § 360 Abs. 3 i. V. m. § 352 Abs. 1 Nr. 4 AO.

3. S macht gegen einen einheitlichen Feststellungsbescheid geltend, der ihm zugerechnete Anteil stehe dem Dritten D zu bzw. die Höhe des Sonderbetriebsgewinns sei unrichtig. Rechtsfolge?
D ist wegen der einheitlichen Entscheidung nach § 360 Abs. 3 Satz 1, § 352 Abs. 1 Nr. 4 AO hinzuzuziehen, regelmäßig aber nicht die übrigen Gesellschafter, da sie vom Ausgang des Rechtsstreits unter keinem denkbaren Gesichtspunkt in ihren Rechten nach § 350 AO berührt sind. Denn es werden weder die Höhe des Gesamtgewinns noch ihre Anteile hierdurch beeinflusst (vgl. BFH, BStBl 1991 II S. 809; BFH/NV 1992 S. 73; 2002 S. 61 bzgl. Sonderbetriebsgewinn).

4. A und B sind Kommanditisten der X-KG; X ist Komplementär. A hat seine Beteiligung mit Darlehen finanziert. Dies soll den Übrigen nicht bekannt werden. Daher hatte A insofern keine Angaben zur Feststellungserklärung geliefert. Der Feststellungsbescheid erging ohne Berücksichtigung dieser Sonderbetriebsausgaben

13.8 Hinzuziehung

(Zinsen). Gleichzeitig hatte das FA bestimmte Aufwendungen der KG nicht als Betriebsausgabe anerkannt und den Gewinn entsprechend erhöht. Was kann A machen?

Zur Berücksichtigung der Sonderbetriebsausgaben kann A Einspruch einlegen gemäß §§ 347, 355, 357, 352 Abs. 1 Nr. 5 AO, da diese zwingend im einheitlichen Feststellungsbescheid anzusetzen sind (§ 179 AO). Nach § 360 Abs. 3 Satz 1 AO ist X notwendig hinzuzuziehen, dagegen nicht der B (§ 360 Abs. 3 Satz 2, § 352 Abs. 1 Nr. 1 AO). – Wegen der Kürzung der Betriebsausgaben ist lediglich der X einspruchsbefugt (§ 352 Abs. 1 Nr. 1 AO). A und B sind insoweit nicht hinzuzuziehen (§ 360 Abs. 3 Satz 2 AO).

§ 360 Abs. 5 AO enthält eine Sonderregelung für die Hinzuziehung im **Massenverfahren,** insbesondere in Streitigkeiten über die Gewinnfeststellung für „Publikumsgesellschaften" mit mehr als 50 Personen (vgl. Szymczak, DB 1994 S. 2254/ 2258). Diese Vorschrift hat keine praktische Bedeutung im Hinblick auf die Anfechtungsbeschränkung bei einheitlichen Feststellungsbescheiden nach § 352 AO i. V. m. § 360 Abs. 3 AO und auf die geforderte Veröffentlichung in Tageszeitungen durch die FÄ. Die Regelung entspricht weitgehend dem § 60 a FGO.

Übersicht zur notwendigen Hinzuziehung nach § 360 Abs. 3 AO von Beteiligten im Einspruchsverfahren gegen einheitliche Feststellungsbescheide (AO-Kartei NRW zu § 360 Karte 801)

1. OHG, KG, GbR

Einspruchsführer (§ 352 AO)	Hinzuziehung (§ 360 Abs. 3 AO)
Geschäftsführer (in Prozessstandschaft für die Personengesellschaft) § 352 Abs. 1 Nr. 1 AO	1. des/der ausgeschiedenen Gesellschafter(s) (§ 352 Abs. 1 Nr. 3 AO) 2. des/der Gesellschafter(s) für einen Rechtsstreit nach a) § 352 Abs. 1 Nr. 4 AO (z. B. Gewinnanteil, Beteiligung strittig) b) § 352 Abs. 1 Nr. 5 AO (z. B. Sonderbetriebsausgaben)
Ausgeschiedene(r) Gesellschafter § 352 Abs. 1 Nr. 3 AO	Geschäftsführer (in Prozessstandschaft für die Personengesellschaft)
Gesellschafter für einen Rechtsstreit nach a) § 352 Abs. 1 **Nr. 4** AO (z. B. Gewinnanteil, Beteiligung strittig)	Geschäftsführer (in Prozessstandschaft für die Personengesellschaft)
b) § 352 Abs. 1 **Nr. 5** AO (z. B. Sonderbetriebsausgaben)	Geschäftsführer (in Prozessstandschaft für die Personengesellschaft)

2. Bruchteils- und Erbengemeinschaften

Einspruchsführer (§ 352 AO)	Hinzuziehung (§ 360 Abs. 3 AO)
Empfangsbevollmächtigter im Sinne des § 183 AO (in Prozessstandschaft für die Gesamtheit der Feststellungsbeteiligten) § 352 Abs. 2 AO	1. des/der ausgeschiedenen Gemeinschafter(s) (§ 352 Abs. 1 Nr. 3 AO) 2. des/der Gemeinschafter(s) für einen Rechtsstreit nach a) § 352 Abs. 1 Nr. 4 AO (z. B. Anteil an den Einkünften, Beteiligung strittig) b) § 352 Abs. 1 Nr. 5 AO (z. B. Sonderwerbungskosten)
Ausgeschiedene(r) Gemeinschafter § 352 Abs. 1 Nr. 3 AO	Empfangsbevollmächtigter im Sinne des § 183 AO (in Prozessstandschaft für die Gesamtheit der Feststellungsbeteiligten)
Gemeinschafter für einen Rechtsstreit nach a) § 352 Abs. 1 **Nr. 4** AO (z. B. Anteil an den Einkünften, Beteiligung strittig) b) § 352 Abs. 1 **Nr. 5** AO (z. B. Sonderwerbungskosten)	Empfangsbevollmächtigter im Sinne des § 183 AO (in Prozessstandschaft für die Gesamtheit der Feststellungsbeteiligten)

13.8.4 Rechtsfolgen der unterlassenen Hinzuziehung

Unterbleibt die **einfache Hinzuziehung,** treten besondere Folgerungen nicht ein. Die getroffene Entscheidung bindet den Nicht-Hinzugezogenen nicht.

Unterlässt die Behörde dagegen eine **notwendige Hinzuziehung,** liegt ein Verstoß gegen die Grundordnung des Verfahrens vor. Wird kein Einspruch eingelegt, so ist die Entscheidung bzw. ein Abhilfebescheid **unwirksam.** Sie kann nicht gegen den Hinzuzuziehenden wirken, damit aber auch nicht gegen Hauptbeteiligte, weil nur eine einheitliche Wirkung möglich ist (vgl. BFH, BStBl 1983 II S. 21). Eine im Einspruchsverfahren unterbliebene Hinzuziehung kann im nachfolgenden Klageverfahren durch Beiladung nach § 60 FGO und nachträgliche Zustellung der Einspruchsentscheidung an den Hinzuzuziehenden **geheilt** werden (BFH, BStBl 2003 II S. 350 m. w. N.).

13.8.5 Verfahrensrechtliche Stellung des Hinzugezogenen

Der Hinzugezogene hat die verfahrensrechtliche Stellung eines Beteiligten (§ 359 Nr. 2 AO). Er kann selbständig alle Rechte geltend machen und Verfahrenshandlungen wirksam vornehmen (**§ 360 Abs. 4 AO**). Er muss deshalb in den Schriftsatzwechsel der übrigen Verfahrensbeteiligten einbezogen und über die durchgeführten Ermittlungen in Kenntnis gesetzt werden. Er muss Gelegenheit haben, dazu selbst Stellung zu nehmen (BFH, BStBl 1991 II S. 605). Die Einspruchsentscheidung ist auch ihm bekannt zu geben. Er kann Klage erheben gemäß § 360 Abs. 4 AO i. V. m. § 40 Abs. 2 FGO.

Die **Hinzuziehung** ist **akzessorisch**, d. h., der Hinzugezogene kann das Verfahren nicht selbständig weiterführen, wenn der Einspruchsführer den Einspruch zurücknimmt oder das Verfahren sich durch Abhilfebescheid erledigt. Ob der Hinzugezogene einer Änderung zustimmen muss, ist umstritten. Dies wird bejaht für die notwendige Hinzuziehung für den Fall, dass dem Antrag nicht bzw. nicht voll entsprochen wird (AEAO zu § 360 Nr. 4).

13.9 Aussetzung der Vollziehung (§ 361 AO, § 69 FGO)

13.9.1 Allgemein

Die Einlegung eines Rechtsbehelfs – Einspruch oder Klage – verhindert nicht die Vollziehung des angegriffenen Verwaltungsaktes (**§ 361 Abs. 1 AO, § 69 Abs. 1 FGO** i. V. m. **§ 251 Abs. 1 AO**). Auch Folgebescheide können trotz Anfechtung der Grundlagenbescheide vollzogen werden (§ 361 Abs. 1 Satz 2 AO; Einzelheiten unter Tz. 13.9.2.2).

Die Finanzbehörde darf einen Verwaltungsakt nur dann nicht vollziehen, „soweit" die Vollziehung ausgesetzt wurde (§ 361 Abs. 2, § 251 Abs. 1, § 257 Abs. 1 Nr. 1 AO). Dasselbe gilt, wenn ein Verwaltungsakt mit Rechtsbehelfen angefochten ist, bei dem die Vollziehung kraft Gesetzes gehemmt ist (**§ 361 Abs. 4 AO**). Im steuerlichen Rechtsbehelfsverfahren soll – im Gegensatz zu anderen Verwaltungsverfahren – der fehlende Suspensiveffekt im Interesse einer geordneten Haushaltsführung verhindern, dass der kontinuierliche Zufluss von Abgaben durch Einlegung von Rechtsbehelfen blockiert wird (ebenso § 80 Abs. 2 Nr. 1 VwGO; vgl. AEAO zu § 361 Nr. 2.5.4). Der Vorrang des öffentlichen Interesses findet seine Grenze dann, wenn höher zu bewertende Interessen des Abgabenpflichtigen entgegenstehen (vgl. BFH, BStBl 1991 II S. 104, 876; 2004 II S. 36 m. w. N.).

13 Außergerichtliches Rechtsbehelfsverfahren

Soweit der Rechtsbehelf endgültig keinen Erfolg gehabt hat, ist ein ausgesetzter und geschuldeter Betrag nach § **237 AO** mit 0,5 v. H. pro vollen Monat zu verzinsen, sodass der finanzielle Vorteil der Aussetzung nur gering ist.

Das **Aussetzungsverfahren** wird **selbständig neben dem Rechtsbehelfsverfahren** (Hauptsacheverfahren) durchgeführt. Es unterscheidet sich nach Ziel und Inhalt. Im Verfahren der Aussetzung der Vollziehung – **AdV** – soll dem Stpfl. nur ein vorläufiger und schneller Rechtsschutz vor Zwangsmaßnahmen der Verwaltung gewährt werden, bis über die Hauptsache entschieden ist (vgl. AEAO zu § 361 Nr. 3). Die Aussichten des in der Hauptsache eingelegten Rechtsbehelfs sind daher im Aussetzungsverfahren nur summarisch zu prüfen.

Der vorläufige Rechtsschutz gegen vollziehbare Verwaltungsakte erfolgt **für die Zukunft** durch **Aussetzung** der Vollziehung (= Beseitigung der Vollziehbarkeit) und **für die Vergangenheit** durch **Aufhebung** der Vollziehung (= Rückgängigmachung von Vollziehungsakten gemäß § 361 Abs. 2 Satz 1 und 3 AO, § 69 Abs. 2 Satz 1 und 7 FGO).

Aufschiebende Wirkung haben Rechtsbehelfe nur in Sonderfällen gemäß **§ 361 Abs. 4 AO** bei der Untersagung des Gewerbebetriebs oder der Berufsausübung und gemäß **§ 284 Abs. 6 AO** bei der eidesstattlichen Versicherung.

13.9.2 Voraussetzungen

Die Voraussetzungen und Wirkungen der AdV sind im behördlichen und gerichtlichen Verfahren gleich. AdV kommt nach § 361 AO bzw. § 69 FGO nur unter folgenden Voraussetzungen in Betracht:

13.9.2.1 Angefochtener Verwaltungsakt

Der Verwaltungsakt, der ausgesetzt werden soll, muss gemäß § 361 Abs. 1 AO, § 69 Abs. 1 FGO angefochten sein, d. h., es muss ein **Einspruch** (§§ 347 ff. AO), eine **Klage** (§ 40 FGO) oder ein **Revisionsverfahren** (§ 115 FGO) schweben. Eine Ausnahme besteht für Folgebescheide nach § 361 Abs. 3 Satz 1 AO, § 69 Abs. 2 Satz 4 FGO (vgl. AEAO zu § 361 Nr. 2.2 und 6). Auch die Anfechtung mit der Begründung, der Verwaltungsakt sei nichtig (unwirksam), ist für das Aussetzungsverfahren zulässig (BFH, BFH/NV 1995 S. 1042). Die Frage der Zulässigkeit des Rechtsbehelfs ist nur relevant für die Frage, ob der Aussetzungsantrag im Sinne von „ernstliche Zweifel" begründet ist. Nach Unanfechtbarkeit des Verwaltungsaktes entfällt eine Aussetzung, sofern nicht ernstliche Zweifel bzgl. einer Wiedereinsetzung bestehen (BFH, BStBl 1994 II S. 787). In anderen Fällen kann ggf. **Stundung** (§ 222 AO) oder **Vollstreckungsaufschub** (§ 258 AO) in Betracht kommen. Hierfür bestehen aber jeweils unterschiedliche Rechtsvoraussetzungen und -folgen.

13.9 Aussetzung der Vollziehung (§ 361 AO, § 69 FGO)

Da die AdV u. a. ein außergerichtliches oder gerichtliches Rechtsbehelfsverfahren voraussetzt, endet sie daher mit dessen unanfechtbarer Erledigung. Daraus folgt, dass eine AdV im Fall einer – nach Erschöpfung des Rechtswegs – erhobenen **Verfassungsbeschwerde nicht** gewährt werden kann. Hier gilt die Sonderregelung des § 32 BVerfGG (vgl. BFH, BStBl 1987 II S. 320).

13.9.2.2 Vollziehbarer, d. h. aussetzungsfähiger Verwaltungsakt

Vollziehbar und damit aussetzungsfähig sind nach §§ 361, 249 Abs. 1, § 251 Abs. 1 AO Verwaltungsakte, mit denen eine Geldleistung, eine sonstige Leistung, eine Duldung oder Unterlassung vom Stpfl. gefordert wird und gegen die im Gerichtsverfahren die Anfechtungsklage gegeben wäre. Darunter können Steuerbescheide, Feststellungs- und Steuermessbescheide, Finanzbefehle oder Prüfungsanordnungen fallen; ferner Verwaltungsakte im Vollstreckungsverfahren, z. B. Sach- oder Forderungspfändungen, Vollstreckungsmaßnahmen in Grundstücke (vgl. BFH, BFH/NV 1992 S. 789; 1993 S. 460; AEAO zu § 361 Nr. 2.3.1 m. w. N.; Seikel, BB 1991 S. 1165). Die auszusetzenden Beträge müssen auf dem **Leistungsgebot** des angefochtenen Verwaltungsaktes nach § 254 AO beruhen. Die AdV bewirkt, dass aufgrund des Leistungsgebots dieses Verwaltungsaktes Leistungen nicht gefordert werden dürfen und Zahlungen, die bereits erbracht wurden, nach § 37 Abs. 2 AO erstattet werden müssen (Einzelheiten siehe unten).

Verwaltungsakte, durch die ein **Antrag abgelehnt** wird, sind dagegen **grundsätzlich nicht vollziehbar.** Diese Ablehnungsverwaltungsakte enthalten keine anordnende Regelung, sondern lehnen es gerade ab, eine Regelung zu treffen, z. B. Ablehnung eines Antrags auf Erteilung eines **Änderungsbescheides,** auf **Stundung,** auf **Erlass** nach §§ 163, 227 AO oder auf **Herabsetzung von Vorauszahlungen** (vgl. AEAO zu § 361 Nr. 2.3.2 mit Nachweisen). In diesen Fällen ist der AdV-Antrag unzulässig und es kommt ggf. die – subsidiäre – **einstweilige Anordnung** (eA) nach **§ 114 FGO** in Betracht. Es gilt der Grundsatz, dass alle Verwaltungsakte, gegen die in der Hauptsache Verpflichtungsklage oder allgemeine Leistungsklage nach § 40 Abs. 1 FGO erhoben werden muss, nicht vollziehbar im Sinne von § 361 AO sind (vgl. BFH, BStBl 1980 II S. 212). Eine **Ausnahme** von diesem Grundsatz besteht für **negative Feststellungsbescheide,** die im zweistufigen Besteuerungsverfahren ergehen (BFH-GrS, BStBl 1987 II S. 637; siehe unten „Feststellungsbescheide").

Im Einzelnen gilt Folgendes:

Steuerbescheide sind regelmäßig vollziehbar, wenn sie ein **Leistungsgebot** gemäß § 254 AO enthalten, d. h., wenn eine **Zahlungsschuld** verbleibt. Das ist auch der Fall bei Herabsetzung einer negativen Steuerschuld, z. B. USt-Rückzahlung, oder bei Rückforderungen von Steuererstattungen (vgl. BFH, BStBl 1989 II S. 396;

13 Außergerichtliches Rechtsbehelfsverfahren

AEAO zu § 361 Nr. 2.3.1). Lautet dagegen die Steuerschuld auf 0 Euro oder begehrt der Stpfl. die Festsetzung einer höheren negativen USt-Schuld, so fehlt es mangels Leistungsgebots an der Vollziehbarkeit (vgl. AEAO zu § 361 Nr. 2.3.2). In diesen Fällen kommt nur eine eA nach § 114 FGO in Betracht (BFH, BStBl 1982 II S. 149, 515; 1984 II S. 492). Der BFH verneint hierbei aber im Allgemeinen einen Anordnungsgrund (siehe Ausführungen zu § 114 FGO).

Nach § 361 Abs. 2 Satz 4 AO, § 69 Abs. 2 Satz 8 und Abs. 3 Satz 4 FGO ist bei Steuerbescheiden die **AdV regelmäßig beschränkt** auf den **Unterschiedsbetrag** zwischen festgesetzter Steuer und Vorleistungen (anzurechnende Steuerabzugsbeträge wie LSt und KapSt, festgesetzte Vorauszahlungen). Die Vollziehung eines Steuerbescheides darf **nicht** aufgehoben werden, soweit sie zu einer – **vorläufigen** – Erstattung derartiger Vorleistungen führen würde. Denn der Jahressteuerbescheid ist nunmehr die alleinige Rechtsgrundlage für die Verwirklichung des mit Ablauf des Jahres entstandenen Steueranspruchs und für die Einbehaltung der entrichteten Vorauszahlungen und anrechenbaren Abzugsteuern (vgl. BFH-GrS, BStBl 1995 II S. 730; 1996 II S. 316). Von der AdV ausgeschlossen sind auch bei einer Abschlusszahlung im Jahressteuerbescheid die rückständigen Vorauszahlungsbeträge. Diese sind in der Abschlusszahlung enthalten und nach § 36 Abs. 4 Satz 1 EStG bzw. § 18 Abs. 4 Satz 3 UStG sofort zu entrichten (vgl. AEAO zu § 361 Nr. 2.3.1, 4.2 und 4.4). Wegen der Berechnung der konkret auszusetzenden Steuer siehe AEAO zu § 361 Nr. 4 mit Beispielen. Ein **Sonderfall** ist nur gegeben, wenn die **AdV zur Abwendung „wesentlicher Nachteile"** nötig erscheint. Zur Beurteilung dieser Regelung sind die Rechtsprechungsgrundsätze zur eA nach § 114 Abs. 1 FGO heranzuziehen (vgl. BFH, BStBl 2004 II S. 367 bzgl. der möglichen Verfassungswidrigkeit einer Vorschrift nach Vorlage beim BVerfG; AEAO zu § 361 Nr. 4.6.1 mit Nachweisen; Ausführungen unter Tz. 14.3.3).

Beispiel:

Die ESt 05 des A wird in Höhe von 8.000 € festgesetzt. Darauf werden 7.600 € LSt angerechnet. Im Einspruchsverfahren trägt A steuermindernde Tatsachen vor, die eine ESt von nur 6.000 € rechtfertigen, und beantragt AdV von 2.000 €.

Die Rechtmäßigkeit des ESt-Bescheides ist in Höhe von 2.000 € ernstlich zweifelhaft. Dennoch können nicht 2.000 €, sondern nur 400 € von der Vollziehung ausgesetzt werden. Für eine AdV nach § 361 Abs. 2 Satz 4 letzter Halbsatz AO bzgl. der übrigen 1.600 € fehlt es im Regelfall am Merkmal „wesentliche Nachteile", da durch die Versagung der AdV insoweit die wirtschaftliche oder persönliche Existenz des A nicht unmittelbar und ausschließlich bedroht ist (vgl. AEAO zu § 361 Nr. 4.6.1).

Feststellungsbescheide sind grundsätzlich vollziehbar, obwohl sie selbst kein unmittelbares Leistungsgebot enthalten, sofern sie im zweistufigen Besteuerungsverfahren die Grundlage für eine sich aus dem Folgebescheid ergebende Leistungspflicht bilden (vgl. § 182 Abs. 1, § 361 Abs. 1 Satz 2 AO). Soweit der

13.9 Aussetzung der Vollziehung (§ 361 AO, § 69 FGO)

Feststellungsbescheid ausgesetzt wird, ist nach § **361 Abs. 3 AO**, § **69 Abs. 2 Satz 4 FGO** auch ggf. der Folgebescheid von Amts wegen auszusetzen („**Folgeaussetzung**"; vgl. AEAO zu § 361 Nr. 4.6.1, 5 und 6).

Beispiele:

1. Der Gewinn für die Gesellschafter A und B der X-OHG ist durch Feststellungsbescheid nach § 180 Abs. 1 Nr. 2 Buchst. a AO festgestellt worden. A legt gegen den Bescheid Einspruch ein mit der Begründung, der festgestellte Gewinn müsse um 30.000 € herabgesetzt werden. Für die ESt ergibt sich auch unter Berücksichtigung der Steuer-Vorleistungen eine Nachzahlungspflicht. Wie ist die Rechtslage?

Der festgestellte Gewinnanteil ist der ESt-Festsetzung zugrunde zu legen (§ 182 Abs. 1 AO). Der ESt-Bescheid wird geändert, wenn der Einspruch des A Erfolg hat. A ist trotz des Einspruchs verpflichtet, die festgesetzte ESt zu entrichten (§ 361 Abs. 1 AO). Wird die Vollziehung des Gewinnstellungsbescheides nach § 361 Abs. 2 AO insoweit ausgesetzt, so muss entsprechend mit dem ESt-Bescheid verfahren werden, da dieser ein Leistungsgebot enthält (§ 361 Abs. 3 AO).

2. Wird ein geänderter Steuerbescheid angefochten und AdV gewährt, so ist insoweit auch die Vollziehung des Nachforderungszinsbescheides (§ 239 i. V. m. § 233 a oder § 235 AO) nach § 361 Abs. 3 AO von Amts wegen auszusetzen.

Vollziehbar ist auch ein angefochtener **Verlustfeststellungsbescheid,** dem ein höherer Verlust zugrunde gelegt werden soll. Gegen einen solchen Bescheid ist die Anfechtungsklage gegeben, weil positive und negative Betragsfestsetzungen im Regelungsinhalt gleichwertig sind (BFH, BStBl 1980 II S. 66; 1981 II S. 99). In der Entscheidungsformel ist hierbei auszusprechen, dass die Vollziehung des angefochtenen Bescheides mit der Maßgabe ausgesetzt wird, dass vorläufig bis zur unanfechtbaren (rechtskräftigen) Entscheidung im Hauptverfahren statt von einem Verlust von ... Euro von einem Verlust von ... Euro auszugehen ist, der sich auf die Beteiligten wie folgt verteilt: ... – Angabe der jeweiligen Daten. Ebenso ist die Aussetzung eines **negativen Feststellungsbescheides** (Ablehnungsbescheid) grundsätzlich möglich, wenn z. B. die Durchführung einer einheitlichen Feststellung mangels Einkünfte (nur Liebhaberei) oder mangels Mitunternehmereigenschaft abgelehnt wird (vgl. BFH-GrS, BStBl 1987 II S. 637; 1991 II S. 549). Ferner ist die AdV zulässig, wenn der angefochtene negative Feststellungsbescheid einen früheren (positiven) Verlustfeststellungsbescheid ersatzlos aufhebt oder beim **kombinierten Feststellungsbescheid,** der bei einigen Beteiligten die einheitliche Zurechnung der Einkünfte bejaht, bei anderen dagegen ablehnt (BFH, BStBl 1980 II S. 697). Diese Rechtsprechung beruht auf der Erwägung, dass vorläufiger Rechtsschutz hinsichtlich der Berücksichtigung von Besteuerungsgrundlagen im Ergebnis im zweistufigen Besteuerungsverfahren im gleichen Umfang und daher unter den gleichen Voraussetzungen gewährt werden muss wie im einstufigen Besteuerungsverfahren.

Die AdV des Grundlagenbescheides kann im Endergebnis aber nur durchgreifen, soweit die festgesetzte Steuer (z. B. ESt) des Beteiligten höher ist als die im Veranlagungszeitraum geleisteten Vorauszahlungen oder Steuerabzugsbeträge gemäß § 361 Abs. 2 Satz 4 AO. Sie bleibt letztlich ohne Auswirkung, soweit sich beim Folgebescheid des einzelnen Beteiligten bereits ohne Berücksichtigung des erhöhten Verlustanteils ein Steuererstattungsanspruch oder eine geringere Abschlusszahlung ergibt (siehe Ausführungen AdV Steuerbescheid; AEAO zu § 361 Nr. 5.3). Eine Gleichstellung wäre nur möglich gewesen, wenn der „Mehr-Vorauszahler" rechtzeitig eine Anpassung der Vorauszahlungen erreicht hätte (Hinweis auf § 37 Abs. 3 EStG).

Beispiel:
Im ESt-Bescheid des S wurde entsprechend dem Feststellungsbescheid ein Verlustanteil von 60.000 € an einer GbR berücksichtigt. Bei einer ESt von 50.000 € und Vorauszahlungen von 65.000 € ergab sich eine ESt-Erstattung von 15.000 €. Aufgrund des gegen den Feststellungsbescheid eingelegten Einspruchs setzte das Betriebs-FA den Bescheid mit der Maßgabe aus, dass vorläufig bis zur Entscheidung über den Einspruch von einem höheren Verlust auszugehen sei, von dem weitere 20.000 € auf S entfallen. S beantragt nun beim Wohnungs-FA die entsprechende Folgeaussetzung des ESt-Bescheides. Mit Erfolg?

Im zweistufigen Besteuerungsverfahren muss AdV im gleichen Umfang und unter den gleichen Voraussetzungen gewährt werden wie im einstufigen Besteuerungsverfahren. Würden dem S die Verluste allein zugerechnet, so erhielte er wegen des weiteren Verlustes von 20.000 € nach § 361 Abs. 2 Satz 4 AO im Regelfall keine AdV, wenn ernstliche Zweifel an der Nichtberücksichtigung des weiteren Verlustes bestünden. Der Sonderfall „Abwendung wesentlicher Nachteile" liegt nicht vor. Daher ist auch im zweistufigen Verfahren keine andere Entscheidung möglich, sodass eine AdV des ESt-Bescheides nach § 361 Abs. 3 AO entfällt (vgl. AEAO zu § 361 Nr. 5.3).

Ist ein (Verlust-)Feststellungsbescheid dagegen (noch) nicht ergangen und sind die Besteuerungsgrundlagen im Steuerbescheid nach **§ 155 Abs. 2, § 162 Abs. 5 AO** im Schätzungswege berücksichtigt worden, kann der Stpfl. gegen den Steuerbescheid Einspruch einlegen und AdV der noch bestehenden Leistungspflichten im Sinne von § 361 Abs. 2 Satz 4 AO beantragen (vgl. AEAO zu § 361 Nr. 6). Ergeht nunmehr der vorrangige Feststellungsbescheid, so ist hiergegen Einspruch einzulegen und Antrag auf AdV zu stellen (§ 182 Abs. 1, § 351 Abs. 2 AO; BFH, BStBl 1985 II S. 189).

Die Eintragung eines **Freibetrages auf der LSt-Karte** ist gemäß § 39 a Abs. 4 EStG eine gesonderte Feststellung und vergleichbar mit einem Verlustfeststellungsbescheid. Der teilweise ablehnende Bescheid über die Eintragung eines Freibetrages ist auch vollziehbar im Hinblick auf die Einbehaltung der LSt nach §§ 38 a, 42 b EStG und daher aussetzungsfähig; ebenso die vollständige Ablehnung eines derartigen Antrags (vgl. BFH, BStBl 1992 II S. 752; 1994 II S. 567).

Da sich nach § 361 Abs. 3 AO die AdV nicht auf den angefochtenen Bescheid beschränkt, sondern sich als Folgeaussetzung auf die von ihm abhängigen Steuern erstrecken soll, können Bescheide, die auf einem angefochtenen Feststellungsbe-

13.9 Aussetzung der Vollziehung (§ 361 AO, § 69 FGO)

scheid oder Steuermessbescheid beruhen, z. B. ESt- oder GewSt-Bescheide, auch ausgesetzt werden, wenn sie bereits bestandskräftig geworden sind (vgl. AEAO zu § 361 Nr. 6). Das gilt sinngemäß auch für das **Verhältnis Ertragsteuerbescheid** zum **GewSt-Messbescheid** (BFH, BStBl 1994 II S. 300 m. w. N.; Abschn. 8 GewStR). Die Vollziehung eines bestandskräftigen GewSt-Messbescheides ist danach auch auszusetzen, wenn der angefochtene Ertragsteuerbescheid hinsichtlich der Höhe des Gewinns nach § 35 b GewStG von Amts wegen in einem geänderten GewSt-Messbescheid zu berücksichtigen ist. Unabhängig hiervon kann ein angefochtener GewSt-Messbescheid selbständig nach § 361 AO ausgesetzt werden (vgl. Abschn. 8 Abs. 2 GewStR; BFH, BStBl 1972 II S. 955; Sonderfall: BFH, BStBl 1980 II S. 104). Entsprechendes dürfte auch für bestandskräftige ESt- und KSt-Bescheide gelten, wenn sich aufgrund eines angefochtenen Verlustfeststellungsbescheides eine steuerliche Auswirkung erst über den Verlustrücktrag bzw. -vortrag nach § 10 d EStG ergibt (vgl. Huxol, DStR 1987 S. 283). In allen Fällen kann die AdV nicht zur Erstattung von Steuerabzugsbeträgen und Vorauszahlungen führen, sondern nur zur Erstattung bereits geleisteter Abschlusszahlungen (vgl. AEAO zu § 361 Nr. 6).

Bei **Eingangsabgaben,** die bei der Abfertigung festgesetzt worden sind, ist eine AdV mangels berechtigten Interesses an vorläufigem Rechtsschutz regelmäßig nicht geboten (vgl. BFH, BStBl 1986 II S. 717 m. w. N.).

13.9.2.3 Ernstliche Zweifel an der Rechtmäßigkeit oder unbillige Härte

Ernstliche Zweifel an der Rechtmäßigkeit des angefochtenen Verwaltungsaktes sind zu bejahen, wenn bei **summarischer Prüfung** im Aussetzungsverfahren neben für die Rechtmäßigkeit sprechenden Umständen gewichtige, gegen die Rechtmäßigkeit sprechende Gründe vorliegen, die Zweifel in der Beurteilung der Rechtsfragen oder Unklarheit in der Beurteilung der Tatfragen bewirken (vgl. BFH, BStBl 2002 II S. 490, 777; 2003 II S. 622; AEAO zu § 361 Nr. 2.5 und 3). Der Erfolg des Rechtsbehelfs braucht nicht wahrscheinlicher zu sein als der Misserfolg.

Beispiele:

1. Die fehlende Bekanntgabe von Besteuerungsgrundlagen nach § 364 AO begründet ernstliche Zweifel (BFH, BStBl 1978 II S. 402).

2. Hat das FA den Besteuerungssachverhalt bei schwierigen Fällen nicht geschlossen dargestellt und begründet, z. B. unvollständiger Prüfungsbericht, erfolgt AdV, ggf. auch ohne Sicherheitsleistung (BFH, BStBl 1984 II S. 443).

3. Die berechtigte Frage der **Verfassungswidrigkeit** eines Steuergesetzes begründet grundsätzlich ernstliche Zweifel, wenn das entscheidende FG einen Vorlagebeschluss an das BVerfG erlassen hat (BFH, BStBl 2004 II S. 367). Ausnahmen können nen trotz ernstlicher Zweifel an der Rechtmäßigkeit bestehen, wenn das öffentliche Interesse an einer geordneten Haushaltsführung gegenüber Zweifeln an der Verfas-

sungsmäßigkeit eines formell verfassungsgemäß zustande gekommenen Gesetzes höher zu bewerten ist (vgl. BFH, BStBl 1991 II S. 104, 876 m. w. N.). Die AdV setzt keine überwiegende Erfolgsaussicht des Rechtsbehelfs voraus (BFH, BStBl 2003 II S. 223). Zur AdV reicht es jedoch nicht aus, wenn der Einspruch bzw. der Aussetzungsantrag nicht begründet worden ist oder wenn nur Bedenken gegen die Rechtmäßigkeit des angefochtenen Verwaltungsaktes bestehen. In diesen Fällen besteht für den Stpfl. das Risiko einer sofortigen – formularmäßigen – Ablehnung der AdV durch das FA. Es müssen vielmehr gewichtige Gründe gegen die Rechtmäßigkeit sprechen. Ernstliche Zweifel bestehen, wenn das FA aufgrund eines „Nichtanwendungserlasses" die Steuer abweichend von der BFH-Rechtsprechung festsetzt (BFH, BFH/NV 1994 S. 869) oder wenn die streitige Rechtsfrage vom BFH noch nicht entschieden worden ist und in der Rechtsprechung der FG bzw. im Schrifttum insoweit unterschiedliche Auffassungen vertreten werden (BFH, BStBl 2002 II S. 777). Unter Umständen können an der Rechtmäßigkeit eines angefochtenen Verwaltungsaktes auch dann ernstliche Zweifel bestehen, wenn dieser mit der BFH-Rechtsprechung übereinstimmt (BFH, BStBl 1970 II S. 333). Hierbei ist verstärkt die Rechtsprechung des zuständigen FG zu beachten (einschränkend AEAO zu § 361 Nr. 2.5.3). Die zu beurteilenden Tat- und Rechtsfragen müssen nicht abschließend geprüft werden. Es genügt, die Prüfung so weit auszudehnen, bis feststeht, ob gewichtige Gründe gegen die Rechtmäßigkeit des Verwaltungsaktes sprechen oder nicht.

Es kommt eine **Teil- oder Vollaussetzung** in Betracht, **„soweit"** ernstliche Zweifel bestehen. Hierbei sind **§ 251 Abs. 1** und **§ 257 AO** zu beachten (vgl. AEAO zu § 361 Nr. 3 bzgl. AdV-Anträgen und Vollstreckungsmaßnahmen; BFH, BStBl 1995 II S. 814 bzgl. Auswirkungen auf andere Bescheide).

Ein selbständiger **Aussetzungsgrund** kann daneben auch eine **unbillige Härte** für den Stpfl. sein, die sich aus der Vollziehung des angefochtenen Verwaltungsaktes ergeben würde. Insbesondere ist zu prüfen, ob dem Pflichtigen durch den sofortigen Vollzug des möglicherweise rechtswidrigen Verwaltungsaktes schwer wieder gutzumachende **wirtschaftliche Nachteile** entstehen könnten oder ob gar die wirtschaftliche Existenz gefährdet wäre (vgl. AEAO zu § 361 Nr. 2.6). Dieser Grundsatz findet aber entsprechend Sinn und Zweck des § 361 AO dann seine Grenzen, wenn ein Rechtsbehelf in der Hauptsache offensichtlich keine Aussicht auf Erfolg hat oder der Verwaltungsakt unanfechtbar ist (vgl. BFH, BFH/NV 1994 S. 788; 1995 S. 805). In der Regel sind für diese Fälle Stundung (§ 222 AO), Vollstreckungsaufschub (§ 258 AO) oder Erlass (§ 227 AO) in Erwägung zu ziehen.

13.9.2.4 Aussetzung von Amts wegen oder auf Antrag

Die AdV ist eine Eilsache und kann **von Amts wegen** gewährt werden **(§ 361 Abs. 2 Satz 1 AO).** Das gilt insbesondere dann, wenn der Rechtsbehelf offen-

13.9 Aussetzung der Vollziehung (§ 361 AO, § 69 FGO)

sichtlich begründet ist, der Abhilfebescheid aber voraussichtlich nicht mehr vor Fälligkeit der geforderten Steuer ergehen kann, z. B. Einreichen der Steuererklärung nach überhöhter Schätzung (vgl. AEAO zu § 361 Nr. 2.1). Ist ein **Antrag** gestellt worden, muss die Behörde tätig werden und im Rahmen des Ermessens entscheiden (§ 361 Abs. 2 Satz 2 AO). Für den Antrag ist Schriftform nicht erforderlich. Antragsberechtigt ist jeder Beteiligte, der durch den Verwaltungsakt beschwert ist.

Die Vorschriften der **Hinzuziehung** nach § 360 AO sind **nicht** anwendbar, da sie nur für den endgültigen Rechtsschutz gelten (BFH, BStBl 1981 II S. 99; 1986 II S. 68; AEAO zu § 361 Nr. 5.2).

13.9.3 Ermessen und Sicherheitsleistung

Der durch § 361 AO gewährte **Ermessensspielraum** ist im Interesse des Stpfl. stets voll auszuschöpfen (vgl. AEAO zu § 361 Nr. 2.4). Bei der Aussetzung von Bescheiden ist zu prüfen, ob sich die Aussetzung auf den vollen Betrag erstrecken soll oder nur auf einen Teil (Voll- oder Teilaussetzung), ob sie rückwirkend befristet sein soll oder unter dem Vorbehalt des Widerrufs gewährt wird.

> **Beispiel:**
>
> Aufgrund einer Ap ergehen Änderungsbescheide zur ESt und USt. S legt Einsprüche mit entsprechenden Begründungen ein und beantragt AdV in voller Höhe. Nach dem Ap-Bericht bestehen keine „gesicherten" Erkenntnisse über Gewinn- und Umsatzerhöhungen. Die übrigen Rechtsfragen sind von der Rechtsprechung eindeutig im Sinne des FA entschieden. Folge?
> Das FA hat hinsichtlich jeder Prüfungsfeststellung zu untersuchen, ob ernsthafte Zweifel an dem zugrunde gelegten Sachverhalt und seiner rechtlichen Würdigung bestehen. Im Hinblick auf die nicht gesicherten Erkenntnisse ist eine Teilaussetzung der Bescheide angebracht.

Die Aussetzung bzw. Aufhebung der Vollziehung kann nach **§ 361 Abs. 2 Satz 4 AO** von einer **Sicherheitsleistung** abhängig gemacht werden. Sie ist angebracht, wenn die wirtschaftliche Lage des Stpfl. die Steuerforderung zuzüglich Zinsen als wirtschaftlich gefährdet erscheinen lässt. Das öffentliche Interesse an der Sicherheitsleistung entfällt aber, wenn im Rechtsbehelfsverfahren große Erfolgsaussichten für den Stpfl. bestehen (vgl. BFH, BStBl 1989 II S. 39; AEAO zu § 361 Nr. 9.2). Die Sicherheitsanforderung ist eine Bedingung (§ 120 Abs. 2 Nr. 2 AO). Daraus folgt, dass die AdV erst mit der Sicherheitsleistung wirksam wird. In der Zwischenzeit fallen Säumniszuschläge an (vgl. AEAO zu § 361 Nr. 9.2.6). Die Höhe der zu leistenden Sicherheit muss – mit Fristsetzung – bestimmt oder wenigstens bestimmbar angegeben sein, z. B. „bis zum 1. 6. ... in Höhe von 50.000 Euro durch Bankbürgschaft oder eine andere nach § 241 AO genannte Art" (§ 119 Abs. 1 AO; vgl. BFH, BStBl 1974 II S. 118). Andernfalls ist die Nebenbestimmung unwirksam. Ist der Stpfl. mit der Sicherheitsleistung nicht einverstanden, muss er die AdV-Entscheidung anfechten (vgl. AEAO zu § 361 Nr. 9.2.6). Kann er keine Sicherheit leisten, so ist die Gefährdung des Steueranspruchs kein Grund, die Aussetzung abzulehnen, wenn ernstliche Zweifel an der Rechtmäßigkeit des angefochtenen Bescheides bestehen (vgl. BFH, BStBl 1968 II S. 456).

Für die **Realsteuern** gelten Besonderheiten. Die Aussetzung der GrSt- oder GewSt-Bescheide nach AdV des zugrunde liegenden Realsteuermessbescheides obliegt der Gemeinde, die für den Erlass der Bescheide zuständig ist. Sie entscheidet deshalb in der Regel auch, ob eine Sicherheitsleistung zu fordern ist (§ 361 Abs. 3 Satz 2 AO; vgl. AEAO zu § 361 Nr. 5.4 und 9.2.4).

Im Übrigen sollen **Vollstreckungsmaßnahmen** schon ab Eingang des Aussetzungsantrags grundsätzlich unterbleiben (vgl. AEAO zu § 361 Nr. 3.1 und 3.2). Hat das FA den AdV-Antrag abgelehnt, so ist regelmäßig unter Beachtung der Grundsätze des § 258 AO zu vollstrecken, auch wenn der Stpfl. AdV nach § 69 Abs. 3, 4 FGO beim FG beantragt (vgl. § 251 Abs. 1 AO; AEAO zu § 361 Nr. 10; BFH, BStBl 2005 II S. 198).

13.9.4 Wirkungen

Durch die **Aussetzung** wird die **Vollziehbarkeit** des Verwaltungsaktes für die Zukunft **gehemmt**. Für die Dauer der AdV entfällt die Erhebung von Säumniszuschlägen regelmäßig rückwirkend ab Antragstellung (vgl. BFH, BStBl 1988 II S. 402; AEAO zu § 361 Nr. 8.1; wegen der Erhebung von Säumniszuschlägen bei erfolglosem Aussetzungsverfahren siehe AEAO zu § 240 Nr. 6 und zu § 361 Nr. 10). Vollziehungsmaßnahmen sind nicht mehr vorzunehmen. Eine Aufhebung erfolgt jedoch nur bei ausdrücklicher Anordnung **(§ 257 Abs. 2 Satz 3 AO)**. Bei Ablehnung des Antrags oder nur Teilaussetzung ist der angefochtene Verwaltungsakt insoweit regelmäßig zu vollstrecken **(§ 251 Abs. 1 AO)**.

Die Aussetzung **endet** entsprechend der Befristung regelmäßig einen Monat nach Bekanntgabe der Einspruchsentscheidung (vgl. AEAO zu § 361 Nr. 8.2) oder bereits mit Bekanntgabe des Änderungsbescheides unabhängig von der Befristung oder mit Aufhebung, spätestens mit endgültiger Erfolglosigkeit des Rechtsbehelfs (Einspruch, Klage oder Revision) bzw. mit dessen Rücknahme.

Bei der Aussetzung von Steuerbescheiden oder gleichgestellten Bescheiden – sonst nicht – werden aber, soweit der Rechtsbehelf keinen Erfolg hatte, **Zinsen** für jeden Monat von 0,5 v. H. erhoben (§ 237 AO; Einzelheiten Tz. 11.6.7).

Der Anspruch auf AdV beinhaltet auch die Möglichkeit der **Aufhebung der Vollziehung** für die Vergangenheit nach **§ 361 Abs. 2 Satz 3 AO, § 69 Abs. 2 Satz 7 und Abs. 3 Satz 3 FGO**. Durch Aufhebung der Vollziehung kann aber grundsätzlich die Erstattung von Vorleistungen nicht erreicht werden. Hat der Stpfl. bereits

13.9 Aussetzung der Vollziehung (§ 361 AO, § 69 FGO)

das Leistungsgebot erfüllt, sei es zwangsweise durch Vollstreckungsmaßnahmen oder durch freiwillige Leistung, so muss die Behörde zur Beseitigung von Vollziehungsakten den vorigen Zustand wieder herstellen. Das bedeutet, sie muss insbesondere gezahlte Steuern erstatten bzw. auf Antrag des Stpfl. verrechnen oder **Vollstreckungsmaßnahmen** nach **§ 257 Abs. 2 Satz 3 und § 322 Abs. 1 Satz 3 AO aufheben** (BFH, BStBl 1986 II S. 236). Hierdurch können u. U. in der Vergangenheit entstandene Säumniszuschläge entfallen, aber ggf. rückwirkend Zinsen anfallen (vgl. BFH, BStBl 1987 II S. 389; 1988 II S. 402; AEAO zu § 361 Nr. 7).

Beispiel:

S hat die festgesetzte ESt-Abschlusszahlung von 3.000 € geleistet. Kurz vor Ablauf der Einspruchsfrist überlegt er es sich anders, legt Einspruch ein und beantragt wegen ernstlicher Zweifel Aufhebung der Vollziehung. Folge?

Da S die Leistung in Erfüllung des angefochtenen Bescheides erbracht hat, kann er mit dem Antrag auf AdV erreichen, dass ihm die Zahlung „vorläufig", d. h. bis zur Entscheidung über den Einspruch, nach § 37 Abs. 2 AO erstattet wird, soweit ernstliche Zweifel vorliegen (ggf. gegen Sicherheit).

Entsprechendes gilt, wenn nicht durch Zahlung, sondern durch Aufrechnung nach § 226 AO vollzogen wurde (vgl. BFH, BStBl 1982 II S. 657; 1988 II S. 43).

13.9.5 Verfahrenswege – sachliche Zuständigkeit

Der Betroffene muss grundsätzlich die AdV bei der **Behörde** (FA) beantragen (**§ 361 AO; § 69 Abs. 2 FGO**). Lehnt die Behörde (FA) den Antrag ganz oder teilweise ab, hat der Stpfl. ein **Wahlrecht**. Er kann gegen die ablehnende Entscheidung **Einspruch** nach § 347 AO einlegen oder Antrag auf **AdV beim Gericht** der Hauptsache stellen (**§ 69 Abs. 3 und 4 Satz 1, Abs. 5 Satz 3 FGO**). Beide Verfahren sind gleichzeitig möglich. Die ablehnende Einspruchsentscheidung der Behörde kann nicht separat mit der Klage angefochten werden (**§ 361 Abs. 5 AO, § 69 Abs. 7 FGO**). Anstelle einer Rechtsbehelfsbelehrung ist in der Einspruchsentscheidung darauf hinzuweisen.

Die Möglichkeit der Aussetzung nach **§ 69 Abs. 3 FGO** durch eine Entscheidung des Senats oder – in Einzelfällen – des Vorsitzenden ist **durch Abs. 4 eingeschränkt**. Sind die Zugangsvoraussetzungen des Abs. 4 nicht erfüllt, wird der Aussetzungsantrag vom Gericht – kostenpflichtig – als unzulässig verworfen (vgl. BFH, BStBl 1989 II S. 396 m. w. N.). Im Einzelnen gilt:

Nach **§ 69 Abs. 4 Satz 1 FGO** ist der Antrag nur zulässig, wenn die Behörde einen Aussetzungs- oder Aufhebungsantrag für den laufenden oder vorangegangenen Verfahrensabschnitt (= Einspruchsverfahren) ganz oder teilweise abgelehnt hat (vgl. BFH, BStBl 1995 II S. 131 m. w. N.). **Satz 2** nennt die **Ausnahmen** von diesem Grundsatz.

13 Außergerichtliches Rechtsbehelfsverfahren

Beispiele:

1. FA lehnte den AdV-Antrag ohne Erwägungen in der Sache wegen fehlender Begründung ab. Kann Antrag nach § 69 Abs. 3 FGO gestellt werden?
Die AdV setzt keine Begründung voraus, daher ist die Anrufung des FG möglich (§ 69 Abs. 4 Satz 1 FGO).

2. Der AdV-Antrag ist unbeschränkt. Das FA setzte nur gegen Sicherheit oder befristet oder unter Widerrufsvorbehalt aus. Folge?
Dem Antrag ist bei befristeter AdV bzw. gegen Sicherheitsleistung nicht voll entsprochen worden im Sinne von § 69 Abs. 4 Satz 1 FGO (vgl. BFH, BStBl 1982 II S. 135). Anders ist es bei AdV unter Widerrufsvorbehalt wegen § 120 Abs. 2 Nr. 3 AO (vgl. BFH, BStBl 2000 II S. 536; AEAO zu § 361 Nr. 11).

3. Auch wenn das FA im Vorverfahren die – bis einen Monat nach Ergehen der Einspruchsentscheidung befristete – AdV antragsgemäß gewährt hatte, ist nach abschlägiger Einspruchsentscheidung ein Aussetzungsantrag an das FG gemäß § 69 Abs. 4 Satz 1 FGO erst zulässig, nachdem er zuvor beim FA erneut gestellt und ganz oder teilweise erfolglos geblieben ist (BFH, BStBl 1985 II S. 469).

Ausnahmsweise kann das Gericht nach **§ 69 Abs. 4 Satz 2 Nr. 1 FGO** unmittelbar angerufen werden, wenn die Behörde über den Antrag ohne Mitteilung eines zureichenden Grundes in angemessener Frist sachlich nicht entschieden hat, da AdV-Anträge Eilsachen sind (vgl. AEAO zu § 361 Nr. 3.1).

Beispiel:

S bat das FA, innerhalb von 4 Wochen über den im Einzelnen begründeten AdV-Antrag zu entscheiden. Dies geschah nicht. Folge?
Die Frist von 4 Wochen ist im Allgemeinen bei Aussetzungssachen zumutbar. Der Weg zum FG ist frei (§ 69 Abs. 3 und 4 Satz 1 Nr. 1 FGO).

Nach der weiteren Ausnahmeregelung des **§ 69 Abs. 4 Satz 2 Nr. 2 FGO** gilt dies auch bei einer „drohenden" Vollstreckung. Da die Vollziehung des angefochtenen Bescheides durch Einlegung des Rechtsbehelfs nach § 361 Abs. 1 AO, § 69 Abs. 1 FGO nicht gehemmt und der Anspruch vollstreckbar wird gemäß § 251 AO, droht stets allgemein die Vollstreckung. Dies reicht aber für § 69 Abs. 4 Satz 2 Nr. 2 FGO nicht aus. Es muss vielmehr die Vollstreckung aufgrund konkreter Vorbereitungshandlungen zeitlich so unmittelbar bevorstehen, dass ein AdV-Antrag zunächst beim FA statt beim FG nicht zumutbar ist (vgl. BFH, BStBl 1985 II S. 469). § 69 Abs. 4 Satz 2 Nr. 2 FGO greift stets ein, wenn die Vollstreckung bereits begonnen hat, dagegen nicht bei bloßer Mahnung (vgl. BFH, BStBl 1986 II S. 236).

Das FG kann auf Antrag eines Beteiligten bei veränderten Verhältnissen den Beschluss aufheben oder ändern **(§ 69 Abs. 6 FGO)**.

Jede Entscheidung des FG – Senat oder Vorsitzender in dringenden Fällen – ist nur mit der zulassungsbedürftigen **BFH-Beschwerde** anfechtbar (**§ 128 Abs. 1 und 3 FGO**).

13.9 Aussetzung der Vollziehung (§ 361 AO, § 69 FGO)

Übersicht:

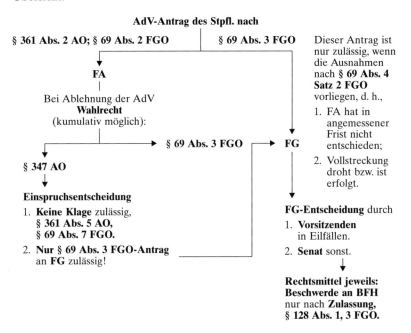

14 FGO-Verfahren

Die gerichtlichen Rechtsmittel dienen dem Schutz des Stpfl. zur Überprüfung der Verwaltungsmaßnahmen. Das Gerichtsverfahren wird grundsätzlich durch eine Klage eingeleitet.

14.1 Gerichtsverfassung

Die Gerichtsverfassung umfasst die staatliche Ordnung des Gerichtswesens, die richterlichen Organe, die Zusammensetzung der Gerichte, das Verhältnis der Gerichte zueinander und ihre Zuständigkeit.

14.1.1 Aufbau der Finanzgerichtsbarkeit

Die Finanzgerichtsbarkeit ist **zweistufig** aufgebaut, nämlich als FG und BFH (§§ 1 und 2 FGO).

Das **FG** besteht aus dem Präsidenten, den Vorsitzenden Richtern und weiteren Richtern (§ 5 FGO). Gerichtsorganisatorische Maßnahmen bestimmter Art können durch Gesetz angeordnet werden (§ 3 FGO). Das FG entscheidet in **Senaten,** soweit nicht der Senat nach § 5 Abs. 3, 4, § 6 FGO den Rechtsstreit einem seiner Mitglieder als **Einzelrichter „kraft Übertragung"** unter bestimmten Voraussetzungen (keine besonderen Schwierigkeiten rechtlicher oder tatsächlicher Art, keine grundsätzliche Bedeutung und keine vorherige Senatssitzung) durch unanfechtbaren Beschluss übertragen hat oder eine Entscheidung durch den **Vorsitzenden/ Berichterstatter** im vorbereitenden Verfahren (§ 65 Abs. 2, § 79 a Abs. 1 und 4 FGO) bzw. mit Einverständnis der Beteiligten durch den **Einzelrichter „kraft Einverständnis"** erfolgt (§ 79 a Abs. 3 und 4 FGO). Die Senate sind besetzt mit dem Vorsitzenden und mehreren haupt- und ehrenamtlichen Richtern. Wird aufgrund mündlicher Verhandlung durch Urteil oder Beschluss entschieden, entscheidet das FG in der Besetzung mit drei Berufs- und zwei ehrenamtlichen Richtern. Wird ohne mündliche Verhandlung entschieden (Beschlüsse, Gerichtsbescheide), wirken die ehrenamtlichen Richter nicht mit (§ 5 Abs. 3 Satz 2, Abs. 4 Satz 2 FGO).

Der **BFH** als oberstes Bundesgericht besteht aus dem Präsidenten, den Vorsitzenden Richtern und weiteren Richtern (§ 10 Abs. 1 FGO). Die BFH-Senate entscheiden in der Besetzung von fünf Richtern, bei Beschlüssen außerhalb der mündlichen Verhandlung durch drei Richter (§ 10 Abs. 3 FGO). Neben den

14.1 Gerichtsverfassung

einzelnen Senaten wird ein Großer Senat gebildet, der die Einheitlichkeit der höchstrichterlichen Rechtsprechung gewährleisten soll (§ 11 FGO). Er kann auch ohne mündliche Verhandlung die Rechtsfrage bindend entscheiden (§ 11 Abs. 7 FGO).

14.1.2 Richter

Die Rechtsstellung der **Berufsrichter** ergibt sich im Wesentlichen aus dem Richtergesetz sowie aus den §§ 14 und 15 FGO.

Die **ehrenamtlichen Richter** beim FG haben die gleichen Rechte wie die Berufsrichter (§ 16 FGO). Die Berufungsvoraussetzungen sind in § 17 FGO, die Ausschlussgründe, z. B. für Angehörige der Finanzverwaltung und der steuerberatenden Berufe, in den §§ 18 und 19 FGO, das Ablehnungsrecht in § 20 FGO, die Entbindung vom Amt in § 21 FGO und deren Wahl in §§ 22 ff. FGO enthalten.

Richterliche Tätigkeit erfordert Objektivität und Unbefangenheit. Um dies zu gewährleisten, regelt § 51 FGO die Ausschließung und Ablehnung von Gerichtspersonen.

14.1.3 Finanzrechtsweg

Nach der Generalklausel des § 33 FGO ist für bestimmte Streitigkeiten der Finanzrechtsweg gegeben. Die vier Fallgruppen entsprechen dem Einspruchsweg des § 347 AO. Auf die Ausführungen dort wird verwiesen (Tz. 13.2.1).

14.1.4 Sachliche Zuständigkeit

In der Finanzgerichtsbarkeit entscheidet stets das **FG** im ersten Rechtszug über alle Streitigkeiten (**§ 35 FGO**). Nach **§ 36 FGO** entscheidet der **BFH** als reine Rechtsinstanz nur über Revisionen und Beschwerden gegen Entscheidungen des FG, des Vorsitzenden oder des Berichterstatters.

14.1.5 Örtliche Zuständigkeit

Die örtliche Zuständigkeit regelt die Frage, welches von mehreren sachlich zuständigen Gerichten tätig wird. Örtlich zuständig ist grundsätzlich das FG, in dessen Bezirk die beklagte Behörde ihren Sitz hat (**§ 38 Abs. 1 FGO**). Besondere Gerichtsstände enthält § 38 Abs. 2 und 3 FGO. Fehlt es an der Zuständigkeit des FG, ist die Klage allgemein durch Prozessurteil abzuweisen, sofern nicht § 70 FGO eingreift. In bestimmten Fällen kann der BFH ein FG als zuständig bestimmen (**§ 39 FGO**).

14.2 Klageverfahren

Während das Einspruchsverfahren ein „verlängertes Festsetzungsverfahren" darstellt (§§ 367, 365 AO), folgt das Klageverfahren als gerichtliches Verfahren anderen Regeln.

Bei einer Klageerhebung vor dem FG ist vor allem sicherzustellen, dass die Klage nicht als unzulässig abgewiesen wird.

14.2.1 Zulässigkeitsvoraussetzungen

Die Zulässigkeits- oder Sachurteilsvoraussetzungen der Klage hat das Gericht von Amts wegen zu prüfen. Die gesetzlichen Mindestanforderungen müssen bis zum Ablauf der Klagefrist bzw. der richterlichen Ausschlussfrist (§ 65 Abs. 2 FGO) vorliegen, sonst ist die Klage unzulässig. Zu den Zulässigkeitsvoraussetzungen gehören insbesondere:

14.2.1.1 Finanzrechtsweg und Zuständigkeit

Wegen Einzelheiten siehe §§ **33, 35, 38 FGO** und Ausführungen unter Tz. 14.1.3 bis 14.1.5.

14.2.1.2 Beteiligtenfähigkeit

Beteiligte am Verfahren sind nach § **57 FGO** als Hauptbeteiligte Kläger und Beklagter (§ 63 FGO) und als Nebenbeteiligte der Beigeladene (§ 60 FGO) und die beigetretene Behörde (§ 122 Abs. 2 FGO).

Wird nicht die richtige Behörde im Sinne von § **63 FGO** (FA oder Ministerium) verklagt, erfolgt regelmäßig Abweisung der Klage als unzulässig (Hinweis auf § 76 Abs. 2 FGO). Eine Ausnahme besteht nur, wenn die richtige Bezeichnung des Beklagten innerhalb der Klagefrist – ggf. unter Gewährung der Wiedereinsetzung nach § 56 Abs. 2 FGO – nachgeholt wird (vgl. BFH, BStBl 1989 II S. 461, 846).

Die **Beiladung** nach § **60** und § **60 a FGO** entspricht der Hinzuziehung nach § 360 AO (siehe Einzelheiten dort). Gegen den Beiladungsbeschluss ist die Beschwerde nach § 128 FGO gegeben. Rechtskräftige Urteile binden nicht nur die Beigeladenen als Beteiligte, sondern auch die Personen, die nach § 60 a FGO einen Antrag auf Beiladung nicht oder nicht rechtzeitig gestellt haben (§ 110 Abs. 1 Satz 1 Nr. 1 und 3 FGO).

14.2.1.3 Prozessfähigkeit

Prozessfähigkeit ist die Fähigkeit, alle Prozesshandlungen selbst oder durch einen selbst bestellten Prozessbevollmächtigten vorzunehmen. Einzelheiten regelt § 58 FGO (vgl. Ausführungen zu § 79 AO).

14.2 Klageverfahren

14.2.1.4 Statthaftigkeit der Klageart

Die FGO kennt als **allgemeine Klagearten** die Anfechtungs-, Verpflichtungs-, Leistungs- und Feststellungsklage (**§§ 40, 41 FGO**). Als **Sonderformen** kommen daneben die Nichtigkeits- und Restitutionsklage für die Wiederaufnahme eines rechtskräftig beendeten Verfahrens in Betracht (§ 134 FGO i. V. m. §§ 579 und 580 ZPO; siehe unter Tz. 14.7).

Maßgeblicher Zeitpunkt für die Wahl der richtigen Klageart ist grundsätzlich der Schluss der letzten mündlichen Verhandlung, im Übrigen die Beschlussfassung des Gerichts (vgl. § 76 Abs. 2 FGO; BFH, BStBl 1979 II S. 99).

Mehrere Klagebegehren können aus prozessökonomischen Gründen – gemeinsame Verhandlung/Entscheidung, nur ein gebührenentlastender Gesamtstreitwert – in einer Klage verbunden werden, wenn sich die Klagen gegen denselben Beklagten richten, im Zusammenhang stehen und dasselbe FG zuständig ist, z. B. ESt-Bescheide mehrerer Jahre wegen derselben Rechtsfrage (**Klagehäufung, § 43 FGO**). Das Gericht kann eine Trennung anordnen, aber auch selbst eine Klagehäufung herbeiführen (§ 73 Abs. 1 FGO; vgl. BFH, BStBl 1993 II S. 514).

14.2.1.4.1 Anfechtungsklage

Mit der Anfechtungsklage wird die **Aufhebung oder Änderung eines Verwaltungsaktes** begehrt (§ 40 Abs. 1 FGO). Gegenstand der Anfechtungsklage ist der ursprüngliche Verwaltungsakt („Grund-Verwaltungsakt") in Gestalt der außergerichtlichen Rechtsbehelfsentscheidung gemäß § 65 Abs. 1, § 44 Abs. 2 FGO (vgl. BFH, BStBl 1991 II S. 49, 181 m. w. N.). Da im Besteuerungsverfahren die Einwendungen des Stpfl. sich in der Regel gegen einen bereits vorliegenden Verwaltungsakt richten, ist die Anfechtungsklage die häufigste und damit praktisch wichtigste Klageart.

> **Beispiele:**
> Steuer-, Feststellungs- oder Änderungsbescheid, Haftungsbescheid, Festsetzung Verspätungszuschlag oder Zwangsmittel, Finanzbefehle.

Ermessensentscheidungen der Behörde sind grundsätzlich anhand der Sach- und Rechtslage im Zeitpunkt der letzten Verwaltungsentscheidung gerichtlich zu überprüfen (vgl. BFH, BStBl 1996 II S. 396; BFH/NV 2001 S. 882 m. w. N.).

Die **Entscheidung des Gerichts** über die Anfechtungsklage hängt vom Ergebnis der Überprüfung des angefochtenen Verwaltungsaktes ab. Hält das Gericht den Verwaltungsakt für rechtmäßig, so weist es die Klage als unbegründet ab. Stellt es dagegen fest, dass der angefochtene Verwaltungsakt fehlerhaft und damit rechtswidrig und der Kläger dadurch in seinen Rechten verletzt ist, muss der Verwaltungsakt und die Entscheidung über den außergerichtlichen Rechtsbehelf **grundsätzlich aufgehoben** werden (§ **100 Abs. 1 FGO**: „Kassationsprinzip").

Für Fälle nur **betragsmäßiger Änderungen** durchbricht **§ 100 Abs. 2 FGO** den Grundsatz der Aufhebung des Verwaltungsaktes. Bei Geldleistungen und Feststellungen kann die Leistung im Rahmen des konkreten Rechtsschutzbegehrens im Urteil anderweitig festgesetzt oder die Feststellung durch eine andere ersetzt werden. Hiervon ausgenommmen ist die Festsetzung jener Geldbeträge, der eine Ermessensentscheidung vorausgeht, da das Gericht nach § 102 FGO nicht sein Ermessen an die Stelle des Verwaltungsermessens setzen darf. Dies gilt insbesondere für die Festsetzung von Zwangsgeld oder Verspätungszuschlägen. Das Gericht kann bei seiner Entscheidung von der **Errechnung des Betrages** absehen, wenn dies einen nicht unerheblichen Aufwand bedeutet. In diesen Fällen hat die Finanzbehörde die Beteiligten nach § 100 Abs. 2 Satz 3 FGO unverzüglich über das Ergebnis der Neuberechnung zu informieren. Die „Bekanntgabe" des geänderten Verwaltungsaktes soll aber erst nach Rechtskraft der Gerichtsentscheidung erfolgen.

Im Interesse der zügigen Erledigung des Rechtsstreits ermöglicht **§ 100 Abs. 3 Satz 1** und **5 FGO** dem Gericht, sich binnen sechs Monaten auf die **Aufhebung des angefochtenen Verwaltungsaktes** zu beschränken und weitere Ermittlungen der Behörde zu überlassen, wenn dies in besonders gelagerten Fällen sachdienlich ist, z. B. beurteilt das FG die Rechtslage anders als das FA. Insoweit ist der Sachverhalt noch nicht ausermittelt (vgl. BFH, BStBl 1995 II S. 542; 1996 II S. 310). Nach **§ 100 Abs. 3 Satz 2 FGO** hat das FG bei **Schätzungsbescheiden** erforderliche Ermittlungen selbst durchzuführen. In den Fällen des Satzes 1 muss die Behörde erneut tätig werden und einen neuen Bescheid erlassen, wenn die erforderlichen Ermittlungen abgeschlossen sind. Aus § 110 FGO folgt, dass die Behörde an die Rechtsauffassung des Gerichts gebunden ist. Der neu erlassene Bescheid kann nach allgemeinen Grundsätzen angefochten werden (§§ 347 ff. AO). Nach § 100 Abs. 3 Satz 3 und 4 FGO kann das Gericht auf Antrag **einstweilige Regelungen** treffen, z. B. das FG gibt dem FA auf, die Vollstreckung wegen eines Teils der angefochtenen Steuerschuld vorläufig einzustellen.

Die Änderungsbefugnis des Gerichts ist nicht unbegrenzt. Die allgemeinen Grundsätze, die für die Entscheidungsbefugnis des Gerichts dem Umfange nach gelten, sind auch in diesen Fällen zu beachten. Danach wird die **Änderungsmöglichkeit** des § 100 Abs. 2 und 3 FGO **eingeschränkt durch** das **Klagebegehren** und das **Verbot der Verböserung** (vgl. § 96 Abs. 1 Satz 2 FGO).

Der Kläger kann Änderungs- und Folgebescheide nur in dem Umfang angreifen wie im außergerichtlichen Rechtsbehelfsverfahren **(§ 42 FGO)**. Damit gilt **§ 351 AO** auch im Steuerprozess (vgl. Ausführungen dort).

Hat sich der **Verwaltungsakt vorher in der Hauptsache erledigt,** so fehlt für eine Anfechtungsklage das allgemeine Rechtsschutzinteresse. Der Stpfl. kann in diesem Fall eine sog. **Fortsetzungsfeststellungsklage** im Sinne von **§ 100 Abs. 1**

14.2 Klageverfahren

Satz 4 FGO erheben (vgl. unter Tz. 14.2.1.4.5). Diese ist in der Sache ein Unterfall der Anfechtungsklage (vgl. BFH, BStBl 1986 II S. 21).

14.2.1.4.2 Verpflichtungsklage

Die Verpflichtungsklage hat das Ziel, die Behörde zum **Erlass eines abgelehnten oder unterlassenen Verwaltungsaktes** zu verurteilen (§ **40 Abs. 1 FGO).** Sie ist das Gegenstück zur Anfechtungsklage. Diese Klageart enthält jedoch im Allgemeinen gleichzeitig auch ein Anfechtungsbegehren, weil der Verpflichtungsklage ein außergerichtliches Verfahren vorausgehen muss. Lehnt das FA den Erlass eines – insbesondere begünstigenden – Verwaltungsaktes ab, so ist gegen die Ablehnung der Einspruch nach § 347 AO gegeben. Wird das FA bei einem Antrag auf Erlass eines Verwaltungsaktes nicht tätig, so kann der Stpfl. erst Verpflichtungsklage erheben, wenn der Einspruch erfolglos geblieben ist (§ 347 Abs. 1 Satz 2 AO). Die Verurteilung zum Erlass eines Verwaltungsaktes beinhaltet gleichzeitig die Aufhebung einer ablehnenden Verwaltungsentscheidung.

> **Beispiele für Verpflichtungsklage in Ablehnungsfällen:**
>
> Stundung; Erlass; Erlass eines Korrekturbescheides; Erteilung eines Feststellungsbescheides; Veranlagung nach § 46 Abs. 2 EStG.

Mit dem Urteil, das auf die Verpflichtungsklage ergeht, kann nicht der beantragte oder unterlassene Verwaltungsakt selbst erlassen werden. Das verbietet der Grundsatz der Gewaltenteilung. Sofern die Ablehnung oder Unterlassung eines Verwaltungsaktes rechtswidrig ist, bestehen **zwei Möglichkeiten des Urteilsausspruchs (§ 101 FGO).** Stellt das Gericht fest, dass die Sache spruchreif ist, spricht es die Verpflichtung der Finanzbehörde aus, den begehrten Verwaltungsakt zu erlassen. Im anderen Fall enthält die Urteilsformel die Verpflichtung, den Kläger unter Beachtung der Rechtsauffassung des Gerichts zu bescheiden („Bescheidungsurteil"; siehe dazu § **102 FGO;** Ausführungen unter Tz. 2.5.5).

> **Beispiele:**
>
> **1.** Bei B hat eine Ap stattgefunden. Seinen Antrag, einen USt-Bescheid nach § 173 Abs. 1 Nr. 2 AO derart zu ändern, dass die USt von 14.800 € auf 12.900 € herabgesetzt wird, hat das FA abgelehnt. Der Einspruch ist erfolglos geblieben mit der Begründung, die festgestellten neuen Tatsachen seien infolge groben Verschuldens erst nachträglich bekannt geworden. B erhebt Klage.
>
> Sofern das Begehren des B begründet ist, hätte das FA den Ablehnungsbescheid ändern müssen. Das FG kann das FA nur verurteilen, dem Kläger einen geänderten USt-Bescheid zu erteilen und darin die USt auf 12.900 € festzusetzen.
>
> **2.** C erhebt nach erfolglosem Einspruch Klage gegen einen Verwaltungsakt, mit dem das FA den Erlass rückständiger Steuern nach § 227 AO abgelehnt hat.
>
> Der Erlass ist eine **Ermessensentscheidung.** Ermessensentscheidungen sind durch das FG nur beschränkt überprüfbar (§ 102 FGO). In diesen Fällen ist die Sache deshalb grundsätzlich nicht spruchreif. Bei Ermessensverletzung oder Ermessensüber-

schreitung darf das FG das FA nicht dazu verurteilen, die Steuern zu erlassen. Ausnahmsweise ist ein „Verpflichtungsurteil" nach § 101 Satz 1 FGO zulässig bei „Ermessensreduzierung auf null" (vgl. BFH, BStBl 2002 II S. 201). Das FG kann nur den ablehnenden Verwaltungsakt und die Einspruchsentscheidung aufheben und aussprechen, dass über den Antrag des C unter Beachtung der Rechtsauffassung des Gerichts erneut zu entscheiden ist („Bescheidungsurteil" nach § 101 Satz 2 FGO).

3. Das FA hat X gegenüber durch Bescheid festgestellt, dass er nicht Mitunternehmer der Y-OHG sei. Nach erfolglosem Einspruch beantragt X mit der Klage, das FA zu verurteilen, für die Y-OHG unter seiner Beteiligung als Gesellschafter eine einheitliche Gewinnfeststellung durchzuführen. Zulässig?

Bei dem Bescheid des FA handelt es sich um einen negativen Feststellungsbescheid mit der verbindlichen Feststellung, dass X nicht Mitunternehmer sei. Gegen diesen Bescheid kann Verpflichtungsklage erhoben werden (BFH, BStBl 1978 II S. 15).

Bei Verpflichtungsklagen ist für die Beurteilung der Sach- und Rechtslage der Zeitpunkt der gerichtlichen Entscheidung maßgebend. Anfechtungsklage und Verpflichtungsklage unterscheiden sich insoweit. Bei der Anfechtungsklage ist die Rechtmäßigkeit eines bereits erlassenen Verwaltungsaktes der Gegenstand des Verfahrens, während bei der Verpflichtungsklage geprüft wird, ob ein Stpfl. Anspruch darauf hat, dass die Finanzbehörde einen Verwaltungsakt erlässt.

14.2.1.4.3 Leistungsklage

Mit der Leistungsklage wird eine **andere Leistung als** die Verurteilung zum **Erlass eines Verwaltungsaktes** begehrt (**§ 40 Abs. 1 FGO**). Sie ist auf ein „**schlichtes Verwaltungshandeln**" gerichtet und hat für das Steuerrecht geringe Bedeutung. Jede Leistung der Finanzbehörde beruht im Regelfall auf einem Verwaltungsakt.

Beispiele für Leistungsklage:

Akteneinsicht (BFH, BStBl 1973 II S. 119); Benennung eines Denunzianten (BFH, BStBl 1994 II S. 552, 802); Erteilung eines Prüfungsberichts; Antrag, steuerliche Verhältnisse oder Kontrollmitteilungen nicht einer Behörde/Dritten mitzuteilen (BFH, BStBl 1994 II S. 356; 2000 II S. 648); bzgl. Steuererstattungen gilt dies nur, wenn der Erstattungsanspruch durch einen Bescheid gemäß § 218 AO festgesetzt ist, sonst nicht (BFH, BStBl 1986 II S. 702); Unterlassung der Auskunftserteilung nach § 117 AO (BFH, BStBl 2000 II S. 648).

14.2.1.4.4 Feststellungsklage (§ 41 FGO)

Die Feststellungsklage ist auf die **Feststellung des Bestehens oder Nichtbestehens eines – gegenwärtigen – Rechtsverhältnisses** oder der **Nichtigkeit eines Verwaltungsaktes** gerichtet (§ 41 Abs. 1 AO). Sie erfordert zusätzlich ein „berechtigtes Interesse" an der baldigen Feststellung, d. h., der Kläger darf sein Prozessziel nicht auf anderem Weg schneller, einfacher und billiger erreichen können (vgl. BFH, BStBl 1990 II S. 789; 1994 II S. 356 m. w. N.). Die Klage ist grundsätzlich

14.2 Klageverfahren

subsidiär und damit unzulässig, soweit der Kläger die begehrten Feststellungen im Rahmen einer Anfechtungs-, Verpflichtungs- oder Leistungsklage verfolgen kann oder hätte verfolgen können (§ 41 Abs. 2 Satz 1 FGO). Eine **vorbeugende Feststellungsklage** wegen eines möglicherweise noch zu ergehenden (und zudem evtl. ermessensabhängigen) Verwaltungsaktes ist grundsätzlich unzulässig (vgl. BFH, BStBl 1991 II S. 729; 1997 II S. 707). Denn dem Stpfl. ist es allgemein zuzumuten, Meinungsverschiedenheiten über steuerliche Rechtsfragen gegen die ergehenden Verwaltungsakte auszutragen. Die Feststellungsklage kann nicht an die Stelle anderer Klagen treten, wenn der Kläger die Möglichkeit, eine Anfechtungs- oder Verpflichtungsklage gegen Verwaltungsakte zu erheben, versäumt hat. Da **Rechtsverhältnisse steuerlicher Art** in Verwaltungsakten begründet, verändert oder beendet werden, hat die Feststellungsklage kaum Bedeutung.

Beispiele:

1. Das FA hat bei der ESt-Festsetzung ein Arbeitsverhältnis des S mit seiner Ehefrau nicht anerkannt und den Gewinn entsprechend erhöht. S erhebt Feststellungsklage mit dem Antrag, das Arbeitsverhältnis steuerlich anzuerkennen. Zulässig?
Die Klage ist unzulässig, da die abstrakte Rechtsfrage im Rahmen der Anfechtungsklage gegen den ESt-Bescheid zu entscheiden ist (§ 41 Abs. 2 FGO).

2. Zulässig sind ggf. Feststellungen, dass die Ap-Anordnung unwirksam sei, dass keine Buchführungspflicht oder kein USt-Rechtsverhältnis bestehe und daher keine Voranmeldungen abzugeben sind. Anders ist es, wenn ein entsprechender Verwaltungsakt bereits ergangen ist und nun dessen Aufhebung begehrt wird (vgl. BFH, BStBl 1986 II S. 2; 1991 II S. 120).

3. Zulässig ist die Klage auf Feststellung der Verletzung des Steuergeheimnisses (BFH, BStBl 2003 II S. 828).

Bedeutung hat die Feststellungsklage für die **Feststellung der Nichtigkeit** von Verwaltungsakten. Nichtige Verwaltungsakte sind unwirksam (§ 124 Abs. 3 AO). Die Nichtigkeitsgründe nennt § 125 Abs. 1 und 2 AO. Hält der Stpfl. einen Verwaltungsakt für nichtig, so kann er entweder Einspruch einlegen und dann den Weg der Anfechtungsklage beschreiten. Er kann aber auch bei berechtigtem Interesse unmittelbar das FG mit der Feststellungsklage anrufen, ohne an Fristen oder an die Durchführung des außergerichtlichen Vorverfahrens gebunden zu sein (§ 41 Abs. 2 Satz 2 FGO). Im Regelfall besteht hierfür auch das notwendige eigene Feststellungsinteresse (vgl. BFH, BStBl 1991 II S. 729). Schließlich kann der Stpfl. auch die Feststellung der Nichtigkeit nach § 125 Abs. 5 AO betreiben.

14.2.1.4.5 Fortsetzungsfeststellungsklage

Die Fortsetzungsfeststellungsklage erfasst **Fälle der Klageerledigung.** Hat der Stpfl. Klage erhoben, so kann sachlich nicht mehr über den Klageantrag entschieden werden, wenn sich die Klage durch Rücknahme des angefochtenen Verwaltungsaktes oder sonst erledigt hat. Dann besteht die Möglichkeit, zur

14 FGO-Verfahren

Fortsetzungsfeststellungsklage nach § 100 Abs. 1 Satz 4 FGO überzugehen. Sie ist in der Sache ein Unterfall der Anfechtungsklage, gilt aber für Verpflichtungsklagen entsprechend (vgl. BFH, BStBl 1991 II S. 914). Daher müssen alle gesetzlich vorgeschriebenen Prozess-(Sachurteils-)Voraussetzungen vorliegen, z. B. Durchführung des Vorverfahrens gemäß § 44 FGO. Sie kann hilfsweise gestellt werden (BFH, BStBl 1986 II S. 736). Die Klage kann auch durchgeführt werden, wenn sich der streitige Verwaltungsakt schon vor der Klageerhebung erledigt hat (BFH, BStBl 1990 II S. 804; 2001 II S. 525).

Das Gericht kann bei berechtigtem Interesse des Klägers feststellen, dass der Verwaltungsakt rechtswidrig gewesen ist (§ 100 Abs. 1 Satz 4 FGO). Ein **„berechtigtes" Interesse** liegt nur vor, wenn es durch die Sachlage aus rechtlicher, wirtschaftlicher oder ideeller Sicht gerechtfertigt ist und eine hinreichend konkrete Wiederholungsgefahr besteht. Das „allgemeine" Interesse an einer Klärung von Rechtsfragen kann nicht berücksichtigt werden, da es nicht Aufgabe des Gerichts ist, im Rahmen einer Klage Rechtsgutachten über Fragen zu erstatten, die im konkreten Fall unerheblich sind (vgl. BFH, BStBl 1987 II S. 248).

Beispiele für berechtigtes Interesse:

1. Die Anfechtungsklage gegen einen USt-Vorauszahlungsbescheid hat sich nach Ergehen des USt-Jahresbescheides in der Hauptsache erledigt, wobei der zu beurteilende Sachverhalt unverändert ist und der Stpfl. die Festsetzung von Aussetzungszinsen befürchten muss, Pfändungen weiter bestehen oder das FA mit großer Wahrscheinlichkeit auch in den Folgejahren von einer für den Stpfl. ungünstigen Rechtsauffassung ausgehen wird (BFH, BStBl 2002 II S. 300). Anders ist die Rechtslage, wenn im Klageverfahren gegen den USt-Vorauszahlungsbescheid der USt-Jahresbescheid nach § 68 FGO automatisch zum Gegenstand des Verfahrens wird (vgl. BFH, BStBl 2000 II S. 454; BFH/NV 2004 S. 502).

2. Ein Antrag auf Eintragung eines Freibetrages in der LSt-Karte kann sich nach § 39 a Abs. 2 EStG wegen Zeitablaufs (30. 11.) nicht mehr auswirken (BFH, BStBl 1989 II S. 976).

3. Der Stpfl. will mit der Feststellung der Rechtswidrigkeit einer erledigten Prüfungsanordnung die Auswertung der durch die Ap erlangten Kenntnisse verhindern (vgl. BFH, BStBl 1988 II S. 413; 1991 II S. 825; 1995 II S. 488).

4. Ablehnung der Zulassung zur Steuerberaterprüfung (BFH, BStBl 1990 II S. 399).

5. Ein Schadensersatzprozess ist hinsichtlich des erledigten rechtswidrigen Verwaltungsaktes anhängig bzw. sicher zu erwarten und nicht aussichtslos (vgl. BFH, BStBl 1988 II S. 364 m. w. N.).

6. Ein berechtigtes Feststellungsinteresse liegt auch vor, wenn die Klage erhoben wird, um die Folgen einer aufgehobenen Pfändung zu beseitigen, oder wenn das FA eine Sache oder einen Geldbetrag unter Verstoß gegen ein Vollstreckungsverbot erlangt (verwertet) hat, um die Vermögensverschiebung rückgängig zu machen (BFH, BStBl 2001 II S. 525 m. w. N.).

Auch im Revisionsverfahren kann noch zum Feststellungsbegehren übergegangen werden (vgl. § 121 FGO; BFH, BStBl 1990 II S. 721).

14.2 Klageverfahren

14.2.1.4.6 Übersicht zu den Klagearten

Klagearten nach der FGO

Klagearten	Anfechtungsklage (§ 40 Abs. 1 FGO)	Verpflichtungsklage (§ 40 Abs. 1 FGO)	Leistungsklage (§ 40 Abs. 1 FGO)	Feststellungsklage (§ 41 Abs. 1 FGO)	Untätigkeitsklage (§ 46 Abs. 1 FGO)
Voraussetzungen	Abschluss des Vorverfahrens (§ 44 Abs. 1 FGO)	Abschluss des Vorverfahrens (§ 44 Abs. 1 FGO)	kein Vorverfahren	kein Vorverfahren; grundsätzlich **subsidiär** (§ 41 Abs. 2 FGO)	Einleitung des Vorverfahrens (§ 46 Abs. 1 Satz 1 FGO)
Ziel	Aufhebung oder Änderung eines **Verwaltungsaktes**	Verurteilung der Behörde zum Erlass eines abgelehnten oder unterlassenen **Verwaltungsaktes**	Verurteilung der Behörde zu einer anderen Leistung, die **nicht** in einem **Verwaltungsakt** besteht („schlichtes Verwaltungshandeln")	Feststellung des Bestehens oder Nichtbestehens eines Rechtsverhältnisses oder Feststellung der **Nichtigkeit** eines Verwaltungsaktes	wie bei der Anfechtungsklage oder Verpflichtungsklage
Entscheidung bei Begründetheit	Aufhebung des Verwaltungsaktes und der Entscheidung über den außergerichtlichen Rechtsbehelf (§ 100 Abs. 1, 3 FGO) oder anderweitige Festsetzung des Geldbetrages oder entsprechende Festsetzung (§ 100 Abs. 2 FGO)	Verurteilung der Behörde, den begehrten Verwaltungsakt zu erlassen (§ 101 Satz 1 FGO), oder Verurteilung der Behörde, den Kläger unter Beachtung der Rechtsauffassung des Gerichts zu bescheiden (§ 101 Satz 2 FGO)	Verurteilung der Behörde zu der Leistung	Ausspruch der begehrten Feststellung	entsprechend Anfechtungs- oder Verpflichtungsklage

14.2.1.5 Erfolgloses Vorverfahren und Ausnahmen

14.2.1.5.1 Grundsatz

Das FG kann regelmäßig im Wege der Klage nur angerufen werden, wenn ein **außergerichtliches Vorverfahren** (= **Einspruchsverfahren**) nach §§ 347 ff. AO) ganz oder teilweise erfolglos durchgeführt worden ist. Das gilt für alle Fälle, in denen ein außergerichtlicher Rechtsbehelf gesetzlich vorgesehen ist (**§ 44 Abs. 1 FGO**). Unerheblich ist, ob der Rechtsbehelf als unzulässig verworfen oder als unbegründet zurückgewiesen worden ist. Dem Zweck des § 44 FGO ist auch genügt, wenn das FA die Einspruchsentscheidung ohne vorangegangene wirksame Steuerfestsetzung erlassen hat. Wird vor Abschluss des Einspruchsverfahrens Klage gegen einen Steuerbescheid erhoben, so wird die Klage mit der Entscheidung über den Einspruch zulässig (vgl. BFH, BStBl 1985 II S. 521).

Das außergerichtliche **Vorverfahren entfällt** bei
- Klagen in den Fällen des § 348 Nr. 3 und 4 AO,
- Klagen gegen die Anordnung eines dinglichen Arrests (§ 324 AO, § 45 Abs. 4 FGO),
- Leistungs- und Feststellungsklagen (s. o.),
- Sprungklagen (§ 45 Abs. 1 FGO; s. u.) und
- Untätigkeitsklagen (§ 46 FGO; s. u.).

14.2.1.5.2 Sprungklage (§ 45 FGO)

Die Sprungklage gibt dem Stpfl. die Möglichkeit, das Einspruchsverfahren zu vermeiden und stattdessen gegen einen Verwaltungsakt unmittelbar **Anfechtungs- oder Verpflichtungsklage** zu erheben (**§ 45 Abs. 1 FGO**).

Beispiele:

1. Sprungklage gegen einen geänderten ESt-Bescheid in Form der Anfechtungsklage nach § 40 Abs. 1, § 45 FGO.

2. Das FA hat mangels Unternehmereigenschaft den Erlass eines USt-Bescheides (mit Vorsteuerabzug) abgelehnt. – Sprungklage ist möglich in Form der Verpflichtungsklage (§ 40 Abs. 1, § 45 FGO).

3. Sprungklage gegen die Festsetzung eines Verspätungszuschlags oder Ablehnung einer Billigkeitsmaßnahme nach §§ 163, 227 AO.

Der **Zweck** und die **Vorteile** der Sprungklage bestehen in Zeit- und Kostenersparnis (vgl. § 139 Abs. 3 FGO, § 236 AO) sowie Vermeidung einer Verböserung im Einspruchsverfahren nach § 367 Abs. 2 AO, da das Gericht nicht über das Klagebegehren hinausgehen darf (§ 96 Abs. 1 Satz 2 FGO). Wird sich z. B. nach Erlass eines Steuerbescheides die rechtliche Beurteilung nach Auffassung des FA nicht ändern, so ist die Durchführung eines Einspruchsverfahrens ent-

14.2 Klageverfahren

behrlich, da eine Förderung des Verfahrens nicht zu erwarten ist. Das ist vor allem der Fall, wenn das FA durch Verwaltungsanweisungen gebunden ist. Auch nach Einspruchseinlegung kann – innerhalb der Klagefrist – noch eine Sprungklage erhoben werden. Die Klageerhebung stellt sich dann als Umwandlung des Einspruchs in eine Klage dar (BFH, BStBl 1998 II S. 286).

Die Sprungklage ist zulässig, wenn die Behörde, die über den außergerichtlichen Rechtsbehelf zu entscheiden hat – regelmäßig **FA** nach § 367 Abs. 1 Satz 1 AO –, zustimmt. Die **Zustimmung** kann nur **innerhalb eines Monats** erteilt werden. Diese Frist beginnt sowohl im Fall der Klageerhebung bei Gericht (§ 64 Abs. 1 FGO) als auch im Fall der Anbringung der Klage bei der erlassenden Behörde (§ 47 Abs. 2 und 3 FGO) mit der Zustellung der Klage durch das Gericht an die beklagte Behörde (§ 71 Abs. 1 FGO). Die Zustimmung ist eine prozessuale Willenserklärung, die vom Kläger nicht erzwungen werden kann. Es fehlt das Rechtsschutzbedürfnis (BFH, BStBl 1975 II S. 592). Die Behörde wird der unmittelbaren Klageerhebung zustimmen, wenn die Durchführung des Einspruchsverfahrens nicht notwendig erscheint. Die Zustimmung muss dem Gericht „zugehen". Schriftform ist aus Beweisgründen der Regelfall, aber nach dem Gesetz nicht zwingend. Sie kann formlos geschehen, aber nicht durch rügelose Einlassung zur Sache (BFH, BStBl 1985 II S. 266). Sinn und Zweck des Einspruchs ist es, der Behörde Gelegenheit zu geben, die erlassenen Verwaltungsakte in tatsächlicher und rechtlicher Hinsicht noch einmal zu überprüfen. Hiernach kommt die Zustimmung zur Sprungklage in Betracht, wenn mit tatsächlichen Feststellungen, die den Sachverhalt weiter aufklären, nicht mehr zu rechnen ist und angenommen werden kann, dass die Behörde die im angefochtenen Bescheid vertretenen rechtlichen Standpunkte nicht ändern wird. Die Entscheidung über die Zustimmung zur Klage ist eine Ermessensentscheidung. Eine Zustimmung entspricht diesem Zweck nur, wenn das Einspruchsverfahren nicht mehr durchgeführt zu werden braucht, weil im Wesentlichen nur noch Rechtsfragen streitig sind. Die Klage ist bei fehlender Zustimmung als Einspruch zu behandeln (**§ 45 Abs. 3 FGO**).

Das **FG** kann eine **Sprungklage** innerhalb von drei Monaten nach Akteneingang bzw. spätestens innerhalb von sechs Monaten nach Klagezustellung durch unanfechtbaren Beschluss an die zuständige Behörde **zur Durchführung des Vorverfahrens abgeben,** wenn weitere Tatsachenfeststellungen notwendig sind und die Abgabe sachdienlich ist **(§ 45 Abs. 2 FGO)**. Die Klage ist in diesem Fall als außergerichtlicher Rechtsbehelf zu behandeln **(§ 45 Abs. 3 FGO)**. Gerichtskosten fallen nicht an.

14.2.1.5.3 Untätigkeitsklage (§ 46 FGO)

Die Untätigkeitsklage ist bei Verzögerung der Entscheidung über einen außergerichtlichen Rechtsbehelf gegeben **(§ 46 Abs. 1 FGO)**. Die Klage befreit nicht von der Einlegung eines Einspruchs nach § 347 AO, sondern nur von dessen Durchführung (BFH, BFH/NV 2004 S. 1655). Sie kann ihrem Wesen nach **Anfechtungs- oder Verpflichtungsklage** sein. Sie ist eine Anfechtungsklage, wenn mit dem eingelegten Einspruch unmittelbar die Aufhebung oder Änderung eines Verwaltungsaktes begehrt wird. Sie ist ihrer Rechtsnatur nach eine Verpflichtungsklage, wenn mit dem eingelegten Einspruch/Untätigkeitseinspruch die Verurteilung der Behörde zum Erlass eines abgelehnten oder unterlassenen Verwaltungsaktes erreicht werden soll (§ 347 Abs. 1 Satz 1 und 2 AO).

Die Untätigkeitsklage ist erst zulässig, wenn über einen Einspruch ohne Mitteilung eines zureichenden Grundes in angemessener Frist sachlich nicht entschieden worden ist. Angemessen ist eine Frist, innerhalb derer nach der Lebenserfahrung eine sachliche Entscheidung erwartet werden kann. Die **Angemessenheit der Frist** ist abhängig von dem Umfang des Falles, der Sachaufklärung, der rechtlichen Schwierigkeit und dem Interesse des Stpfl. an baldiger Entscheidung. Das Gesetz sieht für den Regelfall eine Frist von **mindestens sechs Monaten** als angemessen an (§ 46 Abs. 1 Satz 2 FGO). Die Frist verlängert sich, wenn **zureichende Gründe** für das Ausbleiben der Entscheidung bestehen und diese Gründe dem Betroffenen mitgeteilt wurden. Solche Gründe liegen z. B. vor, wenn die zur Vorbereitung der Entscheidung notwendigen Ermittlungen innerhalb der Regelfrist nicht abgeschlossen werden können, der Einspruchsführer mit einer späteren Entscheidung einverstanden ist, keine Einspruchsbegründung eingereicht hat oder eine erforderliche Ap aussteht. Arbeitsüberlastung der Behörde reicht nicht aus.

Der Fristablauf ist Voraussetzung für eine Sachentscheidung. Über eine vorher erhobene Klage kann nicht entschieden werden. Die unzulässig erhobene Klage wächst aber in die Zulässigkeit hinein, wenn die Frist vor der mündlichen Verhandlung abgelaufen ist und über den außergerichtlichen Rechtsbehelf nicht entschieden wurde (BFH, BStBl 1991 II S. 45, 363).

Der Inhalt der Entscheidung über die Untätigkeitsklage hängt weitgehend von dem Verhalten der beklagten Behörde ab. Das FG wird im Allgemeinen zunächst das **Verfahren** bis zum Ablauf einer von ihm gesetzten Frist **aussetzen,** um der Behörde Gelegenheit zu geben, die unterlassene Rechtsbehelfsentscheidung nachzuholen (§ 46 Abs. 1 Satz 3 FGO). Eine Untätigkeitsklage mit dem Ziel, dass das FG die Behörde anweist, über einen Rechtsbehelf zu entscheiden, ist in der FGO nicht vorgesehen (BFH, BStBl 1970 II S. 551). Entscheidet die Behörde innerhalb der Frist oder vor Verkündung eines Urteils entsprechend dem Antrag des Klägers im Rechtsbehelfsverfahren, so ist die Untätigkeitsklage in der **Hauptsache erledigt** (§ 46 Abs. 1 Satz 3 FGO mit der Kostenfolge aus § 138 Abs. 2 FGO). Ergeht zwar eine Entscheidung über den außergerichtlichen Rechtsbehelf, entspricht die Entscheidung aber ganz oder teilweise dem Antrag nicht, so wird die **Untätigkeitsklage** nach **§ 68 FGO als Anfechtungs-** oder **Verpflichtungsklage**

14.2 Klageverfahren

fortgesetzt (vgl. BFH, BStBl 1989 II S. 107). Es muss eine Sachentscheidung ergehen, die sich von den Urteilen auf Anfechtungs- oder Verpflichtungsklagen mit vorangegangenen außergerichtlichen Rechtsbehelfsentscheidungen nicht unterscheidet. Das Gleiche gilt in den Fällen, in denen die beklagte Behörde weiterhin untätig bleibt und es unterlässt, über den Einspruch zu befinden oder den beantragten Verwaltungsakt zu erlassen.

Beispiele:

1. A hat am 5.1. den ESt-Bescheid mit dem Einspruch angefochten. Im Dezember erhebt er Klage und beantragt, den Bescheid entsprechend zu ändern. Das FA ändert den angefochtenen Bescheid sofort nach Eingang der Klage antragsgemäß nach § 164 Abs. 2 AO. Folge?

Die Hauptsache ist erledigt. Sofern die Voraussetzungen des § 46 Abs. 1 FGO für die Erhebung der Untätigkeitsklage vorlagen, sind die Kosten dem FA aufzuerlegen (§ 138 Abs. 2 Satz 1 FGO).

2. B hat gegen den USt-Bescheid Einspruch eingelegt und beantragt, die festgesetzte USt von 90.000 € um 4.000 € auf 86.000 € herabzusetzen. Über den Einspruch wird ohne Mitteilung eines zureichenden Grundes innerhalb angemessener Frist nicht entschieden. B erhebt Untätigkeitsklage. Das FA bleibt trotz Fristsetzung untätig. Das FG stellt nach Überprüfung fest, dass die USt-Schuld 88.000 € beträgt. Rechtsfolge?

Das FG muss die USt von 90.000 € auf 88.000 € herabsetzen (§§ 90, 90 a, 96 FGO). Die Untätigkeitsklage ist in diesem Fall eine Anfechtungsklage.

3. Dem FA war bei der ESt-Festsetzung ein Rechenfehler nach § 129 AO zuungunsten des C mit einer steuerlichen Auswirkung von 500 € unterlaufen. Die ESt hätte um 8.550 € festgesetzt werden dürfen. Die von C beantragte Berichtigung des Bescheides lehnte das FA ab. Dagegen legt C gemäß § 347 AO Einspruch ein, über den ohne Mitteilung eines zureichenden Grundes nicht in angemessener Frist entschieden wird. Auch nach Erhebung der Untätigkeitsklage ergeht keine Entscheidung. Rechtslage?

C hat einen Rechtsanspruch auf Berichtigung nach § 129 AO. Er begehrt mit der Untätigkeitsklage den Erlass eines abgelehnten Verwaltungsaktes. Die Untätigkeitsklage hat die Rechtsnatur einer Verpflichtungsklage. Das Urteil des FG muss die Verpflichtung des FA aussprechen, den Berichtigungsbescheid zu erlassen.

Es gibt **keine Untätigkeitsklage bei Verzögerungen des gerichtlichen Verfahrens**. Die Untätigkeitsklage gewährt nur Schutz vor ungebührlichen Verzögerungen des Besteuerungsverfahrens der Behörde durch den Richter, nicht aber gegen den Richter (BFH, BStBl 1967 III S. 292). Es kann jedoch ggf. **Verfassungsbeschwerde** wegen Versagung effektiven Rechtsschutzes gemäß Art. 19 Abs. 4 GG erhoben werden (vgl. BVerfG vom 22.1.1987 – 1 BvR 103/85, DB 1987 S. 1722).

14.2.1.6 Klagefrist

Die Klagefrist beträgt für **Anfechtungs-** und **Verpflichtungsklagen einen Monat** ab Bekanntgabe der Rechtsbehelfsentscheidung bzw. des Verwaltungsaktes (**§ 47**

Abs. 1 FGO). Die Fristen werden gemäß § 54 Abs. 2 FGO nach den Vorschriften des § 222 ZPO i. V. m. §§ 187 ff. BGB berechnet. Ein Unterschied zur Fristberechnung nach der AO besteht nicht (vgl. Ausführungen Tz. 6, 13.2.4 und 14.2.3). **Leistungs- und Feststellungsklagen** sind dagegen **nicht fristgebunden.**

Unter den Voraussetzungen des § 55 FGO wird die **Klagefrist hinausgeschoben,** z. B. bei fehlender oder unrichtiger Rechtsbehelfsbelehrung (vgl. Ausführungen unter Tz. 13.2.3).

Die **Klage** ist grundsätzlich innerhalb der **Monatsfrist** beim örtlich zuständigen **FG zu erheben (§ 64 Abs. 1 FGO).** Zur Fristwahrung reicht nach § 47 FGO aus, dass die Klage fristgerecht statt bei Gericht **bei der Behörde angebracht** (= „erhoben") wird,

– die den angegriffenen Verwaltungsakt oder die Rechtsbehelfsentscheidung erlassen oder bekannt gegeben hat (§ 47 Abs. 2 FGO) oder

– die nachträglich für den Steuerfall zuständig geworden ist (§ 47 Abs. 2 FGO) oder

– die den Steuerbescheid, der auf dem Feststellungsbescheid beruht, erlassen hat, wenn der Grundlagenbescheid angefochten wird (§ 47 Abs. 3 FGO; vgl. § 357 Abs. 2 AO und Ausführungen unter Tz. 13.2.3).

In diesen Fällen ist die Finanzbehörde nur Annahmestelle für das FG. Für das **Anbringen der Klage** beim FA gemäß § 47 Abs. 2 FGO genügt es, wenn diese in einem verschlossenen und postalisch an das FG oder FA adressierten Briefumschlag eingeworfen oder beim FA abgegeben wird (BFH, BStBl 1995 II S. 601; BFH/NV 2001 S. 784 m. w. N.). Somit ist eine beim FA eingegangene Klage – unabhängig davon, ob der dazugehörige Briefumschlag die Adresse des FA oder des FG aufweist – auch beim FA angebracht. In den Fällen, in denen ein an das FG adressierter verschlossener Briefumschlag beim FA eingeht, muss das FA den Eingangstag dokumentieren, d. h. regelmäßig durch einen Eingangsstempel.

War der Kläger ohne Verschulden verhindert, die Klagefrist einzuhalten, so ist ihm auf Antrag **Wiedereinsetzung** in den vorigen Stand zu gewähren (**§ 56 FGO** mit der Kostenfolge nach § 136 Abs. 3 FGO; vgl. Ausführungen unter Tz. 14.2.3). Der Antrag auf Wiedereinsetzung ist binnen **zwei Wochen** nach Wegfall des Hindernisses zu stellen. Innerhalb dieser Frist ist die Klageerhebung nachzuholen. Es genügt nicht, innerhalb der Zweiwochenfrist lediglich den Wiedereinsetzungsantrag zu stellen (vgl. BFH-GrS, BStBl 1987 II S. 264 für Revisionsbegründung). Die materiellen Voraussetzungen der Wiedereinsetzung nach § 56 FGO entsprechen denen des § 110 AO mit Ausnahme der Monatsfrist. Das Verschulden des Vertreters ist dem Vertretenen zuzurechnen (§ 155 FGO i. V. m. § 85 ZPO als allgemeiner Rechtsgrundsatz).

14.2 Klageverfahren

14.2.1.7 Form und Inhalt der Klage

Die Klage ist **schriftlich** oder zur **Niederschrift** zu erheben (**§ 64 Abs. 1 FGO**). Sonst ist sie unzulässig. Schriftform bedeutet gemäß § 126 Abs. 1 BGB, dass der Kläger, sein gesetzlicher Vertreter oder Bevollmächtigter die Klageschrift eigenhändig unterschreibt. Die **Unterschrift** braucht nicht leserlich oder der Name voll ausgeschrieben zu sein, muss aber als Schriftbild für den Unterzeichnenden „bezeichnend, individuell und charakteristisch" sein. Willkürliche Linien mit Auf- und Abstrichen genügen nicht. Es müssen andeutungsweise einzelne Buchstaben und damit die Identität des Unterschreibenden erkennbar sein (vgl. BFH, BStBl 1999 II S. 565, 668 m. w. N.). Die qualifizierte elektronische Signatur ist nach § 52 a Abs. 1 Satz 3 FGO der Unterschrift gleichgestellt. Die Möglichkeit, eine Klage **elektronisch** zu erheben, richtet sich nach **§ 52 a FGO** und den dazu erlassenen Rechtsverordnungen der Bundesländer aufgrund des Justizkommunikationsgesetzes.

Nach der Rechtsprechung ist ausreichend:

- **Verkürzte Unterschrift** (BFH, BStBl 1999 II S. 565).
- **Telegramm** oder Fernschreiber kraft Gewohnheitsrecht, unterzeichnetes **Telefax** oder **elektronisch übermittelter Schriftsatz** einer Klage als Textdatei mit eingescannter Unterschrift auf ein Telefaxgerät des Gerichts, wenn der Schriftsatz mit dem Mussinhalt der Klage (s. u.) dem Gericht vor Fristablauf vollständig zugeht und sich hieraus ergibt, wer Klage erhoben hat (vgl. § 52 a Abs. 1 FGO; GmS-OGB vom 5. 4. 2000, BB 2000 S. 1645; BFH, BStBl 2003 II S. 45 m. w. N.; BFH/NV 1992 S. 532 und 1996 S. 824 zur Unterschrift bei Telefax-Verfahren und Teilaufzeichnung beim Gericht vor und nach Fristablauf). Für die Übersendung von **E-Mail-Mitteilungen** in Klageform ohne bzw. mit elektronischer Signatur gilt gemäß 52 a Abs. 1 und 2 FGO – nach Aufzeichnung bzw. Ausdruck – Entsprechendes (vgl. BFH, BFH/NV 2001 S. 479 für Computerfax; Weigel, DStR 2002 S. 1841 m. w. N.).
- Eigenhändige Unterschrift des Anschreibens zur Klageschrift (BFH, BStBl 1974 II S. 242) oder Unterschrift auf Briefumschlag (BFH, BStBl 1987 II S. 131).

Schädlich ist:

- Abzeichnen mit einzelnen Buchstaben, z. B. A. D. (vgl. BFH, BStBl 1996 II S. 140; 1999 II S. 565 m. w. N.).
- Bloßer Eingang der Steuererklärung ohne jegliche Erläuterungen (vgl. BFH, BStBl 1989 II S. 848; anders für Einspruch nach § 357 Abs. 1 Satz 2 AO).
- Faksimilestempel (BFH, BStBl 1975 II S. 194).
- Hakenabzeichnung eines Anwalts (BFH, BStBl 1984 II S. 445).
- Beglaubigung einer nicht eigenhändigen Unterschrift durch einen Dritten, z. B. Bürovorsteher.

14 FGO-Verfahren

Der **Inhalt der Klage** bestimmt sich nach § **65 FGO**. Das Gesetz unterscheidet Muss- und Sollbestandteile der Klageschrift.

Zum **Mussinhalt** gehören:

1. Bezeichnung des **Klägers** und des **Beklagten**. Beklagter ist nach § 63 FGO die zuständige Behörde, regelmäßig das FA (siehe unter Tz. 14.2.1.2).

2. **Gegenstand des Klagebegehrens** und **angefochtener Verwaltungsakt bei Anfechtungsklagen (§ 65 Abs. 1 Satz 1, § 44 Abs. 2 FGO)**. Die Klageschrift muss nicht den „Streitgegenstand" im prozessrechtlichen Sinne angeben, sondern nur bezeichnen, was der Kläger mit seiner Klage begehrt. In der Sache besteht kein Unterschied (vgl. BFH, BStBl 1996 II S. 16, 483 m. w. N.). Dazu reicht es im Allgemeinen nicht aus, wenn nur der **angefochtene Verwaltungsakt** oder die Rechtsbehelfsentscheidung angeführt wird, z. B. „USt-Bescheid 07". Der Kläger muss regelmäßig angeben, worin die ihn treffende Rechtsverletzung liegt, inwiefern also der angefochtene Verwaltungsakt **rechtswidrig** ist, d. h., neben dem angefochtenen Verwaltungsakt muss durch Darlegung des Sachverhalts konkret die **Zielsetzung der Klage** genannt werden. Letzteres kann sich auch aus dem ziffernmäßigen Klageantrag ergeben und aus der Bezugnahme auf die rechtzeitig nachgereichte Steuererklärung und die Einspruchsentscheidung oder aus dem Antrag auf „Aufhebung des Ablehnungsbescheids ..." oder aus dem Vorbringen im gleichzeitig beim FG anhängigen Aussetzungsverfahren (vgl. BFH, BStBl 2002 II S. 306; 2003 II S. 606; BFH/NV 2004 S. 514).

Beispiel:

Der Kläger ist vom FA durch Schätzungsbescheid zur ESt 07 veranlagt worden. Den Einspruch wies das FA als unbegründet zurück, da trotz mehrfacher Aufforderung keine ESt-Erklärung als Begründung eingereicht wurde. Die Klageschrift hat – von Formalien abgesehen – nur folgenden Wortlaut: „Angefochten wird die Einspruchsentscheidung des FA vom ... wegen ESt 07." Ein konkreter Antrag oder eine Begründung für die Klage unterbleibt trotz Aufforderung und Fristsetzung wegen fehlender Steuererklärung durch das FG. Folge?
Die Klage ist unzulässig. Das Klagebegehren ist ohne konkrete Sachverhaltsdarlegung und Zielsetzung der Klage nicht hinreichend bezeichnet, d. h., inwiefern der Kläger in seinen Rechten verletzt sein kann (vgl. BFH, BStBl 1996 II S. 16/18; BFH/NV 1995 S. 908; 1996 S. 53, 818).

Sofern die Klage die nach § 65 Abs. 1 Satz 1 FGO erforderlichen „Musserfordernisse" nicht enthält, wird der Vorsitzende/Berichterstatter dem Kläger zur Ergänzung eine angemessene **Ausschlussfrist** setzen **(§ 65 Abs. 2 Satz 2 FGO)**. Unterlässt es der Kläger, die geforderten Angaben innerhalb der – regelmäßig bei Klageeingang gesetzten – Frist nachzuholen, wird die Klage als unzulässig abgewiesen, soweit nicht Wiedereinsetzung nach § 56 FGO gewährt wird oder die Frist nicht vorher nach § 54 Abs. 2 FGO i. V. m. § 224 Abs. 2 ZPO wegen „erheblicher Gründe" verlängert worden ist (vgl. BFH, BStBl 1996 II S. 16).

14.2 Klageverfahren

Sollinhalt der Klage sind:
1. **Bestimmter Antrag** nach **§ 65 Abs. 1 Satz 2 FGO**. Über diesen Antrag darf das Gericht nicht hinausgehen (§ 96 Abs. 1 FGO). Bei Anfechtungsklagen genügt es, den Betrag der anderweitig anzusetzenden Besteuerungsgrundlage zu bezeichnen, d. h., ein bestimmter Steuerbetrag muss nicht angegeben werden (vgl. BFH, BStBl 1991 II S. 242). Bei auslegungsfähigen Anträgen muss das Gericht Rückfrage halten und zur erforderlichen Ergänzung auffordern (§ 65 Abs. 2 Satz 1, § 76 Abs. 2 FGO). Die Antragstellung kann ggf. erst in der mündlichen Verhandlung erfolgen (**§ 92 Abs. 3 FGO**). Auch bei Fehlen eines bestimmten Antrags ist die Klage zulässig und hat das Gericht eine Sachentscheidung zu treffen, sofern das Klagebegehren hinreichend deutlich zum Ausdruck gebracht ist (BFH, BStBl 1991 II S. 242).

> **Beispiele für Anträge:**
> **1.** „… die USt unter Abänderung des USt-Bescheides 05 in Gestalt der Einspruchsentscheidung vom … auf … € herabzusetzen."
> **2.** „… Bei den Einkünften aus § 19 EStG Werbungskosten nach § 9 EStG mit 6.000 € anzusetzen und den ESt-Bescheid 07 in Gestalt der Einspruchsentscheidung vom … entsprechend zu ändern."
> **3.** „… das beklagte FA zu verurteilen, die ESt 09 zu erlassen."

Auch nach Ablauf der Klagefrist kann grundsätzlich ein in der Klageschrift bereits gestellter bestimmter **Antrag betragsmäßig erweitert** werden, z. B. Herabsetzung der ESt um weitere 5.000 Euro. Nur wenn der Kläger eindeutig zu erkennen gegeben hat, dass er von einem weiter gehenden Klagebegehren absieht, oder wenn der Streitfall übersichtlich und einfach liegt, ist die Klage „insoweit" unzulässig, als sie nach Ablauf der Klagefrist erweitert wird (vgl. BFH-GrS, BStBl 1990 II S. 327; 1992 II S. 995; 1996 II S. 16). Eine exakte frühzeitige Antragstellung kann danach zu Rechtsnachteilen führen (siehe § 92 Abs. 3 FGO und Formulierung im Klagebeispiel Seite 661). Dagegen sind Antragserweiterungen im Revisionsverfahren nach § 123 FGO unzulässig.

2. **Klagebegründung.** Nach **§ 65 Abs. 1 Satz 3 FGO** soll der Kläger ferner die zur Begründung dienenden Tatsachen und Beweismittel angeben. Gegebenenfalls wird der Kläger aufgefordert, seiner Mitwirkungspflicht innerhalb einer bestimmten **Ausschlussfrist** nachzukommen (**§ 65 Abs. 2 Satz 1 FGO**).

Die **Fristsetzung zur Konkretisierung der Klage** ist in zwei Stufen möglich:

– **Allgemein** zur Angabe konkreter Tatsachen, durch deren Berücksichtigung oder Nichtberücksichtigung der „Kläger" sich im Sinne von § 40 Abs. 2 FGO „beschwert" fühlt (**§ 79 b Abs. 1 Satz 1 FGO**). Genügt der Kläger dem nicht, ist die Klage unter den weiteren Voraussetzungen des § 79 b Abs. 3 FGO als unzulässig abzuweisen (vgl. BFH, BStBl 1995 II S. 417, 545).

– Sodann kann im weiteren Verfahren den „Beteiligten" aufgegeben werden, zu **bestimmten** klärungsbedürftigen, spezielleren **Vorgängen** tatsächliche Angaben zu ergänzen oder Beweismittel zu bezeichnen bzw. Urkunden oder andere bewegliche Sachen vorzulegen, zu deren Vorlage sie verpflichtet sind (§ **79 b Abs. 2 FGO;** siehe auch § 79 Abs. 1 Satz 2 Nr. 2 FGO).

Das Gericht kann nach § 79 b Abs. 1 FGO – zwecks Verfahrensbeschleunigung – den Kläger zum Tatsachenvortrag veranlassen, ohne hierbei zur Bezeichnung bestimmter aufklärungsbedürftiger Tatsachen verpflichtet zu sein. Zu einer derartigen Konkretisierung ist das Gericht regelmäßig nicht in der Lage, solange der Kläger noch nicht angegeben hat, wodurch er sich beschwert fühlt. In Schätzungsfällen kann das Gericht hiernach vom Kläger jedoch nicht die Vorlage einer Steuererklärung verlangen (vgl. BFH, BFH/NV 2003 S. 1434; Schaumburg, DStZ 1995 S. 545/549). Im weiteren Verlauf des Verfahrens kann das Gericht dann nach vorbereitender Bearbeitung des Falles gemäß § 79 b Abs. 2 FGO nicht nur dem Kläger, sondern jedem Verfahrensbeteiligten aufgeben, die Angaben über bestimmte, vom Gericht zu bezeichnende spezielle Vorgänge zu ergänzen oder Beweismittel beizubringen. Eine Ausschlussfrist zum „Einreichen der Klagebegründung" ist nach dem Wortlaut des § 79 b Abs. 1 Satz 1 FGO nicht zulässig und daher unwirksam (vgl. BFH, BFH/NV 2003 S. 1434). Die Frist zur Ergänzung in Bezug auf die „Mussterfordernisse" der Klage nach § **65 Abs. 2 Satz 2 FGO** und die Frist zur Angabe der klagebegründenden Tatsachen können zusammengefasst werden (§ 79 b Abs. 1 Satz 2 FGO).

Die **Zurückweisung verspäteten Vorbringens** steht im Ermessen des FG (Hinweis auf § **76 Abs. 3 FGO** hinsichtlich der Ausschlussfrist nach § 364 b AO). Hierbei müssen die Voraussetzungen des § **79 b Abs. 3 FGO** vorliegen: Verzögerung der Entscheidung, Verspätung nicht genügend entschuldigt und Belehrung über die Folgen der Fristverletzung. Die Ausschlussfrist ist unzulässig, wenn das FG den Sachverhalt auch ohne Mitwirkung des Beteiligten ohne weiteres ermitteln kann, sich z. B. die Tatsachen bereits aus den Steuerakten ergeben (§ 79 b Abs. 3 Satz 3 FGO). Die Fristsetzung ist nicht anfechtbar gemäß § 128 Abs. 2 FGO. Ist ein Beteiligter zu Unrecht mit seinem Vorbringen zurückgewiesen worden, so liegt ein Verfahrensfehler vor.

Nach § **65 Abs. 1 Satz 4 FGO** soll die Klageeinlegung stets **„mit Anlage",** d. h. unter Beifügung des angefochtenen Verwaltungsaktes und der Einspruchsentscheidung, erfolgen. Das Gericht hat aber keinerlei Mittel, deren Vorlage zu erzwingen.

3. **Sonstige Anträge:**

Ein **Antrag auf Kostenentscheidung** ist nicht zwingend erforderlich, da das Gericht gemäß § **143 Abs. 1 FGO** von Amts wegen durch Beschluss über die Kosten entscheiden muss. Für Fälle des § 139 Abs. 3 Satz 3 FGO (Kosten des

14.2 Klageverfahren

Vorverfahrens) ist der Antrag zu empfehlen. Dasselbe gilt für § 151 Abs. 3 FGO.

Ein **Antrag auf Zulassung der Revision** muss **nicht** gestellt werden, da das FG die Revision im Urteil von Amts wegen ausdrücklich zuzulassen hat, wenn einer der Gründe des § 115 Abs. 2 FGO vorliegt. Beteiligte, die ihre Streitsache wegen grundsätzlicher oder befürchteter Abweichung des FG von der BFH-Rechtsprechung vor den BFH bringen wollen, können zusätzlich einen entsprechenden Hilfsantrag stellen. Von der Entscheidung des FG – regelmäßig in der Urteilsformel – hängt es ab, ob gegen das Urteil die Revision nach § 115 Abs. 1 FGO statthaft ist oder ob nach § 116 FGO Nichtzulassungsbeschwerde einzulegen ist (vgl. unter Tz. 14.4.4).

Beispiel einer Klage:

An das
Finanzgericht ...

Klage

des Arztes Dr. ... – Kläger –
Bevollmächtigter:
Steuerberater ...

gegen

das Finanzamt ... – Beklagter –
vertreten durch den Vorsteher

wegen unzutreffender Festsetzung der ESt 01 durch Bescheid vom ... in der Form der Einspruchsentscheidung vom ..., StNr. ...

Im Namen und in Vollmacht des Klägers wird Klage erhoben und in der mündlichen Verhandlung beantragt,

1. den ESt-Bescheid 01 ... in Gestalt der Einspruchsentscheidung vom ... dahin abzuändern, dass die ESt 01 auf ... € (bzw. wegen zu Unrecht nicht angesetzter Betriebsausgaben von ... € entsprechend) festgesetzt wird,
2. die Kosten des Verfahrens dem Beklagten aufzuerlegen und festzustellen, dass die Zuziehung eines Bevollmächtigten auch für das Vorverfahren notwendig war (§ 139 Abs. 3 Satz 3 FGO),
3. für den Fall der vollen oder teilweisen Ablehnung des Klageantrags die Revision zuzulassen.

Begründung:

Der angefochtene Bescheid und die Einspruchsentscheidung sind rechtswidrig und verletzen den Kläger in seinen Rechten. (Es folgen Sachverhalt und Rechtsausführungen.)

(Unterschrift)

Hinweis: Abschriften der Klage, des angefochtenen Bescheides und der Einspruchsentscheidung beifügen (§ 64 Abs. 2, § 65 Abs. 1, § 77 FGO). Wegen Nachweis der Vollmacht beachte § 62 Abs. 3 FGO.

14 FGO-Verfahren

14.2.1.8 Klagebefugnis

14.2.1.8.1 Allgemein

Der Kläger muss geltend machen, selbst in seinen Rechten verletzt zu sein (§ 40 Abs. 2 FGO). Er muss einen Sachverhalt schlüssig behaupten, aus dem sich, die Richtigkeit der Behauptung unterstellt, ergibt, dass er in seinen Rechten unmittelbar betroffen ist. Dann liegt zugleich die Bezeichnung des Gegenstandes des Klagebegehrens im Sinne von § 65 Abs. 1 FGO vor. Siehe im Einzelnen Ausführungen und Beispiele zu § 350 AO.

14.2.1.8.2 Einschränkung der Klagebefugnis nach § 48 FGO

Bei einheitlichen Feststellungsbescheiden ist grundsätzlich der zur Vertretung berufene **Geschäftsführer** klagebefugt nach **§ 48 Abs. 1 Nr. 1 FGO.** Der § 48 FGO entspricht § 352 AO. Wegen Einzelheiten siehe Ausführungen zu § 352 AO unter Tz. 13.2.5.

14.2.1.9 Ordnungsgemäße Vertretung

Im **FG-Verfahren** besteht grundsätzlich **kein Vertretungszwang.** Der prozessfähige Kläger „**kann**" sich nach § 62 Abs. 1 FGO allgemein durch einen Bevollmächtigten oder Beistand vertreten lassen. Bevollmächtigte können sowohl natürliche als auch juristische Personen sein, z. B. Steuerberatungsgesellschaften. § 62 FGO gilt nur für gewillkürte Vertreter, **nicht** dagegen für **gesetzliche Vertreter** als Prozessvertreter (BFH, BStBl 1985 II S. 60). Auf Beschluss des FG kann die Bestellung eines Bevollmächtigten oder die Hinzuziehung eines Beistandes angeordnet werden, z. B. wenn der Beteiligte selbst nicht in der Lage ist, seine Rechte wahrzunehmen, oder ein Querulant ist (BFH, BStBl 1971 II S. 370; 1975 II S. 17). Bevollmächtigte oder Beistände, denen die Fähigkeit zum geeigneten schriftlichen, elektronischen oder mündlichen Vortrag fehlt, können mit Ausnahme der Angehörigen der steuerberatenden Berufe zurückgewiesen werden (**§ 62 Abs. 2 FGO**). Das Gleiche gilt, wenn der Bevollmächtigte auf unabsehbare Zeit die Rechte des Auftraggebers nicht wahrnehmen kann (BFH, BStBl 1985 II S. 215).

Dagegen „**muss**" sich der Kläger (Beschwerdeführer) für alle Verfahren beim **BFH** nach § 62 a FGO vertreten lassen. Die Vertretung ist hier nur zulässig durch **Angehörige der steuerberatenden Berufe** im Sinne von § 3 Nr. 1 StBerG oder durch **bestimmte Berufsgesellschaften** (Partnerschafts-, Steuerberatungs-, Rechtsanwalts- oder Wirtschaftsprüfungsgesellschaften im Sinne von § 3 Nr. 2 und 3 StBerG). Diese Gesellschaften müssen ihrerseits durch berufsangehörige Personen (Steuerberater usw.) tätig werden. Für **Behörden** und juristische Personen des öffentlichen Rechts gelten die Sonderregelungen des § 62 a Abs. 1 Satz 2 FGO.

14.2 Klageverfahren

Die **Prozessvollmacht** ist Sachurteilsvoraussetzung. Ihre „**Erteilung**" selbst ist an keine bestimmte Form gebunden. Jedoch ist gemäß § **62 Abs. 3 Satz 1 FGO** die **schriftliche Vollmacht** – ggf. auch die Untervollmacht – bei Klageerhebung dem Gericht **grundsätzlich „nachzuweisen".** Sie muss inhaltlich den Bevollmächtigenden („wer"), die bevollmächtigte Person („wen") und den Umfang der Vollmacht bezeichnen („wozu", d. h. Angabe des konkreten Rechtsstreits, Prozessgegners, ggf. Steuerbescheids/Jahres und der gerichtlichen Instanz; vgl. dazu BFH, BStBl 1998 II S. 445 m. w. N.). Die Vollmacht kann sich fomularmäßig oder aus einem dem Gericht vorliegenden Schriftwechsel oder aus einem vom Kläger unterzeichneten Schriftsatz an das Gericht ergeben. Nach § **62 Abs. 3 Satz 2 FGO** ist der fehlende oder unzureichende Nachweis (= Mangel) der Vollmacht **von Gerichts wegen zu überprüfen.** Eine **Ausnahme** besteht gemäß § **62 Abs. 3 Satz 6 FGO** für **Angehörige der steuerberatenden Berufe** und für **Berufsgesellschaften** im Sinne von § 3 Nr. 1 bis 3 StBerG, da hier regelmäßig das Vorliegen einer entsprechenden Vollmacht unterstellt werden kann (vgl. § 88 Abs. 2 ZPO). Bestehen allerdings – auch nur geringe – konkret begründete Zweifel am Vorhandensein einer Vollmacht, z. B. bei Erlöschen/Niederlegung des Mandats laut Steuerakten oder bei Blankovollmacht oder bei widersprüchlichen Angaben, ist der Nachweis zu verlangen (vgl. BFH, BStBl 2003 II S. 606: BFH/NV 2004 S. 523; Haunhorst, DStR 2001 S. 878). Dies ist relevant wegen § 62 Abs. 3 Satz 5 FGO und § 30 AO.

Die gewillkürte Vollmacht kann als einseitige empfangsbedürftige Erklärung vom „**Kläger**" schriftlich oder nach § 52 a Abs. 1 FGO durch **Telefax/Telekopie** oder **elektronische Mitteilung** an das Gericht oder an den Bevollmächtigten erteilt werden (vgl. BFH, BStBl 1996 II S. 140, 299 m. w. N.). Dagegen kann ein erforderlicher Nachweis der Vollmacht **vom „Prozessbevollmächtigten"** an das Gericht nach § **62 Abs. 3 Satz 1 und 2 FGO** nur durch Vorlage der schriftlichen **Vollmachtsurkunde im Original** geführt werden (vgl. BFH, BStBl 1996 II S. 105, 319 unter Anlehnung an die BGH-Rechtsprechung zu § 80 Abs. 1 ZPO). Bei einer dem Prozessbevollmächtigten durch Telekopie erteilten Vollmacht (s. o.) ist deshalb das Originalexemplar dieser Telekopie dem Gericht vorzulegen (vgl. BFH, BStBl 1994 II S. 763). Danach sind Schriftstücke, die lediglich einen durch technische Übertragungsverfahren hergestellten Abdruck der Originalurkunde darstellen, z. B. **Telefaxe** oder **Fotokopien**, nicht geeignet, die Erteilung der Vollmacht form- und fristgerecht nachzuweisen (BFH, BFH/NV 1998 S. 1229; 1999 S. 324). Ist der Bevollmächtigte nicht ausdrücklich aufgefordert worden, dem Gericht die Originalurkunde vorzulegen, kann im Einzelfall Wiedereinsetzung nach § 56 FGO in Betracht kommen (vgl. BFH, BStBl 1996 II S. 319). Die Entscheidung des GmS-OGB vom 5. 4. 2000 (BB 2000 S. 1645), wonach Schriftsätze formwirksam durch elektronische Übertragung einer Textdatei mit eingescannter Unterschrift auf ein Telefaxgerät des Gerichts übermittelt werden können, ist nach § **52 a FGO** auch auf den Nachweis von Vollmachten übertragbar (vgl. § 130 Nr. 6, § 130 a ZPO; Brandt, DStZ 2000 S. 893/898 m. w. N.).

Die Vollmacht bzw. Untervollmacht kann grundsätzlich bis zum Schluss der mündlichen Verhandlung **nachgereicht** werden. Dies gilt nicht, wenn das Gericht gemäß **§ 62 Abs. 3 Satz 3 FGO** dem vollmachtlosen Vertreter (ggf. auch dem vermeintlichen Kläger) eine **Ausschlussfrist** – im Regelfall ein Monat – mit ausdrücklichem Hinweis gesetzt hat. Die Ausschlussfrist kann als richterliche Frist auf Antrag, der „vor" Fristablauf gestellt sein muss, nach § 54 Abs. 2 FGO i. V. m. § 224 Abs. 2 ZPO **verlängert** werden. Bei unverschuldeter Fristversäumnis ist **Wiedereinsetzung** nach § 56 FGO zu gewähren, wenn die versäumte Rechtshandlung – angeforderte Vollmacht – innerhalb der Zweiwochenfrist vorgelegt worden ist.

Die Ausschlussfrist bewirkt regelmäßig, dass die Vollmacht entweder alsbald nachgereicht oder die Klage wegen fehlender Klagebereitschaft des Vertretenen nach **§ 72 FGO zurückgenommen** wird mit der Kostenfolge nach § 136 Abs. 2 FGO und Nr. 6111 KV zum GKG. Erfolgt die Vorlage der Vollmacht nicht bis zum Ergehen des Prozessurteils oder wird die für das Einreichen der Vollmacht gesetzte Ausschlussfrist versäumt, ist die **Klage** als **unzulässig** abzuweisen. Die **Verfahrenskosten** sind grundsätzlich dem vollmachtlosen Vertreter aufzuerlegen (vgl. BFH, BStBl 1989 II S. 514; BFH/NV 2001 S. 626, 813). Das Nachreichen der Vollmacht kann zwar keine Heilung bewirken, sich aber auf die Kostenentscheidung auswirken, da sich hieraus die Genehmigung des Vertretenen ergibt. Dieser hat nun die Kosten zu tragen (BFH, BStBl 1984 II S. 831). Eine mit wesentlichen Mängeln behaftete Vollmachtsurkunde führt ebenfalls zur Unzulässigkeit der Klage (vgl. BFH, BStBl 1991 II S. 848 m. w. N.).

14.2.1.10 Kein Klageverzicht und keine Klagerücknahme

Ein wirksamer Klageverzicht nach **§ 50 FGO** führt zur Unzulässigkeit der trotz des Verzichts erhobenen Klage. Die Regelung entspricht dem § 354 AO. Wegen der Klagerücknahme nach **§ 72 FGO** siehe Tz. 14.2.6.

14.2.1.11 Keine anderweitige Rechtshängigkeit

Durch Klageerhebung wird die Sache rechtshängig (**§ 66 FGO**). Eine neue Klage über dieselbe Sache ist unzulässig. § 66 FGO hat kaum praktische Bedeutung.

14.2.2 Allgemeine Verfahrensgrundsätze

Das Klageverfahren wird vom Gericht **von Amts wegen** betrieben (**§ 76 FGO**). Hierbei hat der Untersuchungsgrundsatz besondere Bedeutung.

14.2 Klageverfahren

14.2.2.1 Untersuchungsgrundsatz

Nach dem Untersuchungsgrundsatz ist das Gericht für die Sachaufklärung verantwortlich. Allerdings haben auch die Beteiligten Mitwirkungspflichten, die sich aus den § 76 Abs. 1, § 77 Abs. 1, §§ 79 bis 79 b, 80 und 93 FGO ergeben. Bei Verletzung der Mitwirkungspflichten muss das Gericht nicht von sich aus umfangreiche Ermittlungen durchführen. Gesetzliche **Einschränkungen** des Untersuchungsgrundsatzes enthalten **§ 76 Abs. 3** und **§ 79 b FGO** (siehe Ausführungen unter Tz. 14.2.1.7).

14.2.2.2 Grundsatz der Mündlichkeit

Nach § 79 Satz 2 Nr. 1 FGO können die Beteiligten zur Erörterung des Sach- und Rechtsstandes geladen werden **(Erörterungstermin)**. Dies führt häufig dazu, dass die Finanzbehörde entweder der Klage abhilft (§ 172 Abs. 1 Satz 1 Nr. 2 Buchst. a AO) oder der Kläger die Klage zurücknimmt (§ 72 FGO). Es handelt sich jedoch hierbei nicht um eine mündliche Verhandlung im Sinne von § 90 FGO.

Im gerichtlichen Verfahren wird grundsätzlich aufgrund **mündlicher Verhandlungen** entschieden gemäß § 79 a Abs. 2, § 90 Abs. 1, § 90 a Abs. 2, § 92 und § 93 FGO. Das Gericht darf nur Tatsachen verwerten, die Gegenstand der mündlichen Verhandlung waren und zu denen sich die Beteiligten äußern konnten (§ 96 Abs. 2 FGO). Bei Ausbleiben eines Beteiligten trotz wirksamer Ladung kann Entscheidung nach Lage der Akten erfolgen (§ 91 Abs. 2 FGO).

Auf Antrag bzw. mit Einverständnis ist per **Videokonferenz** die Zuschaltung von Beteiligten und deren Vertretern (§ 91 a FGO) sowie von Zeugen und Sachverständigen (§ 93 a FGO) im Erörterungstermin und in der mündlichen Verhandlung zulässig.

Ohne mündliche Verhandlung ergehen Entscheidungen nur in folgenden Fällen:

- Beschlüsse (**§ 90 Abs. 1 Satz 2 FGO**),
- mit Einverständnis „aller" Beteiligten (**§ 90 Abs. 2 FGO**),
- Gerichtsbescheide (**§§ 90 a, 79 a Abs. 2 FGO**),
- im Verfahren nach billigem Ermessen bei einem Streitwert bis 500 Euro (**§ 94 a FGO**), z. B. bei Anfechtungsklagen gegen Steuerbescheide. Auf Antrag eines Beteiligten muss jedoch mündlich verhandelt werden, solange das Gericht den Rechtsstreit noch nicht entschieden hat. Sonst ist ein Revisionsgrund nach § 115 Abs. 2 Nr. 3 FGO gegeben. Auch in diesem Verfahren gilt der Untersuchungsgrundsatz und der Grundsatz des rechtlichen Gehörs.

14.2.2.3 Öffentlichkeit

Zur mündlichen Verhandlung haben auch Nichtbeteiligte Zutritt (§ 52 FGO, § 169 GVG). Beweistermine sind dagegen nicht öffentlich (§ 83 FGO). Ein Ausschluss der Öffentlichkeit ist nur unter bestimmten Voraussetzungen möglich (vgl. § 52 Abs. 2 FGO sowie §§ 172 bis 175 GVG), z. B. bei Gefährdung eines Geschäfts- oder Betriebsgeheimnisses. Hinweis auf § 119 Nr. 5 FGO.

14.2.2.4 Rechtliches Gehör

Den Beteiligten ist Gelegenheit zu geben, sich zu Tatsachen und Beweisergebnissen, die der Entscheidung zugrunde gelegt werden sollen, vorher zu äußern (§ 96 Abs. 2 FGO). Das wird sichergestellt durch Mitteilung der Besteuerungsgrundlagen (§ 75 FGO), **Akteneinsicht** (**§ 78 FGO;** vgl. BFH, BFH/NV 2003 S. 95, 1595, für Aktenüberlassung in Kanzlei und § 78 Abs. 2 FGO für elektronische Übermittlung), Ladung zu Beweisterminen (§ 79 Abs. 3, § 83 FGO) und zur mündlichen Verhandlung (§ 91 Abs. 1 FGO), Möglichkeit der Antragstellung und -begründung (§ 92 Abs. 3 FGO), Äußerung zur Streitsache und zu Beweisergebnissen (§ 93 Abs. 1, § 96 Abs. 2 FGO).

Beispiel:

Die Nichtberücksichtigung eines Schriftsatzes, der einen Tag vor der mündlichen Verhandlung und der Urteilsverkündung beim FG eingeht und den Richtern versehentlich nicht bekannt wird, stellt einen Verstoß gegen § 96 FGO dar (BFH, BStBl 1984 II S. 668; 1986 II S. 187 ebenso für Schriftsatz nach mündlicher Verhandlung, aber vor Erlass des Urteils; enger BStBl 1985 II S. 626).

Die Verletzung rechtlichen Gehörs ist ein **Revisionsgrund** nach **§ 119 Nr. 3 FGO** bzw. ermöglicht in sonstigen Fällen eine **Anhörungsrüge** nach **§ 133 a FGO**.

14.2.2.5 Beweisverfahren

Das Beweisverfahren zerfällt in drei Abschnitte:

1. Anordnung der Beweisaufnahme

Beweise sind von Amts wegen zu erheben (§ 76 FGO; vgl. § 65 Abs. 1 Satz 3; § 79 Abs. 1, 3; § 79 b FGO). Das Gericht ist an Beweisanträge nicht gebunden (§ 76 Abs. 1 FGO). Ein Beweisbeschluss ergeht, wenn die Beweisaufnahme in einem besonderen Verfahren erfolgt (§ 82 FGO, § 358 ZPO). Sonst erhebt das Gericht Beweis in der mündlichen Verhandlung (§ 81 FGO).

2. Durchführung der Beweisaufnahme

Als Beweismittel kommen in Betracht (§ 81 Abs. 1 FGO):
- Augenschein (§ 82 FGO, §§ 371, 372 ZPO)
- Zeugen (§ 82 FGO, §§ 373 ff. ZPO; siehe § 79 Abs. 1 Nr. 6, §§ 84, 85, 87 FGO). Hierbei besteht die Möglichkeit einer **Videokonferenz** nach § 93 a FGO.

14.2 Klageverfahren

- Sachverständige (§ 82 FGO, §§ 402 ff. ZPO; siehe § 88 und § 93 a FGO)
- Urkunden (§ 82 FGO, §§ 415 ff. ZPO; siehe § 79 Abs. 1 Nr. 4, § 79 b Abs. 2 Nr. 2, §§ 86, 89 FGO)
- Vernehmung der Beteiligten (§ 81 Abs. 1 FGO), ggf. durch Videokonferenz nach § 91 a FGO

3. Beweiswürdigung

Aus dem Gesamtbild der Beweisaufnahme bildet das FG seine Überzeugung. Ist der Beweis einer Tatsache nicht erbracht, stellt sich die Frage der **Feststellungslast**. Hierbei gilt im Allgemeinen nach der BFH-Rechtsprechung,

- dass der Steuergläubiger die Feststellungslast trägt, soweit es sich um steuerbegründende oder -erhöhende Tatsachen handelt, und
- der Kläger die Feststellungslast für steuerbegünstigende und steuerbefreiende Tatsachen hat (vgl. Ausführungen unter Tz. 5.2.10).

14.2.3 Zustellung und Fristen

Anordnungen oder Entscheidungen, durch die eine Frist in Lauf gesetzt wird, Terminbestimmungen, Ladungen sowie Verkündungen bei gesetzlicher Regelung sind den Beteiligten von Amts wegen nach den Vorschriften der ZPO **zuzustellen** (§ 53 FGO i. V. m. §§ 166 ff., 172 ZPO; vgl. auch § 71 Abs. 1 FGO). Nach § 174 Abs. 2 und 3 ZPO kann ein Schriftstück auch mittels Telefax oder E-Mail zugestellt werden. Hierbei sind bestimmte Übermittlungsbedingungen einzuhalten (vgl. BFH, BStBl 2002 II S. 870). Die zwingende Zustellung an den **Prozessbevollmächtigten** ergibt sich aus der vorrangigen Regelung des **§ 62 Abs. 3 Satz 5 FGO**. Schriftsätze sind dagegen nach § 77 Abs. 1 Satz 4 FGO zu übersenden und nicht zuzustellen.

Der Lauf einer **Frist** beginnt grundsätzlich mit der Bekanntgabe (**§ 54 Abs. 1 FGO**). Dies gilt für die gesetzlichen, richterlichen und Ausschlussfristen. Für die Fristberechnung gelten nach § 54 Abs. 2 FGO bestimmte Vorschriften der ZPO.

Bei unverschuldeter Versäumnis einer Ausschlussfrist erfolgt auf Antrag **Wiedereinsetzung** in den vorigen Stand binnen zwei Wochen nach Wegfall des Hindernisses (**§ 56 FGO**). Hinsichtlich der gesetzlichen Voraussetzungen besteht – mit Ausnahme der **Zweiwochenfrist** – kein Unterschied zur Wiedereinsetzung nach § 110 AO. Das gilt auch, soweit die Versäumung der Fristen auf das **Verschulden eines** gesetzlichen **Vertreters** oder Bevollmächtigten zurückzuführen ist (§ 155 FGO i. V. m. § 85 Abs. 2 ZPO). Zieht ein Beteiligter zur Unterstützung bei der Fristwahrung **Hilfspersonen** zu, so ist ihm deren Verschulden nicht zuzurechnen, sofern die Hinzuziehung sachgerecht ist und der Beteiligte die Hilfsperson in zumutbarer Weise unterwiesen und beaufsichtigt hat.

14 FGO-Verfahren

Die Grundsätze für die Wiedereinsetzung gelten für die **Finanzbehörde** in gleicher Weise wie für den Stpfl. Ausgenommen sind allerdings die Regeln über das den Rechtsanwälten und Steuerberatern nicht anzulastende Büroversehen (BFH, BStBl 1989 II S. 569; 1994 II S. 946 m. w. N.).

Prozessuale Rechtshandlungen, die innerhalb gesetzlicher oder richterlicher Fristen vorzunehmen sind und bei deren Versäumung eine Wiedereinsetzung in Betracht kommt, sind z. B. Erhebung der Klage (§ 47 FGO), Vorlage der Vollmacht (§ 62 Abs. 3 FGO), Ergänzung der Klage (§ 65 FGO), Einlegung und Begründung der Nichtzulassungsbeschwerde (§ 116 FGO) und der Revision (§ 120 FGO) sowie Antrag auf Wiedereinsetzung in den vorigen Stand (§ 56 Abs. 2 FGO).

Im Gegensatz zu § 110 AO ist die vom Gericht gewährte Wiedereinsetzung in den vorigen Stand nicht anfechtbar (§ 56 Abs. 5 FGO). Unterließ das FG dagegen eine gebotene Wiedereinsetzung, so kann der BFH nach § 56 Abs. 4 FGO die Wiedereinsetzung selbst gewähren (vgl. BFH, BStBl 1989 II S. 1024).

14.2.4 Klageänderung

Klageänderung bedeutet die Änderung des Gegenstandes des Klagebegehrens (**§ 67 FGO**; Hinweis auf § 123 Abs. 1 FGO).

Beispiele für Klageänderungen nach § 67 FGO:

1. Übergang von der Anfechtung des ESt-Bescheides 01 zur Anfechtung des Gewinnfeststellungsbescheides 01 bzw. ESt-Bescheides 02. Die Klageänderung setzt hier allerdings die Einhaltung der Klagefrist hinsichtlich des anderen Bescheides voraus!

2. Wechsel der Beteiligten auf der Kläger- oder Beklagtenseite, z. B. FA X statt FA Y; **nicht:** Parteienwechsel kraft Gesetzes, z. B. Erbe, Volljähriger.

Bei fristgebundenen Klagen ist der Beteiligungswechsel nur innerhalb der Klagefrist zulässig (vgl. BFH, BStBl 1980 II S. 331; Wilke, DStZ 1995 S. 499).

Keine Klageänderung liegt vor, wenn der Kläger lediglich einen anderen Sachverhalt vorträgt oder seine Rechtsausführungen ändert oder seinen Sachantrag ermäßigt oder nunmehr einen Antrag nach § 100 Abs. 3 FGO stellt. Eine Erweiterung des Klageantrags ist auch nach Ablauf der Klagefrist grundsätzlich zulässig (vgl. BFH-GrS, BStBl 1990 II S. 327; Ausführungen unter Tz. 14.2.1.7).

Die Klageänderung ist zulässig, wenn

– die übrigen Beteiligten einwilligen (beachte dazu § 67 Abs. 2 FGO) oder
– das Gericht sie für sachdienlich hält (Prozessökonomie).

Die Klageänderung wird schriftlich, durch Erklärung zu Protokoll des Urkundsbeamten der Geschäftsstelle oder mündlich in der Verhandlung vorgenommen. Die Entscheidung über die Klageänderung ist nicht selbständig anfechtbar (§ 67 Abs. 3 FGO).

14.2.5 Änderung des angefochtenen Verwaltungsaktes – § 68 FGO

Durch die Änderung des Verwaltungsaktes nach Bekanntgabe der Einspruchsentscheidung bzw. während des Klage-, Revisions- oder Beschwerdeverfahrens wegen Nichtzulassung der Revision ergeben sich unterschiedliche Fallgestaltungen und bestimmte prozessuale Folgerungen (vgl. Leingang-Ludolph/Wiese, DStR 2001 S. 775). Der ursprüngliche – angefochtene – Verwaltungsakt (Bescheid) wird im Umfang des neuen Verwaltungsaktes ersetzt und bleibt es für die Dauer dessen Wirksamkeit (§ 124 Abs. 2 AO).

Bekanntgabeadressat des Änderungsbescheides ist in Vertretungsfällen (§§ 62, 62 a FGO) zwingend der **Prozessbevollmächtigte** gemäß **§ 122 Abs. 1 Satz 3 AO** („Ermessensreduzierung auf null"; BFH, BStBl 1998 I S. 266). Die Bekanntgabe direkt an den Kläger wäre unwirksam (vgl. AEAO zu § 122 Nr. 1.7.4 und 3.3.1). Für **Zustellungen des Gerichts** an Bevollmächtigte gilt **§ 62 Abs. 3 Satz 5 FGO**.

- **Abhilfebescheid**

Hat die Behörde durch einen geänderten Verwaltungsakt dem **Klagebegehren voll entsprochen**, z. B. durch **Abhilfebescheid** nach § 172 Abs. 1 Satz 1 Nr. 2 Buchst. a AO, so wird dieser automatisch Gegenstand des gerichtlichen Verfahrens nach **§ 68 FGO**. Ist der Kläger mit dem neuen Bescheid einverstanden, kann er die Hauptsache für erledigt erklären oder beantragen, gemäß § 100 Abs. 1 Satz 4 FGO festzustellen, dass der ursprüngliche Verwaltungsakt rechtswidrig war. Erklären Behörde und Kläger übereinstimmend die **Hauptsache** für **materiell erledigt,** entscheidet das Gericht nicht mehr zur Sache, sondern nur noch über die Kosten des Verfahrens (§§ 138, 79 a Abs. 1 Nr. 3, Abs. 4 FGO). Erklärt nur die Behörde die Hauptsache für erledigt und hält der Kläger seinen Sachantrag aufrecht, so ist die Klage ggf. als unzulässig abzuweisen und sind die Kosten dem Kläger aufzuerlegen (BFH, BStBl 1982 II S. 407). Hat die Behörde der Erledigungserklärung durch den Kläger widersprochen, so ist ebenfalls durch Urteil über das Verfahren zu entscheiden (vgl. BFH, BStBl 1986 II S. 834). Ist die Hauptsache materiell nicht erledigt, so hat das Gericht in der Sache selbst zu entscheiden. Der Kläger kann ggf. auch die Klage nach § 72 FGO zurücknehmen. Das ist im Hinblick auf Nr. 6111 KV (Anlage 1 zum GKG) zu empfehlen, wenn er sonst z. B. wegen verspäteten Vorbringens in Schätzungsfällen die vollen Kosten zu tragen hätte (§§ 137, 138 Abs. 2 Satz 2 FGO i. V. m. dem KV zum GKG; vgl. Ausführungen unter Tz. 14.8.1).

14 FGO-Verfahren

- **Teilabhilfe oder Erhöhung**

Wird der „**angefochtene Verwaltungsakt**" nach Bekanntgabe der Einspruchsentscheidung **geändert** oder **ersetzt** oder nach § 129 AO **berichtigt** oder tritt ein Verwaltungsakt an die Stelle eines angefochtenen unwirksamen Verwaltungsaktes, ohne dem (Klage-)Antrag des Stpfl. voll zu entsprechen, oder enthält der neue Verwaltungsakt sogar eine Beschwer (Erhöhung), so wird der geänderte Verwaltungsakt nach **§ 68 Satz 1 und 4 FGO** kraft Gesetzes **Gegenstand des anhängigen und zulässigen Klageverfahrens**. Die Möglichkeit, den neuen Verwaltungsakt mit dem **Einspruch** anzufechten, ist in diesem Fall nach **§ 68 Satz 2 FGO** ausdrücklich **ausgeschlossen**. § 68 FGO setzt voraus, dass eine Klage gegen den ursprünglichen Verwaltungsakt bereits anhängig ist oder eine zulässige Klage noch erhoben wird.

Der Stpfl. hat dagegen ein **Wahlrecht**, wenn während der Klagefrist ein Änderungsbescheid ergeht und noch keine Klage anhängig ist: Er kann entweder eine zulässige Klage mit der Rechtsfolge aus § 68 Satz 1 und 2 FGO erheben oder einen Einspruch gegen den neuen Verwaltungsakt einlegen, ohne zu klagen.

Die Regelung des § 68 FGO entspricht dem § 365 Abs. 3 AO für das Einspruchsverfahren und ist auch im Revisions- und Nichtzulassungsbeschwerdeverfahren anwendbar (§ 121 FGO; § 123 Abs. 1 Satz 1 FGO gilt nicht für § 68 FGO).

Beispiele:

1. S hat eine zulässige Klage gegen den ESt-Bescheid 01 über 60.000 € erhoben mit dem Antrag auf Herabsetzung der ESt um 6.000 €. Während des Klageverfahrens erlässt das FA durch Bekanntgabe an den Prozessbevollmächtigten B einen Teilabhilfebescheid nach § 172 Abs. 1 Satz 1 Nr. 2 Buchst. a AO über 55.000 € bzw. einen Änderungsbescheid nach § 175 Abs. 1 Satz 1 Nr. 1 AO über 70.000 €. Rechtslage?

Der geänderte Bescheid wird nach § 68 FGO kraft Gesetzes Gegenstand des laufenden Klageverfahrens. Ein Antrag ist insoweit nicht erforderlich. Der Erläuterungstext im Änderungsbescheid lautet: „Dieser Bescheid ersetzt den angefochtenen Bescheid vom ... Das Klageverfahren ist hierdurch nicht erledigt. Es wird mit diesem Bescheid als neuem Verfahrensgegenstand fortgesetzt. Eines Einspruchs bedarf es nicht."

2. Wie oben, jedoch ist die von S erhobene Klage wegen Fristversäumnis unzulässig.

Die unzulässige Klage ist durch Prozessurteil abzuweisen. Der Änderungsbescheid wird nicht Gegenstand des Verfahrens (vgl. BFH, BStBl 2000 II S. 490 zu § 365 Abs. 3 AO). Dieser kann mit dem Einspruch angefochten werden, jedoch nur in den Grenzen des § 351 Abs. 1 AO, weil der ursprüngliche Bescheid unanfechtbar geworden ist.

Der Kläger muss seinen ursprünglichen **Klageantrag** ggf. – je nach Formulierung des bisherigen Antrags – dem geänderten Verwaltungsakt **anpassen**. Im Einzelfall ist der Klageantrag je nach den materiell-rechtlichen Auswirkungen der Änderung wegen der Kostenfolge **einzuschränken** oder zu **erweitern**.

14.2.6 Klagerücknahme

Die Erklärung der – vollen oder teilweisen – Klagerücknahme nach **§ 72 FGO** ist nicht zu verwechseln mit der Erklärung zur Erledigung der Hauptsache. Die Klage ist nur zurückzunehmen, wenn das Klagebegehren sich aus anderen Gründen als der Änderung des Bescheides nunmehr als aussichtslos darstellt, z. B. weil der BFH inzwischen den Musterprozess negativ entschieden hat, richterliche Ausschlussfristen (§ 62 Abs. 3, § 65 Abs. 2, § 79 b FGO) verstrichen sind oder sonst eine Klageabweisung droht. Die Erklärung muss eindeutig und bedingungslos sein.

Die Rücknahme bewirkt den Verlust der Klage und wirkt wie ein Unterliegen mit **Kostenfolge** nach **§ 136 Abs. 2 FGO** unter Beachtung von **Nr. 6111 KV zum GKG**.

14.2.7 Urteil und andere Entscheidungen

Gerichtliche Entscheidungen im Steuerprozess werden in Form von Urteilen, Beschlüssen, Gerichtsbescheiden, Anordnungen oder Verfügungen getroffen.

14.2.7.1 Urteil und Gerichtsbescheid

Über Klagen entscheidet das FG – Senat, Einzelrichter oder Vorsitzender/Berichterstatter – durch Urteil (**§ 95 i. V. m. § 5 Abs. 3, § 6, § 79 a Abs. 3 und 4 FGO**). Bei den Urteilen handelt es sich in der Regel um **End-** und **Vollurteile,** die endgültig und in vollem Umfang für die Instanz über die Klage entscheiden. **Zwischenurteile** können ergehen, wenn die Zulässigkeit der Klage (§ 97 FGO) oder ein Anspruch nach Grund und Betrag bzw. einzelne entscheidungserhebliche Sach- oder Rechtsfragen (§ 99 FGO) streitig sind, z. B. Rechtshängigkeit oder Bestehen eines Auskunftsverweigerungsrechts. **Teilurteile** sind zulässig, wenn ein Teil des Streitgegenstandes zur Entscheidung reif ist (§ 98 FGO).

Statt eines Urteils kann in geeigneten Fällen ein **Gerichtsentscheid** nach § 90 i. V. m. § 90 a FGO ergehen, der einen Instanzenabschluss ermöglicht. Das ist etwa der Fall bei Streitigkeiten ohne besondere Schwierigkeit in tatsächlicher oder rechtlicher Art oder in Fällen, in denen eine richterliche Ausschlussfrist ohne Entschuldigungsgrund unbeachtet geblieben ist. Der Gerichtsbescheid wirkt nach § 90 a Abs. 3 FGO als rechtskräftiges Urteil, wenn nicht innerhalb der **Monatsfrist** des § 90 a Abs. 2 FGO mündliche Verhandlung beantragt oder Revision eingelegt wird.

Für Gerichtsbescheide ergeben sich folgende Möglichkeiten und **Rechtsbehelfe:**
1. Das **FG (Senat)** lässt im Gerichtsbescheid die Revision zu, z. B. wegen grundsätzlicher Bedeutung (§ 90 a Abs. 1, § 115 Abs. 2 Nr. 1 FGO). In diesem – in der Praxis seltenen – Fall können die Beteiligten nach **§ 90 a Abs. 2 Satz 2**

FGO „auch" Revision innerhalb eines Monats nach Zustellung des Gerichtsbescheides einlegen oder mündliche Verhandlung beantragen. Der Antrag auf mündliche Verhandlung ist vorrangig.

2. Hat das **FG (Senat)** die **Revision** im Gerichtsbescheid **nicht zugelassen,** können die Beteiligten (z. B. Kläger oder FA) nach § **90 a Abs. 2 Satz 1 FGO** innerhalb der Monatsfrist nur **mündliche Verhandlung beantragen.** Nach § 90 a Abs. 4 FGO kann das abschließende Urteil (§§ 90, 95 FGO) ggf. verkürzt ergehen.

3. Ist dem **Einzelrichter** des FG nach § **6 FGO** die Sache zur Entscheidung übertragen worden, hat dieser die gleichen Befugnisse wie der Senat, d. h., auch er kann grundsätzlich durch Gerichtsbescheid entscheiden. Dasselbe gilt, wenn der **Vorsitzende** oder der **Berichterstatter im Einverständnis** der Beteiligten nach § **79 a Abs. 3** und **4 FGO** anstelle des Senats allein entscheidet.

4. Ist eine Einzelrichterübertragung nach § 6 FGO nicht erfolgt, darf der **Vorsitzende** oder der **Berichterstatter** auch ohne **Einverständnis** der Beteiligten gemäß § **79 a Abs. 2** und **4 FGO** anstelle des Senats allein durch Gerichtsbescheid entscheiden. In diesem Fall kann nach § 79 a Abs. 2 Satz 2 FGO nur Antrag auf mündliche Verhandlung vor dem Senat innerhalb der Monatsfrist gestellt werden (vgl. BFH, BStBl 1994 II S. 118, 571). Wird der Antrag nicht oder nicht fristgerecht gestellt, wirkt der Gerichtsbescheid als rechtskräftiges Urteil (§ 90 a Abs. 3 FGO).

5. Hat der **BFH (Senat)** gemäß §§ 90 a, 121 FGO den Gerichtsbescheid erlassen, bleibt nur der **Antrag auf mündliche Verhandlung** (§ 90 a Abs. 2 FGO; Hinweis auf § 90 a Abs. 4 FGO).

Inhalt und Form des Urteils sind gesetzlich geregelt. Das Urteil ergeht im Namen des Volkes und ist schriftlich abzufassen **(§ 105 Abs. 1 FGO).** Es muss enthalten die Bezeichnung der Beteiligten (Rubrum), die Bezeichnung des Gerichts und der beteiligten Richter, die Urteilsformel (Tenor), den Tatbestand (Sachverhalt), die Entscheidungsgründe und die Rechtsmittelbelehrung (§ 105 Abs. 2 FGO). Bei der Darstellung des Sachverhalts sind die erhobenen Ansprüche zu kennzeichnen und die dazu vorgebrachten Angriffs- und Verteidigungsmittel ihrem wesentlichen Inhalt nach hervorzuheben (§ 105 Abs. 3 FGO). Das Gericht kann das Urteil ggf. nach § 105 Abs. 5 FGO verkürzt abfassen und auf die Begründung des Verwaltungsaktes und die Rechtsbehelfsentscheidung verweisen. Fehlt es an einem dieser Bestandteile, so ist das Urteil i. d. R. gleichwohl wirksam und kann mit Erfolg angefochten werden (vgl. dazu §§ 118, 119 Nr. 6 FGO). In bestimmten Fällen kommt auch eine Berichtigung oder Ergänzung durch das erkennende Gericht in Betracht (§§ 107, 108, 109 FGO). Die Vorschriften über Urteile gelten für **Gerichtsbescheide** sinngemäß nach § **106 FGO.**

Das Urteil wird mit der Bekanntgabe wirksam. Dies geschieht entweder durch **Verkündung** aufgrund der mündlichen Verhandlung (§ 104 Abs. 1 FGO) oder durch **Zustellung** (§ 104 Abs. 2, 3 FGO). Trotz Verkündung muss das Urteil zugestellt werden, weil erst durch die Zustellung Fristen in Lauf gesetzt werden.

Rechtskräftige Urteile binden die Beteiligten und **bestimmte Personen,** soweit über den Streitgegenstand entschieden worden ist **(§ 110 Abs. 1 FGO).** Sie erzeugen darüber hinaus keine allgemeine Bindung. BFH-Urteile werden jedoch i. d. R. von der Finanzverwaltung beachtet vorbehaltlich der „Nichtanwendungs-Erlasse". Entschieden ist über den Streitgegenstand nur insoweit, als das Gericht seinem Urteil einen bestimmten Sachverhalt und eine bestimmte Rechtsauffassung für diese Steuerart und dieses Jahr zugrunde gelegt hat, z. B. Betriebsveräußerung. Gründe, die nach der Urteilsformel und den Urteilsgründen nicht Entscheidungsgegenstand waren, stehen daher einer späteren Änderung des Verwaltungsaktes nicht entgegen **(§ 110 Abs. 2 FGO).**

14.2.7.2 Beschluss

Beschlüsse sind Maßnahmen des Gerichts innerhalb des Verfahrens, die im Allgemeinen nicht zur Erledigung der Streitsache führen außer bei Klagerücknahme (§ 72 Abs. 2 FGO) und Unzulässigkeit der Revision (§ 126 Abs. 1 FGO). Für das Beschlussverfahren gelten nach **§ 113 FGO** bestimmte Vorschriften des Urteilsverfahrens.

14.2.7.3 Anordnung oder Verfügung

Hierbei handelt es sich um prozessleitende Maßnahmen, die nicht selbständig anfechtbar sind (§ 128 Abs. 2 FGO).

14.3 Vorläufiger Rechtsschutz

14.3.1 Grundsätze

Durch die Klageerhebung wird der begehrte Rechtsschutz noch nicht erreicht. Angesichts einer zu erwartenden Prozessdauer von mehreren Jahren kann die Notwendigkeit vorläufigen Rechtsschutzes bestehen.

Das Begehren vorläufigen Rechtsschutzes im Zusammenhang mit der Anfechtung von Verwaltungsakten geschieht grundsätzlich in Form eines Antrags auf **Aussetzung/Aufhebung der Vollziehung (AdV** nach **§ 361 AO** und **§ 69 FGO).**

Vorläufiger Rechtsschutz bei oder vor Erhebung der Verpflichtungsklage, der sonstigen Leistungsklage und der Feststellungsklage wird regelmäßig durch Antrag auf Erlass einer **einstweiligen Anordnung** begehrt (**eA** nach **§ 114 FGO).**

14.3.2 Aussetzung der Vollziehung

Durch Erhebung der Klage wird die Vollziehung des angefochtenen Verwaltungsakts grundsätzlich nicht gehemmt, insbesondere die Erhebung der Steuer nicht gehindert (§ 361 Abs. 1 AO, § 69 Abs. 1 FGO i. V. m. § 251 Abs. 1 AO). Ausnahmen ergeben sich aus § 361 Abs. 4 AO und § 69 Abs. 5 FGO. Jedoch kann die Vollziehung des Verwaltungsaktes von Amts wegen oder auf Antrag ausgesetzt werden. Wegen Einzelheiten zur AdV siehe Ausführungen unter Tz. 13.9.

Vor Klageerhebung kann AdV nach Einlegung des Einspruchs **bei der Behörde** selbst erfolgen (§ 361 AO, § 69 Abs. 4 Satz 1 FGO). Bei einer ganz oder teilweise **ablehnenden Entscheidung** (erstmalig oder aufgrund Einspruchs nach § 347 AO) kann Antrag auf **AdV beim FG** gestellt werden, d. h., die ablehnende Einspruchsentscheidung der Behörde kann nicht separat mit der Klage angefochten werden (§ 361 Abs. 5 AO, § 69 Abs. 7 FGO). Nach Einlegung des Einspruchs kann AdV **ausnahmsweise unmittelbar beim FG beantragt werden** (§ 69 Abs. 3 und 4 Satz 2 Nr. 1 oder 2 FGO). Jede Entscheidung des FG, sei es die Entscheidung des Senats oder die Eilentscheidung des Vorsitzenden, kann nur mit der – **zulassungsbedürftigen** – **Beschwerde** zum BFH gemäß § 128 Abs. 1 und 3 FGO angefochten werden.

Auch **nach Klageerhebung** kann AdV bis zur Beendigung des Gerichtsverfahrens **bei der Behörde** selbst beantragt werden (§ 69 Abs. 2 FGO). Der AdV-Antrag kann ferner nach § 69 Abs. 3 FGO **beim FG** gestellt werden unter Beachtung von **Absatz 4**.

Beispiel für Antrag nach § 69 Abs. 3 und 4 FGO:

An das
Finanzgericht ...

Antrag
des ...   – Antragsteller –
Bevollmächtigter: ...

gegen

das Finanzamt ...   – Antragsgegner –
vertreten durch den Vorsteher

wegen Aussetzung der Vollziehung des ESt-Bescheides 01 vom ...
(in Form der Einspruchsentscheidung vom ...), StNr. ...

Im Namen und in Vollmacht des Antragstellers wird beantragt,
1. die Vollziehung des mit Einspruch vom ... (Klage vom ...) angefochtenen ESt-Bescheides 01 bis zur Rechtskraft der Entscheidung der Hauptsache auszusetzen,
2. die Kosten des Verfahrens einschließlich des Vorverfahrens dem Antragsgegner aufzuerlegen,
3. für den Fall der vollen oder teilweisen Ablehnung des Antrags die Beschwerde zuzulassen.

14.3 Vorläufiger Rechtsschutz

Begründung:
1. Die Zugangsvoraussetzungen nach § 69 Abs. 4 Satz 2 FGO sind erfüllt, da ...
2. Es bestehen ernstliche Zweifel an der Rechtmäßigkeit des angefochtenen ESt-Bescheides. ...
(Es folgt Schilderung der Tatsachen und der Rechtslage; u. U. genügt Bezugnahme auf den Inhalt der Klageschrift).
Unterschrift

Hinweis: Schriftliche Vollmacht beifügen, soweit sie nach § 62 Abs. 3 FGO erforderlich ist und nicht bereits dem FG mit der Klageschrift vorliegt; ferner Abschriften der Antragsschrift für die übrigen Beteiligten.

§ 69 Abs. 6 FGO regelt die **Korrekturmöglichkeit** der Aussetzungsbeschlüsse und macht diese davon abhängig, dass einer der Beteiligten veränderte oder schuldlos im ursprünglichen Verfahren nicht geltend gemachte Umstände vorbringen kann.

14.3.3 Einstweilige Anordnung

14.3.3.1 Grundlagen

Die einstweilige Anordnung nach § 114 FGO ist eine **Eilsache zur Regelung eines vorläufigen Zustandes** für Fälle, in denen eine AdV rechtlich nicht möglich ist. EA und AdV schließen sich somit aus (§ 114 Abs. 5 FGO). Die eA dient dazu, die Gefährdung eines Rechts oder Rechtsanspruchs des Antragstellers vor der Entscheidung eines Rechtsstreits zu verhindern. Sie kommt grundsätzlich in Betracht in Fällen, in denen der Antragsteller (i. d. R. Stpfl.) seinen Rechtsanspruch mithilfe der Verpflichtungs-, Leistungs- oder Feststellungsklage geltend machen kann. Ausgenommen sind negative Feststellungsbescheide (vgl. BFH-GrS, BStBl 1987 II S. 637). Muss der Antragsteller sein Recht mit der Anfechtungsklage verfolgen, so wird ihm entsprechender Rechtsschutz durch die Möglichkeit der AdV gewährt. Für die subsidiäre eA fehlt das Rechtsschutzbedürfnis (§ 114 Abs. 5 FGO; vgl. Ausführungen zu § 361 AO unter Tz. 13.9). Die eA setzt im Gegensatz zur AdV kein anhängiges Hauptverfahren voraus.

Die **Umdeutung** von beim FG gestellten Anträgen – eA in AdV oder AdV in eA – ist grundsätzlich möglich. Eine Ausnahme besteht nur, wenn der Stpfl. durch einen sachkundigen Bevollmächtigten vertreten wird (vgl. BFH-GrS, BStBl 1987 II S. 637/639; BFH/NV 1990 S. 718).

14.3.3.2 Voraussetzungen

1. Antrag

Die eA setzt zunächst einen Antrag an das FG mit entsprechender Sachverhaltsschilderung und Begründung voraus. Neben den allgemeinen Prozessvoraussetzungen müssen auch die besonderen Voraussetzungen des § 114 Abs. 1 FGO – Anordnungsanspruch und -grund – dargelegt und glaubhaft gemacht werden (vgl. § 114 Abs. 3 FGO, § 920 ZPO; BFH, BFH/NV 1992 S. 118, 789 m. w. N.).

2. Anordnungsanspruch

§ 114 Abs. 1 FGO unterscheidet hinsichtlich des Anordnungsanspruchs zwischen der **Sicherungsanordnung** (Satz 1: Verbot an die Behörde, z. B. bestimmte Vollstreckungsmaßnahmen wie Kontenpfändungen einzuleiten) und der **Regelungsanordnung** (Satz 2: Verbesserung der bisherigen Rechtsposition, z. B. vorläufige Stundung bis zur Entscheidung über den Steuerbescheid). Die Behörde wird vom FG angewiesen, vorläufig – bis zur Entscheidung in der Hauptsache – einen bestimmten Zustand herzustellen.

Beispiele:

1. Recht auf vorläufige Festsetzung einer negativen USt-Schuld (BFH, BStBl 1982 II S. 149, 515) oder auf vorläufige Billigkeitsmaßnahme nach § 163 AO (BFH, BFH/NV 1996 S. 692)

2. Recht auf vorläufige Erteilung einer Unbedenklichkeitsbescheinigung (BFH, BStBl 1987 II S. 269; 1995 II S. 605) oder einer vorläufigen Bescheinigung über die Gemeinnützigkeit (BFH, BStBl 2000 II S. 320)

3. Recht auf Wahrung des Steuergeheimnisses durch vorläufige Verweigerung der Akteneinsicht oder sonstiger Mitteilungen aus dem Inhalt der Steuerakten gegenüber Dritten (BFH, BStBl 1976 II S. 118); Anspruch aus § 30 AO auf vorläufige Unterlassung rufgefährdender Mitteilungen des FA an Dritte (BFH, BStBl 1987 II S. 30)

4. Anspruch aus § 218 Abs. 1 AO auf Nicht-Vollstreckung aus nichtigem Steuerbescheid. Ein Recht aus § 258 AO auf vorläufige Einstellung der Vollstreckung als solche hat nur Erfolg, wenn dargelegt werden kann, dass jegliche Vollstreckungsmaßnahme unbillig wäre. Das Ermessen der Behörde muss auf null reduziert sein. Der bloße Hinweis auf eine mögliche Existenzgefährdung des Unternehmens reicht nach ständiger Rechtsprechung nicht aus (vgl. BFH, BFH/NV 2003 S. 738 m. w. N.). Dagegen kommt wegen einzelner rechtswidriger und angefochtener Vollstreckungsmaßnahmen, wie z. B. Sach- oder Forderungspfändung, nur die vorrangige AdV gemäß § 114 Abs. 5 FGO in Betracht (vgl. BFH, BFH/NV 1992 S. 789; 1993 S. 460; 1994 S. 719; Seikel, BB 1991 S. 1165).

5. Regelmäßig kein Rechtsanspruch gegenüber dem BMF auf Unterlassung einer Auskunftserteilung gegenüber EG-Mitgliedstaaten (BFH, BStBl 2000 II S. 648)

Betrifft der Anordnungsanspruch eine **Ermessensentscheidung,** so reicht zur Glaubhaftmachung der Hinweis nicht aus, es sei für den Antragsteller eine günstige Entscheidung möglich. Vielmehr muss die Ablehnung des Anspruchs wegen § 102 FGO mit an Sicherheit grenzender Wahrscheinlichkeit ermessensfehlerhaft sein (sog. Ermessensreduzierung auf null; vgl. BFH, BStBl 1994 II S. 719; BFH/NV 1990 S. 281, 582, 662; 1992 S. 618, 789 für **Stundung** nach § 222 AO bzw. für **Vollstreckungsaufschub** nach § 258 AO).

14.3 Vorläufiger Rechtsschutz

3. Anordnungsgrund

Anordnungsgrund (= Notwendigkeit einer Regelung) ist bei der **Sicherungsanordnung** die Gefährdung des Anordnungsanspruchs dadurch, dass der bestehende Zustand vereitelt oder wesentlich erschwert werden könnte, und bei der **Regelungsanordnung** die Abwendung „wesentlicher Nachteile", Verhinderung „drohender" Gewalt oder ein anderer ähnlich schwerwiegender Grund (§ 114 Abs. 1 Satz 2, Abs. 3 FGO; vgl. § 361 Abs. 2 Satz 4 AO, § 69 Abs. 2 Satz 8 FGO für Sonderfall der AdV). Zur **Glaubhaftmachung** eines Anordnungsgrundes müssen vom Antragsteller Tatsachen dargelegt werden. Der Anordnungsgrund wird nicht bestimmt oder mitbestimmt durch das Maß der Erfolgsaussichten des Anordnungsanspruchs. Der befürchtete Nachteil muss über den allgemeinen Nachteil z. B. einer Steuerzahlung oder ausstehender Erstattung hinausgehen. Das kann etwa der Fall sein bei erheblichen finanziellen Dispositionen oder bei Zwangsveräußerung unter Wert (vgl. BFH, BStBl 1988 II S. 585; 1991 II S. 643).

Hierbei muss jedoch die wirtschaftliche oder persönliche Existenz des Betroffenen unmittelbar und ausschließlich bedroht sein (vgl. BFH, BStBl 2000 II S. 320 m. w. N.). Ein derartiger Anordnungsgrund besteht nur in Ausnahmefällen. Keine Anordnungsgründe von besonderer Intensität sind daher, für sich allein gesehen, die zur Bezahlung von Steuern notwendige Kreditaufnahme mit Zinsverlusten oder die Veräußerung von Vermögenswerten, die Zwangsversteigerung eines Grundstücks, ein Zurückstellen betrieblicher Investitionen oder eine Einschränkung des gewohnten Lebensstandards. In diesen Fällen besteht kein vorläufiger Rechtsschutz (vgl. AEAO zu § 361 Nr. 4.6.1).

4. Keine Vorwegnahme der Entscheidung in der Hauptsache

Die eA ist grundsätzlich nur zulässig für einstweilige, d. h. **vorläufige Regelungen** im Sinne von Zwischenlösungen, z. B. Stundung, Vollstreckungsaufschub. Sie ist nicht zulässig für die Vorwegnahme des Ergebnisses in der Hauptsache, z. B. Steuererlass (§ 227 AO), Freistellungsbescheinigung gemäß § 44 a Abs. 2 Nr. 2 bzw. Abs. 5 EStG (BFH, BStBl 1994 II S. 899), verbindliche Zusage (BFH, BFH/NV 1990 S. 654) oder Zulassung zur Steuerberaterprüfung (BFH, BStBl 1999 II S. 141). Denn andernfalls würde die eA regelmäßig irreparable Zustände schaffen, d. h. den Hauptprozess nicht mehr entscheidungsfähig halten. Ausnahmen hiervon bestehen nur dann, wenn ein wirksamer Rechtsschutz sonst nicht erreichbar wäre (vgl. BFH, BStBl 2000 II S. 320 m. w. N.).

14.3.3.3 Verfahren

Die eA muss in der Regel beim FG als Gericht des ersten Rechtszuges beantragt werden. In dringenden Fällen kann der Vorsitzende entscheiden (§ 114 Abs. 2 FGO). Die Entscheidung erfolgt durch Beschluss (§ 114 Abs. 4 FGO). Ist dem

14 FGO-Verfahren

Antrag auf Erlass einer eA nicht oder nicht voll entsprochen worden, ist die
– zulassungsbedürftige – **Beschwerde** an den BFH gegeben (§ 128 Abs. 1 und 3
FGO).

Beispiel für Antrag nach § 114 FGO:

An das
Finanzgericht ...

Antrag
des Kaufmanns ...   – Antragsteller –
Bevollmächtigter: ...

gegen

das Finanzamt ...   – Antragsgegner –
vertreten durch den Vorsteher

wegen Ablehnung der Stundung von ... ESt 01
(Festsetzung eines USt-Erstattungsbetrages 01 von ... €).

Im Namen und in Vollmacht des Antragstellers wird beantragt, im Wege der einstweiligen Anordnung zu bestimmen, dass der Antragsgegner gemäß § 222 AO die ESt 01 in Höhe von ... € vorläufig stundet (die USt 01 in Höhe von ... € vorläufig durch Bescheid festsetzt).

Begründung: ...

1. Schilderung des Sachverhalts.
2. Darlegung, warum die Ablehnung der Stundung als Ermessensentscheidung unbillig im Sinne von § 222 AO ist, d. h., dass der zu zahlende Betrag mit an Sicherheit grenzender Wahrscheinlichkeit alsbald zu erstatten ist (ein Anspruch auf Festsetzung einer negativen USt 01 besteht) (= Anordnungsanspruch).
3. Darlegung und Glaubhaftmachung, dass durch die Ablehnung der Stundung (negativen USt-Festsetzung) die wirtschaftliche oder persönliche Existenz des Antragstellers unmittelbar und ausschließlich bedroht ist (= Anordnungsgrund).
4. Beifügung der Unterlagen zur Glaubhaftmachung der Darlegungen.

Unterschrift

Hinweis: Beifügen von Abschriften und ggf. Vollmacht.

14.4 Revision

Gegen Urteile und **Gerichtsbescheide** (§ 106 FGO) steht allen Beteiligten des vorinstanzlichen Verfahrens die **Revision** an den BFH zu (§ 115 Abs. 1, § 57 FGO). Nach § 121 FGO gelten die allgemeinen Verfahrensvorschriften entsprechend. Es ist vor allem sicherzustellen, dass die Revision nicht nach § 124 FGO als unzulässig verworfen wird. Nach dem Geschäftsstand beim BFH zum 1.1. 2005 waren 34,3 v. H. aller Rechtsmittel unzulässig, insgesamt 1.021; davon nur 13 der Finanzbehörde). Nach § 118 Abs. 1 FGO ist die Revision beschränkt auf die Überprüfung der FG-Entscheidung in „rechtlicher" Beziehung (Einzelheiten unter Tz. 14.4.3).

14.4.1 Zulassungsrevisionen

Nach § **115 Abs. 1 FGO** bedarf die **Revision** gegen **Urteile** des FG bzw. gegen **Gerichtsbescheide** nach § 90 a Abs. 2 FGO **stets der Zulassung.** Fälle, in denen es ausschließlich um eine Einzelfallgerechtigkeit geht (Richtigkeit des FG-Urteils) und die nicht die Zulassungsvoraussetzungen des § 115 Abs. 2 FGO erfüllen, werden damit vom BFH fern gehalten. Die Zulassung erfolgt grundsätzlich von Amts wegen unmittelbar durch das **FG** oder andernfalls – antragsgebunden – durch den **BFH,** d. h. nur auf Beschwerde gegen die Nichtzulassung gemäß § **116 FGO.** Der BFH ist an die Revisionszulassung durch das FG gebunden (§ 115 Abs. 3 FGO).

Die Zulassung der Revision setzt nach § **115 Abs. 2 FGO** voraus, dass

– die Rechtssache **grundsätzliche Bedeutung** hat oder

– die **Fortbildung des Rechts** oder die **Sicherung einer einheitlichen Rechtsprechung** eine Entscheidung des BFH erfordert oder

– ein **Verfahrensmangel** geltend gemacht wird und auch vorliegt, auf dem die Entscheidung beruhen kann.

Das FG entscheidet über die Zulassung der Revision von Amts wegen („ist" gemäß § 115 Abs. 2 FGO). Es empfiehlt sich aber in gewichtigen Fällen, die Zulassung der Revision schon im FG-Verfahren für den Fall zu beantragen, dass dem Antrag der Partei nicht gefolgt wird. Hierbei handelt es sich nicht um einen prozessualen Antrag, d. h., die Ablehnung muss im Urteil nicht besonders begründet werden.

1. Grundsatzrevision

Eine Rechtssache hat grundsätzliche Bedeutung im Sinne von § **115 Abs. 2 Nr. 1 FGO,** wenn die Entscheidung des BFH aus Gründen der Handhabung des Rechts, der Rechtseinheitlichkeit oder der Rechtsentwicklung über den Einzelfall hinaus **im allgemeinen Interesse** schlechthin liegt. Es muss sich um eine aus rechtssystematischen Gründen bedeutsame und für die einheitliche Rechtsanwendung wichtige Rechtsfrage handeln, die bisher noch nicht eindeutig geklärt ist (vgl. BFH, BStBl 1995 II S. 890/892; BFH/NV 2001 S. 138, 418; Beermann, DStZ 2001 S. 155, 312; AO-Kartei NRW § 115 FGO Karte 801).

Die Darlegung der grundsätzlichen Bedeutung erfordert im Rahmen der Nichtzulassungsbeschwerde nach § **116 Abs. 3 FGO** substantiierte und konkrete Angaben darüber,

- welche (abstrakte) Rechtsfrage aus welchen Gründen für klärungsbedürftig gehalten wird, ggf. unter Angabe von Fundstellen, in welchem Umfang und aus welchen Gründen die Rechtsfrage streitig ist,
- welche unterschiedlichen Auffassungen hierzu in der Rechtsprechung oder im Schrifttum vertreten werden,
- dass die Klärung dieser Rechtsfrage für die Handhabung des Rechts, Rechtseinheitlichkeit und/oder Rechtsentwicklung von Bedeutung ist,
- dass die Rechtsfrage im anschließenden Revisionsverfahren entscheidungserheblich ist (klärungsfähig) und
- dass die Klärung im allgemeinen Interesse liegt (vgl. BFH, BFH/NV 2004 S. 223).

Hiernach kommt es nicht darauf an, dass über einen Sachverhalt der streitigen Art vom BFH bisher noch nicht entschieden worden ist. Eine Rechtssache ist regelmäßig von grundsätzlicher Bedeutung, wenn die Rechtsauffassung des BFH erneut geprüft werden soll, weil die Verwaltung nicht entsprechend verfährt. Dagegen fehlt es an der grundsätzlichen Bedeutung, wenn die Behandlung der Rechtsfrage durch das FG der eindeutigen Rechtslage und der allgemeinen Ansicht im Schrifttum entspricht (vgl. BFH, BFH/NV 1992 S. 676).

2. Revision zur Rechtsfortbildung und Rechtseinheitlichkeit

Ein Revisionsgrund im Sinne von **§ 115 Abs. 2 Nr. 2 FGO** liegt vor, wenn die ungeklärte Rechtsfrage eine Leitentscheidung des BFH zur Rechtsfortbildung und Rechtseinheitlichkeit erfordert, weil sonst das Vertrauen in die Rechtsprechung beschädigt wird (vgl. BFH, BStBl 2003 II S. 790, 804; 2004 II S. 896; Lange, DStZ 2002 S. 782). Es handelt sich um einen besonders geregelten Fall der grundsätzlichen Bedeutung, um das Allgemeininteresse an der Fortbildung des Rechts zu wahren.

Beispiele:

Notwendige Leitentscheidungen durch den BFH für Rechtsstreitigkeiten, in denen Fehler bei der Anwendung oder Auslegung des Rechts und damit eine erhebliche Beeinträchtigung der Rechte von Verfahrensbeteiligten vorliegen; Gesetzeslücken bedürfen der Ausfüllung; das FG weicht von einer Entscheidung des BFH oder eines anderen FG ab und das Urteil beruht auf dieser Entscheidung; ggf. Ergebniskorrektur des Urteils im Einzelfall, wenn dem FG bei der Auslegung und Anwendung des Rechts Fehler von so erheblichem Gewicht unterlaufen sind, die sonst das Vertrauen in die Rechtsprechung beschädigen würden (vgl. BFH, BStBl 2004 II S. 25 bzgl. Nichtigkeit eines Schätzungsbescheides; Beermann, DStZ 2001 S. 155, 312; Spindler, DB 2001 S. 61).

Hierzu muss das FG in den Entscheidungsgründen einen abstrakten Rechtssatz aufgestellt haben, der die Entscheidung trägt und der von einem – ebenfalls tragenden – Rechtssatz in der Rechtspraxis bzw. höchstrichterlichen Entscheidung abweicht. Dieser Rechtssatz muss nicht zwingend als eine Art Leitsatz formuliert sein, sondern kann sich auch aus den fallbezogenen Rechtsausführungen des FG ergeben (vgl. BFH, BStBl 1992 II S. 671; BFH/NV 2001 S. 145 m. w. N.; AO-Kartei NRW § 115 FGO Karte 801).

Die Bezeichnung der Fortbildung des Rechts oder der Abweichung im Sinne von § 115 Abs. 2 Nr. 2 FGO erfordert für die Nichtzulassungsbeschwerde nach **§ 116 FGO**

– substantiierte und konkrete Angaben dazu, weshalb eine Entscheidung des BFH zu einer bestimmten Rechtsfrage aus Gründen der Rechtsfortbildung oder der Rechtsklarheit im allgemeinen Interesse liegt (vgl. BFH, BFH/NV 2004 S. 215),

– die genaue Angabe der abweichenden Entscheidung des BFH bzw. des BVerfG mit Datum, Aktenzeichen und/oder Fundstelle,

– die Darstellung und Gegenüberstellung der tragenden abstrakten Rechtssätze der höchstrichterlichen Entscheidung und des angefochtenen FG-Urteils und

– die Darstellung, dass die FG-Entscheidung auf der Abweichung beruht.

Es genügt nicht, die Auffassung des FG als unrichtig zu bezeichnen und dies mit einem entsprechenden höchstrichterlichen Urteil zu begründen (vgl. Beermann, DStZ 2001 S. 312/317). Damit wird nur behauptet, dass das FG die höchstrichterliche Rechtsprechung fehlerhaft angewandt hat, und nicht, dass das FG seiner Entscheidung einen allgemeinen abstrakten Rechtssatz zugrunde gelegt hat, der mit den Rechtsgedanken der höchstrichterlichen Entscheidung nicht übereinstimmt (vgl. BFH, BFH/NV 1990 S. 785; 1996 S. 619).

3. Revision wegen Verfahrensmängeln

Verfahrensmängel im Sinne von **§ 115 Abs. 2 Nr. 3 FGO** sind Verstöße des FG gegen Vorschriften des Prozessrechts. Der Verfahrensmangel muss nicht nur **geltend gemacht** werden, sondern auch **tatsächlich vorliegen.** § 119 AO nennt bestimmte Verfahrensfehler als zwingende Revisionsgründe. Keine Verfahrensmängel in diesem Sinne sind Fehler, die dem FA im Besteuerungs- oder Rechtsbehelfsverfahren unterlaufen sind, oder Fehler des FG bei der Auslegung oder rechtlichen Beurteilung von Vorschriften der AO oder anderer Verfahrensbestimmungen, die Gegenstand der angefochtenen Entscheidung selbst sind. Beweiswürdigungsfehler oder Verstöße gegen allgemeine Erfahrungssätze oder Denkgesetze durch das FG stellen Verletzungen des materiellen Rechts dar und sind keine „Verfahrensfehler" (vgl. BFH, BFH/NV 1992 S. 668).

Die Bezeichnung des Verfahrensmangels im Sinne von § 115 Abs. 2 Nr. 3 und § 116 FGO erfordert

- die substantiierte und schlüssige Angabe der Tatsachen, aus denen sich der behauptete Verfahrensmangel ergibt,
- unter Berücksichtigung der Rechtsansicht des FG die konkrete Darlegung, dass das angefochtene Urteil auf diesem Mangel tatsächlich beruht, d. h., dass das FG-Urteil ohne den gerügten Mangel anders ausgefallen wäre,
- die Darlegung der Verfahrensmängel, die im Revisionsverfahren von Amts wegen berücksichtigt werden, und
- bei verzichtbaren Verfahrensvorschriften die Darlegung, dass der Verfahrensmangel in der Vorinstanz gerügt wurde, verbunden mit genauen Angaben zur Überprüfung dieses Vorbringens.

Die Bezeichnung des Verfahrensmangels erfordert ferner

- bei **Verletzung des rechtlichen Gehörs** (§ 119 Nr. 3 FGO) die genaue Darlegung, wozu die Partei sich nicht hat äußern können und was sie bei ausreichender Gewährung des rechtlichen Gehörs noch vorgetragen hätte, sowie die Darlegung, dass bei Berücksichtigung dieses Sachvortrags eine andere Entscheidung erfolgt wäre. Da es sich um einen verzichtbaren Verfahrensgrundsatz handelt, muss auch vorgetragen werden, inwieweit alle Möglichkeiten ausgeschöpft wurden, sich das rechtliche Gehör vor dem FG zu verschaffen. Die **Anhörungsrüge** nach § 133 a FGO ist subsidiär;
- bei **Verstoß gegen den Inhalt der Akten** (§ 96 FGO) eine genaue Angabe der Aktenteile, die das FG nicht berücksichtigt hat. Bei der Rüge wegen Übergehens von schriftlichem Vorbringen sind Ausführungen dazu erforderlich, welches substantiierte Vorbringen das FG unberücksichtigt gelassen hat und welche Schlussfolgerungen sich dem FG ohne einen solchen Fehler ergeben hätten;
- bei **Verletzung der Sachaufklärungspflicht** (§ 76 FGO) die genaue Angabe des Beweisthemas, des Schriftsatzes, in dem der Beweisantritt erfolgt ist, dessen, was das Ergebnis der Beweisaufnahme gewesen wäre, z. B. zu erwartende Belegvorlage oder Zeugenaussage, und dass der Mangel gegenüber dem FG gerügt wurde.

14.4.2 Nichtzulassungsbeschwerde

Die Nichtzulassung der Revision durch das FG kann selbständig durch Beschwerde angefochten werden **(§ 116 FGO)**. Die Beschwerde hemmt die Rechtskraft des Urteils (§ 116 Abs. 4 FGO). Mit der Ablehnung der Beschwerde durch den BFH wird das Urteil rechtskräftig (§ 116 Abs. 5 Satz 3 FGO).

14.4 Revision

Die Beschwerde ist **schriftlich** oder **elektronisch** unmittelbar **beim BFH einzulegen**. Die **Frist** beträgt **einen Monat** und ist nicht verlängerungsfähig (**§ 116 Abs. 2, § 52a Abs. 1 FGO**). Die Beschwerde „muss" das angefochtene Urteil bezeichnen. Zur Verfahrenserleichterung soll eine Abschrift oder Ausfertigung des angefochtenen Urteils beigefügt werden. Der **Vertretungszwang** nach **§ 62a FGO** ist zu beachten.

Die **Begründung** der Nichtzulassungsbeschwerde ist ebenfalls **beim BFH** einzureichen (**§ 116 Abs. 3 FGO**). Die Frist hierfür beträgt **zwei Monate** ab Zustellung des vollständigen Urteils. Sie kann aufgrund eines rechtzeitig, d. h. vor ihrem Ablauf gestellten Antrags vom Senatsvorsitzenden um (nur) **einen weiteren Monat verlängert** werden (vgl. BFH, BStBl 2001 II S. 768; Lange, DStZ 2003 S. 269). Zur inhaltlichen Begründung verlangt **§ 116 Abs. 3 Satz 3 FGO** allgemein, dass die **Zulassungsvoraussetzungen des § 115 Abs. 2 FGO „darzulegen"** sind, z. B. warum das öffentliche Interesse eine Sachentscheidung im konkreten Einzelfall erfordert oder welche Verfahrensfehler im Einzelnen vorliegen. Es sind dazu konkrete und substantiierte Ausführungen zu machen (vgl. Beermann, DStZ 2000 S. 773; 2001 S. 312). Allgemeine Hinweise oder bloße Behauptungen zu den Zulassungsvoraussetzungen genügen nicht.

Der BFH entscheidet über die Beschwerde durch **Beschluss,** der ggf. kurz zu begründen ist (**§ 116 Abs. 5 FGO**). Hierbei ergeben sich folgende **Fallgestaltungen:**

1. **Ablehnung der Nichtzulassungsbeschwerde:**

   Das **Urteil** des FG wird **rechtskräftig (§ 116 Abs. 5 Satz 3 FGO).**

2. **Erfolgreiche Rüge eines Verfahrensmangels im Sinne von § 115 Abs. 2 Nr. 3 FGO:**

   In diesem Fall kann der BFH das **FG-Urteil** ggf. **aufheben** und den Rechtsstreit **an das FG** zur erneuten Verhandlung und Entscheidung **zurückverweisen** (**§ 116 Abs. 6 FGO**).

3. **Der Nichtzulassungsbeschwerde wird stattgegeben:**

   - Für den **Beschwerdeführer** folgt **automatisch** die **Fortsetzung** des Beschwerdeverfahrens **als Revisionsverfahren** gemäß **§ 116 Abs. 7 FGO**. Dieser muss keine eigenständige Revision (mehr) einlegen. Das gilt nicht für die übrigen Beteiligten. Diese müssen, wenn sie das FG-Urteil anfechten wollen, nach § 120 FGO selbst fristgerecht Revision einlegen und begründen.

   - Gleichzeitig **beginnt** für den Beschwerdeführer mit der Zustellung der Entscheidung die **Revisionsbegründungsfrist** zu laufen. Diese beträgt für ihn **einen Monat** nach Zustellung des Zulassungsbeschlusses (**§ 120 Abs. 2 Satz 1 Halbsatz 2 FGO**). Diese Frist ist aber auf rechtzeitigen Antrag **verlängerbar** (**§ 120 Abs. 2 Satz 3 FGO**).

Beispiel:

An den
Bundesfinanzhof
Ismaninger Straße 109
81675 München

Beschwerde
des Kaufmanns ...   – Beschwerdeführer –
Bevollmächtigter: ...
gegen
das Finanzamt ...   – Beschwerdegegner –
vertreten durch den Vorsteher
wegen Nichtzulassung der Revision in der ESt-Sache 01

Im Namen und in Vollmacht des Beschwerdeführers wird gegen die Nichtzulassung der Revision durch Nebenentscheidung im Urteil des Finanzgerichts ... vom ..., Geschäfts-Nr. ...,
Beschwerde eingelegt und
beantragt, die Revision gegen das angegebene Urteil nach §§ 116, 115 Abs. 2 Nr. 2 FGO zuzulassen.

Begründung:
Das vorbezeichnete Urteil weicht von dem Urteil des Bundesfinanzhofes vom ..., Geschäfts-Nr. ..., BStBl .... II S. ..., ab. ... (Es folgt Darlegung der Abweichung).

Unterschrift (Abschriften beifügen und ggf. Vollmacht gemäß § 62 Abs. 3, §§ 62 a, 121 FGO)

14.4.3 Revisionsgründe

Die Revision kann nur auf eine **Rechtsverletzung** gestützt werden (**§ 118 Abs. 1 FGO**). Der BFH ist als Rechtsinstanz an die tatsächlichen Feststellungen des FG gebunden (§ 118 Abs. 2 FGO). Neue Tatsachen und Beweismittel können daher nicht mehr vorgetragen, materiell-rechtliche Anträge oder Wahlrechte nicht mehr gestellt werden. Der BFH ist zur Sachaufklärung durch eigene Ermittlungen nur in Ausnahmefällen berufen. Eine Bindung an die vom FG festgestellten Tatsachen besteht nicht, wenn in Bezug auf sie zulässige und begründete Revisionsgründe vorgebracht sind. Als Revisionsgründe kommen dafür – außer Rechtsfragen – vornehmlich Verfahrensmängel in Betracht (§ 118 Abs. 3 FGO). Von praktischer Bedeutung sind insbesondere die Verletzung der Aufklärungspflicht (§ 76 FGO), der Verstoß gegen allgemeine Auslegungs- und Erfahrungsgrundsätze und die Nichtbeachtung des klaren Inhalts der Akten bei der Feststellung des Sachverhalts (vgl. BFH, BStBl 2003 II S. 282, 301, 580, 714, 786).

Bei den in **§ 119 FGO** aufgeführten **Verfahrensfehlern** besteht eine **unwiderlegbare Vermutung für die Verletzung von Bundesrecht.**

14.4 Revision

14.4.4 Einlegung der Revision

Die Revision ist **schriftlich** oder **elektronisch innerhalb eines Monats** nach Zustellung des vollständigen Urteils/Gerichtsbescheides unmittelbar **beim BFH** – nicht beim FG – unter Angabe des Urteils **einzulegen** (§ **120 Abs. 1, § 52 a Abs. 1 FGO**). Es herrscht grundsätzlich **Vertretungszwang** nach § **62 a FGO**.

Die **Revisionsbegründung** muss nach § **120 Abs. 2 Satz 1 FGO** grundsätzlich innerhalb von **zwei Monaten** nach Zustellung des FG-Urteils beim **BFH** eingehen. Diese Begründungsfrist ist eine selbständige Frist. Sie schließt nicht am Ablauf der Monatsfrist für die Revisionseinlegung an, sodass eine Verlängerung dieser Frist wegen der Samstags-/Sonntags-/Feiertags-Regelung nach § 54 Abs. 2 FGO, § 222 ZPO nicht automatisch eine Verlängerung der Begründungsfrist bewirkt (BFH, BStBl 2004 II S. 366). Wurde die Revision dagegen nach § **116 Abs. 7 FGO** vom BFH zugelassen, so beträgt die Begründungsfrist für den Beschwerdeführer **einen Monat** nach Zustellung des Beschlusses (§ 120 Abs. 2 Satz 1 Halbsatz 2 FGO). Diese Verkürzung der Begründungsfrist ist konsequent, weil bei der automatischen Fortsetzung der erfolgreichen Nichtzulassungsbeschwerde als Revision die Einlegung der Revision selbst und die hierfür nach § 120 Abs. 1 Satz 1 FGO vorgesehene Monatsfrist entfallen. Die Begründungsfrist kann in beiden Fällen aufgrund rechtzeitigen Antrags vom Senatsvorsitzenden nach Ermessen **verlängert** werden (§ 120 Abs. 2 Satz 3 FGO).

14.4.5 Revisionsinhalt

Die Revisionsbegründung muss nach § **116 Abs. 3 FGO**

1. einen bestimmten Antrag enthalten;

2. die verletzte Rechtsnorm angeben. Dabei ist das Zitat eines bestimmten Paragraphen nicht erforderlich. Es genügt z. B. die Rüge der Nichtanerkennung einer Betriebsausgabe (vgl. BFH, BStBl 1986 II S. 474);

3. die Tatsachen bezeichnen, die einen evtl. gerügten Verfahrensmangel ergeben. Die Revisionsbegründung muss aus sich heraus erkennen lassen, dass sich die Revision mit den Gründen der Vorentscheidung auseinander setzt, eine Wiederholung der Klage oder Klageerwiderung genügt nicht (BFH, BStBl 2002 II S. 16; 2003 II S. 238). Ebenso wenig reicht es für eine ordnungsmäßige Revisionsbegründung aus, wenn der Revisionskläger z. B. die Auffassung des FG nur mit allgemeinen Floskeln kritisiert und im Übrigen auf bestimmte Literatur verweist. Fehlt es an diesen Anforderungen, ist die Revision unzulässig.

14 FGO-Verfahren

1. Beispiel einer Revisionseinlegung:

An den
Bundesfinanzhof
Ismaninger Straße 109
81675 München
Fax 089-9231201

Revision
des Kaufmanns ...   – Kläger und Revisionskläger –
Bevollmächtigter: Steuerberater ...

gegen

das Finanzamt ...
vertreten durch den Vorsteher   – Beklagter und Revisionsbeklagter –
wegen unzutreffender Festsetzung der ESt 01 durch Bescheid vom ... in der Form der Einspruchsentscheidung vom ...
Im Namen und in Vollmacht des Revisionsklägers wird gegen das Urteil des Finanzgerichts ... vom ..., zugestellt am ..., Geschäfts-Nr. ..., Revision eingelegt.

Begründung:
Antragstellung und Begründung bleiben einer gesonderten Revisionsbegründungsschrift vorbehalten. Ich bitte die Frist für die Begründung der Revision bis zum ... zu verlängern.

Unterschrift (Abschriften beifügen und ggf. Vollmacht gemäß § 62 Abs. 3, §§ 62 a, 121 FGO)

2. Beispiel einer Revisionsbegründung:

An den
Bundesfinanzhof
Ismaninger Straße 109
81675 München
Fax 089-9231201

In der Revisionssache
des Kaufmanns ...
Bevollmächtigter: ...

gegen

das Finanzamt ...

Geschäfts-Nr.: BFH ...

wird im Wege der mit Schriftsatz vom ... eingelegten Revision beantragt, das Urteil des Finanzgerichts ... vom ... dahin gehend abzuändern, dass die ESt 01 auf ... € festgesetzt wird.

Begründung:
Gerügt wird die Verletzung materiellen Bundesrechts, nämlich die unrichtige Auslegung der Begriffe Betriebsausgaben, § 4 Abs. 4 EStG, und außergewöhnliche Belastung, § 33 EStG. ... (Folgt: Sachverhaltszusammenfassung und Schilderung der von der Ansicht des FG abweichenden Rechtslage)

Unterschrift (Abschriften beifügen)

14.4.6 Verfahrensgrundsätze

Über die Revision entscheidet der BFH. Bei Unzulässigkeit ist die Revision durch **Beschluss** zu verwerfen (**§ 126 Abs. 1 FGO**). Ist die Revision begründet oder unbegründet, ergeht die Entscheidung durch **Urteil** oder **Gerichtsbescheid** (**§ 126 Abs. 2 bis 4, §§ 121, 95, 90 a FGO**). Erachtet der BFH die Revision einstimmig für unbegründet, so können die Senate in der Besetzung von fünf Richtern durch **Beschluss** befinden (**§ 126 a FGO**). Bei Begründetheit kann der BFH in der Sache selbst entscheiden (§ 126 Abs. 3 Nr. 1 FGO). Eine derartige Entscheidung kommt in Betracht, wenn die Sache spruchreif ist. Sind noch weitere tatsächliche Feststellungen zu treffen, so hebt der BFH das angefochtene Urteil auf und weist die Sache zur anderweitigen Verhandlung und Entscheidung an das FG zurück (§ 126 Abs. 3 Nr. 2 FGO). Das FG ist bei seiner Entscheidung an die rechtliche Beurteilung des BFH gebunden.

Beteiligter am Revisionsverfahren ist, wer am Verfahren über die Klage beteiligt war (§ 122 Abs. 1, § 57 FGO). Eine Beiladung ist im Revisionsverfahren unzulässig (§ 123 FGO). Der Bundesminister der Finanzen oder die zuständige oberste Landesbehörde kann dem Revisionsverfahren beitreten (§ 122 Abs. 2 FGO). Hat ein Beteiligter Revision eingelegt, so können sich andere Beteiligte der Revision anschließen. Die **Anschlussrevision** ist gemäß § 155 FGO, § 556 ZPO zulässig.

14.4.7 Übersicht zum Revisionsverfahren nach §§ 115 ff. FGO

1. Statthaftigkeit der Revision gegen
- Urteile, § 95 FGO, und
- Gerichtsbescheide, § 90 a Abs. 2 Satz 2 FGO

Gegen „Beschlüsse" des Gerichts ist die „BFH-Beschwerde" nach §§ 128 ff. FGO gegeben.

2. Zulässigkeit der Revision nach § 124 FGO
Die **Zulassung der Revision** erfolgt durch:

	FG oder	**BFH**
	von Amts wegen (§ 115 FGO) ↓	**auf Antrag (§ 116 FGO)** ↓
	1. Einlegung der „Revision" gemäß § 120 FGO ↓	1. Einlegung der „Nichtzulassungs-beschwerde" (NZB, § 116 FGO) ↓
Wo?	BFH, § 120 Abs. 1 FGO	BFH, § 116 Abs. 2 FGO
Wer?	Bevollmächtigte, § 62 a FGO	Bevollmächtigte, § 62 a FGO
Frist?	1 Monat, § 120 Abs. 2 Satz 1 FGO	1 Monat, § 116 Abs. 2 Satz 1 FGO
Form?	Schriftlich oder elektronisch gemäß § 120 Abs. 1 Satz 1, § 116 Abs. 2, § 52 a FGO	
	2. Begründung der Revision gemäß § 120 Abs. 2 und 3 FGO	2. Begründung der NZB gemäß § 116 Abs. 3 FGO
Wo?	BFH, § 120 Abs. 3 Satz 2 FGO	BFH, § 116 Abs. 3 Satz 2 FGO
Frist?	2 Monate, § 120 Abs. 2 Satz 1 FGO **Fristverlängerung** auf Antrag möglich nach § 120 Abs. 2 Satz 3 FGO	2 Monate, § 116 Abs. 3 Satz 1 FGO **Fristverlängerung** auf Antrag um 1 Monat möglich, § 116 Abs. 3 Satz 4 FGO
Form?	Schriftlich oder elektronisch nach § 120 Abs. 1 Satz 1, § 116 Abs. 2, § 52 a FGO	
	3. Entscheidung des BFH gemäß §§ 126 bis 127 FGO • Urteil bzw. • Beschluss	3. Entscheidung des BFH • **Ablehnung der NZB:** Urteil wird rechtskräftig, § 116 Abs. 5 Satz 3 FGO • **Stattgabe der NZB:** 1. ggf. **Zurückverweisung** an FG nach § 116 Abs. 6 FGO, sonst 2. **Fortsetzung als „Revision"** nach § 116 Abs. 7 FGO ↓ **Begründung der Revision** nach § 120 Abs. 2 FGO erforderlich **Frist: 1 Monat** mit Möglichkeit der Verlängerung auf Antrag

14.5 Beschwerde

Beschwerde an den BFH können die Beteiligten bzw. sonst Betroffenen grundsätzlich gegen **Entscheidungen des FG,** des Vorsitzenden oder Berichterstatters, **die nicht Urteile oder Gerichtsbescheide sind,** einlegen (**§ 128 Abs. 1 FGO**). Der Beschwerde können sich andere Beteiligte anschließen. Diese „BFH-Beschwerde" besteht nur, soweit nicht etwas anderes in der FGO bestimmt ist.

Beispiele für **beschwerdefähige Entscheidungen** sind Ablehnung der Wiedereinsetzung (§ 56 FGO), Beiladungsbeschlüsse (§ 60 FGO), Zurückweisung eines Prozessbevollmächtigten (§ 62 Abs. 2 FGO), Ablehnung von Akteneinsicht nach § 78 Abs. 1 FGO sowie Beschlüsse über die Aussetzung der Vollziehung und einstweilige Anordnung jeweils nur nach Zulassung (**§ 128 Abs. 3 FGO**). **Nicht beschwerdefähig** sind z. B. Wiedereinsetzung (§ 56 Abs. 5 FGO), Verweisungsbeschlüsse (§ 70 Abs. 2 FGO), ferner nach **§ 128 Abs. 2 FGO** prozessleitende Verfügungen, Aufklärungsanordnungen und die dort genannten Beschlüsse. Ausgeschlossen ist grundsätzlich die Beschwerde in Streitigkeiten über Kostensachen (**§ 128 Abs. 4 FGO**). Diese Bestimmung bezieht sich auf isolierte Kostenentscheidungen (§ 145 FGO).

Die Beschwerde ist **schriftlich, elektronisch** oder zur Niederschrift innerhalb von **zwei Wochen** nach Bekanntgabe der Entscheidung beim **FG** zu erheben (§ 129 Abs. 1, § 52 a Abs. 1 FGO). Sie kann auch fristwahrend beim **BFH** eingelegt werden (§ 129 Abs. 2 FGO). Für die Beschwerde besteht – anders als bei der Revision nach § 120 FGO – kein Begründungszwang (vgl. § 129 FGO). Eine Beschwerdeentscheidung ist nicht zu treffen, wenn das FG die Beschwerde für begründet hält. Dann ist der Beschwerde durch Änderung oder Aufhebung der angefochtenen Entscheidung abzuhelfen (§ 130 FGO). Andernfalls kann eine Aussetzung der Vollziehung in Betracht kommen (§ 131 FGO).

Es besteht auch für das Beschwerdeverfahren **Vertretungszwang** nach **§ 62 a FGO**.

14.6 Anhörungsrüge und Erinnerung

Die **Anhörungsrüge** ist in **§ 133 a FGO** geregelt. Sie ist ein außerordentlicher und **subsidiärer Rechtsbehelf** im – gesamten – Prozessrecht, der es erlaubt, entscheidungserhebliche Verstöße einer gerichtlichen Entscheidung gegen den Anspruch auf rechtliches Gehör selbständig geltend zu machen, wenn gegen die Entscheidung sonst kein Rechtsmittel oder anderer Rechtsbehelf gegeben ist. Die Rüge hat nur Bedeutung in Verfahren der Prozesskostenhilfe sowie in Bezug auf Einstellungsbeschlüsse nach Klagerücknahme und Kostenbeschlüsse gemäß § 138 FGO nach übereinstimmender Erledigungserklärung, da diese Entscheidungen nach § 128 Abs. 2 bzw. 4 Satz 1 FGO unanfechtbar sind (vgl. im Einzelnen Schoenfeld, DB 2005 S. 850). Die Anhörungsrüge ist innerhalb von zwei Wochen nach Kenntnis von der Verletzung des rechtlichen Gehörs schriftlich oder zur Niederschrift zu erheben; die Voraussetzungen sind darzulegen.

Die **Erinnerung** ist der Rechtsbehelf gegen **Kostenfestsetzungsbeschlüsse** des Gerichts (**§ 149 FGO**). Die Kosten des gerichtlichen Verfahrens bestehen aus den Gerichtskosten und den zur zweckentsprechenden Rechtsverfolgung notwendigen Aufwendungen der Beteiligten (§ 139 FGO). Die Gerichtskosten (Gebühren und Auslagen) für die erste Instanz werden von der Geschäftsstelle des FG und die Rechtsmittelkosten von der Geschäftsstelle des BFH festgesetzt. Über die Erinnerung gegen diese Festsetzungen entscheidet das Gericht (§ 66 GKG, § 149 Abs. 4 FGO). Das Erinnerungsverfahren ist kostenfrei. Die Erinnerung kann schriftlich oder zu Protokoll eingelegt werden. Die **Frist** beträgt zwei Wochen (§ 149 Abs. 2 FGO). Gegen Erinnerungsentscheidungen nach § 149 Abs. 4 FGO ist keine Beschwerde gegeben (§ 128 Abs. 4 FGO).

14.7 Wiederaufnahme des Verfahrens

Die Wiederaufnahme des Verfahrens ist ein **Rechtsmittel zur Beseitigung der Wirkungen eines rechtskräftigen Urteils.** Voraussetzungen und Verfahren richten sich nach der ZPO (**§ 134 FGO**). Die Wiederaufnahme des Verfahrens kann im Wege der Nichtigkeitsklage oder der Restitutionsklage erreicht werden. Die **Nichtigkeitsklage** kann im Fall bestimmter schwerer Verfahrensmängel erhoben werden (**§ 579 ZPO**). Die **Restitutionsklage** kommt bei Unrichtigkeit der Urteilsgrundlagen wegen falscher eidlicher Aussage, Urkundenfälschung, falscher Zeugenaussage, Urteilserschleichung, Amtspflichtverletzung eines Richters oder Auffindung von Urkunden in Betracht (§ 580 ZPO).

14.8 Nebenentscheidungen

14.8.1 Kostenentscheidungen

Das gerichtliche Verfahren ist stets mit einem **Kostenrisiko** (Gerichtskosten und Aufwendungen des Beteiligten) verbunden, die oft in keinem Verhältnis zu der streitigen Steuer stehen. Jeder Stpfl. bzw. sein Berater sollte deshalb vorher unter Abwägung der materiellen Erfolgsaussichten auch das Kostenrisiko miteinbeziehen und ggf. eine Prozesskostenrückstellung bilden.

Die Kostenentscheidung bestimmt, wer die Kosten des Verfahrens zu tragen hat (**§§ 135 bis 149 FGO**). Sie wird zusammen mit der Sachentscheidung in der Ent-

14.8 Nebenentscheidungen

scheidungsformel (Tenor) getroffen und befindet über die Kostentragungspflicht für alle Instanzen (§§ 143, 144, 79 a Abs. 1 Nr. 5 FGO).

Die Kostenentscheidung ist Grundlage für die Kostenfestsetzung. Sie spricht aus, welcher der Beteiligten die Kosten dem Grunde nach trägt oder wie die Kosten auf die Beteiligten zu verteilen sind. Der Höhe nach werden die Kosten des gerichtlichen Verfahrens, die aus Gebühren und Auslagen bestehen, von der Geschäftsstelle des Gerichts festgesetzt (§§ 1, 19 GKG). Zu den Kosten gehören auch die zur zweckentsprechenden Rechtsverfolgung oder Rechtsverteidigung notwendigen Aufwendungen der Beteiligten einschließlich der notwendigen Aufwendungen des Vorverfahrens (§ 139 Abs. 1, § 149 Abs. 1 FGO).

Die **Höhe der Kosten** des **gerichtlichen Verfahrens** richtet sich nach § 3 GKG i. V. m. Nr. 6110 ff. und 6210 ff. Kostenverzeichnis der Anlage 1 zum GKG. Danach werden üblicherweise vier Gebühren erhoben, im Fall der Klagerücknahme vor Schluss der mündlichen Verhandlung bzw. vor Ergehen eines Urteils oder Gerichtsbescheides ohne mündliche Verhandlung zwei Gebühren. Die **außergerichtlichen Kosten** ergeben sich aus der **RVG** i. V. m. **§§ 45, 46 StBGebV**. Den **Ersatz von Aufwendungen** kann die **Finanzbehörde** als Beteiligte **nicht** verlangen (**§ 139 Abs. 2 FGO**). Soweit die Behörde zur Tragung der Kosten des gerichtlichen Verfahrens verurteilt ist, werden Gebühren und Auslagen nicht erhoben (§ 2 GKG). In diesem Fall sind den Beteiligten nur die Aufwendungen zu ersetzen, die zur zweckentsprechenden Rechtsverfolgung erwachsen sind (§ 139 Abs. 1 FGO). Diese Aufwendungen umfassen auch die **Gebühren und Auslagen eines Bevollmächtigten (§ 139 Abs. 3 FGO)**. Sie sind stets erstattungsfähig, sofern sie gesetzlich vorgesehen sind und zur zweckentsprechenden Rechtsverfolgung notwendig waren. Dazu zählt jede Maßnahme, die ein am gerichtlichen Verfahren Beteiligter für gewöhnlich bei objektiver und vorausschauender Betrachtung für erforderlich halten durfte. So sind z. B. Kosten für einen zweiten Bevollmächtigten oder für ein Privatgutachten nicht erstattungsfähig (BFH, BStBl 1976 II S. 574). Die Erstattung der Gebühren eines Bevollmächtigten für ein Vorverfahren kommt nur in Betracht, wenn das Gericht die Zuziehung eines Bevollmächtigten für notwendig erklärt (§ 139 Abs. 3 Satz 3 FGO). Notwendig ist die Zuziehung, wenn der Stpfl. vernünftigerweise von der Erforderlichkeit ausgehen durfte. Dabei sind die wirtschaftliche Auswirkung der Streitfrage für den Stpfl. und die Kompliziertheit und Undurchsichtigkeit des Steuerrechts zu berücksichtigen. Erklärt das Gericht die Zuziehung nicht für notwendig, kann nur Ersatz der sonstigen notwendigen Aufwendungen des Vorverfahrens begehrt werden (§ 139 Abs. 1 FGO).

Einem Stpfl., der die durch ein gerichtliches Verfahren entstehenden Kosten nicht zu tragen vermag, kann **Prozesskostenhilfe** gewährt werden (PKH). Voraussetzungen und Verfahren der PKH richten sich nach § 142 FGO, §§ 114 ff. ZPO.

14 FGO-Verfahren

Die **Kosten des gesamten Verfahrens** hat zu tragen, wer im endgültigen Ergebnis **voll unterliegt.** Ihm fallen die Kosten sämtlicher Rechtsbehelfsstufen zur Last, auch wenn eine Rechtsbehelfsstufe für ihn erfolgreich war (§ **135 Abs. 1 FGO).**

Beispiel:
Nach erfolglosem Einspruch erhob A gegen die USt-Festsetzung von 77.000 € Anfechtungsklage. Das FG hält nur eine USt von 66.000 € für gerechtfertigt und mindert die USt im Urteil nach § 100 Abs. 2 FGO entsprechend. Auf die Revision des FA hebt der BFH das FG-Urteil auf und weist die Klage ab. Kostenfolge? A muss nach § 135 Abs. 1 FGO die gesamten Kosten des Klage- und Revisionsverfahrens tragen. Es ist unerheblich, dass das FG zu seinen Gunsten entschieden hatte.

Sind mehrere zur Tragung der Kosten verpflichtet, so haften sie nach Kopfteilen oder nach dem Maß ihrer Beteiligung (§ 135 Abs. 5 FGO). Einem Beteiligten, der zugezogen oder beigeladen wurde, können Kosten nur auferlegt werden, sofern er Anträge gestellt oder Rechtsbehelfe eingelegt hat (§ 135 Abs. 3 FGO).

Das **Maß des Unterliegens** ergibt sich aus dem Vergleich der Entscheidung mit den gestellten Anträgen. Danach unterliegt der Stpfl. stets in vollem Umfang, wenn der Rechtsbehelf endgültig als unzulässig verworfen oder als unbegründet zurückgewiesen wird. Unerheblich ist dabei, aus welchen Gründen der Rechtsbehelf ohne Erfolg blieb.

Beispiel:
Die ESt des A ist auf 10.000 € festgesetzt worden. A klagt gegen den Bescheid in Gestalt der Einspruchsentscheidung, weil das FA Werbungskosten nicht in vollem Umfang berücksichtigt hat. Danach beträgt die ESt-Schuld 9.000 €. Das FG hält die Klage insoweit für begründet. Im Laufe des Klageverfahrens werden neue Tatsachen bekannt, die eine um 2.000 € höhere ESt-Festsetzung rechtfertigen. Das FA führt diese Tatsachen in das Klageverfahren ein. Das FG gibt A Gelegenheit, sich zu der neuen Sachlage zu äußern. Rechtsfolge?
Das FG muss die Klage abweisen (§§ 90, 96 Abs. 1 FGO). Die Einspruchsentscheidung war fehlerhaft begründet. Im Ergebnis konnte die Klage jedoch keinen Erfolg haben. Die Kosten fallen A in vollem Umfang zur Last (§ 135 Abs. 1 FGO).

Fehlt ein bezifferter Antrag, so muss das Begehren des Stpfl. aus der Klageschrift ermittelt werden (BFH, BStBl 1972 II S. 89). In der Regel kann davon ausgegangen werden, dass der Stpfl. eine möglichst niedrige Steuerfestsetzung begehrt.

Bei **teilweisem Obsiegen und Unterliegen** der Beteiligten sind die Kosten gegeneinander aufzuheben oder verhältnismäßig zu teilen. Davon kann abgesehen werden, wenn ein Stpfl. oder Beteiligter nur zu einem geringen Teil unterlegen ist (§ 136 Abs. 1 Satz 3 FGO). Die Kosten sind gegeneinander aufzuheben, wenn Behörde und Kläger etwa zu gleichen Teilen obsiegt haben und unterlegen sind (§ 136 Abs. 1 FGO). Hier fallen die Gerichtskosten jedem Teil zur Hälfte zur Last (§ 136 Abs. 1 Satz 2 FGO), die außergerichtlichen Kosten trägt jeder Betei-

14.8 Nebenentscheidungen

ligte selbst. Werden die Kosten verhältnismäßig geteilt, so hat jeder Beteiligte die gesamten Kosten im Sinne von § 139 FGO anteilsmäßig zu tragen.

Beispiel:
Die gegen B festgesetzte ESt beträgt 60.000 €. In der mit Zustimmung des FA eingelegten Sprungklage beantragte B, die ESt auf 50.000 € herabzusetzen. Das FG setzte die ESt durch Urteil auf 55.000 € fest. Im Übrigen wies es die Klage als unbegründet zurück. Die Kosten bürdete es zur Hälfte dem B auf. Auf die Revision des B, der erneut die Festsetzung auf 50.000 € begehrt, hält der BFH eine ESt von 53.000 € für gerechtfertigt. Folge?
Der BFH kann nach § 126 Abs. 3 FGO durch Urteil die ESt auf 53.000 € festsetzen. Das Urteil muss über die Kostenentscheidung befinden. B hat im FG-Verfahren eine Herabsetzung um 10.000 € beantragt, im endgültigen Ergebnis eine Minderung um 7.000 € erreicht. Die Kosten des FG-Verfahrens fallen deshalb zu $3/10$ B und zu $7/10$ dem FA zur Last. B hat eine Änderung des FG-Urteils von 55.000 € auf 50.000 € begehrt und ist in Höhe von 3.000 € unterlegen. Die Kosten der Revision trägt zu $3/5$ B und zu $2/5$ das FA. B erhält $7/10$ der zur Rechtsverfolgung notwendigen Aufwendungen des Klageverfahrens sowie $2/5$ der entsprechenden Aufwendungen des Revisionsverfahrens erstattet (§ 139 Abs. 1 FGO).

Bei **Erledigung der Hauptsache** ist über die **Kosten nach billigem Ermessen** zu entscheiden. Die Hauptsache erledigt sich durch den Eintritt besonderer Umstände außerhalb des Rechtsmittelverfahrens, die eine Sachentscheidung über den materiellen Anspruch erübrigen und alle in Streit befangenen Sachfragen gegenstandslos gemacht haben. Das ist vornehmlich der Fall, wenn ein Verwaltungsakt außerhalb des Rechtsmittelverfahrens geändert wird, z. B. nach § 164 Abs. 2 AO (vgl. Ausführungen unter Tz. 14.2.5). Die Kostentragungspflicht in diesen Fällen regelt § **138 Abs. 1 FGO**. Danach ist bei der Ermessensentscheidung der bisherige Sach- und Streitstand zu berücksichtigen. Die Behörde hat die Kosten stets zu tragen, soweit der Rechtsstreit dadurch erledigt wird, dass dem Antrag des Klägers durch Rücknahme oder Änderung des angefochtenen Verwaltungsaktes stattgegeben wird (**§ 138 Abs. 2 FGO**). Das gilt nicht, wenn die Rücknahme oder Änderung auf Tatsachen beruht, die dieser früher hätte geltend machen können und sollen (§ 138 Abs. 2 Satz 2 i. V. m. **§ 137 FGO**). In der Regel entspricht die Kostenentscheidung billigem Ermessen, wenn über die Kosten so erkannt wird, wie zu entscheiden gewesen wäre, wenn die Hauptsache nicht ihre Erledigung gefunden hätte. Dabei kann im Allgemeinen davon ausgegangen werden, dass in der Hauptsache entsprechend ihrer Erledigung entschieden worden wäre. Die Grundsätze können nicht angewandt werden, wenn bei vernünftiger Würdigung aller Umstände des Falles anzunehmen ist, dass das Rechtsbehelfsziel auch ohne Rechtsbehelf hätte erreicht werden können.

Das Ereignis, durch das das Klagebegehren in der Sache selbst gegenstandslos geworden ist, hat als solches keine prozessuale Bedeutung, sondern es bedarf einer **Erledigungserklärung.** Die Einführung in das Verfahren kann durch übereinstimmende oder einseitige Erklärungen der Beteiligten geschehen. Die Rechtswirkungen sind unterschiedlich. An beiderseitige, übereinstimmende Erledigungserklärungen ist das FG gebunden (BFH, BStBl 1988 II S. 121). Das gilt auch für unzulässige Klagen, weil eine Entscheidung des Gerichts über die Frage der Erledigung nicht mehr möglich ist, dagegen nicht für eine unzulässige Revision (BFH, BB 1985 S. 719). Bei beiderseitigen Erledigungserklärungen hat das FG durch **Beschluss** nur noch über die Kosten in Form **einer isolierten Kostenentscheidung** zu befinden (**§ 143 Abs. 1, § 145 FGO**). Gibt dagegen nur der Kläger eine Erledigungserklärung ab und stellt sich heraus, dass die Hauptsache sich tatsächlich erledigt hat, so muss die Instanz durch Urteil beendet werden, das neben der Kostenentscheidung ausdrücklich die Erledigung im Tenor festzustellen hat. Der Sachantrag des Klägers beschränkt sich auf die Behauptung, sein Klagebegehren sei nachträglich gegenstandslos geworden (BFH, BStBl 1985 II S. 218).

Im Ergebnis ist in gleicher Weise zu verfahren, wenn das beklagte FA auch die Hauptsache für erledigt erklärt, der Kläger aber widerspricht. Die Klage muss allerdings in einem solchen Fall regelmäßig mangels Rechtsschutzinteresses als unzulässig abgewiesen werden (BFH, BStBl 1979 II S. 375). In beiden Fällen ist die Kostenentscheidung nach § 135 Abs. 1 FGO zu treffen. Die Kosten sind demjenigen aufzuerlegen, der die Erledigungserklärung nicht abgegeben hat, weil er unterlegen ist.

Beispiel:

A klagt nach erfolglosem Vorverfahren gegen einen USt-Bescheid. Während des Klageverfahrens erlässt das FA einen Änderungsbescheid nach § 164 AO. A erklärt daraufhin die Hauptsache für erledigt. Das FA meint, das streitige Klagebegehren sei noch nicht vollständig gegenstandslos geworden. Das FG nimmt Erledigung der Hauptsache an. Rechtsfolge?

Das FG muss durch Urteil entscheiden (§§ 90, 95 FGO). Es hat im Tenor auszusprechen: „Die Hauptsache ist erledigt." Außerdem muss es entsprechend § 135 Abs. 1 FGO dem FA die Verfahrenskosten auferlegen.

Einem Beteiligten – Kläger bzw. Finanzbehörde – können **trotz Erfolg Kosten** auferlegt werden. Voraussetzung ist, dass die Entscheidung auf Tatsachen beruht, die der Beteiligte früher hätte geltend machen können und sollen (**§ 137 Satz 1 FGO**). Hiernach muss das verspätete Vorbringen von Tatsachen auf einem **groben Verschulden** beruhen. Hiervon kann nur im Fall eines vorsätzlichen oder grob nachlässigen Verhaltens gesprochen werden, z. B. in Schätzungsfällen oder bei entsprechendem verfahrensfehlerhaftem Vorgehen des FA (BFH, BStBl 1995 II S. 353/357). Dadurch **entfällt** die **Verzinsung nach § 236 Abs. 3 AO,** nicht aber die nach dem vorrangigen § 233 a AO (§ 236 Abs. 4 AO).

Von einer Erhebung der Kosten kann in bestimmten Fällen abgesehen werden. Dazu ist die Möglichkeit gegeben, wenn die Kosten bei richtiger Behandlung der Sache nicht entstanden wären oder ein Kosten verursachender Antrag auf unverschuldeter Unkenntnis der tatsächlichen oder rechtlichen Verhältnisse beruht (§ 21 GKG).

Kostenentscheidungen des FG sind nicht selbständig anfechtbar. Sie können nur zusammen mit der Entscheidung in der Hauptsache überprüft werden **(§ 145, § 128 Abs. 4 FGO).**

14.8.2 Streitwertfeststellungen

Nach der **Höhe des Streitwerts** richten sich die gerichtlichen Gebühren (§ 139 Abs. 1 FGO, § 3 GKG), die Gebühren für Bevollmächtigte im gerichtlichen Verfahren (§ 139 Abs. 3 FGO, §§ 45, 46 StBGebV i. V. m. RVG) und die Bestimmung des Verfahrens gemäß § 94 a FGO. Die Streitwertfestsetzung obliegt dem Prozessgericht.

Die Streitwertfeststellung ist **nicht notwendiger Bestandteil der Rechtsmittelentscheidung.** Insoweit besteht ein grundlegender Unterschied zur Kostenentscheidung. Es bestehen jedoch keine Bedenken, sie in den Tenor aufzunehmen, soweit sie von dem Prozessgericht zusammen mit dem Urteil getroffen wird (§ 128 Abs. 4, § 145 FGO).

Der **Streitwert** ist **unter Berücksichtigung der Sachanträge** der Beteiligten nach Ermessen zu bestimmen (§ 155 FGO, § 3 ZPO). Für das Prozessverfahren vor dem FG wird nach § 6 Abs. 1 Nr. 4 GKG ein **Gerichtskostenvorschuss** erhoben. Bietet der bisherige Sach- und Streitstand hierfür keine genügenden Anhaltspunkte, so beträgt der **Auffangstreitwert 5.000 Euro** und der **Mindeststreitwert 1.000 Euro** (§ 52 Abs. 2 und 4 GKG). Bei der Ausübung des Ermessens ist das finanzielle Interesse der Beteiligten am Ausgang des Verfahrens maßgebend. Das gilt ohne Rücksicht darauf, ob der Rechtsbehelf zulässig ist. Das finanzielle Interesse ergibt sich aus dem Vergleich der Entscheidung der Vorinstanz und der begehrten Entscheidung. Die begehrte Entscheidung ist dem prozessualen Begehren im Sinne von § 65 Abs. 1, § 120 Abs. 2 FGO zu entnehmen. Wird der Antrag erweitert, so richtet sich der Streitwert grundsätzlich nach diesem Begehren. Auswirkungen der Entscheidung auf andere Steuerarten, auf Steuerzuschläge, auf Zinsen oder spätere Steuerabschnitte bleiben bei der Berechnung des finanziellen Interesses außer Ansatz (BFH, BStBl 1983 II S. 331; 1985 II S. 707 für Zulagen). Eine Ausnahme gilt für den Fall, dass die Beschwer des Rechtsstreits allein in den ungünstigen Folgen für spätere Steuerabschnitte liegt.

Ist die Höhe einer zu zahlenden **Steuer Verfahrensgegenstand,** so ist Streitwert der Unterschied zwischen der festgesetzten und der im Rechtsmittelverfahren begehrten Steuer; Anrechnungen von KapSt oder LSt bleiben hierbei unberücksichtigt (§ 52 Abs. 3 GKG). Fehlt ein bestimmter Antrag und lässt er sich auch aus der Rechtsmittelschrift nicht entnehmen, muss das Begehren geschätzt werden.

14 FGO-Verfahren

Beispiel:

Die USt ist gegen A auf 60.000 € festgesetzt worden. Nach erfolglosem Einspruch erhebt er Klage. Aus der Klageschrift ergibt sich, dass er eine Festsetzung auf 45.000 € für gerechtfertigt hält. Im Urteil setzt das FG die USt auf 50.000 € fest und lässt die Revision zu. Mit der Revision begehrt A, vertreten durch einen Steuerberater, die Herabsetzung der USt auf 45.000 €. Höhe des Streitwertes? Der Streitwert beträgt für die Klage 15.000 € und für die Revision 5.000 €.

Diese Grundsätze gelten auch für Verfahren gegen Haftungsbescheide, Zwangsgeldfestsetzungen, Vorauszahlungsbescheide, Verwaltungsakte, die einen Erlass betreffen, und Verwaltungsakte im Vollstreckungsverfahren wegen einer Forderung. Ist der Stpfl. durch eine zu niedrige Steuerfestsetzung beschwert, so besteht der Wert des Streitgegenstandes in dem Unterschied zwischen der festgesetzten und der erstrebten höheren Steuer.

Ist nicht die Höhe eines Geldanspruchs aus Steuergesetzen unmittelbar Gegenstand des Verfahrens, muss das **geldwerte Interesse** in der Regel geschätzt werden. Die Rechtsprechung hat für die Schätzung bestimmte Grundsätze entwickelt, die als Richtlinien eine wertvolle Hilfe für die Streitwertbemessung im Einzelfall sind (vgl. Tipke/Kruse, FGO Vor § 135 Tz. 145 ff.).

Beispiele:

Außenprüfungsanordnung: In Streitfällen über die Rechtmäßigkeit einer Ap beträgt der Streitwert i. d. R. 50 v. H. der zu erwartenden Mehrsteuern bei einem Auffangsstreitwert von 5.000 € (§ 52 Abs. 2 GKG).

Aussetzung der Vollziehung und einstweilige Anordnung: Der Streitwert bestimmt sich nach dem Antrag bzw. nach dem Auffangsstreitwert 5.000 € (§ 53 Abs. 3 Nr. 1 und 3, § 52 Abs. 1 und 2 GKG). Die Zahl der Gebühren beträgt zwei (Nr. 6210 KV).

Einheitsbewertung: Das finanzielle Interesse bestimmt sich nach den Wirkungen, die die Entscheidung auf die abhängigen Steuern hat. Die bisherige Rechtsprechung geht von einem Pauschsatz des streitigen Wertunterschiedes aus. Dieser beträgt bei land- und forstwirtschaftlichen Grundstücken 6 v. H., bei sonstigem Grundbesitz 6 v. H., bei Betriebsvermögen 3 v. H. und bei der Aufteilung eines EW des Betriebsvermögens 1,5 v. H. des EW (vgl. BFH, BStBl 1982 II S. 512; 1984 II S. 771; Eberl, DB 2003 S. 1988 mit Hinweisen auf geänderte FG-Rechtsprechung). Bei der Artfeststellung bemisst sich der Streitwert auf der Grundlage der vollen Höhe des festgestellten EW. Der Streitwert ist hiernach in der Regel durch Anwendung der anerkannten Pauschsätze auf den vollen EW zu berechnen.

Feststellung von Einkünften: Das finanzielle Interesse ist abhängig von der Auswirkung auf die ESt der Beteiligten, nicht dagegen auf die GewSt (BFH, BStBl 1982 II S. 542). Grundsätzlich ist der Streitwert auf 25 v. H. der streitigen Einkünfte zu bemessen (BFH, BFH/NV 2001 S. 1035 m. w. N.). Dieser Prozentsatz gilt auch, wenn es um die ersatzlose Aufhebung des Feststellungsbescheides geht (BFH, BStBl 1976 II S. 22) oder ein negativer Feststellungsbescheid angefochten wird (BFH, BStBl 1977 II S. 819). Geht es um die Höhe des Verlustes bei Abschreibungsgesellschaften, beträgt der Streitwert regelmäßig 50 v. H. des streitigen Verlustbetrages (BFH, BStBl 1987 II S. 287; BFH/NV 1999 S. 1366 m. w. N.). Lässt sich aus der Höhe der

Einkünfte die Vermutung ableiten, dass der Streitwert von 25 v. H. den tatsächlichen Auswirkungen auf die ESt der betroffenen Personen nicht gerecht wird, ist der Pauschalsatz bis auf 50 v. H. zu erhöhen (BFH, BStBl 1986 II S. 255). Diese Grundsätze gelten auch bei Streit um die Verteilung der Einkünfte, es sei denn, es handelt sich ausschließlich um eine Ehegattengemeinschaft. Ist bei zusammen veranlagten Ehegatten nur die Zulässigkeit einer einheitlichen Gewinnfeststellung streitig, ist der Streitwert mit 10 v. H. dieses Betrages anzusetzen (BFH, BStBl 1984 II S. 445). Bei Streit um die Höhe eines Veräußerungsgewinns beträgt der Regelsatz ab 1999 nach Änderung des § 34 EStG im Einzelfall 20 bis 45 v. H. der „begünstigten Einkünfte". Für eine Schätzung besteht bei der gesonderten Gewinnfeststellung nach § 180 Abs. 1 Nr. 2 Buchst. b AO keine Veranlassung, weil der abhängige Steuerbetrag leicht festzustellen ist.

KSt: Streitwert ist grundsätzlich der Unterschied zwischen festgesetzter und begehrter KSt.

Nachprüfungsvorbehalt: Bei Streit um einen Nachprüfungsvorbehalt nach § 164 Abs. 1 AO beträgt der Streitwert 5.000 € (§ 52 Abs. 2 GKG).

Pfändungen: Der Streitwert richtet sich grundsätzlich nach der Höhe der zu vollstreckenden Forderung, bei niedrigerem Wert des gepfändeten Rechts jedoch nach dem finanziellen Erfolg der Pfändungsverfügung (vgl. BFH, BStBl 1989 II S. 625).

Steuermessbescheide: Der Streitwert wird durch Anwendung des Hebesatzes der Gemeinde auf den streitigen Messbetrag ermittelt. Dabei ist der Streitwert in GrSt-Messbetragssachen auf das Sechsfache der auf den streitigen Messbetrag entfallenden Jahres-GrSt zu bemessen (BFH, BStBl 1997 II S. 228).

Untätigkeitsklage: Der Streitwert kann mit 10 v. H. des streitigen Steuerbetrages angenommen werden, wenn der Antrag nicht auf Sachentscheidung gerichtet war. Bei der rechtlichen Ausgestaltung des § 46 FGO ist sonst als Streitwert der volle Steuerbetrag, um den gestritten wird, anzusetzen (BFH, BStBl 1972 II S. 574).

Zulassung als Steuerberater: Bei Streitigkeiten über die Steuerberaterprüfung sind als Streitwert 25.000 € anzusetzen (BFH, BFH/BNV 2004 S. 515). Der Streitwert beträgt ebenfalls 25.000 € für die Anerkennung einer GmbH als Steuerberatungsgesellschaft (BFH, BStBl 1990 II S. 75).

14.9 Vollstreckung

Die **Vollstreckung zugunsten einer Körperschaft des öffentlichen Rechts** richtet sich nach den §§ 249 ff. AO; Vollstreckungsbehörde ist das FA (§ 150 FGO).

Die **Vollstreckung gegen einen Hoheitsträger** bestimmt sich nach den §§ 151 bis 154 FGO i. V. m. §§ 704 bis 915 ZPO. Die Vollstreckung obliegt dem FG. Die praktische Bedeutung ist gering.

Abkürzungen

a. A.	anderer Ansicht	eA	einstweilige Anordnung
a. a. O.	am angeführten Ort	EFG	Entscheidungen der Finanzgerichte
Abschn.	Abschnitt		
Abw.	Abwandlung	EG	Europäische Gemeinschaften
AdV	Aussetzung der Vollziehung	EGAO	Einführungsgesetz zur Abgabenordnung
AEAO	Anwendungserlass AO		
a. F.	alte Fassung	ErbStG	Erbschaftsteuergesetz
AfA	Absetzung für Abnutzung	ErbStDV	Erbschaftsteuer-Durchführungsverordnung
AG	Aktiengesellschaft		
AnfG	Anfechtungsgesetz	ESt	Einkommensteuer
AO	Abgabenordnung	EStDV	Einkommensteuer-Durchführungsverordnung
Ap	Außenprüfung		
ArGe	Arbeitsgemeinschaft	EStG	Einkommensteuergesetz
Art.	Artikel	EStH	Einkommensteuer-Handbuch
AStBV	Anweisungen für das Straf- und Bußgeldverfahren (Steuer) der Länder	EStR	Einkommensteuer-Richtlinien
		EU	Europäische Union
AStG	Außensteuergesetz	EuGH	Europäischer Gerichtshof
AVVwZG	Allgemeine Verwaltungsanweisung zum VwZG	EW	Einheitswert
		FA	Finanzamt
		FAGO	Geschäftsordnung für die Finanzämter
BA	Betriebsausgaben		
BAT	Bundesangestelltentarif	FG	Finanzgericht
BB	Der Betriebs-Berater	FGG	Gesetz über die Angelegenheiten der freiwilligen Gerichtsbarkeit
BBG	Bundesbeamtengesetz		
BDSG	Bundesdatenschutzgesetz	FGO	Finanzgerichtsordnung
betr.	betreffend	FinMin	Finanzminister
BewG	Bewertungsgesetz	FörderGG	Fördergebietsgesetz
BFH	Bundesfinanzhof	FR	Finanz-Rundschau
BFH/NV	Sammlung amtlich nicht veröffentlichter Entscheidungen des BFH	FVG	Gesetz über die Finanzverwaltung
BGB	Bürgerliches Gesetzbuch	GbR	Gesellschaft bürgerlichen Rechts
BGBl	Bundesgesetzblatt	GewO	Gewerbeordnung
BGH	Bundesgerichtshof	GewSt	Gewerbesteuer
BMF	Bundesministerium der Finanzen	GewStDV	Gewerbesteuer-Durchführungsverordnung
BpO	Betriebsprüfungsordnung	GewStG	Gewerbesteuergesetz
BRRG	Beamtenrechtsrahmengesetz	GewStR	Gewerbesteuer-Richtlinien
BStBl	Bundessteuerblatt	GFestV	Verordnung zu § 180 Abs. 2 AO
BVerfG	Bundesverfassungsgericht	GG	Grundgesetz für die Bundesrepublik Deutschland
BVerfGG	Bundesverfassungsgerichtsgesetz		
BVerwG	Bundesverwaltungsgericht	GKG	Gerichtskostengesetz
bzgl.	bezüglich	GmbH	Gesellschaft mit beschränkter Haftung
DB	Der Betrieb	GmbHR	GmbH-Rundschau
DBA	Doppelbesteuerungsabkommen	GrEStDV	Grunderwerbsteuer-Durchführungsverordnung
DÖV	Die öffentliche Verwaltung		
DStR	Deutsches Steuerrecht	GrEStG	Grunderwerbsteuergesetz
DStZ	Deutsche Steuerzeitung	GrS	Großer Senat

Abkürzungen

GrStDV	Grundsteuer-Durchführungsverordnung	R	Richtlinie
		RAO	Reichsabgabenordnung
GrStG	Grundsteuergesetz	RGBl	Reichsgesetzblatt
GVG	Gerichtsverfassungsgesetz	Rspr	Rechtsprechung
HFR	Höchstrichterliche Finanzrechtsprechung	RVG	Rechtsanwaltsvergütungsgesetz
		RVO	Reichsversicherungsordnung
HGB	Handelsgesetzbuch	S.	Seite
h. M.	herrschende Meinung	SGB	Sozialgesetzbuch
		SGG	Sozialgerichtsgesetz
i. d. R.	in der Regel	SolZ	Solidaritätszuschlag
i. H. v.	in Höhe von	StDÜV	Steuerdaten-Übermittlungsverordnung
Inf	Information		
InsO	Insolvenzordnung	StB	Der Steuerberater
InvZulG	Investitionszulagengesetz 2005	StBerG	Steuerberatungsgesetz
i. V. m.	in Verbindung mit	Stbg	Die Steuerberatung
JVEG	Justizvergütungs- und Entschädigungsgesetz	StBGebV	Steuerberatergebühren-Verordnung
		StBp	Steuerliche Betriebsprüfung
KapSt	Kapitalertragsteuer	StEd	Steuer-Eildienst
KBV	Kleinbetragsverordnung	StEK	Steuererlasse in Karteiform
KG	Kommanditgesellschaft	StGB	Strafgesetzbuch
KGA	Kreditgewinnabgabe	StLex	Steuer-Lexikon
KiSt	Kirchensteuer	StNr.	Steuernummer
KraftSt	Kraftfahrzeugsteuer	Stpfl.	Steuerpflichtiger
KSt	Körperschaftsteuer	StPO	Strafprozessordnung
KStDV	Körperschaftsteuer-Durchführungsverordnung	StuW	Steuer und Wirtschaft
		StW	Steuer-Warte
KStG	Körperschaftsteuergesetz	SubvG	Subventionsgesetz
KStR	Körperschaftsteuer-Richtlinien	UR	Umsatzsteuer-Rundschau
KV	Kostenverzeichnis	USt	Umsatzsteuer
LPartG	Lebenspartnerschaftsgesetz	UStDV	Umsatzsteuer-Durchführungsverordnung
LSt	Lohnsteuer		
LStDV	Lohnsteuer-Durchführungsverordnung	UStG	Umsatzsteuergesetz
		UStR	Umsatzsteuer-Richtlinien
LStJA	Lohnsteuer-Jahresausgleich	UStZustV	Umsatzsteuer-zuständigkeitsverordnung
LStR	Lohnsteuer-Richtlinien		
m. w. N.	mit weiteren Nachweisen	u. U.	unter Umständen
MV	Mitteilungsverordnung	VA	Verwaltungsakt
		vGA	verdeckte Gewinnausschüttung
NJW	Neue Juristische Wochenschrift	VollstrA	Vollstreckungsanweisung
NRW	Nordrhein-Westfalen	VSt	Vermögensteuer
NV	Nichtveranlagung	V+V	Vermietung und Verpachtung
		VwVfG	Verwaltungsverfahrensgesetz
OFD	Oberfinanzdirektion	VwGO	Verwaltungsgerichtsordnung
OHG	Offene Handelsgesellschaft	VwZG	Verwaltungszustellungsgesetz
OLG	Oberlandesgericht	wistra	Zeitschrift für Wirtschaft, Steuer, Strafrecht
OR-Geschäft	Geschäft ohne Rechnung		
OwiG	Ordnungswidrigkeitengesetz	WoPDV	Verordnung zur Durchführung des Wohnungsbauprämiengesetzes
PartGG	Partnerschaftsgesellschaftsgesetz		
PKH	Prozesskostenhilfe	WoPG	Wohnungsbau-Prämiengesetz
qm	Quadratmeter	ZPO	Zivilprozessordnung

Paragraphenschlüssel

§	Seite	§	Seite
Abgabenordnung (AO)		27	80
1	23 f., 591	28	79, 81
2	25, 68	29	81
3	26 ff.	30	50 ff.
4	34 f.	30 a	56, 156, 162
5	40 ff., 114, 152 f., 522 f., 557	31	53
6	32 ff., 73	31 a	56
7	49 f., 51 f.	31 b	56, 59
8	64 f.	32	50
9	65 f.	33	85 ff., 131, 155
10	67, 79	34	91 f., 280, 283, 331, 480 f., 487, 573
11	68, 79		
12	68	35	92, 480 f., 573
13	69, 481	36	92
14	69	37	85 ff., 95 ff., 118, 120, 297, 326, 546, 563, 581
15	70		
16	72	38	92 ff.
17	74	39	106 ff., 502
18	75 ff.	40	101 f.
19	76 ff.	41	101 f.
20	79	42	103 ff.
20 a	76, 77	43	86, 101
21	75	44	56, 98, 111 ff., 276, 289, 528 f., 546
22	75	45	114 ff., 289, 476
23	84	46	97, 115 ff.
24	80, 519	47	119, 326
25	79	48	518, 519
26	80, 596	49	88, 94

Paragraphenschlüssel

§	Seite	§	Seite
50	115, 120	78	131 ff., 155
51	120	79	90, 132, 287 f., 605
52	121	80	133 ff., 155, 274 ff., 277, 606
53	123	81	137, 280
54	123	82	137
55	122	83	139
56	123	84	140
57	124	85	141 f., 202, 365, 609
58	124	86	141
59	124	87	142
60	125	87 a	227, 246, 259, 263, 265, 593
61	125	88	142, 208, 303
62	126	88 a	55
63	126	89	47, 144, 609
64	127	90	146 ff., 159
65	127	91	149, 520, 610
66	128	92	150 ff., 427
67	128	93	59, 154 ff., 166 ff., 211, 487
67 a	127	93 a	141
68	128	93 b	157, 162, 189
69	92, 480 ff., 525, 527	94	157
70	491	95	158 f.
71	477, 488, 492 ff., 521, 527, 573	96	52, 164
72	190, 495	97	164 ff., 211
73	495, 527	98	165 f., 212
74	496, 527	99	166
75	501, 510	100	166
76	511	101	159 f.
77	511	102	160 f., 193

Paragraphenschlüssel

§	Seite	§	Seite
103	161	133	359
104	164, 191	134	171
105	162	135	171
106	162	136	172
107	155, 163, 164, 165	137	172
108	220 ff., 266 f., 560, 583	138	172, 506
109	179, 222, 613	139	172
110	226 ff., 249, 415, 596, 613	139 a ff.	172
111	169	140	173 ff.
112	169	141	173 f.
116	170	142	174
117	169, 193	143	174
118	237 ff.	144	175
119	245 ff., 260, 264, 294, 520	145	175
120	249 ff., 621	146	175 f.
121	42, 294, 354, 521	147	176 f., 302
122	258 ff., 266 ff., 594	148	174, 175, 176
123	268 f.	149	178 ff., 306
124	239, 252, 258 ff., 352, 590, 594	150	180 ff., 364
125	73, 75, 81, 239, 247, 253 ff., 294, 326, 520, 590, 649	151	180
		152	182 ff., 569
126	150, 232, 248, 255 f., 294, 610	153	188 f., 308, 320, 414
127	75, 81, 150, 255 f., 598	154	162, 189, 495
128	255 ff., 519	155	276 ff., 289, 290, 330
129	310, 355, 359 ff., 385, 470, 537	156	184, 293
130	187, 367 f., 369 ff., 414, 438, 530, 537	157	290, 294 ff., 328
		158	173, 190, 194
131	367, 375	159	109, 190
132	356, 374, 622	160	191 ff.

703

Paragraphenschlüssel

§	Seite	§	Seite
161	193	185	350
162	194 ff., 291, 330, 423 f., 426	186	350
163	300 ff., 349, 384, 468, 568, 600	187	351
		188	351
164	198, 311, 312, 383 ff., 396 ff., 406, 614	189	351
		190	351
165	321, 385, 403 ff., 616	191	256, 289, 299, 477, 511, 518 ff.
166	288, 532	192	477, 518, 519
167	240, 395 ff., 476, 518	193	202 ff., 314
168	240, 273, 395 ff., 567, 589	194	205 f., 207, 316
169	301 ff., 325	195	209
170	306 ff.	196	209, 315
171	169, 310 ff., 319, 408, 454 f.	197	205, 316
172	406, 409 ff., 588, 614, 622	198	211, 315
173	390 f., 421 ff., 458, 530, 588, 615	199	211
		200	155, 212
174	444 ff., 625	201	212
175	321, 330, 355, 427, 429, 454 ff., 571 f.	202	213, 318, 439
		203	213, 439
175 a	465	204	214 f.
176	387, 407, 466 ff.	205	215
177	305, 365, 417, 425 f., 441 f., 457, 470 ff., 615	206	216
		207	215
179	328 ff., 339 f., 345 f.	208	155, 216 ff.
180	75 ff., 205, 331 ff., 600	209	218
181	302, 322, 331 ff., 347 f.	210	218
182	288, 321, 328, 332, 457	211	218
183	279, 283 ff., 601	212	218
184	349 f.	213	219

Paragraphenschlüssel

§	Seite	§	Seite
214	219	240	357, 556, 568, 574, 581 ff.
215	219	241 ff.	585 f.
216	219	249	56, 57
217	219	251	288, 629, 636, 638
218	96, 98, 100, 119, 120, 296, 535 ff., 551, 581, 585	254	288, 538, 585, 631
		256	200
219	495, 529 f., 560	257	636, 638 f.
220	537 f.	258	549, 554, 584, 676
221	538	260	57
222	539 ff., 548, 554, 570 f.	261	558
223	539	265	476
224	542 ff., 575	266	499, 507
224 a	131, 542	267	88, 283
225	544 f.	268	112, 299, 477, 546
226	99, 545 ff., 563, 639	276	546
227	95, 300, 552 ff., 568, 584	278	112, 516, 546
228	558 ff.	279	299
229	529, 559 f.	284	158, 630
230	560	309	57
231	560 ff.	328	198 ff.
232	563	329	199 ff.
233	564 f., 580	330	199 ff.
233 a	566 ff., 580	331	199
234	569 ff., 580	333	199 ff.
235	569, 572 ff., 580, 600	334	199
236	570, 576 f., 580, 694	335	201
237	571, 577 ff., 580	347	587, 589 ff.
238	565 f., 580	348	590
239	566 f., 580	350	597 ff., 602

Paragraphenschlüssel

§	Seite	§	Seite
351	365, 394, 408, 413, 418, 615, 617 ff., 620 f.	**Finanzgerichtsordnung (FGO)**	
		1	642
352	600 ff., 626	2	642
353	333, 599	3	642
354	603	4	642
355	236, 273, 396, 594 ff., 607	5	642
356	295, 596 f.	6	642, 672
357	592 f., 595 f., 607	10	642
358	589, 607	11	643
359	609	14	643
360	532, 599, 602, 624 ff., 637	15	643
361	316, 549, 551, 577, 629 ff., 673 f.	16	643
362	604 f., 611	17	643
363	616 ff.	18	643
364	150, 610	19	643
364 a	606, 609	20	643
364 b	597, 612 ff.	21	643
365	356, 590, 606, 609, 617, 622	33	591 f., 643
366	623	35	643
367	313, 590, 596, 611, 617 ff., 622 ff.	36	643
		38	643
370	181, 188, 303 f., 420, 439, 491 f., 572 f.	39	643
		40	645 ff., 651
371	169, 304, 320, 572	41	253, 648, 651
374	493	42	646
378	188, 303 f., 320, 439, 491, 572	43	645
380	480	44	652, 658
393	159, 218	45	652 f.
398	493, 572	46	590, 624, 653 ff.

Paragraphenschlüssel

§	Seite	§	Seite
47	656	79 b	660 f.
48	662	81	666
50	664	82	666
52	666	83 ff.	666
52 a	657, 663, 685, 688, 689	90	665, 671 f.
53	274, 667	90 a	665, 671 f.
54	226, 667	91	665
55	656	92	666
56	656, 667	93	666
57	644	94 a	665
58	644	95	671
60	453, 628, 644	96	682
60 a	644	97	671
62	276, 662 f.	98	671
62 a	662, 683, 685, 689	99	671
63	644, 658	100	43, 645, 650
64	656, 657	101	647
65	658 ff., 660	102	43, 647
66	664	104	673
67	668	105	672
68	654	106	672
69	577, 629 ff., 673 f.	110	469, 673
71	653	113	673
72	664, 671	114	301, 631, 673, 675 ff.
73	645	115	661, 678 ff.
76	614, 660, 664, 665, 682	116	679
78	666	118	684
79	665	119	682, 684
79 a	672 f.	120	685 f.

Paragraphenschlüssel

§	Seite	§	Seite
121	687	**Gerichtskostengesetz (GKG)**	
122	687	1	691
123	687	2	691
126	687	3	691, 695
128	640, 674, 678, 689, 695	6	695
129	689	21	695
130	689	52	695 ff.
131	689	53	696
133 a	666, 682, 689	66	690
134	645, 690		
135	690 ff.	**Verwaltungszustellungsgesetz (VwZG)**	
136	671, 692	2	270
137	614, 693, 694	3	270
138	654, 693	4	270
139	588, 691, 693	5	271
142	691	6	270
143	660, 694	7	280 f., 282, 287
145	695	8	275 f.
149	690	9	271 f., 276
150	697	14	268, 271
151	697	15	268, 271, 325

Stichwortverzeichnis

A

Abgabenangelegenheiten, Begriff 591
Abgabenordnung
- Anwendungsbereich 23
- Aufbau 22
- Bedeutung 21
- Geschichte 21

Abhilfebescheide 356, 385, 413 ff., 614, 622, 669
Ablaufhemmung 393, 403, 408
Ablehnung von Amtsträgern 137 f.
Ablehnungsbescheide 298, 346, 429, 589
Abrechnungen 295 f., 537, 571
Abrechnungsbescheide 100, 120, 295, 400, 536 f., 551 f., 585
Abtretung 97, 115 ff., 547
Abzugsteuern 203, 390 f., 414, 437 f., 486 f., 491
Adressat 260 ff., 284
Akteneinsicht 150, 610, 666
Akzessorietät 519, 629
Allgemeinverfügung 237, 617
Amtshaftung 588
Amtshilfe 51, 143, 169 f., 292
Amtssprache 142
Amtsträger 49 ff., 137 f., 238, 543
Amtsverschwiegenheit 51
Analogie 38, 39, 197, 304
Änderungssperre 391, 438 f.
Anfechtbare Rechtsgeschäfte 102, 515 f.
Anfechtungsklage 645 ff., 651, 652, 654
Angehörige 70 f., 102 f., 159
Anhörungsrüge 666, 682, 689
Anlaufhemmung 306 ff., 332, 465
Anrechnung von Steuerabzugsbeträgen 295, 335, 366, 372, 414, 432, 537, 569, 582
Anrufungsauskunft 47
Anscheinsbeweis 152, 153
Antragsrechte 312 f., 388, 410 ff., 426
Anzeigepflichten 172, 189, 307, 320, 506
Arbeitsgemeinschaften 282, 345
Aufbewahrungspflicht 176
Auflage 252, 379, 621
Aufrechnung 99, 400, 545, 574 ff., 583, 639
Aufsichtsbehörde 33
Aufteilungsbescheide 112, 299, 477, 516, 546
Aufzeichnungspflicht 172 ff.
Augenschein 164 ff.
Auskunft des FA 45 ff., 56, 241
Auskunftserlass 46
Auskunftsersuchen 154 ff., 487
Auskunftspflicht 154 ff., 488
Auskunftsverweigerungsrecht 158 ff., 193, 199
Auslandsbeteiligungen 148, 172, 334
Auslegung 37 ff., 247, 406, 416, 592
Ausschließung von Amtsträgern 138
Ausschlussfrist 120, 221, 612 ff., 658 f., 664, 667
Ausschuss 140
Außenprüfung 202 ff., 314 ff., 390 f., 438 f.
Aussetzung
- der Steuerfestsetzung 403
- der Vollziehung 403, 549, 577, 600, 624, 629 ff., 674 f.
- des Verfahrens 616
Aussetzungszinsen 569, 577 ff., 580

B

Bagatellregelung 293, 355
Banken
(s. u. Kreditinstitute)
Bankgeheimnis 162 f.
Basisgesellschaften 106
Beamte 49
Bedingung 251, 593, 604
Befangenheit 139, 163
Befristung 250
Begründung
– allgemein 42, 156, 209, 248 f., 294, 354, 406, 521
– Rechtsbehelf 593
Beiladung 628, 644
Beistand 137
Beiträge 27
Bekanntgabe von Verwaltungsakten 239, 258 ff., 259, 263, 321, 325, 401
– an Bevollmächtigte 274 ff., 282
– an Ehegatten 276 ff., 298
– an Feststellungsbeteiligte 283 ff.
– an gesetzliche Vertreter 279 ff.
– an juristische Personen 287
– an Personengesellschaften 281 ff.
– an Rechtsnachfolger 285, 288, 333
– Arten 264 ff.
– Begriff 259 ff.
– Einzelfälle 274 ff.
– Folgen 272 f.
– gerichtliche Entscheidungen 274, 672
– Mängel 263 f., 271
– öffentliche – 265, 271
– Prüfungsschema 273
– Vermutung 266 ff.
– Zustellung 269 ff., 279, 667, 673
Belegvorlage 164, 211
Belehrungspflicht 159, 160, 162, 168

Berichtigung
(siehe Korrektur)
Berufsgeheimnis 160
Bescheinigungen 427, 459, 461
Beschluss 673
Beschwer 597 ff., 670
Beschwerde (FGO-) 640, 674, 678, 689
Besitz- und Verkehrsteuern 29 f.
Bestandskraft 353, 469, 618
Bestechung 373, 420
Besteuerungsgrundlagen
– Begriff 610
– Ermittlung 142, 171, 202
– gesonderte Festsetzung 328 ff.
– Schätzung 194 ff., 423
Besteuerungsgrundsätze 141 ff.
Beteiligter 131, 155, 158, 264, 284 ff., 331, 609, 644, 687
Betreuer 133, 480
Betriebs-FA 75, 334
Betriebsbedingte Steuern 498, 504
Betriebsstätte 68
Bevollmächtigte 133 ff., 155, 182, 276
– Bekanntgabe an – 275 ff., 276 f.
– im Rechtsbehelfsverfahren 606, 611, 655 f., 662 ff.
– Verschulden des – 228, 232 f., 435 ff., 656
Beweiskraft der Buchführung 190
Beweislast
(siehe Feststellungslast)
Beweismittel 146, 150 ff., 427, 666
Beweiswürdigung 152 f., 667
Bilanzänderung und -berichtigung 388, 427, 443, 461
Billigkeitsmaßnahmen 300 ff., 350, 384, 455, 566, 600
Bindungswirkung 45, 258, 353
– von Einspruchsentscheidungen 469

Stichwortverzeichnis

– von Feststellungen anderer Behörden 146, 329
– von Urteilen 469, 493, 672
Buchführungspflicht 173 ff.
Bundesfinanzbehörden 32
Bundessteuern 30
Büroorganisation, ordnungsgemäße 233 f.

C

Chiffregeheimnis 162

D

Datenabruf 55, 61, 157, 162
Datenschutz 51 ff.
DBA 25, 67, 68, 170, 405, 443, 465, 604
Denunzianten 53
Dienstaufsichtsbeschwerde 587
Dinglich wirkende Bescheide 332
Direkte Steuern 31
Drittwirkung 453, 531, 532
Drohung 373, 420, 605
Duldungsbescheide 511, 516, 518, 523

E

Ehegatten 56, 70, 78, 99, 159, 204, 276 ff., 338, 342, 425 f., 477, 492, 606
Eid 157
Eigenbesitz 109
Eigentum 106 f., 498
Eingangsstempel 227, 595
Einspruch
 (siehe Rechtsbehelfe)
Einspruchsbevollmächtigte 600
Einspruchsentscheidung 264, 411, 622 ff.
Einstweilige Anordnung 631, 675 ff.
Einzelrechtsnachfolger 115, 333, 599

Einzelrichter 642, 672 f.
Einzugsermächtigung 544
Eltern 133, 279 f.
E-Mail 227, 259, 265, 268, 593, 595, 657, 663, 667
Empfänger 260 ff.
Empfangsbevollmächtigte 277 f., 283 ff.
Entschädigungen 155, 164
Entstehung des Steueranspruchs 92 ff., 547
Erbe 115, 476
Ergänzungsbescheide 332, 345
Erhebungsverfahren 535 ff.
Erinnerung 689
Erlass
– Festsetzungserlass 300 ff.
– Zahlungserlass 552 ff., 584
Erledigung der Hauptsache 654, 669
Erlöschen des Steueranspruchs 119 f., 542
Ermessen 40 ff., 112, 150 f., 185, 191, 204, 275, 365, 371, 374, 378, 384, 410, 417, 421, 522 f., 557, 585, 598, 637
Ermessensentscheidungen, Nachprüfung 43 f., 244, 255, 557, 598, 647, 676
Ermittlung der Besteuerungsgrundlagen 142 ff., 171 ff., 216, 609
Ermittlungsfehler 168, 431
Erörterungstermin 610 f., 665
Erstattungsanspruch 95 ff., 324 f., 399 f., 576, 632
Erstattungsberechtigter 98
Ertragshoheit 30, 546
Europäische Gemeinschaft 23 f.

F

FAGO 33 f., 239
Fälligkeit 399, 487, 537 f., 548 f., 559, 574, 581

Familienkasse 32
Fax
(s. u. Telefax)
Feiertagsrecht 222
Festsetzung von Steueransprüchen
 290 ff.
Festsetzungsverjährung 301 ff., 392,
 451, 452, 526 f., 528
– Ablaufhemmung 310 ff., 527
– Anlaufhemmung 306 ff.
– Beginn 306 ff.
– Dauer 303 ff.
– Fristen 303 ff., 526
– Gegenstand 302
– gesetzliche – 303
– Prüfungsschema 327
– Teilverjährung 304 f., 312 f.
– Wahrung der Frist 325 f.
– Wirkung 302, 326
Feststellung
– Einheitswerte 331 ff.
– Einkünfte 333, 334 ff.
– nach § 180 Abs. 2 AO 344
– sonstiges Vermögen 333
– Teilfeststellungen 344
Feststellungsbescheide 284 ff., 328 ff.,
 454 ff., 600, 620, 632 ff.
Feststellungserklärung 185, 331
Feststellungsklage 590, 648 f.
Feststellungslast 106, 153 f., 266 ff., 415,
 431, 432, 487, 667
Feststellungsverjährung 321 f., 332 f.,
 347 f.
Finanzamt
– Aufbau 32 ff.
– Aufgabe 33 ff.
– der ersten Befassung 79
– der Geschäftsleitung 79
– der Lage 75
– der Tätigkeit 76, 334

– der Verwaltung 76
– des Betriebs 75, 334
– des Wohnsitzes 77 ff., 334
Finanzbefehl 198, 199, 201, 244
Finanzbehörde 32 ff., 595 f., 644,
 668
Finanzrechtsweg 643 f., 644
Finanzverwaltungsgesetz 21, 32 f.
Folgebescheide 321 f., 454 ff., 620 f.
Freistellungsbescheide 121, 296 f.
Fristen
– Arten 221
– Begriff 220
– behördliche – 156, 166, 222, 612
– Berechnung 224 ff., 273 f.
– Dauer 224 f., 594
– Einspruch 594 ff.
– gerichtliche – 226, 656, 658, 659,
 667 f., 671 f., 685, 690
– gesetzliche – 221, 227, 269, 656,
 672
– Verlängerung 222, 227, 613, 664
– Versäumung 227 ff., 613, 656,
 667
Fürsorgepflicht 144 f.

G

Gebühren 27, 691
Geldwäsche 56, 59
Gemeindesteuern 30, 349
Gemeinnützige Zwecke 121 ff.
Gemeinschaftssteuern 30
Gerichtsbescheide 671 ff.
Gerichtsverfassung 642
Gesamthandsgemeinschaften 110
Gesamtrechtsnachfolge 114 f., 188, 288,
 476, 502
Gesamtschuld 98 ff., 111 ff., 298, 476,
 546, 584

Stichwortverzeichnis

Gesamtschuldner 56, 111 ff., 279, 519, 584
– Ehegatten als – 56, 99, 276 ff., 299 f., 425, 477, 546, 573, 625
– Steuerfestsetzung gegen – 304 ff.
Geschäftsfähigkeit 91, 132, 280 ff., 324
Geschäftsführer 87, 91, 155, 477 ff., 480, 573, 600, 662
Geschäftsleitung 67
Geschäftsleitungs-FA 79
Gesellschaften bürgerlichen Rechts 90, 282 f., 337 ff., 601
Gesetz 34
Gesetzesanwendung 36
Gesetzeslücke 39
Gesetzliche Vertreter 87, 91, 155, 280 ff., 287, 324, 662
– Bekanntgabe von Verwaltungsakten 279 ff.
– Haftung 480 ff.
Gesetzwidriges Verhalten 101 f.
Gesonderte und einheitliche Feststellung
– von Einheitswerten 331 ff.
– von Einkünften 328, 333 ff.
– von Grundbesitzwerten 331 ff.
Gestaltungsmissbrauch 103 ff., 447
Gewinnfeststellung 338 ff.
Gewöhnlicher Aufenthalt 65 f., 77
GewSt-Messbescheide 329, 349 f., 351, 454, 635
Glaubhaftmachen 152, 234, 677
Gläubiger 99 ff.
Gläubiger- und Empfängernachweis 191 ff.
Gläubigeranfechtung 515 f.
Grenzpendler 66
Grundlagenbescheide 256, 291, 321 ff., 428, 454 ff., 571, 578, 620, 632 ff.
Gutachten 164

H

Haftung 476 ff.
– Betriebsübernehmer 501 ff., 510 f.
– Erben 476
– Erwerber eines Handelsgeschäfts 511 f.
– Erwerber von Unternehmen 501 ff., 511 f.
– gesetzliche Vertreter 480 ff.
– Kontenwahrheit 495
– nach bürgerlichem Recht 479, 511 ff., 513 ff.
– Organschaft 495 f.
– Steuerhinterzieher 492 ff.
– Verjährung 526 ff.
– Vertrag 477
– Vertretene 491
– wesentlich Beteiligte 496 ff.
Haftungsausschluss 504, 512, 513
Haftungsbescheide 256, 289, 299, 370, 376 f., 518, 524 ff., 560
– Prüfungsschema 533
– Rechtsbehelfe 530 f.
Haftungsschuldner 111 f., 289, 476 f., 520, 624
Handlungsfähigkeit 90 f., 132 f., 605
Heilung 150, 209, 271, 275, 628
Hemmung der Verjährung 560
Hilfeleistung in Steuersachen 135 f.
Hilfspersonen 49, 219, 232, 667
Hinterziehungszinsen 569, 572 ff., 580
Hinzuziehung 532, 624, 637
Höhere Gewalt 310, 560

I

Identifikationsmerkmale 172
Indirekte Steuern 31
Indizienbeweis 152, 266, 267 f.

Stichwortverzeichnis

Insolvenz 286
Insolvenzverfahren 89, 288, 324, 481, 502
Insolvenzverwalter 91, 482
Investitionszulage 300, 304, 308
Irrtum 229, 373

J

Juristische Personen 89, 132, 287, 662

K

Kassationsprinzip 645
Kasseneinnahmen 175
Kinder 70 f., 279 f., 591
Kirchensteuern 30
Kirchliche Zwecke 123
Klage 411, 415, 611, 612, 644 ff.
– Änderung 668 ff.
– Anfechtungsklage 645 ff.
– Arten 645
– Befugnis 662 f.
– Erledigung der Hauptsache 646, 654, 669 f., 693
– Feststellungsklage 649
– Form und Inhalt 657 ff.
– Fortsetzungsfeststellungsklage 649
– Frist 655, 667
– Häufung 645
– Leistungsklage 101, 648
– Nichtigkeitsklage 252, 649, 690
– Restitutionsklage 690
– Rücknahme 664, 671
– Sprungklage 652 f.
– Untätigkeitsklage 653 ff.
– Verpflichtungsklage 647 f.
– Verzicht 664
– Zulässigkeit 644 ff.
Kleinbetragsregelung 293, 536, 566

Kontenwahrheit 189
Kontoinformationen 157, 162 f.
Kontrollmitteilung 56, 59, 115, 141, 170, 205, 429
Körperschaften 120, 546
Korrektur von Verwaltungsakten 352 ff., 582, 611, 614
– Anregung 587
– Anwendungsbereich 358 f., 614
– Begriffe 352
– begünstigte Verwaltungsakte 367, 369, 372 ff., 378 ff.
– belastende Verwaltungsakte 367, 369 ff., 377 ff.
– Eintritt eines Ereignisses 458 ff.
– erhöhte Bestandskraft 469 f.
– Haftungsbescheide 530
– materielle Fehler 470 ff.
– neue Tatsachen 421 ff.
– offenbare Unrichtigkeiten 359 ff.
– Prüfungsschema 475
– rechtskräftige Urteile 469, 673
– Rücknahme rechtswidriger Verwaltungsakte 367 f., 369 ff.
– Saldierung 470 ff.
– Treu und Glauben 44, 468
– Verständigungsvereinbarungen 465, 604
– Vertrauensschutz 44, 466 ff.
– Vorbehaltsfestsetzungen 383 ff.
– vorläufige Bescheide 403 ff.
– während eines Rechtsbehelfsverfahrens 356 f., 622 ff., 669 ff.
– Widerruf rechtmäßiger Verwaltungsakte 367 f., 375 ff.
– widerstreitender Festsetzungen 443 ff.
– Zerlegungsbescheide 350
– Zinsbescheide 566, 568, 570, 575, 579
– Zustimmung 410 ff.

Kostenentscheidung 660, 690 ff.
– Absehen von – 695
– bei Erfolg des Rechtsbehelfs 691, 694
– bei Erledigung der Hauptsache 693
– bei Klagerücknahme 671
– bei teilweisem Unterliegen 692
– bei vollem Unterliegen 692 f.
– für Vorverfahren 691
Kreditinstitute 156, 163, 481

L

Lage-FA 75
Landesfinanzbehörden 32
Landessteuern 30
Leasing-Verträge 110
Lebenspartner 70
Legalitätsprinzip 141
Leistungsgebot 295, 538, 631
Leistungsklage 648, 651, 656
Liquidation 90, 283 f., 287

M

Meldepflichten 172
Mikrofilm 178
Mildtätige Zwecke 123
Minderjähriger 133, 279 f.
Missbräuchliche Rechtsgestaltung 103 ff., 447
Mitteilung nach Ap 213, 318, 439
Mitteilungsverordnung 142
Mitunternehmerschaften 337 ff.
Mitwirkungspflicht 147 ff., 194 ff., 211, 217, 244, 432 ff., 448
– im Rechtsbehelfsverfahren 609, 665
Mündliche Verhandlung 665, 671

N

Nachschau (USt) 143, 165, 202, 314
Natürliche Person 88, 132, 261, 662
Nebenbestimmungen zum Verwaltungsakt 249 ff., 295, 384, 392, 620
Neue Tatsachen 421 ff.
Nichtakt 239, 264
Nichtbeanstandungsgrenzen 146
Nichtigkeit 73, 195, 252 ff., 294, 326, 370, 372, 520, 590, 630, 648
Nichtzulassungsbeschwerde 682 ff.
Niederschlagung 120, 558
Niederschrift 180, 592, 657, 689
Nießbrauch 110
Notar 160
NV-Bescheinigung 298
NV-Verfügung 298

O

Oberfinanzdirektion 33
Offenbare Unrichtigkeiten 310, 359 ff., 385, 406, 470
Offenbarungspflichten 188
Öffentlichkeit 666
Opportunitätsprinzip 141
Organisation der Finanzbehörden 33 f.
Organschaft 495 f.

P

Pächter 109, 502, 512
Partnerschaft 281, 337, 513
Pauschsätze 197
Personengesellschaften 89 f., 205, 281 ff., 513 ff.
Personenstandsaufnahme 171
Personensteuern 29

Pfändung 118, 547
Pflegeeltern 71
Plausibilitätsprüfung 143, 429
Postverzögerungen 230
Prämien 24, 292, 308
Presse 160
Protokoll 592
Prozessfähigkeit 133, 644
Prozesskostenhilfe 691
Prozessvoraussetzungen 644 ff.
Prozesszinsen 570, 576 f., 580
Prüfungsanordnung 168 f., 209 f., 218, 315, 317, 390, 440
Prüfungsbeginn 210, 315 f.
Prüfungsbericht 213
Prüfungszeitraum 206 ff., 316 f.

R

Realakt 101, 170, 589
Realsteuer 24, 29, 349, 638
– Festsetzung 349 f.
Rechtliches Gehör 149 f., 520, 610, 666, 682
Rechtsanwalt 160, 191, 524, 663
Rechtsbehelfe 587 ff.
– Arten 587
– außergerichtliche – 587 ff.
– Befugnis 597, 600 ff.
– Begriff 587
– Belehrung 295, 596 f., 601, 656
– Beteiligte 609, 644
– Form 592 ff.
– Fristen 220 ff., 271 f., 413 ff., 594 ff.
– gegen einheitliche Feststellungsbescheide 600 ff.
– gegen nichtige Verwaltungsakte 252, 264, 589, 648
– gerichtliche – 644 ff., 678 ff., 689 ff.
– Inhalt 592 ff.
– Kosten 588, 690 ff.
– Prüfungsschema 607 f.
– Rücknahme 412, 604, 611 f., 613
– Verfahrensgrundsätze 609 ff.
– Verzicht 603
– Zuständigkeit 595 f.
Rechtserheblichkeit 437 ff.
Rechtsfähigkeit 87
Rechtsgeschäfte 101 f.
Rechtshängigkeit 576, 664
Rechtshilfe 169 f., 193, 269
Rechtskraft 353, 469, 549, 673
Rechtsnachfolge
(s. u. Gesamtrechts- und Einzelrechtsnachfolge)
Rechtsnorm 34
Rechtsordnung 38
Rechtsschutzbedürfnis 408, 597 ff.
Rechtsverordnung 34
Rechtswidrigkeit von Verwaltungsakten 252 ff., 368 ff.
Revision 672, 678 ff., 687
– Begründung 685 f.
– Frist 685
– Gründe 684
– Inhalt 685 f.
– Verfahren 687
– Zulassung 672, 679, 682
Richter 49, 642 f., 672 f.
Richtigstellungsbescheid 285
Richtsätze 195 f., 422
Rubrum 623, 672
Rücknahme rechtswidriger Verwaltungsakte 367, 369 ff.
Rückwirkendes Ereignis 458 ff., 567
Rückwirkungsverbot 93
Ruhen des Verfahrens 616 f.
Rundfunkanstalten 142, 160

Stichwortverzeichnis

S

Sachhaftung 511
Sachsteuer 29
Sachverständige 52, 163, 667
Saldierung 305, 322, 365, 417, 425, 441, 470 ff.
Satzung 124 ff.
Satzungsklausel 465
Säumniszuschlag 302, 357, 490, 556, 569, 581 ff., 638
Schadensersatz 50, 62, 482 f., 494
Schätzung 194 ff., 292, 330, 397, 423, 432 ff., 556, 646
Scheingeschäfte 102
Scheinhandlung 102, 104, 315
Scheinverwaltungsakte 239, 264, 352, 590
Schlichte Änderung 413 ff.
Schlussbesprechung 212 f., 318
Schonfrist 225, 582 f.
Schriftform 246, 592 f., 657, 683, 685, 689, 690
Selbstanzeige 169, 180, 211, 320, 493, 572
Selbstbindung 42, 47, 202
Sicherheitsleistung 222, 585, 637
Sicherstellung 219
Sicherungsübereignung 109, 502
Signatur (elektronische) 657, 663
Sittenwidriges Verhalten 101 f.
Sitz 67
Sportverein 121, 127 f.
Sprungklage 652 f.
Ständiger Vertreter 69, 481
Steuer
– Abgrenzung 26 f.
– Begriff 26
– Einteilung 28 ff.
– Verwaltung 31
Steuerabzugsbeträge 96, 196, 335, 415, 432 f., 437, 485 ff., 504, 539, 632
Steueranmeldung 240, 273, 291, 395 ff., 518, 595, 603
Steueranspruch 86 ff., 92 ff., 116
Steueraufsicht 218 ff.
Steuerbegünstigte Zwecke 120 ff.
Steuerberater 49, 136, 160 f., 188, 233 f., 481, 524, 662 f.
Steuerberatungsgesellschaften 662
Steuerbescheide 290 ff., 328 ff.
– Absehen von – 293, 355
– unter Vorbehalt der Nachprüfung 383, 394 ff., 409 ff., 613
– vorläufige – 320, 403 ff., 409
– zusammengefasste – 276 ff., 298 f., 425 f., 471
Steuererklärung 178 ff., 183, 306, 432, 658
Steuerfahndung 157, 165, 216 ff., 319 f., 439, 591
Steuerfestsetzung 320
Steuergeheimnis 50 ff., 649
Steuergesetz 36
Steuerhinterziehung 115, 149, 179, 189, 304, 420, 439, 491 ff., 529, 572 f.
Steuerklausel 464
Steuerliche Nebenleistungen 24, 28, 504, 581
Steuermessbescheide 349 f., 454
Steuerpflichtiger 86 ff., 131, 155, 167, 178, 187, 188
Steuerrechtsfähigkeit 87
Steuerschuldner 86 ff., 112, 260, 279 f., 294, 476, 522
Steuerschuldrecht 85 ff.
Steuerschuldverhältnis 85 ff., 559
Steuerstempler 293, 395

717

Steuerstraftaten 170, 216
Steuerumgehung 104
Steuerverfahrensrecht 129 ff.
Steuervergütung 95 ff., 292, 308, 399 f., 483
Steuerzeichen 293, 395
Steuerzinsen 566 ff., 580
Stille Gesellschaften 282, 337 ff., 496
Strafrechtlicher Vorbehalt 213
Streitgegenstand 469, 658, 673
Streitwert 185, 695
Stundung 539 ff., 548, 570 ff., 676
Stundungszinsen 570 ff., 580
Subventionen 142, 218, 304

T

Tätigkeits-FA 76, 334
Tatsachen
– Begriff 422 ff.
– nachträgliches Bekanntwerden 428 ff.
– Überblick 442
– Verschulden 431 ff.
Tatsächliche Verständigung 45, 132, 145, 212, 387
Teilabhilfe 356, 413, 622, 670
Teilverjährung 304, 312, 562
Telefax 180, 227, 231 ff., 259, 263, 265 f., 268, 593, 595, 657, 663, 667
Telegramm, Einlegung von Rechtsbehelfen durch – 592, 657
Tenor 623, 672
Termine 221
Testamentsvollstrecker 289
Tilgung 544
Treu und Glauben 44 ff., 253, 387, 414, 430, 468, 523, 556
Treuhand 108, 190, 340

U

Umdeutung 256 f., 519, 675
Unbedenklichkeitsbescheinigung 24, 57
Unbefugte Hilfeleistung in Steuersachen 135 f.
Unbestimmter Rechtsbegriff 40
Unbilligkeit 300, 553 ff., 636
Unlautere Mittel 216, 373, 420, 604
Untätigkeitseinspruch 389, 394, 402, 590, 596
Untätigkeitsklage 590, 653 ff.
Unterbeteiligung 339 ff.
Unterbrechung der Verjährung 560 ff.
Unterschrift 181, 183, 246, 592, 657, 663
Untersuchungsgrundsatz 142 ff., 153, 292, 609, 665
Unwirksame Rechtsgeschäfte 101 f.
Unwirksamkeit 102, 117, 246 ff., 324, 456, 604, 605, 628
Urkundenbeweis 164 f., 667
Urteil
– Arten 671 ff.
– Inhalt und Form 672

V

Verbindliche Auskunft/Zusage 45 ff., 214 ff.
Verböserung 370, 611 f., 623, 646
Verbrauchsteuern 29 f., 115, 218, 303, 410, 491, 538, 539
Vereinbarungen 85, 131 f.
Verfassungsbeschwerde 616, 631, 635, 655
Verfolgungsverjährung 319, 493
Verfügung
– Begriff 242
– NV – 298
Verfügungsberechtigter 92, 189, 480

Stichwortverzeichnis

Vergütungsanspruch 95, 101, 483
Verhältnismäßigkeit 41, 145, 167, 186, 199, 204
Verjährung 301 ff., 332 ff., 347 f., 526 ff., 558 ff.
Verkehrsteuern 29, 108, 410
Verkündung 673
Verlobte 70
Vermögensverwalter 91, 289, 480
Vermutung (gesetzliche) 266 ff.
Verpfändung 118
Verpflichtungsklage 647 f., 651, 652, 654
Verrechnungsvertrag 118, 132, 550 f.
Verschollenheit 88, 94
Verschulden 228, 232 ff., 373, 425 f., 484 ff., 656, 664, 667, 694
Verschwiegenheitspflicht 50, 161
Versicherung an Eides statt 158 f.
Verspätungszuschlag 182 ff., 303, 569
Vertrag 102 f., 131, 477, 518, 519, 551
Vertrauensschutz 44, 370, 387, 466 ff., 468
Vertreter 91 ff., 137 ff.
– Bekanntgabe von Verwaltungsakten 261, 275 ff., 280, 281 f.
– Haftung 480 ff.
– im Rechtsbehelfsverfahren 600 ff., 606, 662 f.
– ohne Vertretungsmacht 606, 664
– Verschulden 184, 232 f., 435, 656, 667
Vertretungszwang 662, 683, 689
Verwaltungs-FA 76
Verwaltungsakte 170, 191, 210, 237, 243, 613, 658
– Arten 243 ff., 455
– Auslegung 39
– Begriff 237 ff.
– Begründung 248 ff.
– begünstigende – 243, 367, 372 ff., 378 ff.

– Bekanntgabe 258 ff.
– belastende – 243, 367, 369 ff., 376 ff.
– deklaratorische – 243, 291
– einer sachlich unzuständigen Behörde 73
– fehlerhafte – 252 ff.
– Form 245 f.
– Formmangel 246
– Heilung 255, 264
– Inhalt 247 ff.
– konstitutive – 243, 291
– Nebenbestimmungen zu – 249 ff.
– nichtige – 73, 252 ff., 370, 590, 649
– rechtswidrige – 252 ff.
– Schein – 239, 352, 590
– vollziehbare – 631 ff.
Verwaltungshoheit 24, 31, 72, 547
Verwaltungsvorschriften 35, 42, 197
Verwandte 70
Verwertungsverbot 62, 159, 168 f., 210, 469
Verwirken 272
Verwirkung 48, 120, 468, 624
Verzinsung 564 ff.
Videokonferenz 665, 666
Vollmacht 134 f., 275, 277 f., 606, 663 f.
Vollstreckungsaufschub 549, 584, 630, 676
Vorauszahlungsbescheide 306, 307, 389, 393, 623
Vorbehaltsfestsetzung 198, 383 ff., 394 ff., 409, 613
Vorgreifliche Rechtsverhältnisse 422
Vorlageverweigerungsrecht 164
Vorläufige Steuerfestsetzung 320, 403 ff., 409
Vorsteuerbeträge 198, 423 f., 437
Vorverfahren (außergerichtliches) 652 ff.

Stichwortverzeichnis

W

Wahlrechte 388, 415, 426, 639
Warenaus-/eingang 175
Wertsachen 166
Widerruf rechtmäßiger Verwaltungsakte 375 ff.
Widerrufsvorbehalt 251, 379
Wiederaufnahme des Verfahrens 690
Wiedereinsetzung 226 ff., 249, 596, 656, 663, 667
Willenserklärung 238, 551
Wirtschaftliche Betrachtungsweise 107 f.
Wirtschaftlicher Eigentümer 106 ff., 501
Wirtschaftlicher Geschäftsbetrieb 69, 127 f.
Wirtschaftsprüfer 136, 160, 233
Wirtschaftsstraftaten 59
Wissenserklärung 180, 238
Wohnsitz 64, 77, 268
Wohnsitz-FA 76 ff., 334
Wohnung 64, 166, 212

Z

Zahlung 528, 530, 542 ff., 583
Zahlungsaufforderung 529, 560
Zahlungsaufschub 539
Zahlungserlass 552 ff., 584
Zahlungsverjährung 324, 558 ff., 584
Zeichnungsrecht 34, 239
Zerlegungsbescheide 350
Zeugen 666
Zinsbescheid 566, 571 f.
Zinsen 357, 564, 580
Zinsschuldner 573
Zollfahndung 216 ff., 319

Zollkodex 23 f., 45
Zufallsfunde 58
Zugang von Verwaltungsakten 259, 265, 266 ff.
Zulagen 24, 292
 (siehe Investitionszulage)
Zulässigkeit
 – Einspruch 588 ff.
 – Klage 644 ff.
 – Revision 678 ff.
Zumutbarkeit 145, 147
Zurechnung
 – von Einkünften 334
 – von Wirtschaftsgütern 106 f.
Zurückweisung verspäteten Vorbringens 660
Zusage 45 f., 214 ff.
Zuständigkeit 72 ff.
 – der Finanzgerichte 158, 639, 643
 – Einsprüche 595, 622
 – funktionelle – 73, 557
 – örtliche – 74 ff., 209, 375, 519
 – sachliche – 72 f., 372, 420, 558 ff., 639 f.
 – Streit 81
 – verbandsmäßige – 72
 – Vereinbarung 80
 – Verletzung der – 73 f.
 – Wechsel 80
Zustellung 265, 269 ff., 275, 279, 667, 673
Zustimmung 57, 375, 385, 400 ff., 410 ff., 541
Zuteilungsbescheide 351
Zwangsgelder 198 ff., 302
Zwangsmittel 198 ff., 611
Zweckbetrieb 127 f.
Zweckmäßigkeit 41, 145, 204
Zwingendes öffentliches Interesse 58

Grüne Reihe

Das gesamte Steuerrecht
in 16 Bänden auf
über 10.000 Seiten.

Maier · Bd. 1
Staats- und Verfassungsrecht

Lammerding · Bd. 2
Abgabenordnung/FGO

Niemeier/Schlierenkämper/Schnitter/Wendt · Bd. 3
Einkommensteuer

Kirschbaum/Volk · Bd. 4
Lohnsteuer

Spangemacher · Bd. 5
Gewerbesteuer

Jäger/Lang · Bd. 6
Körperschaftsteuer

Sander · Bd. 7
Volkswirtschaft

Spangemacher · Bd. 8
Handels- und Gesellschaftsrecht

Falterbaum/Bolk/Reiß · Bd. 10
Buchführung und Bilanz
Lösungsheft zu Band 10

Lippross · Bd. 11
Umsatzsteuer

Wenzig · Bd. 12
Außenprüfung/Betriebsprüfung

Heinz/Kopp/Mayer · Bd. 13
Verkehrsteuern

Kussmann · Bd. 14
Vollstreckung

Lammerding/Hackenbroch · Bd. 15
Steuerstrafrecht

Schulz · Bd. 16
Erbschaftsteuer/Schenkungsteuer

Grotherr/Herfort/Strunk · Bd. 17
Internationales Steuerrecht

Zu beziehen über Ihre Buchhandlung oder direkt von der
efv - Verlagsbuchhandlung
Postfach 2549 · 49015 Osnabrück
Tel. (0541) 669 62 02 · Fax 640 27
www.efv-os.de · buch@efv-os.de

efv
Ihr Partner im Steuerrecht

Erich Fleischer Verlag
Fachverlag für Steuerrecht

Postfach 1264 · 28818 Achim · Tel. (04202) 517-0 · Fax 517 41 · www.efv-online.de · info@efv-online.de

Bitte fordern Sie unser Verlagsverzeichnis an!

Praxisfälle des Steuerrechts.

Heinke/Merkel · Bd. 1
Abgabenordnung
64 praktische Fälle

Günther · Bd. 2
Einkommensteuer
65 praktische Fälle

Wiemhoff/Walden · Bd. 3
Umsatzsteuer
91 praktische Fälle

Kopei/Zimmermann · Bd. 4
Bilanzsteuerrecht
88 praktische Fälle

Seemann/Jäger/Lang · Bd. 5
Körperschaftsteuer
46 praktische Fälle

Pietsch/Hottmann/Fanck · Bd. 7
Besteuerung von Gesellschaften
74 praktische Fälle

Dammeyer · Bd. 8
Lohnsteuer
60 praktische Fälle

Woring · Bd. 9
Finanzgerichtsordnung
60 praktische Fälle

Pietsch/Schulz/Zeilfelder · Bd. 10
Erbschaftsteuer/ Schenkungsteuer
68 praktische Fälle

Altmann · Bd. 11
Buchführung
100 praktische Fälle

Grümmer/Kierspel · Bd. 12
Internationales Steuerrecht
120 praktische Fälle

Sorg · Bd. 13
Kosten- und Leistungsrechnung
56 praktische Fälle

Die Steuerbibliothek.

Zu beziehen über Ihre Buchhandlung oder direkt von der
efv - Verlagsbuchhandlung
Postfach 2549 · 49015 Osnabrück
Tel. (0541) 669 62 02 · Fax 640 27
www.efv-os.de · buch@efv-os.de

Erich Fleischer Verlag
Fachverlag für Steuerrecht

Postfach 1264 · 28818 Achim · Tel. (04202) 517-0 · Fax 517 41 · www.efv-online.de · info@efv-online.de

Bitte fordern Sie unser Verlagsverzeichnis an!